后浪

教化

DIE FORMUNG
DES GRIECHISCHEN MENSCHEN

古希腊的成人之道

PAIDEIA

[德] 维尔纳·耶格尔 著
WERNER JAEGER
王晨——译 张巍——序

上海三联书店

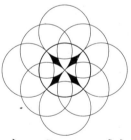

目　录

第三卷 伟大教育家和教育体系的时代

中文版序言

Paideia, Bildung 与 Griechentum

一部问世于80年前、篇幅逾千页的学术著作，短短两年内得见两个完整的中译本，这在国内西学出版史上并不多见。耶格尔（Werner Jaeger，1888—1961）的《教化》一书，去年刚由“六点”刊行译自英译本的中文版，如今又有“后浪”约请资深译者王晨从德文本译成中文，不日即将付梓。国内学界和读书人对这套大部头著作的热忱由此可见一斑。这部据说是“向历史主义妥协”而不得不背叛“人文主义理想”的功败垂成之作，或是囿于“唯一的古典传统”而终结了“德国古典人文主义”的煞尾无后之作，对汉语学界还有何现实意义？新译本的面世给了我们一个难得的契机，来重新做一番思索。

皇皇三大卷《教化》是迄今为止最后一部从整体上把握古希腊文化精神并将之与作者所属的德意志文化精神紧密结合起来的鸿篇巨制。该书出版历时较长，译本和原本的关系也有些不同寻常（三卷德文本刊布于1934—1947年，英译本出版于1939—1945年，因后两卷撰于作者从纳粹德国流亡美国期间，故而先有英译本，德文原本反倒梓行于后）。原书正文之前冠有作者和英译者海厄特（Gilbert Highet，1906—1978）的一系列前言，其中作者自撰的德文版“前言”、“第二版前言”、英译本第二卷“前言”和第三卷“前言”，分别向读者交代了整部著作的研究旨趣及核心所在的第二、三卷（此指英译本第二、三卷，德文本合并为一卷）的结构框架，值得细细品读。“前言”第一句话即开宗明义地宣告：

> 我将呈现给公众这样一部历史研究作品，它致力于此前尚未有人从事过的工作，即把“教化”（Paideia）或者说希腊人的塑造作为对希腊文明新的整体研究的对象。（中译本前言第9页；德文本第一卷无页码）

> Ich übergebe der Öffentlichkeit ein Werk geschichtlicher Forschung, das sich die bisher nicht in Angriff genommene Aufgabe stellt, die Formung des griechischen Menschen, die Paideia, zum Gegenstand einer neuen Gesamtbetrachtung des Griechentums zu machen.

作者重复了全书的正副标题（die Formung des griechischen Menschen, die Paideia），随后特意强调，这部著作属于“希腊文明整体研究”，是从paideia这一新颖的角度对之做出的开创性贡献。

要进入《教化》这部巨制的思想脉络，首先需领会这里所谓的“希腊文明整体研究”究竟何所指。原文einer neuen Gesamtbetrachtung des Griechentums（“希腊文明新的整体研究”）里的Griechentum一词提供了最重要的线索。该词是对Hellenismos这个希腊语概念的德语化，用来指称希腊人的生活方式和希腊文化精神，突出其整体性和独特性，主要与Christianismos（基督教的生活方式与文化精神，德语化为Christentum）和Joudaismos（犹太教的生活方式与文化精神，德语化为Judentum）形成对比。这个意义上的Griechentum不仅译成中文颇费思量（“希腊文明”一词尚嫌不足），译成英文亦同样棘手，英译者索性将之回译成Hellenism（“a new study of Hellenism as a whole”，英译本第一卷第ix页），虽是讨巧的权宜之计，倒也点明了德文的Griechentum与希腊文的Hellenismos之间的对应关系。

以Griechentum为研究对象，意味着从整体上把握希腊文化的独特性。这是18世纪后半叶以降德国新人文主义的殷切追求，早已渗透到德国文化的方方面面，耶格尔本人于1920年代倡导的“第三期人文主义”

也受其熏染。我们姑举一例，以说明Griechentum一词的德国文化意涵及其影响力之深远。反对古典人文主义甚力的尼采，于1872年推出自己的青春洋溢之作《悲剧的诞生》，全名《悲剧从音乐精神中的诞生》，1886年再版之际，书名精简为《悲剧的诞生》，却添加了一个不大引起关注的副标题 *Griechentum und Pessimismus*（通常译作“希腊文化和悲观主义”）。尼采还特地新撰《自我批判的尝试》这篇逸兴遄飞的著名序言，与副标题相应和，重新审视他的早年著作。再版的《悲剧的诞生》，主标题虽被保留，但它的真正意义只有从新添的副标题那里才得到朗照。问题的重心被转移到 Griechentum 也就是“希腊文化的精神实质”与“悲观主义”（Pessimismus）的关系之上：希腊文化是对“悲观主义”的超越，这一超越正是由诞生于音乐精神的悲剧来实现的。希腊文化可以从整体上和本质上被把握为Griechentum，《悲剧的诞生》便是一次大胆的尝试。如此一来，这部早年著作也就被回溯性地解释成尼采的第一次价值重估与翻转。为世人所津津乐道的希腊人的“乐天”或“明朗”，被翻转成“悲观”，但那是一种强者的悲观主义，即希腊人的悲剧主义。从悲剧——这一希腊人独一无二的创造——可以勘破并把握“希腊文化的精神实质”。

纵使尼采极力批驳温克尔曼以来的德国新人文主义，经常故意反其道而行之，但他对Griechentum的热情追寻，又恰恰与之一脉相承。同样，耶格尔的《教化》也秉持这一精神传统。Paideia取代所有其他的路径（也包括尼采的“悲剧”），成为通达“希腊文化的精神实质”的康庄大道。耶格尔如同《悲剧的诞生》里的尼采，也是一位“秘仪引领者”（mystagōgos），把我们从早期的paideia一步步引入柏拉图paideia的“终极启示”。漫长而艰难的历史学和语文学研究之路，为的是踏实地迈出每一步，走向那最后的“洞观”——希腊人最高的文化理想。作者愈是强调用“历史过程”的研究（例如德文本“前言”和英译本第二卷“前言”）来平衡“文化理想”的探寻，后者那宗教体验般的“启示”就愈是在他的潜意识里涌动（认为《教化》失败于“向历史主义妥协”，其实并未察觉这一深层的驱动力）。

无论采取哪一条路径，古典人文主义的伟大使命都是通过对

Griechentum的把握来振兴当下的文化。这一使命的前提有三：一是要汲取古希腊精神里独一无二的优胜之处；二是古希腊文化从整体上而言优于罗马文化；三是古希腊罗马（即受希腊影响的罗马）古典文化从整体上而言优于基督教文化，所谓的“异教”古典文化应当摆脱基督教人文主义的驯化，与基督教文化彻底脱离，成为与之抗衡的一股生机勃勃的文化力量。基于这些前提，探寻Griechentum之路，当然不会止步于对古希腊文化精神进行实证性的考据，而是要用它来形塑德意志精神。《教化》的副标题“希腊人的形塑”（王晨译本作“古希腊的成人之道”），言下之意是要为德国人的形塑提供理想的范型，因为希腊人的paideia让希腊人成为德国人的paideia。这样一种关系在“第二版前言”里凿凿有据，作者将全书的研究对象精练地归纳为“希腊人的教化和作为教化的希腊人”（die Paideia der Griechen und zugleich die Griechen als Paideia）（中译本第二版前言；德文本第一卷，无页码）。这种精神上的纽带被维系于Bildung和paideia之间的本质性关联。在所有语言的译名里，古希腊的paideia最为妥帖地译作德语的Bildung，并非缘于文字翻译上的巧合，而要归功于德国文化自新人文主义以来对Bildung的理解一直奉古希腊的paideia为其渊源和典范。其他欧洲语言，包括拉丁语的humanitas，英语和法语的education，都不足以恰切地翻译paideia，无法涵摄其多方面的文化意蕴，更无法准确地把握其精神实质。唯有亲希腊的德国古典人文主义才能通过长期的努力，让Bildung从各方面与paideia相吻合。《教化》英译本第一卷的扉页上，作者坦陈：

> 我用一个希腊词［即paideia—引者按］来指代一个希腊的事物，意在提示，这个事物是用希腊人而非现代人的眼光被看。避免使用诸如“文明”（civilization）、“文化”（culture）、“传统”（tradition）、“文学”（literature）或者“教育”（education）这样的现代概念，全无可能。不过，它们当中的任何一个都不足以囊括希腊人用paideia来表达的含义；它们每一个只限于paideia的一面，无法穷尽其意，除非我们把这些概念合在一起使用……

这段纲领性的文字只见于英译本，显然是针对英语读者添加的说明，而在全书“导言”里，作者却信心十足地宣称：“我们德语的Bildung一词最清晰地描绘了希腊即柏拉图意义上的教育本质。”（Unser deutsches Wort Bildung bezeichnet das Wesen der Erziehung am anschaulichsten im griechischen, platonischen Sinne）（中译本“导言”第21页，德文本第一卷，第12页）此处所谓“希腊即柏拉图意义上的教育”也就是paideia（尽管为了照顾行文，作者使用了德语的Erziehung一词）。耶格尔将希腊教育的本质等同于柏拉图意义上的教育，这且留待下文讨论，但他坚信德语的Bildung一词能够全面且深刻地再现paideia的本质，却是毋庸置疑的。

耶格尔被视为德国“第三期人文主义”的精神领袖，他倾注全力撰写的《教化》一书，作为这场精神运动的重要文献，极力维系Bildung与paideia之间的本质性关联，俾使古希腊精神对德意志精神再次产生教化作用。这里便触及一个关键问题：借由paideia这把启开Griechentum的密钥，《教化》是否切中古希腊文化精神的独一无二之处？为此，有必要对paideia这个概念及其发展历程略做检讨。

Paideia一词的最初历史难以查考，它的起源并不显赫，荷马与赫西奥德那里，都不见其踪影。只是到了古风后期，才出现最早的例证，但从思想意蕴上来看依旧平淡无奇。由于paideia是从词根pais（本义“儿童”，以此来称呼“奴隶”为引申的用法）构成的抽象名词，它既可以表示“童年”“青少年”或“青春”（例如《特奥格尼斯诗集》第1305和1348行），也可以表示“养育儿童（或青少年）”。从现存文献来看，后一含义首见于公元前5世纪早期（例如埃斯库罗斯《七雄攻忒拜》第18行，该剧上演于公元前467年）。到了公元前5世纪下半叶，如火如荼的智术师思潮深化了paideia这个概念的思想意义。智术师们把完成于十三四岁的传统教育当作真正的paideia也就是“智术教育”的预备阶段（propaideia），后者延续前者，但不再拘于年龄，任何有心向学者皆可接受智术师的paideia。于是，paideia从“养育儿童（或青少年）”提升为“教育成年人”，也就是通过“话语的技艺”（即演说修辞之术）来传授“城邦术”的“成人之道”。

苏格拉底、柏拉图和伊索克拉底这三位古希腊教育史上的核心人物，都继承了智术师的衣钵，却以自己的“成人之道”来取代智术师们的“智术”。苏格拉底与个别青年才俊进行哲学对话，柏拉图开办哲学学园，而伊索克拉底创立演说术学校，来宣扬和实践各自的paideia。他们与智术师一起，把paideia的概念推向前所未有的思想高度——paideia成为最高的文化理想及其在个体身上的实现，即从最高的文化理想来塑造理想之人。对于苏格拉底和柏拉图来说，哲学及哲学家乃最高的文化理想及理想之人，而对于智术师和伊索克拉底来说，这顶桂冠非演说术和演说家莫属。根据paideia的不同理念，哲学家和演说家还分别创制了各自的教育方案，设计出西方历史上最早的“完整教育”（enkyklios paideia）。

智术师和哲学家的文化理想虽然大异其趣，他们却都属于“哲人”（sophos）的类型，他们倡导的“新式教育”也都属于“哲人之教”。公元前5世纪上半叶及以前，paideia的概念初发端绪或尚未成形，但其实质早已深入希腊文化的根基。那就是由mousikē（缪斯之艺）和gymnastikē（体育运动）构成的所谓“旧式教育”。“旧式教育”里的mousikē（缪斯之艺）主要由诗人来施行，是一种“诗人之教”，旨在培养musikos anēr，掌握“缪斯之艺”并经由“缪斯之艺”而成为“高贵之人”（kalos k'agathos），以此为人的最高理想。古希腊所有伟大的诗人里，“教育者荷马”（参阅本书第一卷第1—3章）是第一位，也是地位最崇高的教育家。荷马式教育诉诸“缪斯之艺”，培养“高贵之人”，其根本理念是“始终成为最优秀者”（aiei aristeuein），也就是通过能力和性格的培养成为个体，从其所属的群体里脱颖而出，优秀的个体之间还要借助“垂范”和“效法（并超越）”的双向模式来展开相互竞比。这种理念建立于“竞争”（agōn）原则，实为古希腊文化及paideia之精神底蕴，也是其独一无二之处。以荷马为核心的“诗人之教”，还包括古风时期的赫西奥德（参阅本书第一卷第4章）与抒情诗人（参阅本书第一卷第5—8章及第10章），古典时期的悲剧家（参阅本书第二卷第1、2、4章）与喜剧家（参阅本书第二卷第5章），这些诗人与荷马有着错综复杂的关系，但从整体上构成了古希腊气势磅礴的“诗人之教”。后起的“哲人之教”莫不以之为参照和竞比的对象，而这种竞比本身便是浸润于荷马式教育的鲜明体现。尤其被众人（包括耶格尔）尊为古希腊paideia之登峰造极的柏拉图意义上的教育，也是要在“诗与哲学的古老纷争”的舞台上，让哲学取代传统诗歌，成为最高的“缪斯之艺”。柏拉图“哲人之教”的独特之处，恰恰显露于它与“诗人之教”的竞争。

从“哲人之教”与“诗人之教”的对立观之，“古风诗教”才是古希腊paideia的本原，荷马式“诗人之教”的竞争原则才是其精髓。耶格尔恰恰于此处失之毫厘，没有领会“古风诗教”所具有的决定性的优先地位。他为自己设定的任务是“从其独一无二的特点和历史发展角度描绘希腊人的教化”（Es ist die Aufgabe dieses ganzen Buches, die Bildung des griechischen Menschen, die Paideia, in ihrer einzigartigen Eigentümlichkeit und geschichtlichen Entfaltung darzustellen）（“导言”，中译本第16页，德文本第5页）。为此，耶格尔把希腊教育的本质等同于柏拉图意义上的教育，而柏拉图意义上的教育在他看来是用国家来同化个体而服务于集体政治。设若如此，则“斯巴达教育”（agōgē）业已完美地实现了这一宗旨。再者，用国家来同化个体的“柏拉图意义上的教育”也远非古希腊paideia的独一无二之处。耶格尔之所以着力构建出一个高度政治化的柏拉图，究其实质，是为了符合他所主张的政治化的“第三期人文主义”。有鉴于此，我们不妨把《教化》一书倒过来读：第三卷围绕柏拉图（及其同时代人）的核心部分，只有从柏拉图（及其同时代人）对“诗教”的回应，方能真正理解其内涵，而第一、二卷从荷马、赫西奥德到抒情诗人和悲剧家的论述，才是从paideia把握“希腊文化的精神实质”即Griechentum的不二法门。

《教化》的核心论断容有争议，但争议更大的恐怕还是耶格尔秉持德国人文主义传统而展开的对Griechentum的追寻（认为《教化》囿于“唯一的古典传统”，便是从根本上否定这一追寻的意义）。古希腊文化有一种整体上的精神实质吗？即便有，它能被我们把握吗？对于今日的西方古典学界而言，两个问题的答案无疑都是否定的。不论德国文化对Griechentum的不懈追寻，还是古典人文主义对古希腊paideia的孜孜求索，都已宛若时过境迁的陈迹。时下的古典学者们关心的是，为了确证当代文化宣扬的多元性，回过头去强调古希腊文化（及其他古代文化）的多元性，对它的整体精神则漠然置之（若非嗤之以鼻的话）。然而，当我们把古希腊文化与基督教文化或与中国文化进行对比，各自的差异是难以掩盖的。如此鲜明的差异呈现于眼前，我们不禁要问：哪些差异是独一无二的，并且正由于其独一无二而值得我们精研深究？当此之际，对一种文化的整体性把握便显得弥足珍贵了。今日的历史学和语文学研究长于细节和局部，却无意也无力驾驭整体。只有采取《教化》那样的宏阔视野，才能让我们重新思索古希腊文化的两个根本问题：如何从整体上把握古希腊文化的精神实质？古希腊文化的精神实质有何独一无二之处？这些问题的现实意义对当代西方古典研究者已然遮蔽，那么向汉语学界译介《教化》的真正价值，岂非在于敦促我们不再紧随西方古典学新潮亦步亦趋，而勇于面对这样的根本问题，从整体上把握古希腊文化的独一无二之处，最终为我所用？

张巍

2022年5月初，于沪上大疫期间

前　言

我将呈现给公众这样一部历史研究作品，它致力于此前尚未有人从事过的工作，即把“教化”（Paideia）或者说希腊人的塑造作为对希腊文明新的整体研究的对象。尽管人们常常着手描绘希腊发展过程中的政制、社会、文学、宗教或哲学，但时至今日，似乎还没有人尝试展现希腊人成长之历史过程与他们对理想人类形象之精神建设的相互作用。不过，我并非偶然投身这项尚无人从事的工作，而是因为我相信自己认识到，这个重大的精神和历史问题与对那种独一无二的教育创举的深刻理解密切相关，希腊人的不朽影响通过后者延续了数千年。

本书第一册涵盖了希腊文化在英雄时代和政治家时代（即希腊民族的早期和古典时代）的奠基、建设和危机，截至阿提卡帝国的解体。第二册[①]将展现柏拉图时代的思想复兴，描绘其围绕政制和文化的斗争，以及希腊文明如何取得对世界的统治。对于罗马和早期基督教以何种形式被吸纳进发端于希腊人的教化过程，我将留待以后讨论。

本书不仅面向学界，也面向所有在我们延续数千年的文明陷入今天的生存危机时再次寻找通往希腊文明道路的人。一边是展现整体历史概况的愿望，一边是通过精确的单独研究对书中所涉及全部领域的多方面材料重新深入探索的硬性要求，想要平衡两者常常很难。本书视角下展开的古

---

① 作者所说的“第二册”实际分为两册，分别于1944年和1947年出版。德语版和Gilbert Highet的英译本（先于德语版付梓）在篇目次序上略有不同，将英译本下册的第1章《作为教化的希腊医学》移至上册第2章，把《柏拉图的〈理想国篇〉》一章的最后几节移至下册卷首。——译注

代研究处处引发了大量新问题，在过去10年间一直是我教学和研究活动的中心。出于整体考虑，我放弃了将研究成果作为别卷出版的想法，这会让本书变得过于臃肿。我观点的理由大部分都能在书中找到，本书处处从对原文的解读出发，并将事实置于它们能够说明自身的背景中。对古代作家的引用放在脚注中，最著名的作品同样如此，特别是那些与文化史问题直接相关的。当进一步的基础知识不可或缺时，本书很少采用常见的注释方式。我的这部分工作有的已经作为研究专著出版，只在书中简单提及，有的则会在未来出版。专著和本书科学地组成整体，始终相互依存。

在导言中，我试图以对典型特征更加一般化的思考勾勒出希腊教化在历史上的地位。文中还会简略地提到，我们对希腊人教化形式的理解将对我们同早前时代人文主义的关系意味着什么。这个问题今天变得更加迫切，而且充满了争议。当然，就像本书中尝试的那样，目前想要通过纯粹的历史知识来解决它是不可能的，因为它涉及我们自己而非希腊人。不过，对希腊文化现象的本质认识也是当前所有教育知识与意愿不可或缺的基础。我对该问题的科学研究正是出于这种信念，本书便是其成果。

维尔纳·耶格尔

柏林西区，1933年10月

第二版前言

《教化》第一册问世仅一年半后就不得不再版，这在我看来是个令人振奋的信号，说明本书很快赢得了朋友。鉴于距离首次面世的时间如此之短，我不可能做出大的修改，但还是能借机修正一些疏误。

此外，由于本书的性质，它所引发的讨论大部分是多方面的反思，源于各种不同的世界观对确定历史观的反映。由此还产生了关于历史认识的目标和方法的探讨，但我在这里无法进一步深入。为我的研究方式的理由和特点确立理论基础是一项独立工作；我更希望通过让我采用这种方式的对象本身提供证明。我们几乎不用指出，本书所展现的历史方面既无法也无意取代传统意义上的历史，即事件的历史。不过，从创造性精神作品中的人类代表性形象来理解他们的历史存在仍然不失合理与必要。即使不考虑我们对许多个世纪的认识几乎完全来自这类作品（比如希腊文明早期），它们仍然一直是我们了解往昔内心生活的最直接渠道，哪怕关于那个时代还有其他证据。对于以希腊人的教化和作为教化的希腊人为对象的本书来说，内心生活正是其所关注的。

维尔纳·耶格尔

柏林，1935年7月

导　言

希腊人在人类教育史上的地位①

所有达到某个发展阶段的民族天生都有开展教育（Erziehung）的欲 1
求。人类集体以教育为原则保持和传播自身的肉体和精神属性。个体在事物的变化中死亡，物种则保持一致。作为有形的造物，动物和人都通过自发的天然繁衍维系本物种。但对于社会和精神的存在形式而言，人类只能通过创造它们时所用的那种力量来保持与传播其本性，即通过有意识的意志和理性。通过这些，人类获得了其他种类的物种所缺乏的活动空间，如果我们在这里排除史前物种变异的假说，仅考虑已知经验世界的话。有意识的培养甚至可以改变人类的身体本性和性格，使其达到更高的能力水平。但人类精神所蕴含的发展可能远为丰富。随着他越来越深入了解自己的内心，他以对内在和外部世界的认知为基础建立了最好的人类存在形式。人类作为肉体和精神存在的本性对其物种形式的保持与传播提出了特别条件，要求对身体和精神做出特别改变，我们统称其为教育。在人类所 2
实践的教育中同样存在着具有塑造和创造力的自然生命意志（所有活的物种自发地用其传播和保持自身形式），但通过有意识的人类知识和愿望之目的性，这种意志提升到了最高强度。

由此可以得出某种普遍结论：教育首先不是个人的事，它在本质上属于集体事务。集体的特征清楚地显现在个体成员身上，对于作为“政治

① 耶格尔用英语为1945年出版的英译本第2版（马萨诸塞，剑桥）前两卷增补了大量注释，中译本将其一并译出。注释中的本书英译本页码均改为中文页码，以便读者检索。——译注

动物”（ζῷον πολιτικόν）的人类而言，集体是他们全部所作所为的源头，其程度是动物所不具备的。说到集体对其成员的决定性影响，没有哪种活动的效果能强过不断通过教育、有意识地按照自己的理念塑造新成员个体的努力。任何集体的建立都取决于在本集体适用的成文或不成文法律与规则，用以维系集体自身及其成员。因此，一切教育都是关于人类集体的活跃规则意识的直接结果，无论是关于家庭、职业或阶级，抑或是关于家族和国家这样更大的共同体。

教育参与了集体的成长和生命过程，并经历了该过程带来的改变，无论是对其外部命运，抑或对内部的改造和精神发展。这种发展也以对人们生活中有效价值的普遍意识为基础，因此教育史在本质上取决于集体价值观的变化。有效准则的稳定意味着某民族教育原则的牢固性，对准则的干扰和破坏将造成教育的不安和不稳，直至完全不能维持。只要传统遭到暴力破坏或内部崩溃，这种状况就会出现。反过来，稳定并非健康的确定
3 标志，它也存在于老朽僵化的状况中，存在于文化的晚期，比如革命前的儒家中国、古典时代晚期和犹太文明晚期，或者教会、艺术和科学学派的某些时期。古埃及数以千年计的历史留下了近乎永恒不变的可怕印象。但对罗马人来说，现有政治和社会关系的稳固被奉为圭臬，而所有旨在改变的特殊理念和愿望只获得有限支持。

希腊文明占有特殊地位。在今天看来，与历史上的伟大东方民族相比，希腊人代表了原则性的“进步”，代表了有关人类集体生活之一切的新“阶段”。希腊人建立了这种生活的全新基础。无论我们多么看重更古老民族的文化、宗教和政治意义，能被我们有意识地称作文化的历史并不早于希腊人。

19世纪的现代研究极大地拓展了我们的历史视野，我们在各个方面大大超越了两千年来被等同于世界边界的“古典”希腊和罗马人的“已知世界”（Oikumene）①，此前没有接触过的精神世界也呈现在我们眼前。但今天我们更清楚地认识到，精神视野的拓展并未改变这样的事实：即便在

---

① 希腊语οἰκουμένη，字面意思为有人居住的，是古希腊人对已知世界的称呼。——译注

今天，我们的历史（在更密切联系的意义上）仍然“肇始”于希腊人的出现，只要历史不限于本民族，只要我们必须把自己看作更大的民族圈子的一部分。因此，我曾把这个圈子称为希腊中心主义的。[1]这里所说的“肇始”不仅指时间的开始，更是精神的发端（ἀρχή），为了给自己定位，每个阶段的人类都会回到那里。这就是我们在自己的历史过程中总是一再与希腊文明在精神上重逢的原因，但需要指出的是，这种回归和自发更新的 4
意义并不在于赋予介入我们时代的永恒伟大精神一种独立于我们命运（因而固定和不可变更）的权威。我们回归的理由总是自我需要，无论人们评价后者时所处的高度多么不同。当然，即使在面对希腊和罗马时，我们和这个圈子的所有民族也会有天然的陌生感，部分源于血统和情感，部分源于精神立场和形象样式，部分源于各自历史状况的差异。但比起面对种族和精神上差异明显的东方民族，这种异质感有巨大的区别，若像少数现代作家那样用高墙分割西方国家与古代世界，如同对待中国、印度和埃及一般，那无疑是有违历史的错误观点。

不过，种族亲缘性带来的亲近感并非全部，无论该因素对于理解另一个民族的内心多么重要。如果我们表示自己的真正历史始于希腊，那么我们必须意识到在此使用“历史”这一概念的特定含义。我们也用历史表示对神奇和神秘的陌生世界的考察，就像希罗多德曾经做的。凭借着对各种样式人类生活形态的更犀利目光，今天我们走近了哪怕是最偏远的民族，并试图进入他们独特的精神。但对于这种历史，我们可以说：人类学意义不同于这样的历史观察，后者假设我们内心仍然存在着活跃、有效和命中注定的精神纽带，无论是关于本民族抑或关系紧密的民族圈子。只有在这种历史中才有由内而外的理解，有自我和他者的真正创造性接触。只 5
有在这种历史中才存在具有成熟的社会和精神形式与理念的集体，哪怕经过千百次折射和改变，它们仍在不同种族和部族组成的民族大家庭所处的大地上变化、交融、竞争、消亡和复活。无论是自身还是在与古典文明的特殊关系上，整个西方乃至其主要的文化民族都存在于这样的集体中。如

① 参见我的文集*Altertum und Gegenwart* (2nd ed., Leipzig 1920)中的导论，第2页（重新刊印于*Humanistische Reden und Vortraege*, Berlin, 1937）。

果我们用这种根源联系上的更深层意义理解历史，那么历史就无法把整个地球作为舞台，无论我们的地理视野如何拓展，“我们”迄今的历史也永远无法超越几千年来命运所确立的边界。至于未来全人类能否在类似的意义上形成一体，我们暂时无法做出任何预言，这对我们的问题也不重要。

无法用三言两语说清希腊人在人类教育史上的地位所带来的革命和划时代影响。从其独一无二的特点和历史发展角度描绘希腊人的教化是这整本书的任务。教化不是纯粹抽象理念的归纳，而是通过亲历命运的具体现实所展现的希腊历史本身。但若非希腊人创造了永恒的形式，这种亲历历史早就无迹可寻。他们把它塑造成对最高意愿的表达，借此抵抗命运。在发展的最早阶段，他们对这种意愿还缺乏任何概念。但随着他们的目光在前进道路上变得愈发犀利，永恒呈现的目标（以他们自身和他们的生活为基础）就越发清晰地印刻在他们的意识中，那就是塑造更崇高的人。他们认为，教育的想法代表了人类一切奋斗的意义，是人类集体和个体存在
6 的终极理由。在希腊人发展的巅峰，他们就是这样理解自己的。没有令人信服的理由让人认为，凭借我也不知道的某种更深刻的心理、历史或社会认识，我们可以更好地理解他们。此外，也只有这样才能完全理解希腊早期的伟大丰碑，它们由同样的精神造就。最终，希腊人以教化［或者说“文化”（Kultur）］的形式将自己的全部精神创造作为遗产传给了古代世界的其他民族。奥古斯都根据希腊文化思想制定了罗马世界帝国的使命。没有希腊文化理想，就没有作为历史整体的“古代”和西方“文化世界”。

当然，在今天受到损害的惯用语言中，我们大多不在这个意义上使用文化的概念，即仅仅将其理解为属于后希腊人类的理想，而是在平庸得多的意义上将其普遍用于地球上的所有民族，包括最原始的。也就是说，我们将文化理解为某个民族特有的生活表现和生活方式。[①]文化一词因此沦为纯粹的描述性人类学概念，不再表示最崇高的价值概念和有意识的理想。在这种含糊而失色的纯粹类比意义上，我们可以谈论中国、印度、巴

① 关于下面的讨论，见我的论文*Platos Stellung im Aufbau der griechischen Bildung* (Berlin, 1928)。特别是第一部分对原则的阐述：*Kulturidee und Griechentum*, p.7ff.。刊于*Die Antike*, Ⅳ, Ⅰ。重新刊印于*Humanistische Reden und Vortraege* (1937)。

比伦、犹太或埃及文化，尽管这些民族都没有与之对应的词汇和有意识的
概念。尽管所有高度组织化的民族都有自己的教育体系，但犹太人的律法
和先知、中国人的儒家体系和印度人的“法”（Dharma）在本质和整个思
想结构上与希腊人的人类教育理想存在根本区别。归根到底，关于存在多
种前希腊文化的说法源于实证平均主义，后者将一切陌生事物置于世代相 7
传的欧洲概念下，却没有注意到，当把陌生世界引入本质上不相称的概念
体系时，对历史的根本性篡改就已经开始了。所有历史理解中几乎不可避
免的循环论证的根源就在这里。彻底铲除它是不可能的，因为我们似乎要
为此改变自己的秉性。但在历史世界划分的基本问题上，我们总是可以清
楚地意识到前希腊世界同从希腊开始的世界的根本区别，文化在后者中第
一次成为有意识的塑造原则。

把希腊人称为文化理念的创造者，也许并不能带给他们太多荣誉。
在一个许多方面都厌倦文化的时代，这种父亲身份反而显得像是负担。
但我们今天所称的文化只是缩水产品，是最初希腊语所说之文化的最
后变形：与其说它是教化，不如说那是变得模糊和混乱的“生活工具”
（κατασκευή τοῦ βίου），它似乎更亟须来自其原始形式的光亮来重新确立
自己本来的意义，而不能向原始形式提供价值。对原始现象的思考本身
以某种与希腊人关系密切的思维方式为前提，就像后者在歌德的自然观察
中的重现（我相信没有直接的历史传承）。在僵化了的文明晚期，当有生
命力的人再次在外壳下悸动，当肤浅麻木的文化机制与人类的英雄精神为
敌——正是在这样的历史时刻，出于深层次的历史必要性和回归本民族
源头的愿望，向着深层次历史存在掘进的本能开始觉醒。在那里，希腊人
与我们同质的精神以炽热的生命力塑造出的形式将这种炽热保存至今，让
创造性的突破时刻变成永恒。对我们来说，希腊文化不仅是现代世界的历 8
史文化之镜，或者是其理性自我意识的象征。起源的秘密和神奇用恒新的
魅力包围着最初的创造。最高贵的创造也会在日常使用中变得平庸，这种
危险越大，意识到上述魅力更深刻价值的精神就越会被带回创造诞生时的
形式，即后者带着人类少年时光和创造性天才的清新晨风走出人昏暗内心
时的样子。

就像我们所说的，作为教育者的希腊人的世界历史意义，源于对个人在集体中之地位的有意识新理解。如果我们以古代东方为背景观察希腊人，那么差异将非常大，希腊人似乎与现代欧洲世界融合成了整体，从现代个人自由的意义上很容易解释这点。事实上，没有什么比今人的个体自我意识和前希腊时代东方人的生活方式间的对立更加突出了，就像他们在埃及金字塔、东方王陵和纪念碑的阴郁壮观上与我们的矛盾。与这种让个别被神化的人超越一切自然尺度的放肆做法相反（表达出某种我们陌生的形而上学观念），也与对大众的抹杀相反（若非如此，对统治者及其宗教意义的过度拔高是不可思议的），希腊历史把新的对人的珍视作为开端，我们很容易把它和个体人类灵魂具有无限价值的想法（其传播特别受到基督教的影响）以及从文艺复兴开始被作为要求提出的个体精神自治混为一谈。如果抛开希腊人对人的价值的感受，现代世界赋予个体要求的重要意义又做何解释呢？

今天，从历史角度来看，关于希腊人在其哲学发展的高峰已经看到
9 个人问题的说法是没有争议的，欧洲的个性历史无疑始于他们。随着罗马和基督教影响的加入，从混合物中诞生了个人化自我的现象。但从现代视角出发，我们并不能从原则上清晰地理解希腊精神在人类教育史上的地位。我们最好从希腊精神的种族形式特质出发。希腊人的自发活泼、灵动敏捷和内在自由，似乎是这个民族如此之快地发展成一个充满无尽对立的形式世界的先决条件，与最早时代以降的希腊作家们的每一次接触都让人们重新感到惊讶，但这些特质完全不是植根于现代人的有意识主观性，而是希腊人的天性。当这些特质作为“自我”进入意识时，它们采用的是发现客观规则和法则的迂回思路，一旦认识到这些，人们就获得了新的思想和行为的确定性。比如，希腊艺术家对人体的剖析与解放让东方人无法理解，这并非基于对眼前随机选择的个别姿势的模仿，而是源于对身体结构、平衡和动作普遍法则的清晰认识，希腊人在精神确定性上突出和看似轻松掌握的自由同样来自对万物所蕴藏规律性的清晰意识，这是过去的人类无法达到的。希腊人对“自然”代表什么具有与生俱来的感知。由他们率先确立的“自然”概念无疑源自他们特别的精神特质。早在他们的思想

中出现这种概念之前很久，他们的眼睛就已经以这样的目光观察万物，即世界的任何部分都永远不会被分离成独立的部分，而总是被归入整体的活跃内部关系，从中获得自己的地位和意义。我们称这种观察为有机的，因 10
为它把个体视作整体的组成部分。希腊精神具备有意识地理解真理法则的本能，体现在生活的全部方面，既包括思想、讲话和行动，也包括各种艺术形象，这离不开他们对存在之自然、成熟、原初和有机的结构的洞察。

希腊人在艺术上的塑造和观察方式首先表现为美学天性，它无疑通过某种形式建立在用眼睛看的简单动作上，而不是有意识地将理念带入艺术塑造领域。这种融合或者说艺术的理念化到来得相对较晚，直到希腊的古典时期才出现。当然，强调上述观察方式的自然特质和无意识性尚无法解释，为何我们在文学中看到了同样的现象，而文学创作并不建立在视觉基础上，却是取决于语感和内在心灵过程的共同作用。在希腊人的演说艺术中，我们同样见到了类似绘画和建筑艺术中那样的形式原则。我们会提到诗歌或散文作品具有雕塑或建筑的特征。我们在这里所说的雕塑或建筑并非图像艺术所模仿的形式价值（Formwerte），而是人类话语及其结构中的类似准则。我们只有通过这种方式才能形象地说明此类准则，因为图像艺术作品的组成对我们来说更加生动，因而更快被认识。希腊人的文学形式丰富多彩、结构优美，它们有机地诞生于将简单朴素的人类表达之自然形式转移到艺术和风格的理想世界。在演说艺术中，建立有机形象和透彻结构的能力也完全源于与生俱来的感情以及对感觉、思想和话语中规律性的日益锐利的感受，最终技术化为逻辑、语法和修辞等抽象创造。我们在这方面有许多东西要向希腊人学习，而我们已经向他们学到的是今天仍然 11
在话语、思想和风格形式中发挥作用的一批铁律。

这同样适用于希腊思想最大的奇迹——哲学，其独一无二的结构使它成为最有说服力的证明。在哲学中，作为希腊艺术和思想形式根源的力量获得了最醒目的展现，那就是对作为自然和人类世界一切事件和变化之基础的永久秩序的清晰观察。所有民族都制定了自己的法则，但希腊人到处研究在万物自身内部起作用的“法则”，并试图使人的生活和思想与之相符。希腊人是各民族中的哲学家。希腊哲学家的“理论”（Theoria）与希腊人的艺术图像和诗歌具有原始的亲密性，它不仅包括我们首先想到的理性元素，而且就像这个词的词源所显示的，包含了“看”的元素，永远把对象作为整体，从“理念”（Idea）角度（也就是作为所看到的形态）理解它们。即使意识到这种将特质普遍化和用较晚时代解释较早时代的做法存在危险，我们仍无法摆脱这样的想法，即作为完全独一无二和特别的希腊思想产物，柏拉图理念也为理解其他方面的希腊精神特质提供了钥匙。特别是人们自古就常常提及柏拉图理念与希腊艺术主流形式倾向的相互关系，[①]但这种观察同样适用于演说艺术乃至希腊精神实质的本质。最古老的自然哲学家的宇宙观与我们时代以计算和实验为手段的自然科学截然不同。他们的观点并非对零星观察的纯粹总结和有条理的抽象，而是更
12 进一步，从画面中解释个别，赋予其作为整体一部分的地位和意义。这种理念的形式性还区分了希腊与更古老民族的数学和音乐，至少据我们所知如此。

希腊文化在人类教育史上的特殊地位同样取决于其内在结构的特点，取决于高于一切的形式本能（希腊人不仅将其用于艺术工作，也用于生活事务），取决于他们对人类本性深层次法则，以及源于这些法则、关于个人精神向导和集体结构之准则的哲学性普遍认识。因为根据赫拉克利特对精神本质的深邃洞见，普遍性或者说逻各斯是共有的，就像城邦的法律。当希腊人面对教育问题时，对人类生活的自然原则和他们实现身体和精神力量之内在法则的清晰意识必须马上赢得最重要的意义。[②]将所有上述认识确立为教育工作中的塑造性力量并培养出真正的人，就像陶匠将陶土和石匠将石头塑造成形，这是一种勇敢的创造性思想，只有在这个艺术家和思想者民族的精神中才能成熟。这个民族创造的最伟大艺术品是活生生的人，他们将其视为自己的使命。希腊人最早认识到，教育也必须是有意识的建设过程。一位马拉松和萨拉米斯战役时代的希腊诗人这样描绘难以赢得的真正人类美德：“手、脚和精神都要塑造成周正无缺。”只有这种教

① 经典的例子见西塞罗的《论演说家》1.7—1.10，文中采用了希腊素材。

② 参见我的 *Antike und Humanismus* (Leipzig, 1925)，第 13 页（重新刊印于 *Humanistische Reden und Vortraege*, Berlin, 1937）。

育才能使用Bildung一词的本义①，柏拉图也曾用其比喻教育行为。②我们德语的Bildung一词最清晰地描绘了希腊即柏拉图意义上的教育本质。它包 13
含了艺术塑造和造型的方面，也包含了塑造者内心呈现的规范图像，即“理念”或“原型”。无论这种思想后来在历史上重现于何处，它都是希腊人的遗产。只要人类思想从满足特定外部目标的驯兽式管教转向对教育本质的思考，它就总是会出现。不过，希腊人觉得这项工作如此伟大而困难，为其付出了无与伦比的内心热情，这个事实既无法由他们的艺术家眼睛，也无法由“理论的”精神特质做出解释。从现有关于他们的最早印记来看，我们发现人在他们的思想中已经居于中心地位。他们的人形神明，人的形态问题在希腊雕塑乃至绘画中无条件的统治地位，哲学从宇宙问题到人的问题的合乎逻辑的变迁（在苏格拉底、柏拉图和亚里士多德那里达到顶峰），希腊的诗歌（从荷马以降的许多个世纪里，人一直是永不枯竭的主题，充分表现了这个词的命运意义），最后是希腊的城邦（只有将其看作人及其全部生活的塑造者，才能理解它们的本质）：这一切光芒都来自同一光源。它们表达了以人为中心的生命观，无法进一步推导和解释，并进入了希腊精神的各种形式。因此，希腊人是各民族中的人类塑造者（Anthropoplast）。

我们现在可以更确定地指出，与东方人相比，希腊人的特质是什么。他们对人类的发现并非发现了主观自我，而是认识到普遍的人类本质法则。希腊人的精神原则并非个人主义，而是“人文主义”（Humanismus），如果我们用的是这个词最初的古典意义的话。“人文主义”来自humanitas，后者最晚从瓦罗和西塞罗的时代开始拥有了另一种更加崇高和严格的意义［这里不考虑更古老和通俗的“善举”（Humanitären）］，即把人教育成他们真正的形式，或者说人类本质的存在。③这是真正的希 14
腊教化，被一位罗马政治家奉为模板。教化并不从个体出发，而是始于理

① 根据Friedrich Kluge的词源学词典，Bildung（晚期古高地德语bildunga，中古高地德语bildunge和早期新高地德语bildung）最初大多表示创造和制造，直到18世纪仍主要指“外貌，特别是面部”。——译注

② πλάττειν（塑造）。柏拉图《理想国篇》377b，《法律篇》671c等处。

③ 参见革利乌斯的《阿提卡之夜》13. 17。

念。在作为群体成员和所谓独立自我的人之上存在着作为理念的人，和诗人、艺术家与研究者一样，作为教育者的希腊人也一直关注着它。所谓作为理念的人也就是普遍适用和有约束力的人类形象。我们把根据集体形式塑造个人视作教育的本质，从这样的人类形象出发，希腊人对塑造过程的理解与日俱增，他们永不停息地努力着，最终奠定了教育问题的哲学基础，对其有了更深刻的认识，在原则性和明确性上令其他地方的人望尘莫及。

希腊人的理念之人（个人将根据它被塑造）不是空洞的轮廓，并不脱离时空。它是从该民族集体的祖国土地上生长出来的有生命力的形式，随着历史变迁而不断改变。它囊括了整个民族的全部命运及其精神发展的所有阶段。早前缺乏历史思维的古典学者和人文学者没有认识到这点，把希腊人或古典时代的“人性”“文化”和“精神”视作对永恒和绝对的人类文化的表达。希腊人无疑以不朽的形式留给后世特别丰富的不朽知识。但在谈到希腊人按照标准塑造人类的愿望时，如果我们把标准理解成僵化和不可更改的，那将是灾难式的误解。欧几里得的几何学和亚里士多德的逻辑学无疑至今仍是人类思想的某种永恒基础，完全不可或缺。但在我们的历史眼光下，即使是希腊科学留下的这些最普适、脱离任何历史性生活内容的形式也彻头彻尾是希腊的，为其他的数学和逻辑思维与观念形式留下了空间。对于希腊人创造的那些带有更加鲜明的历史环境印记和直接与某个历史状况相联系的事物来说，情况更加如此。

罗马帝国之初的晚期希腊人最早从不朽的意义上使用“古典”（klassisch）一词形容本民族伟大时代的作品，既作为艺术造型者模仿的模板，也作为美学的典范。自从希腊人的历史汇入罗马人的世界帝国，他们就不再是独立民族，崇拜自己的传统成了唯一崇高的生活内容。所以，他们是古典精神神学的最早创造者，人们可以如此形容具有这种印记的人文主义。他们在美学上的“沉思生活”（vita contemplativa）是后来的现代人文主义和学者生活的原始形式。两者的前提都是抽象的非历史性精神概念，将精神视作超越民族命运和动荡的永恒真理与美的世界。歌德时代的德意志新人文主义同样认为，希腊人在某个独一无二的历史时代彰显了人类的真正天性。由此可见，这种人文主义在源头上更接近启蒙时代的理性主义，而非当时方兴未艾，并得到其大力推动的历史思维。

与古典主义相反，19世纪的历史研究取得了长足发展，让我们脱离了这种观察方式。今天，当面对来自望不到岸和没有目标的历史主义的相反危险，陷入所有的猫看起来都是灰色的夜晚时，即使重新思考古典文化的恒久价值，我们也无法再次将其树立成永恒的偶像。其权威性内涵和塑造性力量（我们亲身经历过）永远只能在历史性生活中发挥影响，就像它 16
们在自己诞生的时代所做的那样。我们再也不可能接受与作品的诞生、面向和被承载的社会集体隔绝的希腊文学史。希腊精神的强大力量正是源于它深深地扎根于集体的土地。作为理想（在创造形态的过程中得以显现）的塑造者，具有创造力的人类精神从超越个体的强大整体生活中获得了它们。伟大希腊人的作品中所描绘的人是政治之人。希腊教育并非以自给自足式的完善为最终目标的私人艺术和活动的总和。直到希腊文明末期的无政府衰落时期，这种想法才被人接受，现代教育学可以直接追溯到那个时期。可以理解，德意志民族尚处于非政治化时代——那是我们的古典时代——的希腊爱好者会首先继续沿着这条道路走下去。但我们自己的国家思想运动让我们再次看到了这样的事实，即在希腊的更美好时代，没有国家的思想和没有思想的国家一样闻所未闻。希腊文化的最伟大作品是对无与伦比的国家意识的纪念，它的轨迹不间断地穿越了各个发展的阶段，从荷马史诗的英雄时代直到柏拉图哲人王的专制国家，在后者中，个人与社会集体在哲学的土地上进行了最后的交锋。未来的人文主义必须在本质上接受全部希腊教育传统的基本原则，即希腊人总是把人的存在和人作为政治动物的特性联系起来。[①]这反映了有效的精神生活与集体的紧密关系， 17
希腊名人们也完全把自己看成它的仆人。东方人对这种现象也不陌生，在通过严格的宗教联系起来的生活秩序中，这显得再自然不过。但希腊伟人并不作为神的先知出现在同胞面前，而是作为独立的民众教育者和自身理

① 参见1924年帝国国庆节我在柏林大学的演讲：*Die griechische Staatsethik im Zeitalter des Plato*；另见我的讲义：*Die geistige Gegenwart der Antike* (Berlin, 1929), S.38ff. (=Die Antike, Bd.5, 185)。以及 Staat and Kultur, *Die Antike*, Bd.8, 78ff.。

念的塑造者。即使在话语中采用宗教启迪的形式时，他们也总是将其转换成自己的知识和形式。但尽管这些精神作品在形式和意图上如此个人化，它们的作者仍然觉得其社会功能未受影响。希腊的诗人（ποιητής）、政治家（πολιτικός）和智者（σοφός）三者代表了民族的最高领导者。在内心自由的气氛中（通过对被视为神圣的最高法则的本质认识，这种自由感到要对整体负责），希腊人的创造才能被提升为伟大的教育力量，使其远远超过了现代个人主义文明中华而不实的艺术和思想。这种自由让古典希腊的“文学”超越所有纯粹的美学（人们曾徒劳地试图从该角度理解它），所产生的无法衡量的本质影响延续了千年。

我们的情感所受到的上述影响主要来自希腊鼎盛时期和最伟大作品中的艺术。我们完全有必要写一部反映主导当时生活之理想的希腊艺术史。可以说，直到公元前4世纪中后期，希腊艺术仍然是集体精神的主要表达方式。如果有人想要理解品达凯歌所称颂的男性竞技理念，他怎能离得开奥林匹亚运动会胜利者的雕像（艺术将其生动地展现在我们眼前）或者神明形象（表现了希腊人对人类高贵身体和灵魂的价值与高度的思考）？多利斯人的神庙无疑是他们的本性（将个体纳入结构紧密的整体）留给后
18 世的最伟大丰碑。神庙蕴藏着强大的力量，既来自对已逝生活（在神庙中变得永恒）的历史回忆，也来自那里弥漫着的宗教信念。但希腊人相信，教化的真正载体不是雕塑家、画家和建筑师的沉默艺术，而是诗人、音乐家、哲学家和修辞学家（即政治家）。在希腊人的观念中，立法者在某个方面比雕塑艺术家更接近诗人：教育功能将两者联系起来。只有塑造活人的雕塑家才能对这个头衔主张特定权利。尽管希腊人的教育行为常常被拿来和造型艺术家的行为比较，但这个艺术家的民族很少像温克尔曼那样提及观赏艺术品的教育效果。对希腊人来说，文字与声音、节奏与和谐（只要它们通过文字或声音，或者同时通过两者发挥作用）是塑造灵魂的真正力量，因为所有教化中的决定性元素是活力，后者对于精神的塑造比对培养身体能力的竞技更加重要。按照希腊人的观念，美术属于另一个领域。在整个古典时代，美术都在其所诞生的神圣宗教世界占有一席之地。美术的本质是装饰（Agalma）。史诗的情况则不是这样，它的教育力量辐射到

其他所有的诗歌。即使受宗教束缚的诗歌也深深扎根于社会和政治世界，对于言语上不受束缚的作品更是如此。因此，希腊文化史总体上与所谓的文学恰好重合。在其创造者的本意中，文学是对希腊人自我塑造的表达。此外，除了残存的诗歌，我们在古典时代之前的那些世纪找不到任何值得一提的书面传统，即使对更广义的该时期希腊历史而言，我们唯一拥有的
也只是诗歌和艺术中关于人类形象演变的描绘。人类的全部存在中只有它 19
们保存了下来，这是历史的意愿。我们对那个时代希腊文化过程的了解仅仅来自该文化所塑造的理想人类形象。

本书的路径由此划定，任务也得以确定。这种甄选和考虑不需要特别的理由。它们至少必定在总体上证明自己是对的，虽然仍可能众口难调。这是一个以新形式出现的老问题，因为关于人类教育的观点从一开始就与对古典文明的研究联系起来。在随后的许多个世纪里，古典文明一直是知识和文化取之不尽的宝库，首先更多作为外在素材被依赖，后来则作为理想模板的世界。现代古典历史研究的兴起带来了立场上的根本改变。新的历史思考首先致力于了解真正发生过什么和如何发生。在对历史纯粹面貌的热情探求中，古典文明仅仅成了一段受到偏爱的历史，我们不愿追问它的直接影响。此类影响被视作私事，对其价值的判断取决于个人评价。不过，尽管这种事实百科全书式的古典历史的范围不断扩大（从其先驱代表人物来看，它远非像他们所认为的那样是不受价值影响的科学），但我们一直忽视了实践中仍然存在类似“古典文化”的东西，后者的地位还未受争议。科学尚有待为上述文化的理想寻找新的基础，因为它的古典主义历史观已被研究动摇。但在当下，随着我们的整个文化被不同寻常的亲身历史经历震醒并开始重新检验自身的基础，古典研究将再次探寻古典
文明的教育内容，那是它命运攸关的终极问题。只有建立在历史认识之上 20
的历史科学才能解决它。这并非做作地呈现对象的理想化形象。我们的目标是从精神本质上去理解古典时代不朽的教育现象和希腊人对历史运动的不断指引。

第一卷

早期希腊

第1章

贵族与德性

作为人类集体之功能的教育如此普遍而不可或缺，以至于对于接受 23
和行使它的人来说不言自明，导致后者对其长期缺乏意识，直到相对较晚它才在文学传统中留下痕迹。它的内容在各个民族大致相同，既是道德的也是实践的，即便在希腊人那里也同样如此。有的采用规定的形式，如尊敬神明、父母和异乡人，有的是多个世纪来通过口头流传的外在道德准则和实用生活智慧的规则，还有的是传递专业知识和能力，希腊人将其统称为“技艺”（Techne），只要它们能够代代相传。后来，希腊城邦在自己的书面法规中写下了对待神明、父母和异乡人之正确举止的基本规定，但法律和道德在其中尚未从原则上分开。[①] 与此同时，来自古老口头传统的原

① 荷马史诗中有许多段落表明存在此类尊敬神明、父母和异乡人的规定。虽然它们在诗中似乎不是三位一体的法则，但荷马常常提到或描绘其中的这类或那类戒律。从《工作与时日》183起，赫西俄德罗列的各种恶行中包括侵犯异乡人的权利和破坏家庭关系，他将其与对神明的不敬并列，作为黑铁时代到来的特别标志。埃斯库罗斯《乞援人》698—709是达那俄斯的女儿们向异乡人的保护神宙斯做的长篇严肃祈祷，祈求宙斯赐福她们的施惠者——阿尔戈斯人。祈祷的最后加入了维持对神明、父母和异乡人三重尊敬的请求。加入的部分似乎具有鲜明的个人色彩，而祈祷的其他内容则采用典型模式，可比较《欧墨尼得斯》（916起）中欧墨尼得斯为雅典城所做的类似祈祷，或者加图的《论农业》所描绘三牲祭祀（Suovetaurilia）上的古老罗马式祈祷，其中并无尊敬神明、父母和异乡人的内容。在《欧墨尼得斯》中，同样的三重戒律见于厄里倪厄斯对自己遭到侵权的严肃抗议（490起，特别是534—549），重点是尊敬父母（τοκέων σέβας），后者因俄瑞斯忒斯的弑母行为而受到威胁，而《乞援人》中的重点是异乡人的权利。在两段祈祷中，尊敬神明、父母和异乡人都被视为正义法令（θεσμοί）的总和（见《乞援人》708和《欧墨尼得斯》491、511、539）。F. A. Paley对《乞援人》的注疏提供了更多的相似点。欧里庇得斯同样知晓这种三重法则，因为当他在尊敬神明和父母之外又加上了尊敬“希腊人的共同律法”（即关于对待其他希腊城邦公民的不成文法则）时，他只是用更新和更合理的形式重申了尊敬异乡人的古老法则（《安提俄珀》，残篇38）。品达的《皮同凯歌》6.33省略（转下页）

始民间智慧（混杂了源于根深蒂固之迷信的原始礼节规则和注意事项）也以赫西俄德的农事格言诗形式首次浮出水面。[①]但出于其特性，手工艺术规则尤其拒绝将自己的秘密付诸文字，就像希波克拉底文集的医生职业誓言中所清楚展现的。[②]

这种意义上的教育不同于教化（Bildung），后者通过创造具有内在
24 完善性和特质的理想典型来塑造人。教化离不开浮现在精神中的关于人类应该怎么样的图像，它不关心用处或者视其为非本质的，而是着重于καλόν，也就是理想中必不可少的美。[③]这种教育动机上的对立贯穿了整个历史，是人性的基本组成部分。我们用什么词语描绘它并不重要。但显而易见，如果我们在具有历史依据的区别之意义上使用教育和教化这两种表达，那么教化的根源不同于我们当下在更宽泛意义上所称的教育。教化体现在人的整体形态，既有外在的行为和举止，也有内在的态度。两者并非源于偶然，而是有意识培养的成果。柏拉图曾把它与高贵犬种的培育进行过比较。培养最初来自一个小阶层，即国家的贵族。希腊古典时

（接上页）了异乡人，因为后者对该诗无关紧要，就像亚里士多德（《尼各马可伦理学》7.14.1163b16）以及其他提到同样的尊敬神明和父母之戒律的作者所做的。品达将这条法则的源头归于半人马喀戎的教诲，后者是阿喀琉斯等伟大神话英雄的老师。换句话说，该法则在他眼中代表了原始教育传统的核心。也许他是在教诲史诗《喀戎箴言》（Χίρωνος ὑποθῆκαι，见本书第204—205页）中读到的，他在其他地方提到过这首史诗。埃斯库罗斯的《乞援人》（708—709）证明这种戒律甚至以某种形式被写进了成文法（ἐν θεσμίοις Δίκας γέγραπται）。埃里安（Aelian）的《史林杂俎》（*Varia Historia*，8.10）告诉我们，该法则略加修改后被加入了德拉古的法律（人称θεσμοί）。这可能是在其他希腊城邦中的情况。

① 见本书关于赫西俄德的一章，第61页。

② 见本书第三卷，第426页。

③ 从荷马史诗到柏拉图和亚里士多德的哲学作品，“美的”（καλόν）这个词代表个人价值中最重要的范畴之一。与ἡδύ（快乐的）和συμφέρον（有用的）不同，καλόν表示理想。友谊并不以快乐或利益为基础，而是大多建立在共同的理想之上。只有当某个行动纯粹为了自身而表达人类理想，而非为其他目的服务时，它才是“出于美的”（διά τὸ καλόν）。荷马史诗中没有καλός κἀγαθός这种表达，但它无疑非常古老。如果梭伦的两行诗（残篇1.39—40）是真的，那么它将是最早将美预设为理想的现存文本。当用来形容人时，καλός表示体态优美而非个人价值（areté），这从梭伦的残篇和其他许多文本中可以清楚地看到。因此，必须加上κἀγαθός才能表达早期希腊社会关于人格的完整理想。它同时包含了优美的体态（ἀγλαόν εἶδος，参见堤耳泰俄斯，残篇7.9）和被认为与之相称的真正德性。任何因卑劣行为损害了自身德性的人既“辜负了自己的优美外形”，也“让血统蒙羞”（堤耳泰俄斯，前揭书）。这些东西的巧合被认为是正常和自然的。外在形态的美（εἶδος）被接受和尊崇为整个人格及其理想价值的可见表现。忒耳西特斯没有德性，因此荷马将其描绘成可笑丑陋的形象［《伊利亚特》2.216，αἴσχιστος δὲ ἀνὴρ ὑπὸ Ἴλιον ἦλθε（所有来到伊里昂的人中最丑陋的）］。

代的“高贵”（Kalos Kagathos）清楚地透露了它的起源，就像英语中的Gentleman那样。这两个词明显都起源于上层骑士阶级。但随着崛起的公民社会夺取了两者，该理念成为公共财产，至少也是普遍准则。

教化历史的一个基本事实是，所有高等文明源于人的社会分化，而后者则来自个体间的身体和精神差异。即使这种教化的分化会造成僵化和有特权的阶层，支配它的继承原则将通过来自强大民众力量的补充得到修正。哪怕暴力更迭让统治阶层彻底失去特权或遭到摧毁，在最短时间内也必不可少地会重新出现作为新贵族的领导阶层。贵族是一国之教化精神产生过程的源头。希腊教化的历史是全体希腊人的民族性格成型的重要过 25
程，它始于某种更崇高人类形象的出现。在古希腊的贵族世界，民族精英们被朝着那个方向培养。①一切文字传统都始于从广大民众阶层脱颖而出的贵族文化的完备状况，因此后者必将是历史观察的出发点。即使在最高的精神水平上，后世的所有教化都仍然清晰地带有起源的印记，哪怕在内容上有所改变。教化不是别的，而是不断精神化的一国贵族形态。②

就像下文所显示的，对于希腊教化的起源，我们无法从Paideia一词

① 见本书导言指出的区别：一边是纯粹**人类学**概念意义上的文化，表示特定民族的整体生活方式与性格，一边是把文化作为关于人类完美性的有意识理想。下面的段落使用的文化一词正是后者，即人文意义上的。这种“文化的理想”（希腊语的areté和paideia）是希腊人思想的独特创造。人类学的文化概念是现代人对上述原始概念的延伸，但它把一种价值观变成了可以用于任何民族的纯粹描述性范畴，甚至是“原始人的文化”，因为它完全失去了真正的责任意义。甚至在Matthew Arnold的文化定义中（“所有时代被想过和说过的最好东西”），这个词最初的教育学意义（人类完美性的理想）也已变得模糊。它导致文化成了某种博物馆，比如paideia从亚历山大里亚学派时期开始表示“学习”。

② 决不能把这句话当作我们强加在历史之上或者受政治理想启发产生的教条。它只是纯粹陈述了我们关于早期希腊传统的档案中的事实，并为其他许多经历过漫长和有机文化发展过程的民族所证实。当然，从未存在过任何孤立于大众的“代表性”阶级，此类团体（比如早期希腊的贵族）的文化是一种无意识且古老的更广泛传统的繁荣，包括整个社会有机体所共有的崇拜、制度和习俗形式。[一边是人文意义上的文化，即关于人类完美性（德性）的有意识理想，一边是更广泛和人类学意义上的文化，关于两者的区别见上一条注释。]T. S. Eliot正确地强调了两者的联系，见*Notes Toward a Definition of Culture*，重刊于*Partisan Review*，1944年，第2期。在早期希腊文学中，这种更加人类学意义上的文化首先出现在波俄提亚农民诗人赫西俄德的《工作与时日》中（见本卷第4章）。不过，从对人类完美性有意识理想的具体意义上出发，我们所称的文化仍然掌握在一个有限群体手中，那就是贵族。上述事实完全没有与后世的崇高（转下页）

的历史入手，因为这个词最早出现在公元前5世纪。[①] 这当然只是传播的偶然，如果新的材料出现，我们可能有机会找到更早的例证。但那也改变不了什么，因为最古老的例证清楚地显示，这个词在公元前5世纪初仍然仅仅表示“养育孩子”，与它不久后获得的和我们今天所看到的更崇高意义仍然相去甚远。希腊教化史天然的中心主题是德性（Arete）的概念，可以上溯到最古老的时代。现代德语无法提供一个公认的与之等价的词，而在其尚未被纯粹道德弱化的意义上，中古高地德语的tugende一词（表示最崇高的骑士男性理念，并与高贵的宫廷礼仪和战场上的英勇相联系）准确地对应了希腊语“德性”的意义。这清楚地表明，应该去哪里寻找这个概念的起源。它植根于骑士贵族的基本观念。德性的概念以最纯粹的形式概括了教育在该时期的含义。

（接上页）理想（即人人生而平等）陷入绝望的逻辑冲突，因为这条公理无意成为历史陈述，而是表达了一种形而上学信仰。接受该信仰会带来重要的实践结果，但无法改变过去。此外，虽然人文意义上的文化最初仅限于一个特定阶级，但该事实从未阻止后世要求让更多人从中受益。伯里克利时期雅典的民主文化是早期贵族传统长期而逐步变迁和扩展的最终成果。描绘这个公元前5世纪到公元前4世纪独一无二和具有普遍意义的发展过程是本书最重要的任务之一。

该过程的意义在于文化世界的大幅扩张，使其惠及整个城邦或民族；新的政治和文化统一的精神在该时期希腊人天赋的所有重要产物上留下了印记。对于从古老贵族生活方式到伯里克利民主的转变，我们不能仅仅将其理解成政治权利向民众的延伸。随着希腊文化从最初更加排外的形式发展为更加普世和人性化，它同时也遵循着自身的固有倾向。因为这种文化的形式本身从一开始就隐含了强有力的普世和理性元素，使其注定超越阶级局限，发展成为整个希腊民族乃至世界文明的文化。因此，它通过让自身形式适应变化的情势征服和走进了世界，但没有放弃本质。

这种转变背后的人文理念在于下面的假设：如果文化被视作来自“高贵出身”的特权，那么没有什么比作为理性生物的人本性中固有的东西更有资格获得这种特权。希腊的文化发展没有让高贵性庸俗化，而是通过向全人类提供更崇高生活方式的计划让他们变得高贵，那就是理性的生活。不仅如此，随后几个世纪中的新自治社会越来越清楚地认识到，实现这种计划不仅取决于文化的进一步扩张，而且需要不断维持高水平的人类活动。没有哪种社会形式的生存能离开对其最能干和最宝贵成员精心而有意识的教育，即使他们不再被认为属于拥有特权的贵族地主阶级。在理性层面上，唯一能取代世袭阶级统治的是最能干公民的统治，这些人被选拔出来并接受教育，以便为公共利益服务。不过，当我们看到希腊古典时代的哲学如此热切地关注选拔和教育工作时，这难道不是我们在希腊文化开端处遇到的相同问题，只是形式有所不同吗？至少，这正是后世教育者和文化领袖看待该问题的方式。他们考虑的不是特权而是德性，由此让“高贵性”回归其真正意义。当文艺复兴时期的人文主义者复兴了古典时代的精神遗产时，他们在接受古典文化理想的同时也接受了这种关于人的高贵或高尚的概念。启迪了文艺复兴的这种人文理念是现代文明的根源之一。希腊文化理想中隐含的这种高贵概念无疑对现代民主问题产生了有趣的影响，但作为历史研究的本书无意探究它们。

① 最早的例证来自埃斯库罗斯《七雄攻忒拜》18，这个词在文中的意思仍然相当于“养育”（τροφή）。见本书关于智术师的一章，第293页，注释①。

古希腊贵族文化的最早见证者是荷马，如果我们可以用这个名字指 26
代《伊利亚特》和《奥德赛》那两部伟大史诗。对我们来说，他既提供了那个时代生活的历史素材，也是对其理念的永恒诗意表达。我们必须同时从这两种视角来看待他。我们首先从他那里获得贵族世界的画面，接着探究贵族世界关于人的理想如何在荷马诗歌中形象化，由此远远超出最初狭窄的适用范围，成为教化的力量。一边是生命起伏不定的历史发展，一边是为了让理念准则得以永恒的艺术努力（每个具有创造力的时代都在其中找到了自己最崇高的表达），只有不断将两者结合起来看待，教化历史的过程才会变得可见。

无论在荷马那里还是在后世，对德性概念的使用常常是广义的，它不仅表示人的优点，也表示非人类存在的长处，比如神明的力量，或者高贵骏马的勇气和速度。[①]相反，普通人没有德性，一旦贵族子弟沦为奴隶，宙斯会夺去他的一半德性，他就变得和以前不一样了。[②]德性是真正的贵族特质。希腊人一直把突出的成就和力量视作任何统治地位不言自明的前提。统治与德性不可分割地联系在一起。这个词的词根和ἄριστος相同，后者表示最有才能和最杰出的，其复数形式一直被用来指代贵族。这种根据人的能力来评价他们的观点[③]自然也会如此看待整个世界。那就是 27
为何这个词被用于非人类领域，以及为何它的概念在后来的发展中也得到了扩展。但根据所需完成的任务，对人的能力的评价存在各种可以想象的标准。在荷马史诗中的后半部分，几乎找不到把“德性”理解成道德或精神特质的例子，[④]而是按照古老的思维方式将其理解成战士或竞赛者的力

① 骏马的德性见《伊利亚特》23. 276和374。另见柏拉图《理想国篇》335b，文中提到了狗和马的德性，353b提到眼睛的德性。神明的德性见《伊利亚特》9. 498。

② 《奥德赛》，17. 322。

③ 希腊人首先把德性看作一种做某事的力量和能力。力气和健康是身体的德性，聪明和理解力是精神的德性。鉴于这点，我们很难接受现代人的主观解释，即德性一词源于ἀρέσκω，意为讨好（参见M. Hoffmann, *Die ethische Terminologie bei Homer, Hesiod und den alten Elegikern und Iambographen*, Tübingen, 1914, p. 92）。诚然，德性经常包含社会认同的元素，引申出“尊敬”和“尊重”之意。但那只是次要的意思，源于所有早期人类价值中强烈的社会特征。这个词最初一定是对拥有者价值的客观描绘，代表他所特有的让他变得完善的力量。

④ 见《伊利亚特》15. 641起。文中将智力与身体和战斗能力并列，归于“各种德性”的总体概念之下。值得注意的是，较为晚近的《奥德赛》中应该可以不时找到这个词在更广义上的使用。

量和敏捷，特别是英雄式的勇敢，但我们并不把这种勇敢看作与力量分离的道德行为，它一直明显地包含在力量之内。

当这两部史诗诞生时，“德性”一词在日常用语中不太可能仅限于在荷马作品中占据主导的狭义解释。史诗本身已经认识到除了德性之外的其他标准，《奥德赛》就不遗余力地称赞精神上的优点，特别在是主人公身上，他的英勇常常被放在智慧和狡诈之后。勇力之外的其他优点可能已经被归入德性的概念，除了上面提到的例外，我们还可以在别的早期诗歌中找到例证。显然，日常语言会带着这个词的新意义进入诗歌作品。但这时，作为英雄力量和勇气之表达的德性已经深深地扎根于英雄诗歌的传统语言中，并将特别长久地保持这种意义。人的价值首先取决于这种特质，这在战事频发的民族大迁徙时代不言自明，其他民族那里也有类似情况。
28 与作为名词的“德性”相对应的是ἀγαθός，它与前者并不同源，但同样反映了贵族和战场勇气的密切关系，可以表示高贵、勇敢或能干。不过，这个词后来的“善的”意义仍不普遍，就像德性很少表示道德意义。直到更晚近的时代，“他作为英勇之人而死”①这样的形式化表达仍然保留了旧有的意义。这种意义上的使用常常出现在墓志铭和战场报道中。不过，所有这类词语②在荷马那里都带有普通的“伦理”意义，尽管战斗意义占据优势。两者都来自同一个根源：它们描绘了高贵的人，这些人在私人生活中和战场上都要遵守特定的行为准则，对普通人则并不这样。因此，骑士贵族的阶级法则一方面成了希腊教育的基础，为后来的城邦伦理提供了德性准则最重要的光彩，即对勇敢的要求。荷马将男性德性等同于勇敢，后来用于表示勇敢的“男子气概”一词仍然始终让人清楚地回忆起这点。另一方面，关于高贵行为的更高规定也来源于此。它更多体现在永远对每个人慷慨和在整体生活方式中的卓越，而非表现为公民道德意义上的特定

① ἀνὴρ ἀγαθὸς γενόμενος ἀπέθανε.

② 除了ἀγαθός，ἐσθλός也主要用于这种意思：它们的反义词是κακός。忒奥格尼斯和品达的语言显示，这些词直到很久之后仍与贵族保持着特殊联系，尽管随着希腊文化的发展，它们的意义发生了改变。将德性局限于贵族的用法在荷马时代司空见惯，但这种限制后来变得过时，特别是因为古老的理想从完全不同的角度得到了重塑。

要求。[1]

在荷马作品中，贵族的本质标志是其因自己的身份而承担的责任。他们要面对更严格的评价标准，但对此感到骄傲。贵族教育的关键在于唤醒对理想的责任感，使理想永远呈现于个人的眼前。这种情感或者说“尊严” 29
（Aidos）可以被随时唤起，它若遭到伤害，会在他人心中唤醒与之紧密相连的另一种情感：“复仇”（Nemesis）。[2]两者在荷马那里都是贵族阶级道德的特别概念。贵族的骄傲来自一长串显赫的先人，与之相对，他们认为自己的优越地位只能通过赢得这种地位的德性来维护。“贵族”（Aristoi）之名虽然是复数，但这个从民众中脱颖而出的群体内部也会为了德性的奖赏展开更激烈的争斗。按照骑士概念，战斗和胜利是真正男性德性货真价实的试金石。它们不仅表示从身体上征服敌人，还证明了通过艰苦体格训练获得的德性。后来在史诗中用于表示伟大英雄间短兵相接的Aristeia一词完全符合这种观点。[3]他们的全部生命和追求都是相互竞争的热望，是为了获得最高奖赏的竞逐。因此，诗歌叙事中总是对这类交战津津乐道。在和平时期，关于男性德性的竞争欲望在战斗游戏中找到了表现机会，比如在战争的短暂间歇向阵亡者帕特罗克洛斯（Patroklos）致敬的葬礼游戏，就像《伊利亚特》中所描绘的。这种竞争造就了千年以来为所有教育者所引用的诗句，即成为骑士的箴言——αἰὲν ἀριστεύειν καὶ ὑπείροχον ἔμμεναι ἄλλων（永

---

① 慷慨与大方这两种荷马美德在经济形势变化影响下的发展（直至品达时代）是拉德克里夫学院的Cora Mason小姐1944年的博士论文主题。另见J. Hemelrijk的论文Πενία *en* πλοῦτος (Utrecht 1925)。这些早期贵族社会的理想仍然活跃于亚里士多德的哲学研究中，《尼各马可伦理学》，4. 1—6。亚里士多德的慷慨（ἐλευθεριότης）和大方（μεγαλοπρέπεια）并非源于对穷人的怜悯感和社会同情，就像在早期基督教生活和作品中扮演了重要角色的“爱人”（φιλανθρωπία）与“好客”（φιλοξενία）那样。不过，这不能证明早期理想缺乏社会情感，只能说明其情感完全不同。这种情感完全是客观化的，在由其引起的行动中，它以恰当的荣誉（τιμή）等级为标准分配礼物。

② 关于αἰδώς和νέμεσις，见本书第7页注释③所引的M. Hoffmann的著作，特别是C. E. von Erffa的专论ΑΙΔΩΣ *und verwandte Begriffe in ihrer Entwicklung von Homer bis Demokrit*，刊于*Philologus*, Suppl. Bd. 30, 2（作者在我的建议下写了此文）。另见亚里士多德关于αἰδώς和νέμεσις的启发性分析，《尼各马可伦理学》2. 7. 1108a31起，以及对αἰδώς更准确的分析，4. 15。现有版本的《伦理学》中没有νέμεσις，可能在失传的第四卷结尾部分。

③ 亚历山大里亚学派的文法学家们经常把aristeia和特定英雄的名字连用，作为荷马史诗中某一卷的标题。

远是最优秀的，比别人出色）[①]——直到最新教育智慧的平均主义将其赶出课堂。在这句话中，诗人简练而中肯地概括了贵族的教育思想。当格劳科斯（Glaukos）和狄俄墨德斯（Diomedes）在战场上相遇，准备将自己描绘成与对方旗鼓相当的对手时，他按照荷马的方式介绍了自己的著名先人，然后他又说："希波洛科斯（Hippolochos）生我，我的血统来自他。在把我送往特洛伊时，他再三提醒我要不断争取最崇高的男性德性，超过其他所有人。"没有什么能比这更出色地表达高贵竞争的情感如何激励年轻的英
30 雄。《伊利亚特》第十一卷的作者多次用到这句诗。他还创造了一个类似的分别场景，在阿喀琉斯出发时，父亲珀琉斯给了同样的提醒。[②]

《伊利亚特》还从其他方面见证了早期希腊贵族世界中的高度教育意识。史诗表明，新时代的诗人已然不再满足于同战争相关的旧有德性概念，而是在德性中蕴含了完美之人的新形象。除了行为上的高贵，它也认识到精神上的高贵，并把将两者结合起来视作目标。意味深长的是，这种理念出自年迈的福伊尼克斯（Phoinix）之口，他作为希腊英雄典范阿喀琉斯的老师站在后者身旁。在关键时刻，他回忆了曾经教育这位年轻人成为"会发议论的演说家，会做事情的行动者"。后来的希腊人有理由把这句诗看作对希腊教育理想的最早表达，看作全面理解人类的努力。[③]人们乐于在注重修辞的"上层文化"（Überkultur）时代引用这句诗，以便赞美英雄时代的实干性，并将其与我们自己轻实干和重话语的存在加以对比。这样做还反过来揭示了古代贵族文化的精神特征。能言善辩是精神优越性的标志。福伊尼克斯说这句话时，希腊人首领的使者们正受到愤怒的阿喀琉斯接见。诗人把后者和巧舌如簧的奥德修斯（Odysseus）与沉默寡言的实干家埃阿斯（Aias）做了对照。以这种对照为背景，最高贵人类形象的理想变得更加清晰。作为沟通者的第三位使者福伊尼克斯曾经按照该理想教育自己的弟子阿喀琉斯，而诗人也希望在这位最伟大的英雄身上展示

① 《伊利亚特》，6.208。

② 《伊利亚特》，11.784。这段提醒在该段落中无疑是次要的，重复了格劳科斯与狄俄墨德斯相遇时的话（《伊利亚特》6.208）。

③ 西塞罗的《论演说家》3.57引用了这句诗（《伊利亚特》9.443），他所借鉴的那位希腊作者持此观点。作为撰写教育史的首次尝试，整个这部分都令人产生兴趣。

它。我们因此认识到，在这个新的时代，把“德性”一词的意义等同于战 31
斗能力的古老传统，已经不再阻碍根据时代的更高要求对高贵人类的形象进行改造，观念的变化后来还将引起词义的发展。

本质上与德性联系在一起的是荣誉，在人类集体生活的早期，荣誉是能力和功绩不可分割的同伴。根据亚里士多德的优美解释①，荣誉是一种自然标准，用来衡量人类为接近自己所追求的德性目标而产生的尚未内化的想法。“人类追求荣誉显然是为了证实自身的价值。因此，他们寻求有判断力者和熟人的尊敬，并以自身的真实德性为依据。这就表明，他们把德性本身看得更加重要。”后来的哲学思想把人交给他们内心的衡量标准，教导他们把荣誉看作内在价值在人类集体评价中的纯粹外部反映。而在荷马人物的意识中，价值仍然是他们所属社会的标志。他们是阶级生物，根据在同伴中享有的影响衡量自己的德性。深谙哲理者可以放弃外部的赞赏，但他们可能也无法完全对其视而不见（同样是亚里士多德的看法）。②

相反，对于荷马和他那个时代的贵族世界来说，荣誉被拒绝是人最大的悲剧。英雄们不知疲倦地相互表达敬意，因为那是他们整个社会秩序的基础。他们对荣誉的热爱完全无法满足，但这并非出于个人道德性质的特点。不消说，更伟大的英雄或更强大的首领享有更高的荣誉。古人从不羞于通过同胞所赞许的功劳为自己争取相应的荣誉。因此，对报酬的要求
只是次要考虑，不具有决定性。对人的赞美（ἔπαινος）和责难（ψόγος） 32
是荣誉和羞辱的源头。后来的伦理哲学将赞美和责难视作基本的社会事实，认为从中诞生了人类集体生活的客观标准。③希腊人良心的绝对公开性让现代人很难想象，事实上，古希腊思想中缺乏类似于我们的个人良心概念。④但对于令我们如此难以深入理解的荣誉概念及其对古人的意义而

① 《尼各马可伦理学》，1. 5. 1095b26。

② 见亚里士多德写给安提帕特的信（残篇666，Rose），信中提到了他对德尔斐人敌视态度的反应。这位伟大的学者因为编写德尔斐运动会胜利者的编年史而获得荣誉，但当亚历山大死后，德尔斐人取消了给他的荣誉。显然这部作品在马其顿国王支持下才可能完成。

③ 《尼各马可伦理学》，3. 1. 1109b30。

④ 见F. Zucker，*Syneidesis-Conscientia*, Jena, 1928（参见本书第329页）。我们可以说，在荷马时代，个人良心的位置被本书第9页提到的“尊严”和“复仇”情感占据（参见von Erffa关于“尊严”的书，本书第9页注释②所引）。但这种情感完全取决于永远存在于个人头脑中的客观社会法则，他必须遵守这种理想法则。

言，认清这个事实是首要前提。对基督徒的情感而言，为自己争取赞赏以及寻求荣誉和肯定的行为是有罪的个人虚荣。但对希腊人来说，这意味着个人向着理想和超人境界的成长，他们的价值完全来源于此。因此，英雄的德性在某种意义上直到他肉体死亡时才臻于完美。德性存在于有死之人身上，但它不只是有死之人本身，还会以声望的形式留存更久，德性的理想形象不仅在他生前一直伴随在他的身边和身后，在他死后也会继续存在下去。[①]就连神明也需要荣誉，对崇拜集体赞美他们的行为扬扬得意，对任何损害他们荣誉的举动心怀嫉恨。这么说来，荷马的神明是一个不死的贵族社会。向神明致敬表达了希腊崇拜仪式和虔诚的本质：虔诚意味着“对神表示尊敬”，[②]在德性的基础上尊敬神和人是人类的原始本能。

《伊利亚特》中阿喀琉斯的悲剧性冲突可以由此理解。他对希腊人感到愤怒，拒绝帮助同胞，这并非源于个人过度的求名欲望。对荣誉的热爱程度仅仅对应了英雄的伟大程度，希腊人觉得这理所当然。如果英雄的荣誉受到伤害，那么特洛伊城下亚该亚英雄们的战斗集体之根基将遭到最严
33 重的动摇。侵害他人荣誉者最终也将再无法看清真正的德性。今天，爱国元素可能会帮助减轻这个困难，但古代贵族世界对此是陌生的。[③]阿伽门农只能专横地诉诸自己的领袖权力，而贵族情感对这种动机同样陌生，因为领袖只被看作“同辈中的第一人”（primus inter pares）。当阿喀琉斯通

---

① 这尤其体现在希腊人的取名体系中。他们的名字常常取材于社会理想，因此经常涉及荣耀、名誉和名声等概念，并加上其他一些表达这些名声或名誉的程度或缘由的词语［如伯里克利（Pericles）和忒米斯托克勒斯（Themistocles）］等（译按：即“关于名声”和“律法之名”）。名字是对其所有者未来德性的预期，确定了他一生的理想模式。希腊名字在这点上不同于希伯来或埃及名字，关于后者的性质，见 Hermann Ranke, *Grundsätzliches zum Verständnis der ägyptischen Personennamen* (Sitz. d. Heidelberger Akad. XXVII, 3. Abh. 1937)。

② “神一样的”（τὸ θεῖον）=最“受尊敬的”（τὸ τῖμιον），亚里士多德，《尼各马可伦理学》1. 12，特别是1102a4。当流行希腊语言和思维的世界被基督教化时，希腊宗教思想的这种基本态度也开始对基督教思想和习惯造成深刻的影响，就像纪元之初的几个世纪里的希腊-基督教作品和崇拜所展现的。祷词、布道和基督教赞美诗的历史将揭示很多这方面的内容。

③ 不过，对希腊人“祖国”概念（πατρίς，πάτρα）历史发展的研究必须从荷马开始。但值得注意的是，这种政治情感令人难忘的最早例证不是来自《伊利亚特》中的著名希腊英雄，而是体现在特洛伊城的守护者和特洛伊人的宠儿赫克托耳身上［参见他的名言，εἷς οἰωνὸς ἄριστος ἀμύνεσθαι περὶ πάτρης（最好的征召是为国而战），《伊利亚特》12. 243］。爱国热情并非诞生于古代大帝国或荷马的贵族世界，而是城邦兴起的结果，首先反映在前文所引的那些史诗段落中。这种情感与“选民”思想截然不同，现代世俗民族主义从古代以色列人的宗教爱国主义那里继承了后者。那种形式的爱国主义是宗教或其替代品。

过自己的行动所挣得的荣誉被拒绝时，他的感受中也混杂了这种阶级情感。但这并非关键所在，侵害的根本重点在于，被拒绝荣誉的是杰出的德性。①第二个因为荣誉被拒绝而引发悲剧结局的著名例子是埃阿斯，那是亚该亚人中仅次于阿喀琉斯的英雄。人们没有把阵亡了的阿喀琉斯的盔甲交给他，尽管他比获得它们的奥德修斯更有资格穿戴。埃阿斯的悲剧以发疯和自杀告终，②阿喀琉斯的愤怒则把希腊军队带到了崩溃的边缘。对于荷马来说，被损害的荣誉是否能得到修复是个难题。尽管福伊尼克斯建议阿喀琉斯不要把弓拉得太满，让他看在同胞的困境分上接受阿伽门农的礼物，把它们视作谢罪。但阿喀琉斯在最初的故事中固执地拒绝了谢罪。无独有偶，当冥府里的埃阿斯面对昔日对手奥德修斯的同情话语时，他没有回答，而是沉默地转向了“黑暗死者国度中的其他亡魂”。③忒提斯（Thetis）请求宙斯说：“帮助我，给我儿子荣誉，他注定像英雄那样生命短暂。阿伽门农夺走了他的荣誉。奥林波斯的神，请给他荣誉。”④诸神的首领同意了，让失去阿喀琉斯帮助的亚该亚人在战斗中处于下风，从而让他们认识到，欺骗了他们最伟大英雄的荣誉多么错误。

到了希腊历史更晚近的时代，对荣誉的热爱不再是值得赞美的概念，
而是主要相当于我们的虚荣心。但即使在民主时代，还是可以找到足够 34
多对热爱荣誉的正当性给予肯定的例子，无论是在城邦政制还是个人行为中。⑤对我们来说，想要深入理解这种思想的道德高贵性，没有什么比亚里士多德的伦理学⑥所描绘的“伟大灵魂”（megalopsychos）——也就是乐观或高尚的人——更发人深省的了。柏拉图和亚里士多德的伦理学思

① 《伊利亚特》，1. 412；2. 239—240；9. 110和116；16. 59；特别是9. 315—322。当希腊军队的代表请求阿喀琉斯回到战场并接受阿伽门农的赔罪条件时，英雄断然拒绝：“我看阿伽门农劝不动我，其他的达纳厄人也不行，因为同敌人不断作战不令人感谢。那待在家里的人也分得同样的一份（μοῖρα），胆怯的人和勇敢的人荣誉相等。”这里的荣誉（τίμη）是公众感谢（χάρις）的客观社会表现，这种感谢源于为整个集体所做的杰出贡献，无法用物质补偿代替。

② 史诗诗系中的《小伊利亚特》描绘了埃阿斯之死，索福克勒斯《埃阿斯》的情节借鉴了它。

③ 《奥德赛》，11. 543起。

④ 《伊利亚特》，1. 505起。

⑤ 亚里士多德（《尼各马可伦理学》4. 4）试图在好和坏的意义上分化“爱荣誉”（φιλοτιμία）。色诺芬在好的意义上使用这个词，如《回忆苏格拉底》2. 3. 16和《论骑兵将领》（Hipparchicus）2. 2等处，伊索克拉底9. 3同样如此。

⑥ 《尼各马可伦理学》，4. 7—9。参见我的论文*Der Großgesinnete* in *Die Antike* VII, 97ff.。

想在许多地方以古希腊的贵族伦理为基础。有必要从思想史角度对其进行完整的诠释。通过崇高化，古老的概念获得了普遍的哲学意义，不再受到阶级局限，而它恒久的真理性和无法破坏的理想性则变得更加明确。公元前4世纪的思想自然不同于荷马时代的，我们不能指望在荷马史诗中找到前者的概念，或者是与其完全对应的等价品。但就像所有时代的希腊人那样，亚里士多德在许多方面直接把目光对准了荷马作品中的形象，完全以后者为模板发展了自己的概念。由此可见，出于对古希腊思想的理解，他的内心远比我们的时代接近那种思想。

把高傲或高贵看作伦理德性的想法对我们时代的人仍然是陌生的，似乎值得注意的是，亚里士多德并不将它和其他德性一样看作是独立的，而是把它视为其他德性的前提，足以“在某种程度上作为它们最重要的装饰品”。[①]想要正确理解这点，我们必须认识到，这是哲学在道德意识的分析过程中试图为古代贵族伦理的高傲德性寻找位置。在另一个地方[②]，他甚至表示，阿喀琉斯和埃阿斯对他来说是这种特质的典范。作为纯粹自尊心的高傲没有道德价值，反而显得可笑，除非这种心灵状况背后存在完全
35 的德性。完全的德性是一切卓越的最高结合，亚里士多德和柏拉图都毫不避讳地用“美和善”（Kalokagathie）的概念来形容它。[③]但这两位伟大的雅典哲学家都忠于自己伦理思想的贵族源头，认为只有在高贵者的心境中，德性才能真正臻于完善。对亚里士多德和荷马的观点来说，将“伟大灵魂”看作精神和道德人格最高表达的理由在于德性的可敬。[④]“因为荣誉是对战场德性的奖赏，人们把它给予卓越者。”因此，高傲意味着德性的提高。但同样需要指出，真正的高贵对人类是最困难的。

---

① 《尼各马可伦理学》，4. 7. 1124a1。

② 《后分析篇》，2. 13. 97b15。

③ 关于Kalokagathia的起源和含义，见本书第4页注释③。亚里士多德把它与高尚紧密联系在一起，后者应该建立在全面掌握德性的基础上，见《尼各马可伦理学》，4.7.1124a4。Kalokagathia一词［表示柏拉图所谓的“全部德性”（πᾶσα ἀρετή）］在《尼各马可伦理学》其他地方没有被讨论或使用（只是在10. 10. 1179b10被简单提到）。在这部专著的前身《欧德摩斯伦理学》中（8. 15），那个词的用法仍然是柏拉图式的，表示特定德性的总和（αἱ κατὰ μέρος ἀρεταί）。在柏拉图的时代，οἱ καλοὶ κἀγαθοί通常表示富人（参见《理想国篇》569a）。但柏拉图把这个词从阶级特权的含义中解放出来，试图恢复它更古老的意思。

④ 《尼各马可伦理学》，4. 7. 1123b35。

早期希腊贵族伦理对于塑造希腊人的基本意义在这里变得非常明显。我们马上意识到，希腊人关于人和德性的思想发展始终如一。尽管内容在随后的多个世纪中有了改变和丰富，它始终保持着稳固的形式，就像它在古老贵族伦理中形成时那样。希腊教育理想的贵族特征就建立在这种德性概念之上。

我们希望进一步探索这种概念的终极动机。在这点上，亚里士多德可以再次成为我们的向导。他教导说，人对完善德性的追求应该被理解成一种最高贵的自爱（φιλαυτία）的结果。[①]这不完全是抽象思考中的心血来潮（如果这样的话，把它与早期希腊的德性相比较将是误导性的），而是出于合理的理想自爱思想。这位哲学家有意识地将其与他所在的启蒙“利他”时代的通行判断加以对照，以便为其辩护，并带着特别的偏爱探究它。通过此举，他再次揭示了希腊道德思想的原始根源。与他对荣誉欲和高傲的积极评价一样，他对自爱的推崇同样源于对贵族伦理基本观点富有成果的哲学深化。如果我们正确理解了“自我”（不把它与肉体的自我相 36
联系，而是与人的更崇高形象联系起来，后者浮现在我们的精神面前，每个高贵者都努力在自己身上实现它），那么只有当人们向自己提出对于最崇高德性的要求，“特别是为自己获得美”，才能称得上对自我最高的爱。[②]很难把这个完全属于希腊人意识的表达翻译成德语。对美（在希腊人看来，美的意义一直等同于高贵和卓越）提出需要和占有它意味着不放过任何争取对最高德性嘉奖的机会。

亚里士多德的“美”意味着什么？我们自然会想到对后世文化人的优雅个人崇拜，或者不受限制的自我美学塑造和自我精神充实这些非常具有18世纪特色的追求。但恰恰相反，亚里士多德本人的话毫不含糊地指出，他首先着眼于道德英雄主义的行为：自爱的人会不知疲倦地支持自己的朋友，为祖国牺牲，甘愿付出金钱、财产和荣誉，以便“让自己获得美”。[③]那个特别的表达再次出现，现在它表明为何对亚里士多德来说，为

① 《尼各马可伦理学》，9.8。
② 同上，9.8.1168b27。
③ 同上，9.8.1169a18起。

了理想所做的最高自我献身正是高度自爱的证明。“对于如此充满自爱的人来说，生活在最高快乐中的短暂时间胜过在迟钝平静中的长期存在。他宁愿在追逐崇高目标中度过几年，而不是漫无目标地经历漫长的一生。他宁愿完成唯一的崇高而伟大的事，而不是许多平凡小事。”

这些句子表达了希腊人最本质的生命情感，即英雄主义。在这点上，我们觉得自己的习惯与本性和他们相近。这是揭开希腊历史的本质，从心
37 理上理解这段短暂而无比崇高的辉煌的钥匙。“为自己获得美”这句话以独一无二的明晰方式表达了希腊德性的内在动机。早在荷马的贵族时代，它已经将希腊人的英雄主义与狂野愤怒的纯粹不怕死加以区别，前者把肉体置于更高的“美”之下。在用生命交换美的过程中，确立自我的人类自然本能正是通过自我献身获得了最高的实现。一边是放弃金钱和财产，是古代的伟大英雄们为了获得永恒荣誉的奖赏而甘愿经历辛劳、战斗和死亡，另一边是诗人和立法者为了留下不朽的精神创造而努力——在柏拉图的《会饮篇》中，狄俄提玛（Diotima）将两者相提并论，把它们都解释成推动凡人追求自我不朽的至高欲求。这被解释成人类对荣誉热爱之悖论的形而上学基础。[1]在留存下来的为称颂友人赫米亚斯［Hermias，阿塔内俄斯（Atarneus）的僭主，通过献出生命证明了对自身哲学和道德理想的忠诚］德性所写的颂诗中，亚里士多德详细地将他的哲学概念与荷马的英雄德性联系起来，并与阿喀琉斯和埃阿斯这样的榜样做了比较。[2]在他所描绘的自爱画面中，许多特征显然借鉴了阿喀琉斯的形象。这两位伟大哲学家和荷马诗歌之间连接着一条不间断的链条，见证了希腊远古时代德性思想有生命力的延续。

---

① 《会饮篇》，208—209。

② 参见拙作 *Aristoteles* (Berlin 1923) 118。

第2章

荷马贵族的文化与教育

除了考察作为希腊人教育核心概念的德性（Areté），还可以用“荷马”诗歌提供给我们的关于早期希腊贵族生活的动人画面来补充说明前者。这将确证我们此前的探究所得出的结论。 38

如果今天有人把《伊利亚特》和《奥德赛》当成早期希腊文化的素材，那么他不能将它们视作整体，视作同一个诗人的作品，尽管我们在实践中继续心照不宣地提及“荷马”，就像古人那样（他们最初甚至还把其他许多史诗归到这个名字之下）。[①]在古典希腊这样尚无历史意识的时代，我们的这两首史诗终于从大堆作品中被挑选出来，它们被认为具有最高的艺术水准，而其他作品则配不上荷马。不过，这不会束缚我们的科学判断，也不是真正意义上的传统。从历史眼光来看，《伊利亚特》整体上更加古老，而《奥德赛》反映了文化的较晚发展阶段。明确了这些以后，确定每首史诗出现的具体世纪就成了紧要问题。当然，我们用来解决问题的材料同样大多只存在于这些诗歌本身。与之相对应的是普遍的不确定，无论相关工作多么富有洞见。诚然，过去50年的发掘大大拓宽了我们对史前希腊的认识，特别是为关于英雄传说之历史实质的问题找到了更明确的答案。但不能断言，确定这两首史诗时代的工作因此取得了进展，因为它 39
们距离传说的诞生相隔了多个世纪。

---

① F. G. Welcker在*Der epische Cyclus* (Bonn 1835)中首次强调了这个事实，他试图重建早期希腊史诗文学的全貌。

确定时代的主要途径仍然是分析诗歌本身。但分析的最初目的并非如此，而是源自古老传统。该传统谈及对史诗相对较晚的编辑，并为推测史诗早前以零星的独立歌谣形式传播时的状况打开了大门[①]。最初的分析工作完全建立在逻辑和美学的基础上，将其与我们对早期希腊的历史文化面貌的了解联系起来主要归功于维拉莫维茨（Wilamowitz）。[②]真正的问题在于，今天我们是否只在把《伊利亚特》和《奥德赛》视作整体的前提下使用这种当代史的考察方式（这相当于放弃）？或者我们应该继续扩大早前建立在有力假设上的尝试，在史诗内部区分不同时代和特点的层次？[③]这与应该首先将史诗作为整体进行艺术评价的合理但远未实现的要求无关，而是涉及荷马作为诗人的影响。不过，如果像今天的顶尖学者相信的那样，《奥德赛》中最重要的相关部分诞生于公元前6世纪中叶，那么就不可能把该作品当作对早期希腊贵族的历史描绘。[④]无法通过任何纯粹的怀疑来回避这点，如果提不出有根据的反对，那就只能承认所有的结论。

40 我在这里自然无法给出自己的分析，但我相信可以证明，《奥德赛》第一卷［基希霍夫（Kirchhoff）以来的评论家认为那是最后被编入史诗的部分］在梭伦时代（很可能在他于公元前594年担任执政官之前）就已经被认为出自荷马，因此肯定最晚在公元前7世纪已经被认为是荷马的作品

---

① 随着1795年F. A. Wolf的名著*Prolegomena ad Homerum*出版，这种争议开始甚嚣尘上。这部作品几乎紧跟着对古代亚历山大里亚学派史诗理论的重新发现以及后来的批判传统而出现，该传统通过最古老的威尼斯荷马抄本上的注疏流传到现代（由Villoison侯爵于1788年初次刊印）。

② 从早期的*Homerische Untersuchungen*一书到名著*Homer und die Ilias*，再到后期的专著*Die Heimkehr des Odysseus*，Wilamowitz对荷马问题的全部贡献都反映了这种新的历史趋势。他始终试图将史诗的发展同重大考古发现以及我们对早期希腊诗歌寥寥无几的认识进行比较。另见他的讲座*Das homerische Epos* in *Reden und Vortraege*, Bd. 1。由E. Bethe著和Schwartz编的关于荷马的著作遵循同样的路径。相同的倾向也盛行于当时的考古学家之中，包括Schliemann、Doerpfeld、Evans及其后继者，他们试图通过发掘出的新证据来解答史诗问题。

③ 抛弃对荷马史诗分析的明显倾向可以在Dornseiff的*Archaische Mythenerzahlung* (Berlin, 1933)和Jacoby的*Die geistige Physiognomie der Odyssee* (in *Die Antike* IX, 159)等现代作品中找到。在英语世界的学者中，这种倾向一直很强烈。较新的代表是美国人J. A. Scott和S. E. Bassett，他们的著名作品（收入Sather古典系列）从原则上反对19世纪荷马学术研究中的分析精神。G. M. Calhoun的文章也必须归入此列。

④ 一些顶尖现代学者持此观点，如Schwarz, *Die Odyssee* (Munich 1924)和Wilamowitz, *Die Heimkehr des Odysseus* (Berlin 1927)。后者在书中表示（第171页起）：“任何不区分荷马史诗中语言、宗教或道德内容差异的人，或者任何追随阿里斯塔库斯（Aristarchus），将自己与新观点（νεώτερον）划清界限的人，他们都放弃了认真看待一切的机会。”

了。[①]维拉莫维茨在他后来的补充中不得不承认，公元前7世纪和公元前6世纪非常激烈的思想运动对《奥德赛》毫无影响，但即使他暗示后来的诵诗人作品显得学究气和远离生活，也很难充分解释这点。[②]另一方面，在现有形式的《奥德赛》的整体情节中，普遍的伦理和宗教理性主义一定来自更古老时代的伊奥尼亚，因为早在公元前6世纪初，那里就已经诞生了米利都派自然哲学，但后者并非《奥德赛》中的社会状况以及地理和政治观点的合适背景。[③]我无条件地相信,《奥德赛》总体上在赫西俄德之前就存在了。此外我坚信，某些关于这首伟大史诗诞生的基本和独特理解要归功于语文学分析（philologischen Analyse）。即使我们永远无法凭借建设性的想象和批判性的逻辑彻底弄清这些秘密，语文学分析也有其存在价值。被宠坏的研究者们希望知道的比所能知道的更多，这常常导致研究欲望受到不公正的羞辱。今天，如果要像本书这样谈论《伊利亚特》中较晚近的层次，那么似乎必须提供新的依据。我认为可以做到这点，尽管并不是在本书。虽然《伊利亚特》在整体上比《奥德赛》更加古老，但前者获得现有伟大史诗形式的时间与后者最终形态出现的时间相距并不那么遥远。
《伊利亚特》显然是这种创作形式的伟大模板，但伟大史诗的特点属于特 41
定时代，并将很快扩展到其他材料。此外，分析过程中存在一个偏见，即毫不犹豫地认为史诗时代的晚期在艺术上相形见绌，偏见的原因在于分

① 见拙作*Solons Eunomie* (*Sitz. Berl. Akad.* 1926), 73ff.。我在文中指出（我认为这毫无疑问），梭伦在哀歌“我们的城邦”（Ἡμετέρα δὲ πόλις）中反映了《奥德赛》第一卷中宙斯在诸神大会上的讲话（另见本书第152页）。梭伦的这首哀歌与雅典的社会动荡有关，他试图通过自己的改革（公元前594年）平息动荡。作品显然指涉改革之前的时期，因此为我们的《奥德赛》在公元前7世纪初的形式提供了宝贵的线索。由此可见，梭伦时代的《奥德赛》包含了史诗中“忒勒马科斯的故事”和第一卷，这两部分被Adolf Kirchhoff等注疏者认为是最晚近的。在Wilamowitz和Schwarz等现代学者看来，Kirchhoff对《奥德赛》的分析似乎在逻辑上言之凿凿，他们自己的分析工作也大多建立在前者的结论之上。他们认为《奥德赛》第一卷要比现在梭伦哀歌中的模仿所显示的要晚得多。鉴于上面提到的事实，他们的结论必须被修正。Rudolf Pfeiffer在关于Wilamowitz和Schwarz著作的书评一针见血地指出了这点，见*Odyssey*, in *Deutsche Literaturzeitung* 1928, pp. 2364和2366。F. Jacoby相信《奥德赛》的上限甚至更早，并提出了新的理由，见*Die Antike* IX, 160。

② Wilamowitz，前揭书，第178页。

③ Wilamowitz，前揭书，第182页。他认为忒勒马科斯的故事创作于希腊本土（这种观点与他在*Hom. Unters.*第26页的说法矛盾），并提到了“科林斯文化圈”。我对他的论证并不信服。Jacoby也提出异议，前揭书，第161页。

析工作始于浪漫主义时代，并对民歌拥有独特的观念。“人之常识”对批评家典型的不信任，很大程度上正是由于对史诗发展最后阶段的“编辑工作”存在这种偏见，导致低估了它的创作意义，甚至故意贬低它，而不是从艺术角度理解它。这种怀疑的基础永远是各种研究成果之间的矛盾。但在如此重要的问题上（就连学科本身也必须为此不断检验自己的基础），不应让这种不信任享有最后的发言权，尽管我们无法再像长久以来的批评家那样好高骛远。

在较早的那首史诗中，战斗场景占据绝对优势，符合对迁徙时代的希腊民族的假定。《伊利亚特》把自己的世界设想成一个几乎完全由作为古老英雄精神的德性所统治的时代，作品中的所有英雄身上都体现了这种理想。一边是歌谣里描绘的传说中古老骑士的形象，一边是史诗所在时代活的贵族传统（已经明显有城邦生活的特点，尤其是赫克托耳和特洛伊的形象所表明的），史诗将两者融合成无法分离的理想整体。作品中的勇士都是有身份的贵族。战斗和胜利是对他们最高的嘉奖和最本质的生活内容。《伊利亚特》主要描绘了生活的这个方面，这显然是由素材造成的，《奥德赛》就很少有机会描绘英勇的战斗。但如果史诗的来历中有什么可以确定的事实，那就是最古老的英雄歌谣赞颂战斗和英雄行为，《伊利亚
42 特》的素材便诞生于这些歌谣和传统。[①]这首作品的更古老特征也清楚地体现在素材中。《伊利亚特》中的英雄不仅在勇武精神和荣誉欲望上显示出自己是本阶层的真正代表，而且在其他行为上也处处表现出贵族风范，具有贵族的全部优点和显而易见的弱点。我们无法想象他们生活在和平中，他们属于战场。除此之外，我们只看见他们在战争间隙用餐、献祭和议事。

《奥德赛》中的画面截然不同。英雄回家（Nostos）的主题非常自然地承接特洛伊城下的战斗，架设了通往英雄们在和平生活中生动形象和感人画面的桥梁。这类传说本身非常古老。但较晚近时代的人偏爱英雄生

① 在《伊利亚特》9. 189中，κλέα ἀνδρῶν（字面意思为“男儿之名”）被用来表示游吟诵诗人们所传播的“歌曲”，它足够清楚地显示了所有史诗歌曲的起源。见G. W. Nitzsch, *Sagenpoesie der Griechen* (Braunschweig, 1852) 110。

活的人性方面，他们在思想上疏远血腥的战场描绘，感到有必要在古代传说中的命运和人物身上更多反映他们自己的生活。当《奥德赛》描绘在战后，在历险途中，在家乡的家庭和宫廷、家人和交际生活中的英雄们时，作品借鉴了自己时代的真实贵族生活形式，朴素而生动地把它们投射回到更早的时代。因此，这是我们关于早期贵族文化的主要材料来源。它属于伊奥尼亚（《奥德赛》无疑诞生在那儿），但在这里我们应该将其视作上述文化的典型。可以清楚地感受到，《奥德赛》所描绘的东西不属于古老英雄歌谣所传唱的场景，而是建立在自身的现实观察之上。在史诗传统中，这类家庭场景素材的范例要少得多。史诗传统重视英雄本人及其行为，而不是对现状的平静描述。新元素的出现不仅是选择不同素材的结果，和素材的选择一样，这本身也源于更加喜欢沉思的平静安逸时代的口味。

《奥德赛》将生活在自己宫廷和田庄里的贵族阶层的文化作为整体加以看待和描绘，这是从艺术角度观察生活和提出问题方面的进步。史诗变 43
成了小说。如果说《奥德赛》世界的画面在边缘部分一再涉及诗人的历险想象和英雄的传说，直至进入了童话和神奇的世界，那么在描绘家乡的状况时，作品就显得更加真实。诚然，后者中同样不乏童话般的描绘，比如墨涅拉俄斯王宫的壮丽，或者富有的淮阿喀亚君主的宫殿，令奥德修斯简朴的乡间庄宅相形见绌（显然受到昔日迈锡尼时代的伟大统治者和强大国家的豪华与艺术热情启发，甚至可能受到来自同时代东方的模板影响）。[①]但在其他地方，这种贴近生活的现实区分了《奥德赛》和《伊利亚特》中的贵族形象。就像我们指出的那样，《伊利亚特》中的贵族大部分是理想的想象，是在古老英雄歌曲中的传统形象的帮助下创造出来的。这种形象完全从确定了那类传统形式的视角出发，即对早期英雄的超人德性的钦佩。只有像忒耳西特斯（Thersites）的口角这样的少数政治现实段落，才暴露了作品相对较晚的创作时间（现有形式的《伊利亚特》的形成延续到

① 关于荷马诗歌中反映的前荷马时代绝对君主制的特征，见M. P. Nilsson, *Das homerische Koenigtum* (*Sitz. Berl. Akad.* 1927), 23ff.。考古学著作中讨论了荷马诗歌中关于前荷马时代迈锡尼艺术的记忆；另见G. Finsler , *Homer* (2nd ed. Leipzig, 1914–18), p. 130f.。

了那个时代），比如不敬的语调，或者“放肆者”对贵族首领的称呼。[1]忒耳西特斯是整个荷马作品中唯一真正的反面讽刺对象。一切都表明，当新时代的第一波攻击到来时，贵族仍然地位稳固。诚然，《奥德赛》中没有此类新式政治情节，当国王不在时，伊塔卡的公共事务由贵族领导的公民大会管理，而淮阿喀亚城也是国王统治下的伊奥尼亚城邦的真实写照。[2]但对诗人来说，贵族显然已经是社会和人的问题，并且他从一定的距离之
44 外看待它。[3]因此，他可以客观地把这个阶层作为整体加以描绘，尽管对其中卑劣的代表不乏尖锐批评，但对真正贵族观念和形象的价值仍然表现出显而易见的热切同情。对我们来说，他对这些观念和形象的见证不可或缺。

《奥德赛》中的贵族是个封闭阶层，对自己的特权、领导地位以及更高贵的道德和生活方式具有强烈意识。与《伊利亚特》中的宏大热情、超人形象和悲剧命运不同，我们在较晚近的那部史诗中找到了大量更具人性的形象。他们都表现出一些人情味和可爱之处，他们的言谈举止充满了后世修辞学家所说的“性格”（Ethos）。人与人的交流中表现出最高贵的教养，比如瑙西卡娅（Nausikaa）在面对以令人惊讶的形象出现的奥德修斯时的智慧和沉稳（后者赤身裸体地被海浪冲上岸，并寻求庇护）；或者忒勒马科斯（Telemachos）与客人门特斯（Mentes）交谈，以及在涅斯托耳（Nestor）和墨涅拉俄斯的宫殿中的经历；或者阿尔喀诺俄斯一家对那位伟大来客的热情接待，以及国王夫妇对奥德修斯无法形容的盛大送别；同样值得一提的还有老猪倌欧麦俄斯（Eumaios）与化身为乞丐的老主人的相遇，或者他与年轻的少主人忒勒马科斯的交谈。不过，与这些场景中的真正内在教化相对的是已经变成纯粹正确形式的教化，后者在推崇优雅表达和举止方式的地方一直存在着。尽管忒勒马科斯与傲慢而蛮横的求婚者们相互仇视，但他们之间的交谈形式仍然体现了无可指摘的礼貌。无论是贵族抑或平民，这个社会的代表都保持着一致的特点，即在各种情形下

① 《伊利亚特》，2. 211起。
② 关于伊塔卡，见《奥德赛》第二卷；关于淮阿喀亚人的城市，见第六卷到第八卷。
③ 诵诗人很少出身贵族，但在短长体诗歌、抒情诗和哀歌领域有过好几位贵族诗人（Wilamowitz，前揭书，第175页）。

都彬彬有礼。求婚者们的无耻作为是他们自身和所在阶级的耻辱，受到多方面的指摘。没有人会在看到这种行为后不动怒，它最终将受到严厉的惩罚。不过，除了对他们的放肆和暴行的指摘，高贵、显赫和男子气概的求婚者这样的称呼也同样常见：诗人始终把他们看作体面的老爷。他们遭受了严厉的惩罚，因为他们的错误被认为是双倍严重的。他们的放肆玷污了 45
本阶级的光辉头衔，但主角们熠熠生辉的真正高贵形象（被各种可以想象的同情围绕）完全掩盖了这些。求婚者们没有改变诗人对贵族的良好总体评价。他在心中认同他所描绘的那些人，处处流露出对他们的高贵道德和文化的热爱。他不断突出他们，这无疑与教育目的有关。对诗人来说，他对贵族的描绘本身就具有价值，诗人觉得那不是无关痛痒的背景，而是他的英雄之卓越形象的重要组成部分。他认为他们的生活方式与所作所为不可分割，后者给予了他们特别的价值。通过高贵和值得赞赏的行为，通过在幸运和不幸中无可指摘的举止，他们被证明配得上这种价值。命运对他们的眷顾与神圣的世界秩序保持和谐，神明也向他们提供保护。贵族的高贵之光中也闪耀着他们的纯洁人性价值。

贵族文化的先决条件是定居生活、拥有土地[1]和传统。这让孩子继承父辈的生活方式变得可能。但除此之外，还要有意识地培养年轻人接受礼貌道德的严格要求，即体面的“培养”（Zucht）。在《奥德赛》中，尽管面对哪怕是乞丐的非贵族时都体现了人性态度，尽管看不到贵族和民众间的尖锐而傲慢的隔阂，尽管主仆间有着家长般的亲密，但无法想象在上层阶级之外存在有意识的教育和教化。“培养”通过持续的建议和智慧的引导来塑造人的个性，对于所有的时代和民族而言，这都是贵族的典型标志。只有该阶级对整体人格和举止提出了要求，如果没有对基本品质有目标的栽培，这是做不到的。在这点上，纯粹像植物般在道德和习惯上成长为先辈的样子还不够。贵族们的求名需要和统治地位隐含了这样的要 46

① 在本书第一版中，我在本段的注释里提到，研究荷马世界中财产与德性关系的发展大有可为。后来，我在马萨诸塞州剑桥市拉德克里夫学院的一名学生，Cora Mason小姐在题为*The Ethics of Wealth*（1944年）的论文中做了这项工作。她回顾了德性与物质财富的关系在以荷马史诗为代表的早期希腊诗歌以及包括品达在内的后荷马诗歌中的发展。另见她的专著中所引的关于该问题的现有著作。

求，即在其代表尚处于可塑的幼年时，要按照在这个圈子里适用的贵族行为方式的样子塑造他们。就这样，教育第一次变成了教化，即根据固定的模板塑造整个人。希腊人始终能感觉到这种固定模板对于文化发展的重要性；[①]它在各种贵族文化中都扮演了决定性的角色，无论我们想到的是希腊人的“美和善”，还是中世纪的骑士礼仪（cortesia），或者18世纪的社交面貌（从那个时代所有的肖像画中对我们露出惯有的笑容）。

在《奥德赛》中，对男性人格全部价值的最高衡量标准仍然是战场上的勇武这种传统理想。但除此之外也出现了对精神和社会德性的推崇，《奥德赛》特别突出了这点。英雄本人从不缺少聪明的点子，知道在各种场合下如何找到合适的话。他以狡猾闻名，务实和智计百出帮助他在战场上保住性命，在回乡途中一路战胜强敌和潜在的危险。这种令希腊人（特别是希腊本土）不无微词的特质并非个别诗人的一次性创造。他的形象经历了多个世纪的打造，因此存在很多矛盾。[②]那位饱经颠沛流离但足智多谋的冒险者是伊奥尼亚航海者时代的见证。为了把他的形象英雄化，他不得不被归于特洛伊传说系列，特别是参与了摧毁特洛伊。[③]他在《奥德赛》中也多次表现出更礼貌的一面，这是我们面前这部史诗特别感兴趣的社会画面的要求。当描绘其他人物时，人性的方面同样超过英勇的方面，精神元素得到了特别有力的强调。忒勒马科斯常常被形容为有理智或通情达
47 理，墨涅拉俄斯的妻子称赞丈夫不缺少精神或身体上的任何优点。瑙西卡

① 后来的希腊人在反思教育本质时着重强调τύπος和τυποῦν（模板），尽管仍能强烈感受到该过程中的自发个人因素，就像智术师或柏拉图身上所看到的。这种概念继承了早期贵族教育理想（见本书第22页）。无须赘言，后来柏拉图的人格理想模板与早期贵族世界的模板大相径庭，但在将教育过程本身视觉化时仍然使用同样的铸造术语。

② 品达不喜欢奥德修斯的性格。在这位伟大英雄受到官方推崇的同时，对其不那么好的看法也一直存在，索福克勒斯的《埃阿斯》和《菲洛克特忒》都清楚地反映了这点。在柏拉图的《小希庇阿斯篇》中，智术师对奥德修斯的性格表达了同样的疑虑。但柏拉图让我们意识到，在这点上希庇阿斯只是随大溜。因为苏格拉底记得，他从篇中一位不太知名的年轻对话者阿培曼托斯（Apemantos）的父亲（代表老一代人）那里听到过同样的批评。归根到底，对奥德修斯的这种态度可以上溯到《伊利亚特》，他的足智多谋（πολύτροπος）与阿喀琉斯的直率性格形成了鲜明反差。甚至在《奥德赛》中（8.75），关于这两位伟大英雄差异的古老传统也有所反映：德墨多科斯的歌中描绘了奥德修斯与阿喀琉斯的争执。

③ 在《奥德赛》中（8.487—498），奥德修斯本人比其他任何人更喜欢自己的这种名声，并请求淮阿喀亚宫廷的个人吟唱特洛伊木马的故事，而非其他段落。

娅被说成总能找到正确的想法。佩涅洛珀（Penelope）则被称作聪慧而通情达理的。

在这里，我们必须思考一下女性元素对贵族文化的教育意义。女性的真正德性是美。与对男性精神和身体优点的推崇一样，这同样不言自明。此外，对女性美的崇拜符合所有骑士时代的礼仪典范。不过，女性不仅是男性的求欢对象（如海伦和佩涅洛珀），她们还一直作为必不可少的家庭女主人而享有稳固的社会和法律地位。道德感和治家智慧是她们的德性。佩涅洛珀的恪守道德和作为女主人的品格令她大受赞誉。尽管海伦给特洛伊带来了如此大的不幸，她的纯粹之美却足以让特洛伊的老人们在她出现时马上抛弃敌意，把一切罪责推到诸神身上。[1]但在《奥德赛》中，已经和第一任丈夫回到斯巴达的海伦被描绘成贵妇的典范，成了得体优雅的模板，彰显了君主的社交方式和特点。她在与客人的谈话中率先开口，没等年轻的忒勒马科斯被引荐给她，海伦就得体地把父子容貌的相似作为话头，反映了她对这种艺术的驾轻就熟。[2]有教养的女主人离不开提篮，当海伦走进男人们的厅堂落座时，女仆在她面前摆放了银提篮和金纺锤。对这位尊贵的妇人来说，两者只是额外的装饰品。[3]

希腊女性的社会地位再没有像在荷马史诗所描绘的骑士时代末期那么高。淮阿喀亚王后阿瑞忒（Arete）受到民众神明般的崇敬。她的出现能解决争端，她的游说或建议能左右丈夫的决定。[4]为了争取淮阿喀亚人帮助自己返回伊塔卡，奥德修斯遵照瑙西卡娅的建议，首先不是找到国 48
王，而是抱住王后的双膝乞求，因为他的请求能否成功取决于后者的恩准。[5]在一群蛮横聒噪的求婚者面前，孤立无助的佩涅洛珀显得从容不迫，因为她始终确信，她本人和她作为女性的尊严将受到无条件的尊重。[6]体面的绅士与同阶层女性交流时的礼貌方式是多年教化和高贵社交教育的成

① 《伊利亚特》，3. 164。
② 《奥德赛》，4. 120起。特别见她在138起所说的话。
③ 《奥德赛》，4. 131。
④ 《奥德赛》，7. 71—74。
⑤ 关于瑙西卡娅的建议，见《奥德赛》，6. 310—315。参见7. 142起。雅典娜也告诉奥德修斯，阿尔喀诺俄斯和孩子们如何尊敬阿瑞忒，《奥德赛》7. 66—70。
⑥ 《奥德赛》，1. 330起；16. 409—451；18. 158；21. 63起。

果。女性受到敬重和尊敬不仅是因为她们的社会作用（就像赫西俄德描绘的农业家庭[1]），或者因为婚生子母亲的身份（就像在后来的城邦社会），尽管在以家族血统为傲的骑士社会，女性作为家族继承人的母亲而获得了重要的地位。[2]她们还是一切崇高道德和传统的承载者和保护者。女性的这种精神价值还影响了她们与男性的性关系。在《奥德赛》第一卷里（比起作品中更古老的内容，这部分代表了更加发达的道德思想），我们可以找到关于两性关系的一段值得注意的描写。当深受信任和可敬的老女仆欧吕克莱娅（Eurykleia）手持火把引导年轻的忒勒马科斯前往卧室时，诗人用史诗的方式简述了她的生平故事。在她还是美丽的年轻姑娘的时候，老拉埃尔特斯（Laertes）以罕见的高价买下了她，一直把她留在家中，就像对待自己尊贵的妻子那样尊重她。但考虑到妻子，拉埃尔特斯从未与她同床。[3]

《伊利亚特》的观点要自然得多。战争期间，阿伽门农曾想要带着作为自己战利品的克吕塞伊斯（Chryseis）回国，并在公开集会上宣布，他对后者的喜爱甚至超过了对克吕泰涅斯特拉（Klytaimestra），因为无论是形象和身材，抑或聪慧和能干，后者都不逊于自己的妻子。[4]我们可以把这看作阿伽门农的个人特色——古代注疏者已经指出，这行诗概括了女性的全部德性——但他抛弃一切顾虑的高调表达方式在《伊利亚特》中
49 并不罕见。福伊尼克斯的父亲阿明托耳（Amyntor）因为情人而与儿子发生冲突，父亲为了情人抛弃妻子，儿子则在母亲的煽动下引诱情人离开父亲。[5]不过，这无关疯狂武士的品德，而是和平时代的情形。

---

① 在赫西俄德的《工作与时日》中（405，亚里士多德在关于经济的著名讨论中引用了这句话，《政治学》，1. 2. 1252b10），房子、耕牛和妻子被描绘成农民生活的三大基本元素。赫西俄德的整部作品都从经济视角看待女性，这不仅体现在他那个版本的潘多拉故事中（为了解释凡人辛劳的原因），也体现在他关于爱情、求偶和婚姻的箴言（《工作与时日》373和695起；《神谱》590—612）。

② 希腊“中世纪”对这方面问题的兴趣最突出地体现在大量关于古老家族英雄谱系的名录形式诗歌中，特别是作为他们祖先的著名英雄的谱系，比如归于赫西俄德名下的《名女录》（Ἠοῖαι）。

③ 见G. Pasquali, ‘La Scoperta dei Concetti Etici nella Grecia Antica’, *Civiltà Mod.* 1 (1929), 343ff.。

④ 《伊利亚特》，1. 113起。

⑤ 《伊利亚特》，9. 447—453。

与之相比，《奥德赛》中的道德观整体上普遍处于更高的水平。一边是饱经世故的男子，一边是单纯的年轻姑娘，奥德修斯与瑙西卡娅的神奇对话展现了男性在与女性萍水相逢时所流露出的最强烈温柔和内在优雅。[1]内在教养本身在这里得到了描绘，就像《奥德赛》作者充满感情地流连于阿尔喀诺俄斯华丽的花园和宫殿，或者女仙卡吕普索（Kalypso）远离尘世的海岛上奇异阴郁的风景那样。这种深层次的内在教养体现了女性对一个粗鲁好战的男性社会的影响。而在英雄与雅典娜最亲密的个人关系中（女神一直为他引路，从未抛弃他），女性的启迪和精神引导力量得到了最美丽的表达。

为了理解教化在这个社会中的地位，我们不必仅仅关注史诗中偶尔对宫廷道德和高贵举止的展现，荷马诗歌中关于贵族文化的画面同样包含了对这个圈子里通行教育的最生动描绘。我们在这里最好把《伊利亚特》中较晚近的部分与《奥德赛》结合起来。就像强调伦理是史诗较晚近部分的特点，对于年轻人教育问题的有意识兴趣同样局限于这部分。因此，除了忒勒马科斯的故事，《伊利亚特》第九卷也是我们的主要素材。作为诗中最优美的场景之一，作品为少年时的英雄阿喀琉斯安排了年老的福伊尼克斯这样一位教育者和导师，尽管这种构思无疑是后来加入的。很难描绘 50
《伊利亚特》中的英雄在战场以外或者尚未成型时的样子。几乎没有《伊利亚特》的读者会觉得有必要问自己英雄是如何诞生和成长的，或者家长和导师的远见卓识以何种方式在他们年幼时就引导他们朝着日后英雄壮举的目标前进。最初的传说肯定与上述视角相去甚远，但正如对英雄谱系的无尽兴趣创造了一种全新类型的史诗，封建观点的影响也越来越多地体现在这样的倾向中，即详细描绘传说中伟大英雄们的少年时代，大量着墨于他们的教育和导师。

那个时代最具代表性的英雄导师是智慧的半人马喀戎（Chiron），他的家位于色萨雷佩里昂山（Pelion）林木葱郁和泉水丰富的峡谷中。[2]传说

① 《奥德赛》，6. 149起。

② 许多编撰者遵循拜占庭抄本的正字法，将这位半人马的名字拼成Cheiron。我倾向于刻在一尊古老陶瓶上的名字；见Kretschmer, *Die griechischen Vaseninschriften,* 131ff.，以及A. Rzach, Hesiodus, ad *Theog.* v.。

一大批著名英雄出自他的门下，包括阿喀琉斯。在忒提斯丢下儿子后，阿喀琉斯的父亲珀琉斯把他托付给那位老人照管。有一首古老的教诲史诗被归于他的名下［《喀戎箴言》(Χίρωνος ὑποθῆκαι)］，以诗体形式展现了教育性的箴言智慧，其材料可能来自贵族传统。[①]诗中的教诲看上去针对阿喀琉斯。但如果该诗像古人所认为的那样出自赫西俄德，诗中一定包含了许多普世智慧。不幸的是，留存下来的几行诗句不足以让我们做出判断。不过，品达曾提到过它与贵族伦理的关系。[②]品达本人就教育与人类天性的关系提出了更深刻的新观点，认为纯粹的传道对英雄德性的培养作
51 用不大，但出于对传说传统的虔诚信仰，他多次认可最伟大的古人接受过热爱英雄的长辈的教诲。有时他干脆地承认这点，有时则试图否认，但无论如何，他都把这种观点看作固定的传统，后者显然比《伊利亚特》更加古老。尽管《伊利亚特》第九卷用福伊尼克斯取代喀戎作为阿喀琉斯的教育者，但在诗中的另一个地方，帕特罗克洛斯被要求为某个战士的伤口涂上止痛的疗伤药。帕特罗克洛斯从阿喀琉斯那里学会了用这种药，而教会后者的则是最正义的半人马喀戎。[③]这里的教授仅限于医疗知识，众所周知，喀戎也是阿斯克莱庇俄斯(Asklepios)的老师。[④]但品达还把他称为阿喀琉斯在狩猎和其他卓越骑士技艺上的老师，这显然是传说的原貌。[⑤]创作“使者游说阿喀琉斯”情节的诗人无法让野蛮的半人马与埃阿斯和奥德修斯一起成为调停者，英雄的教育者似乎只能同样由骑士英雄担任。这一定符合诗人的生活经历，他并非没有必要地更改了传说内容。为此，他选择福伊尼克斯作为那个角色的替代者，此人是珀琉斯的臣属和多洛普(Doloper)的君主。[⑥]

批评家们对福伊尼克斯在“使者游说阿喀琉斯”情节中的讲话乃至他的整个形象(在《伊利亚特》中再也没有出现过)提出了非常严肃的怀

---

① 这首诗和残余部分和其他作品的残篇一起被收入了A. Rzach的简版赫西俄德注疏集，第三版，莱比锡，1913年，第196页起。

② 品达，《皮同凯歌》，6.19起。

③ 《伊利亚特》，9.830—832。

④ 品达，《皮同凯歌》，3.5起。

⑤ 品达，《尼米亚凯歌》，3.43起，3.58。

⑥ 《伊利亚特》，9.480—484。

疑。对于此事，有确凿的线索表明曾经存在某种形式的“使者之诗”，其中只有奥德修斯和埃阿斯两名希腊军队代表被派往阿喀琉斯那里。不过，仅仅通过去掉福伊尼克斯的伟大劝诫之词就希望恢复原貌是不可能的，就像实践中的大多数此类复原尝试那样，即使加工的痕迹如此明显。[①]在现在的诗歌版本中，教育者的形象与两位使者关系密切。就像我们已经指出的，埃阿斯更多象征了教育理想中的行，奥德修斯则象征了言。[②]两者只 52
在阿喀琉斯那里得到统一，他在自己身上实现了最高的精神和行动力的真正和谐。如果有人想改动福伊尼克斯的讲话，那么他也必将涉及另两人的发言，从而破坏这个段落的整体艺术结构。

不过，让批评显得荒谬的不仅是这个结果，还有人们认为的加入福伊尼克斯讲话的所谓动机，后者完全建立在对整个段落的完全误解之上。老人的讲话实际上长得不同寻常，包括了100多行，在讲述墨勒阿格罗斯（Meleagros）的愤怒时达到高潮（如果读得不仔细，我们几乎会把这当成目标本身）。人们相信，诗人效法一首关于墨勒阿格罗斯之愤怒的古诗而创作了阿喀琉斯之愤怒的主题，他在这里希望以所谓的希腊式文学暗示手法提及出处，并摘录了那首史诗的文句。[③]对于这卷史诗诞生时是否存在

---

① 关于《伊利亚特》中（9. 182起）为何用双数形式表示前往阿喀琉斯营帐途中的使者，从阿里斯塔库斯以来已经被解释了上百次（阿里斯塔库斯克服了自己在语法上的疑虑，他无可奈何地表示，这段话说明双数有时可以被用来代替复数）。另一种解释基于《伊利亚特》第九卷中的这个场景同第一卷（320起）的对应，当时阿伽门农的使者沿着同样的路线前往阿喀琉斯的营帐，以便带走布里塞伊斯。这种明显的对应让人无法忽视，而且在涅斯托尔的话中也有明确暗示（《伊利亚特》，9. 106）。在第一卷中（320起），双数形式无疑货真价实，而非用来代替复数。几十年前，Franz Boll在*Zeitschrift für die österreichischen Gymnasium* (1917 und 1920)上声称，有意识的对应也许可以解释第九卷中为何用双数表示三位使者：为了让我们想起第一卷中的场景，诗人特意用了双数。但我认为，如果实际上有三个或更多的人（而非两人），重复双数的做法并不能营造出上述效果。我觉得一种合理得多的解释是，留存至今的抄本上的双数形式源于某个更古老的版本（某种更古老的口头或书面史诗传统），其中只有两名使者。使者可能只是奥德修斯和埃阿斯，福伊尼克斯是个本来不为人知的次要角色，显然只是为了该场景而发明的，性质上全然不同。作者利用了他的老师身份，选择让他来向阿喀琉斯传递道德训诫（包含在他长得不成比例的申斥中）。不过，仅仅通过删除包含福伊尼克斯长篇讲话的段落和少数几处提到他的地方来试图“恢复”史诗叙事的原貌，这样做过于简单了。理论上，我们不得不承认存在两个平行版本的“使者故事”。在我们的《伊利亚特》版本中，两者融为一体，已经不可能再分开。发明福伊尼克斯这个教育者角色和他的训诫讲话对目前形式下全诗的统一性做出了最大的贡献。因此，我们实际上不可能在不破坏该诗结构的情况下回到最后一次修改之前。

② 参见本书第10页。

③ 参见Ernst Howald, *Rheinisches Museum* LXXIII (1924), 405。

关于墨勒阿格罗斯传说的诗歌作品，或者诗人借鉴的只是口头传统，我们可以有各种看法。但无论如何，福伊尼克斯的讲话是教育者对学生的规劝之词的模板，而关于墨勒阿格罗斯之愤怒及其灾难性后果的大段叙述则是神话范例，在《伊利亚特》和《奥德赛》的讲话中很常见。①使用范例在教诲讲话的各种表现方式中特别典型。②没有人像那位年老的教育者一样有资格使用墨勒阿格罗斯的警示范例，因为阿喀琉斯必定会无条件承认他的无私忠诚和奉献。福伊尼克斯可以说出奥德修斯无法说出的真理。这是人们最后一次试图说服固执的英雄，通过福伊尼克斯之口使说服具有了最为严肃的内在力度：劝说的失败清楚地表明，此事的悲剧高潮是阿喀琉斯顽固拒绝的后果。

53 在《伊利亚特》中，荷马再没有如此称得上悲剧的教育者和导师，就像柏拉图对他的评价那样。③古人已经认识到这点。《伊利亚特》的结构因此具有了伦理和教育意义，而范例的形式迫使人们意识到此事的一个根本方面，即复仇。④每位读者都必将在内心体会到英雄最终决定的全部分量，希腊人和他最亲密朋友帕特罗克洛斯的命运，甚至他本人的最终命运都取决于此。此事对他来说无疑成为了普遍问题。通过墨勒阿格罗斯的例子，可以看到对《伊利亚特》（按照现在展现在我们面前的完成形式）的作者如此关键的宗教概念——祸害女神（Ate）。通过“祈祷女神”（Litai）和顽固人心的动人道德隐喻，这种思想如同不祥的闪电从乌云背后迸现。⑤

对于希腊教育史来说，这一整套观念至关重要。它让我们清楚地看到了典型的古代贵族教育。父亲珀琉斯把尚全无演讲和战斗经验的儿子交给了最可靠的臣属，让后者担任儿子在战场上和宫廷里的同伴，并有意识

① 参见本书第37页和44页。古代注疏者已经指出了这点。在现代学者中，Erich Bethe正确地强调了福伊尼克斯所讲述的“墨勒阿格罗斯之愤怒”故事的范例性质，并将其与训诫讲话的目的联系起来，见*Rhein. Mus*. LXXIV (1925), 129。

② 见上一条注释。

③ 柏拉图，《理想国篇》，595c。

④ 《伊利亚特》，9. 523。

⑤ 《伊利亚特》，9. 502起。

地按照关于男性优点的崇高传统理想来培养他。[①]由福伊尼克斯扮演该角色是考虑到其多年来与阿喀琉斯的亲密关系。这种角色是父子般情谊的延续，从英雄孩提时代起就把他和那位老人联系在一起。老人用动情的话语回忆说，当年在大厅吃饭时，他让年幼的阿喀琉斯坐在膝头，因为只愿意和他在一起。他还回忆了自己如何为孩子切好肉块，让其尽兴地喝酒，直到孩子吐出的酒弄湿了他胸前的衣服。[②]福伊尼克斯视其如己出，由于父亲阿明托耳的悲剧性诅咒，老人没有孩子。现在，年老的他指望年轻的
英雄成为自己的庇护者。不过，除了宫廷老师和父亲般的朋友等典型特 54
点，福伊尼克斯还是阿喀琉斯在更深层的道德自我教育上的导师。对于这种教化，古老传说的传统是其活的财富。它们不仅提供了关于英雄勇气和力量的超人典范，内部还悸动着热血。这些热血来自不断从人类生命中新鲜涌出和变得深刻的经历，穿过值得尊敬的古老素材，不断从中获得新的意义。

诗人显然对这种崇高的教育感到惊叹，他用福伊尼克斯的形象为其树立了丰碑。但正因如此，他觉得阿喀琉斯的命运是个难题，后者在他所认同的贵族教育中被塑造为所有男性德性的最高典范。在使人狂妄的祸害女神过于强大的非理性力量面前，一切人类教育的艺术和善意劝诫都无能为力。但诗人也让更高理智的请求和劝诫化身为对人类怀有善意的神明。尽管行动缓慢，总是落在步伐矫健的祸害女神身后，但她们能弥合前者留下的羞辱。[③]当宙斯的这些女儿走近时，人们只需尊敬她们并洗耳恭听，她们就会友好地帮助人们。但如果有人拒绝她们或者固执己见，她们会送来祸害女神，让他通过受辱赎罪。[④]通过动人地描绘善恶神灵及其对人心的不平等争夺，这种尚未抽象化的生动宗教思想把盲目热情与更高理智的内在冲突视作所有教育（在这个词的更深刻意义上）的真正核心问题。它与自由选择的现代概念完全不同，也全然没有“罪责”的意思。这种古老

① 《伊利亚特》，9.438。
② 《伊利亚特》，9.490起。
③ 关于这种教育的总体状况，以及荷马史诗中的讲话对神话范式（παράδειγμα）的劝诫性使用，见本书第36—38页。
④ 《伊利亚特》，9.502—512。

的思想要丰富得多，因此悲剧意味也远为强烈。追究罪责的问题在这里并非决定性的，就像在《奥德赛》开头那样。[①]不过，即使在其最古老和最优美的文献里，古代贵族世界关于教育的朴素而务实的热情中已经流露出对人类教育之局限问题的意识。[②]

55 与固执的珀琉斯之子相对的是忒勒马科斯，《奥德赛》第一卷的作者为我们描绘了后者的教育。阿喀琉斯把福伊尼克斯的教诲当成耳边风并陷入不幸，忒勒马科斯却顺从地听取了女神雅典娜（伪装成慈父般的客人门特斯）的告诫。[③]不过，女神说的话正是他自己的心声。忒勒马科斯是听话的年轻人的典范，他们欣然接受了经验丰富的朋友的建议，在其引导下成就事业和获得荣誉。随后的几卷中，雅典娜（荷马相信，这位女神总是能激励人们展开幸运的行动）伪装成另一位老朋友门托尔（Mentor），[④]跟随忒勒马科斯前往皮洛斯和斯巴达。这种构思似乎源于体面的年轻君主出行时须有宫廷教师陪同的习俗。门托尔用警觉的目光注视着受保护者的每一步，处处在后者身边相助，提供教诲和建议。当后者在新的困难情况面前内心彷徨无措时，他便传授其正确的社交举止方式。他还教年轻人必须如何面对涅斯托耳和墨涅拉俄斯这样的高贵老君主，以及如何向他们求助才能成功。忒勒马科斯与门托尔的亲密关系（自从费内隆的《忒勒马科斯》问世，门托尔的名字已经成为提供教益、引导和保护的年长朋友的普遍代称）以教育主题的扩大为基础，[⑤]该主题贯穿了整个忒勒马科斯的故事，我们现在有必要更深入地探究它。显而易见，诗人的意图不仅是描绘一段宫廷场景。这段让人感觉非常美好的故事的灵魂是诗人有意提出的问

---

① 见本书第36页起和第57页等处。

② 不过，不应忘记第29页注释中的结论。我们在那里证明，目前形式的《伊利亚特》第九卷并非最初的版本，而是较为晚近。阿喀琉斯的决定中所包含的重大教育问题被福伊尼克斯以令人印象深刻的方式呈现在他面前，并体现了老师对该场景下道德心理的深刻洞见。诗人最初把遣使求和构想成希腊军队最高级代表奥德修斯和埃阿斯的战略举动，由他们向阿喀琉斯传达阿伽门农国王的正式条件。问题仅仅在于，这次艰难的外交行动以彻底失败告终。诗人引入了阿喀琉斯的老师福伊尼克斯这个形象，表明他完全从教育问题的角度看待该场景，并以如此出色的方式呈现了该问题。

③ 《奥德赛》，1. 105和180。

④ 《奥德赛》，2. 401。

⑤ Eduard Schwartz在近作*Die Odyssee* (Munich 1924) 253中特别强调了忒勒马科斯故事里的教育元素。

题，即奥德修斯年轻的儿子如何成为行事慎重周密和大获成功的人。所有 56 人都会在《奥德赛》中感受到有意识的教育影响（尽管诗中许多地方完全不见踪迹），这一切都建立在典型和典范式的内心过程之上。该过程平行于忒勒马科斯故事的外在情节，也是后者的真正目的。

在这里，我们不应给《奥德赛》的批判性起源分析提出的一个问题下定论，即忒勒马科斯的故事最初是独立诗歌，还是为整部史诗而作，就像我们今天读到的那样。[①]如果曾经存在过自成一体的忒勒马科斯史诗，那么将奥德修斯传说的这个部分独立成诗恰恰反映了时代的兴趣。那个时代强烈地感受到描绘年轻人状况和其中教育问题的吸引力，为此对这种能使其不受限制地自由描绘该主题的素材大加利用。除了家乡和父母的名字，这个传说没有提供什么可供想象的具体支点。但这个主题有自己的逻辑，诗人据此发展了它。在该主题与整部《奥德赛》的关系中可以看到一种巧妙的构思：一边是被爱他的女仙扣留在被大海环绕的遥远小岛上的奥德修斯，一边是在家乡孤独而百无聊赖地等待父亲的儿子，这两条线索同时展开，最终重新交织在一起，实现了英雄的回归。诗人描绘的背景是贵族地主庄园。在向他母亲求婚者的放肆行径面前，忒勒马科斯最初只是一个无助的年轻人。他无可奈何地注视着他们，无力做出自己的决定。甚至在目睹自己的家遭受摧残时，好脾气的他也无法抛下与生俱来的高贵天性，更别说坚决捍卫自己的权利了。对于回家后将面临艰难决战和复仇的奥德修斯来说，这位消极、软弱得可爱、无可救药地喜欢抱怨的年轻人是 57
无用的同伴，他必须在几乎孤立无援的情况下对付求婚者们。但雅典娜把

① 《奥德赛》的这部分（第一卷至第四卷）被称为"忒勒马科斯的故事"，Adolf Kirchhoff认为它原先是独立成篇的史诗，见*Die homerische Odyssee und ihre Entstehung*（Berlin 1859，特别是 p.viii和p.136ff.）以及*Die Composition der Odyssee* (Berlin 1869)。在这两部著作中，对荷马史诗的分析转向《奥德赛》，不再像前一个发展阶段那样以《伊利亚特》为中心（从1795年F. A.Wolf的*Prolegomena*到19世纪中期）。一些学者认为Kirchhoff对"忒勒马科斯的故事"的分析结果得到了确证，如Wilamowitz, *Homerische Untersuchungen* (Berlin 1884) and *Die Heimkehr der Odysseus* (Berlin 1927)；Eduard Schwartz, *Die Odyssee* (Munich 1924)；R. Jebb, *Homer* (1st ed., 1886)。问题开始转向第一卷中252—305雅典娜对忒勒马科斯的长篇训诫讲话（她建议后者造访皮洛斯和斯巴达，就像第二卷至第四卷中所描绘的）是否与第二卷至第四卷出自同一诗人之手，还是后来非常拙劣地增补的，因为编者想要将较新的史诗"忒勒马科斯的故事"加入关于奥德修斯回归的更长和更古老史诗中。

这个年轻人变成了坚强、果断和勇敢的战友。

我们如果赞同《奥德赛》前四卷有意识地把忒勒马科斯塑造为具有教育意义的形象，那么就不能认为希腊诗歌中没有对角色内在发展的描绘。①诚然，忒勒马科斯的故事不是现代教育小说，不应把他的变化看成我们所理解的发展。那个时代只会把它理解成关于神灵启示的作品。但和史诗中的常见情况不同，这里的启示并非纯粹机械地来自神使的命令或夜晚的梦境。它的作用方式不是神秘的影响，神恩的天然工具来自生活过程，有意识地对被选定将来要扮演英雄角色的年轻人的意志和观点施加了影响。只需从外部给予决定性的推动，让忒勒马科斯内心做好开始行动的必要准备。各种因素的共同作用得到了最精细的权衡，包括内心欲望（这种欲望本身无法找到通往目标的道路，也不能促成他开始行动）、善良天性、神明的帮助和眷顾，还有指明道路、让他开始行动的引导。从中可以看到诗人对自己所提出问题的深刻理解。史诗手法让他可以将神明的干预和自然的教育影响在某件事上合为一体（他让雅典娜化身老客人门特斯与忒勒马科斯对话），下面的普遍人类情感则能使他更方便地表达此类艺术
58 概念（这种情感至今仍能让我们感受到其虚构情节的内在可能性）：使人获得自由，让年轻人的全部力量摆脱沉闷束缚和展开快乐活动的一切真正教育行为都包含了神灵的推动和自然的奇迹。当老师在最后和最艰难的任务中失败，没能说服被命运左右的阿喀琉斯时，荷马看到了邪恶神灵的阻挠；而当忒勒马科斯幸运地从优柔寡断的少年转变成真正的英雄时，荷马虔诚地向神灵的恩典表达了敬意。在希腊人教育意识和行为的所有最伟大之处，他们都充分意识到了这种无法名状的因素。我们将在品达和柏拉图这两位伟大贵族身上再次最清楚地看到这点。

在《奥德赛》第一卷中，雅典娜本人以门特斯的样子对忒勒马科斯

① Wilamowitz持此观点，前揭书。另见R. Pfeiffer, *Deutsche Literatur Zeitung*, 1928, pp. 2, 368。不过，我必须对他的观点提出反对，即在忒勒马科斯的转变过程中，对神明引导的强调要远远超过对贵族教育标准神圣起源的强调。另一方面，不能仅仅因为指出雅典娜总是干涉《奥德赛》全诗的情节就否定她特殊的“教育”功能，“因此”认为她不过是史诗诗人的便利工具：就像Jacoby在*Die Antike* (IX, 169) 中对Pfeiffer提出的反对意见。神明对人类生活的影响表现为多种不同形式。

提出了要求，她的话显然是带有教育意味的建议。①这让忒勒马科斯下定决心争取自己的权利，公开同求婚者反目，让他们在广场上公开为自己的行为承担责任，并要求人们支持他寻找下落不明的父亲的计划。②经过从最初的挫折到后来重整旗鼓这一番令人印象深刻的波折，诗人描绘了他在大会上遭遇失败后如何偷偷地亲自踏上危险的旅程，这段经历将把他变成男人。“忒勒马科斯的教化”中不缺少任何重要元素：经验丰富的年长朋友和顾问的建议；忧心忡忡的母亲对独子更加温柔和多情的影响，但儿子无法在关键时刻向她求助，因为她完全不理解长久以来身处自己羽翼下的儿子为何突然如此激动，她的恐惧反而可能阻挠儿子；然后是早就失踪的父亲，这个榜样称得上主要因素；拜访外邦的友善宫廷，结识新的人和建立新的关系；著名人物的劝勉鼓励和亲切信任，忒勒马科斯崇敬这些人，为了获得建议和可能的帮助，为了赢得新的友谊和庇护者，他与这些人打了交道；还有神灵的力量为他铺平道路，提供庇护和告诫，仁慈地向他的 59

① 1. 279，ὑποτίθεσθαι是ὑποθῆκαι的动词形式，后者是对“教诲”的准确翻译。见P. Friedlaender, *Hermes* XLVIII (1913), 571。

② 第二卷描绘了忒勒马科斯在伊塔卡公民大会上公开陈述自己的遭遇，并最后一次请求婚者公正行事。这段情节在《奥德赛》的结构中具有明确目的，即将故事的悲剧结果（求婚者被屠戮）完全归咎于受害人自己。创作了第二卷和雅典娜讲话（她建议忒勒马科斯召开公民大会，1. 252起）的诗人希望为这个以屠戮求婚者（μνηστηροφονία）告终的传说加入可被新的理性听众接受的道德和司法理由。我觉得他有意通过雅典娜之口提出建议，即忒勒马科斯在离开伊塔卡探险前应该首先召开公民大会。这种做法让忒勒马科斯的行动获得了神明的许可，并强调召开大会具有严正警告的性质，把后续发展的责任完全推给了拒绝接受更合理路线的求婚者们。更加突显雅典娜讲话（《奥德赛》1. 252）重要性的是，她在奥林波斯的诸神会议上就事先提出，自己准备建议忒勒马科斯召开大会，在所有人的面前谴责求婚者（《奥德赛》1. 90）。这道程序表明，她的行动代表了所有神明和宙斯本人，后者不仅认同她的全盘计划，而且批准了她的执行方法。当雅典娜用这种方式警告求婚者注意自己行为的后果时，她使用了宙斯本人关于凡人要对自身痛苦负责的表态（《奥德赛》1. 32）。宙斯提到了埃癸斯托斯（Aegisthus）的例子，强调此人罪有应得，因为他不顾神明的警告干了坏事。我必须承认，对上述事实的观察一直是我接受Kirchhoff基本论点的最大绊脚石。他认为，第一卷中雅典娜对忒勒马科斯的讲话和第二到第四卷中所描绘的忒勒马科斯对她建议的执行并非出于同一人之手，前者来自另一位希望将独立成篇的“忒勒马科斯故事”加入其中的诗人。这种观点暗示，召开大会最初没有任何现实目的，后来才被赋予了我们在前面提到的目的（警告求婚者）。Kirchhoff似乎只看到这样的事实，即召开大会完全没有立竿见影的效果，因为求婚者当然不会听从忒勒马科斯的建议回家。但这位敏锐的批评者忽视了两点：首先，这段讲话是对求婚者最终惩罚的道德动机；其次，作者在第一卷中强调了神明降下的祸事和人类自己招致的痛苦之区别。只有在第一卷为全诗所确立的框架中，第二到第四卷中的大会和忒勒马科斯的旅行才能体现全部的重要性。否则它们将只是无本之木。这似乎印证了下面的解释：它们被放在全诗伊始，用于阐述《奥德赛》全篇的道德和伦理状况。

生活伸出援手，不让他在危难中受到伤害。这位年轻人来自偏远小岛，在地主阶级的单纯关系中长大，对广大世界一无所知。诗人带着热心的同情描绘了他内心的拘束，描绘了他如何第一次离开家乡和到大人物家中做客。通过所有人对他的同情，诗人让读者感到，即使在危险和陌生的情形下，好习惯和好教养也不会舍弃这位没有经验的年轻人，而且父亲的名字会为他铺平道路。

有一点需要我们更深入地探究，因为它对贵族教育理想的精神结构特别重要，那就是榜样的教育意义。在尚无成文法律和系统伦理思想的上古时代，除去少数实践性的宗教戒律和代代口传的格言智慧，没有什么能比榜样更好地指引自己的行为。比起环境的直接影响（特别是父母，这在《奥德赛》中的忒勒马科斯和瑙西卡娅两个年轻的主要人物身上体现得如此明显），[①]传说传统中的大量著名例子同样重要。它们在古代社会中的地位大致相当于历史（包括圣经历史）之于我们的世界。传说包括了精神遗产的全部财富，每一代新人都能从中汲取养料。阿喀琉斯的老师在著名的劝诫之词里引用了墨勒阿格罗斯之愤怒的警示性例子，[②]而忒勒马科斯的教育中也不乏与其所处状况相关的鼓励性榜样。与忒勒马科斯的状况相比，俄瑞斯忒斯（Orestes）为父亲向埃癸斯托斯和克吕泰涅斯特拉复仇的故事与之非常类似。这个故事同样是描绘了众多个人命运的宏大英雄回
60 乡悲剧的一部分。阿伽门农从特洛伊返乡后随即被害，而奥德修斯现在已经离家20年：这段时间差足以让诗人能够把俄瑞斯忒斯的事迹和他此前在福基斯（Phokis）流亡的日子放到《奥德赛》情节开始之前。此事发生在不久之前，但俄瑞斯忒斯的声名已经四处传扬，雅典娜用激动的语气把它告诉了忒勒马科斯。[③]虽然传说中的事例大多因其令人敬畏的久远历史

① 关于奥德修斯作为忒勒马科斯的榜样，见《奥德赛》1. 255和其他多处。对瑙西卡娅而言，诗中没有明确表示母亲是她的榜样，但这在荷马的世界中不言自明。见《奥德赛》，7. 69—70。在《奥德赛》6. 25，雅典娜语带嘲讽，对瑙西卡娅的母亲会生下一个如此不在乎自己衣物的女儿表示惊讶。

② 《伊利亚特》，9.524起。福伊尼克斯诉诸从先辈那里听说的昔日“男儿之名”（κλέα ἀνδρῶν）的权威。他特别引用了关于“愤怒”（μῆνις）的例子，以便与阿喀琉斯的处境加以比较，并提出正确行为的准则。这就是墨勒阿格罗斯的例子，他为此讲了一个很长的故事。

③ 《奥德赛》，1. 298—302。

而显得权威——福伊尼克斯在对阿喀琉斯所说的话中表达了对古代和古代英雄们的敬意[①]——但在俄瑞斯忒斯和忒勒马科斯的故事中，事例的力量反而来自两者在时间上如此接近。

诗人显然对榜样动机的价值推崇备至。雅典娜对忒勒马科斯说："你不可再稚气十足，你已非那种年纪。难道你没有听说俄瑞斯忒斯在人间赢得了荣誉，因为他杀死了杀父仇人，诡诈的埃癸斯托斯吗？亲爱的朋友，我看你也长得英俊健壮，有足够的力量赢得后代的赞誉。"[②]如果没有那个榜样，雅典娜的指点就将失去令人信服、可以作为依据的标准。在这种需要使用暴力的棘手情形下，为了给那位柔弱的年轻人留下深刻印象，引用著名的模板变得倍加必要。早在诸神聚会上，诗人就有意通过宙斯本人之口提出了复仇的道德问题，并以埃癸斯托斯和俄瑞斯忒斯为例，[③]即使在最挑剔的听众看来，此举也打消了对后文中雅典娜关于俄瑞斯忒斯之暗示的任何道德疑虑。榜样动机对于教育忒勒马科斯接受命运攸关的使命具有不可或缺的意义，这种意义在情节的后续发展中不断重现，比如涅斯托耳对忒勒马科斯说的话：可敬的老人中断讲述阿伽门农及其家庭的
命运，[④]向忒勒马科斯描绘了俄瑞斯忒斯这个榜样。忒勒马科斯则高声回 61
答说："俄瑞斯忒斯有权为父报仇，亚该亚人将四处传播他的声名，后人将歌颂他的事迹。但愿神明也赐给我同样的力量，报复那些求婚人可怕的无耻傲慢。"同样的榜样动机在涅斯托耳讲述的最后再次出现，[⑤]因此在他长篇讲话的两个主要部分最后都鲜明地突出了该主题，每次都明确地与忒勒马科斯联系起来。

这种重复自然是有意为之。对于诗人来说，引用各种形式的著名英雄榜样和传说事例本身是所有贵族伦理和教育不可或缺的组成部分。我们将在后文再次提及这种观念对理解史诗本质的价值以及它在远古社会结构中的根深蒂固。但即使是后世的希腊人也一直坚持认为范式是生活和思

① 见上页注释②。
② 《奥德赛》，1.296起。
③ 《奥德赛》，1.32—47。
④ 《奥德赛》，3.195—200。
⑤ 《奥德赛》，3.306—316。

想的基本类型。[1]只需先提一下品达对神话事例的使用就可以了，此类例子是他凯歌中非常重要的元素。[2]这种做法出现在希腊的所有诗歌乃至部分散文中，[3]如果将其理解为纯粹的风格现象，那么我们就错了。该做法与古代贵族伦理的本质密切相关，它的教育意义在最初的诗歌中仍然极有生命力。在品达的作品中，神话范式的古老而真正的含义会再度显露。此
62 外，如果我们最终意识到，柏拉图全部思想的最核心结构是范式化的，他把自己的理念描述为“建立于存在中的范式”，[4]那么这种思想形式的来源就完全清楚了。现在可以看到，作为普适的“范式”，“善”（更准确地说是 ἀγαθόν）这种哲学理念[5]在思想史上与古代贵族德性和伦理中的典范思想一脉相承。从荷马史诗中贵族教化的精神形式到品达再到柏拉图，这个发展过程完全是有机的、脚踏实地的和必要的。它不是半自然科学意义上的“进化”（历史研究者常常这样使用），而是希腊精神原始形式之本质的发展，在各个历史时期都保持一致。

---

① 我准备另外探究希腊文学中的范式的历史发展。

② 见本书第225—228页。

③ R. Oehler在其博士论文 *Mythologische Exempla in der aelteren griechischen Dichtung* (Basle, 1925) 中对此做了回顾。他遵循Nitzsch在 *Sagenpoesie der Griechen* (1852) 中提出的建议，但忽视了这种风格手段同古老贵族对伦理模板的尊崇之间的关系。

④ 柏拉图，《泰阿泰德篇》，176e。

⑤ 关于柏拉图将善的理念看作哲人王灵魂之范式，见《理想国篇》472c、484c、500e和540a，以及本书第三卷，第722—724页。

第3章

作为教育者的荷马

柏拉图曾提到当时一种广为流传的观点，即荷马是全希腊的教育者。[①]此后，荷马的影响范围远远超过了希腊的疆域。尽管柏拉图的激烈哲学批判让世人长期意识到所有诗歌的教育作用有限，[②]但即使这样也无法动摇荷马的崇高地位。希腊人中间从一开始就流行着把诗人看作本民族教育者（在这个词最广泛和深刻的意义上）的观念，并一直认识到其对自己的重要性。[③]荷马只是上述普遍观念中最杰出的例子，或者说最经典的代表。我们应该尽可能地重视这种观念，不能用现代观念（即认为对艺术的纯粹美学思考是独立的）取代希腊人自己的判断，从而影响我们对希腊诗歌的理解。虽然某些种类和时代的造型艺术与诗歌体现了这种现代观念，但其中不包括希腊诗歌及其伟大代表人物，因此并不适用。[④]作为原始希腊思想的特点，美学和伦理尚未被分开。该过程直到相对晚近才开始。对柏拉图来说，指出荷马诗歌的真理成分有限也间接削弱了作品的价 63

---

① 他指的是（《理想国篇》606e）“荷马的赞颂者”，他们阅读荷马作品不仅是为了美的愉悦，也将其作为生活举止的指导。色诺芬尼（Xenophanes）表达过同样的观点（残篇10，Diehl）。

② 见本书第三卷，第658页起和第800页起。

③ 在希腊诗歌的所有现代诠释者中，Wilamowitz最清楚地认识到早期和古典时期希腊诗歌的这种崇高地位和特点，并反复强调了这个重要事实。

④ 当然，这只适用于希腊诗歌的伟大时代。希腊化时代的诗人不再标榜为全民族的老师，比如卡利马科斯（Callimachus）和忒奥克里托斯（Theocritus）。他们是现代意义上的艺术家，生活在自己的纯粹美学世界里。文化对他们而言是文学上的精炼。诚然，他们还是会跻身当代教化的最高仲裁者行列。但这对他们首先意味着文学品味和批判评价。因此，他们完全退进了柏拉图的诗歌批评将他们贬入的那个世界。

64 值。[1]最早提出从形式上看待诗歌的是古代的修辞学家，[2]而基督教则最终把对诗歌的纯粹美学评价变成了主流观点，因为这样做既可以抛弃古代诗歌中被认为错误以及是无神论的大部分伦理与宗教内容，又肯定了作为教育手段和快感源泉的古典形式之不可或缺。[3]尽管诗歌并未从此停止将异教“神话”中的神明和英雄从地下世界重新召唤到阳光下，但那个世界从此被视作纯粹艺术世界的不真实游戏。我们很容易用同样狭隘的观念看待荷马，不过那会阻碍我们理解神话和诗歌对希腊人的真正意义。我们无疑会反感后来希腊化时期的哲性诗学把荷马的教育作用解读为合理而乏味的“用故事讲道理”（fabula docet），[4]或者像智术师那样从史诗中总结出一部关于所有艺术和科学的百科全书。[5]然而，这种学究气的畸形产物来自一种本身正确的思想的堕落，就像所有美丽和真实的东西那样，该思想也不可避免地在粗人手中变得粗糙。我们的艺术感有理由反感这种功利主义，显而易见，荷马和所有伟大的希腊诗人一样不仅是形式文学史的研究对象，而且理应被看作希腊人本性最早和最伟大的创造者与塑造者。

我们在此需要对希腊诗歌普遍的教育作用做些评价，这对荷马来说

---

① 柏拉图对诗歌的批评针对其缺乏哲学事实，因为作为教化手段，它们的尊严和价值似乎建立在真实性之上。但在否认诗歌这种功能的同时，柏拉图比古典希腊的其他任何人更注重为被我们称为美学价值的现象划定准确边界。这位哲学家并不质疑诗歌在该边界内的影响力。他希望把我们与诗歌的关系局限于纯粹的美学享受。因此，说柏拉图仅仅根据道德或哲学标准来衡量诗歌并不准确。他用这种标准衡量的不是诗歌，而是诗歌作为真正教化手段的传统头衔。我们通过可信的传统得知，除了拟曲诗人索福戎（Sophron）等人，柏拉图还保留了其中最新的一位——科洛丰人安提马科斯（Antimachus）——的全部作品，我们现在将后者作为希腊化时期希腊文学的开始。见柏拉图弟子彭提乌斯人赫拉克利德斯（Heraclides Ponticus）的报告，以及B. Wyss, *Antimachi Colophonii Reliquiae* (Berlin, 1936), lxiv。

② 特别参见伊壁鸠鲁派关于是否所有伟大诗歌都应兼具“实用”和“优美”的讨论，Christian Jensen, *Philodemos ueber die Gedichte fuenftes Buch* (Berlin, 1923), 110ff.。根据塞克斯都·恩披里柯（Sextus Empiricus）的说法，伊壁鸠鲁派称诗歌为“人类激情的堡垒”，《反对博学家》（*Adv. Math.*）1. 298（Bekker，第668页）。“诗人作品中的许多东西不仅无用，而且极其有害。”不能用诗歌带来的道德或科学利益来评判其性质。

③ 比如，见大巴西流（Basil the Great）写给青年基督徒的名篇，谈及古典希腊文学。

④ 斯多葛派和逍遥学派关于诗歌的“教育学”价值的理论大多以荷马史诗为基础。见菲洛德墨斯（Philodemus）的论诗学（Περὶ ποιημάτων）卷，本页注释②所引书。他在书中罗列和批评了前人对诗学的观点。

⑤ 智术师把荷马视作一切技艺知识（τέχναι）门类的源头。伪普鲁塔克在《荷马的生平与诗作》（*De vita et poesi Homeri*）中提出了同样的观点。在此之前，我们只是间接通过柏拉图在《理想国篇》或《伊翁篇》中的论战了解了这种观点，但伪普鲁塔克将其详细展开。见本书第三卷，第802页起。

尤其有必要。只有将人类的全部美学和伦理力量诉诸文字的诗歌才能发挥这种作用。美学方面与伦理方面的关系不仅是向后者随机提供某种“材料”，但本质上不具备真正的艺术意图。相反，艺术作品的规范性内涵和艺术性形式相互影响，在根源上紧密相连。我们将会指出，对于各种意义 65
上的风格、结构和形式而言，它们的具体美学性质是由自己所承载的精神内容决定和实现的。当然，我们不能就此把这种观点变成普遍的美学法则。有的艺术（各个时代都存在）回避了人类的核心问题，必须完全从形式理想上理解它们。甚至有的艺术嘲笑任何所谓的崇高内容，或者对主题内容无所谓。这种艺术上的有意轻浮也有“伦理”意义，我们看到它们无情地揭穿了传统的表面价值，从而起到了净化的批判效果。但具有真正教育意义的诗歌必须扎根于人类存在的深处，那里有道德，有更具活力的思想，还有将人联系在一起并约束他们的人类理想形象。崇高的希腊诗歌提供的不是任意的真理片段，它们给出的存在片段经过了特定理想的遴选和甄别。

另一方面，最崇高的价值通过其在人类中间获得的永恒艺术地位而具有了持久影响和动人力量。艺术本身具有无限的精神感染力，也就是希腊人所说的“心灵引导”（Psychagogie）。艺术同时具有普适性和直接经验式的明了性。通过结合这两种精神作用，它超越了现实生活和哲学反思。生命具有明了性，但生命经验不具备普适性，掺杂了太多的随机元素，由此获得的鲜活印象只能达到最肤浅的程度。相反，尽管哲学和反思具备了普遍性并深入事物的本质，但它们只对部分人有效，即那些得益于自身经历而能赋予这些思想以亲身经历般鲜活色彩的人。因此，比起所有 66
纯粹的智识教育和所有普遍的理性真理，或者比起纯粹偶然的个人生活经历，诗歌总是具有优势。它比现实生活更具哲理（如果我们对亚里士多德一句名言的意思加以扩展），又因为其所集聚的精神现实而比哲学知识更加生动。

上述观察并不适用于所有时代的诗歌（甚至对希腊诗歌来说也不无例外），也不仅限于希腊诗歌。但与使其取得成功的那种诗歌相比，世界上没有哪种诗歌更适合它。我们在这里只是复述了在柏拉图和亚里士多德的时代，当希腊人的艺术感自我觉醒时围绕着本民族伟大诗歌发展起来的观念要旨。尽管有少数个别变化，但在这方面，希腊人的艺术观念后来大体保持不变。这种观念诞生时，其中仍然存在着关于诗歌及其希腊特质的活跃感知，因此从历史角度来看，我们有理由和有必要探究其对荷马的适用性。与荷马作为先行者的时代相比，没有哪个时代以如此全面和在艺术上普适的方式表现了自己的理想内涵，从而对后世产生了最强烈的教育影响。史诗能比其他任何诗歌更好地展现希腊教育理念的独一无二。而大部分较晚些的希腊文学精神形式则根本无法在别的民族那里找到对应物。现代文化人只有通过接受那些古老的形式才能掌握它们。我们就是这样掌握了悲剧、喜剧、哲学论文、对话、系统性的科学教程、批判性的历史作品、传记、（司法、典礼和政治的）演说、游记、回忆录、书信集、生平自述、自我思考和随笔。与之相比，其他处于同一发展阶段的民族也拥有和希腊人类似的贵族和平民阶层，拥有贵族的男性理想和用于表达主流英
67 雄生命观的本土英雄诗歌艺术。和希腊人类似，从这些英雄诗歌中也发展出多部史诗，比如印度人、日耳曼人、罗马人、芬兰人和一些中亚游牧民族。因此，我们可以比较这些来自不同民族和文化背景的史诗，从中发现希腊史诗的不同寻常。

我们常常注意到，只要处于人类发展的同一阶段，上述诗歌就会具有强烈的相似性。最古老的希腊英雄诗歌中可以看到和其他民族诗歌一样的原始特点。但那只涉及艺术的外在和受时间制约的方面，而非其丰富的人性内涵和艺术形式的力量。人类存在的英雄阶段尽管经历了各种公民阶层的“进步”，但在核心上并未改变。没有哪个民族的史诗以希腊人般详尽而影响深远的方式展现了那个阶段所蕴含的普遍命运观和永恒的生命真理。即使表达了如此崇高的人性，而且血缘上与我们如此亲近的日耳曼民族英雄史诗，在影响范围和持久程度上也无法与荷马相提并论。一边是荷马史诗在希腊人生活中的历史地位，一边是中世纪日耳曼和古代法兰西史诗的角色，两者的差异揭示了这样的事实：荷马的影响在上千年的希腊文化中从未中断，而中世纪骑士史诗在骑士世界衰落后几乎被忘却。在各种科学奠基的希腊化时代，荷马的活跃影响创造了研究史诗传播和起源形式

的独特学科，即语文学（Philologie）。语文学的活力完全来自其研究对象的持久生命力。相反，沉睡在图书馆中落满灰尘的抄本上的《罗兰之歌》《贝奥武甫》和《尼伯龙根之歌》等中世纪史诗需要等到学术发展到一定水平后才被重新发现和重见光明。但丁的《神曲》是唯一不仅成功在本民 68
族，也在全人类中永远占据一席之地的中世纪史诗。但丁的诗歌无疑也具有时间性，但诗中人类形象和生命理解的深刻性与普遍性使其达到了莎士比亚和歌德分别在英语和德语中方才达到的思想高度。某一民族早期的诗歌表达自然受到本民族特别的强烈影响，因此别的民族和后世对其特点的理解注定有限。想要让本土作品获得普世的影响力（不然就称不上真正的诗歌），必须使其达到最高水平的人类普适性。希腊人显然具备独一无二的能力，能够认识与描绘把所有人联系起来和对所有人有影响的元素，而站在希腊历史开端的荷马则成了全人类的老师。

荷马是早期希腊文化的代表。就像我们已经提到的，他堪称我们认识最古老希腊社会历史的“源头”。但让骑士世界在史诗中变得不朽不仅意味着在艺术中无意识地反映现实。这个严格要求和伟大传统的世界是崇高生活的领域，荷马史诗得到了它的哺育和滋养。战斗者的伟大英雄命运中的激情是《伊利亚特》的精神气息，而贵族文化和礼仪中的人类道德则赋予了作为诗歌的《奥德赛》以生命。这种生活方式所诞生的社会必然会遭到遗忘，在历史上不再被提及，但它的理想画面将在荷马创造的诗歌形象中继续存在下去，成为一切希腊教化有生命力的基础。荷尔德林曾说：“而今留存者，乃诗人所创立。”这句诗表达了希腊教育史的基本原则，诗歌作品是它的基石。希腊诗歌一步步被有意识地赋予了越来越多的教育思想。在这里，有人可能会问，史诗完全客观的立场是否符合上述意图。我们在前面关于向阿喀琉斯遣使和忒勒马科斯故事的分析中已经给出 69
了明确的例子，这几卷诗歌表达了深刻的教育思想。但显然，荷马的教育意义的概念要普遍得多，它并不局限于对教育问题的明确讨论，或者试图发挥教育影响的段落。荷马史诗具有思想上非常复杂的庞大结构，无法将其归结为单一模式，相对晚近的部分对教育表现出特别强烈的兴趣，但有的段落也纯粹在描述对象，诗人并无额外表达伦理思想的意图。在《伊利亚特》第九卷或忒勒马科斯的故事中，我们看到的思想立场已经更接近于哀歌，体现了主观有意识地施加影响的意图。我们必须将其与所谓的客观教育作用加以区分，后者无关诗人的个人意图，而是蕴含于史诗本身的特质中。它带着我们从相对晚近的时代回到该体裁的诞生之初。

荷马多次描绘了老年行吟诗人，史诗正是诞生于他们的艺术传统。诵诗人的职责是让后人不要忘记“凡人和神明的事迹”。[①]名声及其持存和扩散是英雄诗歌的真正意义。古老的英雄歌谣因此常常被称作“人之名声”。[②]喜欢在名字上做文章的诗人给《奥德赛》第一卷中的诵诗人起名费弥俄斯（Phemios），即“带来消息的人”，或者“名声的通告者”。而淮阿喀亚诵诗人德墨多科斯（Demodokos）的名字里则暗示了其职业的曝光度。由于是名声的通告者，诵诗人在人类集体中拥有稳固的地位。柏拉图将诗歌引发的狂喜归结为神明所造成的精神错乱的美好影响，并由此描绘
70 了诗人的原始形象。[③]“缪斯的迷惑和疯狂抓住了柔弱和圣洁的灵魂，唤醒他并用热情的歌曲和各式诗歌使他陶醉。通过颂扬无数古代的事迹，他教育了后世。”上述观念是希腊人最初的看法。它源自一切诗歌与神话（即古代伟大事迹的传说）间天然必要和不可分割的联系，并让诗人由此获得了构建集体的社会功能（即教育作用）。对柏拉图来说，这种教育不包含任何有意识影响听众的意图，在诗歌中保持名声的活力就已经是教育行为。

我们不能忘记，前文已经详细分析了榜样对荷马史诗中贵族文化的意义。我们也思考了神话事例的教育意义，看到了福伊尼克斯和雅典娜如何把它们作为对阿喀琉斯和忒勒马科斯的警告或鼓励。[④]神话本身就具有规范性意义，甚至无须明确将其作为范例和例证。神话的示范作用并非来自生活中的某个事件与神话中相应情形的比较，而是来自其本身的性质。神话是古代传统记述中伟大人物和崇高行为的名声与传闻，而非任意的材

---

① 《奥德赛》，1. 338：ἔργ' ἀνδρῶν τε θεῶν τε, τά τε κλείουσιν ἀοιδοί。

② 《伊利亚特》，9. 189，524。《奥德赛》，8. 73。

③ 柏拉图，《斐德若篇》，245a。一边是诗歌，一边是人类伟大行为的荣耀中所体现的德性，这段话明确建立起了两者的关系。

④ 见本书第36页起。

料。对于不寻常的东西而言，哪怕仅仅是承认事实也能产生影响。但诵诗人叙述的不仅是事实，他们还赞美和颂扬世上的可赞美和可颂扬之事。就像荷马的英雄们在生前就为自己追求荣誉，并始终不忘相互表达敬意，所有真正的英雄行为也都渴望永恒的声名。[①]神话和英雄传说为民族提供了取之不尽的榜样，民族思想从中获得了特有的理想和准则。荷马与神话的这种关系体现于在所有可以想见的生活场景中使用神话范式，包括建议、
警告、提醒、鼓励、禁止和命令他人。神话范式使用的特点是并不出现在 71
叙事中，而是永远只见于史诗人物的讲话中。史诗中的神话永远是作为讲话人援引的权威例证。[②]因此神话中包含着某种普适的内容，它并非纯粹事实性的，尽管它无疑源于被记录下来的历史事件，但在漫长的流传过程中经过了后人想象的添枝加叶和赞美式的诠释，从而超越了真实世界。我们必须如此理解诗歌与神话的联系，这对希腊人来说是不变的法则。它与诗歌从英雄歌谣中的起源，与荣誉理念，与对英雄赞美的模仿有关。该法则在伟大诗歌的世界之外无效，最多只能在抒情诗等其他体裁中找到作为理想化风格元素的零星神话内容。但史诗完全是理想的世界，在早期希腊人的思想中就已经用神话代表理想性元素了。

上述事实影响了史诗的所有风格和结构细节。史诗语言的典型特征之一是使用模式化的装饰性修饰语。这种用法直接源于“人之名声”的原始精神。经历了英雄歌谣的漫长发展后，在我们面前的伟大史诗中，这类修饰语的使用常常已经失去了生命力，只是出于史诗风格传统的需要。个别的修饰语不再具有描述性的意义，而是大多变成装饰性的，它们是这门艺术数百年来的固定特点中不可或缺的元素，甚至会出现在不合适甚至完全适得其反的地方。修饰语已经完全成为理想世界的一部分，史诗叙事所涉及的一切都被升华到这个世界。除了使用修饰语，在描述和描绘中也常

① 关于品达对遵循这种传统的真正诗歌本质的崇高构想，见本书第219页。

② 见R. Oehler, *Mythologische Exempla in der aelteren griechischen Dichtung* (Basle 1925)。书中收集了早期希腊诗歌中的神话例证，但也许没有足够强调荷马人物讲话中所涉及神话的规范性质。在以后的多个世纪里，神话例证成了纯粹的装饰性风格元素，特别是当被用于辞藻华丽的修辞时。不过，在希腊文学的各个时期都可以找到神话例证被用作论证目标的参考点。从相关修辞规则和作者实践中（特别是后者）可以清楚地看到，由于后世思想具有更多理性特征，神话例证越来越多地为历史例证所取代，即理想事例让位于实证事例。

常可以看到这种称颂、赞美和美化的基调。所有低贱、可鄙和可憎的东西
72 在史诗世界中都仿佛消失了。古人已经注意到，荷马把一切都放进了这个世界，甚至本身最无关紧要的东西。金嘴狄翁（Dion von Prusa）尚未清楚意识到赞美风格与史诗本质的深刻关系，他把荷马与谴责诗人阿尔喀洛科斯（Archilochos）相对立，认为对人的教育而言，谴责比赞美更有必要。[①]我们在这里最感兴趣的不是他的评判，后者源于与古老贵族教育及其榜样崇拜相对的悲观态度。我们将在后文谈到他对社会的不同假设。但对于史诗风格的实际状况及其理想化倾向，没有什么比得上那位对于此类形式上的事物感觉敏锐的修辞学家的话。他写道：“荷马几乎赞美一切，无论动物还是植物，水还是土地，武器还是骏马。我们可以说，他对任何东西都不吝惜溢美之词，只要他提到它们。甚至对他唯一羞辱过的忒耳西特斯，他也称其为声音高亢的说话者。”

史诗的理想化倾向与它起源于古老的英雄歌谣有关，这种倾向区分了它与其他的文学形式，使它在希腊文化史上获得了得天独厚的地位。所有的希腊文学体裁都来自人类的原始自然表达形式，抒情诗源于民歌（对后者的形式加以改变并做了艺术上的改进），短长体诗歌源于同名的酒神节习俗，颂诗和游行圣歌源于宗教仪式，婚歌源于民间婚礼，喜剧源于狂欢游行（Komos），悲剧源于酒神颂。我们可以将发展出各类诗歌艺术体裁的原始形式分为属于宗教仪式的、来自人们私人生活的和来自集体生活的。源于私人或崇拜活动的诗歌表达形式本来与教育元素关系不大。相
73 反，英雄歌谣在本质上是塑造理想的，致力于创造英雄典范。在教育的意义上，它遥遥领先于其他诗歌体裁，因为它客观地反映了生活全貌，描绘了人类与命运的斗争和对崇高目标的追求。教诲诗和哀歌追随史诗的足迹，两者在形式上也与史诗关系密切。史诗的教育思想影响了它们，后来又扩展到像短长体诗歌和合唱歌等其他体裁。在神话材料和思想上，悲剧完全是史诗的继承者。它的伦理与教育价值全部要归功于同史诗的关系，而非其与酒神相关的起源。如果我们还考虑到历史作品和哲学论文等具有

① 金嘴狄翁，《雄辩家》，33. 11。

强大教育力量的散文体形式直接诞生于在世界观上同史诗的冲突，那么我们可以说，史诗绝对是所有崇高希腊文化的根源。

现在让我们再来分析史诗内部结构中的规范性元素。显然存在两种方式。我们或者从面前完成形式的两首史诗整体出发，完全不考虑对荷马的科学分析所得出的结论和提出的问题；或者选择更困难的方式，让自己绝望地陷入起源假设的泥沼中。两种方式都存在弊端，因此我们选择了折中路线，既在原则上认可对史诗的发展史研究，又不强迫自己探讨分析派摆在我们面前的一切细节。①无论如何，在这个问题上，即使持绝对不可知论观点的人也不得不至少在原则上考虑史诗来历中的明显事实。这种立场让我们与古人对荷马的解释发生分歧，古人在谈及这位诗人的教育意义时总是马上把《伊利亚特》和《奥德赛》视作整体。②当然，现代诠释者也必须致力于把它们当作整体，即使分析派告诉他们，这个整体是后来的 74
一代代诗人不断通过汲取无尽的素材而创造出来的。但如果有人考虑到这样的假设（我们都如此），即不仅最终形态的史诗中加入了整段较为晚近的诗歌，而且形成过程的史诗还吸收了古老形式的诗歌（或多或少做了改变），那么就有必要尝试尽可能清晰地展现史诗的最初阶段。

我们对最古老英雄歌谣性质的看法必然会对此产生重要影响。我们认为史诗源于最古老的英雄歌曲（在其他民族，英雄歌曲也被认为是最早的传统），这种基本观点让我们倾向于下面的说法，即对单人对决（以著

---

① 我们可以简单列举一些关于荷马问题的出色现代著作，Wilamowitz-Moellendorff, *Die Ilias und Homer* (Berlin 1916)；Erich Bethe, *Homer, Dichtung und Sage* (2 vols. Leipzig, 1914)；Gilbert Murray, *The Rise of the Greek Epic* (2nd ed. Oxford 1911)。统一派作者的著作有J. A. Scott, *The Unity of Homer* (Berkeley 1921)；S. E. Bassett, *The Poetry of Homer* (Berkeley 1938)。在*Homer* (1st ed., 1886)一书中，Richard Jebb爵士介绍了荷马问题及其在19世纪的发展。George Finsler的*Homer* (2 Aufl. Leipzig, 1914–18)中的一章出色地描绘了该问题的历史。关于对《奥德赛》的分析，见本书上一章第33页注释①所列书目。另见C. M. Bowra, *Tradition and Design in the Iliad* (Oxford 1930)。

② 我们暂不考虑后来亚历山大里亚学派的古代注疏者，他们最早将分析方法用于史诗，从中剔除了他们认为是后人插入的部分，即所谓的“分离部分”（χωρίζοντες），如《伊利亚特》第十卷（又称“多隆之书”，Δολώνεια）。还有人否认荷马同时是《伊利亚特》和《奥德赛》的作者。见F. A. Wolf, *Prolegomena ad Homerum* (Halle 1795), clviii。关于亚历山大里亚学派在研究荷马传统时所用的方法，亦见K. Lehrs的名作，*De Aristarchi Studiis Homericis*。

名英雄战胜知名对手告终）的描绘是史诗诗歌的最古老形式。[①]单人对决的描写比群战场景更让人感兴趣，后者很容易失去强烈的形象性和内在的生动感。此外，只能通过有伟大个体英雄出场的宏大场景，群战描绘才能激发我们的兴趣。正是凭着群战中难以表现的个人与伦理元素，凭着通过个体元素间更有力内在联系造就的统一战斗场景，单人对决才总能唤起深切的同情。以史诗为模板，后来的历史作品中也可以看到这种类型的段落。此类段落是《伊利亚特》中战斗描写的高潮，它们是独立的场景，即使作为史诗整体的组成部分，它们仍然保留了一定的独立性。由此可以看出，它们曾经自成一体，或者创作时仿照了独立歌谣。《伊利亚特》的作者将特洛伊城下的战事分成阿喀琉斯的愤怒、愤怒的后果和若干独立的单人壮举，如狄俄墨德斯（第五卷）、阿伽门农（第十一卷）、墨涅拉俄斯（第十七卷）、墨涅拉俄斯对决帕里斯（第三卷）和赫克托耳独战埃阿斯
75 （第七卷）。上述场景让作为这些英雄歌谣受众的民族兴奋，因为那反映了他们自己的理想。

通过引入大量此类战斗场景并把它们编织成统一的情节，伟大史诗的新的艺术目标不仅是像过去惯常的那样描绘某个被假定广为人知的整体情节中的单独画面，而且要让所有的著名英雄拥有一席之地。[②]诗人将许多一定程度上已经被单独的古老诗歌所称颂的事迹和形象串联起来，创造出一幅宏大的画面，即作为整体的特洛伊战争。他的作品清楚地显示了其对这场战争的看法：那是众多不朽的英雄为了最高德性而展开的激烈斗争。不仅是希腊的英雄，因为他们的对手也是为自己的家园和自由而英勇战斗的民族。"最好的征兆只有一个，为国家而战"——荷马没有让希

---

① 这种说法来自老派注疏者之一的G. W. Nitzsch，他总体上对现代分析研究持怀疑态度，见*Beitraege zur Geschichte der epischen Poesie der Griechen* (Leipzig 1862), pp. 57, 356。

② 古老的歌谣（οἴμη）一般在序曲之后选择某个时点展开：这时，他唱起他们如何坐上有好长凳的船只起航（ἔνθεν ἑλὼν ὡς οἱ μὲν ἐυσσέλμων ἐπὶ νηῶν βάντες ἀπέπλειον,《奥德赛》8. 500）。但以这种方式开始吟唱的不仅是淮阿喀亚诵诗人德墨多科斯。就连《奥德赛》序曲的作者也遵循这种古老的技巧：他祈求缪斯歌唱奥德修斯的回归及其同伴们的命运，可随意从她喜欢的地方开始：女神啊，宙斯之女，从某处开始向我们述说那些事吧（τῶν ἁμόθεν γε, θεά, θύγατερ Διός, εἰπὲ καὶ ἡμῖν，ἁμόθεν γε对应ἔνθεν ἑλών）。另一种标明起始点的形式是ἐξ οὗ，就像《伊利亚特》的序曲（1. 6）：女神，请歌唱珀琉斯之子阿喀琉斯……从两人第一次在争执中反目开始（μῆνιν ἄειδε θεὰ Πηληϊάδεω Ἀχιλῆος …ἐξ οὗ δὴ τὰ πρῶτα διαστήτην ἐρίσαντε）。

腊人，而是让一位特洛伊英雄说出这句话，[1]后者为祖国捐躯，赢得了如此温情的人性形象。亚该亚人的伟大英雄则代表了勇者。对他们来说，祖国、妻子和孩子是次要的。尽管有时会提到，他们是为了追究拐跑海伦者而出兵；尽管他们曾试图直接与特洛伊人打交道，让海伦回到她合法丈夫的身边，从而制止流血冲突，就像理性的政治想法那样。但合法性没有发挥值得一提的作用。让诗人同情亚该亚人的并非后者作为的正当性，而是他们永远闪耀的英雄气概。

在《伊利亚特》中英雄们血腥争斗的动荡背景下，我们看到了属于纯粹人类悲剧的个人命运，那就是阿喀琉斯的英雄人生。诗人以阿喀琉斯的故事为内在纽带，将连续的战争场景编织成统一的诗作。得益于阿喀琉 76
斯的悲剧形象，《伊利亚特》不但是一部关于远古世界战争精神的庄严古书，而且成了关于人类永恒的生命感悟和巨大痛苦的不朽丰碑。这首伟大史诗不仅标志着创作规模宏大和结构复杂的整体作品之技艺取得了巨大进步，还同时加深了内涵，意味着英雄诗歌超越了最初的范畴，并赋予了诵诗人新的精神地位，即更加崇高意义上的教育者。他们曾经是古人荣誉和事迹的客观通报者，现在终于成了完全意义上的诗人，成了传统的创造性诠释者。

精神诠释和艺术塑造在根本上是一回事。希腊史诗在创作统一整体时表现出的卓越原创性一直为人称道，不难看出，这种原创性与史诗的教育作用具有相同的根源，即更高的精神问题内涵和问题意识。驾驭大堆素材带来的快感不断增强是史诗诗歌发展最后阶段的典型特征，在希腊人之外的其他民族身上也能见到，但仅凭这点并不一定能催生出伟大史诗的艺术。即使写成作品，在这一阶段也很容易沦为冗长的传奇式历史故事，变成以“勒达的蛋”[2]开头，从英雄的诞生讲起的一系列古老口头传说。[3]荷马史诗中的描绘只采用简明的线条，它紧扣剧情，总是生动地描绘事件，并且从事件的中途入手。史诗没有描绘特洛伊战争的全部历史或者阿喀

① 《伊利亚特》，12.243。
② 贺拉斯，《诗艺》，147。
③ 这是亚里士多德和贺拉斯在他们的诗学中所描绘的系列史诗的形式。《尼伯龙根之歌》也非常相似，以向年轻人述说故事的主人公齐格弗里特和克里姆希尔特开头。

琉斯的整个英雄人生，而是以惊人的准确性只选择了关键时刻，即具有代表性意义和能提供最大创作可能性的时刻，使他得以在短短的时间内压缩了十年战争期间的所有沉浮与战斗，压缩了过去、现在和未来。古代批评
77 家们有理由对这种能力表示惊叹。为此，亚里士多德和贺拉斯没有仅仅把荷马看作一流的史诗诗人，而是特别视其为诗歌至高塑造力的最高典范。他抛弃了纯粹的历史，去除了事件的物质性，让内在必然性推动问题的发展。

《伊利亚特》开始于这样的时刻：阿喀琉斯愤怒地退出战斗，导致希腊人陷入最窘迫的境地，由于人的短视和过错，多年来的全部付出在即将实现目标前功亏一篑。失去了最伟大英雄的助阵后，其他希腊英雄竭尽所能，他们的英勇表现得一览无余。而他们的对手受到阿喀琉斯袖手旁观的激励，在战场上节节胜利，直到希腊人日渐窘迫的处境迫使帕特罗克洛斯介入并最终死于赫克托耳之手。为了给死去的朋友报仇，阿喀琉斯重回战场，他杀死了赫克托耳，在希腊军队覆灭前拯救了他们。他为朋友举行了疯狂而野蛮的古老葬礼，眼前浮现出了自己同样的命运。当普利阿莫斯（Priamos）为了讨回儿子的尸体而跪倒在尘土中时，珀琉斯之子的无情之心融化成了泪水。他想到自己的老父亲也将失去儿子，尽管他现在还活着。

我们看到，作为环环紧扣的整个史诗情节发展的推动力，英雄的可怕发怒同样闪耀着处处围绕这个形象的强烈光芒：那就是崇高青年的短暂而超人的英雄生命，他有意放弃了在平静和享受中度过漫长但没有荣誉的一生，而是选择为了英雄功业进行艰难的攀登。他拥有真正的伟大心灵，义无反顾地同势均力敌的对手展开较量，因为后者侵害了他为之奋斗的唯一奖赏，即英雄的荣誉。①在诗歌伊始，这个光辉的形象被蒙上了阴影，而诗歌结尾也不同于英雄壮举惯常的志得意满结局。阿喀琉斯没有因为战
78 胜赫克托耳而高兴，在英雄无法慰藉的悲痛中，在希腊人和特洛伊人为帕

① 按照亚里士多德的说法（《尼各马可伦理学》，4.7），μεγαλόψυχος（伟大灵魂）是ὁ μεγάλων ἑαυτὸν ἀξιῶν ἄξιος ὢν（认为自己配得上伟大，并配得上这种想法的人）；那首先是真正德性应有的荣誉。关于作为亚里士多德“伟大灵魂”模板的阿喀琉斯，见第14页注释②。

特罗克洛斯和赫克托耳的沉痛哀悼中，在胜利者对自身命运的阴郁预感中，整部作品画上了句号。

有人希望去掉史诗的最后一卷，也有人想要看到故事继续下去，从而把《伊利亚特》改写成《阿喀琉斯记》，声称那是作品的最初意图。这种想法采用历史视角和从材料出发，而非采用艺术视角和从形式与问题出发。《伊利亚特》赞颂了特洛伊战争中最伟大的英雄对决，即阿喀琉斯战胜强大的赫克托耳。其中既有注定死亡的伟大英雄的悲剧，也有命运与本人举动间过于人性的联系。属于真正对决的是英雄的胜利，而非他的覆亡。阿喀琉斯决心为死去的帕特罗克洛斯报仇，尽管他知道当赫克托耳死后，他本人也将很快遭遇死亡。但情节的发展并未让这种悲剧成为最可怕的现实。在《伊利亚特》中，它更多只是让阿喀琉斯的胜利在精神上更加崇高和在人性上更加深刻。他的英雄主义不是古代骑士那种单纯而基本的类型，其最崇高之处在于有意识地选择做出伟大之举，即使事先已经确定要为此付出自己的生命：所有后世的希腊人都认同这种解释，并从中看到了史诗的伟大伦理和最有力的教育作用。阿喀琉斯英雄决定的真正悲剧性无疑首先体现在其与“愤怒”和“希腊人失败的求和”这两个动机的纠缠，他因此拒绝参战，并导致了他的朋友在希腊人战败之时阵亡。

鉴于上述关系，我们必须就此谈谈《伊利亚特》中的伦理结构。但在这里无法有说服力和清楚地列出该体系的细节，因为那需要更加深入的解释。探究这样的结构自然意味着假设艺术作品在思想上的统一，但被大量研究的荷马史诗形成问题既不会因此一举得到解决，也不会就此消失。[①]不过，如果我们进一步意识到存在确定和连贯的情节线（从我们的 79
视角出发，该事实必将最清晰地呈现），那么这将成为对分析派的有益解毒剂，避免了片面分割整体的倾向。我们在此不考虑是谁创造了史诗这种结构的问题。无论它与最初的构思有关还是后世诗人的工作成果，对于我们面前的《伊利亚特》来说，这完全不容忽视，并且对作品意图和全部影

① Roland Herkenrath从伦理学视角对两部史诗做了全面分析，他认为这是真正欣赏它们统一结构和技艺的最适合方式，见*Der ethische Aufbau der Ilias und Odyssee* (Paderborn 1928)。书中包含了许多有价值的观察，但对论点的发挥过了头，高估了其对史诗起源问题的重要性。

响具有根本意义。

让我们从几个要点着手来进一步说明这个问题。诗人在第一卷中就毫不含糊地表明了立场，他讲述了阿喀琉斯与阿伽门农闹翻的原因，以及阿波罗祭司克吕塞斯（Chryses）的受辱和神明的愤怒。尽管后文对两位主人公的立场做了全面客观的描绘，但他们显然被当作有缺陷的两个极端。两者之间是智慧的老人涅斯托耳，也是“克制”（syphrosyne）的化身。他见证了三代凡人，仿佛超脱于当下的混乱，居高临下地对面前那些激动的人说话。涅斯托耳的形象维持了整个场景的平衡。在上述段落中已经出现了“狂妄”（由灾祸女神引起）一词。与率先伤人的阿伽门农的狂妄相比，第九卷中阿喀琉斯的狂妄要严重得多。[①]他“不懂得和解”，[②]盲目地不愿平息怒火，最终超越了人类允许的尺度。他本人懊悔地承认了这点，但为时已晚。现在，他诅咒这种怨愤，后者诱使他背弃了英雄的职责，让他坐视最忠诚的朋友牺牲。[③]而在与阿喀琉斯和解后，阿伽门农同样用大段比喻抱怨说，自己的狂妄是祸害女神有害影响的结果。[④]在荷马史诗中，祸害女神和命运女神的形象一样完全是宗教性的，她们是真正的
80 神明力量，人类很难逃避。不过，诗中所涉及的人物（特别是第九卷）即使不是命运的主人，至少在某种意义上也无意识地参与了决定自己的命运。希腊人最为推崇行英雄事迹者，出于精神上的深刻必要性，他们着魔地体验了由被迷惑所带来的悲剧性危险，将其看作行动和意图间永恒矛盾的原因，而听天由命的东方智慧则回避这种危险，选择消极或放弃。赫拉克利特说的“性格是人的命运”（ἦθος ἀνθρώπῳ δαίμων）代表了人类认识命运道路上的终点，而第一个踏上这条道路的是塑造了《伊利亚特》中阿喀琉斯形象的诗人。

荷马史诗中处处可见关于人性和世事永恒法则的全面“哲学”思想。人类生活中的本质问题没有哪个未被包含其中。诗人习惯于根据他对事物

① 关于阿伽门农的灾祸女神，见《伊利亚特》，1. 411—412；阿伽门农本人在9. 116中承认了自己受到了灾祸女神影响；福伊尼克斯在9. 510—512警告阿喀琉斯注意灾祸女神。

② 贺拉斯，《颂诗集》，1. 6. 6。

③《伊利亚特》，19. 56起。

④《伊利亚特》，19. 86起、137。

本质的普遍认识看待个体情况。希腊诗歌偏爱箴言，倾向于用更高标准衡量一切事件，它们的思想总是从普适前提出发，大量使用神话事例作为具有普遍约束力的典型和理想，这一切的最终源头都在荷马身上。关于史诗对人类的看法，没有什么比对阿喀琉斯盾牌的生动描绘更奇妙的象征了，《伊利亚特》对其进行了详细的描绘。赫淮斯托斯在上面绘制了大地、天空和海洋，还有不知疲倦的太阳和一轮满月，以及装点着天空的所有星座。在稍远处，他描绘了两座美丽的人类城市。其中一座城里有婚礼和婚宴，有迎新队伍和婚歌。年轻人在笛声和弦乐中翩翩起舞，女人们站在门前看得目瞪口呆。集市上人头攒动，那里正在上演诉讼。两名男子为了被害者的赔偿金发生争执，法官们则坐在围成神圣圆圈的光滑石凳上，手持权杖做出判决。另一座城市被两支军队包围，他们的武器装备闪闪发光， 81
想要摧毁或劫掠那座城。但城中居民还不愿投降，妇女、孩子和老人被派到城墙上负责守卫。男人们则偷偷出城，在饮牛的河边设下埋伏，并突袭了牧群。随后，他们在河边同赶来的敌人展开激战，互相投掷标枪。在一片喧嚣中，人们看到战争的恶灵“不和”（Eris）和“混乱”（Kydoimos）忙碌起来，看到衣衫沾满鲜血的死亡女神（Ker）趁乱抓着伤者和死者的脚拖行。除此之外，盾牌上还有一片田地，耕田人来回赶着耕牛，等他们来到田埂边准备转过身时，有人奉上了一杯美酒。然后是一处正在收割的农庄。割麦人手持镰刀，麦穗纷纷落到地上，被一束束捆好。农庄主人默默地站在那里，心头充满喜悦，侍从们则在做饭。盾牌上还有葡萄园，人们正高高兴兴地采摘葡萄；还有一群长角的牛，以及它们身边的牧人和牧犬；还有优美山谷间的草地，那里有绵羊、羊圈和羊棚；还有一个跳舞场，年轻男女们手挽着手在那里起舞，诵诗人高声演唱神圣的歌曲。上述场景描绘了人类生活的详尽画面，涵盖了其简单而重要的永恒关系。圆盾的边缘流淌着环绕这一切的俄刻阿诺斯（Okeanos）。

盾牌上描绘的自然与人的完美和谐处处主导着荷马对现实的理解。同样的宏大节奏处处把大量活动结合起来。无论某天充斥着多少人世的喧嚣，诗人都不会因此忘记描绘太阳如何在熙熙攘攘中升起和落下，描绘疲劳如何在一天的工作和战斗结束后降临，而令人肢体放松的睡眠又如何在夜晚拥抱凡人。荷马既不是自然主义者也不是道德主义者。他既不愿在没有找到可靠立足点的情况下陷入生活的无序局面，也不愿从外部掌控
82 它。道德和自然力量对他而言同样真实。凭借犀利的目光，他客观地理解了人类的激情。诗人认识到人类激情可怕的强大力量，它拥有超过人的力量，并裹挟着人一起前进。但如果激情的洪流常常漫过河岸，诗人总是会用坚固的河堤束缚住它。荷马和广大希腊人的伦理底线是存在的法则，而非纯粹关于应该怎么做的惯例。[①]荷马史诗把扩大了的现实意义（纯粹的“现实主义”与之相比反倒显得不真实）引入世界，这是它无限影响力的基础。

荷马的动机方式与他将材料深化为普遍和绝对必须的有关。他并不完全被动地接受传统和简单的事实告知，而是只按照牢不可破的因果关系，描绘情节出于内在必然性的一步步发展。从两首史诗的第一行开始，戏剧叙事就展开为不留缝隙的整体。“缪斯啊，请歌唱阿喀琉斯的愤怒和他与阿特柔斯之子阿伽门农的争吵。是哪位神明使他们争吵起来？”这个问题如同正中靶心的箭。在随后描绘阿波罗的愤怒时，诗人将内容严格限制为与不幸起因相关的重要情节。这个故事被放在开篇，就像修昔底德的历史作品中对伯罗奔尼撒战争起因的分析。情节并不按照松散的时间顺序发展，而是处处遵循充分理由的原则，所有事件都按照清晰的心理动因推进。

但荷马不是现代作家，让一切仅仅作为人类意识的内在体验和现象来发展。在他生活的世界，没有什么伟大事件能离开神明的帮助，在史诗中同样如此。作为叙述者的诗人不可避免地知晓一切，这在荷马作品中并
83 非表现为他能够描绘人物最隐秘的内心活动，仿佛进入了他们体内，而是表现在他处处看到人与神的联系。想要划清荷马的这种现实观与纯粹诗歌

---

① 当然，表现为αἰδώς（羞耻）、νέμεσις（复仇）、καλόν（善）、αἰσχρόν（卑劣）等形式的道德责任意识也出现在荷马作品中。这是道德观的主观方面。但与此同时，人类道德观的本性似乎符合客观现实的固有结构，无论是在史诗还是后世诗歌对该问题的反映中。关于梭伦的正义（diké）概念，见本书第150—151页；关于阿那克西曼德自然哲学中的正义，见第169—170页；关于智术师的道德观及其与“自然法则”的关系，第326—327页和第329页；关于索福克勒斯的和谐，见第284页。

表现手法的界线总是很不容易。但把诸神的介入解释成纯粹的史诗艺术手段肯定是完全错误的。诗人尚未生活在一个有意识采用艺术幻觉的世界，背后是赤裸裸而轻率的开明思想和公民日常生活的平庸。从荷马史诗里诸神介入的手法中，我们可以清楚地看到思想发展，从更加表面和零星的介入（在非常古老的史诗风格中无疑如此）到神明对特定人物内心的持续操控，就像雅典娜不断通过新的灵感引导奥德修斯。[①]

不仅是诗歌，在古代东方人的宗教和政治观念方式中，诸神也一直是参与者。事实上，他们影响和参与了人类完成和遭受的一切，就像在波斯、巴比伦和亚述国王的铭文中，或者在犹太人的预言和历史记录中。诸神总是乐于插手，当想要施恩或主张自身利益时，他们就会加入这边或者那边。所有人都认为他们的神明要对自己遭遇的好运或厄运负责，他们的所有灵感和成功都归功于神明。在《伊利亚特》中，诸神同样分成两派。这种特征被认为是古老的，而其他特征则较为晚近，比如除了特洛伊战争中让诸神也发生不和的纷争，诗人试图尽可能地保持神明的彼此忠诚，保持他们伟大统治的团结，保持他们王国的存在。一切事件的终极原因是宙斯的意旨。即使在阿喀琉斯的悲剧中，荷马也看到了对宙斯最高意志的执
行。[②]诸神一步步地推动着情节向前发展。这并不与对同一过程的自然-心 84
理理解相矛盾。关于同一事件的心理学和形而上学观察完全不相互排斥，它们的共处在荷马的思想中是自然而然的。

史诗因此拥有了独特的两面性。听众必须同时从人和神的立场出发看待每件事。上演戏剧的舞台理所当然地分为两层，一层是人类的行为和计划，另一层是世界统治者的更高决定，我们始终从这两个方面追踪情节的发展。由此，我们清楚地看到人类的行为必然存在局限性、短视性和对神秘莫测的超人意旨的依赖性。表演者不像诗人那样能够看到这种关系。

---

① 我们显然无法断言《伊利亚特》和《奥德赛》的诗人使用的神明启示是自始就有，还是逐渐成为史诗技巧的纯粹机械工具。诚然，在一些段落中，神明启示的方式如同“机械降神”（比如雅典娜为掩人耳目而把奥德修斯变成年轻人或乞丐）；但总体而言，《奥德赛》显示出赋予这种传统史诗技巧新的宗教内涵的意图。因此，神明引导的原则在《奥德赛》全篇甚至比在《伊利亚特》中贯彻得更为全面。

② 《伊利亚特》1.5，在诗歌伊始，宙斯的意志就被强调为终极理由：Διὸς δ' ἐτελείετο βουλή（让宙斯的意志实现）。

我们只需想象中世纪的罗曼语和日耳曼语基督教史诗，就能意识到它们与荷马所理解的诗歌真实性的区别。在中世纪史诗中没有任何神明的力量参与，因此一切事件都从主观角度出发，被视作纯粹的人类活动。诸神卷入了人类的行为与痛苦，这迫使希腊诗人总是从绝对意义上看待人类的活动和命运，将其置于普遍的世界关系中，用最高的宗教和道德准则去衡量它们。希腊史诗的世界观比中世纪史诗更加客观和难以捉摸。原则上，在这点上仍然只有但丁的深度能与荷马相比。[①]史诗中已经包含了希腊哲学的萌芽。[②]另一方面，比起东方人纯粹的神形世界观及其对世事的理解（只有神是行动者，人只是对象），希腊人的思维方式显示出最明显的人类中心论特点。荷马最为坚决地将人类及其命运置于他兴趣的中心，但总是从最高的普遍理念和生命问题的角度思考它们。[③]

85 在《奥德赛》中，希腊史诗精神结构的这种特点的影响比在《伊利亚特》中更加强烈。《奥德赛》诞生时，思想已经变得理性和系统化。至少我们面前的诗歌整体是在这样的时代完成的，带有该时代的鲜明痕迹。当两个民族开战，并通过献祭和祈祷向它们的神明求助时，神明永远会陷入困境，至少当人们相信神的力量在本质上具有无限的作用范围和不偏不倚的正义时是这样。一边是大部分神明最初更具有分立性或地方性的特点，一边是对其作为统一与理智的世界统治力量的要求，我们在《伊利亚特》中可以看到，更为发达的宗教和道德思想正努力调和两者。希腊诸神的人性以及与人的亲近，让某些人（出于贵族的骄傲自我意识，他们认为自己与神明拥有同样的祖先）毫不拘束地描绘神明的生活与活动，与他们

① 见本书第43页。

② 荷马史诗与希腊哲学的共同点在于，两者都完整地呈现了现实的结构，尽管哲学是以理性形式，而史诗采用神话形式。在荷马史诗中，作为希腊哲学经典主题的“人类在宇宙中的地位”就已经无时不在，它从未被荷马忽视。见对阿喀琉斯之盾的描绘，本书第52—54页，它完美展现了荷马对人类生活与德性观点的普遍性与完整性。

③ 在东方生活观的背景下，荷马具有真正意义上的人类中心和人文主义思想。但另一方面，必须强调的是，这种思想绝非向人类一边倒。如果将其与后来主观主义的人类中心思想（如公元前5世纪的智术师）相比较，我们会发现它显然是神明中心的。荷马史诗中的一切人类元素都涉及无所不在的神性力量和准则。柏拉图意识到了这点，并在自己的哲学中恢复了这两种元素的平衡。见我的 *Humanism and Theology* (Aquinas Lecture 1943, Marquette University Press, Milwaukee, Wis.), pp. 46ff., 54ff.。另见本书第三卷1—10章。

自己活跃的尘世生活并无太大差别。这种观念经常受到抽象而要求崇高的后世哲学的抨击，与之形成反差的是《伊利亚特》中的宗教情感，其对诸神的描绘（特别是最高世界统治者的形象）为后来的希腊艺术与哲学提供了养料。但只有在《奥德赛》中，我们见到的诸神统治才具有更加连贯和深刻的一致性与计划性。

《奥德赛》第一卷和第五卷开头的诸神会议构思借鉴了《伊利亚特》，但与后者中奥林波斯山上的混乱场景相比，《奥德赛》中令人难以接近的超人形象的庄严会议显得截然不同。在《伊利亚特》中，诸神险些动武，宙斯试图用暴力威胁来确立自己的权威。[1]为了欺骗对手或者消解对手的力量，诸神对彼此使用了具有明显人类特点的手段。[2]而作为《奥德赛》 86
开篇的诸神会议的主持者，宙斯代表了经过哲学净化的世界智慧。在讲述他对那件命运攸关的事件的思考时，[3]他首先提出了关于人类痛苦的普遍问题，指出了命运与过错间无法消除的关系。这种神义论（Theodizee）思想贯穿了整首诗。[4]对诗人来说，最高的神明是超越一切凡人思想和追求的全知力量。他们的本质是精神和思想。短视的激情无法与他们相提并论，人类因为激情而犯错，陷入祸害女神的圈套。奥德修斯的痛苦和求婚者的狂妄（需要以死赎罪）被诗人归入这种道德-宗教意义下。从非常明确地提出问题开始，情节一路连贯地发展到结局。

作为这类故事的特点，神明的操纵意志（最终引向正义和幸福的结局）总是顺理成章地清楚出现在情节的转折点上。诗人亲手将所有事件置入其宗教思想的关联体系中，每个形象因此获得了固定的位置。这种严格的伦理结构很可能是将奥德修斯传说加工成诗歌的最后发展阶段的成果。[5]在这点上，分析派提出了一个仍然有待解决的任务，即从思想史角度出发，从较早的层次中尽可能地挖掘出对材料的这种伦理式塑造的由

---

① 最令人困惑的例子是宙斯的威胁，《伊利亚特》8. 5—27。

② 最著名的例子是宙斯被骗（Διὸς ἀπάτη），《伊利亚特》14。

③ 《奥德赛》，1. 32起。

④ 另见本书第152—154页，以及我在该处所引的拙作 *Solons Eunomie* 中对《奥德赛》1. 32起的分析。

⑤ 请比较本书第33页起（特别是脚注）我对目前形式的《奥德赛》构思和起源的解释。

来。除了最终形式的《奥德赛》中大量出现的伦理-宗教式总体理念，还可以找到形形色色无比迷人的思想动机，如童话-奇迹式的、田园式的、英雄式的和冒险式的，但整部作品的影响力并非来源于任何上述动机。各个时代的人都把史诗结构的统一性和严格经济性视作其最伟大的地方之一，这得益于对作品中所展开的伦理-宗教难题的宏大勾勒。

87 我们在这里所谈到的只涉及某个范围大得多的现象的一个方面。荷马不仅把人类的命运置于世事的巨大框架和宇宙观的确定边界内，还处处把他的人物放进其所属的环境中。他从不抽象地表现人本身或者仅仅表现其内心，而是把一切视作具体存在的完整画面。他的人物并非纯粹的幻影，只是偶尔展现出戏剧化的动作，制造惊人的效果或者做出夸张的手势，然后突然再次归于沉寂。荷马的人物如此生动，让我们相信可以亲眼看到和亲手触到。他们不仅在行为和思想上彼此完美契合，他们的存在与外部世界同样具有最紧密的联系。以佩涅洛珀为例：为了追求效果，本可以要求该人物表现出抒情诗般的强烈情感，要求她做出更激烈的表达动作。但观众和演员很难长时间忍受这种姿态。荷马的人物始终保持自然，时刻表现出自身的全部本性。他们在一定程度上拥有无与伦比的完整性，人物关系上面面俱到。佩涅洛珀同时是家中的女主人，是被失踪的丈夫丢下和受求婚者逼迫的妻子，是忠诚和卑鄙的女仆们的主人，是为宝贝独子不安和担忧的母亲。她身边只有正直和永远可以信赖的老猪倌，以及年老体弱、住在远离城市的简陋退隐地的奥德修斯之父；她自己的父亲相距遥远，帮不上忙。这一切如此简单而必要，通过上述面面俱到的关系，人物的内在逻辑潜移默化地实现了生动的影响。荷马人物生动力量的秘密在于，他们被以数学家般直观而清晰的方式放进了生活空间的固定坐标系。①

荷马史诗将其所描绘的世界展现为自成一体的宇宙，这种能力和需
88 要最终可以归结到希腊人思想中对形式确定性的最本质要求，剧烈的变化和命运的事件得到了稳定和秩序元素的平衡。让现代观察者惊讶的是，后

① 在这点上，我特别强烈地感到还没有哪本关于荷马的著作像 Richard Heinze 的 *Vergils epische Technik* 或 H. W. Prescott 出色的 *Vergil's Art* 那样——后者受到了 Heinze 的启发。但 S. E. Bassett 的 *The Poetry of Homer* (Berkeley 1938) 包含了此类有价值的观察。

来的历史发展过程中产生过影响的所有希腊特有的力量与倾向都已经在荷马作品中预先得到了清楚的表现。如果孤立看待荷马的诗歌，这种印象自然会减弱。只有把荷马与后世的希腊人放在一起观察，两者强烈的共同点才会显示出来。这种现象的深层次原因需要到种族和血统的隐秘遗传特点中寻找。在他们面前，我们同时感到亲近和陌生，我们与希腊世界接触的收获正是在于认识到人类之间也必然存在差异。但除了只能从情感和直觉上领会的民族和种族因素（经过思想的全部历史变迁和命运的历程，其基本特点罕见地保持不变），我们不该忘记荷马塑造的人类世界对本民族后来的全部发展具有无法衡量的历史影响。作为唯一泛希腊的原始财产，希腊人通过他首次实现了民族意识的统一，对希腊后来的全部文化产生了决定性影响。

第4章

赫西俄德与农民

希腊人把波俄提亚（Böotien）人赫西俄德视作荷马之后第二伟大的 89
诗人。他向我们展现了一个与贵族世界及其文化大相径庭的社会领域。作为留存下来的两首赫西俄德诗歌中更加晚近和现实的作品，《工作与时日》展现了公元前8世纪末希腊本土农民生活的最形象画面，对我们从伊奥尼亚人荷马那里获得的关于最古老希腊民众生活状况的概念做了重要补充。但这部作品的特别意义在于帮助认识希腊教化的形成。荷马首先最清楚地展现了一个基本事实：一切教化都来自某种贵族人类典范的形成，而后者源于有意识地培养英雄和贵族特质。赫西俄德的作品则揭示了教化的第二个主要源头：工作的价值。作为后人给赫西俄德的农业教诲诗所起的标题，《工作与时日》充分表达了这点。除了骑士英雄在战场上与敌人的战斗，劳动者与坚硬土地和自然条件的平静而不懈的战斗同样具备英雄元素，也能培养对于塑造人类具有永恒价值的特质。对农业的高度重视在希腊文化中占据了稳固的位置，这种文化诞生于那里并非没有理由。我们不能为荷马笔下贵族阶层无忧无虑的生活所蒙蔽，因为这片土地要求自己
的居民不断劳作。在提到更加富有的国度和民族时，希罗多德表示：“贫 90
瘠一直是希腊国土的特色，但人们还拥有德性。那是通过智慧和严格的法律产生的，它避免了希腊陷入贫穷和沦为奴仆。”[1] 在那片山峦遍布的土地上分布着许多狭窄的谷地和被隔绝的地区，几乎完全没有像欧洲北部那样

① 希罗多德，《历史》，7.102。

易于耕作的大片连绵平原。这迫使希腊人不断与土地搏斗，榨取其最后的产出。对希腊人来说，畜牧业和农业一直是人类最重要的活动。只有到后来，航海业才在沿海地区获得优势。[①]农耕在古代完全占据了统治地位。

但赫西俄德呈现在我们眼前的不仅是本土农民的生活本身，我们在其中还看到了贵族文化以及作为其精神催化剂的荷马史诗对该民族的深层次影响。希腊人的教化过程不仅意味着特权阶层创造的修养和精神态度被民族中的其他人单方面接纳，而且每个阶层都为其做出了自己的贡献。接触统治阶层所拥有的更高文化能对迟钝而粗鲁的农民产生最强烈的影响。在当时，更高贵生活方式的传播者是朗诵荷马诗歌的诵人。在《神谱》序曲的著名诗句中，赫西俄德讲述了自己如何受到召唤成为诗人：他曾经只是个在赫利孔山（Helicon）下放羊的牧人，有一天在那里获得了缪斯的灵感，并从她们手中接过了诵人的手杖。[②]但这位来自阿斯克拉（Askra）的诵人不仅在村民听众的面前传播荷马诗歌的光辉。他的全部思想深深植
91 根于原始农民生活的富饶土壤。在这片土壤中，他通过个人经历超越了纯

① 贺拉斯的名句Illi robur et aes triplex circa pectus erat（橡木与三重铜甲护住胸膛）中回荡着早期希腊人对海上危险的担心（在其他拉丁语诗人那里也得到了反映）。贺拉斯显然参照了某首今天已经失传的希腊抒情诗。即使在赫西俄德的时代，海上贸易和航海仍被认为有违神明的意志。诚然，我们可以在《工作与时日》中找到一整段关于航海准则的内容（ναυτιλίη，618—694），指出航海应该仅限于一年中最适合的季节，比如夏末秋初。这时的暴风雨和沉船风险不会太大。不过，水手们被警告不要在葡萄成熟和晚秋暴雨开始前离家。春天是另一个适合水手的季节，但尽管有许多人在春天出海，诗人却并不赞同。《工作与时日》抄本682的文字一定有误，因为ἐαρινός（春天）是对678同一个词的简单重复。Heyer推测，682应该是ἀργαλέος（令人烦恼的），这种猜想似乎颇为合理。诗人不喜欢春天的πλόος（航行），因为那是ἀρπακτός（抢来的），这个晦涩但真实的修饰语无疑表示人们是从神明手中抢来了危险的早航机会：ἀρπάζουσι πλόον（参见320）。关于"抢夺"（ἀρπάζειν和ἀρπαγμός），见拙作St. Paul's *Epistle to the Philippians* (Hermes L, 1915, pp. 537–553)。需要指出的是，赫西俄德"正义之城"的居民完全不参与航海；参见《工作与时日》236和《神谱》869—877。

② 赫西俄德，《神谱》，22—34。序曲以对赫利孔山缪斯的赞美开始（1—21），然后表示："当赫西俄德在神圣的赫利孔山下放牧羊群时，缪斯们曾教给他一支优美的歌。她们如是对我说。"随后，他引述了女神们的话，诉说了她们如何采下一根树枝交给他（"我"），并赋予了他歌唱的灵感。突然从第三人称转向第一人称单数让人得出结论，赫西俄德与下一行自称为"我"的那人绝非同一个人。这会使我们觉得赫西俄德在创作《神谱》之前已经是一位著名诗人了，比如Hugh G. Evelyn-White在他的洛布古典丛书版赫西俄德诗集（伦敦，1936年，第15页）中就持此观点。他的看法在古典时代便有先例，因为保萨尼亚斯表示（9. 31. 4），一些学者认为《工作与时日》是赫西俄德唯一的作品。我无法接受这种解读，我觉得它误解了说话者在序言中需要给出名字时从第三到第一人称非常自然的转换。他当然不能说："我是赫西俄德。"即使到了公元前5世纪，作者仍会在一整句话中用第三人称给出自己的名字，如"雅典人修昔底德撰写了这部史书"云云，但随后他表示对于更早的时期，"我相信没有什么重要的……"（οὐ μεγάλα νομίζω γενέσθαι）。

粹的荷马诵人角色，以自己的方式用缪斯给予他的力量描绘了农民自身的真正生活价值，并使其成为全民族的精神财富。

通过赫西俄德的描绘，我们可以清晰地想象他那个时代平原地区的状况。即便我们不能把波俄提亚的情况简单扩大到希腊人这样形态各异的民族，前者在很大程度上仍然是典型的。权力和文化掌握在地主手中，但农民在精神和法律上仍拥有可观的自主性。我们并未听说那里有农奴制度，[①]也没有哪怕最模糊的证据表明，这些靠双手劳动过活的自由农民和牧民来自民族大迁徙时代被征服的阶层，就像在拉科尼亚那样。他们每天聚集在市场和公共大厅（λέσχη），谈论公共和私人事务。[②]他们毫无顾忌地批评同乡和贵族老爷的行为，“人们的传言”（φήμη）对普通人的声誉和前途具有决定性的影响。只有在民众中，该阶层才能保住地位和赢得尊重。[③]

赫西俄德选择自己与兄弟佩尔塞斯（Perses）的官司作为教诲诗的外部动机。佩尔塞斯是个贪婪、好斗和懒惰的人，对自己的那份遗产管理不善，现在又提出新的要求。[④]第一次，他通过贿赂法官赢得了官司。但这场官司向我们展示的权力与法律的冲突显然不仅是诗人的私事。他同时让自己成为了农民主流声音的代言人，足够勇敢地谴责“贪贿”的老爷为人贪婪和滥用权力。[⑤]他的描绘与荷马史诗中德高望重的贵族格格不入。显然，这种状况和由此引发的不满早已存在，但赫西俄德把荷马的 92
世界看作比当下的“黑铁时代”更好的另一个时代，在《工作与时日》中用黑暗的颜色描绘了前者。[⑥]没有什么比五个世界时代的历史更好地描

① 农民自己也有奴仆（δμῶας）；参见《工作与时日》597等。但在602，赫西俄德还提到只被雇来参加收割，事后就被赶走的劳工。见Wilamowitz, *Hesiodos Erga* (Berlin 1928), 110。

② 见赫西俄德的《工作与时日》493和501。诗中提到，群聚的大厅（ἐπαλής λέσχη）是无所事事者最喜欢的地方，特别是在冬天，当他们因为寒冷而无法在户外工作时。[译按：M. L. West援引Neoptolemus的说法，即“λέσχη是内部生火的大厅”（λέσχην εἶναι ὄνομα αὐλῆς ἐνῇ πῦρ ἐστι），将其译作温暖的大厅。见West注疏的《工作与时日》，牛津，1978年，493。]

③ 关于“人们的传言”重要性的各种格言，见《工作与时日》760、761和763。

④《工作与时日》，27—39，213起，248和262。

⑤《工作与时日》，39、221、264。

⑥ 希罗多德遵循的传统区分了黄金、白银、青铜和黑铁时代，但他在青铜和黑铁时代间插入了英雄时代，即荷马所描绘的那个时代。他认为英雄时代紧接着自己所在的黑铁时代之前。这种二次发明显然是为了在画面中加入荷马的世界，后者对赫西俄德而言和自己的时代一样真实，但不符合金属在连续的时代中不断堕落的编排。赫西俄德常常糅杂不同神话元素或者加入自己的东西。

绘了劳动人民对生活彻底的悲观感情。这段历史从克洛诺斯统治下的黄金时代开始，逐渐堕落到当下人类法律、道德和幸福的谷底。羞耻和复仇女神掩面离开了大地，回归奥林波斯山上的诸神行列，只给人类留下了无尽的痛苦与不和。[①]

不同于在具有更加幸福前提的贵族生活方式下，如此的环境中不会诞生任何人类文化的纯粹理想。下面的问题因此显得更为重要，即民众有多大兴趣把贵族阶层的精神财富和贵族文化的内容变成涵盖全民族的文化形式。关键在于，农村还没有被城市压垮和征服。古老的贵族文化大部分植根于农村和土地。农村尚未成为思想落后的同义词，人们并不用城市的标准来衡量农村。“农民”还不是“没教养”的代名词。就连古代的城市（特别是希腊本土）也主要是类似农村的小城，大部分至今仍然如此。[②]活跃的道德、原始的思想和虔诚的信仰仍然在农村各地成长，就像农民每年都会收获来自土地深处的新果实。[③]那里还没有平均主义的城市文明和思想模板，不会无情碾压一切独特和原始的元素。

93 在农村，所有更崇高的精神生活自然属于上层阶级。就像《伊利亚特》和《奥德赛》所描绘的，荷马史诗最早是由流浪诵人在贵族庄园吟唱的。赫西俄德在农民中间长大，本人也曾是农民，但他同样是在荷马的熏陶下长大，而非在成为职业诵人后才开始学习。他的诗歌首先面向的是自己的阶层，他必须假定听众理解自己使用的荷马史诗的艺术语言。没有什么能比赫西俄德的诗歌结构本身更清晰地展现该阶层通过接触荷马诗歌而产生的精神过程。这些作品反映了诗人内心的教化道路。显而易见，赫西俄德塑造的一切诗歌形象都具有鲜明的荷马作品形式。借鉴自荷马的整个诗句、段落、词语和词组进入了他的作品。赫西俄德的语言还借鉴了荷马史诗中理想化的修饰语用法。于是，新作品的内容和形式上出现了值得

① 《工作与时日》，197—201。

② 希腊语单词ἀγροῖκος直到后来才获得“没教养”的意思。见忒奥弗拉斯托斯的《性格画像》第四卷对以此命名的人物类型的描绘。

③ 本书第三卷第940页起指出，即使当城市认为农村生活等同于缺乏文化时，色诺芬仍然表达了完全不同的观点［大部分见《经济论》（*Oeconomicus*）］。不过，这位贵绅对农村生活的观点并非来自普通农民和牧民，就像赫西俄德在《工作与时日》中展现的那样。色诺芬与赫西俄德的共同点是对那种生活方式非常不浪漫的现实态度，不同于后来希腊化时期诗歌中的田园风味。

注意的矛盾。不过，为了有意识地清晰表达自己的新感受，表达自身模糊的预感和欲求，并使其具备道德活力，农民和牧民们与土地紧密相连的平凡生活显然需要这些非大众元素（从与他们本质上不同的外部文化世界获得），否则就无法创造出令人信服的表达。赫西俄德世界的人们对荷马诗歌的熟悉不仅意味着他们在表达手段的形式上有了巨大进步。尽管那些诗歌的英雄和崇高精神让他们感到陌生，但荷马对人类生活最重要问题的犀利和清晰理解为他们提供了走出自身艰难存在的逼仄角落，进入更自由思想空间的精神道路。①

在荷马之外，赫西俄德的诗歌还相当清晰地展现了活跃于波俄提亚中间的其他精神财富。在《神谱》的大量传说中，除了通过荷马为人所知的部分，还有许多我们只能在该作品中找到的古老故事，尽管我们无法 94
一一分辨，哪些已经被写进诗歌，哪些只是口头传统。赫西俄德作为建设性思想者的形象无疑在《神谱》中体现得特别明显，而《工作与时日》则更接近真实的农民及其生活。但即使在后者中，赫西俄德也会突然打断思路，用很大的篇幅讲述神话故事，并确信能够借此打动听众。②而对民众来说，神话是能够激起无限兴趣的对象，它们会带来无尽的故事和思考，归纳作者的全部哲学。因此，对传说素材的无意识遴选已经表达了农民特有的精神方向。显然，他们偏爱那些悲观而现实地看待该阶层的生活，或者与他们遭受的社会困境相关的神话，比如普罗米修斯的神话，赫西俄德用它解答了人类生活中一切艰辛和劳碌源自何方的问题；又如五个世界时代的神话，它解释了现实生活与荷马的光辉世界的差距，反映了人类永远向往更美好时代的愿望；还有潘多拉的神话，从中可以读到一种不同于骑士思想，乏味而厌恶地将女性视作万恶之源的观点。③我们几乎可以肯定，赫西俄德不是第一个向他的同乡普及上述故事的人，虽然无疑是他第一个做出了将其纳入庞大社会哲学关系的重大决定，就像我们今天在他的诗中

① 参见荷马对哀歌和抒情诗人的形式与语言的类似影响，本书第94页起、126、131—132页。

② 认为《神谱》和《工作与时日》出自不同诗人之手（见第62页注释②）的人一定无视了这样的史诗，即《工作与时日》只有放在像《神谱》那样鲜活的神话思想背景下才能被理解，后者不再像荷马那样对神话传统采取完全客观的态度，而是几近哲学式的新精神。

③ 赫西俄德，《工作与时日》，81起。参见《神谱》，585起和591起。

所看到的。他讲述普罗米修斯和潘多拉等故事的方式清楚地显示，听众应该对它们已经有所了解。[①]在赫西俄德的世界中，此类宗教和伦理-社会传说的传统要优先于在荷马史诗中占据主导的对英雄传说的兴趣。神话表达了人对存在的最初态度，因此每个阶层都拥有自己的传说财富。

除此之外，民众还拥有古老的实践智慧，那是通过一代代没有留下
95 名字的远古人类的经验获得的。它们有的是专业建议和知识，有的是道德和社会准则，为了便于记忆被压缩成简短的箴言。赫西俄德在《工作与时日》中传播了大量此类宝贵的财富。因其紧凑和频现新颖形式的语言，这部分作品属于最不寻常的诗歌，尽管人物和精神史的研究者对第一部分的大段思想分析更感兴趣。诗歌的第二部分涵盖了农民阶层的全部传统，包括关于成家娶妻和在一年中不同时间耕作的惯例，还有天气知识、正确的换衣准则和航海规则。在这一切的开头和结尾是精辟的道德格言、命令和禁令。我们已经有点超前地谈论了赫西俄德的诗歌，尽管我们在这里首先要做的是展现其中形形色色的农民文化元素。但这类元素在《工作与时日》的第二部分中非常明显，可谓俯拾皆是。从形式、内容和结构上马上就能认出它们是大众遗产，与贵族教化完全相反。民众教育和生活智慧完全不知道从整体人格上均衡地塑造人，不知道身体和精神的和谐，不知道能文能武、能歌能战的全方位能力，就像骑士理想所要求的那样。[②]这里所流行的土生土长的伦理源于千百年来农民不变和固定的物质生活内容，以及他们职业的日常工作。这一切更加真实和贴近尘世，尽管缺乏更崇高的理想目标。

赫西俄德第一个引入了正义思想，这种理想成了所有元素的结晶点，使它们得以被塑造成史诗形式。为了自己的权利，他与弟弟的侵犯和法官
96 的贪腐展开斗争。于是，在他最具个人色彩的作品《工作与时日》中出现

① 参见介绍潘多拉之瓮（πίθος）故事的随意方式。赫西俄德没有真正讲述该故事，而是默认听众已经知道其细节。一些注疏者由此得出结论，整个潘多拉之瓮的部分是诵诗人后来加入的，因为他不想缺失这部分故事。但我希望今天没有人再认同这种观点。类似地，《工作与时日》48也没有给出宙斯愤怒的原因（因为在墨科涅的献祭中，诸神遭到了普罗米修斯的背叛），只是简单做了暗示。《神谱》535起详细讲述了这部分故事；因此另一部作品中暗示的是《神谱》，就像《工作与时日》中的其他一些段落那样。见第68页注释③。

② 参见本书第9—10页。关于赫西俄德本人的德性概念，见第69页起。

了对正义的热烈信仰。这部作品的特别新颖之处在于，诗人以自己的身份说话。他抛弃了史诗传统上的客观性，亲口宣扬不义的诅咒和正义的祝福。作为这些勇敢发言的动机，赫西俄德首先说起了他与兄弟佩尔塞斯的诉讼。他开始对兄弟发话，并向其提出告诫。①他试图不断用新的方式说服兄弟，告诉后者即使人间的法官徇私枉法，宙斯仍会保护正义，不义之财没有好处。然后他转向法官和有权势的老爷，给他们讲了老鹰和夜莺的故事，并用其他方式提出了警告。②我们仿佛身临其境来到尚未做出最终判决的审判现场，很容易误以为《工作与时日》是即兴之作，完全诞生于那个时刻，就像许多现代诠释者所认为的。诗中从未提到此事的结局，这似乎印证了他们的观点。人们会质疑，如果判决已经做出，诗人为何不向听众言明呢？于是，人们开始在诗中寻找对真实审判的反映。他们还研究情景的变化，并相信自己找到了证据，然后据此将作品古老而松散的结构（我们难以将其理解为整体）分解成一系列按照时间排列和独立的“佩尔塞斯劝诫歌”。就这样，拉赫曼（Lachmann）对荷马诗歌的批判理论被移植到赫西俄德的教诲诗中。③但对诗歌真实面貌的这种理解很难符合诗中的许多段落，它们是纯粹教诲性质的并且与该诉讼全无关系，同时却又是对佩尔塞斯所说的，向其提供了关于农业和航海历，以及与两者相关的一 97
批道德箴言。④此外，第一部分关于正义的全部普遍宗教和道德教诲怎么能影响真实的审判过程呢？对此我们只能认为，尽管这场具体审判的结果对赫西俄德的生活显然曾经产生了重大影响，但对他的诗歌而言，那只是为了让他的话发挥作用而采取的艺术手法。否则，第一人称的陈述形式和第一部分的戏剧效果就无法实现。⑤采取这种手法不言自明，因为诗人在为自己权利斗争的过程中真实感受到了那种内心的焦虑。正因如此，对审

① 《工作与时日》，27起。

② 《工作与时日》，202起。

③ “佩尔塞斯劝诫歌”是Adolf Kirchhoff名著的书名（*Hesiodos' Mahnlieder an Perses*，Berlin，1889年）。他在书中将前文提到的分析《奥德赛》的方法应用于赫西俄德的作品。

④ 这部分诗歌从298开始，之前是关于德性及其最佳实现途径的名句（286—297）。它们形成了某种第二序曲或过渡，转入完全是教诲内容的《工作与时日》第二部分。

⑤ 我们在忒奥格尼斯诗集中可以看到同样的古老结构，首先是对诗人所在时代麦加拉政治情况的综述，在简短的第一部分之后是作为诗集主体的大量道德箴言。参见本书第208页起。

判的描绘没有进行到最后，因为事实上那与教诲诗的目的无关。[①]

就像荷马把处于战斗和痛苦中的英雄们的命运描绘成神和人的戏剧，赫西俄德也把自己普通而乏味的法律诉讼表现为天上和凡间的力量为了正义的胜利而展开的较量。就这样，他让自己生活中的平凡事件具有了真正史诗的崇高地位和价值。当然，他无法像荷马那样把听众带到天上，因为凡人无法知道宙斯未来对他本人和他的事所做的判决。他只能祈祷宙斯捍卫正义。因此，这首作品以赞美和祈祷开篇。宙斯能打压强者和扶助弱者，纠正法官的判决，[②]诗人自己则在大地上扮演积极的角色：他将对走上歧途的兄弟宣扬真理，让他离开不义和争斗的有害道路。尽管人们即使不愿意也必须向“不和女神”埃里斯（Eris）献祭，但除了引起争斗的邪恶埃里斯，还有鼓励竞争的善意埃里斯。[③]宙斯在大地之根为后者安排了居所。[④]她鼓动无所事事的闲坐者去工作，因为当看见邻居勤劳致富
98 时，人们会心生羡慕。然后，作者转向佩尔塞斯，警告他小心邪恶的埃里

① P. Friedlaender为理解《工作与时日》的结构和将其作为整体考虑迈出了重要的一步，见*Hermes* XLVIII, 558。他后来在*Gött. Gel. Anz.* (1931)上所做的分析直到本章写完后才发表。

② 保萨尼亚斯（9. 31. 4）告诉我们，他在赫利孔山的泉水边找到了一块古老的铅牌，上面刻着赫西俄德的《工作与时日》，但没有向宙斯祈祷的序曲部分。那种形式的文本可能来自某个希腊化时期的版本。忒奥弗拉斯托斯的逍遥派弟子普拉克西芬尼（Praxiphanes）以及注疏者阿里斯塔库斯和克特拉斯（Crates）认同序曲是后来加入的。见Rzach的详注本的疏证，第127页。一些现代注疏者持同样的观点。在*Archiv für Religionswissenschaft*, XIV (1911), 392ff.，Konrat Ziegler甚至试图证明《工作与时日》的序曲是用典型的公元前5世纪修辞风格写成的，包括被归于高尔吉亚的各种演说技巧组合：对仗（antithesis）、排比（isokolon）和尾韵（isoteleuton）。但这种观点应该被否定，因为我们在赫西俄德序曲中看到的是具有真正古风时期结构的规范颂诗。与高尔吉亚修辞风格的类似仅仅证明了最初的修辞学试图在形式上与诗歌一较高下的传统说法。见亚里士多德，《修辞学》，3. 1. 9。更准确地说，我们可以认为高尔吉亚的修辞学严格参照了颂诗的古老形式。赫西俄德的序曲是我们仅有的少量此类文本之一。就像我在*Solons Eunomie* (Sitz. *Berl. Akad.* 1926, p. 83)中指出的，公元前6世纪初时，梭伦在他的政治诗“我们的城邦”（ἡμετέρα δὲ πόλις）中照搬了这种形式，因为那首哀歌的第二部分以献给“秩序”（Εὐνομία）的真正颂诗作为高潮，“秩序”显然被视作一位强大的女神，就像第一部分的正义女神。她们在《神谱》902被描绘成姐妹。《工作与时日》的序曲赞颂了正义女神及其保护者宙斯。Lisco和Leo早就令人信服地证明，序曲所在的位置非常关键。

③ 引入与传统中的坏埃里斯截然相反的第二位埃里斯（好的）只能被解释为诗人的自我修正，类似斯特西克鲁斯（Stesichorus）的著名翻案诗。赫西俄德显然指涉了《神谱》226，那时他只知道坏的埃里斯。第一句话 οὐκ ἄρα μοῦνον ἔην Ἐρίδων γένος（不仅只有一种埃里斯）的形式清楚地将存在好埃里斯的新认识同现在必须纠正的旧思想联系起来。这种意义上的 ἄρα（于是）结合未完成过去时的用法在荷马史诗中很常见。

④ 关于对《工作与时日》19大地之根的解释，见本书第168页注释⑤。

斯。只有富人才能纵容自己参与无益的争斗，因为他们粮食满仓，不必担心自己的生计。他们可以觊觎他人的财物，在市场上虚度光阴。赫西俄德要求兄弟不要再次走上这条道路，而是放弃诉讼与他和解，因为他们早已分割了父亲的遗产，而通过贿赂法官，佩尔塞斯所得的部分已经比他更多。“傻瓜！他们不知道一半比全部多得多，不知道草芙蓉和长春花有多好。”[①]就这样，诗人处处把对兄弟的告诫从具体事件扩展到一般情况。一边是对争斗和不义的警告以及通过神明力量保护正义的坚定信仰，一边是诗歌第二部分对农民和水手工作的教诲以及关于人类正确作为的箴言等积极内容，从开篇处已经可以看出，赫西俄德认为两者密切相关。两者的纽带是作品的基本思想，即正义与工作的关系。[②]善意埃里斯鼓励工作中的和平竞争，她是大地上能对抗与日俱增的嫉妒和争斗的唯一力量。工作对人们具有严厉的强迫性，但也是必要的。即使通过工作只能勉强糊口，也比不义地觊觎他人的财产更加幸福。

诗人把上述生活体验建立在世界秩序的永恒法则之上，作为思想家的赫西俄德在神话的宗教想象中看到了那些法则。[③]荷马作品中已经出现了从世界观上解释个体神话的萌芽。不过，上述思想并未从这个角度被系统化地应用于神话传统，直到赫西俄德在他的另一部伟大作品《神谱》中 99
做了大胆尝试。英雄传说很难被用作宇宙和哲学思考的对象，但诸神传说为此提供了丰富的养料。诗人敏锐地构建了完整的诸神谱系，让觉醒了的探求因果关系的欲望得到满足。在《神谱》的神话想象中，张开的空间“混沌”（Chaos），被混沌分开、成为世界地基和顶棚的地与天，以及“爱欲”（Eros）是创造生命的原始宇宙力量，我们从中可以看到关于世界形成的理性解释里三种最重要的基本概念。地与天在所有神话的宇宙观中都占据了重要地位，我们也可以在北欧神话中找到混沌，它显然是印度-日耳曼民族的原始财产。[④]但赫西俄德的“爱欲”是具有原创印记和

---

① 《工作与时日》，40。

② 对工作（ἔργον和ἐργάζεσθαι）的赞颂（298—316）揭开了《工作与时日》的第二部分。

③ 关于荷马史诗中人类生活与宇宙法则的和谐，见本书第52—54页。

④ 希腊语的“混沌”（Chaos）就是北欧神话中的gingargap。Chaos源于χάσκω（张着嘴），对应德语的gapen。

无法衡量的哲学潜力的抽象概念。[①]在提坦之战和对伟大神界王朝的介绍中可以看到诗人的神学思想结构的影响，看到他试图构建合理的世界发展过程。除了地上和空中的原始自然力量，该过程也包含了伦理的力量。因此，《神谱》的思想不满足于确立受到认可和崇拜的诸神彼此间的关系，不局限于在流行宗教中的现有传统，而是利用最广泛意义上的现有宗教思想（源于崇拜、神话传统和自身的内在体验）来系统化地想象和理解世界与人类生活的起源。于是，与精神发展的这个阶段相对应，所有活跃的力量都被描绘成神的力量。我们在这首形式上已经完全个人化的诗歌中读到的仍然完全是活跃的神话思想。但该神话体系由理性元素主导和塑造，这
100 表明作品已经超越了荷马与崇拜中的神明范畴，从对宗教传统纯粹的记录与组合过渡到对新的所谓“人格化”的创造性解释与自由虚构，以满足新觉醒的抽象思想的要求。[②]

上述提示足以让我们理解赫西俄德为《工作与时日》中的神话设置的背景，解释人类生活中不可避免的艰辛与劳苦，以及世界上为何存在不幸。由此可见，就像作品开头关于善恶两个埃里斯的故事所暗示的，[③]《神谱》和《工作与时日》尽管在主题上存在差别，但诗人没有简单地把它们看作彼此没什么联系的作品。赫西俄德的神学思想渗入了他的伦理学思想，而《神谱》中反过来也可以清楚地看到伦理学家的身影。两部作品都源于同一作者内心的统一宇宙观。赫西俄德将《神谱》的因果思维方式用

---

① 赫西俄德关于爱欲的思考被埃斯库罗斯［《达那俄斯的女儿们》（*Danaides*），残篇44］以及巴门尼德和恩培多克勒等前苏格拉底哲学家采纳。恩培多克勒把这种力量称为φιλία和Ἀφροδίτη。在《会饮篇》中，柏拉图也让医生和科学家厄里克希马库斯（Eryximachus）提出了一种宇宙创始原则的存在，并赋予其爱欲之名和性质。在亚里士多德的《形而上学》中出现了物质化形式的情欲，其内部实现了被他称为神的非物质形式。在《物性论》第一卷中，卢克莱修在更加自然主义的意义上使用被恩培多克勒称为Ἀφροδίτη（即维纳斯）的原则。柏拉图和亚里士多德的情欲概念被新柏拉图主义者和基督徒——伪战神山法官狄俄尼修斯（Pseudo-Dionysius the Areopagite）直接继承，他试图融合异教徒的情欲与基督徒的爱，将两者解释为神圣的宇宙力量。通过但丁和经院哲学家，这些思想家的宇宙情欲理论影响了19世纪的诗人，并在他们那里复兴。

② 我们值得赫西俄德的思想进行条理更加清晰的新解释。必须更清楚地界定他对自己作品中出现的神话传统的贡献。亚里士多德（《形而上学》3. 4. 1000a18）称其为σοφίζονται μυθικῶς（用神话让自己聪明的人）之一，这至今仍是对赫西俄德的最佳描摹。

③ 见本书第67—69页。

于《工作与时日》中的普罗米修斯故事，以此解答工作的实践、道德和社会问题。工作和劳苦一定在某个时候来到了世界上，但在神明的完美万物秩序中，它们不可能自始就占有一席之地。赫西俄德将其归咎于普罗米修斯偷盗天火的不幸举动，并完全从道德主义者的角度看待此事。[1]作为惩罚，宙斯创造了第一个女人：狡黠的潘多拉，她是所有女性的始祖。从潘多拉的盒子里溜出了疾病和衰老这两个恶魔和其他一万种不幸，它们现在遍布大地和海洋。[2]

诗人新的思辨理念强行而大胆地重新诠释了神话，并赋予其如此核心的地位。在《工作与时日》的普通思路中使用神话，这对应了荷马史诗在人物讲话中使用神话作为范式的特点。[3]人们没能正确理解赫西俄德诗歌中的这两大段神话“插曲”和“题外话”的动机，它们对理解作品的内容和形式同样重要。《工作与时日》是一篇独特的长篇教诲和劝诫词，类 101
似堤耳泰俄斯（Tyrtaios）和梭伦的哀歌，它在形式和精神态度上与荷马史诗中的讲话存在直接联系。[4]神话事例非常适合此类讲话。神话就像是生命体，应该认识到它们的灵魂处于不断更新和变化中。诗人完成了这种变化，但他并不能完全随心所欲地行事。诗人是自己时代新的生活准则的塑造者，并从这种新的和活跃的内在确定性出发诠释神话。神话的生命力完全来自对自身理念的不断变形，而新的理念则将由确定的神话承载。这已经体现在荷马史诗中诗人与传统的关系中。但在赫西俄德的作品里，这一点要更加明显得多，因为我们从原创的思想主题中可以更清楚地看到诗歌的个体性色，个体性第一次被有意识地呈现，如此显而易见地把神话传统当作自身精神意志的工具。

用神话进行劝诫的做法在《工作与时日》的另一处地方体现得更加

---

① 《工作与时日》，41起。

② 关于制造第一个女人的计划及其执行，见《工作与时日》56—105。关于普罗米修斯触怒神明之前没有辛劳和灾祸的世界，见90—92。

③ 参见本书第30页和36页起，以及注释。

④ 编者没有注意到，当开篇处向宙斯的祈祷以“我将把真理告诉佩尔塞斯”结束后，《工作与时日》独特的开场白（“不仅只有一种”）表明它效法了荷马史诗中讲话的开头。但理解这点意味着理解全诗的结构。这是一段被扩大到史诗规模的独立劝诫“讲话”。《伊利亚特》第九卷中福伊尼克斯的长篇劝诫讲话与此非常类似。

明显。当赫西俄德在普罗米修斯神话后直接开始讲述五个世界时代的故事时，他用了简短甚至随意的过渡语，但作为引证的手法很有特色："如果你愿意，我将动听而娴熟地为你简述另一个故事，请记在心上！"①从第一个神话过渡到第二个神话时对佩尔塞斯说的这番话必不可少，因为它能让读者意识到这两个看上去风马牛不相及的故事的真正教诲目的。黄金时代和后来日益堕落的各个时代的历史表明，人类最初的确比现在过得好，没
102 有辛劳和痛苦。这是对普罗米修斯故事的阐释。如果人们把这两个神话当真，那么它们将是相互矛盾的，但赫西俄德对此并不担心，这充分说明他完全从理念上理解神话。赫西俄德把愈演愈烈的傲慢和愚昧，对神的敬畏感消失，战争和暴行视作人类不幸与日俱增的原因。在作者哀叹自己不得不生活其中的第五个"黑铁时代"，武力是唯一的统治者。只有作奸犯科者能在其中保住地位。赫西俄德的第三个故事是关于老鹰和夜莺的。他特意为法官和有权势的老爷讲了这个故事。老鹰抓住了"歌者"夜莺飞到空中，面对爪下猎物的痛苦哀鸣，长羽毛的强盗回答说："不幸的家伙，你的呻吟有什么用？现在你落入了更强者的手中，你得去我想去的任何地方。吃了你还是放你走只取决于我。"②赫西俄德把这个动物故事称为寓言(Ainos)。③此类寓言自古以来就流行于民众中。在民众思想中，它们起到了类似神话范式在史诗讲话里的作用，即揭示普遍真理。荷马和品达也把神话事例称为寓言。直到后来，寓言才仅限于动物故事。这个词表达了所提供的建议受到认可的效果。④因此，寓言不仅是关于老鹰和夜莺的动物故事，还是特为法官提供的范例。普罗米修斯的故事和世界时代的神话也是真正的寓言。

① 《工作与时日》，106。
② 同上，207起。
③ 同上，202起。
④ 荷马和品达作品中出现过表示"赞美"的αἶνός(=ἔπαινος)。埃斯库罗斯(《阿伽门农》1547)和索福克勒斯(《俄底浦斯在科洛诺斯》707)也在悲剧的抒情诗部分使用过该词的这种意思。这种意思常常和"故事、传说"的义项区分开来，后者也出现在荷马和悲剧诗人的作品中。事实上，就像我们已经证明的那样(见本书第43—44页)，诗人或诵诗人所说的"故事"原义指"对人和神伟大举动的赞美"。这无疑扩展到了人类的普通故事上：它们的目的是赞美，经常带有道德色彩，因而能被称作αἶνός。人们对语言的喜爱不亚于神话故事，甚至犹有过之。寓言也被称作αἶνός，因为它们与神话的共同点在于更广义的"赞美"：两者都包含范式。

诗歌的下一部分再次出现了对佩尔塞斯和法官双方说的话。通过正义和不义之城的动人宗教意象，①诗人展现了不义的诅咒和正义的幸福。②在这里，诗人把“正义”（Dike）描绘成独立的神。这位宙斯的女儿坐在父亲身边，如果人类产生了不义的想法，她就会向父亲抱怨，让他追究他们的责任。他的眼睛注视着这座城市和城中上演的诉讼，绝不会纵容任何 103
不义之事得逞。然后，诗人再次转向佩尔塞斯：“你要记住这些事：倾听正义，完全忘记暴力。因为宙斯对人类做了规定。鱼、兽和有翅膀的鸟类相互吞食，因为它们没有正义。但他给了人类正义这种最宝贵的财富。”③人与动物的这种区别显然与老鹰和夜莺的比喻存在联系。赫西俄德坚信，人类永远不应诉诸强权，就像老鹰对夜莺所做的。

诗歌的整个第一部分都在宣扬一种神圣信仰，即正义理念在生命中的核心位置。这种理念式元素显然不是来自简单而古老的农民生活。就我们在赫西俄德诗歌中所看到的形式而言，这甚至不是源于希腊本土。与《神谱》中的体系化愿望所体现的理性特点类似，伊奥尼亚的城邦关系和思想的高度发展是其先决条件。荷马是我们关于这种理念的最古老源头，他的作品中包含了对正义最早的赞美。正义理念在《伊利亚特》中不如在《奥德赛》中明显，后者在时间上更接近赫西俄德。在这里，我们已经可以看到诸神被描绘成正义的保护者，如果不能帮助正义取得最终的胜利，他们的统治就不是真正神圣的。上述假设主导了《奥德赛》的全部情节。而在《伊利亚特》中，帕特罗克洛斯故事里出现的著名比喻也表现了这种

① 《工作与时日》，219起。正义之城，225起，不义之城，238起。

② 对佩尔塞斯说的话在《工作与时日》213，对国王说的在248。在诗歌之前的部分，诗人也用同样的方式对佩尔塞斯说话，首先是27，整个普罗米修斯的故事和五个世界时代的神话（见106）也都是说给他听的；然后，诗人简短地对法官说了老鹰和夜莺的寓言。因此，赫西俄德在诗歌的整个第一部分交替向双方说话。这在第二部分变得不可能，因为那里不再讨论正义问题，而是给出关于工作的箴言，只适合说给佩尔塞斯一个人听；工作将救赎他的不义。

③ 《工作与时日》，274起。这里的νόμος还不像后来那样表示“法律”。见Wilamowitz, *Hesiods Erga* 73。法律的概念在诗中由“正义”（δίκη）表达。即使发现我们所谓“自然法则”的最古老伊奥尼亚哲学家也说δίκη而非νόμος。到了智术师时代，赫西俄德对兽类与人类生活的鲜明区分被某些人放弃，他们明确把人和兽放在同一水平上，认为两者都服从于相同的法则，即“为生存而斗争”，力量就是正义为其最高准则。那时，所有的法律都似乎是人造惯例，而动物的相互斗争则被认为“符合正义本性”（φύσει δίκαιον）。参见本书第329页和399页；另见第三卷，第584—585页。

104 信仰：当地上的人破坏正义时，宙斯会从天上降下可怕的暴雨。[①]但比起赫西俄德正义预言中的宗教热情，无论是这种个别的伦理式神明形象还是《奥德赛》中的普遍观念都相去甚远。诗人坚信宙斯将保护正义，于是以普通人的身份同环境展开斗争，他势不可挡的激情在两千多年后仍能打动我们。他从荷马那里借鉴了正义理念的内容和个别有特点的语言用法，但他还在现实中感受到该理念的改革力量，并让这种力量在其对诸神统治和世界意义的看法中占据绝对主导地位，从而宣示了新的时代：在这个时代，正义的思想将催生更美好的人类新社会。将宙斯的意志等同于正义的理念，创造正义之神的新形象，并使其与作为诸神首领的宙斯关系如此密切[②]——这些是宗教力量与严肃道德影响的直接结果，迎合了崛起的农民和公民阶层对捍卫正义的要求。

处于内陆的波俄提亚在思想发展水平上必然落后于海外，很难想象赫西俄德是第一个提出上述要求的人，而他的社会激情也完全是自己创造的。他只是在与环境的斗争中有了特别强烈的体验，由此成为其宣示者。赫西俄德本人在《工作与时日》中提到，[③]他的父亲如何一贫如洗地从小亚细亚的埃奥利亚城邦库莫（Kyme）移民到波俄提亚。我们可以推测，儿子对新家园表达的如此强烈的不满来自他的父亲。这个家庭从未对贫穷的阿斯克拉村有家的感觉。赫西俄德形容那里“冬天严寒，夏天酷热，从不让人愉快”。显而易见，他从小就从父母那里学会了有意识地

① 《伊利亚特》，16.384—393。注意在这处比喻中，宙斯作为捍卫正义之伦理力量的构想比在《伊利亚特》其他各处表达得更加清楚。人们早就注意到，比起严格风格化的英雄叙事，荷马的比喻常常显示出诗人所在时代真实生活的痕迹。

② 见《工作与时日》，256—260。与正义女神在神界核心地位密切相关的是，赫西俄德描绘了宙斯的三万守护神监督着大地上正义的维持情况，仿佛是天界的警力（《工作与时日》252）。这种写实手法让荷马关于“宙斯看见和听见一切”的思想更加切实。作为神学家的赫西俄德自然对宙斯选派了哪些不朽精灵担任这项任务感兴趣。他在五个世界时代的故事中表示，黄金时代的人生前就像神那样，死后则成为生活在大地的“善良神灵”，担任凡人的保护者。（《工作与时日》122起）。赫西俄德神性正义信仰中的这种宗教现实主义与梭伦的理想主义正义概念形成了鲜明反差，后者将正义视作人类社会世界本身的固有原则，自动和有机地发挥着影响。见本书第149—150页。从赫西俄德的守护神灵思想中诞生了后来希腊人的神灵学，最终与基督教的天使学融为一体。赫西俄德的观点显然来自古老的大众神灵信仰，并以他自己的神学和道德方式做了解读。

③ 《工作与时日》，633起。

用批判眼光看待波俄提亚的社会关系。他把正义的思想带到了家乡，在《神谱》中就已经清楚地表达了这种思想。[①]代表伦理的时序三女神——正 105
义（Dike）、秩序（Eunomia）与和平（Eirene）——和命运三女神以及美惠三女神放在一起，这显然出于诗人的个人偏好。在介绍风神——南风（Notos）、北风（Boreas）和西风（Zephyros）——的谱系时，他详细描绘了它们对水手和农民造成的伤害，[②]但称赞正义、秩序与和平女神关心“凡人的工作”。在《工作与时日》中，赫西俄德将正义思想扩大到农民的全部生活内容和思想。通过将正义理念与工作思想联系起来，他成功地在《工作与时日》中实现了这样的效果，即从主导思想出发展现了农民生活的精神形式与真实内容，并使其具备了教育意义。我们将通过简要地分析作品剩余部分的结构来展示这点。

在第一部分的最后，赫西俄德告诫要听从正义和永远放弃不义。紧接着，他再次对兄弟说了一番话，这些著名的诗句从上下文中分离出来，口口相传了千年之久。[③]赫西俄德因为它们才变得不朽。“佩尔塞斯，我要对你这个大孩子说些道理。”这时，诗人的话显现出父亲般的权威口吻，但不失温暖和动人。“你能轻易而大量地沾染上不幸，通往那里的道路既平坦又不远。但不死的神明在成功的面前放置了汗水，通往那里的道路既漫长又陡峭，最初还很崎岖。而一旦到达顶峰，那么前路将变得轻松，尽管仍然困难。”“不幸”和“成功”并不能完全代表希腊语的κακότης和ἀρετή，但它们至少表明，这两个词并不表示道德意义上的邪恶和美德，就像人们在古代晚期所理解的那样。[④]这段话呼应了第一部分关于善恶埃 106
里斯的开场白。[⑤]在第一部分向听众清楚展现了争斗的不幸后，现在诗人

① 《神谱》，902起。

② 《神谱》，869起。

③ 《工作与时日》，286起。

④ 参见 Wilamowitz-Moellendorff *Sappho und Simonides* (Berlin 1913), p. 169。一些注疏者徒劳地试图质疑这种观点。下面的段落是决定性的（《工作与时日》312—313）：如果你工作，懒惰者会在你致富时马上羡慕你。因为“德性与声望伴随着财富”（πλούτῳ δ' ἀρετὴ καὶ κῦδος ὀπηδεῖ）。赫西俄德在《工作与时日》383起给出的所有特殊农事箴言都明确服从一个整体理念：如果你的心向往财富（πλοῦτος），那么就这样去做，工作再工作。赫西俄德的事物秩序是：工作-财富-德性。

⑤ 《工作与时日》，63。

又描绘了工作的价值。工作被称赞为通往“德性”的唯一而艰难的道路。这个概念同时包含了个人的才干及其带来的富裕、成功和声望。[①]它既非古老的贵族战场德性，也不是地主阶层以财富为先的德性，而是体现在适度财产中的劳动者德性。德性是作品第二部分，即真正的“工作与时日”的关键词。作品的主旨是民众所理解的“德性”。作者试图对这种“德性”做文章。男性骑士德性的好胜争斗（受贵族伦理推崇）被平静而不懈的工作竞争取代。人们必须脸上挂着汗水吃面包，但这不是他的诅咒，而是幸福。只有这样的代价才能换来德性。显而易见，一边是荷马史诗中所反映的贵族培养，一边是作为普通人德性培养的民众教育，赫西俄德有意预先将两者并列。正义和工作是他们的支柱。

但德性能被教授吗？这个基本问题是所有的伦理和教育首先要考虑的。德性这个词刚被提及，赫西俄德就给出了该问题。“亲自思考一切，并看到以后和最终何为正确的人是至善的。能听取正确忠告的人也是善的。相反，自己既认不清什么是正确的，又记不住别人忠告的人是无用之徒。”[②]这番话并非没来由地被放在对德性目标的要求和紧随其后的各条箴言之间。对于佩尔塞斯和所有愿意一直听从诗人教诲的人来说，如果自己的内心无法辨别什么对自己有益和有害，那么他们就应该遵循那些教诲。
107 整篇教诲词的正当性和意义就此确定。在后来的哲学伦理中，这几句诗被用作伦理教诲和教育的首要基础。在《尼各马可伦理学》中介绍伦理教育的正确出发点（ἀρχή）时，亚里士多德全文引用了这段话，[③]为理解这段话在《工作与时日》的上下文中起到的作用提供了重要的指导。认知问题也在其中扮演了重要角色。佩尔塞斯本人不具备正确的认知，但如果试图向他传达自己的主张并在他身上发挥作用，那么诗人必须假定兄弟可被教化。第一部分为第二部分播撒教诲的种子松了土，它驱除了思想中的偏见和错误，避免认识真理的道路受到阻碍。人无法通过暴力、争斗和不义实

① 见上页注释④。在赫西俄德的观点中，德性、社会地位和声望。这里的κῦδος（声望）相当于散文中所用的δόξα。关于梭伦对ὄλβος（财富）与δόξα关系的看法，见残篇1.34，以及本书第153页起。

②《工作与时日》，293起。

③ 亚里士多德，《尼各马可伦理学》，1.2.1095b10。

现目标。他必须让自己的努力符合主宰世界的神圣秩序，才能真正获得幸福。一旦人们在内心认识到这点，他人就能通过教诲帮助他们找到通往幸福的道路。

宗旨之后是赫西俄德的各种实践教诲，[①]它们被置于当时的具体环境中，首先是一系列对工作大加推崇的箴言。“因此要记住我的忠告，出身高贵的佩尔塞斯，要努力工作。这样饥饿会讨厌你，戴着漂亮头冠的德墨忒尔会喜欢你，让你的粮仓丰盈。无所事事的人会惹恼神和人。他们就像无所事事的雄蜂，浪费了工蜂的辛勤工作。你要乐于有序妥当地安排工作，好让每个季节的产出堆满你的粮仓。”[②]“工作不是耻辱，无所事事才是。如果你工作，无所事事的人就会嫉妒你的致富。财富将带来尊敬和声 108
望。如果你把对他人财物的贪心转到自己的工作上，为自己的生计着想，就像我建议的那样，那么工作将是你唯一正确的选择。”[③]然后，赫西俄德谈到了贫穷的可耻羞辱，谈到了不公正攫取和神明赐予的财富，然后他又给出了关于敬神、虔诚和财富的具体箴言。他谈到了与朋友和敌人的关系（特别是与友好的邻居），谈到了给予、接受和节省，谈到了信任与不信任（特别是对女性），谈到了继承权和孩子的数量。接下去是关于农民和水手工作的独立段落，同样附有一系列具体箴言。作品以“时日”结尾。我们不必从内容上分析这个部分。特别是因为关于农民和水手（与我们不同，波俄提亚人并不觉得两者差别那么大）职业工作的教诲包含了大量现实性的细节，我们无法在这里详细分析，尽管我们对了解那个古老时代的日常工作生活很感兴趣。神奇的秩序主导着整个生活，并赋予其节奏和特别的美感，这源于那种生活与自然及其周而复始的固定轨迹的紧密联系。在第一部分中，关于正义和正直的社会要求以及对于不义之恶果的教诲被置于道德的世界秩序里。而在《工作与时日》第二部分中，工作与职业伦理源于自然的存在秩序，并从中获得了自己的法则。赫西俄德的思想中没有将两者分开，他认为道德秩序和自然秩序同样来自神明。无论在与同胞和神

① 关于赫西俄德《工作与时日》的这种布局形式以及忒奥格尼斯教诲诗中的类似结构，见第67页注释⑤。

② 《工作与时日》，298—307。

③ 《工作与时日》，311起。见第75页注释④。

明的关系中，还是在他们的工作中，人类的全部行为都是有意义的整体。

我们已经注意到，赫西俄德在《工作与时日》这部分中向听众传播
的大量人类工作和生活的经历来自根深蒂固、有千百年之久的古代民间传
109 统。无比古老、土生土长和对自身尚无意识的传统浮出了水面，这是赫西
俄德诗歌特别的动人之处及其影响的主要来源。其渗透力中的现实感让某
些荷马诵人的传统叙事诗相形见绌。对于这个新世界中的大量原始人类之
美，只有英雄史诗中的某些比喻或者个别的动人描写（如阿喀琉斯之盾）
才能媲美。[①]它在我们眼前呈现了新鲜的绿意，被犁松的土地散发的强烈
气息包围了我们，从灌木丛中传来布谷鸟的叫声，催促农民工作。虽然重
新发现了田园世界，但希腊化时期的大城市诗歌和文人诗所表现的浪漫与
其相去甚远。赫西俄德的诗歌真正描绘了农村人民的全部生活。他把正义
的思想设定为这个古老而自然的生活与工作世界的社会基础，从而成为其
内部结构的保护者和新的创造者。他让劳动者从令人振奋的崇高理想出发
看待自己辛苦和单调的生活。劳动者不必再嫉妒地看着特权社会阶层，尽
管后者此前是平民全部精神养料的来源。在自己的生活圈子和熟悉的行为
中，甚至在自己的辛劳中，他们找到了更高的意义和目标。

在赫西俄德的诗歌里，我们看到了此前与有意识教化绝缘的平民阶
层在精神上的自我培养。该阶层利用了更高阶层的文化优势以及骑士诗歌
的精神形式力量，但它真正的内涵和特质完全源于其本身的生活。因为荷
马史诗不仅是阶级性的作品，而是处处从贵族理想的根源上升到了人类普
遍的精神高度和广度，有能力带领生活在完全不同存在条件下的人类群体
创造自己的文化，找到自己的人类生活意义，教会他们按照内在法则进行
110 培养。这点已经足够伟大，但更伟大的是，通过这种自我塑造的举动，农
民走出了隔绝，让自己的声音可以在希腊民族的市场上被听到。就像贵族
文化在荷马史诗中上升为最高的人类普遍影响，赫西俄德的农民道德也已
经超越了自身狭隘的社会领域。虽然他的这首诗中还有许多只对农民和乡
下劳动者有用和只有他们能理解的内容，但农民生活观中全部的有益道德

① 见本书第53—54页。

价值通过该作品得到了永久的升华，可以被全世界利用。农业社会的状况当然无法决定希腊民族生活的最终特点，后者最有特色和最独特的地方首先出现在希腊城邦的文化里，从农村本土文化中获得的东西则完全隐藏在背景中。更重要的是，因为赫西俄德，世世代代的希腊人有了一位关于工作和严格正义之理想的教育者。这种理想诞生于农村的土地上，在全然不同的社会关系中发挥影响。

赫西俄德诗歌的真正根基是他的教育思想。其作品既不建立在对史诗形式的掌握上，也不取决于材料本身。如果仅仅把赫西俄德的教诲诗看作以或多或少原创的方式把诵人的语言和诗句形式用于让后人感到“乏味”的内容上，那么我们就会对该作品的诗歌性质生疑，就像古代语文学家对后世教诲诗所表达的怀疑。[①]赫西俄德本人无疑把成为本民族老师的先知式意愿当成自己作为诗人的使命。他的同时代人用这样的目光看待荷 111
马，他们想象不出有何种形式的精神影响能超过诗人和荷马诵人的。史诗语言的理想形式中已经不可分割地带上了诗人的教育思想，就像人们在荷马史诗对自身的影响中所感受到的。当赫西俄德以这种方式接替荷马时，后世的所有诗歌创作活动（远远超过纯粹教诲诗的范畴）的本质都将注定被赋予教化和塑造集体的意义。这种塑造的力量总是超越所有纯粹的道德或事实教诲的欲求，它源于探寻事物本质的愿望，后者来自最深刻的认知，能够给予一切以新的生命力。就像赫西俄德所目睹的，争执与不义对古老而受人尊敬的社会秩序造成了直接威胁，这让他把眼光落在了整个社会生活和个人的不可侵犯的基础上。正是这种处处深入原始和简单的生活意义的本质眼光造就了真正的诗人。在这种眼光下，没有什么材料本身是无聊或诗性的。

赫西俄德是第一位用自己的名义对身边人讲话的希腊诗人，[②]他由此走出传播声名和阐释传说的史诗世界，进入了当下的现实和斗争中。从五个世界时代的神话中可以清楚地看到，他把史诗的英雄世界看作理想的往

① 见*Anecdota Bekkeri,* 733.13。
② 《工作与时日》，174、633—640、654—662；《神谱》，22—35。

昔，将其与当下的黑铁时代进行了对比。[①]在赫西俄德的时代，诗人喜欢直接影响生活。第一次有既非出身贵族又无公职的人提出要担任指引者。这与犹太人的先知颇为相似，早就有人做过此类比喻。但在第一个要求公开对集体讲话（出于他高人一等的见识）的希腊诗人身上，我们已经可以
112 清楚地看到宣示希腊文化进入社会历史新时代的区别。赫西俄德开创了给希腊世界留下特别印记的精神指引。这是原始意义上的“精神”，是真正的spiritus，即神的气息。通过赫利孔山脚下缪斯对他个人的启迪，诗人获得了这种精神，并将其描绘成真实的宗教体验。《神谱》序曲中，在召唤赫西俄德成为诗人时，缪斯亲口谈到了她们的灵感：“我们知道如何把许多虚构的事说得像真的，但只要愿意，我们也知道如何述说真事。”[②]在教诲诗《工作与时日》的序曲后，赫西俄德同样表示要向兄弟传达真理。[③]荷马作品中看不到这种教授真理的意识，赫西俄德用第一人称讲话的勇气必然与此有着某种关系。这是希腊诗人先知真正的个人特色，通过对世界和生命关系的深刻认识，他希望把迷途者引导回正确的道路。

① 《工作与时日》，174。

② 《神谱》，27。

③ 参见 Wilhelm Luther, *Wahrheit und Luege im aeltesten Griechentum* (Borna-Leipzig 1935)。

第5章

斯巴达的国家教育

作为教化形式的国家及其类型

希腊教化的经典形式直到城邦的社会生活状态下才出现。[①]诚然，贵族社会和农民没有因为城邦而完全消失，封建的和农民的生活方式不仅在城邦的早期历史中随处可见，而且后来仍然与之共存。但精神领袖的角色已经被城邦文化取代，即便在全部或部分以贵族和农业文化为基础建立起来的城邦，它仍然代表了新的原则，代表了人类集体生活更加固定和完整的形式，对希腊人来说比其他任何形式更为典型。源于“城邦”（polis）的“政治”（Politik）和“政治的”（politisch）等词还成为了我们语言中活跃的文化财产，它们让人想起我们所说的“国家”（Staat）最早诞生于希腊城邦，所以我们必须按照这个希腊语单词与国家或城市的关系来翻译它。从父权制时代到亚历山大建立马其顿世界帝国的那些世纪里，城邦几乎是国家的代名词。尽管在古典时代已经出现了疆域较大的国家，但那只是或多或少独立性城邦的联合体。在希腊发展过程中的这一最重要时期，历史完全围绕着作为中心的城邦展开，后者因此也是历 113

① 见Alfred Zimmern, *The Greek Commonwealth* (5th ed., 1931)；以及Matthias Gelzer, *Das Problem des Klassischen,* Acht Vorträge gehalten auf der Fachtagung der klassischen Altertumswissenschaft zu Naumburg, hrsg.v. Werner Jaeger (Leipzig, 1931)。古典时代的哲学家没有认真考虑其他任何政治形式，这可以用来支持城邦是古典希腊首要国家形式的观点。甚至在试图组成更大的团体或同盟时，那个时代的希腊人也要把作为正常集体单位的城邦当成先决条件。

史观察的焦点。[①]

114 如果按照对材料的传统分割，将国家留给“政治”史学家和宪法研究者，把精神生活的内容与之分开，那么我们马上就阻断了自己理解希腊历史的道路。诚然，德国教育史上的很长一段时间几乎完全没有政治内容可写，后者直到近代才取得核心地位。正因如此，我们很早就主要从美学视角思考希腊及其文化，导致粗暴地偏离了重心。重心只能是城邦，因为城邦囊括了所有的精神领域和人的生活，并决定性地确定了它们的结构。在希腊文明早期，精神活动的所有分支都直接诞生于集体生活的同一根源。我们还可以将其比作流向同一片大海的一系列小溪与河流：前者就是公民阶层的集体生活，它为后者提供了方向和目标，并通过看不见的地下水道反过来补充自己的水源。因此，描绘希腊城邦就是展现希腊生活的全貌。虽然实际上这仍然是几乎无法实现的理想任务，至少在按照时间线顺序逐一叙述历史事件时如此。但对于任何领域而言，认识到这种统一性肯定仍有用处。城邦是希腊文化史的历史框架，我们必须将直至阿提卡时代的“文学”成就置于其中。[②]

当然，我们的任务并非探究城邦生活和政治状况不可胜数的多样化

---

① 见 Fustel de Coulanges, *La cité antique* (16th ed., 1898); Gustave Glotz, *The Greek City and its Institutions* (London 1929); Jacob Burckhardt, Griechische Kulturgeschichte, Bd 1(Berlin 1898)。

② 最早充分意识到城邦对希腊人精神生活重要性的现代学者是黑格尔。不过，这种理念并非来自他本人的哲学和国家在他哲学中的位置。相反，影响其哲学的是他对希腊城邦的真正历史性了解。希腊人的生活以集体生活为中心，其和谐与健全得到了黑格尔的推崇。对于希腊古典城邦的无所不能，其他19世纪的伟大人文学者（如库朗日和布克哈特）则投以那个时代个人主义者的怀疑目光。但在古希腊城邦主导希腊人全部生活的历史事实上，他们认同黑格尔。正是因为害怕这点，他们在自己的希腊文明图景中更加清晰地突出了该事实。另一方面，黑格尔试图将人是政治动物的古老观念融入18世纪的人文主义理想中，当时的文化总体上与政治分离，局限于美学和道德理想。黑格尔回到了意大利文艺复兴时期的人文学者那里（比如马基雅维利），把共和国（respublica）视作人们生活的中心。为了恢复这种理念在柏拉图和亚里士多德哲学中具有的伦理尊严，他还把绝对性作为国家的精神基础。怀疑论者布克哈特则试图拯救个人的自由（他将其视作人的最高价值），因为他看到强大现代国家背后的集体力量正对其构成威胁。他认为，即使是一般性的政治自由运动也会最终导致大众对一切真正精神自由的暴政。为此，他强烈反对黑格尔对城邦理想的信仰和对希腊生活方式的全盘接受。于是，布克哈特陷入了自相矛盾，一边崇拜希腊的艺术和思想，一边将希腊生活的政治现实描绘得极为黑暗，哪怕是其最自由的形式。无论上述观点是否正确，城邦对希腊人生活其他方面的渗透仍是历史事实。无论谁要描绘希腊人生活的真正结构，他们都必须考虑到这点，特别是在希腊历史的早期和古典时期。在布克哈特和19世纪人文主义者过于精细的定义中，个人主义是人与城邦古典和谐解体的最终产物，而且必须这样理解。本书对该问题不采取教条式态度，无论是（转下页）

表面形式［由19世纪的“古代国家史”（Staatsaltertümer）学科收集］。材料来源的特点迫使我们集中范围广泛的素材，因为尽管材料提供了关于不同城邦的重要细节，但大多数不足以形象地展现其真正的社会存在。①对 115
我们的思考同样关键的，还有诗歌以及后来的散文体作品中的希腊城邦精神如何找到能长久确立本民族精神特点的理想表达。为此，让我们首先关注少数希腊城邦的主要类型，它们对城邦具有代表性的意义。柏拉图在《法律篇》中便试图以诗人的方式归纳希腊早期的城邦教育思想，由此发现了两种基本形式。在他看来，这两种形式的结合代表了本民族的全部政治教化：它们是斯巴达的军事城邦和发端于伊奥尼亚的法治城邦。我们将着重分析这两者。②

在这里，我们看到了希腊民族截然相反的精神，它们是该民族历史生活的根本事实。在比希腊城邦更加广泛得多的意义上，它们对希腊精神生活之结构的意义也是根本性的。只有通过这种民族形态的多样性才能完全理解希腊文化的独特结构，无论是其内部的尖锐矛盾，还是最终通过理念战胜和调和那些矛盾的和谐。对于荷马描绘的伊奥尼亚贵族文化以及赫西俄德描绘的波俄提亚农民状况，我们还几乎无须重视其民族特征，因为不可能将其与同时代的其他民族相比较。诚然，混合了多种方言的史诗语言证明，作为具有高度艺术性的作品，荷马诗歌已经是民族中不同部落在传说、诗句和语言风格上合作的产物。但从这些痕迹中推断出他们各自不同的精神本质是没有希望的冒险，就像研究者永远不

（接上页）黑格尔抑或布克哈特式意义上的。我曾把那种古典和谐称为“政治人文主义”，因为这个术语体现了希腊文化理想与当时社会生活的密切联系。但我并不只想展现这种关系的有利方面，本书回顾了该理念在其各个历史阶段的发展，以及它如何因内部的严重矛盾而告终。随后几个世纪里的古人会面临这种矛盾，它将导致希腊的文化和政治生活最终分道扬镳。见本书第三卷对该历史过程的分析。

① 这方面最大的损失是亚里士多德学派巨著《宪法》（*Constitutions*或*Politeiai*）的被毁。该书共收录158个希腊和蛮族城邦，被重新发现的《雅典政制》是其中突出的代表。这部浩大文集其他各卷的残篇刊印于Valentin Rose, *Aristotelis Fragmenta* (Leipzig, 1886)。

② 参见柏拉图，《法律篇》，第一卷到第三卷。柏拉图遵循希腊历史发展的现实，将这两种类型作为其哲学分析的基础。当雅典经过波斯战争成为最强大的民主力量后，希腊分成了两大阵营，即雅典和斯巴达。在伯罗奔尼撒战争的背景下，修昔底德第一个如此描绘希腊的形势。希罗多德笔下的希腊政治图景更加多样化，但后人默认了修昔底德的简化观点，而非希罗多德或亚里士多德对不同希腊城邦及其政制形式的详细描绘。

可能从今天的荷马史诗中分离出纯粹伊奥尼亚方言特色的完整歌谣。不过，多利斯和伊奥尼亚特征的区别在城邦生活的形式和城邦的精神面貌
116 中更加鲜明。两者同时出现在公元前5世纪和公元前4世纪的雅典。作为模板的伊奥尼亚决定性地影响了雅典的现实国家生活，而斯巴达的理念则通过阿提卡哲学的贵族影响获得了重生。在柏拉图的教育理想中，该理念与伊奥尼亚-阿提卡法治国家的基本思想（去除了民主形式后）结合成更崇高的统一体。[①]

公元前4世纪的斯巴达理想与传统

无论在哲学史还是艺术史上，斯巴达都不具备独立地位。比如，伊奥尼亚部族在哲学和伦理意识的发展中扮演了领导者的角色，而在描绘希腊伦理学和哲学时，我们找不到斯巴达的名字。[②]在教育史上，斯巴达更有资格占据一席之地。斯巴达人带来的最独特东西是他们的国家，国家第一次在最重要的意义上作为教育力量出现。

遗憾的是，我们对这种奇特组织知之甚少。不过，在以堤耳泰俄斯之名流传下来的诗歌中，渗透到斯巴达教育所有细节的核心理念有幸以如此纯粹和可靠的方式得到了表达。[③]完全得益于这种有力的传播，该理念得以从源头流传开去，对后世产生了长远影响。但与荷马和赫西俄德不同，由于这首纯粹思想诗歌的本质原因，在堤耳泰俄斯哀歌中见到的只是纯粹的理想。我们无法根据它来重建该理想所诞生的历史基础，而是必须

① 见本书第三卷，特别是涉及柏拉图对斯巴达理想之态度问题的段落。另见修昔底德《伯罗奔尼撒战争史》中伯里克利的葬礼演说，以及演说中关于雅典政制的复杂理念和其中的对立思想（本书第407—408页）。

② 柏拉图反讽地让苏格拉底表示（《普洛塔哥拉篇》342b），所有斯巴达人（和克里特人）都是哲学家，他们哲学天性的特殊形式是所谓的简练（Laconic，字面意思为“斯巴达人的”）说话方式；但斯巴达人假装没有文化。

③ 在《法律篇》629a和660e中，柏拉图选择堤耳泰俄斯作为斯巴达精神及其德性理想的杰出代表，并引用其诗歌为证。在柏拉图时代，堤耳泰俄斯被广泛接受为斯巴达美德的宣示者。在斯巴达，每个人都谙熟其诗歌的理想（《法律篇》629b）。见本书第三卷，第989页起及注释。

诉诸更晚期的素材。①

作为我们的主要见证，色诺芬的《拉刻代蒙人的国家》（*Staat der Lakedämonier*）是公元前4世纪浪漫主义时代的产物，兼具哲学和政治特点，将斯巴达城邦视作某种根本性的政治启示。②亚里士多德的《斯巴达政制》已经失传，我们只能从大量引用了其作品的后世词典学家的词条中找到片言只语。该作品的立场明白无误，就像在亚氏《政治学》第二卷中对斯巴达国家的评价（与哲学家们对斯巴达的普遍神化不同，他对其提出了清醒的批评）。③亲斯巴达的色诺芬总是通过自己的亲身经历认识斯巴达，而在创作吕库格斯（Lykurgos）的传记时，同样被浪漫主义魔力感染的普鲁塔克则在书桌边汇编了价值大相径庭的古人材料。评价上述证据时，我们必须始终注意到，它们完全是对当时（公元前4世纪）文化的有意识或无意识反应的产物。它们常常犯了时代错误，把斯巴达原始而古老的美好状况看作克服自己时代之缺陷的良方，认为“贤人吕库格斯”解决了事实上对他从未存在过的问题。完全无法确知，在色诺芬与阿格西拉俄斯（Agesilaos）的时代，斯巴达政制已经存在了多久。广为人知的强烈保守主义是其古老起源的唯一保证，它把拉刻代蒙人变成了所有贵族的理想，使他们反感整个世界的民主。但斯巴达也有发展，在相对晚近的时代仍可看到教育上的创新。 117

关于斯巴达的教育是一边倒军事训练的评价出自亚里士多德的《政治学》。在《法律篇》中描绘吕库格斯的政制精神时，柏拉图已经委婉地提出了批评。④我们必须在这种批评被提出的时代背景下理解它们。赢得伯罗奔尼撒战争后，斯巴达成了希腊无可争议的霸主，但不到35年后便因在留克特拉（Leuktra）的惨败而失去了霸主地位。几百年来对其法度

① 堤耳泰俄斯的诗歌很少提到当时的现实状况，这个事实被现代学者用来质疑它们的真实性；比如Eduard Schwartz, “Tyrtaios,” Hermes XXXIV (1899), 428ff.。另见Verrall, *Classical Review* XI (1897), 269; and XII (1898), 185ff.;Wilamowitz-Moellendorff, *Textgeschichte der griechischen Lyriker, Abh. d. Goett. Ges. Wiss.* N. F. IV(1900), 97ff.。

② 关于对这部作品的分析，见本书第三卷，第934—939页。

③ 亚里士多德，《政治学》，2. 9。

④ 亚里士多德，《政治学》，2. 9. 1271b1起。他的陈述引用了柏拉图《法律篇》625e起。事实上，他的这部分批判来自柏拉图的作品。

118 （Eunomie）的赞美遭受重创。自从斯巴达沾染了无法满足的权力欲和抛弃了自己古老而可敬的纪律，希腊人便开始普遍对压迫表示反感。金钱在斯巴达曾经几乎不为人知，现在却大量流入。严肃的警告者“发现”了一条古老的神谕，宣称爱财本身将毁灭斯巴达。[①]在按照吕山德（Lysander）的风格推行冷静而算计的扩张政策中，当拉刻代蒙人向几乎所有希腊城邦的卫城派驻了专制的总督，当名义上自治的城邦失去了全部的政治自由时，古斯巴达的教育也不由自主地被当时的斯巴达人用作马基雅维利式的工具。

我们对早期斯巴达了解太少，不足以有把握地理解它的精神。现代人试图证明，经典形式的斯巴达政制（吕库格斯式的法度）是相对晚近时代的发明，但这仍然只是假说。作为希腊民族和城邦历史的天才奠基者，卡尔·奥特弗里德·穆勒（Karl Otfried Müller）对多利斯人的伟大推崇备至，试图在对雅典的传统崇拜面前尽可能清晰地展现前者。他对古斯巴达的军国主义持完全不同的理解（很可能是对的），认为那是多利斯部落在远古情形的延续。[②]由于拉刻代蒙的特殊状况，它从民族大迁徙和首次占领当地那天起就被一直留存下来。希腊人始终保留着多利斯人迁徙的某种记忆，那是最后一波从巴尔干半岛北部进入希腊的民族流动（可能来自中欧）。通过与早就生活在地中海沿岸的其他民族相融合，历史上的希腊民族就此诞生。在斯巴达，迁入者的特征保留得最为纯粹。品达从多利斯部落那里获得了金发和血统高贵的理想人类形象，他不仅用其描绘荷马史
119 诗中的墨涅拉俄斯，还用它描绘民族英雄阿喀琉斯，乃至一切希腊史前英雄时代的“金发达纳厄人”。[③]

首先要注意这样的事实，在拉刻代蒙的人口中，作为统治阶层的

---

① 亚里士多德失传的《斯巴达政制》中提到了这句神谕：ἁ φιλοχρηματία Σπάρταν ὀλεῖ, ἄλλο δὲ οὐδέν（爱财将毁灭斯巴达，而非别的），见 Valentine Rose, *Aristotelis Fragmenta*, n. 544。该神谕的真实性受到 Eduard Meyer 等现代学者的质疑。

② Karl Otfried Mueller, *Die Dorier* (1824).

③ 品达，《尼米亚凯歌》7. 28，ξανθὸς Μενέλαος（金发的墨涅拉俄斯）；3. 43，ξανθὸς Ἀχιλλεύς（金发的阿喀琉斯）；9. 17，ξανθοκομᾶν Δαναῶν μέγιστοι λέγεται（据说是金发的达纳厄人中最强大的）。在品达的想象中，甚至雅典娜（《尼米亚凯歌》10. 7）和美惠女神（《尼米亚凯歌》5. 54）也是浅色头发的。

斯巴达人只是后来者和少数者。在他们之下是自由的劳动农民，即珀里俄基人（Periöken）[①]，还有大批几乎没有权利的被征服者，即农奴（Helotentum）。古人将斯巴达描绘成永久的兵营。但上述特征更多出于集体生活内部状况的需要，而非因为对外的征服企图。在有史可据的时代，作为赫拉克勒斯后裔的斯巴达双王没有政治权力，只有在战场上才能重新获得最初的重要性。这是多利斯人迁入时期由国王担任军队统帅的古老制度的遗存，可能源于首领平起平坐的两个不同的部族。斯巴达的公民大会俨然完全是昔日的军队，[②]会上没有讨论，只对元老会的提案进行“是”或“否”的表决。元老会有权解散公民大会，还可以收回自己没能在表决中获得理想结果的提案。[③]监察官（Ephorat）是国家权力最大的机构，将国王的政治权力限制到最小。该机构的设立为统治者与公民间紧张的权力关系难题提供了调和之道，它让公民获得了最低限度的权利，又保证了公共生活传统上的权威特点。值得注意的是，这是唯一没有被归为吕库格斯立法的制度。[④]

这种所谓的立法与希腊人通常的理解相反。它并非具体的宪法和民法条目的法典化，而是原始意义上的Nomos，即通行的口头惯例。其中只有一些隆重通过的基本法令（如普鲁塔克所记录的公民大会的权力），

① 希腊文περίοικος，意为居住在四周的人，他们有自由身份，但无政治权利。——译注

② στρατός一词表示军队，但在早期（在诗歌中甚至直到公元前5世纪仍很常见）也表示“民众”，保留了关于我们所称的自由制度起源的宝贵痕迹：古代城邦公民的政治权利最初源于他们在保卫国家时扮演的角色。做出特别重大的决定时会征询στρατός的意见。στρατός的这种用法在品达和埃斯库罗斯作品中并不少，见相关例证。

③ αἰ δὲ σκολιὰν ὁ δᾶμος ἕλοιτο, τοὺς πρεσβυγενέας καὶ ἀρχαγέτας ἀποστατῆρας ἦμεν（如果公民做出了不正义的决定，元老会和我们国王将解散他们），这是忒奥彭波斯（Theopompus）和波吕多罗斯（Polydorus）两位国王的瑞特拉中的预设条件，见普鲁塔克，《吕库格斯传》，6。普鲁塔克在前文曾说，斯巴达的公民有权检验和批评（ἐπικρίνειν）元老会提出的法案，增加或否决提出的方案。

④ 普鲁塔克把监察官制度的发明归于忒奥彭波斯国王，见《吕库格斯传》，7。但在写于忒奥彭波斯两代人之后的《法度》一诗中，提耳泰俄斯描绘了斯巴达政制的各种元素，却没有提到监察官。按照最早由希罗多德（1. 65）见证的另一个版本的说法，监察官制度由吕库格斯创立。这当然并非明确的传统，将监察官制度归于那位著名的立法者仅仅是因为斯巴达的一切都被认为由他创造。关于古代作者不同年代传统的文本，见F. Jacoby, *Apollodors Chronik*。按照索斯克拉底（Sosicrates）的说法（第欧根尼·拉尔修，《名哲言行录》，1. 68），有传统认为最早的监察官出现在欧绪德谟（Euthydemus）任执政官时（公元前556年）。

120 即所谓“瑞特拉”（Rhetra）[①]的才被付诸文字。[②]古代的材料不把这看作原始状况的残余，而是觉得比起公元前4世纪繁文缛节的民主，前者代表了吕库格斯的远见智慧。与苏格拉底和柏拉图一样，他认为公民意识的教育和塑造力量比书面法令更加重要。法律越少从外部约束生活的所有细节，教育和口头传统的意义就越大。就这点而言，上述观点是正确的。但吕库格斯作为伟大的国家教育者的形象来自后世从哲学教育理想的视角出发对斯巴达状况的理想化诠释。[③]

通过与堕落了的晚期阿提卡民主中令人不快的现象比较，哲人们错误地试图在斯巴达制度中寻找天才立法者的有意识发明。在斯巴达男子同桌吃饭的共同生活中，在他们同帐而居的战场组织中，在私人生活为公共生活让位中，在国家对少年男女的教育中，还有在对“贱民”（Banausen，指农民与手工业者）和自由的统治阶层（他们不工作，只履行对国家的义务，参加军事训练和打猎）的严格区分中，人们看到柏拉图在《理想国篇》中提出的哲学教育理想被目标明确地变成了现实。事实上，对于柏拉图和后来的其他教化理论家来说，斯巴达在许多方面是他们的模板，尽管他们也在其中注入了全新的精神。[④]后世所有教育面对的一个重大社会问题是如何战胜个人主义，并按照对全体负责的准则来塑造人。斯巴达国家严格的威权主义似乎为该问题提供了答案。正因如此，柏拉图终生对斯巴达念念不忘。而完全支持柏拉图教育思想的普鲁塔克也一再提到斯巴
121 达。[⑤]“教育也延伸到成年人。没有人是自由的，可以随心所欲地生活。就像在军营里，城邦中的每个人都有着被严格规定的生活方式，按照国家布

① 原意指说出的话，特指斯巴达立法者吕库格斯与民众的协定。——译注

② 见普鲁塔克，《吕库格斯传》，6和13。在13中，普鲁塔克引用了吕库格斯的一条瑞特拉：μὴ χρῆσθαι νόμοις ἐγγράφοις（不得使用书面律法）。因此，我们不得不认为瑞特拉最初没有被固定为书面形式；但普鲁塔克的部分引文采用斯巴达方言，这证明它们最终以书面形式保留下来。对于《吕库格斯传》6中的那条瑞特拉，普鲁塔克所引用的作者一定是在斯巴达某地找到它的。

③ 普鲁塔克书面法律缺失的解释是（《吕库格斯传》13起），教育是斯巴达的重中之重。法律的功能完全被教化取代：τὸ γὰρ ὅλον καὶ πᾶν τῆς νομοθεσίας ἔργον εἰς τὴν παιδείαν ἀνῆψε（法律的工作完完全全被归于教育）。普鲁塔克对历史事实的这种解释显然来自柏拉图的《理想国篇》；另见本书第三卷，第682—684页。

④ 关于柏拉图与斯巴达的关系，见本书第三卷，第987页起（他对该问题的大量讨论见《法律篇》，第一卷到第三卷）。

⑤ 普鲁塔克，《吕库格斯传》，24。

置的任务行动。人们始终意识到，他们不属于自己，而是属于祖国。”他在另一处写道：“吕库格斯让城邦公民普遍习惯于既无意愿也无能力过私人生活，而是像蜜蜂一样永远与集体共同生活，一起围绕在统治者身边。仿佛狂热追求名誉般地摆脱自我，完全从属于祖国。”①

从采用彻头彻尾个人化教育的后伯里克利雅典的视角出发，斯巴达在此事上成了难以理解的现象。在我们的材料中，虽然对斯巴达状况的哲学解读并无太多可取之处，但其中对事实的观察是完全正确的。在柏拉图和色诺芬眼中，那是一位拥有计划意识和手握大权的教育天才的成果，但事实上却是集体生活早前更简单发展阶段的延续，部族纽带在该阶段特别有力，个人化程度则有欠发达。斯巴达制度的形成经过了多个世纪。只有在例外情况下才能看出，个人在该制度的形成过程中扮演了何种角色。比如，忒奥彭波斯和波吕多罗斯两位国王的名字就总是与对宪法的某些修改联系起来。②对于历史上有无吕库格斯其人可能并没有争议，但我们无从确知他最初是否同样只是与某个国家庆典相联系，以及为何后来斯巴达的整个政制都被归为他的创造。我们能确定的只是，“吕库格斯立法”的传统并非自始就有。③

上述传统诞生在这样的时代：斯巴达的秩序被看作有意为之的结果，人们先入为主地认为，教化是国家的最高意义，即按照绝对准则系统化和 122
有原则般地塑造所有个体的生活。与民主的纯粹“人之立法”及其相对性相反，人们一再强调德尔斐神谕对“吕库格斯立法”的肯定。从我们材料中的倾向可以看出，斯巴达的纪律被标榜为理想的教育。在整个公元前4世纪，教育的可能性归根到底取决于找到人类行为的绝对准则。人们发现该问题在斯巴达得到了解决，因为那里的法度建立在宗教基础之上，受到德尔斐神明的亲自赞许或指示。于是，我们关于斯巴达和吕库格斯立法的

---

① 普鲁塔克，《吕库格斯传》，25。

② 见本书第87页注释③和④。

③ 在现存的希腊文作品中最早见于希罗多德，1. 65—66。文中表示，斯巴达的著名秩序和斯巴达男子的整个成长制度都来自“吕库格斯”，后者被描绘成与里奥波特斯（Leobotes）国王同时代的历史人物。希罗多德提到，吕库格斯死后，他在斯巴达被尊为神，为他建造的神庙直到希罗多德的时代仍然存在。见V. Ehrenberg, *Neugruender des Staates* (Munich, 1925), 28–54。

整个传统都是后世的国家和教育理论的精神所创造的，在这个意义上它是非历史性的。想要正确理解这种传统，我们必须看到它诞生之时正值希腊人热衷于思考教化的本质和基础。如果缺乏对这场关于斯巴达的教育运动的强烈兴趣，我们就将对斯巴达一无所知。只能这样解释它在历史上的全部深远影响（包括堤耳泰俄斯诗歌的留存），即斯巴达的理念在后世的希腊教化中始终是不可或缺的一部分。①

如果我们剥去表面的哲学颜料，斯巴达的历史画面中还剩下些什么呢？

色诺芬描绘的理想中包含了如此之多通过个人观察获得的事实，除去他给予的历史和教育解释，它们仍然提供了关于他那个时代的真实斯巴达极其生动的画面，描绘了其在希腊独一无二的军事教育制度。不过，如果不再把斯巴达的制度看成从吕库格斯的立法者智慧中诞生的完整体系，那么我们就无从了解它的出现时间。现代批评者甚至质疑了吕库格斯的存
123 在。但即使他确有其人，而且是堤耳泰俄斯在公元前7世纪就知道的所谓伟大“瑞特拉”的创立者，我们仍然无法确定色诺芬所描绘的斯巴达教育方式的由来。全体斯巴达公民都要参加军事教育，这让他们成为某种贵族阶层，这种教育中还有其他地方让我们想起了古希腊的贵族培养。我们假定斯巴达最初由贵族统治，但将军事教育扩展到非贵族意味着斯巴达经历了发展，贵族统治在这点上发生了改变。斯巴达没有像其他城邦那样的和平贵族统治，自从征服美塞尼亚人（Messenier）后，斯巴达人不得不用暴力压制他们，因为那个民族总是极其热爱自由，几百年来都不习惯于被奴役。为了做到这点，只有把全部斯巴达公民培养成武装起来的统治阶层，让他们不必参加任何劳作。这种发展的根源可以追溯到公元前7世纪的战争，并受到了同一时间平民要求获得更大权利的压力推动，就像我们在堤耳泰俄斯的作品中所看到的。斯巴达人的公民权利永远与公民的战士身份联系在一起。对我们来说，堤耳泰俄斯是后来在整个斯巴达教育中实

① 更准确地说，我们可以将吕库格斯的相关传统追溯到希腊精神史上的两个不同时期。它首先来自对城邦最佳形式（εὐνομία）的理性思考开始的时代，即公元前6世纪到公元前5世纪。这种思考反映在希罗多德的报告中（1.65起）。第二波推动来自伯罗奔尼撒战争期间和之后的教育与哲学讨论。该阶段的代表人物是克里提亚斯（Kritias）、柏拉图和色诺芬。前一阶段强调斯巴达秩序的宗教起源和权威（德尔斐神谕）。第二阶段详细探讨了斯巴达制度的教化结构。

现的政治-军事理念的最早见证者。但他本人想到的也只是战时的状况。他的诗歌清楚地表明，他并不把后世所了解的斯巴达式教育设定为已经完善的制度，而是首先将其看作仍在形成中。①

对于美塞尼亚战争本身，我们唯一的材料来源还是堤耳泰俄斯，因为现代批评家认定后来希腊化时期史学家们的作品全部或大部分为虚构。美塞尼亚人的大起义（他们在两代人之前被首次征服）激发了他的创作热情。②“我们父亲的父亲，他们手执标枪，毫不退缩地耐心战斗了19年；在 124
第20个年头，敌人们放弃了肥沃的田地，从伊托梅（Ithome）的峻岭间逃走。”堤耳泰俄斯还提到了老国王忒奥彭波斯，“我们受神明垂青的国王，我们征服美塞尼亚要归功于他。”忒奥彭波斯由此成为了民族英雄。上述诗句来自留存下来的后世史学家对诗人的引用。③另一处残篇形象地描绘了对被征服者的奴役。④他们的土地（堤耳泰俄斯多次提及其肥沃）被斯巴达占领者瓜分，昔日的主人沦为奴隶，过上了悲惨的生活。“犹如在重负下受折磨的驴子，他们在主人的强迫重压下痛苦不堪，不得不交出田地的一半收成。”“而当主人去世时，他们又必须带着妻子一起参加葬礼和哀泣。”

对这次美塞尼亚人起义前状况的回忆会激励斯巴达军队的士气，让他们不忘昔日的胜利，同时又通过被奴役者的画面警告他们，如果敌人获胜，等待他们的将是同样的命运。保存最完整诗歌中的一首开头写道：“你们是从未战败过的赫拉克勒斯的后裔——振作起来！宙斯尚未不悦地

---

① 斯巴达的教育制度是色诺芬所说的“教育”（agogé）图景的主要特征，我们将在本书第三卷第938页谈到它。在这里不必对其展开讨论，因为它更多代表了公元前4世纪亲斯巴达教育运动的理想，而非公元前7世纪的斯巴达历史现实，尽管学者们喜欢将其投射到斯巴达历史的初期，它不过是那段历史的最终结果。

② Eduard Schwartz不仅否定了堤耳泰俄斯诗歌的真实性，而且否定了后来的希腊化时期作家所写的关于美塞尼亚战争的历史小说，比如来自本奈（Bene，位于克里特岛）的史诗诗人赫利亚努斯（Rhianus）和来自普利埃涅（Priene）的修辞学家米隆（Myron）[两人的作品已经失传，保萨尼亚斯在他的《希腊游记》（*Perihegesis*）第四卷中曾以其为材料]，见Eduard Schwartz, “Tyrtaios,” *Hermes* XXXIV (1899)。在我重新确立了堤耳泰俄斯诗歌的真实性后[见拙文*Tyrtaios über die wahre Areté* (Sitz, Berl. Akad. 1932)]，我的一位前学生对希腊化时期的历史传统做了新的分析，成功驳回了Eduard Schwartz对美塞尼亚战争历史现实的过度批评。见Jürgen Kroymann, “Sparta und Messenien” (in *Neue Philologische Untersuchungen*, hrsg. v. Werner Jaeger, Heft xi, Berlin 1937)。

③ 堤耳泰俄斯，残篇4。

④ 堤耳泰俄斯，残篇5。

对我们别过头去。不要害怕敌人的力量，不要逃跑！你们已经见证了悲伤的阿瑞斯的所作所为，已经体验了战争。你们曾经是逃跑者，也曾是追击者。"[①]这首作品是对士气低落的败军的激励，而在古老的传说中，堤耳泰俄斯被描绘成德尔斐的阿波罗向斯巴达人派出的拯救者，作为他们在
125 困境中的领袖。[②]根据后世的古老传统，人们一直相信他是将军，直到最近发现的纸莎草上堤耳泰俄斯新诗的大段残篇否定了这种观点。在这首诗中，诗人以"我们"的口吻要求服从将军。[③]这是一首完全关于未来情景的长诗，诗人通过想象，以荷马式的战场描写展现了即将到来的决定性战斗。诗中提到了许洛斯族（Hylleer）、杜马斯族（Dymanen）和潘弗洛斯族（Pamphyler）[④]三个古斯巴达部落的名字，它们在当时显然仍是所募军队的组成部分，尽管后来被新的划分方式取代。此外，诗人还描绘了争夺城墙和壕沟的战斗，仿佛正在进行包围战。除了这些，我们再也不能从诗中找到具体的历史细节，就连古人也显然无法从中找到更多史实的暗示。[⑤]

堤耳泰俄斯对德性的呼吁

在堤耳泰俄斯的哀歌中延续着让斯巴达变得伟大的政治意志。它在

① 堤耳泰俄斯，残篇8。

② 柏拉图《法律篇》629a及相关注疏（Greene，第301页），以及斯特拉波（Strabo）《地理学》中菲洛克鲁斯（Philochorus）和卡里斯提尼斯（Callisthenes）所提到的堤耳泰俄斯残篇362。

③ 堤耳泰俄斯据传是一位斯巴达将军（στρατηγός），见斯特拉波362。一些现代学者接受了这种所谓的传统，尽管后者的依据仅仅是他在第二次美塞尼亚战争中作为将领被雅典人派往斯巴达人那里。古人菲洛克鲁斯和卡里斯提尼斯记录了这个故事（斯特拉波，前揭书），但就连斯特拉波也提醒读者们注意堤耳泰俄斯的《法度》。他在诗中提到斯巴达民族时（残篇2）表示：我们从厄里内俄斯（Erineos）而来，第一次占领这个国家。斯特拉波由此正确地推断，堤耳泰俄斯一定是土生土长的斯巴达人。但非常奇怪的是，斯特拉波仍然坚持传说传统的其他部分，即堤耳泰俄斯是美塞尼亚战争中斯巴达人的将领，即使他并非由雅典人派去的。随着在纸莎草上找到正文中引用的那段新哀歌（Diehl的诗选中被编为残篇1），这种说法已被否定。

④ 许洛斯（Hyllos）是赫拉克勒斯和德伊阿妮拉之子，后被埃癸米俄斯（Aegimios）收养，他和后者的两个儿子杜马斯（Dymas）和潘弗洛斯（Pamphylos）分别成为多利斯人三个部落的始祖。——译注

⑤ 第85页注释①中提到，缺乏对历史事实的影射让一些现代学者对堤耳泰俄斯诗歌投去了怀疑的目光，比如Schwartz和Wilamowitz。但新的哀歌（残篇1）证明，这种影射虽然在此类劝导诗中不可能大量出现，但并非完全缺失。

诗歌中创造了自己的精神形象，这是其理想塑造力量的最有力证明，那种力量的影响远远超过了斯巴达城邦在历史上的存续时间，至今仍未消失。尽管我们通过后世了解到，斯巴达的生活方式中有许多怪异的和时间性的细节，但斯巴达的理念却是不朽的，它充斥着当地公民的全部生活，城邦的所有人都始终坚定地为之努力，因为它深深植根于人的本性。即使后人觉得该民族全部生活方式的特有形象有失全面，该理念仍然保留了自己的真理性和价值。柏拉图已经注意到，斯巴达人对公民及其任务和教育的理解显得片面，但他也认为，因堤耳泰俄斯的诗歌而不朽的政治理念是一切公民文化的永恒基础。[①]他并非唯一做出这种评价的，而是仅仅表达了在他之前就已存在的精神立场的实际状况。可以说，斯巴达当时已经在 126
希腊人中普遍获得了上述肯定，这么说并不违背人们对那时的真实斯巴达及其政治的保留意见。[②]诚然，并非所有人都像亲斯巴达派（每个城邦都有）那样将吕库格斯的政制看作无条件的理想。但对于柏拉图在自己的教育体系中为堤耳泰俄斯安排的位置而言，斯巴达可以成为所有后世文化不可或缺的共同财产。柏拉图是本民族精神财产状况的伟大整理者，通过他的汇总，希腊精神生活的历史力量得以客观化，并被置于正确的相互关系中。整理完成后再没有发生过本质性的改变。在晚期古代文化和后世中，斯巴达保持了其在希腊文化中被赋予的位置。[③]

堤耳泰俄斯的哀歌洋溢着卓越的教育思想。对公民的集体意识和牺牲意愿等严格要求源于诗人在提出它们时的特殊形势：斯巴达人在美塞尼亚战争中陷入了严重困境。但如果不是其中永远镌刻了斯巴达的精神，堤耳泰俄斯的诗歌就不会在后来被视作斯巴达国家精神的最崇高见证。诗中提出的个人思想和行为准则并非国家要求引起的暂时性全力以赴，就像战争中不可避免出现的那样，而是成了整个斯巴达制度的根基。没

① 见柏拉图，《法律篇》，629a—630和660e—661a。

② 见本书第102页及注释。

③ 一边是对斯巴达人勇气的赞美及其在堤耳泰俄斯诗歌中的表达，一边是后来几个世纪中的亲斯巴达政治反应，不应将两者混为一谈。当其他城邦的士兵放弃职守后，利奥尼达斯（Leonidas）继续和斯巴达人一起守卫温泉关，为了希腊的自由最终战死，他的精神仍然是那种理想的真正丰碑。

有哪首希腊语诗歌如此清楚地展现了诗歌作品如何直接从真实的人类集体生活中诞生。堤耳泰俄斯不是现代意义上的个体诗人。他是公众的代言人，宣扬所有想法正确的公民所确信的东西。因此，他多次使用“我
127 们”：让我们战斗！让我们战死！即使他使用的“我”也不表示他的主观自我，而是通过他的艺术或个人自我意识成了自由表达的手段。这个“我”同样并非许多古人所以为的那样是发号施令者，（他们把堤耳泰俄斯当成了将军[①]），而是作为“祖国公众之声”的普适之我，就像德摩斯梯尼曾经提到的。[②]

凭借着对作为自己听众的那个集体的鲜活意识，他关于“可敬”和“可耻”的判断显示出强大的力度与无法回避的必要性，这是纯粹表达个人激情的演说者永远无法带给他们的。在和平时期，普通人无法意识到公民与城邦的紧密关系，即便是在斯巴达这样的城邦。但在最危险的时刻，整体观念会以不可控制的力量突然爆发出来。直到经历了当下开始的困境，经历了延续几十年的扑朔迷离的战争，斯巴达不可动摇的国家结构才最终完成。在这个艰难的时刻，斯巴达不仅需要果敢的军事和政治领袖，还需要为在生死攸关的战场上发展起来的新的人类价值找到普适的精神表达。从远古时代开始，诗人就是德性的宣示者，现在堤耳泰俄斯扮演了这个角色。在传说中，他是阿波罗派来的。[③]在需要他的艰难时刻，这位精神领袖突然真的现身，没有什么比这更确切地表达了上述神秘的事实。他第一次给那个时刻所需要的新的公民德性带来了合适的诗歌形象。

从形式上的成果来看，堤耳泰俄斯的哀歌并非完全独立的创造，至少诗人的形式元素借鉴了前人。哀歌双行体的格律形式无疑更加古老。我们不清楚它的起源，甚至古代的文学研究者也不知道。[④]它与英雄史诗的格律

---

① 见本书第92页注释③。

② 德摩斯梯尼，《金冠辞》（*Cor.*），170。

③ 见本书第92页。

④ 亚里士多德谈到了悲剧和戏剧的起源，但并未在《诗学》中提出他本人关于哀歌起源的理论。下一代的亚里士多德学派显然感受到了这种缺失，但根据贺拉斯的说法（《诗艺》77），学者们没能达成一致。根据波菲利的注疏，这种说法来自逍遥派学者，帕瑞姆（Parium）的涅俄托勒墨斯（Neoptolemus）。根据更晚近的古代文法学家们对于哀歌发明者传统的零星疏证，贺拉斯的观点得到了证实：其中一些认为是堤耳泰俄斯或卡利努斯（Callinus），另一些认为是阿尔喀洛科斯或弥涅摩斯（Mimnermus）发明了这种诗歌体裁，全都反映出他们缺乏真正的了解。

存在关联，和后者一样，它在当时就能表现各种内容。因此，哀歌不像古 128
代文法学家所认为的那样具有“内在的”形式，由于后来这种文学体裁的发展和词源学的误导，他们试图把哀悼歌曲归为整个哀歌体裁的起源。[①]除了格律——最古老的时代从未特意提到其与史诗格律的区别——哀歌只有唯一的不变元素，那就是总是在向单人或多人讲话。它们表达了对象和讲话者之间的内在联系，这对哀歌的本质是决定性的。在堤耳泰俄斯的作品中，诗人的讲话对象是全体公民或年轻人。即使在开头部分显示出更强烈沉思性的残篇9中，诗人的思路也在最后变成了命令形式，对象是某个团体的所有成员。和往常一样，他没有进一步描绘那个团体，而是预设它已经存在。[②]劝诫性讲话清楚地表达了哀歌的教育特点。在这点上它们和史诗类似，但哀歌与赫西俄德的教诲诗《工作与时日》更有意识和更直接地向特定对象施加劝诫性的影响。史诗的神话内容属于理想世界，而哀歌中对真人的讲话则将我们带进了诗人所处的真实当下。

不过，虽然它们在内容上取材于听众的生活，但在诗歌的表达风格上始终借鉴荷马史诗，所以当下的素材被诗人包裹上了史诗的语言。比起面临类似状况的赫西俄德，这种语言对堤耳泰俄斯来说要合适得多，因为没有什么比血腥的战斗和战场上的英雄行为更贴近史诗了。因此，堤耳泰俄斯可以借鉴的不仅是荷马的语言材料，个别词汇和词组，甚至是整段诗歌。他还会发现，当需要激励军队在危难时刻鼓足勇气和坚持作战时，
《伊利亚特》中的战场描写已经为他所要说的一切提供了模板。[③]人们只需 129
把这些劝诫从史诗的神话背景中剥离出来，将其转移到鲜活的当下。史诗中的战时讲话已经具有了强烈的劝诫作用。荷马似乎不仅在对史诗中的人物，而且直接对听众本身说这些话，至少斯巴达人觉得如此。只需把这些话中的强有力精神从荷马的理想舞台上搬到美塞尼亚战争时代喧嚣的真实战场上，堤耳泰俄斯的哀歌就诞生了。如果我们意识到，在堤耳泰俄斯和

① J. M. Edmonds收集了古代文法学家关于哀歌这种诗歌体裁及其起源的最重要疏证，见*Greek Elegy and Iambus*, vol. I (Loeb Classical Library)。另见“Elegie” in Pauly-Wissowa Realencyclopaedie, v. 2260, by Cruisus; C. M. Bowra, *Early Greek Elegists* (Cambridge, Mass. 1938)。

② 关于对那首哀歌的解读，见本书第96—98页。

③ 见Felix Jacoby, ‘Studien zu den aelteren griechischen Elegikern’ in Hermes LIII (1918), p. 1ff.。

赫西俄德的时代，荷马不仅是往昔的讲述者，而且是当下的教育者，那么我们就能更好地理解这个精神过程。[①]

堤耳泰俄斯无疑因为他的哀歌而自视为真正的荷马门徒。但让他对斯巴达民族的讲话真正变得伟大的不仅是他在整体或细节上对荷马或多或少恰当的模仿，而且是将史诗的艺术形式和内容移植到当下世界的精神力量。乍看之下，如果我们从他的诗歌中去掉所有继承自荷马的语言、诗句和思想，那么似乎不剩下多少属于堤耳泰俄斯的精神财产。但只要我们从上述观察视角清楚地看到，在传统的形式和古老的英雄理想背后，他如何处处确立了全新的道德-政治权威，并赋予其新的意义，那么他就有资格主张自己具有真正的原创性。这种权威是城邦集体的思想，它为所有个体所接受，让他们为之生活和死亡。诗人把荷马的英雄德性理想转化成爱国英雄主义，并让这种精神渗入全体公民心中。[②]他想要创造的是一个民族，一整座英雄的城邦。如果人作为英雄而死，那么他的死是美丽的；如果他为祖国牺牲，那么他将作为英雄而死。[③]对于为了更高的善而牺牲自我的人来说，这种思想赋予了他们的死亡以理想的意义。[④]

130 他留存下来的第三首诗最清晰地展现了对德性的这种重新评估。[⑤]直到最近，人们还因为各种形式上的理由而认定它是后人所作，否认它出自堤耳泰俄斯之手。我在其他地方已经给出过其真实性的详细证据。[⑥]它无论如何不可能晚于智术师时代（公元前5世纪）。梭伦和品达显然已经知道这首作品，而在公元前6世纪，色诺芬尼（Xenophanes）在一首留存至

---

① 赫西俄德创造教诲史诗以及最古老哀歌的劝导性质都确定无疑地证明，荷马史诗留给当时听众的印象中一定有很大一部分是劝诫性的。两类新体裁的目的正是在于给史诗中的劝导力量寻找更加专一和现实的形式。

② 在荷马史诗中的所有人物中，特洛伊英雄和城邦的英勇保卫者赫克托耳最接近这种理想。见《伊利亚特》中的名句（12. 243）：εἷς οἰωνὸς ἄριστος ἀμύνεσθαι περὶ πάτρης（最好的兆头是为国而战）。但希腊英雄们不仅为了祖国而战，也为了自己的名字和荣耀而战。

③ 堤耳泰俄斯，残篇6. 1—2。

④ 参见本书第97页起。

⑤ 堤耳泰俄斯，残篇9，Diehl。

⑥ 见我的论文 *Tyrtaios ueber die wahre Areté* (Sitz, Berl. Akad. 1932)。该文为本章的观点提供了全面的基础。

今的诗歌中明白无误地借鉴和改造了它的主要思想。①可以相当清楚地看到，是什么让柏拉图在所有当时被归于堤耳泰俄斯名下的诗歌中选出这首作为斯巴达精神特别典型的代表。②那是因为诗人在描绘斯巴达德性之本质时表现出的原则性精准。③

它让我们得以深入观察德性概念自荷马以降的历史发展，以及人类的古老贵族理想在城邦兴起时代陷入的内在危机。在所有被同时代人认为造就了人之价值和声誉的至高之善中，诗人突出了真正的德性。"如果是因为迅捷的双脚或摔跤的技艺，我不认为那人应该被永远铭记或者值得一提，即使他的体格和力量堪比独眼巨人，即使他跑得比色雷斯的北风之神更快。"④这些是关于竞技德性的夸张例子，那种德性从荷马时代以来就被骑士阶层视作高于一切。从前一个世纪开始，奥林匹亚运动会将其提升为衡量人类成就的最高标准，即使非贵族的竞赛者也这样认为。⑤但除此之外，他也提到了其他古老的贵族美德："即使他比提托诺斯（Titonos）更美，比弥达斯（Midas）和喀倪剌斯（Kinyras）更富有，比坦塔罗斯（Tantalos）之子珀罗普斯（Pelops）更具君王气象，比阿德剌斯托斯（Adrastos）更擅长甜言蜜语，⑥即使他拥有世上的各种荣誉，但如果他没有战场上的勇气，我也不会尊敬他；因为如果他受不了目睹战斗中的血腥 131
杀戮，受不了在短兵相接中逼迫敌人，他就无法在战争中证明自己。这就是德性。"诗人激动地呼喊道："这是年轻人能够赢得的最高和最值得骄傲的奖赏。如果有人在先锋部队中坚持作战，抛弃一切逃跑的想法，那将

① Schwartz和Wilamowitz等注疏者倾向于把这首诗归于那个时代，主要理由是他们眼中该诗和谐而有逻辑的结构，以及修辞表达形式。见第85页注释①所引的两人著作。

② 我在上页注释⑥提到的论文中证明了这点，第557—559页。

③ 见柏拉图，《法律篇》，629a、660e。

④ 堤耳泰俄斯，残篇9.1起。

⑤ 奥林匹亚运动会胜利者的名单从公元前776年的科罗布斯（Coroebus）开始，只比第二次美塞尼亚战争早了几十年，堤耳泰俄斯的诗歌正是创作于这场战争期间。关于斯巴达优胜者，见本书第104页；关于色诺芬尼对民族运动会的胜利被过分称赞的批评，见本书第103页和第184—186页；关于品达的凯歌，见第218页。

⑥ 提托诺斯是特洛伊美少年，曙光女神的情人。弥达斯和喀倪剌斯分别是佛律癸亚和塞浦路斯国王，以豪富闻名。坦塔罗斯是宙斯之子，佛律癸亚国王。珀罗普斯是皮萨国王，传说他创立了奥林匹克运动会。阿德剌斯托斯是阿耳戈斯国王，攻打忒拜的七雄之一。——译注

是对全体，对城邦乃至整个民族的善。”[①]我们不能把这看作后世的修辞手法，梭伦也有过类似的表达。该修辞手法的根源非常古老。[②]这种热烈的反复来自思想者的内在激情，引出了整首诗的高潮所在：什么是人的真正价值？前十多行诗中的大量否定具有强烈效果，吊足了听众的情绪，诗人有意识地罗列了全部的通行观点。在将所有古希腊贵族的崇高理想贬低一级后（但没有完全否定或放弃它们），诗人作为真正的先知宣示了新的客观而严格的公民意识：衡量真正德性的唯一标准是国家，是对其有利与否。[③]

随后，他顺理成章地谈起了这种自我牺牲的国家意识为人们带来的“酬劳”，战殁者和凯旋者将获得同样多的奖赏。“对于先锋部队中倒下和失去自己宝贵生命的人，在他为城邦、同胞和父亲带来巨大荣誉后，当身前的胸甲、刻有浮雕的盾牌和铠甲被多次射穿的他躺在那里时，所有的年轻人和老人都将为他哭泣，整个城邦都将带着痛苦的思念为他举哀，他的坟茔和子女将受到人们的尊敬，对他的孙辈和更晚的后裔也一样。他高
132 贵的荣誉和名字永远不会消逝，尽管安眠于地下，但他是不朽的。”[④]就像堤耳泰俄斯在这些诗句中所描绘的，普通斯巴达战士的荣誉深深植根于城邦的公民集体中。与之相比，荷马英雄们的荣誉虽然通过史诗诵人的传唱在大地上四处传播，但又算得了什么呢？在诗歌的第一部分，将人们如此紧密地维系起来的集体看上去还只是提出的希望，但在这里已经成为公民的所有理想价值的给予者。随着英雄德性的概念被城邦化，英雄荣誉的概念也在第二部分被城邦化（在史诗的观念中，荣誉与德性密不可分）；[⑤]现在，城邦成了荣誉的保障。城邦的集体生活比倏忽的当下更为长久，可以更安全地保护英雄的“名字”，从而延续他们的存在。

---

① 堤耳泰俄斯，残篇9. 5—17。伊奥尼亚方言里的ξυνόν ἐαλόν相当于κοινὸν αγαθόν（公共的善）。堤耳泰俄斯用它们引入了新的真正美德标准。

② 参见梭伦残篇14. 7（Diehl等人的版本）ταῦτ' ἄφενος θνητοῖσι（这是凡人的财富），堤耳泰俄斯，残篇9. 13，ἥδ' ἀρετή, τόδ' ἄεθλον ἐν ἀνθρώποισιν ἄριστον（这是德性，是对人最好的奖赏）。关于这种早期的修辞，见我关于堤耳泰俄斯的论文，本书第96页注释⑥所引文，第549页。

③ 见本页注释①。

④ 堤耳泰俄斯，残篇9. 23—32。

⑤ 关于荷马的德性与荣誉思想，见本书第10页起和第44页。关于堤耳泰俄斯对这些基本概念的“政治”重释，见我关于堤耳泰俄斯的论文，第96页注释⑥所引文，第551—552页。

早期希腊人还没有灵魂不朽的观念，认为人本身将随着肉体的逝去而死亡。荷马所说的灵魂与人本身相反，只是其真实的写照，它们是进入冥府的亡灵，是纯粹的虚无。①但如果有谁通过牺牲生命而超越了纯粹人类存在的界线，进入更高的存在，那么城邦可以让他们的理想自我，即他们的“名字”变得不朽。从此，希腊人的英雄荣誉理念一直带有政治意味。政治之人通过自己为之生存或死亡的集体延续了对他们的记忆而达到完美。直到城邦乃至整个尘世日益贬值，直到对个体灵魂的价值感与日俱增（在基督教中达到顶峰），对荣誉的不敬才成为哲学家们的要求。②在德摩斯梯尼和西塞罗的国家观念中，情况尚非如此。而在堤耳泰俄斯的哀歌中，我们看到的是城邦伦理发展过程的开始。③这种伦理不仅在集体中保护死去的英雄，而且提高了凯旋战士的地位。“年轻人和老人尊敬他，他的生命给他带来大量奖赏和名望，没有人会伤害他或者侵犯他的权利。当他年老后，人们将敬畏地看着他，只要他出现，所有人都会给他让路。”④在早期希腊关系紧密的集体中，这并非夸张之词。这些城邦尽管小，但本质上体现了某种英雄主义和真正的人性。对于希腊文化乃至整个古代世界，英雄一直是人类的更崇高形式。 133

在堤耳泰俄斯的另一首作品中，以公民生活中的理想形象出现的城邦却变得令人恐惧和可怖。⑤与战死沙场的光彩相反的是苟且偷生的不幸，对于在战争中没能尽到公民的义务并不得不因此背井离乡的人来说，那是

---

① 见Erwin Rohde, *Psyche*, 8th ed., first chapter: ‘Seelenglaube und Seelencult in den homerischen Gedichten’。

② 这场发展过程中的转折点是苏格拉底。作为对“真正正直之人”的嘉奖，柏拉图在《理想国篇》中给予了他们城邦曾经只授予自己子民的传统荣誉。柏拉图给予正直之人的最高奖赏是灵魂的不朽，保证他们作为人类个体的永恒价值，这个事实揭示了个人与城邦关系的剧变。见本书第三卷，第810页。

③ 有人可能会说，西塞罗的“西庇阿之梦”（Somnium Scipionis）将柏拉图的人类美德和不朽的先验概念吸收进了自己的《论共和国》，但他笔下的是罗马人的天堂，是为身居要职的伟大爱国者和历史人物准备的极乐世界。因此，西塞罗再次见证了古老城邦理念的力量。

④ 堤耳泰俄斯，残篇9. 37—42。

⑤ 堤耳泰俄斯，残篇6. 7（Diehl）。现代学者偶尔会坚持认为，这首著名的长篇哀歌［阿提卡雄辩家吕库格斯将其引为阿提卡年轻人的真正德性模板，见《驳列奥克拉提斯》（*Leocr.*）107］事实上代表了两首诗歌。我不赞同这种分割，但不得不在其他地方给出全部理由；可见我关于堤耳泰俄斯的论文，前揭书第565页，注释①。

不可避免的命运。他带着父母，带着妻子和年幼的孩子们在世上漂泊。在饥寒交迫中，他无论向谁求助都会被当成异乡人，都会招来敌视的目光。他为家族蒙羞，让自己的高贵形象扫地，等待他的是不受法律保护和羞辱。在这里，国家要求自己的公民奉献财物和鲜血的无情逻辑得到了无与伦比的有力展现。和家乡对勇者的尊敬相比，对背井离乡者可悲命运的描绘同样现实。无论我们把他们看作被驱逐（如果国家在特别危急的情况下真的对战场上的逃兵采取这种惩罚）或者自愿背井离乡（希望逃避兵役，因此成为其他城邦的异乡人），两者并无区别。崇高理想与粗暴强权的结合是城邦的另一种形象的特点，它因此具有了类似神明的性质，并带给希腊人这样的感觉。在希腊人的思想中，建立在集体福祉之上的新公民美德并不完全出于实在的功利主义，城邦这种集体具有宗教基础。与史诗德性相比，新的城邦德性理想表达了一种被改变了的人类宗教观。国家成了一切人类和神圣之物的化身。

在另一首古代非常著名的哀歌《法度》(Eunomia)[①]中，堤耳泰俄斯成了在城邦内部提醒和代表真正国家秩序的人，这并不让我们感到奇怪。
134 他向人们灌输了斯巴达“宪法”的基本原则，该“宪法”后来以用多利斯方言写成的“瑞特拉”独立传世，被普鲁塔克写进了《吕库格斯传》。[②]对我们来说，堤耳泰俄斯是这份宝贵历史文献古老起源的主要见证，因为他在自己的哀歌中以诗体形式改写了其要旨。[③]显然，诗人越来越多地扮演了国家的教育者角色，因此他在我们面前的这首诗作中涵盖了战时与和平时期的整个斯巴达制度。这首对古代斯巴达历史非常重要的诗歌有两种相互矛盾的版本，但我们更感兴趣的并非其传播和创作史问题，而是斯巴达的制度。

无论是对于堤耳泰俄斯的个人立场，还是作为伊奥尼亚和雅典政治精神的对立观点，《法度》的思想形式基础都具有重要意义。在伊奥尼亚

① 堤耳泰俄斯，残篇 2. 3ab（Diehl）。

② 普鲁塔克，《吕库格斯传》，6。

③ 我觉得这似乎是堤耳泰俄斯的《法度》与本页注释②所引的古老瑞特拉的真正关系。在《古代史研究》(*Forsch. zur alten Geschichte*，第一卷，第229页）中，Eduard Meyer对堤耳泰俄斯《法度》的真实性提出了疑问，但我认为并无根据。

和雅典，人们几乎不再觉得受到纯粹传统和神话之权威的束缚，而是致力于按照尽可能普适的社会和法律思想分配国家权利。相反，堤耳泰俄斯按照古老的方式，将斯巴达的法度上溯到神明，并将这种起源视作其最重要和最不容侵犯的保障。“克罗诺斯之子、戴美冠的赫拉的丈夫宙斯亲自把这座城交给了赫拉克勒斯的后裔，我们和他们一起离开多风的厄里内俄斯，来到广阔的伯罗奔尼撒。”[①]如果把这段诗与诗人复述“瑞特拉”主要内容的更长段落放在一起，[②]我们就能完全明白将斯巴达国家的神话起源回溯到多利斯人首次迁入之时的意义。

“瑞特拉”界定了民众在国王和元老会面前的权利。堤耳泰俄斯同样从神明的权威引出这种基本法律，指出其得到了德尔斐的阿波罗的批准，甚至完全是他的命令。当民众在取得艰苦战争的胜利后意识到自己的力 135
量，要求获得政治权利作为对自己甘愿牺牲的回报时，堤耳泰俄斯希望提醒他们不要忘记，他们在这片土地上的权利完全来自身为赫拉克勒斯后裔的国王。按照古老的建邦神话，是宙斯把城邦交给了他们，多利斯人迁入伯罗奔尼撒被描绘成赫拉克勒斯后裔的回归。一边是当下的状况，一边是史前时代奠定城邦基础的神明馈赠，国王成了维系两者的唯一合法纽带。通过德尔斐的神谕，国王的合法地位被永远确定下来。

堤耳泰俄斯的《法度》旨在对斯巴达制度的宪法基础提出真正的解释。它的结构兼有理性和神话思想，是美塞尼亚战争时期强大君权的前提。从堤耳泰俄斯关于真正公民美德的诗歌来看，他完全不是反动的。他试图用城邦伦理取代贵族伦理，并致力于吸纳全体公民成为城邦的战士，这显然更应该被称为革命性的。但这与民主政治相去甚远。[③]就像《法度》所描绘的，民众被看作一群士兵，只能对元老会提出的方案表示赞同或

① 堤耳泰俄斯，残篇2。

② 堤耳泰俄斯，残篇3ab。

③ 至少当我们根据后来的政治发展回顾时，他的态度是这样的。从堤耳泰俄斯所在的公元前7世纪的视角出发，重新定义公民美德并将其还原成简单的标准（即每位公民-士兵应当拥有的勇气）显得相当民主，特别是当我们将这种标准置于古老贵族标准的背景之下，就像我们试图指出的（本书第96—97页），堤耳泰俄斯认为后者存在缺陷（残篇9）。诚然，斯巴达政制中的民主元素没有得到大多数古代作者的认可。但比较后来雅典人达到的程度，我们也许可以说，民主倾向在斯巴达的发展后来停止了（在堤耳泰俄斯的时代，我们仍能看见它的活力）。

反对，不享有自己的言论自由。这在战后很可能难以找到正当理由维持下去，但统治者显然利用了堤耳泰俄斯在民众中的权威（来自他在战争期间的精神领袖身份），用“正确的秩序”来抵制民众不断提出的要求。

堤耳泰俄斯的《法度》属于斯巴达，他的战争哀歌则属于整个希腊世界。在一个充满了社会派系斗争，看不到多少英雄气象的世界里，战争
136 和危难中诞生的新的公民英雄主义重新点燃了真正诗歌的火焰。它描绘了处于生死攸关重要时刻的国家，由此确立了堪与荷马史诗的理想相提并论的地位。我们还有一首稍早些的伊奥尼亚战争哀歌，作者是以弗所的卡里诺斯（Kallinos von Ephesos），有必要在形式和思路上将其与堤耳泰俄斯的作品进行比较。两位诗人的关系并不十分清楚，他们可能完全没有关系。卡里诺斯号召同胞勇敢地抵抗敌人——通过另一首诗歌的残篇，我们确定敌人是在小亚细亚四处劫掠的蛮族辛梅里安人（Kimmerier），他们还肆虐了吕底亚王国。相同前提下的相同处境催生了相似的作品。我们看到卡里诺斯同样借鉴了荷马的各种风格，史诗形式同样渗入了城邦的集体精神。

对以弗所诗人和他非政治化的同胞来说，这只是一次性的自我奋起，但在斯巴达却成了永久性的态度和教育形式。堤耳泰俄斯让同胞公民永远接受了新的集体思想，他所教导的英雄主义让斯巴达城邦有了自己的历史印记。作为英雄国家理念的教导者，他很快超越了斯巴达的疆域。只要公民的男性气概还受希腊人推崇或者为城邦所要求，堤耳泰俄斯就仍然是这种“斯巴达”观念的经典诠释者。在非斯巴达城邦，甚至在雅典这样与斯巴达为敌的城邦，情况同样如此。[①]无论在公元前5世纪阵亡者的墓志铭中，还是公元前4世纪雅典城邦为战殁者所作的公开悼词中，我们都可以看到他诗歌的回响。人们在会饮时和着笛声朗诵它，像吕库格斯这样的阿提卡演说家则要求年轻人像对待梭伦的诗歌那样把它牢记在心。而在描绘

① 关于堤耳泰俄斯对希腊思想和文学史的影响，见第96页注释⑥所引我的论文，第556—568页。对于见证了他对后世（包括雅典民主时代）长远影响的疏证，我们现在还必须加上希腊化时代的一份重要材料：G. Klaffenbach在埃托利亚（Aetolia）和阿卡纳尼亚（Acarnania）铭文考察之旅的报告中刊印的铭文，见*Sitz, Berl. Akad.* 1935, p. 719。另见本书第三卷，第989页及该页注释③。

理想国中为战士安排的位置时，柏拉图以堤耳泰俄斯为模板，要求人们对战士表现出比对奥林匹亚运动会胜利者更高的敬意。[①]柏拉图还在《法律 137
篇》中表示，在公元前4世纪的斯巴达，堤耳泰俄斯的诗歌仍然是对多利斯人国家精神的最高启示。这种精神通过对公民的公共教育展现了自己的目标：培养战斗能力。全体斯巴达人对此“烂熟于心”。[②]他表示，所有的非斯巴达人在这点上必然和他见解相同，即使他们和他一样认为，对国家和人类最卓越特性之本质的这种理解并非完美和决定性的。

上述发展不可能止于堤耳泰俄斯。但只要希腊人对真正德性的理解有所进步，我们常常会看到他们援引堤耳泰俄斯怀着满腔热情表达的革命性思想，并总是把他们的新要求纳入他关于真正美德之诗歌的古老形式。这是真正的希腊式“教化”。昔日的成型模式在后世和更高的发展阶段上仍然适用，所有新事物都要经受它的考验。100年后，科洛丰的哲学家色诺芬尼改编了堤耳泰俄斯的作品，试图证明只有精神的力量才配得上在城邦享有最高的地位。[③]柏拉图延续了这种发展，把正义置于勇敢之上。[④]在《法律篇》中所建立的理想国里，他在这种意义上“重写”了堤耳泰俄斯，以使其符合该城邦的精神。

柏拉图的批评更多指向的并非堤耳泰俄斯，而是当时崇尚强权的斯巴达城邦的弊端，这首战争诗歌是该邦的诞生证明。引人注意的是，即使是斯巴达最热情的赞美者也无法在这个后来变得僵硬而狭隘的城邦中找到艺术精神的痕迹。色诺芬的沉默和普鲁塔克试图填补这一漏洞的失败努力足以说明问题。我们不必把这种缺陷看成美德。幸运的是，尽管材料支离 138

① 柏拉图，《理想国篇》，465d—466a。

② 柏拉图，《法律篇》，629b。

③ 色诺芬尼，残篇2（Diehl）。当把色诺芬尼哀歌第一部分对真正德性的看法与堤耳泰俄斯残篇9进行比较时，我们会明显地看到前者对奥林匹亚胜利者价值被高估的批判并非偶然与后者的著名诗歌相合，而是效法了后者的模式，并巧妙加以改造。两首诗的基本思想相同，即有的美德要比被过分赞誉的大型希腊运动会胜利者的更加崇高。两人都试图重申自己所推崇的新德性理念的优越性。但他们对最高美德的看法存在差异。堤耳泰俄斯认为是勇气，而具有哲学家头脑的色诺芬尼则把智慧（σοφία）置于最高的位置。见本书第184—185页。色诺芬尼用堤耳泰俄斯哀歌的古老形式表达了自己的新理念，就像“忒奥格尼斯”用稍显不同的方式所做的（699起）。

④ 柏拉图，《法律篇》，660e。

破碎，我们还是可以证明在公元前7世纪的英雄时代，真正的古斯巴达拥有更加丰富多彩的生活空间，完全不同于该邦在历史上如此深入人心的精神贫瘠形象。尽管堤耳泰俄斯把英勇善战看得比纯粹为了竞技的身体训练更加重要（他不无道理），但公元前7世纪到前6世纪的奥运会优胜者名单显示（特别是取得美塞尼亚战争的胜利后），斯巴达在这项和平竞赛中同样出类拔萃，因为斯巴达人的名字远远超过了其他与会的城邦。①

与其他希腊人的欢乐生活相比，斯巴达人也没有厌恶地拒绝技艺和艺术，就像后人眼中的真正斯巴达人特质那样。考古发掘找到了那个时期活跃建筑活动的遗迹，以及受到希腊东部模板影响的艺术风格。这与诞生于伊奥尼亚的哀歌通过堤耳泰俄斯被引入如出一辙。大约在同一时代，七弦琴的发明者，累斯博斯岛的音乐家忒耳潘德洛斯（Terpandros von Lesbos）受邀前往斯巴达，他不仅在宗教节日上指挥歌队，还根据自己的全新原则对其进行了改造。②后来的斯巴达把忒耳潘德洛斯的风格奉为圭臬，将对其的任何改动视作颠覆城邦。但这种僵化仍然表明，古斯巴达人在多大程度上把艺术教育视作对人的整体道德的塑造。我们可以由此想象，当艺术力量仍然具有最初的活力时能产生多大的影响。

诞生于萨第斯（Sardes），后来成为斯巴达公民的抒情诗人阿尔克曼（Alkman）留下的大量合唱诗残篇以令人欣喜的方式对古风时期的斯巴达面貌做了补充。在新的家园，他一定找到了自己可以终生从事的职业。堤耳泰俄斯在语言和形式上仍然完全借鉴荷马，阿尔克曼则有意识地将拉刻代蒙方言引入了合唱抒情诗。他为斯巴达少女歌队所写的诗句散发出多利
139 斯族群的幽默放纵和务实力量，而在堤耳泰俄斯的哀歌中，这种特质只是偶尔敢于透过荷马的风格显示出来。阿尔克曼的诗歌指名道姓地称呼歌队中的某个少女，向她送上赞美，并开玩笑般地激起她小小的野心和嫉妒，让我们身临其境般地置身于古斯巴达的艺术竞赛。在这种活动里，女性的好胜心并不比男性差。从中可以清楚地看到，比起受到亚洲影响的伊奥尼

① 见 O. Brinkmann, 'Die Olympische Chronik', *Rheinisches Museum,* N. F. LXX (1915), 634。

② 普鲁塔克，《论音乐》（*De Mus.*），4。关于忒耳潘德洛斯的时代（来源：Glaucus of Rhegium），以及忒耳潘德洛斯与音乐在斯巴达的扎根（πρώτη κατάστασις），见同上，9。参见同上，42。

亚人以及受其影响的雅典人，斯巴达妇女可以更自由地参与公共和私人生活。[①]和其他大量多利斯人在习俗和语言上的特别方式一样，这个特征忠实保留了史前时代统治者族群迁入时的痕迹，它在斯巴达比在希腊其他地方具有更明显的持续影响。

① 后来，亚里士多德（《政治学》，2. 9. 1269b17起）批评了拉刻代蒙妇女的放纵（ἄνεσις）。在1270a，他把她们的无拘无束上溯到斯巴达历史的最开始。他甚至谈到了斯巴达的女性掌权（γυναικοκρατεῖσθαι），认为那是军事城邦特有的。

第6章

法治城邦及其公民理想

希腊世界的其他部分在塑造政治之人方面的贡献不如斯巴达那么明 140
显，我们无法找到某个采取了决定性举措的城邦。直到公元前6世纪初的雅典，我们才再次找到了坚实的传统。因为在那里，梭伦的诗歌创作表现了城邦所拥有的新的精神。但这个法治城邦诞生前已然经历了漫长的发展，雅典是历史上所有的伟大希腊城邦中最晚出现的一个。梭伦不时流露出伊奥尼亚文化的影响，[①]我们由此确信，这种新的政治思想同样起源于希腊世界中最有批判意识和精神上最活跃的地区，也就是伊奥尼亚。不幸的是，我们对那片殖民地的政治状况知之甚少，只能根据后世的状况和其他地方的类似过程加以推断。

除了我们已经提到的卡里诺斯，[②]伊奥尼亚似乎没有堤耳泰俄斯和梭伦那样的政治诗歌。[③]我们无权认为，政治诗歌的缺失纯属偶然，其原因显然深深植根于伊奥尼亚人的天性。与希腊人控制的小亚细亚地区一样，伊奥尼亚人缺乏政治构建的能力，从未建立过持久和有历史影响的政权。
诚然，他们在迁入当地时（荷马史诗保存了那段记忆）同样经历了英雄 141
时代，不应认为他们从一开始就是软弱和耽于享乐之人，就像这些人在

① 关于伊奥尼亚文化对梭伦思想的影响，见本书关于梭伦的一章，第145—146页。
② 见本书第102页。
③ 一些现代学者似乎推断出它的存在，但这样的早期政治诗歌并无实迹可查。

波斯战争前夕留给我们的印象。①他们的历史长期充斥着血腥的战斗。他们的诗人是一群真正的战士，如卡里诺斯、阿尔喀洛科斯、阿尔开俄斯（Alkaios）和弥涅摩斯。②但不同于斯巴达和雅典，城邦对他们来说从来就不是真正的终极目标。伊奥尼亚在希腊精神史上扮演的角色是解放了个人的力量，包括在政治生活中。虽然伊奥尼亚的殖民城邦全都无法整合这种新的力量和通过它来加强自身，但政治思想在那里第一次有了突破，然后通过与母邦的紧密关系造就了最成功的新式城邦。

我们在荷马史诗中可以找到对伊奥尼亚城邦生活的最早反映。诚然，希腊人对特洛伊的战争无法提供任何描绘希腊城邦的直接机会，因为特洛伊人对荷马来说是蛮族。但当诗人讲述守卫特洛伊时，他无意中展现了伊奥尼亚城邦的某些特征，而祖国的拯救者赫克托耳甚至成了卡里诺斯和堤耳泰俄斯的模板。在这点上（特别是卡里诺斯的作品中，见本书第102页），我们似乎见到了与斯巴达理想非常相似的地方。但伊奥尼亚城邦很早就朝着另一个方向发展，史诗中同样暗示了这点。作为《伊利亚特》中较新的段落，对阿喀琉斯盾牌的描绘是诗中唯一一次出现和平时期的城邦形象。我们看到城市中心的市场上正在上演审判，“长者们”坐在围成神圣圆圈的光滑石凳上做出判决。③由此可见，贵族阶层已经在司法中扮演了重要的角色，最初这是国王的职权范围。反对分权统治的一句名言表
142 示，④虽然国王仍然存在，但常常处境艰难。对盾牌的描绘中还谈及一处王家庄园，提到国王满意地看着人们耕作土地。⑤不过，他可能只是贵族地主，因为史诗中常常也称贵族首领为“王”（Basileus）。作为地主统治的前提，母邦的农耕生活方式最初在殖民地原封不动地得到延续。另一个

① 色诺芬尼（残篇3，Diehl）谴责了伊奥尼亚人从吕底亚人那里学来的“无用奢华”（ἀβροσύνη ἀνωφελής），后者导致了他们在政治上的没落。他特别提到了自己的母邦科洛丰的居民。到了埃斯库罗斯的时代，奢华（ἀβρόβιοι和ἀβροδίαιτοι）似乎成了对吕底亚人和伊奥尼亚人及其考究生活方式的固定描述用语；见埃斯库罗斯，《波斯人》41和《酒神女》17. 2。

② 以对爱情感官快乐的动情称颂著称的诗人弥涅摩斯也在作品中赞颂了第一批定居者对科洛丰和士麦那的征服。在一首哀歌中，他热情赞美了科洛丰英雄们在赫耳摩斯（Hermos）河谷与吕底亚人的骑兵战。

③ 《伊利亚特》，18. 503；见本书第53页起。

④ 《伊利亚特》，2. 204。

⑤ 《伊利亚特》，18. 556。

例子是淮阿喀亚国王阿尔喀诺俄斯。尽管身为合法的世袭国王，他在元老议事会中只是名誉主席。从君主制过渡到贵族统治不再遥远，从此"王"将成为最高祭司或者徒有其名的官员，不具备该头衔的其他特权。我们可以在雅典最清楚地看到这种发展，尽管它也出现在其他地方。在雅典，科德洛斯王室（Kodriden）逐渐沦为傀儡，为贵族统治让路，后者一直延续到梭伦的时代。但我们无从得知，在希腊人迁入后多久，伊奥尼亚开始零星出现这种典型的发展。

狭促的沿岸地区不断有新的移民涌入，向内陆扩张又不可能，因为那里掌握在政治上尚缺乏严密组织但孔武有力的蛮族手中，如吕底亚人、佛律癸亚人和卡里亚人。于是，随着海上交通变得日益安全，沿海城邦越来越多地开展海上贸易。在这个行业，最初的雇主仍然是懂得转型的有产贵族。自从离开母邦后，殖民地的希腊人与土地的联系从一开始就比较薄弱。《奥德赛》已经反映了人们对海外世界的认识大大拓宽，以及伊奥尼亚水手这种新型人物。与其说奥德修斯是好战的骑士，不如说他代表了以远游为乐的冒险者精神和发现者热情，代表了伊奥尼亚人的聪明和善于交际，他们习惯于周游各地，任何情况下都不会手足无措。《奥德赛》的视 143
线东及腓尼基和科尔喀斯（Kolchis），南到埃及，西至西西里和西埃塞俄比亚，北达黑海彼岸辛梅里安人的土地。伊奥尼亚水手与一群腓尼基船员和商人相遇的故事司空见惯，[①]因为后者的贸易遍及全地中海，对希腊人造成了最危险的竞争。《阿尔戈英雄记》也是一部真正的水手史诗，讲述了旅途中接触到的遥远国度和民族的神奇故事。伊奥尼亚的贸易随着小亚细亚城邦商业的快速发展而增长，农耕生活方式在这些城邦日益式微。通过从邻邦吕底亚引入金币铸造技术，再加上货币流通取代了物物交换，当地贸易经历了决定性的蓬勃发展。这些在我们的概念中算不得大的伊奥尼亚沿海城邦显示出确定无疑的人口过剩迹象。就像公元前8世纪到前6世纪的母邦那样，它们在地中海、马尔马拉海和黑海沿岸的殖民活动中扮演了重要角色。尽管缺乏其他历史传统，但从米利都这样的一座城邦就能建

① 《奥德赛》，13. 272。

立数量惊人的殖民地来看，可以想见伊奥尼亚的扩张力量和创业欲望，想见当时小亚细亚的希腊城邦普遍的活跃生活。①

更加自由的远见、快速的随机应变和个人的主动性是在那里诞生的新型人类的突出标志。生活方式的改变必然带来新的精神，视野的拓宽和对自身活力的认识让思想得以更加勇敢地翱翔。我们在阿尔喀洛科斯的个人诗歌和伊奥尼亚的米利都派哲学中见到的独立批判精神显然大胆地进入了公共生活。那里的内部斗争无疑要比希腊世界的其他任何地方出现得更
144 早，尽管我们对此一无所知。不过，在从荷马史诗的较新部分到阿尔喀洛科斯、阿那克西曼德（Anaximander）乃至赫拉克利特的伊奥尼亚作品中，我们看到了大量将正义奉为人类社会基础的见证。②可以想见，诗人和哲学家们对正义的这种推崇并不先于它的实现，显然只是反映了从公元前8世纪到公元前5世纪初公共生活中此类成就的根本意义。从赫西俄德以降的希腊本土诗人们都持此观点，其中雅典人梭伦的声音要盖过其他所有人。

在此之前，全部的司法权毫无争议地掌握在贵族手中，他们没有成文法，而是按照传统做出判决。随着非贵族民众经济地位的提高，贵族和自由平民间的矛盾日益尖锐，导致法官的职权在政治上被滥用，而民众也对成文法提出要求。赫西俄德对贪赃枉法的贵族法官的谴责是上述普遍要求的必要准备。③“正义”一词由此成为阶级斗争的口号。将正义法典化的过程在一些城邦持续了多个世纪，但我们对此知之甚少。④不过，我们在这里更关心的是原则，而非过程本身。成文法意味着对所有人一视同仁，无论他们是高贵还是低贱。虽然法官仍由贵族而非平民出身者担任，但他

① 见F. Bilabel, *Die ionische Kolonisation* (Leipzig, 1920)。

② 见阿尔喀洛科斯，残篇94。可以看到，在他的诗中，即使寓言里的动物也会坚持自己的权利和打击不义。关于阿那克西曼德的宇宙正义（δίκη）概念，见本书第170—172页；关于巴门尼德，见第186—188页；关于赫拉克利特，参见第191页。

③ 见本书第63页起。

④ 除了吕库格斯和梭伦的立法，希腊人还曾经称颂过德拉古（Draco）、扎莱乌库斯（Zaleucus）、卡隆达斯（Charondas）、安德罗达玛斯（Androdamas）、庇塔库斯（Pittacus）、菲洛劳斯（Philolaus）等人的立法。亚里士多德称它们为出色的法典，见《政治学》，2. 13。哥提那（Gortyna）在克里特的立法随着著名铭文的发现而为人所知，Buecheler和Zitelmann刊印了这些铭文并做了注疏。

们今后的判决将与正义的坚实准则联系起来。

荷马描绘了之前的状况。他通常用“忒弥斯”（Themis）这个词表示正义。[①]宙斯把“权杖和忒弥斯”赐给荷马史诗中的国王们。[②]忒弥斯象征着早期国王和贵族统治者的司法权。它的词源意义是“规章”。父权时代的法官根据来自宙斯的规章做出判决，并从习惯法的传统和他们本人的
知识中自由地引出其准则。正义（Dike）的词源意义不明。它来自希腊的 145
审判用语，本身与忒弥斯一样古老。[③]人们会说争执双方“给予和接受正义”，惩罚的判决和执行仍然被混为一谈。过错方“给予正义”，这在最初表示损害赔偿；受害方“接受正义”，他的权利通过判决得到恢复；法官则“分配正义”。因此，正义的基本含义相当于“应得的份额”。[④]此外，它还具体表示审判、判决和惩罚，但这种直观含义通常不是原始的，而是衍生的。这个词在后荷马时代的城邦生活中获得了更重要的意义，不过并非源于上述较为技术化的含义扩张，而是来自这种尽人皆知的司法术语中的规范性元素。它表示人们有权主张的应得份额，也表示保障此类主张的原则。当“狂妄”（Hybris，最初用来表示不法行为的固定用语）伤害了某人，他可以寻求上述原则的支持。[⑤]忒弥斯更多指代法律的权威地位，而正义则偏重其在司法上的可实现性。在那个某阶层为自己的合法权利而斗争的时代（他们直到此前无疑一直把正义看作忒弥斯，也就是自上而下的权威法律和命令），我们可以理解为何“正义”必然会成为最重要的口

---

① 《伊利亚特》，11. 779、16. 796；《奥德赛》，14. 56等。Θέμις由习惯确定，在这种意义上是正义的。

② 《伊利亚特》，2. 206。

③ R. Hirzel的*Themis, Diké und Verwandtes* (Leipzig, 1907)在成书时可谓出色的研究，但在今天看来不符合历史。现在它在许多方面已经过时，但仍然包含了许多有价值的材料。V. Ehrenberg对该理念的历史发展做了有用的简述，见*Die Rechtsidee im frühen Griechentum* (Leipzig, 1921)。我觉得从δικεῖν（投掷）中派生出δίκη（正义）的尝试是个错误。

④ 也许那种义项在这个词的副词用法（事实上是古老的宾格）中仍留有痕迹，比如κυνὸς δίκην，我们可以简单地将其译作“像狗一样”。另见荷马的ἣ ἀνθρώπων δίκη ἐστί（符合人的本分）等例子。ἔχει δίκην表示“他获得了自己的份额”。

⑤ 正义与狂妄在希腊语中是反义词。早期希腊语作者用“狂妄”表示任何违反律法的具体行为，如偷马。现代诗人常常把“狂妄”称作希腊人特有的概念，即僭越人类本分和试图以神明自居，那是这个词的特殊用法，相关内容见本书第178—179页。

号。对正义的呼吁将变得日益强烈、热情和迫切。[①]

这个词的来源中还蕴含了另一种非常契合上述斗争的元素，那就是
146 平等。平等的含义无疑从一开始就被包含其中，我们最好还是根据原始民众的思维方式来理解它。它要求以牙还牙，对收到的东西给予同等的回报，对遭受的伤害做出同等的赔偿。显而易见，上述基本观点完全源自物权领域，这符合对其他民族法律史的典型判断。在希腊人的思想中，平等的这种原始含义被永远保留在正义一词中。就连随后几个世纪里的政治哲学也将其作为出发点，仅仅寻求对平等概念做出新的解释，在对它最后的机械解释中（比如在民主的国家权利层面上），这个概念变得与柏拉图和亚里士多德关于人类价值存在差异的贵族观点完全背道而驰。

权利平等的要求是古代的最高目标。[②]任何关于归属“我”还是“你”的微小争端都需要标准，以便正确衡量各方的份额。通过引入固定的度量标准，商品交换的问题已经得到解决。但与此同时，类似的问题又出现在法律领域：人们试图为合法权利找到正确的“标准”，最终选择了正义概念中所蕴含的平等要求。

诚然，此类标准的歧义性会让人犯错，但也许正是这点使其适合成为政治斗争的口号。我们可以把它理解为不享有平等权利的人（如非贵
147 族）在法官或法律（如果有这种法律的话）面前的完全平等；也可以理解为积极参与司法活动，或者在城邦事务上每个公民享有宪法赋予的平等发言权，或者最终让普通公民出任贵族占据的领导职务。我们正处于一个发展过程的开始，随着平等思想日益机械化和扩大化，它将走向民主。但主张所有人的权利平等或者要求成文法并不必然导致民主。两者也存在于寡头或君主制国家。相反，极端民主的特征是没有法律，而是由大众统治国家。直到又过了几个世纪，这种政制形式才在希腊发展起来和广泛传播。

① 见V. Ehrenberg，前揭书，第54页起。

② 参见梭伦，残篇21. 18—19。赫西俄德对diké的使用隐含了同样的理想。梭伦的思想显然受到伊奥尼亚的启发。在法官或法律面前权利平等的要求很早就出现了，这可以用来支持下面的假设，即权利平等的理想（isonomia，对其最早的普遍倡导出现在公元前5世纪，而且总是意味着民主平等）比我们现在拥有的少量证据所能证明的更加古老，而且最初还具有在法律面前平等的意思。Ehrenberg反对这种假设，前揭书，第124页。Hirzel认为权利平等意味着“平等的财产分配”（第240页），我觉得他的观点不符合历史，甚至也和极端民主派的看法大相径庭。

在此之前需要经过一系列准备阶段。其中最古老的阶段仍然是某种贵族统治。但自从正义为公共生活创造了平台，让高贵者和低贱者“平等地”面对彼此，情况就再也不同于过去。贵族们也必须接受新的政治理想，后者源于正义观念，并成为其衡量标准。在将要到来的社会斗争和暴力革命中，贵族自己也必须常常寻求正义的保护。就连语言本身也宣告着这种新理想的形成。自古以来，人们就拥有大量指代某种具体不法行为的词语，如通奸、谋杀、抢劫和盗窃，但缺乏普遍概念用以描绘避免违规和保持在正确的界限内。为此，这个新时代创造了抽象概念“正义性”（Dikaiosyne），就像那个时代对摔跤和拳击等项目的技艺推崇备至的人创造了与之相对应的名词（德语中没有）。[①]这个新词反映了正义观念越来越 148
深入人心，并物化为一种人的特质，或者说一种特别的德性。德性最早表示人拥有或享有的各种优点。自从男性德性被等同于勇气，伦理元素走上了前台，人类所能拥有的其他所有优点都退居幕后或为其服务。新的正义性则更加客观。现在它成了不折不扣的德性，特别是当人们相信成文法让自己拥有了区分正义和不义的确定标准。当所有现行的惯例被以书面形式确定下来后，公正（Gerechtigkeit）这个普遍概念获得了具体的内容。现在它服从于城邦的法律，就像后来基督徒的“德性”服从于上帝的旨意。

诞生于城邦集体生活的正义意志由此催生了新的人类教育力量，就像在早前的贵族时代，战场上的勇气催生了骑士理想。在堤耳泰俄斯的哀歌中，这种古老的理想为斯巴达人的城邦所接受，并被升华为普遍的公民美德。[②]但在通过艰苦的内部宪法斗争建立起来的正义和法治城邦，斯巴达人纯粹的尚武美德并不被视为公民唯一和全面的榜样。不过，就像以弗所诗人卡里诺斯号召不尚武的同胞抵抗入侵自己家园的蛮族，伊奥尼亚城邦也不缺乏危难时刻的战斗能力，只是后者在德性世界中的位置有所不同。现在，勇敢地面对敌人乃至为祖国献身成了城邦对公民提出的要求，

---

① 作为这个抽象概念的前身，形容词“正义的”（δίκαιος）已经出现在《伊利亚特》较新的部分和《奥德赛》中。荷马史诗中还没有它的名词形式。荷马、堤耳泰俄斯和色诺芬尼用过“摔跤技术”（παλαισμοσύνη或παλαιμοσύνη），“拳击技术”（πυκτοσύνη）则似乎是色诺芬尼的新创造。

② 本书第96页。

149 如果没有做到将招致重罚，但那也只是众多要求之一。如果人在具体意义上是“正义的”（即这个词自此以后在希腊人政治思想中所拥有的意义，也就是服从法律和依法行事[①]），那么他也会在战场上尽忠职守。荷马英雄自由而古老的英雄德性理想变成了对城邦的严格义务，它约束着全体公民，就像对“我的”和“你的”界限的尊重。在公元前6世纪的一首著名的箴言诗中可以找到后世哲学家经常引用的句子，即正义概括了一切美德。这句话既简明又全面地定义了新的法治城邦的本质。[②]

随着把正义概念看作包含和满足一切要求的完美公民的德性，所有过去的德性都被超越。但各个早前阶段的德性并未因此遭到全盘否定，而是被提升到新的更崇高形式。这正是柏拉图在《法律篇》中所提出要求的意义，[③]他认为在理想国中必须“改写”堤耳泰俄斯称赞勇气是至高德性的诗，用正义取代勇气的位置。柏拉图并不希望就此排斥斯巴达的德性，而是仅仅将其转移到适合的位置，使其居于正义之下。在内战中和在外敌面前的勇气应该被区别看待。[④]为了说明正义之人的理想包含了全部德性，柏拉图举了一个非常发人深省的例子。在他惯常的表达方式中，“德性”被分为四类：勇敢、虔诚、正义和审慎。我们可以忽略在《理想国篇》等作品中，虔诚常常被哲学智慧取代。早在埃斯库罗斯的作品中，这四类所
150 谓的柏拉图式德性标准就已经被视作真正公民美德的典范。柏拉图只是从早期希腊的城邦伦理中吸收了它们。[⑤]但标准的多元性并未妨碍他认识到，正义包含了全部美德。[⑥]同样的情况也出现在亚里士多德的《尼各马可伦

① 正义或正当性须服从法律的理念在公元前5世纪和公元前4世纪已经非常普遍；参见新发现的安提丰（Antiphon）片段［*Pap. Oxy.*（奥克西林库斯纸莎草），XI，1364，col.1（1—33），Hunt；Diels, *Vorsokratiker*，第二卷，346］；以及Hirzel所引的片段，前揭书，第199页，注释①，特别是柏拉图，《克里同篇》，54b。

② 弗基利德斯，残篇10＝忒奥格尼斯，147。

③ 柏拉图，《法律篇》，660e。

④ 柏拉图，《法律篇》，629c起。

⑤ 埃斯库罗斯，《七雄攻忒拜》，610。Wilamowitz认定它是伪作，并将其从自己的《埃斯库罗斯集》中删除，因为他觉得作品中的美德标准来自柏拉图时代，但他后来又恢复了删去的部分；参见我的系列讲座*Platos Stellung im Aufbau der griechischen Bildung*, in *Die Antike* IV(1928), 163；以及Die griechische Staatsethik im Zeitalter des Plato (1924), 5 (reprinted in *Humanistische Reden und Vorträge*)。

⑥ 柏拉图，《理想国篇》，433b。

理学》中。他对德性的分类远远多于柏拉图，但在谈到正义时，他提出了这种美德的双重概念：狭义的正义指司法，广义的正义包括所有道德和政治准则。我们从中不难再次看到早期希腊法治城邦的正义概念。因为亚里士多德为此同样明确引用了我们前面提到的那句诗，即正义包含了全部美德。[①]法律条文界定着公民与城邦的神明、同胞和敌人的关系。

柏拉图和亚里士多德的哲学伦理源于希腊早期的城邦伦理，但后世习惯于将其视作永恒的绝对伦理，导致不再能认清其起源。当基督徒开始分析这种哲学伦理时，他们对柏拉图和亚里士多德把勇敢与正义称作伦理美德感到奇怪。但人们必须认可希腊人道德意识的这种原始事实。抛开政治集体和古代意义上的国家，完全从宗教个人伦理视角出发的人无法理解这点，只能视其为纯粹的悖论。人们还徒劳无功地为该问题撰写博士论文，分析勇气是否和为何是一种美德。但对我们来说，后来的哲学伦理有意识地吸收了古代政治伦理，使其由此对后世产生更广泛的影响，这是完 151
全自然的思想史过程。因为没有哪种哲学建立在纯粹的理性之上，而只是随着历史而发展的文化与习俗经过概念升华后的形式。至少对于柏拉图和亚里士多德的哲学是这样：离开希腊文化就无法理解它们，离开它们就无法理解希腊文化。

我们在这里提前谈到了公元前4世纪发生的吸收早期城邦伦理及其人类理想的历史过程，在城邦文化兴起时期也出现过完全类似的过程。该过程同样吸收了早前阶段的成果。它不仅接受了荷马的英雄德性，也吸收了竞技美德（后者包含了我们所了解的贵族时代的全部遗产），就像斯巴达的城邦教育在当时所做的。城邦鼓励公民参与奥林匹亚等地的竞赛，并给予凯旋者最高的荣誉。胜利曾经只给胜利者的家族增光，但随着全体公民的团结感日益加强，它将增进祖国的荣耀。[②]除了竞技比赛，城邦还让自己的子民参与古老的艺术传统和培养技艺。城邦创造的“权利平等”并不

① 亚里士多德，《尼各马可伦理学》，5. 3. 1129b27。

② 奥林匹亚运动会胜利者从整个城邦那里获得了公众认可和出众的社会地位，见堤耳泰俄斯和色诺芬尼（本书第96—97页和第185页）对自己时代（公元前7世纪中期至公元前5世纪前三分之一）这种现象的看法。随着色诺芬尼，我们来到了品达、西蒙尼德斯和巴库里德斯的时代，他们的诗歌很大程度上被用于赞美希腊各地运动会上的胜利者（见本书第216页起）。

局限于法律领域，也包括由贵族文化所创造，现在已为公民共有的人类崇高财富。①

城邦在个人生活中的巨大力量建立在城邦思想的观念性之上。城邦成了一种重要的精神本质，它吸收了人类存在的全部崇高内容，然后将其作为自己的赐予返还它们。今天，我们在这方面首先想到的是城邦主导对年轻公民教育的要求。但由城邦来教育年轻人的要求直到公元前4世纪的哲学中才被提出；在早期城邦中，只有斯巴达对年轻人的教化施加直接影响。②不过，除了斯巴达，其他城邦也早在城邦文化的形成过程中就扮演
152 了公民教育者的角色。为此，它们把宗教节日上举行的竞技和艺术比赛看作某种理想的自我展现方式，并对其加以利用。此类比赛是该时期精神和身体教化的最重要代表。柏拉图有理由把竞技和音乐称为“古老的教化”（ἀρχαία παιδεία）。③城邦通过盛大和昂贵的竞赛促进了这种源于贵族的文化，这不仅让竞争精神和艺术兴趣得到了最蓬勃的发展，由此激发的好胜心还第一次造就了真正的集体精神。从此，希腊公民对自己所属城邦的自豪感变得不言自明。想要完整描绘一个希腊人，除了他自己和父亲的名字，还总是需要提及他的母邦。类似现代的民族感情，城邦归属意识中也蕴含着希腊人的理想价值。

城邦是公民集体生活的全部，它们给予了很多，但也会提出最高的要求。它们粗暴而无情地站在了个人的对立面上，在后者身上留下了自己的印记。现在，它们成了一切通行的公民生活准则的来源。人本身及其行为的价值完全要通过是否有利于城邦来衡量。为了个人的权利和平等，人们怀着如此不可思议的热情展开斗争，但这个结果堪称悖论：人们用法律为自己打造了新的牢固锁链，比起过去的所有社会秩序，它对分离力量的束缚和集中要有效得多。城邦政制通过法律得到了客观表达，就像后来的

① 在早期希腊城邦中，合唱诗训练相当于希腊青年的高中，见柏拉图，《法律篇》，654b。这位哲学家抱怨说，这种良好传统在他生活的年代不再发挥教育作用。他建议在自己的理想国中恢复它。见本书第三卷，第997页起。关于希腊戏剧的公开演出，见本书第254—256页。

② 见亚里士多德，《尼各马可伦理学》，10. 10. 1180a24。

③ 柏拉图，《理想国篇》，2. 376e2。

希腊人所说，法律成了国王。[①]这位看不见的统治者不仅将违法者绳之以法和防备强者侵权，而且积极地让自己的规定介入曾经为个人意志所左右的各个生活领域。它甚至为公民的私人生活和道德状况中最隐秘的情况做出了规定和指导。就这样，通过围绕法律的斗争，城邦的发展促成了新的 153
和有差异的生活准则。

从中可以看到新的城邦对塑造人类的意义。柏拉图有理由指出，每种政制形式都会培养出自己特别类型的人。他和亚里士多德都要求，完美城邦的教育应该处处带有自身的精神印记。[②]公元前4世纪伟大的阿提卡政制理论家常常反复用“按照法律精神进行教育”来表达这种理想，[③]明确承认通过成文法确立的法律准则具有直接的教育意义。[④]法律标志着希腊文化发展过程中最重要的阶段，即由纯粹的贵族阶级理想转向从根本上和哲学上理解的人之理念。后世的哲学伦理和教育在内容与形式上处处与早前的立法存在联系。它们并非诞生于纯粹思想的真空中，而是在概念上对民族的历史实质进行加工的结果，就像古典时代的哲学已经承认的那样。法律成了希腊民族的正义和道德准则遗产的最普遍和最有约束力的形式。随着柏拉图在他的最后一部伟大作品中成为立法者，他的哲学教育作品达到巅峰。而为了让自己的理想变成现实，亚里士多德在《尼各马可伦理学》的最后向立法者发出了呼声。[⑤]就这点而言，法律还是哲学的准备阶段，因为在希腊，法律的制定完全是杰出个体的工作。他们有理由被看

---

① 这个警句来自品达（残篇152），在希腊文学中源远流长，E. Stier的论文对其做了追踪，见 *Nomos Basileus* (Berlin, 1927)。

② 柏拉图,《理想国篇》，544d；亚里士多德,《政治学》，3. 1. 1275b3。

③ 柏拉图,《法律篇》，625a、751c，特别是335d；伊索克拉底,《泛希腊集会辞》82,《论和平》102；亦参见亚里士多德,《政治学》，8. 1. 1337a14。

④ 见本书关于柏拉图《法律篇》的一章，第三卷，第981—1036页，特别是“作为教育者的立法者”一节，第981页起，以及“法律的精神”。另见M. Muehl, *Die hellenischen Gesetzgeber als Erzieher in Neue Jahrbuecher* (1939), Heft 7。

⑤ 正是这个原因促使柏拉图最终在一部冠以《法律篇》这般意味深长篇名的作品中概括了自己关于个人行为和人类公共生活的哲学理念，教育者在其中以人类立法者的形象出现。亚里士多德在《伦理学》的最后同样感受到对立法者的需求；见《尼各马可伦理学》，10. 10. 1180a15。柏拉图和亚里士多德都一再提到当时存在的希腊人乃至其他民族的法律传统。他们关于人类意志、自愿和非自愿行动、正义和对法律各种程度的侵犯之概念都源于对本民族实在法律的精准研究。因此，立法成了塑造确定的普遍规则和生活准则过程中第一个重要步骤，最终将走向哲学。

作自己民众的教育者，而作为希腊思想的特色，立法者常常与诗人并列，
154 法律的制定常常与诗性智慧的表达相提并论，因为两者在本质上有相似之处。[①]

到了民主因为仓促而专制的立法而堕落的时代，法律将受到批评，[②]但这在当时还没有发生。与上述怀疑相反，所有早期的思想家一致赞美法律，视其为城邦的灵魂。赫拉克利特说："人们要像保卫城墙那样为法律而战。"[③]可见的城墙及其护城河的画面背后出现了不可见的城邦，法律是后者的壁垒。但早在公元前6世纪中叶左右，米利都哲人阿那克西曼德的自然哲学中就有一句关于法律理念的别具特色的箴言。他把"正义"概念从城邦的社会生活转移到自然中，将事物形成和消亡的因果关系解释为法律诉讼。事物必须遵循时间的判决，相互为自己的违法行为做出悔罪和赔偿。[④]这是"宇宙"（Kosmos）哲学理念的发端，这个词最初同样表示城邦和任何集体的正确秩序。将城邦秩序大胆地投射到宇宙（要求平等而非特权不仅是人类生活，也是存在者本性的首要原则），它令人信服地表明，关于正义和法律的新政治体验在当时已经成为一切思想的核心，成为存在的基础，成为该时代关于世界意义之信仰的真正源头。在谈到他对哲学上的世界意义的解释时，上述传播过程无疑还将值得重点讨论。[⑤]我们在这里只是简要地说明，他如何描绘城邦世界和政治之人的新理想。同时我们还清楚地看到，法治城邦的起源同伊奥尼亚哲学意识的诞生关系多么密
155 切。两者的共同根源是探索与阐释世界和生活之本质形态的普遍思想，这种思想在此处发端，并越来越多地渗入希腊文化。[⑥]

---

① 见我的论文 *Solons Eunomie* (*Sitz. Berl. Akad.* 1926), 70。在柏拉图《斐德若篇》257d起，立法者以"作者"形象出现，在278c类似诗人。

② 我在这里所说的并非批判性区分"法律"（nomos）和"自然"（physis）的智术师及其在实务政治家中的追随者，而是像柏拉图和伊索克拉底那样的批评者，他们支持严格的人类行为准则，但不再相信好的法律是万灵药。见柏拉图，《政治家篇》294a—b；伊索克拉底，《战神山议事会演说》，40起。

③ 赫拉克利特，残篇44，Diels。

④ 阿那克西曼德，残篇9（Diels，*Vorsokratiker*，第一卷）。

⑤ 见本书第170页起。

⑥ 在早期的几个世纪里，希腊人把这种普遍标准视作正义（Diké），后来则视其为善或理性（Logos）。赫拉克利特的哲学结合了两者。他认为，理性是早前思想家所谓的宇宙正义的源头。见本书第193页起。

最后，我们应该看到，早期希腊的贵族文化之所以能够发展成“普遍人类教化”的理念，发端于伊奥尼亚的新城邦政制的转向具有决定性的意义。但我需要明确指出，上述说法并不完全符合城邦历史之初的状况，而是预先考虑了整个发展过程（我们在这里分析了它的基础）。不过，关注上述转向的基本影响范围并始终不忽视它，这仍然很有意义。

在把人安置到他们的政治宇宙中时，城邦在个人生活之外还给予了他们第二种存在，即政治生活（βίος πολιτικός）。现在，每个人在某种程度上属于两种秩序，公民生活中的个人（ἴδιον）和集体（κοινόν）泾渭分明。人不完全是“自己的”，还是“城邦的”。[①]现在，他们除了职业能力外还拥有公民德性（πολιτικὴ ἀρετή），后者使其能够与同一城邦生活空间内的其他人和睦而体谅地合作。可以清楚地看到，为何新的政治之人的形象无法与人之工作的思想联系起来，就像赫西俄德的民众教育那样。[②]赫西俄德的德性概念充满了现实生活的内容和作为其受众的劳动阶层的职业精神。如果从今天的视角出发总览希腊教育的发展过程，我们会倾向于认为这场新运动应该采纳赫西俄德的方案：它本应该用民众教育的新概念取代贵族的整体人格教育，按照每个人的特别工作成果来评价他们，并通过每个人尽可能好地完成自己的工作来实现全体的利益，就像身为贵族的柏 156
拉图在《理想国篇》中描绘的那个由少数智识过人者领导的权威国家所要求的。新运动本可以对民众的生活和劳动方式表示认同，指出工作不会令人蒙羞，而是每个人的公民身份的唯一基础。然而，尽管这个重要的社会事实得到了承认，真正的发展过程却完全不是这样。

最终促成了人们普遍政治化的是这样的新要求，即所有个体应该积极参与城邦事务和公共生活，并意识到自己作为公民的义务，后者完全不

① 希腊语单词ἰδιώτης（个人）是πολίτης（公民）的反义词，尽管同一个体既属于自己（ἴδια），也是政治群体的一部分（δημόσια）。当ἰδιώτης被拿来与真正的政治家（πολιτικός）或者任何将生命投入到某种公共服务的人（δημιουργός，如工匠）比较时，这种反差会更加明显。在这层意义上，ἰδιώτης表示局外人。在柏拉图的语言中（如《理想国篇》），ἰδιώτης表示对公众观点和生活没有影响的个人。但早在比《理想国篇》早了一个世纪的赫拉克利特那里，我们就已经可以看到人类生活的公共元素（ξυνόν=κοινόν）与私人或个人元素（ἴδιον ）的区别；见Diels，*Vorsokratiker*，第一卷，赫拉克利特残篇2。

② 见本书第77页起。

同于他们在个人职业中的责任。这种“普遍的”政治能力曾经只属于贵族。他们从远古时代开始就行使着这种力量，因此拥有了无与伦比和至今仍不可或缺的技能。如果新城邦正确地理解自己的利益，它就无法否定这种德性，而是必须避免其被私利和不义滥用。至少在修昔底德笔下，伯里克利表达了这种理想。[①]就这样，无论在自由的伊奥尼亚还是严苛的斯巴达，政治教育都与这种古老的贵族教育联系起来，即涵盖整个人及其能力的德性理想。赫西俄德的工作伦理并未失去其合理性，但城邦公民的最高目标正是福伊尼克斯对阿喀琉斯的教诲：成为会发议论的演说家，会做事情的行动者。[②]至少崛起的公民阶层的领袖人物必须做到这点，而大众也必须在某种程度上接受这种德性思想。

上述发展的成果特别显著。我们还记得，技术职业能力与政治教育之关系的问题后来被苏格拉底用来引出其对民主的批评。对于身为石匠之
157 子和普通劳动者一员的苏格拉底来说，鞋匠、裁缝和木匠的正当手艺需要特殊的知识，而政治家只需要内容相当不明确的普遍教育，尽管他们的“手艺”重要得多，这是一种令人不安的悖论。[③]显然，只有当出现这样不言自明的前提，即政治德性必须被视作某种能力和知识时，上面的问题才会被提出。[④]从这点来看，缺乏专业知识正是民主的本性。[⑤]不过，对于最古老的希腊城邦来说，政治德性还完全不是重要的思想问题。我们已经描绘过当时的人对公民美德的理解。随着新的法治城邦建立，公民的真正美德在于不论等级和出身自愿全体服从于新的法律权威。[⑥]在这种更古老的政治德性概念中，精神仍然比思想重要得多。守法和纪律要比普通人对城邦的治理和目标了解多少的问题更加重要。没有人关心后一种意义上的协作。

对于公民来说，最古老的城邦是生活中全部理想基础的保障。

---

① 修昔底德，2.37。

② 在新的政治秩序下，希腊语单词kaloskagathos被越来越多地用于表示那种古老理想。它无疑源于贵族，但逐渐扩张，成为每位向往更高文化的公民的理想，最终仅仅表示“公民美德”。

③ 见本书第三卷，第556页起。

④ 见本书第297页起。

⑤ 见本书第三卷，第557页起。

⑥ 参见本书第114页。

πολιτεύσθαι表示参与公共活动，也表示单纯的“生活”，因为两者是一回事。[①]此后，城邦再也没有在更高的程度上与人的地位和价值等同起来。亚里士多德称人为“政治动物”，通过建立国家的能力把他们和动物区分开来。[②]我们只有通过早期希腊的城邦文化的生活结构来理解这种将人类存在等同于国家的观点，该文化把集体存在视作一切崇高生活的典范，甚至带有神圣意味。在《法律篇》中，柏拉图按照这种早期希腊的模板创造了一个法律的宇宙，城邦在其中就是精神本身，所有的精神活动都以城邦为目标。与商人、小商贩和船主等从业者的专业知识相反，他在其中将一 158
切真正教育或教化的本质描绘成“德性的教育，让人们充满成为完美城邦公民的动力和愿望，在正义的基础上懂得统治和被统治”。[③]

在这里，柏拉图忠实地再现了早期希腊城邦精神中的“普遍”教育的原始意义。他的教育概念吸纳了苏格拉底对于政治技艺的要求，但并不视其为一门特别的知识，就像手艺人的知识那样。柏拉图认为，真正的教育是“普遍的”，因为政治的意义就是普遍的意义。一边是现实的职业知识，一边是以整体人格为目标的理想政治教育，两者的对立最终可以追溯到早期希腊的贵族形象，就像我们之前指出的那样。但它更深刻的意义首先来自城邦文化，因为这种精神形式在城邦中被转移到其他公民身上，贵族教育成了塑造城邦成员的普遍形式。在关于人类普遍的、伦理-政治教育之“人性”理想的发展过程中，早期城邦是贵族教育之后最不可或缺的阶段，甚至可以说，上述理想正是城邦的真正历史使命。早期希腊城邦后来发展为由完全不同的力量主导的大众统治，[④]但这对上述教育的本质没有决定性的影响。经过所有必须的政治变化后，它保持了最初的贵族特点。我们不应该用个别领袖的天才或者对大众的用处来衡量它的价值，因

① 在《新约》希腊语中仍能找到πολιτεύσθαι表示“生活着”的例子，如《使徒行传》23：1和《腓立比书》1：27，ἀξίως τοῦ εὐαγγελίου τοῦ Χριστοῦ πολιτεύεσθε（“你们行事为人与基督的福音相称”）；仅仅表示“生活”的例子见《腓立比书》3：20，ἡμῶν γὰρ τὸ πολίτευμα ἐν οὐρανοῖς ὑπάρχει（“我们却是天上的国民”，即我们的生活存在于天上）。

② 亚里士多德，《政治学》，1. 2. 1253a3，“人生来是政治动物”（ὅτι ὁ ἄνθρωπος φύσει πολιτικὸν ζῷον）。

③ 柏拉图，《法律篇》，643e。参见本书第三卷，第993页。

④ 参见本书第三卷，第873页起，以及第1008页起。

为前者总是诞生于特殊条件下，而在传递给后者时，双方都将不可避免地
159 肤浅化。希腊人的良好理智始终让他们远离上述尝试。普遍政治德性的不可或缺源于不断创造新的统治阶层的必要性，若非如此，没有哪个民族和国家能够维持下去，无论它们的结构如何。

第7章

伊奥尼亚-埃奥利亚诗歌中的个人自我塑造

以所有人的正义为共同基础新建立起来的城邦创造了公民这种新的 160
人类类型，并使得为公民生活创造普适准则成了新集体最紧迫的必要任务。不过，虽说早期希腊贵族社会的理想在荷马史诗中得到了客观的表达，而赫西俄德和堤耳泰俄斯分别用他们的诗歌为农民生活经历与工作伦理的朴素智慧，以及斯巴达城邦精神的严苛要求创造了永恒的形象，但我们暂时还无法在同时代的诗作中找到相应的对城邦新理念的完整表达。无论城邦文化多么乐意吸纳早前的文化（就像我们看到的那样），让作为后者理想自我表达手段的崇高诗歌为自己所用（就像古老贵族时代的音乐和竞技那样），它仍然没有创作出能与已经成为经典的前人作品一较高下的诗作，并在其中表现自己特别的本质内容。在这里值得一提的只有以传统史诗风格写成的建邦歌，但在此类艺术产物仍然罕见的早期希腊城邦文化时代，没有哪首作品达到了真正的城邦史诗的高度，就像罗马人维吉尔在该体裁最后和最伟大的作品《埃涅阿斯记》中所实现的。[①]

新城邦精神的真正革命性表达首先出现在散文体作品中，而非采用 161
诗歌形式。因为成文法正是采用散文体。人类集体生活的这个新发展阶段

---

① 建邦（κτίσις）歌显然是史诗中较晚出现的一种形式，始于早期希腊城邦的时代，因为它们被用来赞颂相关城邦的神话或神话-历史起源。比如，科洛丰的色诺芬尼就写过一首科洛丰建邦歌（第欧根尼·拉尔修，《名哲言行录》，9.20），但当时他已经离开，该城也已失去了政治独立。他的《伊利亚建邦歌》（εἰς Ἐλέαν ἀποικισμός，第欧根尼·拉尔修，前揭书）描绘了其亲身经历的同时代事件，即南意大利殖民地伊利亚的建立。

的特点在于，围绕着严格合法的生活与行为之理想准则所展开的政治斗争，更加坚决地致力于通过清晰而普适的句子确立准则的规定。面对这种情感上如此强烈的道德要求，创造人类新的生动诗歌形象的想法最初完全被放弃。[①]法治城邦诞生于理性精神，因此在源头上与诗歌并无亲缘关系。荷马、卡里诺斯和堤耳泰俄斯似乎已经耗尽了城邦生活中有用的诗歌元素。伟大的诗歌注定无法表达公民日常生活的全部内容，而作为新一类崇高诗歌的源头，梭伦所描绘的城邦内部的英雄主义[②]并未出现在伊奥尼亚和埃奥利亚。

于是，诗歌远离一切政治，在人们最亲密的个人圈子里打开了新的经验世界，并在其中急切地加深自己。伊奥尼亚的哀歌和短长体诗歌以及埃奥利亚的抒情诗把我们引入了这个世界。在城邦形式的变化中，我们对于个人生命意志之动力的感知更多间接来自其对集体生活的改造作用，而在这里却是直接来自其内部动人动机的表达。如果不了解这个精神过程，我们就缺少理解那场革命的最本质前提。就像大多数情况下一样，我们不清楚精神与物质在这里的因果关系，特别是因为完全缺乏那个时代经济状况的材料。不过，文化史更多关注新时代能够赋予人们的精神形象和在
162 进一步发展中留下的印迹。对于希腊乃至人类历史而言，这些伊奥尼亚的精神印迹绝对不可或缺。诗人们第一次用本人的名义表达了自己的感情和观点。集体存在仍然被他们完全置于背景中。即便在并不少见地涉及政治时，我们看到的也不是要求得到人们尊重的普遍准则，就像在赫西俄德、卡里诺斯、堤耳泰俄斯和梭伦的作品中那样，而是像阿尔开俄斯那样直白

---

① 在《会饮篇》(209d)中，柏拉图将早期希腊的立法者（吕库格斯、梭伦和其他许多为自己城邦撰写法律之人）与荷马和赫西俄德等人做了比较，并将前者的成就与后者的作品相提并论。此外，他还在《斐德若篇》(257e)中指出，政治家用散文体起草法律和法令，以便让它们流传后世。他把伟大的希腊和蛮族立法者描绘成“散文家”(λογογράφοι)，见《斐德若篇》，258c。显然，柏拉图把他们看作散文写作的鼻祖。政治家还是某种“诗人”(ποιητής)，人群是他们的舞台，追随者赞美(ἐπαινέται)他们，就像每位伟大诗人那样（《斐德若篇》258b）。类似地，柏拉图还认为自己的立法工作堪比伟大诗歌（《法律篇》811c，见本书第三卷，第1028页起）。《高尔吉亚篇》451b中，在公民大会上起草法令(psephismata)的政治家被称为编修者(συγγραφόμενοι)；散文家的法庭演讲（柏拉图，《欧绪德谟篇》272a）只是这种早期法律散文的另一形式。所谓的《摩西五经》(Thorah)不也是希伯来文学中最古老和重要的部分吗？在其他东方文学中也能找到类似的现象。

② 见本书关于梭伦的一章，第145页起。

地表达个人的派系热情，或者像阿尔喀洛科斯那样表达个人坚持自己的权利。甚至寓言中的动物在发生争执时也相互主张“它们的权利”，幽默地描摹了人类的情形。[①]不过，城邦及其社会结构一直是诗人们在这类新作品中公开表达自己思想的前提。不管自由还是受到束缚，个人都生活在上述结构中，有时人们对这种关系保持沉默，有时诗人们会明确地向同胞表达自己的观点，就像阿尔喀洛科斯一直做的那样。[②]

对于在此类诗歌中第一次以惊人的无拘束方式诞生的这种个体性而言，其最特别之处在于并非按照现代方式来表达，即作为完全内省的、专注于自身的自我感受（无论自我是否与世界有联系），作为纯粹感情的流露。也许这种具有现代意识的诗歌中的个性只是这门艺术回归了最初的自然形式，也就是个人感情的单纯自我表达，就像在截然不同的时代和民族中所见到的，而且无疑在最早的文化阶段就已经存在了。没有什么比下面的想法更愚蠢了，即希腊人把个人感受和思想带给了世界。相反，整个世界几乎完全被这种感受和思想占据。希腊人也不是最早或唯一赋予个体性以艺术形式的民族，让现代人深感认同的中国抒情诗就是让人印象特别深刻的例子。但这些作品也让我们看到了其与早期希腊个体性的本质区别。 163

即便在新近被征服的自我世界里，希腊诗人的思想和感情仍然与规则和要求保持着某种联系。我们将更准确地详细说明这点。很难在概念上认清阿尔喀洛科斯以及和他同一类型的人对个体性的独特理解，尽管我们早就熟悉了那个词。它肯定不是基督教兴起后的现代自我情感，即能够意识到自我价值的个体灵魂。希腊人始终把自我理解为同整个周遭世界，同自然和人类社会的活跃关系，而不是脱离它们和与之隔绝。与其说“自我”为表达这种个体性采用了绝对的主观方式，不如说在阿尔喀洛科斯等人的诗歌中，个体“自我”学会了表达和在自身中表现整个物质世界及其法则。为了获得自由并让自我意识的运动得到活动空间，个体希腊人没有简单地放纵主体，而是使其在精神上客体化。通过将外在法则变成与自己

① 阿尔喀洛科斯，残篇94（Diehl）。

② 参见阿尔喀洛科斯，残篇7.1—2，9，52，54，60，64，85，88.4，109；上述段落都指涉同胞公民或城邦及其公共事务。

相对的世界，他们发现了所谓的自身内在法则。

上述过程对西方思想形式的历史产生了直接的影响，现在让我们来看几个具体的例子。在卡里诺斯和堤耳泰俄斯哀歌的诞生中，我们已经看到了类似的过程。但在前文中，我们着重于对文化史来说值得思考的事实，即斯巴达的城邦理想如何形成自己的诗歌形象，将荷马的劝诫（鼓励英雄们勇敢作战）从史诗中直接转移到当下的现实中。[①]上述作品面向全体公民和斯巴达军队，而在阿尔喀洛科斯的作品中，同样的内容面向的是诗人自己。在他的哀歌中，诗人或他的身边人一再演绎了荷马式的角色、
164 命运和思考。通过这种形式和内容上的转置，我们非常清楚地看到当时的伟大教化过程（通过熟记荷马史诗）如何在个体人格上展开。同样的，个人的精神和生活状况登上更自由的台阶也要首先归功于荷马的塑造性影响。

当阿尔喀洛科斯自诩为“神明埃努阿里俄斯（Enyalios）[②]的仆人”，同时又熟悉“缪斯的可爱礼物”时，[③]我们习惯于认为，这番话中的决定性和新颖之处在于勇敢的自我意识，在于因为战士和诗人这种引人瞩目的双重职业而觉得自己理所当然是独一无二的。但我们必须记住，当诗人为真实的自我披上了荷马史诗表达方式的英雄外衣时，或者以雇佣兵为业的他骄傲地把对“优卑亚（Euboia）的统治者，著名的投枪手”的战斗称为“阿瑞斯引起的混乱”和“矛枪令人叹息不已的作为”时，这是一个自我精神塑造的过程。[④]他以荷马英雄的姿势靠在养活他的标枪上吃喝。[⑤]不过，这一切都来自一个并非贵族出身的人。史诗提供了他全部的生活、行为和思想风格。[⑥]

当然，他并不总是觉得自己胜任这种要求严格的角色。阿尔喀洛科斯的个性不仅表现为按照他从荷马那里接受的理想准则提升和塑造随机的

① 关于堤耳泰俄斯对荷马的模仿，见本书第95—96页；关于卡里诺斯的模仿，见第102页。
② 即战神阿瑞斯。——译注
③ 阿尔喀洛科斯，残篇1（Diehl）。
④ 残篇3。另请注意他所称呼的友人名字的史诗色彩：Κηρυκίδης，Αἰσιμίδης，Αἰσχυλίδης。
⑤ 残篇2。
⑥ 见克里提亚斯关于阿尔喀洛科斯家世的说法，他认为诗人的母亲是个奴隶（残篇44，Diels, *Vorsokratiker*，第二卷，1）。

自我。相反，这个自我还要与那种理想进行比较和衡量，用希腊人犀利而客观的目光找到两者不匹配的地方：一边是沉重的古老英雄盔甲，一边是自身不完善人性的颤抖双腿。这种自我认知从未摧毁阿尔喀洛科斯不可战胜的兴致，即使在无法实现的传统理想面前，他仍然将其变成了新的自我表达和幽默的自我肯定主题。荷马英雄会把失去盾牌视作丧失名誉，宁死 165
也不想遭受这样的耻辱。[①]而那位来自帕罗斯（Paros）的新时代英雄却在这点上做了决定性的保留，并确信能用笑声把一部分同时代人争取到自己这边。他写道："我不情愿地把完美无缺的盾牌留在了树丛边，有个萨伊人（Saier）[②]为此扬扬得意。但我自己逃脱了死亡的结局。就让那面盾牌丢了吧！我会给自己买面更好的。"[③]一边是清醒地认识到英雄也只有一条性命的新式自然主义幽默，一边是"完美无缺的盾牌"和"死亡的结局"这样高调而空洞的史诗套话，两者的有趣结合营造出不容置疑的喜剧效果。在这种效果的保护下，勇敢的逃兵写下了真正无耻的结尾，他的坦诚让人惊骇：我会给自己买面更好的！说到底，盾牌不就是一块包着发亮金属片的熟牛皮嘛！

将英雄主义转化成彻头彻尾的自然主义的做法看上去大胆得令人难以置信，但这在荷马史诗较晚近的部分中已经初露端倪。在《伊利亚特》最后一卷中，当阿喀琉斯把赫克托耳的尸体交给普利阿莫斯后，他邀请那位痛不欲生的父亲进餐，并举了尼俄柏（Niobe）的例子，因为后者无疑经历过最深的丧子之痛："即使当尼俄柏哭够时也会想起吃东西。"[④]我们都只是凡人。英雄气概也有限度。就像上面的自然悲剧，阿尔喀洛科斯的喜剧同样打破了严苛的英雄准则。不过，希腊人的思想仍然始终围绕着正确的准则，并因此发生分歧，有的认为准则要高于自然，有的则在理想 166
面前捍卫自然的权利。从上述表达中，我们看到骑士传统和阶级教诲的坚固锁链开始松脱，不再是雇佣兵的准则。当然，这距离道德思想的哲学革

① 甚至克里提亚斯（上条注释所引书）也把丢弃盾牌称作阿尔喀洛科斯所有可耻行为中最不堪的。在雅典，丢弃盾牌者（ῥίψασπις）将受到严惩并失去公民权。

② 来自色雷斯的部族。——译注

③ 阿尔喀洛科斯，残篇6b（Diehl）。

④ 《伊利亚特》，24. 602起。

命，距离“自然”被标榜为唯一真正的合理行为准则还有很长的路。[1]但从阿尔喀洛科斯洒脱地打破所有习惯礼节的束缚（在他的作品里处处表现出不加掩饰的坦诚）中已经可以看到这样的意识，即与受到习俗强烈束缚的人相比，他不仅更加放肆，而且更加自然和真诚。

在阿尔喀洛科斯的作品中，许多我们乍看之下属于纯粹主观主义的东西其实只是表达了对何为体面，何为有失体统的普遍新看法，反映了在这件事上对公众崇拜对象和传统力量的合理反叛。因此，它并非只是偷懒地规避传统准则，还是为新准则展开的严肃斗争。在最古老的社会秩序中，名声（Fama）是对人的最高判决。这种判决根本无法上诉。在对名声的极度尊敬上，荷马的贵族世界与赫西俄德的农民和手工业者道德不谋而合。[2]阿尔喀洛科斯则描绘了一个更自由的发展阶段，认为自己完全独立于民众对正义与不义、荣耀与耻辱的判决。“如果人因为他人的流言蜚语而烦恼，那么将没有人从生活中感到许多愉悦。”[3]诚然，人类爱偷懒的天性在这种解放中扮演了不容低估的角色，它的诞生清楚地表明了这点。
167 新的自由和自然性处处造成了某种懒散。不过，反对公众诽谤的力量不仅是贪图安逸，阿尔喀洛科斯的批评从原则上对其进行了最犀利的攻击。人们表示，城邦将让为其效劳之人的名字在死后仍被光荣地铭记——荷马以降的所有诗人都把这看作对功劳的可靠奖赏——但“这座城邦的人们死后得不到敬畏和光荣的记忆。我们活着时追逐生者的好处，死者的情况则总是很糟”。[4]另一个残篇更清楚地表明了这番话的意思。诗人想到了当不再需要害怕某人时，关于后者的可怕诽谤马上会从阴暗的藏身处露头。“嘲弄死者不高尚。”[5]当一个人像这样看透了舆论的心理并认清了大众的

① 关于智术师对“法律”和“自然”的区分，见本书第329页。

② 在荷马贵族的道德法则中，名声是奖赏，耻辱是惩罚。尊重民众的议论是城邦道德的一部分，影响着史诗中较晚近的部分，就像在《奥德赛》16.75、19.527和24.200。赫西俄德的《工作与时日》(763)甚至将传闻（Pheme）变成了女神。

③ 残篇9。

④ 残篇64（见下一条注释）。

⑤ 残篇65。必须将这句话与上一条注释提到的句子放在一起看待。阿尔喀洛科斯关于同胞对死者的嘲弄可耻的批评在各地的希腊人中无疑都非常有名。近来在弗基斯州（Phocis）泰忒洛尼翁（Teithronion）发现的一位名叫卡戎（Charon）的医生的古风时期诗体墓志铭证实了这点，见G. Klaffenbach in *Reise durch Mittelgriechenland und die Ionischen Inseln* (*Sitz,* （转下页）

低劣品质时，他就会失去对公众声音的无条件尊重。就像荷马所说，人的心绪会随着宙斯带来的不同时光而变。①阿尔喀洛科斯把荷马的教诲用到了自己所在的生活中。②我们能指望这种朝三暮四的生物表现得多么伟大呢？古老的贵族伦理把名声推崇为更高尚的力量，将其理解成伟大行为的荣誉和思想高贵者的圈子对其的欣然接受。但当被移植到喜欢诽谤的大众流言中时（他们用自己的渺小标准衡量一切伟人），理智变成了荒唐。因此，新的城邦精神成了避免公众批评者更加肆无忌惮之言行的必要解毒剂。

阿尔喀洛科斯并非偶然成为谴责诗（ψόγος）最早和最伟大的代表，
成为令人生畏的谴责者。③人们稍嫌唐突地认为，他的全部短长体诗（相 168
当一部分带有谴责内容）与他的个人性格特点有关。他们相信有理由对某些希腊诗歌（至少对于这类体裁）进行纯粹的心理解释，将其理解为创作者令人不快之个性的直接流露。④但他们没有看到，文学嘲讽诗在早期希腊城邦生活中的出现反映了以平民地位日益提高为特征的时代现象。短长

（接上页）*Berl. Akad.* 1935, p. 702)。铭文可以上溯到公元前6世纪早期，比阿尔喀洛科斯晚了略多于半个世纪的时间：Χαῖρε Χάρον · οὐδίς τυ κακός λέγει οὐδὲ θανόντα, πολὸς ἀνθρόπον λυσάμενος καμάτο。编者正确地指出，λυσάμενος 当为 λυσάμενον，这显然不过是石匠的疏忽。但更重要的是铭文对阿尔喀洛科斯残篇64和65的影射，Klaffenbach显然没有注意到这点。卡戎是阿尔喀洛科斯说法的例外：他即使在死后也没有受到批评，因为他把许多人从疾病中解脱出来。我们从赫拉克利特那里得知（残篇42，Diels），与荷马一样，阿尔喀洛科斯的诗歌也在希腊人的公共节日上被吟诵，上述新的铭文证明，早在公元前6世纪，他的名字已经传到了偏远的农业区弗基斯，那里显然不是文学文化的中心。[译按：耶格尔将铭文解读为"祝你快乐，卡戎，没人会说你坏话，哪怕你去世了，你解脱了许多人的痛苦"。后来有学者提出了完全不同的理解，主要理由包括：1. Χαῖρε这种致意方式在古风时期仅见于对象是活人、神明或英雄；2. 希腊的医生墓志铭大多明示他们的职业（iatros），或者使用关于医生的典故，如"孚波斯的苗裔"（Phoibou apo rizes），原因可能是医生职业受到尊重，如《伊利亚特》11. 514：一个医生抵得上许多人；3. 古希腊人有把死亡看作痛苦治愈者的传统，甚至有将死亡比作医生，如索福克勒斯：死亡是病痛最后的治愈者（*TrGF F* 698）。所以，铭文中的 Χάρον 并非医生，而是指那位冥河上的亡灵摆渡者，他在这里被视为死亡的代理人。这两句铭文由此被重新解读为："祝你快乐，卡戎，没人会说你坏话，哪怕他们死了，你解脱了许多人的痛苦。"按照新的解读，Klaffenbach将 λυσάμενος 改为 λυσάμενον 也并无必要。见Christiane Sourvinou-Inwood, *"Reading" Greek Death: To the End of the Classical Period,* Clarendon Press, 1996, pp. 362–412。亦见W. Peek, *Griechische Vers-Inschriften, I. Grab-Epigramme,* Berlin, 1955, p. 414。]

① 《奥德赛》，18. 136。

② 残篇68。

③ 金嘴狄翁，《雄辩家》，33. 12。

④ 见品达的批评，《皮同凯歌》，2. 55。

体诗原本被公开用于酒神节上，更多是倾吐公众的声音，而非发泄个人的私愤。足以说明问题的是，短长体诗后来在古希腊喜剧里最大程度地保留了自己的特性并得以延续，诗人在其中以公众批评代言人的身份闻名。这并不与另一个事实矛盾，即和阿尔喀洛科斯类似，诗人不仅是舆论的代言人，有时也是反对者。两者都和他们在公共生活中的职责有关。如果短长体诗真的只是描绘了要求得到所有人关注的放纵自我，那么就很难解释，从相同的根源还会发展出阿莫尔戈斯人西蒙尼德斯（Semonides von Amorgos）的短长体哲学教诲诗或者梭伦的政治指导诗。如果更仔细地观察，我们将注意到除了谴责和批判的内容，劝诫元素在阿尔喀洛科斯的短长体诗中也已经得到了充分发展，并显然与前者存在内在联系。

尽管我们在他的作品中找不到像史诗劝诫中那样的神话例证和模板，但可以找到另一种教诲形式：寓言。对于他的劝诫所来自的那个世界，寓言至关重要。猿猴和狐狸的故事以“我要给你们说个寓言”开始。[①]狐狸和老鹰的故事同样如此：“有个人类的寓言这样说……”[②]我们在阿尔喀洛
169 科斯的英雄风格哀歌中找不到寓言，它们只出现在短长体诗歌中。在赫西俄德的《工作与时日》中，我们已经指出，寓言是一种拥有古老传统的大众教诲形式。[③]这股劝诫之流显然被阿尔喀洛科斯引入到同样具有大众色彩的短长体诗。在另一个例子中，通过短长体形式和赫西俄德思想的结合，我们可以推断出嘲讽诗的原始形式，那就是阿莫尔戈斯的西蒙尼德斯（与阿尔喀洛科斯同时代，但艺术上远为逊色）对女性的责难。[④]赫西俄德的作品中多次出现厌女和个人生活传奇的动机，人们据此推断，诗人的痛苦经历在其中起到了重要影响。[⑤]但对女子乃至全体女性的嘲讽无疑属于公开场合下最古老的民间嘲讽。它们在西蒙尼德斯作品中的重现不只是对赫西俄德的乏味效仿，而是与真正古老的短长体诗有关，后者不仅是对不喜欢的个人的诋毁和公开谴责。无论是对个人的诋毁抑或对一整类人的嘲

① 残篇81。
② 残篇89。
③ 见本书第72页。
④ 西蒙尼德斯，残篇7；参见赫西俄德《神谱》590，《工作与时日》83、373。
⑤ E. Schwartz, *Sitz. Berl. Akad.* 1915, p. 144.

弄癖（比如懒惰而无用的女性，对应的相反例子也并非没有，只是不见于比阿里斯托芬更早的诗歌作品[①]）都能在古老的短长体诗中找到。

对于真正的大众谴责诗的实质，我们自然只能通过现有的经过改造和加工的文学作品小心地进行推测，但谴责诗最初无疑具有社会功能，而且至今仍清晰可辨。它既非我们所理解的道德谴责，也不是单纯地向无辜受害者发泄任性的私愤。我们对上述解释的理由是攻击具有公开性，后者是此类作品影响和存在的不言自明的前提。在口无遮拦的酒神节狂欢游行 170
上，骇人的真相可能传遍全城。这种自由经常有可能被滥用，但公众感知凭着正确的本能避免了这种现象。即使采用最美丽的形式，纯粹个人仇恨和愤怒的发泄又能有什么理想或艺术价值呢？几百年来，人们在所有的艺术竞赛上都把阿尔喀洛科斯与荷马并称为希腊人的教育者（就像赫拉克利特的话所证明的[②]），若非从他的诗歌中可以持续感受到与同时代人普遍意识的内在关系，人们肯定不会这样做。此外，他在短长体诗中还反复向同胞发出呼吁。卡图卢斯（Catull）和贺拉斯（Horaz）的短长体诗无情批判了自己时代令人不快的公共事件，即使在对可恨的个人进行嘲讽时，他们仍会至少诉诸理想的公众。对于我们根据阿尔喀洛科斯寥寥无几的残篇所确立的印象而言，上述作品是必要补充。[③]从短长体诗自阿尔喀洛科斯开始在早期希腊诗歌中的整个发展过程来看，我们毫不怀疑，当诗人对出于某种理由引起公众注意的人、判决和影响进行批判性分析时，他们并非作为无关紧要的个体一逞口舌之快，而是作为受到认可的优越者发表观点。

此类新型诗歌的强烈影响源于时代的更深刻要求。随之而来的是，希腊诗歌中第一次出现了与荷马史诗的崇高风格（在阿尔喀洛科斯的哀歌中仍能找到）迥然不同的元素。这种新的形式正是诗歌风格在向城邦精神 171

① 关于男性和女性的相互嘲讽，明确的例子有培林尼（Pellene）的地母节（保萨尼亚斯，7.27，10），以及阿纳斐（Anaphe）的阿波罗节（罗德岛的阿波罗尼俄斯，4.1726）。

② 赫拉克利特证明他们并不这么看待阿尔喀洛科斯，残篇42，Diels。

③ 不过，在模仿阿尔喀洛科斯的短长体诗时，卡利马科斯似乎没有选择这样的听众。新的短长体讽刺诗例子最近被发现。佛罗伦萨纸草的细心编者G. Vitelli和M. Norsa（*Atene e Roma*, Serie III, vol. 1）相信这首诗出自阿尔喀洛科斯本人之手，但从学者引用的阿尔喀洛科斯其他诗歌的片段，以及格律和语言的幽默辛辣来看，我觉得它只符合卡利马科斯。（另参见G. Pasquali, *Studi Italiani*, 1933）。我相信诗人还从柏拉图的《斐德若篇》借鉴了将灵魂比作一队奔马的意象，用于描绘奔放的激情（7起）。

致敬，对后者的强烈热情无法仅仅用关于荷马贵族教育的赞歌来表达。因为就像古人已经注意到的：人的“普遍天性”更需要来自谴责而非赞美的刺激。[①]阿尔喀洛科斯的举止方式表现出他确信自己能获得赞许，我们从中可以看到谴责者的身份带有多么强烈的大众色彩。他甚至敢于挑战城邦的最高权威，挑战将领和民众领袖，并总是事先确信自己的批评会得到满意的响应。[②]即使在他本人与尼俄布勒（Neobule）[③]的婚事中以及他对拒绝了女儿亲事的吕坎贝斯（Lykambes）的激烈羞辱中，我们也可以清楚地看到整个城邦都被视作旁观的公众。诗人身兼法官和起诉人。“吕坎贝斯老爹，谁让你失去了理智。你过去很有理智，现在却公然成了我们城邦所有人的笑柄。”[④]甚至在这里，谴责仍然采用了劝诫的形式。

当然，对私敌的嘲讽包含了不受限制地发泄主观感情的强烈企图。几十年前在纸莎草上发现的一段较长的短长体诗中（我们有理由认为它出自一位满腔仇恨者之手）[⑤]，这种力量得到了不受约束的释放，沉浸于描绘作者认为讨厌的敌人将要遭受的痛苦。作为宣扬贵族美德的教育性颂诗大师，品达表示：“我远远望见喜欢谴责他人的阿尔喀洛科斯陷入各种困窘，只靠通过谩骂发泄的仇恨而把自己喂肥。”[⑥]不过，即使那首纯粹的仇恨诗也是出于正当的仇恨（至少阿尔喀洛科斯认为如此），就像其令人印象深刻的结尾突然指出的：“我希望看到这些，因为作为曾经的朋友，他对我
172 做了不义之事，践踏了我们的誓言。”[⑦]在一句留存下来的诗中，说话人指责对方称：“你没有胆来点燃自己的肝！”[⑧]这句诗没有上下文，但表达了一种阿尔喀洛科斯无法忍受的性格，即没有能力产生正当的怒火。众所周

---

① 见第129页注释③。

② 残篇60。

③ Νεοβούλη在希腊语中的字面意思是“新的决定”，暗示该女子悔婚。——译注

④ 残篇88。

⑤ 残篇79。见R. Reitzenstein, *Sitz, Berl. Akad.* 1899, p. 857ff. and *Hermes* XXXV, 621ff.。关于对这首诗的更多评论，见Diehl, *Anthologia Lyrica Graeca*, Vol. I ad loc。

⑥ 品达，《皮同凯歌》，2. 55。

⑦ 残篇79，12起。类似的仇恨爆发见忒奥格尼斯349，“但愿我能喝他们的黑血”（τῶν εἴη μέλαν αἷμα πιεῖν）。

⑧ 参照贺拉斯《讽刺诗集》1. 9. 66（参见《颂诗集》1. 13. 4的类似段落），我自由地意译了诗中纯粹的解剖学形象（残篇96）。

知，后来的逍遥派也把这看作道德缺陷。[①]上面这句诗对理解阿尔喀洛科斯的全部仇恨诗大有帮助。就像那首关于虚伪朋友的仇恨诗结尾所表明的，它们给人留下了这样的印象：阿尔喀洛科斯的短长体诗包含了强烈的规范性元素。正因为意识到自己对谴责对象所用的标准不仅适用于个人，他才能够如此自由地走出自我。这解释了为何短长体能如此方便地从嘲讽诗移植到教诲和反思作品中。

现在让我们转向教诲和反思性作品。在这些揭示阿尔喀洛科斯世界观的诗歌中，我们再次发现了之前提起过的与荷马的关系。他告诫朋友在不幸中要刚强而耐心地坚持，或者建议他们一切听任神明。机运女神堤喀（Tyche）和命运女神摩伊拉（Moira）[②]给予了人们一切。[③]神明经常突然扶起已经躺倒在地的不幸者，也经常弄翻稳稳站立的人，让他们仰面跌倒。[④]在后来的希腊思想中，当谈到机运的力量时，我们还将常常见到这种说法。阿尔喀洛科斯的信仰根源是机运问题。他对神明的体验其实是对机运的体验。这种观点的内容乃至一部分措辞都来自荷马，但人类与命运的斗争从伟大的英雄世界转移到了当下的日常领域。斗争的舞台是诗人的 173
生活，他有意识地以史诗为模板，将自己描绘成痛苦的行动者，并用史诗世界观的内容填充自己的存在。[⑤]人类自我越是自由和有意识地学会掌控自己思想和行动的步伐，他们就越觉得自己与命运问题关系紧密。

从此，希腊人机运思想的发展始终与人类自由问题的发展保持同步。追求最高程度的自由意味着放弃许多机运对人们的馈赠。因此，我们并非偶然地在阿尔喀洛科斯的作品中第一次完全清楚地看到，内心自由的人被

---

① 见亚里士多德，残篇80（Rose）。证明亚里士多德持此观点的段落来自塞涅卡、菲洛德墨斯和西塞罗。当然，没有理由将其归于失传的对话《政治篇》（*Politikos*），就像Rose在*Aristoteles Pseudepigraphus*第114页所做的。

② τύχη来自动词τυγχάνω（偶然遇见），强调偶然性。它的人格化女神形象蒙着眼睛，造成的结果完全随机。μοῖρα来自μέιρομαι（取得应有的份额），强调事先注定。——译注

③ 残篇7和8。

④ 残篇58。

⑤ 一个典型的例子是："莱普蒂内斯之子格劳科斯，人的思想就像宙斯给予他们的时日那样。"（残篇68）古代修辞学家提奥（Theo）也在《预备练习》（*Progymnasmata, Rhet. Graec.*, I, 153w）中正确地指出，阿尔喀洛科斯在这句话中复述了荷马（《奥德赛》18. 136起）。另一个例子是：当他在承认失败的同时又表示灾祸女神曾把他之前的人也引上歧途时（残篇73），他似乎想到了史诗中的某些著名情节。

理解为能够自己选择某种生活方式。在一段关于正确“生活选择”的著名诗句中，说话者拒绝追求巨革斯（Gyges）的财富，拒绝起意僭越人与神的界限，拒绝觊觎僭主的权力。① “因为那些我看不上眼。”在诗人仅有的一首自言自语式的作品中，他解释了自己出于何种想法做了这个骄傲的决定。②这段希腊文学中最早的长篇独白源于将对他人的劝诫（就像在哀歌和短长体诗中常见的）转移到自己身上，从而让自己分裂为说话人以及进行着思考和打算的灵魂。③这在《奥德赛》中已有先例（“忍耐吧，我的心灵，你已经忍受过比这更糟的情况！”④），阿尔喀洛科斯在思想和情节上借鉴了前者。但让我们看看他把奥德修斯经常被人引用的话变成了什么。他呼唤自己鼓起勇气，从所陷身的绝望痛苦旋涡中浮出，勇敢地把胸膛迎向敌人，更自信地挺身自卫。“你既不要因为胜利而在世人面前炫耀，也
174 不要因为失败而在家中颓然悲伤，你要为值得高兴的事高兴，不要过多纠结于不幸，认识到哪种节奏约束着人类。”

催生这种自信精神的思考超越了直接来自生活的关于节制的纯粹实践建议，成为对全部人类存在中的“节奏”（Rhythmus）的普遍观点。⑤阿尔喀洛科斯以此为基础提出了自我克制的告诫，并警告不要把过多的感情投入到欢乐和痛苦中（他指的是来自外部和命运的幸运与不幸）。从这种意义上的“节奏”中，我们可以感受到伊奥尼亚自然哲学和历史思考的痕迹，后者最早开始客观地探究存在之自然运动中的规律性。希罗多德明确

---

① 残篇22。说话人不是诗人本人，而是表达了自己生活哲学的木匠喀戎（见亚里士多德，《修辞学》，3. 17. 1418b28）。

② 残篇67a。这首伟大诗歌保存于斯托巴依俄斯（Stobaeus）的《文选》里，但在我们的抄本传统中，该诗第三行显然有误。ἐν δοκοῖσιν ἐχθρῶν通常被理解为“在敌人的伏击下”。这种说法不无道理，但δοκός不太可能表示伏击。赫西基俄斯（Hesychius）将ἔνδοκος 注解成ἐνέδρα（伏击）的做法很可能源于这段话，但ἐνέδρα是否为名词ἔνδοκος的合适意思仍然存疑。赫西基俄斯的解读可能来自某处文本的边注，用ἐνέδρα解释的那个词被误植成了ΕΝΔΟΚΟΙΣΙΝ。荷马语言中表达伏击思想的正常方式是ΕΝΛΟΧΟΙΣΙΝ。我怀疑ἐν λόχοισιν ἐχθρῶν才是阿尔喀洛科斯的原话。

③ 这种人与自身灵魂的对话形式是后世独白作品的萌芽，如圣奥古斯丁的名作。柏拉图对灵魂和理性的区分让这种对话变得更加自然，因为它把个人分成了这两种元素。

④ 《奥德赛》，20. 18。

⑤ 为了方便考虑，我把阿尔喀洛科斯所用的伊奥尼亚方言词语ῥυσμός翻译成了我们的“节奏”（Rhythmus），后者来自阿提卡方言。

谈起过“人类事务的循环”，[①]他首先想到的是人类命运的沉浮。

但我们不应被沉浮的意象误导，以为阿尔喀洛科斯的“节奏”表示流动。在现代人看来，流动是节奏的自然效果，甚至常常以这个词源于“流动”（ῥέω）来支持自己的观点。[②]但上述说法不符合这个词发展历史上的清晰事实，后者表明，表示舞蹈动作和音乐的特定用法（我们吸收这个外来词时它的意义）是派生的，掩盖了其基本的意义。我们必须首先探究希腊人如何理解舞蹈和音乐的实质。就像在阿尔喀洛科斯的优美诗句中看到的，这个词的基本意义将让我们恍然大悟。“节奏”约束着人们[③]（我特意译作“约束”），这就排除了与流水相关的各种可能。让我们看一下埃斯库罗斯的普罗米修斯，后者被铁链绑得动弹不得，自言自语道：“我在此处被这种‘节奏’束缚着。”又如同样在埃斯库罗斯的笔下，薛西斯命 175
人用锁链束缚赫勒斯滂的流水，将那里的水道“变成另一种节奏”（即将其紧紧束缚，把它变成一座桥）。[④]这里的“节奏”正是表示对运动和流水设置界限和障碍，也是对阿尔喀洛科斯诗句的唯一合理解释。德谟克利特在谈到原子的节奏时也用到了这个真正的古老含义，他的“节奏”并非指原子的运动，而是表示它们的“形态”（Schema），就像亚里士多德所准确还原的。[⑤]古代的埃斯库罗斯注疏者同样正确解读了这个词。[⑥]显然，当希腊人提及建筑或雕像的节奏时，他们并非借用了音乐的形象。而是对运动的约束和严格限制。[⑦]

在阿尔喀洛科斯的作品中，我们看到了一种新的个人教化的奇迹。人类生活具有终极的天然而固定的基本与共有形式，教化就建立在对此类

---

① 希罗多德，1. 207（参见1. 5）。

② 这种词源学解释如此普遍，我无须给出具体出处。

③ 阿尔喀洛科斯的原话是（残篇67a，7）：γίνωσκε δ’ οἷος ῥυσμὸς ἀνθρώπους ἔχει.（知道哪种节奏约束着人们）。

④ 埃斯库罗斯，《被缚的普罗米修斯》241，ὧδ’ ἐρρύθμισμαι；《波斯人》747，πόρον μετερρύθμιζε。

⑤ 亚里士多德，《形而上学》，1. 4. 985b16。

⑥ 参见*Scholia in Aeschylum, ad Prom.* 241，ἐρρύθμισμαι被解释为ἐσταύρωμαι（围起栅栏）或ἐκτέταμαι（延展）。

⑦ 已故的伟大语言学家Wilhelm Schulze（很久以前，我曾把自己的材料和由此得出的结论呈送给他）非常乐意为ῥυθμός寻找更好的词源，而非像传统所认为的那样来自ῥέω，因为后者显然不符合事实。他认为ὀρθός（直的）可能来自同一词源。

形式的有意识认知之上。这预示着人们将有意识地把自己纳入上述形式，不需要纯粹传统的权威。人的思想掌控了自己的事务，就像在城邦集体生活中致力于将普适性的东西确定为法律，现在它又不满足于外在边界，试图进入人类内心领域，为混沌的激情设置固定的界限。在随后的几个世纪里，诗歌成了这种诉求的真正舞台，而哲学直到后来才作为次要选择加入进来。通过阿尔喀洛科斯的精神目标，我们可以清楚地看到荷马之后诗歌的道路。那个新时代的诗歌诞生于获得更多行动自由的人们的内心需求，他们越来越多地希望将人类的普遍问题与史诗的神话内容相剥离（后者直
176 到那时仍是这些问题的唯一载体）。在将史诗中的理念和问题名副其实地变成“自己的”过程中，诗人们利用哀歌和短长体诗等特殊的新诗歌体裁使之独立，并在个人生活中重塑了它们。

对于阿尔喀洛科斯之后一个半世纪的伊奥尼亚诗歌，我们有足够多的材料证明它们完全延续了这条道路，但没有人能在精神广度上比肩那位伟大的开拓者。在后世继续产生影响的首先是阿尔喀洛科斯的短长体诗和哀歌的反思形式。现存的阿莫尔戈斯人西蒙尼德斯的短长体诗带有明显的教诲色彩。在第一首中，诗人在讲话中明确提出将这种体裁用于教育①：“我的儿，宙斯掌握着一切事物的结局，随心所欲地安排它们，而人类没有理智。作为朝三暮四的生物，我们像草地上的野兽那样生活，不知道神明如何驱使各种事物走向结局。所有人都靠希望和自欺活着，向往不可实现的东西。年老、疾病以及战场上或海浪中的死亡在人实现目标前就夺走了他们的生命。另一些人则死于自杀。”与赫西俄德一样，西蒙尼德斯也抱怨说，各种不幸都没有放过人类。②无数带来不幸的恶灵，意想不到的折磨和痛苦降临到他们身边。“如果你愿意听从我，我们不应该爱自己的不幸——我们在赫西俄德那里也听到过类似的话③——也不要折磨自己，追求不可救药的痛苦。”

西蒙尼德斯这首短长体诗的结尾部分失传，但通过一首几乎相同主

① 西蒙尼德斯，残篇1。
② 赫西俄德，《工作与时日》，100。
③ 赫西俄德，《工作与时日》，58。另一处相似之处是残篇29和《工作与时日》40。

题的哀歌[①]，我们可以清楚地想见他对人类提出的建议。人类盲目追求不幸的原因在于，他们把希望寄托在没有终点的生命之上。“那个希俄斯人有过最美丽的句子：人类之族就像树叶之属。[②]但人类虽然听见了这话， 177
却没有把它放在心上。因为每个人的心中都怀有年轻时萌发的希望。只要他们仍然青春年少，凡人就想法轻率，计划做许多不可实现的事。没有人会想到年老和死亡，只要仍然健康，他们就不会担心病痛。蠢人们这样想，却不知凡人青春易逝和生命短暂。但你要意识到这点，鉴于生命终点就在眼前，要放纵你的灵魂享受欢愉。”在这里，青年似乎成了所有非分幻想和过头行为的源头，因为他们尚缺乏荷马式的智慧，想不到生命多么短暂。但诗人从中得出的结论却显得奇特而新颖，他鼓励人们适时享受生命的喜悦。在荷马的作品中找不到这些。[③]对于接受这种劝诫的人来说，英雄时代的崇高要求已经丧失了许多深刻的严肃性，于是他们从古代的教诲中选出了最符合自己对生命理解的内容。那就是对人类生命短暂的悲叹。当这种想法从英雄神话的世界转移到诗人所在的情感更加自然的时代，它催生的不是悲剧英雄主义，而是炽热的生命欲求。[④]

城邦的法律约束对公民生活越是严格，“政治生物”就越需要在私人生活领域放松自己来作为补充。这正是后来在葬礼演讲中描绘雅典政制的理想特征时，[⑤]伯里克利提到的自由的阿提卡人和受到过于严格束缚的斯巴达人的区别：“如果我们的邻居想要消遣，我们不会抱怨，也不会用愤

① 残篇29。Bergk把该诗归于阿莫尔戈斯的西蒙尼德斯名下，这是语文学研究中最确定无疑的成果之一：斯托巴依俄斯的《文选》把它归给了更著名的开俄斯人西蒙尼德斯。[译按：新的考古学证据否定了上述说法，斯托巴依俄斯的引文被发现与纸莎草上确定属于开俄斯人西蒙尼德斯的部分文本一致（*POxy*3965，残篇26）。M. L West将这段残篇编号为Simonides 19和20. 5—12，见E. L. Bowie, “Simonides”, *Brill's New Pauly, Encyclopaedia of the Ancient World,* H. Cancik & H. Schneider (edd.), Brill, 2008。]

② 这个例子很好地说明了抒情诗人如何改编荷马的思想和形式，见本书第125—126页的讨论。另见第126页注释①和133页注释⑤。

③ 荷马史诗中，当阿喀琉斯意识到他的生命将比其他凡人短暂时，他的结论并非自己应该更纵情地享受生活的快乐，而是把荣誉视作生活对他英勇牺牲的唯一补偿。

④ 在ψυχῇ τῶν ἀγαθῶν τλῆθι χαριζόμενος（要放纵你的灵魂享受欢愉）这句话中（西蒙尼德斯，残篇29. 13）[译按：当为Simonides，20. 12。见本页注释①]，ψυχή的用法非常有趣，它显然表示个人的灵魂及其欲望。类似的用法见色诺芬，《小居鲁士的教育》1. 3. 18：小居鲁士的母亲告诉儿子，他父亲是个自由的波斯人，习惯于遵循法律而非本人的“灵魂”。

⑤ 修昔底德，2. 37. 2。

178 怒的表情作为惩罚。”这种行动自由是约束一切的城邦法律留给个人生命本能的必要活动空间。当时的大众扩张自身存在空间的欲望表现为个人更有意识地向往生活享受，这完全是人之常情。它并非真正的个人主义，与超越个人的力量并不冲突。[①]但在那种力量的控制范围内，可以感觉到个人对幸福的需求有了拓宽和扩张。后者在生命天平秤盘上的分量变得比以往都重。在伯里克利时代的阿提卡文化中，这两个生活空间的分界得到了城邦和公众的认可，但为了这种认可首先必须经历一场斗争。而伊奥尼亚已经迈出了这一步。在那里第一次出现了享乐诗歌，它们热烈而迫切地宣示着向往感官幸福与美的正当性，批评缺乏这些财富的生活没有价值。

与阿莫尔戈斯的西蒙尼德斯类似，科洛丰的弥涅摩斯（Mimnermos von Kolophon）也在自己的哀歌中以劝导人们充分享受生活的形象出现。在阿尔喀洛科斯的作品中，这种观点只是作为强烈自然情感的偶然爆发和个人的瞬间情绪。但在他的两位继承者那里，这却成了终极的生活智慧。他们将之看作对所有人的要求和生活理想，希望引导人们走向那种理想。没有金发的阿弗洛狄忒就没有生活和享受！弥涅摩斯疾呼，如果无法再享受到那种快乐，我宁愿去死。[②]不过，没有什么比把弥涅摩斯这样的诗人描绘成堕落的享乐者更加错误了（我们对西蒙尼德斯所知太少，无法全面描绘他的性格）。他的诗歌中清晰回荡着政治和战争的声音，通过独特和具有强烈张力的荷马式诗句展现了骑士传统和观念。[③]但这些诗歌的新颖
179 之处和对人类教化的重要性在于，它们包含了个人的生活享受。人类依赖命运和“宙斯的赐予”，[④]只能接受时运的安排，这让他们越来越痛苦。与之类似，在荷马之后的诗歌中，对生命短暂和感官享受稍纵即逝的哀叹也大大增加，人们愈发从个人生活权利的角度出发看待一切事物。当人们越来越多地向自然需求打开大门，当他们越来越愿意沉浸于自己的享受时，

---

① 只有当快乐成为人类生活和行为的基本标准时，它才会与超越个人的准则发生冲突。这种情况直到智术师的时代才会出现，见本书第139页。

② 弥涅摩斯，残篇1（Diehl）。

③ 残篇12—14。

④ 人类生活中注定的一切都来自宙斯和诸神，他们的礼物必须被接受。见阿尔喀洛科斯，残篇8.58，8.68；西蒙尼德斯，残篇1.1起；梭伦，残篇1.64；忒奥格尼斯，134、142、157等。

他们也将越来越心灰意冷。死亡、年老、疾病、不幸和其他潜伏在他们周围一切[①]扩张为巨大的威胁，即使试图通过当下的享受逃避它们，人们仍然会坐立不安。

从思想史角度来看，享乐诗是希腊发展过程中最重要的转折点之一。我们只需记住，希腊思想总是将伦理和城邦结构中的个人问题描绘成快乐（ἡδύ）动机试图战胜高贵（καλόν）动机。这两种人类一切活动的本能力量在智术师那里爆发了公开冲突，[②]而柏拉图哲学的高潮在于挫败享乐成为人类生命最高之善的要求。[③]为了把这种矛盾推向高峰（就像在公元前5世纪所发生的），为了克服它（就像从苏格拉底到柏拉图的阿提卡哲学家所致力的），为了最终引导它走向和谐（就像亚里士多德关于人类性格之理想所要求的[④]），向往充分的生活乐趣和有意识享受的人类愿望（与高贵的要求相对立，就像在史诗和古老哀歌所展现的）必须首先在某种基本形式中得到肯定。从阿尔喀洛科斯以降的伊奥尼亚诗歌实现了这点。在这些诗歌中所上演的思想发展的效果无疑是离心式的。法治的确立巩固了城 180
邦的社会结构，而它所释放的力量则恰好相反，两者至少一样强大。

公开表达和认可上述要求需要教诲性质的反思形式，阿尔喀洛科斯之后的哀歌与短长体诗是当仁不让的选择。在这些作品中，享乐并非作为个人生活中的偶然情绪出现，而是被诗人确立为个人享受生活之“权利”的普遍原则。西蒙尼德斯和弥涅摩斯的读者会渐渐回想起，那个时代正是关于自然的理性思考开始和米利都派自然哲学兴起之时。这种思想没有在人类生活的问题面前止步，就像传统哲学史的描绘给人留下的印象，即该时期的思考大多局限于宇宙。[⑤]此类思想利用了一直作为伦理理念载体的

① 参见弥涅摩斯，残篇2、5和6。

② 参见本书第330—331页。

③ 参见本书第三卷，第562—565、589—590、793—797页。

④ 亚里士多德对ἡδονή（享乐）在人格培养中地位以及它与德性的关系做出了决定性陈述，见《尼各马可伦理学》，10.1—5和7。

⑤ 出于似乎很难克服的传统，大部分关于希腊哲学史的书籍并不重视较早几个世纪里的道德、政治或宗教诗歌，而是只关注自然或存在主题的诗歌，比如巴门尼德和恩培多克勒的。一个著名的例外是L. Robin, *La pensée grecque* (in *L' Evolution de l' humanité,* ed. by Henri Berr)。另见Max Wundt, *Geschichte der Griechischen Ethik*, vol. I。作者正确地把希腊诗歌视作伦理学在较早时代的主要素材之一。

诗歌，并注入了自己的精神。诗人在听众面前扮演着生活哲学家的角色。西蒙尼德斯留存下来的诗歌不再是冲动的自我表达，就像阿尔喀洛科斯的作品那样（有时也会变成反思形式），而是关于特定主题的教诲演讲。尽管弥涅摩斯是个远比西蒙尼德斯出色的艺术家，但他留存下来的大部分残篇同样带有思考特征。因此，在从英雄主题过渡到个人主题后，诗歌保留了教育立场。

公元前7世纪和公元前6世纪之交，当阿尔喀洛科斯之后的伊奥尼亚诗歌采取探讨人类自然生活权利的普遍反思形式时，累斯博斯人萨福和阿尔开俄斯的埃奥利亚抒情诗却表现了个人的内心生活。与这种在希腊人精神生活中的独一无二现象最接近的是阿尔喀洛科斯的自我表达形式，后者不仅表达了普遍的思想，而且描绘了带有个体情感色彩的真正个人经历。
181 事实上，阿尔喀洛科斯是埃奥利亚抒情诗无法抹杀的先驱，但即使在他如此热烈地发泄自己主观感受的仇恨诗中，伦理思想的普遍准则仍然得到遵循。埃奥利亚抒情诗则更进一步，成为感情的纯粹表达，特别是萨福的作品。不可否认，正是通过阿尔喀洛科斯，个人世界才获得了重要地位并被赋予了丰富的表达可能性，为心灵的最隐秘悸动提供了自由的抒发渠道。通过阿尔喀洛科斯，看似完全主观和无形的东西获得了确定的普适形象。萨福从中获得了令人惊叹的能力，让最个人的东西上升为永恒的人性，同时又不失去直接经历的魅力。

比起同时代的小亚细亚希腊人创造的哲学或法制，埃奥利亚抒情诗中人类内心自我塑造的奇迹毫不逊色。但认清这种奇迹并不意味着对这类希腊诗歌与外部环境的密切联系视而不见。就像阿尔喀洛科斯令人血脉偾张的诗句完全立足于他周遭的世界，阿尔开俄斯和萨福的作品（来自过去几十年间挖掘出的大量各式残篇）也全部与外部生活的动机相联系，而且是为某个圈子的人所写。因此，此类诗歌首先与传统联系在一起，而我们已经学会了更清晰地从中辨识出这种传统，就像在品达作品中那样。不过在我们看来，阿尔开俄斯的饮酒歌（与男性会饮密切相关）以及萨福的婚歌与情歌（与围绕在女诗人周围的有才艺年轻女伴密切相关）具有更加深刻和积极的意义。

会饮以无拘无束的交流和崇高精神传统为特点，对于男性世界来说，这是自由表达新的个人行为和自我举止的主要方式。[①]因此，会饮诗汇聚 182 成的浩瀚之河成了男子个性的主要载体，它发端于多个源头，最后化作最强烈的心灵激荡。现存的阿尔开俄斯饮酒歌残篇描绘了丰富的画面，各种形式的情感表达和有思想的观察都被包括其中。[②]很大一部分作品表达了激烈的、充满阿尔喀洛科斯式仇恨的政治观点，比如对被刺杀的僭主密尔昔洛斯（Myrsilos）的疯狂爆发。[③]情色内容经常出现在亲友的圈子里，迫使人的内心卸下隐秘的重负。通过来自深远传统的友人建议，可以想见这种人际关系对于维系脆弱的个人存在变得越来越有价值。与自然相联系的情绪（我们已经在阿尔喀洛科斯的作品中看到雏形[④]）让这些人眼中的自然不再是客观所见或所享的画面，就像荷马史诗中的牧人在孤寂的夜晚置身高山之上仰视空中的灿烂星光。[⑤]相反，环境和季节的变化，从光明到黑暗，从静谧到风暴，从冬天的僵冷到生机洋溢的春风，这些都成了人们心灵活动的写照和情绪表达的基础。对世事和命运的虔诚、积极或消极的观察以全新的方式同哲学狂欢的情调联系起来，以酒神的陶醉消解了一切个人生活中的忧虑。因此，这些抒情诗中的个人基调并没有否定与人类集体的关系，但集体仅限于允许个人自我表达的圈子。除了饮酒诗，还有颂诗和祷歌等用于宗教崇拜的体裁，但它们只是诗歌中用到的人类自我表达的另一种原始形式。在祷歌中，人类作为失去掩饰的自我单独面对原始状态的存在。祈祷者面对的“你”是看不见的神明，他的祈祷越来越多地成 183 为表达自己思想和在没有人类听众的情况下倾诉自己情感的工具。萨福的祷歌是最优美的范例。[⑥]

仿佛希腊精神需要这位女性来迈出新的内心主观情感世界的最后一

① 关于古希腊会饮的重要性，见本书第一卷，第184页；第三卷，第623页和633页起，第991页起。

② 关于早期希腊诗歌与会饮的关系，见R. Reitzenstein, *Epigramm und Skolion* (1893)。

③ 阿尔开俄斯和他的兄弟安提美尼达斯（Antimenidas）都是米蒂利尼贵族派的领军人物，反对僭主密尔昔洛斯和仲裁者（aisymnetes）庇达科斯。参见亚里士多德，《政治学》，3. 14. 1285a37。

④ 阿尔开俄斯，残篇30。参见阿尔喀洛科斯，残篇56。

⑤ 《伊利亚特》，8. 555—559。

⑥ 萨福作品中应用祈祷形式的最精彩例子是残篇1，对象为阿芙洛迪忒。另见梭伦残篇1，向缪斯的祈祷被用来表达个人对神明和世界的想法。在后来的希腊悲剧中，祈祷成了歌队表达情感的常用方式。

步。希腊人根据柏拉图的说法把萨福尊称为第十位缪斯，他们一定看到了某种特别伟大之处。女诗人在希腊并不鲜见，但没有哪个同行能与萨福相提并论，她始终是独一无二的。与阿尔开俄斯诗歌的丰富内容相比，萨福的抒情诗显得题材狭窄。它们描绘了她周围的女性，而且仅仅是诗人在她的女孩圈子里的集体生活这一个方面。在希腊诗歌中和所有时代的诗人笔下，女性最常见的形象是母亲以及男性的情人和配偶，因为她们以这些形象生活在男性的幻想中。不过，只有当某个女孩进入或离开她的圈子时，此类形象才会偶尔出现在萨福的诗歌中。对萨福来说，它们并非诗歌灵感的对象。开始脱离母亲的少女加入她的圈子。在未婚女性的庇护下（她的生活就像女祭司那样完全献给了缪斯），她们在轮舞、游戏和歌唱中接受了美的圣礼。

希腊的诗歌与教育从未像在这些多才多艺的女性中那样融为一体，她们的精神边界很少与萨福本人抒情诗的范围重合，而是包含了过去全部的美。萨福在自己的诗歌中将男性英雄精神的传统与女性灵魂的热烈和伟大结合起来，这些作品回荡着她周围情投意合的集体的独特兴奋。那是一种居于娘家和夫家之间的理想过渡状态，我们只能将其理解为培养最高贵
184 女性灵魂的教育。萨福圈子的存在是她把诗歌理解成教育手段的前提，这对她那个时代的希腊人来说不言自明。但这个圈子的新颖和伟大之处在于，那里的女性渴望进入世界，作为女性在其中占有一席之地，并征服属于她们自己的部分。这是名副其实的征服，因为女性现在可以为缪斯服务，而且这种元素融入了她们的个人成长过程。这种本质上的融合是对人真正意义上的塑造，但它离不开能够为灵魂解脱束缚的情欲力量，而柏拉图式与萨福式情欲的相似也自然而然地呈现在我们面前。在相关的诗歌作品中，女性化的情欲以温柔的芬芳和柔美的色彩令人着迷，但它有能力让人与人之间建立真正的联系。因此它不可能是情绪化的，而是必然让被它充满的灵魂与更崇高的第三者相结合。它存在于游戏与舞蹈的感官之美中，体现在作为女伴榜样的崇高形象中。萨福抒情诗的高潮是对尚未打开心扉的少女的热烈追求，是与不得不离开圈子的亲爱女友的告别（后者将回到家乡或者追随渴望娶她为妻的男子，这在当时无关爱情），或者是对

被夺走的女伴的热切思念（后者身处远方，在夜晚的寂静花园中徘徊，失去萨福的她徒劳地呼唤着前者的名字）。

现代人完全没有必要也不适合为这种情欲的本质寻找无法证实的心理解释，或者反过来对这种污蔑义愤填膺，指出萨福圈子的情感完全对应着基督教市民阶层的道德。[①]萨福的诗歌把情欲的影响描绘成打破内心平衡的热情，对感官和灵魂的控制同样有力。我们更关心的并非确定萨福式情欲中是否存在感官方面，而是其中的强烈情感，后者通过自身能够感染人们全部身心的力量而得以释放。没有哪位男性希腊诗人的情诗能在灵魂 185
的深度上接近她的作品。男性将精神和感官视作两个极端，这导致情欲直到后来才被赋予了可以深入灵魂和充满整个生命的意义。

有人把这种男性情感的变化称为希腊化时期的女性化，但在希腊历史的早期，只有女性才能如此彻底地投入感官和心灵，也就是在我们看来唯一配得上爱情之名的状态。爱情体验是女性生活的中心，只有她们才能凭着自己未被割裂的全部天性理解它。由于当时的人们对婚姻爱情的概念仍然陌生，女性很难在与男性的关系中获得爱情体验。反过来，诗歌中最超凡脱俗的男性爱情也并非发生在男女之间，而是采用柏拉图式情欲的形式。一边是柏拉图式灵魂对理念的热切向往（形而上学的超感官性是这种情欲的秘密），一边是萨福永远贴近感官的情感，用后者牵强地解释前者犯了时代错误。但她感到灵魂也深受震动，这与柏拉图不谋而合。从中产生的剧烈痛苦不仅让萨福的诗歌具有了迷人悲伤的柔美，还赋予了其真正人类悲剧的高贵。

通过描绘萨福与美男子法翁（Phaon）的不幸爱情，刻画萨福形象的早期传说解释了藏有她个人和感情世界的谜语，把从白崖岛（Leukadia）的悬崖上跳下作为她的悲剧象征。但男性始终远离她的世界，最多只是作为某个她心爱姑娘的求婚者站在那个世界的出口，被异样的眼光打量着。他坐在心上人面前，偷听她可爱的声音和令人思慕的欢笑，享受着神一般

① 比如，Welcker为萨福的著名辩护得到了Wilamowitz的响应，见*Sappho und Simonides* (Berlin, 1913), 71ff.。Wilamowitz把满腔怒火对准了P. Louys, *Les Chansons de Bilitis* (Paris, 1895)，但他似乎太高看这部作品了。

的幸福。但当萨福描绘这些时，她想起的是自己在这些可爱生命身旁的感
186 受。这些音容笑貌让她胸中的心因为激动而停止跳动。“只要见到你，我的口中就再发不出声音，我的舌头折断，纤细的火苗在我皮肤下燃烧，我眼前发黑，耳中嗡嗡作响，汗如雨下，全身战栗，比小草更苍白，看上去几乎像个死人。”①

萨福最高超的技艺在于她所描绘的内心体验既有民歌般的自然淳朴，又有直接的感官真实性。直到歌德出现，西方艺术中有什么能与之相比呢？如果我们可以相信，这些诗歌是为她学生的婚礼而作，而且萨福在这种形式中运用了无与伦比的个人语言，那么就无须更多的例证说明，她如何把自身对风格和语言传统的最深刻感觉变成对个性的纯粹表达。似乎正是情节的简单让情感的最细微变化得以展现，并赋予了后者真正的意义。只有女性能够描绘这种个性，而且必须通过爱情赋予她的最伟大力量，这绝非偶然。萨福作为爱情力量的宣示者走进了男诗人的圈子。几十年前发现的一首颂诗的序曲堪称她独一无二职业的象征：“有人说，世间最美的是骑兵队伍，也有人认为是步兵，还有的认为是水兵。但我说，最美的是心所向往的钟情之物。”②

① 萨福，残篇 2（Diehl）。
② 残篇 27a。

第8章

梭伦与雅典政治教化的开始

作为希腊民族精神音乐会的最后一个参与者，阿提卡在公元前600年 187
左右加入进来，首先似乎只是好学地借鉴和改编他人的主旋律（特别是同宗的伊奥尼亚人），但很快就独立将它们编织成更崇高的整体，让它们服务于自己日益清晰和饱满的有力旋律。在一个世纪后的埃斯库罗斯悲剧中，阿提卡的力量达到顶峰。几乎可以说，我们从其作品中第一次领略了这种力量。对于整个公元前6世纪，我们只有不算太少的梭伦诗作残篇，它们得以保留也并非完全偶然。几百年间，梭伦一直是阿提卡文化大厦的支柱，只要那座大厦中还有阿提卡城邦和独立的精神生活。他的诗句不仅孩子们从小牢记，还在法庭上和公民集会中作为阿提卡公民精神的经典表达而被演讲者不断引用。[①]它们的活跃影响一直延续到阿提卡帝国的力量和统治终结。随着对往昔荣耀的怀念觉醒，新时代的历史和文法学者们着手保留昔日遗存。他们还把梭伦诗歌中的自白视作珍宝，认为其是具有很
高价值的历史文献，甚至我们在不太久之前也大多如此看待它们。[②] 188

让我们想象一下，如果失去了梭伦诗歌的全部痕迹，我们将陷入何

---

① 参见我的论文*Solons Eunomie* (*Sitz Berl. Akad.* 1926), 69–71；整篇论文提供了本章观点的基础。

② Wilamowtiz按照亚里士多德本人在《雅典政制》（Ἀθηναίων πολιτεία）中的精神解读了梭伦的诗歌，不仅将其视作雅典宪法史上一个重要阶段的首要档案，也把它看成那个时代领袖人物的个人表白，见*Aristoteles und Athen* (Berlin, 1893), II, 304。亦见I. Linforth, *Solon the Athenian* (Berkeley, 1919)。

种境地。没有了它们，我们将几乎无法理解悲剧时代的伟大阿提卡诗作乃至整个雅典精神生活最值得注意和最了不起的地方，那就是城邦思想完全渗入了一切精神成果。人们对全部个人精神作品维系和塑造集体的功能具有高度发达的意识，体现了城邦在公民生活中的统治地位，就像我们在斯巴达看到的那样。不过，尽管其生活方式拥有各种伟大和完美之处，但斯巴达的城邦传统缺乏自身的精神活力。随着时间的推移，它越来越清楚地显露出无法接受新的内容，渐渐流于僵化。[①]另一方面，伊奥尼亚城邦根据正义思想发明了新的社会结构组织原则，同时通过打破阶级特权让公民获得自由，为个体不受限制的发展创造了活动空间。[②]但它们向人性做了太多让步，无法发展出约束性的力量，让新崛起的丰富个人活力服务于集体的更高目标。一边是新创造的政治生活的法律秩序中所显现的教育力量，一边是伊奥尼亚诗人不受限制的思想和言论自由，仍然缺乏将两者联系起来的纽带。直到阿提卡文化出现，个人努力进取的力量和城邦集体的约束力量才实现了平衡。尽管阿提卡与伊奥尼亚存在各种内在的亲缘关系，并在精神和政治上从后者受益良多，但伊奥尼亚人活动自由的离心性
189 质和阿提卡人社会结构的向心力量间的根本区别仍然完全清晰可见。这解释了为何在希腊的教育和教化领域，举足轻重的人物最早出现在阿提卡的土地上。从梭伦到柏拉图、修昔底德和德摩斯梯尼，希腊政治文化的经典丰碑全部是阿提卡人的创造。他们只可能来自那里，因为在阿提卡，对集体生活需求的更强烈意识超过了其他一切精神形式，而且能够把它们与自身紧密结合。[③]

梭伦是阿提卡真正本质的第一位代表，也是其最杰出的创造者。因为虽然全体居民也可以通过先天的和谐精神气质完成不寻常之事，但想要获得更大发展，他们仍然非常需要在一开始就遇到有能力把这种气质具体

---

① 见本书关于斯巴达的一章，第一卷，第104页。

② 见本书关于法治城邦的一章，第一卷，第108页起。

③ 回顾促成这种结合的希腊（特别是阿提卡）精神发展是本书的主要任务之一。就政治生活的现实而言，这场发展的顶峰是修昔底德《伯罗奔尼撒战争史》中记录的伯里克利的葬礼演讲（本书第405页）。不过，我们甚至也能在柏拉图的哲学作品中看到这点，他试图在“理论上”（λόγῳ）建立一个理想国家，将理想秩序与个人从事自己工作时的更高水平精神自由结合起来。

化的人。政治史作品常常根据历史人物的有形成果评价他们，在评价梭伦时主要按照他立法的现实政治方面，即《摆脱负债法》(Seisachthie)。[①]但从希腊文化史的角度来看，最重要的是他作为本民族政治教育者的影响远远超过了他所在的时代，正是这种身份赋予了他在后世的持久意义。因此，我们关注的主要是他的诗人身份。作为诗人的他首先为我们揭示了其政治行为的动机，这些动机因为他伟大的伦理思想而远远超越了党派政治的层次。我们已经谈到过立法对教化新的政治之人的意义。[②]梭伦的诗歌是对其最形象的解释。它们对我们的特殊价值还在于，从中可以看到法律客观普遍性背后的立法者精神形象，向我们呈现了对希腊人来说如此鲜活的法律之教育力量。[③]

梭伦所诞生的旧阿提卡社会仍然一直带有地主贵族的特点，尽管后者当时在其他地方的统治已经部分瓦解或走向终点。作为将阿提卡对杀 190
人罪的规定法典化的第一步，变成"严刑峻法"代名词的德拉古法典[④]更多体现了对旧有状况的巩固，而非与传统的决裂。梭伦的法律也无意废止贵族统治本身。直到僭主庇西斯特拉托斯（Peisistratos）家族的统治垮台后，克勒斯特涅斯（Kleisthenes）的改革才强行清除了贵族统治。席卷周边的汹涌社会和政治浪潮在阿提卡的空旷海岸上折戟，对于想到后来的雅典及其永无止歇的创新欲求的人来说，这仿佛是个奇迹。但与一个世纪后不同，那时的当地居民还不是能够接触到各种外来影响的水手，就像柏拉图描绘的那样。[⑤]阿提卡仍然是纯粹的农业区。依附于土地的人们难以轻易移动，而是扎根在先人的宗教与习俗中。不过，我们不能认为下层民众对新的社会理念无动于衷。早在距梭伦一个世纪前，波俄提亚人赫西俄德就提出了自己的理念，[⑥]但那里的封建制度直到希腊民主实现繁荣前都没有被动摇。来自迟钝民众的要求和抱怨无法轻易转变成有意识的政治行

① 见亚里士多德，《雅典政制》，6. 13；普鲁塔克，《梭伦传》，15。
② 见本书第一卷，第116页起。
③ 见本书第三卷，第981页起。
④ 见亚里士多德，《雅典政制》，第4章；普鲁塔克，《梭伦传》，17。
⑤ 见柏拉图，《法律篇》，706b起。
⑥ 见本书第一卷，第66页起；第三卷，第1010页起。

动。这首先需要上层阶级的主流文化成为这种思想的温床，需要有贵族出于抱负或更深刻的想法来帮助民众和领导他们。爱马的贵族地主（就像我们在节日主题的古风时期瓶画上看到的，特别是他们在其他贵族的葬礼上驾驶自己的轻便马车）是与属于劳动者的农民对立的稳固力量。贵族和地主对穷人的自私阶级思想和傲慢封闭牢牢压制了被压迫民众的诉求，梭伦伟大的短长体诗令人动容地描绘了后者的各种绝望处境。[①]

阿提卡贵族的文化完全是伊奥尼亚式的，无论在艺术还是诗歌中，
191 外来口味和风格都占据主导。这种影响自然也延伸到生活方式和生活观；为了向民众感情让步，梭伦的立法禁止亚洲式的奢华和雇佣妇女哭丧，此类现象之前在贵族老爷的葬礼上司空见惯。[②]直到百年后的波斯战争造成了极端严峻的形势，伊奥尼亚模板对阿提卡人服装、发饰和生活方式的统治才最终被打破。[③]对于“亚该亚式奢华”（ἀρχαία χλιδή），从毁于波斯人之手的卫城发掘出来的雕塑重新向我们生动展现了其时髦而华丽的矫揉造作。而柏林博物馆的女神立像充分代表了梭伦时代的旧阿提卡贵族女性的高傲和等级意识。诚然，伊奥尼亚文化对希腊本土的全面渗透肯定也带来许多被认为有害的新东西。但这无法阻止我们看到，直到伊奥尼亚的精神滋养了阿提卡人的本性，追求自身精神形式的愿望才在古风时期的阿提卡觉醒。尤其是由经济上处于弱势地位的民众发起的政治运动，如果没有东方伊奥尼亚人的激励，这将无法想象。在作为这场运动杰出领袖的梭伦身上，阿提卡和伊奥尼亚元素密不可分。关于这个影响深远的历史教化过程，除了后世的少量历史回忆或者当时阿提卡艺术的遗存，梭伦是我们对那个时代的经典见证。他的哀歌和短长体诗等诗歌形式源于伊奥尼亚。梭伦为科洛丰的弥涅摩斯所写的诗明确证实了他与同时代伊奥尼亚诗歌的密切关系。[④]他的诗歌语言是混合了阿提卡形式的伊奥尼亚方言，因为当时的阿提卡方言本身尚无法满足崇高诗歌的要求。梭伦诗歌的一部分思想财
192 富也是伊奥尼亚的，本土和外来元素在这里交汇成伟大新思想的表达，所

① 梭伦，残篇24（Diehl）。
② 普鲁塔克，《梭伦传》，21。
③ 参见修昔底德，1.6。
④ 梭伦，残篇22。另见忆及弥涅摩斯的残篇20。

借鉴的伊奥尼亚形式给予了他内在的自由和并非全不费力的表达技巧。

在政治诗歌中①——创作时间跨越了半个世纪，从立法之前一直到庇西斯特拉托斯准备开始僭主统治和征服萨拉米斯岛②——梭伦一举重现了赫西俄德与堤耳泰俄斯作品中的伟大教育力量。他对同胞的讲话（那是他固定的表述形式）来自一颗受到集体责任感强烈触动的心。从阿尔喀洛科斯到弥涅摩斯的伊奥尼亚诗歌中都找不到这种基调，只有卡里努斯例外，此人在战争降临的时刻曾号召以弗所同胞表现出爱国心和荣誉感。③但梭伦的政治诗歌并非诞生于这种荷马式的英雄精神，而是从一种全新的激情中奔涌而出。每个真正意义上的新时代都为诗歌打开了人类灵魂的新泉源。

在那个因为尽可能多地争夺世界财富而导致社会和经济发生剧变的时代，我们看到正义理念如何为人们彷徨无措的思想提供了可靠的支撑。在与贪婪兄弟的斗争中，赫西俄德第一个向被他视为神明的正义寻求保护。他称赞正义能保护大家免遭狂妄造成的不幸，并在自己的信仰中将其安排在最高神明宙斯的宝座旁。④他用虔诚幻想中的各种可怕现实描绘了不义者带来的诅咒，个人的过错将殃及整个城邦：歉收、饥荒、瘟疫、流产、战争和死亡。相反，正义的城邦则沐浴在神圣幸福的善良光彩中：土地结出小麦，女人生下酷肖父母的孩子，船只安全地把盈利带回家，大地 193
上到处是和平与财富。⑤

作为政治家的梭伦同样相信正义的力量，他对正义的描绘明显带有赫西俄德的色彩。我们可以相信，赫西俄德对正义毫不动摇的信仰已经在伊奥尼亚的阶级斗争中扮演了一定的角色，并成为争取自身平等权利的阶层内心反抗力量的源泉。梭伦不是赫西俄德思想的再发现者——他无须这样做——而是使其更进一步。他也坚信，正义在神明确立的世界中拥有不可动摇的地位。他不厌其烦地强调，无视正义是不可能的，因为正义

---

① 关于梭伦同荷马、赫西俄德与悲剧的关系，以及对其政治诗歌的解读，见*Solons Eunomie* (*Sitz Berl. Akad.* 1926) 71ff.。

② 普鲁塔克，《梭伦传》，8。

③ 见本书第一卷，第102页。

④ 见本书第一卷，第72页。

⑤ 见本书第一卷，第73页，以及赫西俄德《工作与时日》71起，特别是对正义之城（225起）和不义之城（238起）的描绘。

永远会取得最终的胜利。当人类的狂妄超出了正义的界线，惩罚迟早会到来，并完成必要的清算。①

上述信念让梭伦以警告者的身份出现在因盲目的利益斗争而精疲力竭的同胞面前。他看到城邦快步走向深渊，希望阻止这种危险的堕落。②受利欲驱使的民众领袖用不义的方式敛财，他们不放过城邦和神庙的财富，无视可敬的正义基础。但正义沉默地看着过去和现在的一切，永远按时实施惩罚。不过，当我们看到梭伦关于惩罚的想法后，它与赫西俄德正义信仰中的宗教现实主义的区别也就显而易见。在梭伦看来，神明的惩罚并非赫西俄德所说的歉收和瘟疫，③而总是表现为社会结构的破坏，这是任何伤害正义行为的后果。④这些城邦中将爆发党争和内战，人们集结成
194 只知道暴力和不义的团体，大批穷人不得不背井离乡和卖身为奴。即使有人想要通过藏身于家中最隐秘的角落来逃过这种不幸，共同的不幸也会找到他，“越过院墙”进入屋内。⑤

世上没有什么比这首伟大警告诗中的词句更加形象和动人地描绘了个人及其命运与集体生活的紧密联系，它显然创作于梭伦受命成为“调停者”之前。⑥社会的不幸就像传染病般四处扩散。梭伦声称，任何唤醒这种内讧的城邦都无法幸免。⑦这并非先知预言，而是政治认识。在这里，伤害正义和破坏社会生活进程间的原始关系第一次客观地作为普适法则

---

① 梭伦，残篇1.8，“正义总会随后到来”（πάντως ὕστερον ἦλθε δίκη）；1.13，“灾祸会很快介入”（ταχέως δ’ ἀναμίσγεται ἄτη）；1.25—28，“最终将会显现”（πάντως δ’ ἐς τέλος ἐξεφάνη）；1.31，“［神明的定数］总会再次降临”［ἤλυθε πάντως αὖτις（θεῶν μοῖρα）］；3.16，“惩罚迟早会到来”，（πάντως ἦλθ’ ἀποτεισομένη）。24.3预设了同样的观点，因为“在时间的法庭上”（ἐν δίκῃ χρόνου）把时间本身变成了法官。

② 梭伦，残篇3.6起。

③ 关于赫西俄德作品中的正义和不义之城，见本书第一卷，第149页和本页注释①。

④ 梭伦，残篇3.17起。见我在*Solons Eunomie*中对这段话的解释，前揭书，第79页起。

⑤ 梭伦，残篇3.28。

⑥ διαλλακτής。见亚里士多德，《雅典政制》，第6章；普鲁塔克，《梭伦传》，14。

⑦ 残篇3.17。Linforth（前揭书，第141和201页）将πᾶσα πολίς理解成“整个城邦”，这当然是有可能的；但我更愿意将其解读成一般意义上的“任何城邦”，就像Edmonds那样，见*Elegy and Iambus* I, 119。在我看来，关系从句“唤起内讧和沉睡的战争”（ἣ στάσιν ἔμφυλον πόλεμόν θ’ εὕδοντ’ ἐπεγείρει）似乎修饰πάσῃ πόλει，就像我所翻译的，而非修饰之前的“奴役”（δουλοσύνην）。“很快陷入悲惨的奴役”（ἐς δὲ κακὴν ταχέως ἤλυθε δουλοσύνην）一句以并列形式插入整句话中，就像在此类古老风格中常见的那样［=“如同陷入悲惨的奴役”（ὥστε ἐς κακὴν ἐλθεῖν δουλοσύνην）］，“奴役”不是“内讧”的原因，而是其结果，参见残篇8.4。唤起战争（ἐπεγείρειν πόλεμον）或迫害（διωγμόν）等需要某个或一群人作为主语。

被提出，[①]正是这种认识驱使梭伦发言。描绘完不义及其对城邦的影响后，他表示："我的精神驱使我把这些教给雅典人。"[②]然后，他带着宗教激情描摹了"法度"（Eunomia）截然相反的光辉画面，[③]让人想起赫西俄德对正义和不义城邦之反差的描绘。和正义一样，法度对他来说也是神明（赫西俄德的《神谱》中称她们为姐妹[④]），她的影响也是内在的：法度并不表现为任何外在的上天赐福，比如赫西俄德所描绘的田地丰收和万物富足，而是体现在社会秩序的和平与和谐上。

在这里和其他地方，梭伦非常清楚地理解了社会生活内在规律性的思想。[⑤]我们不应忘记，在同一时代的伊奥尼亚，泰勒斯和阿那克西曼德等米利都派自然哲学家迈出勇敢的第一步，走上了认识自然不断兴衰之永恒法则的道路。[⑥]驱使梭伦的也是同样的需求，即形象地理解世事与人类生活的固有秩序，理解现实的内在意义和准则。梭伦明白无误地预设自然 195
界的原因与影响间存在规律性联系，然后明确将社会过程的规律性与之相提并论，就像他在另一作品中所说[⑦]："云端降下雪花和冰雹，闪电过后必有雷声，城邦毁于强者之手，平民归一人统治。"[⑧]梭伦可以预言，僭主制（在平民的支持下，由唯一的贵族家族及其首领进行统治，地位居于其他所有贵族之上）是对阿提卡贵族社会最可怕的威胁，因为许多个世纪来贵族在城邦的统治即将走向终点。[⑨]梭伦没有特别提到民主的威胁。由于民众在政治上的不成熟，民主仍然遥远。为了给民主铺平道路，首先需要僭主制来摧毁贵族。

在伊奥尼亚思想模板的帮助下，雅典人能比前人更好地理解政治生

① 忒奥格尼斯51重复了这句话。
② 梭伦，残篇3. 30。
③ 残篇3. 20。
④ 赫西俄德，《神谱》，902。
⑤ 见拙作*Solons Eunomie*，前揭书，第80页。
⑥ 见阿那克西曼德9（Diels, *Vorsokratiker*）。自然中存在的因果关系被解释成事物的相互补偿；见本书第一卷，第168页起。
⑦ 残篇10。普鲁塔克引用了这些诗句，表示甚至在他的时代它们仍被认为包含了梭伦的"物理学"。
⑧ 梭伦残篇8中表达了同样的观点，即政治权力集中在一人手中常常会导致僭主制，古代注疏家认为这段话指代庇西斯特拉托斯的僭主统治时期；见第欧根尼·拉尔修，1. 51起。
⑨ 参见忒奥格尼斯作品中对僭主制的恐惧，40和52。这位诗人属于麦加拉贵族。阿尔开俄斯属于累斯博斯岛米蒂利尼城的贵族，他先后与密尔昔洛斯的僭主制和庇达科斯的独裁统治进行过斗争；见本书第一卷，第141页及该页注释③。

活存在特定规律性的思想。因为在他们之前，无数本土和殖民地的希腊城邦已经有了超过100年的政治经验，以引人瞩目的规律性上演过同样的过程。雅典的发展姗姗来迟，让它得以创造出富有远见的政治观点，这种教育者身份也为梭伦带来了永恒的声望。但由于人性的特点，尽管早就有了先进的思想，雅典仍然必须经历僭主制阶段。

从最初的警告到政治结局证实了那个见识超群者的清晰远见（庇西斯特拉托斯实现了自己和家族的僭主统治），在留存下来的梭伦诗歌中，
196 我们今天仍能看到上述观点的发展。“当你们因为自己的软弱遭受不幸，不要把痛苦归咎于神明！因为是你们自己让这些人变得强大，给了他们权力，导致自己沦为可耻的奴隶！”[①]这番话显然与我们在前文提到的警告哀歌的开头存在联系。[②]那首哀歌中说：“我们的城邦不会因宙斯的旨意或神明的决定而毁灭，因为作为它骄傲的保护者，雅典娜在上方张开双手。相反，公民出于无知的贪财才会毁了它。”[③]这里提出的警告在后来那首诗中得到了应验。通过暗示自己之前对将要到来的不幸的预言，梭伦在同胞面前开脱了自己，并讨论了罪责问题。他在两首作品中使用了几乎相同的措辞，暗示这牵涉到他的基本政治思想。现代人称之为责任问题，希腊人则认为那事关人类对自己命运的影响。

这个问题首先在荷马史诗中被提出。在《奥德赛》开篇，神界统治者宙斯在诸神会议上否定了凡人的无理抱怨，即把人类生活中各种不幸的责任推给神明。他几乎用与梭伦相同的措辞表示，人类苦难的加深并非因为神明，而是要归咎于他们自己的无知。[④]梭伦有意识地影射了荷马的这种神义论。[⑤]在最古老的希腊宗教看来，人类的各种不幸都是来自更高力量的无法逃脱的灾祸，无论其根源来自外部还是来自人类自身的意志和本能。相反，《奥德修斯》的作者通过世界最高统治者宙斯之口所表达的哲
197 学思考则展现了伦理发展的新阶段。一边是作为强大和无法预见的命运安

① 见上页注释⑧。
② 见本书第一卷，第149—150页。
③ 残篇3.1起。
④《奥德赛》，1.32起。
⑤ 关于该主题，见我在*Solons Eunomie*中的论点，前揭书，第73页起。

排者的祸害女神，一边是让人们在命运安排之外遭受更多不幸的自身过错，两者在这里泾渭分明。后者的本质特点是事先知晓，是故意的不义行为。①在这点上，梭伦本人关于正义对人类集体健康生活之意义的看法与荷马的神义论不谋而合，并赋予了其新的内涵。

对政治规律性的普适认识告诉人们，他们要承担自己行为的责任。比起《伊利亚特》中的信仰，梭伦生活的世界不再留给神明的专断那么多活动空间。统治这个世界的是严格的法律秩序，对于荷马史诗中的人物从神明手中被动接受的很大一部分命运，梭伦必须将其转归到人类自身的责任那边。在这种情况下，神明仅仅是道德秩序的执行者，他们的意志直接被等同于此类秩序。同时代的伊奥尼亚抒情诗人尽管能同样深刻地理解尘世痛苦的问题，对人类的命运及其无法逃避却只是发出了哀伤和消极的悲叹，②而梭伦则呼吁人们要对自己的行为具有责任意识。他本人的政治和道德立场为他人的行为提供了典范，最有力地展现了作为阿提卡人本质特点的无尽生命力和道德严肃性。

此外，梭伦作品中也完全不缺乏沉思元素。在完整保留下来的伟大哀歌中（向缪斯的祈祷），自身责任的问题再次被提及，证明了其对梭伦整个思想的重要性。③在这里，该问题与一切人类追求和命运的普遍思考 198
联系起来，比政治诗歌更清楚地证明这位现役政治家受宗教影响有多深。诗中出现了我们在忒奥格尼斯和品达作品中尤其耳熟能详（甚至早在《奥德赛》中就出现了）的古老贵族伦理及其传统上对物质财富和社会声望的高度重视，但它们在这里完全被梭伦的正义观和神义论渗透。④在哀歌的

---

① 在荷马史诗中（《奥德赛》1. 37），埃癸斯托斯事先受到赫尔墨斯的警告，他将因自己的行为而遭受“命运之外的惩罚”（ὑπὲρ μόρον）。

② 见上一章第138—139页，以及第138页注释④。

③ 梭伦，残篇1。见Linforth, *Solon the Athenian*,104ff. And 227ff.。Karl Reinhardt的文章对正确解读这首诗做出了巨大贡献，见‘Solons Elegie εἰς ἑαυτόν’ in *Rheinisches Museum*, N. F. LXXI (1916), 128ff.。Wilamowitz在*Sappho und Simonides* (257ff.)中也对这首哀歌做了注疏。

④ 见残篇1. 7起。“虽然我渴望拥有金钱，但我不希望用不义的方式得到它，正义总会随后到来”（Χρήματα δ' ἱμείρω μὲν ἔχειν, ἀδίκως δὲ πεπᾶσθαι οὐκ ἐθέλω · πάντως ὕστερον ἦλθε δίκη）。忒奥格尼斯（145起）和品达（《奥林匹亚凯歌》2. 53）也表达了类似的观点，“用德性装点财富”(ὁ πλοῦτος ἀρεταῖς δεδαιδαλμένος）是品达的理想。另见《尼米亚凯歌》9. 45［“和大量财富一起，他还赢得了盛誉”（ἅμα κτεάνοις πολλοῖς ἐπίδοξον ἄρηται κῦδος）］或《皮同凯歌》3. 110。

第一部分，梭伦仅仅对追求财富的自然愿望提出了要求，即财富必须通过正义的方式取得。只有神明赐予的财富才能持久，通过不义和暴力获得的财富只是祸害女神的可怕温床，她不用等很久就会到来。

和梭伦的其他作品一样，诗中表达的思想是：不义只能得逞一时，正义总会按时到来。不过，我们在他的政治诗歌中见到的“神明惩罚”更多表现为社会内在的规律，在这里却回到了“宙斯之报复”的宗教画面，就像春天的风暴般骤然降临。风暴突然驱散云朵，翻江倒海，它降临到田地上，摧毁了人类汗水的辛劳成果。然后风暴回到天上，阳光照射着肥沃的大地，周围万里无云——无人能逃脱的宙斯的惩罚同样如此。有人早早赎罪，有人姗姗来迟，如果有罪人逃脱了惩罚，那么他无辜的子女和孙辈将代为受罚。[①]百年之后，从我们看到的这种宗教思想中将诞生阿提卡悲剧。

随后，诗人的目光转向了另一种无法通过任何人类思考和努力避免的灾祸。我们发现，无论对人类行为和命运领域的理性化和伦理化在梭伦时代取得多大进步，根据具体事例反推神明统治机理的尝试总会遇到无法
199 解决的困难。“无论善恶，我们凡人认为自己能获得想要的，[②]直到因为不幸降临而怨声载道。病人希望健康，穷人希望富有。人人追求金钱和获利，各自选择了不同的道路，比如商人和水手，农民和工匠，诵诗人和卜者。但就算卜者也无法逃避将要到来的不幸，即使他们事先知晓。”通过

① 残篇1. 17—32。

② 残篇1. 33标志着该诗从第一部分向第二部分的过渡。在前一部分，梭伦只谈及人类的不义所引起的“灾祸”(até)，但在34，他抛开好人和坏人的区别，开始谈论两者共同的灾祸。34开头处的ἐν δηνην是错文（因此我在正文中只是复述了这句话的大意），目前似乎还无法令人信服地复原这行诗。Reinhardt提出的σπεύδειν ἥν（急于追求）并不让人满意。Buecheler提出的εὖ δεινήν（非常巧妙的）从古文书学角度来说很有吸引力，Diehl还将其用于他编撰的*Anthologia Lyrica*中；但梭伦不太可能用希腊语这样说。其他人的推测在我看来更加难以接受。因此我们远未得出结论，尽管答案应该很容易找到，因为这处错文只可能是抄工犯下的一个非常机械性的错误。就像Reinhardt所指出的，部分原因肯定是“η化”(itacism)，因为在保存下来的那堆无意义字母中有多个η: ENΔHNHN。如果Reinhardt把最后一个音节认定为关系代词ἥν［修饰“每个人自己所有的期望”(αὐτὸς δόξαν ἕκαστος ἔχει)］的说法正确，那么ENΔHN中必然隐藏着现在时主动态不定式词尾-δειν。它不可能是σπεύδειν，我认为更可能是ἔρδειν（参见67和69）：有意行善者（εὖ ἔρδειν）事与愿违，而作恶者（κακῶς ἔρδει）却意外获得成功。33的νοεῦμεν（想要）表达了这种意愿，与36的ἐλπίς（希望）和42的κτήσεσθαι πάντως χρήματα πολλὰ δοκεῖ（总是指望赚到很多钱）同义。ἔρδειν ἥν δόξαν ἕκαστος ἔχει（按照每个人自己所有的期望行事）是副词式的关系从句，相当于ἔρδειν ὡς ἕκαστος δοκεῖ（或ὡς ἐλπίζει），ἔρδειν ὡς ἕκαστος δοκεῖ表示“成功”或“做得好”（参见67和69）。

诗中与古代一脉相承的思路，我们看到了对哀歌第二部分至关重要的观点：命运让一切人类努力建立在不确定的基础上，①无论这些努力多么合理而认真。这种命运无法通过事先知情而避免，就像第一部分提到的自己引起的不幸。因此，善与恶并无区别。我们的成功与努力间的关系完全是非理性的。一切人类行为总是存在风险。②

不过梭伦认为，人类成功与否的非理性特点并不意味着无须为恶行的后果负责。在他看来，哀歌的第二部分与第一部分完全不矛盾。虽然最大的努力也无法确保成功，但他否认那就表示应该消极和放弃自身努力。这是阿莫尔戈斯的西蒙尼德斯的结论，那位伊奥尼亚诗人抱怨说，凡人为无法实现的目标浪费了太多辛劳和力气，让自己遭受痛苦和忧虑。他们本该放弃努力，停止追求让自己陷入不幸的盲目希望。③在哀歌的最后，雅典人梭伦明确对此提出反对。他没有从人性和感伤方面看待世事，而是让自己客观地站在诸神的立场上质问自己和听众，人类认为缺乏理智的东西 200
在更高者的视角下是否显得可以理解和公平正当。作为一切人类追求的对象，财富的本质在于它本身既非衡量尺度也非目标。梭伦称，最富有的人恰恰证明了这点，因为他们想要让财富翻倍。④谁能满足所有这些人的愿望？答案只有一个，神明让我们得利，但又夺走了它们。因为当盲目的厄运找上门时，人们将再次做出补偿，⑤财富就这样不断转手。

---

① 残篇1.63。

② 残篇1.67—70。

③ 参见本书第133—134页。

④ 残篇1.71起。

⑤ 哀歌结尾部分的文字（残篇1.75，ἄτη δʼ ἐξ αὐτῶν ἀναφαίνεται, ἣν ὁπότε Ζεὺς πέμψῃ τεισομένην, ἄλλοτε ἄλλος ἔχει）意为：当宙斯降下灾祸时（源于过度的财富），有时是这人受罪，有时是那人。梭伦似乎引用了阿尔喀洛科斯残篇7.7［有时是这人遭受这罪，有时是那人，现在它转向我们，我们为流血的伤口高声呻吟，但它会再次换到别人身上（ἄλλοτε ἄλλος ἔχει τόδε· νῦν μὲν ἐς ἡμέας ἐτράπεθʼ, αἱματόεν δʼ ἕλκος ἀναστένομεν, ἐξαῦτις δʼ ἑτέρους ἐπαμείψεται）］，就像埃斯库罗斯《被缚的普罗米修斯》276［苦难到处游荡，有时降临到这人，有时是那人（πάντα τοι πλανωμένη πρὸς ἄλλοτʼ ἄλλον πημονὴ προσιζάνει）］和该时代的其他诗人那样。参见忒奥格尼斯，351。不过，和灾祸的更迭一样，钱也会转手。梭伦似乎没有在该诗中明确谈到这点，但他的最后几句话顺理成章地隐含了此意；事实上，他在残篇4.11—12中宣称，只有德性具备持久价值，而金钱（χρήματα）会不断转手（ἄλλοτε ἄλλος ἔχει）。几乎相同的措辞说明，在梭伦的思想中，灾祸和不定的财富密切相关。从穷人的角度来看，这意味着他的贫穷很快会敲开另一个人的门，就像忒奥格尼斯所描绘的（前揭书）。梭伦提到的阿尔喀洛科斯的“节奏”（ῥυσμός）既有好的方面也有坏的方面。

我们有必要详尽评价这首诗，因为其中包含了梭伦在社会伦理方面的世界观。他在诗中为自己已经完成的立法工作辩护，①清楚地显示了他的现实政治意愿和宗教思想的密切关系。神圣的命运被解释成对人与人之间无法消除的财富差异的必要平衡，这预示着他作为政治家的一系列举动的准则。②他的全部言行表明，追求过剩和缺乏、优势和弱势、特权和无权之间的公正平衡是其改革的主导动机。③因此，尽管他并不完全属于任何一派，但事实上贫富双方所保有和赢得的权力都要归功于他。梭伦身处两派之间而非居于其上，他不断用新的动人画面描绘这种危险处境。他意识到，自己的力量完全来自无私和极为公正的人格所造就的无可指摘的道德权威。他把忙碌的各派领袖牟取私利的愿望比作从牛奶上撇去油脂或者从装满收获的渔网中抽头，④这些画面特别便于阿提卡农民和渔夫发挥想
201 象。他为表明自己的立场采用了最典型的荷马式风格手法，清楚地表明他自视为英勇的先锋。他时而用自己的盾牌将双方隔开，不让任何一方取胜；时而冒着来回飞掷的标枪，无畏地站在双方阵线之间；或者像狼那样从怒吠着包围自己的猎犬群中杀出血路。⑤影响最深刻的是那些他在其中以自我名义发言的诗歌，因为这个自我处处焕发出对胜利充满自信的人格力量，特别是那首他向“时间法官”进行陈述的伟大短长体诗歌。⑥诗中为我们呈现了自然而生动的画面，表达了对所有人类兄弟般的美好热情和

---

① 比如残篇5、8、10，很可能包括16，特别是23、24和25。它们必然全都来自梭伦不再担任执政官后的时期。残篇3和4显然与梭伦被任命为“调停者”之前那个政治斗争非常激烈的时期有关，即早于公元前594年。尚无法确定向缪斯祈祷的伟大哀歌是否也属于那个较早的时期。

② 梭伦把金钱不断转手看作事实，见残篇4. 12和上页注释⑤。这几处已经表明，这一事实如何与梭伦关于摩伊拉及其在改变人命运方面发挥作用的观点联系起来，正如在那首伟大的诗（残篇1）中所陈述的。

③ 残篇4. 7；5；23. 13起；24. 22—25；25。

④ 残篇23. 3和25. 7。

⑤ 残篇5. 5；24. 26—27；25. 8。关于对残篇25. 9文本的复原，见拙文*Hermes* LXIV (1929), 30ff.。相比“我就像石柱般身处两军之间”[ἐγὼ δὲ τούτων ὥσπερ ἐν μεταιχμίῳ ὅρος κατέστην，在梭伦的语言中，ὅρος通常表示标明抵押财产的石柱（见残篇24. 6），这个比喻并不符合他身处交战中的贫富双方之间的危险位置]，我建议将其恢复成像“皮袋般身处两军之间”（ἐν μεταιχμίῳ δορός）。这样修改能让比喻（来自荷马史诗中的英雄世界）保持纯粹，就像短长体诗歌类似散文的风格所要求的。但品达的抒情诗风格接受将两种比喻混合。ἐν μεταιχμίῳ δορός这个短语后来出现在悲剧的短长体诗歌部分。现在可以看到，它能够追溯到梭伦那句非常有名的诗。

⑥ 残篇24. 3。

强烈同情，让它成为所有现存政治残篇中最富个人色彩的作品。①

从未有哪个政治领袖比梭伦更加超脱于任何纯粹的权力欲之上。完成立法工作后，他长期离开祖国旅行。我要不厌其烦地强调，他没有利用自己的地位谋求发财或成为僭主，就像大多数处于他那种情况下的人可能会做的。他对因此被别人指责为愚蠢也毫不在意。②在宛如小说的梭伦与克洛伊索斯（Kroisos）的故事中，希罗多德记录了他的这种超然。③那位亚洲的专制君主置身让希腊人炫目的财富中，但无法让贤者梭伦产生片刻动摇，他坚信世上所有的国王都不如最普通的阿提卡农民幸福，后者为给自己和孩子们挣得每日的食粮而在土地上挥汗劳作，当毕生忠实履行了父亲和公民的责任后，又在迈入老年时光荣地为祖国战死。一边是生活漂泊 202
和热爱旅行，"为增长眼界"而周游世界的伊奥尼亚人，④一边是依恋故土的阿提卡公民，两者在这个故事独一无二地结合起来。这种结合标志着阿提卡人的本性与伊奥尼亚人的文化开始交融，通过现存的非政治作品残篇探究其过程将极为有趣。梭伦所表达的精神成熟给同时代人留下了如此深刻的印象，以至于他们将其列为七贤之一。

特别值得一提的是梭伦回复伊奥尼亚诗人弥涅摩斯的那首诗，后者抱怨老年之殇并表达了热切的希望，即在60岁时死去，避免遭受疾病和痛苦。"如果你现在愿意听从我，请删掉这句话，不要因为我找到了比你

① 诠释者们似乎还没有正确理解这首诗（残篇24）的前两行：ἐγὼ δὲ τῶν μὲν οὕνεκα ξυνήγαγον δῆμόν, τί τούτων πρὶν τυχεῖν ἐπαυσάμην。现代学者（Sandys，Edmonds和Linforth）把τί理解成"为什么"，他们让梭伦发问道：为什么要在实现这些事（为此我召集了民众）之前停止？但他在整首诗中告诉了我们他作为政客所取得的伟大成就，似乎很难与上面的说法合拍。在另一首显然属于同一时期的诗歌中（残篇23. 21），他用类似的方式为自己辩护，表示"他们不该如此轻蔑地看着我，仿佛我是他们的敌人，因为我在神明的帮助下实现了承诺去做的事"（ἃ μὲν γὰρ εἶπα, σὺν θεοῖσιν ἤνυσα）。因此，残篇24. 2必然表示类似"我在实现所有的事之前停止了吗？不，我没有"的意思。在希腊语中，这种意思常由优美的部分结构来表达："我在实现其中的哪些事之前停止了？不，没有。"解释者显然犹豫是否要把τούτων视作部分属格，因为在阿提卡方言中，τυχεῖν（实现）需要属格宾语；因此，他们把τί和ἐπαυσάμην（停止）联系起来。但在阿提卡方言中，τυχεῖν经常伴随着宾格中性代词，比如著名的警句"实现所欲之事是最快乐的"（πάντων ἥδιστον δ᾽ οὗ τις ἐρᾷ τὸ τυχεῖν。这里的τὸ并非冠词，而是宾格关系代词）。如果梭伦真觉得必须在实现全部计划前停止，那将关系重大，但在我看来他说的似乎正好相反。

② 残篇23。

③ 希罗多德，1. 29起。

④ 希罗多德，1. 30，τῆς θεωρίης ἐκδημήσας εἵνεκεν。

更好的东西而生气。伊奥尼亚的夜莺啊，请把你的诗改成：希望死亡的命运在我80岁时才降临。”①弥涅摩斯的思考源于伊奥尼亚人自由的精神态度，这种态度以生命为基础，将生命中的某种主观情绪视作全部，希望在生命失去价值时终止它。但梭伦并不认同伊奥尼亚人对生命的评价。因为无力面对人类生活的痛苦和艰难，有人把60岁就看作极限，但健康的阿提卡式活力和生命的无尽乐趣让梭伦免于陷入这种过于敏感和悲天悯人的疲倦。对他来说，老年并不意味着逐渐痛苦地走向死亡。永不枯竭的青春活力让他幸福生命的常青之树每年开出新花。②他也不认同死后无人哭泣，
203 而是希望自己的死能引起人们痛苦和叹息。③在这点上，他同样与一位著名的伊奥尼亚诗人——阿莫尔戈斯的西蒙尼德斯——意见相左。西蒙尼德斯教导人们，生命如此短暂而且充满艰辛与痛苦，我们哀悼死者不应超过一天。④梭伦对人类生命中的乐趣也不抱更高的期望。他在一首残篇中写道：“没有人是幸福的。所有太阳注视下的凡人都承担着辛劳。”⑤与阿尔喀洛科斯和所有伊奥尼亚诗人一样，人类命运的不确定让他痛苦：“不死神明完全向凡人隐藏了想法。”⑥但与之相对的是生命赐予的各种欢乐，如孩子的成长，充满活力的竞技、骑马和狩猎，美酒和歌唱，与他人的友谊和爱情的感官幸福。⑦在梭伦看来，内心的享受能力是并不逊于金银、土地和骏马的财富。当他进入冥府时，重要的不是他曾经拥有多少财富，而是生命把什么美好的东西赐予了他。完整留存下来的“七年诗”将人类的整个生命分成10个七年。⑧每个年龄阶段都在一生中占据着特殊的位置。这首诗表达了对生命节奏的真正希腊式看法。任何两个阶段都无法互换，

---

① 残篇22。λιγυαστάδης这个幽默的昵称无法翻译。我试图创造一个大意相当的称呼［译按：据《苏达辞书》弥涅摩斯词条，这个昵称源于他声音悦耳清脆（ἐμμελὲς καὶ λιγύ）］。见弥涅摩斯，残篇6。

② 残篇22. 7。

③ 残篇22. 5。

④ 阿莫尔戈斯的西蒙尼德斯，残篇1和2（Diehl）。

⑤ 梭伦，残篇15。

⑥ 残篇17。

⑦ 残篇12—14。

⑧ 残篇19。关于对这首诗的解释，见W. Schadewaldt，“Lebensalter und Greisenalter im fruehen Griechentum” in *Die Antike* IX, 282。

因为每个阶段都包含了自己的意义，具有不同的衡量标准。相反，在兴起、高峰和衰退的更迭中，该节奏遵循普遍的自然过程。[①]

和政治问题一样，决定梭伦对纯粹人类问题立场的同样也是关于内在规律性的新思想。他所表达的东西非常简单，就像大部分希腊智慧那样。我们如果认识了自然之物，就会发现它们总是简单的。“但最困难的是认清不可见的标准，只有它包含了万物的限度。”梭伦的话正是这种标 204
准，就像事先定制的那样为我们提供了衡量其伟大之处的正确工具。[②]标准和限度的概念将变得对希腊伦理学至关重要，它们清楚地指出了一个梭伦及其同时代人意识中的核心问题，即通过内心认知的力量赢得新的生活准则。这种准则无法被定义。只有通过潜心研究梭伦的观点、人格和生活才能理解它的本质。对于民众而言，只需遵守为他们制定好的法律就可以了。但制定者本身需要从未以书面形式存在的衡量标准。梭伦把能发现这种标准的罕见本质特征称为“有见识”（Gnomosyne），因为它始终表现出“见识”，即正确的判断力和使其发挥影响的坚定意志。[③]

我们必须从这点出发来理解他内心世界的统一性。这种统一性不是与生俱来的。我们看到，在梭伦的政治和宗教思想中占据主导的正义和法律思想同样也已在伊奥尼亚的公共生活中发挥着影响，但就像我们之前注意到的，当地的诗歌作品中似乎找不到相关描绘。伊奥尼亚精神生活的另一个方面则在当地诗歌中得到了更有力的表达，那就是个体生活享受和个

---

① 关于希腊医学和自然哲学中的七数和其他周期，见 W. H. Roscher, *Die enneadischen und hebdomadischen Fristen und Wochen der aeltesten Griechen* (Leipzig, 1903) 以及 W. Jaeger in *Abh. D. Berl. Ak.* 1938, Nr. 3, p. 28ff., especially p. 34ff.。

② 残篇16。

③ 这首两行诗（残篇16）中的文字本身并未显示，亚历山大里亚的克莱门［《杂缀集》（*Stromata*）5. 81. 1］认为它们指涉神明的说法是否正确。了解该作者的人可能会稍感怀疑，因为此人出于护教目的，在希腊古典文学中处处都能找到对神明问题的影射。但如果诚如他所言，梭伦把神明的意志说成是“唯一约束万物的”不可见尺度，那么人类将很难在世界本性中觉察到这种尺度（χαλεπώτατόν ἐστι νοῆσαι），并在自己经手的一切事情中认清它。这种解读似乎得到了第二行诗的支持［唯一约束万物的（πάντων πείρατα μοῦνον ἔχει）］，但γνωμοσύνη这个新词让我们犹豫是否要接受它。它的构成与其他抽象概念一样，如δικαιοσύνη（正义性），πυκτοσύνη（拳击技术）和παλαισμοσύνη（摔跤技术）等，而且似乎指代人类而非神明的特质。它包括对万物中不可见尺度的直觉，就像梭伦所说，这种尺度很难把握。类似的例子见忒奥格尼斯694［当好东西就在你手边，知道尺度很难（γνῶναι γὰρ χαλεπὸν μέτρον, ὅτ᾽ ἐσθλὰ παρῇ）］，他所说的也是人，而不是神。

人生活智慧。梭伦对这方面也非常熟悉。新颖之处在于，我们在他的诗歌中看到两者在他的内心实现了统一。它们交汇成一幅具有罕见完整性与和谐性的人类生活全景，并在其创造者的人格中得到了最完美的表现。个人
205 主义被征服了，但个性得到保留，并第一次真正具有了伦理基础。通过结合了城邦与精神、集体与个人，梭伦堪称第一个真正的阿提卡人。他由此成为阿提卡人民永远的典范，为本民族未来的全部发展提供了模板。

第9章

哲学思想和"宇宙"的发现

我们习惯于在耳熟能详的"哲学史"框架中思考希腊哲学思想的起 206
源。自亚里士多德时代以来，"前苏格拉底哲学家"就作为古典阿提卡哲学（即柏拉图主义）的问题史和体系基础而在哲学史中占据了固定的位置。[①]到了近代，思想史关系经常让位于将这些思想家作为最早的哲学家一一加以研究的想法，从而真正提高他们的重要性。不过在希腊文化史的结构中，这种观点需要有所改变。尽管古老的思想家们在文化史中同样可以占据突出的位置，但他们对所在时代之教化的贡献不如公元前5世纪末的苏格拉底（他是不折不扣的教育者），或者公元前4世纪的柏拉图（他第一个在对新型人类的教育中看到了哲学的本质）。[②]

在前苏格拉底哲学家的时代，民族教化的领导角色仍然掌握在诗人手中，现在立法者和政客也加入进来。直到智术师的出现才让情况有所改变。他们与之前时代的自然哲学家和本体论主义者截然不同。智术师是真

① 对早期希腊哲学的兴趣在亚里士多德的《形而上学》《物理学》和所有实用主义作品中显而易见，其根源可以上溯到柏拉图学园；见本书第三卷，"伊索克拉底为他的教化辩护"一章，第915页，注释③。但随着亚里士多德逐渐摆脱柏拉图，成为自成一体的哲学家，他把前苏格拉底哲学家的理念加以改造，使之符合自己的思想类别。Harold Cherniss极富卓识地探究了这种观点如何影响亚里士多德对前人哲学的看法，见*Aristotle's Criticism of Presocratic Philosophy* (Baltimore 1935)。

② "哲学"一词最初表示"教化"（Bildung），而非理性科学或学科，后两个意思直到苏格拉底和柏拉图的圈子里才出现。他们以对人类德性和教育问题的探索为出发点，从讨论中发展出了新的理性教育方法。作为将文化完全等同于思想学科的概念，哲学在前苏格拉底哲学家的时代并不存在，这些人称自己的活动为"研究"（ἱστορίη）或"智慧"（σοφίη）。

正意义上的文化现象。这些人只有在教育史上才能充分体现价值，他们
207 教授的东西普遍没有多少理论内容。传统哲学史也明白这点，因此一向很少提到他们。[①]但在我们的框架中，伟大的理论自然哲学家及其体系无法从与问题史的关系角度来被一一研究，我们必须把它们看作伟大的时代现象，其新的思想观点的根本性和开拓性体现在促进希腊人天性形式发展的意义上。最后我们需要确定，在围绕着人类德性真正形式的争执之外发源的这种纯粹冥思之流何时汇入那场广泛的运动，并超越了承载它的个人，开始成为社会整体中的人类教化力量。

很难划定理性思想开始兴起的时间线，后者可能从荷马史诗中穿过，但在那些作品里，理性元素与“神话思想”仍然紧密地相互联系，几乎不可能把两者分开。从这种视角出发对史诗的分析显示，理性思想很早就进入了神话，开始在其中发挥影响。[②]伊奥尼亚自然哲学无缝对接了史诗，这种严格的有机关系让希腊思想史具有了建筑般的完整与统一。相反，中世纪哲学的产生与骑士史诗无关，而是建立在大学对古代哲学的系统接受之上。几百年来，它对中欧和西欧的贵族和后来的市民文化都没有产生影响（但丁是个伟大的例外，他集神学、骑士和市民文化于一身）。

我们实在很难说清，荷马关于俄刻阿诺斯是万物之源的说法[③]与泰勒
208 斯的观点有何区别，因为把水看作世界的本原无疑与无尽大洋的生动形象有关。在赫西俄德的《神谱》中处处可以看到最坚定的结构性理解，看到理性秩序与探究的全部逻辑。但另一方面，神话观念的力量在他的宇宙观中也从未消失，[④]它远远超过了我们通常所认为的“科学”哲学世界开始

---

① 见本书关于智术师的一章，第293页起。诚然，一些现代学者试图为智术师正名，并将其纳入希腊哲学史；但亚里士多德很少这么做，因为他认为哲学是致力于探究现实的科学。智术师是教育者和“美德的老师”。按理来说，他们本该在柏拉图对话中扮演重要得多的角色（尽管是负面的），因为柏拉图和苏格拉底把教育问题作为出发点。智术师名誉的恢复始于黑格尔。但直到进入现代实用主义者的圈子里，他们才开始扮演真正哲学原创者的角色，这得益于他们实用的不可知论。见拙作 *Humanism and Theology* (Marquette Univ. Press, Milwaukee 1943), 38ff.。

② 将来可以和也许应该出现一本关于荷马理性主义的著作。

③《伊利亚特》，14. 201（302），246。亚里士多德引用了这句诗，认为它预言了泰勒斯的理论。见《形而上学》，1. 3. 983b30。

④ 亚里士多德恰如其分地把赫西俄德的类型称为 μυθικῶς σοφίζεσθαι（用神话让自己聪明），《形而上学》，3. 4. 1000a18。

的边界，活跃于“自然学家”的理论中。如果没有它，我们将完全无法理解那个最古老科学时代在世界观方面的惊人成果。作为恩培多克勒理论中起到联系与分离作用的自然力量，爱与憎的思想来源与赫西俄德宇宙观中的情欲相同。因此，科学哲学的发端既不等于理性思想的开始，也不同于神话思想的终结。[1]我们在柏拉图和亚里士多德哲学的核心仍能找到最名副其实的神话，比如柏拉图的灵魂神话，或者亚里士多德描绘的万物对不可被推动的世界推动者的爱。[2]

我们可以按照康德的意思把他的一句话改述为：没有逻各斯的塑造性元素的神话观念是盲目的，而没有源于神话观念的生动内核的逻辑概念形式是空洞的。从这种观点出发，我们必须将希腊哲学史看成将最初建立在神话之上的宗教宇宙观不断理性化的过程。让我们想象一系列从外围向中心绘制的同心圆，理性思想对世界的占领过程就像这样，采用从外部区域向内部逐步深入的形式，直到柏拉图和苏格拉底抵达了位于圆心处的灵魂。然后开始了从圆心出发的相反运动，以新柏拉图主义的古老哲学告 209
终。柏拉图的灵魂神话拥有阻止理性彻底分解存在的力量，[3]从内而外地重新不断深入征服已经理性化了的宇宙，仿佛为兴起后的基督教事先铺好了床。

人们常常在讨论这样的问题，为何希腊哲学始于探究自然而非人类。为了理解这个重要而影响深远的事实，人们试图修正历史，从宗教神秘主义中推导出最古老自然哲学家们的观点。[4]但这样做无法解决问题，只是在推延它。但当我们意识到，问题的根源是我们错误地把目光局限在所谓的哲学史上时，它马上就得到了解决。除了自然哲学，我们还要加上在阿尔喀洛科斯以降的伊奥尼亚诗歌以及梭伦的政治和伦理诗歌中的建设性思想劳动取得的成果。显然，只有打破诗歌与散文的分界线，我们才能够

---

① 换言之，在我们所说的“神话时代”已经有了许多理性思想，而在我们所说的“理性思想”中仍有大量神化元素。

② 参见拙作 *Aristotle* (tr. Robinson, Oxford 1934), 50, 51–52, 150 等处。

③ 这是柏拉图本人的倾向。

④ Karl Joel 提出该问题并做了解答，见 *Der Ursprung der Naturphilosophie aus dem Geiste der Mystik* (Jena 1906)。

看到形成中的哲学思想的全面形象，其中也包含了人类领域。[①]不过，政制观点的本质总是直接与实践相关，而对自然或起源的研究则是为了“理论”本身而展开。直到希腊人通过外部世界的问题（特别是医学和数学观点）确立了可以作为人类内心研究模板的精确方法，他们才把人的问题看作理论的。[②]这让我们想起了黑格尔的话：精神的道路是迂回的。东方人的灵魂因为宗教热望而直接坠入感情的深渊，但在那里找不到任何可靠的
210 落脚点。相反，认识到外在宇宙规律性的希腊精神却随即把目光转向内心的灵魂法则，获得了对内在宇宙的客观看法。在希腊历史的关键时刻，这种发现第一次让以哲学认知为基础的新式人类教育成为可能，就像柏拉图为自己设立的目标那样。[③]因此，自然哲学先于精神哲学的事实包含了深刻的历史“意义”，文化史的视角使其清晰浮现。来自伟大伊奥尼亚人内心深处的思想并非源于有意识的教育意愿，但在神话宇宙观的崩塌和建立人类新集体的混乱中，它们将再次直面存在问题。[④]

那些最早的哲学家（他们尚未以这个柏拉图发明的名号自居[⑤]）身上最引人瞩目的地方是他们独特的精神状态，他们全身心投入知识，为了存在本身而研究存在。他们令后世的希腊人甚至同时代人觉得不可理喻，但也赢得了最高的赞美。研究者们泰然漠视其他人所看重的东西（如金钱和名誉，甚至房子和家庭），他们表面上对自身利益的无视和对公众热点的漠然被写成了关于最古老哲学家独特生活观的著名逸事。后来，这些逸事得到热情收集和传播（特别是在柏拉图学园和逍遥派），作为“思考者生活”（βίος θεωρητικός）的范例和模板，柏拉图称之为真正哲学家的“作

① 比如，Léon Robin就做过这样的工作，见*La pensée grecque* (Paris 1923), in *L' Evolution de l'humanit, dirigée par* Henri Berr。

② 我们不应忘记，面对人类内心世界的法则问题时，柏拉图使用了医学和数学方法。关于数学，见本书第三卷，第613页起和第744页，关于医学，见第三卷，第437页。

③ 本书第二卷描绘了这场危机，特别是关于欧里庇得斯、阿里斯托芬、智术师和修昔底德的章节。第三卷的主题是柏拉图和人类内在秩序的发现。

④ 显而易见，前苏格拉底哲学家对柏拉图及其时代所关心的人类问题做出了至关重要的贡献，特别是当我们想起他们最感兴趣的是存在问题；因为在柏拉图意义上的真正人类自由与存在相关。

⑤ 见第161页注释②。

为”（Praxis）。[1]在这些逸事中，哲学家被描绘成伟大、有点可怕但不失可爱的怪人。为了自己的研究，他们离群索居或者故意隔绝自己。他们像 211
儿童般单纯、迟钝和不谙世事，生活在时空的条件之外。贤者泰勒斯在观察某种天象时掉进了井里，他的色雷斯女仆嘲笑说，他想看天上的东西，却从来看不见脚边有什么。[2]在被问及为什么而活时，毕达哥拉斯回答说：为了观察天空和星星。[3]当阿纳克萨格拉被指控不关心自己的亲属和母邦时，他手指天空说：那就是我的祖国。[4]这种对认识宇宙的投入让人无法理解，当时的人称之为“天象学”（Meteorologie），它包含了比今天更广泛和深刻的意思，即关于空中物体的科学。哲学家的行为和愿望让民众觉得夸张而放肆，希腊人甚至认为冥思者是不幸的人，因为他们是“异类”（περιττός）。[5]这个词无法翻译，但显然类似“狂妄”，因为思考者僭越了分隔人类精神与神明的下限。

本质决定了这种勇敢而孤独的存在永远只是个别现象，它只可能出现在拥有浓厚个人行动自由氛围的伊奥尼亚。异类们在那里可以和他人相安无事，在其他地方却会触怒他人和陷入困境。在伊奥尼亚，米利都的泰勒斯这样的人早就大受欢迎，人们兴致勃勃地传播他们的口头格言，讲述关于他们的逸事。[6]从中可以看到一种强烈的共鸣，人们隐约认识到这种现象及其新理念符合时代的特点。就我们所知，阿那克西曼德是第一个敢于用散文体记录和传播自己思想的，就像立法者在石碑上刻下自己的法律。此举让哲学家摆脱了自身哲学思想的私密特点，使他不再是“个人” 212
（ἰδιώτης）。他的主张将被大众倾听。如果大胆根据后来的伊奥尼亚散文风格推测阿那克西曼德之书的形式，我们认为他很可能以第一人称反驳了

---

① 见拙文 *Ueber Ursprung und Kreislauf des philosophischen Lebensideals* (in *Sitz. Berl. Akad.* 1928), 390ff.。另见 Franz Boll, *Vita Contemplativa* (*Ber. Heigelberg Akad.* 1920)。

② 柏拉图，《泰阿泰德篇》，174a（Diels，*Vorsokratiker*，第一卷，A9）。

③ 扬布里科斯，《劝导篇》（*Protrept.*）51. 8。见拙著 *Aristotle*, 92。阿纳克萨格拉的话（扬布里科斯，前揭书，51. 13）是它的一种变体。

④ 第欧根尼·拉尔修，《名哲言行录》，2. 7（Diels，*Vorsokratiker*，第一卷，A1）。

⑤ 见亚里士多德，《形而上学》，1. 2. 983a1。

⑥ 关于除了本页注释②外的泰勒斯的其他逸闻，参见 Diels，*Vorsokratiker*，第一卷，A1，26（参见亚里士多德《政治学》1. 11. 1259a6）和希罗多德记录的伊奥尼亚传统，1. 74，1. 170。

同胞中流行的观点。米利都的赫卡泰俄斯（Hekataios）用非常天真的话为他的谱系作品开头："米利都的赫卡泰俄斯如是说，希腊人的话多而可笑，但我赫卡泰俄斯要说的是下面这些。"①赫拉克利特则用碑铭般的句子开头："人们总是无法理解逻各斯，无论在听说它之前还是之后。尽管万事的发生都遵循逻各斯，但人们就像没有经验似的尝试着我描述过的言和行，尽管我详述了它们的性质并描绘了它们的样子。"②

这种对主流宇宙观大胆而理智的批判与伊奥尼亚诗人的勇敢如出一辙，后者早已开始自由表达自己对人类生活与周遭世界的感情与思想：两者都见证了个人的成长。在这个时期，理性思想首先表现得如同炸药。最古老的权威也受到影响。只有"我"用有说服力的理由解释的东西才是正确的。无论是地理学与民族学的创立者赫卡泰俄斯的，还是历史学之父希罗多德的，又或者奠定千年传统的医生们的，所有伊奥尼亚作品都深受这种精神影响，并将这种独特的第一人称形式用于批判。不过，理性自我的出现也造成了影响最为深远的后果，即个人被征服。所有个人意志都必须服从于新出现的真理概念这种普适思想。③

公元前6世纪自然哲学思想的出发点是"自然"（Physis）的起源问
213 题，整个思想运动和由此产生的思辨形式也被冠以自然之名。这样做并非没有道理，如果它能让我们只考虑这个希腊单词的最初意义，不混入"物理"（Physik）的现代概念。④因为那个在我们的语言中属于形而上学的问题始终是主导动机，而我们获得的物理知识和观察完全是次要的。诚然，该过程也间接意味着自然哲学的诞生，但后者最初似乎仍然包含在形而上学的思考中，然后才渐渐独立出来。在希腊人的自然概念中，两者尚未被区分开：关于起源的问题驱使思想超越感官现象，通过基于经验的调查（ἱστορίη）来理解从起源中诞生而且仍然存在的一切（τὰ ὄντα）。显而易见，热爱旅行和观察的伊奥尼亚人天生的研究欲有助于他们发出更加深刻

① 赫卡泰俄斯，残篇1a（Jacoby，*F. Gr. Hist*，1. 7—8）。
② 赫拉克利特，残篇1（Diels，*Vorsokratiker*，第一卷）。
③ 见 Wilhelm Luther, *Wahrheit und Luege im aeltesten Griechentum* (Borna, Leipzig, 1935)。这部专著在上下文中对希腊人"真理"（ἀλήθεια）概念的起源和与之相关的所有词汇做了细致分析。
④ John Burnet, *Early Greek Philosophy* (4th ed., 1930), 10ff.

的疑问，直到提出终极问题。同样的，一旦关于世界本质和起源的问题被提出后，人们对拓宽现实认知和解释个别现象有了更高的要求。由于临近埃及和近东，这不但存在很大的可能，而且有确凿的传统证明，伊奥尼亚与那些更古老文明不断的思想接触不仅必然导致接受后者的技术成果以及丈量土地、航海和天文观察方面的发现，而且还吸引这个具有活跃思想的航海者和商人民族把目光投向更深刻的问题，那些民族的创世神话和神明历史中对该问题的回答不同于希腊人。

不过，当伊奥尼亚人独立将从东方学到并加以发展的天体与自然现象的经验知识用于探寻万物起源和本质的终极问题，并将与感官现象世界的现实直接相关的神话（即创世神话）置于理论与因果思想之下时，他们实现了原则性的创新。这是科学哲学诞生的时刻，完全是希腊人的 214
历史功绩。尽管需要逐步摆脱神话，但他们的科学-理性特征已经表明了一个外在事实，即他们参与的是一场统一的思想运动，由许多独立思考但相互联系的人物承载。通过泰勒斯、阿那克西曼德和阿纳克西美尼三代最早的米利都思想家，我们可以看到伊奥尼亚自然哲学的兴起与该地区文化大都市之间的关系，他们生活的时代延续到米利都被波斯人摧毁（公元前5世纪初）。历经三代人发展起来的最高度精神繁荣突然被外来历史命运的粗暴侵入打断，但与之同样引人瞩目的是这些骄傲的伟人在研究工作和精神类型上的一脉相承，以至于有人不顾史实地称他们为“米利都学派”。[1]不过，这三个人提出的问题和解释方式的确朝着同一方向。他们为直到德谟克利特和亚里士多德的希腊自然学家提供了基本概念并指明了道路。

阿那克西曼德是米利都自然学家中给人印象最深刻的一位，他的身上彰显了这种古老哲学的精神。只有他的世界观才被我们较准确地了解。阿那克西曼德展现了伊奥尼亚思想的惊人广度。他提出了具有真正形而上学深度和严格结构统一性的宇宙观。此人还是最早的地图和地理科学的创

① Hermann Diels, *Ueber die aeltesten Philosophenschulen der Griechen, in Philos. Aufs. Ed. Zeller gewidm.*(Leipzig 1887), 239–260.

造者。[1]希腊数学的开始也可以上溯到米利都哲学家的时代。[2]

阿那克西曼德的大地观和宇宙观是几何思想的胜利。它们仿佛以宏
215 大的尺度展现了古人本性和思维的直截了当。阿那克西曼德的世界建立在严格的数学比例之上。他认为把大地视为圆盘的荷马宇宙观在误导人，因为太阳每天不仅沿着自东到西的轨道运行，事实上还经过大地下面回到东方的出发点。因此，宇宙并非半球，而是完整的球形，大地位于其中心。不但太阳的轨道是圆形的，星辰和月亮同样如此。最外层的圆是太阳轨道，高度为大地直径的27倍，内侧的月亮轨道则是18倍。恒星的轨道位于最下方，高度显然是大地直径的9倍（我们的文本来源在这里有缺损[3]）。大地本身的直径是其高度的3倍，形如扁平的圆柱体。[4]与神话思想的天真看法不同，这个圆柱体没有坚实的地基，也不像向上生长的树那样朝着深处探出不可见的根。[5]相反，大地悬浮在宇宙空间中，它并非依靠气压承载，而是通过与天球上的各个方向保持相同的距离实现平衡。[6]

同样的数学倾向也主导了历经好几代研究者才绘制成的世界地图。希罗多德有时遵循它，有时则提出反对，并统称其绘制者为“伊奥尼亚人”。他的首要参考对象无疑是时间上与自己最近的米利都人赫卡泰俄斯，[7]但就像有明确证据所指出的，[8]此人在地图绘制方面站在阿那克西曼

① 见阿那克西曼德，6（Diels，*Vorsokratiker*，第一卷）。阿伽忒墨鲁斯（Agathemerus）和斯特拉波保存的报告可以上溯到埃拉托忒尼斯（Eratosthenes）。

② F. Enriques and G. Santillana, *Storia del pensiero scientifico*, vol 1 (Milan 1932); T. L. Heath, *A Manuel of Greek Mathematics* (Oxford 1931); A.Heidel, ‘The Pythagoreans and Greek Mathematics’, *Am. Jour. of Philol.* 61(1940), 1–33.

③ 见 Paul Tannery, *Pour l'histoire de la science hellène* (Paris 1887), 91。

④ 关于阿那克西曼德宇宙的数学比例及其最有可能的重建，见 H. Diels, *Archiv f. Gesch. d. Phil.* X。另见该书中所引的古代文献段落。

⑤ “大地之根”见赫西俄德《工作与时日》19；Wilamowitz 相信，赫西俄德指的仅仅是大地深处（*Hesiods Erga* 43），另见《神谱》728和812。菲莱昔德斯（Pherecydes）的俄耳甫斯教宇宙观部分建立在非常古老的神话观念之上（残篇2，Diels），我们在其中看到了“长翅膀的橡树”，结合了阿那克西曼德关于世界悬浮的理念和植根于无限深处之树的意象（见 H. Diels, *Archiv f. Gesch. d. Phil.* X）。在巴门尼德残篇152中，大地被描绘成“植根于水中”。

⑥ 阿那克西曼德，11（Diels，*Vorsokratiker*，第一卷）。

⑦ 见 F. Jacoby, Pauly-Wissowa *RE* VII, 2702ff.。

⑧ 阿那克西曼德，6（Diels）。

德的肩上。此外，这种地图的程式更接近阿那克西曼德关于宇宙结构和大地形态的几何构图，而非作为旅行家和研究者的赫卡泰俄斯的观念，后 216
者喜欢考察风土人情，对具体现象最感兴趣。[①]如果希罗多德不知道赫卡泰俄斯在绘图方式上沿袭了前人，他就不会采用“伊奥尼亚人”的表述。我毫不怀疑，赫卡泰俄斯地图的结构基础［就像希罗多德和斯库拉克斯（Skylax）等作家所描绘的］来自阿那克西曼德。大地表面被分成面积大致相等的两块，即欧罗巴和亚细亚，后者的一部分似乎被分割出去，称为利比亚。各洲的边界是大河。此外，欧罗巴和利比亚还几乎分别被多瑙河与尼罗河一分为二。[②]希罗多德取笑了古代伊奥尼亚地图中大地的组成结构：它们把大地画成圆形，仿佛在车床上制成，四周被环洋包围（至少东方和北方的部分尚未有人亲眼见过）。[③]这种以先验地理思想描绘的世界因此显得可笑。希罗多德的时代致力于用新的事实填补图中的空白，并缓和或消除其专断观点。人们只允许保留得到经验确证的内容。不过，这无法抹杀阿那克西曼德和最初的开拓者们所取得的伟大成就和展现出的创造天赋，他们试图用首创的数值比例来表述自己发人深省的认识，即宇宙的结构具有普遍的规律与结构。[④]

阿那克西曼德用“无限定”（ἄπειρον）取代泰勒斯的“水”作为万物本原，这同样反映了对感官现象的勇敢超越。人眼可以看到万物的鲜活形象，自然哲学家们都对它们兴亡的壮观景象惊叹不已。万物从什么取之不 217
尽的物质中诞生，最后又回归那里？泰勒斯相信那是水，水会蒸发成气体，或者冻成石头般的固体。它的变形能力让人不禁产生这种想法。世上的一切生命都诞生于潮湿。我们不知道哪位古代自然学家第一个说过，星光也得到了从海中升腾的水汽滋养（斯多葛主义者也这样认为）。[⑤]阿纳克

① Hugo Berger, *Geschichte der wissenschaftlichen Erdkunde der Griechen*, 38ff.; W. A. Heidel, *The Frame of the Ancient Greek Maps*, 21.

② 希罗多德，2. 33；4. 49。

③ 希罗多德，4. 36。

④ 参见 Karl Joël, “Zur Geschichte der Zahlenprinzipien in der griechischen Philosophie” in *Ztschf. f. Phil. U. philos. Kritik* 97 (1890), 161–228。

⑤ 亚里士多德的《形而上学》（1. 3. 983b6 起）提出了泰勒斯把水作为万物本原的一个可能理由，因为潮气可以保暖。但他没有泰勒斯的著作，因此他的解释只是个人揣测。

西美尼认为空气而非水才是本原，并试图以此解释万物的生命。空气统治着世界，就像灵魂统治着身体，灵魂就是气息和呼吸（Pneuma）。[1]而阿那克西曼德所说的“无限定”并非任何具体元素，但“包含和操纵着一切”。这似乎是他自己的表述。[2]亚里士多德对此提出异议，因为我们更应该说“物质”包含于一切，而非包含一切。[3]不过，亚里士多德的叙述中还把“无限定”称为“不朽”和“永恒”的，明白无误地指出了它的主动意味，[4]而且只有神能操纵一切。因此有传言说，哲学家本人也把不断从自身孕育新世界[5]并使其回归自身的“无限定”称为神圣的。[6]世上纷争的矛盾最初全部统一在“无限定”中，万物在诞生时离开了这种统一。那是阿那克西曼德唯一直接流传下来的话：“按照命运的规定，万物死亡后必将回到它们的缘起之处。因为它们必须根据时间的判决相互（ἀλλήλοις）接受惩罚和做出赔偿。”[7]

自从尼采和埃尔温·罗德（Erwin Rohde）以来，人们对这句话做了很多论述，并用许多神秘的观点穿凿附会地解释它。[8]作为万物的存在形式，个体状态被视作因罪堕落，是与永恒本原的分离，一切造物必须为此
218 遭受惩罚。但随着正确文本的确立（加入了旧文本中没有的ἀλλήλοις一词），我们可以清楚地看到这句话表达了完全不同的意思，即关于平衡万物的贪欲。[9]阿那克西曼德并不认为存在有罪（这种想法不是希腊式的），[10]而是生动地描绘了万物的纷争，就像在法庭上的人那样。我们眼前出现了一座伊奥尼亚城邦。我们看见了做出判决的市场，坐在凳子上的法官确定

① 阿那克西曼德，残篇2（Diels）。

② 阿那克西曼德，残篇15（Diels）。

③ 亚里士多德，《物理学》，3. 7. 207b35。

④ 阿那克西曼德，残篇15（Diels）。

⑤ 阿那克西曼德，残篇10和11。

⑥ 阿那克西曼德，残篇15。

⑦ 阿那克西曼德，残篇9：διδόναι γὰρ αὐτὰ（指存在之物，τὰ ὄντα）δίκην καὶ τίσιν ἀλλήλοις τῆς ἀδικίας κατὰ τὴν τοῦ χρόνου τάξιν。

⑧ Burnet给出了一个更加平淡无奇的解释（*Early Greek Philosophy*, 4th ed., 1930, 53ff.），但在我看来，这种解释没有充分体现阿那克西曼德思想的高贵性及其哲学意义。

⑨ 参见Diels, *Vorsokratiker* I, Anax. Frg. 9。

⑩ 即使亚里士多德残篇60（Rose）中的俄耳甫斯教神话也不认为存在是有罪的。见A. Diès, *Le cycle mystique* (Paris 1909)。

了赔偿数额（τάττει）。[1]这位法官名叫时间。我们在梭伦的政治思想世界中已经见到过他，没人能逃出他的掌心。[2]当争议中的一方占的便宜太多，他必须交还所得，交给所获太少的另一方。梭伦的思想是：正义并不依赖人类和尘世的判决，也不来自神明惩罚的偶尔介入，就像赫西俄德的古老宗教所描绘的。相反，正义是在事件内部实现的平衡，因此无论哪种情况下都会到来，这种不可回避性正是“宙斯的惩罚”或“神明的报复”。[3]阿那克西曼德则远远超越了上述思想。他认为这种永恒的平衡不仅存在于人的生命，也存在于整个世界，影响着一切存在。在人类世界实现的内在正义让他相信，和人类一样，自然万物的力量和矛盾同样服从于内在的正义秩序，并由此完成自己的兴起和灭亡。

从现代眼光来看，这种形式似乎宣告了自然普遍规律性的宏大思想。不过，它并非关于我们今天科学抽象意义上一成不变的因果过程。阿那克西曼德的话所要表述的更多是世界准则，而非现代意义上的自然法则。认知自然事件的这种准则具有直接的宗教意义。[4]此类认知并非纯粹 219
描绘事实，而是在为世界本质辩护。通过它们，世界成为大写的“宇宙”（Kosmos），也就是万物的正义集合。[5]它通过不断和不可逃避的形成与衰亡获得意义，对于幼稚人类的生命要求而言，这是存在中最无法理解和难以忍受的。我们不知道阿那克西曼德本人是否在上述意义中用过“宇宙”一词。如果残篇是真的，那么他的后辈阿纳克西美尼这样用过。[6]但从事实来看，尽管与后来的意义不尽相同，秩序理念原则上就是阿那克西曼德

---

① 这里的τάξις并非像Diels翻译的那样表示“秩序”（Ordnung），而是显然带有主动意义，表示确定价格、惩罚或贡品（τάττειν），另见安多基德斯（Andocides）4. 11，修昔底德1. 19，希罗多德3. 97。这种主动意义上的τάξις表示法令。见柏拉图，《法律篇》925b和《政治家篇》305c，“违反立法者的法令”（παρὰ τὴν τοῦ νομοθέτου τάξιν）。

② 见本书第154页。

③ 梭伦，残篇1. 25；30。

④ 在一份关于阿那克西曼德残篇的未刊印演讲稿中，我对这种解释提出了更多理由（见*Sitz. Berl. Akad.* 1924, p. 227）。

⑤ 在柏拉图的《理想国篇》中，国家是人类灵魂“大写的”结构。而阿那克西曼德的世界观倾向于把宇宙看作“大写的”社会秩序（κόσμος）。不过，这只是一种倾向，因为是赫拉克利特完全看清了前辈哲学中的这种类比，并将其系统化。关于赫拉克利特对人类和神性法则的观点（指统治宇宙的法则），见残篇114（Diels）。

⑥ 阿纳克西美尼，残篇2。K. Reinhardt怀疑其真实性。

描绘的在自然事件中永远发挥统治作用的正义。我们由此有充分理由将阿那克西曼德的宇宙观看作内心对宇宙的发现。因为这种发现只能在人类精神深处实现。它无关望远镜、观星台或者任何其他纯粹的经验性研究。无尽世界的观念（该传统同样被归于阿那克西曼德名下）也来自同样的内心直觉。[①]哲学的宇宙思想无疑隐含了对传统宗教观念的背离。不过，这种背离也催生了存在是神圣的这种伟大的新观念，尽管那代人强烈地感受到对无常和毁灭的恐惧，就像诗人所描绘的。[②]

这种精神事实包含了无数哲学发展的萌芽。直到今天，宇宙的概念仍然是我们对世界的理解中最根本的范畴，尽管它在现代自然科学中的使
220 用日益失去最初的形而上学意义。但在希腊人的教化方面，宇宙概念让早前的自然哲学变得如象征般简洁明了。梭伦关于罪责的伦理-正义概念源于史诗中的神义论，[③]而阿那克西曼德的世界正义也提醒我们，作为新思想的基础，希腊人的原因（αἰτία）概念最初等同于罪责概念，后来才从法律责任转而表示自然的因果性。与这个思想过程密切相关的是，宇宙、正义和惩罚（Tisis）等法律概念也同样被转用于自然事件。[④]阿那克西曼德的残篇让我们深入了解了因果问题如何从神义论问题中诞生。他的正义标志着城邦被投射到世界的过程的开始。[⑤]不过，我们还没有发现米利都思想家们明确指出人类的世界与生命秩序和非人类存在的“宇宙”有何关系。[⑥]这种关系与他们的疑问方向不同，他们的问题暂时与人无关，仅限于研究万物的永恒起源。不过，由于人类的存在秩序被他们用作解释自然

---

① 在本书第一版中，我和M. A. Cornford一样怀疑这种归属的真实性；但R. Mondolfo的理由说服了我，见*L'infinito nel pensiero dei Greci* (Florence 1934) 45ff.。

② 见阿那克西曼德15（Diels）。对于这点，我必须先行提一下我尚未出版的*The Theology of the Early Greek Philosophers* (The Gifford Lectures, 1936, St. Andrews)，书中将有一章专门分析米利都派哲学的神学内容。

③ 见*Solons Eunomie (Sitz, Berl. Akad.* 1926), 73。

④ 将惩罚的概念从法律和政治领域转移到物质宇宙中不是由某位哲学家一举完成，而是在希腊人关于因果问题的思想中长期作为基本观念，就像古典希腊的医学作品——所谓的《希波克拉底文集》（*Corpus Hippocraticum*）所展现的。因果关系在该作品中始终以阿那克西曼德和赫拉克利特意义上的赔偿与惩罚形式出现。见本书关于医学的章节，第三卷，第422页起及注释。

⑤ 赫拉克利特迈出了下一步；见上页注释⑤和本书第193页起。

⑥ 正是赫拉克利特试图表明，为何对人类生活的理解必须放在新的伊奥尼亚自然哲学背景下，以及整个生活如何被其改变。见本书第193页。

的例证，他们所创造的宇宙观从一开始就包含了未来新和谐的萌芽，将永恒存在同人类的生活世界及其价值统一起来。

萨摩斯人毕达哥拉斯也是一位伊奥尼亚思想家，尽管他活跃于南意大利。他的思想类型和他的历史形象一样难以确定。他在传统中的形象随着希腊文化的发展而不断改变和交替，包括科学发现者、政治家、教育者、教团奠基者、宗教创始人和行神迹者。[①]赫拉克利特轻蔑地称他为像赫西俄德、色诺芬和赫卡泰俄斯那样的万事通，[②]但这种评价显然别有意味，就像被提到的其他几位。比起阿那克西曼德思想的伟大完整性，融合 221
了不同性质元素的毕达哥拉斯思想显得怪异和不可捉摸，无论我们如何看待这种糅杂。将他描绘成某种医者的新说法毫无认真反驳的必要。对博学的指责让我们确信，后来“所谓的毕达哥拉斯派”（亚里士多德语[③]）有理由认为自己的科学［为了与伊奥尼亚的“天象学”相区别，他们一直称自己为“数学”（Mathemata），即“求知”之意］源于亚里士多德。这个非常笼统的名字实际上包含了截然不同的东西：算术与几何基础，声学入门和音乐理论，时人关于星体运动的知识。对毕达哥拉斯本人而言，当然还有米利都自然哲学的知识。[④]此外，有证据表明毕达哥拉斯本人与令我们完全意想不到的灵魂转世思想（与俄耳甫斯教派有关）存在联系，希罗多德甚至指出那是早期毕达哥拉斯派的特点。[⑤]希罗多德坚信，他建立的团体具有教团特征。这个教团存在了超过500年，直到公元前5世纪末才因

① 关于古代对毕达哥拉斯其人和思想特点的各种看法，见J. Burnet, *Early Greek Philosophy*, 4th ed., pp. 86–87。

② 赫拉克利特，残篇40。在赫拉克利特那里，πολυμαθίη（万事通）与νοῦς（思想，理智）相对。

③ 见Erich Frank, *Plato und die sogenannten Pythagoreer* (Halle 1923); J. Burnet, loc. cit. 86。

④ 参见亚里士多德，《形而上学》，1. 5. 985b23。柏拉图在《理想国篇》第七卷中把“数学”（mathemata）作为对卫兵们的预备教化，包括算术、几何、立体测绘、天文学和音乐。他用当时存在于南意大利的毕达哥拉斯派的传统把它们联系起来（见本书第三卷，第746页起），该传统很可能来自毕达哥拉斯本人。宇宙学也是毕达哥拉斯体系的一部分，这不仅可以清楚地从带有菲洛拉俄斯（Philolaus）和阿尔库塔斯（Archytas）等毕达哥拉斯主义者名字的残篇（引起过很多争论）中看到，也体现在柏拉图选择了一位南意大利的毕达哥拉斯主义者——洛克里人蒂迈欧（Timaeus）作为其宇宙学作品《蒂迈欧篇》的代表人物。

⑤ 希罗多德，4. 95；参见2. 81。

政治迫害和打击于南意大利消亡。[1]

毕达哥拉斯把数字理解成万物的本原，这在严格遵照几何对称的阿那克西曼德宇宙观中便初见端倪。[2]我们不能从纯粹的算术角度理解它。根据传统说法，这种观点源于对自然规律性的新发现，即音高与琴弦的长度间存在比例关系。[3]不过，要把数字的统治扩大到整个宇宙和人类生活的秩序，他需要最大胆地把那个观察普遍化，米利都自然哲学中数学的象
222 征意义无疑为其提供了支持。毕达哥拉斯的理论与我们今天所理解的作为自然科学的数学毫无关系。数字在其中的含义要丰富得多，它们并不意味着将自然过程还原成可计算的数量，不同的数字代表了性质上完全不同的事物，如天空、婚姻、司法和时机等等。[4]反过来，数字与存在的等同只出现在理念中，当亚里士多德表示，毕达哥拉斯派认为万物由物质意义上的数字组成时，他错误地将其进行了物质化。[5]但亚里士多德也表示，他们相信数字与万物有许多相似之处，而且是比被此前的思想家视作万物来源的火、水和气更重要的原则，这种解释更接近毕达哥拉斯派的思想动机。[6]我们关于毕达哥拉斯派观点的最重要表述来自哲学发展的较晚阶段：晚年柏拉图令人意外地试图将他的理念还原成数字。为此，亚里士多德批评了用纯粹的数量来解释性质的做法。我们可能觉得他的批评几乎毫无意义，但有人正确地指出，希腊人的数字概念中从一开始就包含了性质元素，而纯粹数量的抽象观念是后来才逐步出现的。[7]

希腊数词里无疑隐藏着形象元素，如果能够找到它们，我们也许可以更好地解释数词的来源及其值得注意的各种语言形态。同样地，通过同时代人的高调表述，我们可以理解毕达哥拉斯派为何如此看重数字的

---

① J. Burnet，前揭书，第90页起。

② 见本书第168页。

③ 关于对全部原始材料的讨论，见Eduard Zeller, *Philosophie der Griechen* I, I, 401–403 (5th ed.)。

④ 亚里士多德，《形而上学》，1. 5. 985b27。

⑤ 亚里士多德，《形而上学》，1. 5. 986a15起。

⑥ 亚里士多德，《形而上学》，1. 5. 985b27起。参见同上，985b23，这些“毕达哥拉斯主义者”被认为与留基伯、德谟克利特和阿纳科萨格拉生活在同一时代或更早，由此接近了毕达哥拉斯本人的时代（公元前6世纪）。亚里士多德有意回避提到他，《形而上学》1. 5. 986a30的例外是插补。

⑦ 不过，J. Stenzel并未关注毕达哥拉斯派，见*Zahl und Gestalt bei Platon und Aristoteles* (2nd ed., Leipzig 1933)。

力量。埃斯库罗斯笔下的普罗米修斯表示，数字的发明是其教化智慧的杰作。[①]数字的统治地位在不同的重要存在领域被发现，这为研究世界意义 223
的精神开辟了新的道路，使其意识到万物本身埋藏了自然的准则。人们必须注意这些准则，并被要求以在我们看来儿戏般的思考将每个事物还原成数字。具有持久和无尽价值的知识在实践中常常同滥用紧密地联系在一起。所有理性思想的兴起阶段都会出现对自我的大胆高估。在毕达哥拉斯思想面前，不存在无法最终被解释成数字的东西。[②]

伴随着数学，希腊教化中出现了一种本质上全新的元素。它的不同分支最初独立发展。各分支的教育价值很早就已被认识到，但直到较晚的阶段，它们才开始相互影响，并结合成整体。后世传说般的传统有力地突出了毕达哥拉斯作为教育者的意义。柏拉图无疑是这方面的榜样，新毕达哥拉斯主义者和新柏拉图主义者纷纷效法，对毕达哥拉斯的生平和作品进行了随心所欲的描绘。现代人关于该主题较为详尽的作品几乎都只是来自古代晚期不加甄别的训世智慧。[③]不过，此类观点仍然包含了一些历史事实。它们并非纯粹的个人生活历程，而是表现了一种教育精神，它植根于我们的传统中由毕达哥拉斯所代表的新知识。数学研究的规范性方面尤其能够说明这点。只需回想一下音乐对古希腊教育的意义以及毕达哥拉斯思想中数学与音乐的关系，我们就会看到，对声音世界的数字规律的认识必将马上带来关于音乐教育作用的首个哲学理论。从此，毕达哥拉斯确立的 224
音乐与数学的关系将一直成为希腊精神的固定财富。

通过这种联姻产生了对希腊人的创造性思想影响最为丰富和深远的概念。现在，新的规范性知识之河一举灌溉了存在的全部领域，上述概念显然是它的源头。公元前6世纪是所有希腊精神中的奇妙基本概念奠基的时代。对我们来说，它们就像希腊精神最深刻特质的象征，看上去与其本质不可分割。它们并非从一开始就存在，而是作为历史必然性的结果出

---

① 埃斯库罗斯，《被缚的普罗米修斯》，459，ἀριθμόν ἔξοχον σοφισμάτων。

② 见亚里士多德，《形而上学》，1. 5. 986a1起。

③ 我们关于毕达哥拉斯生平和学说的翔实而传奇性的描绘来自新毕达哥拉斯主义者，即他的两位后世传记作者波菲利和扬布里克斯。一些把毕达哥拉斯当作教育者的现代论文误把这些古代晚期作者告诉我们的毕达哥拉斯的情况当成了历史事实，比如O. Willmann, *Pythagoreische Erziehungsweisheit*。

现。对音乐结构的新认识是这场发展中的决定性时刻之一。人们从中得出了和谐与节奏的知识，仅这点就足以让希腊人在人类教育史上获得不朽的地位。在各个生活领域使用这些知识的可能性几乎是无尽的。就像在梭伦正义信仰的完备因果性中那样，这里又出现了第二个严格规律性的世界。阿那克西曼德把宇宙看作万物的秩序，由颠扑不破的绝对正义准则所统治。而毕达哥拉斯的宇宙观则把和谐描绘成这种秩序的原则。[①]前者看到了事件在时间中的因果必然性（表示存在的“正义”），而和谐理念则更多意识到宇宙法则的结构方面。

和谐表现为部分与整体的关系，它的背后是比例的数学概念。希腊人认为，比例可以通过形象的几何形式得到呈现。世界的和谐是一个复杂的概念，不仅包括音乐的意义，即美妙声音的共鸣，也表示严格的数字关
225 系、几何规律和结构组成。和谐思想对后世希腊人生活的各个方面产生了无限的影响，涉及雕塑和建筑艺术、诗歌和修辞、宗教和伦理。各地的人们都意识到，即使在人的生产和实践行为中也存在严格的“适当准则”（πρέπον, ἁρμόττον），人们无法不受惩罚地僭越它，就像在正义面前那样。只有回顾了这个概念对古典和晚期希腊思想各个方面的无限统治后，我们才能充分认识和谐的发现所产生的规范性影响。节奏、尺度和比例的概念与其关系密切，或者通过它获得了更为具体的内容。和秩序思想一样，和谐与节奏思想必须首先在“存在的自然”中被发现，然后才转移到人类的内心世界和生命结构的问题。

我们不清楚在毕达哥拉斯的灵魂转世理论中，数学和音乐思想间有何种内在联系。由于当时的哲学思想已经具有形而上学的性质，宗教信仰也伴随着源于非理性世界的灵魂神话侵入其中。我想在这里顺便谈谈与之相关的俄耳甫斯教思想，后者很可能是毕达哥拉斯灵魂观念的来源。后世哲学家们也或多或少受其影响。

当自然主义的解放力量在公元前7世纪赢得了围绕着精神生活结构的决定性斗争后，公元前6世纪不仅意味着严肃的哲学奋斗，也见证了宗教的强势兴起。俄耳甫斯教运动是对这场迟钝底层民众内心情感爆发的最有

---

① 见亚里士多德，《形而上学》，1. 5. 986a2起。

力见证之一。在寻找生命更高意义的过程中，它与理性思想有所契合，后者致力于从哲学上理解宇宙存在中的客观“世界准则”。不过，俄耳甫斯教信仰的教义内容确实无甚可观，现代人对其评价过高，而且先入为主地 226
认为它是救赎宗教，为此牵强地加入许多古代晚期的思想来迎合自己的想象。[①]但俄耳甫斯教的灵魂信仰中已经依稀可以看到新的人类生活情感和自信形式。与荷马的灵魂概念相反，俄耳甫斯主义包含了明显的规范性元素。对灵魂神性来源和不朽性的信仰要求人们在它处于与肉体相结合的尘世状态时保持其洁净。信徒认为自己有理由对生命负责。[②]我们在梭伦的作品中已经看到过责任思想。在那里，责任表示个体对整个城邦的社会职责。而在这里，我们遇到了伦理责任要求的第二个来源：宗教中的纯净理念。最初仅限于仪式的纯净思想现在转而被用于道德。不能把它和后来唯灵论的禁欲式纯净相混淆，后者认为肉体是罪恶的。不过，在俄耳甫斯教义和毕达哥拉斯派思想中已经有了某种克制禁欲的萌芽，特别是禁食一切肉类的规定。[③]灵魂被描绘成寄居于尘世必死者身上的客人，这导致人们粗暴地区分肉体和灵魂，标志着对肉体贬低的开始。俄耳甫斯教所说的保

① 比如Macchioro和之后的一些人，如O. Kern, *Die Religion der Griechen* (Berlin 1926–1938)。一些学者试图在假设前提下重建早期的俄耳甫斯教教义，关于对他们夸大其词的批判反应，见Wilamowitz's *Der Glaube der Hellenen* II (1932), 199，以及Ivan Linforth更新的作品*The Arts of Orpheus* (1941)。这些学者的反对声起到了令人冷静的效果，但在我看来，他们的否定态度走得太远。W. R. Guthrie更为温和，见*Orpheus and Greek Religion* (London 1935)。如果我们只接受可以通过可靠传统的回溯找到的某个自称为俄耳甫斯教的早期教派，那么我们的确找不到多少东西；但也许俄耳甫斯教的名字关系并不大，因为我们在这里感兴趣的是它的具体宗教类型和特征，是生活方式（βίος）和灵魂的神秘概念，无论它叫什么名字。

② 见E. Rohde, *Psyche*，第二卷，“俄耳甫斯教”一章；W. F. Otto, *Die Manen* (Berlin 1923), 3。

③ 柏拉图《法律篇》782c、欧里庇得斯《希波吕托斯》（*Hippolytos*）952起和阿里斯托芬《蛙》1032起把禁食一切动物性食物称作俄耳甫斯教生活的特征。后来的古代作家把同样的规则归于毕达哥拉斯，许多现代学者也照做了。但这个传统完全不可靠，尽管希罗多德在某些方面对俄耳甫斯教和毕达哥拉斯派“狂欢”的仪俗做了比较（2. 81）。见G. Rathmann, *Quaestiones Pythagoreae Orphicae Empedocleae* (Halis Saxonum 1933), 14ff.。阿里斯托克塞努斯（Aristoxenus，见第欧根尼·拉尔修，《名哲言行录》8. 20）否定了毕达哥拉斯禁食动物性食物传统的真实性。在这点上，他显然与当时的流行观点背道而驰。作为毕达哥拉斯派教条的奉行者，“毕达哥拉斯信众”（Pythagoristae）假装是毕达哥拉斯的真正追随者，他们的禁欲生活遭到了“新喜剧”作家们的嘲笑。［译按：毕达哥拉斯把追随者分成acoustici、mathematici和physici三类，只有最后一类才掌握真正的秘密教义，他们也被称为Pythagorei，而普通信众只是Pythagoristae。见Treuttel and Würtz, *The Foreign Quarterly Review*, 1843, p. 77。］但这正是阿里斯托克塞努斯所代表的毕达哥拉斯主义科学分支所质疑的。J. Burnet相信毕达哥拉斯派的禁欲传统，见*Early Greek Philosophy*中关于毕达哥拉斯的章节。

持洁净和玷污似乎完全可以从遵守和僭越城邦法律的意义上来理解。早期希腊的“神圣正义”中已经包含了纯净的概念。我们只需将它的适用范围扩大，俄耳甫斯教的纯净理念就能容纳现行法律的全部内容。当然，这绝非意味着将其变成现代意义上的公民伦理，因为希腊的法律源自神明，即使在以理性面貌出现的新形式中。不过，通过融入俄耳甫斯教的纯净理念，法律获得了从神性个体灵魂福祉出发的新基础。

俄耳甫斯教运动在希腊本土和殖民地获得了显而易见的迅速传播，
227 这只能被理解为它迎合了当时人们无法通过现有宗教崇拜满足的一种深刻需求。此外，当时新出现的其他宗教潮流也展现了个人宗教需求的增长，如酒神崇拜力量的迅猛增长，或者德尔斐的阿波罗教诲。阿波罗与狄俄尼索斯在德尔斐被并置崇拜，这一直是宗教史上的谜，但希腊人显然感觉到这两个截然相反的神明具有共同点。在我们看到它们比邻而居的时代，两者的共同点是对信众内心的影响方式。[①]没有其他哪位神明像他们那样深入个人行为。我们有理由相信，若非动摇一切良好公民秩序（Eukosmie）和让灵魂沸腾的狄俄尼索斯式激动首先耕好了土地，阿波罗精神的有度、有序和清醒的力量将很难如此深刻地感动人们。德尔斐宗教在当时如此充满内在活力，以至于它证明自己有能力吸引希腊民族的一切建设性力量为其服务。无论“七贤”还是公元前6世纪的最强大国王与僭主们都把这位神明的预言视作最重要的正确建议。公元前5世纪，品达和希罗多德受到了它最深刻的影响，并成为其主要的见证者。虽然即使在公元前6世纪的繁荣时期，永久性的宗教文献中也找不到关于它的记录，但这种希腊宗教作为教育力量的影响力在当时达到顶峰，远远超越了希腊的边界。[②]关于尘世智慧的著名箴言被献给阿波罗，因为它们看上去就像在响应那位神明的智慧，而神庙大门上的“认识你自己”则提醒着进入者，用符合那个时代独特精神的立法式短句表达了“节制”（Sophrosyne）的教诲，即注意人类的限度。

① 狄俄尼索斯通过他使人狂喜的宗教力量影响人心，阿波罗则通过道德教诲和智慧。

② 关于德尔斐阿波罗的宗教宣传的道德影响，见 Wilamowitz *Der Glaube der Hellenen* II, 34ff.。在第38页，Wilamowitz把德尔斐的神明称作教育者，因为他关于净化仪式的规诫和生活规则与此相关。

如果把希腊人的这种节制看作天性，看作永远不会被破坏的和谐本质，那么我们就没有很好地理解它。想要认清它，我们只需自问，为何它 228
当时在如此迫切的要求下出现，为何在它的脚边突然重新出现了各种深不可测的存在深渊，特别是人类内心的深渊。阿波罗的有度并非要求庸人般的安定和满足。有必要为人类个体的自我放纵筑起堤坝，因为对神明犯下的最严重罪行是“不像凡人那样思考”，[①]而追求过高。“狂妄”（Hybris）最早是属于尘世法律领域的完全具体的概念，仅仅表示正义（Dike）的反面，[②]但现在扩展到了宗教方面。它还包括人类在神明面前的贪婪，新的“狂妄”概念成了当时对僭主的宗教情感的经典表达。这也是那个词传入我们语言时的意思；除了神明的嫉妒，它长久以来还最有力地展现了希腊宗教中更广泛的内容。凡人的幸福就像时光般无常，人类的思想也不该期冀过高。

但人类对幸福的追求在自身内心世界找到了走出这种悲观思想的道路，无论是狄俄尼索斯式陶醉的自我沉迷（作为对阿波罗式有度和约束的补充），或者接受俄耳甫斯教的信仰，认为人类最好的部分是“灵魂”，而灵魂注定将拥有更高贵和纯净的命运。当寻找真理的精神以清醒而严肃的目光审视自然的深处，把永不停止的兴亡画面呈现在人类眼前，并将之描绘成由无视人类及其渺小存在的世界法则统治，其更加坚不可摧的“正义性”远远超越了人类短暂的幸福时，内在的反作用力会在人类心中觉醒，他们将开始相信自己的神性命运。灵魂（任何自然研究都无法在我们体内确定和捕捉到它）被说成是这个好客世界中的异乡人，并在寻找永恒的家
园。天真者的幻想描绘了充满感官快乐的彼岸来生，高贵者的精神则努力 229
不被世界的旋涡吞没，希望在走完自己的道路后获得救赎，但两者都确信自己拥有更高贵的命运。来到彼岸时，虔诚的信徒将承认自己一直以来所奉守和视作生命基础的信仰，在那个世界的门前说出暗号——“我也是神

① 品达，《科林斯地峡凯歌》，4. 16，《尼米亚凯歌》9. 47；埃庇卡摩斯（Epicharmos），B20（Diels，*Vorsokratiker*，第一卷）等。

② 在荷马和赫西俄德的作品中都表示这个意思。

的族类”。[①]我们多次从南意大利的墓穴中发现充当死者彼岸之旅通行证的俄耳甫斯教金箔，这句话被作为证明镌刻其上。

在人类个性意识的发展中，俄耳甫斯教的灵魂概念是关键阶段。柏拉图和亚里士多德认为精神具有神性，[②]并区分了纯粹的感官之人与真正的自我，实现后者是人的天职。如果离开了灵魂概念，我们将无法理解这种哲学观念。只需以像恩培多克勒这样深受俄耳甫斯教神性意识影响的哲学家为例，我们就能看到这种新的宗教与哲学思想问题的持续亲密关系，毕达哥拉斯第一个体现了这点。恩培多克勒在他的俄耳甫斯主义诗歌《净化》（Reinigungen）中赞扬了毕达哥拉斯。[③]俄耳甫斯教的灵魂信仰与伊奥尼亚的自然哲学在恩培多克勒的作品中相互渗透。两者的结合极富启发性地表明，这两种观念体系如何能在同一个人身上相互补充。作为这种补充的象征，恩培多克勒描绘了灵魂如何在元素的旋涡中被抛来抛去：气、水、土和火把它撞开，向彼此投掷它。“现在的我就是这样，被神明驱逐和迷途的四处流浪者。”[④]自然哲学的秩序中没有灵魂的合适位置，
230 但它通过宗教自我意识得到了拯救。只有将灵魂与哲学秩序思想联系起来（就像在赫拉克利特那里[⑤]），后者才能够充分满足虔敬者的形而上学需求。

活跃于希腊西方殖民地的科洛丰人色诺芬尼是又一位移居海外的伟大伊奥尼亚人，但他不再属于严格的思想家行列。米利都自然哲学源于纯粹的研究。当阿那克西曼德将自己的学术编集成书时，他的思辨已经开始转向公众。毕达哥拉斯创立的团体将实现导师的生命准则作为目标。这是

---

① Diels, *Vorsokratiker* (ed. 5) I, 15; Orpheus frg. 17ff. 诚然，这些金箔的年代要晚近得多，但它们的出土地南意大利在几个世纪中都是这种宗教信仰的大本营。此外，很可能存在从公元前6世纪持续到前3世纪（佩特里亚金箔的年代）的连续传统，因为我们必须考虑宗教仪俗和信仰的保守，以及这些“灵魂通行证”背后的宗教同早期俄耳甫斯教信仰的同一性，它们相信灵魂具有神性起源，并将回归天界。

② 柏拉图的《斐多篇》和《理想国篇》非常清楚地展现了这种信仰；关于亚里士多德，见失传的对话《欧德摩斯》（*Eudemus*）和《论哲学》（Περὶ φιλοσοφίας），以及拙著 *Aristotle*, 40ff., 45, 159。

③ 恩培多克勒，残篇129（Diels）。

④ 恩培多克勒，残篇115，23。

⑤ 见本书第196页。

教育活动的萌芽，与哲学理论截然不同。不过，哲学理论的批判对所有流行观念具有深刻影响，不可能把它和其他精神生活隔绝。自然哲学受到同时代的城邦和社会运动最有益的激励，也从多方面回馈了接受它的人。色诺芬尼是诗人，在他身上哲学精神支配着诗歌。这明白无误地标志着哲学精神开始成为教化力量，因为诗歌仍然像过去那样是民族教化真正的表达方式。哲学均衡地作用于人的理智和情感，它的全部影响体现在追求诗歌形式和对精神主导权的要求。刚刚从伊奥尼亚传来的散文体形式仍在逐步扩大自己的影响范围，尚未取得同样的反响，使用方言让它们只和狭窄的圈子联系在一起，而使用荷马语言的诗歌则是泛希腊的。泛希腊式影响正是色诺芬尼为自己的思想所追求的。就连巴门尼德这样的严肃概念思想家或者恩培多克勒这样的自然哲学家也都采用赫西俄德的教诲诗形式。他们可能受了色诺芬尼的做法鼓舞，后者虽然既非真正的思想家也从未写过关于自然的教诲诗（尽管有多首作品被归于他名下），①但不失为用诗歌展现哲学思想的先驱。通过哀歌和新的六音步讽刺诗（Silloi），他让伊奥尼亚 231
自然学的启蒙观点变得广为人知，②并表现出与主流文化公开斗争的思想。

主流文化首先指的是荷马和赫西俄德的作品。色诺芬尼亲口说过：自古以来，所有人都受教于荷马。③因此，在为新式文化而展开的斗争中，

① 关于被归于色诺芬尼名下的教诲诗，见Burnet, *Early Greek Philosophy*, 115。我写下这些文字后，K. Deichgraeber发表了*Xenophanes* Περὶ φύσεως (*Rhein. Mus.* 87)。他在文中试图证明存在一首色诺芬尼所写的自然哲学教诲诗。我在尚未发表的*The Theology of the Early Greek Philosophers* (Gifford Lectures 1936)中更准确地分析了该问题，我必须将此书推荐给读者。Deichgraeber本人在文中承认（第13页），尽管亚里士多德和忒奥弗拉斯托斯是古典时代最乐于研究早前思想家历史的两个人，但他们根本没有把色诺芬尼归于自然学家的行列，而是将其视作神学家。诚然，后来的两位语法学家——马洛斯的克拉提斯（Crates of Mallos）和波吕克斯（Pollux）引用过一首色诺芬尼的六音步诗歌，他们称其为Περὶ φύσεως。但这首诗的性质和规模并不必然与恩培多克勒或卢克莱修的《论自然》史诗相同，特别是因为古人似乎喜欢非常随意地使用该标题。这种观点得到了现存残篇的确证。在我看来，Diels的*Vorsokratiker*中列出的色诺芬尼Περὶ φύσεως名下残篇中有一部分属于六音步讽刺诗，和关于自然科学的诗歌关系不大。

② 他的六音步讽刺诗将矛头指向了所有哲学家和诗人；见色诺芬尼，A22、25。我不在这里讨论色诺芬尼与巴门尼德的关系，而是准备稍后在其他地方探讨它。K. Reinhardt在*Parmenides* (Bonn 1916)中驳斥了色诺芬尼是伊利亚体系创始人的传统观点，但我认为他没有理由将色诺芬尼视作巴门尼德的追随者。事实上，我觉得色诺芬尼的大众化哲学并非建立在任何特定体系之上，这甚至适用于他关于整个自然具有神性的主张。

③ 色诺芬尼，残篇10（Diels）。

荷马成了攻击的焦点。[1]哲学用对现象的自然和规律性解释取代了荷马的宇宙观。这种新世界观的伟大激发了色诺芬尼的诗性幻想。[2]在他看来，那意味着与荷马和赫西俄德所创造（借用希罗多德的名言）的多神和人神同形世界的决裂。[3]色诺芬尼声称，他们把一切可耻的东西加给了神，如盗窃、偷情和相互欺骗。[4]而被他作为新的真理热情宣扬的神明概念则与宇宙相契合。只存在唯一的神，[5]它的形态和精神都与凡人截然不同。它能看到、听到和思考一切。[6]只需通过纯粹的思考，它就能毫不费力地掌控一切。[7]它不像史诗中的神那样忙碌地赶来赶去，而是保持静止。[8]人类的妄想在于，他们认为神会降生，并拥有人的形态和衣着。[9]如果牛、马和狮子有手，能够像人一样画画，它们也会以自己为模板描绘神的形态和身体，将其画成牛和马。[10]黑人信仰塌鼻子和黑皮肤的神，色雷斯人相信
232 蓝眼睛和红头发的神。[11]人们把外部世界的所有事件看作神造成的，在它们面前瑟瑟发抖，但它们事实上是由自然原因引起的。彩虹只是彩色的云，[12]大海是一切水、风和云的源头。[13]“我们都来自土和水。”[14]“一切诞生和成长的东西都是土和水。”[15]“一切来自土，一切都将复归于土。”[16]文化不是神明给凡人的礼物，就像神话中说的那样。相反，人类自己通过探索找到

① 色诺芬尼，A1（第欧根尼·拉尔修，9. 18）；A22。

② 这在他本人的观点中显而易见，但与上页注释②中提到的事实并不矛盾，即他也攻击同时代哲学家（毕达哥拉斯？）。

③ 希罗多德，2. 53。根据他的说法，荷马与赫西俄德创造了希腊人的神谱，因为他们赋予了诸神名字（ἐπωνυμίαι）、荣耀和技艺，并指明了他们的形象（εἰδέα）。

④ 色诺芬尼，残篇 11 和 12（Diels）。

⑤ 亚里士多德，《形而上学》，1. 5. 986b21—24；色诺芬尼，残篇 23（Diels）。

⑥ 色诺芬尼，残篇 23 和 24。

⑦ 色诺芬尼，残篇 25。

⑧ 色诺芬尼，残篇 26。

⑨ 残篇 14。

⑩ 残篇 15。

⑪ 残篇 16。

⑫ 残篇 32。

⑬ 残篇 30。

⑭ 残篇 33。

⑮ 残篇 29。

⑯ 残篇 27。

了一切，并且还在不断完善。[①]

上述思想均非新创。阿那克西曼德和阿纳克西美尼的思想在原则上与其并无区别，他们才是自然世界观的创造者。但色诺芬尼是这种世界观的热情先锋和信使。他不仅明白它们能够摧毁一切旧文化，而且看到了其在宗教和伦理上的创新力量。一边是对荷马宇宙和神明观缺陷的尖刻嘲讽，一边是建立更有价值的新信仰，两者在色诺芬尼那里相得益彰。正是新真理对人类生活和信仰的颠覆性影响使其成为新教育的基础。通过精神发展的逆向运动，自然哲学的“宇宙”现在成了人类集体之“法度”的原型，[②]政治伦理将在其中获得形而上学基础。

除了哲学诗，色诺芬尼还写过《科洛丰建邦》和《伊利亚殖民地建立》两首史诗。在前者中，这位居无定所的诗人（在一首诗歌中，他作为92岁的老人回顾了自己67年来不断漂泊的生活，这段生活可能始于他离开科洛丰前往南意大利[③]）为他的老家树立了纪念碑。[④]他可能还亲身参与了伊利亚的建立。无论如何，这首看上去属于客观题材的作品中包含了比通常更多的个人情感。[⑤]他的哲学诗完全出自其对振奋人心的新思想的个 233
人体验，这些思想被他从小亚细亚带到大希腊和西西里。有人把色诺芬尼描绘成诵诗人，在公开市场上吟诵荷马，但在小圈子里朗诵自己反对荷马与赫西俄德的讽刺诗。[⑥]这种想法完全是对传统的误读，不符合其个性的一致，后者在他留存下来的每个句子中都留下了明白无误的印记。他把当

① 残篇18。按照埃斯库罗斯《被缚的普罗米修斯》中的说法（506），普罗米修斯是一切技艺（τέχναι）的发明者。这种说法的基础是色诺芬尼关于人类亲自发明了文明的理念。普罗米修斯一直被有哲学头脑的读者正确地理解为人类的创造天赋，尽管他在埃斯库罗斯的戏剧中是真正的神明。一边是将特定的神明视作一切技艺的发明者，一边是认为人类自己在没有神明帮助的情况下创造了一切的冷静和理性的观点，埃斯库罗斯的神话版本介于两者之间。对埃斯库罗斯来说，普罗米修斯成了那种人类创造性和专制概念的神圣人格化。

② 色诺芬尼的两首较长哀歌展现了这点，残篇1和2。关于城邦的εὐνομίη和他本人的σοφίη的关系，特别见2. 19。

③ 色诺芬尼，残篇8。

④ 第欧根尼·拉尔修，9. 20（色诺芬尼，A1，Diels）。

⑤ 见上条注释。

⑥ Th. Gomperz将色诺芬尼描绘成流浪的荷马诵人，在闲暇时也公开吟诵自己的诗歌，见*Griechische Denker* (4. Aufl.), p. 129。这种想法可以上溯到第欧根尼·拉尔修9. 18（Diels, *Vorsokratiker*，第一卷，色诺芬尼，A1），ἀλλὰ καὶ αὐτὸς ἐρραψῴδει τὰ ἑαυτοῦ。但这句话并非相对于吟诵荷马，后者完全未被提及。这句话之前罗列了他写的各种诗歌，第欧根尼只（转下页）

时的公众活动作为自己诗歌的背景，就像那首著名的宴会诗所展现的。[①]它描绘了古代会饮的隆重场面，充满了最强烈的宗教庄严感。在诗人的描绘中，他看到的崇拜过程的每个小细节都被赋予了更加崇高的意义。会饮仍然体现了神明伟大行为和人类美德典范的崇高传统。色诺芬尼要求人们不要提及神明间的丑恶纷争以及提坦、巨人和半人马的战斗（其他诵诗人很喜欢在宴会上传唱这类古老的杜撰），而是对神明表示尊敬，保持对真正德性的鲜活记忆。[②]在另一首诗歌中，他给出了尊敬神明的理由。我们由此得知，他的现存作品中对传统神明观念的批判只是来自宴会诗。这些诗歌深受古代会饮活动的教育精神影响。他认为，在宴会上除了要维护德性，也要维护对神明新的纯粹虔敬和对宇宙永恒观念的认识。[③]哲学真理是他寻找真正人类德性的向导。

另一首关于同样问题的更伟大诗歌[④]也属于此类。它描绘了色诺芬尼为推行自己新的德性概念而展开的激烈斗争。这首诗是最重要的文化史档案，因此我们有必要对其详加讨论。它把我们带到了一个与诗人家乡伊奥
234 尼亚的宽松社会氛围完全不同的古老贵族社会。在这里，以奥运会上的胜利为代表的骑士男性理想的影响尚未削弱，就像同一时代品达的合唱诗曾经极其清楚地展现的，直到后来才逐步衰弱。米底亚人入侵小亚细亚和母邦陷落的命运让色诺芬尼流落到希腊西部这个完全陌生的世界，在背井离乡的70年里，他从未在那里扎根。他在踏足过的所有希腊城邦中留下了令人赞叹的诗句，他的新教诲让听众惊叹。他可能还列席过许多富人和要人的宴会，就像关于他与叙拉古僭主希隆（Hieron von Syrakus）的幽默对话所描绘的。[⑤]但作为思想者的他在这些地方都没有找到独立价值和社会的高度尊敬，就像他在家乡伊奥尼亚所享受到的：他总是孑然一身。

（接上页）是想说色诺芬尼不仅“写了”这些诗，而且在游历希腊各地过程中亲自“吟诵”它们，因为这的确很不寻常。ῥαψῳδεῖν一词仅仅表示“吟诵”，并不必然暗示荷马诵人的活动，至少在公元2世纪世风鄙俗化的希腊是这样。

① 色诺芬尼，残篇1（Diels）。

② 残篇1. 20。

③ 对神明的高尚和伟大抱有正确的看法是虔诚的一部分，因此也是ἀρετή的一部分。我们必须这样理解残篇1. 20—24。

④ 残篇2。

⑤ 色诺芬尼，A. 11（Diels）。

在希腊文化史上，我们从未更清楚地亲眼看到早期希腊贵族文化与新的哲学之人间不可避免的对立碰撞，后者第一次为了自己在社会和城邦中的位置而战，并提出了自己的人类教化理想，强烈要求得到普遍认可。竞技还是精神？在非此即彼中包含着这场攻击的全部力量。尽管攻击者看似必将在传统的坚固壁垒前折戟，但他的战斗口号听上去就像胜利欢呼，形势的进一步发展让他的自信变得有理由：它打破了竞技理想的专制。与品达不同，色诺芬尼没有从任何奥运会竞技胜利者的身上看到神圣德性，无论是摔跤或者拳击，赛跑或者赛车。[①]“城邦奖赏给竞技胜利者大量荣誉和礼物，但他声称，那些人比不上我，因为我们的智慧比男性和骏马的力量更重要！如此评价我们是个错误。把纯粹的身体力量放到智慧之前是不 235
正确的。因为无论城邦的公民中有多少出色的拳击手，或者五项全能和摔跤的胜利者，它仍然不会因此长久拥有法度（εὐνομίη）。无论在比萨的胜利给城邦带来什么欢乐，那都无法填满它的仓库。”[②]

为哲学知识的价值提出的这种理由让我们惊讶，但那只是再次最为清楚地指出，城邦及其福祉才是一切价值的真正衡量标准。如果色诺芬尼希望用哲学之人取代传统的男性理想，他必须强调这点。我们想起了堤耳泰俄斯曾在诗中提出，作为斯巴达的城邦美德，战场上的勇敢要无条件超过其他一切人类优点，特别是奥运会胜利的竞技德性。堤耳泰俄斯表示：“这是整个城邦共有的善。”在这句诗中，城邦伦理精神第一次对古老骑士理想提出了挑战。[③]随着法治城邦取代了旧有制度，正义又以城邦的名义被称赞为最崇高的美德。[④]现在，色诺芬尼也以城邦为名提出了自己的新式德性，那就是精神知识（σοφίη）。它取代了此前的所有理想，吸收了它们并使其从属于自己。正是精神力量创造了城邦的正义与法律，以及正确的秩序与福祉。色诺芬尼有意识地把堤耳泰俄斯的诗歌作为模板，在这种如此符合其目标要求的形式中加入了自己思想的新内容。[⑤]至此，哲学

① 见本书关于品达的一节，第215页起。

② 残篇2. 11—12。

③ 见本书第97页。

④ 见本书第113页起。

⑤ 见拙作*Tyrtaios* (*Sitz. Berl. Akad.* 1932), 557。

德性概念的发展终于实现了目标：勇敢、审慎和正义，最后是智慧——就连柏拉图也认为，它们是公民德性的典范。在这首哀歌中，色诺芬尼让“智慧”（σοφία）这种新的“精神德性”第一次提出了要求，它将在
236 哲学伦理中扮演非常重要的角色。[①]哲学发现了自己对人类（也就是城邦）的意义，就此迈出了从纯粹的真理观念到向人类生活提出批评与指导的步伐。

色诺芬尼并非原创思想家，但对那个时代的思想史而言是个重要人物。哲学与人类教化的历史由他开创。欧里庇得斯在抨击希腊人传统上过于看重竞技时使用了色诺芬尼的武器，[②]而柏拉图对荷马神话教育价值的批评也如出一辙。[③]伊利亚人巴门尼德属于第一流的思想家，但只有通过他的基本思想动机极其丰富和深远的历史影响，我们才能真正评价他在文化史上的地位。我们在希腊哲学发展的各个阶段都会遇到他，而且直到今天，他仍然是一种永恒哲学精神立场的主要代表。在米利都的自然哲学和毕达哥拉斯的数字思想之外，他带来了希腊思想的第三种基本形式，其意义超越哲学范畴，深刻影响了整个精神生活：那就是逻辑学。主导早前自然哲学的是其他精神力量：由理性引导和控制的幻想；希腊人对雕塑和建筑的出色感悟力，由此可以设法分析和归纳可见世界；通过人类生活来表现非人类存在的象征性思想。

阿那克西曼德的宇宙是关于秩序世界兴亡过程的形象感官画面，永恒正义统治着争执不休的矛盾。概念思想在其中仍然完全处于次要地
237 位。[④]巴门尼德的句子则具有严格的逻辑结构，充分意识到思路必须具有严格性。他现存的作品残篇是希腊语世界留给我们最早的有一定篇幅和

① 在柏拉图的政制哲学中，智慧是最高的德性，是《理想国篇》中统治者的德性。在亚里士多德的《伦理学》中，智慧是第六卷中所谓的“理智德性”（διανοητικαὶ ἀρεταί）中最重要的。

② 欧里庇得斯在失传的悲剧《奥托吕科斯》（*Autolycus*）中重复了色诺芬尼对运动员的攻击，见残篇282，Nauck（Diels，*Vorsokratiker*，第一卷，色诺芬尼，C2）。

③ 本书第三卷，第659—661页。

④ 不过，也许K. Reinhardt（他的书让我受益良多）的说法是正确的（*Parmenides* 253），他认为阿那克西曼德从“无限”的本性中推导出“不朽”和“不灭”等修饰语，是朝着巴门尼德以纯粹逻辑的方式从绝对存在的本质中推导出其修饰语迈出了第一步。我在1936年的吉福德讲座中进一步探索了该问题（见第172页注释②）。早期希腊思想中实证与思辨元素的糅杂值得我们关注。

内在联系的句集，这完全不是偶然。这种思想的意义只有通过思维过程本身才能得到可见和直接的体现，而非由其创造的静态画面。[①]巴门尼德向听众灌输自己基本学说的力量并非来自教条主义者的说服热情，而是学说中得到成功证明的思想必要性。巴门尼德同样认为知识是绝对的必然（Ananke）——他还称其为正义或命运，显然有意识地引用了阿那克西曼德的观点[②]——也是人类研究所能达到的最高目标。不过，当他提出正义牢牢束缚着存在而且从不松开，因此存在既不产生也不消亡时，他不只是为了表达与阿那克西曼德相反的观点，后者的存在表现为万物的产生与消亡。巴门尼德的正义让他的存在远离一切产生与消亡，使其静止地维持自身。这是一种存在概念中的必要性，被解释成存在的“正义要求”（Rechtsanspruch）。[③]他再三强调：存在者存在，不存在者不存在；存在者无法不存在，不存在者无法存在。[④]上述句子表达了巴门尼德思想的约束条件，这源于他对逻辑矛盾无法解决的认识。

这种纯粹思维式理解模式中的必要性是主导这个伊利亚人哲学的伟大发现。它决定了巴门尼德的思想完全以论战形式展开。在我们看来，表达他主要观点的句子发现的是逻辑法则，但对他来说，那无疑是实在和具体的知识，这让他与此前所有的自然哲学发生冲突。如果存在真的永远存 238
在，而不存在永远不存在，那么巴门尼德就会认定产生和消亡是不可能的，就像我们已经看到的那样。[⑤]但自然哲学家们对表象所展现的不同画面信以为真，允许存在从不存在中产生和在其中消亡。这是所有人在根本上所持的观点，因为他们都相信亲眼所见和亲耳所闻的东西，而不是诉诸思想，但只有思想才能带来可靠的确证。思想是人的精神耳目，不遵循思想的人就像瞎子和聋子，[⑥]让自己陷入无法走出的矛盾。他最终必然认为，

① 巴门尼德残篇8.12谈到了“确信的力量”（πίστιος ἰσχύς）。真理的核心不可动摇（ἀτρεμές，残篇1.29），纯粹的意见（δόξα）缺乏真正的说服力（1.30）。

② Ananké，残篇8.16（Diels）；diké，8.14；moira，8.37。亦参见频繁使用的χρή（必要）和χρεών（应当）。

③ 残篇8.14。

④ 残篇4、6和7。

⑤ 残篇8.3，8.13起和8.38。

⑥ 残篇6。

存在与不存在既是同一又非同一。①如果有人从不存在中推导出存在，那么起源就完全不可知，因为不存在的东西无法被认知：真正的知识必须有相应的对象。②因此，探求真理者必须远离产生与消亡的感官世界③（它诱导我们做出在思想中完全不可能的假设），转向在思想中可以理解的纯粹存在。“因为思想和存在是同一的。”④

纯粹思想的最大困难始终在于获得对思考对象的具体认识。在巴门尼德作品的现存残篇中，他试图从存在的严格新定义中导出一系列反映其本质的特点：这位哲学家称之为我们在由纯粹思想引导的研究道路上的路标。⑤存在并不产生，因此不会消亡，它是完整和唯一的，不可动摇、永恒、无所不在、统一、连贯、不可分割、同质，而且内部是无限和封闭的。可以非常清楚地看到，巴门尼德关于存在的所有肯定和否定谓词都参照了早期自然哲学，或者来自对后者思想前提细致的批判性分析。⑥在这里不便详加展开。不幸的是，对早期哲学了解的欠缺限制了我们理解巴门
239 尼德的可能。但可以确信，他肯定引用过阿那克西曼德，毕达哥拉斯的思想也可能成为他攻击的目标，尽管我们对此只能臆测。⑦在这里无法系统地阐释巴门尼德如何试图从自己的新视角出发对整个自然哲学进行彻底改造，也无法分析他的思想如何导致自己走入窘境。与这种后果展开较量的主要是巴门尼德的弟子，其中芝诺（Zenon）和麦里梭（Melissos）完全可以自成一家。

在巴门尼德看来，发现纯粹思想及其严格的思维必然性标志着打开了通往真理的新路，也是唯一走得通的“道路”。⑧研究的正确道路（ὁδός）这一比喻总是反复出现，尽管仍然是比喻，但已经几乎带有术语

① 残篇6.8。

② 残篇8.7起。

③ 残篇8.14。

④ 残篇5。

⑤ 残篇8。

⑥ 见K. Riezler *Parmenides*, 10ff.。

⑦ 这是几乎所有现代学者的共同观点。它部分基于πέρας（极限）和ἄπειρον（无限）的概念，部分基于巴门尼德关于δόξα的那段诗歌中对意见的攻击。

⑧ 残篇1.2、4、6、8.1。

的意味，特别是当正确道路与错误道路对比时，它的意思近于“方法”。[①]这种科学概念的根源便在于此。巴门尼德是第一个有意识提出哲学方法问题的思想家，并清楚地区分了后世哲学的两条主要道路：感知和思想。不属于思想道路的都只是“人的意见”。[②]一切幸福都取决于从意见世界转向真理世界。巴门尼德本人觉得这种转向有点粗暴和困难，但也是伟大和令人满足的。它给予了巴门尼德的思想表述巨大的活力和宗教般的热情，使其超越逻辑学的范围，具有了感动人的力量。因为那是追求知识之人的表演，他第一个摆脱了真理的感官表象，发现精神是理解存在整体性和统一性的工具。虽然这种认识的发展过程中仍然要面对如此之多的问题，但希腊人理解世界和教化人类的基本力量通过它得以展现。从人性研究到纯粹 240
思想的转变发人深省，巴门尼德的每行文字都充满了这种体验的活力。

这解释了他为何把自己的作品结构分成截然不同的“真理”和“意见”两部分。[③]一个古老的谜题也就此得到了解决，即巴门尼德的艰涩逻辑如何与他作为诗人的情感相统一。我们不应过于简单地相信，荷马与赫西俄德式的诗句完全有能力表现任何主题的讨论。巴门尼德之所以成为诗人是因为他热情地感受到，自己是一种由真理揭示的知识的承载者。这与色诺芬尼洒脱的个人登场有所不同：巴门尼德的诗歌充满了骄傲的谦逊，尽管他对待问题非常无情和严格，但他知道自己只是更高力量的接受者和赐福者，在其面前表现出敬畏。这首诗的序曲是对这种哲学灵感的不朽表白。[④]如果更仔细地分析它，我们会发现向真理前进的“知者”（wissenden Mannes）[⑤]来自宗教世界。文本的关键部分缺失，但我相信可以复原它。“知者”是受到召唤、目睹真理秘仪的知情者。我们应该从这种象征来理

① 见 Otfried Becker, *Das Bild des Weges und Verwandte Vorstellungen im frühgriechischen Denken* (Einzelschrift z. *Hermes*, Heft 4. 1937)。

② 残篇 8. 51。

③ 在 50—52（残篇 8），巴门尼德从仅涉及“真理”（ἀλήθεια）的作品第一部分过渡到关于“意见”（δόξα）的第二部分。

④ 残篇 1。

⑤ 残篇 1. 3。［译按：希腊语原文为 εἰδότα φῶτα。除了“人”，希腊语 φῶς 做中性名词时表示“光”。关于对巴门尼德诗歌中这个词的不同解读，见 Gloria Ferrari, *Alcman and the Cosmos of Sparta* (University of Chicago Press, 2008) 44ff.。］

解关于存在的新认识，[①]而引导他“不受伤害地”（我如此复原）抵达终点的是救赎的道路。[②]诗人使用了来自当时变得日益重要的秘仪世界的想象，这对哲学的形而上学意识非常重要。有人说对巴门尼德而言，比起严格的思想及其要求，神和感情无关紧要。[③]这种观念必须被彻底改变，因为对
241 他来说，思想及其所理解的真理本身具有某种类似宗教的意义。出于对自己更高使命的这种感情，他得以在诗歌的序曲中描绘了作为最早哲学家肖像的鲜活人类形象，即所谓的“知者”。在光的女儿引导下，他远离人类的小径，沿着通往真理之家的崎岖道路前进。

阿那克西曼德的启蒙教育立场让哲学贴近生活，而在巴门尼德那里，哲学最初远离人类事务的特点得到进一步放大，一切具体的个体存在和人都从他的存在概念中消失了。在这点上，以弗所的赫拉克利特实现了最完全的反转。长久以来，哲学史传统将他归入自然哲学家，把他视作本原的“火”与泰勒斯的“水”和阿纳克西美尼的“气”相提并论。[④]不过，这位“晦涩哲人”常常用警句般的谜样语言将深长意味蕴于简洁表达，这本可以避免其受到努力控制的热情被误认为是探究事实的研究欲。在赫拉克利特那里从来找不到关于现象的纯粹教诲性思考，甚至只是纯粹自然理论的影子。他的话语本身并非目的，我们对他的解读取决于更大的背景。赫拉克利特无疑深受自然哲学影响。对于真理、宇宙、不断上演的形成与消亡、无法穷尽的本原（万物从中诞生，又复归那里）、不断变化的存在形态经历的循环，自然哲学的相关观点大体上都是他思想的固定财产。

不过，为了获得对存在的客观看法，米利都思想家们和与之意见相左的巴门尼德（后者更为严格）都尽可能地让自己远离存在，并将人类世界从自然图景中抹去。而对赫拉克利特来说，人心是热情地感受和痛苦着

---

① 关于将知识比作秘仪启示，见希波克拉底法则（本书第三卷，第427页）。后来，柏拉图在《会饮篇》（210a和210e）中也用秘仪的比喻描绘对真正厄洛斯之崇拜的了解和启示方式；另见本书第三卷，第638—639页。

② 残篇1.3。知者通往真理的道路要经过“所有的城”（κατὰ πάντ' ἄστη φέρει εἰδότα φῶτα）是不可能的比喻。Wilamowitz的建议“延伸至一切的”（κατὰ πάντα τατὴ）也不尽如人意。我觉得“完全不受伤害地”（κατὰ πάντ' ἀσινῆ，我后来才发现Meineke已经提出过）无疑是不坏的建议。

③ K. Reinhardt, *Parmenides*, 256.

④ 这种解释可以上溯到亚里士多德，他在《形而上学》和《物理学》中把赫拉克利特视作最早的一位一元论者。这种观点的现代代表有Eduard Zeller、Th. Gomperz和J. Burnet。

的圆心，一切宇宙力量的半径在那里交汇。在他看来，宇宙统治下的世事 242
并非遥远而崇高的表演，精神会沉湎于对其的观察中并忘掉自身，成为存在的整体。相反，宇宙中发生的一切需要通过观察者。他意识到自己的一切言和行只是这种力量对其的影响，虽然大多数人并不知道，他们只是更高秩序手中的工具。[①]这就是赫拉克利特的伟大新发现。他的前辈已经描绘完成了宇宙的形象，[②]存在与产生的永恒冲突已经深入人心，现在一个极其不寻常的问题摆在人们面前：在这场冲突中，人类如何找到自己的位置？对米利都派多层次“研究”（Historie）日益加深的热情让赫卡泰俄斯和与他志向相投的同时代人凭借理智而幼稚的智慧不断如饥似渴地探究世界的新素材，获取古代不同国家、民族和传统的知识。而赫拉克利特则尖锐地表示：“万事通教不会理智。”[③]相反，他成了新哲学的创造者，其完全颠覆性的意义体现在一句意味深长的话中：“我研究我自己。”[④]没有哪句话更出色地表达了这种从哲学向人的转变——人在赫拉克利特那里享有优先地位。

没有哪位前苏格拉底思想家能像赫拉克利特那样引发我们个人的共鸣。他身处伊奥尼亚思想自由发展的最高峰，我们首先试图把上面引用的那句话理解为最高自我意识的证明。赫拉克利特出身古老的贵族家庭，他的高傲乍看之下仿佛是通过自身精神获得真正意义的贵族式傲慢。但他所说的自我研究并非对个人性格的心理探究，而是表示通过让灵魂回归自身 243
所开创的新认知世界，不同于此前已经存在的两条哲学道路，即精神-感官体验和逻辑思考。赫拉克利特的另一句话与他所说的自我研究密切相关：“你无法找到灵魂的边界，你能走多远，它的逻各斯就有多深。”[⑤]他的全部哲学都源于这种新的认知。

---

① 见赫拉克利特，残篇1（Diels）第二句和残篇2。关于赫拉克利特，见O. Gigon, *Untersuchungen zu Heraklit* (Leipzig 1935)。

② 赫拉克利特惯常使用Kosmos一词的方式（残篇30、75和89）显示出他从前人那里借鉴了这个概念。K. Reinhardt不同意这种观点，见前揭书，第50页。

③ 残篇40。对赫拉克勒斯而言，这种万事通（πολυμαθίη）的代表是赫西俄德、色诺芬尼、赫卡泰俄斯和毕达哥拉斯。

④ 残篇101：ἐδιζησάμην ἐμεωυτόν。

⑤ 残篇45。

赫拉克利特的逻各斯并非巴门尼德的概念思想（νοεῖν, νόημα），[1]后者纯粹的分析式逻辑与内在灵魂的无边界意象格格不入。赫拉克利特的逻各斯是一种知识，“言和行”都源于那里。[2]如果想为这种特殊的知识寻找例子，那显然不是告诉我们“存在永远不会不存在”的思想，而是“性格是人的命运”这样的句子所展现的洞见。[3]重要而值得一提的是，在他有幸留存至今的作品的第一句话里，[4]知识与生命的这种建设性关系就得到了表达。那句话中谈到了人类试图在没有逻各斯的情况下理解言和行，但只有逻各斯能教会人们“在清醒中行动”，而没有逻各斯的人将“在沉睡中行动”。因此，逻各斯可以提供一种新的“有知”生活，它涵盖了人的整个世界。赫拉克利特是第一个引入“明智”（φρόνησις）概念的哲学家，并将其与“智慧”（σοφία）并列。也就是说，他把存在的知识同对人类价值秩序与生命方式的理解联系起来，并有意识地让前者囊括后者。[5]他的话语采用先知式口吻，其内在必要性来自哲学家需要让凡人对自己睁开眼睛，向他们揭示生命的本原，把他们从睡梦中唤醒。[6]赫拉克利特的许多表达反复暗示了这种解释者和翻译者的角色。自然和生命是谜语，是德尔斐式的神谕，是西比尔式的预言，人们必须知道如何解读出它们的意
244 义。[7]赫拉克利特把自己看作解谜者，看作哲学家中的俄底浦斯，从斯芬克斯手中夺走谜语；因为“自然喜欢将自己隐藏”。[8]

① 关于巴门尼德作品中的νοεῖν和νόημα，见W. Kranz为Diels的*Vorsokratiker*所做的相关索引。

② 赫拉克利特，残篇1、73和112；ἔπη καὶ ἔργα, ποιεῖν καὶ λέγειν。需要注意的是，赫拉克利特的“知识”同时隐含了“言和行”；ποιεῖν在赫拉克利特作品中没有亚里士多德所指的意思，而是接近πράττειν；见残篇1中的ἔργα，赫拉克利特的φρονεῖν概念见本页注释⑤。Gigon对ἔπη καὶ ἔργα的解释无法令我满意，前揭书，第8页。

③ 残篇119。

④ 残篇1，参见本页注释②。

⑤ φρόνησις表示与行动相关的知识。赫拉克利特的“知识”始终包含这种关系（见本页注释②）。因此它不仅被称为νοεῖν和νοῦς（参见残篇114），也被称作φρόνησις和φρονεῖν；见残篇2，112，113，114和116。关于这个概念，见拙作*Aristotle* 65ff., 77, 81–84；σοφίη见残篇112。

⑥ “唤醒沉睡之人”的比喻属于先知式语言。参见赫拉克利特残篇1、73和75。关于赫拉克利特语言的总体情况，见B. Snell, *Hermes*, LXI, 353。另见Wilamowitz, *Hermes* LXII, 276。先知式语言的其他元素包括与“聋子”或“缺席者”的比较，见残篇34。

⑦ 关于西比尔，见残篇92；关于德尔斐神谕的语言，见残篇93；关于男童们提出的令荷马无法解答的谜语，见残篇56。

⑧ 残篇123。

这是哲学研究的新形式，是哲学家新的自我意识：只能通过内在体验所创造的话语和形象来表达。逻各斯也只能通过比喻得以界定。对赫拉克利特来说，他喜爱的“梦”与“醒”的对立能最清楚地表达逻各斯的普遍作用形式和它所发挥的影响。[①]他指出了逻各斯的一个使其不同于大众精神状态的本质特征：逻各斯是“共有的”（ξυνόν），是统一和同样的宇宙，只存在于“清醒者”中间。[②]而“沉睡者”拥有自己特别的梦中世界，但只是梦中世界而已。[③]我们不应把赫拉克利特式逻各斯的这种社会共有性简单理解成对其逻辑上普遍性的纯粹形象表达。共有性是城邦伦理中的最大优点，它吸收了个人的特别存在。乍看之下，赫拉克利特咄咄逼人的专断立场表现出了最强烈的个人主义，但现在被证明完全相反，那是他有意识地为了战胜摇摆不定的个人意志，后者将危及整个生命。人们应该遵循逻各斯，它代表了比城邦法律更高和更广泛的“共有”，那是人们生活和思想的基础，人们可以通过它让自己“变得强大”，“就像城邦通过法律变强”。[④]“人们就像具有个人理智般地生活。”[⑤]

由此可见，这里涉及的并非某种在理论上有缺陷的知识，而是关于人的整个存在及其不符合逻各斯共有精神的实践行为。和城邦一样，万物中也存在法则。这种独一无二的希腊思想至此第一次出现。希腊立法智慧 245
的政治教育思想也在其中获得了更大的潜力。只有逻各斯能理解赫拉克利特所说的神性法律，从后者那里“一切人类法律都受到滋养”。[⑥]赫拉克利特的逻各斯是作为秩序感知工具的精神。在赫拉克利特的意识中，阿那克西曼德宇宙观中的萌芽发展成了对自身及其在宇宙秩序中的影响和位置具有意识的逻各斯概念。在逻各斯中生活和思考着的恰好是作为生命和思想充满宇宙的“火”。[⑦]神性来源使其可以进入自然的神圣内部，它正是来自那里。在赫拉克利特之前的哲学发现了宇宙后，他把本质上完全由秩序决

① 见上页注释⑥。
② ξυνόν，参见残篇2.113和114。
③ 残篇89。
④ 残篇114。
⑤ 残篇2。
⑥ 残篇114。
⑦ 参见残篇30、31、64和65。

定的人也放进了新建立的宇宙结构中。为了按照这种本质生活，人需要自愿认识和遵循宇宙的法则。色诺芬尼把智慧称为最高的人类美德，因为那是城邦法治秩序的来源。① 而赫拉克利特为其统治辩护的理由则是，因为它教导人们在言行中遵守自然的真理及其神性法则。②

宇宙真理的合理统治超越了普通人的理解能力，赫拉克利特在关于对立和统一的原创学说中对此进行了解释。虽然对立学说在一定程度上与米利都自然哲学的具体自然观念有关，但它的生命力归根到底并非来自其他思想家的启发，而是对人类生命过程的直接体验，后者将精神和自然视作独特的复杂整体，成为完整生命体的两半。不过，“生命”不仅是人类的，也是宇宙的存在。只有将其理解为生命，这种存在表面上的矛盾才会消失。阿那克西曼德的宇宙思想将产生与消亡理解为永恒正义的平衡
246 性统治，或者更准确地说，将其视作万物在时间审判席前的诉讼，其中一方必须为自己的不义和贪婪向另一方做出赔偿。③ 对赫拉克利特来说，争斗绝对是“万物之父”。④ 正义只有在争斗中才能确立自己。毕达哥拉斯新的和谐思想在这里有助于理解阿那克西曼德的观点。“相互对抗者才会结合，从不同中产生了最美的和谐。”⑤ 这显然是统治整个宇宙的法则。作为战争的诱因，过剩和不足存在于整个自然。自然中充满了鲜明的对立：日与夜、夏与冬、热与冷、战与和、生与死上演着永恒的交替。⑥ 宇宙生活中的一切对立不断相互更迭。⑦ 它们相互补偿，以便维持诉讼的形象。宇宙的整个“过程”是一种交换（ἀμοιβή），一方的死总是另一方的生，道路永远起起伏伏。⑧ “在变化中停息。”⑨ “生者与死者、清醒与睡着、年轻和老年在根本上是同一的。这变成那，那再变回这。”⑩ “如果有人没听见我，

① 色诺芬尼，残篇 2 和 12。
② 赫拉克利特，残篇 1、32、112 和 114。
③ 阿那克西曼德，残篇 9（Diels）。见本书第 170—171 页。
④ 赫拉克利特，残篇 53；参见残篇 67。
⑤ 残篇 8。
⑥ 残篇 67。
⑦ 残篇 31 和 62。
⑧ 残篇 90。
⑨ 残篇 84。
⑩ 残篇 88。

而是听见了我的逻各斯，那么承认万物同一是明智的。”[①]赫拉克利特用弓和里拉琴来象征宇宙中的对立和谐。两者都通过“反向张紧的联结”实现功能。[②]当时的哲学语言无法表达张力的普遍概念，而是用比喻代替。[③]赫拉克利特的统一充满了张力。这种绝妙思想中所包含的生命直觉具有无限的影响。它在我们的时代第一次得到了正确的评价。

为了理解赫拉克利特对希腊人教化的新颖和本质意义，我们应该避免在这里进一步从哲学上解释对立与统一的学说，特别是完全忽略其与巴门尼德关系的难题。[④]与早前的思想家相比，赫拉克利特似乎是第一个哲学人类学家。他的哲学由三个同心圆组成，人的哲学是最里侧的那个：人 247
类哲学的周围是宇宙哲学，宇宙哲学周围是神学。事实上，这些圆永远无法彼此分开，很难想象人类哲学可以从秩序和神学中独立。赫拉克利特的人是秩序的一部分，和其他所有部分一样，他们本身服从于整体的法则。不过，如果凭借着自身精神领悟了所有生命的永恒法则，那么他们就能分享最高的智慧，神性法则正是来自后者的意旨。希腊人的自由在于，他们将自己作为组成部分纳入城邦的整体及其法律。这种自由不同于现代个人主义的自由，后者总是与超感官的共同点联系起来，人们通过它加入了一个高于尘世城邦的世界。赫拉克利特的思想所追求的哲学自由始终符合为城邦所维系的希腊人的本质，他们把自己看作同时包含一切存在的“集体”的组成部分，并服从其律法。[⑤]宗教意识要求为这一切寻找掌舵人，赫拉克利特也认同这点。“唯一的智慧既愿意也不愿被称作宙斯。”[⑥]虽然那个时代的希腊政治观念把一人统治视作僭主，但赫拉克利特的思想可以

① 残篇50。

② 残篇51；参见残篇10。

③ 里拉琴与弓的例子见残篇51，两者都具有这种张力。

④ 问题的很大一部分取决于对巴门尼德残篇6（Diels，4起）的解读，它在过去通常被认为指涉赫拉克利特的“反向和谐”（παλίντροπος ἁρμονία）学说。巴门尼德残篇6（9）中的“反向道路”（παλίντροπος κέλευθος）似乎影射了赫拉克利特著名的残篇51。K. Reinhardt在*Parmenides*中质疑了这种解读，因此也对Diels在*Vorsokratiker*中对前苏格拉底思想家的时间顺序提出疑问。但还有一个难题在于，即使不把巴门尼德的残篇6归于赫拉克利特（前揭书，第175页），我们是否有必要像Reinhardt那样颠倒两位思想家的关系，承认赫拉克利特的对立和谐学说是为了解决巴门尼德无法调和两者的问题。

⑤ 残篇114。

⑥ 残篇32。

将两者调和，因为法律对他而言并不意味着多数，而是来自最高的知识。“法律也是服从唯一者的意旨。”[1]

赫拉克利特对世界意义的探索标志着一种更崇高的新宗教的诞生，后者也是对最高智慧道路的精神理解。希腊人把基于上述理解的生活与行动称为“保持理智”（φρονεῖν），[2]赫拉克利特的先知式语言通过哲学逻各斯的道路将人们引向这种思考。最古老的自然哲学并未明确提出宗教问
248 题，其宇宙观描绘了一幅没有人类的存在画面。俄耳甫斯教填补了这个空白，当自然哲学似乎让人类陷入了万物兴亡的毁灭性旋涡时，它开始宣扬灵魂与神的亲缘性信仰。[3]不过，自然哲学的宇宙思想和统治这个宇宙的正义为宗教意识提供了结晶点。正在此时，赫拉克利特带着他对人的解释出现了，把人完全放在宇宙之中。另一方面，在赫拉克利特的灵魂概念中，俄耳甫斯教的灵魂宗教也登上了更高的台阶：通过和宇宙“永生之火”的亲缘关系，哲学灵魂得以认识神性智慧并置身其中。[4]就这样，公元前6世纪宇宙与宗教思想的对立在立于新世纪门槛处的赫拉克利特身上得以消除并实现了统一。我们在之前就注意到，米利都派的宇宙思想更多代表了一种世界准则，而非我们意义上的自然法则。赫拉克利特在其“神性律法”中将这种思想的特征提升为宇宙宗教，并在世界准则中为哲学之人的生活准则奠定了基础。

---

① 残篇33。

② 见第192页注释⑤。也许有人还记得，在埃斯库罗斯的悲剧中（《阿伽门农》176），φρονεῖν一词同样表示人们所能获得的最高宗教智慧。在悲剧中，人们通过受苦获得它。

③ 见本书第一卷，第175—176页。

④ 参见残篇36、77、117和118。

第10章

贵族的斗争与美化

关于伊奥尼亚文化对希腊本土和西方殖民地的影响，我们在前文中 249
的了解只是通过梭伦时代雅典的宗教与政治斗争，以及伊奥尼亚启蒙者色诺芬尼与大众宗教和希腊贵族男性竞技理想的激烈碰撞。上述理想的攻击者指责其狭隘而局限，认为持有它的社会阶层落后、粗暴和反智。但撇开外在力量，这些人仍然可以对新文化的冲击发起有力的精神反抗。不容忽视的是，整个希腊本土自梭伦（他接受了最多的伊奥尼亚思想）以降的诗歌创作构成了统一而热烈的反动画面。[1]作为公元前6世纪和公元前5世纪之交这场相反运动的主要代表，忒拜人品达和麦加拉人忒奥格尼斯（Theognis von Megara）充满了鲜明的阶级意识。他们的听众是贵族统治阶层，后者在政治上排斥并一直反对伊奥尼亚人的举动。但品达和忒奥格尼斯的贵族世界并非沉睡在不受干扰的平静中，而是被新时代的浪潮四处冲击，必须努力为自己的地位斗争。通过这种物质和精神上的存在斗争，贵族们对自身的固有价值做了深刻而激进的思考，我们将在上述两位诗人身上看到这点。尽管他们在精神上存在个人差异，在纯粹的艺术意义上也
不具可比性，但我们必须将两人放在这种视角下共同理解。他们的诗歌构 250
成了文化史上的整体，虽然品达的作品在形式上属于合唱抒情诗体裁，而忒奥格尼斯的属于箴言诗。这些作品体现了贵族的自我意识，他们带着最

① 这种现象不限于希腊本土，也出现在以外地区，就像米蒂利尼人阿尔开俄斯的例子所证明的；见本书第7章，第141页注释③。

强烈的情感看到了自身的独特优点，我们可以在真正意义上称其为那个时代的贵族教化理想。

通过这种对更高贵人类形象的有意识和权威描绘，希腊本土贵族在教育方面的力量和完善性显得远远优于伊奥尼亚人，后者在个人和自然问题上表现出相互矛盾的内在立场。与赫西俄德、堤耳泰俄斯和梭伦类似，品达和忒奥格尼斯也体现了上述有意识的教育传统，不同于伊奥尼亚人各种精神形式中所呈现的幼稚自然性。虽然两个如此难以统一的敌对世界的碰撞无疑促进了这种传统，但之所以有意识的希腊教育思想的真正伟大代表几乎没有例外地属于本土族群，上述碰撞既不太可能是唯一原因，也从来不是主要原因。作为更崇高的民族教化意志的源头，贵族统治和贵族文化在希腊本土持续了更长的时间，可能在根本上造成了这样的后果：任何新事物想要诞生，就必须提出与传统对立的特定理想和完备人类形式。从色诺芬尼向贵族思想发动的充满个人精神骄傲的论战中就能看到这点，仿佛那种思想早已过时。而品达和忒奥格尼斯则突然从贵族思想中获得了令人吃惊的新的道德和宗教力量。尽管我们永远无法忘记其阶级局限性，但它的根穿透表层土壤，进入了人性的深处，因此永远不会过时。但我们不应被其精神上的自我主张所表现出的顽强活力蒙蔽，忘记品达和忒奥格尼斯为之奋斗的是一个垂死的世界。两人的诗歌没有带来在现实政治意义上
251 的贵族复兴，而是在贵族遭遇那个时代新生力量的最大威胁时让他们的精神变得永恒，并将他们的社会建设性力量归入希腊民族的共同财富。

我们今天能获得关于公元前6世纪至公元前5世纪希腊贵族生活和社会状况的画面完全要归功于诗歌。而所有的造型艺术再加上数量极少的历史记录只是无声地描摹了诗人们向我们所展现的贵族内在本质。诚然，雕塑、建筑和瓶画艺术的证据在这点上也特别重要，但只有得到诗歌的指引并把它们看作诗歌理想的表达，那些证据才会向我们开口。我们还必须放弃社会发展的外在历史，因为我们手头只有关于那段历史的局部片段，只了解少数重要地点的少量重要事件。我们唯一能看清的仍然是希腊精神的过程，就像在其书面留存中所呈现的，无论其中存在多少空缺。忒奥格尼斯和品达成了该过程在完全不同意义上的两个最独特代表。新近被发现、

此前几乎不为人知的巴库里德斯（Bakchylides）这样的合唱抒情诗人恰恰证明，我们只需借助品达就能实现自己的目标。忒奥格尼斯可能是两名诗人中较早的那位，因此我们将首先介绍他。这样做的好处还在于，我们可以首先了解当时一部分贵族所处的艰难社会状况，这在忒奥格尼斯的诗歌中占据了显要地位。而品达则更多从宗教信仰和人类完美性的最高理想方面看待贵族文化。

忒奥格尼斯诗集的流传

首先，我们不可避免地要谈到忒奥格尼斯诗集的流传。这个问题非常棘手，而且其中几乎每个事实都存在争议，因此有必要明确解释本书所持的立场。[①]若非这位诗人的作品流传至今的方式能让我们深入了解希腊 252
文化中一个重要阶段的历史（与忒奥格尼斯对后世的影响密不可分），我本不会如此详细地讨论语文学内容，尽管那本身也非常有意思。

早在公元前4世纪，我们今天看到的被归于忒奥格尼斯名下的诗集（它的流传完全是机缘巧合）就已经大体形成。现代研究者为分析这部奇特的诗集做了大量学术工作，并展现了许多洞察力。诗集目前的形式经过了亚历山大语文学家批判之火的彻底浴炼，[②]但它在公元前5世纪和公元前4世纪的会饮场合曾发挥过实际用途。随着希腊“政治”生活这一重要分支的逐渐式微，它仅仅被作为文学奇书阅读和传播。它被冠以忒奥格尼斯之名，因为那位诗人的作品是这部诗选的基础，它还收录了更早和更晚（公元前7世纪到公元前5世纪）诗人的箴言与作品，全部用于在宴会上伴着笛声吟唱。对原文的多处变动和篡改表明，即使最著名的诗歌也会被唱走样。[③]诗人的选集不晚于公元前5世纪，这同样与贵族的政治地位沦丧有

---

① 在后文的讨论中，我不得不对R. Reitzenstein在*Epigramm und Skolion* (1893)和F. Jacoby在*Theognis* (*Sitz. Berl. Akad.* 1931)中表达的某些观点提出批评。见Josef Kroll, Theognisinterpretationen (Leipzig 1936)。

② 见Wilamowitz, *Textgeschichte der griechischen Lyriker* (Berlin 1900) 58。

③ 当然，想看出这点只能通过既被忒奥格尼斯诗集收录，又被独立保存在别的上下文中的其他诗人的作品。

关。这些诗歌显然首先在贵族圈子里继续传播，因为不仅是诗集中的忒奥格尼斯作品，其他许多片段也流露出强烈的仇视民众思想。我们最好设想它在克里提亚斯时代的雅典贵族社团中流传，关于雅典宪法的小册子就出
253 自那里，柏拉图也因自己的出身而与这些社团走得很近。他的《会饮篇》描绘了会饮与情欲关系的最崇高形式，[1]这种关系也清晰地体现在忒奥格尼斯诗集中，因为诗集所谓的第二卷（实际上是没有紧密关联的歌集）以情欲为对象，后者往往在此类场合被赞颂。

幸运的是，在试图甄别诗集中的忒奥格尼斯和其他诗人的作品时，我们不必完全依靠自身对风格和思想的敏锐感觉来区分不同创作者和时代的个体差异。可以看出许多段落出自留存至今的著名诗人作品，但对其他的我们只能满足于或多或少可靠的痕迹。忒奥格尼斯的作品位于诗集的开头，从结构上就几乎可以清楚地将其与摘自其他诗人的完全松散的句子区分开。他的作品同样没有内部联系，而是采用箴言集的形式，正是这种特点导致可能附加上其他人的作品。不过，忒奥格尼斯的箴言集具有内在的统一性。尽管每句箴言的外表相对独立，但从中可以看到思路的推进。他的作品还拥有序曲和结语，[2]清晰地将自己与后面的部分区分开。除了明白无误的鲜明贵族地主精神，另一个特征也对我们甄别真正的忒奥格尼斯作品提供了巨大的帮助：诗人反复称呼他心爱的年轻人，波吕帕俄斯（Polypaos）之子库尔诺斯（Kyrnos），并向出身贵族的后者传授自己的教诲。我们在赫西俄德写给佩尔塞斯的劝诫诗、短长体诗歌以及萨福和阿尔开俄斯的抒情诗中已经见到过这种称呼。由于忒奥格尼斯的教诲采用独立箴言的形式，他在作品中重复“库尔诺斯”和“波吕帕俄斯之子”的次数要多得多，尽管并非伴随着每句箴言。同样的形式也出现在古代北欧
254 的箴言诗中，被称呼者的名字每隔一定距离就会重新出现。库尔诺斯的名字出现在所有忒奥格尼斯的诗歌中，成了我们发掘后者真正作品时的向导化石。

---

① 见本书第三卷，第623—624页。

② 忒奥格尼斯诗集以阿波罗和阿耳忒弥斯颂开篇，并向缪斯和美惠女神乞灵（1—18）。结语位于237—254。诗人对朋友库尔诺斯承诺，他的诗歌会让后者不朽，让他的名字在大地和海洋上被广为传唱。

但这个名字不仅出现在我们所认为的忒奥格尼斯古老箴言集原先的结尾前，在附加的部分中也能见到。不过，它在前者中以很高的频率出现，而在后面的部分中只是零星见到，而且大多挤在一起。由此我们必然会猜测，如果这些零星的例证是真实的，它们可能引自原先完整的忒奥格尼斯箴言集。其中一些也出现在前面的古老箴言集中，这在同一部诗集中不太可能出现。显而易见，今天的忒奥格尼斯诗集中的附加部分最初是独立诗集，除了其他诗人的作品，其中也包括来自忒奥格尼斯的段落。那是一部在忒奥格尼斯已经成为经典时编集的诗选，最晚至公元前5世纪末和公元前4世纪初。柏拉图的《法律篇》明确证明了这样的诗选流行于学校中。[①]它还用于会饮场合。后来，我们今天读到的各卷作品被汇编成集，成为名副其实的诗集。没人愿意费劲去掉重复的部分（如果有人注意到的话），由此可见编集工作多么粗糙。因此，我们对忒奥格尼斯的了解不仅来自完整流传的库尔诺斯箴言集，也应该来自诗集附加部分中的零星库尔诺斯箴言。但无论如何，库尔诺斯箴言集都是我们一切可靠结论的真正基础。因此，我们应该更仔细地检验这部分内容，然后再讨论在诗集的其他部分，除了所包含的库尔诺斯箴言外还能获得哪些关于忒奥格尼斯的信息。

那么，我们又是如何知道库尔诺斯箴言集是忒奥格尼斯的作品呢？ 255
他的名字和对著作权的主张可能在这部或任何一部普通诗集中消失得无影无踪，就像诗集中其他许多著名诗人的名字那样。会饮诗的创作者有很大可能遭受这种命运，如果不是采用了特殊的艺术概念，忒奥格尼斯也无法幸免。他在序曲中让自己的名字变得不朽，不仅避免其被遗忘，而且还为自己的精神财产打上了印记，或者就像他本人所说，盖上了他的章。让我们听听他自己的话："库尔诺斯，我有个聪明的想法，应该为我的这些诗句盖章，那样它们就永远不会被偷偷窃走，也没有人会用坏东西交换好东西。相反，人人都会说：'那是麦加拉人忒奥格尼斯的诗，他是所有人中最著名的。'但我仍然不可能让这个城邦中的所有人满意。波吕帕俄斯之

① 《法律篇》，811a。

子啊，这毫不奇怪，因为即使宙斯也不能满足所有人，无论他现在送来降雨还是干旱。”①

高度的艺术自我意识和保护精神财产的要求是一种时代现象，我们在那个时期的造型艺术中也能见到，比如雕塑家或瓶画师会把自己的名字写在作品上。这位著名传统贵族身上的此类个性特征尤其令我们感兴趣，因为这表明，时代精神对他的影响之深要超过他本人的意识。从他的话中可以确定无疑地看出，盖章是指他在诗中加入自己的名字。首先是盖章的概念，因为人们会用所有者的标记或名字盖章；其次，因为在表达了为诗句盖章的意图后，他马上提到了自己的名字。当时，在作品开头提到诗人
256 的名字绝非首创，但赫西俄德在《神谱》序曲中的做法找不到后继者，只有比忒奥格尼斯早一代的米利都人弗基利德斯（Phokylides）用过此类手法，以便为自己的箴言诗标明所有权。这显然是因为他的诗歌形式很容易像箴言那样成为公共财产。不过，弗基利德斯和忒奥格尼斯的著名诗句还是被后世的作家直接作为“箴言”引用，而不提及作者的名字。当然，弗基利德斯的箴言诗受到的威胁尤其大，因为它们是没有内在联系的独立句子，每个句子可以单独传播。为此，诗人在每句箴言前都加上了自己的名字。他的第一句诗总是以同样的措辞开头：“这也是弗基利德斯的箴言。”庇西斯特拉托斯之子希帕科斯（Hipparch）效仿了他的做法，在为阿提卡大道上的赫尔墨斯像创作格言诗时，他在每首作品的开头写着“这是希帕科斯所建的雕像”，然后继续说“永远不要欺骗朋友”或者“行路时心中要有正义”。②忒奥格尼斯不必这样做，因为就像我们说过的，他的箴言诗是具有内在联系的整体，可以作为世代相传的贵族教育智慧传播。忒奥格尼斯希望自己的诗集能够传播到“大地和海洋上的所有民族”，就像他在序曲和结尾中所提出的。③为了保护对诗集及其内容的所有权，忒奥格尼斯只需像所有那个时代新出现的散文体作家一样在作品开头提到自己的名字即可。今天的作家无须这样做，因为书的扉页上标有名字和书名。但在

---

① 忒奥格尼斯，19—26。

② “柏拉图”，《希帕科斯篇》，228c。

③ 见前言23和结语245—252。

公元前6世纪末还没有此类做法，因此唯一的解决办法是在开头提到自己的名字和陈述自己的意图，就像赫卡泰俄斯、希罗多德和修昔底德那样。而被归入希波克拉底名下并留存至今的医学作品集中没有这种个人出处说明，因此它们的创作者身份在目前和未来都将是个谜。“盖章”手法在诗 257
歌中的运用不如在散文中普遍。我们只在公元前5世纪的一份齐特拉琴演奏者规范中看到过它，“盖章”在其中明确成为表示提及诗人名字的技术用语。[①]我们不知道该作品是否借鉴了忒奥格尼斯。

鉴于忒奥格尼斯诗集在流传过程中遭遇的命运，今天有人重申，给每句箴言盖章是诗人实现目标的唯一途径，并把对“库尔诺斯”的称呼视作“戳记”。[②]我们当然希望如此，因为这似乎让我们以机械但客观的方式一举解决了真实性的问题，而如果没有这样的标准，该问题必然将永远让人几乎束手无策。不过，忒奥格尼斯不可能预料到2500年后的语文学家将陷入何种困境。只有一部他的诗集留存下来，这正是我们的处境，对忒奥格尼斯作品流传的研究完全依赖唯一的古代手抄本。他希望自己的作品能永远在所有人手中流传，但他很难预料到几千年后的情况。他甚至没有料到，仅仅百年之后，他的诗集就为了满足酒宴需要而被无情地删减和摘选，并和其他许多未具名的作者一起汇编成歌集。不过，最令他意想不到的是，在诗歌序曲中加入自己名字的做法没有保护他的思想免遭剽窃，反而似乎让他未经许可地把诗集中其他所有未具名诗人的作品揽入名下。但让我们欣慰的是，诗歌开头用自己名字盖章的做法让我们得以从大量无主财产中重新挖掘出他的个性特点，而被诗集隐藏的其他诗人则做不到这点。就此而言，他实现了自己的目标。

但出于内在原因，仅仅把“盖章”理解为对库尔诺斯的称呼并不可 258
靠。越是深入研究库尔诺斯箴言集，我们就越会觉到不可能将带有库尔诺斯称呼的箴言与其他部分区分开，两者已经相互交织成统一的思路。完全

① 见提莫忒俄斯，《波斯人》（*Persians*），241起，以及Wilamowitz注疏本中的话，第65和100页。

② 这是Jacoby的观点，前揭书，第31页；参见M. Pohlenz的论文（*Gott. gel. Nachr*, 1933），我直到写完本章后才看到此文。

无法否认，不带有库尔诺斯名字的箴言中可能混入了他人的作品，即使它们出现在古老箴言集的部分中。事实上，就在那个部分的结语（随后开始其他人的作品）之前插入了一段梭伦的话。①这段话严重影响了思路，即使不知道它来自梭伦，我们也能够分辨出它是外来物。如果没有内容和形式上的评判，这将和其他任何问题一样难以解决。人们还普遍承认，即使库尔诺斯的名字（特别是在古老箴言集之外）也无法绝对保证真实性。

因此，我们必须首先以完整的库尔诺斯箴言集为基础来描绘忒奥格尼斯，他在其中的形象完全清晰可辨。然后，我们可以考虑诗集附加部分中的零星库尔诺斯箴言。当然，我们要注意到这样做的局限：评判者没有靠得住的依据，因为我们并非在最初的可靠背景中阅读它们，其价值因此大打折扣。对于其他部分，我们不幸尚无能力找出隐藏其中的忒奥格尼斯作品。特别值得一提的是某些看上去摘自序曲部分的优美诗句，它们被认为来自一位麦加拉诗人的独立作品集。②人们大多将其归于忒奥格尼斯名下，诗中的酒宴欢乐场景被波斯人入侵的闪电打破。如果它们出自忒奥格尼斯之手，那么他应该活到公元前490年或公元前480年左右。但根据我们非常有限的了解，库尔诺斯箴言所描绘的麦加拉内部政治形势不符合这个时间，而是出现在公元前6世纪中期，印证了古人对这位诗人活动时间
259 的科学推算（公元前544年左右）。遗憾的是，我们无法证明这点。③而关于波斯入侵时期的诗歌本身也提供不了多少佐证；它们似乎散发出不同于库尔诺斯箴言的精神，其创作者对这些箴言的利用方式也让我们觉得，它们出自另一位麦加拉诗人之手的猜测并没有看上去那么不合情理。不过，这首较为晚近的作品与忒奥格尼斯的序曲只有两处微不足道的相关之处，不足以据此肯定地做出如此重要的假设。

---

① 227—232。这些诗句对应了梭伦的残篇1，71—76（Diehl）。

② 757—792。

③ 尤西比乌斯和《苏达辞书》把忒奥格尼斯的活跃期放在第59届奥林匹亚运动会（公元前544—前541年）。但W. Schmid否定了这种传统说法，倾向于公元前500年左右，因为他把关于波斯战争的那几行诗（见上条注释）归于忒奥格尼斯，见*Geschichte der griechischen Literatur* 1, I (Munich 1929), 381ff.。

贵族教育传统的法典化

在形式上，忒奥格尼斯诗集同赫西俄德《工作与时日》中的农民智慧以及弗基利德斯的箴言属于同一类型，即“忠告”（ὑποθῆκαι）。[①]这个词出现在序曲的最后，就在真正的教诲箴言开始前：“库尔诺斯，但我愿意给你这些忠告，因为我把你当作朋友，就像我还是小孩子时从一位贵族那里学到它们。”[②]因此，忒奥格尼斯的教诲本质上并非他本人的思想，而是传递了他的阶级传统。第一个将古老贵族教养的规定写入诗歌的是我们在前文提到的《喀戎箴言》（第27—28页）。[③]弗基利德斯则提出了一般性的实践生活规则。与他相比（也包括赫西俄德），忒奥格尼斯作品的新颖之处特别明显。他希望在自己的诗歌中传授全部的贵族教育思想，即此前只通过口头代代相传的神圣规则。这种做法有意识地参照了赫西俄德在《工作与时日》中对农民传统的法典化。

作为目标听众的年轻人通过情欲的纽带和诗人联系起来。对忒奥格尼斯来说，这显然是两人教育关系的基本前提，也让他在两人同属的阶层 260
眼中具有典型性。值得注意的是，在仔细分析多利斯贵族文化时，我们第一次看到男性情欲被作为具有如此统治地位的现象。我在这里不想探讨这个在今天被如此之多提及的问题，我无意为了社会状况本身而去描绘它。我们只需指出，这种现象在希腊人生活中的位置和根源何在。这意味着我们需要认识到，男性对青年或男童的情欲是早期希腊贵族社会结构中一种历史性的特有元素，与该社会的道德和阶级理想密不可分地联系在一起。人们不无理由地称之为“多利斯人的恋童”，[④]因为伊奥尼亚和阿提卡民众的观念中一直或多或少地对此感到不习惯，特别是像喜剧里所表现的。上层阶级的生活方式会自然而然地不断被有产平民接受，也包括恋童

---

① 伊索克拉底率先将赫西俄德的教诲诗与忒奥格尼斯和弗基利德斯的作品加以比较，并把三者共同归于“忠告”（ὑποθῆχαι）名下，见《致尼科克勒斯》（*Ad Nicoclem*）43。见本书第三卷，第871—872页，以及P. Friedlaender, Ὑποθῆχαι in *Hermes* XLVIII (1931), 572。伊索克拉底的《致尼科克勒斯》和伪伊索克拉底的《致德莫尼科斯书》（*Ad Demonicum*）是上述教诲诗在古典散文中的合法继承者。

② 忒奥格尼斯，27。

③ 见本书第27—28页。

④ 见Erich Bethe, *Die dorische Knabenliebe* in *Rhein. Mus.*N. F. LXII (1907), 438–475。

（παιδικὸς ἔρως）。不过，表示这种行为顺理成章或者对其加以称赞的雅典诗人和立法者主要是贵族，从梭伦到柏拉图莫不如此，①前者在诗歌中将恋童与对女性的爱和贵族竞技并称为生命中最美好的东西。②泛希腊的贵族们都受到多利斯人最强烈的影响。不过，尽管此类情欲在古典时代的希腊得到了最广泛的传播，它仍然遭受到截然不同的评价。这有助于现代观察者理解一个广为人知的事实，即某些情欲形式在希腊民众生活的某个广大圈子中被唾弃或不齿，在另一些社会阶层中却得到了彻底不同的发展，并与关于男性完美和高贵本质的最崇高观念联系起来。③

完全不难理解，为何对高贵成熟的形象、均衡教养和高贵举止的强
261 烈钦佩来自这样一个民族。它从最古老的时代开始就把上述价值视作男性最大的优点。通过神圣的严肃性驱使下的不懈竞争，他们为培养自己不断达到更高的层次投入了最后的肉体和精神力量。这些特质的拥有者令人嫉妒，他们身上焕发出一种理想元素的光辉，那就是对德性的爱。被情欲联系起来的人会在所有的卑劣行为面前感到强烈的羞耻，在做出每个可敬的举动时获得更大的动力。④斯巴达城邦有意识地把情欲作为其教育（ἀγωγή）中的一个重要元素。⑤在教育的权威性上，情人间的关系堪比父辈与子女的关系，甚至在许多方面超过后者，特别是当年轻人到了开始第一次摆脱家庭权威和传统，逐渐成长为男人的阶段。没有人会怀疑对情欲的这种教育力量的无数保证，它的历史在柏拉图的《会饮篇》达到顶峰。忒奥格尼斯的贵族教诲植根于同一个圈子，完全源于这种教育欲望。比起他对道德严肃性的强烈要求，我们可以很容易地忽视其中的情欲方面。在

① 有人也许会对梭伦残篇13中的παῖδες φίλοι的含义存疑，将其解释成“他自己的孩子们”（就像弥涅摩斯2.13），而非“男童”。但在残篇12中，梭伦本人以毋庸置疑的方式界定了παιδοφιλεῖν（成年男子对男童的爱）的概念。παῖς一词的意思与梭伦残篇14.5和弥涅摩斯残篇1.9中的相同。两段话都把对女子的爱和对男童的爱并称为当时受到普遍承认的两种流行爱情。

② 见本书第三卷，《柏拉图的〈会饮篇〉：爱欲》一章。关于柏拉图后来在《法律篇》中对多利斯式情欲的反对，见第三卷，第990—991页。

③ 关于柏拉图的情欲哲学，见Rolf Lagerborg, *Platonische Liebe* (Leipzig 1926)。另见柏拉图《会饮篇》中关于情欲的讨论，特别是斐德若和保萨尼亚斯的话，它们反映了对该主题的传统观点，见本书第三卷，第626页起。

④ 见柏拉图，《会饮篇》，178d。

⑤ 色诺芬，《斯巴达政制》，2.12，“因为这也和教育有关”（ἔστι γάρ τι καὶ τοῦτο πρὸς παιδείαν）。整个段落见第12—14章。

箴言集的最后，他突然表达了饱含悲伤的痛苦："我给了你翅膀，让你可以飞越大地和海洋。在所有的节日和庆典上，你的名字将被人们传唱，迷人的青年将在笛声的伴奏下高唱你的名字。即使当你进入冥府后，你仍将在整个希腊和各个海岛上游荡，成为未来人类的一首歌。但我不会那样看待你，因为你像一个小孩子那样用话骗我。"[①]

长久以来，被情欲赋予生命的这种贵族会饮场合的"良好秩序"（Eukosmie）一直没有被任何风暴打扰。但情况在忒奥格尼斯的时代发生了变化。梭伦的诗歌向我们描绘了贵族为自身地位展开的斗争，他们正受到崛起的平民阶层和僭主制的威胁。诗中的贵族被描绘成狭隘的党派，他 262
们的政治领导不力，是他们造成被压制太久的民众提出了危及城邦的无边要求。梭伦的城邦伦理正是诞生于这种威胁中，试图通过政治思想约束极端行为和避免城邦陷入僭主制。[②]忒奥格尼斯的诗歌同样以阶级斗争为前提。他在箴言集的开头用多首较长的诗歌将社会形势描绘得一清二楚。其中第一首是梭伦风格的哀歌，在基调、思想和语言上深受作为模板的那位伟大雅典人影响。[③]但作为贵族之子的梭伦对本阶级提出了谴责，他既爱它的优点，也清楚它的弱点。而忒奥格尼斯则指责另一方对充斥城邦的骚乱和不法负有全部责任。麦加拉的形势显然已经发展到对城邦中的老地主贵族不利的程度。领袖们歪曲正义、腐化民众和牟取私利，并永远在谋求更大的权力。虽然城邦仍然风平浪静，但诗人已经预见到它将陷入内战。最终的结局将是出现僭主。忒奥格尼斯似乎认为，唯一的解救方法是回归不平等但正确的贵族统治，但这完全没有可能。

第二首诗完善了这幅令人沮丧的画面。[④]"尽管仍是同一个城邦，但人已变得不同。有人曾经对司法和法律一无所知，被当作衣服的粗糙羊皮摩擦着他们的腰背，他们像野兽一样生活在城外。库尔诺斯啊，现在他们成了高贵的人，而曾经体面的人成了穷鬼。这是无法忍受的景象！他们暗中相互嘲笑和欺骗，没有固定的准则告诉他们什么是高贵的和不高贵的，因

① 忒奥格尼斯，237起。
② 见本书第156页。
③ 忒奥格尼斯，39—52。
④ 忒奥格尼斯，53—68。

为他们没有传统。库尔诺斯啊，不要出于任何目的和这些人交朋友。当你
263 和他们说话时要待之以礼，但永远不要和他们干正事，因为那时你就会认清这些可悲混蛋的秉性，明白在生活中完全不能信赖他们。这些无可救药的人喜爱欺诈、诡计和阴险。”

如果我们仅仅在这段文字中看到憎恶和鄙视，而没有看到最强烈的仇恨，那就大错特错了。我们必须把它和第一首哀歌放在一起，那样才能看到梭伦关于正义是一切秩序根源的理念遭到了狭隘阶级观念的何种解读。不过，指望由倒台了的昔日统治阶层代表来实现这种正义太强人所难，即使从没有偏向的情感出发，现在的被压迫者对正义理念的呼吁也为他们给城邦形势所勾勒的画面注入了激情，那是这首诗歌不可或缺的。他的批判中类似短长体诗歌的现实主义为形式上更崇高的哀歌注入了新的内在活力。比起梭伦的模板，《工作与时日》对描绘统治城邦的不义甚至更加重要，忒奥格尼斯诗集的结构分成两个主要部分，通过序曲和结语组合在一起，显然受到了赫西俄德的影响。[①]这种影响不仅是形式上的，而且来自内在结构。在赫西俄德的作品中，农民的劳作伦理及其普遍教诲是从诗人与兄弟佩尔塞斯为财产权展开的真实诉讼经历出发的，即围绕着正义性展开。同样的，忒奥格尼斯的贵族教诲以他与社会革命的精神斗争为出发点。赫西俄德与忒奥格尼斯作品的第一部分都充满了对歪曲正义的指责，并在两者中发展成多段有连贯思想的较长文字。忒奥格尼斯诗集的第二部分也表现出惊人的对应性，用短小的箴言模仿了《工作与时日》中的箴言智慧。在忒奥格尼斯作品的第二部分还可以找到一些篇幅较长的段落，它们是由多行箴言发展而成的短篇哀歌形式的反思，但并未影响到上述相似性。两人都从个人当下的欲望和需求中获得了永恒的真理，这是
264 真正的古老风格。虽然这导致作品各部分间缺少艺术平衡，但在现代人看来，个人的心声和感情力量可以弥补这种不足。事实上，我们很容易因此误以为这种主观世界动人心声的倾诉是常态，导致当作者希望告诉我们知识时，我们常常只听到自白。

---

① 见本书第76页。

第一部分的第二首哀歌已经开始过渡到箴言集部分，即贵族伦理的真正法则。它把当下统治阶层的不义和狡诈行为归咎于他们没有任何准则来衡量何为高贵与不高贵的。[1]这正是诗人希望教给库尔诺斯的，好让后者通过真正的贵族教养和举止与民众相区别。只有具备传统的人才拥有衡量标准。现在是时候为世界保留这种传统了，因为有人用永恒的形式把它记录下来。它因此可以充当听话的年轻人的向导，使其成为真正的高贵之人。诗人警告他不要和坏人（κακοί, δειλοί）交往，后者对他来说是个具体概念，包括所有未接受过贵族教养的人。另一边则是只在他那样的人中才能找到的高尚者（ἀγαθοί, ἐσθλοί）。这是忒奥格尼斯教育的主要思想，他在表达自己的意图（传播先人的教诲[2]）时就同时将其作为公理提出，还把它用作箴言部分的开头。[3]在意图表达和箴言之间是政治部分，[4]他在其中给出了自己要求的现实理由：和高尚者在一起，不要混迹于卑鄙之人中间（并描绘了这些人堕落的丑恶形象）。通过忒奥格尼斯本人的言传身教，我们可以大致理解他所说的“与高尚者交往”指的是什么，因为从诗 265
人自己身上可以看到对真正贵族权威的要求。

我们不想逐一分析箴言部分的思路。诗人所说的每句话和提出的每个要求都表现出特别的力度和独特的紧迫性，这源于前文描绘的社会状况所带来的现实威胁。忒奥格尼斯首先用一系列警句提醒不要与坏人和不高尚者交朋友，因为他们不可靠而且不讲信用。[5]他建议只和少数人建立友谊，他们在当面和背后言行一致，还能在遭遇不幸时提供依靠。每次革命都会在集体中造成信任危机。观点相同的人会更紧密地走到一起，因为所有的道路上都潜伏着背叛。忒奥格尼斯亲口表示：在政治分裂时期，可靠

---

① γνῶμαι（60）是真正权威的判断：比较诗集后半部分出现的警句式γνῶμαι。

② 忒奥格尼斯，31—38。M. Hoffmann非常准确地探索了忒奥格尼斯诗歌中ἀγαθός、κακός、ἐσθλός和δειλός的概念，并分析了它们的含义，见*Die ethische Terminologie bei Homer, Hesiod, und den alten Elegikern und Iambographen* (Tuebingen 1914), 131ff.。

③ 忒奥格尼斯，69—72。

④ 39—68。这部分由两首哀歌组成，分别是“库尔诺斯啊，这城邦怀孕了”（Κύρνε, κύει πόλις ἥδε, 39—52）和“库尔诺斯啊，虽然这城邦还是城邦”（Κύρνε, πόλις μὲν ἔθ᾽ ἥδε πόλις, 53—68）。

⑤ 忒奥格尼斯，69起。

的人像黄金一样宝贵。[①]这还是古老的贵族伦理吗？

诚然，古老贵族伦理将忒修斯和庇里托俄斯、阿喀琉斯和帕特罗克洛斯的理想友谊视作模板，对好榜样的推崇也属于贵族教育最古老的内容。但在贵族目前所处的绝望政治形势的压力下，对政治社团的赞美和党派伦理取代了推崇好榜样和高贵友情的古老教诲。[②]作为忒奥格尼斯教育的重点，正确选择交往者的要求被放到最高的位置，而经过考验的可靠信念也被视作一切友谊的先决条件，这些都反映了上述转变。诗人本人可能已经从父辈那里接受过这样的教诲，因为贵族阶级斗争已经有了较长的历史。无论如何，这种社会斗争都让贵族伦理发生了某些改变，更大的压力让他们变得更加狭隘。无论这种贵族伦理在根源上与梭伦所代表的弥合社会矛盾的城邦伦理之间有多少根本区别，贵族们现在都必须设法让自己加入整体。他们可以自视为秘密的国中之国，认为自己被不正义地赶下了
266 台，希望重建自己的统治。但在清醒的眼光看来，他们只是为自己的权力地位而战的党派，维持内部团结的努力利用了他们天生的阶级情感，防止其分崩离析。从前对选择好的交往对象的要求变成了在政治上强调的排外性。这是虚弱的结果，但不可否认，无论是对作为友谊基础的无条件真诚的推崇，还是对忠诚的要求都仍然具有道德内涵，尽管那首先仍然可能意味着阶级政治信念上的忠诚。这里埋藏着团体精神的根源，下面的评价就来自这种精神："如果欺骗了彼此，新人们会暗中相互嘲笑。"[③]上述阶级教育在高度上无法与梭伦的城邦思想相提并论，但我们不应怀疑其要求的严肃性，即通过行动证明高贵等于高尚（ἀγαθός）。在这种意义上的高贵中，忒奥格尼斯看到了本阶级的力量，那是他们生存斗争中最后的堡垒。

我们在关于正确交往的规则中注意到的东西是一种贯穿了忒奥格尼斯全部教育思想的现象。这种贵族伦理完全是新社会形势的产物。因此，我们不应过于狭隘地把从阶级到党派的发展理解为某种政治活动。贵族们

---

① 忒奥格尼斯，77起。

② 在纷争（στάσις）时期，决定友谊的是党派而非亲缘，就像修昔底德所说（3.82.6）。朋友（φίλοι）原指家族成员，在忒奥格尼斯作品中表示某个党派的拥护者，但这里的党派是社会阶级意义上的。

③ 忒奥格尼斯，59起。

只是被迫组成紧密的防御性联合体。在公共生活中，这个少数派暂时无法实现自己的目标，忒奥格尼斯因此建议他的年轻朋友有意识地在表面上接受目前的形势。“选择中间道路，像我一样。”[①]这并非像梭伦那样勇敢地站在交战双方之间，[②]而是对个人风险最小的介入方式。库尔诺斯应该头脑机智，展现出让人捉摸不透的性格。他应该像章鱼那样变成自己吸附其上的岩石的颜色，并不断变色。[③]这是无保护的生命在斗争中的伪装，他的敌人正是平民。这场斗争的道德困境在于，其本质决定了它不能更加公 267
开。但忒奥格尼斯相信，高贵之人在斗争中永远都将是高贵的，他们甚至是“头脑空空的平民眼中的坚固堡垒，尽管他们无法从中获得许多荣誉”[④]。上述想法完全没有矛盾，而是贵族所处状况的必然结果。但它并非古老的贵族伦理。

新颖和颠覆之处首先来自德性概念的危机，这与政治革命的真正核心联系在一起，即经济生活的重组。古老贵族的地位依赖所占有的土地。货币经济的兴起动摇了这种占有。在忒奥格尼斯的时代，一部分贵族陷入贫困（我们不知道其中是否有政治原因），而新的富有平民则开始获得政治权力和社会声望。因为这种财富的转移，古老贵族的德性概念也受到冲击，因为它一直涵盖了社会影响和外在生活财富。如果没有后两者，贵族的许多具体本质特征将完全无从体现，比如慷慨和卓越。[⑤]就连普通农民也很容易看出，财富能够创造德性和声望，就像赫西俄德所指出的。[⑥]这两个概念的联系表明，在早期希腊的德性概念中，社会影响和外在地位也总是被一起考虑。

新的城邦伦理导致这种德性概念开始瓦解。从古老贵族的德性概念

---

① 忒奥格尼斯，220。

② 见本书第156页。

③ 忒奥格尼斯，213起。

④ 233。

⑤ 关于荷马，见本书第23页；关于梭伦，见本书第153页。品达“用德性装点财富”（πλοῦτος ἀρεταῖς δεδαιδαλμένος）的理想同样如此。甚至亚里士多德也在其伦理法则中强调了外在财富对“好生活”和某些道德品格发展的重要性，比如大方（μεγαλοπρέπεια）和慷慨（ἐλευθεριότης），《尼各马可伦理学》，4. 1和4. 4。这些品格继承自古老的贵族生活方式。

⑥ 赫西俄德，《工作与时日》，313，“德性与声望伴随着财富”（πλούτῳ δ᾽ ἀρετὴ καὶ κῦδος ὀπηδεῖ）。

受到攻击或发生改变的例子（特别是堤耳泰俄斯和梭伦）可以看出，财富（ὄλβος，πλοῦτος）与它的关系多么紧密，将它从这种最初的统一性中分离出来是多么困难。与美塞尼亚人交战的斯巴达最为推崇士兵的勇敢，因此堤耳泰俄斯将这种新的政治德性放到比财富和一切贵族生活用品更高的位置。[①]而梭伦则把正义性作为新的法治城邦最高的政治美德。[②]但作为古老财富观念的孩子，梭伦会祈求神明赐予财富（尽管只是正义之财），并
268 将其作为对德性和声望之期待的基础。[③]在他的社会思想中，财富的不平等完全不是有违神性的制度，因为除了金钱和土地，自然还会带给人类其他财富，如身体健康和生活乐趣。[④]如果让他在德性和财富间做出选择，他应该会偏爱前者。[⑤]通过与忒奥格尼斯的比较可以看出，上述思想多么具有革命性，多么积极和有力。那位诗人不厌其烦地抱怨和诅咒贫穷，相信它对人具有无限的影响力。显然他是通过亲身经历认识到这点的，[⑥]但无论觉得贫穷多么难以忍受，他仍然认为存在一些比财富更高的价值，为了它们他甚至要求自愿放弃财富。可恨的新富阶层让他非常清楚地体会到，金钱和卑鄙可以很好地共处。他一定赞同梭伦为了正义甘愿接受贫穷的观点。[⑦]在这里，我们可以完全清楚地看到，古老贵族的德性概念在时代状况的压力下发生的价值改变。这种改变对梭伦来说则是来自内心的自由。

忒奥格尼斯热情地分析了梭伦对财富和德性的观点，可以看出第一

① 堤耳泰俄斯，残篇9.6。参见本书第一卷，第96—97页。

② 梭伦，残篇3.5起。

③ 梭伦，残篇1.7起。

④ 梭伦，残篇14。

⑤ 梭伦，残篇4.9—12。

⑥ 在“库尔诺斯箴言”中有许多关于金钱和贫困问题的段落，我引用了149起，特别是173—182。作为忒奥格尼斯诗集的第二部分，“诸诗人箴言”中也包含了很多关于贫困的内容，如267、351、383、393、619、621、649、659、667。但我们无从得知上述双行句中有哪些出自忒奥格尼斯。699—718是一首愤世嫉俗的哀歌，称颂财富是唯一的德性，它对堤耳泰俄斯的著名诗歌（残篇9）做了模仿和改造，就像我所展现的，见*Tyrtaios ueber die wahre Areté* (*Sitz. Berl. Akad.* 1932), 559ff.。这首诗虽然被收入忒奥格尼斯诗集，但似乎是公元前5世纪的作品。

⑦ 梭伦关于德性和财富的段落被并入忒奥格尼斯诗集（参见227、315、585和719），因为它们太像忒奥格尼斯本人的话。事实上，它们是忒奥格尼斯的模板和素材。参见忒奥格尼斯本人对德性和财富的观点，149、153、155、161、165、319和683。

部分的政治哀歌[1]亦步亦趋地模仿了梭伦的《法度》，在这里又借鉴了那首从神性宇宙秩序之正义性视角出发、描绘人类追求财富和成功状况的长篇缪斯哀歌。[2]梭伦的哀歌由两个相互间极具张力的部分组成，忒奥格尼斯则将其改成两首独立的诗歌，因此破坏了被梭伦的两部分诗歌联系在一起的神明统治的深刻正当性。这种宗教性认知与他无关，事实上他也没有能力这样做。梭伦的思路首先是在下面的事实中认识神明的影响，即不义之财无法长久。而忒奥格尼斯则采用了更加主观的反思：他无疑认同梭 269
伦，但人类在这点上总是不断自欺欺人，因为惩罚经常迟迟不来。我们从中可以感受到等待天谴降临到敌人身上时的不耐烦，担心自己可能无法亲身见证。

在对梭伦哀歌第二部分的自由改造中，忒奥格尼斯再次忽视了其中的问题：尽管存在严格的神圣正义性，但在梭伦作品第一部分的描绘中，好人的努力常常失败，而蠢人的错误并未产生不良后果。这种道德矛盾没有引发他的思考，更别说让他像梭伦那样站在神明那边，从更高的视角理解这种超个体平衡在人类混乱的追求和愿望中的必要性。在这里，梭伦的思考同样只激发了忒奥格尼斯消极的主观想法。这种想法深受其经历的影响，认为人类不应承担成功或不走运的责任。人类能做的只是任由神明意志摆布，他们本身无法影响命运。即使在财富、成功和声望中也隐藏着不幸的萌芽（这句话在其他地方也出现过），因此我们应该只为机运（Tyche）祈祷。[3]金子对卑鄙的人有什么用？即使获得了金子，他仍然“心术不正”！金子只能让他堕落。[4]

只有当我们撇清真正的贵族与财富的关系，使其成为所谓的“内在贵族”，剩下的东西才能成为德性。德性何其之少！[5]人们曾认为忒奥格尼斯不可能如此“说教”，但正是出于对贫穷贵族的尊敬，他在这里才学会了像梭伦那样思考。也没有理由认为不可能从他口中听到这样优美的

---

① 见本书第207页起。

② 梭伦，残篇1（Diehl）：第一部分对应了忒奥格尼斯197—208，第二部分对应133—142。

③ 忒奥格尼斯，129。

④ 忒奥格尼斯，153。

⑤ 忒奥格尼斯，149—150。

话："正义包含了一切美德，所有正义之人都是贵族。"[①]尽管他可能是从像弗基利德斯那样的非贵族处吸收了这种思想，[②]但他完全不可能不将其
270 作为自己的原则，因为他看到，上述思想曾被追求权力的大众写在他们的旗帜上，在行动中却被踩在脚下。这种原则现在成了受到不义压迫的昔日统治阶层的武器，曾经只有他们"知道法律和正义"，而在诗人看来，他们现在仍然是真正正义的唯一持有者。[③]将正义理想从真正的城邦美德变成阶级美德无疑使其变得狭隘，但忒奥格尼斯并不觉得奇怪。品达也认为正义是贵族伦理不可分割的组成部分，甚至已经成为后者的最高峰。在这点上，新的城邦伦理精神战胜了古老的理想。

但还有最后一个障碍，那就是对血统不可动摇的信仰。忒奥格尼斯把保持血统纯洁视作最高的职责。为此，他向愚蠢和缺乏信念的贵族同胞提出了批评，因为后者相信可以通过迎娶富有平民的女儿或者把女儿嫁给新贵的儿子来补救自己财产的减少。"挑选牲畜时，我们只会挑出最高贵的羊、驴和马，但在这种联姻中却不为我们自己的血统感到惋惜。财富和出身混合起来了。"[④]如此鲜明地强调血统和教养选择思想，表明贵族伦理进入了新的阶段。它开始有意识地与金钱和大众的强大平均主义力量进行斗争。在有艰巨集体任务需要完成的雅典等地，思想较为深刻的人自然不可能与这种纯粹的反动观点站在一起，尽管他们大部分是贵族。梭伦就对此采取超然态度。但在贵族为了自己的生存和特殊生活方式而战的地方，他们总是会把麦加拉人忒奥格尼斯的教育智慧作为镜子。后来，他的许多思想再次出现在公民与贫民的斗争中。归根到底，这种信仰的兴衰取决于

① 忒奥格尼斯，147—148：ἐν δὲ δικαιοσύνῃ συλλήβδην πᾶσ' ἀρετή 'στι, πᾶς δέ τ' ἀνὴρ ἀγαθός, Κύρνε, δίκαιος ἐών。

② 忒奥弗拉斯托斯在《论习俗》（Περὶ ἠθῶν）第一卷中引用ἐν δὲ δικαιοσύνῃ συλλήβδην πᾶσ' ἀρετή 'στι（忒奥格尼斯，147），将其归于忒奥格尼斯。但他在《伦理学》第一卷中再次引用这句话时又将其归于弗基利德斯。以弗所人迈克尔（Michael Ephesius）注意到这种矛盾，但轻描淡写地假定这句话出现在两位作者的作品中。由于这不太会是迈克尔的随性之说，他很可能从某位早得多的博学者那里获得这种说法。参见他在《亚里士多德〈尼各马可伦理学〉注疏》（*Comm. ad. Arist. Eth.*）中为NE第5卷第2章（1129b27）所做的注释，见该书第8页，Wendland。

③ 忒奥格尼斯，54。从前"既不知正义也不懂法律"（οὔτε δίκας ᾔδεσαν οὔτε νόμους）的平民（λαοί）现在成了"好人"（ἀγαθοί），而从前的高贵者（ἐσθλοί）现在成了可怜虫（δειλοί）。

④ 忒奥格尼斯，183起。

贵族的正当性和必要性问题，无论依据来自血统或者其他任何更高贵的传统。在古代，贵族特有的血统和教养思想在斯巴达和公元前4世纪的城邦 271
教育家那里得到了尤其显著的发展，我将在相关的章节中详细介绍。[①]在那里，它超越了阶级障碍，[②]与城邦对全体民众的教育要求联系起来。

品达的贵族信仰

品达带我们离开贵族为自己的社会地位所展开的顽强斗争（不仅在小小的麦加拉上演），登上了早期希腊贵族生活的英雄巅峰。让我们暂时忘记忒奥格尼斯向我们揭示的这种文化的弊端，因为我们来到了一个更崇高世界的门前。品达呈现了一种与我们相距遥远却令人不得不敬畏和钦佩的伟大与美丽。他描绘的是希腊民族之高贵性理想得到最高程度美化的时刻，从神话时代进入到平凡而严肃的公元前5世纪后，这种理想仍有力量不断在奥林匹亚、皮同、尼米亚和科林斯地峡的竞技场上吸引全希腊的目光，让人们通过包容一切的胜利喜悦忘记了所有民族和地域矛盾。我们必须从这个角度看待早期希腊贵族统治的实质，从而认识到其对塑造希腊人的意义并不在于精心维护世代相传的阶级特权和成见，或者发展了日益狭隘的财产伦理。[③]相反，贵族是崇高人类理想的创造者，站在远处的仰慕者至今仍能从古风和古典时期希腊的雕塑艺术中通过感官察觉这种理想的存在，虽然这经常更多来自对其外表的惊叹，而非内在的理解。[④]雕塑艺术有力而和谐地为我们描绘了竞技者的高贵形象，他们的本质在品达的诗 272
歌中赢得了内在生命和语言并呈现在我们面前，至今仍然通过精神力量和宗教严肃性发挥着神秘的吸引力，反映了其在人类精神史上的独一无二和

① 见本书第三卷，第691页起，第1018页起。

② 关于柏拉图，见前一条注释。亚里士多德，《政治学》，7. 16起。

③ 关于早期希腊贵族社会的经济方面，见本书第23页注释①所引书。

④ 黑格尔在《历史哲学》中（*Werke*, Vollst. Ausg., Berlin 1848, Bd. IX, 295ff.）正确地指出，主观艺术品早于客观艺术品，后者是希腊雕塑所创造的运动员理想，前者则是活生生的人，即奥林匹亚运动会胜利者训练有素的身体。换而言之，作为早期希腊艺术法则的“美丽个体”由希腊教化及其身体理想所决定和塑造。

不可重复。①那个时刻是得天独厚和不可复制的，古希腊人信仰中充满神明的尘世在超越凡人尺度的“完美”人类形象中看到了神性的顶峰，而在按照人的形态所描绘的神明形象中，凡人让自己接近这种模板（它们让艺术家第一次看到了完美的法则）的努力获得了庄严和神圣感。

品达的诗歌具有古风，但方式异于同时代人乃至某些更早的前古典时期诗人的作品。梭伦的短长体诗歌在语言和思想上就完全是现代的。品达诗歌的缤纷华丽以及逻辑上的晦涩只是包裹着内部深刻古韵的“时代性”外衣，这种现象的根源是个人的全部存在，是其被严格束缚的思想立场，是历史记载中他另类的生活方式。②如果从“更古老的”伊奥尼亚文化走向品达，我们会感到自己离开了从荷马史诗到伊奥尼亚个人抒情诗与自然哲学一脉相承的发展过程，进入了另一个世界。作为荷马和伊奥尼亚思想如此博学的继承者，赫西俄德的作品中常常可以突然见到被埋在史诗根基之下的希腊本土的史前状况。我们在品达的作品中有多得多的机会置身于这样的世界（赫卡泰俄斯和赫拉克利特时代的伊奥尼亚人对它已经没有了解），它在许多方面比荷马及其人类文明更加古老，后者已经接受了来自早早开化的伊奥尼亚思想的第一缕星光。虽然品达的许多贵族信仰与
273 古老史诗中的相同，但它们在荷马那里只是如同欢快的游戏，对品达来说却变得极端严肃。部分原因来自史诗与品达颂诗的区别，后者传达宗教规定，前者则描绘色彩丰富的生活。不过，诗歌立场上的这种区别不仅是由形式和外部给定的创作动机引起的，而且来自品达与他所展现的贵族世界的深刻内在联系。因为只有当他的本性源于那个世界并受其滋养时，他才能如此有说服力地描绘其理念，就像在他的诗歌中所表现的。③

品达作品在古代的规模无疑要远远超过留存到后世的部分。直到近代，我们才通过埃及土地上的幸运发掘对他已经失传的宗教诗歌有所了

① 18世纪几位伟大的原创思想家拥有出众的历史知识和诗歌想象力，如赫尔德和威廉·洪堡，他们重新发现了品达诗歌的社会背景。见Gleason Archer, *The Reception of Pindar in Eighteenth-Century German Literature* (Havard dissertation, 1944)。作者还回顾了品达对文艺复兴以来的英法思想的影响，并引用了许多有价值的材料。

② 关于品达的诗歌语言，参见F. Dornseiff, *Pindars Stil* (Berlin 1921)，书中包含了出色的观察。更早的作品见A. Croiset, *La poésie de Pindare* (Paris 1895)。

③ 关于整个相关段落，见Rudolf Borchardt, *Pindarische Gedichte* 后记。

解。[1]它们在数量上远远超过后人所称的胜利颂或凯歌（Epinikien），但两者并无本质区别。[2]因为在为奥林匹亚、德尔斐、科林斯地峡和尼米亚运动会胜利者所写的诗歌中，我们可以随处看到竞争的宗教意义，而且它们所展现的无与伦比的竞争是贵族世界宗教生活的顶峰。

从我们的传统可以到达的最早时代开始，最广义上的早期希腊竞技这种独特活动就与神明节日联系在一起。在佩罗普斯葬礼上举行的竞赛可能是奥林匹亚当地节日的起源，类似《伊利亚特》中所描绘的向帕特罗克洛斯致敬的比赛。有证据表明，葬礼竞赛也可以定期举办，就像在希库翁（Sikyon）为阿德剌斯托斯所举行的活动，当然后者的性质有所不同。[3]此类竞赛可能很早就被转而用于为奥林波斯山的宙斯服务。按照奥林匹亚运动会发展历史的说法，赛车出现在科洛伊波斯（Koroibos）第一次获得赛跑胜利之时，但在更古老圣所的地基下找到的马形祭品证明，赛车出现在这个原始崇拜场合的时间要早得多。[4]在古风时期，另有三个以奥林匹亚 274
为模板的泛希腊定期运动会，到了品达的时代又多了皮萨（Pisa），但它们的重要性始终无法完全比得上奥林匹亚。品达凯歌反映了竞技种类从简单的赛跑发展到多种形式的过程，古代晚期的传统对该过程做了准确的时间划分，但不无争议。[5]

我们在这里不关心竞技的历史和运动的技术方面。根据其特性和通过诗歌可以看出，竞技最初只属于贵族。这是品达思想的根本前提。尽管运动竞赛在当时早已不再是任何阶级的特权，但贵族仍然是最主要的参与者。他们的财富为长期训练提供了闲暇和物质保证。贵族不仅把对竞技的推崇作为传统，也最容易遗传到竞技所要求的精神和身体特质，尽管当满

① 在埃及沙漠中发现的纸草上有品达的几首颂歌，一首少女合唱歌和一首酒神颂的一部分，此外还有巴库里德斯、科里娜和阿尔克曼的作品。

② 关于品达四卷凯歌的文本传统和注疏历史，见 Wilamowitz, *Pindaros* (Berlin 1922)。

③ 希罗多德，5. 67。

④ 关于奥林匹亚运动会，见 E. N. Gardiner, *Greek Athletic Sports and Festivals* (London 1910) and *Athletics of the Ancient World* (Oxford 1930)；另见 Franz Mezö, *Geschichte der olympischen Spiele* (Munich 1930)。

⑤ 关于各种项目在奥林匹亚的发展顺序，见 Mahaffy, *JHS* II, 164ff.；A. Koerte, *Hermes* XXXIX (1904), 224ff.；O. Brinkmann, *Rhein. Mus.* N. F. LXX (1915), 623；另见 E. N. Gardiner, *Greek Athletic Sports and Festivals*。

足了同样的条件时，比赛中也会出现来自公民阶层的胜利者。直到后来，这个具有高度教养的族群在赛场上的顽强拼搏和坚定传统才被职业运动员终结。从那时开始，色诺芬尼对过于重视非精神的粗糙“身体力量”的指责才获得了迟到但持久的响应。[①]在那个将精神视作与身体完全不同甚至相互为敌的时代，古老的竞技理想无可挽救地遭到贬低，丧失了在希腊人生活中的统治地位，尽管它作为运动继续存在了数百年之久。最初，没有
275 什么比“身体”力量或锻炼这样的纯粹思想概念更背离竞技的意义。结合了肉体和精神的伟大希腊雕塑艺术作品令我们崇敬，这种一去不复返的统一性向我们指明了理解竞技理想对人类崇高意义的道路，即使理想与现实无法完全对应。我们很难弄清色诺芬尼的批评有多少理由，但艺术告诉我们，他绝非这种崇高理想的正确诠释者。除了神的形象，表现这种理想是那个时代全部宗教艺术最重要的使命。

品达的颂诗与竞技者生命中最光辉的时刻联系在一起，即他们在奥林匹亚等地的盛大竞技中的胜利。胜利是诗歌的前提，后者为庆典服务，常常在胜利者凯旋时或不久后由其年轻同胞组成的歌队演唱。在品达的作品中，凯歌与外在动机的这种联系似乎具有类似神明颂诗的宗教意味。这点并非不言自明。在伊奥尼亚，当一种被人们用于表达自身情感和思想的个人诗歌接替了从一开始就并非宗教性质的史诗后，更加自由的精神又开始利用一种从最古老时代开始便与英雄诗歌享有同等地位的宗教诗，即赞美神明的颂诗。颂诗的古老传统形式因此发生了多方面的变化，诗人有时加入自己的宗教观点，把个人表现力赋予诗歌；有时则把颂诗和祷歌作为纯粹的形式，从而让人类自我可以在超人的“你”面前自由表达隐藏最深的情感，就像伊奥尼亚和埃奥利亚的抒情诗所做的。作为个人情感在希腊本土发展的结果，公元前6世纪末出现了新的进步，为神明服务的颂诗转而被用于赞美个人。人类自己成了颂诗的对象。当然，并非任何人都有

---

① 见色诺芬尼，残篇2. 11（Diels, *Vorsokratiker*1）和前揭书，第171—172页。欧里庇得斯失传剧作《奥托吕科斯》(*Autolycus*）的一个较长残篇［保存在阿忒那俄斯（Athenaeus），10. 413c］提及和详述了色诺芬尼对运动员的抨击。他的攻击很符合前人的精神，以他们在战时对社会无用为理由。柏拉图也在《理想国篇》中用军事上的用途来衡量运动员的能力（见本书第三卷，第676页）。

资格，只有神明般的奥运会胜利者能享受到。但颂诗的世俗化仍然毋庸置 276
疑，而作为“为钱献身的缪斯们”[①]，同时代的大诗人西蒙尼德斯以及地位不如他的外甥兼竞争者巴库里德斯（Bakchylides）更是完完全全世俗的。前者来自开俄斯岛上的尤里斯（Iulis auf Keos），除了专长的凯歌，他还会写其他许多种类的世俗题材诗歌。

品达率先把颂诗变成了宗教诗歌。出于古老贵族对竞技的理解，他把为完善男性气概而奋斗的人们和胜利者置于某种对生命的道德和宗教解读之下，由此创造出一种在关于人类内涵的深度上前所未有的抒情诗，从沐浴在欢快阳光中的山顶俯瞰凡人命运的意义和神秘的时运。没有哪个诗人能比这位思绪纷繁的大师获得更大的自由，他的新的宗教艺术形式服从于自创的虔诚。他认为，只有这种形式的人类胜利者颂歌才有存在理由。通过这种根本性的改变，他把颂诗从发明者手中夺走并变成了自己的，能这样做只是因为他强烈地感受到唯有自己真正理解了其中涉及的可敬内容。凯歌让他有机会让它们在一个持不同信念的时代重新发挥影响，而新的诗歌形式本身也通过真正贵族信仰所赋予的灵魂第一次获得了“真正的本性”。在与被赞颂者的关系中，他从不觉得诗人处于有失体面的从属地位，或者事实上像工匠那样身不由己地满足他们的愿望。他也从未有过居高临下者的精神傲慢，而是永远与胜利者站在同一高度，无论他们是国王、贵族或者普通公民。在品达看来，诗人和胜利者休戚相关，他按照自己的理解复兴了最古老诵诗人职业的原始意义（在那个时代正变得日益罕见），即传播伟大事迹的名声。[②]

就这样，他恢复了诗歌的英雄精神（后者是诗歌最初的源头），并让 277
诗歌不仅是对事件的简单通报或者对纯粹情感的美化表达，而是把它提升为对榜样的赞颂。[③]与不断变化和看上去随机的外在动机的联系被他视作

① 见品达，《科林斯地峡凯歌》，2. 6，“因为那时缪斯尚不贪财，不卖力气”（ἁ Μοῖσα γὰρ οὐ φιλοκερδής πω τότ’ ἦν οὐδ’ ἐργάτις）。注疏家认为这里影射了西蒙尼德斯。另见皮同凯歌，11. 41。关于西蒙尼德斯的贪财（φιλοκέρδεια），见 Wilamowitz, *Pindaros*, p. 312。

② 关于荷马和柏拉图的诵诗人概念，见本书第44页。同样的理念也出现在赫西俄德，《神谱》，99起。

③ 关于早期希腊诗歌的“榜样”，见本书第37页。

自己诗歌的最大力量：胜利需要诗歌。这种规范性思想是品达诗歌的基础。每当他"从壁桩上取下多利斯七弦琴"并开始拨动琴弦，他都会用新的方式表达这种思想。① "万物都有渴望的东西，竞技胜利最爱诗歌，那是桂冠和男性美德的最佳伙伴。"②他将赞颂高贵者称作"正义之花"，③还常常把诗歌称为诗人对胜利者的"债"。④"德性"（我们在品达的作品中只能找到这个词严格的多利斯方言拼法 Areta）因为胜利而欢欣鼓舞，不愿"沉默地藏在地下"，⑤而是要求在诵诗人的诗句中变得永恒。品达是真正的诗人，这个变得平凡而乏味的世上的一切，经过他的触摸就会像被施了魔法般地恢复原先泉水般清新的活力。他写给作为儿童摔跤比赛胜利者的埃基纳人蒂马萨克斯（Timasarchos）的歌中表示："言语，言语比行为活得更久，当舌头在美惠女神的帮助下成功把它从心底引出。"⑥

我们对更古老的希腊合唱抒情诗了解太少，无法确知品达在该体裁历史上的地位，但他似乎对该体裁做了创新，而且我们永远无法从中"推导出"他的诗歌。更古老的合唱诗歌对史诗做了艺术上的抒情诗化，它们的神话素材首先取自史诗，并将其改成抒情诗的形式。⑦这种做法与品达背道而驰，尽管他的语言在细节上借鉴了前者。我们更应该说，他通过抒
278 情诗让史诗英雄精神及其对英雄的真正赞美获得了重生。一边是从阿尔喀洛科斯到萨福的伊奥尼亚和埃奥利亚抒情诗中对个体的自由表达，一边是诗人像这样将诗歌置于宗教和社会理想之下，并像祭司那样全身心地投入为最后尚有生命力的古代英雄主义服务，没有什么比两者的反差更大了。

对品达诗歌本质的这种理解也有助于我们认清其诗歌的形式。语文学家为解释颂诗的这个问题投入了大量精力。奥古斯特·博克（August

① 品达，《奥林匹亚凯歌》，1. 18。

② 品达，《尼米亚凯歌》，3. 6。

③ 《尼米亚凯歌》，3. 29，δίκας ἄωτος。

④ 希腊语为 χρέος。参见《奥林匹亚凯歌》，3. 7；《皮同凯歌》，9. 10 等。

⑤ 《尼米亚凯歌》，9. 7。

⑥ 《尼米亚凯歌》，4. 7。

⑦ 拉刻里人色诺克里托斯（Xenocritus of Lacri）在大希腊（公元前7世纪末）和希墨拉人斯特西克洛斯（Stesichorus of Himera）在西西里（公元前6世纪）的更著名合唱诗中都这样做过。两位诗人都根据史诗英雄神话写作自己的抒情诗，创造出了一种歌谣形式。其中一些作品相当长，占据整整一卷，让人想起了作为它们源头的史诗。

Boeckh）在其伟大的品达注疏集中第一次尝试同时从完整历史背景和内在精神直觉来理解这位诗人。他试图在品达凯歌难以理解的思想起伏中找出隐藏其间的统一理念，为此使用了站不住脚的假设。[1]为了摆脱困境，维拉莫维茨那代人放弃了这条道路，更愿意满足于这些诗歌形态各异的感官印象。[2]对品达作品进行分别解释的风潮在很大程度上要归因于这种退缩。不过，艺术作品的整体性仍然是挥之不去的问题，对于一位在艺术上如此紧密地与单一理想使命相联系的诗人而言，研究他的凯歌是否具有纯粹的风格统一性，并进一步表现为形式统一性显得尤为重要。固定的结构范式意义上的统一性无疑并不存在，但撇开这个完全不言自明的事实，上述问题将非常令人感兴趣。今天已经没有人再相信任由天赋带自己在幻想中遨游的想法（狂飙突进时代的人们从自己的意识出发，相信品达会这样做），即使对品达颂诗整体形式的这种理解在无意识中仍有市场，它也很不符合对技艺的强调。我们从差不多一代人之前就更清楚地认识到，在他的艺术中，技艺是原创性之外的另一个重要元素。

如果从胜利和诗歌不可消除的关系出发（就像我们看到的那样），[3]我们将发现品达诗歌中的幻想在描绘其对象时拥有多种可能。它可以描绘摔 279
跤和赛车的真实过程，如观众的兴奋、飞扬的尘土和车轮的吱吱声等感官印象，就像索福克勒斯在《厄勒克特拉》（*Elektra*）中通过信使之口对德尔斐赛车的戏剧性描绘。但品达似乎很少注意这个方面，总是只在简略的典型暗示中提到它，而且完全是顺带地。不仅如此，此类描写更多是为了表现搏斗的艰辛，而非描绘感官现象，因为诗人的目光完全落在为胜利拼搏的人身上。[4]他认为胜利显示了最高的人类德性，由于品达持此观点，其诗歌的形式也就此确定。一切都是为了表现这种观点，因为把内在观念

---

① 关于博克对诗歌形式的看法和对品达问题的处理方法，见 Wolfgang Schadewaldt, *Der Aufbau des Pindarischen Epinikion* in *Schriften d. Koenigsberger Gelehrten Gesellschaft* (Halle 1928), 262。

② 丹麦学者 A. B. Drachmann 指出了这个转折点，见 *Moderne Pindarfortolkning* (Copenhagen 1891)。

③ 见 W. Schadewaldt，前揭书，第298页。

④ Wilamowitz 明确看到了这种区别，但只是顺带提到它，见 *Pindaros* (Berlin 1922), 188。不过，任何理解品达作品的尝试都必须以此为起点，不仅是作为贵族信仰载体的道德方面，也包括其结构方面。但 Wilamowitz 没有从自己的发现得出顺理成章的结论，后者本来可以让人看清凯歌的结构。

的形式作为自身特别表现形式的根源也是希腊艺术家的终极目标，尽管他们受到体裁的严格限制。

品达本人的诗歌意识是我们最好的向导。[①]他认为自己在精神上是雕塑和建筑艺术的竞争者，并喜欢借用来自那些领域的意象。对希腊城邦在德尔斐一带所建财宝库的记忆让他把自己的诗歌想象成颂诗的宝库（Thesauros）。[②]他不仅有时会把自己诗歌的宏大序曲视作有立柱装饰的宫殿正面，[③]还在第五首尼米亚凯歌的开头把自己与胜利者的关系同雕塑家与其作品的关系做了比较。“我不是雕塑家，并不创造站在底座上不会动的雕像。”[④]这句“我不是”表达了工作的相似性，下一句话则表示他意识到自己的创造更加伟大：“而是坐着所有大船和小舟从爱琴海出发游荡的
280 甜美诗歌，宣布兰彭（Lampon）强健有力的儿子皮忒阿斯（Pytheas）在尼米亚赢得了五项全能的桂冠。”这种比较非常贴切，因为品达时代的雕塑家除神像之外只为竞技胜利者塑像。但两者的相似性不止于此。当时的雕塑艺术对胜利者的描绘表现出与品达对被赞颂者的描绘同样的关系：它们展现的不是个人特征，而是关于男性形象的理想，就像竞技训练所塑造的。品达无法为自己的艺术找到更贴切的比较，因为他同样不把人看作个体，而是将其作为最崇高德性的持有者来赞美。两者都直接源于奥运会胜利的本质，来自作为其基础的对人的观念。在柏拉图的作品里可以再次见到这种比较（我们不知道他是否有意借鉴了品达），当《理想国篇》中的苏格拉底构想出了未来哲人王德性的理想画面后，他将其比作雕塑家。在书中另一个相似段落，提出典范人物需要抛弃一切真实性的原则后，这种描绘完美的哲学也被比作绘画艺术，后者创造的并非真人，而是美的理想。[⑤]从中可以看到已经为希腊人所意识到的希腊艺术的深刻内在联系，特别是雕塑与诗歌：一边是神明和胜利者的雕像，另一边是将最高人类理

① 参见Hermann Gundert, *Pindar und sein Dichterberuf* (Frankfurt 1935)。

② 品达，《皮同凯歌》，6. 8。

③ 《奥林匹亚凯歌》，6. 1。

④ 《尼米亚凯歌》，5. 1。

⑤ 在《理想国篇》540c中，“苏格拉底”被比作雕塑家，参见361d；在472d，创建理论被比作描绘理想形象（παράδειγμα）的画家。

想镌刻进品达诗歌（以及后来的柏拉图哲学）的精神过程。两者深受相同的观念影响。品达是拥有更强大能力的雕塑家，他通过自己的胜利者塑造了德性的典范。

想要认清品达与这种职责的彻底融合，我们首先需要将他与同时代的艺术同行进行比较，他们是开俄斯岛的诗人西蒙尼德斯和巴库里德斯。两人都把对男子德性的赞颂视作凯歌的传统组成部分。除此之外，西蒙尼 281
德斯的作品充满了个人思考，显示了德性如何从公元前5世纪初开始成为一个问题（即使不考虑竞技方面）。他用优美的词句描绘了德性在大地上的稀有。德性生活在难以攀登的悬崖之巅，灵巧宁芙的歌队围绕着她。凡人的眼睛看不到她，除非从他们体内挤出能刺痛灵魂的汗水。[①]我们在此第一次看到ἀνδρεία这个词被用来表示“男性美德”，显然仍是在其最广泛的意义上。西蒙尼德斯在写给色萨雷贵族斯科帕斯（Skopas）的著名轮唱短歌（skolion）中对其做了解释。诗中出现的德性概念同时涵盖了身体与精神。[②]“人很难具备真正的德性，需要手、脚和精神周正无缺。”通过这句话，隐藏在德性之中并服从于它的最崇高和有意识的艺术被展现给了同时代人，后者一定对其有了特别的新认识。由此我们理解了西蒙尼德斯在轮唱短歌中提出的问题。命运常常让人陷入无法摆脱的不幸，不允许他达到完美。只有神明是完美的。如果被命运染指，人就无法完美。只有被神明爱着和赐福的人才能拥有德性。因此，诗人赞美了所有不情愿做可憎之事的人。“但如果我能在大地所哺育的人中找到一个完全无可指摘的，我将告知你们。”

在阿尔喀洛科斯以降的伊奥尼亚抒情诗中，人们开始日益强烈地意识到自己在所有行为中都依赖命运，这种意识后来进入了古老的贵族伦理。开俄斯人西蒙尼德斯是这个精神过程的最重要见证者，和品达一样，他也在自己的颂歌中代表了那种伦理。在他的作品中，传统分成了更多条截然不同的支线，这让他显得特别有意思。他传承了伊奥尼亚、埃奥利 282

① 西蒙尼德斯，残篇37（Diehl）。德性在这首诗中被视觉化为女神，凡人的终极目标是攀上她的圣山，与她当面相见。但这个目标只有少数人能实现，尽管所有人都可以尝试。

② 西蒙尼德斯，残篇4（Diehl）。见Wilamowitz对这首诗的解读，*Sappho und Simonides*（Berlin 1913），159。关于西蒙尼德斯的德性概念，见Wilamowitz，前揭书，第175页。

亚和多利斯文化，同时也是公元前6世纪末形成的泛希腊新文化的典型代表。但正因如此，尽管他在希腊德性概念的问题史上具有无法替代的地位（在柏拉图的《普洛塔哥拉篇》中，苏格拉底为了对他的轮唱短歌的解释而与那位智术师发生了争执[①]），他仍不是品达意义上贵族伦理的完全代表。无论他对品达和埃斯库罗斯时代的德性观念史多么不可或缺，我们还是只能说，德性观念对他来说不过是能带来无限兴趣的思考对象。此人是第一个智术师。[②]但对品达而言，德性观念不仅是其信仰的根源，还是他诗歌形式的塑造原则。他的诗歌所接受和排斥的思想元素取决于他所从属的伟大使命，即歌颂作为德性载体的胜利者。如果有什么希腊诗歌的艺术形式需要通过其所表现的人类准则观念来理解的话，那一定是品达的作品。我们无法详细展开这点，因为本书的人物不是为了分析形式本身。[③]沿着品达的贵族理念拓展开去，对诗歌形式问题的展望还将揭示自身多方面的内容。

贵族德性观念让品达相信，德性与著名祖先的行为联系在一起。他认为胜利者处处彰显了其家族的骄傲传统。胜利者会为祖先争光，就像祖先也会带给他荣耀。寻根问祖并不影响崇高遗产之目前持有者的功绩。德
283 性具有神性完全是因为家族的始祖是神明或英雄，在后代个体身上不断重新展现的力量来自他们。不存在真正的个人观念，因为实现所有伟大成就的都是神明的血统。在品达看来，对英勇者的赞美几乎全都是对其血统和祖先的赞美。对祖先的赞美在凯歌中占有固定地位。成为歌队的传唱对象让胜利者跻身神明和英雄的行列。第二首奥林匹亚凯歌的开头唱道：“我们将赞颂哪位神明、英雄和凡人？”作为四马赛车的优胜者，阿克拉戈斯（Akragas）的统治者忒隆（Theron）被拿来与宙斯以及赫拉克勒斯相提并论，前者是奥林匹亚的圣神，后者是当地竞技会的创立者，“城邦的支柱，

---

① 柏拉图，《普洛塔哥拉篇》，338e。见本书第三卷，第562页。

② 这就是为何柏拉图《普洛塔哥拉篇》中的智术师选择他的诗作为对德性讨论的出发点。在西蒙尼德斯的时代，诗人是能够回答困难问题的智者。见Wilamowitz，前揭书，第169页。

③ 本章提出的观点早就出现在我关于教化的讲义中，W. Schadewaldt受此鼓励，把它们用于对品达颂诗结构的分析中（*Der Aufbau des Pindarischen Epinikion*，见第221页注释①）。他没有讨论品达对神话的使用，但他的著作促使L. Illig在提交给基尔大学的论文中做了相关讨论，见*Zur Form der pindarischen Erzaehlung* (Berlin 1932)。

有高贵之名的家族先辈的骄傲”。当然，诗人并不总是大肆宣扬胜利者家族的善举和好运。神明会带来痛苦的阴影笼罩着人类的崇高美德，最好地体现了诗人的人性自由和宗教深刻性。[①]生活中有所为的人必定要遭受痛苦，这是品达的信仰，更是希腊人的信仰。这种意义上的行为只属于伟大者，唯有他们可以被认为表达了劳碌的全部意义，他们也是真正感到痛苦的人。因此，命运给了忒隆及其先辈的家族金钱与荣耀，作为对他们真正公民美德的奖赏，但也让这个家族陷入了罪责和痛苦。“万物之父时间也不能消除事物的结果，但遗忘终将随着好运降临，每当神明赐予的命运让幸福大大提升时，可恨的痛苦会在高贵的喜悦下降服和死去。”[②]

与好运和幸福一样，家族的德性也来自神明。品达为此遇到了一个难题，因为在经过一代代著名的承载者后，德性常常会消失。对于见证了那些家族从英雄时代到诗人所在时代的神性力量之链而言，这似乎是不可理解的断裂。不称职的家族代表表明新时代已经遗忘了血统德性。在第六 284
首尼米亚凯歌中，品达详细分析了人类德性的消失。人与神的族类完全不同，尽管两者呼吸着同样的生命气息，诞生自同一个大地母亲。但我们的力量不同于神明的：凡人的族群一无是处，而神明统治的天空是永远无法撼动的所在。不过，尽管我们的命运不确定，但我们在思想的伟大和本性上堪与神明匹敌。儿童摔跤比赛的胜利者阿尔喀弥达斯（Alkimidas）证明他的血统中藏着神一般的力量。这种力量在他父亲身上似乎消失了，但在他父亲的父亲——奥林匹亚、科林斯地峡和尼米亚的伟大胜利者普拉克西达马斯（Praxidamas）——身上再次有迹可循。他的胜利结束了他父亲索克莱德斯（Sokleides）的默默无闻，后者有声名显赫的父亲，自己却籍籍无名。就像田地般交替，时而送给人们一年的给养，时而再次沉睡。贵族秩序依赖杰出代表的接班。家族的发展过程中也会出现歉收和枯竭，希腊人对这种观念始终不陌生。到了基督教时代，我们会在《论崇高》中再次遇到它，作者将讨论伟大的精神创造特质在模仿者时代消失的

① Hermann Fraenkel, *Pindar's Religion* (Die Antike III, 39)。

② 《奥林匹亚凯歌》，2. 15起。

原因。[①]

祖先始终在品达的思想占有一席之地（在希腊本土，他们对生者的影响不仅在于个人回忆，也体现在他们受到虔诚崇敬的墓地），由此产生了一整套带有极其深刻思考的哲学，把目光投向拥有最宝贵遗产，具备最高贵秉性，并承载了最崇高传统的人在世代更迭中的功绩、幸福和痛苦。他所在时代的贵族家族历史为此提供了丰富的素材。但对品达来说，关于祖先的思考中最重要的还是榜样的巨大教育力量。从荷马开始，对远古时
285 代及其英雄的赞美就是贵族教育的基本元素。如果说赞美德性首先是诗人的工作，那么他们就是最崇高意义上的教育者。[②]品达带着最强烈的宗教意识接受了这种使命，在这点上他不同于无个性的荷马诵诗人。他的英雄是当下生活和奋斗着的人，但被他放进了神话世界。品达此举的意义在于：他把他们置于理想榜样的世界中，让他们沐浴在榜样的光辉下，努力赢得与后者同样的赞颂，唤醒自身最好的力量。品达对神话的使用因此具有了特别的意义和价值。他认为，类似伟大的阿尔喀洛科斯诗中所用的谴责有失高尚。[③]嫉妒者似乎曾向叙拉古国王希隆告密说，诗人对他进行了谴责。在第二首皮同凯歌的致辞部分，品达对此矢口否认，表示自己仍然感激国王的恩典。但在坚持称颂的同时，品达也向因听信谣言而有失身份的国王指明了他应当效仿的榜样。品达不要求统治者把目光对准比自己更高的对象。但要求他允许诗人描绘他的真实自我，并且不落到比那更低的位置。这是品达的榜样思想最深刻的地方。“成为你所是的”这句话就像是对其全部教育思想的总结。[④]那是他为人们呈现的所有神话榜样的意义所在，让他们从中看到自己被升华了的本质形象。由此我们可以再次看到，在社会和精神史上，这种贵族教化与柏拉图理念哲学的教育精神间存

① 《论崇高》的作者谈到了（44. 1）罗马帝国时期整个精神世界的“世俗贫瘠”（κοσμικὴ ἀφορία）。

② 见本书第219页注释②和220页注释①，以及《作为教育者的荷马》一章。

③ 《皮同凯歌》，2. 54—58。

④ 《皮同凯歌》，2. 72，“学习成为你所是的”（γένοι' οἷος ἐσσὶ μαθών）。在引用这段诗时，作者们常常省略“学习”（μαθών）；这种省略可以追溯到欧斯塔提乌斯（Eustathius）（见A. Turyn渊博的品达注疏本对此的证明）。加上μαθών则可以清楚地表明，在得到品达的提醒后，希隆应该成为真正的自我。

在多么深刻的本质关系。理念哲学似乎植根于贵族教育，与一切伊奥尼亚自然哲学截然不同，尽管哲学史几乎总是片面地将两者联系起来。我们的柏拉图作品介绍中对品达只字不提，泛生命论的原始物质却像最奇怪的结痂那样不断出现，仿佛得了治不好的病。①

品达对希隆国王使用的赞颂方式既包括批评，也不乏坦诚，并要 286
求对方承担更多职责。为了形象地理解上述说法，我们现在以品达最简单的教育性赞颂为例，即第六首皮同凯歌。颂诗的对象是色诺克拉底（Xenokrates，阿克拉格斯僭主忒隆的兄弟）之子特拉许布罗斯（Thrasybulos），这个年轻人来到德尔斐，驾驶他父亲的马车参赛。品达在一首短歌中祝贺了他的胜利，称赞特拉许布罗斯对父亲的爱。在古老的骑士伦理中，除了对天主宙斯的敬畏，这种爱是最重要的规定。②作为贵族教育者的原型，智慧的半人马喀戎已经向他所照顾的珀琉斯之子阿喀琉斯灌输了这种教诲。在援引这位可敬的权威之后，诗人又提到了涅斯托耳之子安提洛科斯（Antilochos），他在特洛伊城下与埃塞俄比亚首领门农（Memnon）交战，为年迈的父亲献出了自己的生命。"但在今人之中，特拉许布罗斯最接近父亲的准绳。"③在这里，对儿子美德的赞颂中加入了神话榜样安提洛科斯，并简要描绘了后者的事迹。就这样，品达总是为了每个特定对象而到神话和巨大的范式宝库中寻找诗歌智慧。现实与神话的交融处处发挥了理想化和改变的力量。诗人完全生活和活动于一个神话比其他一切更加真实的世界中，④无论是歌颂古老贵族，还是祝贺新近得势的僭主或没有传统的公民之子取得优胜，只要诗人用他的智慧魔棒触碰他们，他们的活动就会获得更崇高的意义，并登上同样神圣的荣誉台阶。

菲吕拉之子，智慧的半人马和英雄的老师喀戎成了品达教育意识本身的神话模板。我们在品达的其他作品中也会看到它，比如在拥有大量神

① 如果真的如此，本书将是对柏拉图哲学更自然与合适的介绍。

② 《皮同凯歌》，6. 19起。在早期希腊传统中，尊崇神明和父母的规诫似乎经常与尊重异乡人的要求联系在一起。但品达在这首颂歌中省略了后者，认为它与当前主题关系不大；见本卷第1章，第3页注释①。

③ 《皮同凯歌》，6. 44。

④ 这促使品达在每首诗中都加入一个神话，并以其为中心赞颂和诠释当前的主题。见Karl Fehr, *Die Mythen bei Pindar* (Zuerich 1936)，以及本书第224页注释③中L. Illig的专著。

287 话事例的第三首尼米亚凯歌中。在那首作品中，埃伊那胜利者的先辈领袖珀琉斯、忒拉蒙（Telamon）和阿喀琉斯被作为榜样。诗人再次从阿喀琉斯联想到作为其成长之所的喀戎山洞。[①]但对相信德性存在于血统中的人来说，教育真的有必要吗？品达多次提到这个问题。其实荷马已经涉及过该问题，在《伊利亚特》中福伊尼克斯与阿喀琉斯师徒见面的段落里，[②]英雄的铁石心肠让老师那段紧要时刻的著名劝诫之词无功而返。但荷马史诗中表现的是天生性格的可驾驭性问题，而品达关心的则是一个现代问题，即真正的人之美德是可习得的还是存在于血统中。我们想起了柏拉图作品中也不断出现过同样表述的问题。[③]在古老贵族观念与理性启蒙精神的斗争中，该问题第一次以这样的形式被提出。品达处处透露出他为此做了如何深刻的思考，并在第三首尼米亚凯歌中给出了答案：

只有天生具备光荣价值的人
才具备完全的力量，
只通过习得获取它的人
不过是飘摇的影子，
他们永远无法真正地站住脚，
只能用不成熟的思想
品尝千百件崇高的事物。[④]

对阿喀琉斯天生英雄思想的检验让喀戎吃惊，前者从未有过老师，但小小年纪已经具备了那种思想。这就是传说所告知的。品达认为，传说知晓一切，因此可以带给我们那个问题的正确答案，即教育只对天生具备德性的人有用，就像喀戎的著名弟子阿喀琉斯、伊阿宋和阿斯克莱庇俄斯，那位善良的半人马“用所有合适的方法栽培他们”。[⑤]这个简明扼要的

① 《尼米亚凯歌》，3. 50起。
② 见本卷第2章。
③ 见本书第三卷，第607—608页。
④ 《尼米亚凯歌》，3. 38。
⑤ 《尼米亚凯歌》，3. 56。我认同Hecker的猜测，即应该是“用所有合适的方法促进灵魂”（ἐν ἀρμένοισι πᾶσι θυμὸν αὔξων），而非促进“整个”（πάντα）灵魂。ἐν为Erhard Schmid所加。

句子中包含了对该问题漫长思考后的慎重认识。它暗示了贵族世界在危机时代如何有意识和坚决地捍卫自己的地位。

与奥林匹亚运动会胜利者的德性一样，米自同一个神性源头的诗人技艺也无法习得。这种技艺本质上是“智慧”。品达总是用σοφία一词表 288
示诗人的精神。我们无法真正翻译这个词，每个人都会在其中加入对品达的全部精神及其影响的感受，出现截然不同的理解。如果纯粹将其视作能创作出优美诗歌的技艺，那么就应该从美学上理解它。[①]荷马曾称木匠为σοφός，这个词在公元前5世纪的希腊仍然完全表示在某件事上技艺精湛的人。显而易见，它在品达的表述中具有更重的分量。在他的时代，这个词早已被用于指代拥有突出认知能力之人的更崇高智慧，以及对普通人所称不寻常之事的理解力（人们会心甘情愿地服从这种理解力）。色诺芬尼的诗歌智慧就是这样的特质，他在自己的诗歌中骄傲地把对现行世界观的颠覆性批评称作“我的智慧”。[②]在这点上，我们发现不可能将形式和思想区分开，两者合为一体才能成为σοφία。品达思想深刻的技艺不可能与此完全不同。这位“缪斯的先知”[③]是“真理”的传达者，他的话“发自心底”。[④]他对人类的价值做出断言，并区分了神话传统中的“真话”和虚假的添枝加叶。[⑤]作为缪斯神圣使命的承载者，他与国王和大人物并肩站在人类之巅。他无意追求民众的喝彩。在写给叙拉古国王希隆的第二首皮同凯歌最后，他表示“但愿我能与高贵者交好和取悦他们”。

但即使“高贵者”是这个世界的大人物，诗人也不会成为他们的廷臣，他仍然是“直言者，在任何统治下都出类拔萃，无论是僭主制，或者一群狂妄之徒的统治，或者由精神卓越者守护着的城邦”。[⑥]他只在高贵者身上看到智慧，就这点而言，他的诗歌在最深刻的意义上是神秘的。“我 289

① 比如，Franz Dornseiff就持这种观点。有的段落可以同时用两种方式来解读，但在忒奥格尼斯770中，σοφίη是诗人区别于其他凡人的更高智慧，赋予他教导后者的使命和责任。这种责任可以分成三个方面：思索或求索（μῶσθαι），展现（δεικνύειν）和创作（ποιεῖν）。显然，这与忒奥格尼斯790的智慧德性（ἀρετὴ σοφίη）相同。

② 色诺芬尼，残篇2. 11起（Diels）。见本书第185页。

③ 《颂诗集》，6. 6。

④ 《尼米亚凯歌》，4. 8。

⑤ 《奥林匹亚凯歌》，1. 28b。

⑥ 《皮同凯歌》，2. 86。

臂下的箭筒中装着许多迅捷的箭，它们只对能理解者开口，而且总是需要翻译。智者天生就懂得许多，而习得者像乌鸦那样，狂妄地对着宙斯的神鸟徒劳聒噪。”①他的诗歌（“箭”）所需的“翻译”是因其本质而拥有更高理解能力的伟大灵魂。品达作品中的老鹰形象不只出现在这里。第三首尼米亚凯歌的结尾写道：“老鹰在羽族中是迅捷的，它飞速从远处而来，猛地用爪子抓住血淋淋的猎物。而聒噪的寒鸦却在低处觅食。”②品达把老鹰看作他诗性自我意识的象征。这不再是纯粹的比喻，本身还是一种形而上学的精神属性，因为诗人觉得老鹰的本质是高不可及的上空，是在聒噪寒鸦觅食的低处世界之上的空中世界不受限制地翱翔。这种象征的历史从比品达年轻的同时代人巴库里德斯延续到了欧里庇得斯的精彩诗句：“整个天空都对老鹰的翱翔开放。”③品达试图通过老鹰来表达个人精神中的贵族意识，在我们看来，诗人的这种贵族头衔是真正不朽的。当然，他在这里也没有忘记对血统德性的信仰，一边是他与生俱来的诗歌才能，一边是“学习者”（μαθόντες）的学问，④他用上述信仰解释了自己在两者间感受到的极深裂痕。无论我们怎么看待贵族的血统观念，品达在天生的高贵本质和完全习得的学问与能力之间划出的裂痕始终存在，而且永远不会弥合，因为那是事实而且有存在理由。他把这番话树立在希腊文化新时代的入口大门旁，那个时代将让学习获得如此意想不到的扩张，并赋予理性最大的意义。⑤

我们就此离开了贵族世界，重新置身于朝着它涌来的历史洪流，而
290 贵族世界则显得越来越停滞。品达本人也凭着自己的伟大诗作超越了那个世界（尽管并非有意，但效果如此），作为重要性获得全希腊广泛认可的诗人，他在这首诗中祝贺西西里的强大僭主忒隆和希隆取得马车比赛的胜利，还用自己古老贵族理想的荣光装点他们并提高了他们的影响力，从而让两人及其新建立的政权变得高贵。我们可能会觉得这是历史的荒谬，尽

① 《奥林匹亚凯歌》，2. 83。
② 《尼米亚凯歌》，3. 77。
③ 《悲剧残篇》（*Fragmenta Tragicorum*），残篇1047，Nauck。
④ 《奥林匹亚凯歌》，2. 94。
⑤ 见《智术师》一章，第293页起。

管所有缺乏传统的篡位者都喜欢用昔日大人物的高贵器具装点自己。品达本人在这首诗中最有力地冲破了贵族传统，从中可以比在其他任何地方更清楚地听到他本人的声音。他把对国王的教育视作新时代贵族诗人最后和最崇高的使命。①如同后来的柏拉图那样，他希望能对国王施加影响，指望他们在改变了的世界中维护他所怀有的政治理想，并遏制民众的放肆。为此，他作为宾客来到战胜迦太基的叙拉古国王希隆的辉煌宫廷，孤零零地与同行中的"学习者"西蒙尼德斯和巴库里德斯站在一起，就像柏拉图后来与智术师波吕克赛诺斯（Polyxenos）和阿里斯蒂波斯（Aristippos）一起列席狄俄尼修斯的宫廷。

我们很想知道一位来过希隆宫廷的伟人是否与品达有过交集，那就是雅典的埃斯库罗斯，他曾在叙拉古进行《波斯人》的第二次排演。②当时，成立还不到20年的雅典民主城邦的军队在马拉松击败波斯人。凭借舰队、统帅和政治精神的热情，雅典还通过萨拉米斯战役确保了欧洲和小亚细亚的所有希腊人赢得自由。品达的母邦在这场民族斗争中不光彩地保持中立。英雄的命运在整个希腊唤醒了关于未来的新力量，但如果要在他的诗歌中寻找这种命运的回响，我们只能在最后一首科林斯地峡凯歌中
听到旁观者的彷徨内心在焦虑的等待中发出深深的叹息，现在他看到仁慈 291
的神明移开了在忒拜人头上摇摇欲坠的"坦塔罗斯之石"，③我们不知道那是指波斯人的危险，还是遭到忒拜背叛的希腊胜利者的仇恨和摧毁该城作为报复的威胁。不过，成为波斯战争经典抒情诗人的并非品达，而是他的强大竞争者，多才多艺的希腊岛民西蒙尼德斯。后者的作品形式光彩夺目，因为灵活性而具备很强的适应能力，可以同样出色地表现和驾驭一切主题，而且不失冷静，被当时希腊城邦用来为阵亡者书写墓志铭。品达的风头在这一时期被西蒙尼德斯盖过，这在我们看来似乎是悲哀的不幸，但

① 当忒奥格尼斯在自己的诗歌中创造了"骑士之鉴"后，品达也把他写给西西里国王的最后一首伟大颂诗变成了"君主之鉴"。伊索克拉底后来在其《致尼科克勒斯》中（*To Nicocles*，见本书第三卷，第851—852页）模仿了这种教化，他在引言部分（4）把对统治者的教育称为当时最迫切的需要。

② 《阿里斯托芬〈蛙〉的注疏》，1028，来自埃拉托忒尼斯的《论喜剧》（Περὶ κωμῳδίας）。

③ 《科林斯地峡凯歌》，8.9起。

更深层次的原因可能是，他坚持为另一种英雄主义服务。不过，作为胜利者的希腊还是能在他的诗歌中找到某些贴近萨拉米斯精神的东西，雅典也喜欢这位用酒神颂式的口吻向其致意的诗人：“啊，戴着紫罗兰花冠、声名被诗歌传唱的光辉希腊要塞，显赫的雅典，你这神圣的城邦。”[①]一个令他内心感到陌生的世界在这里出现，正是这个世界将确保他为希腊民族所铭记，但他的心更倾向于雅典的对手——与忒拜同宗且富有的埃伊那（Aigina），一座由古老海船主和商人家族统治的城邦。但他内心所属，并被他美化的世界已经开始衰亡。只有到了生命走向终点时，人类集体的伟大历史形式才有能力从最后的深刻认识中让自己的精神理想最终成型，仿佛要将自身不朽的部分同会死的部分分开，这看上去几乎是精神的生命法则。于是，希腊贵族文化的衰亡造就了品达，希腊城邦的沉沦造就了柏拉图和德摩斯梯尼，而过了巅峰之后的中世纪教会等级制度造就了但丁。

① 《酒神颂》，残篇64。

第11章
僭主的文化政策

贵族诗歌的繁荣时期延续到了公元前5世纪，但在贵族统治和民主城邦之间还要经过僭主制的过渡。僭主制对文化史的影响一点不比对城邦发展的影响小，因此在已经多次提及它之后，我们有必要在这里为其准备一席之地。就像修昔底德所正确指出的，西西里的僭主制（品达为它的两位代表希隆和忒隆写了伟大的诗作）是独特现象。[①]这个希腊文明的前哨要面对不断扩张的海洋和贸易强国迦太基，“独裁统治”在那里的存在时间是全希腊土地上最长的。而在希腊本土，随着雅典庇西斯特拉托斯家族统治在公元前510年的垮台，这个政治发展阶段也画上了句号。西西里僭主制所依赖的条件完全不同于希腊本土和东方殖民地，后两者诞生于城邦内部的社会必要性。诚然，前者也是伴随着昔日贵族统治的消亡和民众崛起而出现的，但它至少同样鲜明地反映了阿克拉格斯、格拉（Gela）和叙拉古等强大西西里城邦之贸易帝国主义的军事和外交特点。当民主在西西里经过半个世纪的发展后，民族原因的内在必要性又催生了狄俄尼索斯的僭 292

① 修昔底德（《伯罗奔尼撒战争史》1. 17）主要从战争和权力政治中的伟大成就角度评价了希腊历史上所谓的僭主时期，他得出结论说，他们在这方面比不上伯里克利时期的当代雅典民主，因为他们只从事针对邻邦的有限行动。在他们中，西西里的僭主获得了最大的权力。修昔底德表示（1. 18. 1），当雅典和希腊其他地方的僭主统治被斯巴达的政治或军事干预摧毁后，这种统治形式仅继续存在于西西里。关于僭主的总体介绍，见H. G. Plass, *Die Tyrannis in ihren beiden Perioden bei den alten Griechen* (Bremen 1852) 以及P. N. Ure, *The Origin of Tyranny* (Cambridge 1922)。

主统治，柏拉图将其视作僭主制的历史存在理由。[①]

现在让我们回到公元前6世纪中期左右雅典和科林斯地峡的富裕城
293 邦，希腊本土的僭主制发展在那里实现了突破。雅典是发展过程的最后阶段，梭伦早就做了预言，他在自己晚年的作品中感到僭主制正在走近，并目睹了它最终成为现实。[②]作为阿提卡贵族之子，梭伦本人勇敢地突破了本阶层的世袭观念，通过法律的勾勒、诗歌的描绘和个人的行为，他展现了新的人类生活画面，其实现不再取决于血统和财产。他告诫要对被压迫的劳动民众行使正义，但并不比后来把他视作鼻祖的民主走得更远。他只希望古老贵族制度的道德和经济基础得以复原，最初完全没有料到该制度即将衰亡。不过，贵族们没有从历史和梭伦那里学到任何东西。梭伦离职后，派系斗争愈演愈烈。

执政官名单告诉亚里士多德，在我们一无所知的那几十年间，城邦秩序必然经历了多次不正常的干扰，因为有些年份没有执政官，还有一位执政官试图任职两年。[③]沿海地区、内陆地区和阿提卡的贫瘠山区［即所谓的迪亚克里亚（Diakria）］分裂成三派势力，由各自最强大的家族领导。[④]三派都试图赢得民众的支持。显然，民众现在开始成为不可小觑的因素，尽管（或正因为）怀有最强烈不满的他们在政治上缺少组织和领导。迪亚克里亚派贵族的领袖庇西斯特拉托斯懂得如何利用极其巧妙的手段，让其他富有和强大得多的家族陷入不利境地，比如阿尔克美翁家族（Alkmeoniden），他获得了民众的支持，并向他们做了妥协。经过多次攫取权力的失败尝试和几次被流放，他最终在个人卫队（他们以坚硬的棍棒
294 作为武器，而非像士兵那样使用标枪）的帮助下夺取了统治权。他的长期统治非常稳固，以至于他死时可以风平浪静地传位于儿子们。[⑤]

僭主制的最大意义不仅是作为时代的精神现象，也是作为一个深刻

① 柏拉图，《第八书简》，353a起。

② 梭伦，残篇3.18；8.4；10.3—6。忒奥格尼斯以类似的方式（40和52）预言了公元前6世纪麦加拉老贵族和崛起民众的矛盾将带来僭主统治。

③ 亚里士多德，《雅典政制》，13.1。

④ 亚里士多德，《雅典政制》，13.4—5。

⑤ 希罗多德，1.59；亚里士多德，前揭书，第14章。

的文化史过程的驱动力量，该过程始于公元前6世纪贵族统治的解体和政治权力转移到公民手中。[①]在我们了解得最为准确的雅典僭主制中可以看到该过程的典型方式，因此我们有必要详加探讨。不过，我们首先需要回顾一下这种特殊社会现象此前在希腊其他地区的发展。

不幸的是，对于出现僭主制的大部分城邦，我们所了解的差不多只是僭主的名字和个别行为。我们对其产生方式和原因所知甚少，对统治者和政权特点知道得更少。不过，鉴于这种现象于公元前7世纪以惊人的一致性出现在整个希腊世界，我们相信其背后拥有同样的原因。[②]在我们更熟悉的公元前6世纪的例子中，僭主制的起源同当时的重大经济和社会变革联系在一起。在梭伦和忒奥格尼斯的作品中，我们可以特别清楚地看到这种影响。[③]日益扩张的货币经济与自然经济展开竞争并逐步取代后者，对此前一直是政治秩序基础的贵族地主产生了革命性的影响。相比来自贸易和手工业的新财富拥有者，坚守旧有经济形式的贵族现在大大落后了。此外，部分昔日的统治阶层开始从事贸易，由此带来的经济地位的改变在古老家族之间制造了新的裂痕。一些家族变得潦倒，无法继续坚持自己的社会角色，就像忒奥格尼斯所描绘的。另一些家族（如阿提卡的阿尔克美翁家族）则积聚了如此庞大的财富，以至于他们的强大令本阶级的成员都 295
无法忍受，而他们自己也无法抵御发挥政治影响的诱惑。面对严苛的负债法（其允许地主对农奴享有一切权利[④]），在贵族土地上耕作的负债小农和佃户变得激进，而通过充当在政治上无助的民众的领袖，对现状不满的贵族可以轻而易举地为自己夺得权力。贵族地主与历来都不被同情的新富阶层走得更近了，这个结果在政治和道德上存疑，[⑤]因为无产民众和昔日文化阶层间的裂痕只会扩大，简化为赤裸裸的贫富物质问题，为煽动者提供了取之不尽的材料。让僭主的存在成为可能的原因在于：一方面如果没

---

① 与同时间开始被使用的sophist一词类似，tyrannos或monarchos之名在当时尚未带有后来的负面意味。这些名字是为了表示新统治者与旧时代国王的区别。他们试图尽可能地保留共和形式。见K. J. Beloch, *Griechische Geschichte* 1, I (2. Aufl. Berlin 1924), 355ff.。

② 阿尔喀洛科斯写于公元前7世纪中期的一首著名诗歌中首次提到tyrannis（残篇22，Diehl）。

③ 见本书第8和第10章，分别从第145页和197页起。

④ 亚里士多德，《雅典政制》，2. 2。参见梭伦，残篇24，7—15（Diehl）。

⑤ 关于忒奥格尼斯对穷贵族与暴发户联姻的警告，见本书第214页。

有他们的领导，平民就无法动摇贵族的压迫统治；另一方面，推翻贵族的统治后，大多数人就完全满足了，[①]因为对几百年来习惯于效劳和服从的民众来说，“自由人民”享有最高权力的积极目标仍然很遥远。当时的民众在这点上仍然远远比不上伟大民众领袖的时代，而如果没有这些领袖，他们即便到了那时也无法成功。因此，亚里士多德在《雅典政制》中正确地把一系列民众领袖作为阿提卡民主历史的主线。[②]

几乎与希腊本土同时，我们看到僭主制也出现在伊奥尼亚和希腊诸岛，鉴于后者的精神和政治发展，我们自然很希望能在那里找到该制度最早的开端。[③]在米利都、以弗所和萨摩斯岛，我们发现政治权力落入著名僭主之手的时间是公元前600年或稍晚些，其中一些与希腊本土的僭主保持着密切的关系。因为尽管（或者可能正因为）僭主是一种纯粹出现在城邦内部的现象，但他们一直通过常以联姻为基础的跨城邦结盟相互联系。
296 因此，僭主可谓是公元前5世纪常见的民主和寡头信念同盟的前身。足够令人意外的是，这导致第一次出现了目光远大的对外政策，促使科林斯、雅典和麦加拉等城邦开始建立殖民地。这些殖民地往往同母邦保持着密切的联系，就像过去的此类建邦活动那样。因此，希格伊翁（Sigeion）完全是雅典在赫勒斯滂的据点，而佩里安德（Periander）也在伊奥尼亚海边为科林斯赢得了类似据点，包括被他征服的克基拉（Kerkyra），还有在色雷斯兴建的波蒂达厄（Potidäa）。科林斯和希库翁是这波发展在希腊的顶峰，麦加拉和雅典后来成为它们的追随者。雅典的僭主制得到了纳克索斯（Naxos）僭主的帮助，庇西斯特拉托斯后来也支持过他。僭主制还早早地在优卑亚安了家。但我们注意到，在僭主制后来展现出最大力量的西西里，它有点姗姗来迟。公元前6世纪唯一重要的西西里僭主是阿克拉格斯的法拉里斯（Phalaris），他奠定了该城邦的繁荣。在希腊，无论人们对庇西斯特拉托斯有多少溢美之词，科林斯的佩里安德无疑才是僭主中最伟大

---

① 庇西斯特拉托斯被描绘成富人和老贵族的敌人，但对平民友好，见亚里士多德，《雅典政制》，第16章。他对城邦的统治更像公民而非僭主（πολιτιχῶς ἢ τυραννιχῶς），见亚里士多德，前揭书，14.3和16.2

② 参见亚里士多德，前揭书，第28章各处。

③ 见上页注释②。

的形象。巴克基斯家族（Bakchiaden）的贵族统治倒台后，他的父亲库普塞洛斯（Kypselos）建立了将延续多代的王朝。佩里安德统治时期是它的顶峰。庇西斯特拉托斯的历史意义在于为将来伟大的雅典打下了基础，佩里安德则把科林斯带到了新的高度，这个城邦在他死后开始衰落，再未恢复彼时的辉煌。

贵族统治在希腊的其他地方得到了延续。和过去一样，占有土地是统治的基础，但在少数像埃伊那这样的纯粹贸易城邦，它也依靠巨额财富。没有哪个地方的僭主制能维持超过两到三代。它们大多会被在政治上拥有了经验和努力目标的贵族再次推翻，但贵族很少能成为这种更迭的受益者；政权大多会很快落入民众手中，就像在雅典那样。波吕比乌斯（Polybios）在关于政制循环的理论中解释说，[①]僭主制倒台的主要原因往往在于继承权力的子侄很少同时继承父辈的精神力量，并肆意滥用通过与民为善而得来的权力。僭主制让倒台的贵族感到恐惧，他们还把这种恐 297
惧传给了信奉民主的后继者。不过，对僭主的憎恶只是直接斗争观点和反应的单方面现象。布克哈特幽默地表示，每个希腊人心中都藏着僭主，成为僭主对每个人来说都是如此不言自明的美梦，以至于阿尔喀洛科斯不知如何更好地描绘他心满意足的木匠，只能表示此人无意成为僭主。[②]具备真正突出能力的个人统治对希腊人来说总是“符合自然的”（亚里士多德语），并或多或少地自愿服从它。[③]

早期僭主制介于远古时期的父权王国和民主时期的民众领袖统治之间。在维护贵族政制外在形式的同时，统治者也试图将尽可能多的权力集中到自己和亲信圈子手中，为此需要依靠一支人数往往不多但很有战斗力的军队。如果国家无法确立有效而合法的秩序（由全体或绝大多数人的意志维持），那么就只能由掌握武器的少数人来统治。这种不得人心的压迫始终可见，而且不会随着长时间习以为常而更容易被接受。僭主必须通过竭力维护职位分配的外在形式、系统化地培养个人效忠和亲民的经济政

① 波吕比乌斯，《通史》（*Hist.*），6.7。在波吕比乌斯看来，儿子们的堕落不仅是僭主和君主统治衰亡的原因，也适用于贵族统治（6.8.6）。这种观点显然来自柏拉图的《理想国篇》。

② 见第235页注释②。

③ 亚里士多德，《政治学》，3.17.1288a28。但僭主统治“有违自然”，1287b39。

策来抵消它。如果庇西斯特拉托斯卷入了某场诉讼，他有时甚至会亲自现身法庭，以便证明正义和法律仍然享受无限的统治权，这让民众印象深刻。[①]古老的贵族世家被僭主以各种方式打压，特别危险的贵族竞争者遭到流放或者被派到国外从事某项可敬的任务，就像庇西斯特拉托斯会支持米太亚德（Miltiades）征服克森尼索（Chersones）并在那里建立殖民地
298 的壮举。他也不希望看到民众在城中聚集，允许他们变成有组织的危险力量。经济和政治原因让庇西斯特拉托斯在原则上青睐乡间，这让他在那里深受爱戴。直到多年后，他的僭主制仍被称作“生活在克罗诺斯统治下”，即黄金时代。[②]此外还有各种令人产生好感的逸闻流传，描绘了这位统治者亲自造访乡间，与普通劳动民众交流，通过他的平易近人和低税收永远赢得了人们的心。[③]政治智慧和真正的农业本能在上述政策中不可分割地融为一体。他甚至考虑到要免去农民为法律事务前往城市的奔波之苦，为此亲自作为仲裁员定期来到乡间开庭。[④]

不幸的是，我们对僭主内政如此形象的描绘仅限于庇西斯特拉托斯，而且这还要归功于亚里士多德，后者以早前的阿提卡编年史为基础勾勒了上述场景。[⑤]谁也无法忽视这幅场景中的强烈经济元素，而所有的政治行为只是当前形势下做出的权宜之计，这是两者的根本区别。新形势中吸引人的地方是它的成功，但这种成功完全被归于个人的全能统治，具备真正能力的统治者把自己的全部力量都用于为民众服务。情况是否总是如此令人怀疑，但对于僭主制这样的形式，我们也应该根据其最好的代表做出评判。从它取得的成功来看，那是一个迅速发展的幸福时代。

在精神方面，可以把公元前6世纪出现的僭主与他们的政治对手——立法者和仲裁者（Aisymneten）[⑥]加以比较，后两者在许多地方被赋予了

① 亚里士多德，《雅典政制》，第16章。
② 同上，16.7。
③ 同上，16.6。
④ 同上，16.5。
⑤ 亚里士多德《雅典政制》中关于庇西斯特拉托斯家族的直接素材似乎来自比他年长的同时代人安德洛提翁（Androtion）的《雅典史》（*Atthis*），此人是伊索克拉底的弟子。见 Wilamowitz, *Aristoteles und Athen* I (Berlin 1891), 260ff.。
⑥ 原指竞技会上的裁判。由公民选举产生，但权力不受限制，亚里士多德称其为“选出来的僭主”。——译注

特别的强大权力，负责制定永久性法律或整顿暂时的混乱形势。这些人对公共文化的影响主要通过创造理想的法律准则，他们的法律并不禁止公民参与政治活动。而僭主则阻挠全部个人动议，并亲自包办一切。僭主并非 299
公民公共政治德性的教育者，而是成为另一种意义上的榜样。他们是后来高级政客的原型，不过无须对谁负责。他们最早展现了如何富有远见和目光远大地思考有计划对外和对内活动的目标和手段，也就是真正的政治。僭主是日益发展的精神个体性在政治领域的具体表现形式，就像在与之相关的诗人和哲学家世界那样。到了公元前4世纪，随着公众对名人的兴趣提升和传记这种新文学体裁的问世，诗人、哲学家和僭主成了最受欢迎的描绘对象。[①]在从公元前6世纪初开始声名鹊起的所谓七贤中，除了立法者和诗人一类的人物，还可以看到佩里安德和庇达科斯（Pittakos）这样的僭主。[②]特别值得注意的是，该时代的几乎所有诗人都生活在僭主的宫廷中。个体性还不是大众现象，尚未表现为普遍的精神平等，而是真正的内在独立性。为此，现有的独立头脑更需要寻求相互联系。

文化在这些中心的集聚让精神生活变得非常活跃，不仅局限于真正创造者的狭窄圈子，也延伸到整个周边。在许多僭主的缪斯宫廷中可以看到这种现象，如萨摩斯的波吕克拉提斯（Polykrates von Samos）、雅典的庇西斯特拉托斯之子们、科林斯的佩里安德和叙拉古的希隆，他们仅仅是其中最引人瞩目的名字。我们对雅典僭主时期状况的了解更加准确，可以想见统治者宫廷文化的光芒对阿提卡的艺术、诗歌和宗教生活多么重要。阿纳克吕翁、西蒙尼德斯、普拉提纳斯（Pratinas）、拉索斯（Lasos）和奥诺马克里托斯（Onomakritos）都活跃在这里。这里还诞生了喜剧和悲剧表演，诞生了公元前5世纪发达的音乐生活，诞生了庇西斯特拉托斯为 300
其新设立的宏大泛雅典娜节所安排的大型荷马吟诵活动，诞生了盛大的酒神节，还有阿提卡人在雕塑、建筑和绘画方面的有意识艺术生活。直到那个时候，雅典才获得了后来一直保有的缪斯之城特色。更高创作热情和更

① 见F. Leo, *Die griechisch-roemische Biographie* (Leipzig 1901)。参见本书第117页起。

② 庇达科斯被民众以绝对多数推选为仲裁者（亚里士多德，《政治学》，3. 14. 1285b1），但安提美尼达斯及其兄弟，抒情诗人阿尔开俄斯领导的贵族反对派仍称他为僭主。

好鉴赏力的精神从宫廷中涌出。在托名为柏拉图的对话中，[①]庇西斯特拉托斯的小儿子希帕科斯被描绘成最早的美学家，是“情欲迷恋者和艺术爱好者”。[②]悲剧的是，刺杀僭主的匕首在公元前514年恰恰选择了这位在政治上无害和热爱生活的人。[③]他生前始终善待诗人们，包括奥诺马克里托斯那样的人。此人为王朝利益伪造了神谕诗，而为了满足宫廷对新的探秘式神秘宗教的流行需求，他还假托俄耳甫斯之名写了一整部史诗。僭主们最终不得不将那个名誉扫地的诗人曝光，后来又在流亡中与其重逢。[④]

但丑闻事件无损于王朝的文学功绩。永不枯竭的各式诗歌和艺术之河通过他们流入了阿提卡的会饮活动。僭主们雄心勃勃，想要让自己的马车在希腊的民族运动会上成为胜利者。他们还向各种竞技活动提供了支持。对于当时的公共文化生活，他们也是强大的推动力量。有人声称，作为希腊僭主制的典型画面，宗教节日的大发展和对艺术的扶植只是为了让不安分的民众远离政治，让他们忙于不构成威胁的活动。但即使存在这种额外目的，有意识地集中于此类活动仍然表明，当时对它们的扶植被视作集体生活和公共政策的重要组成部分。僭主借此表明自己是真正的“政治
301 家”（Politikos），同时加深了公民对母邦之伟大和价值的感情。公众对这些事的兴趣尽管并非完全是新的，但通过统治者的系统化要求和大量物质支持，人们的兴趣突然大幅提升。政府的文化扶植是僭主亲民的标志。僭主倒台后，民主政府接受了这项工作，但只是效法前者。从此，高度发达的政府组织在这方面缺乏有计划活动变得无法想象。当然，那时政府的此类文化使命主要还是表现为通过艺术来美化宗教和统治者对艺术家的庇护，这些重要的责任从不会让政府与自身发生冲突。冲突只可能来自某首比僭主宫廷中所有抒情诗人的作品更能影响公众生活和思想的诗歌，或者来自当时雅典尚没有的科学和哲学。我们从未听说早期僭主与哲学家有过

① 《希帕科斯篇》，228b起。

② 亚里士多德，《雅典政制》，18.1。

③ 修昔底德在一段著名的附注中（6.54）证实流行的传统说法有误，即认为被杀的希帕科斯是统治者，而哈摩狄乌斯（Harmodius）和阿里斯托盖同（Aristogiton）从他的僭主统治下解放了雅典。

④ 希罗多德，7.6。亚里士多德，残篇7（Rose）。

什么关联。他们更多致力于艺术的普遍传播和公开影响，以及民众的文艺和身体培养。

也许我们会觉得许多文艺复兴僭主和后来君主宫廷的艺术赞助对当时精神生活所做的贡献往往显得不自然，觉得这种文化并没有真正成长，既未在贵族中也未在民众中深深扎根，而仅仅是一小群人的奢侈品，但我们不应忘记，希腊人的情况同样与此类似。古风时代末的希腊僭主宫廷是最早的“美第奇家族”，[①]这既体现在他们认为文化是与其他生活分离的崇高人类存在的精华，也体现在他们对陌生民众的慷慨。贵族从未这样做过，但他们的文化也无法以这种方式传播。这正是贵族在民族文化结构中 302
的永恒意义所在，即使当他们失去政治权力后。但精神活动的本质显然在于，它们可以很容易地隔离自己并创造出自己的世界。比起日常生活中艰难而无关紧要的斗争，那个世界可以为其提供更有利的外在生产和工作条件。精神上的杰出者喜欢为世上的当权者效劳，或者像庇西斯特拉托斯圈子里最著名的成员西蒙尼德斯在一则逸闻中说的：贤人必须去往富人门前。而随着艺术和科学的日益精细化，它们越来越试图只让少数人掌握，甚至成为某种专长。特权感常常在思想上把这两种人联系起来，即使他们相互瞧不起。

这正是公元前6世纪末希腊的状况。随着精神生活在伊奥尼亚的发展，古风时代晚期的诗歌普遍不再受到社会约束。持有贵族信念的诗人忒奥格尼斯和品达只是例外，在这点上他们更加现代和接近埃斯库罗斯，后者生活在波斯战争时期的阿提卡城邦。尽管出于不同的前提，但这些诗人都代表了对僭主时期专业艺术的超越。他们与僭主时期的关系就像赫西俄德与堤耳泰俄斯之于晚期诵人的史诗。围绕在萨摩斯的波吕克拉提斯、科林斯的佩里安德和雅典的庇西斯特拉托斯之子身边的“艺术家们”精确地诠释了这个词的意义，比如阿纳克吕翁、伊布科斯（Ibykos）、西蒙尼德斯、拉索斯和普拉提纳斯这样的音乐家和诗人，再加上他们在雕塑艺术中

① 公元前6世纪到公元前5世纪的希腊僭主与文艺复兴时期佛罗伦萨美第奇家族的相似性，不仅体现在后者取得的艺术成就上，也体现在政治上；两者都是新形式城邦中民主倾向的典型代表。这种形式与更具贵族和保守色彩的城邦截然不同，后者在公元前6世纪希腊的代表是斯巴达，在文艺复兴时期意大利的代表是威尼斯。

的同行。他们自成一体，具有魔法般的艺术才能，能够胜任每项使命和在每个社会中安身立命，但他们在哪里都找不到根。当萨摩斯宫廷的大门被关闭，僭主波吕克拉提斯死于波斯人的剑下后，阿纳克吕翁转而前往雅典
303 的希帕科斯宫廷扎营，后者派出一艘五十桨的船接他。而当庇西斯特拉托斯家族的最后成员被迫离开雅典流亡后，西蒙尼德斯搬到了色萨雷的斯卡帕斯家族的宫廷中，直到那个家族因屋顶坍塌全军覆没。在关于诗人的传说中，他是唯一的幸存者，这几乎具有象征意义。当西蒙尼德斯再次迁往叙拉古僭主希隆的宫廷时，他已经是80岁的老翁了。这些人所代表的文化犹如他们的整个生命，虽然可以让像雅典人这样聪明和爱美的民族喜悦和着迷，但无法打动他们内心最深处的灵魂。就像在马拉松战役打响前的最后10年间，雅典人流行洒有香水的伊奥尼亚服饰和别着金蝉发卡的华丽发型，僭主宫廷中来自伊奥尼亚和伯罗奔尼撒的雕塑艺术和悦耳诗歌同样也装点着雅典城。它们在空气中撒满了艺术的种子和希腊各民族的思想财富，营造出伟大阿提卡诗人可以诞生的氛围，后者将在危难时刻展现出本民族应有的天才。

第二卷

阿提卡精神的高峰与危机

第1章

埃斯库罗斯的戏剧

僭主统治时期的埃斯库罗斯还是个孩子，庇西斯特拉托斯家族倒台 307
后，贵族的权力之争很快被民主终结，他在新的民主统治下长大成人。被打压贵族的旧有嫉妒虽然导致僭主制覆亡，但回归庇西斯特拉托斯之前的封建无政府统治已不可能。和庇西斯特拉托斯一样，从流亡中回归的阿尔克美翁家族成员克勒斯特涅斯也依靠平民的支持对付其他贵族，完成了清除贵族统治的最后一步。他废除了阿提卡四大部族（Phylen）的旧有秩序（它们纷纷通过家族联合将势力扩展到城邦各地），代之以纯粹按照抽象地域原则划分的十大部族，从而破坏了旧有的血缘联系，利用建立在新部族体系之上的民主选举权取消了那种相互联系的政治权利。这标志着家族政制的终结，尽管并非贵族的精神影响和政治影响的终结。直到伯里克利去世，贵族仍然是雅典民主统治的领导者，而作为年轻政权的最重要诗人，欧弗里翁（Euphorion）之子埃斯库罗斯也是贵族地主的子弟，就像100年前阿提卡精神的第一位伟大代表梭伦那样。埃斯库罗斯来自厄琉西斯（Eleusis），庇西斯特拉托斯不久之前为那里的神秘崇拜建了新的圣所。喜剧作品热衷于描绘诗人年轻时代同那位可敬女神的密切联系，与“菜园女神之子”欧里庇得斯[①]形成了鲜明反差。当埃斯库罗斯与“败坏悲剧 308

① 在阿里斯托芬的《蛙》840，埃斯库罗斯称欧里庇得斯为“菜园女神之子”（ὦ παῖ τῆς ἀρουραίας θεοῦ）。[译按：这句话戏仿了欧里庇得斯残篇885，“大海女神之子”（ὦ παῖ τῆς θαλασσίας θεοῦ）。可能指欧里庇得斯的母亲是个菜贩子，讥笑其出身低贱。参见《地母节》（转下页）

者”展开竞赛时，阿里斯托芬让他首先做了虔诚的祈祷：①

养育我心灵的德墨忒耳啊，
让我不辜负你宝贵的密教。

维尔克（Welcker）试图将埃斯库罗斯的个人虔敬上溯到某种密教神学，这种想法今天已经被否定，②真相更可能包含在下面的逸闻中：埃斯库罗斯因为在舞台上向公众透露了密教的隐秘而遭到指控，但法庭判他无罪，因为他能证明自己是无意中这样做的。③不过，即使他没有接受密教隐秘，对神明的了解来自他本人的心灵深处，但向德墨忒耳的祈祷仍然通过其拥有的人类谦卑和信仰的力量展现了不朽真理的特征。我们如果看到那个与他如此接近和对他感情如此之深的时代同样满足于这个围绕其形象的神话，那么由于对诗人生平所知阙如而产生的痛苦也会有所减轻。神话中的埃斯库罗斯就像他的墓志铭用崇高而简洁的语言所描绘的那样：作为对他实现了生命中最高成就的见证，墓志铭中仅仅提到马拉松的树林。他的作品则没有被提及。④这条“铭文”并非史实，只是用合乎文体的简短表述展现了一位后世诗人眼中的完美之人形象。早在阿里斯托芬的时代，人们就可能对埃斯库罗斯表达过这种看法，因为他在那时已经被视作“马拉松战士”，视作新的阿提卡城邦第一代公民——他们充满了最崇高的道德意愿——的精神代表。

（接上页）387，“欧里庇得斯，女菜贩之子”（Εὐριπίδου τοῦ τῆς λαχανοπωλητρίας），《阿卡奈人》（*Die Acharner*）478，“给我几根从你妈妈那里拿的野萝卜”（σκάνδικά μοι δὸς μητρόθεν δεδεγμένος）。但老普林尼认为（《博物志》22. 81），欧里庇得斯母亲卖的“野萝卜”（σκάνδιξ）不是正经蔬菜（ne olus quidem legitimum），而是一种具有催情效果的植物（fatigato venere corpori succurrit marcentesque iam senio coitus excitat）。阿忒那俄斯（56d）：“他坚持要和我交欢……给我吃野萝卜。”（Ξυγγεν έσθαι διὰ χρόνου λιπαρείτω με δρυπεπέσι, μάζαις καὶ δια σκανδικίσαι）]

① 《蛙》，886—887。

② F. G. Welcker, *Die aeschylische Trilogie Prometheus und die Kabirenweihe zu Lemnos*（Darmstadt 1824）.

③ 亚里士多德，《尼各马可伦理学》，3. 2. 1111a10；参见《〈尼各马可伦理学〉注疏》145，匿名（Heylbut编）；克莱门，《杂缀集》，2. 60. 3。

④ 见*Vita Aeschyli* II (Aesch. ed. Wilamowitz, ed. maior p. 5)。

历史上很少有战役像马拉松和萨拉米斯之战那样纯粹地围绕着某种理念打响。我们必须假定，埃斯库罗斯参加了那场海战，虽然一代人之后的希俄斯人伊翁（Ion von Chios）[①]并未在其游记中提及此事；因为雅典人 309
放弃了自己的城市，“全体”（πανδημέι）赶往船边。《波斯人》（*Persern*）中信使的描述是来自那幕历史剧真正目击者的唯一报告，雅典在剧中为自己后来的势力和从未实现的民族霸权奠定了基础，但首先如此看待那场战役的是修昔底德，[②]而非埃斯库罗斯。在埃斯库罗斯看来，该剧彰显了支配世界之永恒正义的深刻智慧。民族独立战争重新燃起了一小群人的英雄气概，在阿提卡人卓越精神的指引下，他们打败了薛西斯的大军，奴役夺走了后者的思想。亚洲向欧洲臣服（Europae succubuit Asia）。[③]堤耳泰俄斯的精神在自由和正义的理念中重生。[④]

无法确定埃斯库罗斯最早的戏剧创作于哪个十年，因此我们不知道《乞援人》（*Hiketiden*）中向宙斯的激昂祈祷所体现的宗教情感是否早在希波战争之前就已经存在于他的身上。[⑤]他的信仰与梭伦同出一源，后者是他的精神导师。不过，对于埃斯库罗斯的信仰中所蕴含的悲剧力量，我们必须将其归功于在悲剧《波斯人》中始终可以感受到的、那种把人唤醒和净化的狂飙。通过自由和胜利两种经历，这个僭主制末期的孩子将他的梭伦式信仰同新秩序牢牢地联系起来。城邦是理想的空间，不仅是其作品的随机舞台。亚里士多德不无道理地指出，早期悲剧中人物的语言并非修辞式的，而是政治式的。[⑥]即使在恢宏的结尾处，在《慈悲女神》最后用热情的祈祷为阿提卡人民及其神圣秩序庄严祈福时，埃斯库罗斯仍然展现了其悲剧真正的政治特点。[⑦]悲剧的教育作用以这个特点为基础，同时是
道德、宗教和人性的，因为城邦用新的宏大方式涵盖了这一切。埃斯库罗 310

① 埃斯库罗斯，《波斯人》，432注疏。

② 见雅典派驻斯巴达使节关于雅典在波斯战争后势力崛起所做的演说，修昔底德，1.74。

③ 奈波斯，《忒米斯托克勒斯传》，5。

④ 这从文字作品上看的确如此，因为在整个公元前5世纪，无论是历次战争中为国捐躯的雅典战士的大批墓志铭，还是为了向他们致敬而公开发表的葬礼演说，我们都能从中感受到堤耳泰俄斯的精神及其对雅典公民士气的影响。见拙作 *Tyrtaios* in *Sitz. Berl. Akad.* 1932, 561–565。

⑤ 见埃斯库罗斯，《乞援人》，86起以及524起。

⑥ 亚里士多德，《诗学》，第6章，1450b7。

⑦ 埃斯库罗斯，《慈悲女神》，916起。

斯在这种教育作用上与品达类似，但这位雅典人在方式上与忒拜人截然不同。品达希望通过传统约束的精神重新确立贵族世界及其显赫地位。埃斯库罗斯的悲剧则是英雄之人通过自由精神的重生。从品达到柏拉图，从血统贵族到精神和认知贵族的道路看上去近在咫尺和不可避免，但必须经过埃斯库罗斯。

就像梭伦的时代那样，当阿提卡人民走进世界历史时，他们的杰出天赋再次造就了一位趁热打铁的诗人。城邦与精神完全融为一体，赋予了在那里诞生的新型之人独一无二的古典特质，因为两者很少达成一致。很难说是精神对城邦促进更多，还是城邦对精神帮助更大，但很可能是后者，如果我们不把城邦理解成当局，而是看作雅典公民通过政治秩序终结百年混乱斗争的话。这场斗争对每个人来说同样重要，他们为期待和实现那种秩序竭尽所能地投入了全部道德力量。城邦生活最终成了联合人们一切努力的力量，就像梭伦所设想的那样。作为年轻城邦的灵魂，对正义理念的信仰[①]似乎在这场胜利中[②]获得了神圣的庄严性和稳固的地位。雅典人民的本质和真正文化开始显现。

在一场过于迅速和不寻常的物质进步的最后几十年间，阿提卡的生活中出现了使人娇弱的过于讲究和超过限度的享乐，现在它们一下子被抛弃了。那几十年间的雕塑艺术所制作的人像脸部带有空洞的传统笑容，体现了伊奥尼亚的文化和美感理想，现在它们被深刻和近乎严肃的阴郁表情取代，就像伊奥尼亚的华丽服饰不再流行，而是让位于多利斯
311 人的朴素男装。[③]直到下一代人，即索福克勒斯那代人，人们才在两个极端间找到了古典和谐的平衡点。现在，雅典自身的历史命运实现了贵族文化无法给予民众的，以及仅凭更先进外来文化的影响无法提供的东西。通过一位完全将自己视作本民族一员的杰出诗人的技艺，这种命运

① 孟德斯鸠，《论法的精神》，第三卷，第3章。

② 见阿伽门农回乡后所做的著名演说中对正义的强调，埃斯库罗斯，《阿伽门农》，810起；类似的还有《阿伽门农》249的合唱，作品中其他各处也有提及。《慈悲女神》完全围绕着这个问题及其对城邦的重要性展开。正义是女神雅典娜本人为自己的城邦确立的最高行为准则，《慈悲女神》691。关于把对法律的畏惧作为雅典民主的基础，见《慈悲女神》698。参见修昔底德2.37.3中的伯里克利，以及本章第266页注释①。

③ 修昔底德，1.6.3—4。

在全体雅典人心中植入了虔诚和勇敢的胜利信念，让他们怀着普遍的感激和欣喜超越了出身和文化的差异。现在，被雅典人称为“自己的”最伟大成就将永远不再属于某个阶层，而是属于全民族，无论是关于历史回忆抑或精神财富。相比之下，过去的一切黯然失色，而现在属于民众。公元前5世纪阿提卡民众文化的创造者并非宪法或选举权，而是那场胜利。伯里克利的雅典以此为基础建立起来，而非依托旧式的贵族教化。索福克勒斯、欧里庇得斯和苏格拉底都是公民之子。前者出身手工业者阶层，欧里庇得斯的父母拥有一座小农庄，苏格拉底的父亲是个生活在城郊小镇的老实石匠。战神山议事会没落后（其在埃斯库罗斯时代仍然是城邦的真正重心），随着民主的不断激进化，[①]它与贵族社会与文化的矛盾后来再次激化，并导致后者变得日益封闭。不过，我们不应用克里提亚斯时代的状况来附会萨拉米斯海战之后的岁月。在忒米斯托克勒斯（Themistokles）、阿里斯泰德（Aristeides）和喀蒙（Kimon）的时代，共同的伟大任务把民众与贵族联系在一起，如重建城市，修建长墙，巩固得洛斯同盟和结束海外战争。我们相信，作为悲剧这种新的诗歌形式的受众，在那几十年间的雅典社会中不仅可以感受到某种奔放的思想和活力，还能找到克制力、谦逊和敬畏。

悲剧使得希腊诗歌重新将人类的一切变成伟大的整体，在这点上只 312
有荷马史诗能与其相提并论。[②]尽管两者之间的多个世纪已取得了非常丰富的成果，但在题材的丰富、塑造力和创造性成果的范围上，仅有史诗达到过如此的水准。它们看上去仿佛是希腊民族诗歌天赋的重生，只不过从伊奥尼亚转移到了雅典。史诗和悲剧就像两条巍峨的山脉，被从属于它们的连续丘链连接起来。

史诗是希腊诗歌的第一个高峰，如果我们把史诗消亡后的发展过程看作对伟大历史力量不断进步的塑造过程之表达（人类的塑造通过这种力量得以完成），那么“重生”一词将获得特别的意义。在荷马之后的诗人

① 亚里士多德，《雅典政制》，第25—26章。
② 亚里士多德清楚地看到了这点，因为他在《诗学》只专注于史诗和戏剧这两种形式的希腊诗歌。

中，我们处处看到越来越多对纯粹思想内容的阐述，无论是集体的规范性要求，还是个体的个人表达。[①]尽管这些诗歌形式大多脱胎于史诗，但脱离史诗后，在史诗中表现这些内容的神话或者完全消失（比如在堤耳泰俄斯、卡利马科斯、阿尔喀洛科斯、西蒙尼德斯、梭伦和忒奥格尼斯等人的作品中，特别是抒情诗人和弥涅摩斯），或者是在诗人非神话的思维中作为零星的神话例子被引入（比如赫西俄德的《工作与时日》、抒情诗人和品达的神话）。这类诗歌大部分是纯粹的教诲，以普遍的准则和建议为内容。另一部分是思考性内容。甚至在史诗中只有神话英雄事迹才能获得的赞美现在也被用于同时代的真实人物，这也是纯粹表达情感的抒情诗的对象。在后荷马时期，诗歌成了对当时的真正精神生活日益全面和有力的表
313 达，无论是社会还是个人方面。只有通过抛弃英雄传说才可能做到这点，除了写给神明的颂诗，此类传说最初曾是诗歌的唯一对象。

另一方面，尽管人们一边倒地努力把史诗的思想内容移植到当下的现实中，由此让诗歌在越来越高的层次上变成生活的直接诠释者和向导，但在后荷马时期，神话仍然保留了作为诗歌创作不竭源泉的意义。它们仅仅被用作观念性元素，让诗人可以回溯到神话中的对应例子，使得当下事件变得高贵，由此创造出一个具有更高现实性的独特世界，就像我们提到的在抒情诗中使用神话例子。[②]或者神话作为整体仍然是描绘的对象，但时代和兴趣的改变造成了最为不同的视角，相应的表现形式也可能完全不同。因此，所谓的史诗诗系（Kyklos）的作者绝大多数只对特洛伊相关传说的内容感兴趣。作者对《伊利亚特》和《奥德赛》在艺术和精神上的伟大之处缺乏理解，人们只想听到此前和此后发生了什么。这些史诗用学来的机械史诗风格（也许在荷马史诗较晚近的各卷中已经能够找到）写成，它们的诞生要归功于历史的需求；由于整个希腊早期把对传说的回忆当作历史，这种历史化变得不可避免。而被归于赫西俄德名下的谱系诗（因为

① 见本书关于荷马以后的诗歌、赫西俄德、堤耳泰俄斯，以及抒情诗、短长体诗和哀歌诗人的各章。

② 参见第一卷第2章第38页注释③所引的R. Oehler专著，以及品达那章第227页注释④提到的L. Illig和Fehr对品达作品中的神话的研究。

人们发现其作者与赫西俄德有相似之处）满足了骑士阶级从神明和英雄引出家族谱系的需求，在神话的历史化中更进一步，成了当下时代的史前史。这两种史诗与公元前7世纪和公元前6世纪的非神话诗歌并存。虽然在生动性上无法与后者相比，但它们满足了时代的某种需求，荷马史诗和神话现在成了它们共同存在的背景。可以说，它们是那个时代的博学之作。伊奥尼亚人对神话题材所做的散文体改写（无论是否有意图创作谱系）是它们的直接发展，就像阿库西拉俄斯（Akusilaos）、菲莱昔德 314
斯和赫卡泰俄斯的作品。事实上，诗歌形式早就变得完全无关紧要，彻底沦为过时之物。而留存下来的少数散文体"史学作品"（Logographen）要鲜活和当代得多。通过叙事艺术，它们试图重新激发人们对题材的兴趣。

史诗形式被散文体取代，让神话日益物质化与历史化的过程特别清晰地呈现在人们眼前。与此同时，在作为希腊西方殖民地的西西里岛诞生了合唱诗歌，标志着将英雄传说从史诗形式变成抒情诗形式的一种新型艺术形态。不过，这并不意味着重新认真对待传说。希墨拉人斯特西科洛斯（Stesichoros von Himera）对传说的批评就像米利都人赫卡泰俄斯那样冷静而理性。对品达之前的抒情诗人来说，传说本身并非目标，而是作为音乐创作与合唱演出的理想题材。文字、节奏与和谐共同发挥了创造性力量，文字是其中最不重要的。文字是被引导者，而音乐是引导者，能够激发真正的兴趣。神话被分解成若干抒情诗式的强有力情感元素，再结合成跳跃式发展的歌谣叙事，以迎合配乐的特别要求，这导致留存下来的无配乐诗歌给今天的读者留下了空洞和不完整的独特印象。即使简单抒情诗歌中的神话叙事也只是为了唤醒某种情绪，比如萨福的作品。[①]她把神话变成了艺术情感的基础，至少那是它们唯一的作用，这种形式让我们几乎无法理解它们。我们觉得伊布科斯（Ibykos）的此类作品完全是空秸秆，只因诗人的大名才对它们感兴趣。

尽管神话在诗歌和散文中为自己保留了一席之地（它们还被用于工

① 例如几十年前发现的以赫克托耳和安德洛玛刻的婚礼为主题的诗歌（残篇55a，Diehl）。

315 艺美术，公元前6世纪的瓶画就是一个很好的例子），但它们不再是影响时代的伟大理念的承载者。只要神话尚未完全素材化，而是继续发挥着理想功能，它们就仍然是传统和装饰性的艺术。诗歌中真正的精神活动无关神话，而是表现为纯粹的概念性形式。我们可能觉得随后会有进一步的发展，诗歌中的世界观内容将越来越多地被取代，直接沿着新的伊奥尼亚哲学和叙事散文的方向走下去，最终将公元前6世纪所有的思考和反思性诗歌形式变成关于德性、命运、法律和政制的教诲或探究性散文体作品（λόγοι），就像智术师运动所实现的。

但对本土的希腊人来说，伊奥尼亚的精神道路尚走不通，雅典人从未真正走过这条道路。在那里，诗歌内部的理性化程度尚未让上述过渡变得不言自明。公元前6世纪，它们恰好在本土重新获得了在伊奥尼亚失去的崇高使命，即作为理想的生命力量。和平而虔诚的阿提卡部族被猛烈的震动抛入了历史生活，这种震动在他们灵魂中唤醒的东西在“哲学性”上完全不逊于伊奥尼亚的科学和理智。不过，这种新呈现的生活全貌只能通过崇高的诗歌，作为精神化的宗教象征展现在世人面前。公元前6世纪因为旧秩序和先人信仰的崩溃而不知所措，因为新觉醒的未知心灵力量而陷入不安，由此产生了对新的生活准则和形态的急切寻求，这在梭伦的故乡最为全面和深刻。一边是敏锐的内在易感性，一边是如此丰富多彩的精神天赋，以及几乎还处于懵懂中的青春的充沛精力，没有哪个地方在同等程度上结合了两者。那片土地上长出了悲剧这种神奇的植物。它得到了希腊精神所有根须的滋养和支撑，最强有力的主根让它深入到希腊民族所有
316 诗歌和更崇高生活的原始材料，即神话之中。在一个最强大的力量似乎日益远离英雄主义的时代，在一个有着反思式认知和更高痛苦承受力的时代（就像伊奥尼亚文学所展现的），从这条根上长出了更新更内在化的英雄精神，后者觉得自己与神话和在神话中成型的存在直接一脉相承。这种精神为自己的模板重新注入了生命，通过让它们喝下牺牲之血，使其重新开口说话。若非如此，复活的奇迹将无法解释。

语文学家寻找悲剧的历史根源和确定其本质的新尝试忽略了上述问题。此类尝试让问题肤浅化，因为它们认为这种创造性的新作品源于

某种形式史和纯粹的文学过程，比如相信那是酒神颂“接受了严肃的形式”，因为某个有创造力的头脑把英雄传说变成了它的内容。阿提卡悲剧不过是一段戏剧化的英雄传说，由某个阿提卡公民歌队表演。[①]欧洲所有文化民族的中世纪诗歌对圣经故事做了大量戏剧化改编，但并未从中发展出悲剧，直到对古代范例的了解使之成为可能。此外，若非希腊英雄传说中所诞生的英雄精神被提升到更高的层次，由此获得了新的艺术塑造力，它们的戏剧化将几乎只是合唱抒情诗某种短命的新表演方式，很难引起我们的兴趣，也不会有什么发展。不幸的是，我们缺乏对悲剧最古老形式的准确描绘，因此只能从它们的高峰出发进行推测。在悲剧的完成形态中（我们会在埃斯库罗斯那里见到），它们将作为神话在世界和人类新观念中的重生出现，这种观念通过梭伦并从他开始在阿提卡人的精神中被唤醒，其宗教和道德问题在埃斯库罗斯的作品中得到了最大程 317
度的展现。

全面描绘悲剧的诞生史并非我们的意图，就像任何全面性问题那样。[②]就这里所考虑的而言，该体裁最早的发展仍然涉及与悲剧思想内容的关系。我们可以从完全不同的视角观察这种如此多样化的精神创造。悲剧是那个时代所创造的人类新形象的精神具体化，也是源于希腊精神不朽成果的教育力量，我们试图做的仅仅是评价它的这两种角色。希腊悲剧作家留存下来的作品数量如此之大，以至于我们必须从恰当的距离之外看待这个问题，否则就要专门为此写一本书，类似史诗和柏拉图的情形。不过，从这样的角度研究悲剧也是必然要求，因为唯一正确看待悲剧的方式是有意识地首先将其视作人类文明的最高展现，文化、宗教和哲学在其中仍然是不可分割的整体。正是这种整体让研究那个时代的表现成了观察者绝对的幸事，因此也使其在我们看来远比一切纯粹的哲学、宗教或文学史更加重要。人类文化史中在上述精神形式上完全或主要沿着不同路径发

---

① Wilamowitz, *Einleitung in die attische Tragoedie* (Berlin 1907), 107.

② 出于同样的原因，盘点关于希腊悲剧起源问题的现代作品（从尼采的《悲剧的诞生》到现代宗教史学家的各种奇异理论）同样超出了本书的范围。A. W. Pickard-Cambridge, *Dithyramb, Tragedy and Comedy* (Oxford 1927) 均衡而非常全面地讨论了所有的相关材料。参见W. Kranz, *Stasimon* (Berlin 1933)。

展的时代必然是片面的，无论这种片面性有多么深刻的历史原因。仿佛诗歌（希腊人最早把它们的精神地位和使命提升到难以维持的高度）想要再次最奢侈地展现自己的全部财富与力量，然后才离开大地和返回奥林波斯山。

阿提卡悲剧经历了整整一个世纪无可争议的霸权，在时间和命运上
318 与阿提卡城邦尘世势力的兴起、繁荣和衰亡重合。悲剧在那里取得了民众中的显赫地位，就像喜剧中所反映的。城邦的霸权和雅典帝国对阿提卡方言的传播大大推动了悲剧在希腊世界的广泛反响。最终，悲剧也帮助促成了城邦在精神和道德上的堕落（修昔底德正确地认定那是城邦衰亡的原因），就像它们曾在城邦鼎盛时对其加以神化，在其崛起时提供了内在的支持和力量。从纯粹的艺术和心理视角出发，我们必然会对从埃斯库罗斯到索福克勒斯再到欧里庇得斯的悲剧发展过程（在这里不考虑上述伟人的创造力所造就的大量副产品）做出截然不同的评价，但人类文化（在这个词的更深刻意义上）历史所展现的过程恰恰如此，就像同时代的喜剧所反映的（体现了公众的观点，并未考虑后世）。因为在同时代人的感受中，悲剧的本质和影响从未仅仅被理解成美学的。对他们而言，悲剧如同国王，要对整个城邦的精神负责。另一方面，虽然对我们的历史思想来说，即使最伟大的诗人也不过是这种精神的代表，而非其真正的创造者，但这并未改变他们的领袖地位所带来的责任。在民主的雅典城邦，比起不断更迭的政治领袖受宪法规定的责任，诗人的责任更加重大，也得到更严肃的对待。柏拉图的理想国对诗歌自由的攻击（其令开明者感到如此难以解释和难以忍受），只有通过上述分析才能被理解。不过，如果回想起庇西斯特拉托斯时代把诗歌看作纯粹的享受，我们就会发现悲剧诗人负有责任的观点并非自始如此。这种观点首先源于埃斯库罗斯的悲剧，阿里斯托芬把
319 他的鬼魂从冥府召回，因为那个时代的城邦没有柏拉图式的审查者，召回埃斯库罗斯是让诗歌回归真正使命的唯一手段。

自从城邦在酒神节上设立演出后，悲剧日益变成大众的活动。阿提卡的节日演出是民族剧场未能企及的原型，在我们的古典时代，德国诗人和剧作家非常热情地试图建立这样的剧场，不过徒劳无功。虽然戏剧为颂

扬神明服务，但内容上与神明崇拜关系不大。酒神的神话很少出现在舞台上，比如埃斯库罗斯的《吕库格亚》（*Lykurgie*）描绘了色雷斯国王吕库格斯冒犯酒神的荷马传说，[①]又如欧里庇得斯后来在《酒神女》（*Bakchen*）中所讲述的彭透斯（Pentheus）传说。事实上，酒神情节更适合插科打诨的萨梯剧，后者和悲剧一起成为酒神节演出的最古老形式，当每部三联悲剧演完后，人们总是要求上演萨梯剧。[②]不过，悲剧中的真正酒神元素是演员们的迷狂。这种元素能对观众产生暗示性影响，让他们对舞台上所展现的人类痛苦感同身受。对于组成歌队的公民更是如此，在排练演出的一整年里，他们在内心与角色融为一体。合唱曾是早期希腊社会的高中，比出现讲解诗歌的老师要早得多，其作用也绝对胜过纯粹的理解性学习。[③]合唱训练制度（Chorodidaskalie）的名称让人联想起学校和练习，这并非没有理由。鉴于演出的隆重和少见，鉴于城邦和全体公民的参与，鉴于充满热情的认真准备和诗人特为这个日子而建立的所谓新“歌队”要面临长达一年的紧张排练，[④]鉴于诗人们为争夺奖赏而展开的竞争，此类演出成了城邦生活的盛事。怀着因为节日而激动的心情，人们一大早集合起来向
酒神致敬，欣然准备好将精神和感官投入到这种陌生而严肃的新艺术表演 320
的影响中。观众们坐在轧平的圆形舞场四周的简陋木凳上，尚未对文学感到厌倦，诗人觉得自己的“心灵引导”艺术能够在一瞬间感动所有人，那是所有荷马史诗的诵诗人都不曾做到的。悲剧诗人扮演了重要的政治角

---

① 《伊利亚特》，6. 129起。——译注

② 萨梯剧领域最伟大的天才是来自伯罗奔尼撒的弗里乌斯（Phlius）、后来前往雅典生活的普拉提纳斯（Pratinas），古代传统称其为萨梯之王。我们之前并不真正了解埃斯库罗斯本人的萨梯剧艺术，直到近来在埃及发现了他的一些萨梯剧的大量纸草残篇。它们被刊印于《奥克西林库斯纸草》第十八卷。关于对这些令人难忘的发现的最早评述，见ed. Fraenkel, *Aeschylus: New Texts and Old Problems*, in *Proceedings of the British Academy* XXVIII。

③ 柏拉图清楚地看到了这点，他在《法律篇》中试图通过将古风时期的合唱歌舞引入自己时代的生活来复兴早前的希腊教化形式。见本书第三卷，第998页起。

④ 希腊语中对“悲剧”和“喜剧”的专用称呼是χορός。ἐν ἐχείνῳ τῷ χορῷ（柏拉图，《普洛塔哥拉篇》327d）的意思并非“在那个歌队中”，而是“在那部剧中”。事实上，柏拉图在这段话中提到的人不可能属于歌队，而是男演员。这个词的上述意思证明，即使在古典戏剧具备了明确的形式后，关于其早前发展阶段的记忆仍然存在，当时戏剧与歌队是同一的。甚至到了阿里斯托芬的时代，在某场悲剧表演的开头，报幕员说：“忒奥格尼斯，把你的歌队领进来。”（《阿卡奈人》11，εἴσαγ’ ὦ Θέογνι τὸν χορόν）

色，使得城邦开始干涉，比如当埃斯库罗斯的一位前辈同行弗吕尼科斯（Phrynichos）将米利都被波斯人吞并的时事（雅典人自觉对此负有责任）改编成悲剧，令民众潸然泪下之时。[①]

神话剧的影响也毫不逊色，因为悲剧的心灵力量并非来自其与平凡现实的关系。它们采用令人感到陌生的大胆而崇高的面貌，通过诗性的语言幻想震动了庸俗生活平静而舒适的安稳，在舞蹈和音乐节奏的支持下，其酒神颂式的张力获得了最活跃的提升。通过有意识地远离日常语言，它们让观众超越自身，进入了一个更高真相的世界。这种语言称人类为“有死者”和“朝生暮死的生物”，这不仅仅是传统的风格手法：文字和图像因为一种新宗教所注入的生命气息而获得了灵魂。一位后辈同行如此称呼诗人的鬼魂：“啊，在希腊人中，你第一个建造了崇高语言的塔楼。”[②]在平凡的日常生活面前，他的悲剧犹如浩大的“洪流”，但人们觉得这种大胆正是适合埃斯库罗斯伟大灵魂的表达。只有这种语言令人窒息的力量才能在一定程度上弥补音乐和舞蹈节奏的失传留给我们的遗憾。演出场景的作用也不容忽视，[③]但想要重现它们只是无益的猎奇想法。
321 回想场景最多只能帮助打破今日读者对希腊悲剧风格的错误想象，即认为其在封闭剧场的舞台上演出，希腊艺术中常常出现的悲剧面具就足以证明这点。这种面具清楚地展现了希腊悲剧同一切后世戏剧的本质区别。希腊悲剧与平凡现实的距离如此之大，以至于戏谑性地将悲剧语言转移到日常场景中从此成为喜剧取之不尽的题材来源（希腊人的耳朵对风格具备敏锐的感知）。因为剧中的一切都被带入了一个崇高形象和虔诚敬畏的世界。

除了对感觉和情感的巨大直接影响，观众同时也能感受到戏剧内部所散发的力量，后者贯穿全剧并赋予其灵魂。悲剧把人的全部命运压缩成剧中简短但波澜起伏的事件过程，在观众的眼中和耳中，它们产生的瞬间影响要比史诗强烈得多。酒神迷狂的强烈体验从一开始就为将命运转折点

① 希罗多德，6. 21。该剧首演后，雅典执政官下令任何人不得再次上演弗吕尼科斯的《米利都的沦陷》（Μιλήτου ἅλωσις）。

② 阿里斯托芬，《蛙》，1004。

③ *Vita Aeschyli* 2. 这就是亚里士多德《诗学》第6章1450a10所称的ὄψις。

作为所描绘事件的高潮奠定了基础，而在史诗中，传说只是按部就班地被讲述，直到发展的最后阶段才在整体上成为悲剧，就像我们的《伊利亚特》和《奥德赛》所展现的。最早的悲剧源于酒神的“山羊合唱”（它的名字仍然让人想起这点），因为有一位诗人意识到，酒神颂所产生的激动是一种可以在艺术上大做文章的心灵状态，他在对神话的抒情情感式浓缩（就像在更古老的西西里合唱抒情诗中所看到的）中加入了戏剧想象，并让演唱者变成情节中的另一个“我”。就这样，歌队从抒情叙事者变成了演员，他们自身成为痛苦的承载者，而此前他们只是带着自己的感情，怀着同情讲述这些痛苦。戏剧式地如实描绘某个模仿生活的详细情节不符合这种最古老悲剧形式的本质，歌队完全无法胜任这点。只能将其变 322
成情节所唤起的抒情情感活动的尽可能完善的工具，由其通过歌曲和舞蹈表达。为了充分利用这种表达形式有限的可能性，诗人只能通过反复让剧情陡生波澜，尽可能为歌队创造一系列多样化和对比强烈的表达元素，就像埃斯库罗斯最早的作品《乞援人》所展现的：达那俄斯的女儿们所组成的歌队仍然是真正的演员。[①]我们也明白了为何必须在歌队中加入念白者，他们的任务只是通过登场和通报（偶尔也通过自己的解释和行动）引入不同的场景，促使歌队做出起伏的抒情倾诉，产生令人激动的戏剧效果。就这样，歌队经历了“从欢乐到痛苦和从痛苦到欢乐的深受震撼的转变”。[②]舞蹈表达了他们的喜悦、希望和感激；他们通过祈祷吐露痛苦和绝望，在更古老诗歌的个人抒情和反思中，这种方式已经被用于各种对内心波动的表达。

最古老的悲剧没有剧情，完全由激情构成，它们必须通过“同情”的力量，通过观众对歌队痛苦的感同身受来引起对命运的关注。命运来自神明，造成了人类生命的动荡。如果没有机运或命运的问题（通过伊奥尼亚的抒情诗，那个时代的人对此已经具有了强烈的意识），那么最古老的“神话内容的酒神颂”将永远不会发展成真正意义上的悲剧。[③]近来，

① 关于希腊悲剧中的歌队从主要演员变成理想观众的发展，见本书第272—273页。

② 歌德，《伊菲革尼亚在陶里斯》（*Iphigenie in Tauris*）。

③ 见W. C. Greene, *Moira: Fate, Good and Evil in Greek Thought* (Cambridge, Mass. 1944)，书中盘点了该问题在整个希腊文学中的历史。

我们发现了多例纯粹抒情诗形式的酒神颂，但它们只能把传说中的个别戏
323 剧元素塑造成心灵的表达。从它们到埃斯库罗斯还相差一大步。诚然，加入念白者是重要改进，从此歌队不再是目的本身，念白者成了剧情的共同载体，甚至是主要载体。不过，技术上的改进只是手段，为的是在所描绘的情节中以更加出色和全面的方式展现更高的理念，即神明的力量主宰着人类。

直到上述理念出现后，这种新的表演才真正成了“悲剧性的”，因此试图为其确立普适性的概念将徒劳无功，至少最早的诗人完全没有这种想法。悲剧性概念源于已经成型的悲剧体裁。悲剧中的悲剧性给予了自身何种意义？如果想为这个问题找到完全能让人接受的答案，那么我们应该针对每位伟大悲剧作家给出不同的回答，[①]普遍的定义只会造成混乱。最便捷的方式是从思想史角度回答该问题。歌队当场用迷狂的歌舞生动描绘了痛苦（多名念白者的加入使其发展成完整的人类命运历程），对于一个为此已经在内心酝酿了很久的时代而言，上述描绘成了其宗教问题的焦点，即探究神明对人类生活所造成的痛苦的秘密。[②]正是对命运爆发的共同经历（梭伦曾将其比作雷电）促使人们拿出最大的心灵力量进行抵抗，呼吁他们在恐惧和同情（经历的直接心理影响[③]）面前把对存在之意义性的信仰作为最后的依靠。在埃斯库罗斯艺术的意义上，我们可以把人类命运经历的具体宗教影响（就像他的悲剧在描绘剧情本身中所展现的和在观众中

---

① P. Friedlaender在《古代》第1期和第2期中出色地尝试回答“什么是希腊悲剧中的悲剧性”的问题。但疑问在于，作者试图描绘这种现象的各种概念是否像符合现代人那样符合希腊人的思想。在*Die griechische Tragoedie* (Leipzig Berlin, 1930ff.)中，M. Pohlenz试图回答同样的问题。

② 关于赫西俄德、阿尔喀洛科斯、阿莫尔戈斯的西蒙尼德斯、梭伦、忒奥格尼斯、开俄斯的西蒙尼德斯和品达对该问题的讨论，见前文对这些诗人各自的论述。他们组成了对希腊悲剧问题进行分析的正确出发点。

③ 在对悲剧及其影响所下的著名定义中，亚里士多德把同情（ἔλεος）和恐惧（φόβος）这两种影响称为悲剧所唤起的最重要痛苦（παθήματα），二者通过悲剧来宣泄（κάθαρσις）。如果我在这段话中以同样的意思提到它们，那并非因为我是正统的亚里士多德主义者，而只是因为通过对埃斯库罗斯戏剧长期而详细的专注研究，我得出了这些概念的确比其他任何东西更符合事实的结论。亚里士多德一定是在对悲剧本身完全实证的研究基础上接受它们的，而非通过任何抽象的推断。现代人对希腊戏剧的任何不带成见的研究也必然会得出相同或类似的结论，并沿着类似Bruno Snell在讨论希腊悲剧结构中的悲剧性恐惧因素时的思路，见他的专著*Aischylos und das Handeln im Drama* (*Philologus*, Supplementband XX，1928)。

所唤起的）视作其作品的悲剧性。[①]我们必须把关于戏剧性和悲剧性本质的所有当代概念放在一边，将全部注意力集中到这点上，如果我们希望更 324
深入地理解埃斯库罗斯之悲剧的话。

通过悲剧再现神话不仅是感性的，也是激进的。不仅包括外在的戏剧化，即根据故事创造相应的剧情，而且涉及精神方面，涉及对人物的理解。一般来说，对传统故事的理解将完全从当下的内在假设出发。埃斯库罗斯的继承者（特别是欧里庇得斯）在这条道路上越走越远，直到神话悲剧最终被世俗化，这种发展的萌芽在一开始就存在了，对埃斯库罗斯来说，传说人物常常只有名字和活动的空洞轮廓，他会按照心中的画面来塑造他们。因此，《乞援人》中的佩拉斯戈斯（Pelasgos）国王是一位当代政客，他的行动要得到公民大会的决议批准，当需要他采取紧急干预时，他也要征得大会同意。[②]《被缚的普罗米修斯》中的宙斯是当代僭主的原型，就像哈摩狄乌斯和阿里斯托盖同[③]的时代所看到的。埃斯库罗斯的阿伽门农也与荷马的截然不同，他就像是一位真正的德尔斐宗教和伦理时代的子民，总是担心自己作为权力和运气如日中天的胜利者可能做出什么狂妄之举。他坚信梭伦的想法，即过度带来狂妄，狂妄导致败亡。[④]他还是没能逃过祸害女神，证明了梭伦想法的正确。普罗米修斯被塑造成那位嫉妒和多疑的年轻暴君所罢黜的首席谋士，尽管他帮助其巩固了刚刚靠暴力夺得的统治权，但后者不愿再与之分享权力，因为普罗米修斯擅自试图

---

① 在具体分析某部希腊悲剧作品时，将其纯粹的意识方面同其宗教和人文功能（有人称后一方面为“道德教诲”，对其造成了过多限制）分开当然是不可能的。在阿里斯托芬的喜剧中，欧里庇得斯和埃斯库罗斯谈到了他们的τέχνη和σοφία。H. D. F. Kitto的新著*Greek Tragedy*（London, 1939）对前一方面做了重要贡献。Ernst Howald的*Die griechische Tragoedie*（Munich Berlin 1930）同样强调了希腊悲剧的诗歌影响。但我更愿意看到Kitto所称的“历史学术”方法被归入“艺术”概念，只要它能帮助我们理解希腊艺术无所不包的艺术特征（σοφία）。这种特征使得它的大师们成了希腊的塑造者（πλάσται），我认为这并非完全偶然，而是有其必然性。在像本书这样的作品中，当我们对悲剧进行简要盘点时，一边是艺术分析的细节，一边是对那种伟大艺术在塑造希腊文化时的创造性功能的考虑，前者必然会被后者夺去风头。类似地，它无法详细分析柏拉图哲学的辩证结构，而是只能分析其自诩为真正实现了古典希腊诗歌教育使命的说法。上述使命得到了最早的希腊文学批评家的承认，他们自己也是诗人；见Alfonso Reyes, *La critica en la edad Ateniense* (México 1940), 111ff.。

② 埃斯库罗斯，《乞援人》，368起、517、600起。

③ 他们刺杀了雅典僭主希帕科斯。——译注

④ 参见埃斯库罗斯，《阿伽门农》921起的地毯场景。

用这种权力来实现解放受苦人类的秘密计划。[①]除了政客，埃斯库罗斯还在他的普罗米修斯形象中融入了智术师，因为剧中多次用这个当时仍然可敬的词称呼英雄。[②]在那部失传的剧作中，帕拉墨德斯（Palamedes）也被称为
325 智术师。两者都以强烈的自信列举了他们所发明的用来帮助人类的技艺。[③]普罗米修斯拥有关于遥远未知国度的最新地理知识。在埃斯库罗斯的时代，这些知识仍然是不寻常和神秘的，能够激发听众的幻想。不过，被缚和被解放的普罗米修斯所列举的大量国家、河流和民族不仅是为了装点诗歌，还同时表现了说话者的无所不知。[④]

我们谈到了话语的形式，后者能产生与剧中人物形象相同的表达效果。智术师普罗米修斯关于地理的话语已经表明，它的形式完全是为说话人物的形象服务的。类似地，在《普罗米修斯》中，当老神俄刻阿诺斯对受苦的朋友良言相劝，让他向宙斯的强权屈服时，他的建议中有很大一部分来自箴言智慧。[⑤]在《七雄攻忒拜》中，我们可以听到一位当代将军下达命令。在《慈悲女神》中，战神山法庭上对弑母者俄瑞斯忒斯的审判，可以被用作关于阿提卡凶杀罪的最重要历史材料，因为审判完全是按照后者的规定展开的，[⑥]而在审判结束后的游行上所唱的祝福歌曲则是城邦祭祀及其祷文的模板。[⑦]在晚期史诗或抒情诗中都看不到对神话的这种最大规模的当代化，虽然出于自身目标的要求，诗人们也常常更改传说传统。埃斯库罗斯没有对神话的本来情节做出不必要的更改，但当

① 《普罗米修斯》，197—241。

② 《普罗米修斯》，62、944和1039。埃斯库罗斯在这里使用了σοφιστής和σοφός；在459、470和1011用了σόφισμα。

③ Nauck，*Fragm. Trag.*[2]，埃斯库罗斯的《帕拉墨德斯》；参见残篇470，佚名。

④ 普罗米修斯关于伊娥流浪的各个艰苦阶段的故事（790起）提到了遥远的国度、山川和部族；类似的见《被解放的普罗米修斯》，残篇192—199（Nauck）。诗人的信息源于博学者，可能是米利都人赫卡泰俄斯的《寰宇志》（Περίοδος γῆς）。

⑤ 在俄刻阿诺斯长篇批评式的发言中（《普罗米修斯》307起），埃斯库罗斯显然参考了古老的箴言诗传统。

⑥ K.O. Müller不朽的埃斯库罗斯《慈悲女神》注疏本（1833年）第一次提出了这点，剧作被放在阿提卡刑法和作为其基础的原始宗教传统的背景下。另参见Thomson伟大的《俄瑞斯忒亚》注疏本（剑桥，1938年）。

⑦ 埃斯库罗斯《慈悲女神》916和《乞援人》625的歌队（两者都是为城邦福祉所做的庄严祈祷），向我们透露了公共祈祷中使用的仪式形式，虽然缺乏关于那种宗教祷文的形式和性质的直接传统。

他把空洞的名字塑造成生动的形象时，神话中必须加入让那些形象获得内在结构的理念。

不仅是人物和话语，整部悲剧的总体结构同样如此。和前两者一样，对结构的塑造同样遵循诗人的生命观，诗人把后者视作根本，并在材料中重新找到了它。虽然这听上去显得陈词滥调，但事实上并非如此。在悲剧 326
之前，没有诗歌完全把神话作为对理念的表达，并根据符合该目标的程度来选择神话。因为并非任何的英雄传说都能被戏剧化和改编为悲剧。亚里士多德表示，随着悲剧形式的不断发展，丰富的传说素材中只有一小部分能够吸引诗人，但这部分素材被几乎每一位诗人使用过。[①]无论是俄底浦斯和忒拜王室的神话，还是阿特柔斯家族的神话——亚里士多德还举了其他几个例子——它们在本质上已经包含了未来被塑造的萌芽，它们是潜在的悲剧。史诗为了传说本身而讲述它们，虽然在《伊利亚特》的较晚近章节中已经出现了一以贯之的理念，但仍无法对史诗的不同部分实施更加一致的掌控。而在选择了神话素材的抒情诗中，被强调的是对象的抒情力量。直到在悲剧中，人类命运的理念及其必然的沉浮、转折和覆亡过程才成了作品的塑造原则，成了作品结构的坚实基础。

维尔克第一个指出，埃斯库罗斯创作的大多不是单部悲剧，而是采用三联剧的形式。[②]即使当后来人们放弃了这种形式，诗人的三部作品也常会共同上演。我们不知道，这是因为最初人们把三联剧作为标准形式，还是埃斯库罗斯因势利导，用相互联系的材料创作城邦所要求的三部戏剧。但无论如何，他选择创作这种大型三联剧的内在理由显而易见。和梭 327
伦一样，诗人也把父辈的家族诅咒传给儿子（常常还是从有罪者传给无辜者）视作最大的难题。在《俄瑞斯忒亚》以及阿尔戈斯和忒拜王室的悲剧中，诗人试图将这种延续数代的命运包含在三联剧的整体中。该形式也适用于表现单个英雄在多个剧情阶段中经历的命运，比如被缚、被解放和持

① 《诗学》，13. 1453a18。

② 见第246页注释②所引书。关于重现埃斯库罗斯三联剧的最新尝试，见Franz Stoessl, *Die Trilogie des Aischylos* (Baden-Wien 1937)。

火炬的普罗米修斯。[①]

三联剧特别适合作为理解埃斯库罗斯艺术的出发点，因为该形式清楚地表明，作品围绕的是命运而非人物，命运的承载者不必是唯一的个人，也可以是整个家族。在埃斯库罗斯的悲剧中，人类本身还不是问题，他们是命运的承载者，命运才是问题所在。从第一行开始，埃斯库罗斯作品的气氛就变得雷声隆隆，处于给整个家族带来灾难的神灵的压力之下。在世界文学的所有剧作家中，埃斯库罗斯是最伟大的悲剧大师。在《乞援人》《波斯人》《七雄攻忒拜》和《阿伽门农》中，听众马上会被置于命运的魔力之下，后者悬在空中，然后以不可阻挡的力量袭来。真正的行动者并非人类，而是超人的力量。有时，这种力量会从人们手中夺走对情节的掌控，亲自引导作品走向终点，就像在《俄瑞斯忒亚》的最后一部。但至少它总是以不可见的方式存在着，其存在可以清楚地被察觉。我们会情不自禁地想到奥林匹亚神庙的山墙雕像，它们带有如此明显的悲剧感。在这些雕像中，拥有巨大力量的神明同样置身于人类搏斗的正中，按照自己的意志操控一切。

328 正是对神明和命运的不断引入体现了诗人的作用。埃斯库罗斯在神话中没有见到这种情况。在他看来，一切都处于掌控万物的神义论问题之下，就像梭伦在其诗歌中根据晚期史诗所提出的。梭伦始终在苦苦探究神明统治的隐藏理由。对他来说，一个首要的问题是人类的不幸与其自身罪责的因果关系。在那首探讨该问题的长篇哀歌[②]中，充斥着埃斯库罗斯悲剧的这种思想第一次得到表达。在史诗的“失去理智”（Ate）概念中，神明和人类原因造成的不幸仍然被视为一体：让人类败亡的错误是谁都无法抵挡的神灵力量的结果。这种力量让海伦抛弃丈夫和家庭，与帕里斯私奔。它让阿喀琉斯变得铁石心肠，既无视军队派来恢复其受损尊严的使者，也不顾年迈老师的训诫。[③]人类自我意识发展的完成体现在他们面对

---

① 在重现已失传但知道剧名的埃斯库罗斯三联剧的顺序时，我遵循 Westphal, *Prolegomena zu Aeschylus Tragoedien* (Leipzig 1869)，书中证明《持火炬的普罗米修斯》（Πυρφόρος）是最后而非第一部。

② 梭伦，残篇 1（Diehl）；见本书第 151 页起。

③ 见本书第 27 页起。

更高影响时的认识和意愿日益独立化。人类对自身命运负责的部分也由此增加。

在荷马史诗中最晚近的部分，即《奥德赛》第一卷中，诗人已经试图区分人类的不幸中由神明和由自己造成的部分，表示不应把人类不顾理智而造成的一切不幸归咎于神明的统治。[①]梭伦伟大的正义信仰让这种思想变得更加深刻。他认为“正义”是世界固有的神性原则，对它的伤害必将遭到报复，这种报复独立于任何人类司法。一旦人类认识到这点，他们就会把自己的很大一部分不幸归因于此。神明的道德崇高性也会同等程度地提升，成为世界正义的保护者。但什么人能真正理解神明的行事之道 329
呢？在这件或那件事上，他们相信自己能够找到理由，但神明常使蠢人和坏人大获成功，却让正直者的勤奋努力无果而终，即使那些人有最好的想法和计划。这种“不可预见的不幸”[②]无法被人们从世界上驱除，它们是荷马提到过的古老祸害女神无法消除的遗存，在咎由自取者之外永远占有一席之地。根据人类的经验，它与凡人所谓的好运关系特别密切，好运很容易变成最强烈的痛苦，因为它会让人直接陷入狂妄。无论现在拥有多少，贪得无厌的欲望总是想要翻倍，可怕的危险就潜伏其中。因此，受益者无法长久保住好运和任何财产，不断换手是它们的本性。正是在这种让人类感到痛苦的认知中，梭伦关于世界神性秩序的信念获得了最有力的支持。[③]同样的，我们无法想象没有这种信念的埃斯库罗斯，或者说更应该称其为认知而非信仰。

《波斯人》这样的剧作最直白地展现了埃斯库罗斯的悲剧如何直接发端于上述根源。值得注意的是，该剧并不属于三联剧。这方便我们看清悲剧如何在最小的规模上发展为完善的整体。《波斯人》的独一无二还在于它缺乏神话材料。诗人把亲身经历的历史事件塑造成了悲剧。这让我们有机会看到，在他眼中什么是具有真正悲剧意义的材料。《波斯人》完全不同于“戏剧化的历史”。它并非在胜利的喧嚣中写就的廉价爱国剧。出于

① 见本书第57—58页。

② ἀπρόοπτον κακόν 和类似的表达常被用来定义希腊语所理解的“祸害”（até）。

③ 见本书第149页起和第153页起。

最深刻的节制和对人类界限的认识，埃斯库罗斯再一次让胜利的民族（他虔诚的观众）见证了令人震撼的世界历史剧，其内容是波斯人的狂妄，以
330 及对这个自信将获得胜利的强大敌人降下灭顶之灾的神明惩罚。在这里，历史本身成了悲剧神话，因为它的宏大格局，也因为人类的灾难如此清晰地展现了神明的统治。

有人天真地疑惑，为何诗人没有更多地利用“历史素材”。原因很简单：因为一般的历史无法满足希腊悲剧提出的要求。《波斯人》表明，事件的外在戏剧现实本身对诗人而言无关紧要。在他看来，命运对经历者灵魂的影响才是一切。在这方面，历史对埃斯库罗斯来说与神话别无二致。但痛苦经历本身也并非目的。正是在这点上，《波斯人》堪称埃斯库罗斯悲剧的原型，尽管是他所知的最简单形式。痛苦包含了认知的力量，这是原始的民众智慧。[①] 史诗尚未将其视作首要的诗歌动机，但埃斯库罗斯赋予了其更加深刻与核心的意义。两者之间存在过渡阶段，比如德尔斐神明的“认识你自己”，要求认清凡人认知的局限，就像品达出于对阿波罗的虔诚而一再教诲的。上述思想对埃斯库罗斯而言同样是重要的，他在《波斯人》中特别强调了这点。但这并不能涵盖他的φρονεῖν概念，即通过痛苦的力量获得的悲剧知识。在《波斯人》中，他让这种知识形象化，因为那是召唤智慧的先王大流士之亡灵的意义所在，在继承人薛西斯虚荣的傲慢中，前者的遗产遭到挥霍和浪费。大流士的高贵亡灵预言说，希腊战场上堆积如山的尸体将成为对后世的无声告诫，骄傲永远对凡人不利。[②]“因为‘狂妄’之花将结出‘祸害’之穗，并收获大量的眼泪。当你们看到
331 这样的行为造成这样的结果时，想想雅典和希腊，不要轻视神灵的赐予，反去觊觎其他的，丢弃自己的。宙斯是傲慢之人的惩罚者，对他们施以严惩。”

这里重申了梭伦的观点，即最富有的人也会寻求将财富翻倍。但梭伦想到的只是人类无边欲求的不可满足性，而在埃斯库罗斯那里则成了关于神灵诱惑和人类狂妄的共同悲苦经历，导致人类无法抵抗地走向深渊。

① 赫西俄德，《工作与时日》，218，παθὼν δέ τε νήπιος ἔγνω（愚人通过受苦才明白）。

② 埃斯库罗斯，《波斯人》，818。

和梭伦一样，他也认为神明是神圣和正义的，他们的永恒秩序不容挑战。但他为人类因自身盲目而罪有应得的“悲剧”营造了震撼的基调。在《波斯人》的开场白中，当歌队热切而骄傲地想象着参战波斯军队的威严和力量时，灾祸的恐怖画面也同时可怕地显现。“但哪个凡人能逃脱……神明的狡诈诡计？……他们首先友好地对他说话，然后把他引入灾祸之网，再也无法脱逃。”“我那裹着黑色丧服的心被恐惧撕碎。”[①]《普罗米修斯》结尾也提到了再也无法脱逃的灾祸之网。当然，这里是宙斯的使者赫尔墨斯在警告俄刻阿诺斯的女儿们，告诫她们不要如此执着地同情被诸神抛弃和即将被打入深渊的普罗米修斯，那样的话她们将咎由自取，自愿和自觉地走向毁灭。[②]在《七雄攻忒拜》中，当歌队为反目的兄弟举哀时——两人受到父亲俄底浦斯的诅咒，在城门前兵戎相向并双双战死——她们看到了一幕可怕的景象：“最终，当整个家族被毁灭后，诅咒女神开始高唱凯歌。灾祸女神的胜利纪念碑在他们战死的城门口高高耸立，当两人双双丧 332
命后，命运之神才停下脚步。”[③]

埃斯库罗斯的命运理念完全不是为了树立典型，就像上面这幅可怕画面的语言所表明的，从中可以看到他幻想的灾祸女神的影响。在此之前，没有人如此生动地体验和表达过其可怕的本质。即使对知识之伦理力量最坚定的信仰者也必将认识到，灾祸永远是灾祸，无论她脚踩着人的头而行（就像荷马所说），或者人的性格便是他的命运（就像赫拉克利特所说）。[④]在埃斯库罗斯的悲剧中，我们所说的性格（Ethos）完全不是最重要的。一边是相信正义世界秩序的完美无缺，一边是害怕神明的残酷和灾祸的诡诈（它们诱使人类破坏秩序，然后使其成为恢复那种秩序的必然牺牲品），两者间的张力包含了埃斯库罗斯的全部命运理念。梭伦从作为社会贪婪的不义出发，探寻它在何处受到惩罚，并发现自己的期待总是得到证实。埃斯库罗斯则从人类生活中震撼的悲剧性命运经历出发，在为其寻找充分理由的过程中，他内心的信念总是会回到对神明正义性的信仰。我们

① 《波斯人》，107—116。
② 《普罗米修斯》，1071；参见 *Solons Eunomie* (*Sitz. Berl. Akad.* 1926), 75。
③ 《七雄攻忒拜》，953。
④ 《伊利亚特》，19. 93；赫拉克利特，残篇119。

不能因为埃斯库罗斯和梭伦的共同点而忽视了这种重点上的区别，它解释了为何同样的信仰在一个人身上显得如此平和与深沉，而在另一人身上表现出如此强大的戏剧性和感染力。

在《波斯人》中，神明惩罚人类狂妄的正义性这种想法，以非常简单和连贯的方式展开，而埃斯库罗斯信仰中令人疑惑的张力在其他悲剧中表现得更为强烈。在我们所能见到的大型三联剧中，这体现得最为明显。
333 但现存最早的作品《乞援人》不属于此列，该剧为三联剧的第一部，其他两部已经失传。除了完整留存的《俄瑞斯忒亚》，拉布达科斯家族三联剧是最好的例子。幸运的是，留存下来的《七雄攻忒拜》正是最后一部。

在《俄瑞斯忒亚》中，达到顶峰的不仅是诗人原创的语言想象力和结构艺术，还有他的宗教-道德问题的张力。让人很难理解的是，这部史上最有力和最阳刚的戏剧作品是作者在晚年完成的，不久他便去世了。首先，全然清楚的是，第一部作品与后两部不可分割。严格说来，单独上演第一部而对《慈悲女神》不置一词是粗暴的，因为后者只能作为篇幅宏大的结局存在。《阿伽门农》和《乞援人》一样不是独立作品，完全是为第二部做铺垫。在这里，描绘阿特柔斯家族的诅咒不是目的本身，并非为了创作出协调一致的诅咒主题三联剧，让每部剧描绘一代人的命运——俄瑞斯忒斯在第三部而阿伽门农在第二部。相反，在第一部剧铺垫了前提后，一个具有独一无二矛盾性的悲剧问题成了作品的中心：俄瑞斯忒斯不由自主和不可避免地犯下罪恶，在阿波罗的亲自要求下杀死母亲，为父报仇。而整个第三部剧都是为了这个人类智慧无法解开的死结：神明的恩典带来了奇迹，不仅通过开释杀人者而废除了血亲复仇的制度（古老氏族城邦的可怕遗存），还让新的法治城邦成了正义的唯一保护者。①

① 城邦的角色在埃斯库罗斯的戏剧中至关重要，就像《俄瑞斯忒亚》结尾对其的赞美所显示的。作品结尾处的城邦是世界神圣秩序不可分割的部分，是我们在前文所见的宇宙理念（本书第171—172页）在尘世上的原型。对埃斯库罗斯的时代而言，新的个人自由意味着摆脱部族和部族正义。对于生活理想反映在埃斯库罗斯艺术中的那几代人来说，以严格社会秩序和成文法律为基础、强大而集中化的城邦是那种自由的保障。从现代自由主义的观点来看，很难理解年轻的阿提卡民主谈及埃斯库罗斯悲剧中的城邦时所带有的道德情感，而是总体上（转下页）

俄瑞斯忒斯的罪恶并非源于其性格，诗人完全无意这样看待他。他只是承担了为父报仇之不幸责任的儿子。作为诅咒的不幸行为等待着他成年的那一刻，这种诅咒会在他尚未享受生活前就摧毁他。每当他偏离那个 334
不可逃避的目标时，德尔斐的神明总是会再次催促。因此，他不过是无情命运的承担者。没有什么比这部作品更全面地揭示了埃斯库罗斯的难题。它展现了维护正义的神明力量自身的冲突。[①]那位活人只是带来毁灭的神明冲突的场所，最终对弑母者的开释也在新老神明的全面相互和解面前变得不值一提，在祝福的歌声中沦为背景——新的法治秩序在城邦奠基，复仇女神成了慈悲女神，庄严的音乐为这个喜庆的结局伴奏。

在《七雄攻忒拜》中，梭伦关于无罪者必须替有罪先人受罚的想法为忒拜王室三联剧画上了句号。[②]就阴郁的悲剧色彩而言，这部作品在某些方面超过了《俄瑞斯忒亚》，比如手足相残的结局。厄忒俄克勒斯（Eteokles）和波吕尼刻斯（Polyneikes）兄弟成了拉布达科斯家族所受诅咒的牺牲品。埃斯库罗斯把他们祖先的罪恶作为诅咒的动机，如果没有这个背景，他的虔诚情感无疑将完全不可能使其写出我们在现存的三联剧最后一部中所见到的情节。[③]但《七雄攻忒拜》的情节完全不是无情地执行神明完美的惩罚规则，就像虔诚的道德感所要求的。整个重点在于这样的事实，即先人罪恶引发的无情因果性让一个人败亡，但作为统帅和英雄的他所具备的德性本该让他得到更好的命运，我们从第一刻起就对他表示同

（接上页）认为个人自由受到了最初是其最有力保护者的城邦权力的威胁。但索福克勒斯的《安提戈涅》显示了不同的一面，城邦和个人严重冲突的可能性得以展现。这次是城邦干涉了个人对部族和家族的神圣职责；城邦本身作为专制的力量出现。如果埃斯库罗斯《七雄攻忒拜》的最后一个场景属实，那么它已经预见了这个问题。我们甚至在《七雄攻忒拜》的另一个场景中也能看到类似的冲突，那就是国王的政治权威同女人们的宗教热情发生冲突之时，后者在极端危急的时刻威胁破坏城邦秩序。这种冲突无疑在埃斯库罗斯失传的酒神三联剧《吕库格亚》中也占有一席之地，就像在欧里庇得斯的类似作品《酒神女》中那样。

① 达那俄斯（有《乞援人》存世）和普罗米修斯三联剧，也许还包括《吕库格亚》中都有类似的冲突。

② 梭伦，残篇1.29—32（Diehl），参见本书第153页。

③ 关于对《七雄攻忒拜》之前的忒拜三联剧中另两部的推断重现，见Carl Robert, *Oidipus; Geschichte eines poetischen Stoffs* (Berlin 1915), 252，以及F. Stoessl，本书第261页注释②所引书。

情。波吕尼科斯形象模糊，①而对城邦保护者厄忒俄克勒斯的描绘则更加细致。个人德性与超越个人的命运在他身上形成了最强烈的矛盾；就这点而言，该剧关于罪恶与应受惩罚的逻辑简单明了，与《波斯人》形成了最
335 鲜明的反差。祖辈的罪恶似乎很难作为承受这种可怕痛苦的理由。如果我们能充分体会《七雄攻忒拜》未达成和解的结局，《慈悲女神》最后和解画面的内在意义就会变得更加明显。

该剧的大胆之处正是包含在这种矛盾中。通过对更高正义之前提的绝对维护——按照诗人的想法，我们不能根据个人境遇评判这种正义，而是要学会从整体上来感受它——埃斯库罗斯首先把听众置于人类对神灵的可怕印象之下：人类无法逃过行动中的神灵，后者将无情地完成自己的工作，而像厄忒俄克勒斯这样的英雄会平静而镇定自若地朝他们走去。伟大的创新之处在于悲剧意识，埃斯库罗斯用它让这个家族的末裔注定死亡。②他借此创造了一个只有在悲剧遭遇中才能展现其最崇高德性的形象。厄忒俄克勒斯将会败亡，但虽然他走向了死亡，他的母邦将免于被征服和奴役。在他死亡的悲痛消息背后，我们无法忽略得救的欢呼声。③就这样，通过与命运问题的终生较量，埃斯库罗斯获得了对悲剧伟大性的令人释然的认知，苦难者恰恰在自身毁灭的那一刻达到了这种伟大。当他把自己在劫难逃的生命奉献给全体的幸福时，他让我们理解了某种即使在最虔诚的思想面前也会显得无意义的真正德性的沦亡。

比起《波斯人》和《乞援人》等老式悲剧，《七雄攻忒拜》的划时代之处在于，这是现存最早的将某位英雄作为剧情中心的作品。④在更早的

① 欧里庇得斯锐利的目光看到了这个事实带给他的机会。在《腓尼基妇女》（*Phoenician Maidens*）中，他赋予了波吕尼刻斯可爱的性格，远比阴郁而专制的厄忒俄克勒斯吸引人。这位后辈诗人将厄忒俄克勒斯描绘成野心勃勃和凶暴可怖的人，充满了权力欲，为了满足最高欲求甚至不惜做出犯罪之举。参见欧里庇得斯，《腓尼基妇女》，521—525。埃斯库罗斯的厄忒俄克勒斯则是真正的爱国者和祖国的无私保卫者。

② 索福克勒斯的《安提戈涅》中有一段著名合唱（582起），某些地方读上去像是对埃斯库罗斯的厄忒俄克勒斯悲剧的反思。在该剧中，作为拉布达科斯家族诅咒最后牺牲品的是那位英勇的少女，而非死在她之前的兄长。《安提戈涅》593起等诗句带有真正的埃斯库罗斯风格。

③ 见信使讲话开头的欢欣之词（《七雄攻忒拜》792起），埃斯库罗斯在其中陈述了厄忒俄克勒斯对忒拜的不朽功绩。

④ 在这点上，《普罗米修斯》是另一部必须要提到的剧作，但这两部悲剧的年代顺序并不完全清楚。不过，有理由认为《普罗米修斯》更早。

戏剧中，歌队是主演和剧情的主角。但在《七雄》中，歌队没有像《乞援人》中的达那俄斯女儿们那样拥有个体特征，而是仅仅代表了营造悲剧氛围的哀悼和悲剧性恐惧等传统元素。他们不过是围城之中带着孩子的惊恐 336
妇女。凭借英勇行为的严肃而审慎的力量，英雄在妇女们的恐惧映衬下变得更加高大。[①]如果说希腊悲剧一向更多表现痛苦而非行为，那么厄忒俄克勒斯直到最后一息都在行动中受苦。

在《普罗米修斯》中，站在前台的同样是个体形象，不仅是在某一部剧中，而且贯穿整个三联剧。我们只能根据硕果仅存的那部剧做出判断。《普罗米修斯》是一部天才的悲剧。厄忒俄克勒斯作为英雄而死，但其悲剧的源头并不是他的英勇或善战，更别说来自他的性格了。他的悲剧来自外部。而普罗米修斯的痛苦和过错源于他自己，来自他的本性和行为。“自愿的，我是自愿犯错的，我不否认这点。我因为帮助别人而给自己造成痛苦。”[②]因此，《普罗米修斯》在这方面完全不同于现存的大部分剧作。尽管如此，这并非个体意义上的个人悲剧，而完全是精神造物的悲剧。[③]这位普罗米修斯是埃斯库罗斯诗人灵魂的自由创造。在赫西俄德那里，他只是个罪犯，因为盗火的罪行而被宙斯惩罚。[④]但凭着让后世感激不尽和崇敬不已的想象力，埃斯库罗斯从这个形象中看到了人性永恒象征的雏形：他给受苦的人类带来了光明。诗人把火这种神圣的力量变成了文明的生动写照。[⑤]普罗米修斯是创造文明的精神，他有意识地探索世界，通过对其力量的组织使之服务于自己的目标和意志，让世界显示自身的财富，为脚步蹒跚和摸索中的人类提供更稳固的基础。宙斯的信使及其帮凶——给他钉上锁链的那位暴力之神——嘲讽普罗米修斯是智术 337

① 关于厄忒俄克勒斯作为统治者的形象，见Virginia Woods在我的建议下做的研究：*Types of Rulers in the Tragedies of Aeschylus* (University of Chicago dissertation), chap. IV。

② 《普罗米修斯》，266。

③ 在埃斯库罗斯这部剧中，普罗米修斯一直是创造性技艺的理想代表，参见《普罗米修斯》，254和441起，尤其是506。

④ 赫西俄德，《神谱》，521和616。我们从故事中读到，赫拉克勒斯减轻了刑罚，将普罗米修斯从鹰嘴下解救；但《神谱》中的这个情节显然是后来的诵人根据史诗传统中对赫拉克勒斯的不同构想而插入的。在《神谱》616，惩罚没有时限，而是仍在继续［ἐρύκει（缚住）为现在时］。

⑤ 参见本页注释③。

师，是发明大师。[①]埃斯库罗斯在这位精神英雄的性格中加入了伊奥尼亚思想家和启蒙者的文明诞生理论，[②]以及他们乐观的发展意识，与农民赫西俄德宣扬的关于五个世界时代和它们渐次堕落的消极观点正好相反。[③]新奇的想象和创造能力是他的翅膀，帮助受苦人类的强烈爱意为他注入了灵魂。[④]

在《普罗米修斯》中，痛苦成了人类这个物种的标志。他为这种朝生暮死造物的黑暗穴居生活带来了文明之光。埃斯库罗斯把这个被钉在山崖上的神（这仿佛在嘲笑他的行为）视作人类命运的写照，如果还需要什么证明这点，那就是他和人类共有而且强上千倍的痛苦。谁敢说诗人在多大程度上推动了这个有意识的象征？个体的有限性是希腊悲剧中所有神话形象的特点，让它们在某种程度上犹如真正曾经存在过的人，但在普罗米修斯身上无法同样明显地感受到这点。所有时代的人都把他看作人类的代表，觉得是自己而非他被钉在山崖上，常常应和他无力的仇恨所发出的呐喊。[⑤]如果说埃斯库罗斯首先把他视为一个有生命力的戏剧形象，那么在他的基本构思（对盗火的重新诠释）中从一开始就存在某个人类精神永远取之不竭的理念，其所包含的哲学元素拥有囊括人性的深度和广度。这是一切勇敢地受着苦和抗争着的人类造物的象征，留给希腊文化的任务是将其作为自身本质之悲剧的最高表达。只有“瞧这个人”（Ecce homo）[⑥]——因为世界之罪恶而受苦的他源自一种完全不同的精神——才能创造出自己关于人类的永恒新象征，而另外一位（即普罗米修斯）的真
338 实情况与之无关。在希腊悲剧作品中，《普罗米修斯》一直是所有民族的诗人和哲人之最爱，而且只要人类精神中还燃有普罗米修斯的火花，这种状况就还将继续下去，这并非没有理由。

埃斯库罗斯作品的永恒伟大之处显然不在于寻找任何神明家族的秘

---

① 参见第260页注释②。

② 如果这还不算反映了埃斯库罗斯的普罗米修斯，那么参见荷马颂诗20（《赫淮斯托斯颂》），4。另见色诺芬尼，残篇18（Diels）。

③ 赫西俄德，《工作与时日》，90起。

④ 关于普罗米修斯的“博爱”，见28，235起，442起，542和507。

⑤ 歌德和雪莱同样如此。

⑥ 指基督。——译注

密（根据普罗米修斯公开和隐晦的威胁，这个秘密似乎将在三联剧失传的第二部中揭开），[①]而是在于普罗米修斯形象本身具有英雄的精神魄力，《被缚的普罗米修斯》无疑是对其悲剧感染力的最好表达。《被解放的普罗米修斯》无疑对这幅画面做了补充，但我们同样确信自己无从知晓其内容。我们不知道神话中的宙斯是否或者如何从现存作品描绘的那个残忍暴君变成埃斯库罗斯所信仰的宙斯，就像《阿伽门农》和《乞援人》中赞美的那位永恒智慧与正义的化身。但我们知道诗人自己如何看待他的普罗米修斯形象，他显然不会认为后者的过错是盗火，是犯下了盗窃神明财产的罪行。相反，根据此事对埃斯库罗斯的精神和象征意义，其过错在于其善举中的某种深层次的悲剧性缺陷，就像普罗米修斯带给人类的神奇礼物所显示的。[②]

所有时代的启蒙都梦想着知识和艺术能够战胜与人类为敌的外部和内部力量。在《普罗米修斯》中，埃斯库罗斯没有分析这种信仰，我们只是听到英雄本人标榜自己的善举帮助人类走出黑夜，使人类分享到了进步和教养的光明。我们还听到俄刻阿诺斯女儿们组成的歌队羞怯地对其神性的创造力表示赞赏，尽管并不认同他的行为。[③]为了赞美普罗米修斯造福人类的发明，让他用自己的信仰带领我们前进，诗人必须自愿接受这种崇
高的希望并承认普罗米修斯的伟大天才。但他没有让人类教化者和文明塑 339
造者的命运沐浴在最终胜利的光辉中。创造性精神的独断和固执不懂得节制，歌队多次表达了这点。普罗米修斯与自己的提坦兄弟们不同，他意识到他们是毫无希望的，因为他们只知道暴力，不明白只有精神智慧才能统治世界[④]（普罗米修斯认识到，奥林波斯山上的新世界秩序比被投入塔尔塔罗斯的提坦更加强大）。不过，就他想要把受苦的人类强行带离世界统治者为他们事先划定的道路的无边之爱而言，就他创造本能中骄傲的狂热而言，普罗米修斯仍然是提坦，他的精神在某种更高的层面上比他粗暴的

① 《普罗米修斯》，515—525。
② 《普罗米修斯》，514，τέχνη δ’ ἀνάγκης ἀσθενεστέρα μακρῷ（技艺远远比不过定数）。
③ 《普罗米修斯》，510，参见526起和550—552。
④ 《普罗米修斯》，212—213。

兄弟们更符合提坦的本性。在《被解放的普罗米修斯》开头的残篇中，解脱束缚并与宙斯和解的兄弟们来到他受苦的地方，看到他忍受着比他们更加可怕的折磨。[①]在这里，我们同样既不会误解象征意义，但也无法彻底理解它，因为我们无从知晓后续情节。唯一的指点来自《被缚的普罗米修斯》中歌队的虔诚告别："看到你罹受千般痛苦让我战栗。普罗米修斯，你在宙斯面前毫无惧意，但你自愿为人类所做的太多了。朋友，为什么你的仁慈没有带来感恩？告诉我，谁会保护你？朝生暮死的人会给你什么帮助？难道你看不到人类这个盲目的物种被幻梦般的虚弱无力束缚吗？凡人的妄想永远无法突破宙斯的严密法度[②]。"[③]

就这样，文明创造者提坦的悲剧让歌队从恐惧与同情中获得了悲剧性认识，就像她们在下面的话中所表达的："普罗米修斯，看到你被毁灭的命运，我明白了。"[④]这个段落对埃斯库罗斯所理解的悲剧作用至关重
340 要。观众在歌队的自我感言中看到了自己的经历，他们有理由这样。歌队与观众的这种融合是埃斯库罗斯歌队艺术发展的一个新阶段。在《乞援人》中，真正的主演还是达那俄斯女儿们组成的歌队，此外没有任何主角。[⑤]这是歌队最初的本质，在其才华横溢但许多方面仍然存在矛盾的早年作品《悲剧的诞生》中，尼采首先明确指出了这点。但不应把这个发现普遍化。当某个人取代歌队成为命运的承载者时，歌队的功能也必将改变。现在，它越来越多地成为"理想的观众"，尽管仍然一直试图参与剧情。希腊悲剧配有歌队，后者通过合唱满怀同情地将剧情中的悲剧经历内容具体化，这是悲剧教育力量的最重要根源。《普罗米修斯》中的歌队充满了恐惧与同情，由此出色地表现了悲剧的作用，以至于在为这种作用下定义时，亚里士多德找不到更好的例证。[⑥]尽管歌队与普罗米修斯的痛苦如此紧密地融为一体，在剧尾不顾神明的警告，宁愿怀着无限的同情和他

---

① 参见残篇191，192（Nauck）。

② 法度的原文为ἁρμονία。——译注

③ 《普罗米修斯》，540。

④ 《普罗米修斯》，553。

⑤ 见本书第257页注释①。

⑥ 参见《普罗米修斯》，553起。

一起堕入深渊，但它在那首歌中净化了自己，把感情升华为思考，把悲剧情感升华为悲剧智慧，由此实现了悲剧希望达到的最高目标。

《普罗米修斯》中的歌队表示，存在一种只有通过痛苦才能获得的最高智慧。这是埃斯库罗斯悲剧宗教的源头，他的所有作品都建立在这种伟大的精神统一性之上。我们可以很容易地从《普罗米修斯》回到《波斯人》，大流士的鬼魂在剧中宣告了这种知识，或者回到《乞援人》里充满痛苦和深刻思想的祈祷，困境中的达那俄斯女儿们苦苦探究着宙斯高深莫测的行事。我们还可以前往《俄瑞斯忒亚》，从《阿伽门农》中歌队的庄 341
严祈祷可以看到诗人个人信仰的最崇高表达形式。[①]这种致力于痛苦之福，在强烈的怀疑中挣扎的信仰具有扣人心弦的内涵，后者包含了带有真正革新深度和能量的强大表现力。该力量是先知式的，但不仅于此。它呼喊着“宙斯，无论你是谁”，虔诚地站在最后一道门前，门后隐藏着存在的永恒秘密，那就是只有在其影响下才能痛苦地感知其本质的神明，“神明为凡人指明了道路，即‘智慧来自痛苦’的法则。痛苦让人无法入睡，它滴落在难忘罪责的心上，即使顽固的人也会获得精神健康。这是手把神圣船舵的神明强行赐予的恩典”。如果悲剧诗人想要抛弃“怀疑的重负”，只有这种领悟才能让他的心恢复平静。宙斯是提坦的原始世界和他们傲慢而挑衅力量的征服者，这个神话变成了纯粹的象征，帮助诗人解决了难题。无论遭受何种破坏都能征服混乱，重新确立自身的秩序。这就是痛苦的意义，即使我们无法理解。

就这样，虔诚的心通过痛苦的力量体验了神明之胜利的宏大。为了真正认识到它，只有像鹰那样飞在空中，全心全意地加入一切生灵在征服者宙斯面前的胜利欢呼。这正是《普罗米修斯》中宙斯的法度（Harmonia），凡人的愿望和想法永远无法突破它，而提坦创造的人类文明最终也不得不加入其中。这一点在《俄瑞斯忒亚》的结尾获得了最深刻的意义：作为诗人生命最后阶段的作品，该剧最后出现了城邦秩序（Kosmos）的画面，一切矛盾都必将在其中得到和解，而该秩序本身也处

---

① 《阿伽门农》，160。

342 于永恒秩序之中。在这种秩序中，悲剧艺术所创造的新的“悲剧人物”形象展现了她们与存在的隐藏和谐，并凭着其英雄而崇高的痛苦表现力与生命力登上了人性的更高阶梯。

第2章

索福克勒斯的悲剧人物

如果谈起作为教育力量的阿提卡悲剧，我们肯定会把索福克勒斯与 343
埃斯库罗斯相提并论。索福克勒斯有意识地成为那位前辈诗人的继承者，当时的人仍然把埃斯库罗斯视为雅典戏剧的可敬英雄和具有伟大精神的大师，并认可索福克勒斯的地位仅次于他。[①]这种观点深深植根于希腊人对诗歌本质的理解，他们首先不是在诗歌中寻找单独个体，而是将其视作独立和发展的艺术形式。这种形式会被传给别的使用者，在后者那里保持同样的完备标准。我们可以从悲剧这样的作品中马上理解这点，自从该体裁诞生以来，其显赫地位对当时和后世的精神具有了某种约束力，推动人们不遗余力地展开最高贵的竞赛。

随着艺术成了公共生活的中心以及对现行精神和城邦秩序的表达，所有希腊诗歌创作中的这种竞争也相应加强，并无疑在戏剧中达到了最高程度。只有这才能解释为何人数众多的二三流诗人参加了酒神节的竞赛。当现代人听说那些有作品传世和超越了自己时代的少数伟大诗人生前被多少拥趸包围时，他们总是会感到吃惊。城邦举办演出和颁奖并非真正为了发起这种竞赛，而是为了对其严加约束，尽管此举同时也起到了鼓励作用。毋庸置疑，通过年复一年的活跃比较（完全无关各种艺术中的技艺稳 344
定性，特别是希腊的），人们在精神和社会方面也对这种新的艺术形式实

① 参见阿里斯托芬，《蛙》，790。

现了不间断的控制，这虽然并不影响艺术自由，但让公众的评判变得极其警惕，以防止伟大的传统遭受任何破坏以及避免戏剧效果有任何深度和力度的损失。

这在一定程度上让我们有理由比较三个类型如此不同和在许多方面完全无法比较的人——那三位伟大的雅典悲剧作家。就每个人来看，把索福克勒斯和欧里庇得斯视作埃斯库罗斯的继承者总是显得无理甚至愚蠢，因为这意味着把某种标准强加给这些人，标准中包含了对他们来说陌生的和不属于他们时代的伟大。最好的继承者永远是能坚定地走自己道路的人，只要他们拥有让自己取得成功的力量。除了开拓者的声名，希腊人也总是乐于承认完善者之名，甚至对后者的评价更高。他们认为，最高的原创并非来自艺术的最早形式，而是来自其最完美的形式。[①]但当艺术家从他找到的已有形式中获得力量并由此受益时，他必须将那种形式视作标准，根据它来评判自己的作品维持、削弱还是提升了其效果。由此可见，发展过程并非简单地从埃斯库罗斯到索福克勒斯，再从后者到欧里庇得斯。相反，欧里庇得斯在某些方面可以算作埃斯库罗斯的直接继承者，就像甚至比他去世更晚的索福克勒斯那样。两人以完全不同的精神发展了前
345 辈大师的工作，上一代学者的研究特别强调，欧里庇得斯与埃斯库罗斯的接触面远比索福克勒斯与另外两人的更大，这并非没有理由。同样不无道理的是，在阿里斯托芬和持相同观点的批评者看来，欧里庇得斯败坏的不是索福克勒斯的艺术，而是埃斯库罗斯的悲剧。[②]他重拾后者的悲剧，非但没有减小，反而无限扩大了其影响范围。他的做法是为自己时代的危机思想打开大门，用当代问题取代了埃斯库罗斯宗教上的良心疑虑。尽管存在上述鲜明的差异，但欧里庇得斯与埃斯库罗斯在主要问题上是相似的。

从这点来看，索福克勒斯几乎被排除在发展过程之外。他身上似乎缺少了那两位伟大同行的热烈内在情感和丰富个人体验。出于他优美严格的形式和超然的客观，现代人相信，古典主义对他的赞美——索福克

---

① 见伊索克拉底，《颂词》，10。希腊人一直注意到首创者（πρῶτος εὑρών）和使其臻于完善的大师（ὁ ἐξακριβώσας）的区别。

② 见本书第377页。

勒斯代表了希腊戏剧的巅峰——可能有一定的历史根据，但也有失偏颇。几乎与此同时，对科学的偏爱和由之而来的现代心理品味也让人们倾向于阿提卡悲剧最初粗糙但精神深刻的古风主义以及后期精巧的主观主义（两者都曾长期遭到忽视）。①由于评价发生了如此之大的改变，当人们最终想为索福克勒斯寻找准确的位置时，他们必须在其他地方寻找他成功的秘密，并在他纯粹的艺术性中找到了想要的。这种艺术性随着他青年时代戏剧的大发展而成长（埃斯库罗斯是那场发展的神），总是决定着他的行动，并将舞台效果的要求作为最高法则。②在这点上，索福克勒斯只代表了全体诗人的一部分（虽然是相当重要的部分），因此我们有理由疑惑他如何赢得了完美者的地位，在古典时代乃至整个古代都得到承认。但最值得质 346
疑的是他在希腊文化史上的地位，原则上诗歌在其中并不被置于纯粹的美学视角下看待。

在宗教宣谕的力量上，索福克勒斯无疑不如埃斯库罗斯。尽管索福克勒斯身上也带有某种沉静而深刻的虔诚，但他的作品归根到底并非这种信仰的合适表达。欧里庇得斯的不虔诚（传统理解上的）远比索福克勒斯坚定但局限于自身的信仰更有感化力。如果承认现代学者的批判，那么对问题加以阐发并非索福克勒斯的真正强项，尽管作为埃斯库罗斯悲剧的发展者，他也继承了前者的思想内容。在这里，我们必须从他的舞台效果出

① 伟大的历史学家U. v. Wilamowitz-Mollendorff一生的工作推动了希腊悲剧的复兴，埃斯库罗斯和欧里庇得斯是这场复兴的起点；直到垂暮之年，Wilamowitz都一直有意识地忽略索福克勒斯。在这点上，另见K. Reinhardt的评论，*Sophokles* (Frankfurt 1933), 11以及G. Perotta, *Sofocle* (Messina 1935), 623。

② Tycho v. Wilamowitz的*Die dramatische Technik des Sophokles* (Berlin 1917)一书是过去30年间对该主题最重要的贡献，为必须从这种视角研究索福克勒斯奠定了基础。不应忘记的是，歌德是第一个让批评家意识到，这位古代剧作家的杰出技艺是实现其艺术效果的关键原因之一。不过，从这种角度出发的单方面研究既是Tycho v. Wilamowitz的优点，也是他的局限。更新的索福克勒斯研究作品中对此提出了明确的反对，我们必须把这视作对那位诗人的兴趣显著重燃的标志。Turolla强调，索福克勒斯奇特的宗教性是理解他的合适出发点。Reinhardt在其精彩的著作中（上条注释所引书）对索福克勒斯悲剧中的“形势”做了非常有趣的特别研究，包括人与人的关系，特别是人与神的关系。在这里，我们还应该提一下H. Weinstock很有价值的*Sophokles* (Leipzig Berlin 1931)，该书同样代表了对纯粹戏剧技艺之形式主义的反对。上条注释所引的Gennaro Perotta的出色作品从更多方面重新解读了索福克勒斯，试图避免双方针锋相对的极端看法，并修正他们在特定问题上过于主观的推断。另见C. M. Bowra的新著，*Sophoclean Tragedy* (Oxford 1944)。

发。这当然并不仅限于理解他巧妙而出色的技巧。第二代悲剧作家让作品处处变得更加细致和精妙，作为他们的代表，索福克勒斯在技巧上全面超越了埃斯库罗斯，这几乎显得不言自明。但需要解释的是，当现代人理所当然地想要将自己新品味也贯彻到实践中，让埃斯库罗斯和欧里庇得斯的作品以熟悉的方式出现在现代舞台上时，为何他们的尝试仅限于在或多或少内行的观众面前进行的少数实验，而索福克勒斯则是唯一一位在我们的剧场演出计划中总是占有一席之地的希腊剧作家（显然并非源于古典主义对他的偏爱）？在现代舞台上，埃斯库罗斯悲剧中拥有支配地位的歌队显得呆板和缺乏戏剧性（如果没有歌舞，只是站着念白），即使其内在的思想力度和语言也无法弥补这种缺陷。而欧里庇得斯的辩证思想虽然能在我们这样的动荡时代引发共鸣，但还有什么比市民社会的现实问题更加易变
347 呢？只需想想易卜生和左拉距离今天的我们已经多么遥远（除此之外，两者与欧里庇得斯全无可比之处），我们就能明白，让欧里庇得斯在自己时代发挥影响力的长处到了我们的时代就成了无法克服的局限。

索福克勒斯给现代人留下了同样无法磨灭的印象，成为其在世界文学中不朽地位的条件，这要归功于他对人物形象的刻画。如果有人问，希腊悲剧诗人中谁的作品能够超越舞台和所在的戏剧背景，而存在于人们的想象中，那么索福克勒斯将排在第一位。[①]单靠优美的舞台情节和动作产生的瞬间效果无法实现形象的这种独立延续，就像索福克勒斯的模仿者所做的。在我们的时代，也许没有什么比这种泰然、朴素而自然的智慧所带来的谜团更难理解的了，它把那些有血有肉、栩栩如生的人物（充满了强烈的热情和最敏锐的感觉，既有伟大的英勇无畏，同时也展现出真正的人性）描绘成我们的同类，但又洋溢着无法企及的高贵。他们身上看不到精妙构思或艺术夸张。后人试图在暴力、宏大规模和强烈效果中寻找伟大，但徒劳无功。而在索福克勒斯的作品中，伟大以自然的尺度不费力地呈现

① 关于索福克勒斯的任务和他们对后世文学的影响，见J. T. Sheppard, *Aeschylus and Sophocles* (New York 1927)，该书主要研究英语文学；以及K. Heinemann, *Die tragischen Gestalten der Griechen in der Weltliteratur* (Leipzig 1920)，该书的广泛盘点中还包括了埃斯库罗斯、欧里庇得斯和塞涅卡。但索福克勒斯的人物具有与众不同的可塑性质。当然，不能仅仅通过动机史（Motivgeschichte）来理解他们。

在我们面前。真正的伟大永远是简单和不言自明的。它的秘密在于摒弃了外表中一切非本质和偶然的东西，从而将常人无法看到的内在法则最为清晰地展现出来。[①]比起埃斯库罗斯的人物，索福克勒斯的人物没有那种土气和仿佛从地里长出般的敦实，从而对照之下使前者略显僵硬甚至呆板；他们的灵动也不像欧里庇得斯的许多舞台形象那样缺乏重量，我们甚至不愿把后者称为“人物”，因为他们无法走出戏服和台词的二维戏剧世界，成为真正的实体存在。与前辈和后辈相比，索福克勒斯是天生的人物塑造 348
者，仿佛全不费力地用一群亲手创造的形象包围自己，或者更准确地说是他们包围了他。因为没有什么比任性想象的一厢情愿更不利于塑造逼真的人物了。一切都出于必要，既非空洞的普适模板，也非为某个角色一次性定制，而是与非本质相对的本质要求。

人们经常对诗歌与雕塑艺术进行比较，把三位悲剧诗人分别与雕塑形式发展的某个阶段联系起来。[②]所有此类比较都很容易流于轻率，人们在进行比较时越是死板情况就越是这样。奥林匹亚神庙山墙上的神明处于中心位置，我们曾在象征意义上将其与古风时期悲剧中宙斯或命运的核心地位加以比较。[③]但这种比较纯粹是理念上的，完全无关诗人所创造形象的雕塑特点。相反，当把索福克勒斯称为悲剧的雕塑家时，我们考虑的是某种只有他才具备的特点，这使得我们不可能去比较悲剧诗人与雕塑形式的变迁。诗歌和雕塑形象都基于对终极法则的认识，但所有的比较当然都有局限。一边是灵魂存在的具体法则，一边是可触和可见实体的空间结构，两者不可比较。不过，在描绘人的时候，当那个时代的雕塑艺术家把对灵魂特质的表达作为最高目标时，似乎有内心世界的光辉照亮了他们的

---

① 索福克勒斯戏剧形象的丰碑性质源于这样的原则，即在他们身上表现其所代表的人类德性（见本书第275页）。参见W. Schadewaldt的文章（下页注释①所引）和J. A. Moore, *Sophocles and Areté* (Cambridge Mass. 1938)。

② 这类比较很早就出现在希腊作家的文学批评中。它们在哈利卡那苏的狄俄尼修斯、佚名的《论崇高》、西塞罗和其他代表了该传统的作者那里经常出现。绘画和诗歌也被加以比较［如贺拉斯的名言：诗就像画（ut pictura poesis）］。

③ 参见本书第261—262页。Franz Winter对希腊诗歌与美术做了更加系统的比较，见‘Parallelerscheinungen in der griechischen Dichtkunst und bildenden Kunst’ in Gerke-Norden's *Einleitung in die Altertumswissenschaft* (Leipzig Berlin 1910) vol. II, p. 161。关于埃斯库罗斯和索福克勒斯，参见该书第176页起。

作品，而最早释放这种光辉的是索福克勒斯的诗歌。最让人感动的是这种人性的反光落在同时代的阿提卡墓碑上。尽管它们只是二流艺术的作品，不如索福克勒斯表达形式和内容丰富的诗作，但这些无声的作品中流露出
349 艺术家们在同样的人类内心存在面前的专注，这让我们意识到，赋予诗歌与雕塑生命的是相同的思想。面对痛苦和死亡，他们无畏而乐观地创造了永恒人性的形象，并由此认清了自己真正和真实的宗教信念。

作为成熟后的阿提卡精神的永恒纪念碑，索福克勒斯的悲剧和斐迪亚斯（Pheidias）的雕塑，两者共同代表了伯里克利时代的艺术。如果从这里向回看，悲剧在此前的全部发展似乎都以此为目标。我们甚至可以说，埃斯库罗斯与索福克勒斯的关系同样如此，而索福克勒斯与欧里庇得斯乃至公元前4世纪的悲剧作品效颦者们的关系则不是这样。他们都不过是余响而已，欧里庇得斯的伟大和充满希望的地方在于，他已经超越悲剧，进入了哲学的新领域。因此，我们可以从作为悲剧历史发展之顶峰的意义上把索福克勒斯称为经典，就像亚里士多德所说，悲剧在其身上实现了"本质"。[①]但他在另一种独一无二的意义上也是经典，让这个称号具有了比仅仅是某种文学体裁的完善者更高的价值，那就是他在希腊文化内部运动中的地位。在本书中，我们把文学首先视作对这种运动的表达。如果把希腊诗歌的发展视作人类塑造活动日益客观化的过程，那么索福克勒斯就是其顶峰。只有从这点出发，我们关于索福克勒斯的人物所说的一切才能被完全理解和进一步深化。[②]这些人物的优点并非来自纯粹形式的领域，而是扎根于人性的深处，美学、伦理和宗教在那里彼此交融和相互制约。诚然，这种现象在希腊艺术中并非独一无二，就像我们在更古老的诗歌中所看到的。但在索福克勒斯的悲剧中，形式和准则以特别的方式相互融合，尤其是在他的人物中。正如诗人自己言简意赅地说道，他们是理想
350 人物而非普通而真实的人，就像欧里庇得斯所描绘的。[③]在人类文化史上，作为人类教育者的欧里庇得斯不同于其他任何一位希腊诗人，他代表了全

---

① 关于作为希腊悲剧经典形式的索福克勒斯艺术，见:W. Schadewaldt, *Das Problem des Klassischen und die Antike,* Acht Vortraege hrsg. V. Werner Jaeger (Leipzig, Berlin 1931), 25ff.。

② 见本书第278页。

③ 亚里士多德,《诗学》, 25. 1460b34。

新的意义，他的艺术中第一次出现了觉醒的人类教化意识。这种意识完全不同于荷马意义上的教育影响，或者埃斯库罗斯意义上的教育意志。它预设了存在把“教化”（Bildung，即纯粹的人类塑造）作为最高理想的人类社会，但只有当一代人经历了围绕着命运之意义的艰难内心斗争（像埃斯库罗斯的那样深刻），最终将人类本身置于存在的中心后，上述条件才可能实现。索福克勒斯的人物塑造艺术有意识地受到关于人类立场之理想的启发，该理想是伯里克利时代的文化与社会的特有产物。当索福克勒斯从本质上理解了这种新立场时（他本人无疑也持该立场），他让悲剧变得人性化，并通过其创造者无法模仿的精神使之成为人类教化的永恒模板。我们几乎可以称其为教化的艺术，就像《塔索》是歌德在探寻生命和艺术之形式过程中的一个独特阶段（当然后者是在造作得多的时代条件之下），若非我们的“教化”一词因为各种关联而包含了显得含糊的危险（我们永远无法完全避免这点）。我们必须注意避免文学研究中流行的“教化经验”（Bildungserlebnis）与“原始经验”（Urerlebnis）的对立，只有这样才能理解最初希腊人意义上的教化，[①]即将其视作有意识的人类塑造过程的原始创造和原始经验，从而把它理解成为一位伟大诗人的想象添翼的力量。诗歌与教化在这种意义上的创造性相遇，造就了世界历史上独一无二的局面。

波斯战争艰难实现了民族与城邦的统一（埃斯库罗斯的精神秩序就矗立在它的上方），就像我们在前文所说的，这种统一跨越了贵族文化与 351
民众生活的矛盾，为新的本地文化奠定了基础。人们以此为基础确立了伯里克利时代的城邦与文化，索福克勒斯的人生以独一无二的方式象征了那代人的幸福。他的各种事迹广为人知，而且重要性超过了对他个人外部生活细节所做的细致研究。据说还是美少年时的索福克勒斯参加过庆祝萨拉米斯海战胜利（埃斯库罗斯是参战者）的圈舞，虽然这只是传说，但意味深长，表明那位更年轻诗人的生活直到风暴过去后才真正开始。阿提卡

① 我试图在这里引入Friedrich Gundolf的文学批评中所用的Urerlebnis和Bildungserlebnis这对概念。Bildungserlebnis表示并非通过我们与生活本身的直接接触，而是经由文学印象或仅仅通过学习获得的经验。这种对比的术语不适用于古典希腊诗歌。

人如日中天的时代将很快过去，索福克勒斯犹如置身于狭窄而陡峭的山脊上。萨拉米斯的胜利标志着一个无与伦比的世界之日拉开帷幕，那个日子万里无云的明朗（εὐδία）和平静（γαλήνη）笼罩着他的作品。而当阿里斯托芬为了阻止自己城邦的沉沦而召唤埃斯库罗斯的亡灵时，索福克勒斯已经在不久前闭上了眼睛，不必再经历雅典的衰落。他在最后一次让雅典人燃起巨大希望的阿尔吉努斯群岛（Arguinusen）战役胜利后离去，现在他长眠于地下——就像阿里斯托芬在他死后不久所说——就像活着时那样平静地与自己和与世界保持和谐。[①]很难说清他的幸福有多少得益于命运赐予的好时代，有多少来自本人的快乐天性，又有多少归功于他有意识的艺术和那种无声而神秘的智慧（在后者面前，热衷显摆才智的人有时喜欢用尴尬的蔑视举动来表达自己的无助和不解）。真正的文化永远只是这三种力量结合的产物，其最深刻的原因现在和未来都将是个谜。神奇的是，我们无法解释它，更别提制造它了，而是只能指出：这就是它。

352　即使我们在其他方面对伯里克利时代的雅典一无所知，但通过索福克勒斯的生平和他创造的人物形象可以确定，对人最早的有意识教化出现在他的时代。那个时代的人们对自己的交际方式感到自豪，为其新创了ἀστεῖος（文雅）一词。20年后，这个词在所有的阿提卡散文作家那里得到充分利用，无论是色诺芬、演说家们还是柏拉图，而亚里士多德则分析和描绘了它所代表的那种与他人自由而无拘束的礼貌交际，以及出众的个人举止。这是伯里克利时代的阿提卡社会的前提。没有什么能比下面的例子更好地说明这种优雅的阿提卡文化之美。这是同时代的诗人，希俄斯岛的伊翁的幽默故事，[②]讲述了索福克勒斯生平的真事：作为与伯里克利共事的将军，他在伊奥尼亚的一座小城被奉为上宾。筵席上的邻座让他难堪，当地的文学老师自以为是，迂腐地质疑古老而优美的诗句“爱的光辉照亮了红润的面颊”中用色不当。他用出色的交际技巧和通情达理的优雅使自己摆脱窘境，证明那位缺乏想象力的现实主义者完全不了解诠释诗歌这项美好的工作，引得哄堂大笑。为了证明自己虽不情愿担任将军，但对

① 阿里斯托芬，《蛙》，82。
② 阿忒那俄斯（Athen.），13. 603e。

该职务的了解却更深，他还对那位刚给自己递上一杯美酒的迷人少年使用了“诡计”，以此作为具体的例证。上面这个令人难忘的故事不仅反映了索福克勒斯的个人形象，也描绘了不可或缺的阿提卡社会当年的形象。这则真实逸事中的诗人形象在精神和姿态上与拉特朗博物馆中的索福克勒斯雕像相合，我们可以把雕塑家克雷希拉斯（Kresilas）的伯里克利雕像和
它放在一起。后者重现的并非一位伟大政客，也不仅仅是一位将军，尽管 353
他也戴着头盔。就像埃斯库罗斯在后世眼中永远是马拉松战役的参与者和自己城邦的忠实公民，艺术和逸事把索福克勒斯与伯里克利变成了阿提卡“美和善”（Kalokagathie）中最高贵族的化身，就像时代精神所要求的。

上述形式包含了对各种情况下人的正确与合适举止的敏锐而清晰的意识，那是对表达的最严格掌控并体现了完美的尺度，应该被视作一种新的内在自由。这种意识中没有造作与勉强，它的轻松得到所有人的肯定与赞美，但就像伊索克拉底若干年后指出的，没有人能够模仿它。它只存在于雅典。在埃斯库罗斯那里仍然过于高调的表达和创造力让位于某种自然的有度和均衡，我们既可以在索福克勒斯的人物语言中，也可以在巴台农神庙的带状缘饰中感受和享受这种神奇。我们无法定义这种公开的秘密究竟为何，但它并非纯粹的形式。最不寻常的是，这种现象同时出现在雕塑和诗歌中，那个时代的典型代表背后一定有某种超越个人的共同元素。它体现在一种至为平静，与自身彻底融为一体的存在中，阿里斯托芬的诗句出色地表达了这点：“就连死神也不能伤害那种存在，因此他在那里和这里都随遇而安（εὔκολος）。”[①]对它最严重的庸俗化是从纯粹的美学角度将其仅仅理解成优美的诗行，或者从纯粹的心理学角度将其解读成完全的和谐天性，从而颠倒了表征与本质。索福克勒斯成了中音，而埃斯库罗斯没能成功，这不仅是个人脾性的偶然造成的。在其他人的作品中，形式本身都没有如此直接地成为合适的表达，或者说对存在及其形而上学意义的解
释。面对关于存在本质和意义的问题时，索福克勒斯没有像埃斯库罗斯那 354
样用世界观和神义论作为回答，而是用了他的话语形式本身，用了他的人

① 见上页注释①。

物形象。在当下的混乱与动荡中，一切固定形式都土崩瓦解，如果谁没有向这位领路人伸手求助，以便通过几行索福克勒斯诗句的作用让自己的内心恢复平衡，那么他们就完全无法理解这点。声响和节奏中可以感受到尺度，索福克勒斯认为那是存在的原则，代表了虔诚地认可存在于万物本身的正义，尊重这种正义是终极成熟的标志。索福克勒斯悲剧的歌队一再提到，无度是万恶之源，这并非没有理由。对尺度的认识产生了宗教般的约束，这是索福克勒斯与斐迪亚斯的诗歌与雕塑艺术中预先存在之和谐的最深刻基础。整个时代都弥漫着这种意识，在我们看来，它如此不言自明地表达了深深植根于希腊人的一切本质中和以形而上学为基础的节制，索福克勒斯对尺度的赞美似乎在希腊世界各地引发了各式各样的呼应。这种思想完全不是新的，但对思想的历史影响和绝对意义而言，具有决定性的并非信仰与否，而仅仅是它被理解和实践的深度与力度。索福克勒斯是作为最高价值的希腊尺度理念发展的顶峰。该理念以他为目标，通过他实现在诗歌中的经典形式，即作为统治世界和生命的神性力量。[1]

从另一个方面也能看到人的教化与尺度意识在当时的紧密联系。诚然，我们通常被告知应从希腊古典时代的作品中获得其艺术思想的本质，
355 它们总是我们最重要的证据。但人类的精神作品如此丰富和充满歧义，为了理解最难把握和终极的创造趋势，我们有理由通过同时代的证据来确保自己的道路方向正确。索福克勒斯本人有两句话流传下来，其历史价值归根到底来自它们符合我们自己对索福克勒斯艺术的直觉印象。其中之一在上文已经提过，这句话指出索福克勒斯的人物是理想形象，而非采用埃斯库罗斯的现实主义。[2]在另一句话中，艺术家区分了自己与埃斯库罗斯的诗歌创作，否认后者有意识地追求正确，而他自己则视此为根本。[3]如果我们把两句话放在一起看，它们都把对准则的特别意识作为前提，诗人按照该准则塑造人物，将其描绘成“应有的样子”。对人类理想准则的这种意识正是刚刚开始的智术师时代的特点。人类德性的问题将作为教育问题

① 关于诗人与其城邦的精神关系，见 W. Schadewaldt, *Sophokles und Athen* (Frankfurt 1935)。

② 见本书第280页。

③ 阿忒那俄斯，1. 22a—b。

被大量提及。人类"应有的样子"成了时代的主题和智术师们全部努力的目标。而在此之前，只有诗歌给出过人类生命价值的理由。它无法对新的教育意愿无动于衷。如果说埃斯库罗斯或梭伦将诗歌变成了自己内心与神明和命运斗争的舞台，从而赋予其强大的影响，那么索福克勒斯则追随自己时代的塑造者冲动，他转向人类本身，将准则元素引入对人物形象的描绘。诚然，我们在埃斯库罗斯的晚期作品中已经可以见到这种发展的开端。为了让悲剧升华，他把厄忒俄克勒斯、普罗米修斯、阿伽门农和俄瑞斯忒斯等包含了强烈理想元素的人物放到命运形象的对立面上。索福克勒斯延续了上述发展，将自己的主要人物描绘成最高德性的拥有者，就像那个时代的伟大教育者们所构想的。诗歌和教化理想孰先孰后并非关键，对 356
于索福克勒斯的诗歌，这完全无关紧要。关键在于诗歌和人的教化有意识地瞄准共同的目标。

索福克勒斯的人物来自对美的感受，原因是他的人物形象前所未有地充满了灵魂。新的德性理想从中显现，第一次有意识地把"灵魂"作为一切人类教化的出发点。这个词在公元前5世纪带上了新的色彩，被赋予了更崇高的意义，在苏格拉底那里终于发挥了全部影响。①现在，"灵魂"被客观地视为人的核心，一切行为举止都源于那里。雕塑艺术早已发现了人类身体的法则，将其作为热切研究的对象。人们在身体的"和谐"中重新找到了哲学思想在万物中发现的宇宙秩序原则。②发现宇宙后，希腊人现在又开始发现灵魂世界。那不是经验中的混乱内心世界，而是尚未受宇宙理念影响和服从法律秩序的最后存在领域。和身体一样，灵魂显然也有自己的节奏与和谐。现在出现了灵魂形式的观念，③西蒙尼德斯第一个清楚地表达了这种观念，虽然他用"手、脚和精神都要塑造成周正无缺"来描绘德性。④不过，一边是以灵魂为形式的存在概念的最初闪现（类似通

① 关于灵魂概念及其对苏格拉底的重要性，见本书第484—490页。

② 在其雕塑论著的现存残篇中，波吕克里托斯（Polyclitus）将人体的完美形式定义为某些数值比例，即某些测度。

③ 柏拉图在这种意义上提到了κατασκευὴ ψυχῆς（灵魂结构），并区分了那种结构的不同形式；参见本书第766—767页和第772页注释。索福克勒斯的时代为其对这些事物的新认识做好了准备。

④ 开俄斯的西蒙尼德斯，残篇4.2（Diehl）。注意体育与精神训练的协调。

过竞技塑造的身体理想），一边是被柏拉图归于智术师普洛塔哥拉的教化理论（符合史实），两者之间仍然差了一大步。① 在这种理论中，灵魂形式
357 的观念被赋予了内在逻辑性，从诗歌形象变成了教育原则。普洛塔哥拉描绘了将灵魂塑造成真正的随和（Eurhythmie）与和谐（Euharmostie）。通过接触体现上述准则的诗歌作品，这种教育创造了正确的和谐与节奏。在该理论中，对理想灵魂的塑造同样着眼于身体，但更接近雕塑艺术和艺术塑造行为，而非西蒙尼德斯的竞技德性。随和与和谐的准则概念也来自这个直观领域。教化理念只可能源于古典民族的雕塑艺术。即使索福克勒斯的人物理想也不能否定这种榜样。教育、诗歌和雕塑艺术在当时拥有最紧密的相互影响，无法想象其中的某种能独立存在。教化与诗歌把雕塑对形态塑造的追求视作模板，在人的理念（ἰδέα）上，它们与雕塑艺术保持同一方向；而雕塑艺术则通过教化和诗歌确定了对灵魂的探索方向。② 不过，三者都流露出对人的更高评价，人是它们兴趣的中心。阿提卡精神的这种人类中心转向标志着“人性”的诞生，这并非社会情感意义上的“爱人”（Menschenliebe，希腊人称之为Philanthropie），而是对人类真正的本质形象的感知。③ 特别值得注意的是，女性由此第一次以人类的完全代表形象出现，就像男性那样。如果完全不考虑克吕泰涅斯特拉、伊斯墨涅（Ismene）和克吕索忒弥斯（Chrysothemis）等女配角，那么索福克勒斯的大量女性形象——安提戈涅、厄勒克特拉、德伊阿尼拉（Deianeira）、忒克墨萨（Tekmessa）、伊俄卡斯塔（Iokaste）——最清晰地展现了其作品人物的高度与广度。发现女性，成了发现人类是悲剧的真正对象的必然结果。

这让我们理解了悲剧艺术从埃斯库罗斯到索福克勒斯的演变。引人
358 注意的是，三联剧形式被前者奉为圭臬，却被他的继承者抛弃。现在，它

① 柏拉图，《普洛塔哥拉篇》，326b。

② 见苏格拉底与画家帕拉西俄斯（Parrhasius）关于灵魂在身体外貌中的表现，特别是脸部：色诺芬，《回忆苏格拉底》，3. 10. 1—5；参见本书第三卷，第491页。在对话中，了解人类灵魂的教育家表示自己新近认识到“性格”的容貌表现法则，而艺术家则似乎对苏格拉底的大胆请求感到困惑。

③ 关于“爱人”的概念及其同“人道”（humanitas）的关系，见本书第864页，注释④。

们被以人类角色为中心的独部剧取代。埃斯库罗斯需要三联剧，因为他想要在戏剧中囊括由相互关联的命运历程组成的整个一系列史诗般的事件，这些历程通过多代人先后遭遇的痛苦得以展现。他着眼于命运的全部历程，因为只有在整体中才能看到神明统治的正义清算，而个体命运常常无法体现信仰和道德感。就这样，人物被置于更加从属的地位，即使他们是我们进入剧情的起点，诗人则似乎越来越多地扮演了掌控世界的更高力量的角色。在索福克勒斯的作品中，神义论的要求退居次席，而从梭伦到忒奥格尼斯和埃斯库罗斯的时代，它一直主宰着宗教思想。在他看来，悲剧性体现在痛苦的无法回避和无法解脱。在人类眼中，命运必然是那样的。因此，埃斯库罗斯的宗教世界观完全没有被抛弃，只是不再成为重点。在像《安提戈涅》这样的索福克勒斯早期作品中可以特别清楚地看到这点，上述世界观在其中仍很鲜明。

在忒拜三联剧中，埃斯库罗斯描绘了拉布达科斯家族自作自受的诅咒对多代人的毁灭性影响。而在索福克勒斯的作品中，它隐入背景，成了终极原因。安提戈涅成了最后的牺牲品，就像埃斯库罗斯《七雄攻忒拜》中的厄忒俄克勒斯和波吕尼刻斯。[1]索福克勒斯甚至让安提戈涅和她的对手克瑞翁（Kreon）帮助推进了命运本身的发展（他们积极参与其中），而歌队也不讳言他们僭越尺度，指责两人要为自己的不幸负责。[2]不过，虽然上述因素对埃斯库罗斯意义上的命运做了解释，但所有的光线都聚焦在悲剧人物的形象之上，而且我们觉得他们完全是自愿这样做的。命运不 359
应被作为吸引和转移注意力的独立问题，而是以某种方式属于苦难人物的本质，而不仅是从外部强加给他们的。安提戈涅的天性注定了她的苦难道路，我们甚至可以说这是她的选择，因为对她来说，有意识的苦难成了一种新的独特高贵品质。在序曲部分安提戈涅和她妹妹的第一段对话中我们就可以看到这种选择了苦难的存在，即使我们并不由此联想到基督教的观念。自我选择的灭亡让娇弱的少女伊斯墨涅退缩和颤抖，尽管她无疑深爱

① 见《安提戈涅》583起的歌队部分。

② August Boeckh在其对该剧的分析中确定无疑地指出了这点，见他的索福克勒斯《安提戈涅》评注本附录（柏林，1843年）。

着姐姐，就像她的举动所证明的：她在克瑞翁面前用谎言自揽罪责，后来又提出绝望的请求，近乎动人地表示要和被判处死刑的姐姐一起去死。不过她并非悲剧人物。她让安提戈涅的形象更加突出，而且我们认为后者在那一刻拒绝妹妹共同受难的深情请求还有更深刻的理由。就像埃斯库罗斯在《七雄攻忒拜》中通过赋予厄忒俄克勒斯（他是一个卷入家族命运的无辜者）英雄特征提升了他的悲剧性，安提戈涅同样超越了其高贵家族的一切优秀品质。

通过歌队的第一首歌，主角的这种苦难被置于普世背景下。歌队用一首颂歌赞美了作为一切艺术创造者的人类的伟大，他们用精神力量征服了自然的强大力量，将建立城邦的正义力量视作最重要的能力：与索福克勒斯同时代的智术师普洛塔哥拉在其理论中也这样描绘人类文化与社会的起源，[①]普罗米修斯对人类崛起的骄傲主宰着描绘人类自然发展历史的这首次尝试，在索福克勒斯歌队雄壮起伏的节奏中我们同样能感受到这种骄
360 傲。但索福克勒斯独特的悲剧讽刺把我们带到了那个时刻：正当歌队赞美正义和城邦，要求将违法者无情地从一切人类集体驱逐时，戴着锁链的安提戈涅登场了。为了遵守有关对同胞手足最基本责任的未成文法则，她心知肚明地触犯了国王的法令（该法令专制地扩大了城邦权力），即禁止埋葬她的兄弟波吕尼刻斯（他因对母邦动武而死），违者将被处死。与此同时，听众心灵中出现了人类形象的另一种样子，在突然悲哀地认清了人的脆弱和虚无后，骄傲的颂歌黯然失色。

黑格尔提出过一种深刻的观点，即他在安提戈涅身上看到了城邦法律和家族权利两种道德原则的冲突。[②]不过，虽然在对城邦的态度上坚守原则可以让我们原谅国王的偏激并且更好地了解他，而甘罹苦难的安提戈涅则用带有真正革命热情的动人说服力保护了永恒的亲情法则免受城邦的侵犯，但关键点仍然不是将两位主角的矛盾理念化这一智术师时代的诗人

---

① 在其关于文明起源的神话中（柏拉图，《普洛塔哥拉篇》，322a），“普洛塔哥拉”还明确区分了技术艺术层次和以国家政治艺术为代表的更高发展阶段。在柏拉图的图景背后存在某种有形的现实。见 Graf W. von Uxkull-Gyllenband, *Griechische Kulturentstehungslehren* (Berlin 1924)。另见本书第305页。

② Hegel, *Aesthetik*, Bd. II (Jubilaeumsausgabe, Stuttgart, 1928), 51–52.

非常关心的普遍问题。关于狂妄、无度和无知的内容也更多处于边缘位置，而非像在埃斯库罗斯作品中那样居于中心。这些元素在悲剧痛苦中起到的作用总是直接体现在主角身上，它们并不成为主角犯错的理由，而是通过更高贵的天性展现了神明带给人类之命运的不可逃避。“灾祸”的不合情理曾经动摇了梭伦的正义观，还令整个时代费尽思量，但对索福克勒斯来说，灾祸是悲剧前提，而非悲剧问题。当埃斯库罗斯试图解决这个问题时，索福克勒斯却把灾祸视作既成事实。不过，对于神明所降痛苦的不可逃避（更古老的希腊抒情诗从一开始就对此发出哀叹），他的立场并非完全是消极的，完全不像西蒙尼德斯所言的那么听天由命，即当绝望的不 361
幸把人击倒时，他必将丧失德性。[①]他作品中的巨大痛苦被提升到人性的高度，这是他对那个事实的认可，没有凡人能解开其斯芬克斯式的谜题。通过痛苦，甚至通过尘世幸福或者社会与肉体存在的彻底被毁灭，索福克勒斯的人物第一次真正实现了人性的伟大。

索福克勒斯的苦难人物成了调音奇准的乐器，诗人的手可以在上面演奏悲歌的一切曲调。为了让它发出悦耳的声音，他动用了自己戏剧想象的一切手段。比起埃斯库罗斯，我们觉得索福克勒斯的悲剧在戏剧效果上有了巨大提升。其原因并不是索福克勒斯将事件本身变成了真正莎士比亚意义上的戏剧，而非古老而高贵的合唱歌舞。只要看一下“俄底浦斯”剧情展开时令最原始的现实主义都甘拜下风的力度，我们就会明白这是误解。诚然，他的作品不断被重新搬上现代舞台，可能有很大一部分要归功于这种误解，但从这种视角出发将永远无法理解索福克勒斯在情节编排上的神妙结构。他的编排并非源于实际事件的外在顺序，而是遵循某种更高的艺术逻辑，通过一系列反差鲜明和渐趋高潮的场景让我们看清主角内在

① 开俄斯的西蒙尼德斯，残篇4. 7—9；参见本书第223页起。在关于不幸与德性的关系上，ἄνδρα δ᾽ οὐκ ἔστι μὴ οὐ κακὸν ἔμμεναι, ὃν ἂν ἀμήχανος συμφορὰ καθέλῃ（人无法不变坏，如果他被不可阻挡的不幸击倒）是西蒙尼德斯智慧的主旨。索福克勒斯的主人公命中注定遭遇不幸，但他们并不坏。埃阿斯对儿子说的话反映了他对自身价值的骄傲之情，见《埃阿斯》，550—551：ὦ παῖ, γένοιο πατρὸς εὐτυχέστερος, τὰ δ᾽ ἄλλ᾽ ὅμοιος· καὶ γένοι᾽ ἂν οὐ κακός（啊，孩子，愿你的命运好过父亲，其他则一样；愿你不要变坏）。俄底浦斯在他的各种痛苦中仍然意识到自己的高贵（τὸ γενναῖον）（《俄底浦斯在科洛诺斯》8）。另见270，καίτοι πῶς ἐγὼ κακὸς φύσιν（我怎么会生来性恶）；75，ἐπείπερ εἶ γενναῖος, ὡς ἰδόντι, πλὴν τοῦ δαίμονος（因为抛开命运，从面相上看，你是高贵的）。

本质的各个方面。经典的例子是厄勒克特拉。凭借大胆的艺术手段，诗人用自己的创造力不断制造延误和意外，从而让厄勒克特拉经历内在感情的全部变化，直至陷入彻底绝望。不过，在钟摆剧烈摆动的同时，整体仍然
362 完全保持平衡。这种艺术在厄勒克特拉与俄瑞斯忒斯重逢的场景中达到顶峰，利用让归来的拯救者故意掩饰的手法（他只愿一步步除去伪装），厄勒克特拉的痛苦经历了从天堂到地狱的所有阶段。索福克勒斯的戏剧以心灵活动为中心，在情节的和谐线性发展中显示内在的节奏。人物是情节的源头，作为终极和最高目标，后者还将回到那里。对索福克勒斯来说，一切剧情都只是为了揭示苦难人物的本质，后者由此实现了命运和自我。

对这位诗人来说，悲剧还是获得最高知识的工具。但这种知识并非让埃斯库罗斯心灵平静的φρονεῖν，而是悲剧性的人类自我认识，将“认识你自己”的德尔斐神谕深入到认清人类力量，认清尘世幸福如同影子般虚无。[①]但这种自我认识还包括认识到苦难之人拥有坚不可摧和征服一切的伟大。索福克勒斯人物的苦难是他们存在的重要组成部分。在诗人创作的最伟大形象中，他以最为动人和神秘的方式将人物与命运融为一体，对这个人物的爱还让诗人在晚年重新为其动笔。就像被从家乡驱逐后，失明的老年俄底浦斯由女儿安提戈涅（又一个诗人钟爱的角色）搀扶着四处乞讨，索福克勒斯也从未抛弃他。诗人与自己的人物同在，没有什么比这更能说明索福克勒斯悲剧的本质。索福克勒斯没有忽略俄底浦斯后来的遭遇。俄底浦斯似乎承担了整个世界的苦难，从一开始就是具有近乎象征性力量的形象：他成了苦难人类的化身。盛年的诗人曾将俄底浦斯置于毁灭的风暴中，由此骄傲地获得了满足。诗人让他站在观众面前，他诅咒了自己并绝望地想让自己的整个存在毁灭，就像他亲手刺瞎了自己的眼睛那
363 样。当悲剧形象就此完成时，诗人让剧情戛然而止，与《厄勒克特拉》如出一辙。

更加重要的是，索福克勒斯在去世前不久再次拾起了俄底浦斯题材。如果有人指望第二部俄底浦斯剧能够解决问题，他们无疑会失望。如果有

① 参见奥德修斯的话，他从对手埃阿斯的悲剧痛苦中看到了人的虚无，《埃阿斯》125—126；另见《俄底浦斯在科洛诺斯》608，特别是《俄底浦斯王》1186起。

人想要如此解释老年俄底浦斯激昂的自我辩护（他一再表示，自己的行为都是无意的）[①]，那么他们就把索福克勒斯误读成了欧里庇得斯。命运和俄底浦斯并没有被开脱或受到指责。不过，诗人在这里似乎从更高的视角看待痛苦。这是我们与那位漂泊不定的老年流浪者的最后重逢，不久他就将找到自己的归宿。在他永远狂暴的力量中，他的高贵天性没有因为不幸与年老而堕落。[②]对这种力量的意识帮助他忍受了痛苦，后者是常年不可分离的旅伴，忠实地伴随他直到最后一刻。[③]这幅严肃的画面中没有感伤同情的空间。但痛苦让俄底浦斯变得可敬。歌队感受到了他的战栗，但更感受到他的威严。雅典国王恭敬地接待了这位盲人乞丐，仿佛他是尊贵的客人。按照神谕，他将在阿提卡的土地上长眠。俄底浦斯本人的死笼罩着神秘色彩。他没有带向导，独自一人走进树林，再也没有人看见过他。和神明引导俄底浦斯走上的苦难之路一样，最终等待着他的神奇解脱也不可捉摸。“击倒你的神明现在将你扶起。”[④]没有哪个凡人的眼睛可以看到这个秘密。只有通过痛苦获得净化的人才能分享。痛苦的净化让他走近神明（我们不知道以何种方式），把他与其他人类分开。现在，他长眠于科洛诺斯的小山上——那里是诗人心爱的家园——在慈悲女神的常绿林间，夜莺在树丛中歌唱。那里人踪罕至，但从那里慈悲女神赐福给了阿提卡的土地。

① 参见《俄底浦斯在科洛诺斯》，203起，特别是258起的大段独白。

② 《俄底浦斯在科洛诺斯》，8。

③ 在索福克勒斯最后一部悲剧的开头，当作为流浪老丐的俄底浦斯出现在科洛诺斯时，他似乎已经完全接受了自己漫长的痛苦和命运；参见《俄底浦斯在科洛诺斯》7：στέργειν γὰρ αἱ πάθαι με χὼ χρόνος ξυνὼν μακρὸς διδάσκει καὶ τὸ γενναῖον τρίτον（因为痛苦，然后是相伴我的漫长时光，第三是高贵，它们教会我满足）。

④ 《俄底浦斯在科洛诺斯》，394。

第3章
智术师

作为文化史现象的智术师

在索福克勒斯的时代，一种对后世影响无法估量的重要精神发展拉 364
开了序幕，我们在前文无疑已经提到过，那就是“教化”（Paideia），或者说狭义上的文化。这个词的影响和概念范围在公元前4世纪、希腊化时期和罗马帝国时期不断扩大，但它首先在那个时代确立了与人类最高德性的关系，从“教育孩子”（当这个词首先出现在埃斯库罗斯的作品中时[①]，它仍然表示这种简单含义）发展为表示完美塑造各种身体和灵魂上的美与善（Kalokagathie），现在后者第一次有意识地包含了真正的精神教育。对伊索克拉底、柏拉图和他们时代的人来说，教育理念的这种丰富新含义已经深入人心。

显然，德性从一开始就与教育问题密切相关。[②]历史的演进导致人类德性的理想伴随社会整体的变化而发展，这必然也会改变通往德性的道路，人们不得不着重考虑下面的问题：哪条教育道路是合适的？从根本上

① 埃斯库罗斯，《七雄攻忒拜》，18。但品达的残篇198表示：οὔτοι με ξένον οὐδ᾽ ἀδαήμονα Μοισᾶν ἐπαίδευσαν κλυταί Θῆβαι（著名的忒拜人教我不要对缪斯陌生和无知）。它是下列事实的重要证据，即在品达和埃斯库罗斯的时代，甚至在波俄提亚，παιδεύω一词已经暗示了音乐教育（当然还有体育），音乐在伯里克利时代则成了教育的主要内容之一。同时代的西西里诗人埃庇卡摩斯提供了第三个关于教化的段落（如果是真实的话），见本书第445页，注释②。

② 见本书第一卷，第2章。

清楚地提出这个问题——若非如此，希腊人独一无二的人类教化理念将无从谈起——是经历了众多阶段的整个历史发展的前提，就像我们从最
365 古老的贵族德性观念到法治城邦之人的政治理想所看到的。在德性的奠基和传承形式上，贵族教育肯定不同于赫西俄德农民或城邦公民的情况，如果后两者也有类似教育的东西的话。因为如果我们不考虑斯巴达（从堤耳泰俄斯的时代起，那里就产生了独一无二的公民教育Agogē），那么在希腊其他地方都找不到同样的东西。其他地方的城邦对贵族教育（就像《奥德赛》、忒奥格尼斯和品达所描绘的）持有异议但又想不出替代品，而个人的推动则姗姗来迟。

比起贵族社会，新的公民-城邦社会有一个巨大劣势：随着关于人和公民的新理念诞生，[1]并没有产生为实现这些目标而有意识进行的教育，无论人们在原则上相信它们比贵族的观念优越多少。父子相传的技术职业培养（如果儿子继承了父亲的手艺或行当）永远无法取代身体-精神的整体教育，后者建立在对人类理想的整体看法之上，就像贵族的美与善（καλὸς κἀγαθός）所具有的。[2]对于以城邦之人为目标的新教育的需求一定很早就被提出。在这点上，新的城邦同样必须扮演继承者的角色。它必须追随坚守贵族血统立场的古老贵族教育的痕迹，以便尝试实现新的德性，让雅典城邦中每位出身雅典部族的自由公民有意识地将自己视作城邦集体的一部分，并且有能力为整体的福祉服务。这完全是一种扩大了的血缘共同体概念，用部族归属取代了过去的贵族家族城邦。除此之外，不存在别的基础。无论那个时代的个人已经多么活跃，把他们的教育建立在部族和城邦集体之外的东西上仍然是不可想象的。对于人类教育的这条最高公
366 理，希腊教化的产生堪称典范。既定的目标是战胜贵族的教育特权，后者相信只有具备神圣血统的人才能拥有德性。通过符合逻辑的理性思想，想要做到这点并不难，就像在那个时代一再实现的。要实现这个目标似乎只有一条路可走，那就是对精神的有意识塑造，新时代相信精神具有无限的

① 见本书第一卷，第6章。
② 参见本书第4页起。

力量。品达对“习得者”的傲慢嘲笑对那个时代没有多少影响。[1]政治德性不能也不应依赖贵族血统，否则民众进入城邦（看上去不可阻止）就会是歧途。如果新的城邦通过接纳身体训练而吸收了贵族的身体德性，那么为何不可能通过有意识的教育，创造出那个阶层在精神道路上世代相传和不可否认的领导能力呢？

就这样，公元前5世纪的城邦因为历史必然性而成了伟大教育运动的出发点，在那个时代和随后的许多个世纪里留下了鲜明的印记，并成为西方文化思想的起源。在希腊人看来，此类思想完全是教育-政治式的。这种教育理念源于城邦的最深刻生活需求，它把作为那个时代新的强大精神力量的知识（Wissen）视作塑造人类的力量，并使其服务于这个任务。因此，无论我们是否认同阿提卡城邦（上述问题于公元前5世纪诞生在那里）的民主政制形式都无关紧要。作为民主的源头和标志之一，民众在政治上被激活的过程是意识到那些永恒问题的必要历史先决条件。处于那个发展阶段的希腊思想在深刻的思考中找到这些问题，并把它们留给了后世。对我们来说，这些问题在同样的发展过程中再次变成现实。无论是教育政治之人和塑造领导者的问题，还是自由和权威的问题，都只诞生于精神发展的这个阶段，并只在那时保持其全部的迫切性和命运攸关的重要性。它们与原始的历史存在形式，与英雄和部族生活的情形无关，后者尚 367
未出现人类精神的个体化。对于那些在公元前5世纪的那种城邦形式范围内出现的问题而言，它们的意义后来都不仅局限于希腊城邦民主的影响范围。它们成了真正的国家问题。作为证据，通过在城邦民主中获得的经验，伟大的希腊城邦教育家和哲学家们源于民主状况下的思想很快成为大胆超越了特定城邦形式的答案，给任何类似的情况带来无穷裨益。

我们将要思考的教育运动的道路从贵族文化出发，划过漫长的弧线，最后在柏拉图、伊索克拉底和色诺芬那里重新与贵族传统和德性理念联系起来，在精神生活的基础上实现了它们的重生。不过，公元前5世纪初期和中期距此时尚早。相反，当时首先要做的是打破旧有观念的束缚，即对

① 参见第228页。

血缘优越性的神话假设。只有当其作为精神上的优越性和伦理力量时［比如智慧（σοφία）和正义（δικαιοσύνη）］，这种优越性才被视为正当的和真正可以证明的。色诺芬尼描绘了“精神力量”对德性图景的入侵如何从一开始就有力地同政治联系在一起，以及这种入侵如何以正确的秩序和整个城邦的福祉为基础。[①]对赫拉克利特来说（虽然可能在不同意义上），法则植根于“知识”并以其为起源，这种神性知识的凡人承载者要么在城邦中享有特殊地位，要么成为城邦的敌人。[②]当然，正是这些关于城邦和精神所面临的新问题（它们是智术师存在的前提）的伟大例证，最为清楚地展现了当人们通过精神战胜了古老的血统贵族及其主张后，一种新的紧张
368 关系如何马上取代了旧有的。那就是强大的精神个性与集体的关系，直到城邦终结前，所有的思想家都思考过这个问题，但没有结果。该问题在伯里克利身上找到了让个人和集体满意的答案。

若非因为公民视野的扩大和个体的精神教育，公众已经觉察到了以知识为德性基础的这种要求，那么开创性的精神个性及其让人讨厌的自我意识的觉醒本身，也许无法促使智术师们发动一场如此轰轰烈烈的教育运动（后者第一次将该要求广泛传播并使其被公众接受）。波斯战争后，随着雅典涉足国际经济、交通和政治事务，这种要求变得日益清晰可见。雅典幸免于难要归功于一个人和他的卓越精神。[③]战后，当雅典人无法再忍受他时——他的力量因为与“权利平等”（Isonomie）格格不入，被视作是几乎赤裸裸的僭主统治——发展的逻辑让他们认识到，城邦民主秩序的维护变得愈发清晰地与领袖正确品格的问题联系在一起。事实上，对民主而言，这是重中之重的问题，因为如果它想要作为受到严格规范的政治执行机制，同时成为民众对国家的真正统治，那么它就必将显得荒谬。

智术师发起的教育运动的目标从一开始就不是民众教育，而是领袖教育。从根本上说，这只是采用了新形式的贵族老问题。诚然，没有哪个地方能够像雅典那样给予每个人（甚至是普通公民）如此之多的让自己接

① 参见第185页。
② 见第193页。
③ 指忒米斯托克勒斯。——译注

受基础教育的可能，即使城邦并不掌管教育。但智术师从一开始就只面向被挑选出来的人。而且只有想把自己培养成政治家和有朝一日领导城邦的人才会向他们求教。为了满足时代的要求，这些人不仅要像阿里斯提德 369
（Aristides）那样接受关于正义的古老政治理想，就像对随便哪个公民所要求的。他们不仅要遵守法律，[①]而且自己还要通过法律引导国家。为此，除了在任何情况下都不可或缺的经验（只有浸淫于政治生活的实践中才能得到），还需要对人类事务的本质具有普遍认识。政治家的首要特质完全无法被掌握。行动力、机智和远见——忒米斯托克勒斯身上最受修昔底德推崇的品质[②]——是天生的。但对答如流和令人信服的讲话是可以被培养的品质。早在荷马史诗中组成顾问会的贵族长老们那里，这已经是首领的真正品质，整个后世也持同样的立场。赫西俄德将其视作缪斯赐给国王的力量，国王凭着它可以用如簧巧舌主导每一次会议。[③]于是，演说能力已经被拿来与诗人受缪斯启发并论。当然，这里指的首先是在法庭上决断和说理时的表述能力。在召开公民会议和言论自由的民主城邦，演说能力第一次变得不可或缺，成为政客手中真正的船舵。古典时代干脆把政治家称为修辞家（Rhetor）。这个词还不像后来那样表示纯粹的形式，而是也包含了实质元素。所有公开演说的唯一内容是城邦及其事务，这在当时不言自明。

所有政治领袖的培养都必须从这点出发。出于内在的必要性，它成了培养演说家，根据希腊语的Logos一词及其含义，演说被视作是形式与实质不同程度的结合。从这点出发，我们就能理解为何出现了一整类这样的教育者，他们公开推销自己，有偿教授“美德”（Tugend）——人们之前这样翻译。[④]在今天的人们看来，智术师或“知识教授者”（同时代的人 370
如此称呼他们的职业，很快他们自己也这样做了）的上述要求从一开始就显示出无理而幼稚的狂妄，对希腊人德性（Arete）概念的这种错误的现代化要为此负根本责任。一旦我们还原Arete一词在古典时代不言自明的

① 参见第114页，注释①。
② 修昔底德，1. 138. 3。
③ 赫西俄德，《神谱》，81起。
④ 关于智术师的许诺（epangelma），见本书第555页。

政治德性含义，并且首先将其视作思想和演说能力，就像其在公元前5世纪的新形势下所表现出的重要方面，那么这种愚蠢的误解就会消失。在回顾智术师时，我们从一开始就可能自然而然地采用柏拉图的怀疑眼光，即认为苏格拉底对“德性的可教授性”的怀疑是一切哲学认识的起点。[①]但上述观点有违历史，如果我们从一开始就把哲学自我思考更发达阶段的问题强加给它，那将阻碍我们真正理解这个对人类文化史非常重要的时代。在思想史上，智术师是一个和苏格拉底或柏拉图同等重要的现象，如果没有前者，后两者将无法想象。

教授政治德性的大胆尝试是对城邦本质深刻结构变化的直接表达。修昔底德用天才的犀利目光描绘了阿提卡城邦在涉足国际政治后所经历的巨大变革。从古老城邦的一城之地到伯里克利帝国主义的活跃形式，这种变迁激发了城邦内外一切力量的最激烈行动和竞争。政治教育的理性化只是整个生活理性化的一个特例，后者获得了比以往更大的成果和成功。这不可能不对关于人类品格的评价产生影响。思想品格处处具有了决定性意义，而“了解自己”这样的伦理品格不情愿地退居幕后。对知识和理解的推崇现在变得普遍（大约在50年前，作为一种新型人类孤独先锋的色诺
371 芬尼是它们的代表），特别是在商业和政治生活中。现在，人类德性的理想吸收了所有后来被亚里士多德的伦理学归为精神卓越品质（διανοητικαὶ αρεταί）的价值，并试图结合对人类的伦理评判从而成为更高的整体。[②]当然，智术师时代并未考虑过这个问题。在那个时代，人类的思想方面第一次有力地走上前台，从中产生了智术师试图完成的教育任务。只有这样才能解释，为何他们相信德性可以被教授。在某个方面，他们关于教育的这种前提假设与苏格拉底的激进怀疑同样正确，因为它们在根本上想的完全是两码事。

智术师的教育把对精神的培养设为目标，其中包含了形式特别多样的教育手段和方法。但如果考虑到精神概念的多种可能面貌，我们可以尝试从精神培养的统一视角导出这种多样性。精神曾经是人们理解对象世界

① 见本书第三卷，第505页和第559页等。

② 特别见亚里士多德，《尼各马可伦理学》第六卷。

的工具，因此是与对象相关的。相反，即使不考虑所有对象内容（这是那个时代的新想法），精神也不会空无一物，而是第一次真正展现出自身的内在结构。这就是作为形式原则的精神。与这两种观点相对应，可以在智术师中找到两种不同精神教育的根源：传授百科全书式的知识材料，以及不同类型的形式思想塑造。[①]显然，两种教育方法的矛盾只有在精神培养的上层概念中才得以统一。这两种教授方式直到今天仍然是两大教育原则，但主要以妥协而非完全单一的形式存在。这在智术师身上就已经大体如此了。不过，我们不能因为两者在个人身上的结合而忘记这是两种完全不同的精神教育方式。除了纯粹形式的理解教育，智术师还有一种更高意 372
义上的形式教育，它并非源于理解和语言的结构，而是来自整个心灵的力量。普洛塔哥拉是其代表。除了语法、修辞和逻辑论辩，这种教育首先把诗歌和音乐视作塑造灵魂的力量。这第三种智术师的教育扎根于政治和伦理学。[②]它与形式教育和百科全书式教育的区别在于它并不抽象地看待人本身，而是将其当作集体的一部分。于是，这种教育在人与价值世界之间建立了坚实的联系，将精神培养纳入了人类德性的整体之中。这种形式同样是精神培养；在这里，精神既非纯粹思想-形式的，亦非纯粹思想-实质的，而是要放在其社会局限性中去理解。

有人表示修辞术的教育理想εὖ λέγειν（言辞优美）是把智术师们联系起来的新特征，因为这是智术师运动所有代表共有的，而他们对实质内容的评价则互有分歧。无论如何，上述观点是肤浅的，因为智术师中也有像高尔吉亚这样的纯粹修辞学家，此外并不教授任何东西。[③]相反，智术师的共同点更应该在于他们都教授政治德性。[④]他们希望通过更好的精神培养来实现政治德性，无论他们考虑何种方法。智术师们对于教育不断有大

---

① 埃里斯的希庇阿斯（Hippias of Elis）代表了更为百科全书式的教育理想。开俄斯的普罗迪科斯（Prodicus of Ceus）似乎进行了语法和语言学研究，比如他著名的近义词学，既得到苏格拉底的赞美又遭其戏谑（柏拉图，《普洛塔哥拉篇》，339e—341e、358a）。和普罗迪科斯一样，普洛塔哥拉也对这类形式学科感兴趣。

② 柏拉图，《普洛塔哥拉篇》，325e起。一边是普洛塔哥拉关于教育的伦理和政治理想，一边是希庇阿斯的数学百科全书主义，柏拉图在318e让普洛塔哥拉本人清楚地区分了两者。

③ H. Gomperz, *Sophistik und Rhetorik: das Bildungsideal des* εὖ λέγειν *in seinem Verhaeltnis zur Philosophie des fuenften Jahrhunderts* (Leipzig 1912).

④ 柏拉图，《普洛塔哥拉篇》318e起，《美诺篇》91a起等。

量新的和永恒的认识问世，我们对此只能一次次感到惊讶。他们是精神培养和为其服务的教育艺术的创造者。同时可以看到，当这种新的培养超越了形式和实质，在政治领袖的教育中更深入地关注道德性和城邦问题时，
373 它面临的最大危险是半途而废，除非它把真正的研究和为自身寻求真理的彻底哲学思想作为基础。正是从这点出发，柏拉图和亚里士多德后来动摇了整个智术师教育体系。[①]

这让我们需要面对智术师在希腊哲学和科学史中的地位问题。事实上，他们的地位总是非常模糊，尽管被当作哲学发展的有机组成部分（完全出于传统，而且被视作不言自明的），就像我们的希腊哲学史所做的。我们不应该求诸柏拉图，因为让他不断与智术师们产生新分歧的正是他们对成为德性教授者的主张，也就是他们与生活与实践，而非与科学的联系。唯一的例外是柏拉图的《泰阿泰德篇》中对普洛塔哥拉知识理论的批评[②]。事实上，在这里可以看到智术与哲学的联系，但仅仅局限于这一位代表身上，而且桥面非常狭窄。亚里士多德在《形而上学》中描绘的哲学史将智术师排除在外。近代哲学史作品习惯于把他们看作哲学主观主义或相对主义的奠基人。但作为特例的普洛塔哥拉理论无法为这种一般化提供理由，而且把德性的教授者同阿那克西曼德、巴门尼德或赫拉克利特这样风格的著名思想家放在一起是对历史观念的歪曲。

米利都的宇宙学显示了关于人类或者实践教育效果的思想同最初伊奥尼亚的“研究”（Historie）活动多么不同。我们已经从后者出发，回顾了对宇宙的思考如何一步步接近人的问题——后者在不可阻挡地走向前台。[③]色诺芬尼勇敢地尝试将人的德性置于对神明和世界的理性认识之上，
374 并将其与教育理想建立了内在联系。通过被诗歌吸纳，自然哲学一度看上去将要夺得对民族教化和生活的精神统治权。但色诺芬尼仍然只是个别现象，虽然他提出的关于人类本质、道路和价值的问题没有被再次冷落。只有赫拉克利特具备独一无二的伟大思想，能够成功将人类纳入宇宙的规

① 见本书第三卷的第6章（第551页）、第7章（第571页起）以及第10章（第714页）和其他各处。

② 柏拉图，《泰阿泰德篇》，152a。

③ 见第一卷第9章，《哲学思想和“宇宙”的发现》。

律性结构中，[①]但赫拉克利特不是自然学家。公元前5世纪的米利都派继承者们（在他们手中，自然研究带上了越来越多的专业知识特点），有的完全把人类从他们的思想中排除，有的则满足于以各自的方式解决那个问题（如果他们还有哲学深刻性可言的话）。在克拉佐墨奈人阿纳克萨格拉那里，人类中心倾向开始进入宇宙学，他把精神作为存在之初的规范和引导力量，但在其他时候完全采用机械的自然观察，并未实现自然与精神的交融。[②]阿克拉格斯的恩培多克勒是哲学上的半人马，在他两种形态的灵魂中，伊奥尼亚的元素自然学以奇特的方式同俄耳甫斯教的救赎宗教联系在一起。通过神秘的道路，他让作为自然永恒生灭的未被救赎之造物和玩具的人类脱离元素的不幸循环（命运将他们束缚在那里），把他们引回最初神性的纯粹灵魂存在。[③]就这样，人类的灵魂世界（总是迫切地向强大的宇宙力量主张权利）在每位思想家那里以不同方式维持了自己的独立。即使像德谟克利特这样严格的自然思想家也无法再忽略人类及其道德内在世界的问题。另一方面，他回避了自己的直接前辈对这个问题给出的答案（有的很奇特），而是更愿意将自然哲学与伦理教育智慧彻底分开，他没有把后者视作理论科学，而是以传统的教谕形式给出。其中以独特的方式混 375
合了昔日的箴言诗遗产和当代研究者的自然科学-理性精神。[④]对于人类和他们的存在带给哲学的问题而言，上述现象是特别重要的表现，表明其重要性在不断提高。但智术师教育思想的源头并不在这里。[⑤]

哲学对人的兴趣不断提高，越来越关注他们的状况，这是对智术师出现之历史必要性的又一证据，但他们所满足的要求并非科学-理论式

---

① 参见本书第193页起。

② 关于对阿纳克萨格拉在早期物理学家和苏格拉底之间的位置的描摹，见柏拉图的《斐多篇》，97b。

③ 即使在《论自然》一诗中，本人是医生的恩培多克勒也比此前的思想家们更多关注人体结构（参见Ettore Bignone, *Empedocle*, Torino 1916, p. 242）。但他的另一首诗《净化》显示，这并非恩培多克勒的全部，他对人的思想问题的关注要比对身体及其生理组成深刻得多。参见Bignone，前揭书，第113页起。

④ 参见Paul Natorp, *Die Ethika des Demokrit* (Marburg 1893)；Hermann Langerbeck, ΔΟΞΙΣ ΕΠΙΡΥΣΜΙΗ in *Neue Philologische Untersuchungen* hrsg. v. W. Jaeger (vol. x, Berlin 1935)。

⑤ 在这方面，只有德谟克利特是个例外；见Langerbeck，前揭书，第67页起。他最接近智术师对教化和人性问题的理论方法。

的，而是完全实践的。这也是为何它能在雅典产生如此深远的影响，而伊奥尼亚的自然科学却无法在那里长期扎根的深层次原因。智术师们不理解这种脱离生活的研究，而是延续了诗人的教育传统，继承了荷马与赫西俄德、梭伦与忒奥格尼斯、西蒙尼德斯与品达。只有当我们把智术师放到上述名字所呈现的希腊教育发展轨迹中时，他们的历史地位才变得清晰。① 在西蒙尼德斯、忒奥格尼斯和品达那里，德性及其可教授性的问题就已经进入了诗歌，但在此之前，诗歌只是简单描绘和宣示了自己对人之理想的看法。②现在，诗歌成了关于教育的不同表达的场所。西蒙尼德斯其实已经是一个典型的智术师。③智术师们则完成了最后一步。他们把最有力地展现了教育元素的各种形制的教谕诗改编成自己最为擅长的新式散文体，从而在形式与思想上与诗歌展开有意识的竞争。④同时，诗歌教育内容的这种散文体化也是彻底理性化的标志。作为诗歌的教育职责的继承者，智术师的活动也涉及诗歌本身。他们是伟大诗人作品的最早学术诠释者，带
376 着偏好将其与自己的学说联系起来。我们不应把这看作今天意义上的诠释。他们直接而永恒地站在诗人面前，不受限制地把后者拉进自己的现实，就像柏拉图的《普洛塔哥拉篇》用轻松愉悦的方式所展现的。⑤带着冷静理解的目标意识是整个时代的特点，没有什么比把诗歌看成教诲手段更有力地展现这点和更让人觉得不妥。对智术师来说，荷马是从马车建造到军事战术等一切人类知识的百科全书，也是智慧生活守则的宝库。⑥史诗或悲剧中的英雄教育显然被视作是实用的。

尽管如此，智术师并非纯粹的模仿者。他们也提出了各种新问题。

---

① 在柏拉图笔下（《普洛塔哥拉篇》316d），那位伟大智术师完全清楚这种延续。当然，普洛塔哥拉在文中夸大其词，把过去的诗人仅仅称为一群更早的智术师，是他本人的前辈。但把智术师视作那种伟大教育传统的继承者的确符合一定的历史事实。作为智术师的真正门徒，伊索克拉底同样称赫西俄德、弗基利德斯和忒奥格尼斯为自己在劝勉艺术上的前辈［《致尼科克勒斯》(*Ad Nicoclem*)，43］。

② 见本书第213页起，第224页起。

③ 柏拉图，《普洛塔哥拉篇》，339a。

④ 参见拙作 *Tyrtaios* (Sitz. Berl. Akad. 1932), p. 564。另见本书第852页和871页。

⑤ 柏拉图的《普洛塔哥拉篇》339a起有一个关于这种态度的有趣例子。苏格拉底在《理想国篇》331e起提供了另一个例子。

⑥ 柏拉图《理想国篇》598d描绘了智术师对荷马的这种解读，显然他想到了某个具体例子。见本书第802页及注释。

他们既深受当时关于道德和城邦事务的理性思想影响，也深受自然学家的学说影响，从而围绕着自己创造出一种多元教育的氛围，即使庇西斯特拉托斯时代也未曾见过如此清晰的意识，如此踊跃的活力和如此敏感的交流需求。色诺芬尼式的精神骄傲与这种新类型不可分割，柏拉图总是一再戏谑和嘲笑这个形形色色的群体，从过高的自视到肤浅的虚荣都囊括在其中。他们让人想起文艺复兴时期的文人（Literaten），后者身上同样可以看到独立、世界主义和无拘无束，正是这些东西驱使着智术师在各地漫游。埃里斯的希庇阿斯是完美的全才（uomo universale）。他精通所有知识门类，学过所有手工技艺，穿着的衣服和佩戴的饰物无一不是亲手制作的。[①]对于其他炫目地集文法家与演说家、教育家与文学家于一身的人而言，把他们归入任一传统概念下也是不可能的。在智术师扮演过一定时间角色的每一座城邦，他们都赢得了希腊精神的最高荣耀，成为有钱有势者的贵宾，这不仅是因为他们教授的学说，也因为这个新类型的全部精神与心理魅力。在这点上，他们也是寄食者诗人的真正继承者，就像我们在公 377
元前6世纪末的僭主宫廷和富有贵族的家中所看到的。[②]他们的存在完全基于自己的思想意义。因为不断漫游的生活，他们无法获得固定的公民地位。如此无拘无束的生活在当时的希腊成为可能，是一种全新教育方式到来的最显著特点和最明确标志，它在最深处是个人主义的，无论它可以对集体的教育和最优秀城邦公民的德性可以谈论多少。事实上，智术师是一个普遍倾向于个人主义的时代中最特别的个体。就这点而言，在同时代人的眼中，他们成了时代精神的真正代表。他们靠教育维持生计，这同样是时代的标志。他们就像商品那样被“进口”和交易。柏拉图的这种刻薄比喻[③]包含着某种完全合理之处，我们不能仅仅将其视作对智术师及其个人思想的道德批判，而是作为精神标志。对于“知识的社会学”而言，智术师是取之不尽的一章，完全不会枯竭。

无论如何，这些新型之人意味着一种最重要的文化史现象。作为关

---

① 柏拉图，《小希庇阿斯篇》，368b。

② 见本书第239页起。关于智术师及其同社会和富人的关系，见本书第554—555页。

③ 柏拉图，《普洛塔哥拉篇》，313c。

于文化的有意识理念和理论，教化（Paideia）通过他们而诞生，并获得了理性基础。在这点上，他们无疑是人文主义发展的一个重要阶段，尽管后者直到在与智术师的斗争中和在柏拉图征服他们后才获得了最崇高的和
378 真正的形式。[①]智术师们始终带有这种临时和不完全的性质。智术师运动并非一场科学运动，而是其他方向的生活兴趣向着更古老的伊奥尼亚自然学和“研究”意义上的科学的蔓延，特别是经济和政治状况的巨大变革引发的教育和社会问题。因此，这场运动首先是排斥科学的，就像近代的教育、社会学和新闻学的蓬勃发展对旧有科学产生的影响。不过，智术师对旧有教育传统（特别是从荷马以来的诗歌所代表的）做了改造，赋予其新的理性时代的语言形式和思维方式，使其对教化概念有了理论意识，从而将伊奥尼亚科学拓宽到伦理学领域，成为不同于和超越了自然科学的真正政治-伦理哲学的开拓者。[②]智术师的成就在形式领域最为深远。但修辞学中的科学元素将马上脱离前者并提出自己的主张，它将成长为前者的可怕对手，与其展开激烈竞争。因此，智术师教育的多元性中蕴含了以后许多个世纪里教育之争的萌芽，即哲学与修辞学之争。

教育学与文化理想的起源

人们曾把智术师称为教育科学的奠基者。事实上，他们的确奠定了教育的基础，思想教育的方式至今仍大体相同。[③]但有一个问题到今天仍然悬而未解，即教育是科学还是艺术。智术师把他们的教育艺术和理论称

---

① 许多学者认为，智术师不仅是人文主义的创立者，而且使其臻于完善。换而言之，他们把智术师树立成我们的榜样。我们在这些问题上的观点取决于我们对哲学的态度，因为哲学事实上诞生于同智术师类型之教育的冲突，特别是苏格拉底、柏拉图和亚里士多德的哲学。冲突的源头是最高价值的问题（希腊“哲学”认为那是人类教育的基础）。见拙作 *Humanism and Theology* (Aquinas Lecture 1943, Marquette Univ. Press, 38ff.)。我在文中区分了两种相互对立的人文主义基本形式——智术师的和哲学家的（苏格拉底、柏拉图和亚里士多德）。关于普洛塔哥拉的人文主义，见本书第305—306页。

② 一边是智术师的实践目标，一边是老哲人和贤者的不现实倾向，柏拉图在《大希庇阿斯篇》218c中区分了两者。

③ 参见A. Busse, *Die Anfaenge der Erziehungswissenschaft* (*Neue Jahrbuecher* XXVI, 1910), 469ff.; C. P. Gunning, *De sophistis Graeciae praeceptoribus* (Amsterdam 1915)。

为技艺（Techne）而非科学。通过柏拉图，我们对普洛塔哥拉有了更详细的了解，因为前者所描绘的此人公开行事的方式（虽然不无可笑的夸张之处）给出了本质上真实的画面。这位智术师把自己的职业说成是“政治 379
技艺”，因为他教授的是政治德性。[①]教育的技艺化只是那个时代普遍努力的一个特例，人们试图把整个生活分解成若干带着目标意识建立的和具有理论基础的特别门类，由其传播各种可传授的实质性知识。我们看到了数学、医学、体育、音乐理论和舞台艺术等门类的专家和专著。就连波吕克里托斯（Polyklet）这样的雕塑家也撰写了理论作品。

不过，智术师把自己的艺术视作一切艺术的王者。在文化起源的神话中，[②]柏拉图让他的普洛塔哥拉对其技艺的本质和地位做了解释，那位智术师区分了两个发展阶段。它们显然不是根据时间划分的历史阶段，而是因其形式而被放在一起，就像关于更高级的智术师教育之意义和必要性的神话所展现的。第一个阶段是技艺文明。按照埃斯库罗斯的说法，普洛塔哥拉称之为普罗米修斯的礼物，人类在获得火的同时一并得到了它。尽管有了这种财富，但若非宙斯给了人类“正义”，使其有能力建立城邦和集体，他们仍然注定将走向悲惨的沦亡。我们不清楚，普洛塔哥拉的这番话是否同样来自埃斯库罗斯（即《普罗米修斯》三联剧中失传的部分），还是来自赫西俄德，后者率先把正义称为宙斯给予人类的礼物，使他们区别于同类相残的野兽。[③]普洛塔哥拉更多的话是原创的。普罗米修斯的礼物是只属于专业人士的技艺知识，而宙斯把正义和法律思想灌输给了所有人，因为若非如此，城邦就不可能存在。但正义和城邦的奠基思想还有另 380
一个更高的阶段，即智术师所教授的政治技艺。在普洛塔哥拉看来，这是真正的教育，是维系整个人类集体与文明的精神纽带。

并非所有的智术师都对自己的职业拥有如此崇高的理解，他们中的平庸者满足于将自己的知识带给他人。不过，想要正确评价整个运动，我们必须从其最有力的代表出发。普洛塔哥拉将人的教育置于整个生活的中

① 柏拉图，《普洛塔哥拉篇》，319a。
② 同上，320c起。
③ 赫西俄德，《工作与时日》，276。

心，表明他的教育把明确的“人文主义”设定为精神目标。这反映在他把人的教育置于整个技艺（这个词今天的意义，即文明）领域之上。一边是技艺能力和知识，一边是真正的教育，这种基本而清晰的区分成了人文主义的基础。也许我们应该立即避免将这种专业知识和源于基督教的现代职业概念等同起来，后者的范围要比古希腊人的技艺概念大得多。[1]我们所谓的职业也包括普洛塔哥拉试图培养的政治家，但在古希腊，将其称为技艺是特别大胆之举，唯一的理由是希腊语中没有其他哪个词可以表达政治家基于学得的力量和习得的知识而获得的影响。同样清楚的是，普洛塔哥拉致力于将他的这种技艺同狭义上的技术性职业区分开来，将其描绘成某种包含一切而普遍的东西。出于同样的理由，他把自己的“普遍”教育同其他智术师的教育和他们纯粹的实用教育彻底对立起来。在他看来，“它
381 们会毁了年轻人”。尽管年轻人是为了逃避纯粹的技术-工匠式教育才找到智术师，但后者还是违背了他们的意志，再次把他们引入技术知识。[2]普洛塔哥拉认为，真正“普遍”的只有政治教育。

通过这种关于“普遍”人类教育的理解，他概括了希腊教育的整个历史发展。[3]伦理和政治也是真正教化之本质的基本特征。直到后来才有纯粹美学上的新型人文主义加入其中或者试图取而代之，因为对它而言，国家不再处于最高地位。而对希腊文化的古典时代而言，一切更高级的教育同国家和集体的联系是至关重要的。我们对人文主义一词的使用经过了充分的思考并遵循其本质意义，用它来表示智术师运动期间从希腊精神发展的深处产生的人类教育理念，而不是偶尔将其视作纯粹的历史例证。到了近代，人文主义的概念转而表示我们的教育同古典文化的关系。但此类关系的基础仍然在于这样的事实，即我们的“普遍”人类教育理念的历史源头正是在那里。按照这种意义，人文主义本质上是希腊人创造的。正因为它对人类精神的永恒重要性，与古代的历史关系对我们的教育来说必不

① 见 Karl Holl, *Die Geschichte des Worts Beruf* (Sitz, Berl. Akad. 1924), XXIX。

② 柏拉图，《普洛塔哥拉篇》，318d。普洛塔哥拉将算术、天文、几何和音乐（这里指音乐理论）归入技术知识，特别提到了埃里斯的希庇阿斯。

③ 参见本书第118页起。

可少和至关重要。[①]

此外，从一开始就应该指出，尽管人文主义的基本特征保持不变，但它是活跃发展的，并不固定为普洛塔哥拉的类型。柏拉图和伊索克拉底都接受了智术师的教育思想，但各自将其推向不同的方向。[②]这种变形最著名的例证是：在其生命和认知的最后阶段，柏拉图在《法律篇》中改 382
写了普洛塔哥拉的名言"人是万物的尺度"（因其人文主义的歧义性而意味深长），将其变成"神是万物的尺度"。[③]在这里，我们应该记得，普洛塔哥拉在谈到神明时表示，鉴于自己的情况，他无法说神明存在或者不存在。[④]根据柏拉图对智术师教育基础的这种批判，我们马上可以最明确地提出问题：对宗教的怀疑与漠视，以及道德和认知理论上的"相对主义"是柏拉图的斗争对象，使他成为智术师的终生死敌，但这些东西对人文主义来说是本质的吗？[⑤]答案并不来自个人观点，而是必须从历史本身获得客观性。在后文的描述中，我们将一再谈及该问题，看到教育与文化围绕着宗教与哲学所展开的斗争——随着基督教被接受，这场斗争在古代晚期来到了它在世界历史上的转折点。[⑥]

在这里，我们只能先做这么多展望。智术师之前的古希腊教育中完全没有像近代那样将文化与宗教分开，而是深深植根于宗教之中。两者的裂痕直到智术师时代才出现，那也是有意识的教育理念诞生之时。就像我们在普洛塔哥拉身上看到的，一边是传统生活准则的相对化和对宗教之谜不可解的消极想法，一边是他关于人类教育的崇高理念，两者联系在一起绝非偶然。有意识的人文主义似乎只能在某个历史时刻从伟大的希腊教育传统中诞生，即最高的教育价值受到质疑之时。事实上，这个时刻清楚地包含了朝着"纯粹"人类存在之狭义基础的自我回归。现在，当现行的 383

① 见第304页注释①所引书，第20页起。亦参见"Antike und Humanismus"和"Kulturidee und Griechentum"二文，收录于*Humanistische Reden und Vortraege* (Berlin 1937), 110 and 125ff.。

② 见第304页注释①和本书第三卷，书中描绘了早前的教化发展过程。

③ 柏拉图，《法律篇》，716c；参见普洛塔哥拉，残篇1（Diels）。见本书英译本第二册，《寻找神圣中心》（In Search of the Divine Centre）。

④ 普洛塔哥拉，残篇4（Diels）。

⑤ 参见*Humanism and Theology*, 36ff.。

⑥ 目前见*Humanism and Theology*, 58ff.。我希望在另外一卷中探讨古代晚期，古典希腊的教化在该时期融合了新兴的基督教。

准则内容从人们手中消失时，一直作为准则出发点的教育开始依托人的形式，从而成为形式的。[1]这种状况在历史上一再出现，人文主义总是与其密切相关。另一方面，对人文主义而言同样重要的是，它需要在这种形式状况下回顾和展望：回顾的是历史传统丰富的道德和宗教塑造力量，将其视作根本和真正的"精神"，让空洞到变得抽象的理性主义精神概念重新获得具体和形象的内容；它展望的是存在概念的宗教和哲学问题，这个概念就像保护脆弱的根那样保护着人们，并把他们放回肥沃的土壤中，使其能够扎根。如何看待这个一切教育的根本问题对我们关于智术师之意义的评判至关重要。智术师带来了最早的人文主义，从历史角度而言，一切都取决于弄清柏拉图究竟是终结了还是完善了这种人文主义。对该问题的任何立场都不啻于一种信仰。从纯粹的历史角度来看，争议似乎早已解决，尽管智术师所宣扬的人类教育理念包含了远大的前景，但它本身并非完善的创造。[2]在形式意识上，智术师直到今天仍能发挥无法估量的实践-教育作用。但正因为他们提出了最高的主张，他们需要通过哲学和宗教获得更深的基础。从根本上说，柏拉图哲学是从荷马直至悲剧的更古老希腊教育中的宗教精神之新形式。通过追随智术师的教育理念，柏拉图超越了它。[3]

智术师身上的决定性因素是有意识的教育思想本身。如果回顾从荷马到雅典时期的希腊精神发展道路，我们会看到这种思想并不突兀，而是
384 历史整体发展必然和成熟的结果。它表达了希腊人为描绘人的标准形式而不断展开的一切诗歌塑造和思考工作上的追求。这种本质上具有教育者性质的追求促成了关于崇高意义上的教育理念的意识（特别是在具有如此哲学头脑的民族中），就像我们在这里所理解的。智术师把此前希腊精神的一切创造同这种教育理念联系起来，视其为该理念的固有内容，这似乎再自然不过。希腊人一直以来对诗人作品的教育力量深信不疑。当有意识的教育行为（παιδεύειν）不再局限于儿童（παῖς），而是特别面向成长中的

---

① 参见 *Humanism and Theology*, 39ff.。

② Ib. p. 42ff., 53ff.

③ Ib. pp. 47–54.

人，并且当人的教育经历没有固定时间限制的观念开始觉醒时，诗歌也就必然成为教育的一部分。现在突然出现了对成年人的教化（Paideia）。最初只是用来描绘教育过程本身的概念在客体和内容方面拓宽了自己的含义范畴，就像德语的Bildung和拉丁语的同义词cultura那样从教育的过程变成受过教育的状态，然后又变成教育的内容，最终包含了整个精神教育世界，个人在其中作为本民族或某个社会圈子的成员降生。这个教育世界的历史构建在形成对教育理念的意识时达到顶峰。希腊人把一切成熟的形式和精神的创造，把公元前4世纪以来（这个概念最终固定下来的时候）的所有传统财富和内容称作自己的教化（我们称之为Bildung，或者用拉丁语的外来词Kultur表示），这看上去完全自然和不言自明。

从这点来看，智术师是一种核心现象。他们是文化意识的创造者，385
希腊精神在他们身上实现了“目标”（Telos），获得了对自身特有形式和方向的内在自我肯定。因此，尽管他们尚未给予上述概念和意识最终的形式，但帮助其获得突破更加重要。在一个传统存在形式瓦解的时代，他们让自己和身边人意识到，人的教育是本民族从历史手中接过的重要任务，从而发现了整个发展始终朝向以及一切有意识的生活结构必须从那里出发的点。意识的形成是高峰，但也是标志着晚期到来的高峰。这是那种现象的另一面。从智术师到柏拉图和亚里士多德是希腊精神发展史上一个持续进步的时代，这种断言不需要解释，但黑格尔的话仍然不无道理，他表示密涅瓦的猫头鹰直到暮色降临才开始飞翔。希腊精神用自己的青春换取了对世界的统治（智术师是其最早的信使）。我们可以理解，为何尼采和巴霍芬（Bachofen）要把高峰放在理性（ratio）觉醒前的时代，就像在神话中的鸿蒙时代，在荷马或者悲剧的时代。不过，对早期时代的这种浪漫主义的绝对化不符合现实，因为和个人一样，民族精神的发展包含了不可逾越的法则，而且它留给后世的印象必然是两方面的。我们为精神发展中的损失感到痛苦，但又离不开这种发展的力量。我们非常清楚，只有以发展为前提，我们才愿意和能够如此无拘束地对早前时代表达赞美。这是我们必然的立场，因为我们自身处于文化的较晚阶段，在许多方面直到智术师运动开始才真正觉醒。智术师比品达和埃斯库罗斯“更接近”我们。反过

386 来，我们也因此更加需要后者。智术师让我们认识到，在教育的历史构建中，早前阶段的“存续”并非空话，因为如果不同时在这种教育中同时保留它们，我们就无法认同新的阶段。

我们对个体智术师知之甚少，甚至不能对其主要代表的教学方式及目标分别加以描绘。他们非常看重此类区别，这从柏拉图《普洛塔哥拉篇》中的对比刻画可见一斑，但他们彼此的差异并不像他们出于好胜心所认为的那么大。关于他们的信息寥寥，这是因为他们没有留下在身后继续流传的作品。普洛塔哥拉文笔出色，他的作品直到古代晚期还有人零星阅读，虽然在当时也已近乎不为人知。[①]智术师的另一些科学作品在随后的几十年间仍有流传，但这些人并非学者，他们的目标是对同时代人施加影响。按照修昔底德的说法，他们的修辞“展示”（Epideixis）并非永恒财富，更多是为眼前听众所做的精彩表演。在他们更深刻的教育追求中，他们的主要力量集中在与活人交谈上，而非像自然学那样致力于书面工作。苏格拉底比他们走得更远，没有写下任何东西。对我们来说，再也看不到他们的教育手法是无法弥补的损失。与之相比，我们对他们的生平和观点的零星了解根本算不得什么。我们探究的只是关系到他们教育的理论基础的内容。其中至关重要的是与产生教育理念的意识相关的对教育过程之意
387 识的形成。后者预设了教育行为之现实的理解，特别是对人的分析。虽然比起现代心理学，它在结构上仍嫌简单，就像前苏格拉底时代的自然元素学说之于现代化学。但在实质内容上，今天的心理学并不比智术师的教育学说知道得更多，化学也不比恩培多克勒或阿纳克西美尼知道得更多。因此，智术师对教育的最初原则性理解至今仍能打动我们。

沿着贵族教育与政治-民主观念间已经持续百年的冲突问题（就像我们在忒奥格尼斯和品达那里看到的），[②]智术师们研究了一切教育的先决条件，即在人的成长过程中“自然”与有意识的教育影响之间的关系。引述所有反映了这场讨论的大量同时代作品并无意义。它们证明，智术师把对

① 波菲利提供了关于普洛塔哥拉的一篇关于存在的论文的宝贵证据；见普洛塔哥拉，残篇2（Diels）。

② 见第一卷，第10章。

这个问题的意识带到了所有圈子中。虽然表述有变化，但实质始终相同：人们认识到，天性（φύσις）是任何教育实践的必然基础。实践本身就是学习（μάθησις）或者教导（διδασκαλία），以及将习得的东西变成第二天性的练习（ἄσκησις）。[①]通过彻底抛弃贵族的血统伦理，上述观点试图融合贵族教化和理性主义由来已久的对立观点。

现在，普遍理解的人类天性概念取代了神圣的血统，前者包含了各种个体的偶然性和歧义性，但范围要大得多。这是影响特别深远的一步，只有在当时刚刚兴起的年轻医学的帮助下才有可能。长久以来，医学一直是原始的战场急救技艺，混杂了许多民间医学迷信和咒语，直到自然知识 388
在伊奥尼亚兴起和秩序井然的帝国建立也开始对治疗技艺产生影响，并引导医生对人体及其过程展开科学观察。我们在智术师和他们的同时代人身上常常看到的人类天性概念正是源于这个接受了科学的医生圈子。[②]自然的概念从包含一切的整体被转移到个别对象和人的身上，从而获得了个体色彩。人服从于某些规则，这些规则预设了他的天性，如果想要行事正确，他的生活方式必须从对它们的认识出发，无论处于健康还是生病状态。从人之自然（第一次被视作具有某种性质的身体结构，并得到了相应对待）的医学概念出发，人们很快发展出人之天性的更广泛概念，成为智术师教育理论的基础。新的概念包括身体和灵魂的一切，但首先表示人的内在性质。当时，历史学家修昔底德也在类似的意义上使用了人类天性的概念，但根据他的主题，他用其表示人的社会和道德天性。在这里第一次被提出的人类天性理念完全不是不言自明的，它本身是希腊精神的根本性成就。只有通过它，真正的教育学说才变得可能。[③]

智术师没有提出“天性”（Natur）一词所包含的深刻宗教问题。他们预设了某种乐观的信仰，即人的天性通常是可教育的和有能力向善的；不

---

① 见普洛塔哥拉的《大演说》（*Great Logos*），残篇B3（Diels）。在柏拉图、德谟克利特、伊索克拉底和亚里士多德的作品中也能见到类似的区分。

② 我们亟须对希波克拉底医学作品中的人类天性概念展开新的研究。见本书第三卷，《作为教化的希腊医学》一章各处。

③ 在17世纪和18世纪，以人类天性概念为中心的科学思想经历过类似的发展。见W. Dilthey *Zur Weltanschauung und Analyse des Menschen* (*Schriften*, Bd. II)。

幸者或天生的恶人只是例外。众所周知，基督教一直在这点上对人文主义
389 展开宗教批判。智术师的教育乐观主义当然不是希腊精神对该问题的最后答案，但如果希腊人从普遍的罪责意识，而非从人类塑造的理想出发，那么希腊精神将永远不会获得教育思想和文化理想。只要回想一下《伊利亚特》中的福伊尼克斯场景，或者品达和柏拉图，我们就能看到，希腊人从一开始就对所有教育问题有了多么深刻的意识。对于对教育抱有怀疑的贵族来说，情况尤其如此。品达和柏拉图从未受到启蒙大众教育的民主幻觉影响。平民出身的苏格拉底是贵族对教育所持怀疑的重新发现者。我们无疑会想起柏拉图在第七封信中非常消极的话，他谈到知识对人类大众非常有限的影响，并解释了自己为何没有为不计其数的人带去福音，而是只面向身边很小的圈子。[①]不过，同时我们也肯定会想起，尽管他本人是希腊的精神贵族，但他也是所有更崇高和有意识的人类教育的源头。一边是对可教育性的严肃怀疑，一边是无法阻挠的教育者意志，我们看到，正是这种内在对立包含了希腊精神的永恒伟大和富饶。在这两个极端之间是基督教的罪责自我意识及其文化悲观主义，以及智术师的教育乐观主义。我们应该马上在时代的限制条件中认清这种乐观主义的前提，以便更加正确地理解它的贡献。我们对智术师的评价不可能不包含批评，因为他们的愿望和成就在我们的时代仍然不可或缺。

没有谁比柏拉图这位伟大的批评者更清晰地看透和更动人地描绘了智术师的教育乐观主义的真实政治条件。我们必须一再引用他的《普洛塔
390 哥拉篇》，因为这部作品把智术师的教育实践和思想世界视作宏大的历史整体，并不容反驳地解释了其社会和政治前提。当智术师所处的教育状况在历史上重现时，前提也总是相同的。对柏拉图来说，智术师教育方法的个体差异（发明者对此非常骄傲）只是笑料。他同时描绘了阿布德拉人普洛塔哥拉、埃里斯人希庇阿斯和开俄斯人普罗迪科斯的形象——他们一起在雅典富人卡里阿斯（Kallias）家中做客，后者把自己的家变成了思想名流的宾馆。[②]于是，尽管智术师有着各种不同，我们还是看到了他们在

① 柏拉图，《第七书简》，341d。

② 见本书第三卷，第6章，《柏拉图的〈普洛塔哥拉篇〉：智术师式还是苏格拉底式教化？》。

思想上引人瞩目的亲缘性。

作为其中最知名的一位，普洛塔哥拉自告奋勇地为一位出身体面，由苏格拉底引荐给他的好学年轻人讲授政治德性，并针对苏格拉底的质疑给出了自己相信人的社会可教育性的理由。[①]他从现实社会状况讲起。每个人都习惯于承认自己在需要特定天资的某项技艺上无能，因为那不会造成羞耻。相反，没有人会公然违背法律，而是至少会披上合法行为的外衣。如果他抛下外衣，公开承认自己有罪，那么人们在这种情况下不会认为他坦诚，而是觉得他疯了。因为他们都预设人人具备正义和审慎感。政治德性的可获得性同样源于公众认可和惩罚的主导体系。没有人会因为无法摆脱的天性缺陷触怒他人，他不应为此受到赞美或惩罚。不过，人类社会将把奖惩用于关系到善的地方，后者通过有意识的努力和学习获得。因 391
此，法律所惩罚的人类犯罪必然可以通过教育避免，除非作为社会基础的整个体系无法维持。普洛塔哥拉从惩罚的意义中得出了同样的结论。希腊人对惩罚的旧有理解是因果式的，将其视作对有人犯错进行的报复，而普洛塔哥拉则提出了一种看上去全新的理论，最终把惩罚视作对作恶者的改造和对他人的震慑。[②]对惩罚的这种教育式理解以人的可教育性为前提。公民德性是城邦的基础，离开了它集体就不会存在。不具备公民德性的人必须被教育、惩罚和改造，直到变得更好。但如果他无可救药，那么就必须把他驱逐出集体或者杀死。因此，不仅是司法惩罚，整个城邦对普洛塔哥拉来说都是彻头彻尾的教育力量。更准确地说，这是当时的正义和法律城邦（就像他眼中的雅典）通过对惩罚的这种合乎逻辑的教育式理解表达了自身的政治精神，并从中寻求自己的正当性。

对城邦的正义职责和立法行为的这种教育式理解，以国家对公民的教育施加系统性影响为根本前提，但就像我们之前说过的，除了斯巴达，在希腊其他地方都找不到这样的例子。值得注意的是，智术师从未提出将教育城邦化的主张，尽管从普洛塔哥拉的立场来看，他们很容易理解此类主张。但智术师正是利用了这个空白，通过私人协议提供教育。普洛塔哥

① 柏拉图，《普洛塔哥拉篇》，323a起。
② 同上，324a—b。

拉指出，从现在开始，个人生活从出生开始就要受到教育的影响。保姆、母亲、父亲和教师竞相培养孩子，他们教导他并向他指出什么是正义和不
392 义，什么是美好和可憎的。就像对待一段弯折和扭曲的木头，他们试图通过威胁和体罚使其变直。然后，他将去学校学习秩序，掌握读写技能乃至基塔拉琴的演奏。

经过了这个阶段，老师会把优秀诗人的作品放在他面前，并让他学会背诵。[①]这些诗歌中包含了大量劝诫以及对杰出人物的赞美故事，他们的榜样将驱使孩子效仿。此外，孩子还将通过音乐训练培养节制（Sophrosyne）和学会不胡闹。然后是对抒情诗人的研读，后者的作品将以配乐形式被朗诵。它们让年轻人的心灵熟悉节奏与和谐，以便将其驯服，因为人的生活需要随和与正确的和谐。这些东西通过真正有教养之人的全部言行得以表达。[②]人们还把少年送到体育学校的教练（Paidotriben）那里，以便锻炼他的体魄，使其真正为勇敢的精神服务，让他长大后永远不要因为身体的弱点而失败。普洛塔哥拉在那个高贵的圈子面前做了这场关于根本前提和人类教育各阶段的演讲，他别有深意地暗示，富有的家庭对孩子的培养比贫穷阶级持续更久。富人的孩子更早开始学习，更晚停止。[③]他希望借此表明，人人都应该尽可能地为自己的孩子提供细致的教育，从而让人的可教育性成为整个世界的共识，在实践中毫不犹豫地对每个人展开教育。

这种教育概念的特点是，普洛塔哥拉没有把离开学校作为教育的终点。在某种意义上，真正的教育现在才开始。他的理论再次反映了当时对城邦的主流理解，因为他把城邦的法律视作对公民德性的教育者。在年轻
393 人离开学校和开始工作后，城邦迫使他们了解法律，并以法律为模板和范例（παράδειγμα）生活，真正的城邦公民教育直到这时才开始。[④]在这点上，从旧式贵族教化到新式城邦教育的转变显而易见。榜样思想主导着从荷马以降的贵族教育。个人榜样将受教育者应该遵守的规则生动地展现在

① 《普洛塔哥拉篇》，325e。
② 同上，326a—b。
③ 同上，326c。
④ 同上，326c—d。

他们面前，这些规则在理想人类形象中的展现将吸引他们模仿。法律消除了模仿（μίμησις）中的这种个人元素。在普洛塔哥拉提出的分级教育体系中，虽然个人元素没有完全消失，但被降为较低等级：它们存在于基础的和仍然是纯粹内容性质的诗歌教学中，就像我们看到的，这种教学指向的不是形式或者精神的节奏与和谐，而是道德规则和历史范例。相反，将法律理解成对公民的最高教育者巩固和加强了榜样的规范元素，因为法律是对现行规则最普适和最有约束力的表达。普洛塔哥拉形象地把守法的生活比作基础的写字训练，孩子们必须学会不把字写到线外。法律也是这样一种练字线，出自杰出的前代立法者之手。普洛塔哥拉把教育过程比作掰直木头；当法律术语用“矫正”（Euthyne）表示将越线者带回线内的惩罚时，智术师认为这显示了法律的教育功能。[①]

在雅典城邦中，法律不仅是“国王”，就像时人喜欢引用的品达诗句中所说的，[②]还是公民品格的大学。这种思想与现代观点完全不同。法律不再是德高望重的前代立法者的发明，而是当下的创造（雅典很快变成这样），即使对专家也不再是一目了然。在我们的时代几乎无法想象，当自由和逃亡的大门向身陷囹圄的苏格拉底打开时，法律以活生生的形象出 394
现，告诫他即使在遭受诱惑时也要忠于法律，因为他终生受到法律的教育和保护，因为法律是他存在的根本和基础。柏拉图《克里同篇》中的这一幕让人想起普洛塔哥拉关于法律作为教育者的陈词。[③]他的那番话只是描绘了当时法治城邦的精神。我们可以察觉到他的教育术与阿提卡城邦的亲缘性，即使他并未一再明确提及雅典的状况，也没有表示阿提卡城邦及其结构以这种对人的理解为基础。我们无从确定，究竟是普洛塔哥拉本人具有这些意识，还是柏拉图在《普洛塔哥拉篇》中通过对其论道的天才和艺术性模仿把此类意识强加给他。只能确定的是，柏拉图一生都认为智术师的教育是一种源于现实政治状况的技艺。

柏拉图笔下的普洛塔哥拉所说的一切都针对可教育性问题。但智术

---

① 《普洛塔哥拉篇》，326d。

② 见本书第117页。

③ 柏拉图，《克里同篇》，50a；参见《普洛塔哥拉篇》，326c。

师们不仅从城邦和社会的前提，或者从政治和道德常识引出这个问题，而且将其置于更加广泛的关系中。人类天性的可塑造性问题只是自然和艺术的普遍关系中的特例。对于理论的这个方面，普鲁塔克在其关于年轻人教育的作品（该作品对文艺复兴时期的人文主义至关重要，被不断再版，其思想内容被近代教育完全吸收）中给出了很有教益的解释。作者本人在导言中承认，[1]他读过并使用了前人的教育作品（就算他不说，我们也会发现）。这不仅涉及他引用了前人作品的个别地方，也涵盖了接下去的一章，
395 其中探讨了所有教育的三大基本因素：天性、学习和习惯。他在此处以前人的教育理论为基础，这再清楚不过了。

让我们非常高兴的是，除了所谓的智术师“教育术三大元素”，[2]他还保留了与这种学说关系密切的一系列思想，并清楚地解释了智术师教育理想的历史影响。普鲁塔克所引的材料用农业的例子来解释教育的那三个元素的关系，农业是用有意识的人类技艺改造自然的最基本行为。搞好农业首先要有好的土地，然后是懂行的农民，最后是好的种子。教育的土地是人的天性，农民对应教育者，种子对应口头传授的学问与规则。当三个条件彻底得到满足时，就会产生极好的结果。即使禀赋有限，如果通过知识和习惯的正确培养，天生的不足也能在一定程度上得到弥补。相反，如果疏于管束，出色的天赋也会被荒废。正是这种经验让教育艺术不可或缺。从自然中争取来的东西最终将超过自然本身。如果无人耕耘，好土地也不会有收成，土地的底子越好，它就会变得越糟。如果得到正确和不懈的耕耘，不那么好的土地最终也会带来丰收。作为农业经济的另一半，种树的情况同样如此。身体训练和驯兽也是天性可以被塑造的例证。我们必须在可塑性最强和正确的时刻开始工作，对人来说就是儿童时期，那时天性尚未巩固，习得的东西还比较容易融入心灵和在上面留下印记。

遗憾的是，我们再也无法清楚地区分上述思想中的各部分孰先孰后。
396 普鲁塔克显然融合了智术师的观点与后智术师时代的哲学。比如，年轻

① “普鲁塔克”，《论教育孩子》（*De liberis educandis*），1d。

② 见本书第311页。

的心灵容易被塑造（εὔπλαστον）的观点可能来自柏拉图，[①]而教育可以弥补天赋不足的精彩观点也出现在亚里士多德的作品中[②]（如果没有智术师更早提出类似想法的话）。相反，令人信服的农业例证与三大教育元素的学说似乎如此有机地联系在一起，以至于智术师的教育理论中必然会用到它。[③]它无疑在普鲁塔克之前就已经被使用，因此肯定来自更早的材料。通过拉丁语的译介，将人的教育比作耕耘土地（agricultura）的做法进入了西方人的思想，创造出贴切的新概念cultura animi，即人的教育是“耕耘心灵”。这个概念更清楚地揭示了上述比喻的农耕来源。后世的人文主义教育学说复兴了这种观念，使其成为此后在“文化/农耕民族”（Kulturvölker）的思想中占据中心地位的人类教育理念的一部分。

与我们把智术师描绘成最早的人文主义者相对应的是，他们也是文化/耕耘（Kultur）概念的创造者，尽管他们没有想到，上述比喻有朝一日将远远超越简单的人类教育概念，成为文明的最高象征。但文化/耕耘观念的胜利轨迹包含了内在理由，因为这个意味深长的比喻表达了希腊教育思想新的普适基础，这种思想由此被视作通过有意识的人类精神来对让天性变得更加高贵和优秀的普遍法则加以最充分的应用。在这里可以看到，作为面向智术师（特别是普洛塔哥拉）的传统，教育技艺与文化/耕耘哲学的关系具有内在的必然性。对普洛塔哥拉而言，人类教育的 397
理想是最广泛意义上的文化/耕耘的顶峰，后者包含了从人类驯服自然元素的开始到人类精神自我塑造的高峰之间的一切。在教育现象的这种更加深刻和广泛的基础中，面向所有和整个存在的希腊人精神天性再次显现。若没有这种天性，文化理念和人类教育理念都不会以如此可塑的形态出现。

无论上述教育的哲学基础多么重要，对教育方法本身来说，土地耕耘的比喻仍然价值有限。通过学习而进入心灵的知识，其与心灵的关系不

① 柏拉图，《理想国篇》，377b。

② 亚里士多德在失传的《劝勉篇》中提出了此类观点，新柏拉图主义者扬布里克斯在其《劝勉篇》中重建了这部分内容，见我的著作英译*Aristotle*, 74ff. (Robinson, Oxford 1934)。

③ 教育与农业的比较同样出现在“希波克拉底”《医规》（*Law*）3中。但由于其来源不明，在年代判定上帮不了太多忙。《医规》似乎是智术师时代的作品，或者在那之后不久。

同于种子与土地的关系。教育并非完全由自身驱动的成长过程，可以任由教育者引导，并通过其手段加以促进和推动。我们在前文提到通过体育训练来培养人的身体，这种具有悠久传统的经验为新的心灵教育提供了最为相近的例子。参照雕塑艺术的观点，人们把对活人身体的加工视作某种塑造行为。与之类似，普洛塔哥拉把教育视作对心灵的塑造，把教育方法视作塑造性力量。①我们无法更肯定地断言，智术师是否已经用形成或塑造的具体概念来表示教育过程；但在原则上，他们的教育思想与此别无二致。因此，即使是柏拉图第一个使用“塑造”（πλάττειν）这种表达也无关紧要。②当普洛塔哥拉希望通过诗歌音乐的节奏与和谐的影响把心灵变得有节奏与和谐时，他已经为塑造思想奠定了基础。③普洛塔哥拉在那段话中描绘的并非他本人的讲授，而是每个雅典人或多或少所享有的，以及富有的私人学校所提供的。可以认为，智术师们的讲授在同样的意义上以
398 此为基础，特别是在作为智术师教育主要部分的形式学科中。在智术师之前并无语法学、修辞术和辩证法，因此他们必须成为其创造者。这些新技艺显然是对精神塑造原则的有条理表达，因为它们源于语言、讲话和思想。这些教育活动是人类精神的最伟大发现之一。通过这三个活动领域，人类精神第一次意识到自身结构的隐藏法则。

不幸的是，我们对智术师上述成就的认识极不完整。他们的语法学作品已经失传，但后来的逍遥派和亚历山大里亚学派对其做了发展。通过柏拉图对开俄斯人普罗迪科斯的近义词辨析的戏谑，我们对其有了不少了解。此外，我们对普洛塔哥拉的词类划分以及希庇阿斯关于字母与音节意义的学说也有所耳闻。④智术师的修辞术同样失传，他们的教材从一开始就不是面向公众的。作为此类教材中的晚期作品，阿纳克西美尼《修辞术》中的大部分内容为前人的概念，为智术师的修辞术做了一定描绘。我们对智术师的争辩艺术了解更多。尽管普洛塔哥拉的主要作品《争辩术》

① 见本书第314页及该页注释②。

② 本书第659页。

③ 柏拉图，《普洛塔哥拉篇》，326a—b。

④ 寥寥无几的证据收录在Diels的*Vorsokratiker*中：普罗迪科斯，A13起；普洛塔哥拉，A24—28；希庇阿斯，A11—12。

（*Antilogien*）也已失传，但公元前5世纪末一位用多利斯方言写作的佚名智术师的小册子留存了下来，《双重论证》（δισσοὶ λόγοι）让我们得以一窥这种奇特方法的风貌：它“从正反两面”谈同一件事，时而攻击，时而辩护。[①]直到进入柏拉图的学园里，它才发展成逻辑学。许多卑劣的智术师使用把戏般的争辩术，为了阻止他们的破坏，最早的哲学家与之展开了斗争，从柏拉图的《欧绪德谟篇》（*Euthydem*）对上述情形的戏谑中可以看出，这种新的辩论艺术一开始被多么强烈地视作论战武器。因此，它更接近修辞术，而非科学的逻辑学理论。

由于没有任何直接的记录传世，我们必须首先通过对同时代人和后 399
世的巨大影响来理解智术师形式教育的意义。得益于这种教育，从对实质内容的朴实陈述到激发最强烈的热情，当时的人在演说结构、举证方式和其他一切思考形式上获得了前所未有的意识和卓越的技艺，演说家就像演奏钢琴那样运用各种语气。“精神操练”在这里找到了用武之地，而我们在现代演说家和作家的表达中却常常看不到。在当时的古代演说家身上，我们能真正感受到逻各斯脱下衣服投入摔跤场。结构出色的论证所具备的简洁性和灵活性，相当于运动员经过训练、处于最佳状态的矫健身体。希腊语中称法律诉讼为Agon，因为在希腊人看来，这永远是两位对手在合法形式下的斗争。更新的研究显示了在智术师时代，最早的法庭演说术如何取代以证人、拷问和宣誓为手段的古老法庭举证方式，在举证中越来越多地使用新的修辞术的逻辑论证。[②]即使像史学家修昔底德这样严肃的真理探究者也被智术师的这种形式艺术主导，这体现在他的演说技巧、句子结构乃至用词符合语法（Orthoepie）等细节上。[③]修辞术成了古代晚期最重要的教育。它如此迎合希腊民族的形式气质，以至于成为他们的灾难，因为它就像藤蔓一样最终漫过了其他一切。不过，这个事实不应影响对上述新发明的教育价值的评判。同语法学和辩证法一起，修辞术成了西方

① 《双重论证》8提到了拉刻代蒙人对雅典人及其盟友的胜利，以及这场胜利对双方的影响，比如终结了伯罗奔尼撒战争。

② 见F. Solmsen, *Antiphonstudien (Neue Philologische Untersuchungen*, hrsg. v. W. Jaeger, Bd. VIII), 7。

③ J. H. Finley, *Thucydides* (Cambridge Mass. 1942), 250ff.。

形式教育的基础。它们共同组成了古代晚期所谓的“前三艺”（Trivium），
400 与“后四艺”（Quadrivium）结合成博雅七艺体系，这种井然有序的形式，在一切古代文化和艺术的光辉暗淡之后依然存在。法国文法高中的高年级直到今天仍然沿用着中世纪修道院学校给这些“学科”起的名字，标志着智术师教育的不间断传承。[1]

智术师们自身并未将那三种形式艺术同算术、几何、音乐与天文学放在一起，形成后来的博雅七艺体系。但数字七毕竟是最无独特之处的，而希腊人所谓的“数学”（Mathemata，从毕达哥拉斯时代起也包括和声学与天文学）同高等教育的普遍内在联系，也就是前三艺与后四艺之结合的重要结果，事实上要归功于智术师。[2]只有实践的音乐教学在他们之前就已经普遍开展，就像毕达哥拉斯在描绘教育的主导内容时所提出的前提。教授音乐的工作落在基塔拉琴演奏者手中。[3]智术师在其中加入了毕达哥拉斯派关于和谐的理论学说。数学教育的引入是一个对所有时代都至关重要的举动。数学曾是所谓的毕达哥拉斯派圈子里的科学研究对象之一。直到通过智术师希庇阿斯，它无可取代的教育价值才为人所知，而另一些智术师也致力于研究和传授数学问题，比如安提丰和布吕松（Bryson）。从此，它在高等教育中再也不可或缺。

今天，智术师所建立的希腊高等教育体系主导着整个文明世界。这种教育被普遍接受，特别是因为它并不要求懂得希腊语。永远不应忘记的是，不仅是伦理-政治的普遍教育理念（那是我们的人文教育的源头[4]），
401 而且与人文教育时而竞争时而较量的所谓现实教育，同样由希腊人创造并直接源于它们。我们今天严格意义上的人文教育（离不开对古典作品的原始语言的掌握）最初觉醒于罗马这样非希腊的但在精神上受到希腊人最深刻影响的土地。完整的希腊-拉丁双语教育是文艺复兴时期人文主义的产

---

① 这些古代的“技艺”仍然活在耶稣会的科目中。“博雅艺术”一词充满生命力，在美国被用于表示“通识教育”，虽然内容已经现代化了，而且“文理学院”（liberal arts college）是一种特定类型的学校，与实用和职业教育相反。

② 见希庇阿斯，残篇 A11—12（Diels）。

③ 柏拉图，《普洛塔哥拉篇》，326a。

④ 见本书第306页起。

物。我们还将讨论它在古代晚期文化中的初级阶段。

我们不知道智术师给教授数学赋予了何种意义。对智术师教育这个方面的公开批评有一个主要理由：数学对实践生活没有用。众所周知，柏拉图在其教育计划中把数学归为哲学的预备教育。[①]没有什么比这种理解更有违智术师的想法了。但我们同样无法确定，我们能否把伊索克拉底的理由作为根据。作为智术师修辞术的门徒，他在最初的许多年里都是数学的反对者，最终承认那是对理解力的形式教育的手段，但不会扮演太重要的角色。[②]在智术师的教育中，数学代表了实质元素，而语法学、修辞术和辩证法则代表了形式元素。后世的七艺中对前三艺和后四艺的区分也印证了将学科分成这样两类的做法。人们一直清楚这两大门类的不同教育任务。将两个分支统一起来的努力建立在和谐思想之上，或者像希庇阿斯本人那样[③]建立在普遍性的基础上，这些努力并非简单的相加。说到底，将 402
数学作为纯粹的形式精神操练来进行教授看上去也不太可能，因为数学中还包括了当时数学色彩尚不十分浓厚的天文学。在智术师眼中，这种知识在当时缺乏实践用途完全不是影响其教育价值的决定性理由。他们必须根据理论价值来评价数学和天文学。虽然他们自己大部分并非多产的研究者，但希庇阿斯肯定是例外。纯粹理论对精神教育的价值在他那里第一次得到认可。通过这种科学发展出的能力完全不同于通过语法学、修辞术和辩证法唤醒的技术-实践能力。建设和分析的力量，尤其是精神的思维力量在数学理解的过程中得到了锻造。智术师从未把这种影响归纳成理论。只有到柏拉图和亚里士多德那里才对纯粹科学的教育意义形成了充分的意识。不过，让智术师们马上做出正确选择的犀利眼光值得让我们尊敬，就像后世的教育史给予了其恰如其分的肯定那样。

随着科学-理论教育的引入，一个问题马上产生，即我们应该把这种研究推进到多远。在那个时代，无论是在修昔底德、柏拉图、伊索克拉底

---

① 柏拉图，《理想国篇》，536d。

② 伊索克拉底，《论财产交换》(*Antidosis*)，265，《泛希腊集会辞》(*Panathenaicus*)，26。

③ 在《大希庇阿斯篇》285b起，柏拉图只展现了希庇阿斯知识中的百科全书类型，但在《小希庇阿斯篇》368b，他描绘了希庇阿斯对普遍性的有意识追求——后者有雄心成为一切技艺和所有知识的大师。

还是亚里士多德的作品中，只要谈及科学教育，我们就会看到这个问题被重新反思。不仅是提出问题的理论家们，就连我们也清楚地听到了反对声音的回响。这种新的教育以陌生和看上去费时费力的方式展开纯粹精神的和远离生活的研究，为此遭到了许多人的反对。早前的时代只是把这种精神态度视作来自少数特立独行的学者的特例，正因为他们引人瞩目地脱离普通公民的生活和兴趣，并表现出既可笑又可赞的原创性，这些人获得了
403 一定的认可和友好的容忍。[①]但现在的情况有所不同，这种知识提出主张，要求成为真正和“高级”的教化，取代或主导之前的教育。

反对的声音主要不是来自劳动阶层，而是来自领袖圈子，前者从一开始就被上述教化排除在外，因为他们认为教化是“没用”和昂贵的。只有上层阶级才有能力批评，因为他们一直拥有更高的教育和更确定的尺度，即使在民主统治下，他们也基本保持着“美和善”的绅士理想。像伯里克利这样的政治领袖和像雅典首富卡利阿斯这样的社会主导者都是对研究表现出热情偏好的例证，许多富人把孩子送去聆听智术师的演讲。但人们也没有忽视“智慧”（σοφία）对贵族男性典型的隐藏威胁。人们不希望让智术师教育自己的孩子。一些有才华的智术师门徒跟随老师从这城到那城，指望靠自己所学谋得职位。但聆听他们演讲的上层雅典青年没有把他们视作值得效仿的模板，而是感受到与智术师的阶级差异（后者全部出身平民），并意识到不能让他们对自己的影响超过一定限度。[②]在伯里克利的葬礼演说中，修昔底德表达了城邦对新知识的保留意见，因为无论城邦把精神放得多高，它都不会忘记在“我们爱智”（φιλοσοφοῦμεν）后加上“但不软弱”（ἄνευ μαλακίας）：不会让人软弱的精神教育。[③]

这句精辟之言对研究的兴盛表达了严肃而警惕的欣喜，对于我们了
404 解公元前5世纪下半叶雅典统治阶层的态度极富启发。它让人想起了“苏格拉底”（其实完全是柏拉图本人）与雅典贵族卡里克勒斯（Kallikles）在《高尔吉亚篇》中展开的论战，即纯粹研究对于教育参与城邦事务的上

① 见本书第164页起。
② 柏拉图，《普洛塔哥拉篇》，312a、315a。
③ 修昔底德，2.40.1。

层人士的价值。[①]卡里克勒斯坚决反对把科学作为毕生职业。在走向成年的危险年纪，它是好的和有用的，可以让他们避免做蠢事，并训练他们的理解力。如果没能早早产生这种兴趣，他们就永远不会成为真正自由的人。[②]相反，如果把全部生命投入这个狭窄的领域，他们就永远不会成为完整的人，而是一直停留在成长的不成熟阶段。[③]卡里克勒斯表示，人们追求这种知识的限度是仅限于“为了教化”，即只作为纯粹的过渡阶段。[④]卡里克勒斯是其所在社会阶层的典型。我们在这里不考虑柏拉图对他的态度。就像卡里克勒斯那样，整个雅典上层世界和公民社会也或多或少地对年轻人这种新的精神热情感到疑虑，只在保留的程度上有所不同。在讨论喜剧时，我们还将谈到这个问题。喜剧是我们最重要的证据之一。[⑤]

卡里克勒斯本人也是智术师门徒，就像他的每句话所透露的。但作为政治家，他后来又学会了把自身教育的这个阶段放进政客生涯的整体之中。他引用了欧里庇得斯，后者的作品是一切时代问题的镜子。在《安提俄珀》（*Antiope*）中，欧里庇得斯把当时的两种对立形象搬上了舞台，即实干者以及天生的理论家和梦想家。剧中，那位大胆的实干者对本质上截然不同的兄弟所说的话就像卡里克勒斯对苏格拉底说的。值得注意的是，该剧将成为古罗马诗人恩尼乌斯（Ennius）的模板，在后者笔下，年轻的英雄、伟大的阿喀琉斯之子涅俄托勒墨斯表示：只少量地研究哲学（philosophari sed paucis）。[⑥]我们一直觉得，持彻彻底底的实践和政治立场 405
的罗马精神，其对希腊哲学的态度在这句诗中得到了精练的表达。但这句让许多希腊拥趸动容的“罗马箴言”却源于希腊人之口，只不过翻译和继承了智术师-欧里庇得斯时代的阿提卡上层社会对新出现的科学与哲学的态度。其中表达的希腊人对纯粹理论精神的陌生感一点也不次于罗马人

① 柏拉图，《高尔吉亚篇》，484c起。
② 同上，485c。
③ 同上，485d。
④ 同上，485a：ὅσον παιδείας χάριν。类似的见柏拉图，《普洛塔哥拉篇》312b和后来的伊索克拉底；参见本书第914页。
⑤ 见本书第370页起。
⑥ *Ennianae Poesis Reliquiae,* ed. Vahlen, 2nd ed., p. 191：我引用的这句诗是西塞罗给出的警句形式。

的一向感受。“只为教化”①和只在必要时才从事研究是对伯里克利文化的简练表述，因为这种文化完完全全是务实和政治的。它的基础是阿提卡帝国，后者的目标是统治希腊。②虽然在帝国败亡后，柏拉图仍然宣扬作为理想的“哲学生活”，但通过把它对城邦建设的实践价值设定为目标，他为其找到了理由。伊索克拉底的教育理念与纯粹知识问题的关系也别无二致。直到伟大阿提卡人的时代过去后，伊奥尼亚的科学才在亚历山大里亚派中重生。智术师帮助弥合了阿提卡精神和与其同宗的伊奥尼亚精神的这种矛盾。他们注定将给雅典带来精神元素，后者对城邦的重大和复杂任务不可或缺，并让伊奥尼亚的知识为阿提卡的教化服务。

城邦危机与教育

智术师的教育理念标志着希腊城邦内部历史的顶峰。尽管早在几百年前，城邦就已经确定了其公民的存在形式，而它的神性秩序也成了各种
406 诗歌的赞美对象，但从未有人以如此详尽的方式描绘了城邦的直接教育并给出理由。智术师的教育并非仅仅源于实践的政治需求，他们有意识地将城邦视作一切教育的目标和理想标准。在普洛塔哥拉的理论中，城邦成了一切教育力量的最终来源，或者说是唯一的大型教育机构，它的一切法律和社会制度都浸淫了这种精神。③把城邦视作教育者的看法也是伯里克利的城邦观念（就像修昔底德在他的葬礼演说中所概括的那样）的重点，城邦的这种文化使命在雅典的集体生活中找到了模板。④因此，智术师的思想进入了现实政治领域，征服了城邦。对这种事实状况没有别的解释。伯里克利和修昔底德在其他方面也深受智术师的精神影响，在这点上，他们不是给予者而是接受者。他们对城邦的教育式理解因为修昔底德将其与另一种观念结合起来而变得更加重要，即当代城邦的本质是对权力的追求。

① 见上页注释④。

② 见拙文 *Ueber Ursprung und Kreislauf des philosophischen Lebensideals* (*Sitz. Berl. Akad.* 1928), 394—397。

③ 参见柏拉图，《普洛塔哥拉篇》，321d、322b起、324d起、326c—d。

④ 修昔底德，2.41.1。

古典时代的城邦受权力和教育这两极支配，[①]因为两者间总是存在紧张关系，即使城邦完全为了自己而教育人民。如果城邦要求个体为了它的目标而牺牲生命，那么前提是这个目标需要符合正确理解的全体和各个部分的福祉。这类福祉必须有可供衡量的客观准则。一直以来，希腊人都把正义作为准则。法度乃至城邦的幸福建立在正义的基础上。普洛塔哥拉也把城邦的教育称作正义的教育。[②]但正是在这个问题上，智术师时代出现了城邦危机，同时也是最严重的教育危机。如果把上述发展完全归因于智术师的影响，就像人们常常做的，那将是无限夸大。[③]这些发展出现在他们的学说中再合理不过，因为他们以最清晰的意识反映了当时的一切问题，也 407
因为教育能最强烈地察觉对现有权威的每一次动摇。

梭伦带着道德激情把正义理念带到了城邦，这种激情在伯里克利时代仍然活跃。其最大的骄傲是作为大地上的正义捍卫者和为一切受不正义压迫的人提供庇护所的职责。但即使进入了民主时代，围绕着宪法和法律的古老斗争也从未平息。新时代只是赋予了它们新的武器，后者的破坏力和危险性是虔诚的先辈们无法想象的。诚然，权力被某种主导的思想贯彻：自从幸运地赢得波斯战争后，民主理念日益壮大，于是一切决定和权利都掌握在多数者手中。在血腥斗争和持续的内战威胁下，民主为自己铺平了道路，虽然一些杰出政客几乎不受挑战地统治了许多年，比如来自高贵的阿尔克美翁家族的伯里克利，但这必须以进一步扩大民众权利作为交换。不过，在民主雅典的官方表面下，政治上失势的贵族圈子（他们的敌人称其为寡头）里隐藏着永不熄灭的动乱火花。[④]

只要民主在杰出人物的带领下能一次次取得外交成功，只要缰绳仍

---

① 在伯里克利葬礼演说所表达的民主理想中，这已经显而易见。那时，民主仍然是城邦两个不同方面的矛盾，但处于严格的均衡状态。而在柏拉图的《高尔吉亚篇》中，它已经变成了鲜明的对立；见本书第579页。

② 参见上页注释③中的段落。

③ 在《理想国篇》492a—b（见本书第714页），柏拉图正确地指出，智术师更多是公共舆论和道德的产物，而非它们的引领者和创造者。

④ 对于这类感情和源于雅典城邦这些圈子的批评，最有趣的档案是现存最早的用阿提卡方言写成的散文体作品，即佚名的《雅典政制》。该书被保存在色诺芬的作品中，可能是因为抄本是在他的手稿中发现的。现在我们通称其为《老寡头》。关于该书的透彻分析，见Karl Gelzer, *Die Schrift vom Staate der Athener* (*Hermes, Einzelschriften Heft* 3, Berlin 1937)。

然掌握在一人手中，那些贵族有的就会诚心效忠，有的则被迫至少假装表现出拥护人民的思想并恭维他们。在雅典，这种技巧很快发展到令人吃惊的程度，并表现出各种荒诞的形式。不过，作为对雅典力量势不可挡的扩张所带来的最后一次危险的考验，伯罗奔尼撒战争在伯里克利死后日益严重地动摇了城邦当局乃至城邦本身的权威，并最终让围绕着内部统治权的
408 斗争变得无比激烈。在这场斗争中，两派都把新的智术师修辞术和争辩技巧用作武器，我们完全无法断言，智术师们因为自己的政治观必然会站在哪一边。如果普洛塔哥拉认为现有的民主是不言自明的“那个城邦”，即他一切教育努力的目标，那么我们现在可以看到，人民的敌人也掌握着他们通过智术师的教育学会使用的武器。这些武器即使最初并非为反对城邦而打造，但现在还是对城邦构成了威胁，而且在这场斗争中扮演重要角色的不仅是修辞术，而首先是智术师关于正义和法律本质的普遍思想。通过此类思想，这场斗争从纯粹的派系之争变成了精神的决定性斗争，动摇了现有秩序的原则性基础。

法治城邦在之前的时代曾是巨大成就。正义是一位强大的女神，没人能不受惩罚地侵犯其秩序的威严基础。凡间正义植根于神性正义，这是希腊人的普遍观念。从旧式权威城邦形式到以理智为基础的新式法治城邦秩序的过渡并未改变上述观念，发生变化的只有那些被认为是得到神明批准的内容。神明带上了人类理性和正义性的特征。但和之前一样，新法律的权威仍然基于符合神性，或者就像新时代的哲学思维方式所表达的，基于符合自然。对这种思维方式而言，自然成了神性的化身。支配自然的是同样的法律和正义，它们在人类世界被尊为最高的准则。这就是宇宙理念
409 的起源。[①]但在公元前5世纪，这种自然观再次发生了改变。赫拉克利特已经提出，宇宙通过矛盾双方永不停止的斗争而不断更新。“斗争是万物之父。”渐渐地只有斗争保持不变：在各种力量的机械互动中，世界成了受到强迫和更强一方影响下的偶然产物。

乍看之下，我们难以判定究竟是先出现这种自然观，然后被用于人

① 参见本书第171页。关于后来的情况，见我的讲稿*Die griechische Staatsethik* in *Humanistische Reden und Vortraege* (Berlin 1937), 93。

类世界，还是人类相信的永恒宇宙法则只是把他们关于人类生命的“自然主义”观点加以改变和投射。在智术师时代，新旧世界观非常接近。在《腓尼基妇女》中，欧里庇得斯赞美了作为民主基本原则的平等，将其描绘成在自然的统治下被千百次观察到的法则，人类永远也无法摆脱它。[①]但与此同时，另一方对民主所理解的平等提出了最严厉的批评，并指出事实上自然中不存在这种机械的“均等”（Isonomie），而是弱肉强食。从这两个例子中可以清楚地看到，对存在及其永恒秩序的看法完全来自人类，根据他们的不同视角产生了相对立的解释。我们同时看到了所谓的民主和贵族的自然观与世界观。新的世界观显示，支持后一方的声音越来越多，人们不再推崇几何式的平等，而是把人与人在天性上的不平等作为依据，将这一事实变成他们整个正义和城邦思想的出发点。就像前人那样，他们同样把自己的观念建立在神性秩序之上，甚至以此恭维自己，认为最新的自然研究和哲学知识站在他们那边。

柏拉图《高尔吉亚篇》中的卡里克勒斯令人难忘地展现了上述原则。[②]此人是智术师的一位好学门徒；从柏拉图《理想国篇》的第一卷 410
中可以看到，他的观点来自后一方，因为智术师和修辞家忒拉绪马科斯（Thrasymachos）是强者权利的辩护者。[③]当然，任何一般化都是对历史状况的歪曲。我们很容易找到另一类型的智术师，他们的观点截然不同于柏拉图所抨击的那两人的自然主义思想，那些人是教授传统道德的代表，只想把教诲诗中的生活准则转移到散文中。但卡里克勒斯的类型要有趣得多，就像柏拉图所描绘的，他们还更加强大。雅典贵族中必然存在这种天性崇尚强权的人，柏拉图显然从年轻时开始就熟悉他们的圈子。我们马上会想到反动势力的无畏领袖和后来的“僭主”克里提亚斯，他或者某个持相同观点的人可能为卡里克勒斯的形象提供了某种原型，后者的名字显然是虚构的。[④]尽管柏拉图对卡里克勒斯提出了各种原则上的反对，但我们

① 欧里庇得斯，《腓尼基妇女》，535起；参见《乞援人》，399—408。

② 柏拉图，《高尔吉亚篇》，482c起，特别是483d。

③ 柏拉图，《理想国篇》，338c。

④ 见本书第583页起。

可以在他的描绘中察觉到内在的同情，这种情况只会出现在当人们曾在自己的心中征服那个对手，或者必须不断重新征服他时。柏拉图甚至在第七封信中表示，克里提亚斯的支持者们认为他是天生的战友（显然不仅是因为两人的亲戚关系），而且一度真的让他接受了他们的计划。[①]

普洛塔哥拉所理解的教育（即遵循“正义性”的传统理想）遭到了卡里克勒斯的猛烈抨击，就像我们在一切价值同时被彻底颠覆时所感受到的。他把雅典城邦及其公民的最高正义称作最大的非正义。[②]“我们像驯化狮子那样从小培养我们最优秀和最强健的孩子，对他们施咒，迷惑和奴
411 役他们，告诉他们每个人应该满足于平等的东西，那就是高贵和正义。然而，一旦有真正强大天性的人降生，他将撼落这一切并挣脱锁链，把我们所有无用的字母、我们的巫术和魔法、一切有违天性的法律踩在脚下。这个奴隶将站直身子，作为我们的主人出现：自然的正义火花就此迸发。”这种观点认为，法律是人为的束缚，是有组织的弱者的协定，以便束缚作为他们天生主人的强者，迫使后者按照他们的意志行事。自然的正义与人的正义截然相反。按照前者的准则，被平等城邦称为正义和法律的东西是纯粹的专断。卡里克勒斯认为，遵守与否只是权力问题。在他看来，法律意义上的正义概念已经失去了内在的道德权威。这番话从一位雅典贵族口中说出，是公开的革命号召。事实上，雅典战败后，于公元前403年上演的政变就是出于这种思想。

必须认清我们看到的上述精神过程的影响范围。直接从我们时代的视角来看，我们永远无法做出充分衡量，因为虽然像卡里克勒斯时代那样的城邦所持的立场无论如何都必将导致其权威被破坏，但按照今天的概念，政治生活完全由强权决定的观点对私人生活中的个人道德态度造成的后果，完全不必与号召无政府主义画上等号。在我们今天的意识中，政治和道德成了两个完全分离的领域，两者中的行事规则不再相同。所有意图弥合这种分裂的理论尝试都无法改变一个历史事实，即我们的伦理学来自基督教，而我们的政治学来自古代城邦，因此两者具有不同的道德根源。

① 柏拉图，《第七书简》，324d。

② 柏拉图，《高尔吉亚篇》，483e。见本书第582页起。

这种分立通过上千年的习惯形成，出于其必要性，现代哲学甚至意识到要 412
将其视作优点，但希腊人对此一无所知。我们总是首先把国家道德与个人伦理对立起来，根据道德一词的这种意义，许多人喜欢对其使用引号。但对古典时代乃至整个城邦文化时期的希腊人来说，这几乎是叠床架屋，因为在他们看来，城邦是所有道德准则的唯一来源，无法想象在城邦伦理之外，即在人们所在集体的法律之外还能有什么。希腊人无法想象区别于集体的个人道德。在这里，我们必须完全抛弃个人良知的概念。尽管这个概念也源于希腊的土地，但要等到晚得多的时代。[①]对公元前5世纪的希腊人来说，只存在两种可能：或者城邦法律是人类生活的最高准则并符合存在的神性秩序，于是人和城邦公民被画上等号，前者变成了后者；或者城邦生活的准则违背了自然或神明制定的准则，那么人们就可以不承认城邦法律，从政治集体的一员沦为无家可归之人，除非更崇高的永恒自然秩序为他的思想提供安全的新支点。

从城邦法律和宇宙法则间的裂痕中出现了直接通往希腊化时代的世界主义（Weltbürgertum）的道路。在智术师中也有人通过对律法（Nomos）的批评明确得出了这个结论。他们是最早的世界公民。在所有方面，这类人都不同于普洛塔哥拉。柏拉图以普遍主义者——埃里斯人希庇阿斯为代表，将其和普洛塔哥拉做了对比。[②]他让希庇阿斯表示："在场的先生
们，在我眼中，你们都是亲戚、同族和同乡，但并非按照法律，而是按照 413
天性。因为天性让同类相聚，而作为人类的暴君，法律迫使许多东西违背天性。"在这里，法律与天性，律法与自然的矛盾和卡里克勒斯的说法一致，但对法律批评的方向和出发点有根本区别。诚然，两人都从批评主流的平等概念开始，因为那是对正义性的典型传统理解。不过，卡里克勒斯将民主的平等理想同人类天资不平等的事实对立起来，[③]而智术师和理论家希庇阿斯则觉得民主的平等概念仍然过于狭隘，因为这种理想仅限于拥有相同权利和属于同族的本城邦公民。希庇阿斯希望把平等与亲缘关系扩

① 见F. Zucker, *Syneidesis-Conscientia* (Jena 1928)。
② 柏拉图,《普洛塔哥拉篇》, 337c。
③ 见本书第326—328页。

大到拥有人类相貌的一切人身上。雅典智术师安提丰在其启蒙性的《真理》一书中表达了类似的观点，该作品的大量残篇不久前被发现。[1]“我们在各个方面的天性都完全相同，无论蛮族还是希腊人。”他为消除一切将要成为历史的民族差异所提出的理由体现了质朴的自然主义和理性主义，与卡里克勒斯对不平等的热情形成了非常有趣的反差。“我们可以从所有人的自然需求中看到这点。他们都通过同样的方式满足这些需求，我们在这些事上没有区别，无论蛮族还是希腊人。我们都通过嘴和鼻子呼吸同样的空气，都用手吃东西。”希腊民主中完全没有这种各族平等的理想，事实上它与卡里克勒斯的批评完全相反。安提丰的理论不仅拉平了民族差异，还顺理成章地抹平了社会差异。“我们尊敬和重视来自高贵家族的人，
414 但不是来自高贵家族的人却不受我们的尊敬和重视。因此，我们彼此间就像不同民族的成员。”

在现实政治中，安提丰和希庇阿斯理论中的抽象平等化对当时的城邦暂时没有构成太大的威胁，特别是因为他们没有寻求或引起大众的反响，而是只面向一个已受启蒙者的小圈子，其成员的政治观点更接近卡里克勒斯。但这种思想的赤裸裸的自然主义对将要成为历史的秩序构成了间接威胁，它把自己的尺度应用于一切，由此破坏了现行准则的权威。这种思想方式最早的痕迹可以上溯到荷马史诗中，希腊人对此历来都不陌生。希腊人天生的整体眼光可能对人的思想和行为产生截然不同的影响，因为作为人的本性，他们的眼睛会在整体中看到极为不同的东西。有的看到其中充满了需要高贵之人发挥最大力量的英雄行为，有的看到世界上的一切“完全自然地”运行。有的宁愿英勇地死去，也不愿意失去自己的盾牌；有的则丢弃盾牌，然后给自己买面新的，因为他更爱自己的生命。当时的城邦将纪律和自我克制作为最高的要求，这点得到了城邦神明的支持。但当时对人类行为的分析完全从因果和自然角度看待事物，展现了一种永不停息的斗争：一边是人出于天性所追求和避免的，一边是法律命令他们去

① 奥克西林库斯纸草，1364（Hunt）：现已刊印于Diels, Vorsokratiker II (5th ed.), 346ff.，残篇B44，col. 2. 10起。

追求和避免的。安提丰说："大部分法律条文有违天性。"[①]在另一个地方，他又表示法律是"天性的枷锁"。这种认识后来又对正义概念和古老的法治城邦理想构成了威胁。"我们把正义理解为不违反自己作为公民所在的城邦的法律。"早在口头立法中，人们就相信自己看到了准则效力的相对 415
性。每个国家和每座城邦都有不同的法律。如果想在某地生活，人们就必须遵守那里的法律，在别的地方也是如此；但不能把它归为绝对的约束力。因此，法律应该完全从外部被理解，它并非在人的内心留下印记的观念，而是一种不允许被僭越的限制。如果没有内在约束，正义将只是行为的外在合法性，从而避免因惩罚而受损。当缺乏在他人面前伪装的动机和没有证人时，人们也就很难遵守法律。事实上，这对安提丰来说正是法律规则与自然规则的根本区别所在。即使没有证据，人也无法不受惩罚地对自然规则不敬。在这里，需要注意的不仅是"表面"，还有"真理"，智术师在说这些话时清楚地影射了自己那本书的名字。他的目标是把人为的法律规则相对化，证明自然准则才是真理。

在这点上，我们想到了当时的希腊民主日益活跃的立法活动，人们希望用法律确定一切，却总是让自己陷入矛盾，被迫不断修改或废除现有法律，以便给新法律让路。用亚里士多德在《政治学》中的话来说，对城邦而言，永久的坏法律要优于永远变化的法律，即使后者如此之好。[②]法律的批量制造和围绕着它们的党派政治斗争（带有各种偶然和人性元素）所产生的痛苦印象，无疑为相对主义铺平了道路。不过，不仅是安提丰学说中对法律的愤怒在同时代的舆论中得到了呼应——我们应该记得，在阿里斯托芬的喜剧中，那个前来兜售公民大会最新决议的人在公众的由衷掌声中遭到痛殴[③]——就连自然主义也顺应了主流的时代潮流。大部分 416
坚定的民主派只是把自己的理想理解成人们"可以随心所欲生活的"城邦。甚至伯里克利在描绘雅典宪法时也考虑到这点，因为他表示在雅典，即使对法律的最严格尊崇也不会阻止任何人寻求个人满足和使其因此遭到

① 安提丰，残篇A，col. 2. 26和col. 4. 5；参见1. 6。
② 亚里士多德，《政治学》，2. 8. 1268b26起。
③ 阿里斯托芬，《鸟》，1035。

鄙视。[①]一边是公共生活中的严格，一边是私人生活中的宽容，这种精巧平衡的两方面在伯里克利的话中都显得如此真实和有人性，但它显然没有得到每个人的认同，安提丰毫不委婉的直白也许代表了他同胞中隐含的多数，他把逐利作为一切人类活动的自然准则，其终极目的是舒适和提供快乐。[②]为了给新建立的城邦创造坚实基础，柏拉图后来也对此做了批评。并非所有的智术师都如此公开和彻底地拥护享乐主义和自然主义。普洛塔哥拉就不会这样做，因为在柏拉图对话中，当苏格拉底试图引诱他犯错时，他最坚定地否认曾经有过此类观点，直到苏格拉底用狡猾的辩证法成功证明他有罪，那个可敬的人才最终承认，自己私下里留下了一扇后门，让在前门被拒绝的享乐主义可以进入。[③]

至少当时较为优秀的人都认可这种妥协。安提丰不属于此列。因此，他的自然主义拥有逻辑严明的优点。事实上，他对“有证人和没有证人”
417 的区分切中了当时的道德基本问题。发现道德行为新的内在根据的时机在那个时代已经成熟。只有这样的根据才能为法律的效力提供新的力量。对于刚刚诞生时的昔日法治城邦，服从法律的纯粹概念曾是起到解放作用的重大成就，[④]但现在已不足以表达更深刻的道德意识。和所有法律道德一样，它面临着沦为外在行为的危险，甚至滋生了完全的社会虚伪风气。谈到真正的智者和正义者时，埃斯库罗斯表示“因为他们希望自己是好的，而不是希望看上去好”——这句话会让听众想起阿里斯泰德。[⑤]较深刻的思考者能清楚意识到这意味着什么。但通行的正义概念只表示正确的合法行为，对大众来说，畏惧惩罚仍然是遵守法律的首要动机。宗教是其内在效力的最后支柱。但自然主义甚至无所畏惧地对宗教提出了批评。未来的僭主克里提亚斯写了一部名为《西绪弗斯》（*Sisyphos*）的悲剧，在公开舞台上宣称神明是城邦统治者的巧妙发明，以便让法律受到尊崇。[⑥]为了

① 修昔底德，2.37.2。

② 残篇A，col. 4.9起。

③ 柏拉图，《普洛塔哥拉篇》，358a起。

④ 见本书第114页，注释①。

⑤ 埃斯库罗斯，《七雄攻忒拜》，592；关于这种解读，见Wilamowitz, *Aristoteles und Athen* I, 160。

⑥ 克里提亚斯，残篇25（Diels）。

避免人们因为没有证人而违法，他们把神明塑造成仿佛永远在场但看不见的证人，知晓人的一切行为，从而通过对神明的敬畏让人们服从。从这点来看，我们就理解了柏拉图为何在《理想国篇》中构思了巨革斯指环的寓言，这个指环能让佩戴者从身边人的眼中隐形。[①]指环区分了两种人：一种是出于内心正义性而行事正直的人；一种只是外表合法，其唯一动机是顾及社会形象。通过这种方式，他试图解决安提丰和克里提亚斯提出的问题。同样地，德谟克利特在他的伦理学中赋予了内心羞耻（Aidos）这个古老的希腊概念以新的意义，他抛弃了在法律面前的羞耻这种被安提丰、 418
克里提亚斯和卡里克勒斯这类智术师揭穿漏洞的想法，代之以人们在自身面前的羞耻这种了不起的想法。[②]

希庇阿斯、安提丰和卡里克勒斯的思想中完全没有这种重构的想法。我们在他们身上看不到解决终极问题的宗教或道德良知。智术师对人类、城邦和世界的观念缺乏具有形而上学基础的严肃和深刻，就像最初赋予阿提卡城邦形式的那个时代所拥有的，或者下一代人在哲学中重新找到的。不过，试图从这方面寻找他们的原创成就是不公正的。就像我们已经说过的，他们的成就在于其天才的形式教育艺术。而他们的弱点在于，作为其教育内在内容来源的精神和道德实质存疑。但那是所有同时代人的通病，艺术的一切荣光和城邦的所有力量都无法让我们忽视这种严峻状况。毫不奇怪，正是那个具有如此强烈的自由主义色彩的世代，以前所未有的迫切性提出了对教育的有意识需求，并凭着出色的能力实现了它。但即使这样，他们自己有朝一日也必将认识到，没有哪个时代比他们自己的更缺乏教育力量，因为在他们拥有的大量天赋中缺少了对这个职业最重要的，那就是内在的确定目标。

① 柏拉图，《理想国篇》，359d。
② 德谟克利特，残篇264（Diels）。

第4章

欧里庇得斯及其时代

时代危机直到在欧里庇得斯的悲剧中才显露全貌。我们在他和索福克勒斯之间插入了智术师时代，因为在留存至今的剧作中（显然都是欧里庇得斯的后期之作），这位“希腊启蒙的诗人”（人们习惯于如此称呼他）深受智术师的思想和修辞艺术影响。[①]但无论他从这方面获得了多少光辉，智术师元素仍然只是其精神的有限部分，我们同样有理由表示，只有在欧里庇得斯的诗作所揭示的背景下，智术师才能被完全理解。智术师运动长着两张脸，其中之一朝向索福克勒斯，另一张面对欧里庇得斯。在人类灵魂和谐发展的理想上，智术师们与前者观点一致，与后者艺术中的教育者基本法则相似。[②]在原则性的道德基础上，智术师的教育显得很不稳固，[③]从中可以看出这种教育源于一个有裂痕、存在内部矛盾的世界，就像欧里庇得斯的诗歌向我们展现的。两位诗人之间是承前启后的智术师运动，他们代表了同一个雅典，而非两个不同时代的代表。两人出生相差15年，即使在那个快速发展的时代也不足以造成两代人的差异。两人的作品用如此不同的方式描绘了同一个世界，这是由他们的本性区别所注定的。索福克勒斯登上了时代的陡峭巅峰。欧里庇得斯则展示了摧毁那个时代的文化 419

① Paul Masquerai, *Euripide et ses idée* (Paris 1908) ; Wilhelm Nestle, *Euripides, der Dichter der griechischen Aufklaerung* (Stuttgart 1901).

② 见本书第286页和第315页。

③ 见本书第324—333页。

420 悲剧。这确定了他在思想史上的地位，并给予了他无与伦比的时代联系，迫使我们把他的艺术完全理解成对时代的表达。①

在本书中，我不想描绘欧里庇得斯的戏剧所面向的和向我们展现的社会本身。历史材料（特别是文学的）在那个时代第一次变得非常丰富，它们可向我们提供的风俗状况能另外写一本书（有朝一日肯定会有这样的书）。从日常的琐碎小事到集体生活、艺术和思想的高峰，人类存在的整体在这里丰富多彩地呈现在我们面前。它带给我们的第一个印象是极其丰富和在历史上几乎再未达到的自然和创造性活力。如果说在波斯战争之前，希腊人的生活仍然按照部族划分，各族的主要代表在精神上还能保持相当的均势，那么从伯里克利时代开始，这种情况遭到了破坏，雅典的优势变得日益明显。②在希腊众多民族（他们后来给自己起了希腊人这个共同的名字）的历史上，他们从来没有体验过如此集中的国家、经济和精神力量。作为其纪念碑，人们在卫城上建起了矗立至今的巍峨帕特农神庙，用来向雅典娜女神致敬，后者一直被特别视作神明赋予城邦和人民的灵魂。这座城邦的命运仍然一直受到马拉松和萨拉米斯战役胜利的遥远祝福，即使那代人大部分早已过世。他们的事迹被永远铭记，激起后人最强烈的效仿热情。以他们为榜样，现在这代人取得了令人惊叹的成就，势不可挡地扩张着阿提卡的帝国和贸易力量。这些人带着顽强的耐力、永不疲倦的干劲和聪明才智利用了自己的优势，对于这个兴起的民主城邦及其海
421 上力量而言，优势来自其伟大的遗产。当然，不能永远依靠整个希腊对雅典历史使命的认可，就像希罗多德指出的，那是因为希腊世界的其他地方对此不再感兴趣（他在谈及伯里克利城邦的这种历史主张时一定极为妒忌）。在希罗多德写作的时代（不久之后就燃起了席卷整个希腊世界的伯罗奔尼撒-阿提卡之战的大火），那个不容争议的事实早已沦为臭名昭著和被严重滥用的雅典帝国主义强权政治理念，后者有意或无意地提出主

① 不应从智术师的“来源”导出欧里庇得斯的思想，即使他了解自己时代的作品。他对自己时代的历史如此至关重要，因为他展现了那些智术师的思想如何诞生于现实生活并改变了它。

② 关于伯里克利时代的雅典是希腊文化的学校，见修昔底德，2.41.1（参见本书第407—408页）。在公元前4世纪，伊索克拉底的《泛希腊集会辞》提出了该主题；参见本书第三卷，第843页起。

张，试图把希腊仍然自由的部分也置于雅典的统治下。[①]

在激昂的宗教活力上，落在伯里克利那代人及其继承者身上的任务无法与埃斯库罗斯的相提并论。人们有理由更多把自己视作忒米斯托克勒斯的继承者，在后者身上，英雄时代已经明显展现出更加现代的面貌。[②]人们带着现实主义的冷静追求新时代的目标，但同时也可以看到甘愿为雅典的伟大而牺牲自己财产和生命的行为，这是一种独一无二的热情。在这种热情中，一边是为成功所做的冷静而贪婪的算计，一边是无私的集体观念，两者彼此融合并相互促进。城邦知道要让每个公民相信，只有当整体发展和繁盛时，个体才能欣欣向荣。就这样，它把天生的自我主义变成了政治行为最有力的发条。[③]显然，只有当可见的好处超过对牺牲的意识时，城邦才能维持自身。在战争中，这种立场将变得非常危险，战争持续越久，从中获得的物质好处就越少。欧里庇得斯的时代展现了买卖、算计和权衡思想全方位的统治——从私人领域到最高公共领域。另一方面，人们继承了要保持外表体面的谨慎思想，即使纯粹的利用和享受才是行为的真正动机。智术师在那个时代区分了“根据法律”是好的和“根据天 422
性”是好的，并非没有理由[④]。完全无须通过理论和哲学思考的激励，人们就会将这种区别用于实践中，从而全力利用自己的优势。从无所顾忌的强权政治（当时处境下的城邦越来越多地被迫那样做）到最小的个体商业操作，这种为了维持正派形象而人为制造的理想-自然主义歧义性带来的裂痕贯穿了全部私人和公共道德。那个时代在各种活动中展现的外在重要形象越壮观，每一个体对自身的特别和普遍任务的看法越灵活、有意识和迫切，谎言和伪装的大量增加和那种可疑的内心存在就越让人悲哀，因为那些光辉是以前者换来的，而后者前所未闻地要求为外部成就投入全部力量。

对思想的所有根基的颠覆过程因为多年的战争而大大加快。作为雅典城邦悲剧的撰史者，修昔底德把它的覆亡完全理解为内部解体的结果。

① 参见本书第391—395页。

② 关于对忒米斯托克勒斯的著名刻画，见修昔底德，1. 138. 3。

③ 见修昔底德，2. 60. 3（伯里克利的演说）。

④ 参见本书第329页起。

在这里，我们并非对作为政治现象的历史感兴趣——对此我们会在后文根据修昔底德的讨论做出评价。我们在这里更关心这位伟大历史学家对徒劳挣扎的社会有机体日益明显和迅速的堕落所做的诊断。[①]由于采取纯粹医生式和客观理解的态度，这种疾病分析与他对那场瘟疫（暴发于战争的第一年，损害了人们的身体健康和抵御能力）的描绘形成了惊人的对应。进一步激发我们兴趣的是，在描绘因为对党派斗争的恐惧而导致国家道德
423 解体的过程前，修昔底德首先表示，此类过程并非一次性的，而是不断重演，只要人类天性保持不变。[②]我们希望他尽可能地用自己的话重现当时的场景。在和平时代，理智很容易得到服从，因为人们尚未陷入困境。但战争最大程度地缩小了人们生活的可能性，迫使人们学会让自己的性情符合当前的状况。在战争带来的巨变过程中，思想骤变，阴谋和复仇一再上演，对之前革命的回忆及其痛苦让每次新的颠覆活动的性质变得更激进。

修昔底德在这种背景下谈论了对一切现行价值的重估，甚至在语言上也出现了词义的彻底变更。自古以来被赋予了最高价值的词语因为日常用语中的使用而沦为不敬的思想与行为方式的标志，而另一些此前表示谴责的词语则青云直上，成了赞美用语。无理智的鲁莽现在成了伙伴的真正勇气，出于预见的踟蹰成了隐藏在漂亮话里的怯懦。审慎被视作软弱的借口，周全考虑被视作缺乏活力和动力。疯狂的激进被人们看成真正男子气概的标志，成熟的权衡却成了逃避。某人越是高声诽谤和谩骂，人们就觉得他越可靠，有人若是反驳他就会引起怀疑。编织狡猾的阴谋被看作政治智慧，而识破它们则是更有天赋。但如果有人试图事先制止使用这种手段，那么人们就会指责他缺乏团体精神和在对手面前露怯。血亲纽带不如党派关系有力，因为党内同僚更愿意做无所顾忌的冒险。这种联合常常得不到现行法律的支持，而是在有违一切现有正义的情况下扩张自身的权力
424 和为个人敛财。即便是维系本党的誓言，其效力也更多来自共同犯罪的意识，而非其神圣性。人与人之间再无信任的火花。当敌对党派因为精疲力竭或者眼下的不利处境而被迫结盟和宣誓时，双方都知道只能把这看作弱

① 修昔底德，3.82。
② 修昔底德，3.82.2。

者的特征，因此不能依赖它，而是必须明白：对重新强大起来的敌人来说，誓言的用处只是在对手毫无准备和防备时展开伏击，从而更能确保击倒对方。无论是民主派还是贵族派，领袖虽然总是把大话挂在嘴上，但事实上他们并不为更高的目标奋斗。权欲、贪欲和野心是唯一的行动动机，当有人引述古老的政治理想时，后者早已沦为空洞的口号。

社会的崩溃只是人们内心瓦解的外在表现。对于内心健康的民族和价值概念被个人主义侵蚀的民族而言，即使是严酷的战争也会产生不同的影响。尽管如此，美学和思想文化的水准从未达到当时雅典的水准。阿提卡人许多代以来平静[①]而不断的内心发展，对精神事物（一直以来都处于公众兴趣的中心）固有的普遍参与，这些从一开始就创造了最有利的条件。此外，随着生活的复杂化，一个特别聪颖和神经敏感的民族开始日益觉醒，他们对各种美拥有最敏锐的感受，对不受拘束地发挥理解力感到无限的快乐。当时的作家不断对普通雅典人的创作能力提出苛刻要求，这无 425
疑会让现代人一再感到难以置信的惊讶，但我们没有任何理由怀疑这幅画面，比如同时代的喜剧带给我们的。太阳还没升起，普通公民迪卡伊奥波利斯（Dikaiopolis）就坐在狄俄尼索斯剧场中，一边满足地啃着大蒜，一边忧心忡忡地自言自语，等待观看不知哪个冷淡而夸张的新派剧作家新排练的合唱，而他的内心则不可抑制地向往旧派的埃斯库罗斯。[②]戏剧之神坐在船边（即所谓的他将参加阿尔吉努斯群岛海战时坐的那条船），一边自命不凡地读着手中欧里庇得斯剧作《安德洛墨达》（*Andromeda*）的单行本，[③]一边强烈思念着那位不久前刚刚去世的诗人，从而展现了一种“更高”层次的公众：这个热情崇拜者的圈子围绕着某个因公众批评而饱受争议的诗人，带着最迫切的心情追踪他的作品，无关其在剧场中的演出。

如果想要文学戏谑的风趣幽默能够在喜剧舞台上的短暂时间内被理解和充分享受，那么必须要有为数不少的懂行者，他们知道现在表现的

① 关于波斯战争与伯罗奔尼撒战争之间50年里的小规模战争，见修昔底德对该时期的大段按语，1. 89—118。

② 阿里斯托芬，《阿卡奈人》，10。

③ 阿里斯托芬，《蛙》，52起。

是欧里庇得斯的乞丐国王忒勒弗斯（Telephos），知道现在是这幕或那幕场景。对这些事的无尽兴趣是《蛙》中埃斯库罗斯与欧里庇得斯竞赛的前提，[①]两位诗人引用了数十段悲剧的序曲和其他部分，预设来自各个阶层的数以千计的观众能够听懂。但对我们来说更加重要和神奇得多的是，即使普通观众可能不理解许多细节，我们仍能看到人群通过对风格的敏锐感受做出可靠的回应，否则这种大段比较就无法产生喜剧的趣味或力量。如果只是此类艺术的一次个别尝试，我们可能会对这种欣赏能力的存在表示
426 怀疑。但这是不可能的，因为不断被使用的戏谑是喜剧舞台上最受欢迎的手法之一。今天的舞台上哪里可以看到类似情况？诚然，民众与思想精英的文化在当时已经有了明显差别，我们常常自信能在悲剧和喜剧中非常清楚地区分，诗人的这个或那个构思更加面向大众还是精神上更崇高的人。但就像公元前5世纪下半叶的雅典（公元前4世纪同样如此）所展现的，一种不高深和完全生活化的文化的广泛传播和普遍流行一直是独一无二的现象，也许只有当那个在如此狭小和很容易一览无余的空间内形成的城邦共同体彻底浸淫于思想活动和公共生活时才会出现。

虽然农村和以市场、会场（Pnyx）与剧场为中心的雅典城生活并未彻底隔离，但当时乡下人（ἀγροῖκον）和城里人（ἀστεῖον）的概念已经对立起来，后者特别表示教养。[②]一边是新的城邦和公民教育，一边是以乡绅和地主为主的古老贵族文化，两者的全部反差在这里得以显现。[③]此外，城里还举行了大量的酒会，那完全是新公民社会中男性社交的真正场合。诗歌对这些酒会的赞美越来越多，它们没有被视作饮酒、寻欢和纯粹享乐的场合，而是被明确视作严肃精神生活的焦点，显示了社交活动从贵族时代到那个时代的巨大改变。对公民圈子来说，会饮的基础是新的教化。在

---

① 阿里斯托芬，《蛙》，830起。

② 戏剧诗人、柏拉图、色诺芬、伊索克拉底和亚里士多德常用ἀγροῖκος一词表示“没教养的”，这个意思在他们的时代显然相当普遍。见忒奥弗拉斯托斯的《性格画像》对作为人物类型的ἀγροῖκος的著名描绘。

③ 在色诺芬的《经济论》中，我们读到了公元前4世纪时乡村对城邦文明占据支配地位的文学和社会反应，该书是乡村不愿向城市屈服和维持自身价值的产物（本书第940页起）。色诺芬明确反对城市对自身文化重要性的夸大，即一切文化都始于农业，就像智术师们本人曾指出的。参见本书第315页起。

充满了时代问题[1]和普遍思想化达到高峰的那10年里，会饮哀歌透露了这点，而喜剧也从多方面提供了证明。旧式教化和新的智术师-文学教化[2]的殊死搏斗还贯穿了欧里庇得斯时代的会饮活动，清楚地表明那是一个重 427
要的文化史阶段。欧里庇得斯永远是把新教化的捍卫者们团结起来的标杆式名字。[3]

当时，各种截然不同的历史和创造力量构成了充满矛盾的多样性，雅典的精神生活从中觉醒。一边是首先仍然永远紧紧扎根于城邦的机构、崇拜和法律制度的传统力量，一边是更广大群体以前所未有的自由对个体启蒙与教育的追求（就连在伊奥尼亚也没有出现过），两者第一次发生冲突。因为归根到底，与雅典这样不平静的氛围相比，对于一个在熟悉的轨道上继续生活的公民群体来说，即使其中个别诗人和思想家自我解放的最瞩目勇气也没有多少意义，而前者已经充满了一切对传统展开批评的种子，每个个体在精神方面拥有从根本上相同的思想和言论自由，那是民主在民众大会上给予他们这些公民的。对于古老城邦（甚至是民主的）的本质而言，这完全是陌生和令人不安的。一边是新的个人主义式、不受任何宪法保护的言论和思想自由，一边是躲藏在城邦背后的保守力量，两者不止一次发生敌对冲突，比如对阿纳克萨格拉不敬神的审判，或者对智术师的一些攻击，因为他们的启蒙学说带有明显与城邦为敌的特征。但总体而言，民主城邦对一切精神运动是宽容的，对自己公民的新自由感到骄傲。我们一定还记得，柏拉图对民主政制所做的批判以那时和下一时期的阿提卡民主为模型，从他自己的立场出发，他将其视作思想上和道德上的无政府主义。[4]即使有个别政治家直言自己受到对智术师腐蚀青年的仇恨影响，但他们大多仍然没有超越个人情感的界限。[5]在自然哲学家阿纳克萨 428

① 我们想到了希俄斯的伊翁、帕罗斯的欧厄诺斯（Euenos of Paros）和僭主克里提亚斯等人所写的哀歌。

② 新时代关于新旧教化的激烈争辩反映在阿里斯托芬的喜剧中。见本书第370页起。

③ 关于当时的喜剧对欧里庇得斯的攻击，见本书第375—377页。

④ 参见本书第784页；见第777—785页的整个部分。

⑤ 柏拉图，《美诺篇》，91c。阿努托斯（Anytus）在这段话中通过私下批评表现了自己对智术师教育的反感，但后来他成为苏格拉底的公开指控者之一。关于雅典政治圈子对智术师和哲学家教化的私下批评，见本书第583页（特别是注释②）。

格拉的例子中，攻击也涉及他的庇护人和支持者伯里克利。[1]事实上，这个长期主导雅典城邦命运的人对哲学启蒙的公开偏爱成了新式精神自由在其广大的势力范围内无法破坏的庇护所。在希腊其他地方乃至世界上任何地方，精神的此类不言自明的特权无论之前还是之后都没有过，这吸引了各种思想生活汇聚雅典。现在，僭主庇西斯特拉托斯统治下的状况以更大规模和自发形式重现。外来思想最初只享有侨民权，现在已经赢得了公民权。这次，雅典吸引的不是诗人（尽管也不乏其人），因为在一切缪斯的艺术中，雅典本身都是无可争议的领先者。这次的重要新元素是各式哲学家、学者和思想家。

除了已经提到的伊奥尼亚人——克拉佐墨奈的阿纳克萨格拉（他超越了其他所有人），还有他的弟子——雅典的阿尔喀拉俄斯（Archelaos von Athen），我们还在这里找到了旧式伊奥尼亚自然哲学的最后代表，比如完全不算默默无闻的阿波罗尼亚人第欧根尼（Diogenes von Apollonia），阿里斯托芬以他为模板创作了《云》中的苏格拉底形象。就像阿纳克萨格拉第一个把世界的起源从偶然变成了带有思考的理智原则，第欧根尼把古老的万物有灵论同启蒙性质的当代目的论式自然观察结合起来。亚里士多德给作为思想家的萨摩斯人希波（Hippon von Samos）安排了非常低的位置，但此人至少得到了在喜剧作家克拉提诺斯（Kratinos）的《无所不见者》（*Panopten*）中被嘲笑的荣誉。[2]柏拉图年轻时曾长期追随赫拉克利特派的克拉图洛斯（Kratylos）。至于名字与公元前432年的城邦历法改革联系在一起的数学家和天文学家墨同（Meton）和欧克特蒙（Euktemon），前者是城邦中最著名的人物，雅典人一直将其视作抽象知识的化身，阿里
429 斯托芬的《鸟》还把他搬上了舞台。[3]在对他的夸张描绘中，阿里斯托芬似乎还加入了米利都人希波达摩斯（Hippodamos von Milet）的特征。

---

① 普鲁塔克，《伯里克利传》，32。

② 关于兼收并蓄的自然哲学家、第欧根尼、阿尔喀拉俄斯、希波和克拉图洛斯，见J. Burnet, *Early Greek Philosophy* (4th ed.), 352-361。关于希波，参见亚里士多德，《形而上学》，1. 3. 984a3。关于克拉提诺斯的《无所不见者》和该剧的倾向，参见Kock *Comicorum Attic. Fragm.* vol. I. p. 60ff.。

③ 阿里斯托芬，《鸟》，992起。

此人是城邦建筑的改革者，按照直角的几何理想，他重新建设了比雷埃夫斯港。此外，他还提出了同样理性主义和直线式的理想城邦模型，亚里士多德在《政治学》中也对其做了认真研究。[①]与墨同和欧克特蒙一样，他也是那个时代的典型人物，因为他展现了理性如何开始影响生活。苏格拉底聆听过的音乐理论家达蒙（Damon）也属于此类。每次智术师们的到来和离去都是城邦的大事，让雅典的文化人圈子陷入狂热的激动，在《普洛塔哥拉篇》中，柏拉图以出色的讽刺技巧对此做了描绘。新一代人相信智术师的启蒙时代已经完全过去，但如果想要理解他们对之前时代的赞美，我们必须忽略他们的这种优越感。柏拉图还让两位埃里斯人巴门尼德和芝诺前往雅典并在那里做了演讲。这些对话场景可能是诗性虚构，就像其他许多此类例子那样，但它们至少不是不可思议的，而且实际上包含了事实。若非某人生活在雅典或者经常出现在那里，人们就不会提到他。最值得注意的证据来自德谟克利特的反讽之词："我前往雅典，那里无人认识我。"[②]许多流派在当时的雅典变得声名鹊起，大量稍纵即逝的"伟人"争相登上前台，直到后来历史让他们回到正确的位置。但像德谟克利特（他的家乡不是阿布德拉，而是世界）那样的伟大个体却寥寥无几。只有纯粹的研究者还能抵挡思想中心的吸引力，这绝非偶然。因为从现在开始的整整100年里，即使是未来将在希腊民族的教育中扮演最重要角色的伟大思想家也都将成长于雅典。

是什么让伟大的雅典人（比如修昔底德、苏格拉底和欧里庇得斯，他们是真正的同时代人）在民族历史上获得了如此突出的地位，以至于在我们的描绘中，围绕着他们的一切活动更像是决定性战役之前纯粹的小规模前哨交火？通过他们，理性精神（其萌芽已经充满了周围的空气）控制了文化财富的巨大力量，控制了城邦政制、宗教、道德和诗歌。在修昔底德对历史的自我理解中，变得理性的城邦在其衰亡之时完成了最后一件大事，让自己的本质变得永恒。因此，这位撰史者比他的两位伟大同胞更加局限于自己的时代。他最深刻的认识对我们来说可能不如对后来的希腊 430

① 亚里士多德，《政治学》，2. 8。
② 德谟克利特，残篇116（Diels）。

人重要，因为他的作品是为了历史状况的重现而写，但这种状况没有像他想象得那么快到来。我们将通过他为理解城邦及其命运所做的努力来结束对这个时代的观察，随着雅典帝国的崩溃，那个时代在精神上也走到了尽头。[1]苏格拉底已经不再关心城邦，就像此前大部分较优秀的雅典人那样，而是对人类和生活的普遍问题感兴趣。这个问题在当时到处游荡，是那个时代不平静的良知，受到周围各种新的研究和探寻尝试的干扰。尽管看上去与自己的时代如此密不可分，但他的形象已经属于新时代的开始，那时哲学已经上升为文化的真正承载者。[2]欧里庇得斯是诗人一词在旧有意义上的最后一位伟大代表，而他也已经有一只脚踏出了曾经诞生悲剧的世界。事实上，他属于两个世界。我们把他放进那个旧的世界，他受命破坏后者，而后者则通过他的作品再一次焕发出最有魅力的光芒。诗歌再一次
431 扮演了昔日的向导角色，尽管只是为挤掉自己位置的新思想开路。这是历史偏爱的巨大悖论之一。

除了索福克勒斯，还存在着第二种悲剧的空间，因为在此期间一代人已经成熟，他们有能力以不同的理解重新提出埃斯库罗斯戏剧中的老问题。在索福克勒斯的作品中暂时被其他方向的塑造力量夺取风头后，这些问题在欧里庇得斯的作品中重新强烈地提出自己的主张。人类与神明的悲剧过程重新开始的时机似乎已经到来。这得益于新的思想自由的觉醒，当索福克勒斯跨过人生的巅峰时，上述自由开始变得普遍。当人们用清醒的研究式眼光看待存在之谜时（在他们的父辈面前，这个谜团似乎笼罩了虔诚成见的面纱），必将出现把新的批评尺度用于老问题的诗人，仿佛现在要开始对此前的一切文字进行大规模的重写。前两位伟大悲剧作家为神话注入了他们的生命气息，这些神话自始以来就是一切崇高诗歌的源头，作为诗人所继承的形态世界，它们是完全给定的。即使欧里庇得斯大胆的求新尝试也不可能脱离这个预先设定的舞台。期待他这样做是对古希腊诗歌最深刻本质的误解，因为它们和神话绑定在一起，必须与后者同生共死。不过，生活在这个祖传诗歌世界中的欧里庇得斯不仅是在思考和塑造。

---

① 见本书关于修昔底德的一章，第381页起。

② 见本书关于苏格拉底的一章，第三卷，第461—521页。

现在，在那个世界和他之间加入了生活的现实性，就像他的时代所感受到的。就这一历史与理性时代和神话的关系来说，下面的事实是标志性的：这个时代孕育了修昔底德，对后者而言，追求真理等同于驱逐神话。正是同样的思想成了自然启蒙与医学的灵魂。在欧里庇得斯的作品中，塑造亲身经历之现实性的意志第一次把自己视作基本的艺术追求，诗 432
人发现这点与作为给定形式的神话产生矛盾，于是将其新的现实思想注入了神话这种容器。埃斯库罗斯不是根据自身环境的形象和理想对传说做了改造，索福克勒斯不是也出于同样的要求将英雄人性化吗？而对于晚期史诗中看上去早已死亡的神话来说，最近100年间的戏剧中对这些神话值得惊叹的创新难道不是独一无二的勇敢融合（一边是自身的热血与生命，一边是那个早已失去生命的世界的亡灵）的结果吗？

尽管如此，当欧里庇得斯带着自己风格极其严谨的神话剧参加悲剧评奖时，他无法让观众相信，神话形象不断现代化的趋势在他的冒险中只是渐进式发展。他一定意识到自己的行为如同革命般大胆，让同时代的观众陷入内心的震动或者带着强烈的厌恶离开。显然，希腊人的意识宁愿看到神话肤浅化为美学和传统上的理想与表象世界，就像在公元前6世纪技巧出色的合唱抒情诗和晚期史诗中多次出现的，而非去适应普遍现实性的范畴，因为在希腊人看来，这与神话相比就如同我们的渎神概念。艺术家们尝试避免让神话变得陌生和空虚，根据不带幻想的眼中看到的现实性修改神话的标准，没有什么比这更鲜明地展现了新时代对现实的自然主义追求。在进行这种前所未有的介入时，欧里庇得斯没有采用冷静的态度，而是带着强烈的艺术家的个性热情地参与其中，并且顽强地忍受了几十年的失败和失望，因为大部分民众并不支持这位努力奋斗的诗人。但他最终成了胜利者，不仅征服了雅典的舞台，也征服了整个希腊语世界。

我们在这里不会描绘他的具体作品，也不为了其艺术形象本身展开 433
分析。我们关注的是新艺术塑造风格的力量。为此，我们必须忽略传统的约束。虽然认真掌握这些元素对更细致地理解诗歌塑造过程的细节是不可或缺的先决条件，但在这里必须预设条件已被满足，那样我们才能尝试通过个别检验的契合展现出主流的形式趋势。就像在鲜活的希腊诗歌中随处看到的，欧里庇得斯作品的形式有机地从特定内容中诞生，两者密不可分，后者甚至常常决定了前者用词和句法的语言形态。新的内容不仅改变了神话，还和神话一起改变了诗歌语言和悲剧的传统形式。不过，欧里庇得斯并未专断地消除后者，而是倾向于把它们变成严格机械式的固定形式。欧里庇得斯戏剧新的风格塑造力量来自公民现实主义、修辞和哲学。这种风格变化在思想史上产生了最大的影响，因为它宣示了后来希腊文明中三种决定性文化力量在未来的统治。在诗人作品的每个场景中都能看到，他的创作以自己所面向的特定文化氛围和社会为前提。反过来，这些作品还第一次帮助正在诞生的人类形式取得真正突破，将其本质的理想形象放在他们面前。比起过去的所有时代，他们也许更需要这样自我辩解。

对欧里庇得斯的时代来说，生活的公民化差不多类似于我们的无产阶级化，两者有时有所重合，比如他带上舞台的不是昔日的英雄，而是衣衫褴褛的乞丐。正是这种对崇高诗歌的贬低遭到了对手的驳斥。[1]在《美狄亚》中我们已经可以处处觉察到这些特点，尽管该剧在时间和内容上最接
434 近于前人的艺术。随着个人政治和精神自由的与日俱增，基于它们的人类社会和关系问题也变得更加突出，只要觉得自己受到人为枷锁的束缚，“自我”就会主张自己的人权。他们试图通过思考和理性手段来减轻痛苦和找到出路。婚姻成了论题。许多个世纪以来被视作传统禁区的两性关系进入了公众视野：就像自然界的一切，这也是斗争。婚姻中不也是弱肉强食，就像大地上随处可见的那样吗？因此，诗人在抛弃了美狄亚的伊阿宋传说中看到了自己时代的痛苦，他把当时的问题放到传说的问题之下，尽管后者对前者一无所知，但还是通过伟大的艺术表现力展现了前者。

那时的雅典妇女不是美狄亚，她们对于这个角色来说过于沉闷和压抑，或者太有教养。因此，那位令人瞠目的蛮族女子（为了打击不忠的丈夫，她杀了自己的孩子）受到诗人的欢迎，让他可以在不受希腊习俗约束的情况下描绘女人天性的基本面貌。而被希腊人普遍视作无瑕英雄的伊阿宋（尽管他肯定不是天生的好丈夫）则成了胆怯的机会主义者。他的行事

① 同时代的阿提卡喜剧对他的攻击强调了这个特点。比如，参见阿里斯托芬《阿卡奈人》411—479对欧里庇得斯的戏谑。

并非出于热情，而是出于冷静的算计。但他必须如此，以便让传说中杀害骨肉的那个女子被视作悲剧人物。诗人把全部同情给了她，部分原因是他觉得这位女子的命运值得哀怜，所以不应从源于男性英雄光辉（对他们的评价标准完全是事迹和荣耀）的神话角度来看待此事；但最重要的是，诗人希望有意识地把美狄亚塑造成公民婚姻悲剧的女主角，这种悲剧在当时的雅典已经时有上演，虽然形式上并没有如此极端。欧里庇得斯是此类悲剧的发现者。一边是男性无限的自我主义，一边是女性无限的激情，《美狄亚》在两者的冲突中成了真正的时代剧作。因此，双方真正按照公民的方式争吵、咒骂和论理。伊阿宋洋溢着机智与高贵，美狄亚则分析了女性的社会地位，谈到了强迫女性委身于陌生男子的羞辱（她们必须与之成 435
婚，还要为此付出丰厚的嫁妆），并宣称生孩子远比战场上的英雄之举危险和勇敢。[①]

这种手法只能让我们产生矛盾的情感，但它无疑是开创性的，显示了新作品的丰富内涵。在他开始步入老年后的作品中，欧里庇得斯不再满足于将公民问题纳入神话素材，而是让悲剧在许多方面变得接近喜剧。在《俄瑞斯忒斯》中（我们不能将其想象成埃斯库罗斯或索福克勒斯式的作品），当墨涅拉俄斯和海伦这对久别重逢的夫妻归来之时，因为杀了母亲而陷入神经崩溃和受到民众私刑审判威胁的俄瑞斯忒斯正处于最大的危难中。俄瑞斯忒斯向叔叔求助。墨涅拉俄斯解囊相助，但由于害怕失去自己刚刚辛苦得回的幸福，他胆怯得不敢为侄子和侄女厄勒克特拉做更多（尽管深表同情），特别是当他的岳父，也就是俄瑞斯忒斯的外公和被杀的克吕泰涅斯特拉之父廷达瑞俄斯（Tyndareos）怒气冲冲地前来寻仇和终结这场家庭悲剧时。受到煽动的狂热民众未经相应的调查就判处了俄瑞斯忒斯和厄勒克特拉死刑。这时，忠诚的普拉德斯（Pylades）登场，发誓和俄瑞斯忒斯一起杀死著名的海伦，以作为对墨涅拉俄斯行为的报复。这当然没有成功，因为众神同情这位女子，及时把她救走了。于是，他们准备把海伦的女儿赫尔米俄涅（Hermione）当作替代品，并火烧宫殿。不过，

① 参见美狄亚对女性悲惨命运的反思，欧里庇得斯，《美狄亚》，230起。

“机械降神”的阿波罗阻止了这场暴行，作品以圆满解决收场，忧心忡忡的墨涅拉俄斯将另娶，而俄瑞斯忒斯与赫尔米俄涅、普拉德斯与厄勒克特拉也分别喜结连理。那个时代的精巧口味特别喜欢将不同文学体裁混合起
436 来，并巧妙地在其间切换。从公民悲剧过渡到《俄瑞斯忒斯》这样的荒诞悲喜剧让人想起了同时代的诗人和政客克里提亚斯的话，后者表示女孩要带点男孩子气，男孩要带点女孩子气才迷人。[①]不过，在我们看来，欧里庇得斯作品中非英雄主人公的夸夸其谈无意中已经触及喜剧的边界，成为同时代喜剧作家有用的笑料来源。比起最初的神话内容，这些作品的公民特色对于人们的风格感知而言有点陌生，因为它们表现出经过冷静考量的合理理解、务实的启蒙要求、怀疑和道德化，以及不空洞的情感。

修辞术介入诗歌是一个影响同样巨大的内在过程。这条道路将让诗歌艺术彻底归入演说艺术。根据古代晚期的修辞理论，诗歌只被视作修辞术的一个子类和特殊应用。希腊诗歌自身早就孕育了修辞元素，但直到欧里庇得斯的时代，修辞学说才被用于具有高度艺术性的散文。[②]这些散文最初借用了诗歌的手法，现在散文艺术又反过来影响诗歌。悲剧的诗歌语言接近真实的生活用语，这与对神话的公民化改造如出一辙。此外，悲剧的对话和台词还从发达的法庭演说艺术中获得了精练的逻辑论证这种新能力，该能力并非纯粹的遣词造句，作为修辞术门徒的欧里庇得斯透露了它的样子。我们处处感受到悲剧与雅典人喜闻乐见的法庭演说间新出现的竞争，在剧场中，现在唇枪舌战也越来越多地成为戏剧最吸引人的魅力。

虽然我们对修辞术的早期阶段知之甚少，但留存的少量证据已经清
437 楚地展现了欧里庇得斯雄辩的诗歌同前者的关系。神话人物的讲话是修辞术练习的固定内容，就像高尔吉亚为帕拉墨德斯的辩护和对海伦的赞颂所表明的。在其他著名的智术师那里，类似的激昂陈词范例也被用作模板。一段埃阿斯与奥德修斯在仲裁者面前的舌战被归于安提斯忒涅斯（Antisthenes）名下，而奥德修斯对帕拉墨德斯的控诉则被归给了阿尔喀

① 克里提亚斯，残篇48（Diels，*Vorsokratiker*，第二卷）。

② 见Eduard Norden, *Antike Kunstprosa* vol. I. p. 52ff.。关于早期希腊诗歌中的修辞元素，见本书第一卷，第94页。亦参见我对选自堤耳泰俄斯和梭伦哀歌的修辞段落的分析，*Sitz. Berl. Akad.* 1926, p. 83ff and ib. 1931, p. 549ff.。

达玛斯。主题越大胆，就更适合作为对是否掌握了这种艰难艺术的检验，智术师称其为“让不利的一方占优”。[①]在欧里庇得斯的《特洛伊妇女》（*Troerinnen*）中，海伦面对赫卡柏的指责为自己做了辩护；[②]而在《希波吕托斯》中，奶妈发表了长篇大论，向女主人淮德拉证明已婚女子爱上别的男人并无不妥，如果她真的动心了。[③]我们可以从上述段落中重新找到修辞术这种机敏而灵巧的游戏所使用的全部诀窍和借口。它们是有意展示的出色辩护技巧，其缺乏良知的巧舌如簧让同时代的人既钦佩又反感，但不仅是形式上的高超技艺。

智术师的修辞术以用一切说服手段表达被控诉者的主观立场为己任。一边是同时代的法庭演说，一边是欧里庇得斯悲剧英雄的演说，两者的共同根源是古希腊人罪与责概念不可阻止的变化。受到日益深入的个人主义化的影响，这种变化在该时期得以完成。早前罪的思想是客观的，人可以在不知情或无意愿的情况下遭到诅咒或玷污。诅咒的恶灵带着神明的力量降临到他身上，但这不会免去其行为的不幸后果。埃斯库罗斯和索福克勒斯仍然深受这种旧式宗教理念影响，但他们试图将其弱化，让受到这种诅咒的人更积极地参与影响自己的命运，当然这不会触及“灾祸”的客观概念。他们的人物在自身所卷入的诅咒的意义上“有罪”，因此在我们的主 438
观思想看来“无罪”——但在诗人眼中，此类人物的悲剧并非基于其无辜遭受的痛苦。这样的悲剧最早出自欧里庇得斯，源于一个完全从人的主观视角出发的时代的理解。当老年索福克勒斯让科洛诺斯的俄底浦斯在流亡地居民的驱逐令面前为自己辩护，用充分的理由证明自己弑父娶母的可怕行径并非有意时，[④]诗人可能从欧里庇得斯那里学到了些什么，但他对俄底浦斯悲剧本质的理解几乎未受影响。相反，对欧里庇得斯来说，这个问题处处具有决定性的分量。在他的作品中，英雄激烈抗争的主观无辜意识表现为对命运巨大不公的各种愤恨控诉。我们知道，在伯里克利的时代，刑法和法庭辩护中关于法律责任的问题被主观化，导致有罪和无辜的界限

① τὸν ἥττω λόγον κρείττω ποιεῖν；参见阿里斯托芬，《云》，893。
② 欧里庇得斯，《特洛伊妇女》，914。
③ 欧里庇得斯，《希波吕托斯》，433。
④ 索福克勒斯，《俄底浦斯在科洛诺斯》，266起，537—538，545—548。

一度有被混淆的危险，比如许多人不认为受情绪左右的行为是自愿的。这对悲剧诗歌产生了深刻影响，欧里庇得斯的海伦分析说，自己的出轨是性想象驱使下的行为。[①]这也属于艺术的修辞化的范畴，但完全不只是形式上的。

最后是哲学。思想、神话和宗教还是未被分割的整体，在这种意义上，所有的希腊诗人都是真正的哲学家。当欧里庇得斯的英雄和歌队用警句发言时，他并未给诗歌带去新东西。但事实上，这对他来说具有完全不同的意义。现在，早期希腊语诗歌中似乎处于地下的哲学作为独立的νοῦς
439 （理智）登场，理性思想夺取了存在的所有领域。脱离诗歌后，理性思想现在转而与诗歌为敌并想要控制它。我们不断从欧里庇得斯人物的话语中听到对理智的这种特别强调，它完全不会与埃斯库罗斯沉重思想的宗教基调混淆，即使当后者与最强烈的怀疑斗争时。这是欧里庇得斯的作品给人留下的第一个感性印象。他笔下的人物呼吸的精神空气既高贵又稀薄。比起埃斯库罗斯根深蒂固的生命力，他们敏感的思想活动显得不那么有力，而是作为一种悲剧艺术的心灵媒介，这种艺术需要持续的辩证来支持和激发自身在主观上感受痛苦的新能力。但即使不考虑这点，理智的辩论对欧里庇得斯的人物而言也是无条件的生活需要。比起确立了本质改变发生的内在结构，诗人在多大程度上对人物的表述负责只是次要的。所有时代都喜欢用后面这点来指责诗人，但柏拉图在《法律篇》中为他们做了辩护，表示诗人就像泉眼，让流入的水原样流出。他们模仿现实，让人物表达最矛盾的看法，而他们自己并不知道哪种看法符合事实。[②]不过，即使永远无法由此确定诗人的“世界观”，但欧里庇得斯作品中的理性思考者在精神面貌上具有家族式的一致性，有力地证明了这种心灵力量在诗人本性中的主导地位。

剧中更具文化色彩的建议来自诗人从当时和过去思想家那里零星获得的关于自然与人类生活的具体观念，我们相信可以从此类形形色色的建

① 欧里庇得斯，《特洛伊妇女》，948。高尔吉亚用同样的方式为海伦辩护，《海伦颂》（*Hel.*）15。根据该文，在激情（Eros）左右下的行动不受自由意志的控制。

② 柏拉图，《法律篇》，719c。

议中感受到这种色彩。相比之下，我们对他借鉴了阿纳克萨格拉、阿波罗尼亚的第欧根尼还是其他人就不那么感兴趣。欧里庇得斯有类似固定世界 440
观的思想吗？如果有的话，那会长期束缚他普罗透斯般的精神吗？这位诗人无所不能，对凡人头脑中的一切想法都不陌生，他可以随心所欲地变得如此虔诚或轻浮，也不受某种启蒙信条束缚，虽然他让痛苦中的赫卡柏[①]对上苍祈祷说：

> 你，大地的支柱，在地上拥有宝座，
> 你究竟是谁，这难以知晓，
> 宙斯，无论你是自然的神律还是凡人的心灵，
> 我向你祈祷：因为沿着无声的道路，
> 你引导一切凡人走向正义。

这位呼喊者不再相信过去的神明。哲学家对存在之根源的冥想用某种东西取代了神明，当处于痛苦深处的赫卡柏无法再承受在混乱世事中寻找意义的人性要求时，她痛苦的内心接受了那些东西，仿佛在世界空间的某处有耳朵能听见她的祈求。但我们可以据此推断，欧里庇得斯心怀某种让他相信世事之正义性的宇宙宗教吗？他笔下人物的无数表达同样或更加明确地证明了相反的情况，他认为宇宙和道德法则之间的和谐被破坏了而且不可恢复，没有什么比这更清楚。但这并不意味着他有意就此传扬这种思想，无论他的人物在有机会时对此多么不加克制。与这种尖锐的不和谐相反，在经过对神明的激烈控诉后，作品仍然总是会走向可以接受的结局。欧里庇得斯既没有在这里成为传统信仰的捍卫者，也没有在其他地方作为先知宣扬神明与人类关系遥远。尽管剧中人物对神明的无情批评是不间断地伴随着所有悲剧情节的动机，但它们始终是附带性的。在这类动机 441
上，欧里庇得斯沿袭了从色诺芬到柏拉图的对荷马与赫西俄德神明神话的批评。[②]矛盾的是，两位哲学家的批评将神话贬为不真实和不道德的，而

① 欧里庇得斯，《特洛伊妇女》，884。
② 关于色诺芬尼对荷马神明的批评，见本书第181页起。关于柏拉图，见本书第三卷，第663页起。

在欧里庇得斯那里，此类批评与戏剧对神话的表现混合起来，一直起到打破幻觉的作用。他否定神明的现实性和价值，但同时又把它们作为剧中有影响的力量。这让他的悲剧具有了独特的歧义性，在最深刻的严肃和游戏式的轻浮间摇摆。

他的批评不仅针对神明，也涉及全部神话，只要后者在希腊人的思想中表示一个理想的典范世界。虽然《赫拉克勒斯的儿女》的意旨也许不是破坏自给自足而古老的多利斯男性理想，[1]但在《特洛伊妇女》中，伊里昂城的希腊征服者的光辉在夜间发生了彻底的改变，作为其民族骄傲的英雄主义沦为纯粹的粗野暴力和破坏欲。[2]不过，在《腓尼基妇女》中的厄忒俄克勒斯身上，同一个欧里庇得斯动人地在英雄人物的内心悲剧中表现了他可怕的权力欲，[3]而在《乞援人》和《安德洛玛刻》中，作为节日剧作家的诗人完全不是有倾向性的和平主义者。[4]人们称欧里庇得斯的悲剧为那个时代所有运动的讲坛，这不无道理。全部生活和传统在讨论和哲学思考中解体，所有年龄段的人以及从国王到奴仆的一切阶层都参与其中，没有什么更能证明这代人对一切事物的质疑。

欧里庇得斯的批判性反思并不是教诲性质的，而完全是表达了剧中人物对于现行世界秩序的主观立场。在悲剧风格的自然主义化、修辞化和理性化新形式中出现了朝向主观的巨大转变，影响了诗歌与思想的方向。欧里庇得斯标志着一个发展过程的有力重启，该过程在伊奥尼亚–埃奥利
442 亚抒情诗中首次达到高峰，[5]但后来因为悲剧的诞生和精神生活转向政治而停滞不前。现在，它汇入了悲剧。欧里庇得斯深化了从一开始就对戏剧至关重要的抒情诗元素，但在一定程度上将其从歌队转移到人物身上。抒

① 这是Wilamowitz对该剧所做的著名评述中给出的深刻但略带揣测的解释。

② Franz Werfel对欧里庇得斯《特洛伊妇女》的自由翻译（或者说改编）展现了这点，他过度强调剧中的激进批判元素，从而突出其戏剧效果。

③ 参见欧里庇得斯《腓尼基妇女》521—525，这些句子表现了真正僭主的可怕激情。

④《乞援人》写于伯罗奔尼撒战争期间，带有明显的爱国倾向。根据注疏者的说法，保存在雅典执政官档案中的排练文档（用于安排戏剧表演）没有提到《安德洛玛刻》。因此，该剧肯定是为不同于雅典酒神节的另一场合而写。剧作结尾对亲雅典的伊庇鲁斯（Epirus）国王的王朝大加赞美，而全剧剧情也同那个王朝及其神话起源存在联系，由此可以看到欧里庇得斯的意图：该剧是他于伯罗奔尼撒战争期间在那位推崇雅典的国王的宫廷里为国家节日而写。

⑤ 见关于伊奥尼亚和埃奥利亚诗歌与个人的兴起一章，本书第123页起。

情诗成了个人激情的载体。咏叹成为戏剧的主要组成部分[①]及其日益抒情诗化的标志。喜剧对欧里庇得斯艺术中新式音乐的不断攻击表明，音乐的失传让我们失去了某种本质性的东西。其中所表达的基本情感在诗人本性中的分量并不次于反思性观察。两者都是不平静的主观内心的外在流露，在不断的相互转变中实现了对其最充分的反映。

欧里庇得斯是最伟大的抒情诗人之一。只有在歌曲中，他才能把理智无法解决的不和谐变成和谐。尽管后来他的咏叹显然变得矫揉造作，而且在一定程度上明显表现得空洞。[②]不过，在对现实的抒情基调的把握上，欧里庇得斯始终无人能及，无论是把希波吕托斯矜持的年轻灵魂和贞洁女神阿耳忒弥斯联系起来的热情而脆弱的内心纽带（在《希波吕托斯》中他为女神塑像戴上花冠的场景），还是当第一缕阳光投射到帕尔纳索斯山上时，作为德尔斐阿波罗神庙守护者的伊翁心怀虔诚地开始自己年复一年相似的日常敬神工作时所唱的晨歌。就像淮德拉那样，当充满忧郁的病态灵魂投身于山林自然的巨大孤独中时，其所经历的快乐和痛苦似乎已经超越了古典时代人们的经验边界。在晚年的作品《酒神女》中，诗人尚未衰弱的抒情力量在酒神疯狂喧嚣的强烈爆发中达到顶峰，在我们的全部古代作品中，这是对那种陌生而放纵的迷狂唯一真正和内在的展现。直到今天，酒神对被其暴怒俘获的灵魂所施加的力量仍能让人战栗。

这种新的抒情艺术源于深刻性前所未有的移情式理解，探究了所有 443
最微妙和最隐秘的触动，哪怕是来自非正常领域的陌生灵魂存在，它还源于对个体无法表达之魅力的细微共鸣，无论是关于人、物还是地点。比如在《美狄亚》的合唱歌曲中，短短几行诗句就勾勒出雅典城所散发的独一无二的感官-精神氛围：[③]深深植根于神话回忆中的历史功绩，围绕着当地生活的平静安稳，人们所沐浴的纯净光芒，还有滋养人们的精神苍穹（金

① 参见Wolfgang Schadewaldt, ‘Der Monolog im Drama’ in *Neue Philologische Untersuchungen*, hrsg. v. W. Jaeger, Bd. II, p. 143ff.。

② 阿里斯托芬在对欧里庇得斯式咏叹的戏仿中批评了这点，比如见《蛙》1309起。

③ 《美狄亚》，824。对阿提卡的纯洁氛围及其对雅典人和谐思想之影响的描绘带有明显的希波克拉底式意味。它让人想起《论风、水和地点》（*On Airs, Waters and Places*），那是希腊哲学和民族之中所有类似思考的源头。

发的和谐女神当初在那里养育了神圣的缪斯们）。阿芙洛狄忒汲取克菲索斯河（Kephisos）的水，为大地送来柔和的风，送来戴上玫瑰花冠的爱神作为智慧的同伴，他们是一切最高人类卓越品质的协作者。这些诗句在这里不可或缺，因为在那个孕育未来的时刻，它们洋溢着阿提卡文化世界的崇高情感和精神生命基调。几周后，伯罗奔尼撒战争的爆发让受到赞颂的美好和平表象突然中止，把雅典的文化重新拖入城邦和民族的普遍命运中。

欧里庇得斯是第一位心理学家。他是灵魂一词在新的意义上的发现者，是永不停歇的人类情感与热情世界的研究者。他不厌其烦地展示着它们的表现形式，以及它们同心灵的精神力量的冲突。他是心灵病理学的创立者。这种诗歌的出现需要人们学会揭开此类事物的面纱，需要让思考之光照进心灵的迷宫，这种思考把上述所有可怕的痛苦和迷狂视作“人类天性”[1]的必要和合理过程。一边是发现主观世界，一边是对自然-理性现实的认知（在当时征服了一个又一个领域），欧里庇得斯的心理学源于两者
444 的同时发生。离开了研究，这种诗歌将无法想象。疯狂的所有表现第一次以毫无顾忌的自然主义方式被搬上舞台。欧里庇得斯相信，天才可以任意而为，他把源于本能生活的人类灵魂病症描绘成塑造命运的力量，这无疑让悲剧获得了全新的可能性。[2]在《美狄亚》和《希波吕托斯》中，情欲病态（还有情欲缺乏）的悲剧影响被揭开了面纱。相反，《赫卡柏》描绘了过于巨大的痛苦对性格的扭曲作用，我们看到那位失去一切的贵妇堕落成可怕的野兽。

在这个消失于主观反思和感受中的诗歌世界里没有绝对固定的点。我们已经提到，欧里庇得斯对现行世界秩序的批判并非基于某种明确的世界观。对所有人物的行为和思想的消极看法源于深刻的怀疑。这里不再有关于世事的宗教理由。欧里庇得斯的个体人物无法平息的幸福追求和过于敏感的正义感在这个世界上处处得不到满足。人们再没有意愿和能力

---

① 关于当时的希腊医学和思想中的“人类天性”概念，见本书第421—423页、第435页和其他各处。

② 欧里庇得斯的时代存在“人类灵魂的医生”，比如智术师安提丰，他还教授和写作对梦的解释。

使自己服从于某种不把他们自己作为终极尺度的普洛塔哥拉式的存在思考。[①]这场发展以悖论告终：当人们对自由提出最高主张时，他们会看到自己最彻底的不自由。“没有凡人是自由的，他们是金钱或自身命运的奴隶，或者统治城邦的民众或法律约束会限制他们按照自己的想法生活。”老迈赫卡柏[②]的这番话是对自己城邦的胜利征服者、希腊人的国王阿伽门农说的，后者有意给予她苦苦哀求的恩惠，却因为害怕自己军队被煽动起 445
的仇恨而不敢这样做。赫卡柏是痛苦的化身。面对阿伽门农的呼号“啊，啊，有什么女人如此不幸”，[③]她回应说：“没有，除非你指的是机运女神（Tyche）本身。”

机运的不幸力量取代了有福的神明。对欧里庇得斯而言，神明的现实减弱了多少，机运的可怕现实就加强多少。因此，机运完全自然地带有了新神明的特征，她从此主导了希腊人的思想，并越来越多地排斥旧有宗教。她的本性是歧义、多变和反复无常的。运气每天都在变化。机运今天让某人感到被嫌弃，明天又让他振奋。她变化无常而又不可捉摸。[④]在欧里庇得斯的一些剧作中，机运还作为影响一切的力量出现，利用人类展开自己的游戏。这对人类的不自由和弱小形象做了必要补充。他们唯一的自由是带着反讽的冷静来思考自己的活动，就像在《伊翁》《伊菲革尼亚在陶里斯》和《海伦》中那样。上述作品在时间上相互接近，这并非完全偶然。显然，诗人在那一年特别偏爱探究该问题，并据此选择了素材。他把情节建立在复杂的阴谋之上，让我们在喘不过气来的内心紧张中目睹了人类的狡猾与机智同像飞箭般迅捷的机运的赛跑。《伊翁》是此类剧作的最纯粹例证。我们的关注目光一次次被明确引向机运的力量。在结尾处，她被称为永恒变化的神明，得益于她的恩典，主角避免了犯下非自愿的重罪，发现了连自己也不知道的神奇命运，并幸运地同失散的母亲重逢。诗人似乎对神奇之事产生了独特的兴趣。人类的一切幸运与不幸之矛盾醒目 446
地得以显现。于是，悲剧场景间越来越多地插入了喜剧场景。喜剧作家米

① 见本书第307页。

② 《赫卡柏》，864。

③ 《赫卡柏》，785。

④ 见*Hermes* XLVIII（1913），442。

南德（Menander）是这种发展的延续者。

无尽的创造力、不断的探索与实验、不断超越自己直到最后的能力，这些是欧里庇得斯作品的特点。最终，他回归悲剧的旧式风格。他把《腓尼基妇女》创作成一部命运剧，在形式和题材上重拾强烈的埃斯库罗斯风格。绘制了一幅充满伟大事件和形象的巨型阴暗画卷，甚至做得有点过头。人们希望从其晚年所写的遗作《酒神女》中找到诗人的自我发现，即有意识地从自主理解的启蒙遁入宗教体验和神秘陶醉。但事实上不可能听出这么多个人自白。在欧里庇得斯看来，对酒神式迷狂体验的抒情-戏剧描绘本身已经是具有无限价值的题材。一边是在受其控制的人身上激发出原始力量和本能的宗教大众暗示，一边是源于理智的城邦秩序和公民社会，根据两者的敌对冲突理念，作为心理学家的欧里庇得斯提出了一个具有永恒影响和效果的悲剧问题。不过，他直到晚年仍未找到安稳的“避风港”。他在活跃地探究宗教问题的过程中结束了生命。比起这位理性批判的诗人，没有谁在这方面对人类心灵的非理性有更深刻的理解。正因如此，他所生活的世界仍然是无信仰的。出于对自身和时代的全面理解和怀疑性认识，垂暮之年的诗人学会了赞美对某种超越理性边界之宗教真理的谦卑信仰所带来的幸福，即使他没有这种信仰，难道我们没有感受到这点吗？知识对信仰的这种立场变成原则性的时代尚未到来，但《酒神女》中
447 已经预见了其所有特征：奇迹与对理智竞争的胜利，[①]个人主义与宗教联合起来反对城邦（后者在古典希腊文化中与宗教保持一致），以及摆脱了一切法律伦理的束缚后，个体灵魂被神性化，亲身体验了直接的救赎。

欧里庇得斯是某种特别的艺术家文化的创造者，这种文化不再披着公民文化的外衣，并具有了自己的生命。他无法再满足悲剧艺术在古典时代的雅典城邦中的传统地位，无法像伟大前辈那样发挥其教育价值。他完全不缺乏教育意识，但后者不再是某个统一宇宙的精神结构，而是更多通过一再突然热情地参与公共事务和精神生活的问题而得到表达。这种对当代之批判的净化力量大多来自否定传统和揭露有问题的方面，必将导致他

① 见 Arthur D. Nock, *Conversion*, 25ff.。

变得孤独。这正是他在喜剧中的形象，[①]也是同时代人对他的看法。这并不有违他对自己所置身的独一无二氛围的情感，就像诗人在《美狄亚》中通过对阿提卡的文化精神和生活的赞歌所热情流露的。[②]但具有象征意义的是，他在远离故土的马其顿逝世。这与埃斯库罗斯死于西西里之行的意义有所不同。他的世界是书房，雅典人没有像对待索福克勒斯那样把他选为将军。在我们的想象中，他置身安静的书房中，埋头于自己的书和工作，那里戒备森严，他的演员助手克菲索芬（Kephisophon）坚定地阻挡着纠缠不休的外部世界的造访。但在那里的只有诗人的身体，他的精神则在远游。就像喜剧中描绘的，即使回到大地上时，他的精神也会对来访者说："啊，你们这些朝生暮死的生命。"[③]在他的雕像上，额头周边邋遢地围着乱发，就像雕塑家对哲学家头像采用的典型刻画。他多次把情欲和智 448
慧紧密联系起来。人们认为那是他自己的写照，但找不到确证，直到他们读到这句话："情欲会教导诗人，即使他从来不懂艺术。"[④]有的艺术家生活不幸，但在作品中似乎获得了完全的幸福，而索福克勒斯在生活中也达到了其艺术所展现的和谐。不过，在欧里庇得斯诗歌的不和谐背后一定也存在着人类个体的不和谐。在这点上，诗人同样是新的个体性的典范。他比自己时代所有的政客和智术师更全面和更深刻地表现了这点。只有他明白时代的一切隐秘内在痛苦，享有其前所未有的精神自由带来的危险财富。无论他的翅膀在所处的狭窄社会与个人关系中被撞伤得多么严重，他仍然属于世界，品达式的贵族情感以独特的方式在他身上复活。"整个苍穹都任由雄鹰飞翔。"[⑤]他不仅像品达那样看到了精神腾飞的高度，而且首先怀着全新的热情渴望看到自己的道路全无边界。大地上的各种限制算得了什么呢？

在欧里庇得斯的艺术中，未来得到了最惊人的预见。我们已经指出，其新的风格塑造力量成了随后许多个世纪里的文化力量，包括公民社会

---

① 见阿里斯托芬，《阿卡奈人》395起的场景。

② 见本书第353页起。

③ 阿里斯托芬，《阿卡奈人》，454。

④ 欧里庇得斯，残篇663（Nauck）。

⑤ 欧里庇得斯，残篇1047（Nauck）。

（更多是在这个词的社会而非政治意义上）、修辞和哲学。它们为神话注入了自己的气息，这对后者是致命的。神话不再是希腊精神的有机肉体，就像自始以来那样作为所有活跃新内容的不朽形式。欧里庇得斯的对手们察觉到这点并着手抵制。但他只是实现了民族生命过程中更高的历史命运。从卡尔·奥特弗里德·穆勒的《希腊文学史》开始，认为诗人亵渎了神话的浪漫主义情感的看法在对他的评价中曾扮演过如此重要的角色，但这无
449 法否定上述理解。在从深处被动摇的城邦和古典诗歌的地基上，希腊化文明下的人类新时代为自己做好了准备。通过随后许多个世纪里无法忽视的影响，欧里庇得斯在雅典舞台上的失败得到了补偿。对后世而言，他是真正的悲剧诗人，在今天仍然受到我们赞美的希腊化文明的圈子里，所有宏伟的石制剧场都主要为他建造。

第5章

阿里斯托芬的喜剧

阿提卡喜剧的形象对我们来说既如此陌生又如此有吸引力，没有什 450
么比它们更好地展现了公元前5世纪最后三分之一时间的文化。尽管古人
在称其为“生活的镜子”时想到的是永恒不变的人类天性和他们的弱点，
但喜剧也是对那个时代最全面的描摹。在这点上，没有其他哪种艺术或文
学能与之相提并论。如果只想研究雅典人的外在行为和活动，能够从瓶画
中学到的东西当然也不会比喜剧少，但彩色的瓶画图册读起来就像公民生
活的史诗，这种体裁直观的生动感性形象不足以展现活跃精神运动的更高
层面，而现存古老喜剧中最突出的作品正是来自此类运动。对我们来说，
这些作品最不可或缺的地方在于，从中可以看到城邦、哲学理念和诗歌作
品置身于运动的活跃洪流中并被其包围。于是，它们脱离了孤立状态，可
以重新在所在时代的形势中感受到其活跃的直接影响。只有在通过喜剧所
认识的那个时代，我们才能像观察社会过程那样观察精神生活的形成，否
则就只能在眼前已结束和完成的作品中看到其固化的样子。显而易见，想
要通过重建途径来达到上述目标的旧式文化史完全是没有希望的做法，即
使流传下来的事实证据远比古典文明丰富。只有诗歌能够直接走出某个 451
时代的生活，既展现其感性的色彩和形式，又描绘其不朽的人性内核。于
是，我们看到了事实上完全自然的矛盾，即我们对几乎任何时代的认识都
不如对阿提卡喜剧的时代那么形象和深刻，哪怕是最近的往昔。

喜剧的艺术力量体现在当时数量惊人和各具天赋的个体作者身上，

但在本书中，它不仅被用作关于一个已逝世界面貌的来源，也被视作对希腊诗歌天赋的最伟大原创展示。与其他任何艺术不同，喜剧致力于描绘当时的现实。但无论此类选题的历史性多么吸引我们，喜剧本身考虑的只是通过其所描绘的短暂现象来展现永恒人性的某个方面，那正是史诗和悲剧这样的崇高诗歌有意忽视的。在下一个世纪中发展起来的诗歌艺术的哲学已经认识到，作为根本对立的两极，悲剧和喜剧也相互补充地表现了同一种最固有的人类模仿本能。一边是悲剧和作为英雄史诗继承者的所有崇高诗歌，一边是出于崇高天性而模仿伟人、壮举和命运，这种哲学将两者联系起来。而喜剧的起源则被认为是普通天性无法阻挡的欲望，[①]或者我们可以说，喜剧来自拥有现实眼光和判断之人的本能，他们偏爱把坏人、应受谴责者和可鄙者当成模仿对象。在《伊利亚特》关于忒耳西忒斯的场景
452 中，那位讨厌可憎而卑鄙的民众煽动者遭到了大家幸灾乐祸的嘲笑。作为荷马史诗所包含的大量悲剧情节中少数的喜剧情节之一，这是一幕真正的平民场景。它迎合了大众的本能，而在阿瑞斯与阿芙洛狄忒这对情人不情愿上演的另一幕神明闹剧中，发笑的奥林波斯诸神也成了捧腹的观众。

如果崇高的诸神也能发出如此滑稽的笑声，无论是作为主体或者对象，那么对希腊人的情感而言，在每个人或者与人类似的生命体身上，除了英雄激情和严肃价值的力量外，还存在笑的能力和需求。希腊哲学家后来把人定义为唯一会笑的动物[②]（他们大多被称为会说话或思考的动物），从而把笑变成了精神自由的表达，与思考和说话处于同一地位。如果把荷马史诗中发笑的神明同上述哲学理念联系起来，我们就无法认同因为喜剧不那么崇高的起源而对整个这种诗歌体裁及其心灵动机做出不高的评价。没有什么能比悲剧和喜剧在阿提卡戏剧中的分化和整合更清楚地展现阿提卡文化在人性上的广度和深度。柏拉图第一个表达了这种观点，在《会饮篇》最后，他借苏格拉底之口表示，真正的诗人必须同时是悲剧和喜剧诗人。[③]柏拉图本人通过《斐多篇》和《会饮篇》满足了这个要求。阿提卡

① 亚里士多德，《诗学》，2. 1448a1；4. 1448b24。
② 亚里士多德，《论动物的部分》，3. 10，673a8、28。
③ 柏拉图，《会饮篇》，223d。

文化的一切都被用来实现这点。它不仅让悲剧与喜剧在舞台上展开较量，用柏拉图的另一句话说[1]，它还教导人们将整个人生同时视作悲剧和喜剧。这种人性完整性正是其达到古典完美的标志。

只有当现代人的思想摆脱了发展史的偏见，即把阿里斯托芬的喜剧 453
视作公民诙谐剧的前身，认为其虽然巧妙但仍然粗糙和缺乏形式，[2]他们才能理解这些作品独一无二的神奇。人们必须学会首先重新从早期喜剧的宗教起源出发，将其视作热情奔放的酒神式生命乐趣的爆发。不过，虽然下探到心灵的源头对于克服美学理性主义是必须的（后者无法在这种艺术中感受到自然的创造力量），[3]但如果想要看到在阿里斯托芬的喜剧中，酒神的各种原始力量被提升到何种纯粹的文化高度，那么我们必须再向上走一段。

没有什么例子能比喜剧的历史更形象地说明最高精神形式从阿提卡人自然和本土的根源处开始的直接发展。喜剧的起源不明，而从最古老的酒神颂合唱歌舞到索福克勒斯艺术的顶峰，悲剧的发展过程以无法被忘怀的方式铭刻在同时代人的意识中。[4]上述差别的原因并非只是技术上的，而是因为悲剧这种诗歌体裁从一开始就处于最严肃的公众兴趣的焦点上。它一直是表达最崇高思想的工具。而乡间酒神节上醉醺醺的狂欢游行（Komos）及其粗俗下流的阳具歌则完全不属于精神创造（Poiesis）的领域。[5]完全源于酒神节习俗的各种截然不同的元素融入了书面化的喜剧，就像我们今天在阿里斯托芬的作品中所看到的：除了作为喜剧之名由来的节日狂欢Komos，最重要的是“致辞”（Parabase），即歌队语带讥讽地肆意对公众（原为站在周围看热闹的人）进行人身嘲讽，还常常按照古老的方式用手指着个别观众。此外，演员的阳具装饰和歌队的伪装（特别是

① 柏拉图，《菲利布篇》，50b。

② 这是古典时代后期的几个世纪里看待阿里斯托芬喜剧的自然方式，当时的人们更喜欢米南德的“新喜剧”，这种诗作要大大贴近他们自己的社会状况和思想文化。普鲁塔克的《阿里斯托芬和米南德比较传记》精彩地表达了这种批判性判断，它在我们看来不合史实，但一直流行到19世纪。这种态度植根于晚期希腊的教化体系及其道德与文化标准。

③ 关于对阿里斯托芬喜剧真正理解的开始，特别是哈曼、莱辛和歌德的理解，见P. Friedlaender, *Aristophanes in Deutschland* in *Die Antike* VIII (1932), 233ff.。

④ 亚里士多德，《诗学》，5. 1449a37起。

⑤ 见A.W. Pickard-Cambridge, *Dithyramb, Tragedy and Comedy* (Oxford 1927), 225ff.。

454 戴着蛙、马蜂和鸟类的面具）也是历史悠久的传统，它们已经出现在早期喜剧演员那里，传统在他们身上仍然生机勃勃，而演员自身精神的影响还不强。

阿提卡喜剧中各种形式成分的艺术结合使其获得了丰富的情景表现力和内在的张力。这种结合非常符合阿提卡精神的独特本性，与其最接近的例子是悲剧对舞蹈、合唱和念白的巧妙结合。阿提卡喜剧由此超越了其他希腊部族独立创造的早期类似作品，比如在多利斯人统治的西西里发展起来的埃庇卡摩斯的喜剧，或者索福隆（Sophron）的拟剧。喜剧中最具发展力的元素是同样源于酒神节场合的伊奥尼亚短长体诗，阿尔喀洛科斯早在200年前便将后者提升为诗歌形式。但喜剧的三音步体结构表明，它并非源于这种文学化了的短长体诗，而是直接来自看似即兴的同名古老民间格律，这种格律一直被用于表达嘲讽。从第二代喜剧诗人开始，他们才从阿尔喀洛科斯的嘲讽诗中学会了目标明确地进行个人攻击的更高超艺术（甚至肆无忌惮地针对城邦中地位最高的人），尽管并没学会其严格的诗句结构。[①]

直到喜剧开始产生政治影响，以及城邦将资助歌队变成富有公民的可敬义务，[②]这种嘲讽诗的意义才得以体现，因为喜剧表演由此成为整个城邦的大事，并展开与悲剧的竞争。虽然喜剧“歌队”的声望还远未达到可以相提并论的水平，但诗人仍必须以崇高戏剧诗为模板。喜剧的发展不仅表现为从悲剧借鉴的零星形式，更体现在其对完整戏剧情节结构的追
455 求，[③]尽管它仍然为如同自由生长的繁茂藤蔓般的插科打诨所缠绕，不愿适应新的严格形式。在悲剧的影响下，喜剧也安排了“主角”，而且其抒情诗形式带有强烈的悲剧印记。在喜剧发展的顶峰，它最终还从悲剧那里吸收了崇高的教育使命，从而让自己的性质获得最后升华的灵感。这种使

① 旧喜剧诗人克拉提诺斯以其对伯里克利的政治嘲讽闻名。他的一部喜剧题为Ἀρχίλοχοι，证明他有意识地追随那位伟大的讽刺大师的脚步。

② 见E. Capps, *The Introduction of Comedy into the City Dionysia in Decennial Publications of the University of Chicago,* 1st Series, vol. VI (Chicago 1904), 261ff.。

③ 当然，这不会阻止我们认可喜剧的主要形式元素具有独立起源，就像T. Zielinski的研究那样，见*Die Gliederung der altattischen Komoedie* (Leipzig)。

命贯穿了阿里斯托芬对自己艺术本质的全部理解，让他的喜剧在艺术和精神上成了与同时代悲剧势均力敌的作品。

我们似乎必须从这点出发来理解，为何在旧阿提卡喜剧的代表中，阿里斯托芬在传统中享有特别的地位和绝对的优先地位。该传统只为我们保留了他的原创作品，而且数量相对较多。在亚历山大里亚文法家奉为经典的三大喜剧作家克拉提诺斯（Kratinos）、欧波利斯（Eupolis）和阿里斯托芬中，只有后者的作品留存下来，我们很难相信那是纯粹偶然的结果。[①]上述名单显然模仿了悲剧三大家之说，这不过是文学史学者的安排，而非反映了诗人活跃影响的现实力量关系，即使只是在希腊化时期。纸草的发掘无可争辩地证明了这点。在《会饮篇》中，柏拉图正确地将阿里斯托芬列为喜剧的真正代表。没有什么比把喜剧视作为更崇高的文化使命服务更不符合其本性的了，即使在已经有著名诗人创作喜剧的时代，比如放荡的天才克拉提诺斯，或者拥有丰富戏剧创造力的克拉提斯（Krates）。喜剧只不过想逗笑听众，即使对最受欢迎的喜剧诗人而言，当因为年老而幽默枯竭时（幽默是他们影响的根本来源），他们也会无情地被嘘，就像所有小丑的命运那样。[②]维拉莫维茨尤其强烈反对喜剧旨在提升人道德的
观点。事实上，似乎没有什么比各式教诲更有悖喜剧的主旨，更别提道德 456
训教了。不过，这种反对意见还不够，不足以反映喜剧在我们所关注它的那个时代的真实发展。

诚然，老酒鬼克拉提诺斯——在《骑士》的致辞中，阿里斯托芬建议马上让他离开舞台，在主席厅（Prytaneion）[③]中让他体面地终日酣醉一直到死[④]——似乎最擅长毫无顾忌地取笑不受欢迎的城邦名人。这是被上

① 见贺拉斯，《讽刺诗》1. 4；昆体良，《演说术原理》，10. 1. 66；《论喜剧的不同种类》（*De diff. com.*）3（Kaibel，第4页）。［译按：《论喜剧的不同种类》为普拉托尼乌斯（Platonius）所作，年代不详。普拉托尼乌斯作品的另一残篇被称为《论角色的不同种类》。Kaibel讨论了普拉托尼乌斯作为批评家的缺陷，但承认其使用了非常古老的材料。见Kaibel, *Die Prolegomena* ΠΕΡΙ ΚΩΜΩΔΙΑΣ in *Abhandlungen der Gesellschaft der Wissenschaften zu Göttingen* II, 4 (1893), pp. 3–70。］

② 见阿里斯托芬《骑士》507起的“致辞”（Parabase），特别是525起。

③ 希腊城邦敬奉灶神Hestia的公共建筑，主席团每天在那里召开宴会，款待外邦使节和有功公民等。——译注

④ 《骑士》，535。

升为政治讽刺的真正短长体诗。而更年轻一代的双子明星欧波利斯和阿里斯托芬（两人最初是朋友并共同创作剧本，但最终成为死敌，相互指责对方剽窃）对克里翁（Kleon）和许佩伯洛斯（Hyperbolos）的人身攻击，让他们成了克拉提诺斯的继承者。不过，阿里斯托芬从一开始就有意识地追求更高的艺术层次。早在其现存最早的作品《阿卡奈人》中，政治嘲讽就被编织进了极为巧妙的幻想情节，将粗俗露骨的戏谑同一个雄心勃勃的政治乌托邦的幽默象征联系起来，并通过对欧里庇得斯的喜剧文学式戏仿使作品更加丰富。怪诞的幻想和有力的写实都是酒神狂欢节戏剧中的原始元素，两者的结合创造了一个既贴近感官又超越现实的独特世界，那是一种更高形式的喜剧诗歌诞生的必要前提。在《阿卡奈人》中，[1]阿里斯托芬已经反讽地提到了，麦加拉谐剧用笨拙而直接的方式来逗笑愚蠢的观众，而许多喜剧诗人也仍然常常求诸此类做法。当然，作品必须向观众提供些什么，诗人也知道要在正确的时候向早前喜剧中不可或缺的手法让
457 步：比如对观众秃头的老掉牙嘲笑，粗俗的科达克斯（Kordax）舞蹈节奏和对鞭笞场景的喜爱，表演者借此掩盖了自己笑料的愚蠢。按照阿里斯托芬在《骑士》中善意而顽皮的评价，这类幽默会被仍然习惯于简朴旧式阿提卡食物的克拉提斯从他那张卷心菜般的嘴边抹去。[2]在《云》中，阿里斯托芬高调地宣称，他觉得自己比前辈的手法高明得多（而且不仅是他们），表示完全信赖自己的技艺和表述。[3]让诗人骄傲的是，他每年都能提供新的“想法”，让最新形式的喜剧诗歌在艺术表现力上不仅能与早前的喜剧，也能与采用既有材料的悲剧分庭抗礼。在每年戏剧比赛上的激烈竞争中，原创和新意必然变得越来越重要。通过特别大胆的政治攻击（比如阿里斯托芬针对权势滔天的克里翁的），作品的吸引力还会进一步提升。喜剧诗人可以通过此类攻击引起民众的注意，就像年轻的政治新星常常通过在政治丑闻的审判上担任控诉者而崭露头角。这一切只需要勇气，阿里斯托芬相信自己比同行们做得更好，因为他有一次“击中了强大的克里翁

① 《阿卡奈人》，738。
② 《骑士》，539。
③ 《云》，537起。

的肚子”，[①]而同行们则年复一年地践踏着远远没有那么危险的民众领袖许佩伯洛斯和他的母亲。

这一切的目标都不是提升人的道德。喜剧的精神变形另有根源。那就是它逐步完成了对自身批判使命的新理解。

虽然主要针对个人，但阿尔喀洛科斯的短长体诗在自由不受限制的伊奥尼亚城邦经常扮演了批判角色。[②]不过，更本质和更高意义上的批判 458
概念一直到作为其继承者的阿提卡喜剧中才第一次出现。这种喜剧同样源于针对个人的或多或少无害的嘲讽，而直到进入公共政治领域后才获得了真正的本性。因此，就像我们在其巅峰时期所看到的，喜剧是民主言论自由的真正产物。君主制希腊化时期的文学史家已经注意到，政治喜剧的兴衰与阿提卡城邦的兴衰重合。[③]自从人们从过度自由堕入过度不自由后（用柏拉图的话来说），[④]政治喜剧就再未获得繁荣，至少在古代本身如此。不过，仅仅从喜剧中看到民主自由精神的思想是不够的。在喜剧中，变得过大的自由成了自己所谓的“解毒剂”。它打败了自己，把言论自由（Parrhesia）扩大到即使在最自由的制度下也常常是禁忌的事务和情况中。

喜剧日益清楚地认识到自身作为一切公共批判之焦点的任务。[⑤]它不满足于今天狭义上的“政治事务”，而是包含了其在希腊语原始意义上的一切：对一切影响大众的问题表态。当觉得有理时，它不仅会谴责个体，指摘这个或那个政治行动，而且会把矛头指向整个城邦领导层，或者民众的性格及其弱点。它控制思想，插手教育、哲学、诗艺和音乐。这种力量作为整体第一次被视作民族文化的表达，视作民族内在健康状况的标准。
喜剧在剧场中接受了全体雅典人的批判。与自由理念不可分割的责任思想 459
（城邦生活中的“矫正”机制为其服务）似乎被转移给了这种超越个人的精神力量，后者将为或者应该为全体福祉服务。因此，正是带来了自由的

---

① 《云》，549。

② 见本书第129页起。

③ 《论喜剧的不同种类》（*De diff. com.*）3（Kaibel，第4页）。

④ 柏拉图，《理想国篇》，564a。

⑤ 见Alfonso Reyes, *La critica en la edad Ateniense* (Mexico 1941)。

民主出于内在的必要性而为精神自由设立了边界。

另一方面，作为这种城邦的本质，设立边界的工作并非由当局，而是由舆论战来完成。喜剧在雅典承担着监察之职。这让常常放荡不羁的阿里斯托芬幽默在欢乐的面具背后隐藏着强烈的严肃性。柏拉图曾指出，对我们邻居无害弱点和自欺欺人的幸灾乐祸的嘲讽是喜剧的基本元素。[①]也许这个定义更符合柏拉图而非阿里斯托芬时代的喜剧，后者的欢乐有时会与悲剧产生交集，比如在《蛙》中。但这是后话。[②]除了政治，在那个战端迭起的时代，教育问题仍然在喜剧中占了很大篇幅，有时甚至完全占据主导，这证明了它在民众意识中具有的突出意义。对于围绕着教育展开的激烈斗争及其原因，我们只能通过喜剧来了解。在这场斗争中，由于试图通过自身被赋予的力量成为主导者，喜剧本身成了那个时代最重要的文化力量之一。这可以从政治、教育和艺术三个公共生活的主要领域看出。本书不会分析阿里斯托芬的全部作品，而是从其关于上述领域的最典型作品出发加以探讨。[③]

就像我们在之前看到的，阿里斯托芬的早期作品仍然以政治讽刺为
460 主，几乎没有更高的目标。常常很难区分畅所欲言和口无遮掩。即使在阿提卡的民主统治下，它们也一再和当局发生冲突。当局总是希望禁止喜剧的一种原始特权，即指名道姓地诋毁个人。[④]但禁令的效力都不长久。这种禁令不受欢迎，而且即使是当时的法治城邦意识也无法消除这种原始社会情感的残余。如果对政客的讽刺描绘拥有类似的艺术自由，就像阿里斯托芬在《云》中对苏格拉底的描绘，那么受攻击者会理所当然地试图利用他们的权力保护自己，而根据柏拉图的描述，面对喜剧引发的舆论，像苏格拉底那样的平民束手无策，甚至像伟大的伯里克利这样的人也没能逃过克拉提诺斯的嘲讽。在《色雷斯妇女》(*Thrakerinnen*)中，诗人给他起了“海葱头的宙斯”这样的尊号，拿他奇特的头型取笑（伯里克

① 柏拉图，《菲利布篇》，49c。

② 见本书第376—377页。

③ Gilbert Murray对各剧做了分析，见*Aristophanes* (Oxford 1933)。

④ A. Meineke, *Fragm. Com. Graec.* I, 40ff.; Th. Bergk, *Kleine philologische Schriften* II (Halle 1886), 444ff.

利通常小心地用头盔遮挡住）。不过，这种无伤大雅的幽默恰恰透露了对被嘲笑者的敬意，后者是“电光闪闪和雷声隆隆的奥林波斯神明”，“搅动了整个希腊”。①

阿里斯托芬对克里翁的政治攻击则完全是另一种形式。他的嘲讽并非坦率地开诚布公。他不给受害者起亲切的绰号。他的斗争是原则性的。克拉提诺斯觉得伯里克利高高在上，在他面前自己始终是善意的小丑。笨拙地混淆伟大者与渺小者，将不可接近者拉低为自己的熟人，这完全不符合阿提卡式的幽默，渺小者永远保持着可靠的距离感。阿里斯托芬对克里翁的批评是居高临下的。人们必须对他屈尊纡贵，而在伯里克利不幸英年早逝后，衰败的到来过于突然，以至于人们无法不把他看作整个城邦状况的征兆。人们已经熟悉了极其高贵和出色的领导，强烈反对这位平凡的硝 461
皮匠，他的平民举止令整个城邦蒙羞。

在公民大会上的客观意见交锋中，批评者保持沉默，这并非因为缺乏公民勇气。这位老练的演说者对政务无可争议的了解和夺取一切的激情在会上取得了胜利。但他还是暴露了弱点，不仅让他自己，也让雅典和整个民族蒙羞。带着前所未闻的勇气，羽翼刚刚丰满的年轻诗人马上在其第二部作品《巴比伦人》（*Die Babylonier*，已失传）中对这位权势滔天的民众宠儿发起攻击，将其对待同盟成员的粗暴政策搬上了公共舞台，在那些城邦代表们的面前公开对其展开批判。对此最好的评论来自修昔底德让克里翁发表的演说，起因是米蒂利尼叛变后，人们需要商讨对待同盟成员的正确方式。②阿里斯托芬将他们描绘成踩踏轮的奴隶。结果，克里翁对他提起了政治控诉。诗人在《骑士》中做了回击。他以作为政治反对派的封建骑士阶层为依靠，后者人数不多但很有影响，通过入侵战争获得了新的重要性，并且憎恨克里翁。《骑士》的歌队形象地展现了贵族与思想界联合起来对付城邦中壮大起来的平民势力。

我们应该看到，这种批判方式在喜剧历史上带有某种开拓性的新特点，完全不同于克拉提诺斯的政治杂耍，就像阿里斯托芬对智术师和欧

① 阿里斯托芬，《阿卡奈人》，530—531。
② 修昔底德，3. 37起。

里庇得斯所做的文化斗争式责难完全不同于同一位前辈对《奥德赛》的
462 戏仿。新特点源于发生变化的精神状况。通过一位拥有最高天赋的诗人降临，精神在占有喜剧的那一刻遭到了城邦的驱逐。伯里克利在政治与新的精神文化间实现的平衡（并在他自己身上得到清楚的体现）被摧毁了。如果这个事实无法更改，那么文化就会一直退出城邦。但在此期间，精神本身也成为了独立的政治力量。代表精神的还不是小圈子里的学者，就像亚历山大里亚时代那样，而是在活跃的诗歌中发挥作用，其名声会传入公众耳中。就这样，文化展开了斗争。对阿里斯托芬来说，这不是针对城邦的斗争，而是为了城邦与当下的掌权者所展开的。创作喜剧并非有组织的政治行动，诗人很少希望帮助某个人掌握统治权。但他可以帮助缓和紧张的气氛，并约束令人无法忍受的愚蠢暴行的强势。不同于《巴比伦人》和《阿卡奈人》，[①]他在《骑士》中不想对特定的政治观点表示肯定或反对，而是抨击了民众和领袖，公开谴责两者的相互关系配不上雅典城邦及其伟大的过去。

通过一种怪诞的比喻，民众与民众领袖的关系被呈现在人们眼前，但该比喻显然不是像典型的此类比喻那样苍白和无血色，而是将不可见的东西变得形象。观众从宽广而抽象的城邦空间转移到一个公民家庭的狭小世界，那里正处于无法忍受的状况下。一家之主是年迈的德墨斯（Demos）先生，他抱怨不休而且耳背，被所有人蒙在鼓里。德墨斯是对当时阿提卡民主制度下多头统治的生动描摹，他听任自己受到新来的奴隶、粗俗的蛮族帕弗拉贡（Paphlagonier）摆布，而另外两名更年长的奴隶则再没有好日子过。帕弗拉贡的面具下隐藏着令人畏惧的克里翁，而另
463 两名哀叹命运不幸的奴隶则是尼喀亚斯（Nikias）和德谟斯梯尼将军。但喜剧的主角并非克里翁，而是与他演对手戏的香肠贩子。此人的卑鄙更甚一等，既不学无术又全无约束，凭着自己的厚颜无耻处处占得上风。在竞逐谁能带给德墨斯先生更大的好处时，克里翁被香肠贩子击败，后者为老人带来一只在公民大会上用的坐垫、一双靴子和一件暖和的汗衫。克里翁

① 在《巴比伦人》中，雅典粗暴对待自己较弱的小盟友这个非常现实的问题遭到了攻击。《阿卡奈人》反对雅典的官方政策，强烈地提出和平请求，就像几年后的《和平》那样。

悲剧式地崩溃了。歌队向胜利者欢呼，特别强调要求为他们寻求更高的职务，以作为对他们帮助的感谢。下一个场景风格严肃。胜利者首先象征性地让德墨斯先生变得年轻。他把后者放进大香肠罐里煮了一下，经过这个魔法般的步骤后，他又将头戴花冠和获得新生的德墨斯带到欢呼的剧场中。现在，德墨斯看上去仿佛回到了弥尔提阿德斯（Miltiades）和为自由而战的光荣时代：一个头戴紫罗兰花冠，被赞歌环绕的活生生的老雅典，穿着古朴而真诚的衣服，按照旧式方法梳理的头发上戴着先人的饰物，并被唤作希腊人的国王。现在，他的内心也得到了净化和改变，懊悔地为过去的错误感到羞耻。而他的诱骗者则被罚去街上叫卖混入驴粪的狗肉香肠，就像他现在的继任者曾经卖的。

就这样，对新生雅典的神化达到顶峰，神性正义完成了它的工作。用更大的卑鄙驱走克里翁的恶劣影响，这种现实政治中的化圆为方对诗人的幻想而言完全不是问题。只有很少的观众会质疑，比起硝皮匠，香肠贩子是不是伯里克利更好的继承者。阿里斯托芬可以把如何治理新生城邦的问题留给政客们。他只想要反映民众和领袖，而几乎不指望改变他们。克里翁是喜剧英雄的模板，他与真正的英雄背道而驰，一切人性 464
的弱点和缺陷反而被突出。把他和作为他对应“理想”的香肠贩子放在一起，这位英雄总是远远落后，对方无论如何努力都追不上，这是一种巧妙的构思。与对克里翁不留情面的描绘不同，对德墨斯弱点的揭露（同时又表示纵容）带有宽容和可爱之美。如果我们认为作者严肃地相信过去时代有回归的可能性，那将是对诗人最大的误解，他用如此忧伤的幽默和纯粹的爱国情感唤起了这种理想。歌德在《诗与真》（*Dichtung und Wahrheit*）中很好地描绘了诗歌里的这种怀旧。“诗人如果能以巧妙的方式让某个民族回忆起自己的历史，就会创造出一种普遍的快乐；他们为祖先的美德而高兴，也取笑其缺陷，相信这些缺陷早已被克服。”诗歌幻想这种魔法般的艺术能够将现实与童话神奇地交织起来，人们越少尝试把它理解成平淡的政治说教，诗人的声音就能越深入听众的耳朵，提醒效果也越好。

为何从上个世纪开始，这种描绘转瞬即逝的时刻，将全部力量投入瞬间的诗歌体裁越来越多地表现出不朽呢？在德国，对阿里斯托芬政治喜剧之兴趣的觉醒伴随着对政治生活之兴趣的觉醒。[①]不过，直到上世纪末，我们才开始强烈地意识到该问题，就像我们在公元前5世纪末的雅典看到的。问题的基本事实始终不变：集体与个人、大众与思想界、富人与穷人、自由与束缚、传统与启蒙这些对立力量至今仍像当时那样起着决定作
465 用。此外还有第二个事实。虽然带有对政治的内在热情，但阿里斯托芬的喜剧居高而下并怀着自由精神看待政治，甚至去除了日常事件的暂时性特征。诗人描绘的一切都属于那个不朽的标题：人性的，太人性的。如果没有这种内在距离，此类描绘将变得不可能。阿里斯托芬的喜剧反复将一次性的实在分解成幻想或隐喻式的真正永恒的更高现实。意义最深刻的例子是《鸟》，作品带着无忧无虑的欢乐摆脱了令人忧郁的现实压力，随心所欲地勾勒出对城邦的理想，即“云中鹁鸪国”，所有地上的负担在那里都消失了，所有居民都长着翅膀和自由自在，只有人类的愚蠢和弱点留了下来，在不造成伤害的情况下得以表现，以便不要缺少不朽的笑声这件最美好的东西，因为若没有了它，我们将无法在那个天堂中生活。

除了政治批判，阿里斯托芬的作品中也很早就出现了文化批判，这从他的第一部成功之作《赴宴者》（*Schmausern*）中就开始了。该剧的主题是新旧教育的斗争，这也是《云》的主题，在其他喜剧中同样多有反映。作品批判的出发点非常奇特，即新教育代表人物愚蠢而怪诞的外在举止，它们能逗得雅典人发笑，因为早前阿提卡喜剧中关于人类错误的素材已经有点捉襟见肘，而上述举止所展现的缺陷以可喜的方式丰富了原有素材。在欧波利斯的《谄媚者》（*Schmeichlern*）中，寄生在富人家中的智术师也遭到嘲笑。他们与有产阶层的联系也是阿里斯托芬的《煎锅人》（*Tagenisten*）的中心，该剧把智术师普罗迪科斯描绘得滑稽可笑。柏拉图在《普洛塔哥拉篇》中评价了这个喜剧动机，但那些喜剧作家显然没有像

① 在德国，对赋予阿提卡喜剧活力之政治精神的真正理解，首先出现在古代史学家Johann Gustav Droysen著名的阿里斯托芬喜剧译文中，特别是他对每部作品的精彩介绍，他在其中界定了它们在自己时代的思想与政治状况中的地位。Droysen的译文近来被重新刊印（Winter，Heidelberg，无日期）。

柏拉图那样更深入地分析智术师文化的本质。[①]在《赴宴者》中，阿里斯托芬描绘了智术师的授课对青年男子的腐化作用，因此已经深刻得多。有位 466 乡下的阿提卡公民让一个儿子在家里接受旧式教育，把另一个送到城里，以便让他享受新教育的好处。但儿子回来时彻底变了，他道德败坏，也干不了农活。因为在乡下，他所受的更高教育没有用武之地。儿子在宴会上再也不会唱前辈诗人阿尔开俄斯和阿纳克瑞翁的歌曲，发现这点一定让父亲很痛苦。他不明白古老的荷马词汇，只看得懂梭伦法律文本中的术语，因为司法教育现在优先于一切。修辞家忒拉绪马科斯的名字出现在争论词汇用法的场景中。老派雅典人特别讨厌这种语法上的钻牛角尖。不过，该作品总体上似乎没有太多超越无伤大雅的嘲讽。[②]

不过，几年后的《云》显示了在那第一次尝试中，诗人内心对新的精神方向的陌生和反感就已经有多强烈，他很快即觉得力度还不够。现在，他发现了一个模板，似乎是为以当时的哲学教育为题材的喜剧主角量身定做的。那就是石匠和助产士的儿子，阿洛佩克人苏格拉底（Sokrates von Alopeke）。比起偶尔造访雅典的智术师，此人具备巨大的优势，因为那是一个拥有出色舞台效果又在城邦中家喻户晓的原型。自然本身为苏格拉底准备了喜剧面具，在他那森林之神般的脸上安设了朝天鼻、上翻的嘴唇和暴突的眼睛。只需让他的形象更怪诞些就可以了。阿里斯托芬在自己的牺牲品身上堆砌了他那类人的一切特点，即智术师、修辞家和自然哲学家，或者按照那时的说法称为“天象学家”（Meteorologen）。诗人将被幻想装点过的苏格拉底安排在隐秘的狭小“思想所”内（尽管事实上苏格拉底几乎在市场上度过一整天），坐在院中高高挂起的吊框里“研究太阳”，而他的弟子们则趴在地上，苍白的面部埋进沙里，以便探索地下世界。人 467 们常常从哲学史角度看待《云》，最多对其表示谅解。“法之至，不法之至”（*Summum ius, summa iniuria*）。把喜剧中小丑般的苏格拉底放到严格的历史公正性审判席前是不合适的。柏拉图从未用过这样的尺度，他看到

① 柏拉图《普洛塔哥拉篇》中的喜剧元素如此强烈，他无疑想要与在他之前选择过同样主题的喜剧诗人们一较高下。

② 见Kock收集的《赴宴者》（Δαιταλῆς）残篇，《阿提卡喜剧残篇》，第一卷，第438页起。

这种歪曲的描绘要对自己老师的死负很大责任。在《会饮篇》中，他把经过美化的那位智者和那位诗人放在一起，并不认为在这个圈子里为阿里斯托芬安排如此突出的角色会伤害苏格拉底的亡灵。喜剧中的苏格拉底完全不是道德的唤醒者，就像柏拉图和其他苏格拉底的弟子所描绘的。如果阿里斯托芬也这样看待苏格拉底，他就无法利用后者。他的主人公是一个让民众陌生的启蒙者和持无神论的自然科学家。这个自负而古怪的典型喜剧学者形象只是因为带有某些来自苏格拉底的特征而变得个性化。

对了解柏拉图笔下的苏格拉底形象的人而言，上述歪曲毫无幽默可言。真正的幽默来自发现隐藏的相似点，但在这里我们看不到任何更多的关系。但对阿里斯托芬来说，重要的不是苏格拉底谈话的形式与内容，这位喜剧诗人忽略了柏拉图指出的苏格拉底与智术师思想方式的重要差别，而是更关心两者在类型上的相似性，即它们对一切事物进行分解，认为没有什么伟大和神圣的东西是超出讨论范围和没有理性根据的。[①]苏格拉底的概念性似乎比智术师们走得更远。我们不能要求将全部流行的理智观点（无论以何种形式）视作具有破坏性的人做出更细致的区分。许多人已经抱怨过伴随新教育出现的负面现象。但该文化在这里第一次被视作时代的整体精神图景及其引发的巨大威胁。阿里斯托芬目睹了整个昔日精神遗产
468 的崩溃，无法用冷静的目光看待这一切。诚然，如果作为个人的阿里斯托芬被问及对古老神明的“内心态度”，他也会陷入尴尬。但作为喜剧诗人，他觉得天象学家称以太为神圣的很可笑，他无疑还夸张地描绘了苏格拉底如何向由原始质料形成的旋涡或云祈祷，后者是无质的飘浮空气，与哲学家烟雾般的思想具有令人绝望的相似性。[②]经过两个世纪大胆的自然哲学思考，伴随着各种体系渐次更迭，世人对人类思想的结果充满了怀疑，以至于无法平静地接受启蒙的理性教育面对懵懂大众时的傲慢自信。唯一确定无疑的结果是，新智慧的学生们在实践中常常滥用强词夺理的技巧。于是，阿里斯托芬想到了把正义和不正义的逻辑（智术师的修辞术用两者来

① 柏拉图在《申辩篇》中提到，戏剧舞台上描绘的苏格拉底和当时的典型智术师存在相似性。

② 现代学者证实，在阿里斯托芬的《云》中，苏格拉底的某些特点（特别是他把空气神化为第一原则）借鉴自同时代的自然哲学家，阿波罗尼亚的第欧根尼。见H. Diels in *Sitz. Berl. Akad.* 1891。

分辨一切）作为隐喻人物搬上舞台，通过不正义逻辑对正义逻辑的胜利将当代教育艺术的喜剧画面呈现在观众眼前。[1]

两位说话者彼此用惯常的粗俗词句进行了初步交锋后，歌队要求他们为新旧教育展开一场表演性的争辩。值得注意的是，作品没有抽象地一一列举双方自信优于对手的手段与方法。相反，正义逻辑形象地将老式教育描绘成人的模板。[2]因为只有通过其创造的这种模板，而非纯粹的理论优点，教育才能证明自己的价值。在正义逻辑仍然繁荣和对庄重行为仍有要求的时代，人们甚至从未听说过有孩子发牢骚。如果必须去学校，每个孩子都会有序地在街上行走，而且不穿长袍，即使下着面粉般的大雪。在学校里，他们严格按照祖先时代的旋律唱着古老的歌。倘若有人用当代 469
的花腔和华丽风格演唱，他会挨打。这是马拉松战役那代人接受的教育方式。但现在，人们给年轻人披上让人软弱的长袍，看到他们在泛雅典娜节上跳战舞时笨手笨脚地用盾牌挡在肚子前，真让人七窍生烟。[3]对于把自己的教育托付给它的年轻人，正义逻辑承诺，它将教会他们憎恶市场和浴场，为可耻的事脸红，在遭到嘲讽时发怒，在长辈面前起身让座，崇敬神明，不要玷污敬畏的神圣形象，不要光顾舞女，不要顶撞父亲。相反，他们应该抹上橄榄油，身姿矫健地在摔跤学校训练，而不是在市场上谈天说地，或者因为对小事的争执而被拖上法庭。在学园的橄榄树下，他们将头戴白芦花冠，与纯洁而正派的同伴赛跑，散发着牵牛花、“无忧花”和白芸香树的气息，在悬铃木和榆树窃窃私语时享受春光。歌队称赞生活在上述教育盛行的美好古老时代的人们是幸福的，他们享受着从正义逻辑的话中散发的“节制”的甜美花香。

这时，已经几乎难以抑制怒火的不正义逻辑起身发言，[4]急于用辩证法把一切搅乱。它对自己的恶名扬扬得意，这个名字源于他首创了在法庭

① 《云》，889起。

② 《云》，961起。这里开始了对古代教育（ἀρχαία παιδεία）的赞美。

③ 后来，柏拉图提出（《法律篇》796b）恢复古代的舞蹈，包括克里特的“青年武士舞”（Curetes），斯巴达的“双子舞”（Dioscuri），以及雅典的德墨忒耳“母女舞”（Demeter and Kore）等战舞；见本书第1022页。这让人想起了阿里斯托芬在《云》中的批判，这似乎不仅是个人感情的表达，也许反映了他的时代更普遍的潮流。

④ 《云》，1036起。

上反驳法律的技艺。这种能力无法用金钱衡量，可以代表有过错的一方取得胜利。它用新式问答反驳了对手，按照最新的修辞技巧，充分利用了以神话事例做证这一古老而迷惑性的手段。史诗诵人曾把此类事例作为理想
470 准则，用以树立模板，早期诗歌沿袭了这种做法。[①]这对智术师同样有用，他们从神话中收集事例，用于对一切现行信条进行自然主义式的分解和相对化。过去的法庭辩护技巧是以证明自己在此事上合法为出发点，但现在人们却向法律和道德本身翻案，试图证明它们有缺陷。为了反驳热水浴会产生让人软弱的后果，不正义的逻辑以民族英雄赫拉克勒斯为例：为了让他恢复体力，雅典娜曾让温泉关的地下流出温泉水。它赞美流连市场和演说能力这些被旧式教育的代表视为可耻的东西，为此引用了能言善辩的涅斯托尔和其他荷马史诗英雄的例子。当正义的逻辑被挖苦地问道，节制给谁带去好处时，不正义的逻辑采用了同样的做法，举了珀琉斯的例子。珀琉斯曾因美德而陷入困境，作为对此的嘉奖，宙斯送给他一把具有神奇力量的短剑护身。但不正义逻辑对这件“寒酸的礼物”不屑一顾。为了证明无耻行为的好处要大得多，它必须暂时离开神话领域，举一个更新的经验例子，即民众领袖许佩伯洛斯因这种特质而获得了“许许多多”塔兰特的财富。对手自辩说：但神明还给了珀琉斯重得多的奖赏，他们让忒提斯做他的妻子。不正义逻辑反击称：不幸的是，女神离他而去，因为珀琉斯不足以取悦她。然后，它转向年轻人（新旧教育正在争夺他的灵魂），提醒他考虑一个事实：节制的选择意味着放弃一切生活的乐趣。而且如果他因为“天性的必需”犯了错却无力自辩，他将任人宰割。“如果你和我在一起，天性就能获得自由，跳啊、笑啊，不会觉得什么可耻。如果你被控通
471 奸，你可以否定一切过错，提出即使宙斯也敌不过情欲和女人。作为凡人的你怎么可能强过神明呢？”这种论证方式与欧里庇得斯的海伦和《希波吕托斯》中的奶妈所用的如出一辙。论证的高潮最终来到：不正义道德通过对公众不检点道德的赞美逗笑了他们，然后解释说，在一个非常受尊敬的民族中，绝大多数人的做法不可能是恶习。

---

① 见本书第37页起。

对旧式教育理想的这种反驳也形象地展示了当时受教育之人的典型。我们不能将其视作智术师教育观念的真正证据，[①]但当时有许多人的确如此看待或持类似看法，而且一定存在引发这种普遍化的弊端。在这场新旧教育的斗争中，诗人站在哪里？试图把他明确放在任何一边都是错误的。他本人也是当时教育的受益者，没有什么比把他的喜剧放回到美好旧时代更不可思议的了，虽然他的心属于那个时代，但还是会遭到后者的嘘声。朝气蓬勃的春天魔法，为唤醒对那个时代期冀的画面所包围，在感伤中带着一丝喜剧色彩，就像《骑士》结尾让德墨斯恢复昔日风采的幻术那样。[②]召唤昔日的教化并不意味着要求回归过去。阿里斯托芬不是教条式的强硬反动者。不过，被时代的猛烈风暴裹挟前行和目睹宝贵旧文化的消失（同样宝贵的新文化尚未确立）引发的情感在那个过渡时期强烈爆发了，让关注这一切的精神充满了畏惧。今天意义上的对历史变迁的认识尚不存在，更别提对发展和“进步”的普遍信仰了。因此，对真实历史的体验只能来自感受到坚实的传统价值建筑开始动摇，在它之中人们曾生活得如此安然。

旧式教育的理想图景有责任展现新式教育不是什么。在对后者的描 472
绘过程中，无害和善意的喜剧发生了改变，从围绕着旧式教育的图景变成尖锐的讽刺。这种否定批判中包含了严肃的教育思想，谁也不会在作品中忽视这点。新的更高思想技能在剧中鲜明地走上了前台，它不考虑道德，不再受任何规则约束。令我们觉得矛盾的是，对新教育这个方面的嘲讽来自一部以苏格拉底为主角的作品中。即使在喜剧的结构中（至少我们看到的形式如此），正义与不正义逻辑的争辩场景也和苏格拉底没什么关系，后者完全没有参与其中。[③]但《蛙》的结尾表明，苏格拉底对诗人而言是一

---

① 阿里斯托芬充分利用了自己的诗歌自由，将智术师的新式教育描绘成有意识地教人作恶。

② 见本书第368页。

③ 为了给正义和不正义逻辑即将展开的争辩腾出空间，苏格拉底离开了舞台（《云》887）。这场争辩的整个构思似乎属于《云》的第二次上演，显然是为了给该剧增色而写（首演并不成功）。对《云》的VI假设明确将该场景列入阿里斯托芬为第二次上演所添加的部分中。[译按：VI假设（Wilson）提到，作者不仅去掉了一些内容，还加入了一些内容，并对剧情和人物活动做了改变。重要的改变包括新的歌队致辞，正义与不正义逻辑的争辩，还有最后精疲力竭者烧毁了苏格拉底的思想所（τὰ μὲν γὰρ περιῄρηται, τὰ δὲ παραπέπλεκται καὶ ἐν τῇ τάξει καὶ ἐν τῇ τῶν προσώπων διαλλαγῇ μετεσχημάτισται, ἃ δὲ ὁλοσχεροῦς τῆς διασκευῆς τοιαῦτα ὄντα τετύχηκεν. αὐτίκα ἡ παράβασις τοῦ χοροῦ ἤμειπται, καὶ ὅπου ὁ δίκαιος λόγος πρὸς τὸν ἄδικον λαλεῖ, καὶ τελευταῖον ὅπου καίεται ἡ διατριβὴ Σωκράτους）。]

种新精神的典型，这一典型自负、挑剔和抽象的吹毛求疵伤害了时代，造成艺术和悲剧技艺无可替代的价值遭到轻视和损失。①作为自身生活的理想内容和所受的最高教育都要归功于上述价值的人，诗人带着明确的感情，本能地背弃了一种以理性为最强力量的教育，这种敌意不仅是个人的，而且具有历史代表性的意义。

因为这种精神也已经侵入了诗歌。当阿里斯托芬在苏格拉底和理性启蒙面前为悲剧辩护时，欧里庇得斯是他背后的敌人。通过欧里庇得斯，新的精神浪潮完成了对崇高诗歌的入侵。因此，对阿里斯托芬来说，围绕教育的斗争以围绕悲剧的斗争为高峰。在这里，我们同样能看到阿里斯托芬的坚韧顽强，就像在围绕当代教育的斗争中那样。对欧里庇得斯的批判贯穿了其全部诗歌作品，最终变得几近迫害。②他的政治立场则远没有
473 那么坚定。即使是与克里翁的斗争或对和谈的主张（阿里斯托芬认为那至关重要）也只持续了区区数年。他的重点似乎日益倾向于文化批评。在可以进行公开讨论的问题中，文化问题总是最大的焦点。政治喜剧的沉寂也许是因为伯罗奔尼撒战争末期的形势变得过于绝望。舆论斗争的这种无限自由以城邦力量的过剩为前提，这在当时已不复存在。日益增长的政治怀疑不得不躲进私人圈子和俱乐部。雅典战败前不久，欧里庇得斯和索福克勒斯相继去世。悲剧舞台荒芜了，清楚地显示了一个历史时期的终结。在阿里斯托芬几年后写的喜剧《革吕塔德斯》（*Gerytades*）中，悲

---

① 《蛙》，1491起。

② 诗歌堕落问题的一个主要方面是音乐的沉沦，这在作品中被多次讨论。有趣的是，一边是阿里斯托芬及其时代的其他喜剧诗人对当代音乐的攻击，一边是柏拉图在《法律篇》中对其的著名批判（见本书第1008页起），两者非常相似。参见阿里斯托芬对当代教化的批判同柏拉图的其他相似点（见第373页注释③）。对于音乐文化的沉沦，喜剧中最令人印象深刻的段落是斐勒克拉忒斯（Pherecrates）一部喜剧的大段残篇，剧中的音乐女神衣衫褴褛地出场，美丽的身体也蒙受羞辱。她向“正义”（Δικαιοσύνη）抱怨自己的遭遇，并严厉指控了一些新派音乐家，如梅拉尼庇得斯（Melanippides），基内西阿斯（Cinesias），弗林尼斯（Phrynis）和提莫忒俄斯。见伪普鲁塔克，《论音乐》（*De mus.*）30。文中表示，阿里斯托芬用类似的方式攻击了音乐家费罗萨努斯（Philoxenus）。他对基内斯等人的攻击广为人知。喜剧诗人和柏拉图在他们的反复批判中观点一致，表明这一切不太可能是纯粹的玩笑，没有严肃目的。这是雅典“高贵者”的连续批判传统。在《法律篇》700d，柏拉图同样称新派音乐家“不懂音乐的正义”（ἀγνώμονες δὲ περὶ τὸ δίκαιον τῆς Μούσης），让人想起斐勒克拉忒斯关于音乐的残篇中的“正义”（见上面）。

剧诗人墨勒托斯（Meletos）、酒神颂诗人基内西阿斯和喜剧诗人萨努里翁（Sannyrion）等可悲的效颦者被作为使者派往冥府，以便向那里的伟大诗人求教。时代就这样嘲讽了自己。《蛙》创作于两位悲剧诗人去世和雅典陷落之间的短暂间隙，该剧的基调更具悲剧色彩。城邦的形势越严峻，所有人身上的压力越无法忍受，人们就越是急于找到精神依托和慰藉。直到这时才能看清，悲剧对雅典人民意味着什么。只有喜剧才能向所有人表达这点。能够这样得益于喜剧女神在它和悲剧之间拉开了尽可能大的距离而带来的客观性。此外，只有它还拥有一位名副其实的诗人。随着时间的流逝，喜剧达到的高度让它可以冒险接过悲剧在城邦中的劝诫角色，并激励人心。这是它最伟大的历史时刻。

阿里斯托芬在《蛙》中召唤了同索福克勒斯和欧里庇得斯一起死去的悲剧亡灵。对于因疯狂党派纷争而分崩离析的精神而言，没有什么能比这段回忆更有力地将其维系起来。恢复这段记忆本身成了政治家的工 474
作。为了召回欧里庇得斯，狄俄尼索斯亲自下到冥府。即使最仇恨死者的人也不得不承认，这是公众最热切的愿望。他的神明狄俄尼索斯是剧场观众的象征性化身，带有他们一切或大或小的可笑缺陷。但对阿里斯托芬来说，这种普遍的期冀提供了其与欧里庇得斯的艺术进行最后和最全面争辩的动机。他不再像过去那样附带地加以嘲讽（这种做法已经不适合当下情况），而是通过对问题的根本性深刻理解。他对欧里庇得斯的评价不以自己为标准（尽管作为一位伟大的艺术家，他有资格这样做），更没有将其视作时代的标杆。相反，他把欧里庇得斯与埃斯库罗斯加以比较，后者是悲剧之宗教价值与道德价值的最高代表。在《蛙》的结构中，这种简单但极具效果的对立展现了新旧诗艺的争斗，就像《云》中新旧教育的争斗。但《云》中的争斗对情节没有决定性的意义，而《蛙》中的争斗却是全局结构的基础。冥府之行是喜剧所偏爱的主题，在这点上，《蛙》类似欧波利斯的《公民》（*Demen*），后者描绘了从冥府召回昔日的雅典政客和将军，以便帮助缺乏良策的城邦。[①]通过将上述构思同诗人的争斗结合起来，

① 几十年前，人们在纸草上发现了欧波利斯《公民》的大段残篇。这为阿里斯托芬《蛙》中的冥府场景提供了更多信息，欧波利斯的作品显然是前者的文学模板。

阿里斯托芬得到了意外的结局：狄俄尼索斯为拯救心爱的欧里庇得斯而前往冥府，但当埃斯库罗斯战胜了年轻的同行后，他最终把那位年长的诗人带回人世来拯救母邦。

将该剧当成艺术作品来评价并非我们的任务。我们将其视作整个公元前5世纪对悲剧诗歌在政治共同体生活中之地位的最有力申明。因此，
475 《蛙》中的争辩部分对我们来说特别重要，埃斯库罗斯对自夸功绩的欧里庇得斯提出了这样的问题："回答我，人们为什么要赞美诗人？"[①]随后对序曲结构的滑稽细节、歌曲和悲剧其他部分的批判更多从美学角度出发，虽然充满了思想和幽默，并且凭借其丰富的具体-形象元素真正为全剧增色，但这不能被视作目的本身，因此必须被放在一边。不过，这部分对作品的喜剧效果至关重要，因为它平衡了之前对一切真正诗歌的真正伦理意义的争论，后者一次次变得如悲剧般严肃，需要此类平衡。那个时代关于诗人本质和职责的这种认识对我们非常重要，因为我们几乎没有该时代创作者的直接表述。[②]即使考虑到阿里斯托芬借埃斯库罗斯和欧里庇得斯之口所表达的对诗人本质的理解已经受到对同时代智术师理论之意识的影响，其中的这种或那种表述来自后者，上述争论对我们而言仍然具有不可或缺的价值，因为那是我们对于悲剧作品本身印象的可靠佐证。

"回答我，人们为什么要赞美诗人？"——欧里庇得斯的回答与埃斯库罗斯一致，尽管他选择的措辞显示了独特的理解："因为我们才智过人和能够教诲他人，可以把城邦的人变得更好。"[③]——"但如果你没有做到这些，反而把善良高贵的人变成了无赖呢？"——酒神插话说，"不用问他，那就该死。"——现在，带着喜剧戏谑式的激情，阿里斯托芬描绘了欧里庇得斯从前辈手中接过的人们是多么可敬而尚武。击败敌人是他们唯一的
476 渴望。自古以来，这就是诗人的职责：他们中的高贵者创作对人有益的东

① 《蛙》，1008。

② 古代文学批评的历史主要以哲学家柏拉图和亚里士多德的理论为中心，但其源头可以追溯到公元前5世纪：阿里斯托芬的《蛙》标志着它在我们已知的希腊文学中第一次出现。当然，它的背后是智术师关于诗歌问题的思想，现在已经几乎完全失传。见Alfonso Reyes, *La critica en la edad Ateniense* (Mexico 1941)，第111—156页明确谈到阿里斯托芬。

③ 《蛙》，1009。

西。俄耳甫斯向人们传授了密教，教导他们不要参与血腥的谋杀；缪萨伊俄斯（Musaios）教授治病和占卜之术；赫西俄德传授了耕作知识，提供了收获和播种的时间；而神圣的荷马之所以获得尊敬和声名，难道不是因为他教给人们如何列阵、鼓舞士气和武装战士这些有用的东西吗？以拥有狮子之心的帕特罗克洛斯和透克洛斯为模板，埃斯库罗斯塑造了许多真正的英雄形象，从而激励公民们在号角响起时效法这些榜样。

> 但我没有创作过像淮德拉和斯忒涅波伊亚（Stheneboia）这样的妓女，
> 也没有人能说我创作过某个恋爱中妇女的形象。[①]

阿里斯托芬喜剧的奇妙客观性常常会通过这种激情的轻微走调来恢复受到威胁的平衡。欧里庇得斯声称，自己的妇女主题戏剧都取材于神话。但埃斯库罗斯要求诗人把不好的东西藏起来，这些不应公开展示和教授。

> 老师向孩子指点正途，
> 诗人向成人做同样的事，
> 所以我们要永远说最高贵的话。[②]

欧里庇得斯没有在埃斯库罗斯高山般的表述中听出高贵，因为这番话缺乏人性。但对手向他解释说，内心具有伟大思想和见解的人必须用类似的话语表达它们，对于半神的人来说，更崇高的语言和华丽的行头一样重要。[③]“都让你糟蹋了。你把国王变成衣衫褴褛的乞丐，教会富有的雅典人也这样做，当城邦要求他们资助战船时，他们抱怨自己没钱。你教会 477
他们聊天和辩论，让摔跤学校空空如也……诱导水兵对长官造反。”[④]这让

① 《蛙》，1043。
② 同上，1053—1055。
③ 同上，1060起。
④ 同上，1069起。

我们置身于当时悲惨的政治局面中，欧里庇得斯要对此和其他一切不幸负责。

想要体会这种负面“致敬”的夸张喜剧的全部效果，我们必须看到，这番话并非面向坐满古典语文学者的剧场（他们按照字面意思解读一切，并为之愤怒），而是针对把欧里庇得斯奉若神明的雅典公众。不知不觉间，最细微的批评升级成扭曲的讽刺，而讽刺又化作喜剧式的傀儡，直到那位“神明”最终成了这个不幸时代一切悲哀的化身。然后，诗人在爱国致辞中向那个时代提出了令人兴奋和救赎式的劝诫。不过，在风趣的游戏背后，每行诗句中都包含了对城邦命运的痛苦担忧，并在这里得到了强有力的流露。每当谈到真正的和虚假的诗歌艺术时，诗人总是想到城邦。另外，虽然阿里斯托芬事实上千真万确地知道欧里庇得斯并非傀儡，而是不朽的艺术家，后者对他本人技艺的帮助无可估量，他对后者的感情事实上也要超过他对理想中的埃斯库罗斯的，但这种新艺术仍然不能向城邦提供埃斯库罗斯给予自己时代公民的东西，那是唯一能从当下的艰难困境中拯救祖国的。为此，狄俄尼索斯最终选择了埃斯库罗斯，冥王放这位悲剧诗人还阳时说：[1]

> 祝你一路平安，埃斯库罗斯，
> 前去用有益的建议拯救城邦，
> 并教育愚人，因为他们数量众多。

悲剧已经很久没有持如此的立场和做如此的表述，就像这里的悲剧
478 那般。喜剧的生命力仍然来自其公共性和引发的触动，而悲剧则带着自己最深刻的问题早已退回了人的内心。但全体的精神命运从未如此深切地引发公众关注，从未有什么像失去古典悲剧的痛苦那样，让人们如此强烈地感受到上述命运是政治事件。这时的喜剧再一次展现了城邦与精神命运的交织，以及创造性精神对全体民众的责任，由此达到了其教育使命的顶峰。

---

① 《蛙》，1500。

第6章

作为政治思想家的修昔底德

修昔底德并非希腊历史写作的肇始者，因此理解他的第一个必要步 479
骤是分析他之前的历史意识已经到达何种阶段。可以看到，此前没有过可以与其相比较的人，此后的历史写作也选择了完全不同的道路，在形式和标准上遵循自己时代的主流精神方向。但他与之前的阶段仍然存在关联。从ἱστορίη一词可以看出，最早的史学来自伊奥尼亚，源于自然研究诞生的时代。在希腊语中，这个词一直包含自然研究的意思，后者也是其最早和最根本的内容。[①]和最早的伟大自然学家们一样，赫卡泰俄斯同样来自伊奥尼亚的文化中心米利都。就我们所知，他率先从对整体的“探究”转向专门研究有人居住的大地，后者此前只是被视作宇宙的一部分，仅论及其最一般的表面结构。[②]他的地理和民族探究奇特地融合了虚构与实证，我们必须将这同他对神话的理性批判和谱系研究联系起来，使其在思想史的联系中为自己找到一席之地，从而将其理解成对古老史诗批判和理性分析过程的一部分。上述探究是历史写作诞生的重要先决条件，[③]后者出于

---

① 关于ἱστορίη被用作最早自然哲学的名称，见本书第166—167页。甚至亚里士多德也把他的动物学称为《关于动物的探究》(Περὶ τὰ ζῷα ἱστορία)，我们错误地将其译作“动物志”(*historia animalium*)。类似地，忒奥弗拉斯托斯也称其植物学作品为关于植物的ἱστορία。他们在这点上遵循古老的伊奥尼亚传统。

② 见F. Jacoby, *Hekataios*, in *Pauly-Wissowa*, *Realencyklopaedie*。另见F. Jacoby, *Griechische Geschichtschreibung* in *Die Antike* II (1926), 1ff.。

③ F. Jacoby可能想把希罗多德“史学之父”的传统头衔转交给赫卡泰俄斯。这种重新评价不无道理，只要我们把对人类生活现实的科学和理性研究视作历史的本质。但历史的宗教和戏剧元素直到希罗多德对其的新观点中才得以发展，在这点上他的确配得上自己的传统头衔。

同样的批判理念收集和整理了已知大地上各民族的传说，只要能够通过经验确证。

480 希罗多德完成了这紧随其后的一步，和赫卡泰俄斯一样，他仍把民族和地理探究视作整体，但以人为中心。他游历了当时的整个文明世界，包括近东、埃及、小亚细亚和希腊，实地询问和记录了各种陌生的习俗与生活方式，以及古代民族的神奇智慧，还描绘了他们的宫殿与神庙的巍峨，讲述王族和许多著名非凡人物的历史，并展现了神明的统治和人类运气的兴衰如何在他们身上得以体现。通过东西方之间战争的重大主题，他为这些形形色色的古老民族确立了内在的整体性。战争从最早有据可查的事例开始，即希腊与克洛伊索斯国王统治下的邻国吕底亚的冲突，一直说到波斯战争。希罗多德的散文展现了荷马式的叙事兴致和艺术，只是看上去平淡和质朴（人们就像过去欣赏史诗诗句那样欣赏它），向后世传颂了希腊人和蛮族的著名事迹，就像他在作品的第一句话中提出的目标。[①]被赫卡泰俄斯的理性批判杀死的史诗仿佛获得了重生，在那个启蒙的自然研究和智术师的时代，从英雄史诗的古老根系长出了新芽。实证研究的客观性与游吟诗人对荣誉的赞颂融为一体，一切所见和所闻都被用来为描绘人和民族的命运服务。这是丰富、古老和纷繁复杂的小亚细亚希腊文化的成果，虽然英雄时代早已结束，但随着几十年前就已注定的民族命运卷入了祖国在萨拉米斯和普拉泰亚战役中预想不到的崛起和胜利，这种文化再次被注入了历史的有力气息，不过最终并未因此而放弃其消极的怀疑。

修昔底德是政治史学的创立者。这个概念不适用于希罗多德，尽管
481 波斯战争是其作品的高潮。但人们也可以用非政治精神来写作政治历史。那位哈利卡那苏人在自己平静的母邦没有体验过国家生活，当他在波斯战争后的雅典第一次置身其中时，他更多是吃惊地隔岸观火。修昔底德则完全扎根于伯里克利时代的雅典生活中，政治是这种生活的每日食粮。自从梭伦在公元前6世纪纷杂的社会斗争中为坚实的城邦观念奠定了基础（我们从一开始就惊讶地看到雅典公民在这点上与他们的伊奥尼亚同族截然不

① 希罗多德作品的开场白措辞让读者想起了荷马史诗的风格和基调；尤其是ἔργα（事迹）和κλέος（名声），两者是史诗的实质，就像人们常常看到的那样。

同），重要人物对城邦事务的参与就让各种政治体验和确定的政治思想形式在那里变得成熟。最初，我们只能从伟大阿提卡诗人偶尔的开明观点中，或者在波斯人入侵期间，从刚刚摆脱僭主统治的雅典民众的政治行为中看到这些，直到萨拉米斯海战之后确立的忒米斯托克勒斯的大国政治完成了向阿提卡“帝国”的转向。

雅典在这一成果中展现了政治思想和意愿的惊人集中，修昔底德的作品对此做了充分的思想表达。希罗多德具有世界性的地理和民族视野，用冷静的目光考察了整个有人居住的大地上所有关于人和神的事迹。相比之下，修昔底德的视野是有限的，他从未离开希腊城邦的影响范围。[①]不过，这种范围小得多的对象却包含着重要得多的问题，作者的观察和体验也要深刻得多。问题的核心是城邦，这对当时的雅典而言已经几乎是不言自明的。并非不言自明的是，政治问题本身要求人们通过历史观念更深刻地加以理解。希罗多德的民族历史不会创造出政治历史，[②]但专注自身和 482
致力于当下的雅典突然迎来了命运的转折点，清醒的政治思想家感到必须求助和构建历史观念（当然具有新的意义和不同以往的内容），将其作为对雅典的政制发展必将引发重大危机的自我认识。并非历史写作具有了政治性，而是政治思想具有了历史性，这是修昔底德的作品所反映的思想过程的本质。[③]

既然如此，那么人们近来提出的修昔底德作为史学家的形成过程就显得不现实。[④]一个非常不言自明的前提是，历史学家的概念与本质对他和他的时代而言已经成型，就像对现代历史科学那样。修昔底德在其作品

① 修昔底德在第一章中提到（《伯罗奔尼撒战争史》，1.1.2），希腊人和蛮族都是自己作品的主题。这也许不仅是为了模仿希罗多德（后者正确地用这种兼收并蓄的方式界定了自己的作品），也因为战争对大片非希腊世界越来越大的影响。特别是波斯帝国在战争后期的角色变得日益重要，就像色诺芬的《希腊志》所描绘的。如果修昔底德的开场白并非在战争开始时所写，而是在战争后期或者结束后不久（我确信如此），那么提到蛮族就显得合理得多，而不是仅仅用其表示伊庇鲁斯、色雷斯和马其顿等国。

② 在希罗多德的世界观中，政治事件一直是他的神学生命概念的一部分，包括全部人类和神明事物。而在修昔底德那里，政治元素占据主导，希罗多德的神学框架荡然无存。

③ 换而言之，希罗多德和其他所谓的修昔底德前辈们的史学思想本身并不包含修昔底德的建设性政治史的萌芽。

④ 参见Konrat Ziegler, *Thukydides und die Weltgeschichte* (Rektoratsrede, Greifswald 1928)。

的一些题外话中零星提到了令他感兴趣的历史问题，但在其他地方他只关注伯罗奔尼撒战争，即他亲历的历史。他亲口在我们读到的第一句话中表示，他将从战争爆发讲起，因为他确信该事件的意义。但他在哪里学会了历史写作，又从哪里获得了对早前时代的知识呢？人们猜测，此前他正在从事对过去的研究，被战争打断后，他马上意识到这场战争是他必须使用的重要材料。之前研究的材料被他弃用，但为了不让它们全无用处，他在作品渊博的题外话中加入了它们。我认为这种解释更适合现代学者，而非政治历史写作的创造者，后者作为当事的政客和雅典舰队的指挥者亲身参与了战争，没有什么比当下的政治问题更让他感兴趣。战争把他变成了历
483 史学家，人们从哪里都无从得知他亲眼看见的东西，就像修昔底德所说，特别是某种完全不同的过去，他对准确认识后者不抱多少希望。因此，他完全不同于我们对历史学家的通常印象，而他偶尔谈及早前历史的问题只是顺带为之，无论我们对其中的批判性评价多么重视，或者此举是意图从当下出发表现过去的重要性。[①]

这方面的主要例子是第一卷开头的所谓“考古”，[②]其首要目的是证明相比于修昔底德所叙述的当下，过去完全不重要——只要可以推断出这点，因为我们从根本上无法了解过去。不过，对过去的这种观察越是简略，我们就能越清楚地看到修昔底德对历史的评判尺度，以及他认为对自己时代重要的标准。

在他看来，即使是希腊民族历史上最伟大和著名的事迹也不重要，因为那个时代的生活因其整体结构的关系而无法建立值得一提的权力机构和政制组织。当代意义上的贸易和流通尚未出现。由于民族的不断来回迁徙，人们相互将对方从自己的土地上赶走，不能过上真正的定居生活，这导致无法获得安定，而除了技术之外，安定是稳定形势的首要条件。修昔底德认为，经济条件最好的地区自然被人争夺得最多，居民也常常发生更

---

① 这种题外话就是第一卷开头的所谓“考古”，其中包含了早期希腊历史的丰富材料，并打岔说起了雅典当地关于“弑僭主者”哈摩狄乌斯和阿里斯托盖同传统的传奇性质（6. 54. 1起）。Ziegler在这些题外话中看到了修昔底德历史研究的根源，战争爆发后，他的研究转向当下。但它们似乎更像是修昔底德将自己在当下获得的政治经验应用到过去的问题上。

② 修昔底德，1. 2—19。

迭。因此，理性的土地耕作和资本的积累都变得不可能，也没有大城市和其他现代文明。发人深省的是，修昔底德在这里完全把更早的传统撇在一边（因为它们无法回答他的问题），[①]而是用他自己的假设理论取而代之，这是他基于对文化阶段与经济形式之规律性联系的更透彻观察所做的大胆 484
推论。这种史前史学的思想类似智术师关于人类文明起源的理论，但基于不同的视角。它用当代政治家的眼光，即纯粹的权力意识看待过去。他甚至把文化、技术与经济也只看作真正权力发展的必要先决条件。在修昔底德看来，权力首先是积累巨大的资本和建立幅员辽阔的帝国，这需要强大的海军支持。在这里，我们同样可以清楚地看到当时形势的影响。雅典的帝国主义成了对早前历史的评判尺度，除此之外很少有别的。[②]

除了视角的选择，修昔底德的史前史学在应用上述原则时同样信心十足。他用不带偏见和浪漫的强权政治家眼光仔细审视了荷马。对修昔底德来说，阿伽门农的王国是希腊第一个有据可查的大型权力机构。[③]凭着不可阻挡的洞察力，他对荷马的一句诗做了过度诠释，得出了那个王国也向海外扩张，因此必然有庞大海军支持的结论。最让他感兴趣的是海船谱，后者描绘了参加对特洛伊作战的各支希腊军队的海军力量，在其他地方对诗歌传统充满怀疑的修昔底德却倾向于相信那段描写，因为这证实了他关于当年诸强的实力不值一提的看法。[④]他对当时舰队的船只建造技术原始的推断同样来源于此。特洛伊战争是希腊历史上已知的第一次大规模的集体海外行动。此前只有克里特岛的弥诺斯建立过海上霸权，终结了大陆上仍处于半蛮族和分裂状态的希腊人的海盗生活。修昔底德认为，弥诺斯的舰队充当了严厉的海上警察，就像自己时代的阿提卡海军。于是，根 485
据其积累资本、打造舰队和建立海军的标准，他回顾了直到波斯战争的整个希腊历史，把一些船只建造技术的发明视作时代标志，而传统的丰富精

① 在阅读修昔底德对过去几个世纪依赖希腊历史的记录时，我们会想起现代罗马史学家Theodore Mommsen的态度。对于我们在罗马帝国时期的主要书面材料来源塔西佗，Mommsen指出他毫无用处，因为除了告诉我们对真正的历史学家无关紧要的东西，此人对“真正重要”的问题只字不提。这正是修昔底德对于自己所继承的全部所谓诗歌和历史传统的感受。

② 见所谓“考古”中的1.2.2，1.7.1，1.8.3，1.9，1.11.1等。

③ 1.9。

④ 1.10.3—4。

神内容则遭到无视。在战胜了波斯人之后的雅典，这种作为权力要素的国家第一次出现。通过希腊岛屿和小亚细亚希腊城邦加入阿提卡同盟，希腊的城邦世界中诞生了能与此前占据支配地位的斯巴达相抗衡的力量。此后的历史成了两大权力体系的军备竞赛，伴随着冲突和不断的摩擦，直到决战开始，这让此前所有的权力斗争显得犹如儿戏。

这段非常令人称道的背景历史最清晰地展现了历史学家修昔底德的本性，尽管显然不完整。①以经济和强权政治的宏大线条绘就的这幅浓缩图景，反映了修昔底德对自己时代的态度。正因如此，我才从背景历史讲起，而非因为修昔底德将其放在作品开头。在叙述战争时，同样的原则要贴切得多，但也远没有那么清晰，因为它们被用于更大的空间。而在这里，它们以几乎纯粹的形式呈现在我们面前，只被用于最少的素材。当代现实政治的关键词在背景历史中以近乎惯用语的频率被重复，给读者留下了如此深刻的印象，以至于他们在看到对这场战争的描绘时认为，那是希腊有史以来最大规模的实力展现和权力危机。

对象越是接近现实，修昔底德的参与越是活跃，他就越难确定对其
486 的立场。这次可怕的事件让他的时代分裂成两大敌对阵营，我们需要从他为确定对其的立场所展开的内心追求中理解这位历史学家的目标。如果他不是政治家，那么这种对客观性的追求将显得不那么惊人，但同样伟大。与诗人对昔日世界的事迹添枝加叶的描述相反，他只是希望尽可能准确地给出纯粹不偏不倚的事实，②这种思想本身源于科学而非政治观念，就像在伊奥尼亚的自然研究中那样。一边是永恒的自然，一边是受到激情和派系利益影响的政治领域，修昔底德的解放之举正是发生在上述思想立场从前者向后者的转移中。他的同时代人欧里庇得斯仍然看

---

① 我无法接受W. Schadewaldt的观点［*Die Geschichtschreibung des Thukydides* (Berlin 1929)］，他遵循E. Schwartz［*Das Geschichtswerk des Thukydides* (Bonn 1919)］，认为考古按语是修昔底德作品中非常早的一部分，并从中重建了修昔底德早期的思想态度（“智术师的门徒”）。我将在其他地方更详细地给出质疑的理由。（该书首版问世后，F. Bizer在他的论文中重新审视了该问题，并站在我一边，见*Untersuchungen zur Archaeologie des Thukydides*, Tübingen 1937）。见E. Taeubler, *Die Archaelogie des Thukydides* (Leipzig 1927)。

② 修昔底德，1. 21. 1，1. 22. 4。

到这两个领域被深渊般的裂缝分开。[①]对于“不变”对象的深入“研究”（Historie）仅限于自然。一旦跨过了政治生活的门槛，人们就会陷入憎恨与斗争。[②]但当修昔底德将“研究”转移到政治世界时，他赋予了真理研究以新的意义。[③]我们必须从希腊人对行动的独特理解出发来看待他的举动，即认为知识是真正的驱动力。这种实践目标让他对真理的追求不同于伊奥尼亚自然哲学家不带利益的“理论”。对阿提卡人而言，所有科学的目标都是引导正确的行动。这是将修昔底德和柏拉图同伊奥尼亚研究者区分开来的重要差异，无论两者的世界还有多少不同。但我们不能说，修昔底德的客观是由他天生缺乏激情注定的，就像许多历史学家被称为只有眼睛那样。对于是什么让他有力量摆脱纯粹的激情，以及他认为自己所追求的知识的好处，修昔底德在进一步界定自己作品的任务时做了亲口表述。[④]“对读者来说，我的作品中缺乏传奇会使其显得不太有趣。但 487
如果该作品对希望准确了解发生过，并且对人类来说注定将以同样或类似方式重新发生之事的人而言有用，那就足够了。创作本书更多是为了获得永恒的财富，而非为了立即赢得荣誉。”

个人和民族的命运将会重复，因为人的天性保持不变，修昔底德多次表达过这种思想。[⑤]这与我们今天通常所说的历史意识截然相反，后者认为历史不会重复自身。历史事件完全是独立的。个人生活中从未有过重复。但根据一句从赫西俄德开始就被引用的古谚，人会吸取经验，通过痛

① 欧里庇得斯，残篇910（Nauck）。

② 换句话说，被欧里庇得斯称赞为人类思想最高幸福的“研究”并非修昔底德的，而是卢克莱修的，后来维吉尔用著名诗句赞道：能够认识事物原因者是幸福的（*Felix qui potuit rerum cognoscere causas*）（《农事诗》2. 490）。

③ 见C. N. Cochrane, *Thucydides and the Science of History* (Oxford 1929)。作者特别讨论了修昔底德史学中的方法态度同当时的希腊医学的关系。与之完全对应的是医学方法对同时代哲学与教育理论的影响（苏格拉底、柏拉图和亚里士多德）；见本书第三卷第2章《作为教化的希腊医学》。这个事实证明，医学能够以截然不同的方式得到理解和利用。

④ 1. 22. 4。修昔底德作品第一卷中的这个著名章节分析了历史方法问题。

⑤ 这种观点在作品伊始就被提出（1. 22. 4），作者当时讨论了自己采用的方法和由此追求的目标。由于不变的人性，当下战争中所发生的事件将会在未来以相同或类似的方式再次发生。在关于政治危机性质的经典讨论中（3. 82. 2），修昔底德再次表达了人性在所有的历史变迁中基本保持不变的理念，并以此为基础提出了自己对历史知识实用性的现实构想。出于同样的理由，他对瘟疫症状做了著名的描绘（2. 48. 3起）；他预见到同样的疾病将会重现，关于其性质的知识（他的作品试图提供）将让未来的人们通过症状辨认出它。这似乎超越了我们（转下页）

苦的经验变得聪明。[1]希腊思想一直以追求这种认识和普遍性知识为目标。因此，修昔底德关于个人和民族的命运将会重复的假设，并不标志着完全现代意义上的历史意识的诞生。虽然也包含这种意识，但他的史学超越了完全以独立事件以及陌生和不同事物为主题，而是认识到它们中所包含的普遍和永恒法则。正是这种思想立场让修昔底德的历史描绘具有了不朽现实性的魅力。[2]这对作为政治家的他来说是关键的，因为只有当相同原因的相同影响能够在人类生活中造成相同的局面时，预见性和有计划的行为才有可能。只有这样，经验才成为可能，并能借此对未来做出某种预测，哪怕非常有限。

488　凭着这种发现，梭伦拉开了希腊政治思想的序幕。[3]但他关心的是认识城邦有机体的内在生命过程，后者因为反社会思想的入侵而遭受了某种病态的改变。出于宗教情感，梭伦在其中看到神圣正义性的惩罚，尽管他认为那些反社会行为的有害影响是由社会有机体自身的反作用造成的。后来，在雅典成为强国后，城邦内部领域之外又增加了政治经验的庞大新领域，即各城邦之间的关系，也就是我们所谓的外交。忒米斯托克勒斯是外交领域的第一位重要代表，修昔底德用值得深思的表述将其刻画成新型人物。[4]在这个人物的特征中，远见卓识和清楚的判断同样扮演了关键角色，按照修昔底德的说法，他希望通过自己的作品让这些品质教育后世。同样的基本思想在整部作品中被反复强调，让人确信他对这个目标非常认

（接上页）所认为的政治思想家的工作范畴，但在关于科学头脑的任务及其同人类生理与心理性质之关系的构想上，这与他对政治现象的分析存在共同点。修昔底德作品的另一些段落展现了其人性不变概念的最重要之处，如1.76.2—3，4.61.5，5.105.2。上述段落表示，强者总是想要统治弱者，这符合人性。在修昔底德的思想中，人性很大程度上是激情总体上维持不变的优势地位，特别是意志对理智的优势。修昔底德史学思想的这条公理符合智术师时代的理念，他在作品中描绘的所有政治派系和交战诸邦同样明确持此观点。正是通过把矛头对准这条公理，柏拉图批判了当时和现今之人政治理解的道德基础。见本书第592页、第601页起、第604页。

① 赫西俄德，《工作与时日》，218。

② 我们也许可以把修昔底德的这种态度称为“古典的”，不同于现代史学对时代、状况、人物和思想的普遍兴趣。这种个人主义化的历史观是18世纪末和19世纪初浪漫主义精神的产物。见Friedrich Meinecke, *Die Entstehung des Historismus* (2 vols., Munich and Berlin 1936)。

③ 参见本书第151—152页。

④ 修昔底德，1.138.3。

真。我们完全不应把这种目标设定视作智术师启蒙的时代残余，[①]为了保留这位历史学家的纯粹形象必须将之除去。相反，修昔底德为政治知识付出的努力包含了其精神的真正伟大之处。他对事件本质的理解来自政治知识，而非任何伦理学、历史哲学或宗教理念。[②]他把政治视作具备固有规律性的世界，只有当人们把事件放在整体过程的相互关系中，而非单独看待时，他们才会注意到这点。在对政治事件之规律和本质的这种深刻见地上，修昔底德超越了所有古代的历史学家。只有伟大时代的雅典人才能做到这点，那个时代带来了斐迪亚斯的艺术和柏拉图的理念，两者是同一精神形式具有本质区别的创造。没有什么比培根勋爵在《新工具》（*Novum* 489
Organon）中的名言更好地概括了修昔底德关于政治史知识的概念，[③]他在这段话中将自己新的科学理想与经院学家对立起来：人的知识和力量归于一体，因为不知原因就无有结果。因为自然只有通过服从才能被征服：在沉思中如同原因者，在行动中如同规则。（Scientia et potentia humana in idem coincidunt, quia ignoratio causae destituit effectum. Natura enim non nisi parendo vincitur: Et quod in contemplatione instar causae est, id in operatione instar regulae est.）

不同于梭伦的政治-宗教世界，以及智术师或柏拉图的政制哲学，修昔底德政制思想的独特之处在于不包含任何普遍的教诲，没有“用故事讲道理”，而是直接通过具体事件来理解政治的必要性。只有这样才有可能，因为修昔底德面对的是一种极其特殊的事件，政治现实的影响方式和原因在其中呈现出独一无二的紧密性。不加考虑地将修昔底德的历史概念移植到任何时代是无法想象的。这就像人们指望任何时代都一定会出现类似阿提卡悲剧或者柏拉图哲学的东西。仅仅是纯粹地如实描绘某个事件无法满足这位政治思想家的意图，无论该事件多么重要。他需要特别的可能来展示精神和普遍性。修昔底德别具特色的一种表现手段是插入无数演说，它们首先是政治家修昔底德的话筒。根据他对历史写作原则的表述，似乎可

① 见本书第386页，注释①。

② 希罗多德和色诺芬在他们的史学作品中表达过此类理念。

③ Bacon *Novum Organum* I, 3 (Fowler, 2nd ed., Oxford 1889).

以不言自明地认为他必然会像记录外部事件那样记录领袖人物的演说。但它们没有被逐字逐句地再现，因此读者不应对其使用与描绘事实时相同的准确性尺度。修昔底德只是记录了它们大致的整体意思，但在细节上只是
490 让那些人物说出他觉得形势所要求的话。①这是一种影响深远的发明，我们不能从历史学家对准确性的追求来理解它，而是要考虑到深入事件的终极政治动机的要求。

这种要求在字面意义上是无法满足的。我们永远不能依赖这些人真正说的话，因为那常常只是他们的面具，而是必须进入他们的内心，但那是不可能的。不过修昔底德仍然相信，我们能够看清和描绘各方真正的主要思想。于是，他让人们在公民大会上的公开演说中或者像梅洛斯人对话那样在四面城墙内表达自己最深刻的意图和理由，因为各方必然会从各自的立场出发按照自己的政治观点发言。就这样，修昔底德时而作为斯巴达人或科林斯人对读者讲话，时而作为雅典人或叙拉古人，时而作为伯里克利或阿尔喀比亚德。这种演说技巧表面上可能以史诗为模板，在较小程度上也效法了希罗多德。②但修昔底德大规模使用了这种手法，得益于这点，对于这场爆发于希腊文明思想高峰并且伴随着涉及所有层面激烈讨论的战争，我们首先将其视作思想之战，其次才是军事过程。某些人试图在修昔底德的演说中寻找当时原话的痕迹，但这是不可能完成的任务，好比我们希望在斐迪阿斯的神像作品中找到具体的人类原型。此外，虽然修昔底德想要了解事件的过程，但无疑他给出的许多演说事实上并不存在，大部分都完全不同。当他相信通过对当时事件和局势的思考可以提出某种必然性（τὰ δέοντα）时，这种必然性背后的考虑是，这场战争中的任何立场都具有给定和不可更改的内在逻辑，从更高角度看待事物的人可以充分地发展这种逻辑。这就是那些演说在修昔底德意义上的客观真实性，无论其中包
491 含了多少主观成分。只有对那位历史学家身上的政治思想家做出恰如其分

① 修昔底德，1. 22. 1。关于对修昔底德作品这种方案的解释，见A. Grosskinsky, *Das Programm des Thukydides* (*Neue deutsche Forschungen* Abt. Klass. Phil., Berlin 1936)。另见我的弟子H. Patzer的论文，*Das Problem der Geschichtsschreibung des Thukydides und die thukydideische Frage* (ib. 1937)。

② 见A. Deffner, *Die Rede bei Herodot und ihre Weiterbildung bei Thukydides* (Munich diss., 1933)。

的评价，我们才能理解这点。他创造了一种新风格作为自己思想的这类理想形象的表达语言，即所有的演说都远远超越了当时真正的希腊口语，使用了让我们觉得过于夸张的艺术性和抽象性对仗手法。①凭借这种竭力表达其思想的艰涩语言（在当时智术师修辞的形象风格手段面前显得非常奇特），这种风格成了对修昔底德思想的最直接表达，其晦涩性和深刻性堪比最伟大的希腊哲学家。

作品开头关于战争原因的分析是对修昔底德所宣扬的政治思想最好的例证之一。希罗多德同样把欧洲和亚洲的冲突原因作为开头，从战争责任的意义上理解此事。这个问题在伯罗奔尼撒战争期间自然也引起了各方的激烈讨论。但当人们对战火爆发的所有细节进行了上百遍讨论后还是没有看到争执平息的希望，双方仍然相互指责时，修昔底德以新的方式提出了这个问题。②一边是点燃战火的争执原因，一边是战争的"真正原因"，修昔底德从一开始就对两者做了区分，就像他立即指出的，后者是对斯巴达构成威胁和不断壮大的雅典的力量。修昔底德从医学语言中借用了希腊语单词πρόφασις来表示原因的概念。医学最早对疾病的真正原因及其纯粹的症状做了科学区分。③将这种有机-自然科学的思维方式移植到战争起因的问题上并非纯粹的形式之举。它表示该问题通过脱离正义-道德领域而实现了彻底的客观化。政治由此被确立为具有独立和自然因果性的 492
领域。修昔底德认为，对立力量的秘密斗争最终引发了希腊城邦生活的危机。对这种客观原因的认识具有某种解放作用，因为产生此类认识的人超越了派系的可憎争执以及罪与非罪的讨厌问题。但这同时也产生了压抑效果，因为它让此前看上去属于道德评判之自愿举动的事件显得像是不可阻止和具有更高必要性的长期过程的结果。

---

① 就像我所描绘的，修昔底德作品中的演说风格至少在某种程度上对应了他那个时代的政治：修辞语言。这是John Finley的《修昔底德》中某章的论点（见 *Thucydides Cambridge*, Mass. 1942, 250ff.）。另见该作者的'The Origin of Thucydides' Style' in *Harvard Studies* in *Classical Philology* 50 (1939), 35ff.；及其'Euripides and Thucydides', ib. 49(1938) , 23ff.。

② 修昔底德，1. 23. 6。

③ Eduard Schwartz（见本书第386页注释①）等更早的评注者已经认识到了πρόφασις的医学起源，并做了简单陈述。Cochrane（第387页注释③所引书）把它变成了更广泛研究的主题。

在一段插入战争直接历史背景的著名按语中，修昔底德描绘了该过程位于战争爆发前的第一阶段，即赢得波斯战争后的50年间雅典势力的不断扩张。[①]这种形式对他来说完全合理，因为他在这里必须打破作品的时间框架进行追述。就像他本人所说，对雅典崛起历史的概述也是目的本身，在他之前还没有人对最新发展的这个重要阶段做过充分描绘。[②]由此，我们无疑会产生这样的印象，即这段按语和修昔底德在其中对战争真正原因所说的一切都是后来才被插入历史背景中的，后者最初仅限于战争爆发前夕的外交和军事事件。造成这种印象的不仅是作品不寻常的结构形式，还考虑到修昔底德在初稿中肯定描绘了战争的开始，而关于雅典势力崛起的按语中已经提及长墙的被毁（公元前404年），因此至少作品现有的形式直到战争结束后才出现。[③]按语中提出的战争的真正原因
493 显然是对该问题毕生反思的结果，属于后期的修昔底德。早期的修昔底德对纯粹事实要重视得多，但到了后期，他身上的政治思想家变得越来越不受拘束，越来越大胆地从内部关系和必要性上来理解整体。[④]以我们面前的形式而言，该作品的影响本质上基于这样的事实，即它呈现了一篇最大规模和独一无二的政治论文，从作品伊始对战争真正原因的表述就能清楚地看到。

如果我们要求"真正的历史学家"从一开始就以修昔底德意义上的由来已久的更高必要性来充分理解真正的原因，那将是有违历史的"乞题"（petitio principii）。最引人注目的例子来自利奥波德·冯兰克（Leopold v. Ranke）的《普鲁士史》（*Preußische Geschichte*）。在1870年后的第二版中，他以全新的眼光看待普鲁士国家发展的历史意义。兰克亲

① 1. 89—118。

② 1. 97. 2。在此之前，赫拉尼科斯（Hellanicus）的《阿提卡纪实》（Αττικὴ ξυγγραφή）也描绘修昔底德明确提到的这个阶段，但后者批评其不充分和在年代上不准确。

③ 1. 93. 5。关于比雷埃夫斯港周围雅典长墙（即使在敌人系统性地摧毁了雅典的防御工事后仍能见到）宽度的那句话看上去不像是后来加入的，并不能够轻易地从上下文的句法结构中去掉。关于伯罗奔尼撒战争爆发之前50年的全部按语很可能都是战后所写（见下页注释④）。

④ 作品一开始显然被计划写成纪实（ξυγγραφή），修昔底德后来也照做了（1. 1. 1）；他还用这个词表示赫拉尼科斯在写作战前雅典历史时所用的叙事类型（1. 97. 2）。但在写作过程中，"纪实"吸收了修昔底德的全部政治反思，在作品最终的部分留下了鲜明的印记，就像我们现在看到的。完成后的作品不再仅仅是纪实。

口表示，直到那时他才有了视野广泛的普遍性思想，因此他相信自己有必要在第二版的前言中向各种形式的合作研究者致歉，因为该书并非纯粹地为了查明事实，而是旨在揭示历史的政治意义。这些新的普遍性思想首先体现在对普鲁士国家诞生的全新以及深入和广泛得多的陈述。修昔底德在战争结束后同样重写了包含战争缘起历史的作品开头。

在看到战争的真正起因是雅典的势力后，这位历史学家又试图从内部来理解该问题。在他描绘的战争历史缘由中，我们肯定会注意到，他仅仅把关于雅典势力外部发展的按语作为对斯巴达会议动人描绘的注脚。那次会议上，斯巴达人在同盟者的强烈推动下做出了开战的决定。虽然直到后来的伯罗奔尼撒同盟的全体会议上才真正宣战，但修昔底德正确地认识 494
到第一次非正式磋商（只有几个对雅典不满的主要同盟邦参加）对做出真正决定的突出重要性，并通过四段演说[①]（作品其他地方没有连续出现如此之多的演说）展现了它的意义。在修昔底德看来，让斯巴达人做出开战决定的并非同盟邦提出的理由（它们的不满被描绘成磋商的主要内容），而是对雅典在希腊不断扩大的霸权的恐惧。[②]这在真正的磋商中无法如此不加掩饰地呈现，但修昔底德将作为会议中心的城邦权利问题大胆地放到一边，在所有发表过的演说中只保留了科林斯人的最后演说。[③]科林斯人是雅典人的死敌，作为希腊的第二大贸易力量，他们与雅典是天然的竞争对手。他们带着深刻的仇恨看待雅典，因此修昔底德以他们为工具，通过将雅典人特有的行动力和扩张欲与斯巴达人的举棋不定进行比较来说服后者。我们面前出现了一幅关于阿提卡民族性格的画面，任何雅典节日演说者在赞美家乡时的描绘都不会比它更让人印象深刻，即便是伯里克利的葬礼演说（那是修昔底德的自由创作，科林斯人的演说借鉴了其中的不少内容）。[④]毋庸置疑，这并非科林斯人在斯巴达所做的真正演说，而是修昔底德完全自由的创作。对史学家来说，这种让敌人在另一个敌人面前赞美自

① 修昔底德，1.66—88。
② 1.88。
③ 1.68—71。
④ 当然，我们在这里无法对此详加证明（另见下一条注释）。但如果我们视其为理（转下页）

己的做法（即使在修辞学意义上也是最高的写作成就[①]）不仅满足了直接煽动的目标，还发挥了更重要的作用，即对雅典势力发展的心理基础做了
495 独一无二的分析。在斯巴达人的迟钝和冷淡，在他们老式的正派和狭隘的固执观念背景下，我们看到了雅典人截然不同的脾性（其中夹杂了科林斯人的嫉妒、憎恨和赞美）：无休止的行动欲，计划和冒险的巨大热情，能适应一切情况的灵活弹性，不因失败气馁，而是被激励去取得更大的成就——就这样，该民族的这种重新塑造一切的力量不断扩大着自己的范围。这里所说的完全不是对雅典的道德肯定，而只是描绘了能够解释他们在过去50年间成功的心灵动力。

现在，针对雅典势力的上述心理学解释，修昔底德又大胆地构思了第二种类似的思考。他让雅典使团在斯巴达人的战争磋商中发表演说（自然做了必要的场景转换，变成为此召集的公民大会[②]），演说的外在动机让读者非常难以理解，也许是有意如此。演说和回应演说并未置于舞台上，而是放到了公众面前，两者在效果上统一成宏大的整体。在心理分析的基础上，雅典使团又加入了对雅典势力从开始到当下发展的历史分析。不过，这种历史分析并非纯粹地列举雅典扩张的外在步骤，就像在稍后的按语中所做的，[③]而是描绘了驱使雅典人如此成功壮大自身势力之动机的内在发展画面。就这样，我们看到了修昔底德如何将三种指向同一目标的对问题的思考放在一起。雅典人关于雅典势力壮大之历史必然性的演说在

（接上页）所当然（我希望以后能证明这点），并且如果伯里克利的葬礼演说显然是史学家在战争的悲剧结局之后所写，那么科林斯人的演说也必然属于同一时期。我认为，在斯巴达的同一场合所做的其他三场演说同样写于该时期，特别是雅典使者的（1.73—78）。我们曾经提到（第392页注释③），关于伯罗奔尼撒战争爆发之前50年的按语（1.89—118）表现出同样写于较晚时间的痕迹。这一切都倾向于下面的解释，即第一卷中关于战争“真正原因”（ἀληθεστάτη πρόφασις）的全部内容［现在位于外交争执（αἰτίαι）之后，参见1.66.1］——或者说从更深刻和更普遍视角对历史事件所做的评价——是修昔底德在最后阶段完成作品的最终形式后才加入的。

① 参见柏拉图，《美涅克塞努篇》（*Menex.*），235d。从修辞学观点来看，在敌人面前颂扬一座城市比在本土赞美它困难得多。因此，修昔底德似乎从双重意义上构想了自己的任务，一方面通过伯里克利的葬礼演说在本土赞美雅典，一方面通过科林斯人之口在斯巴达人及其盟友中间颂扬它。两篇演说只是同一计划的不同部分，把它们结合起来的想法表现了修昔底德典型的客观性。没有科林斯人的演说，葬礼演说将变得类似伊索克拉底的颂词，后者本质上是主观的。

② 修昔底德，1.73—78。

③ 见关于战前50年的按语，1.89—118。参见本书第391页起。

他手中成了风格雄浑的辩护，只有修昔底德自己的精神才能把握。这是他本人的想法，只有当其在雅典沦陷后达到个人政治经历的痛苦顶峰时才能体会到，但他在这里让那位未具名的演说者在战争爆发前就未卜先知地做了预言。在修昔底德看来，雅典势力的根源来自它为城邦存亡和希腊民族 496
的自由所做的永不褪色的贡献，来自它在马拉松和萨拉米斯战役中的决定性角色。[①]通过城邦同盟的意愿获得霸权后，因恐惧斯巴达人由此产生的嫉妒（现在他们感到自己世代相传的领导地位受到威胁），雅典必然会寻求长久维持和加强目前赢得的权力，用日益严厉的集权领导来阻止同盟成员的背叛，将最初自由的同盟城邦逐渐变成雅典的臣民。除了恐惧动机，还出现了野心和自私两种伴随动机。[②]

这就是雅典的权力按照不可变更的人性法则所必经[③]的发展过程。它让斯巴达人相信自己是在行反抗霸权和专断的正义之举，但当他们消灭雅典和取代了其统治后，他们将马上失去希腊人的同情，因为权力只会转手，它的政治表现形式、方法和影响并不改变。[④]在公众看来，雅典从战争的第一天开始就代表了暴政，而斯巴达则是正义的保护者。[⑤]鉴于当时的形势，修昔底德认为这理所当然，但他在历史赋予双方的角色中没有看到永久的道德特质，当有朝一日权力易主时，旁观者将吃惊地发现它们交换了角色。上述观点显然来自当雅典败亡后，希腊必将陷入斯巴达人霸权统治的重要经验。[⑥]

---

① 在这点上，他只能采用前辈希罗多德在其作品中的论点。但这种论点显然也是雅典政策本身的形式，雅典将其作为在波斯战争后的50年间逐步扩张自身势力的理由。

② 修昔底德，1.75.3，1.76.2。就这样，读者两次看到了这三大动机。

③ 见1.75.3，ἐξ αὐτοῦ δὲ τοῦ ἔργου κατηναγκάσθημεν（出于此事本身，我们被迫……）。另参见1.76.1，作者有意重复了“被迫”一词。如果斯巴达人接受了波斯战争期间雅典人从盟友那里接受的角色，那么他们将“被迫”以和雅典人完全相同的方式建立霸权。这里所用的政治必然性或被迫性概念可以回溯到1.76.2—3提出的人性概念。

④ 1.77.6。

⑤ 2.8.4—5。虽然本身是雅典人，但修昔底德没有讳言事实，即希腊人大多同情斯巴达一方，怨恨作为帝国主义势力的雅典。这种坦率的承认中没有包括历史学家的任何个人憎恶。他认为所有的帝国主义势力都必将受到敌视，不应阻碍雅典完成自己的任务。

⑥ 在我看来，“如果你们打败了我们并取而代之，你们将很快失去同情，那完全是由于对我们的恐惧而产生的”（1.77.6）指涉了战后真正发生的事。提到保萨尼亚斯及其在希波战争后的角色显然是暗示吕桑德在伯罗奔尼撒战争后同样的专制强权政治。由此可以确定，雅典使者的演说（1.73—78）与科林斯人的演说（1.68—71）写于同一时期；见第393页注释④和第394页注释①。

当然，那时的人们普遍对这种关于一切权力固有之政治合法性的思
497 想非常陌生，就像修昔底德的继承者色诺芬所展现的。出于其朴素的正义信仰，斯巴达霸权后来的败亡和雅典的败亡都是神明对人类狂妄的惩罚。[①]这种对比让我们第一次认识到修昔底德思想成就的真正价值。凭着对导致战争的事件之固有必然性的洞见，他第一次达到了自己所追求的客观性的顶峰。对斯巴达和对雅典的评价同样如此。由于在修昔底德眼中，雅典力量的崛起道路是必然的，[②]我们必须在天平的另一边恰如其分地放上史学家的话，即对雅典势力的恐惧让斯巴达"被迫"[③]开战。对于这里和修昔底德作品的其他地方，我们都不能说是偶然的表达含糊。似乎还没有人注意到，当经过多年岌岌可危的停火后战端重开时，他使用了同样的表达：经过一段时间潜在的敌意，对手"被迫"重新开战。[④]他在所谓的第二序言中说了这话：战争结束后，他提出了开创性的思想，即这两场战争应该被视作唯一的一场大战。一边是这种思想，一边是他在起因分析中表达的战争不可避免的必然性观点，两者都属于他政治见地的最后阶段，组成了宏大的整体。

提出战争统一性的问题后，我们便已经从原因转向战争本身。在对战争的描绘中同样可以看到事实和政治理念的大量交融。如果说希腊悲剧通过歌队而与后世的戏剧相区别（歌队的心灵波动不断反映着事件，使其意义为人所知），那么修昔底德的历史叙事则通过能澄清材料的思想加工
498 来与后世继承者的政治史相区别，这种加工并非拖沓的论理，而是主要通过把演说变成思想活动，[⑤]使其呈现在共同思考的读者眼前。演说是取之不尽的教诲源泉，但我们在这里无法试图描绘其在政治思想上的财富。演说有时采用程式语句的形式，有时采用推理或犀利的对比。作者偏爱的

① 见本书第938页和修昔底德，1.36.2。

② 参见上页注释③。

③ 见1.23.6，这种政治必然性和纯粹的强权政治考量被定义为战争的真正原因（ἀληθεστάτη πρόφασις）。

④ 5.25.3。另参见1.118.2，修昔底德表示，如果不是被迫，斯巴达人永远不会很快参战。不过，虽然他们最初认为自己没有如此受迫，但最终还是看到了战争不可避免的必然性。

⑤ 见A. W. Gomme, *Essays in Greek History and Literature* (Oxford 1937)。书中讨论了修昔底德作品里的演说。

手法之一是将关于同一问题的两段或更多的演说放在一起，即智术师所谓的“争辩”。通过阿尔喀达墨斯（Archidamos）和监察官斯忒涅拉达斯（Sthenelandas）的演说，修昔底德展现了斯巴达政坛的两派势力为开战决定展开的斗争，一方是希望和平，试图阻止战争，另一方则推动开战；类似地，在出征西西里之前，尼喀亚斯和阿尔喀比亚德也发表了演说，两人共同行使最高指挥权，但在战争政策上截然相反。修昔底德以米蒂利尼的背叛为契机，通过克里翁和狄奥多特斯（Diodotos）在雅典公民大会上的论战表达了阿提卡同盟政策中激进派和节制派的观点，并揭示了在战争中如何正确对待盟友问题的巨大困难。不幸的普拉提亚（Plataä）被占领后，普拉提亚人和忒拜人在斯巴达执行委员会的面前所做的演说（为了面子上过得去，委员会向世人上演了一部法庭审判剧，控诉者的盟友同时也是法官）展现了战争与正义的不可调和。

修昔底德的作品大量谈及政治口号，以及争执中的理念与现实的关系等问题。作为自由和正义的代表，斯巴达人出于原则考虑偶尔会被迫扮演道德的伪君子。总体上说，这些漂亮的口号很好地符合了他们的利益，所以他们本人不必意识到两者的区别。对雅典人来说就没有那么容易了， 499
因此他们注定要把诚实作为出路。诚实可能显得粗暴，但常常比“解放者”的道德空话更让人同情，布拉西达斯（Brasidas）的形象是后者在精神上最令人信服和最受敬爱的代表。

在梅洛斯（Melos）和卡马里纳（Kamarina）的演说从正义和现实政治两个不同角度揭示了弱国在大国战争中的中立问题。西西里人展现了因利益冲突而分裂的个体城邦在共同的外来压力下实现民族统一的问题，他们不断在对外部敌人的恐惧和对最大的西西里城邦霸权的担忧间摇摆，打心底希望两者都被毁灭。斯巴达人在皮洛斯失利后，通过和解或者胜利实现和平的问题被提出，这场失利让斯巴达人突然乐意接受和平，而早就对战争厌倦的雅典人现在却马上再次拒绝一切和解。与军事策略相关的战争心理问题被放在将领们的讲话中，而与政治相关的则被放在一些伟大统帅的演说中，比如通过伯里克利表达了雅典人的厌战和悲观。[①]此外，书

① 2.60—64。

中还描绘了像瘟疫那样的天灾所产生的巨大政治影响，这场灾难毁灭了秩序，带来了无法估算的损失，而克基拉（Kerkyra）革命的恐怖（显然与瘟疫相提并论）则被用作动机，借此详细描绘了因为漫长的战争和不受约束的派系斗争而导致的社会道德，崩溃以及一切社会价值的颠覆。[①]与瘟疫的这种类比强调了修昔底德对此事的态度，他没有将其道德化，而是像对待战争的原因问题那样采用医生般的犀利诊断。在他看来，政治道德的崩溃是战争病理学的病例。上面的草草概述足以表明，修昔底德盘点了这
500 场战争所包含的政治问题的全部范畴。他探讨上述问题的时机经过精心选择，并不总是完全取决于事件本身。同样的事件可能得到全然不同的对待，有时战争的血腥牺牲和恐惧会被有意放到重要位置，有时则用冷静的列举一笔带过，因为只需几个例子就足以描摹战争的这个方面。[②]

和分析战争起源一样，对战争的描绘本身也以权力问题为中心，上面提到的许多个别问题也与之有关。修昔底德并非从纯粹的擅长权术者的视角看待该问题，这对一个具有深刻眼光的政治思想家来说不言自明。他明确把这个问题置于人类的整个生活中，后者并不将追求权力当成全部。值得注意的是，作为对权力视角最开放和最无畏的拥护者，雅典人在自己帝国的内部将正义视作最高准则并以此为荣，他们不认可东方意义上的专制，而是想要成为现代的法治城邦。这正是雅典人在斯巴达人面前为阿提卡帝国主义的外交政策辩护时所表达的。[③]在修昔底德看来，城邦内部的派系斗争演变为全体对全体的战争是一种严重的政治病症。[④]但在城邦与城邦的关系上就不是这样，虽然同样存在协定，但最后的决定取决于权力而非正义。如果双方势均力敌，人们称之为战争；但如果一方不成比例地强大，它将被称为支配。修昔底德描绘了一个这样的例子，即中立的梅洛斯岛被海上霸主雅典征服。[⑤]此事本身并不重要，但直到一个世纪后仍然

---

① 3. 82—84。

② 哈利卡那苏人狄俄尼修斯批判性地评价了修昔底德在战争描绘中安排焦点的这种做法，见《论修昔底德》（作为作家），第10章起；特别是第15章，第347页，15节起（Usener-Radermacher本）。

③ 1. 77. 1。

④ 3. 82—84。

⑤ 5. 84—116。

影响着希腊舆论和引起人们对雅典的反感，①而在战争期间，它让对雅典本已所剩无几的同情降至零点。②

我们在这里有了一个经典的例子，可以看到修昔底德如何独立地从 501
事件的实际意义来把握其中的普遍问题，并创造出一部政治思想的杰作。他使用了其他地方不曾用到的智术师争辩的对话形式，让对立双方在你问我答的思想较量中针锋相对地提出各自论点，以便让权力和正义的痛苦斗争在其持久的必然性中变得永恒。③没有人会怀疑，在梅洛斯议事厅墙内所说的这番话是修昔底德按照两种原则的理想竞争所做的非常自由的创作。勇敢的梅洛斯人马上认识到，他们无法诉诸正义，因为雅典人只以自己的政治利益为准则。④他们试图让对手明白，利用优势地位时保留最后的限度对雅典人自己也有利，因为即使如此大国有朝一日也必将求助于人的公正诉求。⑤但雅典人没有被吓住，而是把吞并这个小岛视作自身利益的要求，后者坚定的中立主张会被世人当成雅典的软弱；⑥但摧毁它于他们无益。他们警告梅洛斯人不要不合时宜地逞英雄；在现代大国的权力理性面前，梅洛斯人的骑士伦理没有了用武之地。他们警告对方不要盲目信赖神明和斯巴达人：神明总是站在强者一边，就像自然中处处可见的，即使斯巴达人也会避免人所称的“丢脸”的事，除非那符合他们的利益。⑦

把自然法则作为强者正义的基础，将神明的概念从正义的保护者变成一切尘世统治和霸权的原型，这些在原则和世界观上加深了雅典人权力观的自然主义。雅典人试图以此解决同宗教和道德的冲突，因为比他们弱小的对手希望借助这两者取胜。在这里，修昔底德展现了雅典强权政治的 502
最大影响和对其意识的高峰。从他所选择的形式的本质可以看到，他在这场争执中既不愿也不能给出结论，因为智术师双重论证的优势在于让人们辩证地意识到问题的两面性，而非解决问题。当然，根据作者的一贯立

① 参见伊索克拉底，《颂词》，100和110；《泛希腊集会辞》，63和89。
② 关于战争期间希腊人的同情，见修昔底德2.8.4。参见本书第396页。
③ 这是修昔底德在整部作品中反复强调的必然性。参见第396页注释③和④。
④ 5.89。
⑤ 5.90。
⑥ 5.97。
⑦ 5.105。

场，他在这里也不可能希望以异端裁判的身份出现。这段话的真正新颖之处显然在于不加掩饰地展现了纯粹的权力理性，后者是当时才有的政治体验，更早的希腊思想家们对此完全陌生。一边是政治理性，一边是作为某种自然法则或自然正义的现行道德，即“法律正义”（νόμῳ δίκαιον），他将两者对立起来，表明这里的权力原则属于一个与传统法律完全不同的合法性领域，既没有取代后者，也不居于其下。我们不能从柏拉图的哲学视角出发认为这位政治思想家从当时的城邦概念中发现这个问题，不能认为修昔底德必然以“善的理念”为标准来评判城邦争霸。在其作品的最高理想成就中（比如梅洛斯对话），他仍是智术师的门徒，[①]但通过把他们的悖论用于描绘历史事实，他把这种事实的图景变得如此充满矛盾和扣人心弦，仿佛已经包含了柏拉图的各种难题。[②]

现在让我们转向雅典强权政治在战争中的实际发展。我们无意回顾每一次变化，而是挑选了其达到顶点的那个关键时刻，即公元前415年对西西里的远征。这次远征不仅是修昔底德叙事艺术无可争辩的高峰，也是他政治理解的焦点。修昔底德从第一卷开始就对西西里远征做了铺垫。早在战争开始前，出于谁掌握了克基拉也就主宰了前往西西里航路的暗示，
503 雅典就已经做出了合并强大的克基拉海军的政治决定。[③]雅典对西西里的第一次干预只派了少量船只，似乎无关紧要，但修昔底德让叙拉古的伟大政治家赫尔墨克拉提斯（Hermokrates）旋即在格拉（Gela）的会议上（公元前424年）试图平息西西里诸邦的矛盾，并团结在叙拉古的领导下应对未来雅典的入侵。他提出这个建议的理由和他后来在西西里战争期间于卡马里纳所提出的一样。[④]毫无疑问，修昔底德是在战争结束后，在他描绘西西里远征之时才把上述最初阶段加入作品中的。在修昔底德笔下，赫尔墨克拉提斯是唯一一位有远见的西西里本地政治家，他很早就看到了危险将临，因为危险必将到来。雅典人注定会把统治扩张到西西里，如果西西里城邦自己邀请雅典人介入，那么没人可以指责后者。赫尔墨克拉提

① 参见本书第327页起。

② 见本书第三卷关于柏拉图《高尔吉亚篇》的一章。

③ 1. 36. 2。

④ 4. 59，6. 76。

斯的这种考虑表明，雅典之外的人们也学会了现实政治式的思考。不过，虽然叙拉古人从雅典人的立场出发正确地看到了西西里冒险的诱惑，但即使想让雅典人觉得这个企图可以讨论，仍需要其他许多条件。

这个企图真正浮出水面和开始实施的时间是尼喀亚斯和约签订后的那些年，该和约对雅典意想不到地有利。刚刚恢复元气，雅典人就收到西西里岛上的塞格斯塔（Segesta）的介入请求，后者正在与塞利努斯（Selinus）交战。这是修昔底德整部作品中最戏剧性的时刻，阿尔喀比亚德不顾冷静的和平主义政治家尼喀亚斯的所有警告，在公民大会上提出了令人目眩的计划：他要征服整个西西里和统治全希腊。他解释说，像雅典这样的强大势力的扩张不能是“定量的”，它的拥有者只能通过不断向外 504
发展才能保有它，任何停止都将意味着崩溃的危险。[①]这一刻会让我们回忆起战争爆发时作者关于雅典势力之扩张不可阻挡的言论，[②]还有雅典人的民族性格，以及他们永不安分和决不退缩的行动精神。[③]整个民族的此类特质在阿尔喀比亚德身上得到了完美的体现，这解释了他对民众的巨大魅力，尽管他因为自己在私人生活中的颐指气使而遭到他们的憎恶。在这一连串的状况中，在唯一能带领城邦再次从这样的行动中安然脱身的领袖让人既恨又妒的特质里，修昔底德看到了雅典败亡的主因之一。[④]阿尔喀比亚德的计划不可能有好结果，因为在远征开始后不久，雅典就放逐了自己的精神发起者和领导者。于是，读者看到雅典的这次最全力以赴的行动反倒成了危及命运的转折，失去舰队、军队和统帅让城邦的根基受到动摇，尽管尚未注定最后的灾难。[⑤]

我们把对西西里远征的描绘称为悲剧，但它在美学意义上肯定不同于后来希腊化时代的历史写作，后者有意与诗歌的影响一较高下，取代悲

① 6.18.3。
② 1.75.3和1.76.2。
③ 1.70。
④ 见修昔底德对阿尔喀比亚德的社会地位和个人行为的评价，6.15。参见后者作为领袖的品质，8.86.4—5，那是修昔底德作品中对阿尔喀比亚德最重要的全面刻画。
⑤ 修昔底德评判了西西里远征的前景和它的失败对战争结局的重要影响，见2.65.11—12。

剧的地位并唤起读者的同情和恐惧。[①]更合理的依据是，修昔底德本人曾谈及大众乐观行动精神的“狂妄”，他显然想到了像西西里远征那样的冒险。[②]但即使在这点上，让他更感兴趣的也并非道德和宗教方面，而是政治问题。我们完全不能把西西里的不幸视作上天对雅典强权政治的惩罚，
505 因为没有什么能比权力本身就是恶的这种观点更有违修昔底德的思想了。在他看来，西西里行动比任何罪行更糟，那是一个政治错误，或者更准确地说是一连串错误。政治家修昔底德认为，狂妄倾向（如制定没有事实依据的虚幻计划）永远存在于大众的心灵中。正确引导它是领袖的职责。[③]无论在西西里远征抑或整场战争的结局中，他都没有看到神秘的历史必然性。让绝对的历史思想无法忍受的是，作者在这里没有看到必然性，而是只看到错误想法的影响或者纯粹运气的不幸游戏。黑格尔用犀利的言辞驳斥了政治闲谈者对某种史学的批评，这些人事后准确地看到何时犯了错误，并表示自己会做得更好。他认为，伯罗奔尼撒战争的不幸结局并非源于个别错误，而是基于深刻的历史必然性。因为对阿尔喀比亚德那代人来说，无论是领袖抑或民众都同样受到骄傲而过分的个人主义影响，无法再从内心和外部克服战争的困难。修昔底德则不这样看。对于像他那样的政治家而言，这场战争是需要他们思考的特定任务。他从高高的批判瞭望所看到，人们为完成任务而犯了许多危险的错误。他认为存在事后的诊断，放弃它就是放弃一切政治。让这种诊断变得更容易的是，它的衡量标准并非自己无所不知的纯粹感受，而是来自那位伟大的政治家，此人承担了雅典决定参战的责任，而且修昔底德坚信他本有能力最终取胜，那就是伯里

① 修昔底德强调了冒险入侵叙拉古战争中隐含的伦理问题和灾祸，但这对古典希腊意义上的真正悲剧仍然不够，虽然在讲述灾难时，史学家的修辞艺术没有回避古老美学理论称之为“悲剧式表达”（ἐκτραγωδεῖν）的方式（比如，参见8.1）。我们不能忘记，修昔底德曾明确否认了我们可能希望在真正悲剧中看到的东西，即西西里远征计划中存在认知错误（γνώμης ἁμάρτημα，见2.65.11）。他认为，失利只是因为人们过于短视，无法选择能达到自己所希望结果的正确方法。当然，在更广泛的意义上，修昔底德对雅典巨大的军事抱负及其政治缺陷所做的严格务实描绘让读者感受到强烈的悲剧效果，尽管缺乏埃斯库罗斯式的宗教精神；但我们可能会问，这种效果是否超出了修昔底德的意图。

② 2.65.9。

③ 在修昔底德看来，西西里惨败是由伟大民主中的领导所面临的特定困难造成的。见本页注释①。他认为失利的原因并非错误的领导，而是没能追随真正的领袖。

克利。[①]

从第二卷中的那个著名段落可以看到，修昔底德认为战争的结局在 506
多大程度上取决于政治领导（远远超过了军事因素）。[②]当伯里克利用演说激励因战争和瘟疫而士气低落的民众，并鼓励他们继续坚持后，作者把这位伟大领袖的事迹同后来的雅典政客们将要做的进行了对比。无论在和平还是战争时期，只要仍然担任领袖，他就会保障城邦安全，沿着激进两极间的狭窄道路节制地前行。只有他正确理解了对伯罗奔尼撒同盟的战争给雅典带来的任务。他的政策是不参与任何大型行动，建立海军，在战争中不寻求扩大疆土，以及不让城邦背负不必要的风险。但修昔底德尖锐地指出，他的继承者们所做的一切完全相反。出于个人野心和牟利的考虑，他们制定了与战争全部相关的庞大计划，一旦成功将带给他们荣耀，但如果失败就会削弱城邦在战争中的抵抗能力。[③]除了阿尔喀比亚德，我们还会想到谁呢？在关于西西里原则的论战上，谨慎而廉洁的对手尼喀亚斯正是这样描绘他的。[④]不过，正是这场战争让读者看到，拥有正确的判断和可敬的人格还不够，尼喀亚斯（修昔底德带着如此热忱的个人同情描绘了他）还必须是天生的领袖。事实上，阿尔喀比亚德的领袖品质（在这个词的真正意义上）要远胜于他，虽然前者把民众带上了危险的道路，并且处处为自己着想。但阿尔喀比亚德是有能力将民众“掌握在手中”的人，就像修昔底德在后文所说的，[⑤]在危急内战爆发的时刻，他对阿尔喀比亚德的贡献做了最高的赞美。

对伯里克利的性格描绘中同样突出了他的能力，他对民众保持的影 507
响，以及他“不受别人领导，而是领导别人”。[⑥]他在金钱问题上同样是无可指摘的政治人物，使得他的地位超过阿尔喀比亚德和其他所有人，因为

① 2. 65. 13。

② 2. 65。

③ 2. 65. 7。

④ 6. 12—13。参见6. 17. 1。

⑤ 8. 86. 5。这种“掌控民众”（κατασχεῖν ὄχλον）的能力是梭伦关于政治领袖的古老理念的一部分；参见梭伦，残篇24. 22，25. 6（Diehl）。见下一注释。

⑥ 2. 65. 8。在对领袖伯里克利的这段描摹中再次出现了“掌控民众”（κατεῖχε τὸ πλῆθος）的表述，修昔底德曾用它把阿尔喀比亚德描绘成天生的领袖。参见上一注释。

这让他具备了对民众说真话的权威，而不是讨好他们。他总是手握缰绳：如果民众意图放肆，他会恐吓和吓唬他们；当他们受到打击，他会激励他们。于是，他统治下的雅典“只是名义上的民主，实际上由（城邦的）第一人统治”，[①]是杰出政治才干的王国。伯里克利死后，雅典再也不曾拥有过这样的领袖。虽然每个人都很希望像他那样成为第一人，但没有人能够哪怕暂时获得如此的影响力，除非服从大众的热情和讨好他们。修昔底德认为，西西里之战的失败是因为缺少这样一个人，他即使在民主的政制形式下也能克服民众的影响和他们的本能[②]（如果我们不考虑伯里克利根本不会开战，因为那和他的防御性战争策略完全背道而驰）。要不是城邦内部的派系斗争导致其杰出的领袖倒台，雅典的力量本身足以打败叙拉古人（阿尔喀比亚德的评判并没有错）。即使在西西里失利后，雅典仍然坚持了10年，直到最后因为愈演愈烈的内部争斗而被削弱到无法继续抵抗。[③]在伯里克利的领导下，雅典甚至本可以轻松取胜——史学家亲口说的这番话正是其思想的主旨。[④]

伯里克利的形象（修昔底德将其与后来的政治家做了如此清晰的比
508 较）不仅是对一位广受赞誉之人的描摹。所有的比较都基于同一个任务，即在生死攸关、最为艰难的战斗中领导城邦，但这一任务只有伯里克利能胜任。修昔底德完全无意描绘其偶然的人类个性，就像喜剧在对其加以戏谑时那样。他的伯里克利是领袖和真正政治家的模板，严格局限于那些属于政治家本质的特征。如果说我们在战争的最后阶段才特别清楚地看到这种本质，那么修昔底德的作品在伯里克利最后一次登场后所做的总结性评价表明，史学家的理解经历了同样的道路。[⑤]修昔底德让读者从远处观察伯里克利，从而看到他的伟大。我们很难断定，他归于伯里克利名下的战略计划是否处处都由后者本人制定，比如在战争期间不扩张领土的决定是不是他考虑到后人相反的政策，并根据伯里克利的真实行为所创造的套

① 2. 65. 9。
② 2. 65. 11。
③ 2. 65. 12。
④ 2. 65. 13。
⑤ 2. 65. 6。参见2. 65. 12。

路。但显而易见，只有等到战争结束时从修昔底德的回顾性视角出发，通过伯里克利没有像后继者一样做的那些事，其政治智慧几乎独一无二的特点才首次得以展现。这同样适用于他对伯里克利一向引人瞩目的赞美，即后者从不贪财牟利。[①]诚然，修昔底德让伯里克利在战争爆发时的演说中提出了这样的公理：不要吞并！不要让自己背负不必要的风险！[②]但在这里还无法清楚地听到修昔底德在后文的声音，当他让伯里克利用“我更担心我们自己的错误，而非我们敌人的袭击”解释上述公理时，他已经是在战争结束后进行回顾了。伯里克利稳健的对外路线被归功于其在内政中的安稳地位，这完全是因为作者想到了阿尔喀比亚德地位的不安稳。后者在 509
想要引领自己和雅典走上巨大对外成功道路的决定性时刻失去了权威，这让修昔底德意识到（他主要从外部看待内政），古老的梭伦意义上的内部领导对取得战争胜利同样意义重大。

通过作者的总结性刻画，我们已经了解了伯里克利作为真正政治家的形象，他的演说也是这种形象的一部分，其中的第一篇演说提出了战略计划，[③]而最后一篇则展现了一位在最艰难时刻仍能把民众掌握在手中的领袖。[④]两篇演说与最后的总结性描绘关系密切，让人猜想伯里克利的整个形象（包括演说）都是后期修昔底德的统一创造，就像人们对最长的第三篇普遍承认的那样，即他在战争第一年为雅典阵亡者举行的葬礼上的演说。[⑤]

比起修昔底德的其他任何一篇演说，葬礼演说更称得上是史学家的自由创作。人们将其解读成修昔底德为光辉的昔日雅典所写的墓志铭，这种解读不无理由，因为死亡有能力让对逝者的看法作为纯粹的现象出现。在雅典阵亡者的传统墓志铭中，需要用光辉的画面来描绘他们的勇敢。修昔底德更进一步，描绘了整个雅典城邦的理想画面。他只能通过伯里克利来表达这些，因为唯有这位政治家能满足城邦的人杰地灵要求其精神的宣

① 2. 65. 7。
② 1. 144. 1。
③ 1. 140—144。
④ 2. 60—64。
⑤ 2. 35—46。

示者所达到的高度。在修昔底德的时代，政治正在变成热衷追求权力与成功的钻营者和官僚的领域。但在修昔底德看来，让伯里克利超越克里翁和阿尔喀比亚德的伟大之处正在于此，因为他胸怀关于城邦和人类的理
510 想，发展此类理想成了他奋斗的目标。修昔底德解决这个难题的巧妙手法让所有同主题的作品都望尘莫及，一方面是城邦的强权政治力量的巨大务实性，另一方面是其人性内涵中无法名状的丰富思想和活力，他抛弃了节日演说的一切陈腐内容，将上述两方面中的当代城邦的现实形象塑造成整体。

意识到城邦最新发展的人一定会在这里看到集体结构的复杂性，后者并未出现在前人创造于更简单的时代且至今仍受到推崇的政治理想中，如梭伦的法度和克勒斯特涅斯的权利平等。此前也不曾有过适于将这些特有形式变成概念的语言。但修昔底德的眼睛习惯于将城邦间的活跃关系视作天然和必然的矛盾双方的斗争，他同样犀利地发现那也是隐藏在雅典人生活内部结构中的主导原则。作者对雅典政体本质的看法足以证明这点，他视其为原创的而非复制了任何模板，反而值得他人效法。后世关于混合式宪制是所能想到的最佳政制形式的哲学理论在修昔底德那里已经初露端倪。①他认为雅典的"民主"并非实现机械的平等，有人热情地称赞这种平等是正义的巅峰，也有人斥责其正好相反。这在把伯里克利的地位定义为事实上统治雅典的"第一人"时已经可见一斑。②作者表示雅典在他的统治下"只是名义上的民主"，在葬礼演说中，这句话以一般化形式出现在"第一人"自己的口中：在雅典，法律面前人人平等，但主导政治生活的是基于才能的贵族制。③这在原则上隐含了，如果某人具备突出的重要性，他就会被认可为第一人。④上述理解一方面让个体的政治化给整体带

① 我希望通过对混合宪政理念及其在古代世界中的历史的专门研究更详细地证明这点。

② 2.65.9。

③ 2.37.1。

④ 修昔底德把伯里克利本人的统治和他领导下的雅典民主称为"第一人的统治"（ὑπὸ τοῦ πρώτου ἀνδρὸς ἀρχή）（2.65.9）。在柏拉图的《美涅克塞努篇》中，伯里克利的妻子阿斯帕希娅在自己的文学沙龙中做了示范性的葬礼演说，当然那只是作为伯里克利在修昔底德历史中著名葬礼演说的幽默伴奏。在这篇演说中（238c），阿斯帕希娅称伯里克利领导下的雅典政体为贵族制，并试图证明其现在是，过去也一直是"获得民众认可的贵族制"（μετ᾽ εὐδοξίας πλήθους ἀριστοκρατία）。另见下页注释②。

去某种价值。但与此同时，在修昔底德的作品中，即使像克里翁这样的激 511
进民众领袖也承认这样的事实，即民众本身无法胜任对如此之大和难以驾驭的帝国的统治。[①]在“自由和平等”的城邦中（即大众统治下），[②]突出个体与政治集体的关系问题变得尖锐。修昔底德认为，这个问题在修昔底德的雅典幸运地得到了解决。

历史告诉我们，这种解决方法取决于天才领袖的存在，他们无论在民主还是别的政制形式下都如凤毛麟角，即使民主也无法保证不会遭遇无人领导的危险。另一方面，雅典的政制形式为伯里克利这样的舵手提供了各种可能，让他可以解放个体公民的积极性（他在想起他们时大加溢美之词[③]），使其成为驱动性的政治力量。下个世纪的僭主制在这点上失败了，因为它们不幸没能找到解决这个问题的新手段和方法（不同于民主宪政当年提供给伯里克利的）。叙拉古的僭主狄俄尼修斯没能真正将公民吸引进城邦政治，从而让每个人都在个人职业和政治责任间分配自己的生活（就像伯里克利所要求的）。没有一定程度的积极兴趣和对城邦生活的真正认识，这是不可能的。

希腊意义上的政体（Politeia）不仅包括我们现代意义上的宪法概念，还包括由城邦所决定的全部生活。虽然在雅典并没有约束公民整个日常生活的斯巴达式戒律，但作为普遍的精神，城邦的影响仍然深入人们所有的生活方式。在现代希腊语中，Politeuma带有教养的意思，那是这种古代生活一体性的最后余响。因此，伯里克利对雅典政体的描绘涵盖了私人和公共生活的全部内容，包括经济、道德、文化和教育。只有理解了这种完 512
全具体的性质，修昔底德充满权力概念的城邦思想才变得有形有色。这种思想扎根于伯里克利本人心中的政体形象。没有上述生动内容的话，它将是不完整的。历史学家所说的权力绝非纯粹没有灵魂而机械的贪婪。阿提

① 3.37。

② 广大读者可能会发现，雅典民主是名副其实的“民众统治”；它并非现代民主那样的“代议制”，即民众的主要功能是选出立法机构的代表。相反，公民集会本身就是立法和司法机构。这只有在古代城邦才有可能。现代民主废除了奴隶制，与古代先驱相比前进了重要的一步；但前者只是间接民主，今天的人们只能通过选出的代表行使立法和司法权。

③ 2.40.2。

卡精神的综合特征印刻在其所有的文学、艺术、哲学和道德表达中，一边是斯巴达兵营的集体结构，一边是伊奥尼亚个体的自由经济和精神活动的原则，在伯里克利的城邦构想里，上述特征有意识地在两者间架设了建设性的桥梁。修昔底德不再把新的城邦结构视作静态的形象，视作被称为“法度”的早期希腊法律结构。无论是作为宪法和政治结构，抑或作为经济和精神的载体，城邦都在根本上和本质上与赫拉克利特式的和谐相对立，它的存在基础是自己的张力和平衡。在伯里克利的城邦形象中，灵活而有弹性的对立——自己生产和共享全世界的产品、工作和休息、买卖和节日、精神和习俗、思考和行动力——理想而均衡地相互配合。[①]

不过，就准则的这些特点而言，上述城邦形象不仅属于雅典人。伟大的领袖用最崇高的语言力量将其呈现在人们的心灵面前，让他们在命运攸关的时刻能完全意识到自己为之作战的最高价值，把他们变成自己城邦的热情“恋人”。在对外政策和思想方面，修昔底德将城邦置于历史的作用空间内。他不仅着眼于城邦本身，还从其与环境的有益精神张力中看待它。“一言以蔽之，我将我们的城邦称为希腊人的学校”，Ἑλλάδος
513 παίδευσιν。[②]凭着对雅典思想霸权地位的上述认识（配得上这位伟大的历史学家），他活跃的目光前第一次出现了阿提卡教育深远影响的事实和问题。在伯里克利的时代达到新的高度和广度的希腊教育思想让自己充满了最重要的历史生命和内涵。它成了最崇高力量的典范，雅典人和他们的城邦通过自己的精神存在向外示范着这种力量，吸引其他人走上相同的道路。对于雅典在希腊发挥政治影响的意愿（即使当他们失败后），没有什么事后的辩解能比这种教化理念更好，阿提卡精神在其中最为欣慰地意识到自己实现了不朽。

① 我认为修昔底德关于雅典政体最初性质的构想（2. 37. 1）建立在混合宪政理念的基础上（见本书第406页），如果这种假设正确，那么伯里克利雅典的文化和政治生活也以同样的“复合式”结构原则为基础。关于雅典文化中表现出的后一原则，见伯里克利的名言“我们爱美，但不奢侈；我们爱智，但不软弱”（φιλοκαλοῦμέν τε γὰρ μετ᾽ εὐτελείας καὶ φιλοσοφοῦμεν ἄνευ μαλακίας）（2. 40. 1），它在对立理想间达到了完美平衡。修昔底德认为类似的对立平衡是政治生活的最佳形式，并在8. 97. 2明确表达了这点。这是他作品中一个非常重要的段落，虽然就像其所属的整个第八卷一样，这段话也被大部分诠释者忽视。

② 修昔底德，2. 41. 1。

第三卷

伟大教育家和教育体系的时代

第1章

公元前4世纪

希腊城邦间将近30年的战争以雅典的陷落告终（公元前404年），为 517
那个最辉煌的世纪画上了有史以来最悲剧的句号。伯里克利帝国的创造是在希腊土地上成长起来的卓越国家体制。这种体制一度看来注定将为希腊文化建造永恒的地上居所。在伯里克利的葬礼演说中（写于战争结束后不久），修昔底德对雅典的评价仍然流露出沐浴在该体制余晖中的回忆，他回忆了那个短暂但配得上阿提卡人天赋的梦想，即通过国家的巧妙构造来实现精神与权力的平衡。当那位历史学家写下这段话时，他已经意识到自己那代人所面对的矛盾历史认识：即便人世间最强大的权力体制也是短暂的，只有看上去弱不禁风的精神之花才会不朽。现在，战败者的发展似乎突然倒退了100年，回到击败波斯人之前孤立的旧式希腊城邦时代，这场胜利不仅让它扮演了历史先驱者的角色，还使其成为未来希腊领袖的候补。但就在即将实现目标前，它失足了。

雅典突然从顶峰坠落震动了希腊世界。希腊城邦世界中出现了无法填补的真空。但只要这个城邦对于希腊人而言仍然是真实的存在，对雅典政治命运的探讨就不会停止。希腊文化从一开始就和城邦生活密不可分。
没有什么地方能比雅典更好地体现这种相互交织。因此，那场灾难的影响 518
不可能仅仅是政治的。它必然也会殃及人类存在的道德与宗教内核。如果想要恢复元气，那么只有从上述内核开始。这种认识不仅出现在哲学家的思考中，也出现在日常的实践生活中。就这样，公元前4世纪成了尝试内在和外在修建的时期。但裂口如此之深，有过如此经历之后，希腊人对世界的固有信念——希望在此时此地实现“最好的城邦”和“最好的生活”——能否恢复到从前那样的无拘无束，在局外人看来，这从一开始就存在疑问。正是从这个痛苦的时代开始，希腊人的精神在随后的世纪里转向内心。但包括柏拉图在内，在那个时代人们的意识中，真正的任务仍然永远是完全现实的，即便目前无法实现。现在的务实政客也开始这样理解，虽然是在另一种意义上。

令人惊讶的是，从外表来看雅典城邦如此迅速地从失败中恢复过来，而且它获得的物质和精神帮助的资源如此之多。没有什么时候能像那段极度艰难的岁月一样清楚地显示，雅典乃至城邦的真正力量来自它的精神文化。这种文化为它的重新崛起照亮了道路，通过自身的魔力让它在最无助的时刻赢回了那些抛弃它的人们的心，并为它继续存在下去的公认权利奠定了基础，尽管当时它自己无力实现这点。就这样，雅典在新世纪第一个10年中展开的精神过程成了我们兴趣的焦点，即使从政治角度也是这样。当修昔底德回忆起伯里克利时代处于权力顶峰的雅典时，他正确地把精神描绘成其真正的核心。雅典现在仍是，或者说现在才开始成为教育中心，
519 成为希腊的“学校”（Paideusis）。不过，它的全部努力都集中在历史为新一代人所带来的任务上，即在坚实的基础上重建城邦和整个生活。

早在战争期间和战争爆发之前新的存在条件下，所有更崇高的精神就已经开始有意识地转向城邦。不仅智术师的新教育理论和尝试转到了这个新方向，诗歌、演说术和历史写作也越来越多地被卷入了这股普遍的潮流。在大规模冲突结束后出现了一批年轻人，战争最后10年间的可怕经历让他们做好准备，全力以赴地投身于当下的困境。现实中的城邦越不能为他们提供有价值的任务，他们的努力就越有必要在精神方面寻找出口。我们已经盘点了公元前5世纪全部艺术和精神发展中不断增长的教育色彩，最后是修昔底德的作品——他从整个前一世纪的政治事件中获得了教诲。现在，这股理念之流又进入了重建的时代。对教育的渴求因为当下的问题而大大加强和变得紧迫，并通过人们普遍的痛苦而获得了意料之外的深度。于是，教化思想成了新一代人精神欲求的真正表达。公元前4世

纪是教化的经典时代，如果我们将其理解为有意识的教育和文化理想的觉醒。这一切发生在如此问题重重的世纪里并非没有理由。希腊精神与其他民族的最大区别正是在于这种觉醒状态；直到完全觉醒的意识——希腊人凭着它在公元前5世纪的辉煌世界中经历了普遍的精神和道德爆发——让他们有能力如此清楚地理解自己的教育和文化的本质，后世才永远成为他们的学生。

在精神方面，公元前4世纪实现了在公元前5世纪乃至更早开创或已 520
经开始发展的东西。但另一方面，那也是一个发生剧烈变化的时代。之前的那个世纪致力于民主的完善。无论这种将贵族制扩大到所有自由公民的从未完全实现的理想受到何种质疑，世界都要感谢它创造了自我负责的人类个性。公元前4世纪的雅典同样只能以现在变得经典的权利平等（Isonomie）为基础重建，即便它已不再具备埃斯库罗斯时代的内在崇高性，让这种全体贵族的要求显得不至于太过冒失。雅典城邦似乎完全没有注意到这样的事实，即尽管它拥有巨大的物质优势，它的理想还是在战争中失败了。斯巴达人胜利的真正影响并不在政制方面，而是出现在哲学和教化领域。与斯巴达的精神交锋持续了整个公元前4世纪，直到主权民主城邦的终结。问题的关键并非人们是否向斯巴达的胜利臣服，并大幅改变雅典城邦的自由制度。这固然是失败后的第一反应，但在战争结束一年后针对“三十僭主”爆发的政变中，上述反应很快遭到抵制。不过，随着民主政制的所谓恢复和与之相应的普遍停火达成，问题本身既未被遗忘也没能解决，只是被转移到另一领域。现在，它从现实政治活动领域转移到围绕内在重生展开的精神斗争中。人们相信，与其说斯巴达是某种政治制度，不如说是某种最为坚定不移地得到贯彻的教育制度。它的力量来自严格的培养。不过，在乐观地评估人们有能力自我统治时，民主本身同样把较高程度的教育作为前提。由此可以看到这样的想法，即把教育作为阿
基米德的支点，人们就能撬动政治世界。虽然这种想法并不被广大民众接 521
受，但它牢牢抓住了个体精神领袖的想象。在公元前4世纪的作品中可以找到它的各种表现形式，既有对斯巴达集体教育原则幼稚的和不加批判的赞美，也有对其的全盘否定，希望代之以关于人的教育以及个人与集体关

系的更崇高的新理想。还有的模板既不来自取得敌方胜利者的异邦政制思想，也不采用自我构建的哲学理想，而是转向本邦（即雅典）的过去，开始朝后思考和努力，常常让自己的政治意愿以历史范例的形式出现。上述复古理念的很大一部分是浪漫的，但不可否认，这种浪漫主义中也包含了非常现实的元素。此类梦想的出发点都是对当下及其观念的批判，大多非常中肯。它们都以教育努力的形式出现，也就是教化。

那个世纪里对城邦与人关系的理解如此清楚，但这不仅是因为人们希望从合乎道德之人出发来重建城邦。反过来，他们对人类个体存在的社会与政治局限性的认识同样清晰，因为这对一个拥有像希腊那样历史的民族来说顺理成章。作为人们希望让城邦更好和更强大的途径，教育这个问题比其他的一切更能让他们意识到个人与集体的相互联系。从此，早前所有雅典教育的私人特征被视作是根本错误和无效的，必须被公共教育的理想取代，尽管城邦不知如何利用这种想法。但这种想法本身通过吸收了它的哲学得以完全贯彻，而希腊城邦政治独立性的丧失更加突显了它的意
522 义。就像历史上常常发生的那样，领悟到来时已经于事无补。直到喀罗尼亚（Chaironeia）的溃败后，我们才看到雅典城邦必须贯彻（符合其精神的）教化理念这一观点的出现。演说家和立法者吕库格斯——他唯一留存下来的演说是对列奥克拉提斯（Leokrates）的驳斥，堪称这场内部改革的纪念碑——希望通过自己的演说让德摩斯梯尼城邦教育的影响从纯粹的临时阶段过渡到法律制度。但此举无法太多改变这样的事实，即公元前4世纪带来的伟大教化制度虽然处于思想自由的保护之下，但并非成长于那个时代的雅典民主的精神土壤中。虽然战争失利的艰难命运和民主的内部问题引发了这种思想，但一旦发动后，它便不再受传统形式的束缚，也不再局限于为后者辩解。它走上了自己的道路，无拘无束地投身于自己的理想诉求。就像在宗教和伦理领域那样，在政治和教育的反思中，自由发展的希腊精神同样摆脱了现有的东西及其局限，创造出自己独立的内在世界。在文学的外在面貌中我们已经可以清楚地看到某种终结。为公元前5世纪打上印记的诗歌、悲剧和喜剧等伟大形式凭借传统继续被创作着，数量惊人的可敬诗人成为它们的代表。但悲剧的强大气息已经消逝。诗歌

失去了对精神生活的领导权。在人们越来越多的要求下，最终立法规定定期重演上一世纪前辈大师们的作品。现在它们之中一部分成为经典的文化财富，就像荷马和古代诗人那样在学校里被学习或是在演说和论文中被引用，一部分被当时日益独霸舞台的表演艺术用来进行实验，在内容和形式上不再得到遵循。喜剧变得乏味，不再以政治为中心。诚然，我们很容易 523
忘记那个时代的诗歌创作仍然数量庞大，特别是喜剧体裁；因为传统让数以千计的此类作品失传，只留给我们柏拉图、色诺芬、伊索克拉底、德摩斯梯尼和亚里士多德等散文作家，以及一些比他们逊色很多的思想家。但总的来说，只要新世纪里真正有创造性的作品的确来自散文，那么这种遴选就是正确的。散文对诗歌的精神优势如此具有压倒性，以至于最终将后者从那个世纪的记忆中完全抹去。对当时和后世的人来说，只有米南德和他在公元前4世纪下半叶的同行的新喜剧产生了巨大的影响。这是希腊诗歌真正面向最广大公众的绝唱，虽然并非像伟大时代的旧式戏剧和悲剧那样面向城邦，而是面向受过教育的群体——这些作品中反映了他们的思想和观念。不过，那个时代的真正斗争并不发生在这种体面艺术的人性演说和谈话中，而是发生在新的散文体哲学作品里围绕真理展开的对话中，柏拉图和他圈子里的同伴们在其中揭示了苏格拉底对生命目的所做探究的最核心意义。伊索克拉底和德摩斯梯尼的演说则让我们体验了希腊城邦生命最后阶段的痛苦历程和问题。而在亚里士多德的教育性作品中，希腊科学和哲学第一次向后世展现了其研究室的内部。

这种新的散文作品形式不仅代表了创作者的个性。它们还展示了伟大而影响深远的哲学、科学或修辞学流派，或者强有力的政治和伦理运动，其中汇集了有意识阶层的努力。通过这种组织形式，公元前4世纪的思想生活还与之前的有了区别，变得有计划和有目标。那个时代的作品体现了所有流派和思潮的矛盾。这一切仍然处在最热情的初生阶段，对普遍 524
性的兴趣更为强烈，因为它们的问题直接源于当时的生活。教化是这些重要论战的共同主题。哲学、修辞学和科学等该时代精神的各种表达在其中实现了更高的统一。即便像经济、战争和狩猎这样的生活实践领域的代表，或者像数学、医学和艺术这样的专业学科也到来和加入了轮舞，以便为那个影响到所有人的问题做出贡献。它们都表现为要求对人进行塑造和培养的力量，并从原则上解释了这种要求。以纯粹的形式或风格化面貌为出发点的文学史无法理解那个时代活跃的内部统一性。但正是在这场围绕着真正教化展开的既非常激烈又同样极为热情的斗争中，那个时代的现实生命过程得到了自身独特的表达，而当时文学作品中真正现实的部分也正在于它对这场斗争的参与。一边是在更早的诗歌中就已发挥着日益重要作用的强大教育力量，一边是现在对人类生活的真正问题日渐关心的那个时代的理性思想，散文对诗歌的胜利来自两者的结盟。最终，诗歌中的哲学和命令内容完全摆脱了诗歌形式。它们为自己创造出一种不受约束的新的表述形式，完全迎合了自身的要求，或者将这种形式视作更高级的新型诗歌。

精神生活越来越多地集中于封闭的学派或者特定的社会圈子里，这对它们而言意味着塑造力量和生命能量的增强。但如果我们将其与之前的情况相比——当时，更高的教养由一整个社会阶层承载（比如贵族），或者在伟大的诗歌中通过音乐、舞蹈和举止被传播给普通民众——那么上
525 述新发展包含了危险的隔离，使其教育集体的功能遭受了致命的削弱。当诗歌不再是精神创造的真正形式以及生活的权威和公开表达，而是让位于更加理性的形式时，总是会出现上述情况。不过，虽然事后很容易看到这点，但这种发展似乎受制于固定的法则，而且一旦完成就无法随意倒退。

由此可见，塑造整个民族的力量（以最高程度存在于之前的诗歌文化中）完全不是必然随着对教育问题和教育努力的意识提高而增强。相反，我们的印象是，随着宗教、习俗和“音乐”（在希腊人那里始终包括诗歌）等生活中原有教育力量的作用削弱，大众越来越远离精神的塑造性影响，他们不再从最纯净的泉源汲水，而是从廉价的替代品中寻求满足。虽然曾经可以掌控各阶层民众的理想现在仍然被宣告着，甚至具有了更好的修辞效果，但它们越来越多地遭到忽视。人们乐意听到它们，让自己暂时陶醉其中。但它们很少被全心全意地接受，并在关键时刻遭到抛弃。有人很可能会说，受过教育的阶层必须亲自弥合这条裂缝。作为同时代人中最伟大的一个，柏拉图比其他任何人更清楚地看到了集体和城邦整体建设

的难点，他在晚年时提到了这个问题，并解释了为何自己无法向所有人提供福音。一边是他所代表的哲学教育，一边是他的劲敌伊索克拉底的政治教育，尽管两者间存在不少矛盾，在这方面它们没有分歧。不过，将最强大的精神力量用于建设新的整体的意愿从未像此时那样得到认知并变得清楚明了。但它首先致力于如何造就民众的领导者和指挥者的问题，然后才 526
是这些领袖通过何种手段塑造全体民众。

着手点的这种变化（原则上从智术师那里就开始了）将新的世纪同过去区分开来。它还标志着一个新的历史阶段的开始。学院和大学正是源于这种目标设定。它们的封闭性只有从这里出发才能被理解和显得不可避免。当然，我们很难说出公元前4世纪的希腊大学能在这方面发挥什么影响，假如历史能给它们的“建筑学”尝试更多时间的话。它们的真正影响完全不同于它们最初想要的，因为它们成了西方科学和哲学的创造者，并为世界性的基督教开辟了道路。这是公元前4世纪对世界的真正意义。无论是哲学和科学，还是与这两者不断斗争的修辞学的形式力量，它们都是将希腊人的精神成果传递给同时代和后世其他民族的载体，我们首先要把这些成果的留存归功于它们。它们传播上述成果的形式和理由来自公元前4世纪围绕着教化的斗争，即将其作为希腊文化和教育的典范，希腊通过这种方式在精神上征服了世界。虽然从希腊民族的视角来看，他们为希腊人在世界历史中的这个荣耀头衔付出的代价似乎过高，但我们不能忘记的是，希腊城邦并非死于自己的文化，哲学、科学和修辞学只是希腊人创造中的不朽部分可以继续存活的形式。因此，笼罩在公元前4世纪上空的不仅是悲剧性的崩溃阴霾，同时还有天意智慧的光芒，在后者面前，即使是最幸运民族的尘世命运历程也只是这种智慧的整个历史创造中的一天。

第2章

作为教化的希腊医学

即便我们手中完全没有早期的希腊医学作品，我们必然也会完全根据柏拉图对医生及其技艺的赞颂得出这样的结论，即公元前5世纪末和公元前4世纪是医生行业在历史上所获社会和精神敬意的巅峰。在这里，医生看起来一度成了某种很有条理和优雅的专业科学的承载者；但与此同时，医生也体现了某种职业准则，为科学与实践-伦理目标的关系提供了榜样。因此，为了唤醒理论科学对建设人类生活之创造性作用的信赖，他们一再被提及。我们可以不夸张地说，作为柏拉图对话中讨论的核心，苏格拉底的伦理离开了他所引用的医学范例将是不可想象的。在当时为人所知的各种人类知识中（包括数学和自然科学），他的伦理学与医学的关系最为亲密。[①]但这不仅意味着把希腊医学视作苏格拉底、柏拉图和亚里士多德哲学在思想史上的前身，还因为当时的医学形式第一次超越了纯粹的手工技艺，成为希腊人生活中的引领性文化力量。从此，医学越来越多地成为普通教化（ἐγκύκλιος παιδεία）的组成部分，尽管不无争议。在现代文化中，它没能夺回这一位置。我们时代高度发达的医学源于古典时代的医学作品在人文主义时代的复兴，在其更严格的学科封闭性上[②]不同于自 527 528

① 参见本书第437—438页。

② 即便是Hecker和Sprengel-Rosenbaum等人著名的医学史作品也表现出这种视野的狭隘，他们没有把医学在整个希腊教育中的地位作为一个问题来讨论，而是仅仅将其描绘成“事实”。语文学医学史研究也大多遵循这种做法。（对于英语读者，Charles Singer的*Medicine*一文中有对该主题很好的介绍，收录于文集*The Legacy of Greece*, R. W. Livingstone, Oxford, 1923。另见W. Heidel, *Hippocratic Medicine*, New York, 1941。）

己的古代母亲。

医学在古代晚期被教育体系接纳——就像我们在希腊方面（特别是盖伦）和罗马方面的加图、瓦罗和刻耳苏斯（Celsus）这三位非医生作者的“百科全书”作品中所看到的[①]——只是后世对其在公元前5世纪下半叶及以后获得的强大地位的认可。这首先要得益于医学在当时第一次找到了具备普世精神事业的代表，为它的整个后续发展确定了基准。其次，医学的崛起得益于其与哲学的富有成果的冲突，这场冲突使其有条理的自我意识变得清晰，得以用古典形式表现自身独特的科学概念。同样不容忽视的还有这样的事实，即希腊文化从根本上说既是对身体也是对灵魂的塑造。作为早期希腊教育的典范，一贯以来对竞技和音乐二者的区分形象地表明了这点。随着新时代的到来，现在每当提到身体培养时，医生往往与竞技老师一起出现，[②]就像在精神方面，哲学家会在音乐家和诗人身边占据重要地位。对于古典时代的希腊人而言，医生这种独一无二的地位首先在于他们与教化的关系。我们已经盘点了竞技从荷马以降的所有发展阶段，以及它在当时的伟大诗歌中表现出自身形象，在人类存在的整个图景中为自己赢得一席之地的理想。与竞技不同，医学很早就有了自己的书面作品，后者向我们展现了它的本质，是其世界性影响的基础。这些作品表明，尽管荷马称赞了医生的技艺，认为他们“能抵得上其他许多人的价值”[③]，但医学是理性时代的产物。

529 在进入希腊文化史时，医学更多是接受者而非给予者。至少从完全留存至今的部分来看，两个古典世纪里的全部医学作品均为用伊奥尼亚方言写成的散文体，这最好地刻画了医学的思想地位。只有极小一部分原因可以被归给来源地，即现存的一些作品很可能来自伊奥尼亚。希波克拉底本人在生活着多利斯人和说多利斯方言的科斯岛上讲课和生活，他和他的

① 关于医学在希腊化教育体系中的地位，参见F. Marx为刻耳苏斯（A. Cornelius Celsus）的注疏本写的前言，第8页起。

② 这方面的例子包括但不限于：柏拉图，《普洛塔哥拉篇》313d，《高尔吉亚篇》450a、517e，《智术师篇》227a、229a，《理想国篇》289a；特别参见《高尔吉亚篇》464b。关于医生和竞技老师在塞吕姆布里亚的赫洛迪科斯（Herodikos）身上融为一体，见柏拉图，《理想国篇》406a。

③ 《伊利亚特》，11. 514。

学派用伊奥尼亚方言写作（可能也用其进行科学交流）的事实，只能从伊奥尼亚文化和科学之优势地位的影响来理解。各地自古以来就有医生，但作为有条理和有意识技艺的希腊医学是在伊奥尼亚自然哲学的影响下才出现的。虽然希波克拉底学派公开表达了反哲学的立场（我们在他们的作品中第一次接触到希腊医学），但上述认识无论如何也不会被掩盖。[①]没有最早的伊奥尼亚哲学家为寻求一切现象的自然解释所做的研究，没有他们为寻找所有结果的原因以及为展现因果关系中普遍和必要的秩序所做的努力，没有他们坚信通过对事物的无偏见观察和理性知识的力量可以深入世界最深奥的秘密，医学将永远不会成为一门科学。我们在不久前读到过公元前3000年时埃及法老的宫廷医生们的记录，这些医生拥有的观察力，水准之高令人惊讶。在理论普遍化和因果思想方面，他们已经有了引人瞩目的萌芽。[②]我们不免提出这样的问题，即为何这种已经如此高度发展的医学没能成为我们意义上的科学。这些埃及人完全不缺少深入的专业化和实证研究。谜题的答案在于，他们缺少对自然的哲学式观察，就像伊奥尼亚人创造的那样。正如我们现在看到的，埃及医生已经有能力战胜巫术和咒语，而这些东西在品达时代仍然流行于希腊本土。直到接受了他们哲学 530
先驱的法则思想，希腊医生才得以创造出能够承载科学运动的理论体系。

早在梭伦那里，我们已经在伊奥尼亚文化的影响范围中看到了一种完全客观的观点，即疾病的力量合乎规律，而部分与整体、原因与结果之间存在无法消除的关联，当时只有伊奥尼亚人能如此清楚地认识到这些。这种认识让梭伦为他对政治危机的有机理解提出了不言自明的假设，即那是社会集体的生命历程中出现了健康问题。[③]在关于七年阶段猜想的

---

① 参见本书第436页。此前，人们遵循刻耳苏斯的学说（I，序章6），把泰勒斯作为希腊医学史的开端，认为无所不知的哲学从一开始就包含了所有的个别科学。这是希腊化时代浪漫的历史构建。医生最初完全是实践技艺，但受到伊奥尼亚研究者新的自然观察的最强烈影响。现存的希腊医学文献正是从反对这种影响开始的。

② 参见James H. Breasted, *The Edwin Smith Surgical Papyrus* published in *Facsimile and Hieroglyphic Transliteration with Translation and Commentary*, 2 Bde., Chicago 1930；以及Abel Rey, *La science dans l'antiquité*, Bd. I: *La science orientale avant les Grecs* (Paris 1930) S. 314 ff.。关于这一阶段医学的科学和非科学特征的著作，参见M. Meyerhof, *Über den Papyrus Edwin Smith. Das älteste Chirurgiebuch der Welt*, *Deutsche Zeitschrift für Chirurgie* Bd. 231 (1931) S. 645—690。

③ 参见本书第一卷，第149页起。

那首诗里，他描绘了人类生命过程中有节奏的规律性，早在公元前6世纪时便展现出与晚近得多的希波克拉底文集中关于七年阶段的论述及其他内容不谋而合的倾向，他将这种合乎规律的秩序归因为数字关系，就像同时代的米利都人阿那克西曼德的三轨道宇宙学，以及稍晚些的毕达哥拉斯（同样来自伊奥尼亚）及其学派所做的。[①]每个年龄阶段都有与自己及其力量“相适应的”东西，同样这种概念在梭伦那里就已经出现了。这在后来作为食疗学说的基本思想为我们所知。[②]自然哲学的另一种学说认为所有自然现象都代表了不断的正义补偿（参见本书第一卷，第169页起），这在医学中的回响体现为在对生理和病例过程进行个别解释时，常常会反复提到补偿或报复（τιμωρία）的概念。[③]与之密切相关的是份额平等（Isomoirie）的观念，即有机体和整个自然基本元素之间的平等关系让它们处于健康和正常的状态，就像我们在《论风、水和地点》中看到的那位医生所说的，同样的思想在其他作品中也一再出现。[④]对于希腊医学的其他基本思想，比如融合（κρᾶσις）或和谐，尚不确定它们究竟是源于自然
531 哲学，还是自然哲学从医学思想所借鉴的，因为后者看上去更有可能。相反，作为其中最重要的概念，天性（φύσις）本身的来源则是完全明确的。人的天性是教育过程的基础，我们在评价智术师和他们的教育理论时已经

① 阿那克西曼德的三轨道学说，见本书第一卷，第168页。关于希波克拉底文集中“七”的假设，见《论“七”》（*De hebd.*）5、《论肉体》（*De carn.*）12—13，卡吕斯托斯的狄奥克勒斯（Diokles von Karystos）的残篇177（Wellmann）对其做了系统的分析；马克罗比乌斯（Macrobius）保存了对其的拉丁语引述。希腊语文本现在可参见我的 *Vergessene Fragmente des Peripatetikers Diokles von Karystos* (Abh. Berl. Akad. 1938) S. 17-36，以及注释中对于希腊自然研究中的周期学说和数字理论的解释。

② 参见梭伦残篇14. 6和19. 9。关于医生的“合适”（ἁρμόττον）概念，参见本书第456页，以及我关于卡吕斯托斯的狄奥克勒斯的著作 *Die griechische Medizin und die Schule des Aristoteles* (Berlin 1938)，S. 47ff.。

③ 关于τιμωρία和τιμωρεῖν，参见希波克拉底，《论急性病的饮食》（*De victu acut.*），5，15（II 262 Littré）。盖伦对这部分的评注以及厄洛提安（Erotian）的τιμωρέουσα词条下则将其解释为“援救”（βοήθεια），更准确地说是βοηθεῖν；不过，它与正义（δίκη）、惩罚（τίσις）、报复（ἀμοιβή）等早期自然哲学概念的联系显而易见：自然领域的因果关系被类比为法律意义上的惩罚（参见本书第一卷，第170页起）。德谟克利特残篇261表示：“必须全力‘援助’（τιμωρεῖν）遭遇不正义的人。”βοηθεῖν也有法律含义，就像它现在所表示的。

④ 《论风、水和地点》（*De aere*, 12；CMG I 1, 67）把平衡（Isomoiria）的主导以及没有任何一种力量占据有力的上风描绘成健康状况的本质，另参见《论古代医学》（*De vet. med.*，14；CMG I 1，45f.）。

看到了这种思想的划时代意义。[1]在修昔底德那里，我们发现同样的概念被用于历史意义上，看到他的整个历史思想如何源于对某种原则上在所有时代保持不变的“人类本性”的假设。[2]修昔底德和智术师不仅在这点上，而且在其他许多方面也与同时代的医学不谋而合，后者创造了人类天性的概念，并始终将其作为基础。正是在这点上，医学本身需要依赖宏观上的天性概念，即伊奥尼亚自然哲学家所提出的宇宙本性。

对于希波克拉底作品中的医学思想与对自然的整体观察的关系，《论风、水和地点》在导言中做了出色的表述。“想要正确学习医生技艺的人必须这样做：他必须首先认清各个季节及其影响；因为季节各不相同，而且在具体性质和过渡上存在根本区别。接下去是温暖和寒冷的风，首先是那些对所有人来说相同的，然后是各个地点特有的。他还必须考虑不同水质的影响，包括它们的味道、比重和效力有何区别。当医生（就像当时常见的那样，他在这里也被视为游方的）来到一座自己不了解的城市，他必须弄清当地的不同气流和日出情况……以及水的状况……还有土地的特性……如果他了解了季节和天气的变化，以及星辰如何升起和落下……他也将能够预知一年的状况……有人可能觉得这看上去过于接近自然科学，但如果他可教的话，他会让自己相信，天文学能够给医学带来至关重要的东西。因为人类疾病的变化与天气的变化联系在一起。”在我们看 532
来，以这种方式应对疾病问题的优点在于其整体意识。疾病并不被孤立和视作特别的问题，作者清楚看到了遭遇疾病的人，以及后者所在的整个自然环境及其普遍规律和个别特性。当《论神圣的疾病》（癫痫）的作者表示，比起其他的一切，所谓神圣疾病的神性既不多也不少，而且出自与前者同样的自然原因时，我们看到了与米利都自然哲学家同样的思想。这些疾病既是神性的，也是人性的。[3]作为前苏格拉底研究的基本思想，本性概念的使用和发展从未像在人类身体本性的医学理论中那么富于成果，这种理论后来又为人类思想本性概念的各种使用指明了方向。

---

① 本书第二卷，第310页起。

② 本书第二卷，第387页；修昔底德作为病源解释者，见第391页，作为诊断者，见第398页。

③ 《论神圣的疾病》（*De morbo sacro.*），1和18（VI 352 u. 394 L.）。

公元前5世纪，自然哲学与医学的关系开始改变：哲学家将医学（特别是生理学）知识吸收进自己的思想，比如阿纳克萨格拉和阿波罗尼亚的第欧根尼，或者他们本人也是医生，比如阿尔克迈翁（Alkmaion）、恩培多克勒和希波，三者都属于希腊西部学派。这种兴趣的融合对医学家同样不无反作用，后者的一部分系统-生理理论借鉴自哲学家，就像我们在许多所谓的希波克拉底作品中所看到的。经过了最初富有成果的接触，这两个如此不同的自然知识门类随即经历了一个不确定的相互渗透阶段，所有界限面临崩溃的危险。

我们拥有的最古老的希腊医学作品正是来自这个医学的独立存在受到威胁的时刻。在这里，我们难免要尽可能简短地分析一下这些作品带给
533 我们的语文学问题。无论是文集的留存这一事实本身，还是它们的风格形式和独特的传播状况都清楚地表明，它们与在小小的科斯岛上行医和授业的著名医学院有关。这所学校的繁荣时期始于公元前5世纪中叶，与校长希波克拉底的名字联系在一起。公元前4世纪初，柏拉图将其视作医学的绝对象征——就像波吕克里托斯和斐迪亚斯之于雕塑艺术——而亚里士多德则把他当作伟大医生的榜样。[①]直到100年后，科斯岛上的这所学校仍然有像脉搏理论的创立者普拉克萨格拉斯（Praxagoras）这样的著名人物作为领导者。我们拥有的保存完整的公元前5世纪和公元前4世纪的医学作品无一例外地被归于希波克拉底的名下，并作为固定的文集形式从古代流传至今。文集中的作品存在大量的矛盾而且相互冲突，不可能出自同一作者之手，现代科学研究已经最大程度地证明了这点，而古代的希波克拉底语文学也早对此有了认识。与亚里士多德的情况类似，此类作品是这两位伟大的大师在希腊化时期所经历的思想复兴过程中的伴随产物，只要其中包含的希腊文化和医学仍然保有生命，它们就会继续存在下去。无论是

① L. Edelstein, *Περί ἀέρων und die Sammlung der hippokratischen Schriften* (Berlin 1931) S. 117ff. 表示，对于柏拉图和亚里士多德来说，希波克拉底还不是像盖伦时代那样不会犯错的权威。但我认为，他矫枉过正，因为他片面和不无牵强地试图证明，柏拉图（《普洛塔哥拉篇》311b—c，《斐德若篇》270c）和亚里士多德（《政治学》，7. 4. 1326a15）在其著名段落中尽管对希波克拉底充满尊敬，但并没有认为他比其他医生地位更高。对柏拉图和亚里士多德来说，他已经是医术的代表性化身，这一点毫无疑问。

盖伦对希波克拉底文集的大量注疏，还是古代晚期关于希波克拉底的辞典和解释性作品中部分或完整保留的东西，它们都向我们展示了这种学术研究的面貌，引发对研究者知识和能力的敬意，但令人怀疑的是，它们对能够从希波克拉底文集中重新找出真正的希波克拉底作品过于自信。现代校勘者相信可以从我们拥有的文集中挑出真正属于希波克拉底本人的作品，但后者的数量正变得越来越少，而且就文集中可分辨的医学思想哪一种应归于他的名下，他们的立场也摇摆不定。因此，这种投入了无尽辛劳和洞察力的努力似乎将不得不以放弃告终。[①]

但另一方面，希波克拉底文集中包含的财富极大，而且寻找真正的 534
希波克拉底作品的过程无意中展现了医学研究在希腊思想古典时代的极度差异化的全貌。尽管只能辨认出轮廓，但这幅画面仍然非常吸引人，因为它展现的并非独一无二的理论体系，而是整个学科的活跃过程，包括其中所有的分支和矛盾。可以看到，被我们归入那位科斯岛大师名下的东西并非可以在当时的书店里销售的他的“全集”，而是公元前3世纪时亚历山大里亚的语文学家们——他们试图为后世拯救希波克拉底的遗稿，就像对其他古典作家所做的那样——在科斯岛医学院的档案中找到的全部仍然留存的早前作品。这些文稿显然未经过校勘。除了已经发表或是为发表而写的作品，还有丰富的原始材料摘录和其他草稿，它们不以发表为目的，而是用于同行交流。还有的作品并非来自科斯岛的医生圈子，因为显而易见，如果我们不关心其他人的想法和认识，那么科学将很快停滞不前。此类作品混杂在希波克拉底圈子的作品中，而学生和老师的工作也没有被仔细区分，这可以用学校活动注重事实的客观精神来解释。同样的现象也发生在柏拉图和亚里士多德这样的哲学家校长的遗稿中，[②]虽然程度

① 对于确定希波克拉底学派第一代学生的作品中有哪些可以归于希波克拉底的圈子，最新的批判性尝试（K. Deichgräber, *Die Epidemien und das Corpus Hippocraticum*, Abh. Berl. Akad. 1933）是从流行病学作品中可以确定年代的最早的那些部分出发的。它放弃了找出希波克拉底本人的作品。如果足够小心，这种思路能够得出许多相对确定的结论。首要任务是从语言和思想形式上理解现有的作品。这项工作几乎还没有人做。

② 关于在科学学校内部，教学和著述的共性，参见我的 *Studien zur Entstehungsgeschichte der Metaphysik des Aristoteles* (Berlin 1912) S. 141ff.；Henri Alline, *Histoire du texte de Platon* (Paris 1915) S. 36ff.。希波克拉底文集中无疑没有故意的伪作，就像M. Wellmann, Hermes 61 (1926) S. 332所认为的。参见下一页注释①。

稍稍不及希波克拉底的。

每个被学校接纳的人都要用希波克拉底“誓言”起誓，其中包括对所学到的知识保密的庄严宣誓。此类知识通常由父亲传授给继承父亲技
535 艺的儿子。因此，被接纳为学生的外人也就等同于儿子。为此，他也起誓将技艺无偿教授给老师留下的孩子。[①]学生像学徒那样通过入赘参与业务也很常见。传统上，希波克拉底的女婿波吕波斯（Polybos）被明确提到是个医生。当亚里士多德详细描述血管系统时，他在科斯岛学校的成员中恰好只提到此人的名字。在我们的希波克拉底文集中，这段描述仍是最著名的作品之一。[②]这个个例将一道亮光投向整个文集。虽然在希波克拉底的时代，伟大个人的形象已经开始出现在医学中——就像在诗歌和艺术中早已发生的，而在哲学中则自始如此——但医生职业仍然非常强调团结，在行医实践中突出某种理论的个人创造者并不常见。显然，医生研究者首先在更广大公众面前的口头报告中以自己的名义表达个人观点。我们的希波克拉底文集中保存了多份此类报告，但即使它们也没能留下作者的名字。希波克拉底文集中还引用了一些其他学校的作品，比如“克尼多斯学说”（Knidischen Lehren），其中包含了位于小亚细亚克尼多斯的医学院（更加古老，而且同样繁荣了几个世纪）的观点，[③]但至今仍无法确定这些作品是不是对其他某座医学院的真实描绘。公元前400年左右的这段时间为个人观点的表达提供了如此广阔的舞台，我们不能不假思索地用任何偏离科斯岛学派的观点来构建其他医学院。但19世纪的研究证明了小亚细亚的克尼多斯和西部希腊的西西里岛存在医学院的事实，虽然因为材料有限，我们对其学说的了解仍然

① 参见,Eid‘ CMG I 1，4。

② 《后分析篇》，3. 3. 512b 12—513a7；参见希波克拉底，《论人的天性》（*De nat. hom.*），11（VI 58 L.）。以这部分内容与亚里士多德所引用的波吕波斯相吻合为由，大部分现代研究者认为全部的希波克拉底文集都出自波吕波斯。但古代的希波克拉底研究观点不一。盖伦在对这部作品的注疏中（CMG V 9，I，S. 7ff.）认为，1—8真是希波克拉底写的，理由是四体液说是真正的希波克拉底的标志。对于作品的其他部分，他从不认为像波吕波斯这样一个与大师如此亲近的医生是它们的作者。萨宾努斯（Sabinus）和许多古代注解则认为是波吕波斯写了它们。

③ 参见《论急性病的饮食》1（II 224 L.）。其中引用了“克尼多斯学说”（Κνίδιαι γνῶμαι）一个更好和更新的版本（“后来问世的”，οἱ ὕστερον ἐπιδιασκευάσαντες）。因此和《行医记》一样，该卷并非一个人的作品，而是整个学校的。

不足。[1]

医生作品在希腊文化的思想发展过程中是全新的，因为尽管具有直接教授的特点，它们并不或者只有很小一部分面向普通人，就像哲学和诗歌所做的那样。医生作品的出现是某种从那时开始越来越引起我们注意的 536
时代现象的最重要例证，即生活的日益技术化和职业的日益分化，为此，一种在思想和伦理上具有很高要求，但只有很少的人能够达到的专业教育变得必要。医生作品中很有代表性地大量提到“外行”和“内行”。这是我们第一次见到这种影响深远的区分。我们的“外行”（Laie）一词源于中世纪基督教，原本表示非教士，后来引申为不知情者，而希腊人的“外行”（Idiotes）则来自政治-社会生活。它表示不为国家和人类集体服务，而是只管私事的人。与之相应，医生认为自己是“工匠”（Demiurg），即为公众活动的人，就像对为人民裁衣和制造工具的其他手艺人的称谓那样。与医生的工匠活动相反，外行常常只被称为“平民”（δημόται）。工匠的称呼形象地囊括了医生职业的两个方面，即技术和社会方面，而被用作近义词且很难翻译的伊奥尼亚方言词汇χειρῶναξ（匠人）则突出了手艺方面。[2]与雕塑家一样，希腊医生也缺少能够将他们的更高能力同我们意义上的手艺人区分开来的称呼。此外，我们将内行与外行比作知情和不知情的，而在希波克拉底“法则”优美的结尾，我们看到了类似的做法：“神圣之事只能向受过神圣秘传之人展示；禁止将其展现给世俗之人，直到他们获得了知识的秘密。”[3]像宗教那样将人分成两类，以某种只有少数人掌握的隐秘科学作为他们的分界线，这种做法不仅从纯粹的技术或社会方面展现了“内行”的意义，而且赋予了其更高的价值。这段庄严的话意 537

① 参见Ilberg, *Die Ärzteschule von Knidos* (Ber. Sachs. Akad. 1924) 以及L. Edelstein的新作（前揭书，第154页），后者大大缩小了希波克拉底文集中克尼多斯文献的数量。另见Ferner Max Wellmann, *Die Fragmente der sikelischen Ärzte* (Berlin 1901)。另参见拙作*Diokles von Karystos*, (oben Anm. 10)。

② ἰδιώτης（=外行），参见《论健康的生活方式》（*De victu sal.*），1（VI 72 L.）；《论情感》（*De aff.*），1、33、45（VI 208；244；254 L.）；《论养生》（*De victu.*），68（VI 598 L.）；《论呼吸》，1（VI 90 L.）。δημότης与δημιουργός相互对立：《论古代医学》，1—2（CMG I 1，36f.）。ἰδιώτης和δημότης被用作同义词：《论古代医学》，2。χειρῶναξ：《论急性病的饮食》，3（II 242 L.）。埃斯库罗斯的《普罗米修斯》45称锻造手艺为χειρωναξία。

③ CMG I 1, 8.

味深长地展现了医生行业（如果不是希波克拉底本人）的高度自我意识，他们感受到对自然的深刻了解给本行业带来了什么。无论如何，这番话表明在整个集体中，新型医生孤立但充满高要求的位置被视作一个难题。

事实上，医学与普通精神生活的界限并不那么泾渭分明，而是试图在其中为自己夺得一个稳定的位置。他们虽然掌握了将其与外行区别开来的特别知识，但也有意识地努力与外行分享自己的知识，并找到让后者理解他们的手段和方法。一些面向非医生的医学作品出现了。对我们来说特别幸运的是，面向专业和面向公众的两类作品都有留存。留存至今的大批医学作品都属于前者。我们在这里无法给予其应有的重视，因为我们感兴趣的首先自然是后者，不仅是因为它们满足了更高的文学要求，而且因为它们与希腊人所谓的教化关系密切。[①]那时，当医学第一次像智术师那样以“展示”（ἐπίδειξις）的形式，或者通过书面传播的“演说辞”（λόγος）将自己的问题带到公众面前时，对于“外行”在多大程度上需要关心这些东西，还没有固定的看法。医生成为智术师那样的巡回演说者，这是他们第一次尝试提高自己的公共影响。敢于进行这种尝试的精神力量不仅唤起了对医学的暂时性兴趣，而且足以创造出“受过医学教化的”新群体，后者对医学问题表现出虽不专业但特别的兴趣，他们对医学事务的判断使其不同于缺乏判断力的大众。

538 让外行了解医学思想的最好机会自然是通过治疗病床上的病人。根据柏拉图在《法律篇》中有趣的描绘，奴隶医生与治疗自由人的医生（受过科学培养）的区别在于两者治疗病人的方式。奴隶医生匆忙地一个接一个地诊视病人，并不为自己的疗法做出解释（ἄνευ λόγου），而是纯粹依靠习惯和经验。此人是生硬的暴君。当他听到自由医生用“符合科学理论”的方式与自由病人交谈，说起后者疾病的起因并将其还原到整个身体的本性时，他会哈哈大笑地说“笨蛋，你不是在治疗你的病人，而是在教

① 医学智术师的演说可以分成关于一般主体的修辞散文，比如《论医道》（Περὶ τέχνης）和《论呼吸》（Περὶ φυσῶν），以及较为朴素和实际的类型：面向更广大公众的《论古代医学》《论神圣的疾病》《论人的本性》。四卷《论养生》也是文学作品。这些作品用于教育外行和自我宣传，在一个国家不认可医生群体的世界中，这是必要的。参见《论医道》，1（CMG I 1，9）；《论古代医学》，1和12；《论急性病的饮食》，3。

育他，仿佛你不是想让他健康，而是让他成为医生”，就像大部分所谓的医生在这种情况下马上会回应的那样。[①]但柏拉图在这种医学教化中（以对病人的根本性教导为基础）看到了一种科学治疗的理想。他从当时的医学中借鉴了这种观点。在希波克拉底作品中，我们有时能读到关于如何能最好地把自己的知识带给外行的思考。《论古代医学》的作者表示：“对于这门技艺，我们必须比对其他技艺更加重视说的话能让外行听懂。”医生必须从人们自身的痛苦出发。作为外行，他们本身无法描绘自己的疾病并找到其原因和疗法，但向他们阐明这些并不难，因为这里的教导只不过是让病人回忆起自己的经历。在那位作者看来，如果他的教导能符合病人的既往病史，那么他就拥有了检验自身医学观点正确性的标准。[②]

在这里，我们不必探讨涉及教导外行问题或者作者直接面对外行的所有段落。医生并不完全像《论古代医学》作者所建议的那样行事，根据病人的经验进行归纳。另一些人根据计划或情况的不同选择了完全相反的做法，他们发展出关于疾病本质的全方位理论，比如《论人的天性》的作 539
者，或者像《论医道》的作者那样，让公众来评判医学是不是真正技艺的问题。这种更加理论化的讲述首先出现在向广场上人数更多的外行听众所做的展示中，上述作品极其风格化的形式表明了这点。在柏拉图的《会饮篇》中，医生厄里克希马库斯（Eryximachos）在宴会结束后向外行听众做了风趣的大段解说，从医学和自然哲学视角分析了爱欲的本质。[③]正是与当时流行的自然哲学的联系让这位医生智术师无疑显得非常有趣。色诺芬以年轻的欧绪德谟（Euthydemos）——后来成为苏格拉底的热情追随者——为例描绘了这种受过教化的新型群体。他只有精神爱好，并建起了一整座图书馆。图书馆中有建筑、几何和天文书籍，但最重要的是有许多医学作品。[④]可以想见，像伯罗奔尼撒战争期间的瘟疫这样的事件催生了一大批医学作品，就连公众也迫不及待地读起了它们。由于对瘟疫的原因提出了大量相互矛盾的假设，它们促使像史学家修昔底德这样一位医学

① 柏拉图，《法律篇》，857c—d：οὐκ ἰατρεύεις τὸν νοσοῦντα, ἀλλὰ σχεδὸν παιδεύεις。

② 《论古代医学》，2。

③ 柏拉图，《会饮篇》，186a—188e。

④ 色诺芬，《回忆苏格拉底》，4.2.8—10。

外行写下了对疾病症状的著名描绘，但有意回避了探寻病源。[①]不过，我们还是可以从他的报告中（甚至是术语细节）注意到他对专业作品的细心研究。

在《论动物的部分》开头，亚里士多德表示[②]："无论贵贱，对任何学科都存在两种状态。一种配得上科学知识之名，另一种更应该被称为教化（παιδεία）。因为受过教化者的标志是能够有把握地判断出解说者是否正确地表述了其内容。我们对受过普遍教化者的定义同样如此，教化意味着有能力这样做，只不过我们认为受过普遍教化者一个人能对所有的事做
540 出正确的判断，而我们说的其他人只是在某个专门领域拥有判断力。因为与受过普遍教化者相对应，对专业领域而言同样存在受过教化的群体。"亚里士多德在这里区分了专业的自然研究者和仅仅受过自然科学教化的人（因为这对他很重要），在《政治学》中，他又明确地对医生和"受过医学教化者"做了同样的区分。他在那里[③]甚至提出了三种知识等级：实践医生，创造性的医学研究者（并把自己的知识传授给医生），受过医学教化的人。他在这里也没有忘记补充说，任何专业里都有第三种类型的人。这个例子是为了证明，不仅是活跃的政客，受过政治教化的人同样能做出正确的判断，选择受过医学教化者作为例子是因为这类受过特别教化的人在医学领域特别多。

在那个时代的上层雅典人身上，我们已经可以看到以纯粹的个人教化为目标的学习与专业活动的区别，虽然他们经常光顾智术师的演说，但完全无意让自己成为这方面的学者。[④]即使是最热情的智术师听众，其内心也有所保留，柏拉图在《普洛塔哥拉篇》中幽默地刻画了这点。[⑤]同样的情况也适用于医学之于色诺芬的欧绪德谟，虽然后者很喜欢读医学书籍，但当苏格拉底问他是否想成为医生时，他害怕了。[⑥]这种新出现普遍

① 修昔底德，《伯罗奔尼撒战争史》，2.48.3。
② 亚里士多德，《论动物的部分》，1.1.639a 1—12。
③ 亚里士多德，《政治学》，3.11.1282a 1—7。
④ 参见本书第二卷，第322页起。
⑤ 柏拉图，《普洛塔哥拉篇》，312a；315a。
⑥ 色诺芬，《回忆苏格拉底》，4.2.10。

教化的核心正是他心爱的图书馆所反映的多样化兴趣。色诺芬特别把欧绪德谟的谈话放到“苏格拉底与教化的关系”的目次下。①这表明那个词在某种层面上越来越多地具有了这种意思。我们的任务不是片面地追溯特定方式的教化，而是展示其全部的丰富表现形式，以便这种如此影响深远的新类型不致被湮没。亚里士多德的受过医学或自然科学教化的概念不像柏 541
拉图和色诺芬所描绘的类型那样模糊。亚里士多德把他认为受过教化者应有的正确判断理解为对处理问题的方式是否恰当的感觉，无须一定与对真理的了解联系起来。后者只有科学研究者才具备，但受过教化者也能拥有“判断”，而且他们的感觉常常比生产者面对自己的作品，甚至比生产者的同行更加可靠。这个介于纯粹专业知识和绝对外行之间的领域的出现是从智术师时代开始的希腊文化史中独特的现象。对亚里士多德来说，它的存在已经是不言自明的。没有哪个地方可以让我们像在如此热情地招揽信徒的早期医学作品中那样清楚地看到它的开端。专业知识获准进入教化领域的程度取决于上层的社会标准，这条界线一直不容改变。在亚里士多德的作品中，我们同样一再看到一条伦理准则，作为文化政治家的他从中得出了影响深远的结论，即过度的专门化（ἀκρίβεια）与自由的教化及真正的“美和善”无法共存。前者是工匠和专家的事。②即使在专业科学取得胜利的时代也同样可以看到古代贵族文化的这种基本特征。

我们在最古老的医学作品中遇到“医生技艺”（希腊人如此称呼它）时的情况非常关键，足以激发公众的兴趣。我们在上面已经尝试从希波克拉底时代医学所用的科学概念的固定基本组成倒推，重建自然哲学对医生思想的影响，并向我们呈现其对早期医学的革命性影响。诚然，想要揭示它的全貌并衡量这种科学医学与之前原始阶段的巨大差距需要一点历史想

① 色诺芬，《回忆苏格拉底》，4. 2. 1：现在，我再来描述一下他如何应对那些认为自己得到了最好的教育，觉得自己智慧出色的人（τοῖς δὲ νομίζουσι παιδείας τε τῆς ἀρίστης τετυχηκέναι καὶ μέγα φρονοῦσιν ἐπὶ σοφίᾳ ὡς προσεφέρετο, νῦν διηγήσομαι）。色诺芬在欧绪德谟身上看到的是一种新的和更高级的教育的主张，其本质尚未显现。当然，苏格拉底本人的教育必须完全与此区分开。

② 亚里士多德，《政治学》，8. 2. 1337b15：那些自由的知识同样如此，致力于它们在达到一定程度之前并不会造成奴役，但如果过度追求专门化，就会造成上述的损害（ἔστι δὲ καὶ τῶν ἐλευθερίων ἐπιστημῶν μέχρι μὲν τινὸς ἐνίων μετέχειν οὐκ ἀνελεύθερον, τὸ δὲ προσεδρεύειν λίαν πρὸς ἀκρίβειαν ἔνοχον ταῖς εἰρημέναις βλάβαις.）。参见b8他关于“实用性工作”之影响的评价。

542 象。但为了不把公元前5世纪高度发展的医学科学视作理所应当，上述思考是必要的。这种危险对我们来说更加紧迫，因为它的一部分基本思想仍然被我们使用，虽然自19世纪以来我们在细节上远远超越了它。作为我们医学历史传统开始的标志，它与自然哲学理论优势地位的斗争只是一场当时于本质上已经终结的伟大而必要之革命的残余阵痛。从那时开始，关于有机体对在正常和受干扰情况下决定整个自然过程和人体存在的力量之规律性反应的知识成了医学的基础。这种确定而有条理的假设的成就在各个方向打开了新的视野，而凭借着与生俱来的清晰意识和犀利逻辑，希腊精神想要沿着所有的道路走到底，只要它拥有的经验允许。当决定性的自然哲学概念被接纳后，还有什么比顺带把这种哲学的宇宙思想体系带进医学和让思想者变得不安更顺理成章呢？

我们已经提到，像恩培多克勒这样的新派自然哲学家冲破藩篱，让自己也从医学中受益。我们从中看到了综合特征，就像恩培多克勒将自然哲学实证与宗教预言结合起来那样。他作为实践医生的成功一定使其医学学说获得了更高的敬意。他有关四种元素的物理理论以关于热、冷、干、湿四种基本属性的学说形式在随后的许多世纪里流传。这种学说与关于基本体液（χυμοί）的主流医学理论具有不寻常的关联，或者说它排斥了其他所有观点，成为医学理论唯一的基础。在这个例子中，我们可以清楚
543 地看到哲学的物理观点如何进入治疗科学，以及医学对这种影响做出了多么不同的反应：有人在新的思考方式面前完全丢下武器，从此彻底按照热与冷、干与湿的概念思考；有人则把这种属性学说嫁接到现有的体液学说上，试图调和两者；还有人认为它完全无用，或者对医生只是次要的。医生的思想活跃性以及他们对整个自然知识领域中发生的一切的关注在这里得到了显现。过于仓促地否认未经充分检验的理论对解释医学现象的价值，这种错误只有一部分与希腊人的思想类型相关；另一部分要归咎于仍然非常有限的经验。理论思想在当时的生理和病理学中尚处于最初的开端。比起人们一开始走得太远或者过于简单化更加令人吃惊的是，首先致力于治愈疾病和永远不忘记这个目标的天才医生们如此迅速而坚决地摆脱了当时仍然没有实际用处的猜想，让真正进步的道路保持畅通。

这种朝着谨慎实证和观察个体案例需求的新转向让医学最终成为独立的技艺，在获得帮助升格为科学后，它与所有纯粹的自然哲学分离，从而第一次真正实现自我。尤其是《论古代医学》的佚名作者，他从根本上捍卫了这种立场。当然，在这点上，他在自己的时代并不孤单，而是称得上某一学派的观念领袖。这个学派与希波克拉底的别无二致，无论后者是否亲自著书立说。就这点而言，科斯岛的学说事实上第一次将医学奠定为真正的科学。当然，那位作者的论述并未重新为医学奠基，后者早已是货真价实的技艺。相反，他驳斥了某些医生的看法，他们相信真正“技艺”的本质是某种统一的原则，可以将所有个别现象还原到该原则，就像哲学家在自己的体系中所做的。[①]按照作者的意图，这种尝试不会像人们认为 544
的那样帮助医生摆脱理解疾病原因时不科学的犹豫，更不会帮助他们做出正确的治疗，而是只会用不可靠的假设取代治疗科学以往获得的可靠经验基础。在哲学活动进行摸索的黑暗未知领域，这是唯一可能的出路。但医生不能走这条路，否则就会导致医学经验从原始开端起经过许多个世纪的努力一步步积累起来的成就付诸东流。他用戏剧化的方式描绘了这种发展，首先从古代人的观点出发，即医生是开出饮剂和汤剂的人。通过漫长的试验，人类才逐步将自己的饮食与野兽的饮食分开，并做出了更细微的区分。而医生为病人提供的饮食又要更高一个层次。因为健康人的饮食对病人造成的伤害不比野兽的饮食对健康人造成的伤害小。[②]

直到迈出了这一步，医学才发展成真正的“技艺”，因为不会再有人用这个词来表示今天人人都懂的东西，比如烹饪术。但为健康者和病人提供饮食的原则在根本上保持不变，仍然是“适合”。[③]但发现适合之物不仅限于区分重的和轻的食物，还包括为各种体质确定用量。正如病人会因为饮食过多而受到伤害，饮食过少同样如此。能衡量什么对个体有益的人才是真正的医生。[④]他们能准确地指出各种情况下的正确用量。没有能帮助他们做出正确判断的数量和重量准则。用刻耳苏斯的话说，医学是一种

① 《论古代医学》，1起，12。
② 同上，5起，8。
③ 同上，4和5的结尾。
④ 同上，8—9。

“推测的艺术”（*ars coniecturalis*）：这种表达中回响着希波克拉底的经典
545 表述（通过这位罗马百科全书作家参考的晚期希腊医学作品）。一切取决于可靠的感觉（αἴσθησις），只有它才能弥补理性标准的缺失。这是从业医生所犯错误的最主要来源，而所谓的技艺大师是指很少犯错误的人。大部分医生就像糟糕的舵手：只要天气状况还过得去，他们的领航错误就不会暴露，而在猛烈的风暴中，他们的无能就会大白于天下。[①]

这位作者是一切空泛表述的敌人。他反对某些“医生和智术师”关于真理的断言，即如果不知道人是什么，他们如何诞生，是由什么材料组成的，我们就无法理解医学。虽然此类研究者在理论上完全正确，而且对今天的经验主义者来说，现代医药化学无疑永远不该被发现。但从当时的元素学说来看（仍处于非常粗糙的开端），他务实的谨慎是对的。“这些人的学说源于某种哲学（φιλοσοφίη），就像恩培多克勒等人那样，他们写过关于自然的论著”；也就是说，作者抨击的并非恩培多克勒本人（大多数人误解了他的话），而是指向“哲学”一词，后者在当时还没有今天流行的意思，为此他补充了“就像恩培多克勒等人那样”的表述。[②]对于让医学进入所谓自然哲学的更高领域的努力，他骄傲地反驳说：“我认为，没有比医学更好的途径能让我们获得对自然的准确了解。”[③]这种在今天听来奇怪的观点在当时完全切合实际。自然研究（甚至包括天文学在内）当时还没有认识到满足准确性的要求。医学是自然科学中最早实现这个要求

① 《论古代医学》，9：因为必须瞄准某个尺度。但你找到的尺度不会是重量、数字或是别的，而是身体的感觉，根据它可以做到准确性（Δεῖ γὰρ μέτρου τινὸς στοχάσασθαι · μέτρον δὲ, οὐδὲ σταθμὸν, οὐδὲ ἀριθμὸν οὐδένα ἄλλον, πρὸς ὃ ἀναφέρων εἴσῃ τὸ ἀκριβὲς, οὐκ ἂν εὑροίης ἄλλ’ ἢ τοῦ σώματος τὴν αἴσθησιν）。这里同样将医生与舵手相提并论。

② 《论古代医学》20认为这里的论战是特别针对恩培多克勒及其学派的，这种错误在各种研究作品中都能看到。它同样可以用阿纳克萨格拉或第欧根尼的名字。与之如出一辙的是，就像在这里恩培多克勒的名字被用来说明当时意义还不确定的φιλοσοφίη（思想追求，研究）一词，亚里士多德在《劝勉篇》中（残篇5b Walzer，52 Rose）也用其最著名的代表人物的名字来表示当时还没有专门术语的形而上学概念：“那种真理研究（ἀληθείας φρόνησις），就像阿纳克萨格拉和巴门尼德的追随者所进行的。”这种界定对于概念哲学史的发展非常重要，有人认为可以将其上溯到赫拉克利特或希罗多德，甚至是毕达哥拉斯的时代。《论古代医学》的著者接着说，“我这样说（指恩培多克勒的哲学）表示的是那种研究（ἱστορίη），它教导我们什么是人，以及他们从何而来”，等等。

③ 《论古代医学》，20。

的，因为对它而言，一切成功取决于对个体事实的准确观察，而且事关人命。对于作者来说，问题的关键并非人类本身是什么，而是“人与他的吃喝及生活方式有什么关系，一切对它有什么影响”[①]。他告诫医生们不要相 546
信，当我们说“奶酪不易消化，因为吃得太多会让人难受”时，我们还没有满足上述要求。我们要准确地知道它引起了哪种难受和它让人体的哪个组成部分无法忍受。此外，根据个体体质的差异，这种食物的影响也截然不同，而且不同种类的沉重食物的沉重原因也不相同：因此，在医学中泛泛谈论人的天性是可笑的。

留存至今的七卷《行医记》(*Epidemien*)为这种有意识的客观经验立场提供了正确的背景，这种立场是新的医学方向的典型特征。该书的大部分内容显然是来自常年行医经历的病例报告，范围几乎遍布整个希腊本土北部和诸岛。[②]个体病例常常标出地点和人名。在这里，我们通过医生的个别经历直接看到了医学学科结构的成长，就像整个希波克拉底学派的作品所揭示的。这种“备忘录”(ὑπομνήματα)的书写方式最好地展现了医生的工作方法，即经验来自通过回忆的感官感知，我们在亚里士多德那里将再次看到它被一般化后的形式。显然，《行医记》的作者不止一人。他们的作品形象地展现了希波克拉底《箴言》中的第一个句子：“生命短暂，技艺恒长，时机飘忽，尝试危险，诊断艰难。”[③]但真正的研究者不会止步于个体，无论他多么不愿离开它们。我们永远无法将真理分解为无数的不同个例。为此，当时的医学第一次对人的体质、外形、秉性和疾病等提出了“种类”(εἴδη)概念。[④]“种类”首先表示外形，后来表示将某一群个体

① 《论古代医学》，20。见本书第441页。

② 因此，Επιδημίαι这个标题表示造访异邦城市。“造访”(ἐπιδημεῖν)不仅是智术师和文学家的活动形式，游方医生也是这样行医的。参见柏拉图《普洛塔哥拉篇》309d和315c，《巴门尼德篇》127a，以及与诗人希俄斯的伊翁同名的自传作品。关于希波克拉底的作品，现在可以参见K. Deichgräber，*Die Epidemien und das Corpus Hippocraticum* (*Abh. Beri. Akad.* 1933)。《论古代医学》和这部作品的著者在思想上接近，但不太可能是同一个人。

③ 《箴言》(*Aphor.*)，I 1 (IV 458 L.)。德墨特里俄斯(Demetrios)的《论风格》(*Über den Stil*) 4章把这句名言作为枯燥和支离破碎的风格的典型，其特色完全体现在内容上。

④ A. E. Taylor探究了Eidos(常常以附属出现)与Idea概念在希波克拉底文集中的产生，见*Varia Socratica* (Oxford 1911), S. 178-267。更新的著作参见G. Else, *The Terminology of the Ideas* (Harvard Studies in Classical Philology, 1936)。

与另一群个体进行比较时可见的外形标志。但很快，它被延伸到所有多种
547 相关现象间可以确定的全部共同特征，从而包含了类型或种类的概念。即使《论古代医学》的作者也认同这种一般化。[①]相反，他反对的是前苏格拉底风格的断言，比如“热是自然的原则，是健康和疾病的原因”。我们的作者认为，人体中存在咸和苦，甜和酸，涩和淡，以及“其他无数”效力不同的力量，当它们混合后不会个别出现，不会对人体造成伤害；[②]但只要其中的某一种被分离和独立就会对人体有害。这是克洛托人阿尔克迈翁的古老学说，即有机体中唯一力量的独裁（μοναρχία）是生病的原因，而各种力量的平等（ἰσονομία）是健康的原因。[③]不仅是属性学说，就连常被引用、后来（特别是从盖伦开始）被作为希波克拉底医学基础的四体液学说（血液、黏液、黄胆汁和黑胆汁）对作者来说也不存在。[④]因此，他坚决反对那位写了《论人的天性》的公式化教条主义者（有时被认为是希波克拉底）。

不过，虽然《论古代医学》的作者如此排斥一切当时意义上的哲学，虽然他有时会粗暴地戏弄固执的经验主义者和故意伤害别人，但这种思想给哲学带来的种种有用的新开端仍然让我们吃惊。我们甚至无法避免产生这样的印象，即他自己也意识到了这点，虽然他可能对智术师头衔不感兴趣。诚然，我们的医学史语文学家习惯于按照他的做法，把哲学家医生视作这位实践研究者的反面：他们的头脑中充斥着堂皇的宇宙理论，语言中回荡着崇高的辞藻，那是从前苏格拉底自然哲学家的作品中借来的，就像四卷《论养生》（*Über Diät*）的作者那样，此人的口吻时而像赫拉克利特，时而又像阿纳克萨格拉或恩培多克勒。但医学对哲学的用处并非在于一些医生不独立地借用了早前已经建立的自然理论，而是最有才干的医生
548 们试图理解“自然”的原创和真正具有开拓性的方式，他们从整体自然中

① 参见《论古代医学》，12：εἴδεα；23：εἴδεα σχημάτων 等。

② 参见《论古代医学》15的结尾：热并没有人们归于它的那种巨大的力量（δύναμις）；关于在身体内起作用的力量，它们的数量、种类、正确的混合和被扰乱，见14（第二部分）。

③ 阿尔克迈翁，残篇4，Diels。

④ 在身体内起作用的力量是“无数的”这种学说已经证明了这点。关于反对像当时流行的那样将热、冷、干、湿这些性质分离和实体化，参见15的论战。

的一部分出发，对其具备前所未有的熟悉程度，如此清晰地看到了其真正的规律。

我们在后文还将提到，凭着可靠的本能，柏拉图从一开始就与医学保持着最紧密的关系。但在这里有必要对这种关系做些分析，因为医学对柏拉图和亚里士多德哲学的影响最好地展现了对新的医学方法和思维方式的科学解释。在这里对其进行评价的更重要理由是，它与教化的真正核心问题有关。在为自己的伦理-政治科学奠基时，柏拉图首先既没有以数学知识的形式，也没有以猜测性质的自然哲学为出发点，而是以医术为模型，就像他在《高尔吉亚篇》和其他许多地方所表达的，这并非偶然。在《高尔吉亚篇》中，他以医学为例描绘了自己眼中的真正技艺的本质，并通过这个例子引出了其主要特征。[①]技艺是关于对象本性的知识，目的是帮助人们，因而只有在实践使用中才真正成为完全的知识。柏拉图认为，医生能根据自己的知识认清健康和疾病的本质，并找到药物和疗法，使得病人回到正常状态。柏拉图根据这个例子塑造了自己的哲学家形象，后者需要为人的灵魂及其健康做同样的事。让柏拉图的“灵魂治疗”科学与医学的比较变得可能和有用的是两者共同的双重特点：两种科学的原理都以对自然本身的客观认识为基础，对医生来说是对身体天性的认识，对哲学家而言是对心灵天性的理解；但两者在研究与自己相关的自然领域时都不仅将其作为一系列事实，而且希望在其自然结构中找到规范原则（无论是身体的抑或灵魂的），为医生和哲学家-教育者的活动提供准则。医生把 549
这种人类存在的规范称为健康，而修辞家和政治家也正是从健康角度面对人的灵魂。

在《高尔吉亚篇》中，柏拉图对医学的兴趣对准了某种真正技艺的本质和形式，而在另一部重要作品《斐德若篇》中，他想要表达的更多与医生的方法相关。在这里，柏拉图提出医学无疑适合作为真正修辞学的模板。[②]和在《高尔吉亚篇》中一样，他指的也是自己的政治哲学艺术，即

① 柏拉图，《普洛塔哥拉篇》，464b起，特别是465a，501a起。

② 柏拉图，《斐德若篇》，270c—d；关于这种观点的古代作品，参见W. Capelle, *Hermes* Bd. 57 (1922) S. 247。我不认为L. Edelstein对这一问题的最新讨论（前揭书，见本书第424页注释①，见Edelstein著作第118页起）是正确的，在这里就不再深入分析了。

将人的灵魂引向其真正的最佳状态。但医学方法中有什么对他来说具有决定性的东西呢？我认为，人们在这点上一再有所误解，被柏拉图在前文关于伯里克利的半开玩笑的话误导了，即此人从哲学家阿纳克萨格拉那里学会了对自然做堂皇的闲谈（ἀδολεσχία）。当后文再次提到人们“无法离开整体的本性”理解灵魂，并以希波克拉底的医学（对关于身体的认识使用了同样的原则）为例阐释这点时，人们由此推断，柏拉图将希波克拉底视作典型的自然哲学派医生，在风格上类似《论古代医学》的作者所反对的哲学家。但苏格拉底在后文中对希波克拉底的方法所做的准确描绘指向了完全不同的方向，而他在这里所说的话也完全是为了给修辞学及其治疗灵魂的艺术提供模板：希波克拉底教导说，首先要弄清楚，我们想要从中获得真正知识和技艺的对象之本性是单一还是复合的（πολυειδές），如果是单一的，那么就进一步探究它有何种对其他物体施加影响或者被影响的能力；如果具有多种形式（εἴδη），那么就要清点这些形式和种类，对它们
550 一一加以确定，就像我们在确定单一性质对象时所做的，探究它们能施加和接受什么影响。

对希波克拉底方法的上述描绘不符合从对宇宙及其各部分的定义开始治疗感冒的那种医生。它与真正观察者的程序要接近得多，我们在希波克拉底文集中最好的作品里处处可以看到它被使用。柏拉图的希波克拉底形象并不符合《论古代医学》的作者所反对的那种宽泛谈论人体天性的人，而是符合这篇作品的“经验主义”作者，此人与前者立场相反，认为人的天性分为多种，因此奶酪对他们胃的影响必然也不同。当然，就此认定这部作品的作者是希波克拉底过于唐突；因为《论重症下的养生》的作者等人同样符合上述特征，《行医记》的作者同样如此。想要根据柏拉图对希波克拉底方法的描绘从希波克拉底文集中挑出真正的希波克拉底作品的努力一再失败，原因不仅是对柏拉图立场的误读，也在于文中给出的特征过于宽泛。它所描绘的希波克拉底具有公元前5世纪末和公元前4世纪初科学医学中普遍的共同特点。希波克拉底可能是这种方法的提出者，但从我们手头的作品来看，其他一些医生从他那里学会了这种方法。能够有把握说的只是，柏拉图对希波克拉底方法的描绘与更加倾向于自然哲

学普遍性做法的《论人的天性》的作者（盖伦把柏拉图的话与他联系起来）或者说《论古代医学》的作者所驳斥的类型相反，包括仔细区分本性（διελέσθαι τὴν φύσιν），计算种类（ἀριθμήσασθαι τὰ εἴδη）和确定与每一种类相适应的东西（προσαρμόττειν ἕκαστον ἑκάστῳ）这些基本原则。

只需对柏拉图对话略有了解，我们就能看到，在这里被柏拉图视作
医学所固有的程序正是他本人所遵循的，特别是在他后期的作品中。[1]事 551
实上，我们在读医学作品时会惊讶地发现，柏拉图所描绘的苏格拉底的有条理做法，有许多我们已经可以在其中看到雏形。我们已经看到，实证医学如何在现实的压力下开始将其在长期观察中确定的具有相同特征的个案“一起视作”（柏拉图语）种类或形式（εἴδη）。当要区分多种此类形式时，医学行业的人会使用εἴδη；而当纯粹涉及多种东西的统一性时，“一种理念”（μία ἰδέα）的概念就能派上用场，即表示统一的方面或外观。在柏拉图那里，对Eidos和Idea这两种表达的区分及其使用方式看上去和这如出一辙。[2]我们看到，这种最早由医生在人体及其形式和疾病上发展起来的有条理概念被柏拉图移植到他的研究所专注的问题领域，即伦理学领域，再从那里扩展到他的整个存在学说。医生们已经认识到疾病的“多形态”和“多种类”问题，并试图弄清每种疾病的准确种类数量，[3]就像柏拉图通过他的分类方法所做的，他称之为将一般概念“分割”和“划分”成它们的种类。《论古代医学》的作者甚至已经提到半个世纪后在柏拉图晚年作品中重新出现的问题：通过将属性概念独立为理念本质，一种“形式”（Eidos）如何能与另一种具备“某种共同点”？[4]

---

① 参见Jul. Stenzel的详细探究，*Studien zur Entwicklung der platonischen Dialektik* (Breslau 1917) S. 105f.。

② Const. Ritter, *Neue Untersuchungen über Platon* (München 1910) S. 228ff.

③ 参见《论古代医学》1，书中提到，克尼多斯学校的代表们已经非常重视疾病的多形态性（πολυσχιδίη），试图确定每种疾病形式的准确数量，但他们过于看重名字的相同。疾病的多种形式与某一种Eidos的关系被认为必不可少。《论呼吸》2的作者展示了这种做法的极端情况：他否认疾病的多形态性，主张只有唯一的“样式”（τρόπος），但根据“位置”（τόπος）的不同而被区分为不同的疾病形态。

④《论古代医学》15表示，实际上并没有与其他“形式”不存在共同点（μηδενὶ ἄλλῳ εἴδει κοινωνέον）的热或冷、干或湿本身。参见柏拉图《智术师篇》257a起，其中他也谈到了一种作为种类（γένη）或形式（εἴδη）的共同体（κοιvwvία）；参见259e。

当柏拉图将医学科学同哲学进行比较时，他首先看到的是前者的规范性特点。因此，除了医生，他还把舵手作为这种知识的例证，亚里士多德在这点上遵循了他的做法。两人对医生和舵手的比较都借鉴了《论古代医学》，后者第一个将上述比较用在这点上。[①]但柏拉图思考的是对规范的
552 认识本身，而亚里士多德则展现了医生例证用途的另一方面。作为其伦理学最重要的问题之一，他谈到了规范（仍然是普遍性质的）如何可以被用于乍看之下毫无一般性规则可言的个人生活和个案。这个问题首先对教育至关重要。为此，亚里士多德对个人教育和集体教育做了根本性区分，并以医学为例支持自己的做法。[②]而在回答个体应该如何找到自己活动的真正准绳时，医学同样向这位哲学家提供了帮助，教导他把正确的伦理行为理解成遵守过量和不足之间的正确中道，就像健康的养生那样。如果我们想到在亚里士多德那里，伦理学意味着对人的欲望和痛苦本能加以调节，我们就会更好地理解这种表达。柏拉图已经将“填满”和“清空”的医学概念用于关于快感的理论；因为他认为这种理论属于涉及“更多或更少”的类型，需要进行调节。[③]亚里士多德由此将正确的中道确定为标准，但他并不把这理解为两极之间的固定数学点，没有将其视作标尺的绝对中点，而是作为对所涉及个体而言正确的中点。于是，伦理行为成了以对我们来说位于过多和不足之间的正确中点为目标。[④]亚里士多德在这里用的每个字眼——过多和不足的概念，中道和正确尺度，目标（στοχάζεσθαι）和可靠的感觉（αἴσθησις），反对绝对尺度和对与个体本质相适应的规范的要求——都直接借鉴医学，而《论古代医学》恰好充当了他的模板。[⑤]

如果我们希望以现代意义上被误读的“原创”之名来寻求淡化上述

① 比如柏拉图，《政治家篇》，299c；亚里士多德，《尼各马可伦理学》，2. 2. 1104a9；3. 5. 1112b5，以及《论古代医学》9的后半部分。

② 参见亚里士多德，《尼各马可伦理学》，10. 10. 1180b7。

③ 柏拉图，《菲利布篇》，34e—35b，35e起。

④ 亚里士多德，《尼各马可伦理学》，2. 5. 1106a26—32；b15；b27；参见《论古代医学》9，本书第434页注释①的引文。

⑤ 在公元前4世纪的医学作品中也能找到《论古代医学》9中观点的回响；参见卡吕斯托斯的狄奥克勒斯残篇138（Wellmann）以及《论养生》I 2（VI 470 L. 第二部分）的论战。作者质疑了关于真正准确地把普遍规则用于病人的个体本质的可能性。他认为这体现了一切医术不可避免的弱点。

事实，那么我们就将完全无法理解希腊人的思想方式。这是一种只会造成误导的错误标准。通过将自己的学说与平行领域中已经达到的知识水平联系起来，柏拉图和亚里士多德使其获得了更高的权威。在希腊人的生活结 553
构中，一切相互联系，环环相扣。我们在每一个之前的阶段都观察到了希腊思想史的这种建构方式，看到它在柏拉图和亚里士多德关于人类德性的核心学说这样关键的地方得到印证非常重要。但这里所做的不是纯粹的类比，就像乍看之下那样，而是把关于正确治疗身体的整个医学学说同关于正确呵护和治疗灵魂的苏格拉底学说合并成更高层次的第三种理论；因为柏拉图和亚里士多德对人类德性的理解同等程度地包含了身体和灵魂的德性。[①]医学由此被完全纳入了柏拉图的哲学人类学。作为专业科学的医学是否和在多大程度上属于教化的历史这个问题从此获得了全新的面貌。医学不再仅仅在更大的圈子里唤起对医学问题和医学思想的理解，通过专注于人类存在的一个部分——身体领域，它获得了对人类天性新图景的哲学建构以及对人类更完美塑造而言具有决定性意义的认识。

对希腊医学作品的全部内容进行同样详细的分析不是我们的任务。这些作品中绝大部分只是关于具体的医学专业知识，对我们的目标没有直接意义。但在公元前5世纪和公元前4世纪，除了上面所说的，医学还为塑造希腊人的伟大思想过程做出了另一项直接贡献，新的医学科学直到不久前才认识到它的意义并加以推进，那就是关于保持人的健康的学说。这是希波克拉底思想在教育领域的真正创造。可以想见，它只能作为我们在当时医学作品中见到的自然（Natur）全貌的背景。自然概念在希腊医生的思想中无处不在，就像我们之前看到的。那么这个概念的具体内容是什 554
么呢？自然的力量被称为天性（Physis），后者在希波克拉底学派的研究者思想中又是什么样的？至今尚无人系统性地尝试确定早期希腊医学作品中的自然思想，尽管这样做对整个当时和后世的思想史非常重要。其中出现的真正医生不把部分从整体分离，而是始终看到它与其他部分的相互作用。[②]我们可以把这点再次与希波克拉底在《斐德若篇》中的评价联系起

① 参见《理想国篇》中的描绘和本书第三卷中对亚里士多德的解释。

② 柏拉图，《斐德若篇》，270c—d；参见本书第455—456页。

来。柏拉图通过他的话看到了我们所说的有机自然观点。利用对医学方法的暗示，他希望形象地展现，在各个领域首先正确理解部分在整体中之功能并由此确定对待部分之恰当方法是必要的。值得注意的是，正是医学为上述思考方式提供了模板。在《斐多篇》中，柏拉图指责了早期的自然哲学，[①]因为它没有宇宙固有的目的性元素，后者与有机的思考方式关系极其密切。他在医学中找到了在自然哲学家身上错失的东西。

19世纪末的自然研究和医学对希腊医学的看法当然有所不同，而它们教条式的偏见又成为由语文学家推动的希腊医学史新研究的权威前提。我们非常清楚，自然过程的目的论观点在后来的希腊医生那里（特别是盖伦）扮演了突出的角色。但我们从中一眼就能看到对医学思想造成伤害的哲学影响。与盖伦相反，人们把希波克拉底视作一位纯粹的经验主义者，因此似乎有人曾说过，他不可能持有目的论观点。[②]他是纯粹的因果性自然观念最伟大的古代代表之一。[③]但在《论古代医学》中到处看到的尺度思想（而且对希腊医生普遍具有约束力）让我们怀疑，关于希波克拉底医术的上述
555 观点是否正确。这种思想还表明，我们在这里可以说的是何种意义上的目的论。医生重新确立了被疾病破坏的隐藏尺度。在健康状况下，自然本身会确立尺度，或者说它就是正确的尺度。[④]“混合”这个重要概念（事实上表示有机体中各种力量的正确平衡）与“尺度”和“对称”密切相关。[⑤]

---

① 柏拉图，《斐多篇》，96a起。

② 不仅关于希腊医学的著作是这样，像W. Theiler的*Geschichte der teleologischen Naturbetrachtung bis auf Aristoteles*（Zürich 1925）这样值得称道和充满洞见的作品也同样如此。该书基本上仅限于哲学家；除了后来的埃拉西斯特拉托斯（Erasistratos，附录第102页），书中关于医生的内容只有从希波克拉底文集中引用的零星比较。但除了对自然和有意识的技艺所做的比较——这是泰勒最感兴趣的地方——自然的无意识目的性（就像希波克拉底学派所宣扬的）也值得更认真的评价。它成了对现代科学来说影响最深远的目的论形式，尽管Telos一词尚未被用于表示这种意思。A. Bier的*Beiträge zur Heilkunde* (Münchener Medizinische Wochenschrift，1931 Nr. 9ff.)对希波克拉底文集的这一方面做了更正确的评价。

③ Th. Gomperz, *Griechische Denker* Bd. I (4 Aufl.) S. 261第一次将医生纳入了希腊哲学的发展，但对其的评价仍然是典型的实证主义时代的代表。这体现在他把希波克拉底和德谟克利特紧密地相互联系在一起。在这点上，他的根据是试图将这两个人物联系起来的后世书信小说。

④ 比如《论古代医学》5（最后）和9;《论养生》69（VI 604 L.）和所有关于饮食的作品。

⑤ 参见《论古代医学》，14（后半部分）;《论风、水和地点》，12（CMG I 1，67）;《论人的天性》，4（VI 38 L.）。关于和谐的概念，见《论养生》，1. 8—9（VI 480ff. L.）。关于混合（ἁρμόττον）、尺度（μέτριον）和对称（σύμμετρον），见拙作*Diokles von Karystos* 47f.。

自然在这种合理规范（我们必须这样称呼它）的意义上发挥作用，我们由此理解了为何柏拉图可以把力量、健康和美貌直接称为身体的德性（ἀρεταί），并将其与灵魂的伦理德性相提并论。他把“德性”视作部分或力量的对称，在医学表达中，这种对称构成了正常状态。[①]因此，我们不应对在早期的医学思想中看到“德性”一词而吃惊。[②]它完全不是在柏拉图的影响下才进入医学的。这种思考方式很可能恰好符合早期希腊医学的自然观。自然力量的目的性在生病状态下变得尤其明显。医生治疗病人的行为并非在干涉自然。疾病症状（特别是发热）本身已经是恢复正常状态过程的开始。身体自己发起了该过程，医生只需认清介入的时点，从而协助向着治愈努力的自然过程。因为自然会帮助自己。[③]这是希波克拉底疾病学说的最高原则，同时也是对其目的论基本观点的最简洁表达。

两代人之后，亚里士多德在定义艺术与自然的关系时表示，艺术并非模仿了自然，而是为了填补自然的漏洞才被发明的。[④]这种观点以自然无处不在的目的性特点为前提，从自然中看到了艺术的原型。相反，智术 556
师时代的某些医学理论由此证明了人类机体的目的性，将身体的个别部分同工具和发明相比较，并指出了两者的相似性。我们在阿波罗尼亚的第欧根尼那里找到了这种目的论的例子，此人集自然哲学家和医生于一身。有人猜测他是这种理论的发明者。[⑤]但实际上该理论是从医学土地上成长起来的。我们可以在希波克拉底文集的《论心脏》中找到它。[⑥]在《论养生》第一卷中，我们读到了另一种更神秘的目的论：一切艺术都是对人类天性的模仿。应该通过与后者的隐晦类比来解释，就像作者试图利用一系列牵

① 柏拉图《斐多篇》93e、《法律篇》773a、《高尔吉亚篇》504c表达了同样的观点，将健康定义为身体的秩序（τάξις）。关于对称是身体的健康、力量和美的因，参见亚里士多德，《欧德摩斯伦理学》，残篇7，第16页（Walzer，45 Rose）。

② 参见《论急性病的饮食》，15和57。

③ 灵魂会忙着跑去身体受伤的部位——赫拉克利特残篇67a（Diels）将身体比作蜘蛛，它会跑去网被苍蝇弄破的地方——让人想起自然会前往援助（βοηθεῖν）病患，就像希波克拉底派所教导的。这段话更加让人觉得是医学理论，而非赫拉克利特式的格言。

④ 参见W. Jaeger, *Aristoteles* (Berlin 1923) S. 75。

⑤ 参见W. Theiler，前揭书，第13页起，他把一切此类例子归于第欧根尼。

⑥ Theiler，前揭书，第52页从这篇作品中引用了一个例子，但作品中的其他地方依据的都完全是医学理论。

强的例子证明的。[①]这与亚里士多德和第欧根尼都不一样，但它表明目的论思想在当时的医学中多么形式多样和传播广泛。“医生的艺术是去除引起疼痛之物，通过去掉让人痛苦的东西使其变得健康。自然本身也能做到这点。当因为坐着而痛苦时，我们就会站起来；当因为运动而痛苦时，我们就会停下；自然还包括了其他许多医术。”[②]这是作者的个人猜测。但希波克拉底学派同样只向医生指派了为自然服务和补充的角色。《行医记》中表示：“病人的天性是治愈疾病的医生。”[③]这里把个体天性视作有目的性发挥影响的实体，而下一句话（更准确地说是箴言）则把一般天性作为思考对象：“自然在缺乏有意识理智的情况下为自己找到手段和方法，比如眨眼，舌头的动作和其他一切类似的活动。”新的自然哲学（就像我们看到的，在这点上同样受到医学影响）通过引入遍及整个世界的神性理智（如此合理地规范一切）来解决自然目的性的问题。[④]希波克拉底学派不接受一切此类形而上学假设，但对在无意识情况下如此有目的性运行的自然表示赞美。在这点上，现代活力论（Vitalismus）将作为有机体目的性反
557 应源头的“刺激”这一生理概念作为连接有意识和无意识的桥梁。但在希波克拉底那里还没有这种概念。古代科学对于有机体目的性过程的原因尚无定论，但明确肯定了这种事实本身。它把目的性完全同有灵魂之物联系起来，而这正是医学的专属领域。

在上文引述的《行医记》段落中，作者针对该问题提出了无意识教化的概念，自然借此完成需要做的事（εὐπαίδευτος ἡ φύσις ἑκοῦσα οὐ μαθοῦσα τά δέοντα ποιεῖ[⑤]）。相反，文本未经充分校勘，但在当时极有贡献的里特雷（Littré）版希波克拉底文集中（我们肯定还会一直利用它，因为只有少数作品有更好的版本）却说：“自然虽然未受教化（ἀπαίδευτος）和一无所知，但还是会做正确的事。”类似的否定观点后来

---

① 《论养生》，I c. 11—24。

② 《论养生》，I c. 15。

③ 《行医记》(*Epid.*)，VI 5，1（V 314 L.）νούσων φύσιες ἰητροί。

④ 阿波罗尼亚的第欧根尼（Diog. Apoll.），残篇 5（Diels，参见残篇 7 和 8）。

⑤ 拥有良好教化的自然在自愿但未经学习的情况下做需要的事。——译注

也出现在包含了大量箴言《论食物》中："一切事物的本性没有老师。"[①]这位作者看上去像是见过我们的《行医记》中那个段落的另一版本，并模仿了它。但他被引向了错误的道路，因为在没有教化的情况下做正确的事，这对当时的思想而言是矛盾的。因此，如果自然在自愿但未经学习的情况下做需要的事，那么它一定具备自我教化（εὐπαίδευτος）的天赋能力。通过将这种能力直接用于工作，它发展出高超的技能。除了最好的抄本，在编撰所谓的埃庇卡摩斯"箴言"的诗人那里也能看到这种表述。他用完全相同的方式解释了自然的智慧，将其描绘成能够自我教育。无意识的自然理智被理解为对应了有意识的人类教化。[②]这种希波克拉底派思想比同样回响于医学思想中的智术师的证明更加深刻，即用农业和驯兽来类比通过教化对人类天性进行的塑造。[③]因为在后者中，教化完全被理解为来自外部的培育和训练。而在希波克拉底派的观点中，在天性本身及其目 558
的性中，教化已经处于无意识和自发的预备阶段。这种观点将自然之物精神化，将精神之物自然化。由此出发，人们巧妙地用精神类比解释生理过程，用生理类比解释精神过程。通过这种类比，《行医记》的作者突然令人印象深刻地说出了这样的句子："体力活动是四肢和肌肉的食物""思想对人来说是灵魂的漫步"。[④]

通过将自然描绘成无意识的目的性和自发性力量，我们理解了《论

① 《论食物》(*De Alim.*)，39（IX 112 L.）：φύσιες πάντων ἀδίκτοι。

② 埃庇卡摩斯，残篇4，Diels：τὸ δὲ σοφὸν ἁ φύσις τόδ' οἶδεν ὡς ἔχει μόνα· πεπαίδευται γὰρ αὐταύτας ὕπο［只有自然知道这种智慧，因为它是从（自然）自己学到的］。这句话指的是母鸡孵蛋，作为一切生命具有自然理性的例子。如果是真的，那么这段话即便不是我们关于πειδεία最早的例证，至少也不比埃斯库罗斯《七雄攻忒拜》18晚多少（参见本书第二卷，第293页）。但在埃斯库罗斯的作品中，πειδεία仅仅表示养育孩子（παίδων τροφή）；而在埃庇卡摩斯那里，它已经具有了更高教育的意思，就像它在智术师那里被最早使用的那样，特别是在公元前4世纪。Diels将其归入未被怀疑来自某部后世假托埃庇卡摩斯之名所写的箴言集的少数残篇。但仅从我们确定的πειδεία一词的意义发展来判断，它和其他那些同样是后世的伪作。

③ 参见本书第二卷，第316页起。希波克拉底《医规》(Nomos) 3中的说法类似于智术师将教化比作耕耘，不过是教育思想转移到医学的专业教育，而柏拉图《蒂迈欧篇》77a反过来幽默地将耕耘比作对自然的教化。这两种比喻可能都出现于公元前4世纪。

④ 《行医记》，VI 5，5。Deichgräber前揭书第54页将其理解为"（在身体内漫步的）灵魂在人看来（就是）思想"。但ψυχῆς περίπατος φροντὶς ἀνθρώποισιν不可能表示这个意思。《论养生》II c. 61把"思想"（μεριμνᾶν）也视作"锻炼"。它的创新之处在于将锻炼从身体扩大到了灵魂。

食物》作者的这句话："自然满足了所有人的一切。"[1]但正如当自然的平衡被打破后，医生用自己的技艺减轻了自然的工作，出于同样的观点，他也有责任避免这种破坏的威胁，注意维持正常的状态。古代医生作为健康的保护者是在大得多的程度上（近代医生指导几十年前才开始这样做），而非只是帮助对付疾病。这部分医学被统称为"保健"（τὰ ὑγιεινά），它的关注对象是"养生"。希腊人不仅把这个词理解为病人的饮食，也包括人的全部生活方式，特别是对饮食以及适合身体的体力活动。在这点上，对人类集体的目的性思考无疑发展为医生的重要教育任务。古代保健主要取决于个体的教育水平及其见识、需要和条件，只有很小一部分是公共事务。它自然从一开始就和体育联系在一起。后者不仅在普通希腊人的日常生活中占据了重要位置，而且以长期的保健经验为基础，要求持久地控制身体及其活动。于是，体育教练先于医生成为身体保健的内行顾问。他们
559 完全不会因为养生学说而被排挤，而是永远在医生身旁占据一席之地。即便医生最初试图侵入体育领域，但从现存的养生作品来看，两者很快完成了势力的划分，医生在某些方面要服从体育教练的权威。

我们拥有来自希腊文化各个时期关于正确养生的内容丰富的医学文献残篇，有能力写出一部它们的发展历史，这部历史也将让我们看清社会生活的变迁。但我们在这里只关注它的开端。关于保健的最早作品已经失传。对于希腊身体塑造的这个方面最早发展起来的公元前5世纪和公元前4世纪之交，除了短篇作品《论健康的生活方式》，我们还拥有其他两个见证，如果主流的年代观点正确的话：在古代晚期非常知名的四卷《论养生》，以及著名医生——卡吕斯托斯人狄奥克勒斯（Diokles von Karystos）的作品（已失传，后世作家保存下了残篇）。就像我们将会看到的，两部作品的年代要比今天人们普遍相信的晚得多。从语言和思想内容来看，它们更可能属于公元前4世纪中后期。因此，如果想在这里一并引用它们，我们不可避免地要首先考虑普遍的思想发展。不过，我们还是可以把这些作品一起视作同一时代的代表，因为它们属于相同的类型。与

① 《论食物》，15（IX 102 L.）。

此同时，由于它们在对象上的差异显示了这个医学分支的发展和值得注意的精神个性水平，我们还将一一描绘它们。除了这些，关于养生的全面历史，我们还必须引用希波克拉底文集的其他作品中偶尔提到的健康生活方式的规范。

《论健康的生活方式》[①]向外行提供了日常养生的入门。《论疾病》同样以此为意图，因而在许多抄本中被直接放在前者之后。这部作品在开篇探讨了教育外行的问题，谈到外行需要具备的医学知识程度，以便帮助自 560
己和避免疾病加重，即便做不到这些，他们也能更好地理解和帮助医生的治疗。作品最后给出了能被大众理解的病人养生理论。因此，这部作品与《论健康的生活方式》完全如出一辙，我们也理解了为何古人想把这两部作品归于同一作者名下。健康养生的规范涵盖了针对不同季节、地点、体质、年龄和性别的饮食和运动，但都非常宽泛。作者的主要思想表现为某种医学平衡策略，在寒冷季节要求多吃固体食物和少喝液体，在温暖季节则相反，以便通过增加干和热来补偿冬天的影响，通过增加湿和冷来补偿夏天的影响。因此，只要人体中的某种属性可能有过强的危险，就要增加与它相对的。因为在作者看来（与《论人的天性》观点一致），疾病的产生取决于这样的事实，即身体并非由单一元素，而是由多种元素组成，它们之间的正确平衡很容易因为热、冷、湿、干四大基本属性的增加而遭到破坏。这正是《论古代医学》的作者有理由斥之为过于公式化的理论，但我们看到，正是如此才让它容易操作。养生成了与自己的身体打交道的相对简单的手段，因为只需考虑数量很小的几个决定性因素。它还没有发展到一百年后在狄奥克勒斯作品中的那种程度。后者对从早到晚的一整天活动做了规定，而那部较早作品的作者只是在一定程度上指出了夏天和冬天这两个极端对立的季节以及春天和秋天这两个过渡性季节的饮食变化。按照他的建议生活极其困难，因为它们太过笼统，而非因为它们对准确性提出了过高要求。医生与体育教练的关系尚未被提到。对于身体锻炼的多 561
少，作者同样按照自己与季节相适应的基本思想做了公式化，没有过多向

① VI 72 L.

体育教练请教。[①]

内容广泛的四卷《论养生》则完全不同，这是一部真正的百科全书，作者亲口表示自己想要汇集当时内容已经非常丰富的该领域全部作品，如果有必要的话还会加以补充。[②]他是一位哲学家和体系建立者，把他描绘成为汇编者很不正确。分析他作品的人试图像用剪刀一样将其整齐地切开，把各个部分还原到赫拉克利特式的智术师，阿纳克萨格拉的门徒，或者赫洛迪科斯那样的养生学家，但此类尝试能否解开谜题存在很大疑问。[③]自然哲学部分（人们想要将其同带有赫拉克利特色彩的部分相区别，作为另一大主要来源）只在一定程度上追随阿纳克萨格拉，有时显得完全像是恩培多克勒的观点，或者让人想起阿波罗尼亚的第欧根尼。我们必须相信作者的话，认定他受到来自各个方面的启发，希望自己作为哲学家能像作为医生一样无所不包。这一切都证明他生活的时代晚于希波克拉底。由此可见，在公元前5世纪的最后1/3时间进行创作的《论古代医学》的作者与哲学家化医生的论战不太可能以他为目标，就像人们通常相信的那样。相反，《论养生》的作者似乎已经知道这位“经验主义者”；至少他努力满足后者的要求，不止步于普遍性，而是一再明确提出，医学首先事关个人。他还探讨了准确性问题。他认为，以供热或供冷对身体有利这样笼统的表达作为建议毫无价值，就像《论健康的生活方式》的作者之前所做的。相反，他要求对全部食物的作用进行详细描绘。在古代，他的作品以
562 作为取之不尽的细节来源而闻名。[④]盖伦认为该书第二卷有希波克拉底的水准（尽管第一卷中充斥着驳杂的哲学和其他奇怪的组成部分），而即便

① 参见《论健康的生活方式》7（VI 82 L.）中对身体运动给出的详细建议。

② 《论养生》，I c.1（VI 466 L.）。

③ 首先参见C. Fredrich, *Hippokratische Untersuchungen* (Philologische Untersuchungen hrsg. v. Kießling und Wilamowitz Bd. 15, Berlin 1899) S. 81ff.，书中的观点思路新颖，但在材料分析上过于机械。关于更早的作品，见该书第90页。

④ 他希望分别描绘各种饮食和锻炼的效果，从而让他的建议能够适用于具体的情况；这种对普遍（κατὰ παντός）和特例（καθ’ ἕκαστον）的鲜明划分是作者特有的方法立场；另参见他本人对原则的说明，II c.37和39。《论古代医学》的作者不可能指责这样一位医生流于模糊的普遍性，因为后者如此坚决地不做普遍性表述，而是专注于个例。关于逻辑上的“普遍”（κατὰ παντός）和“全部”（καθόλου）的学说后来将被亚里士多德更准确地发展。这是对《论养生》各卷诞生时间的一个重要暗示。

作者对此在一定程度上要感谢自己在这卷中使用的材料，人们还是都看到他已经有意识地采取超越哲学派和经验派医生早前原则之争的视角，希望将两者统一起来。希波克拉底学派同样要求医生注意人的整个体质，他们的气候和地理环境，以及宇宙事件的变化，他认为其中确定无疑地包含了对整个自然的理论研究。《论古代医学》的作者认为机体的哪个部分当时占据主导这个问题非常重要，这位养生学家同样认为那是决定性的；但与之不可分割的问题是，人体是由哪些部分组成和产生的。[①]诊断与对整个自然的认识联系在一起；然后才会产生细节的知识，首先是食物及其对不同体质的作用，还有身体运动和锻炼的问题。后者与正确的饮食一样重要，但《论古代医学》和其他许多早前的医生都完全没有提到它。[②]这位养生学家要求对饮食和运动的相反影响进行有意识和系统化的平衡。他为此采用了前人最初只是对饮食提出的对称理想，并无疑将其扩大到身体锻炼及其同饮食的关系。[③]在这点上，作者可能借鉴了塞吕姆布里亚人赫洛迪科斯的学说，后者率先在养生中为身体锻炼安排了重要地位，并对其加以发展。[④]身为体育教练，他试图用体育治愈自己的病，使其成为本人和他人的药。他无疑让这种做法获得了某种知名度，因为许多人提到过他。《行医记》第六卷的作者反讽地说，他因为让发烧病人增加体育活动和洗蒸气浴而害死
了他们。柏拉图也取笑说，此人用他的方法无法治好自己，而是只能通过 563
常年自我“折磨”而人为地延后了自己的死亡。亚里士多德以他为例，表示许多人不会因为自己的健康而被称赞为幸运，因为他们只是通过摒弃一切快乐的事才保持了健康。柏拉图认为，这种认识最符合赫洛迪科斯本人。我们的作者所提出的饮食与运动对称的要求中可能已经带有上述批判性考虑，这种想法在公元前4世纪显然广为流传。对于其他医生如此热情拥护的医学“自治”要求，他却因为医学概念的大幅扩张而表示异议，因为不

① 《论养生》，I c. 2开头（VI 468 L.）。这似乎与《论古代医学》的作者针锋相对，后者明确回避这种自然哲学式的问题（ἱστορίη）。

② 《论古代医学》作者的典型想法是，他认为医学完全是从病人的饮食发展而来的。

③ 《论养生》，I c. 2（VI 470 L.）。

④ 关于赫洛迪科斯，参见柏拉图，《理想国篇》，406a—b；亚里士多德，《修辞学》，1. 5. 1361b5；希波克拉底，《行医记》，6. 3. 18。

可能为每个个体找到准确的饮食和运动尺度。在这点上，我认为可以明白无误地看到他与《论古代医学》作者的论战，因为后者使用的所有重要概念都被明确重提和否定。这位养生学家认为，艺术无法真正解决个体及其需求的问题。[①]若有必要，他可能还会承认，如果医生像体育教练那样长期关注某个个体，他们也许能更接近自己的理想目标。但这是不可能的。[②]

为了不像大多数医生那样直到疾病已经开始时才介入，他撰写了自己的养生体系，只要严格遵守就能预防疾病。这种兼具“预诊”和预防的体系是他本人的发明。它源于这样的观念，即如果不在更大程度上把个体本身用作医生工作中有意识的医学治疗因素，那么正确治疗个体的目标将无法达到。[③]在第一卷中给出普遍的自然哲学基础后，作者在第二卷中首先描绘了不同气候和地点的影响，然后是所有植物和动物性食物和饮料，直到最不起眼的。这种方式让我们看到了当时有文化希腊人的食物的概
564 貌，它们丰富和多变得令人惊讶。医生的罗列远远超过了多利斯和阿提卡喜剧中著名的长长菜单。作者同样把它们整理成体系。他首先把自己列出的大量植物性食物分为谷物和蔬菜类。只有草和果类不在其中。紧随其后的首先是肉类食物，按照养生学观点，它们被归为珍馐（ὄψον）。动物性食物被分成哺乳类（又被分成年老和年幼的）、鸟类、鱼类和贝壳类。野生和家养动物的不同作用得到了检验。然后是动物产品及其制品：蛋、奶和奶酪。只有蜂蜜和饮料放在一起，因为它会和后者混合食用。

关于奶酪的短短段落本身便足以反驳流行的观点，即《论古代医学》中被强烈批评为有过于仓促的笼统化倾向的正是这位作者。这部作品为此把对奶酪的讨论作为例子，因为笼统论者认为它完全是有害的。我们的医生虽然正确地注意到奶酪不易消化，却还是认为它有营养。[④]我们必须将此前所接受的这两部作品的时间关系对换：这位养生学家显然不仅利用了《论古代医学》，也利用了其他早前的希波克拉底作品。比如，他几乎

① 《论养生》，I c. 2（VI 470 L.）。

② 同上，I c. 2（VI 470 L.）。

③ 《论养生》，I c. 2（VI 472 L.），在那里还可以找到“预先诊断”（Prodiagnose）的概念。“预防”（Prophylaxe）是个较晚的词，但很好地表示了作者的意图；他希望把两者统一起来。

④ 参见本书第450页。《论养生》II c. 51（VI 554 L.）提到了《论古代医学》20。

逐字借用了《论风、水和地点》引言部分所罗列的气候因素（被认为在医学上非常重要），[①]并要求身体锻炼应该注意根据它们做出变化。同样显而易见的是，他知道《行医记》的观点；而反过来，科斯岛医学院也拥有他的作品。就像上面提到的,《行医记》中提出了“灵魂漫步”的思想。[②]养生学家吸收了这种思想（无论他是从哪里获得的），并用自己的方式对其做了系统化使用：不仅是思想，他还把感官和语言活动也归入“锻炼”。[③]不过，它们被视作“合乎自然”的特殊类别的运动，与被他统称为人为或“暴力”运动的各种散步和体育锻炼相反。特别地，与这种思想相关的心 565 灵运动理论似乎是他自己的独创，他提出灵魂会通过自身的运动变热和变干，而肉体中湿气的耗尽会使身体枯干。

我们无疑非常肯定,《论养生》不仅晚于公元前5世纪和公元前4世纪之交，而且要晚得多。我们在这里给出一个证据，除此之外还有其他许多语言、风格和内容方面的理由。因为我们在书中读到一条建议，即我们在按摩身体时应该使用油和水的混合物；这样做能让身体不致过度（οὐ δεινῶς）变热。[④]对于这个问题，我们还拥有卡吕斯托斯人狄奥克勒斯一部专著的较大残篇，作品以他的父亲——医生阿尔喀达墨斯命名，作为对后者的怀念。阿尔喀达墨斯否定用油按摩身体这种当时常见的做法，因为这会让身体变得很热。狄奥克勒斯反对上述观点，提出了折中建议，即在夏天涂抹油和水的混合物，在冬天则用纯油。[⑤]涂抹油水混合物的建议和把避免造成过热作为其理由的观点非常独特，狄奥克勒斯和《论养生》作者在这点上的一致肯定不完全是巧合。无须证明两者中谁是原创。就像在我关于这位唯理派医生著名代表的书中所证明的，狄奥克勒斯的生活时间可以下至公元前300年后；他的活跃期位于这个时间之前不久和前后。[⑥]我们无法把《论养生》的作者放到那么晚的时间，而且不考虑其他一切，亚

① 《论养生》, I c. 2（VI 470 L.）。
② 《行医记》, VI 5. 5（V 316 L.）。
③ 《论养生》, II c. 61（V 574 L.）。
④ 《论养生》, II c. 65结尾（V 582 L.）。
⑤ 狄奥克勒斯残篇147和141（Wellmann）。
⑥ 参见拙作*Diokles von Karystos* (Berlin 1938)。

里士多德和逍遥派的影响也能把狄奥克勒斯和他区分开来，这种影响在前者作品中随处可见。由此看来，《论养生》的作者已经知道狄奥克勒斯的父亲阿尔喀达墨斯对用油按摩完全表示否定，认为这样做过分了。他提出
566 使用油水混合物的折中建议，因为这样可以使身体“不致过度”变热。狄奥克勒斯接受了这种建议，将其用于夏天，而在冬天则坚持用纯油按摩。除此之外，作为杰出的养生专家，显然还有其他理由表明狄奥克勒斯知道和利用了《论养生》。如果这种观察正确的话，它的作者是与狄奥克勒斯的父亲阿尔喀达墨斯同时代的人。这部作品强烈的兼收并蓄特点、庞大的规模和用到的大量文献都符合那个时代。[①]

作者引人瞩目地偏爱将自己的材料系统化地分成门类和种类，这同样显示它来自公元前4世纪，因为这种做法在当时处于鼎盛。诚然，我们注意到在公元前5世纪时，医学经验的各个领域都已经出现了建立类型（εἴδη）的倾向。但上述发展在这里达到了新的阶段。这在井然有序的动植物界体系中体现得尤为明显，作者将其作为描绘一切食物种类的基础。他的动物体系在几十年前就引起了动物学家的注意。[②]人们不愿相信，这种与亚里士多德对动物的分类相近的体系只是我们的医生为了他的养生学目标而构想出来的。如果是这样的话，它的细节显得过于翔实，而且过度被理论动物学兴趣主导。另一方面，我们不曾听说过公元前5世纪（人们通常把该作品归于这个时代）有作为独立科学存在的前亚里士多德动物学。上述困境让人们决定提出一种解释，即在希波克拉底学派中存在已失传的以医学为目标的深入动物研究，并通过《论养生》重建了“科斯岛动物体系”。但即使采用这种形式，公元前5世纪存在类似亚里士多德的动物体系仍然难以让人相信。[③]相反，如果该作品的出现不早于柏拉图时代，那么其分类法的谜题就能更好地被理解。来自那个时代的喜剧作家埃庇克拉提斯（Epikrates）有一个著名残篇，讲述了柏拉图学园中对整个植

---

① 参见他的评论，《论养生》，I c.1（VI 466 L.）。

② 参见R. Burckhardt, *Das koische Tiersystem, eine Vorstufe der zoologischen Systematik des Aristoteles* (Verhandlungen der Naturforschenden Gesellschaft in Basel Bd. XV, 1904, S. 377ff.)。

③ 关于《论养生》不属于科斯岛学校的作品，参见A. Palm, *Studien zur hippokratischen Schrift περὶ διαιτης* (Diss. Tübingen 1933) S. 7。不过，作者并不怀疑这篇作品的起源很早。

物和动物界进行分类的尝试，一位西西里医生也慕名而来。[①]虽然此人无疑因为厌倦而表现得非常无礼，但他的在场本身足以证明这种研究吸引了医生，尽管过程中经验主义做法的欠缺使其失望。柏拉图的学校吸引了形 567
形色色的思想者远道而来；这位西西里医生无疑属于大量类似的例子。[②]学园对动植物界的分类研究后来在斯波伊希波斯（Speusippos）和亚里士多德的作品中被公之于世。两者都与那位养生学家的动物体系有相似之处。[③]不过，在对他与上述科学分类的尝试之关系做出最终判断前，我们还应该对他的植物体系和对其他领域的分类方法进行准确的检验。在这里只能笼统地确定作者的思想环境。不必认为柏拉图学园对动植物世界进行分类的尝试绝对在前。柏拉图本人在《斐德若篇》里最详尽地描述了自己的辩证分类方法，他在这段话中表示，人们一定会看出这种方法以希波克拉底的为模板。[④]虽然他没有提到希波克拉底的方法被用于人类有机体之外的领域，但我们应该相信，在柏拉图时代的医学院中，这种方法也被用于动物和植物。因此，哲学家和医生对这种研究的兴趣是相互的。

引人瞩目的是，我们的作者大量提及的“灵魂”一词在希波克拉底作品中却罕见踪影，不出意料地只是偶尔出现。[⑤]这不会是偶然。将其解释为我们的作者在他的赫拉克利特式材料中找到了这个词并不足够，因为他不仅在自然哲学背景下（第一卷），也在作品中的养生部分谈到灵魂，而且用整个第四卷描绘了睡梦中人对身体过程的心理反应。他对各种梦境的决疑论解释与之前和之后的印度与巴比伦解梦书有很多共同点，这让其他研究者认定，从中可以看到东方对希腊科学医学的直接影响。[⑥]东方的 568
影响在早前时代就可能存在，但最符合公元前4世纪时克尼多斯人欧多克索斯（Eudoxos von Knidos）的伊奥尼亚情况，此人还把他个人关于东方的新知识传播到柏拉图学园。[⑦]直到“灵魂”成为希腊人自己的思想中心，

① 埃庇克拉提斯，残篇11（Kock II 287）。
② 关于他，参见M. Wellmann, *Fragmente der sikelischen Ärzte* S. 69和拙作*Aristoteles* S. 16-18。
③ 参见A. Palm，前揭书，第8页起，但书中没有一并探究《论养生》中的植物学知识。
④ 参见本书第441—442页。
⑤ 参见Littré版中的相关段落，*Oeuvres complètes d'Hippocrate* Bd. X S. 479。
⑥ 参见A. Palm，前揭书，第43页起。
⑦ 参见拙作*Aristoteles* S. 15和133ff.。

他们才准备好接受关于梦中生活的东方智慧与迷信，而以这种科学理论形式出现的灵魂思想直到公元前4世纪才出现。这种兴趣最令人印象深刻的表现同样来自学园。柏拉图的灵魂学说是学园对灵魂的梦中生活及其现实意义的哲学活动成长的根基。年轻的亚里士多德在他的多篇对话中探讨了这个问题。[①]《论养生》作者对梦的分析可能受到学园的影响，尽管带有其本人观点的强烈特征。

与亚里士多德的对话类似，他同样从俄耳甫斯派的观点出发，即当身体睡着时，灵魂可以最不受限制地开展活动，因为那时它会聚成一体，完全不受干扰。[②]他对这种理论做了独特的医学改造，表示梦中的灵魂同样最纯粹地反映了人的身体状况，不受外界影响的干扰。公元前4世纪，梦的真实性价值问题回到了科学层面上，亚里士多德留存至今的《论释梦》证明了这点。这部作品同样在梦中看到了真实生活和感觉的影响，因此不相信梦是真正的预兆。那位医生作者同样没有直接接受梦卜，而是试图将其从占卜变成预后。只是他过度遵循自己的模板，最终陷入迷信。

《论养生》的语言也更符合公元前4世纪中期，而非世纪初或更早。整个公元前4世纪人们仍然在用伊奥尼亚方言写作，而不时出现的对仗和分句等长的长句也更符合伊索克拉底及其修辞学，而非高尔吉亚的时代。
569 比起专业医学作品完全不用修辞和朴素的写作方式（我们可以颇为肯定地将其放在希波克拉底或之后那代人的时代），这位养生学家那般的风格是不可想象的。不过，早前时代面向更广大公众的作品（深受智术师散文影响）同样与他的截然不同。人们此前一直将其风格的多样性解释为机械抄袭的结果，但对于一位文笔如此出色的作者而言，这无疑更可能是有意为之的复调。这种手法对应着内在立场的有意识综合，就像他在引言中看到的，他预见到人们可能会为此批评他缺乏原创性。[③]这正是我们从伊索克拉底开始看到的手法，它把“形式类型的混合”视作最高的写作理想。作

① 参见拙作*Aristoteles* S. 37f.和165f.，特别是第166页注释①。

② 《论养生》，IV 1（VI 640 L.）。参见品达残篇131（Schröder）和亚里士多德残篇10（Rose）；另见我的*Aristoteles* S.166注释①。

③ 《论养生》，I c. 1（VI 466 L.）。

者对原创声名的担忧同样符合那个时代，这个问题也强烈主导着伊索克拉底的思想。

人们通常把在雅典工作的狄奥克勒斯这个人物也放在公元前4世纪初和上半叶，此人来自优卑亚的卡吕斯托斯，在基本观点上与希波克拉底及西西里岛的医学院关系密切。出自他笔下的有一部关于养生的著名作品，罗马皇帝尤里安的御医奥莱巴西奥斯（Oreibasios）在其博学的医学作品集中为我们留下了前者的一些无价的大段残篇。①不久前，有人已经从其他方面注意到，这些残篇的语言展现出伊索克拉底派的精心修饰，许多标志进一步证明其来自公元前4世纪下半叶而非世纪初。这种猜测虽然存在疑问，②但通过进一步观察被证实完全可靠。狄奥克勒斯是亚里士多德的晚辈和弟子，属于忒奥弗拉斯托斯和斯特拉托（Straton）那代人。这两位逍遥派学者和狄奥克勒斯的研究伙伴也是其影响的最早见证者，就像我们在希腊文作品中看到的。③与《论养生》的希波克拉底派作者一样，他的语言经过精心修饰，在纯专业科学作品中也提出了文学式的要求，对公元前4世纪时医学的精神地位富有启发。但作品的形式朴实，没有具体意义上 570
的修辞，可能已经受到某种科学风格新理想（亚里士多德认为明晰是其唯一要旨）的影响。现存残篇中最大的一段④以对一整天过程的描绘为形式介绍了狄奥克勒斯的养生学说。他没有完全像《论健康的生活方式》的作者那样通过非常抽象的季节对立来展示自己的学说，也没有像《论养生》的作者那样将其描绘成详尽的食物和身体锻炼体系，而是从人出发，将其生动地看作整体。一天是这幕剧作的天然时间单位，但他总是会对不同年龄做出区别和对季节变化加以考虑。作者首先形象地描绘了夏季的一天，

① M. Wellmann, *Die Fragmente der sikelischen Ärzte* S. 117ff. 收录了这位重要医生的流传作品的残篇；它们构成了Wellmann所理解的西西里学校作品的主要部分。在*Diokles von Karystos*一书中，我证明了尽管受到西西里医学的影响，但卡吕斯托斯与其既没有直接的联系，也并不生活在这所学校的时代。

② 参见我的*Diokles von Karystos* S. 14。

③ 关于亚里士多德在语言和科学上对狄奥克勒斯的影响，参见我书中第16—69页的详细证明；另见我的论文Vergessene Fragmente des Peripatetikers Diokles von Karystos（前揭书，注释⑨），文中更详尽地分析了狄奥克勒斯同忒奥弗拉斯托斯（第5页起）和斯特拉托（第10页起）的关系。

④ 残篇141（Wellmann）。

然后对冬天和其他季节给出建议。除此之外什么也做不了。①

我们已经先后观察了早期自然哲学对公元前5世纪医学的影响，以及新的经验主义医学对柏拉图和亚里士多德哲学的反作用。狄奥克勒斯显然受到雅典的重要哲学流派的影响，在他那里，医学再次成为接受方，虽然在获得的同时也必然有所给予。用典型的一天之过程为形式来描绘养生显然受到了亚里士多德思想的影响，后者将人的生活状况视作整体，把人的正确生活图景铭刻为规范。其他养生学作者虽然也有规范概念，但他们只是简单地称之为“我们必须”，或者只是明确某种食物对人体的作用，却让读者自己从这种解释中得出实践结论。狄奥克勒斯回避了这两种方式，而是处处详细指明对人来说适合和有益的东西。“适合”概念同等程度地主导了公元前4世纪的伦理和艺术学说。在这一形式中，对人的生活状况进行规范性约束的必要性，最方便地迎合了那个时代过于个体化但富有
571 品味的精神。凭借“适合”概念，它仿佛用几乎察觉不到的细网裹住了存在的所有细节，这张网来自对各方面日常行为中何为得体的分寸感和敏锐感觉。狄奥克勒斯的养生学说将这种思想形式移植到身体生活上。表面上看，它通过在每条新建议中教学式地不断反复强调“适合”（ἁρμόττον）一词使人留下印象。②“适度”（σύμμετρον，μέτριον）概念同样被大量重复。③狄奥克勒斯的这种思想方式与亚里士多德的伦理学类似，而在另一方面，他也依赖亚里士多德的分析方法：他批评了医生们寻根问源的习惯做法，认为只需承认许多普遍现象明确存在，不必弄清其来龙去脉。④这是对一个令人警觉的现实合乎逻辑的意识，因为即使是所有科学中论证最严格的数学也必须预设数量或数值具有某些特征。亚里士多德深入研究了数学中所谓公理的问题。他有关哲学和个体科学以直接和无法证明的原则为基础的学说被狄奥克勒斯引入医学，在希腊化时期将成为经验派、唯理

① 关于狄奥克勒斯医学思想的精神特征，参见我书中的下列各章：Das große Methodenfragment 第25页，ἀρχαὶ ἀναπτόδείκτοι 第37页，Diokles’ Diätlehre und die aristotelische Ethik 第45页，Diokles und die aristotelische Teleologie 第51页。

② 参见我的汇编，前揭书，第48页。

③ 前揭书，第50页。

④ 参见狄奥克勒斯残篇112（Wellmann），以及我对关于方法的残篇所做的详细讨论，前揭书，第25—45页。

派和怀疑派之间方法大战的主战场。

狄奥克勒斯的养生学从苏醒的时刻开始。[①]他将其放在日出前不久，因为古人的整个生活都在自然一日的框架内展开。正餐不在夜晚，而是夏天的时候在日落前不久享用，冬天则自然要晚些。然后，体格较弱的人将马上安歇，强壮些的则在短暂漫步后才睡。因此，就像我们在其他地方也看到的那样，早起并不令人奇怪。人们不应在醒后马上起床，而是要等到睡眠的重负从肢体中散去，同时按摩头和颈部被枕头压迫的部位。然后， 572
在排便前，人们还要用一点油按摩全身，夏天则加些水。[②]人们均匀地轻轻按摩身体，同时弯曲四肢。他不建议起床后马上洗澡。洗净双手后，人们要用干净的凉水冲洗和清洁脸部与眼睛。然后是护理牙齿、鼻子、耳朵、头发和头皮的具体细节。为了便于出汗，后者必须保持有弹性和干净，但同时也要使其变硬。吃过些东西后，有事做的人将开始工作。有闲的人在吃早点之前或之后要散个步，方式和长度根据个人体质和感受决定。运动结束后（如果在早点后进行，不应太长或太快），人们应该坐下来处理家中事务或者忙其他事，直到身体锻炼的时间来到。年轻人在训练场锻炼，年长者和体弱者则在浴场或其他向阳处给身体抹油。锻炼的尺度和难度取决于年龄。对年长者来说，进行适度的按摩身体和些许运动，然后再洗个澡就足够了。自我按摩比让别人按摩更好，因为这种自我运动可以代替训练。上午的身体锻炼过后是早餐，早餐应该不引起胀气和容易消化，以便能维持到下午的训练。早餐过后应该直接在阴暗、凉爽和没有过堂风的地方睡个短暂的午觉，然后做些家务和散个步，稍稍休息一会儿后最终开始下半天的身体锻炼。锻炼在正餐时间结束。狄奥克勒斯没有提及具体的锻炼，要不是《论养生》的作者相应地在对食物和饮料进行有条理的分类后罗列了各种心理和生理活动（包括体育锻炼），我们将无法从养生作品中了解希腊身体塑造中这个最重要的篇章。可以说，狄奥克勒斯把体育排除出了自己的养生学，将其完全留给教练。不过，他把上午和下午 573
的锻炼作为自己整个一天医学计划的两大支柱。于是，体育在希腊人生活

① 接下去的内容，参见狄奥克勒斯残篇141（Wellmann）。

② 参见本卷第451页。

中的核心地位（在世界上无与伦比）通过他对日常规范养生的更生动描绘获得了应有的肯定。我们可以把他的养生学说直接定义为一种指南，通过准确的医嘱对希腊人每天在体育活动之外的时间做了规定，并使其与体育活动合拍。

养生的目标是让健康和各种身体活动达到尽可能好的状态。这点被多次提及。狄奥克勒斯本人明白，他并非生活在一个抽象的医学世界中，而且他不认为所有人只是为了维持自身健康而存在。《论养生》的作者也已经注意到这个社会问题，以及在医生的理想要求和病人的现实生活环境间达成妥协的必要性。[①]为了解决这个问题，他和狄奥克勒斯一样为那些无须做其他事、可以完全致力于自身健康的人提出了理想要求。然后，他为那些也必须工作、只能给身体锻炼留下很少时间的人降低了要求。当时的哲学家同样把完全的空闲作为生活前提，让个体自行降低这一理想。不过，公元前4世纪希腊城邦公民的生活可能真的具有这样的存在形式，即让用于精神塑造和身体锻炼的空闲处于人们可以达到的最高程度。医学身体锻炼的例子表明，即使民主形式下的希腊城邦也还是某种社会贵族制，那里达到的平均文化水平与其联系在一起。我们职业生活中的主要种类不适合这种希腊生活方式的框架，无论是商人、政治家、学者、工人还是农民。就这些种类当时的发展程度而言，它们同样无法被纳入框架。但
574 这让我们更好地理解了为何苏格拉底哲学和智术师的辩论术都是在摔跤学校里发展起来的；因为我们不能把“高贵优秀者”（καλοκαγἀθοί）想象成整天只是如此热情地抹油、训练、刮皮、沾上沙子再将其洗掉，以至于把自由竞技也变成了不遗余力的专业工作。柏拉图把健康、力量和美貌这三种身体德性同虔敬、勇敢、节制和正义这些灵魂德性融汇成独一无二的合唱。它们以同样的方式宣示着“世界体系的对称”。即使是希腊医生和教练意义上的身体养生也涉及灵魂。它把严格维持身体力量高贵而健康的均衡作为人的最高准则。但当平衡与和谐被当成健康及其他一切肉体完美的本质时，“健康”也扩展成包含一切的价值概念，适用于世界和所有的生

① 关于希腊医学的这一社会前提，参见L. Edelstein, Antike Diätetik, *Die Antike* Bd. VII (1931) S. 257ff.。

命；因为它的基础是平等与和谐，按照这里的根本性观点，这两种力量会在每个领域造就善的和对的，而贪婪则会摧毁它们。希腊医学同时是这种“世界观”的根基和果实，它不断把目光投向前者，一切个人和民族的个体性也无法阻止它成为古典希腊文明的共同观念。就这样，医学在整个希腊文化中被提升到如此具有代表性的位置，因为在这个最接近直接经验的领域，它最清晰和最透彻地展现了这种希腊灵魂基本理念不容侵犯的作用。在这种更高的意义上，我们可以把希腊的人类教化理想描绘成健康人类的理想。一边是希腊医学为健康人类理想的理论解释和教育实现所做的工作，一边是整个文化和教化的哲学基础，前者对后者意味着什么最清楚地体现在苏格拉底和柏拉图身上，他们把德性的本质视作灵魂的健康。

第3章

苏格拉底

ὁ δὲ ἀνεξέταστος βίος οὐ βιωτὸς ἀνθρώπῳ（未经审察的生活不值得过）

苏格拉底是一位已成象征的不朽历史人物。随着人类把他提升为自 575
己的永恒“代表”之一，这个真实人物和雅典公民（生于公元前469年，
公元前399年被判处死刑）只有很少的特征一并进入了人类的记忆。这幅
画面中最重要的不是他的生活或学说（如果他真有的话），而是他因为自
己的信念（他为此而生）而遭受的死亡。后来的基督教时代授予了他前基
督教殉道者的宝冠，而宗教改革时代的伟大人文主义者——鹿特丹的伊
拉斯谟（Erasmus）则大胆地把他归入自己的圣徒行列，呼唤他说：神圣
的苏格拉底，为我们祈祷吧！（Sancte Socrates, ora pro nobis）虽然仍采用
教会和中世纪形式，这句祷告中却已经透露出随着文艺复兴拉开帷幕的近
代精神。在中世纪，苏格拉底几乎不过是亚里士多德和西塞罗传颂的一个
著名人名。但现在，他的天平托盘快速上升，而经院哲学之王亚里士多德
的则开始下沉。苏格拉底成了一切近代启蒙和哲学的引领者；他是道德自
由的使徒，这种自由不受教条和传统束缚，完全独立存在，只服从内在良
知的声音；他宣告了一种新的尘世宗教和在生命中通过内在力量赢得的幸
福，这种幸福的基础不是恩典，而是让自身本质臻于完善的不懈努力。但
上述表达无法完全概括他对中世纪结束后的各个世纪意味着什么。如果不 576
求助于他，任何新的伦理和宗教思想都不会出现，任何精神运动都不会展

开。苏格拉底的这次重生并非源于纯粹的学术兴趣，而是来自人们对其精神形象的直接兴趣，就像人们从重新发现的希腊语材料中（特别是色诺芬的作品）所看到的。[①]

没有什么比下面的想法更错误的了，即在苏格拉底引领下建立一种新的尘世“人文主义”的全部尝试是为了反对基督教，就像反过来中世纪时亚里士多德被当作全部基督教哲学的基础。相反，这位异教徒哲学家现在被赋予了帮助创造近代文化的角色。在这种文化中，基督教的不朽内容同希腊人文理想的根本特征融为一体。某种从根本上改变了的生命观试图夺取统治权的力量要求更加信赖人的理性，在新发现的自然法则面前感到敬畏。理智和自然是古代文明的主导原则。只要基督教试图侵入它们，它的做法就会与在自己传播的最初世纪里一样。每个新的基督教时代都用自己的方式同关于人和神的古代观念展开争论。这个永不停止的过程给希腊哲学带去了任务，让它凭着自己通过概念上的犀利而变得清晰的思想来代表“理性”和“自然”及其在精神方式上的权利，即充当“理智的”或“自然的”神学。当宗教改革第一次完全认真地试图回归“纯粹”形式的福音，随之而来的启蒙世纪里的苏格拉底崇拜成了对前者的反击和制衡。这种崇拜无意排斥基督教，而是将其引向在那个时代看来不可或缺的力量。甚至虔信主义（这是纯粹的基督教情感对变得僵化的神学理性宗教的
577 爆发）也诉诸苏格拉底，相信在他身上找到了精神上的亲人。苏格拉底常被拿来与基督相比。今天，我们可以想见基督教同“自然的人”通过古代哲学实现和解的可能性意味着什么，也清楚以苏格拉底为中心的图景能为这种和解贡献什么。

这位阿提卡智者因为不受限制的力量——从近代开始以来，他作为“天生的基督教灵魂”（anima naturaliter christiana）一直行使着这种力量——而在我们的时代遭了殃，因为弗里德里希·尼采脱离基督教，并宣布了超人的降临。因为多个世纪来的纽带，苏格拉底看上去与身体和灵

---

① 撰写苏格拉底对后世影响的历史将是巨大的工程。如果对各个时期分别着手最有可能确保成功。Benno Böhm 的 *Sokrates im achtzehnten Jahrhundert. Studien zum Werdegang des modernen Persönlichkeitsbewußtseins* (Leipzig 1929) 一书就是这样的尝试。

魂相互分离的基督教二元生命观不可分割地联系在一起，似乎必将同后者一起崩塌。此外，在尼采对苏格拉底的敌意中，伊拉斯谟人文主义对经院哲学抽象人性的由来已久的憎恶也以新的形式重现。尼采认为，苏格拉底而非亚里士多德才是束缚欧洲思想长达500年、思想僵化的经院哲学之真正代表。这位叔本华的门徒在所谓德国唯心主义的神学化体系中察觉到经院哲学的最后余响。[1]上述评价基本上以爱德华·策勒当时划时代的《希腊哲学史》(*Geschichte der griechischen Philosophie*)为根据，后者则是在黑格尔对西方古代-基督教思想发展的辩证式重建之上写成的。新的人文主义通过“前苏格拉底”希腊文化对强大的传统力量发起反击，那种文化真正被发现首先要归功于这次精神转向。“前苏格拉底”表示“前哲学”，因为那个古老世界的思想家现在和当时的伟大诗歌与音乐融为一体，形成希腊“悲剧时代”的图景。[2]在那个时代及其创造中，“阿波罗式”和“狄俄尼索斯式”的力量（尼采竭力将它们统一起来）仍然神奇地保持着平衡。灵魂与身体仍然是一体。希腊人非常著名的和谐（为效颦者在肤浅的意义上所理解）在早期仍然是平静的镜面，下方潜伏着深不可测的危险深渊。当苏格拉底让阿波罗式理性元素占据上风时，他破坏了后者与狄俄 578
尼索斯式非理性形成的张力，从而打破了和谐本身。于是，他把希腊人最初的悲剧世界观道德化、教员化和思想化。[3]后来的希腊文化在唯心主义、道德主义和唯灵论中耗费着自己的思想，这些同样要归咎于苏格拉底。在基督教时代，他是“自然”被允许代表的最大尺度。但在尼采的新观点看

---

① 在尼采的第一部作品《悲剧的诞生》中已经可以看到对苏格拉底的憎恶，作者认为他是一切“理性和知识”的象征。从H. J. Mette新近公开的《悲剧的诞生》原型手稿（慕尼黑，1933年）——其中还没有关于瓦格纳和现代歌剧的部分——的标题“苏格拉底与希腊悲剧”(Socrates und die griechische Tragödie)中已经可以看出，尼采想要区分苏格拉底的理性精神和希腊人的悲剧世界观。想要理解这种激进的提问方式，必须将其放到他一生对希腊文化的探究这一框架内。参见Ed. Spranger, *Nietzsche über Sokrates* (40-Jahrfeier Theophil. Boreas, Pyrsoi, Athens 1939)。

② 尼采早年的论文《希腊悲剧时代的哲学》(*Die Philosophie im tragischen Zeitalter der Griechen*)是对早期希腊思想家做出这种新评价的代表作品。策勒的《希腊哲学》第一卷对前苏格拉底哲学家的历史描绘，以及黑格尔和叔本华的哲学，都没有如此明确地做出这种评价。黑格尔的矛盾学说与赫拉克利特相关联，而叔本华的自然意志与前苏格拉底哲学的思想类型有相似性。

③ 因此，尼采对阿里斯托芬关于苏格拉底是“智术师”的批评持肯定的态度（参见本书第二卷，第371页起）。

来，事实上自然被赶出了希腊人的生活，非自然取而代之。于是，苏格拉底从19世纪的理念化哲学在历史图景中赋予他的稳定（虽然可能不是头等）地位上被重新拖入了当代论战的旋涡。他再次成为象征，就像17世纪和18世纪经常看到的那样，但现在是作为负面意义上的堕落标志和尺度。

通过这种强烈敌意中所流露的对苏格拉底的敬意，围绕其真正意义的争论变得格外激烈。如果我们不考虑这种激烈而叛逆的结论的可靠性问题，那么尼采的论战是长久以来的第一个标志，表明苏格拉底的竞争力并未减弱，现代超人觉得内心的安全感受到了最强烈的威胁。此外，我们几乎不能说这是苏格拉底的新形象，因为在这个历史意识的年代，我们所理解的新形象并非不受约束地将某个伟大人物从其具体的环境和时代中剥离出来，而是正好与之相反。在这点上，谁能比苏格拉底更有从自身“形势”中被理解的具体需要呢？他拒绝为后世留下书面文字，因为他完全致力于自己的时代所提出的任务。在反对现代生活极端理性化之弊端的无情论战中，尼采对苏格拉底时代的状况既不感兴趣也缺乏耐心的理解。但对我们来说，它生动描绘了“阿提卡精神的危机”。在这种背景下，历史把苏格拉
579 底放到了这个时间拐点上。但即便是原则性的历史立场也无法完全排除误解，就像该领域近来出现的许多苏格拉底形象所证明的，古代思想史中没有哪个地方比这里更不确定。因此，我们不可避免地要从基本事实说起。

苏格拉底问题

我们能够追溯的最基本事实同样不是来自苏格拉底本人，因为他没有将其付诸文字，而是一系列同时出现的关于他的作品，出自他的亲传弟子之手。无从回答它们中是否有一部分在他生前就出现的问题，但答案有很大的内在可能性是否定的。[①]苏格拉底作品与基督教关于耶稣生平和教

① 对于那些把文学作品形式的苏格拉底对话的诞生时间放到苏格拉底生前的现代学者，我在这里只列出以下的：Constantin Ritter, *Platon* (München 1910) Bd. I S. 202 和 Wilamowitz, *Platon* (Berlin 1919) Bd. I S. 150。认为最早的柏拉图对话的年代那么早，与上面所列的学者对于这些作品的本质和哲学内容的理解有关。参见本书第531—532页。

义的最古老报告在起源条件上的相似性经常被提及，而且的确可以看到。苏格拉底的直接影响同样是在他死后才开始，在他的弟子那里被描绘成独立的画面。令人震撼的事件在他们的生命中留下了深而突兀的断面。从所有的迹象来看，他们都是在剧变的影响下才开始用文字描绘自己的老师。[①]从此，先前变化不定的苏格拉底的形象开始了在同时代人中的固化过程。在法官面前发表的申辩词中，柏拉图已经让他预言说，自己的追随者和朋友们在他死后也不会让雅典人安宁，而是将延续他作为令人讨厌的质问者和告诫者的活动。[②]这番话包含了苏格拉底运动的计划，[③]后者得到此后迅速兴起的苏格拉底作品的帮助。此类作品源于弟子们想要通过这种方式让他令人难忘的特征变得永恒的意图——为了把他和他的话从雅典人的记忆中抹去，尘世司法杀死了他——使他的告诫无论现在还是将来都不会再次从人们的耳朵里消失。于是，此前仅限于苏格拉底追随者的小圈子里的道德不安成了最广大公众的事务。苏格拉底思想成了新世纪的文 580
学和精神中心，从中发展起来的运动在雅典的尘世权力消亡后成了其精神世界霸权的主要来源。

在留存至今的作品中［包括柏拉图和色诺芬的对话，色诺芬的《回忆苏格拉底》，以及安提斯忒内斯和斯弗托斯人埃斯基内斯（Aischines von Sphettos）的对话残篇］，有一点是完全明确的，无论它们在其他地方有多大分歧：对弟子们来说，首先要做的是展现老师无与伦比的人格，他们在自己身上感受到了后者改变生命的影响。对话和回忆是苏格拉底的圈子里为这一需求而创造的文学形式。[④]两者都源于这样的观点，即老师的精神遗赠与苏格拉底这个人不可分割。虽然向更不相干的人传递对他的印象很困难，但还是要不惜一切代价做出尝试。对于此举让希腊人感受到的不同寻常，我们无论如何强调都不过分。就像生活本身那样，希腊人对人

① Heinrich Maier, *Sokrates* (Tübingen 1913) S. 106ff. 反对Ritter，更准确地解释了这种观点。A. E. Taylor, *Socrates* (Edinburgh 1932) S. 11也正确地认同了它。

② 柏拉图，《申辩篇》，39c。

③ H. Maier前揭书，第106页如此正确地做了说明。

④ 参见Ivo Bruns, *Das literarische Porträt der Griechen* (Berlin 1896) S. 231ff.；Rudolf Hirzel, *Der Dialog* Bd. I (Leipzig 1895) S. 86。

物和人的特征的看法同样完全服从典型的权威。公元前4世纪上半叶新创造的颂词（Enkomion）这一文学体裁表明，我们可以如何从古典时代对人的主流观点的意义上来看待对苏格拉底的赞美。这种体裁的诞生同样归功于希腊人对杰出个人的高度尊重，但它的价值仅仅在于，它把被赞美者变成了属于公民或统治者典型理想形象的一切德性的承载者。这种方式无法抓住苏格拉底的本性。于是，从对苏格拉底的人格研究中诞生了古代的个人心理学，柏拉图是其最伟大的大师。苏格拉底的文学形象是唯一按
581 照生平对来自希腊古典时代伟大而原创的个体所做的忠实描绘。这种做法的动机并非冷静的心理好奇和道德解剖欲望，而是为了体验我们所说的人格，虽然当时的语言中还没有关于这一价值的概念和表达。这是通过苏格拉底的模板实现的德性概念的改变，对它的意识在面向这个人物的无穷兴趣中得到了表达。

但苏格拉底其人的存在首先通过对他人的影响得以表现。这种影响的工具是口头话语。他本人从未将其付诸文字，因为他认为言语和当时作为言语对象的活生生的人之间的关系是绝对的首要之事。这对描绘他的尝试造成了几乎无法克服的障碍，特别是因为他采用的问答形式的交谈方式不适用于此前的任何一种文学体裁，即便我们假定人们记录下了他的谈话，可以带着一定的自由发挥重建其内容，就像以柏拉图的《泰阿泰德篇》为例所表明的。难点在于创作柏拉图对话（被其他苏格拉底弟子的对话模仿）的动因是什么。①虽然我们明显更能把握苏格拉底的人格（特别是在柏拉图的对话中），但对谈话内容的描绘显示弟子们的理解截然不同，以至于他们很快爆发公开冲突并长久相互敌视。伊索克拉底在其早期作品中提到，幸灾乐祸的旁观者多么欢迎这场活剧，而"竞争者"吸引无判断能力者的工作也大大减轻。几年后，苏格拉底的圈子分崩离析。每个后辈都热情地提出了自己的理解，事实上出现了不同的苏格拉底学派。于是，我们陷入了这样的矛盾状况，即虽然其他任何古代思想家都没有留下如此丰富的传统，但我们至今仍无法对苏格拉底的真正意义达成一致。诚然，

① 关于苏格拉底对话出现前的情况，以及它们的形式和作品中的代表人物，分别参见R. Hirzel，前揭书，第2页起和第68页起。

我们今天所具备的更强大的历史理解和心理诠释能力似乎为我们的工作提供了更可靠的基础。但苏格拉底的弟子们（我们读过他们的描述）将自己 582
的本性完全植入了他体内，因为他们无法再将其与苏格拉底的影响分开，我们有理由质疑，两千年后我们是否还能成功地将这些元素同真正的苏格拉底内核完全分开。

柏拉图的苏格拉底对话是一种文学创作，它们的出发点无疑是这样的历史事实，即苏格拉底用问答形式授业。他把这种谈话方式视作哲学思想的原始形式，是我们能与别人达成理解的唯一途径。后者是他的实践目标。作为天生的戏剧家，柏拉图在遇到苏格拉底前曾写过悲剧。传说他将其焚毁，因为在这位老师的影响下，他转向了哲学真理研究。但当他在苏格拉底死后想要让老师的技艺保持活力时，他在艺术性地模仿苏格拉底的谈话中发现，可以用自己的戏剧天赋为哲学服务。不过，来自苏格拉底的不仅是对话形式。在柏拉图的苏格拉底谈话中总是反复出现某种别具特色的矛盾句子，并与色诺芬的描述相合，这证明柏拉图对话在内容上也以某种方式扎根于苏格拉底的思想。问题在于，苏格拉底思想在其中占据多少。色诺芬的描述只有一小部分与柏拉图相合，然后便对我们讳莫如深，让人觉得色诺芬说得太少，而柏拉图说得太多。亚里士多德已经断定，苏格拉底在柏拉图那里所表达的许多哲学观点并不是他本人的，而是柏拉图的学说。亚里士多德在这点上下了一些论断，其价值仍有待检验。他把柏拉图对话视作一种新的艺术体裁，介于诗歌和散文之间。[①]这首先显然让人联想起语言不受限制的思想剧。但根据亚里士多德对柏拉图在处理作为历史人物的苏格拉底时所采用的自由之看法，我们必须相信，亚里士多德认为柏拉图对话在内容上也是诗歌与散文的结合体：它同时是真理与创作。[②]

当我们把色诺芬和其他弟子的苏格拉底对话用作历史材料时，它们 583
显然也要服从同样的思想。色诺芬的《苏格拉底的申辩》在真实性上饱受质疑，但近来多次重新获得肯定，不过它从一开始就因其辩护倾向而被贴

① 第欧根尼·拉尔修引用亚里士多德，3. 37（Rose，亚里士多德残篇73）。
② 这已经是希腊化时代哲学家的观点，西塞罗《论共和国》1. 10. 16追随了他们。

上了标签。[①]相反，《回忆苏格拉底》长久以来一直被认为符合史实。这一下子把我们从不断限制我们利用对话的不确定中解救出来。但更新的研究显示，这篇材料同样带有大量主观色彩。[②]色诺芬年轻时就认识和尊崇苏格拉底，但他本人从未被算作其弟子圈子的真正成员。他很快便离开苏格拉底，作为冒险家参与了反叛的波斯王子小居鲁士对兄长阿塔薛西斯发起的征讨。色诺芬没有再见过苏格拉底。他在几十年后才写了自己的苏格拉底作品。只有所谓的"辩护词"似乎创作得较早。[③]这是针对一篇显然只是文学虚构的"控诉词"而为苏格拉底做的辩护，人们将前者认定为公元前4世纪的前90年间问世的智术师波吕克拉提斯的一本小册子。吕西阿斯和伊索克拉底首先对其做了回应，但我们从色诺芬的《回忆苏格拉底》中发现，苏格拉底当时也发了言。[④]显然，那个在苏格拉底的圈子里已经快要被忘记的人通过这篇作品第一次跻身苏格拉底文学，然后重新保持沉默多年。这篇作品后来被色诺芬放在《回忆苏格拉底》的开头，但根据其结构上的统一性和完整性以及现实动机，可以将其从现在的上下文中分离出来。[⑤]

从背景来看，这篇辩护词乃至整部《回忆苏格拉底》的目的都是证明苏格拉底是最高程度的爱国、虔敬和正义的雅典城邦公民，他向神明献祭，求教占卜者，乐于帮助朋友，并在公共生活中一直履行自己的义务。对于色诺芬的描绘，仅有的异议是如此虔敬之人几乎不会引起同胞的怀

---

① K. v. Fritz, *Rhein. Mus*. 80 (1931), S. 36f. 提出了新的和在我看来令人信服的证据，他认为其系伪作。

② H. Maier，前揭书，第20—77页。

③ 遵循H. Maier（前揭书，第22页起）等人的做法，我们用这个名字称呼色诺芬《回忆苏格拉底》的前两章。

④ 色诺芬在《回忆苏格拉底》1. 1—2中始终只提及单数的"指控者"（ὁ κατήγορος），而柏拉图在《申辩篇》中用了复数的"指控者"，符合真实审判的情况。诚然，色诺芬在开头也谈到了法庭上的指控，但随后他主要驳斥了（我们从其他材料中了解到）波吕克拉提斯耿耿于怀地针对苏格拉底所写小册子中的指责。

⑤ 参见H. Maier前揭书第22页起令人信服的阐述，他还探究了"辩护词"同色诺芬的《苏格拉底的申辩》的关系。色诺芬会将原先独立构思的作品加入更大的整体，这方面的一个例子是《希腊志》的开头（1.1—2.2）。这部分原先是为了补完修昔底德的历史作品，自然写到伯罗奔尼撒战争结束。后来，色诺芬把他对公元前404—前362年希腊历史的描述接续到这部分作品之后。

疑，或者竟因为对城邦带来危险而被判处死刑。色诺芬的评价近来变得更 584
加复杂，因为人们试图证明，他与所描述的事件在时间上相隔很远，并且由于哲学天赋有限而必须求助于书面材料，特别是使用安提斯忒涅斯的作品。试图重建那位已经失传的苏格拉底门徒和柏拉图对头作品的人可能觉得有趣，但这会让色诺芬的苏格拉底完全变成安提斯忒涅斯道德哲学的标语牌。上述假设当然非常激进，但这种研究让人们始终注意到，尽管（或正因为）自己在哲学上是幼稚的，色诺芬在许多特征上补充了对苏格拉底的理解，和我们对柏拉图的习惯看法一样，这种理解同样并非在真正意义上“解读”了苏格拉底。[①]

那么，我们是否可能走出材料特性造成的这种困境呢？施莱尔马赫（Schleiermacher）率先富有见地地描绘了这个历史问题的复杂性。他同样坚信，我们不能完全相信色诺芬或柏拉图，而是必须某种程度上在这两大派别之间扮演斡旋角色。施莱尔马赫提出的问题是：“除去色诺芬对他的描绘，但不违背被色诺芬确定为苏格拉底式的性格特征和生命信条，那么苏格拉底还可能是什么样的？他必须是什么样的，才能让柏拉图有动机和理由像在其对话中那样描绘他？”[②]对历史学家来说，这番话并不包含咒语，而是仅仅试图尽可能准确地划定一个我们在其中能带着批判性态度活动的空间。它无疑会让我们无助地完全依赖自己的主观感觉，若非另外还
有标准告诉我们应该在多大程度上遵循我们的各种材料。很久以前，人们 585
就把亚里士多德的描述作为这种标准。对于苏格拉底是谁和意欲何为的问题，此人似乎是一位客观的学者和研究者，既不像苏格拉底的亲传弟子那样带有如此热情的和个人的兴趣，又在时间上与之足够接近，对他的了解比我们今天可能做到的更多。[③]

---

① 关于色诺芬对苏格拉底的描绘同安提斯忒涅斯的关系，F. Dümmlers的分析（见他的*Antisthenica und Académica*）首先遵循了Karl Joël博学的三卷本作品*Der echte und der xenophontische Sokrates* (1893-1901)。但他的结论带有太多的假设，整体上难以令人信服。H. Maier前揭书第62—68页试图将Joël作品中站得住脚的和夸大的部分区别开来。

② Friedrich Schleiermacher, Über den Wert des Sokrates als Philosophen (1815), *Sämmtliche Werke* III 2 S. 297-298.

③ 这是Eduard Zeller在讨论苏格拉底问题时所持的批判立场，见*Philosophie der Griechen* Bd. II 16 S. 107 und 126。

亚里士多德对苏格拉底的历史断言对我们显得更有价值，因为它们都与柏拉图所谓的理念学说及其同苏格拉底的联系有关。这是一个在柏拉图学园中经常被讨论的核心问题，亚里士多德在学园度过了20年，其间那种学说的起源问题也一定经常被谈及。苏格拉底在柏拉图对话中作为哲学家出现，他阐述了这种学说，并明确预设自己的学生圈子了解它。在这点上，柏拉图的苏格拉底形象的历史性问题，对于重建促使柏拉图哲学从苏格拉底思想中形成的精神过程具有决定性的意义。亚里士多德没有像柏拉图在其理念学说中那样将普遍概念归为客观存在，即不同于感性个体现象的存在。在这点上，他对柏拉图与苏格拉底的关系做了三点说明：1. 柏拉图在求学之初师从赫拉克利特派的克拉图洛斯，后者宣扬自然万物都是流动的，没有什么拥有固定的存在。当柏拉图遇到苏格拉底后，另一个世界向他敞开。苏格拉底完全专注于伦理问题，试图从概念上探究正义、善和美的永恒本质。乍看之下，万物永远流动的观点和永恒真理的假设格格不入。但通过克拉图洛斯，柏拉图对事物的流动深信不疑，即使是苏格拉底对人类道德世界中固定点的顽强探寻给他留下的深刻印象也无法改变这点。于是，柏拉图得出了克拉图洛斯和苏格拉底两人都有道理的结论，因为他们谈论的是两个完全不同的世界。克拉图洛斯关于万物流动的原则与他知道的唯
586 一现实有关，即感性现象；柏拉图后来还是坚信，流变说对感性世界是正确的。相反，通过追问善、美和正义等谓词（我们作为道德生物的存在以此为基础）的概念本质，苏格拉底瞄准了另一种真实，它并不流动，而是真正的“是”，即不变地保持一致。2. 在这种通过苏格拉底认识到的普遍概念中，柏拉图从此看到了不属于永恒流动世界的真正存在。他把这种存在称为理念（Idee），我们只能在思想中理解它，真实存在的世界从它发展而来。在这点上，他超越了苏格拉底，后者既没有提过理念，也尚未将理念与感官之物分开。3. 亚里士多德认为，人们有理由归给苏格拉底和让他完全无法拒绝的是两件事：确立普遍概念和研究中的归纳方法。[①]

---

① 参见亚里士多德部分重合、部分做了补充的话：《形而上学》1. 6. 987a32—b10；13. 4. 1078b17—32；13. 9. 1086b2—7；《论动物的部分》，1. 1. 642a28。A. E. Taylor 试图淡化亚里士多德提出的柏拉图与苏格拉底的区别。相反，W. D. Ross, *Aristotle's Metaphysics* (Oxford 1924) Bd. I S. XXXIIIff. 细致地重新衡量了亚里士多德证言的意义，并肯定了其价值。

如果上述说明是正确的，那么它们就能让区分柏拉图对话里苏格拉底形象中的苏格拉底和柏拉图思想的可能性大为提高。施莱尔马赫有条理的表述将不再永远是理想要求，而是可以接近实现。在19世纪的研究中被视作柏拉图最早作品的对话里，苏格拉底的研究的确处处以对普遍概念的追问为形式：什么是勇敢？什么是虔敬？什么是自制？色诺芬本人（虽然只是顺带）也坚决表示，苏格拉底不断进行这种研究，试图确定概念。[①]于是，我们的困境有了出路：在柏拉图或色诺芬那里，苏格拉底都以概念哲学奠基者的形象出现。作为对施莱尔马赫研究计划的执行，爱德华·策勒在《希腊哲学史》中同样如此描绘了他。[②]按照这种理解，苏格拉底的学说是柏拉图哲学的朴素准备阶段，它只是避免了柏拉图在形而上学方面的大胆尝试，通过回避自然和专注于道德领域，它被证明是为面向 587
实践的新生活智慧奠定理论基础而做的尝试。

长久以来，这个答案一直被认为是最终的，它获得亚里士多德巨大权威的庇护，并得到可靠方法基础的支持。但它无法永远让人满意，因为这样只能算半个苏格拉底，而且他的概念哲学显得微不足道。尼采的攻击针对的正是这样的教师式抽象人物。对于没有因这种攻击而动摇自己信念（即相信苏格拉底在改变世界方面的伟大）的人来说，它只是让他们对亚里士多德作为历史见证的信赖发生了动摇。亚里士多德是否对柏拉图理念学说（遭到他本人如此激烈的反对）的产生真的如此不感兴趣？他在对历史事实的理解中是否也犯了错？他在自己的哲学史观点中是否完全受制于本人的哲学立场？似乎可以想见，与柏拉图相反，他回归苏格拉底，对后者做了更加客观或者说更加亚里士多德式的描绘。但他对苏格拉底的了解真比他自信能从柏拉图的苏格拉底对话中获得的更多吗？这种疑问是对新的苏格拉底研究的出发点。[③]这导致人们失去了之前他们相信自己获得的可靠基础，从此出现的截然不同的苏格拉底形象最好地展现了上述假设让我们陷入的摇摆不定的处境。旨在揭开苏格拉底历史面貌的两次令人

① 色诺芬，《回忆苏格拉底》，4. 6. 1。

② Ed. Zeller a. O. Bd. II 16 S. 107; 126. 与Zeller一样，K. Joël a. O. Bd. I S. 203和Th. Gomperz, *Griechische Denker* Bd. II4 S. 42ff. 同样在原则上认同亚里士多德的证言。

③ 特别参见H. Maier a. O. S. 77–102和A. E. Taylor, *Varia Socratica* (Oxford 1911) S. 40的批评。

印象最为深刻和在科学上最为完整的现代尝试清楚地显示了这点：它们是柏林哲学家海因里希·迈尔（Heinrich Maier）关于苏格拉底的伟大作品，以及来自圣詹姆斯大学的苏格兰学派的工作，以语文学家伯奈特（J. Burnet）和哲学家泰勒（A. E. Taylor）为代表。①

这两派观点都从否定亚里士多德作为历史见证出发。两者都认为苏
588 格拉底是有史以来最伟大的人之一。他们的争议集中于下面的问题：苏格拉底真是哲学家吗？他们一致认为，如果之前的形象是对的，即把他作为柏拉图哲学入口旁一个纯粹的配角，那么他配不上哲学家之名。但两者在结论上人相径庭。在海因里希·迈尔看来，苏格拉底独一无二的伟大之处无法用理论思想的尺度来衡量。他是一种人类立场的创造者，这种立场标志着漫长而艰难的人类道德自我解放之路达到顶峰，而且无法被超越：他宣示了道德人格的自我控制和安分守己之福音。因此，他是基督和东方救赎宗教在西方的对应形象。两种原则的斗争刚刚开始。柏拉图是哲学理念论的奠基人，是逻辑和概念的创造者。此人是一位完全独立成长，与苏格拉底的本性无法比较的天才，是一位创造理论的思想家。他通过艺术自由手法把这些移植进了自己的苏格拉底对话。他只在早期作品中提供了真实苏格拉底的形象。②

苏格兰学派的学者同样认为柏拉图（从他的全部苏格拉底对话来看）是唯一有能力描绘他老师的人，色诺芬是非利士人的化身，完全无法理解苏格拉底的意义。出于自知之明，此人只是对别人所写的苏格拉底加以补充。当涉及真正的哲学问题时，他满足于向读者暗示，苏格拉底不仅是他所描绘的那样。这种观点认为，主流理解中最大的错误是相信柏拉图无意描绘苏格拉底真正的样子，而是将其刻画成自己理念（不符合历史上的苏

① 参见H. Maier被多次提到的作品，以及与之观点截然对立的A. E. Taylor, *Varia Socratica* 和*Socrates* (1932)。Taylor完全认同Burnet的观点，并进一步发展了它。参见J. Burnet, *Greek Philosophy* (1914) 和他为Hastings的*Encyclopaedia of Religion and Ethics* Bd. XI所写的Socrates词条。C. Ritter, *Sokrates* (1931) 同样否认亚里士多德证言的价值。

② 对于真实苏格拉底的历史材料，H. Maier（前揭书，第104页起）认为首先是柏拉图的“个人”苏格拉底对话，包括《申辩篇》和《克里同篇》。此外，他认为一些短篇对话是自由创作，但本质上是忠实的描绘，包括《拉刻斯篇》《卡尔米德篇》《吕西斯篇》《伊翁篇》《游叙弗伦篇》和大小《希庇阿斯篇》。

格拉底）的创造者。柏拉图绝对没有他读者的这种故弄玄虚的想法。如果人们想要在柏拉图的早期和晚期作品间找到刻意的区别，并认定只有早期的柏拉图有意描绘苏格拉底，而后期的柏拉图完全将其用作自己首先逐步 589
发展起来的哲学的面具，那将是很不现实的。此外，在柏拉图的早期对话中已经出现了《斐多篇》和《理想国篇》等更具建设性作品的理论前提。事实上，自从柏拉图不再阐述苏格拉底，而是宣扬自己的理论，他顺理成章地不再把苏格拉底作为对话的主角，而是使用陌生的或匿名人物。就像柏拉图所描绘的，苏格拉底是理念学说、回忆和前生理论、不朽性学说和理想城邦的创造者。总而言之，他是西方形而上学之父。①

就这样，我们来到了理解的两个最大极端。苏格拉底看上去或者完全不是哲学思想家，而是道德唤醒者和英雄；或者他是思辨哲学的创造者，柏拉图把他变成了这种哲学的化身。这意味着在他死后马上就导致苏格拉底运动在相互对立的各派间分崩离析的古老动机重新觉醒和开始运作，让各派重新塑造了自己的苏格拉底。安提斯忒涅斯的理想否定知识，把名为“苏格拉底力量”的顽强道德意志视作本质，而柏拉图的学说则把苏格拉底的不可知论视作纯粹的过渡阶段，旨在发现潜伏于精神本身中的更深刻和不可动摇的价值知识，两者都一再主张自己的才是真正的和经过彻底思考的苏格拉底。上述从一开始就对立的解释和它们在今天的回归不可能是巧合。我们也不能把它们的重现解释为我们的材料里有这两个方向的分歧。不，苏格拉底自己的本性中一定存在这种歧义性，使他在两边都说得通。为此，我们必须试图克服两种观点的片面性，虽然两者在某种意义上都有事实和历史依据。观察者自身的立场总是一再混入他对既定事实的理解问题，即便是在基本的历史态度上。显然，这两种解释的代表都觉 590
得自己无法接受一位在他们眼中的“判定性”问题上仍然无法被判定的苏格拉底。因此，历史学家必须认定，当时已经或即将分离的矛盾在苏格拉底身上仍然统一。这让他对我们来说更加有趣和复杂，但也更难理解。他的同时代人中思想最卓越者感受到的他的伟大是否正与这种“尚未”有某种关系？一种当时已经处于解体过程中的和谐是否在他身上最后一次得到

① 参见上页注释①中所引的Taylor和Burnet的作品。

了展现？他似乎站在早前希腊的存在形式和未知世界间的界线上，他并未涉足后者，虽然他本人向那个世界迈出了最大的一步。

作为教育者的苏格拉底

下文中苏格拉底被放入的框架来自我们在前文的全部描绘：他成了希腊人自我塑造历史的中心。苏格拉底是西方历史上影响最大的非凡教育者。任何试图在理论和系统思想领域寻找其伟大之处的人必然会把过多的东西归功于他（本该属于柏拉图），或者对他的意义产生强烈怀疑。亚里士多德有理由认为，柏拉图通过苏格拉底之口宣扬的哲学在理论结构上主要是柏拉图的作品。但苏格拉底不仅是当我们从柏拉图的苏格拉底形象中去除理念学说和其他教条内容后在哲学“萌芽”中剩下的部分。他的意义来自完全不同的维度。他没有以延续者的身份与任何科学传统联系起来，也并非来自任何哲学史上的制度体系。苏格拉底是基本意义上的时代之人。他的周围吹拂着真正的历史气流。他通过精神塑造走出了阿提卡公民的中层，这是一个在最深刻的本质上不容改变、具有强烈良知和
591 敬畏神明的族群，其伟大的贵族领袖梭伦和埃斯库罗斯曾唤起过它的核心信念。现在，这个阶层通过自己的子弟之口发出声音，他是来自阿洛佩克（Alopeke）乡间的石匠和助产妇的孩子。梭伦和埃斯库罗斯在正确的时间出现，接受和改造了从外邦引进的破坏性思想的萌芽。他们非常深刻地掌握了这种思想，让后者不仅没有造成破坏，而且帮助释放了阿提卡人本性的最强大力量。苏格拉底出现时的精神状况与之类似。作为一个强大帝国的统治者，伯里克利的雅典被淹没在各种类型和来源的影响中，虽然在各个艺术和实践领域都拥有耀眼的能力，但还是有失去脚下坚实土地的危险。在过多的空谈中，一切所继承的价值转眼间烟消云散。于是，苏格拉底作为道德世界的梭伦登场了。因为这个世界正是当时的城邦和社会遭到破坏的源头。在希腊历史上，阿提卡精神第二次呼唤希腊灵魂的向心力对抗离心力，把人类价值的秩序置于相互斗争的自然力量所组成的物质宇宙（伊奥尼亚研究思想的创造）对面。梭伦发现了社会和政治集体的自然法

则，苏格拉底则深入灵魂内部的道德宇宙。

他的青年时代正值对战波斯之伟大胜利后的迅速崛起时期，该时期对外促成了伯里克利帝国的建立，对内造就了完备民主的结构。伯里克利在阵亡者葬礼上表示，在雅典城邦，任何真正的功绩或个人才干都不会被阻止发挥公众影响。[①]这番话在苏格拉底身上得到验证。他既不能通过出身和阶级，也不能通过外貌而注定吸引雅典贵族的子弟们围绕在自己身边，这些人希望开启政客生涯，或者成为雅典高贵者的精英。我们关于他的最早记载显示，他是阿纳克萨格拉弟子阿尔喀拉俄斯（Archelaos）圈 592
子的成员，30岁时作为后者的同伴登上过萨摩斯岛，就像希俄斯的悲剧诗人伊翁在旅行日记中所描述的。[②]伊翁非常熟悉雅典，是索福克勒斯和喀蒙的朋友。普鲁塔克认为阿尔喀拉俄斯也与喀蒙的圈子关系密切。伊翁可能在早年将苏格拉底带到了那位对抗波斯人的胜利者和亲斯巴达的阿提卡贵族派系首领的豪华府邸中。[③]我们不知道他的政治观是否通过这次印象而被确定。他在自己的盛年经历了雅典势力的顶峰以及阿提卡诗歌和艺术的经典繁荣，并光顾过伯里克利和阿斯帕西娅的府邸。[④]阿尔喀比亚德和克里提亚斯等饱受争议的政客是他的弟子。

当时的雅典城邦无疑已经将自己的势力扩张到最大，为了保住刚刚赢得的在希腊的领导地位，它要求自己的公民做出巨大牺牲。苏格拉底曾多次在战场上表现出色。在对他的审判中，他典范式的军中表现被推到前台，以便抵消政治方面的不足。[⑤]苏格拉底是一位伟大的人民之友，[⑥]但也是公认的糟糕民主派。他不喜欢雅典人在公民大会上的热烈政治活动，或者作为陪审员出现在法庭上。[⑦]他仅有的一次出席是作为议事会成员和公

① 修昔底德，2. 37. 1。

② 第欧根尼·拉尔修，2. 16和2. 23。

③ 普鲁塔克的《喀蒙传》4提到了阿尔喀拉俄斯写给喀蒙的诗，其中有一首为伊索狄刻（Isodike）之死所写的安慰哀歌，她是喀蒙最爱的女人之一。

④ 公元前4世纪初的关于阿斯帕西娅的作品源于苏格拉底弟子的圈子。

⑤ 柏拉图，《申辩篇》，28e。

⑥ 关于苏格拉底的亲民，参见色诺芬，《回忆苏格拉底》，1. 2. 60。

⑦ 参见苏格拉底在《申辩篇》31e的话："任何强硬地反对和试图阻止你们或其他任何人群、避免国家发生众多不义和不法之事的人都难逃一死。不，任何想要真正为正义奋斗的人必须过纯粹私人的生活，不涉足政治，哪怕他想只活一小段时间。"这番声明的激情昂扬是柏拉图的发明；它已经预设了苏格拉底之死。不过，它自然是为了给苏格拉底真实的行为辩护。

民大会的主席，大会上，人群在没有事先准备的情况下一致判决在阿尔吉努斯海战中获胜的将军死刑，后者由于暴风雨而没有拯救在波涛中漂浮的船难落水者。苏格拉底是主席团中唯一拒绝执行决议的人，因为它不合法。[1]这后来甚至可以被视作爱国举动，但不可否认，他通过说服表明大众统治原则从根本上说是坏的。与大众统治相反，苏格拉底要求城邦领导者具备最丰富的经验。[2]显然可以想见，他是因为阿提卡民主在伯罗奔尼
593 撒战争期间日益堕落而产生这种观点的。对于这个在波斯战争时代的精神中成长起来和亲历了城邦崛起的人来说，反差显然过于剧烈，使其无法不产生批判性的怀疑。[3]这种观点为苏格拉底赢得了许多有寡头思想的年轻同胞的同情，这些友谊在后来对他的审判中成了他的罪名。民众无法理解苏格拉底的独立立场，后者完全不同于克里提亚斯或阿尔喀比亚德自私的权力欲。他们也没有看到，该立场植根于超越纯粹政治的思想关系中。但澄清一个问题非常重要，那就是在当时的雅典，即便对真正政治活动敬而远之的人也会因此卷入政治，而城邦问题对每个人的思想和行为都具有决定性的作用。

苏格拉底成长的时代正值在雅典第一次出现了哲学家和哲学研究。即便没有那则关于他与阿尔喀拉俄斯关系的记载，我们也肯定会猜想，作为欧里庇得斯和伯里克利的同时代人，他很早就接触到了阿纳克萨格拉和阿波罗尼亚人第欧根尼的自然哲学。不应怀疑的是，在《斐多篇》中苏格拉底对自身成长的描述里[4]至少关于他曾经研究过自然学家学说的那部分是符合历史的。虽然苏格拉底在柏拉图的《申辩篇》中坚决否认掌握该领域的专门知识，[5]但和其他任何有文化的雅典人一样，他也读过阿纳克萨格拉的书，就像他在另一段落中所说，花一个德拉克马就能在剧院圆形舞场的流动书摊上买到。[6]色诺芬表示，苏格拉底后来还和他年轻的朋友们

---

① 柏拉图,《申辩篇》, 32a；色诺芬,《回忆苏格拉底》, 1. 1. 18。

② 柏拉图,《高尔吉亚篇》, 454e起，459c起和其他更多。

③ 关于苏格拉底提及雅典古老教养（ἀρχαία ἀρετή）的崩溃，参见色诺芬,《回忆苏格拉底》, 3. 5. 7和3. 5. 14。另见柏拉图,《高尔吉亚篇》, 517b起。

④ 柏拉图,《斐多篇》, 96a—99d。

⑤ 柏拉图,《申辩篇》, 19c。

⑥ 柏拉图,《申辩篇》, 26d。

一起在家中研读古代智者（诗人和思想家）的书，以期从中找出重要的句子。[①]就这点而言，阿里斯托芬喜剧中对苏格拉底的描绘——他宣扬第欧根尼关于气是本原原则和宇宙旋涡的自然学说——也许与真相相去不远，就像今天许多人常常认为的那样。那么，他在多大程度上把这些自然哲学家的学说变成了自己的呢？

根据《斐多篇》中的描述，他曾带着巨大期待研读阿纳克萨格拉的 594
作品。[②]某人向他提供了该书，让他满心期待可以在其中找到自己寻找的东西。由此可见，他在此之前就已经对自然学家对自然的解释表示怀疑。阿纳克萨格拉也让他失望了，虽然作品的开头激起了他的希望。书的开头把精神称作塑造世界的原则，但在后文中，阿纳克萨格拉没有利用这种解释方法，而是和其他自然学家一样回归到物质原因。苏格拉底所期待的是用“这样更好”为理由来解释现象及其性质。他认为，有益和目的性是自然力量的特征。在《斐多篇》的描述中，苏格拉底通过对自然哲学的这种批判建立了理念学说，但亚里士多德令人信服地断言，该学说还不能被归给历史上的苏格拉底。[③]柏拉图可能觉得更有理由让自己笔下的苏格拉底把理念学说称为目的因（Zweckursache），因为柏拉图直接从苏格拉底对万物之善（ἀγαθόν）的研究引出了这种学说。

从色诺芬的《回忆苏格拉底》中苏格拉底关于宇宙结构之目的性的对话可以看出，他也带着这个问题研究自然。他追寻着自然中的善和有目标的努力，意图证明世界上存在一种建设性的精神原则。[④]文中对人体器官之完美技术构造的描绘似乎来自阿波罗尼亚人第欧根尼的自然哲学作品。[⑤]苏格拉底很难主张他用作例证的个别观察是原创性的；因此，如果

① 色诺芬，《回忆苏格拉底》，1. 6. 14。4. 2. 8起可以解释这里提到的古代智者的书指什么，它们是医生、数学家、自然学家和诗人的作品。最后一段让人觉得，苏格拉底轻视一切书本学科，但《回忆苏格拉底》1. 6. 14的话反驳了这种想法。苏格拉底在4. 2. 11只是指责读者在其百科全书式形形色色的读物中疏忽了政治，那是一切技艺中最重要的，把其他的一切维系在一起。

② 柏拉图，《斐多篇》，97b起。

③ 参见本书第470页。

④ 色诺芬，《回忆苏格拉底》，1. 4；4. 3。

⑤ 色诺芬，《回忆苏格拉底》，1. 4. 5起；关于来源问题，参见W. Theiler对早前的著作所做的深入和批判性的分析，*Zur Geschichte der teleologischen Naturbetrachtung bis auf Aristoteles* (Zürich)。

我们把这番对话视作历史事实也并无疑问。如果其中包含了借鉴，那将正好是特别符合苏格拉底思考方式的特征。就像他在柏拉图的《斐多篇》中
595 所要求的，[①]他发现阿纳克萨格拉的原则也适用于自然的细节。但这番对话并未把苏格拉底变成自然哲学家。它只是表明，苏格拉底以何种视角看待宇宙学。对希腊人来说一直不言自明的是，他们眼中的人类秩序原则也应在宇宙中寻找并从那里导出。我们已经多次强调了这点，并在苏格拉底那里再次得到验证。[②]因此，对自然哲学家的批评间接证明，苏格拉底的着眼点从一开始就放在伦理和宗教问题上。他的生命中不曾有过真正的自然哲学阶段。自然哲学没能给他藏在心中和认为关乎一切的问题提供答案。于是，他可以抛弃自然哲学。他在自己的道路上从一开始就表现出的坚定不移的确信是其伟大的标志。

不过，在他与自然哲学的否定关系（从柏拉图和亚里士多德以来被一再提起）之外，还有一点很容易被忽视。从色诺芬描绘的对宇宙目的性之证明中已经可以看到，与早前的自然哲学家相反，苏格拉底在他的自然思考中采用人类中心主义立场：他的结论的出发点是人和人体结构。如果说他在这里使用的观察引自第欧根尼的作品，那就有意思了，因为这位自然学家同时也是一名医生。因此，在此人和其他一些较晚近的自然哲学家那里（我们想到了恩培多克勒），人类生理学占据的空间要大大超过此前所有的前苏格拉底哲学体系。这自然迎合了苏格拉底的兴趣和疑问。在这里，我们看到了他与当时“自然科学”的关系中经常被忽视的积极一面。我们不应忘记，“自然科学”不仅包括人们常常只会想到的宇宙学和流星学，还包括当时正经历着我们在前文描绘过的理论和实践腾飞的医术。对于像《论古代医学》作者那样一位同时代的医生而言，医术是迄今为止自
596 然知识中唯一建立在真实经历和准确观察之上的部分。这位作者认为，自然哲学家凭着假设无法教给他什么，反而可能从他那里学到了东西。[③]这

① 柏拉图，《斐多篇》，98b。

② 我们在希腊思想发展的每个新阶段都会强调作为其特征的伦理社会秩序同宇宙秩序的协调；参见本书前两卷，第118页、第163页起、第171页起、第192—196页、第273页起、第298页起、第326页起、第329页、第351页。

③ 希波克拉底，《论古代医学》，12和20。

种人类中心主义的转向是晚期阿提卡悲剧和智术师时代的普遍特点；就像希罗多德和修昔底德所指出的，与之联系在一起的是医学从自然哲学的世界假设中解放时所宣示的经验主义特征。

我们在这里看到了与苏格拉底的思想抛弃高高在上的宇宙学思考最为惊人相似的例子，后者同样完成了朝着人类生命之事实的客观转向。[1]和同时代的医生一样，苏格拉底在人的天性中（世界最为我们所了解的部分）找到了自己对现实分析的坚实基础和对其理解的关键。就像西塞罗所说，苏格拉底从天上取下哲学，将其带入人类的城市和他们的居所。[2]这不仅意味着对象和兴趣的改变，就像现在所看到的，而且还意味着更加严格的知识概念，如果真有这种概念的话。被早前的自然学家称为知识的东西只是世界观，在苏格拉底眼中被称作美妙的幻象和崇高的闲扯。[3]有时他向它们的智慧鞠躬之举（其智慧对他而言无法企及）完全是反讽。[4]就像亚里士多德正确指出的，他本人完全按照归纳法行事。[5]他的作风和经验主义医生的客观有些相似。他的知识理想是技艺（τέχνη），就像治疗艺术所生动诠释的，特别是它让知识服从于实践目标。[6]当时还没有精确的自然科学。那个时期的自然哲学是不精确的典型。也没有哲学经验主义。一切对作为所有精确现实知识之基础的经验的基本思考，在古代都一直与医学联系在一起，后者因此在整个精神生活中占据了更具哲学性的地位。医学还把这种思想传递给现代哲学。近代的哲学经验主义是希腊医学，而非希腊哲学的孩子。

我们必须重视苏格拉底与其时代的这种伟大精神力量的关系，这对 597
苏格拉底在古代哲学中的地位和他的人类中心主义转向而言非常重要。他对医学例子的引用非常频繁。这并非偶然，而是与他的思想结构，甚至是与他的自我意识及他全部行为的性质有关。他是一名真正的医生。色诺芬

---

① 色诺芬《回忆苏格拉底》1.1.11和亚里士多德（参见本书第470页注释①）都强调了这点。参见西塞罗，《论共和国》，1.10.15—16。

② 西塞罗，《图斯库鲁姆论辩集》，5.4.10。

③ 柏拉图，《申辩篇》，19c；色诺芬，《回忆苏格拉底》，1.1.11。

④ 柏拉图，《申辩篇》，19c。

⑤ 参见本书第470页注释①。

⑥ 色诺芬，《回忆苏格拉底》，4.2.11；柏拉图，《高尔吉亚篇》，464b起和更多地方。

甚至表示，他关心朋友们的身体健康不亚于关心他们的灵魂安好。[①]但他首先是人类内心的医生。对宇宙目的性的证明清楚地显示了苏格拉底看待人类身体本性的方式，他的目的论转向也与那种经验主义-医生的立场密切相关。对自然和人类的目的论理解解释了上述转向，这种理解在当时的医学中第一次实现了有意识的突破，从此一直获得肯定，直到在亚里士多德的生物世界观中找到了最终的表达。苏格拉底对善之本质的追寻显然来自一种完全是他特有的，而非从别的地方获得的疑问。从他那个时代的真正自然哲学家的视角出发，人们一定会说：这是外行的问题，对研究者的大胆怀疑并不能得出答案。但这个外行是一位创造性的提问者，而且并非无关紧要，因为我们从希波克拉底和第欧根尼的医学中看到，整个这一时代最深刻的探寻在他的问题中找到了符合时代的表达。

我们不知道苏格拉底从什么年龄开始在自己的母邦从事那些活动，就像他弟子们的对话向我们形象呈现的。柏拉图把他的一部分对话场景放到伯罗奔尼撒战争开始时，比如在《卡尔米德篇》中，苏格拉底刚刚从波泰代亚（Poteidaia）城下的苦战中归来。当时他将近40岁，但他开始发挥影响的时间可能更早。柏拉图非常重视对话的生动背景，一再对其加以
598 最动人的描绘。背景并非没有时间性的抽象教室。苏格拉底置身于雅典摔跤学校或者竞技训练场的繁忙活动中，很快在那里成为与教练和医生一样不可或缺的新人物。[②]这并不意味着其全城闻名的对话的参与者如斯巴达人那样赤裸相对，就像在竞技练习中常见的那样（虽然也有很多时候并非如此）。不过，对于苏格拉底在其中度过一生的戏剧化思想角力而言，训练场也并非无关紧要的背景。一边是苏格拉底的对话，一边是在踏上沙地对决前脱下自己的衣服让医生或教练检查，两者具有内在的相似性。柏拉图让苏格拉底本人对此做了比较。[③]当时的雅典人在训练场上比在自己家中睡觉和吃饭的狭小房间里更加自在。在那里，年轻人和老人每天在希腊天空的明亮光线下一起锻炼身体。[④]暂停的休息时间被留给对话。无论对

① 色诺芬，《回忆苏格拉底》，1.2.4；4.7.9。

② 关于苏格拉底每天的惯常活动，亦参见色诺芬，《回忆苏格拉底》，1.1.10。

③ 柏拉图，《卡尔米德篇》，154d—e。

④ 关于每天用于锻炼的时间长短，参见关于养生的医学作品（本书第457页）。

话内容一般来说多么崇高或平凡，世界上最著名的哲学学校“阿卡德米”（Akademie）和“吕克昂”（Lykeion）都得名于著名的雅典摔跤场。当有人想要诉说或质询某件关乎大家的事，但公民大会或法庭又非合适场所时，他就会去训练场上找朋友和熟人。不知会在那里遇到谁的期待感总能吸引人。雅典有各种规模的私人或公共训练场；造访不同的此类场所能带来调剂。[①]像苏格拉底这样对人本身感兴趣的常客认识每一个人，特别是在年轻人中间，只要有新面孔出现，他就会注意到并开始打听。在对成长中的年轻人进行犀利观察方面，他无与伦比。他是一个伟大的识人者，其指向犀利的问题被视作对各种天赋和潜在能力的试金石，而最体面的公民也会请求他为自己儿子的教育提供建议。

只有会饮因其古老传统而能在精神意义上与训练场有某种可比性。因此，柏拉图和色诺芬在这两种场景中描绘苏格拉底的对话。[②]他们提到 599
的其他所有情形都或多或少是偶然的：苏格拉底在阿斯帕西娅沙龙中的风趣谈话，或者在人们常常碰面交谈的市场店铺旁的对话，或者当某位著名智术师在富有的赞助人家中进行演说时。训练场比其他一切地方更加重要，因为人们经常涉足那里。除了本职目标，它们还通过让人们进行大量的思想接触而发展出某种特质，成为最适合播种各种新思想和新期冀的土地。休闲和放松主导着这里。没有什么纯粹的专业话题能够在这里长久繁荣，买卖也无法在这里展开。人们更愿意讨论人类的一般性问题。但讨论并不局限于特定内容：凭着自身的可塑造力和灵活的弹性，思想在这里可以发展自身，让批判性和好奇的听众圈子对自己产生兴趣。思想的竞技应运而生，随即开始像身体竞技那样接受训练和受到赞美，并很快被认可为一种新的教化形式，就像身体竞技早就实现的那样。苏格拉底的“辩证法”是一种完全独一无二的本土产物，与同时代出现的智术师的方法形成了最强烈的对立。智术师是外邦的游方学者，他们被无法企及的盛名光环笼罩，被最为亲密的弟子圈子环绕。他们为钱而传道。他们传授专门的知识或技艺，面向经过挑选的受众，由有产公民热心求教的子弟们组成。他

① E. N. Gardiner, *Greek Athletic Sports and Festivals* (London 1910) S. 469ff.

② 参见本书第623页起。

们发表引人瞩目的长篇单人演说的场所是私人宅邸或临时的讲堂。而苏格拉底是一个所有人都认识的朴素公民。他的影响几乎不被注意；同他的谈话可以不受拘束和看似毫无意图地从任何随机的问题开始。他并不传道，也没有弟子，至少他本人这么说。他只承认朋友或同伴。年轻人为他无法反驳的思想的犀利锋芒所吸引。他向他们呈现了不断更新的真正阿提卡戏
600 剧，让人们着迷地倾听；人们祝贺他的成功，并试图模仿，自己也开始在家中和熟人圈子里以同样的方式考察人性。阿提卡年轻人中的思想精英簇拥在苏格拉底周围。其思想的磁石般吸引力就不会放过任何曾经接近他的人。有人自以为能对他表现出矜持和傲慢，或者对他卖弄学识的提问方式和故意平平无奇的举例心生反感，但他们很快会从高傲的基座上走下来。

想要抽象地归纳这种现象并不容易。通过深情地对所有特征进行大量细致的描绘，柏拉图似乎想要暗示，它们无法被定义，只能被形象地体验。另一方面，我们可以理解后来的哲学史完全排斥这一切，视之为柏拉图的苏格拉底形象中纯粹的诗意附属品。它似乎处于哲学家活动应有的抽象“水准”之下。通过形象地描绘苏格拉底的思想力量对活生生之人超越思想的影响，这完全是对这种力量的间接描摹。不过，离开了他为当时与自己交谈之人的福祉所做的努力，苏格拉底所说的东西现在将无法被描绘。虽然这对学院派概念上的哲学并不重要，但柏拉图认为这对苏格拉底非常重要。这让我们怀疑自己一直处于以我们所谓的哲学为媒介来看待他的危险中。诚然，苏格拉底本人把他的“行”（一个非常特别的词！）称为“哲学”和“哲学活动”。在柏拉图的《申辩篇》中，他对法官宣称，只要自己一息尚存就永远不想放弃哲学。[①]但我们不能将其理解成哲学在后来许多个世纪的漫长发展过程中所变成的样子，即抽象思维的方式，或者由理论原则组成的学说体系，可以脱离创造它的那个人。苏格拉底的全部作品一致反对他的学说具有这种可脱离性。

601 那么，对柏拉图来说，以苏格拉底为原型和他在辩护中宣称自己信奉的“哲学”是什么呢？柏拉图在多篇对话中阐述了它的本质。在这些对

① 柏拉图，《申辩篇》，29d。

话中，苏格拉底与交谈者所展开探究的结果越来越多地成为重点，但柏拉图仍然有意识地在自己的描绘中始终忠于苏格拉底精神的本质。这种精神在全部此类探究中不断被证明是有益的。但由于我们很难确定柏拉图的苏格拉底从何时开始变得更像是柏拉图而非苏格拉底，我们必须从柏拉图最确凿和简单的表述出发，这种表述并不少见。在《申辩篇》中（当时他对苏格拉底被处死刑的可怕不公还记忆犹新，并希望为苏格拉底赢得其他人的支持），他用最简明和最朴素的形式描绘了老师的全部影响及其意义。虽然写作的艺术让我们不可能把该作品视作对苏格拉底在法庭上所做即兴辩护的真实复制，[①]但文中关于苏格拉底的内容极为符合其真实生活。在轻蔑地驳斥了喜剧和舆论对自己的讽刺描绘后，苏格拉底动情地宣布了对哲学的信仰，柏拉图有意将其与欧里庇得斯宣布诗人要为缪斯效忠对应起来。[②]但苏格拉底的宣誓是在死刑判决的威胁面前做出的。他所效忠的力量不仅让生活美好和减轻痛苦，而且能征服世界。紧接着“我永远不会停止哲学活动”这句话的是一个他说话和教学方式的典型例子。我们必须从它的形式出发来理解其内容，就像柏拉图在这里和其他许多地方生动地向我们展示的。

柏拉图在这里将苏格拉底的独特方式归结成两种主要形式：劝告（Protreptikos）和质询（Elenchos）。它们与最古老的劝诫形式相关，我们可以从悲剧一路上溯到史诗中。在柏拉图《普洛塔哥拉篇》开篇的交谈
中，我们再次看到苏格拉底的这两种说话方式被一起使用。[③]这篇对话将 602
柏拉图与那位伟大智术师对立起来，向我们呈现了智术师的教学活动中采用的各种固定形式：神话、论证、诗歌解释、问答手法。但苏格拉底独特的说话方式同样得到了幽默而形象的描绘，充分展现了其古怪的卖弄和反

---

① 对《申辩篇》持这种看法的代表是Erwin Wolff, *Platos Apologie* (Neue Philologische Untersuchungen, hrsg. von W. Jaeger Bd. VI Berlin 1929)，通过对作品艺术形式的细致分析，他令人印象深刻地表明，这篇作品是柏拉图自由描绘的苏格拉底的自我刻画。

② 欧里庇得斯，《赫拉克勒斯》，673起：Οὐ παύσομαι τὰς Χάριτας/ Μούσαις συγκαταμιγνὺς/ ἁδίσταν συζυγίαν（我不会停止将美惠女神同缪斯联系在一起，最怡人的结合）。参见柏拉图，《申辩》，29d：ἕωσπερ ἂν ἐμπνέω καὶ οἷός τε ὦ, οὐ μὴ παύσωμαι φιλοσοφῶν（只要我一息尚存，而且能够，我就不会停止哲学思考）。

③ 柏拉图《普洛塔哥拉篇》311b起。从苏格拉底与年轻的希波克拉底的一段质询谈话开始，以劝告谈话结束（313a起）。

讽的傲慢。柏拉图在《申辩篇》和《普洛塔哥拉篇》中显示了劝告和质询这两种苏格拉底的说话方式如何在本质上联系在一起。事实上，它们只是同一思想过程的不同阶段。只要以《申辩篇》为例就够了，苏格拉底如实描绘它的影响："我永远不会停止哲学活动和劝告你们，以及让我遇到的每一个人明白这点，我将以我习惯的方式这样说：'最优秀的人啊，你是个雅典人，是最伟大和在智慧和力量上最著名的城邦的公民，你关心自己的财产和让它们不断增加，关心自己的名誉和荣耀，但对于善与真的知识，对于让自己的灵魂臻于完善，你却并不关心和担忧，你不为自己羞耻吗？'如果你们中有人反驳说他是关心这些的，那么我也不会马上放手离开，而是盘问、质询和反驳他。如果在我看来他并无德性，而只是声称拥有，那么我将指责他对最宝贵的东西缺乏重视，却更看重低微之物。我对遇到的老年人和年轻人，对异乡人和本地人都会这样做，但首先是对这座城邦的人，因为他们在血缘上和我更近。因为你知道，这是神明给我的任务。因为我做的不过是四处转悠，说服你们中的年轻人和老年人不要首先和过于关心你们的身体和财产，而是要关心你们灵魂的完善。"①

603　苏格拉底在这里宣示效忠的哲学活动并非纯粹的理论思考过程，而是被等同于劝告和教育。对各种徒有其表的知识和自负之卓越（Arete）的苏格拉底式质询和反驳同样为此服务。就像苏格拉底所描绘的，这种质询是整个过程的一部分。虽然这看上去最像其真正原创的方面，但在探究这种辩证式"人的质询"的本质之前（人们常常视其为苏格拉底哲学的本质，因为它包含了最强烈的理论元素），我们必须更仔细地分析这段引导性的劝诫讲话。一边是追求金钱的商人，一边是苏格拉底更崇高的生活需求，两种生活内容间的比较基于人们对自己最为珍视的财富的有意识关心或呵护。苏格拉底要求关心灵魂（ψυχῆς ἐπιμέλεια）而非关心收入。这种概念在他的讲话伊始就出现了，在最后再次出现。②但除此之外，他并没有证明灵魂的价值要高于外在财富或身体。这被认为是无须进一步审视的前提，尽管人们在实践行为中常常忽视它。对今天的人来说，这没有什

① 柏拉图，《申辩篇》，29d起。
② 参见柏拉图，《申辩篇》，29e和30b。

么引人注目之处，至少在理论上如此；对他们来说，这是老生常谈。但这种要求对当时的希腊人而言就像对我们这些两千年基督教传统的继承者一样不言自明吗？在《普洛塔哥拉篇》开篇的谈话中，苏格拉底的劝告同样从处于危险中的灵魂出发。[①]这方面的危险动机对苏格拉底而言是典型的，与呼吁对灵魂的关心紧密相连。他像医生那样说话，但他的病患并非人的肉体，而是人的内心。在苏格拉底作品中，把对灵魂的呵护或关心作为最关切对象的段落特别丰富。我们在这里触及了苏格拉底对其任务和使命的自我意识的核心：它们是教育性的，而这种教育工作对他来说是为神明服务。[②]它们的宗教特征基于它们是“对灵魂的关心”。[③]因为他认为“灵魂” 604
是人身上的神性部分。“对灵魂的关心”被苏格拉底进一步界定为关于价值和真理的知识，即Phronesis和Aletheia。[④]灵魂同身体明确区分开来，就像同外在善的区别那样。苏格拉底的价值秩序通过对灵魂和身体的区分得以直接体现，并由此确立了等级分明的新的“善”的理论，灵魂的善位于最上方，身体的善居于第二位，而像财产和权力等外在的善则处于最后。

上述价值层级不言而喻，对此苏格拉底有着很强的信心。该价值层级同民间主流的体系存在巨大鸿沟，就像那首优美的古希腊祝酒歌所表达的：

> 健康是凡人最高的善，
> 第二位是身材健美，
> 第三位是诚实取得财产，
> 第四位是在朋友圈子里度过青春。[⑤]

---

① 柏拉图，《普洛塔哥拉篇》，313a。

② 希腊文学中很早就出现了为神明服务的概念。后来，它在柏拉图的作品中获得了我们提到的意思。苏格拉底在《申辩篇》30a表示ἡ ἐμὴ τῷ θεῷ ὑπηρεσία（超过我为神明的服务）。ὑπηρεσία与θεραπεία是同义词。Θεραπεύειν θεούς表示“敬奉神明”（deos colere）。它一直带有宗教崇拜的意思。苏格拉底认为，自己作为教育者的行为是一种崇拜。

③ 参见上页注释②。“对灵魂的关心”在我们听来有特别的基督教意味，因为它成了基督教的一部分。但这一吸收的基础是，基督徒与苏格拉底一样把教化等同于真正的为神明服务，把对灵魂的关心等同于真正的教化。在这种观点的形成过程中，基督教文化受到了柏拉图的苏格拉底的直接影响。

④ 柏拉图，《申辩篇》，29e。

⑤ 佚名，祝酒歌，7（Anth. lyr. Gr.，Diehl编，第二卷，第183页）。

在苏格拉底的思想中，内在世界是新加入的。他所说的德性是一种灵魂价值。那么，什么是“灵魂”（或者用苏格拉底的希腊语单词Psyche表示）呢？如果可以的话，我们首先只从语文学意义上提出这个问题。因为值得注意的是，在柏拉图和其他苏格拉底弟子那里，苏格拉底在表述“灵魂”一词时总是带着特别的强调，表现得热烈而迫切，甚至是恳求的。我们注意到：这里我们第一次在西方世界中遇到了我们今天在某些方面仍然用这个词表达的东西，尽管现代心理学并不把它与“真实物质”联系起来。由于“灵魂”一词的思想史起源，它总是带有一种伦理或宗教价值色彩。就像“为神明服务”和“对灵魂的关心”那样，它听上去让我们觉得有基督教的意味。不过，这个词在苏格拉底的劝诫说教中才开始有了这种高度的重要性。我们在这里首先不考虑这个问题，即苏格拉底的灵魂思想
605 在多大程度上直接或者通过后世哲学决定了不同阶段的基督教，以及它在多大程度上与基督教思想重合。因为在这里，我们首先要在希腊发展过程本身中理解苏格拉底灵魂概念的划时代影响。

如果我们求助埃尔温·罗德的经典杰作《灵魂》（*Psyche*），那么看上去苏格拉底在其发展过程中没有任何值得一提的重要性。罗德跳过了他。[①]这受到了他（与尼采一起）从青年时代开始就对“理性主义者”苏格拉底的偏见影响，但更重要的是，书中的提问方式对他构成了障碍，因为仍然受到基督教影响（尽管他不愿如此）的罗德把灵魂崇拜和不朽信仰作为他涉及各个层面的灵魂历史的中心。必须承认，苏格拉底对这两点没有实质性的贡献。但奇怪的是，罗德没有看到灵魂一词在何时、何地和通过何人而成形，成为西方人思想-道德个体价值的真正意义载体。一旦我们表明这发生在苏格拉底的劝诫讲话中，此事就会毫无争议。苏格拉底学派的学者已经着重指出了这点。他们的观察完全没有受到罗德作品的影响。伯奈特在一篇优美的论文中盘点了灵魂概念在希腊思想史上的发展，并指出无论是荷马史诗中的冥府阴魂（Eidolon），还是伊奥尼亚哲学中的“气灵”（Luftseele），或者俄耳甫斯教派的“神灵”（Seelendämon），

① Erwin Rohde, *Psyche* Bd. II S. 263 (7. und 8. Aufl.) 在其作品中唯一提到苏格拉底的地方仅仅表示，他不相信灵魂不朽。

抑或阿提卡悲剧中的心灵（Psyche）都无法表示苏格拉底与这个词联系起来的意思。[①]从对苏格拉底说话方式的特殊形式的分析出发（就像我在上面所做的），我本人也早就得出了相同的结论。像苏格拉底的劝诫这样的形式只可能首先产生于苏格拉底的灵魂一词所包含的真正价值激情。他的劝诫演说是希腊化时期的大众哲学论辩（Diatribe）的原型，而后者又帮助创造了基督教的布道。[②]这里涉及的不仅是外在形式的传承与延续。迄 606
今为止，语文学经常通过盘点劝诫讲话中的个别动机在整个发展过程中被采用的情况来分析它们的关系。但更准确地说，所谓演说形式的这三个阶段都以下面的信仰为基础：如果有人赢得了全世界，却对自己的灵魂造成伤害，这对他有何益处？阿道夫·哈纳克（Adolf Harnack）在《基督教的本质》（*Wesen des Christentums*）中正确地将这种个体人类灵魂无价的信仰描绘成耶稣宗教的三大支柱之一。[③]不过，这种信仰早已是苏格拉底"哲学"和人类教育的支柱了。苏格拉底布道和劝人皈依[④]。他的到来是为了"拯救"生命。

在尝试尽可能简单和清晰地展现苏格拉底意识之基本事实的过程中，我们必须在这里暂停一下，因为这些事实对我们自身的存在仍具有直接意义，需要对其进行评价和表态。苏格拉底是希腊的基督教先驱吗？或者说，一种来自东方的陌生思想随着苏格拉底进入了希腊文化的发展，然后通过希腊哲学的伟大教育力量带来了世界史规模上的影响，并推动了与东方的融合吗？我们可以从希腊宗教中的俄耳甫斯运动中看到这种情况，从公元前6世纪开始可以找到这场运动的许多痕迹。它把灵魂与身体

---

① J. Burnet, The Socratic Doctrine of the Soul, in *Proceedings of the British Academy for 1915–1916*, S. 235ff. 我几乎不必指出，我不太认同Burnet把苏格拉底的灵魂思想称为"学说"（Doktrin），但认同他在描绘苏格拉底时对于灵魂问题重要性的强调。

② 劝诫演说或者大众哲学辩论形式的源头无疑可以回溯到上古时代。但教育和道德形式的说教——它与教义和释经一起主导着基督教的布道——形成于苏格拉底作品中，而后者可以回溯到苏格拉底的口头劝告。

③ *Wesen des Christentums*, Dritte Vorlesung S. 33.

④ 参见柏拉图，《普洛塔哥拉篇》，356d、356e、357a。这段话当然应该被理解为是对真正的苏格拉底意义上的"拯救生命"（βίου σωτηρία）的戏仿，后者表示对"善"的正确选择（αἵρεσις）。在《法律篇》第十卷909a中，柏拉图也类似的用苏格拉底的口吻提到了"灵魂的救赎"。当然，他在那里给出的达到这一目标的图景与苏格拉底的完全不同。

分开，认为前者是被身体囚禁的堕落神灵，在身体死后，它将进入不同生物的体内，经过漫长的漂泊后回归自己的神圣家园。但除了这种宗教来源不明（许多人视其为东方的或“地中海的”），苏格拉底的灵魂概念中也没有上述末世论和神灵论元素。直到后来，柏拉图才将其纳入了自己对苏格拉底灵魂及其命运的神话装点中。有人想把《斐多篇》中的不朽学说
607 和《美诺篇》中的前生学说归于苏格拉底，[①]但这两种相辅相成的观念显然首先源于柏拉图。在《申辩篇》中可以正确地看到苏格拉底对灵魂延续问题的立场，面对死亡，他对灵魂在人死后的命运不置可否。[②]比起《斐多篇》中对不朽的论证，这更符合他客观和非教条的批判性思想方式。另一方面，由于他把灵魂放在如此之高的地位，他理所当然地会提出那个问题，即便他并不知道答案。[③]那个问题对他来说并不具有决定性意义。出于同样的原因，他也没有对灵魂的真实性类型做任何断言：对他来说，灵魂并非“物质”，就像对柏拉图那样，因为他对是否能把灵魂从身体分开不置可否。为灵魂服务是为神明服务，因为灵魂是思考的精神和道德的理智，是世界上最崇高的东西，而非因为灵魂是来自遥远天界的犯了罪的神灵访客。

因此，结论不容置疑：苏格拉底的布道中一切让我们觉得像是基督教的不寻常特征都完全源自希腊。它们源于希腊哲学。只有对其本质完全错误的想象才会不敢承认这个事实。希腊精神的更高宗教发展主要在诗歌和哲学中实现，而非在通常被我们当作宗教史主要内容的神明崇拜中。虽然哲学是意识相对较晚的阶段，神话出现在它之前，但对于学会了看到精神结构关系的人来说，毫无疑问苏格拉底没有违背希腊哲学的有机历史性形成法则。他的哲学只是对希腊人内心基本结构的有意识表达，就像随后的几个世纪里哲学在该领域的最高代表那里所追求的。虽然希腊的狄俄尼

---

① J. Burnet, *Greek Philosophy* S. 156; A. E. Taylor, *Socrates* S. 138.

② 柏拉图，《申辩篇》，40c—41c。

③ 对于苏格拉底是否认同灵魂不朽的观点这一问题，特别重要的事实是，柏拉图的《斐多篇》中被Burnet和Taylor当作史实的描述，从理念学说中推导出了灵魂的先天存在和不朽。柏拉图在文中宣称，理念学说和灵魂不朽的教义是同生共死的（《斐多篇》76e）。只要我们和亚里士多德一样认定，理念学说源自柏拉图，那么《斐多篇》中的不朽学说也同样如此，因为它建立在理念学说之上。

索斯和俄耳甫斯宗教中可以看到某种“雏形”和相似点，但这些现象无法证明苏格拉底的讲话和观念形式源于宗教领域，我们可以随意地斥之为非希腊的，或者尊其为东方的。以冷静客观著称的苏格拉底绝无可能接受这 608
种放纵教派在灵魂非理性层面上的影响。那些教派是早期希腊民间虔信中唯一具有值得一提的个人内心体验征兆以及相应的个人化生活立场和宣传方式的形式。[①]在作为精神思考领域的哲学中，类似的形式有的诞生于类似的情形，有的借鉴了流行宗教形式的表达，后者在哲学语言中似乎变成了隐喻，从而丧失了本意。[②]

在苏格拉底那里，许多带有宗教意味的表述也来自他的行为与医生的相似性。这赋予其灵魂概念特别的希腊色彩。苏格拉底把内心世界想象成人类“天性”的一部分，这种观念受到多个世纪来的思想习惯和希腊人内心最深处的精神气质影响。在这里，我们看到了苏格拉底的灵魂和基督教灵魂概念的区别。想要正确理解苏格拉底所说的灵魂，我们必须将其与身体放在一起，但把它们理解成人类天性的两个不同方面。在苏格拉底的思想中，灵魂方面与肉体方面并不对立。他认为，早期自然哲学中的自然（Physis）概念在他那里带有了精神方面，从而发生了本质性的改变。苏格拉底无法相信只有人才拥有精神方面，仿佛垄断地占有了它。[③]对于精神方面在其中占有一席之地的自然（就像在人的理智中），必然在原则上有能力行使精神力量。但正如通过将身体和灵魂共同视作人类天性的不同部分可以让身体天性精神化，身体的存在也把某些东西反射回灵魂。在精神的目光下，灵魂的存在仿佛是可塑的，因此具备形状和秩序。
和身体一样，灵魂也是宇宙的一部分，甚至是自成一体的宇宙，虽然希腊 609
人毫不怀疑，呈现在这些不同秩序领域中的原则本质上完全是同一的。因此，灵魂与身体的相似还必须延伸到希腊人所谓的德性上。希腊城邦经常

① 亚里士多德残篇15（Rose）正确地把这种宗教体验——是神秘主义的虔诚信徒所特有的——称为 παθεῖν（参见我的 *Aristoteles* S. 164）。与官方崇拜的宗教相反，他影响人的个性，让内心出于某种状况（διάθεσις）。

② 对于哲学语言与宗教派别语言的关系，以及哲学中对宗教概念的改造过程，还有待系统地探究。

③ 色诺芬，《回忆苏格拉底》，1. 4. 8。

用Arete一词表示的德性或“美德”——勇敢、审慎、正义和虔敬——是灵魂的卓越，就像健康、力量和美丽是身体的美德，也就是说，它们是各个相关部分或者它们的共同作用所特有的力量发展到人类本性所允许和所注定的最高形式。按照身体和灵魂美德的秩序本性，它们正是作为身体和灵魂共同作用基础的“部分的对称”。从这里开始，苏格拉底关于“善”（Gut）的概念（这是他的所有概念中最难以翻译并且很容易遭到误解）与现代伦理学中的相应概念出现了分歧。如果我们不说das Gute，而是说das “Gut”[①]，那么我们就能更好地理解它在苏格拉底的希腊语原意，因为其中包含了其与拥有它和受其裨益者的关系。虽然在苏格拉底那里，“善”也有我们为了其本身而做或应该做的意思，但同时他把“善”视作真正有用和有益的东西，从而也能让人高兴和带来幸福，因为它能让人类天性满足自身的本质。

在上述想法的基础上，我们将得出不言自明的前提，即伦理性是对被正确理解的人类天性的表达。它因为人的理性特质而与纯粹的动物存在相区别，这种特质让伦理成为可能。但按照这种伦理来塑造灵魂正是符合人类天性的道路，他们在这条路上与整个世界的本性产生了令人喜悦的共鸣，或者按照希腊人的说法，他们实现了幸福（Eudaimonie）。在对道德的人类存在和自然的世界秩序之共鸣的深刻感受上，苏格拉底同之前和之后所有时代的希腊意识牢不可破地达成一致。苏格拉底的创新之处在于，人们并非通过对自身感官天性的发展和满足（总是受到社会关系和需求的
610 约束）实现了与存在的这种和谐，而是仅仅通过按照他在对自身灵魂的研究中所找到的法则完成对自身的控制来实现这点。通过指引人们回到作为他们最根本的控制领域的灵魂，苏格拉底的真正希腊式幸福指明了一种当外部自然和命运对他们自由的威胁越来越大时的自我维护的力量。歌德曾说：这个宇宙中的所有恒星和行星有何用处，如果这种神奇的系统最终连一个幸福之人都不能造就。在苏格拉底的基本假设中，这种想法完全不会被认为是无耻的，就像人们出于现实和道德间最深刻的现代矛盾而指摘

① 在德语中，作为名词的Gut表示财富。——译注

的。理性主义者苏格拉底知道把这种道德幸福同现实的事实统一起来（这些事实导致现代人的情感坠入了与世界的道德分歧的深渊），从他最后将杯中毒药一饮而尽时的满心欢喜我们可以看到这点。

将灵魂作为最高人类价值的苏格拉底式体验让存在转向内心，这成了整个古代晚期的特点。于是，美德和幸福被转移到人的内心。作为苏格拉底走出这一步时的意识性的典型例证，他甚至要求造型艺术不仅要描摹肉体的美，也要刻画灵魂的性质（ἀπομιμεῖσθαι τὸ τῆς ψυχῆς ἦθος）。色诺芬记录说，在与画家帕拉西俄斯（Parrhasios）的对话中出现了这种全新的要求，那位伟大的艺术家对画家是否有能力进入不可见和非对称的世界表示怀疑。[1]按照色诺芬的描述，苏格拉底对灵魂的看法第一次为同时代的艺术打开了这个世界。他认为身体存在（特别是人的容貌）是对内心及其性质的反映，画家只是心怀犹豫地逐步接受了这种伟大认识。这个故事是象征性的。无论人们如何想象那个时代转折点上艺术与哲学的关系，我 611
们的作者都认为，引领人们走上这条道路的向导无疑是哲学。我们很难衡量这种巨大转变对历史的整个影响范围。它的直接后果是创造性的价值新秩序，柏拉图和亚里士多德的哲学体系为其提供了辩证基础。它以这种形式成为后世一切被希腊哲学点燃光芒的文化的源头。不过，虽然这两位伟大思想家的抽象体系得到高度评价，让苏格拉底的非凡形象更清晰地呈现在有序世界观的精神目光下，并使得其他一切集聚在这个中心周围，但仍然必须承认：一切从行为开始。苏格拉底对“关心灵魂”的呼吁是希腊精神朝着新的生活方式的真正突破。当生活（Bios）概念不把人的存在视作纯粹的时间历程，而是将其作为形象而有意义的整体，作为有意识的生活方式，使其从此在哲学和伦理学中获得如此具有统治性的地位时，苏格拉底的真实生活也在上述事实中留下了痕迹。他亲自示范了这种建立在人的内在价值基础之上的新生活。他的弟子们正确地认识到，苏格拉底式教化的最大力量正是在于这种对旧有榜样思想的更新，即认为哲学家体现了新的生活理想。

---

① 色诺芬，《回忆苏格拉底》，3. 10. 1—5。

不过，我们现在必须尝试进一步弄清这种教育。在《申辩篇》中，柏拉图让苏格拉底把关心灵魂说成是“为神明服务”，[①]但这并不涉及任何其通常意义上的宗教内涵。相反，比起基督教概念，他选择的道路是一种世俗和自然得多的方式。呵护灵魂首先并不表示忽略身体。对于一个从治疗身体的医生那里认识到有必要对灵魂（无论健康与否）进行特殊“治
612 疗”的人来说，这怎么可能？他对灵魂的发现并不意味着将其同身体分开，就像常常讹传的那样，而是意味着灵魂对身体的统治。但为了争取为灵魂服务，身体本身必须健康。“健全的灵魂寓于健康的身体”（mens sana in corpore sano）表达了真正的苏格拉底思想。苏格拉底既不忽略自己的身体，也不赞美那样做的人。[②]他教导朋友们通过锻炼来让自己的身体保持健康，并和他们深入讨论了正确的养生。他反对吃得过饱，因为那不利于呵护灵魂。他本人过着斯巴达式的简朴生活。我们将在后文谈到身体“禁欲”的要求和这个苏格拉底式概念的意义。

不难理解，柏拉图和色诺芬都用苏格拉底与智术师的对立来解释他的教育影响。智术师是教育艺术的公认大师，这种形式的教育前所未有。苏格拉底似乎一直同他们有接触，并与他们发生争辩。虽然他的努力具有更高的目标，但出发点正是他们的活动层面。他们的教化混合了各种来源非常驳杂的材料。他们的目标是精神培养，但对于哪种知识能最好地培养精神，他们并不一致；因为他们中的每一个人都从事特别的研究，认为自己的专业知识自然是最重要的。苏格拉底并不否认研究他们所教授的一切是有价值的。但他对关心灵魂的呼吁潜在地包含了一种限制他们所推荐的知识的标准。[③]他们中的一些人认为自然哲学理论很有教育价值。这些早前的思想家们没有直接提出这种教育主张，虽然他们觉得自己是更高意义上的老师。通过科学研究来教育年轻人是个新问题。就像我们看到的，苏格拉底对自然哲学兴趣寥寥，这与其说是因为他对自然学家的问题缺乏理解，不如说是因为他和他们提出的问题并不一致。当他劝阻别人不要过于

① 参见本书第484页。
② 色诺芬，《回忆苏格拉底》，1.2.4；4.7.9。
③ 后续内容参见色诺芬，《回忆苏格拉底》，4.7。

深入地研究宇宙理论时，那是因为他相信，这些精神力量更应该花费在对“人类事务”的认识上。[①]此外，希腊人普遍认为宇宙世界是神灵的，凡人 613
无法进行研究。苏格拉底也持有这种大众的畏惧，亚里士多德在《形而上学》开头不得不对此提出反对。[②]对于埃里斯人希庇阿斯之类更加偏向现实的智术师，苏格拉底对他们的数学和天文学研究表现出类似的保留。苏格拉底曾非常热情地研究这些科学。他认为掌握一定程度的此类知识是必须的，但划定了非常严格的界限。[③]人们把这种功利主义归于色诺芬（我们从他那里获得上述信息）和他对实践的偏颇局限，并将其与柏拉图的苏格拉底做了对比，后者在《理想国篇》中提出数学是通往哲学的唯一真正道路。[④]但这种观点源于柏拉图本人发展成了辩证学家和认知理论家，老年柏拉图在《法律篇》中持有同色诺芬的苏格拉底相同的立场，虽然他谈论的并非较高层次的教化，而是基础教育。[⑤]因此，苏格拉底对“人类事务”更高的关注在此前通行的文化价值的领域里充当了遴选原则。在“对某项研究应该到何种程度？”这一问题背后是更大的问题：这项研究有什么好处？生活的目标是什么？如果无法回答这些问题，教育将变得不可能。

于是，伦理学再次成为焦点，它曾被智术师的教育运动从那里赶走。这场运动源于对上层统治阶级进行更高程度的精神教育的必要性，以及对人类精神优越性的更有力肯定。[⑥]智术师把培养公共生活中的政治家和领袖作为实践目标，这很好地迎合了一个重心转向首先看重成功的时代。苏格拉底重新确立了精神与道德教育的联系。但他没有把智术师政治化的教育宗旨同纯粹性格培养的非政治理想对立起来。那个宗旨本身不会受到动摇，它在希腊城邦中始终如一。柏拉图和色诺芬都认为苏格拉底是一位 614

---

① 参见色诺芬，《回忆苏格拉底》1. 1. 16；柏拉图，《申辩篇》，20d。

② 柏拉图，《申辩篇》，20e；色诺芬，《回忆苏格拉底》，4. 7. 6；亚里士多德，《形而上学》，1. 2. 982b28起。

③ 色诺芬，《回忆苏格拉底》，4. 7. 2：ἐδίδασκε δὲ καὶ μέχρι ὅτου δέοι ἔμπειρον εἶναι ἑκάστου πράγματος τὸν ὀρθῶς πεπαιδευμένον（他还教导他们，受过正确教育的人应该多么熟悉每一个学科）。几何学研究参见4. 7. 2；天文学见4. 7. 4；算术见4. 7. 8；饮食学见4. 7. 9。

④ 柏拉图，《理想国篇》，第七卷，522c起。

⑤ 柏拉图，《法律篇》，第七卷，818a：ταῦτα δὲ σύμπαντα οὐχ ὡς ἀκριβείας ἐχόμενα δεῖ διαπονεῖν τοὺς πολλοὺς ἀλλά τινας ὀλίγους（不应由多数人，而应由少数人准确地研究全部这些）。

⑥ 参见本书第二卷，第297页起；特别是第298页起。

“政治学”导师。[①]只有这样才能理解他同城邦的冲突和对他的审判。对希腊人来说，吸引他注意力的“人类事务”总是以个体生活所依赖的社会整体福祉为最高。[②]在当时的雅典，一位教育中没有“政治”色彩的苏格拉底将找不到学生。他的巨大创新在于，他在人格，或者说在道德性格中寻找人的存在乃至集体生活的核心。但阿尔喀比亚德和克里提亚斯并非因此来到他的身边，并成为他的弟子。驱使他们的是在城邦中扮演领袖角色的野心，他们希望在他那里找到满足这种野心的方法。[③]人们因此而指责苏格拉底，但在色诺芬看来，这更应该是为他辩护的理由，因为他们后来在政治生活中对自己所学的使用与苏格拉底的意图背道而驰。[④]无论如何，当这些弟子更加了解苏格拉底这位伟人后（他用全部热情来寻求获得“善”），他们感到惊诧。[⑤]

那么，苏格拉底的政治教育是什么呢？我们既不能将其归结为柏拉图的《理想国篇》中提出的乌托邦，因为后者完全建立在柏拉图的理念学说之上，苏格拉底在自己的教育工作中也不可能自诩为当时唯一的真正政治家，就像柏拉图的《高尔吉亚篇》中那样，认为与他的努力相比，一切纯粹以外在权力为目标的职业政客的活动都是空洞的把戏。[⑥]这种感情过于洋溢的语调是柏拉图后来在反对导致苏格拉底被处死刑的整个政治发展时加入的。事实上，问题在于下面的矛盾，一方面苏格拉底本人不

① 这种基本观点贯穿了两位作者对苏格拉底的全部描绘。关于柏拉图，参见本书第517—518页。色诺芬的《回忆苏格拉底》1. 2. 17；2. 1. 17；4. 2. 11承认政治教育是苏格拉底的目标。即便是反对者也把苏格拉底教育的政治特征作为前提，他们试图证明阿尔喀比亚德和克里提亚斯是苏格拉底最早的弟子；参见色诺芬，《回忆苏格拉底》，1. 2. 47和1. 2。色诺芬没有反驳这些，而只是试图表明，苏格拉底对πολιτικά的理解与普通人有所不同。在三十僭主的统治下，正是苏格拉底教育的政治方面让统治者有了动机将“禁止教授话语之艺”（λόγων τέχνην μὴ διδάσκειν）的禁令扩大到苏格拉底身上，尽管他在形式上并不传授修辞学（色诺芬，《回忆苏格拉底》，1. 2. 31）。

② 将苏格拉底教授的“人类事务”（ἀνθρώπινα）与“政治事务”（πολιτικά）等同起来的主要段落是色诺芬《回忆苏格拉底》1. 1. 16。它表明了常常被我们作为“伦理”而划分出来的东西同政治有着不可分割的联系，柏拉图和亚里士多德也这样认为。

③ 色诺芬《回忆苏格拉底》1. 2. 16和47非常清楚地表达了这点。

④ 苏格拉底的政治教学活动的意图是让年轻人变得“善与美”；参见色诺芬，《回忆苏格拉底》，1. 1. 48。

⑤ 特别参见柏拉图《会饮篇》215e起阿尔喀比亚德的自白。

⑥ 柏拉图，《高尔吉亚篇》，521d。

参与政治生活，另一方面却按照自己所提出要求的精神对他人进行政治教育。[①]色诺芬让我们清楚地纵览了其政治对话的丰富主题。对于它们更深刻的意义，我们只能从柏拉图关于德性本质的苏格拉底对话中获得。色 615
诺芬表示，苏格拉底与弟子们就各种政治技术性问题展开过探讨：各种政制类型的区别，[②]政治机构和法律的确立，[③]政治家影响力的目标和最佳准备方式，[④]政治和谐的价值[⑤]以及将守法作为最高公民美德的理想。[⑥]除了管理国家，苏格拉底也和朋友们讨论个体家庭（Oikia）的管理。治邦术（Politik）与治家术（Ökonomik）在希腊人那里始终紧密相连。和智术师一样（这类话题也出现在他们的授课中），为了阐述政治知识或使其变得形象，苏格拉底多次从诗歌段落（特别是荷马的）出发。当时，人们把优秀的荷马教授者和学者称为“荷马赞美者”（Ὁμήρου ἐπαινέτης），因为他们的教育活动由对诗人某些名言的赞美组成。苏格拉底选择的自己特别赞赏的荷马段落导致他被人指责有反对民主的倾向。[⑦]我们已经提到他对民主的多数原则和抽签导致的政治选举过程机械化的批评。[⑧]不过，上述批评并非源于党派之见。最好的证明是《回忆苏格拉底》动人的开头：在昔日弟子克里提亚斯（现在是雅典最高权力的掌握者）的三十僭主暴力统治下，苏格拉底被传唤到政府所在地，克里提亚斯隐晦地用死亡威胁禁止他开展教育活动，虽然他的活动本身并不属于对教授修辞学的普遍禁令（被作为禁止他活动的依据）的范围。[⑨]但统治者们显然清楚，他对他们的胡作非为同样会直言不讳，就像之前对民众统治的弊端那样。

---

① 色诺芬，《回忆苏格拉底》，1. 6. 15（智术师安提丰对苏格拉底的指责）。

② 色诺芬，《回忆苏格拉底》，4. 6. 12。另参见1. 6. 16，除了关于“德性”的讨论——同样被理解为公民德性（πολιτικαὶ ἀρεταί）——苏格拉底对话的主要部分首先是下面这些问题：何为城邦？何为政治家？何为对人的统治？谁是正确的统治者？参见4. 2. 37：什么是人民？4. 6. 14：好公民的任务是什么？

③ 色诺芬，《回忆苏格拉底》，1. 2. 40起。

④ 色诺芬，《回忆苏格拉底》，4. 2. 11起；参见3. 9. 10。

⑤ 色诺芬，《回忆苏格拉底》，4. 4. 16起。

⑥ 色诺芬，《回忆苏格拉底》，4. 4. 14起。另参见《回忆苏格拉底》1. 2. 40起中阿尔喀比亚德和伯里克利关于法律和统治的对话；关于非成文法，见4. 4. 19。

⑦ 色诺芬，《回忆苏格拉底》，1. 2. 56起。

⑧ 参见本书第476页。

⑨ 色诺芬，《回忆苏格拉底》，1. 2. 31—38。

我们的主要见证者一致认同，苏格拉底很愿意谈论军事事务，只要它们属于政治-论题问题的范畴。诚然，我们不可能再一一确定，我们材料中的记述在多大程度上符合历史事实。但当柏拉图在《理想国篇》中让他对战争伦理和公民的战争教育做出详细规定时，这不可能与历史上的苏
616 格拉底绝对无关。[①]在柏拉图的《拉刻斯篇》(*Laches*)中，两位有名望的公民向他征求意见，是否要让他们的儿子接受最新格斗术的训练，而两位著名的雅典将军——尼喀亚斯和拉刻斯——很想听取他对这个问题的意见。不过，谈话很快提升到更高的层面，成为对勇敢本质的哲学探讨。在色诺芬那里，我们读到过一系列关于培养未来将军的对话。[②]政治教育学的这个部分对雅典尤为重要，因为那里没有官方的军事学校，而且在被选出担任将军的公民中，有一部分人非常欠缺准备。但当时出现了教授战术的私人老师，这显然是长期战争中产生的现象。苏格拉底对专业性的严格看法让他不会亲自教授自己并不真正了解的事物的技术理论。在这种情况下，我们多次看到他为投奔自己的求知者寻找正确的老师。他把一位学生送到刚刚来到雅典的狄俄尼索多洛斯(Dionysodor)那里，这是一位教授战争艺术的游方老师。[③]当然，他后来对其提出了严厉批评，因为他听说此人只传授战术准则，但不教如何使用它们。此外，此人虽然给出了布置较好和较差部队的规则，但没有说哪个部队较好，哪个较差。还有一次，为了表明什么是真正的领袖品德，苏格拉底提起了阿伽门农在荷马史诗中的固定尊号"人民的国王"。在这里，他同样驳斥了对将军之职的纯粹外在技术性理解。他问一位新近当选的骑兵军官是否有责任让军队的马匹更好，如果是的话，是否有责任让骑兵更好，如果是的话，是否又有责任让自己更好，因为骑兵最愿意追随最好的军官。[④]苏格拉底赋予将军们辩才的价值具有雅典的特色，这从修昔底德和色诺芬作品的将军讲话中可以得
617 到佐证。[⑤]通过对将军与优秀商界领袖和管理者的比较，两者的优点被归

① 在细节上，柏拉图在《理想国篇》中提出的这方面的建议自然是他的思想产物；参见本书第696页起。

② 参见色诺芬《回忆苏格拉底》，3.1—5。

③ 色诺芬，《回忆苏格拉底》，3.1.1起。

④ 色诺芬，《回忆苏格拉底》，3.3。

⑤ 色诺芬，《回忆苏格拉底》，3.3.11。

结为唯一的原则：优秀领袖的必要特质。[①]

与早年伯里克利的对话超越了一般性主题，在伯罗奔尼撒战争后期，苏格拉底把希望寄托在此人的能力上。[②]当时的雅典正在不可挽救地衰败，青年时代经历过波斯战争后蓬勃发展的苏格拉底把目光投回到已逝的光辉时代。他的回顾中出现了先辈古老德性（ἀρχαία ἀρετή）的理想画面，后来的修辞家伊索克拉底或德摩斯梯尼对其做了最为清晰和令人难忘的刻画。[③]这幅画面只是反映了我们读到的色诺芬后期作品中的历史哲学，还是说将堕落的当下与先辈战无不胜的力量所做的对比真的源于苏格拉底后期的思想？毫无疑问，色诺芬对历史状况的描绘带有创作《回忆苏格拉底》时形势的强烈色彩。对色诺芬来说，苏格拉底与早年伯里克利的全部对话都具有现实意义。但这并不能证明真实的苏格拉底对类似的思想感到陌生。柏拉图的《美涅克塞努篇》让苏格拉底在伊索克拉底提出关于往昔的理想化梦想之前很久就对先辈的教化表达了类似的赞美，他做了一段关于阵亡雅典战士的演说（自称是从阿斯帕西娅那里听来的），其中一部分使用了类似的思路。[④]面对绝望的悲观主义（对于伯里克利之子特别容易理解），苏格拉底向雅典人民精神中的“斯巴达元素”求助。[⑤]他不相信因为不和而遭受劫难的祖国患上了不治之症。他提到了雅典人在歌队、竞技较量和航海事务中自愿遵守的严格纪律，把战神山议事会仍然一直行使的权威视作未来的希望标志，即便纪律崩溃和无助的临时行动仍然主导着军队。一代人之后，恢复战神山议事会的权威地位将成为伊索克拉底遏制民主激进化方案的重点，而德摩斯梯尼的《反腓力第一辞》中再次把歌队的 618
纪律作为纪律涣散的军队的模板。[⑥]如果苏格拉底真的表达过同样或类似的建议与想法，那么反对愈演愈烈的政治堕落的那种思潮，其开端在一定

① 色诺芬，《回忆苏格拉底》，3. 4。关于优秀领袖的特质，另参见3. 2。

② 色诺芬，《回忆苏格拉底》，3. 5。

③ 色诺芬，《回忆苏格拉底》，3. 5，7和3. 5. 14。

④ 柏拉图，《美涅克塞努篇》，238b；参见239a和241c。

⑤ 色诺芬，《回忆苏格拉底》，3. 5. 14和15。

⑥ 关于战神山议事会，见色诺芬，《回忆苏格拉底》，3. 5，20。参见伊索克拉底的要求，即战神山议事会应该重新获得完全的教育权威（参见本书第三卷）。色诺芬《回忆苏格拉底》3. 5. 18把节日上的歌队作为秩序和纪律的模板。德摩斯梯尼《反腓力第一辞》35也赞美了酒神节和泛雅典娜节上及其筹备过程中的井然有序。

程度上可以上溯到苏格拉底的圈子。①

教育统治者的问题（在色诺芬的作品中占有非常显著的位置）是与后来的享乐主义哲学家——库瑞涅人阿里斯蒂波斯（Aristippos von Kyrene）的一段长篇对话的主题。②老师与弟子的思想矛盾（无疑从一开始就很明显）在对话中显得非常有趣。苏格拉底的基本假设是，任何教育都必然是政治的。它们必然会把人教育成统治者和被统治者。两种教育的差别从抚养上就开始了。想要被培养成统治者的人必须学会把履行紧迫的职责放在满足身体的需求之前。他必须成为饥渴的主人。他必须习惯于晚睡早起，只睡很少的时间。他不能害怕工作。不能被感官魅力的诱饵吸引。他必须能经受酷热和严寒。对他来说，露天宿营没什么关系。做不到这一切的人就会属于被统治者阶层。苏格拉底用希腊语的Askese（锻炼）一词称呼这种节欲和自我控制的教育。③我们再次看到，"关心灵魂"的概念这一源于古老希腊的教育思想后来如何与源于东方的宗教内容融为一体，对后世的教育产生了巨大的影响。苏格拉底的"锻炼"并非僧侣的，而是统治者的美德。它当然不适用于阿里斯蒂波斯，后者不愿成为统治者或奴隶，而是想做个自由人，其唯一的愿望是过上尽可能舒适的生活。④他没有在任何形式的城邦中，而是只在一切城邦公民生活之外，在无须承担义务的永久异乡人和侨民（Metöken）存在中找到了这种自由的
619 可能性。⑤与这种狡黠的新式个人主义相反，苏格拉底代表了本土的经典公民，把培养建立在自愿"锻炼"基础上的统治者角色视作自己的任务和荣幸。⑥因为神明不会在没有辛劳和认真努力的情况下给予凡人真正的善。作为对教化的这种理解的神话例证，苏格拉底以品达的方式给出了一个关

① 色诺芬似乎是从苏格拉底那里获得了这种批评的雏形，但按照自己的意思对其做了改造。关于同伯里克利的对话中的某些段落（属于第二次雅典海上同盟的后期），以及《回忆苏格拉底》的现实教育倾向，参见本书第939页。

② 色诺芬，《回忆苏格拉底》，2.1。

③ 色诺芬，《回忆苏格拉底》，2.1.6。

④ 色诺芬，《回忆苏格拉底》，2.1.8和11。

⑤ 色诺芬，《回忆苏格拉底》，2.1.13。

⑥ 色诺芬，《回忆苏格拉底》，2.1.17：οἱ εἰς τὴν βασιλικὴν τέχνην παιδευόμενοι, ἣν δοκεῖς μοι σὺ νομίζειν εὐδαιμονίαν εἶναι [那些受过君王之道教育的人，你（苏格拉底）似乎认为是幸福的]。在与欧绪德谟的对话4.2.11中，"君王之道"似乎也被作为苏格拉底教育的目标。

于赫拉克勒斯接受德性女神教育的故事，也就是智术师普罗迪科斯讲述的著名寓言“岔路上的赫拉克勒斯”。[1]

“自制”的概念通过苏格拉底而成为我们伦理文化的核心思想。它已经把合乎道德的活动视作源自个体内心的东西，而非只是服从外在的法律，就像正义性这一关键概念所要求的。不过，由于希腊人的伦理思想从集体生活和统治的政治概念出发，因此它对内心过程的理解是通过把秩序井然的城邦图景移植到人的灵魂上。只有考虑到法律的外在权威在智术师时代的解体，我们才能明白将政治理想移植到内心的真正意义。这种解体让内心的法则获得了突破。[2]当苏格拉底把目光投向道德问题的性质时，阿提卡的希腊语中出现了ἐγκράτεια这个新词。它表示道德上的自我控制、节制和坚定。由于它同时出现在苏格拉底的弟子色诺芬和柏拉图的作品中，并被经常使用，而深受苏格拉底弟子影响的伊索克拉底偶尔也会用到它，因此毋庸置疑的结论是，这个新概念源于苏格拉底的伦理思想。[3]它衍生自形容词ἐγκρατής，后者表示某人对某物拥有控制或使用权。由于名词形式只表示道德上的自我控制，而且直到当时才出现，显然它是专为这种思想而创造的，并且此前从未作为纯粹的司法概念存在。ἐγκράτεια并非特别的德性，而是“一切德性的基础”，就像色诺芬所说的那样，[4]因为 620
它意味着理智从人类动物天性的暴政下被解放，以及精神对本能的合法统

① 这是普罗迪科斯的以书籍形式（σύγγραμμα）发表的一篇关于赫拉克勒斯的劝诫演说，那位神话英雄在演说中被说成是对美德之追求的化身。赫拉克勒斯受美德女神教育（Ἡρακλέους παίδευσις）的寓意故事是英雄变得伟大之路上的重要一站；参见色诺芬《回忆苏格拉底》2. 1. 21起。关于普罗迪科斯作品的标题和风格形式，参见色诺芬，《回忆苏格拉底》，2. 1. 34。尽管这个寓意故事的思想是道德化和理性枯燥的，但仍然可以看到对赫拉克勒斯神话本质的理解；参见Wilamowitz, *Euripides' Herakles* Bd. I S.101。Wilamowitz将这位英雄的教育故事与同时代希罗多洛斯（Herodoros）写的赫拉克勒斯小说做了比较。

② 关于法律权威的解体，参见本书第二卷，第326页起。第332—333页提到了德谟克利特伦理学中的一个现象，与苏格拉底转向内心的做法类似：旧有的社会意义上的αἰδώς表示在别人面前的羞耻，德谟克利特用人在自己面前的羞耻（αἰδεῖσθαι ἑαυτόν）取而代之，这一概念创造对于伦理仪式的发展具有重要意义。

③ 参见F. W. Sturz, *Lexicon Xenophonteum* Vol. II S. 14和F. Ast, *Lexicon Platonicum* Vol. I S. 590。在伊索克拉底《尼科克勒斯》44（*Nicoles, or the Cyprians*，参见39）中，自制的理想是苏格拉底式的，由统治者之口说出。Enkratie的概念在亚里士多德那里扮演着非常重要的角色。

④ 色诺芬，《回忆苏格拉底》，1. 5. 4。

治的稳固。[①]由于苏格拉底弟子把精神方面视作人的真正自我，我们可以通过源自它的“自制”一词来表示ἐγκράτεια，并不会增加别的意思。它其实已经包含了柏拉图《理想国篇》的萌芽和作为作品基础的纯粹内在的“正义性”概念，即正义性是人与自身内在法则的相合。[②]

在苏格拉底的人类内在自我控制的原则中包含了一种新的自由概念。值得注意的是，自由理想从法国大革命后的新时代开始拥有无与伦比的地位，但在希腊的古典时代并未扮演过类似的角色，尽管当时对自由思想本身并不陌生。希腊民主首先致力的是城邦公民和法律意义上的平等（τὸ ἴσον）。自由在描述这种要求时是个多义词。它既能表示个体的独立性，也能表示整个城邦或民族的独立性。人们有时会说自由的政制，或者称这些城邦的公民为自由的，但想要表达的是那些人并非奴隶。因为“自由”一词（ἐλεύθερος）首先始终是“奴隶”（δοῦλος）的反义词。它不像近代自由概念那样具有无所不包和无法界定的伦理和形而上学内容，滋养和渗入了19世纪的全部文化、诗歌和哲学。[③]近代自由思想的源头是自然法权式的。它处处致力于废除奴隶制。古典时代意义上的希腊自由概念则是一个实证的国家法概念。它建立在作为固定制度的奴隶制这一前提之上，奴隶制也是人口中的公民部分享有自由的基础。由此衍生出的ἐλευθέριος（高尚）一词表示与自由公民相称的行为，无论是慷慨解囊抑或说话坦诚
621（奴隶不符合这些），或者生活方式非常得体。“高尚的”技艺属于“高尚的”教育；它们同时也是自由公民的教化，与非自由人和奴隶的缺乏教养和鄙俗相反。

苏格拉底第一个将自由变成了伦理问题，该问题后来在苏格拉底学派中得到了不同程度的发展。当然，问题并没有变成对城邦中的自由人和奴隶之社会划分的颠覆性批判。这种划分基本上没有受到影响，只是失去了更深刻的价值，因为苏格拉底将这一矛盾转移到道德的内在性领域。前文描绘了作为理智对本能之控制的自制概念的发展，与之相对应，现在

① 色诺芬，《回忆苏格拉底》，1. 5. 5—6。

② 参见本书第654—655页。

③ 参见Benedetto Croce, *Geschichte Europas im neunzehnten Jahrhundert* (autorisierte deutsche Ausgabe Zürich 1935) I. Kapitel: Die Religion der Freiheit。

又出现了内在自由的新概念。[1]它表示作为自身欲望之奴隶的人所面对的矛盾。[2]对于政治上的自由理念而言，上述观点的重要性仅仅在于它包含了这样的可能性，即自由的公民或统治者在苏格拉底的意义上却可能是奴隶。但由此得出的结论只能是，这些人并非真正的自由人和真正的统治者。有趣的是，这里采取近代哲学用法的"自主"概念在希腊政治思想中具有如此重大的意义，它表达了城邦独立于其他国家的势力，但没有被移植到道德领域，就像上面阐述的那些概念一样。苏格拉底看重的显然并非纯粹独立于任何存在于个体之外的规则，而是人们对自身控制的有效性。因此，苏格拉底意义上的道德自主首先表示人独立于自身本性中的动物部分。它并不与更高宇宙法则的存在相矛盾，人类自我控制的道德现象是法则的一部分。与这种道德现象联系在一起的是苏格拉底的自给自足和朴素。它们首先在色诺芬那里发挥了重要作用，他可能受到安提斯忒内斯作 622
品的影响。[3]在柏拉图那里，这一点不那么明显，但它的历史真实性没有疑问。它在后苏格拉底伦理学中沿着犬儒主义的方向得到了进一步发展，成为真正哲学家的标志，但在柏拉图和亚里士多德对哲学家幸福的描绘中也能看到它。[4]在智者的自给自足中，希腊神话里古老英雄文化的一个基本特征在精神层面上复活了，希腊人认为它首先体现在赫拉克勒斯的斗士形象和他的功绩（πόνοι）中。作为这种理想的英雄原型，"能够自助"建

---

① 关于这种理想在从苏格拉底派以降的希腊哲学中的发展，参见Heinrich Gomperz, *Die Lebensauffassung der griechischen Philosophen und das Ideal der inneren Freiheit* (Jena 1904)。Gomperz从这种观点出发看待希腊哲学伦理的整个发展，由此揭示了内在自由思想的重要历史意义，同时对理解苏格拉底做出了根本性的贡献。但从这种观点出发无法让我们完整地理解苏格拉底，我们无法根据这种观点理解柏拉图对苏格拉底问题所做的逻辑-科学发展；其次，按照这种观点，犬儒派、昔兰尼派和斯多葛派的伦理学将成为希腊哲学史的真正顶峰。在他的书中Gomperz比Maier更早提出了关于理解苏格拉底的一些基本观点，后者在其著作的最后一章中对哲学历史观点做了完全类似的修正。他同样认为，苏格拉底是道德自由的先知。

② 参见色诺芬，《回忆苏格拉底》，1. 5. 5—6；4. 5. 2—5。一边是自由和自由之人的新概念，一边是苏格拉底关于自制（Enkratie）的概念，在这两个段落中都可以清楚地看到两者的关系。

③ 色诺芬的作品中没有出现名词Autarkeia。形容词autark在《居鲁士的教育》中出现一处，在《回忆苏格拉底》中出现四处，但只有在色诺芬《回忆苏格拉底》1. 2. 14中具有哲学上的"自给自足"的意思。不过，在那里恰恰它被用在苏格拉底身上。

④ 在《蒂迈欧篇》68e（参见34b），柏拉图表示Autarke是宇宙完美性和神圣性的一部分，在《菲利布篇》67a，他又称其为善的基本属性。亚里士多德同样认为，自给自足和完美是同义概念。关于智者的自给自足，参见《尼各马可伦理学》，10. 7. 1177a27—b1。关于犬儒派和昔兰尼派对苏格拉底的自给自足的发展，参见Zeller, Phil. d. Griech. II I5 S. 316；H. Gomperz a. O. S. 112ff.。

立在英雄在与各种敌对的暴力、鬼怪和巨兽的搏斗中战而胜之的力量之上。[1]现在，这种力量变成了内在的。只有当人的愿望和努力局限于自己力所能及的范围时，这种力量才可能实现。只有征服了自己胸中的本能这头野兽的智者才是真正自给自足的。他最接近没有需求的神明。

在与智术师安提丰的对话中，苏格拉底非常坚定地表达了这种“犬儒主义”理想。安提丰试图让他的弟子背叛他，嘲讽地向他们指出他们老师清贫的经济状况。[2]不过，苏格拉底的自给自足思想似乎还没有在个人主义的意义上发展到顶峰，就像犬儒主义者们后来所做的。他的自给自足完全没有转向不问政治和自我隔离，强调对一切外在事物的漠不关心。苏格拉底仍然完全扎根于城邦。因此，他同时把一切形式的人类集体归于政治概念之下。他把人放到家庭生活以及他们亲朋好友的圈子里。这些是人类集体生活范围较小的天然集体形式，我们的存在离不开它们。于是，他把和谐理想从其首先被提出的政治生活领域扩展到家庭，以手、足和其他人体部分等身体器官为例（它们都无法独立存在）指出了合作在家庭和城
623 邦中的必要性。[3]另一方面，他的教学被指责削弱了家庭的权威，这显示了旧式风格的家庭生活在他对年轻人的影响之下可能遭受的危机。[4]他追寻着人类行为的坚实道德尺度，在一个全部传统都遭到动摇的时代，即使不断强调父母的权威也无法取代这种尺度。他的对话中批判了流行的偏见。在他面前是大批的父亲，希望从苏格拉底那里得到教育孩子的建议。从他与自己成长中的儿子兰普罗克勒斯（Lamprokles）的对话中可以看到［后者不愿顺从脾气不好的母亲克桑蒂佩（Xanthippe）］，苏格拉底完全不赞成做出过于草率的判断，或者因为父母的性格乃至明显的缺点而表现出不敬的厌烦。[5]对无法与兄弟凯勒丰（Chairephon）和平共处的凯勒克拉

---

① 参见 Wilamowitz, *Euripides' Herakles* Bd. I^{2} S. 41ff. 和 102 的注释。

② 色诺芬《回忆苏格拉底》1. 6. 10 中苏格拉底关于神性自给自足的表述。欧里庇得斯的《赫拉克勒斯》1345 所表达的思想显然源于对最早出现在色诺芬尼那里的人形神明想象（参见本书第 182 页起）的哲学批判。色诺芬这段话的幽默之处在于，对谈者安提丰批评了苏格拉底的自给自足，但他用几乎如出一辙的话称赞了神性的自给自足；参见残篇 10（Diels）。

③ 关于作为政治理想的“和谐”（ἁμόνοια），见色诺芬，《回忆苏格拉底》，4. 4. 16，另参见 3. 5. 16。家庭成员的合作见 2. 3。有机体各个部分合作的例子见 2. 3. 18 起。

④ 色诺芬，《回忆苏格拉底》，1. 2. 49。

⑤ 色诺芬，《回忆苏格拉底》，2. 2。

提斯（Chairekrates），他解释说，兄弟关系是一种友谊，天性让我们建立这种友谊，从动物身上也能看到这点。[①]为了让它变得对我们有价值，我们需要某种知识和理解，就像我们必须理解自己拥有的马。这种知识既不新奇也不复杂：想要得到他人的善待，自己必须首先善待他人。抢先一步的基本原则不仅适用于敌人和战斗，也适用于友谊。[②]

在这里，我们需要更深入地研究苏格拉底对友谊的观点。他的观点并非纯粹的理论，而是扎根于苏格拉底的生活方式。哲学与精神追求在其中同与人友好地打交道联系在一起。我们的材料一致强调这个事实，它们让苏格拉底表达了大量关于人际关系的深刻新思想。在柏拉图那里，苏格拉底的友谊（Philia）概念在《吕西斯篇》《会饮篇》和《斐德若篇》中被提升为形而上学。后文将会评价这种思考，我们在这里先将其与色诺芬的图景进行比较，这个问题在后者那里占据了同样重要的位置。

好朋友是一项财富，对各种生活处境都具有最高的价值。但朋友的 624
价值就像奴隶的价格那样多变。明白这一点的人很可能会自问他对朋友们有多少价值，并试图尽可能提高对他们的价值。[③]对友谊重新估价是大战时期的典型现象。友谊不断升值，从苏格拉底开始的哲学学校中还出现了一批关于友谊的作品。早前的诗歌中已经可以找到对友谊的赞美。在荷马史诗中，友谊是战友之情，而在忒奥格尼斯那里，友谊被视作应对公共生活的危险和国家剧变时期的屏障和堡垒。[④]这些方面在苏格拉底那里同样被强调。他建议克里同去寻找一位能像狗一样围绕在他身边和保护他的朋友。[⑤]愈演愈烈的政治分歧和告密导致社会和所有人际关系（甚至是家庭）分崩离析，孤独者的不安全感变得无法忍受。但把苏格拉底变成新的友谊艺术大师的是这样的认识，即一切真正友谊的基础并非对彼此的外在用处，而是人的内在价值。诚然，经验表明，即使在好人和志向高远的人之间也常常看不到友谊和亲善，而是比在最底下的生物之间更激烈的矛

① 色诺芬，《回忆苏格拉底》，2. 3. 4。
② 色诺芬，《回忆苏格拉底》，2. 3. 14。
③ 色诺芬，《回忆苏格拉底》，2. 5。
④ 参见本书第一卷，第205—212页。
⑤ 色诺芬，《回忆苏格拉底》，2. 9. 2。

盾。[①]这种经历特别让人失望。人类天生具备友谊和敌对的情感。他们彼此依赖，需要相互协作；他们能够产生同情，知道行善和感激。但他们也追求同样的东西，并为此发生争执，无论那东西是高贵的抑或只是带来快乐；意见分歧导致关系破裂；争执和愤怒引发战争；对更大财富的欲求招致敌意；嫉妒带来憎恶。不过，友谊穿越了上述一切障碍，将更好的人联系在一起，让他们把内在的财富看得比金钱和声望的增加更重要，毫不嫉
625 妒地把自己的财富和服务提供给朋友使用，并乐于共享朋友的财富和服务。对于追求远大的政治目标、在家乡城市的荣耀或出色成绩的人来说，为什么要为了这些而阻止自己结交另一个志向相投的人，并把他变成敌人呢？

友谊始于自身人格的完善。但这需要“情人”（Erotiker）的能力（苏格拉底反讽地欣然承认自己具备它），“情人”需要他人并寻找着他们，这类人天生具有让自己喜欢的人自动对自己倾心的能力，并将其发展成技艺。[②]他们不同于荷马史诗中的斯库拉，后者直接伸手抓人，因此所有人在离它很远的地方就逃开了。他们像是塞壬，用有魔力的歌声把人从远处吸引来。苏格拉底用自己的友谊天赋为朋友们服务，如果他们需要通过他的斡旋来赢得友谊。在他看来，友谊不仅是政治合作不可或缺的黏合剂，还是人与人之间一切有效联系的真正形式。因此，他不像智术师那样称呼自己的弟子，而是称他们为朋友。[③]后来，这种表达甚至从苏格拉底的圈子移植到阿卡德米和吕克昂的哲学学校的语汇中，在“被登记的朋友”这样意义几乎僵化的表述中继续存在。[④]但对苏格拉底来说，它具有完全的意义。弟子们总是作为完整的人站在他眼前，对他来说，让年轻人变得更好（智术师表示自己胜任这项工作，但他鄙夷所有此类的自我标榜）是他

① 下文参见色诺芬，《回忆苏格拉底》，2.6.17。

② 色诺芬，《回忆苏格拉底》，2.6.28。

③ 苏格拉底不谈自己的“弟子”，也拒绝成为（某人的）“老师”：柏拉图，《申辩篇》，33a。他只是与人进行“交流”（συνουσία，οἱ συνόντες），无论他们是什么年龄，与他们“交谈”（διαλέγεσθαι）。因此他不像智术师那样收钱：《申辩篇》，33b；关于他的贫穷，参见23c。

④ 这种表达出现在忒奥弗拉斯托斯的遗嘱中，见第欧根尼·拉尔修，5.52：ὁι γεγραμμένοι φίλοι（被登记的朋友）。与之类似，在后苏格拉底时代，表示交流（συνουσία，διατριβή）、交谈（διαλέγεσθαι）和休闲（σκολή）的词被固定为了学院术语。它们被用来表示职业的教育活动，与苏格拉底所希望的背道而驰。智术师的教育手法战胜了苏格拉底的教育思想所基于的精神和人格。

与人们所有友好交往真正的更深刻意义。

一个最大的悖论是，这位最伟大的教育者不愿把自己的活动称为教化，尽管所有人都在其中看到了教化最完美的体现。诚然，这个词无法一直回避，柏拉图和色诺芬在描绘苏格拉底的努力和刻画他的“哲学”时不断大量地使用它。但苏格拉底觉得这个词带有太多当时的“教育学”实践和理论色彩。[①]它不是要求太多，就是说得太少。因此，当苏格拉底被指 626
控腐化年轻人时，他解释说，自己从未声称想要教育他人。[②]他指的是智术师的专业授课这类技术性活动。苏格拉底不是“老师”，但他不断“追寻着”真正的老师，虽然从未找到。他发现的一直是某个领域的能干专家，他可以因其专长而推荐他们。[③]但他没能找到真正意义上的老师。老师是一种罕见的鸟。诚然，世人都声称参与了伟大的教化工作，包括诗歌、科学、艺术、法律、国家、智术师、修辞家和哲学家，甚至每一位致力于让法律和秩序在城邦内得到遵守的诚实雅典公民也自诩为让年轻人变得更好出了一份力。[④]苏格拉底不相信自己理解这种艺术。让他感到惊讶的是，只有他在腐化人们。他用一种新的教化概念衡量了别人的宏大主张，这种概念让他对那些主张的合理性产生怀疑，但他还是觉得，他本人也没能达到它的理想。于是，这种真正的苏格拉底式反讽中显示了对真正的教育任务及其巨大难度的意识，而其他人都没有认识到这些。

苏格拉底对自身教育活动的问题持反讽态度，这解释了一个表面上的矛盾，即他同时肯定了教化的必要性，但否定他人为教化所做的最诚挚努力。[⑤]他的教育爱欲（Eros）首先投向天赋出众者，他们适合最高的精神和道德教化，即德性。他们出色的理解力、优秀的记忆力和求知欲呼唤着教化。苏格拉底坚信，只有他们能让自己达到最高境界（如果他们获得了

① 对他来说，当时教化的典型代表是高尔吉亚、普罗迪科斯和希庇阿斯：柏拉图，《申辩篇》，19e。

② 柏拉图，《申辩篇》，19d—e：οὐδέ γε εἴ τινος ἀκηκόατε ὡς ἐγὼ παιδεύειν ἐπιχειρῶ ἀνθρώπους..., οὐδὲ τοῦτο ἀληθές（如果你们听说我试图教育人们……，那也是无有其事）。

③ 色诺芬，《回忆苏格拉底》，4. 7. 1；3. 1. 1—3。

④ 柏拉图，《申辩篇》，25a；《美诺篇》，92e。

⑤ 参见柏拉图，《申辩篇》，19c。在这段话中，他表示如果有人真能“教育人们”，那也是好事。但当他又补充说“像高尔吉亚、普罗迪科斯和希庇阿斯一样”时，就成了苏格拉底式的反讽，正如后文的描绘所证明的。

正确的教育），同时造福他人。[①]对于那些仰仗天赋而对知识不敬的人，他解释说，正是他们最需要培养，就像最优秀的马和狗不仅天生具有最好的
627 血统和性情，而且从小就被驯服和接受严格的训练。如果不被驯服和不加训练，它们会变得比其他同类更糟。有天赋者更需要理智和批判性的判断力，如果他们想要取得与自身才能相匹配的成就。[②]对于相信自己可以轻视教化的有钱人，苏格拉底让他们看到，没有判断力地使用财富和将其用于不良目的是无益的。[③]

他同样犀利地指责了因教化而自负的人，他们对自己的书面知识和思想兴趣感到骄傲，自觉凌驾于同辈之上，并确信自己能在未来的公共生活中取得最大的成功。自命不凡的年轻人欧绪德谟是这类人中一个还算可爱的代表。[④]苏格拉底对其普通教育的批评从最大的弱点切入：如果人们罗列这个年轻人书面兴趣的不同分支，那么虽然他的图书馆中可以找到从诗歌到医学、数学和建筑的各种技艺与专业的代表，但还是有一个缺口，那就是缺少政治美德的指南。对一位年轻的雅典人来说，政治美德是一切普通精神教育的天然目标。它是唯一能够通过自学掌握的技艺吗（而在医学中，自学者会被称为江湖郎中）？[⑤]在治国技艺中，人们能够仅仅依靠证明自己一无所知，而非通过证明师承和自己此前的研究来赢得所有人的信任吗？苏格拉底让欧绪德谟相信，他所着眼的这个职业是帝王之艺，[⑥]只有正义的人才能在其中获得成功。就像那些疏忽了自身教育的人被鼓励为自己做些什么，这个自以为拥有教化的人也被证明自己缺乏基本的东西。欧绪德谟接受了一番对正义性和不正义性本质的追问，这让他意识到自己对两方面都不理解。一条不同于书面学习的“政治美德”道路出现了，它始于对自身无知的认识和自知，即明白自己的力量。

628 我们的材料明白无误地表明，这条道路是苏格拉底的，而他的教育

① 色诺芬，《回忆苏格拉底》，4.1.2。
② 色诺芬，《回忆苏格拉底》，4.1.3—4。
③ 色诺芬，《回忆苏格拉底》，4.1.5。
④ 色诺芬，《回忆苏格拉底》，4.2。
⑤ 色诺芬，《回忆苏格拉底》，4.2.4。
⑥ 色诺芬，《回忆苏格拉底》，4.2.11（参见2.1.17）。

热情所致力的目标正是这种政治美德。在这点上，我们的见证者们完全意见一致。柏拉图的早期苏格拉底对话最清楚地呈现了政治美德的含义。虽然按照亚里士多德的做法，人们大多把这些对话称为“伦理性”的，[1]但这种表达很容易令现代人产生误解，因为我们不再把伦理性内容看成集体存在的一部分和表达（在亚里士多德的时代仍然不言自明[2]），而是常常将它与政治的分离视作根本性的。个人内心领域同公共领域的这种分离不仅是现代哲学的抽象，而且深深扎根于我们体内。这源于几百年来近代基督教世界的双重传统，它一方面认可福音书对个人道德生活的严格要求，另一方面又用其他“自然”标准来衡量国家及其行为。于是，不仅在希腊城邦生活中曾经统一的东西分裂了，而且伦理和政治的概念本身也改变了含义。受到上述事实影响最大的是对希腊状况的正确理解，因为这导致当提到苏格拉底所说的美德是政治性的时候，我们同样会产生误解。当我们用苏格拉底或亚里士多德意义上的“政治性的”称呼希腊人的整个生活及其道德性时，我们想要表达的意思与今天的政治和国家等技术化概念截然不同。只需简单地考虑两者的含义差别就能明白这点，一边是听上去抽象的现代国家（Staat）概念，源于晚期拉丁语的status，一边是具象的希腊语单词polis，充满生气的整个人类集体存在以及包含在其中的个体存在的有机结构通过它形象地呈现在我们眼前。因此，在这种古老的意义上，柏拉图关于虔敬、正义、勇敢和审慎的对话成了对政治美德本质的探究。就像我们在之前所证明的，这四种典型的所谓柏拉图基本美德暗示自己的 629
根源是古老希腊城邦的公民理想，因为我们在埃斯库罗斯的作品中已经看到这些公民美德被提及。[3]

柏拉图的对话显示了苏格拉底活动中一个在色诺芬那里几乎完全被鼓励和劝诫掩盖的方面：反驳和质询式对话（Elenchos）。但就像柏拉图描绘的苏格拉底讲话典型形式的特征（见本书第482—483页）所显示的，这是对劝诫讲话的必要补充，因为它为后者的作用翻松了土壤，让被诘问

① 亚里士多德，《形而上学》，1. 6. 987b1。

② 参见亚里士多德，《尼各马可伦理学》，1. 1. 1094a 27和10. 10，特别是结尾。

③ 参见本书第一卷，第114页注释⑤。

者意识到自己的知识只是错觉。

质询式对话完全以不断尝试把握某个普遍概念为形式，这些概念建立在道德价值的某种语言名称之上，诸如勇敢或正义。“什么是勇敢？”这种提问形式似乎表明，它的目标是定义。亚里士多德明确把对概念的定义称为苏格拉底的成就，[1]色诺芬也这么做。[2]如果是这样，现有的画面中将加入一项重要的新内容：苏格拉底成了逻辑的创造者。一种古老的观点以上述事实为基础，即苏格拉底是概念哲学的奠基者。近来，海因里希·迈尔对亚里士多德和色诺芬证言的价值提出挑战，他相信自己可以证明，这只是从柏拉图的对话中得出的结论，描绘了柏拉图本人的学说。[3]他认为，柏拉图把在苏格拉底那里找到的一种新的知识概念的萌芽发展成了逻辑和概念；苏格拉底只是劝诫者，是道德自治的先知。不过，这种解释面临的困难与相反的观点（即苏格拉底已经代表了理念学说）一样巨大。[4]无法证明亚里士多德和色诺芬的证词出自柏拉图对话，而且不太可能。[5]我们的传统一致表明，苏格拉底在辩证法中，即问答形式的交谈艺术中是不
630 可战胜的大师，虽然色诺芬把这个方面放到劝诫之后。这种确立概念的尝试有何意义与目的本身就是一个问题，但这一事实本身并无疑问。必须承认，我们无法理解为何传统上苏格拉底被视作纯粹的概念哲学家，而他的弟子安提斯忒内斯却转向纯粹的伦理学和劝诫。但反过来，如果我们把苏格拉底局限于“道德意志的福音”，柏拉图理念学说的产生以及柏拉图本人将其与苏格拉底“哲学活动”密切联系起来的做法将变得无法解释。上述困境只有一条出路：我们必须承认，苏格拉底处理伦理问题的形式并非纯粹的预言和在道德上唤醒人们的布道。相反，他对“关心灵魂”的劝诫指向通过逻各斯的力量来抓住道德性本质的努力。

① 亚里士多德，《形而上学》，1. 6. 987b1；13. 3. 1078b18和b27。

② 色诺芬，《回忆苏格拉底》，4. 6. 1。

③ H. Maier, *Socrates* S. 98ff. 认为，亚里士多德关于苏格拉底是普遍概念的发现者并试图对其定义的这种说法源于色诺芬《回忆苏格拉底》4. 6. 1。他相信，色诺芬的观点借鉴自柏拉图晚期的辩证法对话《斐德若篇》《智术师篇》和《政治家篇》（参见该书第271页）。

④ 这是J. Burnet和A. Taylor的观点；参见本书第472页，注释①。

⑤ H. Maier在其著作的讨论中对其来源提出了假设，并由此否定了苏格拉底哲学思考的逻辑方面。我对此的批判参见*Deutsche Literaturzeitung* 1915, S.333－340和381－389。

苏格拉底对话的动机是这样的意愿，即和其他人一起对某个让所有参与者都感兴趣的对象（也就是生命的最高价值）达成各方面都认可的一致意见。为了实现这样的结果，苏格拉底总是从交谈者或普通人所承认的东西出发。这些东西被用作“基础”或假设；然后，从它们得出的结论将接受我们意识中的其他可靠事实的检验。因此，辩证法思维的一个本质要素是发现我们在以某些观点为根据时所陷入的矛盾。它迫使我们重新检验被视为真实的基础看法的正确性，如果可能的话对其进行修正或放弃。它的目标是把个别价值现象还原为一个最高的普遍价值。但苏格拉底的探究并非从追问“善本身”出发，而是从任一个别美德开始，就像语言中通过特别的道德特征词所描绘的，比如我们所说的勇敢或正义。因此，《拉刻 631
斯篇》对弄清什么是勇敢做了大量尝试，但这些观点被一一放弃，因为它们对勇敢本质的理解过于狭隘或宽泛。在色诺芬的《回忆苏格拉底》中，与欧绪德谟关于美德的对话如出一辙。[①]因此，这里真正反映了历史上的苏格拉底的“方法”（Methode）。虽然这个词不足以表达该过程的道德意义，但它源于苏格拉底，并正确地刻画了这位提问大师将提问变成艺术的自然行为。它似乎特别容易与当时同样发展成艺术的辩论术相混淆，那是一项非常危险的文化成就。苏格拉底的对话中也不乏辩论术的段落，让人想起那种“争吵术”中的陷阱。我们不能低估苏格拉底的辩证法中对争吵的纯粹兴趣。柏拉图如实重现了这点，而同时代的置身事外者或竞争者（如伊索克拉底）直接把苏格拉底的弟子们称为职业争吵者，并不让人意外。[②]由此可见，这个方面对其他人来说多么突出。不过，在柏拉图的苏格拉底对话中，尽管新的思想竞技意义上的幽默和对苏格拉底战无不胜之攻击的运动热情支配着讨论，但我们还是可以看到深刻的严肃性，以及对关键问题的全力投入。

苏格拉底对话不会对伦理问题使用任何逻辑定义的技艺，它们只是通向正确行动的道路，是逻各斯的“方法”。柏拉图的苏格拉底对话的结论都没有对所探究的道德概念真正给出定义，人们长久以来甚至认为，这

① 色诺芬，《回忆苏格拉底》，4.6。

② 参见本书第三卷。

些对话全都“无果”而终。但事实上存在结论，如果把多篇对话的进程相互比较并且能抓住它们的典型特点，我们就能看到。“界定”个别美德之本质的所有尝试最终得出这样的认识，即它们必然是某种知识。苏格拉底
632 最关心的不是他所看到的个别美德间的区别，或者说对它们的定义，而是它们与其他美德的共同点，或者说“美德本身”。需要在知识中寻找美德本身的预期或假设从一开始就以默认的方式萦绕着探究活动，因为如果提问者不希望借此在实践中更接近善之需求的目标，那么为了解决伦理问题所花费的这些理智的力量又是为了什么呢？诚然，苏格拉底的这种信念恰好与所有时代的流行观点相矛盾。后者认为，问题在于尽管人们有更好的判断，却常常做出糟糕的决定。[①]这一般被称为道德弱点。[②]苏格拉底的论证越是看上去急于表明德性归根到底必然是一种知识，他的辩证式探究越是为这种丰厚奖赏的期待所激励，这条道路在心存怀疑的人看来就越显得矛盾。

我们在这篇对话中见证了希腊人对知识的欲望和信仰被提升到最高水平。当精神凭借自己塑造秩序的力量征服了外部世界并照亮了其结构后，它又进行了更大的冒险，试图把乱了套的人类生活置于理性的统治之下。在亚里士多德的回顾中——他仍然大胆地相信精神的建构或者说“建筑学”力量——苏格拉底关于美德是一种知识的表述已经被视作思想上的夸大。相反，他试图在其面前正确地展示欲望的意义和为了道德教育而驯服欲望。[③]但苏格拉底的表述完全不是为了宣示某种心理学认识。在他的悖论中寻找我们察觉到的有用萌芽的人很容易发现，他否定人们此前所谓的知识，觉得它们在道德上没有效力。苏格拉底在一切个别的所谓人类美德的基础上发现了善的知识，它并非某种理解程序，而是对人类内心
633 存在的有意识表达，就像柏拉图正确看到的。它植根于灵魂深处，在那里被知识渗透和拥有被认知的对象不再相互分离，而是本质上成为一件事。

① 柏拉图的《普洛塔哥拉篇》355a—b做了贴切的表述。

② 希腊语中称之为ἡττᾶσθαι τῶν ἡδονῶν（服从于快乐）：柏拉图，《普洛塔哥拉篇》，352e。在《普洛塔哥拉篇》353c，苏格拉底注意的正是这点，即这种弱点的本质是什么的问题。

③ 参见亚里士多德，《尼各马可伦理学》，6. 13. 1144b17起。“真正的美德”首先与快乐和痛苦有关：2. 2. 1104b8。

柏拉图哲学试图达到苏格拉底知识概念的这个新的深度，对其加以充分利用。[1]当人们通过自己的经验证明善的知识和行为不是一回事时，苏格拉底并不认为这反驳了自己关于美德知识的表述。上述经验只是表明，真正的知识很少见。苏格拉底并不标榜自己拥有这种知识。但通过证明那些相信自己拥有知识的人其实一无所知，他为一种新的知识概念开辟了道路，这种概念符合他的假设，是人类真正最深刻的本质力量。苏格拉底把这种知识的存在视作真理，对其无条件地肯定，因为只要根据他的前提进行检验，人们就会发现它是一切伦理思想和行为的基础。对他的弟子来说，关于美德知识的表述不再像一开始那样显得矛盾，而是描绘了在苏格拉底那里得以实现，并因此而存在的人类本性的最高能力。

作为对全部个别美德之探究的永恒目标，善的知识比勇敢、正义或其他个别德性的范围更广些。这是以不同方式出现在每种个别美德中的“美德本身”。但在这里，我们遇到了新的心理学悖论。比如，如果说“勇敢”这一善的知识是关于事实上害怕或不害怕某种东西，那么显然勇敢这一美德已经把善的知识整体作为了前提。[2]因此，它与正义、审慎和虔敬等其他美德不可分割地联系在一起，与它们一致或者非常接近。不过，在我们的道德经验中最为常见的事实是，某个个体尽管可能因为最大的勇气和个人胆识而出类拔萃，却仍然极其不正义、无节制和不虔敬，而另一个人虽然极为审慎和正义，却不勇敢。[3]因此，即便我们真的愿意认同苏格 634
拉底，把个别美德视作包含一切的唯一美德的“部分”，但我们显然还是不会承认那种美德整体存在于自身的各个部分并发挥着影响。我们或许可以把美德想象成脸的各个部分，它拥有美丽的眼睛，但鼻子可憎。但就像坚持美德是知识那样，苏格拉底在这点上同样毫不让步。真正的美德是不

---

① 柏拉图关于知识（Phronesis）的概念表示对善的认知，以及这种认知对灵魂的主导（参见拙作*Aristoteles* S. 82），能够满足苏格拉底提出的要求，即善是一种知识。显然，Phronesis一词已经被苏格拉底使用。它不仅用于柏拉图作品中那些明显带有苏格拉底色彩的地方，也用在其他苏格拉底派、色诺芬和埃斯基内斯的作品中。

② 柏拉图《拉刻斯篇》199c指出了这点，而苏格拉底在《普洛塔哥拉篇》331b、349d、359a—360e所追求的目标同样如此，他试图证明，一切美德的本质都是相同的，即善的知识。

③ 在柏拉图的《普洛塔哥拉篇》329d、330e、331e和349d等处，普洛塔哥拉提出这点来反驳苏格拉底。他因此采取了常识视角，苏格拉底与之产生了强烈的矛盾。

可分割的和一体的。[①]我们不能只拥有其中的一部分。不审慎、无节制和不正义的勇敢者可能在战场上是个好士兵，但他无法勇敢地对付自己和内心的敌人，即不受约束的欲望。忠实履行对神明的义务虔敬者可能并不具备真正的虔敬，如果他对同伴不公正，在仇恨和狂热上没有节制。[②]当苏格拉底向尼喀亚斯和拉马科斯（Lamachos）两位将军解释真正勇气的本质时，他们感到惊讶，并认识到自己从未彻底思考过这点和理解它的全部重要性，更别说自身具备它了。而占卜者游叙弗伦看到自我标榜的正义和追求诉讼的虔敬多么糟糕时，他明白自己错了。因此，传统意义上的所谓美德被发现只是各种单方面培养过程之产物的简单累积，其组成部分间具有无法消除的道德矛盾。苏格拉底一人兼具虔敬和勇敢，正义和自制。他的生活同时是战斗和敬神。他没有疏忽崇拜神明的义务，因此他可以向那些只是表面虔敬的人指出，存在另一种更高程度的敬畏神明。他在自己母邦的所有战役中表现出色，因此他可以向雅典军队的最高指挥者解释，除了用手中的刀剑所取得的，还存在另一种胜利。柏拉图为此区分了庸俗的公民美德和哲学上的更高完美。[③]他认为在苏格拉底身上可以看到这种道德超人。柏拉图可能会说，只有苏格拉底具备“真正的”人类德性。

635 从色诺芬对苏格拉底教化的描述来看（为了初步了解其概况，我们在前文已经参考过他的作品），[④]它似乎是由关于人类生活的大量实践性个别问题组成的。相反，从柏拉图的理解来看，这些个别问题的内在统一性一目了然，我们甚至可以看到，苏格拉底的知识（Phronesis）只有唯一的对象，即善的知识。但如果一切智慧以唯一的知识为顶峰，任何进一步确定某种人类至善的尝试必将把我们带回那里，那么在这种知识的对象同人类努力和欲求的最深刻本性之间必然存在某种本质关系。当我们认识到这种关系，我们就会明白苏格拉底关于美德是知识的表述如何扎根于他对存

① 在柏拉图的笔下，探究美德各个部分的关系多次作为苏格拉底的动机出现，这显然在真实的苏格拉底身上发生过。对于提出“什么是美德本身”这个问题的人来说，强调其一体性完全是顺理成章的。

② 柏拉图的《拉刻斯篇》质疑了对勇敢的传统和军事解读，表示内心的勇敢同样重要（191e）。他还在《游叙弗伦篇》中批评了传统的虔敬概念。

③ 柏拉图，《理想国篇》，第六卷，500d；《斐多篇》，82a；《法律篇》，第四卷，710a。

④ 参见本书第491页。

在和人类的整体看法。苏格拉底当然没有发展出完整的哲学人类学，那将首先是柏拉图的工作。但在柏拉图眼中，它在苏格拉底那里已经存在了。我们只需分析一个反复大量出现的句子所引出的结论。与美德知识和美德统一性这两个观点一样，“没有人会自愿犯错”这句话包含了一整套形而上学思想。[①]

苏格拉底教育智慧的悖论在这句话上达到顶峰。它同时指出了苏格拉底全部努力的方向。从现行立法和法律观中所记录的个体与人类集体的经验来看，对自愿和不自愿的行为与不义之举的流行区分似乎表明，与苏格拉底格言相反的情况才是对的。[②]这种区分也与人类行为中的意识元素有关，对有意识和无意识造成的不义评价完全不同。相反，苏格拉底的思想预设了不存在有意识的不义，因为那意味着存在自愿的不义行为。想要解决这种观点同自古以来对人类罪责和过错的主流理解的矛盾，我 636
们只有像对待“知识”那样认为，苏格拉底在这个悖论中所说的“意志”（Wille）概念不同于司法和道德上的通常观念。两种观念位于两个不同的层面上。苏格拉底出于简单的理由而无法理解有意识和无意识不义行为的区别，因为不义是恶的，而正义是善的，作为善的本性，认识到善的人都会向往善。因此，人的意志是思考的中心。在希腊的神话和悲剧中，受蒙蔽的意愿和欲求所导致的一切灾难似乎非常有力地驳斥了苏格拉底的观点。但他更加坚定地坚持这种观点，由此仿佛触及了悲剧生命观的核心，使其成为一种肤浅的观点。苏格拉底认为，意志能够有意识地向往恶是一个矛盾。因此，他把人的意志具有意义作为前提。意愿的意义并非自我毁灭或自我伤害，而是维持和成长。意志本身是理智的，因为它向往善。无数个给人们带来不幸的疯狂意愿的例子并不违背苏格拉底的观点。柏拉图让他明确区分了欲求和意愿，真正的意愿只建立在对其所向往的善的真正

① 柏拉图笔下的苏格拉底一再说过这句话；就像所有人都承认的，它属于最早的柏拉图辩证法中被归于真实的苏格拉底的那些元素。参见《普洛塔哥拉篇》，345d、358c；参见《小希庇阿斯篇》，373c、375a—b。

② 亚里士多德的《尼各马可伦理学》3. 2—3遵循了关于希腊法律的主流观点。按照通行法律的理解，他把最广义的“自愿”（ἑκουσιον）概念定义为一种源于行为人自身的行为，行为人知道行为的组成元素（τὰ καθ’ ἕκαστα ἐν οἷς ἡ πρᾶξις）。非自愿行为则是在压力（βίᾳ）影响下或出于无知（δι’ ἄγνοιαν）而发生的。

知识之上。纯粹的欲求则是追逐表面上的善。[①]因此，当意志被视作最深刻的积极追求时，它天然建立在知识之上，而获得这种知识（如果可能的话）意味着人的完善。

在苏格拉底提出这种思想后，我们可以谈论人的使命，以及人类生活和行为的目标。[②]生活的目标是因其本质而天然向往的善。目标的图像以道路图像为前提，后者在希腊人的思想中要古老得多，拥有自己的历
637 史。[③]但在找到通往苏格拉底目标的道路前存在着多条道路。“善”有时被形象地描绘成人的全部努力所汇聚的“终点”（Telos或Teleute），[④]有时又被比作弓箭手瞄准和击中（或射偏）的“目标”（Skopós）。[⑤]上述观点让生活具有了不同的形象。它成为朝着有意识追求的终点和高度的运动，把某个对象作为目标。它成了内在的统一体，获得了形式，产生了应力。就像柏拉图常常说的，“鉴于目标”，人们始终生活在清醒中。他在自己的苏格拉底画面中既形象又抽象地解释了苏格拉底对生活的理解所产生的全部影响，在这点上很难把他与苏格拉底准确区分开来。但“没有人会自愿犯错”已经预设了意志把善作为目标，而且因为不仅是柏拉图，苏格拉底的其他弟子们也拥有这种观念，它显然是苏格拉底的。将因这种观念而改变了的生命观变成哲学和艺术的对象则是柏拉图的工作。他根据人们的目标把他们划分成不同的生活类型，并将这种观念移植到存在观的所有领域。

① 关于意愿和欲求的区别，参见柏拉图，《高尔吉亚篇》，467c。意愿指向的并非人在当时所做的，而是“为之”（οὗ ἕνεκα）所做的。

② “目标”（τέλος）是行为的天然终点，使行为者把目光投向那里（ἀποβλέπει）。这个概念首先出现在柏拉图的《普洛塔哥拉篇》354b—e；参见《高尔吉亚篇》，499e。

③ 参见Otfried Becker富有原创性的作品，尽管他在解读中常常显得固执己见：*Das Bild des Weges und verwandte Vorstellungen im frühgriechischen Denken*, Einzelschriften des Hermes Heft IV (Berlin 1937)。

④ 在柏拉图作品中，理想终点（Telos）的概念最早出现在《普洛塔哥拉篇》354a和b。在那里，对它的解释是通过大众的观点，后者认为快乐是一切努力的终点，称之为“善”，因为一切努力都终结于那里（ἀποτελευτᾷ）。认为这是柏拉图自己的观点是完全的误解；他在《高尔吉亚篇》499e表示，“一切行为的终点”是善，在这里表述的才是他自己的学说。在其他地方，这个词以类似的方式同属格连用，比如“美德的目标，幸福的目标”或者“生命的目标”，表示的并非时间终点的意思，而是理想的目标。这是一种全新的观点，让人类精神史发生了又一次转向。

⑤ 柏拉图的《高尔吉亚篇》507d把幸福是由正义和自制组成的新认知称为我们应该为之生活的目标（σκοπός）。“瞄准”（στοχάζεσθαι）的意象借鉴自射箭术，成为正确生活的象征（参见Ast, *Lex. Plat.* Bd. III S. 278的词条）。

苏格拉底通过这种观点开启了一场影响巨大的发展，在亚里士多德的目的论世界观中达到顶峰。

但无论这个结果对科学的历史多么重要——苏格拉底的生活目标思想对教化的历史是决定性的。因为通过这种思想，所有的教育任务具有了新的意义：它们并非培养某种能力和传授某种知识，至少说现在这一切只不过是教育过程的手段和步骤。教育的真正本质是让人们能够达到生活的真正目标。它变得与苏格拉底对善的知识（Phronesis）的追求一致。这种追求不能局限于短短几年的所谓高等教育，而是需要人的一生（可能还不够）来达到目标。于是，教化概念的本质发生了改变。苏格拉底意义上的教育成了对有哲学意识的生命形态的追求，这种生命形态把实现人的精神 638
和道德使命作为目标。在这种意义上，人是为教化而生的。教化是人们唯一真正的财富。苏格拉底的弟子们都认同这种观点，因此它显然是通过苏格拉底而问世的，尽管他本人表示自己不懂教育人。大量名言表明了教化的概念和含义如何通过苏格拉底向内在的转向而得到拓展和加深，以及这种善对于人类的价值如何被提升到最高程度。为此，我们只需引用哲学家斯蒂尔彭（Stilpon）的话就够了，此人是欧几里得在麦加拉创办的苏格拉底学校的重要代表。征服麦加拉后，“围城者”德米特里乌斯（Demetrios Poliorketes）向斯蒂尔彭示好，愿意补偿他家被劫掠的损失，要求后者提交全部损失财产的清单。[①]斯蒂尔彭幽默地回答说：“没有人把教化从我家中抢走。”这句话是七贤之一普利埃涅人毕阿斯（Bias von Priene）的一句著名格言在当时的新版本，其拉丁语形式omnia mea mecum porto（我带着我的一切）至今仍流传于世。对于苏格拉底学派来说，教化成了“我所拥有的”一切的化身，是他们的内在生活方式、精神存在和文化。当人类在威胁他们的自然力量的世界中为了自己的内在自由而抗争时，教化成了他们不可撼动的反抗据点。

但苏格拉底并不身处分崩离析的母邦之外，就像希腊化时期开始时的哲学家那样。他置身于一个思想活跃而且不久之前还非常强大的城邦，在苏格拉底发挥影响的最后几十年间，它越是为了保住自己而与敌对世界

① 第欧根尼·拉尔修，2. 115。

顽强作战，这个人的教育工作对它而言就更重要。他希望把公民引向“政治美德”和为他们指明新的道路，以便使其认清自身的真正本质。他表面上生活在城邦崩溃的时代，但在内心仍然完全秉持古老希腊的传统，把城
639 邦视作最高的生命之善和生活准则的源头，就像柏拉图的克里同用动人的方式描绘的。①不过，虽然他仍然毫不动摇地坚持人类存在的政治意义，但由于城邦法律的内在权威性遭到了动摇，他的立场与梭伦和埃斯库罗斯这样信仰法律的伟大古人相去甚远。他希望给予的政治美德教育，首先把在内心和道德意义上重建城邦作为前提。诚然，苏格拉底似乎还不像柏拉图那样完全从当前城邦不可救药的思想出发。他的自我中更大的那部分还不是自行创建的理想城邦的公民，而是彻彻底底的雅典公民。不过，柏拉图不是从别人而是从他那里获得了这种信念，即城邦的康复不可能仅仅通过建立强大的外在力量来实现，而是就像我们所说的那样必须从每个个体的良心开始，或者像希腊人所说的那样从灵魂本身开始。只有从这个内在源头出发，并经过逻各斯的考验净化，才能获得对一切人有约束力的真正准则。

因此，对苏格拉底来说，帮助催生这种准则之认识的人是否叫苏格拉底完全不重要。他常常提醒说：这不是我苏格拉底，而是逻各斯说的。您可以反驳我，但不能反驳它。不过，对于哲学和科学来说，与城邦冲突的核心归根到底自它们从对“人类事务”的自然观察转向所谓城邦和德性的问题并作为准则的提供者出现时就开始了。从那时起，他们从泰勒斯的继承者变成了梭伦的接班人。一边是掌握权力的城邦，一边是研究行为准则的无职哲学家，柏拉图认识到了两者冲突的必然性并试图消除它，为此他在自己的理想国中让哲学家担任统治者。但苏格拉底并不生活在任何理想国中。他终生都是民主城邦的一介平民，城邦中的其他所有人和他一
640 样有权提出关于公共福祉的最重要问题。因此，他必须把自己的特别任务说成是完全由神明赋予的。②不过，城邦的守护者在这个怪人自封的角色背后察觉到，精神上占优的个人主义正在反抗大部分人视作正义和善的东

① 参见R. Harder, *Platos Kriton* (Berlin 1934)对这部作品的精彩评价。

② 这是意识到自己身负神圣任务的意义所在，柏拉图的《申辩篇》20d起、30a、31a让苏格拉底身负这种任务。

西，从而对城邦安全构成了威胁。当时的城邦本身想要成为根基，而且似乎无须他人奠基。它无法忍受使用一种被标榜为绝对的道德尺度，在它眼中，这是某个自负的个体试图公开自封为全体的行为法官。就连黑格尔也认为主观理智没有权利批评国家的道德性，后者本身是地球上一切道德性的来源和具体的存在基础。这种典型的守旧思想帮助我们理解了雅典城邦对苏格拉底的态度。从这点来看，苏格拉底是启蒙者和空想家。不过，当苏格拉底把城邦应有的样子（或者更准确地说是它过去的样子）放到当时的城邦面前，以期使它重新与自身及其真正本质保持一致时，他的观点同样是守旧的。从这点来看，堕落的城邦似乎是真正的叛徒，而苏格拉底并非完全是“主观理智”的代表，而是神明的仆人，[①]是动荡时代唯一脚踏实地的人。

苏格拉底同城邦的冲突因为柏拉图的《申辩篇》而为所有人所知，他的弟子们对此看法不一。色诺芬的理解最不令人满意，因为他没有看到此事的原则性问题。虽然他本人因为贵族倾向而被从母邦流放，但他还是致力于证明，苏格拉底的受审和死刑是因为其维护城邦的观点遭到了误解，是一次不幸的意外。[②]而在那些认识到此事的更深刻历史必然性的人中，许多人走上的道路正是阿里斯蒂波斯在与老师苏格拉底关于真正教
化的对话中所推荐的。[③]他们认为，这是精神自由的个体同集体及其不可 641
避免的暴政间无法回避的冲突。只要生活在国家共同体中，人们就无法逃避这点。这类人把自己封闭起来，因为他们不觉得自己有义务成为殉道者，而只是希望不被注意地生活着，确保自己获得一定量的生活享受和精神悠闲。他们作为侨民生活在异邦，以便摆脱一切公民义务，在这种不稳定的客居存在的基础上为自己建立了一个人造的特别世界。[④]如果我们认

① 柏拉图，《申辩篇》，30a。

② 特别参见所谓的“申辩词”最后的讨论，色诺芬，《回忆苏格拉底》，1. 2. 62—64。

③ 参见色诺芬，《回忆苏格拉底》，2. 1。

④ 色诺芬，《回忆苏格拉底》，2. 1. 11—13；参见阿里斯蒂波斯最后的话：“为了逃避这一切，我不让自己被限定于某个城邦，而是在各处都是异邦人（ξένος πανταχοῦ εἰμι）。”亚里士多德《政治学》7. 2. 1324a16称这种无城邦的政治理想为“异邦人生活”（βίος ξενικός），指的就是像阿里斯蒂波斯这样的哲学家。在这里，对待城邦的这两种态度的差异已经作为一个固定问题出现：“城邦共同体中积极的公民生活更好，还是脱离一切政治共同体的异邦人生活更好？”

识到对他们来说不存在与苏格拉底相似的历史条件，我们就更能理解这种行为。当苏格拉底本人在《申辩篇》中劝说同胞们向往德性时，他自豪地称呼他们为“你们这些最伟大，在智慧和力量上最为著名的城邦的子民”，这种暗示对于解释他的要求并非无关紧要。[①]柏拉图通过它间接刻画了苏格拉底本人的立场。像阿里斯蒂波斯这样的人在回忆自己所出身的富有非洲殖民城邦库瑞涅时怎么可能有类似的感受呢！

只有柏拉图对雅典和政治有足够的感受，能够完全理解苏格拉底。在《高尔吉亚篇》中，他描绘了这场悲剧是如何形成的。这让我们明白为何不是那些没有良心，教育学生们利用城邦和在政治上趋炎附势的智术师们，而恰恰是这位对母邦深为担忧和对其充满责任意识的雅典公民遭受了这种命运，被自己的城邦当作无法忍受的人而铲除。[②]他对堕落城邦的批评必然会被视作反对国家，尽管他致力于建设它。当时，潦倒城邦的代表们一定觉得自己受到了攻击，尽管他为他们的窘境找到了开脱之词，把母邦当前的困局视作长期以来被掩盖的疾病的暴发。[③]他更愿意从主流历史画面里被描绘成伟大和光荣日子的时代中寻找不幸的原因，这让他的严厉
642 判断更加带有试图否定的意味。[④]我们无法在细节上区分这番描绘中哪些是苏格拉底的，哪些是柏拉图的，纯粹感情上的判断无法让人信服。但无论苏格拉底做出什么样的判断，没有人会忽视的一点是，作为其最伟大作品的基础，柏拉图塑造新城邦的意愿是通过与当时城邦的悲剧冲突之经历形成的，而苏格拉底正是因为革新世界的教育使命而卷入其中。柏拉图不可能说，苏格拉底应该做别的事，或者法官可以更加明智和更好。两者都像他们必然的那样，命运必然遵循自己的路径。柏拉图由此得出结论，城邦必须被革新，那样的话真正的人才能在其中生活。历史学家只会断言，城邦无力继续将道德和宗教领域包含在古老希腊整体之中的时代已经到来。柏拉图则指出，城邦必须如何才能在一个苏格拉底成为新的人类生活目标之宣示者的时代维持自己最初的意义。但城邦并非如此，而且无法改

① 柏拉图，《申辩篇》，29d。
② 柏拉图，《高尔吉亚篇》，511b。
③ 柏拉图，《高尔吉亚篇》，519a。
④ 柏拉图，《高尔吉亚篇》，517a起。

变。它受这个世界的影响太深。因此，在柏拉图那里，内心世界及其价值的发现并未引来对城邦的革新，而是催生了一个新的理想王国，那里是人类的永恒家园。

这就是苏格拉底悲剧的永恒意义，就像在柏拉图与这个问题的哲学角力中特别清楚地显示的。苏格拉底本人完全不会想到柏拉图从他的死亡中得出的结论。他更不会想到对他成为牺牲品的那个事件的思想史评价和解释。如果那时存在历史性理解的话，那么他命运的悲剧性将被摧毁。这种理解将把带着无条件热情所经历的一切相对化为自然的发展过程。这是一种可疑的特权，把自己的时代甚至自己的生活视作历史。这种冲突只能通过质朴的方式来经历和忍受，就像苏格拉底坚持自己的真理和为其而死时那样。即使柏拉图也无法追随他的脚步。他肯定了政治之人的想法，但 643
正因如此他逃避政治事实，或者寻求在世界上条件更好的地方实现自己的理想。苏格拉底的内心与雅典联系在一起。除了作为士兵参战，他从未离开那里一次。[①]他不像柏拉图那样有过远行，甚至连墙外的郊区也不去，因为郊外和树林没什么可教给他的。[②]他向本邦人和异乡人谈论对灵魂的关心，但补充说：我首先面向因为相同的血缘而与我最近的人。[③]他服务神明不是为了“人类”，而是为了自己的城邦。因此他从不付诸文字，而是只与真正在场的人交谈。为此，他并不大谈抽象原理，而是与同胞在某些共同观念上达成一致，它们是所有此类谈话的前提，植根于共同的起源和家乡、过去和历史、法律与政制。这些共同观念让他的思想所寻求的普遍性有了具体形式。无论对科学和博学的轻视，抑或对辩证法和为价值问题展开争论的兴趣，这些都具有雅典特色，城邦、道德、敬畏神明的意义和围绕这一切的精神魅力同样如此。对苏格拉底来说，逃出监狱的想法（依靠朋友的钱买通看守，越境逃往波俄提亚[④]）毫无吸引力。在诱惑来临的时刻，他看到母邦的法律（被法官不正义地使用）出现在自己面前，让他回忆起自孩提时代开始从法律中学到的一切，想到与父母的联系，想到

① 柏拉图，《克里同篇》，52b。
② 柏拉图，《斐德若篇》，230d。
③ 柏拉图，《申辩篇》，30a。
④ 柏拉图，《斐多篇》，99a。

自己的出生和教育，想到自己后来分享的善。[1]他此前没有离开雅典，虽然如果对母邦的法律不满的话，他有这样做的自由，但他在那里舒服地生活了70年。因此，他认可雅典的法律，现在也无法收回这种认可。当柏
644 拉图写下这些话时，他可能不在雅典。苏格拉底死后，他与老师的其他弟子一起逃往麦加拉，[2]他最早的几部苏格拉底作品是在那里或者途中写的。他对自己能否回归也心存怀疑。这让他对苏格拉底为坚持履行自己最后的公民义务而饮下毒药的描绘具有了独特的弦外之音。

苏格拉底是古老希腊城邦意义上的最后一个公民。他同时也是新的道德-精神个体性形式的典范和最高代表。两者以并不妥协的方式在他身上得到统一。他通过前者回顾了伟大的过去，通过后者展望了未来。因此，他事实上是希腊思想史上无与伦比和独一无二的现象。[3]从他本质中这两种成分的相互吸引和相互排斥里诞生了他的伦理-道德教育理念。这种理念因此具有了深刻的内在张力，一边是其出发点的现实性，一边是其目标的理想性。在这里，影响了随后许多个世纪的国家与教会的问题第一次出现在西方。因为就像苏格拉底所表明的，这并非基督教的特有问题。它与教会组织或启示信仰无关，而是在“自然人”的发展过程中及其“文化”的相应阶段反复出现。在这里，它并非表现为两种具有权力意识的集体形式间的冲突，而是人类个体作为尘世集体成员的身份与他同神明的直接内在联系之间的矛盾。苏格拉底用自己的教育工作为其服务的神明不同于“城邦信仰的神明”。对苏格拉底的指控[4]首先准确指向了这点。当然，我们不能把这个神明理解为常被提到的神灵（Daimonion），后者的内在声音阻止了苏格拉底的许多行为。[5]这最多只能证明，除了比其他人更加致力于行使的思想能力，他还在最高程度上拥有理性主义常常缺少的直

---

① 柏拉图《克里同篇》，50a。

② 第欧根尼·拉尔修，3.6。

③ 苏格拉底与雅典人的天性和同胞的共同体有着根深蒂固的关联，他的信息也首先是传达给他们的（参见本书第484页）。不过，在柏拉图《申辩篇》17c中，他不得不请求法官允许他用自己的，而非他们的语言发言。他在那里把自己比作异邦人，当这些人不得不在雅典的法庭上为自己辩护时，他们不会拒绝使用自己的语言。

④ 参见柏拉图，《申辩篇》，24b；色诺芬，《回忆苏格拉底》，1.1。

⑤ 色诺芬，《回忆苏格拉底》，1.1.2。

觉。因为神灵的含义更多是直觉，而非良心的声音，就像苏格拉底举的例子所表明的。不过，对善的本质和力量的知识强有力地占据了他的内心，645
这成了他找到神性的新途径。虽然苏格拉底因其精神特点而无法信奉任何教条，但像他那样活着和死去的人把神明作为自己的基础。他说，比起服从人，我们必须更加服从神。[①]和他对灵魂的价值高于一切的信仰一样，这句话无疑是一种新的宗教。[②]在苏格拉底之前，希腊宗教中不曾出现向个人提出为他们抵抗整个世界的逼迫和威胁的神明，尽管不无这类先知。以这种对神明的信赖为根源（在希腊精神世界中，只有埃斯库罗斯在其虔敬程度上堪称是它的雏形），苏格拉底身上发展出一种新形式的英雄精神，希腊的德性理念从一开始就在其中留下了印记。在《申辩篇》中，柏拉图把苏格拉底描绘成高尚和勇敢的最高化身，而在《斐多篇》中，他把这位哲学家的死亡称颂为征服生命的英雄之举。[③]因此，希腊人的德性在其精神化的最高阶段仍然忠于自己的源头，就像通过荷马史诗中的英雄那样，通过苏格拉底的斗争出现了一种以新的榜样塑造人类的力量，柏拉图成了其诗意的宣示者。

① 柏拉图，《申辩篇》29d；参见29a，37e。

② 参见本书第490页。

③ 柏拉图笔下的苏格拉底把自己的不畏死亡与阿喀琉斯相比，《申辩篇》28b—d。与之类似，在《赫米亚斯颂》中（残篇675，Rose），亚里士多德把朋友赫米亚斯为自己的哲学理想而死同荷马的英雄之死相提并论；参见拙作*Aristoteles* S. 118ff.。关于荷马英雄的伟大灵魂，见本书第13页起。亚里士多德《后分析篇》2. 13. 97b17—25把苏格拉底称为伟大灵魂的化身，与阿喀琉斯和埃阿斯、阿尔喀比亚德和吕山德相提并论。

第4章

柏拉图的历史形象

距离柏拉图进入希腊精神世界的中心和所有人的目光汇聚到他的学 646
园已经过去了2000多年，直到今天，每一种哲学的特征仍然通过其与柏
拉图的关系得以确定。在古代世界随后的所有世纪里，其精神印记中（虽
然不断发生改变）都留下了他的本质特征，直到古代晚期的最后几个世纪
最终被新柏拉图主义的普遍精神宗教统一。基督教所吸收和融合的古代文
化（并被传递给中世纪）完全是柏拉图思想的文化。只有在这个基础上我
们才能理解像奥古斯丁这样的人物，通过将柏拉图的《理想国篇》变成基
督教的，他在《上帝之城》中创造了中世纪世界观的历史哲学框架。亚里
士多德哲学只是另一种形式的柏拉图主义，通过接受它，中世纪西方和
东方民族的文化在其鼎盛时期掌握了古代哲学的普世世界概念。作为回
击，在古典文化及其人文主义的重生时代，柏拉图本人获得了复兴，大部
分在西方中世纪不为人知的柏拉图作品也被重新发现。不过，由于中世纪
经院哲学的柏拉图潜流源于奥古斯丁的基督教新柏拉图主义和神学神秘主
义者伪战神山法官狄俄尼修斯，文艺复兴时期对被重新发现的柏拉图的理
解，仍然首先与活跃的基督教-新柏拉图主义学校传统联系在一起，在土 647
耳其人征服君士坦丁堡之时，后者和抄本一起被带到意大利。15世纪时
由拜占庭神学家和神秘主义者格米斯托斯·卜列东（Gemistos Plethon）[1]

① Πλήθων意为“充满”，有人认为他给自己起这个外号是为了借其与柏拉图之名谐音来表达敬意，也有人认为是表示他学识渊博，他的名字Γεμιστός也表示“装满了的”。——译注

传到意大利和马西利乌斯·斐奇诺（Marsilius Ficinus）在佛罗伦萨的洛伦佐·美第奇柏拉图学园中教授的柏拉图思想来自普罗提诺的理解，这种情况在随后的启蒙世纪中大体上得到延续，一直持续到18世纪末。它主要把柏拉图视作宗教先知和神秘主义者。这种元素越是为理性主义和自然科学-数学思想让路，柏拉图对当时的神学和美学运动的影响就越有限。

直到18世纪末，通过施莱尔马赫（他本人也是神学家，但与德意志诗歌和哲学新觉醒的精神生活保持着活跃的联系），才出现了让真正的柏拉图被发现的转变。诚然，当时人们还是首先试图把他作为创造理念学说的形而上学者。重新转向其哲学的人们将他的学说视为那种在当时不断式微的思辨世界观（康德的知识批判动摇了它在科学上的生命权）的不朽原型，在随后的德国哲学伟大唯心主义体系的时代，柏拉图仍然被视作一种新的形而上学力量的青春之泉，为这种大胆理念体系的发起者们带来了生机。不过，在由此创造的有利于希腊精神新复兴的氛围里（柏拉图在其中并非普通的哲学家，而是哲学家的典范），对柏拉图作品的不懈研究开始了，这些研究由当时刚刚兴起的历史古典学的方法推动，越来越多地把这个变得不朽的伟人还原到他的时代，赋予其一个具体历史人物的明确轮廓。

当然，对柏拉图的再加工式理解被证明是古代作家们所提出的最困难的任务之一。在此之前，人们曾试图按照18世纪的方式重建他的哲学，
648 致力于从他的个别对话中概括出教条式内容。人们试图按照后世哲学的模板把如此获得的观点发展成柏拉图的形而上学、物理学和伦理学，并通过这些学科建立一个体系，因为如果不采用这种形式就无法描摹一位思想家。施莱尔马赫的功绩是，他凭借浪漫主义派对形式作为精神个性之表达的犀利目光注意到，柏拉图哲学的特征在于它并不致力于采用封闭体系的形式，而是通过探究式的哲学对话方式来展现自身。此外，施莱尔马赫没有忽视个别对话在建设性内容的多寡上存在差别。按照这个标准，他把柏拉图的作品分成更具哲学构建性质的，以及纯粹准备和形式性质的。虽然他也认为对话之间具有内在联系（建立在理想整体之上，其轮廓在个别对话中或多或少地有所呈现），但他还是觉得，柏拉图的特点在于更愿意在

辩证法的活跃运动中展现自己的哲学及其本质，而非以完整的教条体系为形式。同时，施莱尔马赫在个别作品中发现了柏拉图与同时代人和反对者的论战关系，指出他的思想以多种方式卷入了自己时代的哲学生活。就这样，在柏拉图作品带给其解读者的具有众多前提的任务中，施莱尔马赫又加入了比此前局限于语法学和古物学的语文学家所认识到的更新和更高的诠释概念，我们甚至可以说，正如古代亚历山大里亚的语文学通过荷马研究发展出自己的方法，19世纪的历史思想科学通过致力于理解柏拉图问题而实现了最高的升华。

在这里，我们不对这个充满争议的问题至今为止的历史详加盘点。它的过程并非总是处于和施莱尔马赫第一次了不起的尝试相同的高度，凭 649
借语文学家对细节的谨慎以及艺术家和思想家对有机整体的预见性眼光，柏拉图哲学与作品的神奇成就得到了理解。对文本细节的诠释和对被归入柏拉图名下的个别作品真实性的探究为无限专业化的细节研究开辟了道路，甚至整个柏拉图问题都似乎越来越多地迷失在这个方向，就像从赫尔曼（C. F. Hermann）开始，人们习惯于把柏拉图作品理解为对其逐步发展的哲学的表达。因为现在，个别对话的创作时间这个此前不受重视的问题成了兴趣的焦点，变得非常重要。由于几乎完全没有办法确定柏拉图作品的绝对日期，人们至今只能寻求通过内容来确定它们的创作顺序，特别是通过一个作为它们相互顺序基础的教育计划所提供的暗示。这种自然且容易理解的思考方式（施莱尔马赫是它的第一个代表）看上去受到了某种猜想的动摇，即这些对话似乎是柏拉图思想无意识发展的标志性反映，我们从中仍然能辨认出各个阶段。由于为确认个别作品的时间顺序所做的内容分析得出了充满矛盾的结论，人们试图通过纯粹地准确观察对话的风格变化和确定作为某组对话标志的语言特点来获得相对顺序。经过最初的成功，这种研究方式由于夸大其词而丧失信誉，因为它最终误以为能够通过完全机械性地使用语言统计学的方法来确定每一个对话的时间位置。不过，我们不可能忘记的是，施莱尔马赫之后对柏拉图的理解所经历的最大一次转变完全要归功于语文学的发现。苏格兰的柏拉图诠释者刘易斯·坎 650
贝尔（Lewis Campbell）幸运地观察到，一批较长的对话通过风格标志联系在一起，在柏拉图未完成的晚年作品《法律篇》中也能找到这种标志。他由此合理地得出结论，这些标志是柏拉图的晚年风格所特有的。虽然不可能通过这种方式确定所有对话的相互时间关系，但还是可以清楚地在时间上将作品分成三大组，较重要的对话很可能可以被归入它们。

语文学研究的上述成果必将最终动摇施莱尔马赫已经变得经典的柏拉图画面，因为许多他认为是早期和准备性质的作品（致力于方法问题）被证明是成熟的晚年作品。这促使半个世纪以来基本未曾改变的对柏拉图哲学的总体理解遭到彻底颠覆。《巴门尼德篇》《智术师篇》和《政治家篇》等"辩证法"对话一度成为探讨的焦点，在这些对话中晚期柏拉图似乎与自己的理念学说产生了分歧。获得上述发现的时候，19世纪的哲学正准备通过批判性的自省回归知识问题及其方法（德国唯心主义的宏大体系刚刚崩溃），试图在某些方面根据康德的批判重新为自己定位。难怪这种新康德主义会吃惊和着迷，因为柏拉图晚年的思想发展令人意外地反映了其自身所面临的问题，就像柏拉图对话新的时间顺序所揭示的。无论我们把柏拉图的晚年作品看成他放弃了自己早年的形而上学［杰克逊（Jackson），卢托斯瓦夫斯基（Lutosławski）］，还是把他的理念从一开始就理解为新康德主义意义上的方法（马尔堡学派），这种新的总体理解把柏拉图对现代哲学的意义片面地建立在方法之上，而此前半个世纪里以形
651 而上学为方向的哲学则恰好相反，在反对康德的批判过程中，后者曾寻求获得柏拉图和亚里士多德形而上学的支持。

尽管存在上述矛盾，这种把方法问题视作柏拉图思想核心的新理解与早前对柏拉图的形而上学式解读还是存在共同点，两者都把理念学说看成柏拉图哲学的真正实质。亚里士多德其实已经这样做过，他曾经从这点上批评了柏拉图的学说。当对柏拉图的新理解最终试图通过把亚里士多德对柏拉图理念学说的质疑说成是误解来为后者辩护时，将对柏拉图的全部解读集中在这点上的做法恰恰间接证明，这种新理解依赖亚里士多德那种被其否定的理解。就像那些辩证法对话所显示的，无疑在柏拉图晚年时，他的学园中有时会展开围绕着本体论-方法论问题的此类探讨，亚里士多德对理念的批评便由此而来。但这个方面完全无法涵盖整个柏拉图哲学，

就像我们在《克里同篇》《高尔吉亚篇》和《理想国篇》中所看到的，甚至在柏拉图晚年还出现了与上述讨论无关的《法律篇》，在他的作品中占据超过五分之一的篇幅，理念学说在其中没有扮演任何角色。但可以理解19世纪的哲学唯心主义重新把柏拉图的理念学说作为焦点，而且哲学日益局限于逻辑领域的趋势只会加强这种集中。同样产生影响的还有学校哲学不断产生的愿望，即从柏拉图对话里遴选出所有其中包含的特定教育内容，特别是当时被视作哲学的东西（因此也是最重要的）。

另一个语文学发现同样促成了重要的进步，而且在没有提出任何哲学要求的情况下帮助冲破了这种柏拉图理解过于狭隘的框架。这次的发现
并非来自年代领域，而是来自对真实性的评判。虽然人们自古以来就知 652
道，我们的柏拉图作品中混有伪作，但这种评判的活跃程度在19世纪达到了最高潮。当然，它的怀疑远远超过了自身目的，最终陷入停滞。它在许多地方不置可否，但幸运的是似乎没有影响对柏拉图哲学本身的理解，因为重要的作品在各种判断之下都不受怀疑，受到指摘的主要是质量存疑的作品。此外，柏拉图书简也被认为不是真的：自古以来被归于他名下的这些书简中无疑包含了伪作，这种情况导致它们一股脑地被抛弃，虽然必须承认其中个别书简作为关于柏拉图的生平和他前往叙拉古僭主狄俄尼修斯宫廷之行的历史材料很有价值，但人们相信，写这些书简的人为了造伪工作而加入了一些重要信息。当像爱德华·迈耶尔这样的历史学家鉴于这些书简作为历史材料的巨大价值而肯定其真实性后，语文学家也这样做了，维拉莫维茨在他伟大的柏拉图传中表示最重要的第六、第七和第八书简是真的。此后，人们致力于通过这种认识获得关于柏拉图整个形象的结论。在这里，该结论的影响要比获得上述发现之时看上去的更大。

维拉莫维茨在自己的作品希望展现的并非柏拉图的哲学，而仅仅是他的生平。为此，他主要从传记角度看待《第七书简》中关于柏拉图为劝化僭主而踏上西西里之行及其本人政治发展的内容，视其为最重要的自传材料。柏拉图动人地描绘了自己多次试图积极参与政治生活，这不仅为那位自己生平经历的讲述者提供了色彩丰富的场景，与学园避世环境中的哲
学老师生活形成了戏剧性反差，而且同时揭示了其人生的复杂心理学背 653

景。就像我们现在所看到的，他的沉思式生活是天生的统治者本性受到不利时代条件的悲剧性压迫而形成的。由此看来，柏拉图一再尝试开始政治生涯并非追求纯粹知识的人生中的不幸篇章，他试图通过这些尝试在政治上实现自己哲学思想的某些伦理原则。不过，如果认定《第七书简》那个谈论自己的思想发展和生活目标并且对自己的哲学持这种立场的人是真实的柏拉图，那么这对其作品的总体理解也将具有重要的意义。因为在这位思想家那里，生活与工作并非分离，如果有人是这样，那么柏拉图同样如此，他的全部哲学活动就是对人生的表达，他的人生就是哲学。对于这个以《理想国篇》和《法律篇》为最重要作品的人来说，政治（无论在何种意义上）不仅是他在某个生活阶段付诸行动的内容，而且是承载他全部精神存在的基础。政治是他思想中包含其他一切的对象。为了理解柏拉图哲学的真正本质，我通过多年的不懈努力也得出了上述结论，但并未真正重视过那封书简，因为我从青年时代起就接受了语文学界对其真实性的偏见。促使我改变看法和相信《第七书简》作为自传性记录之真实性的，并非维拉莫维茨作为研究者的人格光芒和他的理由的说服力，而首先是这样的事实，即就关于解读柏拉图哲学的前提而言，柏拉图那封被我忽视的书简中的自我理解，在各方面都与我在对其全部对话进行苦苦分析后所得出的结论一致。

显而易见，我不可能在后文对柏拉图的全部作品进行完整的细节分析。不过，我似乎还是不可避免地需要展现他关于教化本质之学说的哲学
654 结构，就像他的一系列对话中所一级级呈现的。必须让读者本人明白，柏拉图在自己的精神世界中为这个问题安排了如何至关重要的位置，他认为其根源是什么，又在他的哲学土壤中表现为何种形式。为了做到这些，我们必须从源头开始探究柏拉图的思想过程，一路分析到作为其高峰的《理想国篇》和《法律篇》这两部主要作品。虽然可以把短篇作品归为一组，但像《普洛塔哥拉篇》《高尔吉亚篇》《美诺篇》《会饮篇》和《斐德若篇》等包含了柏拉图关于教育的基本思想的较长作品，我们需要从这种视角出发进行独立评价。在这样的思考中，《理想国篇》和《法律篇》自然是真正的核心。我们的描绘将始终致力于将这里所获得的柏拉图形象放

进希腊思想史的背景中。作为成为历史的教化的顶峰，我们必须比通常更多地关注他的哲学在希腊思想的整个发展过程中和希腊传统的历史中的有机功能，而不是纯粹视之为分离的概念体系。此外，比起柏拉图哲学的技术手法的细节，我们必须暂时更加重视历史本身向柏拉图思想提出的和作为其作品形式基础之问题的造型式轮廓。如果这意味着把真正的重点放到柏拉图哲学的“政治”意图和本质内容上，那么就此而言，政治概念同样通过教化的整个历史得以确定，特别是通过我们关于苏格拉底及其影响的“国家”意义所说的。作为人与城邦关系的遗传形态学，这种教化的历史是理解柏拉图的不可或缺的背景。对柏拉图来说，为真理知识所付出的一切努力的终极理由并非揭开宇宙之谜的欲望本身，就像对前苏格拉底时代的伟大自然学家们那样，而是维持和塑造生活的知识的必要性。他希望 655
把真正的集体变成实现最高人类美德的框架。苏格拉底的教育思想为他的改革作品注入了活力，前者不仅看到了事物的本质，而且希望创造善。柏拉图的写作在《理想国篇》和《法律篇》这两个伟大的教育体系中达到顶峰，而且他的思想始终围绕着一切教育之哲学前提的问题，并意识到自己的教育方式是塑造人类的最高力量。

就这样，柏拉图成为苏格拉底的继承者，引领了由老师拉开帷幕的与当时重要的教育力量和本民族历史传统的批判性辩论：诡辩术和修辞学、城邦和立法、数学与天文学、竞技与医学、诗歌与音乐。苏格拉底把善的知识作为目标和准则。柏拉图试图找到通往这个目标的道路，为此提出了关于知识本质的问题。他经受了苏格拉底“无知”之火的熔炼，觉得自己有能力进一步靠近苏格拉底所寻求的绝对价值的知识，通过它来恢复科学与生活失去的统一性。从苏格拉底的φιλοσοφεῖν（哲学活动）中诞生了柏拉图的“哲学”。后者是一种教化，致力于用伟大的风格解决人类教育的问题，这表明了它在希腊思想体系中的地位。但决定它在希腊教化历史中的地位的是它把哲学和知识视作教育的最高形式。他把世代相传的培养更崇高类型之人的问题放在新的存在和价值秩序的基础上，柏拉图用该基础取代了所有人类教育最早的培养基——宗教，或者更准确地说，那是一种新的宗教。因此，这种新宗教与德谟克利特那样的自然科学体系存在区别，后者在科学史上作为柏拉图思想在世界历史中的反面出现，并正确地在哲学史上作为希腊研究精神的原创之一被拿来与柏拉图思想做了对
656 比。不过，到了阿纳克萨格拉和德谟克利特的时代，较晚近的希腊自然哲学（在对教化历史的意义上，我们把它的首创者视作理性思想的创造者）日益成为学者和研究者的专有领域。苏格拉底和柏拉图首创的哲学强有力地参与了智术师发起的围绕真正教育的斗争，并要求为其画上句号。虽然自然科学派的影响在柏拉图之后再次加强（在亚里士多德那里就开始了），但所有后来的古代体系中都加入了柏拉图的教育思想，使得哲学普遍成为古代晚期最强大的教育力量。在所有认可哲学和科学是塑造人类的力量并教授它们的地方，这位阿卡德米的创立者都正确地被视作典范人物。

第5章

柏拉图的短篇苏格拉底对话：作为哲学问题的德性

在一长串柏拉图作品中，有一些作品因其作为同一组别的共同标志 657
而与众不同，我们习惯称其为狭义上的苏格拉底对话，尽管还有其他围绕着苏格拉底形象的作品。但这组作品仿佛代表了苏格拉底对话的原始形式，展现了其最简单但完全源自现实的样子。这些作品的篇幅很短，最为接近由偶然机会引发的对话。无论在出发点和目标上，还是在采用的归纳方式和选择的例证上，简而言之，此类对话在整个过程中都显示出某种典型的相似性，这显然来自它们致力于描绘的真实原型。在语言上，它们严格采用真正对话的轻松交谈口吻，希腊文学中找不到能与这些交谈中的阿提卡口语在自然的优美、无拘无束和色调的真实性上相媲美的作品。即使不与《会饮篇》《斐多篇》或《斐德若篇》等拥有更多语言财富和结构更复杂的作品相比，《拉刻斯篇》《游叙弗伦篇》和《卡尔米德篇》类型的这组对话仍然因其柔和与清新而显示出它们是柏拉图年轻时的作品。那位哲学诗人所掌握的对话艺术（他第一个将其打造成作品形式）随着时间的流逝进一步发展了这种自然风格，最终还在其中加入了扭曲纠结的思路、论
证、论战和场景变换。致力于通过使用老师令人赞叹的辩证艺术来展现其 658
形象，这无疑是柏拉图创作此类画面的一个重要动机。[①]辩论的逻辑过程

---

① 关于形式对柏拉图的重要性问题，参见J. Stenzel, *Literarische Form und philosophischer Gehalt des platonischen Dialoges*; abgedruckt in Studien zur Entwicklung der platonischen Dialektik (Breslau 1917), Anhangs. 123ff.。

中的起伏和转折一定让这位天生的剧作家产生了模仿的兴致。《游叙弗伦篇》已经暗示了苏格拉底的审判，而围绕着苏格拉底生命终点的《申辩篇》和《克里同篇》也被归入同一组，因此属于这一组的全部作品很可能都写于苏格拉底死后。虽然它们并不都与苏格拉底相关，但不能否认这样的猜想，即这批肖像艺术的杰作不仅与游戏式模仿欲的轻松产物有关，而且苏格拉底之死带来的痛苦震动让这种艺术变得永恒。

近来出现的理解认为，柏拉图的对话作品最初完全没有深刻的哲学目的，而是纯粹诗意的（在这里意为具有游戏式特征）。[1]这也是为什么人们倾向于把这些“戏剧尝试”的出现时间放到苏格拉底去世之前。[2]这样的话，它们看上去就成了年轻人闲来无事的纯粹产物和印象主义速写，柏拉图希望在其中抓住苏格拉底对话在思想上的灵活、优美和反讽。人们试图将与苏格拉底之死或受审相关的一组早期对话（《申辩篇》《克里同篇》《游叙弗伦篇》和《高尔吉亚篇》）和没有影射这些的另一组区别开，他们相信可以把后者无忧无虑的欢乐作为标准，证明这些作品写于苏格拉底去世前。[3]人们为这组所谓纯粹戏剧性和缺乏哲学内容的作品划定的界限过大，甚至把《普洛塔哥拉篇》这样思想丰富和疑难的作品归入其中。[4]于是，该时期的作品成了柏拉图发展的重要标志，但与其说是其哲学思想
659 的发展，不如说是在他的哲学出现前他写作能力的发展。在这个过渡时期和属于它的作品中，虽然我们看到诗人柏拉图已经被苏格拉底对话的哲学戏剧吸引并产生了模仿的兴趣，但他模仿的更多是戏剧本身，而非其严肃的意义。

不过，除了过于轻易地将近代印象主义艺术时期的观点用到希腊文学的古典时代，这种对最早的柏拉图对话的纯粹美学式理解还过于注重在

① Wilamowitz, *Platon* Bd. I^2 S. 124ff. 对这种理解的流行贡献尤大。

② Wilamowitz（前揭书第153页）把《伊翁篇》《小希庇阿斯篇》和《普洛塔哥拉篇》的年代认定为公元前403—前400年，“当时他正在与苏格拉底的交流中成长，还没有真正地知道自己的人生将走向何方”。

③ 在试图找到这些欢快作品的统一性时，Wilamowitz给这些他认为是最早期的作品冠以“年轻任性”的标签，见前揭书第124页。

④ H. v. Arnim, *Platos Jugend dialoge und die Entstehungszeit des Phaidros* (Leipzig 1914) S. 34比Wilamowitz后来在自己的书中所做的走得更远，他认定《普洛塔哥拉篇》是柏拉图所有作品中最晚的，尽管是出于不同的理由。

柏拉图的思想家身份面前确立他的诗人身份。诚然，柏拉图的哲学读者一直倾向于因为内容而忽略形式，尽管后者对柏拉图来说显然非常重要。只有伟大的诗人才会给予形式像在柏拉图作品中那样高的地位，通过它来真正和直接地揭示事物的本质。但在批判性的目光看来，在柏拉图作品中，诗意形式和哲学内容无一处不是完全相互渗透的。我们从一开始就看到他的艺术力量与某个他直到老年仍保持忠诚的主题联系在一起，[①]那就是苏格拉底及其改造灵魂的影响。柏拉图在他后来的所有作品中赋予了这个主题更深刻的意义，几乎无法想象他在最早尝试描绘苏格拉底的时候会忽略它们。相反，我们在这些最早的作品中已经可以期待找到柏拉图通过苏格拉底及其研究所产生的认知，他在后来的作品中从各个方面对其做了阐述。在见到苏格拉底前，即真正的青年时代，他已经向赫拉克利特派克拉图洛斯学过哲学，按照亚里士多德的可信描述，从此人的流变学说转向致力于探究永恒真理的苏格拉底的伦理研究让他陷入了哲学上的两难，直到他对感官和思维世界做了根本性区分（即理念学说）才找到出路。[②]鉴于这种尚未解决的冲突，柏拉图不可能有意对苏格拉底进行纯粹诗意的和不带哲学意图的描绘。最早的柏拉图对话并非源于这种疑惑。对话内在思路 660
的极度肯定证明了相反的情况，不仅是在个别作品中，而且首先是它们的整体。因为排除所有纯粹的偶然原因，所有这些对话都有目标地围绕着唯一的基本问题发生变化，这些作品读得越多，我们就越有把握清楚地看到它不断出现，那就是关于德性本质的问题。

乍看之下，我们会在这些柏拉图早期的短篇对话中发现一系列对勇敢、虔敬和审慎等概念的个别探究，看见苏格拉底和交谈者们试图确定各个上述美德的本质。在所有此类对话中，苏格拉底的行为保持一致。他诱使交谈者表达某种观点，以这种探究方式幽默地展现被提问者的不熟练和笨拙。这种场合经常出现的各种类型的错误都会出现，并被苏格拉底耐心

① 晚年的柏拉图还创作过《菲利布篇》中这样让苏格拉底以主要人物登场的对话，尽管在另一些对话中他仅扮演了次要的角色，比如所谓的辩证法对话，即《巴门尼德篇》《智术师篇》和《政治家篇》，以及自然哲学作品《蒂迈欧篇》，而在《法律篇》中，他被一位雅典异邦人取代。柏拉图允许《菲利布篇》这一例外，因为该对话的伦理主题是苏格拉底的，即便探讨方法与苏格拉底的辩证法相去甚远。《斐德若篇》与之类似，下文将会谈到它的创作年代较晚。

② 亚里士多德，《形而上学》，1. 6. 987a32。

地纠正。每次新的尝试都包含了一定程度的真理并对应了某种真实的体验，让人们能够看到所讨论美德的本质，但都不会带来让人满意的答案，因为它们都没有完全涵盖对象。人们首先会觉得自己上了一堂在卓越的判断力引导下的基础逻辑练习课，这种印象并非错觉，因为类似错误和有条理暗示的反复出现表明，这种对话特别强调方法的一面。柏拉图描绘的并非四处摸索着随意推进的问答，而是完全清楚游戏规则；他显然试图引起读者对它们的注意，并用现实例子开始讲起。这些对话的作者并非一个刚刚明白对“勇敢”的恰当定义不能从“如果我们”开始的人。即使无法证明，我们还是能够马上察觉到，柏拉图让对话参与者迈出的正确或错误
661 的每一步都是完全有意描绘的。只有极其幼稚的人才会因为这些对话最后没有对所讨论对象做出有条理的定理而得出结论，认为这是一位初学者在理论上尚有欠发展的领域所做的最早的失败尝试。这类“质询式”对话所谓的否定结尾属于另一种完全不同的情况。当在与苏格拉底谈话的最后我们意识到，虽然我们相信自己知道什么是勇敢或审慎，但事实上一无所知时，这些看上去无果而终的努力并不只会让我们因为认识到自己的无能而觉得沮丧，而是带来某种激励，并促使我们继续与这个问题较量。苏格拉底多次明确表示，他们希望以后重拾这个问题，就像真实的苏格拉底很可能常常做的。我们注意到这并非个例，这些短篇对话中常常缺少所期待的结论，最后仍然留下了问题，这会在读者心中引起某种具有最高教育作用的哲学焦虑。

柏拉图曾作为对话的听众一再亲身体验过老师引导灵魂的力量，他无疑会觉得，诗意地模仿这些对话过程中最大和最困难的任务是把那种自己经历过的影响传递给读者。他无法仅凭模仿问答游戏来实现这点。如果缺少活跃的戏剧神经的话，这种游戏甚至可能非常枯燥。柏拉图最大的诗意发现在于，真正科学探究（在追求目标的过程中不断发生新的突然转变）的前进动力具有最强烈的戏剧魅力。对于激发共同经历者展开积极共同思考的暗示性力量而言，探究式谈话要优于其他任何思想传递形式，如
662 果它得到有条理的确定性引导的话。苏格拉底对话中多次尝试共同努力以不断接近对象，显示了柏拉图唤起我们积极参与的精湛教育艺术。我们的

共同思考试图超越讨论的进程，当柏拉图不止一次好像要结束讨论，让对话无果而终时，他希望通过这样来产生让我们沿着对话引领的方向尝试独立地继续思考下去的效果。如果是我们亲历的真实对话，那么否定结尾可能是偶然结果，但这位一再让我们带着无知结束的哲学作家和教育者肯定是有意为之，而非仅仅如实描绘苏格拉底那变得广为人知的“无知”。他希望由此将谜题留给我们，并显然认为我们有能力找到答案。

在此类从关于某种美德之本质的问题开始的对话过程中，我们一再被引向这样的观点，即美德必然是一种知识，如果追问其对象是什么，我们会发现它们是善的知识。我们在这种将美德等同于知识的做法中看到了著名的苏格拉底悖论，但同时发现柏拉图的苏格拉底对话中有一种新的力量在发挥作用，它不仅希望描绘老师，而且提起并致力于进一步探究他的问题。留心的读者马上会看到这种力量，因为柏拉图笔下的苏格拉底把全部注意力都放到美德问题上。我们从柏拉图的《申辩篇》中得知，真实的苏格拉底首先是一个美德和“关心灵魂”的伟大倡导者，与这种倡导相关和为证明交谈者无知而进行的探究同样是为这种劝诫服务。它的目标是让人们不安，驱使他们为自己做些什么。但在其他早期的柏拉图作品中，苏格拉底的这种劝诫元素明显让位于探究和质询元素。柏拉图这样做显然是为了真正向美德知识推进，而非停留在无知状态。“没有结果”是苏格拉 663
底的永恒状态，对柏拉图来说却是驱使他走出困境的动力。他试图为美德本性的问题找到肯定的答案。他的行为的系统性首先表现为他在这些对话中一个接一个地把美德作为问题进行探究。在这些对话中，他只是看上去没有超越苏格拉底的“无知”。因为在尝试确定个别美德的过程中，探究的高潮总是显示它们必然属于某种善的知识，从这种集中式冲锋中可以看到，指引他的战略精神将全部进攻力量对准了下面的问题：这种知识的本质是什么？苏格拉底在人的身上搜寻无果，但它肯定隐藏在灵魂中，人缺少了它就无法达到真正的完美。而作为其对象的“善”的本质又是什么？

对这两个问题我们暂时都没有答案。但我们还是觉得自己没有被遗弃在黑暗之中，而是得到一只可靠之手的指引。凭借认识本质的神奇本能和眼光，柏拉图似乎把苏格拉底思想的多样形式还原为若干清晰的基本特征。通过刻画这些特征，他让苏格拉底的形象具有了固定的风格。但无论这些特征多么逼真地展现了真实苏格拉底的生活，它们还是因为集中于唯一的问题而得以固化。对柏拉图来说，认识这些问题首先是出于其对于生活之重要性的要求，对苏格拉底同样如此。不过，这个问题的理论结果在早期柏拉图对话中被清晰地刻画也表明其植根于某种更广泛哲学关系中，作者清楚这种关系，尽管它暂时还处于幕后。了解《普洛塔哥拉篇》和《高尔吉亚篇》直到《理想国篇》等后续对话的概况后，读者才能看清这种关系。因此，柏拉图最早的作品中已经提出了让从施莱尔马赫开始的
664 柏拉图作品诠释者们不断思考的问题，即个别作品是否可以完全被单独解读，还是只能通过与其他柏拉图作品的哲学关系来理解。对施莱尔马赫来说，后者不言自明。他认为确定无疑的是，虽然柏拉图作品没有把他的思想发展成体系形式，而是采用对话的教育艺术形式，但它们从一开始就把某种思想上的整体作为前提，在对话中辩证地一步步加以展开。而发展史式的思考则把这些阶段解读为柏拉图思想形成过程中的时间阶段，认为各组作品是对当时所达到的理解的完全表达。这种解读的支持者们坚信，不能通过从更广泛的关系上展现某个问题之意义和目标的较晚作品来解释第一次提出该问题的柏拉图作品。①

上述争议问题在他年轻时创作的对话中变得突出。不言而喻的是，把这些作品视作青年柏拉图诗意模仿欲之纯粹游戏的人将它们与所有后来的作品严格分开。②但即使是认可其中存在哲学内容的批评者也习惯于把它们视作柏拉图的纯粹苏格拉底时期的标志，认为其中只包含了很少或没有他本人的思想。③他们认为，《高尔吉亚篇》是第一部勾画柏拉图本人的

---

① 作为现代柏拉图研究的奠基者，施莱尔马赫对柏拉图作品的理解建立在这样的想法上，即这些作品表现出柏拉图思想的某种内在统一。在他之后，K. Fr. Hermann „Geschichte und System der platonischen Philosophie “(Heidelberg 1839)成为所谓的发展史思考方式的开山之作。关于现代柏拉图解读的历史，参见现在已经过时的F. Ueberweg, *Untersuchungen über die Echtheit und Zeitfolge Platonischer Schriften* (Wien 1861) I. Teil；以及我的系列讲座：Platos Stellung im Aufbau der griechischen Bildung，特别是第二讲Der Wandel des Platobildes im 19. Jahrhundert, in *Die Antike* Bd. IV (1928) S. 85f.（已经独立成书出版，Berlin 1928）和H. Leisegang, *Die Platondeutung der Gegenwart* (Karlsruhe 1929)。

② 特别是Wilamowitz，前揭书，注释④。

③ 这个群体包括H. Raeder, *Platons philosophische Entwicklung* (Leipzig 1905)；H. Maier, *Sokrates* (Tübingen 1913)；M. Pohlenz, *Aus Platos Werdezeit* (Berlin 1913)。

理论思想世界的作品。《高尔吉亚篇》还第一次提出了那个公元前4世纪70年代在其伟大代表作《理想国篇》中得到充分发展的问题。按照这种理解，短篇苏格拉底对话描绘了苏格拉底特有的伦理探究。与这种观点常常联系在一起的猜想是，柏拉图在创造自己的早期苏格拉底作品时尚未确立理念学说。如果这种猜想正确的话，它将为上述思考方式提供特别的支持。人们在早期那组作品中没有发现关于理念说的清晰暗示，认为那是柏
拉图后来转向逻辑和认识理论的结果，《美诺篇》类型的对话中第一次更 665
清楚地宣告了理念说的出现。按照这种解读，第一组作品（除去其诗意魅力）的价值首先是作为历史作品，我们对它们的兴趣首先来自其作为历史人物苏格拉底的材料。

对柏拉图作品的发展史式解读无疑让我们第一次意识到许多在此之前没有受到足够重视的重要事实。若非如此，它们将很难获得承认，与其他各种解释成功对峙长达几十年。柏拉图一生都在创作对话，但从《拉刻斯篇》和《游叙弗伦篇》到《法律篇》，对话形式在语言、风格和结构上的变化是巨大的，这些变化显然不仅取决于柏拉图当时追求的不同意图。更深刻的理解让我们认识到，柏拉图艺术立场的有意识目的和无意识改变共同造就了一种风格的发展，引人瞩目地准确对应着柏拉图人生的主要阶段，我们有理由将其划分为早期风格、盛年风格和极其鲜明的老年风格。如果我们考虑到柏拉图在《理想国篇》和《法律篇》这两部大手笔作品中讨论了“国家和教育”的问题，而且他的老年作品中对该问题的立场与他盛年时的作品有了很大区别，那么我们必须承认，发生改变的不仅是诗人及其形式，还有思想家及其思想。任何只针对柏拉图思想的系统整体性，但不考虑其哲学发展之历史事实的研究都将遭遇难题，如果它试图为了描绘柏拉图而一视同仁地评价他所有的作品。爱德华·策勒最初曾因为《法律篇》与柏拉图主要作品的差异而宣布其为伪作，虽然在《希腊哲学史》中他被迫承认其真实性，但还是在附录中描绘该作品时指出它与从主要作品中获得的柏拉图学说的样子完全不同。

不过，认可上述事实并不意味着赞同人们从关于柏拉图之发展的想 666
法中得出的每一个结论。特别是刚才简略描绘的发展史式解读，虽然它

很久以前就似乎被普遍接受，但还是让最早的对话遭遇了最强烈的疑问。鉴于刚才的评论，我们不能将这些作品理解成纯粹的诗意游戏之作。[①]但即使把它们解读为对柏拉图思想中的纯粹苏格拉底时期的表达也站不住脚。[②]就像我们一再指出的，把伦理探究作为它们的特点和把柏拉图的早年视作柏拉图思想纯粹的伦理阶段是现代的误解，只要我们像柏拉图本人在其后来的作品中那样把此类探究放到更广泛的背景中来思考，这种误解就会消失。早期作品中讨论的美德正是用来构建起柏拉图国家体系的基础。勇敢、正义、审慎和虔敬是希腊城邦及其公民的古老政治美德。[③]短篇对话中讨论了勇敢、审慎和虔敬，分别成为某一篇对话的主题。作为所有美德中与国家的本质关系最为密切的一个（甚至可以说是国家的真正灵魂），柏拉图在《理想国篇》第一卷中探究了正义。经常有人表示，这部代表作具有独立形式的第一卷与最早的那组柏拉图作品中的苏格拉底对话最为接近。人们甚至认为，它最初是那组最早作品中的独立对话，后来被柏拉图纳入了关于国家的宏大作品，以便通过它（即通过正义本质的问题）来发展自己的理想国家结构。当然，这种今天得到许多人认同的观点只不过是一种有见地的假设。但无论正确与否，它都显示了早期对话是《理想国篇》思想圈子的有机组成部分，柏拉图的精神世界在后者中第
667 一次作为整体呈现在我们面前。除了《理想国篇》第一卷中关于正义的对话，探究勇敢、审慎和虔敬的《拉刻斯篇》《卡尔米德篇》和《游叙弗伦篇》同样植根于这个背景，尽管它们在结构上与《理想国篇》无关。

《申辩篇》中已经把苏格拉底的影响和他对公民就真正德性所做的教育同“城邦本身”联系起来，从而为他的使命打上了政治的印记。[④]如果仔细倾听的话，我们会发现柏拉图在所有短篇对话中也一以贯之地使用了

---

① 参见本书第532页，注释③。

② 参见本书第536页，注释③。

③ 参见本书第一卷第114—115页的介绍。

④ 参见《申辩篇》，36c。苏格拉底用简短但详尽的方式概括了他的全部影响。他在那里表示，他试图说服每个人，不要先关心自己的事，直到确保自己已经足够好和智慧，也不要去关心城邦的事，而是要先关心城邦本身（αὐτῆς τῆς πόλεως）。对城邦事务的关心和确保城邦本身尽可能地好和智慧，两者的区别同时也是苏格拉底意义上的政治同一般意义上的政治的区别。关于苏格拉底对城邦使命的暗示，另见《申辩篇》30e和31a等。

这部作品中奏响的音调。苏格拉底和老友克里同在监狱中关于忍受和服从法律的公民义务的对话最为清楚地展现了这点。[①]《拉刻斯篇》中讨论了真正勇气的本质问题，为了强调其政治意义，它被放到关于对两位年轻的公民之子进行最佳教育的对话里，尼喀亚斯和拉刻斯这两位著名的雅典将军积极参与其中。[②]《卡尔米德篇》与《理想国篇》及其基本理论存在多种联系。在这篇对话中，难以翻译的τὰ ἑαυτοῦ πράττειν观念第一次作为“谜题”出现，即做自己的工作，致力于这些事而非别的；[③]柏拉图在《理想国篇》中对职能和阶层的划分以此为基础。[④]这篇对话的主题是审慎和自制本质的问题，该问题对立法者和城邦治理的直接意义被多次提及。[⑤]和《高尔吉亚篇》一样，政治科学已经与医学对应起来。[⑥]政治关系同样涵盖了《游叙弗伦篇》中探究的虔敬，特别是因为在这篇对话中，对虔敬的讨论直接围绕着一个宗教法的问题。但在古典时代的思想中，虔敬概念首先是政治的，因为它涉及对城邦神明的崇敬，而城邦的法律和秩序是由神明保障的。到了这里，所有上述个别线索几乎可以顺理成章地交汇于《普洛
塔哥拉篇》；为了表明所有这些探究的目标，这篇对话把它们一并归入政 668
治技艺（πολιτικὴ τέχνη）的概念。[⑦]早期柏拉图对话中探究了这种政治技艺或科学的元素，它们试图确定基本政治美德的本质，把善的知识确立为一切美德的本质。在上述美德的基础上建立真正政体的工作就此开始，而作为《理想国篇》（后来成为柏拉图教育作品的高峰）的核心问题，“认识善的理念”已经预先将光芒一直投射到最早的柏拉图作品中。

只有当我们在这个框架中思考早期作品时，我们才能理解它们在柏拉图整个哲学中的意义。我们现在已经认识到，浮现在他眼前的这个整体

---

① 《克里同篇》，50a。

② 《拉刻斯篇》，179c起。

③ 《卡尔米德篇》，161b（参见161c）。

④ 《理想国篇》，第四卷，433b。

⑤ 《卡尔米德篇》，171d—e，参见175b。

⑥ 与《高尔吉亚篇》《理想国篇》和《政治家篇》一样，《卡尔米德篇》170b、173b、174c中也同时提到了医术和掌舵技术；将医术和善的科学（ἡ περὶ τὸ ἀγαθὸν ἐπιστήμη）做了比较，但前者居于后者之下。

⑦ 《普洛塔哥拉篇》，319a。在《普洛塔哥拉篇》中，关于这种政治技艺之本质的讨论也很快成为对所谓的公民美德的探究。

从一开始就是城邦。柏拉图在他的政治代表作中把由哲学家统治城邦的要求建立在这样的事实之上，即他们拥有善的知识，从而拥有作为建设人类集体基础的对最高准则的知识，整个生活都遵循这些准则。他最早的作品出发点各异，但都如同数学般精确地走向这个中心。我们由此看到，建筑师般的目标性是全部柏拉图思想的一个基本特征，这位诗人哲学家的创作由此与所有非哲学家诗人的作品有了原则上的区别。[①]柏拉图始终坚持这个目标，在创作第一篇苏格拉底对话时，这个整体的轮廓就已经浮现在他眼前了。在柏拉图的早期对话中已经可以非常清楚地察觉到《理想国篇》中所实现的完美。这种形式的塑造是全新的和独一无二的。它是对希腊精神的有机塑造力量的一次最伟大彰显。在某种最高智慧的引领下（这种智慧始终瞄准最高目标，但在细节塑造上仿佛游戏般地按照创造者的喜好享有完全的自由），这种塑造从整体上看可以与植物不可动摇的生长相比。
669 一边是在这些变换的场景中曾经出现的前景方面，一边是柏拉图的视野在整体上达到的境界，没有什么比把两者等同起来更能让人误解这种生产形式的了。许多发展史式思考方式的代表预设柏拉图在每部作品中只知道他说的那些东西，没有什么比这更缺乏艺术和哲学理解，我们必须对此加以指责。[②]即使最短的柏拉图对话也具有无与伦比的深刻影响，这正是因为在准确的概念中向前推进的对某个受限制问题（本身有些乏味）的探究，不断朝外指向它所活动的广阔哲学背景。

苏格拉底本人已经把他要求的德性教育视作政治任务，因为他认为那与政治美德有关。只要柏拉图从自己的第一部作品开始就把老师的教育工作视作建设城邦的工作，那么他就不会曲解苏格拉底的辩证法，而是直接遵循老师的意旨。在《申辩篇》中，这种工作表现为服务母邦雅典，[③]在《高尔吉亚篇》中，苏格拉底作为政治家和教育者的伟大成了衡量雅典政客贡献的标准。[④]不过，早在那个时候，根据柏拉图在《第七书简》中的亲口证实（该书简在这点上的价值无法估量），他就已经得出了激进的

---

① Wilamowitz在其对诗人柏拉图的描绘中无视了这点，前揭书，第一卷，第91页起。

② 参见我的解读，“Platos Stellung im Aufbau der griechischen Bildung”, *Die Antike* Bd. IV S. 92。

③ 参见前揭书，第14页。

④《高尔吉亚篇》，517b、519a、521d。

结论，即苏格拉底的追求在当前的任何一个城邦都不可能完全实现。①与克里提亚斯和阿尔喀比亚德一样，柏拉图以及他的兄弟格劳孔（Glaukon）和阿德伊曼托斯（Adeimantos）——他在《理想国篇》中意味深长地让他们成为苏格拉底的弟子和交谈者——显然属于成长中的雅典贵族青年，所继承的家族传统让他们觉得自己有资格成为城邦的领导者，把苏格拉底作为政治美德的老师。这些年轻的贵族在对现有雅典民主的最严厉批判中长大，他们更愿意倾听在道德上让城邦变得更好的意愿。不过，对于像克里提亚斯和阿尔喀比亚德这样具有天生权力欲的人来说，这种意愿只是为他们野心勃勃的颠覆计划火上浇油。当柏拉图的舅爷克里提亚斯在民主政 670
制垮台后邀请他加入新的专制政府时，他马上认识到这个统治与苏格拉底的理念水火不容，于是他退出了。②在柏拉图看来，苏格拉底本人与三十僭主的冲突以及后者禁止他继续教育活动是这个新政府道德不健康的明白无误的症状。③民主恢复和三十僭主倒台后，他第二次尝试积极参与政治生活，但苏格拉底与政府的冲突及其悲剧的结局很快再次把柏拉图从这条道路上吓退，让他退出了一切政治活动。④这两次挫折让他确信，让城邦与它最正义的公民发生致命冲突的原因并非寡头或民主政制，而完全是目前各种形式的城邦在道德上的堕落。

现在，柏拉图相信自己认识到，即使是个人的最深刻理解也无济于事，如果他没有志同道合的朋友和同伴来实现自己的想法。他在《第七书简》中把那段经历的时间作为自己深深绝望的开始，对于城邦这个他心目中的最重要问题，这种绝望从此成为他一生的基调。他确信，对于充满了苏格拉底教育意愿的自己而言，积极参与雅典的政治生活是无意义的自我浪费，因为不仅是雅典，目前的城邦在他看来都无可救药，如果没有神明的奇迹拯救它们的话。⑤苏格拉底是唯一和仅有的付出教育热情的人，

① 《第七书简》，326a—b。
② 《第七书简》，325d。
③ 《第七书简》，324d—e。更详细的描述参见色诺芬，《回忆苏格拉底》，1.2.31—37。
④ 《第七书简》，325a起。
⑤ 《第七书简》，325e—326b；参见《理想国篇》第五卷473d那个著名的相似段落。《申辩篇》31e和36b的重述表明，这种观点并非后来发展的结果，而是从一开始就存在于他的头脑中了。

他毫不关心其他人追逐的权力，因为他为之活着和工作的“城邦本身”（αὐτὴ ἡ πόλις）是一种纯粹的道德秩序。[①]它只能靠自己实现自身。柏拉图原本就具有同样的真正政治本能，他的思想和意愿通过苏格拉底而发生的
671 改变尚不足以磨灭这种与生俱来的本能。苏格拉底回避政治活动，因为他帮助城邦的力量位于别的地方。[②]柏拉图退出政府，因为他自觉没有必要的力量来实现自己认为的善。[③]不过，他追求的目标仍然是设法实现最好的城邦，将尘世间大多被分开的权力和智慧统一起来。[④]因此，通过经历苏格拉底与城邦的冲突，他早早形成了自己一生的基本思想：在哲学家成为统治者或统治者成为哲学家之前，国家和人类集体生活将无法改善。

按照《第七书简》的证明（晚年柏拉图在信中描绘了自己的政治-哲学发展），在第一次南意大利和西西里之行前（公元前4世纪80年代前），他已经被迫看到并表达了这种观点。[⑤]不过，我们不能把这个时间的确定理解为当时他刚刚产生这种想法。把那次旅行的开始作为时间点（当时他已经产生了这种信念）是出于柏拉图写这番话时的意图，即为了说明为何他前往叙拉古僭主宫廷的旅行［僭主的小舅子狄翁（Dion）热情地接受了这种观点］事后看上去仿佛是神圣命运的安排，因为它为后来西西里僭主统治的倒台提供了最早的动力。柏拉图希望说明，狄翁如何获得其一生坚信并试图实现的想法：把僭主教育成哲学家。因此，他宣称自己是“哲人统治”观点的提出者，并让狄翁成为其信徒。他还讲述了自己如何产生这种想法。根据他的讲述，这种想法的源头与其说是西西里之行，不如说与苏格拉底的灾难联系在一起，[⑥]因此要早得多。它来自最早的柏拉图对话
672 出现之时。这个事实对于重建短篇对话的哲学背景非常重要，证实了我们在前文通过对作品本身的解读所得出的结论，即这些作品与建立政治科学具有直接关系，后者的任务是在哲学上建设最好的国家。柏拉图见证了从

① 《申辩篇》，36c。
② 《申辩篇》，36b。
③ 《第七书简》，325e起。
④ 《第七书简》，325e—326a。他在《理想国篇》（第六卷499c）中也强调了最优城邦实现的可能性，尽管当时缺少时机。
⑤ 《第七书简》，326b。
⑥ 《第七书简》，325c—e。

苏格拉底之死到他踏上第一次西西里之行这段时间内自己的发展，对于人们据称在其中发现的所有难题，这是简单但令人信服的答案。

我们首先在柏拉图的《理想国篇》中看到想要让国家变好就必须拥有哲学家国王或国王哲学家这句名言，当时他正准备描绘将未来统治者变成哲学家的教育。他似乎通过一个令人印象深刻到无法忘记的悖论与这句话密不可分地联系在一起，柏拉图的《第七书简》在提到它时采用了自我引用的方式。只要人们把《第七书简》视为伪作，那么这句话就是其不真实的明确证据；人们相信，为了让自己的证言带有真实性的印记，伪造者复述了柏拉图最著名的想法之一，但他的疏忽之处在于，他让作为这句话出处的《理想国篇》（现代研究结果认为它创作于公元前4世纪70年代）在90年代就已经存在了。当我们重新相信书简的真实性后，这句话带来了一个新的难点。我们并不怀疑这是自我引用，而且柏拉图自然肯定清楚自己什么时候写了《理想国篇》。因此现在我们不情愿地得出《理想国篇》在公元前4世纪90年代已经写成的结论。[1]当然，几乎无法想象这部最伟大的作品和它的一切其他前提（我们习惯于将其视作30年不间断写作活动的成果）可以在第一次西西里之行前的10年间写成。因此，另一些人完全不接受这种想法，而是试图用某个较早版本的《理想国篇》来解释这点，那个版本比我们面前的短，阿里斯托芬在公元前4世纪90年代末创作的喜剧《妇女公民大会》（*Ekklesiazusen*）中的妇女统治从中获得了素材。[2]这两种想法都不太可能。柏拉图在《第七书简》中并未提到他在某 673
个地方记录下了这种观点，只是说表达了它。最可能的情况是，他在对话中所表达的观点常常首先在口头教育活动中被陈述和讨论，然后才以书面形式呈现在外界面前，以便向其讲授柏拉图哲学和教育的本质。[3]用对话形式展示柏拉图的重要学说需要好几十年，但在口头教育活动中，他用不

① A. E. Taylor, *Plato* (London 1926) S. 20持此观点。

② M. Pohlenz, *Aus Platos Werdezeit* S. 227.

③《第七书简》326a表示“我不得不说……”（λέγειν τε ἠναγκάσθην），Taylor（第20页）认为这指的是已经写完的《理想国篇》，但我在关于Taylor的书评中认为它指的是口头教导，见*Gnomon* Bd. IV (1928) S.9。这也解释了阿里斯托芬的《妇女公民大会》和柏拉图《理想国篇》中的理论的相合。

着等上30年就能谈论自己通过探究德性本质所追求的目标。柏拉图并非直到学园建立后才开始教育活动，从90年代的短篇对话到《普洛塔哥拉篇》和《高尔吉亚篇》等作品都属于柏拉图在口头对话中采用真正的苏格拉底方式发展起来的教育计划，这个事实不需要烦琐的证明，尽管人们常常没能足够重视它。

就这样，我们确定了90年代的短篇苏格拉底作品的背景。对我们来说，想要重建它只能通过将这些对话放到《理想国篇》提供的整体框架中，放到《第七书简》里柏拉图本人对自己当时的发展的证明中。但对同时代人来说，这些作品首先暗示了苏格拉底的辩证式探讨在其背后的延续，[①]就像柏拉图在从苏格拉底死后踏上的旅程中回归后必然尝试过的。这些短篇对话表明了他在何种意义上展开此类谈话，以及他的理论思想主要集中在哪些点上。显然，他从一开始就致力于让人们清楚地意识到他在这些辩证式探讨中使用的逻辑程序的前提和完成它们的固定逻辑形式。鉴于材料的性质，我们很可能永远无法确定苏格拉底在这个方向上已经走了
674 多远，作为逻辑学家的柏拉图在多大程度上是他的弟子。[②]今天，许多人非常赞同苏格拉底对该领域的贡献被低估了，一切都被归功于柏拉图，他的学校在两代人的时间里完成了让逻辑学在随后两千年间保持活跃的全部进步。[③]将“反驳式谈话”发展为最高的艺术并为之奉献一生的人必然已经掌握了逻辑学的根本知识，不可能纯粹依靠经验。不过，如果我们比较其他苏格拉底弟子留存的作品，它们对逻辑过程本身的兴趣显得很小，如果真有的话。色诺芬简略地提到苏格拉底不知疲倦地致力于确定概念，但这对我们更准确地理解作为逻辑学家的苏格拉底帮助不大。[④]然而，柏拉图对苏格拉底辩证法的描绘仍然有极大可能是真的，只要我们不忘记这里有一位杰出的形式天才抓住了问题并将其朝各个方向发展。

---

① 《申辩篇》39c—d已经纲领性地宣告了这种延续。

② 参见A. Diès, *Autour de Platon* (Paris 1927) S. 156f.。

③ 特别是H. Maier, *Socrates* S. 264。Burnet和Taylor反对将苏格拉底的精神去逻辑化，他们的观点不无道理；但这些研究者走得太远，过分简化了这个问题的答案，将柏拉图关于苏格拉底所说的一切都归于真实的苏格拉底。

④ 色诺芬，《回忆苏格拉底》，4. 6. 1。

不过，即使在如何衡量作为对柏拉图辩证法当时状况之见证的早期对话的问题上，我们还是遇到了与分析它们的伦理-政治内容时同样的问题。发展史式思考从中看到它们的作者已经对形式的逻辑基础（定义、归纳和概念）拥有完全意识的证据。但就像之前提到的，它没能从中看到任何对在后来的作品中成为柏拉图辩证法特点的理念学说的清楚证明。①对于这种理解，柏拉图如何从逻辑抽象开始发展出作为本体论实体的理念之学说仍然是个问题。根据亚里士多德的观点，柏拉图把亚里士多德研究的道德普遍概念理解为不同于永远流变的可见世界的另一个存在领域和一个永恒现实的世界，而在熟悉希腊思想特点的人看来，这才是真正自然的，无论它显得与现代人的思想及其唯名论相去多远。②柏拉图无疑在早前希腊哲学的整个基础上做出了这样的假设，即有认知者的地方就一定存在他的认知对象。按照亚里士多德的说法，他最早的老师克拉图洛斯让他相 675
信，我们生活在一个不断流变，一个永远在形成和消逝的世界中。投入苏格拉底门下后，一个新的世界向他敞开。苏格拉底追寻正义、虔敬和勇敢等的本质，假设它们是具有永恒和不可动摇性质的认知对象。③我们会说，苏格拉底关于正义、虔敬和勇敢的问题瞄准了普遍之物或者概念。但无论今天这种理解对我们而言多么流行，它在当时尚未出现。我们在后期的对话中看到柏拉图努力追求这种认识并对其做了深入探究，而亚里士多德也在理论上完全清楚抽象化的逻辑过程。但对于“什么是善”或者“什么是正义的”这个苏格拉底问题，对普遍概念之逻辑本质的理论认识仍然远远谈不上完善。因此，当亚里士多德表示苏格拉底没有像柏拉图那样将自己所试图确定的普遍概念实体化为不同于感官对象的存在时，他的意思并非苏格拉底已经掌握了亚里士多德式的普遍性理论，但后来柏拉图犯了无法理解的错误，把正义概念与已经存在的正义理念对应起来，仿佛让这种在抽象本质上已经被苏格拉底认识的普遍概念增加了一倍。诚然，只要柏拉

① H. Raeder、Wilamowitz、Pohlenz等人都这样认为。

② 比如，Constantine Ritter, *Platon* Bd. I S. 577认为难以理解的是，在柏拉图的作品中找不到类似于亚里士多德的著名观点，后者将柏拉图理念解释成独立存在的真理。对于理念的这一方面的理解，J. Stenzel（前揭书，注释①）做出了决定性的贡献。

③ 亚里士多德，《形而上学》，1. 6. 987a32起。

图理念被理解为一个不同于感官现象世界而存在的实体世界，那么在亚里士多德看来它们就是对感官世界的不必要倍增。他觉得它们是多余的，因为他已经认识到普遍概念的抽象本质。但从中我们可以更肯定地得出结论，柏拉图当时尚未能创造出理念或形式理论，更不用说苏格拉底了。柏拉图第一个把自己的逻辑天才用于探求苏格拉底关于善和正义等概念的问题所追寻的对象。他认为，苏格拉底所尝试的通往善、正义和美本身的辩
676 证道路也是通往真正知识的道路，而感官知觉则无法持久。当苏格拉底沿着这条道路从变化领域上升到永恒领域，从多样性上升到统一性时，按照柏拉图对该过程本质的理解，他正是在这种统一和永恒中抓住了真正的存在。

如果我们的上述解读正确的话，那么柏拉图相信自己的理念学说抓住了苏格拉底辩证法的意义和本质，并试图清楚地阐述其理论前提。这种学说中不仅包含了一种与感官直觉具有本质区别的新的知识概念，还提出一种关于存在或现实的新概念，这一概念不同于早前自然哲学家的。当柏拉图把辩证法试图认识的多样性中的统一称为形式（希腊语的Idea或Eidos）时，它由此将其与同时代的医学表达方式联系起来，他经常把后者作为方法上的模板。[①]就像医生把大量在本质上属于同一类型的不同个体病例归结为一种疾病形式（Eidos），对伦理问题（如探究勇气）进行辩证探究的成果是把我们使用这个谓词的不同情况归结为一个整体。在早期对话中，我们看到这种辩证活动进一步上升到美德本身，苏格拉底将不同的个别美德概括成唯一的整体。对个别美德的探究并非像我们首先期待的那样指出其与别的美德的区别，而总是进一步指向所有美德的更高整体，指向善的本身和对它的认知。柏拉图在后来的作品中将辩证认知过程的本质描绘成将多样性总结和概括成理念的统一性。[②]这正是在短篇对话中所发生的。《拉刻斯篇》中讨论的“什么是勇气”的问题似乎是为了定义这一种美德，但事实上获得的却不是对勇气的定义。相反，我们看到自己被

① 见本书第439页。

② 《理想国篇》，第七卷，537c：真正的辩证主义者是能够对事物进行总结的人（Synoptiker）。《斐德若篇》265d对辩证主义者做了同样的描绘。

引向勇气与其他美德的统一，引向真正的美德。因此，对话的否定结尾与 677
辩证探究本身的总结式本质有关。“什么是勇气”这个问题事实上并不为了定义勇气的“概念”，而是为了美德本身，即为了善的理念。不过，早期对话中的辩证法致力于将多样性概括成理念的总结式特点，不仅出现在个别对话有条理的思路中，更是体现于柏拉图在整个这组对话中的集中式做法，就像上文已经指出的那样。他从探究所有个别美德出发，表明确定其中任何一个的尝试都将不可避免地导致把它们全体概括为唯一的美德本身和将其作为认知的起点。

考虑到这个事实，柏拉图是否已经在对话中把Idea或Eidos等词作为对这种“本身”的技术称谓显得无关紧要。[①]柏拉图在这些准备式作品中很少透露，他对在其中所出现的个别美德的探究和所提出的新思想以对善的知识本身为目标，并以此为基础重建城邦。我们也很难期待他从一开始就用理念学说这样的完备理论吓住读者，因为他首先想要引起他们对问题的注意。他从未在任何作品中对理念学说做过这种意义上的全面阐述，甚至到了因为该学说被不断提及而能确定其存在的时候。即使在中期对话中，该学说也只是通过零星的例子得到阐述，并被假设为众所周知的，或者只勾画出一些基本线条，让不谙奥义的读者也能理解。柏拉图详细分析理念说难题的段落很少。通过亚里士多德对所谓的数学阶段（柏拉图在当时试图将理念解释为数字）的详细描绘，我们吃惊地发现，他和弟子们
在学园中发展出一种我们在同时期的对话中无法察觉到其存在的学说。但 678
在亚里士多德的帮助下，我们至少得以在对话中发现一些其影响的零星痕迹。[②]一边是学校中的秘密讨论，一边是柏拉图哲学中向外界展现的那一面，我们在这里看到两者被严格区分。柏拉图在最早的对话中对理念学说讳莫如深与上述情况不同，因为柏拉图当时必然已经明白，虽然其伦理-政治思想的理论基础那时仍然被视作秘密，但他在未来的作品中会向世人

① 对于柏拉图对话中Eidos和Idea等概念的出现情况的盘点，如果想要得出决定性的结论，就必须一并考虑其他表示“多中之一”的词和表达，比如ὅ ποτε ἔστιν· τί ὂν ἐν πᾶσι τούτοις ταὐτόν ἐστιν. ὅτι ποτε ἔστιν αὐτὸ ὅτι ἔστιν（存在者是万物中同一的，存在者是同一的），等等。

② 亚里士多德，《形而上学》，1. 6. 987b20起等。参见P. Wilpert, Neue Fragmente aus Περὶ τἀγαθοῦ, *Hermes* 76 (1941) S. 226f.。

揭示其轮廓。此外，认为最早的作品中没有包含对理念学说已经存在的暗示是完全错误的，因为普遍被视作最早对话的《游叙弗伦篇》将辩证探究的对象称为“一个理念”（Idea），该时期的其他对话中也能找到类似的暗示。①

由此获得的关于柏拉图在苏格拉底死后那些年里的作品面貌，让我们清楚地看到了其全部创作和哲学思想的有机统一。短篇对话被证明从柏拉图思想的内容和形式两方面介绍了其核心问题，即最优城邦的问题。柏拉图把这个问题同苏格拉底的“美德是一种善的知识”的信念联系起来。如果这种信念是真理，那么以此为基础来通过教育建设人类集体就是必不可少的要求，必须为此投入全部力量。在还没有让读者看到这个目标前，柏拉图就在他最早的作品中引领他们提出了作为实现该目标的前提的问题，即苏格拉底关于美德和知识的问题。但直到随后的《普洛塔哥拉篇》和《高尔吉亚篇》两篇中，他才让我们充分认识到该问题的意义。在那里，他将其放进了在他看来该问题所处的宏大关系中。因此，止步于短篇对话的读者仍然不谙奥义。但他们觉得自己不可阻挡地被驱赶向前，在
679 更全面的思考中寻找自己仍未获得的解释。我们将在其接下去的作品中证明对柏拉图的创作的这种想法。通过从《申辩篇》到《高尔吉亚篇》，然后一直到《理想国篇》的写作，柏拉图眼前一定浮现着这一计划，即带领人们一级级走上最高瞭望台，从那里他们可以对柏拉图的哲学视野一览无余。有人会说这种做法要求太高，意味着必须在这段时间里预先考虑好每部作品并事先确定其在总体计划中的位置。但有一点是清楚的，19世纪的发展史式思考很少重视柏拉图在不同作品间所画的连接线，他通过这些线条让我们意识到，它们都一步步揭开了唯一的宏大关系，在这种关系中，他的第一步只有通过最后一步才能得到完全的解释。②

如果从整体上通观这些作品的发展并从那里回到它们的起点，那么

---

①《游叙弗伦篇》，6e。参见C. Ritter, *Neue Untersuchungen über Platon* (München 1910) S. 228–326汇编的Eidos和Idea的例子。

② 面对所有的后来者，这是施莱尔马赫对柏拉图解读中永远的真理。在一个这种统一性有彻底瓦解危险的时代，P. Shorey, *The Unity of Plato's Thought* (Chicago 1904)的功绩在于它牢牢坚持了这种观点。Shorey在前揭书第88页明确强调，这种统一性反过来并不否定发展。

我们会看到它们所包含的基本思想，即用苏格拉底对话的形式把读者越来
越深地引向哲学内部，让他们认识到个别问题间相互的紧密联系。这种计
划的构想建立在对哲学方法本质的教育式想象之上，柏拉图的作品为其提
供了模板并做了宣传。教育元素不仅体现在对话激发读者共同和预先思考
的力量，从而解放他们自己的生产力。由于亲历了寻找真理的努力反复遭
受挫折，他们越来越意识到真正知识的艰难，并理解了此前被视作理所当
然的假设（其构成了他们存在的基础）。他们开始注意到自己思想的错误
来源和主流观点的可疑，学会了把为自己的判断提供解释和希望别人也这
样做看成思想规范性的最高准则。他们不仅学会了在哲学对话期间重视这
一切，而且认识到其对人的全部生活和行为的意义。他们心中一定产生了 680
以此作为自己生活之基础的愿望，由此使其具备内在的相互关系和稳定的
方向。苏格拉底的教育力量（柏拉图亲身体验过）在对话中成形并征服了
世人，使其在更全面的思考中明白了自己的本质和目标。

第6章

柏拉图的《普洛塔哥拉篇》：智术师式还是苏格拉底式教化？

柏拉图第一次吹开仍然覆盖着他最早对话之面纱的作品是《普洛塔哥拉篇》。在这部作品中，我们对之前作品中讨论的问题有了更自由的视野。在这里，即便无法发现这些问题中的统一思路的读者也能清楚地看到它们，因为它们被归结为唯一的问题。苏格拉底的教育者形象从《申辩篇》开始就出现在我们的精神目光下。在短篇对话中，作为伴随他一生的问题，美德与知识的关系围绕着个别美德展开。[①]现在，在一篇规模和风格更加宏大的作品中，这个问题被引入了教育讨论的更宽广世界，苏格拉底和智术师的时代在其中回响。在这篇新的对话中，柏拉图的苏格拉底试图穿透这种杂音，以便与智术师教化的主张展开原则上的争论，并把那些用作为他本人教育方案的为我们所熟知的要求来反对它们。 681

《普洛塔哥拉篇》不像更早的对话那样[②]满足于在最小的圈子里展

① 简便起见，我们沿用自古以来的做法，将希腊语单词Arete和Episteme译成“美德”和“知识”，尽管这两种表达都会造成误解，因为它们都有众所周知的现代次要意义，这在希腊语中是没有的。如果有人在经过了我们从第一卷开始就对希腊语Arete的本质所做的解释后仍然不具备思想上的独立性，仍然始终无视“美德”在希腊语中的意义，如果他们仍然从现代科学的意义上，而不是从古希腊人所称的Phronesis的价值精神意义上去理解“知识”，那么即便我们处处使用希腊语而非德语词汇也于事无补。

② 在这里提出的这个观点必然在我们的讨论过程中得到证明，即《普洛塔哥拉篇》要晚于柏拉图的短篇对话。Wilamowitz认为它是柏拉图最早的作品之一，v. Arnim则认为那就是他最早的一部作品。Wilamowitz认为它年代早是因为他相信，最早的柏拉图对话仍然具有非哲学性质，而《普洛塔哥拉篇》同样如此（参见本书第531—532页）。Arnim的观点则基于他试图完成的一种证明（*Platos Jugenddialoge* S. 24f.），即《普洛塔哥拉篇》要比《拉刻斯篇》更早。我认为这两种观点都完全站不住脚。

开，因为这不符合历史上的苏格拉底的事实。在这里，柏拉图让他的老师与当时最伟大的思想名人——智术师普洛塔哥拉、普罗迪科斯和希庇阿斯——进行了公开论战。他选择最富有的雅典人卡利亚斯的家作为场景，这些伟大的异乡人是那里的座上宾，为了向他们致敬，在雅典社交圈中有名望和对思想事物感兴趣的雅典人集聚一堂，表达了他们的赞美和敬意。
682 这幕剧情是否真在苏格拉底生活中上演过的问题对我们无关紧要，因为柏拉图通过选择对话伙伴所希望表达的东西显而易见。对他来说，苏格拉底不仅是雅典当地的一个怪人。相反，苏格拉底以自己与母邦不可分割的关系为人所知（尽管他也以反讽的自我贬低著称），在思想力量和原创性上超过了当时所有为人称道的伟大人物。在柏拉图的《普洛塔哥拉篇》这部思想剧中，苏格拉底与智术师式教化的争论表现得犹如该时代一场真正的决定性断杀，被描绘成两个对立世界为了争夺对教育的统治权而展开的战斗。不过，尽管谈话在高雅的环境中展开，而且智术师们和他们的弟子与拥趸登场时派头十足（由此突出了那个时刻的重要性），但对话中同时流露出年轻人的活泼光辉和调皮恶作剧的幽默情绪，这在其他柏拉图作品中都看不到。有的对话在语言上更加丰富，还有的能更有力地触动我们的情感和思想，但在行文的简洁和灵动上，在特征刻画的准确性上，或者在戏剧化效果上，没有哪篇作品能够超过《普洛塔哥拉篇》。

我们的描述几乎无法展现所有这些鲜活的生命力和直接的艺术效果。为此，苏格拉底式和智术师式教育的不同特征直接作用于我们情感的那一面（在柏拉图作品的每一行都能感受到）将被略去。历史学家无法与艺术家竞争，也无意接受其影响。与一部具有如此不可模仿的原创性的作品相比，哪怕最幽默和在语言上最为接近的复述也将逊色得多。因此，它的内容在这里将缩水为模糊的对比和轮廓。

天还没亮，苏格拉底的一位年轻弟子和朋友就想要进屋，他用力砸门，将其从睡梦中惊醒。前一天晚上，此人在回雅典的路上听说普洛塔哥
683 拉在城中，这件大事让他激动不已。他下定决心向普洛塔哥拉寻求教诲，就像其他许多出身体面的雅典年轻人出重金寻求的那样。他一大早就来找苏格拉底，想要请求后者把自己引荐给那位大师。[1]对话主要部分的引子

① 《普洛塔哥拉篇》，310a起。

在房子的庭院中展开，两人在那里走来走去等待天亮，进行了真正苏格拉底风格的交谈。在交谈中，苏格拉底考验了年轻的希波克拉底的决心，并向后者指出他正在进行何种冒险。[①]苏格拉底极为朴实而亲切的态度使其与那位年轻人没有任何距离。他一直没有意识到，真正的大师正平易近人地站在他面前，特别是因为在这篇对话中，与年高德硕的普洛塔哥拉相反，苏格拉底仍然以盛年形象出现。希波克拉底仅仅视其为参谋和朋友，让他有机会接触到那位远道而来并受到毫无保留赞叹的普洛塔哥拉。苏格拉底用了几个明确的问题让他意识到，他既不认识普洛塔哥拉，也不明白智术师究竟为何许人，以及有望从他们那里学到什么。两人由此已经触及后文在苏格拉底和普洛塔哥拉之间的对话主要部分中变得意义重大的要点：如果这位年轻人想要成为医生，那么他应该向当时最伟大的医生，与他同名的科斯岛人希波克拉底求教；如果想要成为雕塑家，他应该找波吕克里托斯或斐迪亚斯。因此，如果他想要拜普洛塔哥拉为师，那么他似乎决心成为智术师。希波克拉底坚决否认这点，[②]这里可以看到智术师教育和专业培养的本质区别：只有智术师的专业学生才抱着今后以此为职业的目标学习技艺，[③]而簇拥在智术师身边的有教养的雅典青年仅仅是“为了教化”而聆听他的教诲，就像非专业人士和自由公民应该做的。但那位年轻人并不清楚这种教化（Paideia）存在于何处，我们觉得这是热衷教化的年轻人的典型特点。

在承认无知的基础上，苏格拉底又提出了警告和告诫。与在柏拉图 684
的《申辩篇》中敦促人们呵护“灵魂”的方式如出一辙，[④]苏格拉底提醒自己的年轻朋友，如果他把自己的“灵魂”托付给他本人无法描绘其目的和意图的陌生人，他将使之陷入何种危险。[⑤]我们由此第一次约略看到了智术师教育的本质。普洛塔哥拉从异邦来到雅典，收费教授各种知识；[⑥]

① 《普洛塔哥拉篇》，311a起。

② 《普洛塔哥拉篇》，312a。

③ 以职业为目标的学习是“为了掌握技艺”（ἐπὶ τέχνῃ μανθάνειν），而在普洛塔哥拉那里学习“美和善”（καλοὶ κἀγαθοί）只是“为了教化”（ἐπὶ παιδείᾳ）（312b）。

④ 见本书第484—485页。

⑤ 《普洛塔哥拉篇》，313a。这里的危险动机和灵魂动机是真正苏格拉底式的。另参见314a 1—2，314b1。

⑥ 关于新教育的这个方面，参见论《理想国篇》的那章。

因此，从现实角度来看，作为一种社会现象，他等同于售卖进口商品的流动商贩。但两者间还存在一个对智术师不利的更大区别：商人出售食物，人们可以用随身携带的容器将其带回家，在享用前进行检验，而希波克拉底必须当场享用他从普洛塔哥拉那里购买的精神食粮，并不加检验地将其“纳入自己的灵魂”，不知道它们有用还是有害。[1]在真正的对话开始前，我们在这里一眼就看到了两种类型的教育者：智术师向人的精神中灌输各种不加甄别的学问，代表了至今为止所有时代的平均教育；而作为灵魂医生的苏格拉底认为知识是灵魂的养料，[2]他首先要问的是什么对灵魂有用或有害。[3]诚然，苏格拉底本人完全不会以这种医生自居，但当他提到如果对身体的滋养有疑问，医生或训练师是现成的内行时，问题将油然而生：谁是能够判别对灵魂正确滋养的内行？如果真有其人，那么通过这种强烈的对比可以形象地描绘苏格拉底意义上的真正教育者。

带着对真正教育者本质的疑问，两人前往卡利亚斯的宅邸；这时天光已经放亮，现在去拜访那位从早到晚都被访客包围的智术师不至于太早。[4]那位富人的门房已经声音激动，表明苏格拉底和希波克拉底不是第
685 一批前来拜见的人。当两人最终获准入内时，他们看到普洛塔哥拉被一大批人追随，正在前厅中踱来踱去，一面热情地和人交谈着。他的一边是主人卡利亚斯及其同母异父的弟弟，伯里克利之子帕拉洛斯（Paralos），还有格劳孔之子卡米德斯（Charmides）；另一边是伯里克利的另一个儿子克桑蒂波斯（Xanthippos），雅典人斐里庇得斯（Philippides）以及普洛塔哥拉的一名专业弟子和未来的智术师，最有希望的智术师接班人——门德人安提莫伊洛斯（Antimoiros von Mende）。走在这些人身后的第二排是来自不同城市的各种异邦人，他们在普洛塔哥拉周游希腊时一路追随，仿佛他是俄耳甫斯，被他的声音施了魔法。他们努力试图理解第一排人的谈话。当普洛塔哥拉走到大厅尽头转过身时，军事队列中的第二排人转向第

① 《普洛塔哥拉篇》，313c—314b。

② 《普洛塔哥拉篇》，331d—e：对灵魂医生的要求；313c6：作为灵魂养料的知识。《高尔吉亚篇》中对于医生对灵魂的呵护做了系统的阐述（参见本书第576—577页）。

③ 《普洛塔哥拉篇》，313d2、d8、e3；314b3。

④ 《普洛塔哥拉篇》，314c起。

一排的两翼，在其背后重新列好队，沿着同样的路线向回走去。[①]在对面的前厅中，埃里斯人希庇阿斯端坐在椅子上，被另一些著名的雅典人和几个异邦人簇拥着，他们像弟子一样坐在他周围的长椅上，听他讲授天文学问题。[②]第三位智术师——开俄斯人普罗迪科斯被安置在改成客室的储藏室里，他尚未起床，身上裹着羊毛毯，周围的沙发上坐着形形色色的著名访客；走进屋子的人听不清讲课内容，因为这位智术师的低沉嗓音在封闭的房间里回荡，形成了沉闷的隆隆声。[③]

这时，苏格拉底向普洛塔哥拉引荐了自己的门徒，并向这位智术师告知其寻求教诲的意图。他表示，希波克拉底想要在母邦从政，因此对普洛塔哥拉的教育寄予厚望。他介绍说，希波克拉底出身富家望族，是个有才干和抱负的年轻人。普洛塔哥拉则描绘了自己授课的性质。[④]这种“许诺”（Epangelma）属于游方智术师的职业特点，在有收入保证和有固定落脚点的教师群体缺乏的情况下，这是一种必要的自我宣传。就像我们看 686
到的，诸如医生等游方职业也需要类似夸耀自己的能力，[⑤]此事对古代听众来说并不像对现代读者而言那么可笑。今天，我们必须习惯的是，在智术师的时代，当像柏拉图和伊索克拉底那样的固定学校尚未建立时，老师似乎会外出寻找学生，在他们来到（ἐπιδημεῖν，ἐπιδημία）的城市向当地年轻人提供聆听自己讲课的机会。“许诺”是一个新的人类群体出现的最清晰标志，他们把教育成长中的年轻人作为职业。此前，教育仅仅存在于年轻人同自己熟人圈子里的成熟男性的私人交际中，苏格拉底同他的年轻朋友们的关系也同样如此。因此，这种关系非常老式和不专业。这正是新式教育的吸引力所在，柏拉图通过希波克拉底的形象非常生动而又反讽地描绘了它。看上去可能显得矛盾的是，本人同为学校建立者的柏拉图却

---

① 《普洛塔哥拉篇》，314e—315b。

② 《普洛塔哥拉篇》，315c。

③ 《普洛塔哥拉篇》，315d—316a。

④ 《普洛塔哥拉篇》，319a。ἐπάγγελμα是老师向学生许下的“诺言”，承诺教他某种东西。动词形式是ἐπαγγέλλεσθαι和ὑπισχνεῖσθαι（参见319a4），后来表示类似“宣示”的意思。拉丁语用profiteri来表示ἐπαγγέλλεσθαι τέχνην（宣示技艺），在罗马帝国时代出现的Professor这种职业名称便源于此，用来指教授他人的智术师。

⑤ 参见本书第428页。

强烈反对智术师的职业化。相反，其学校的建立以友谊（φιλία）为基础，他希望在自己的对话艺术中将通过个人交际实现的高等教育的旧有形式推进到新的层面上。

普洛塔哥拉没有通过暗示其新颖性和时代性来推荐自己的技艺，而是将其描绘成古老和久经检验的。[①]他这样做是为了应对人们对智术师这一新群体及其在希腊城邦中的活动常常表现出的不信任，这导致许多智术师在展开活动时完全避免使用这个名字，而是以其他身份出现，比如医生、训练师或乐师。[②]普洛塔哥拉熟悉利用从荷马到西蒙尼德斯这些伟大诗人的教育者声望和他们的智慧遗产（智术师们试图将其改造成容易理解的道德化书本知识），但他改变了角色，将那些思想上的英雄视作他技艺的祖先，面对自己时代的社会的不信任，他们以诗人为伪装，试图掩盖一
687 个显而易见的事实，即他们全都是智术师。[③]与他们相反，普洛塔哥拉在所有人面前公开承认自己是智术师，是高等教化的职业老师，致力于“教育他人”，因为他不害怕被曝光，而是担心这种掩盖做法会导致他所代表的教化遭到更大的怀疑。[④]他很乐意抓住这次机会，向在场的听众进一步宣扬这种教化的本质。苏格拉底觉得普洛塔哥拉对新赢得的这位倾慕者感到骄傲，于是提议邀请普罗迪科斯和希庇阿斯一起来听讲，普洛塔哥拉欣然同意。[⑤]当他的殷勤仰慕者们忙着用椅子和长凳搭成讲堂，所有人都聚齐后，表演开始了：普洛塔哥拉再次郑重其事地宣布，通过他的教诲，希波克拉底每天都会取得进步。[⑥]

这时，苏格拉底提出了一个问题：普洛塔哥拉的教育将在哪些方面让他的弟子变得更好？他重新拾起了那个在引子部分中尚未回答的问题，即关于智术师教育的本质和目标。[⑦]如果有年轻人拜佐伊克西波斯

① 《普洛塔哥拉篇》，316d。
② 《普洛塔哥拉篇》，316d—e。
③ 《普洛塔哥拉篇》，316d。
④ 《普洛塔哥拉篇》，317b：ὁμολογῶ τε σοφιστὴς εἶναι καὶ παιδεύειν ἀνθρώπους（我承认我是智术师，我教育他人）。ὁμολογεῖν一词另参见317b6和c1。
⑤ 《普洛塔哥拉篇》，317c—d。
⑥ 《普洛塔哥拉篇》，318a。
⑦ 《普洛塔哥拉篇》，312e。

（Zeuxippos）为师，后者许诺让他变得更好，那么每个人都知道这意味着让他的画技更好。如果这位年轻人抱着同样的目标找到忒拜人奥尔塔戈拉斯（Orthagoras von Theben），那么所有人都知道，他是想让自己被培养成笛手。[①]但如果接受普洛塔哥拉的教诲，那么他将在哪些地方取得进步呢？苏格拉底的问题清楚地指向这位智术师自诩拥有的技艺和精通的具体对象。普洛塔哥拉无法代表全体拥有智术师之名的人回答，因为在这点上，他们本身也相互不一致。比如，在场的希庇阿斯以"博雅艺术"的代表著称，特别是后来所谓的"后四艺"，即算术、几何、天文和音乐。诚然，智术师教育的这个分支最适合回应苏格拉底的问题，因为它具有理想的技艺特征；但在普洛塔哥拉的教育中，社会科学分支拥有无条件的优先地位。在他看来，完成惯常的基础教育后，年轻人想要接受更高等的教 688
育作为补充，这种教育并非让他们为某个具体职业，而是为政治生涯做准备。因此，他们不愿重新投入具体的技艺学习，[②]而是需要别的东西，那正是他能够教授的，即为自己和他人提供正确管理家庭的建议，在言行上能成功地处理城邦事务。[③]

尽管普洛塔哥拉不把对这种能力的传授称为专业学科或技艺（与数学学科相反），但在苏格拉底的询问下，他承认自己是"政治技艺"的老师，自告奋勇地要把人们培养成好公民。[④]苏格拉底认为那是一个崇高的目标，但对这种能力的可教授性表示怀疑，并通过提及广为人知的经历来证明自己的想法。在公民大会乃至一般的公共生活中，对于建筑术、造船以及所有对象为具体专业学科或技艺的事务而言，发挥作用的完全是最突出的内行人士的意见。如果有某个外行放肆地想要参与决定，他将被从讲坛上轰下，遭到所有人的嘲笑。[⑤]相反，对于没有人可称内行的问题而言（因为不存在相关的专业学科），在同样的公民大会上，每一位鞋匠、木

---

① 《普洛塔哥拉篇》，318c。

② 《普洛塔哥拉篇》，318e。普洛塔哥拉在这里顺带批评了像希庇阿斯这样的智术师，他们教授所谓的"自由之艺"，腐化年轻人（λωβῶνται τοὺς νέους）。

③ 《普洛塔哥拉篇》，318e5—319a1。

④ 《普洛塔哥拉篇》，319a。

⑤ 《普洛塔哥拉篇》，319b—c。

匠、铁匠、商人和水手、富人和穷人、贵族和平民都会在众目睽睽下作为意见提供者登台，没有人会把他赶下台，因为他谈论的东西不是从老师那里学来的。显然人们认为那是不可教授的。[①]在私人生活中同样如此。在精神和道德上最为突出的人无法将自己出众的特质（他们的美德）传给他人。作为在场的两位年轻绅士的父亲，伯里克利在所有能找到老师的方面都让他们接受了最好的教育，但在他本人最伟大的方面，他没有亲自施
689 教，也没有把他们托付给其他人来受教，而是让他们四处“自由地吃草”，仿佛他们等待着自己在某个地方能找到德性。[②]苏格拉底经常重复的一个问题是，为何伟大人物的儿子常常不像父亲。在这点上，他举了许多来自著名同时代人和在场者家族历史的例子。[③]他以上述经验作为自己观点的基础，即美德是不可教授的。[④]

就这样，他用哲学形式重新提出了品达贵族伦理的一个基本思想，智术师的理性主义教学法更多无视了这种思想，而非对其提出反驳。[⑤]他们对教育的乐观似乎没有边界；[⑥]他们在思想上对教育目标的有力理解促进了这种乐观，而且似乎迎合了时代的普遍特征，尤其是大部分城邦发展出了民主制度。[⑦]不过，让贵族教化长久以来对教育万能表示怀疑的显然不仅是阶级偏见。其中也包含了这个对自己的美德和传统引以为豪的阶层的许多痛苦经历，本民族的一切高等教育思想曾经都源出于此。[⑧]苏格拉底对智术师教育的怀疑正是在于他们没有解决人的可教育性这个品达提出的古老问题。苏格拉底怀疑的并非智术师在思想教化领域明显取得的成功，[⑨]而是以同样的方式传授公民和城邦治理者美德的可能性。因此，对

① 《普洛塔哥拉篇》，319d。
② 《普洛塔哥拉篇》，319e。
③ 《普洛塔哥拉篇》，320a。
④ 《普洛塔哥拉篇》，320b。
⑤ 参见本书第一卷，第224页，第二卷，第294页起。
⑥ 参见本书第二卷，第311页起。
⑦ 参见本书第二卷，第315—316页。
⑧ 早在荷马那里就已经出现了对教育无所不能的怀疑。参见本书第一卷，第31—32页。
⑨ 苏格拉底把能够通过思想培养达到的领域称为 τὰ ἐν τέχνῃ ὄντα（技艺类的东西），《普洛塔哥拉篇》，319c7；另参见《高尔吉亚篇》，455b；《拉刻斯篇》，185b。这种知识和教育的标志是存在老师和考试；参见《高尔吉亚篇》，313e起。

话的中心不是作为数学研究代表的埃里斯人希庇阿斯，也不是对文法感兴趣的开俄斯人普罗迪科斯，而仅仅是普洛塔哥拉。因为他是把伦理-政治教化的那个原始问题视作根本的流派的真正代表。他相信可以通过研究“社会科学”来解决这个问题。诚然，通过这种尝试，普洛塔哥拉在理性的基础上为严格的旧式贵族教育找到了现代替代品，表现出对自己时代
的需求及其新状况的敏锐感觉，但智术师教化的弱点也恰恰最明显地体现 690
在这里。苏格拉底表示“我一直相信，好人成为好人并非因为人的努力”，这句话呼应了品达的想法，即德性是神明给予的，[①]这种宗教理解与基于人们许多无果而终的善意努力之经历的客观现实主义奇异地混合在一起。

苏格拉底的反对如此具有原则性，迫使普洛塔哥拉由此将对话从纯粹的技术-教育方面转移到更高层面。并非所有智术师都能跟随批评者的思路，但普洛塔哥拉恰恰是合适人选。通过他在回答苏格拉底时的详细阐述，柏拉图出色地描绘了一个不可轻视的对手。如果他对那个一切教育的基本问题没有自己的立场，并且无法为其辩护，那么他将是这个教育时代的糟糕代表。对人的可教育性的疑问源于个人经验，无法对其进行反驳。因此，普洛塔哥拉在探讨这个问题时巧妙地将出发点改为他新的社会学认知，通过对人类集体生活及其制度和要求的分析，他试图证明，如果没有人类本性的可教育性作为前提，这一切真实存在的制度将失去其意义和理由。由此看来，教育似乎成了毋庸置疑的社会和政治基础，特别是在当时的民主中，后者对个人的集体精神及其在国家生活中的积极协作提出了如此之高的要求。在描绘智术师时，我们已经更详细地评价过普洛塔哥拉这种关于教育之社会学基础的理论。[②]这一大段原则性发言让柏拉图有机会展示那位伟大智术师（同时也是风格大师）在各种形式的演说艺术上的风采。苏格拉底承认自己被说服和打败了，[③]但他表面上无保留的赞美更多是反讽地表达了自己无意跟随普洛塔哥拉进入该领域，他在那里很难讨到
便宜。苏格拉底的优势不在于动人地讲述神话故事或展开大段教诲演说， 691

① 这是苏格拉底在普洛塔哥拉的发言之前和之后主要的反对理由，《普洛塔哥拉篇》319b和328e。
② 参见本书第二卷，第312页起。
③ 《普洛塔哥拉篇》，328d—e。

而是在于通过紧抓不放的问题所展开的辩证法竞技，人们必须就这些问题给他答复。在随后的尝试中，苏格拉底的这种辩证法艺术成功地把对手吸引到自己的地盘上。交战双方的反差由此得到了充分展现，不仅显示了他们对教育问题的基本立场，而且形象地对比了他们的授业方法本身。

苏格拉底看上去认同所有在场者的响亮掌声，只是请求解释一个细节。[①]普洛塔哥拉在发言中为自己关于人类可教育性的基本信念披上了神话外衣，表示宙斯把集体精神和政治美德（正义、审慎和虔敬等）这份上天的礼物赐予了从普罗米修斯那里获得技术文明的凡人（后者无法保护孤立的人免于沦亡）。大地上的国家通过它们得以维持，它们并非作为特别的馈赠被给予个人，而是所有人类个体以同样的方式所共有的，政治美德教育的唯一任务是发展人们身上这种天生的社会特质。[②]普洛塔哥拉提到了一般美德，特别是正义、审慎和虔敬，这让苏格拉底有机会提出自己最独特的问题，即关于这些个体美德的本质，以及它们与美德本身的关系。[③]他用这样的形式向普洛塔哥拉提出该问题：美德是唯一的，正义、审慎和虔敬是它的组成部分，还是说它们完全是同一事物的不同名字？[④]我们突然回到了《拉刻斯篇》《卡尔米德篇》和《游叙弗伦篇》等早期苏格拉底对话的熟悉航道上。对这个心爱主题的热情似乎让苏格拉底完全忘
692 记了自己的出发点，即关于人的可教育性和美德的可教授性问题，而普洛塔哥拉则因为刚刚获得的热烈掌声而变得更加自信，跟着苏格拉底来到了微妙的逻辑差异这个他不那么熟悉的领域，他和读者一样最初并不清楚这种差别的意义。

柏拉图在短篇对话中曾探究过各种个体美德，然后在某个时点让讨论转向美德本身及其本质的问题。甚至美德"组成部分"的概念在那里也已经出现了。在《普洛塔哥拉篇》中，苏格拉底同样从探究个体美德出发。但个体美德同"美德本身"之关系的问题没有等到讨论的高潮或结尾处才

① 《普洛塔哥拉篇》，329b。
② 《普洛塔哥拉篇》，322b—323a。
③ 参见本书第490页和第510—511页。
④ 《普洛塔哥拉篇》，329c6。

被提出，而是在提问伊始就作为真正的目标出现。[1]苏格拉底试图从一开始就明确该目标，当普洛塔哥拉向他承认美德"组成部分"的概念描绘了正义与审慎同"美德本身"的关系后，他马上又提出新的问题，试图进一步加以确认：作为美德的组成部分，这些个体美德像是脸的一部分还是金子的一部分？[2]也就是说，它们在性质上与彼此和整体存在差异，还是仅仅存在数量差异？普洛塔哥拉认为是前者，他在这点上无疑代表了常识。对于苏格拉底提出的"如果真正拥有美德，是否必然拥有其全部组成部分"这个问题，他的答案是否定的，因为存在许多不正义的勇敢者，以及许多不聪明的正义者。似乎让问题变得更加复杂的是，"智慧"（σοφία）现在也作为美德的一部分出现，于是在道德美德之外又增加了思想美德或德性。[3]他没有想到这样做为对手省去了许多麻烦，后者把美德视作一种知识。但我们在这里已经看到，尽管两人在对知识的高度推崇上似乎有了交集，但他们相互间的更大差异（他们对知识本质的理解存在天差地别）恰恰也必然会体现在这点上。苏格拉底认为美德是一种知识，而普洛塔哥拉既不承 693
认这种观点，也没有猜到他想要得出这样的结论。在随后的整个对话过程中，苏格拉底一直向其隐瞒了自己的这个最终意图，就像我们在早期对话中已经看到的。就像希望达到某个远期目标的政客在迈出第一步时会对不知情的公众隐藏自己的最终动机和意图，苏格拉底提出的那个关于美德整体与部分关系的问题（带有吹毛求疵的味道）首先也作为目标本身出现。

在《普洛塔哥拉篇》中，关于该主题的对话过程与早期对话中的相同过程的差别在于，苏格拉底没有通过某一个别美德来描绘部分与整体的关系，而是通过对所有美德进行完全的相互比较，把证明它们的一体性作为目标。相比短篇对话，他对个体美德的探讨较为简短，这不仅是因为他把完全的概括作为意图，因此有更长的路要走，必须缩短每一段路程。更详细的讨论还会无法完全避免地导致重复。早期对话中对个体美德的探究显然成了理解《普洛塔哥拉篇》的前提，尽管对它们的了解没有无条件的

① 这是《普洛塔哥拉篇》同那些短篇对话的关系的特点。它回顾了它们，又延伸了它们。
② 《普洛塔哥拉篇》，329d。
③ 《普洛塔哥拉篇》，329e。

要求。[①]苏格拉底把人们是否必然拥有美德所有组成部分的问题分成多个部分。他首先探究正义是否必然与虔敬联系在一起，然后是审慎与智慧的关系，最后是审慎与正义的关系。[②]从彼此间具有相对较大相似性的美德出发，苏格拉底试图让他的对话伙伴承认，正义与虔敬在本质上是统一的，或者彼此非常相似和关系密切，普洛塔哥拉不情愿地表示同意。苏格拉底用同样的方式证明了他提到的其他几对美德的关系，把在心理上与其他美德差别最大的勇敢留到最后。这一切对普洛塔哥拉来说都显得极为奇
694 怪；和其他任何人类理解的正常代表一样，通过比较不同的美德（语言中对其有不同的称呼），给他留下印象的自然并非它们本质上的相似性，而是它们的区别。因此，他一再试图证明自己的这种想法是合理的。[③]但他不幸地遇上了苏格拉底。后者总是知道如何从看上去不同的事物中找到相似性和共同基础，他把部分与整体、多元与一元的统一作为目标，在向着目标不可阻挡地前进的过程中，他甚至允许自己的结论中存在一些不准确。我们在最早的柏拉图对话中已经可以看到苏格拉底辩证法中的综览（synoptische）特征，[④]在这段包含一切个体美德的综述中，该特征的内在活力得到了优美的展现。许多现代诠释认为柏拉图犯了错，过于轻易地忽略他相互比较的事物的区别，这种观点没能理解整个程序的意义。

普洛塔哥拉变得越来越不满，这让苏格拉底不得不在达成目标前中断对话。[⑤]对话的艺术张力很大一部分基于苏格拉底瞄准目标和拒绝离开辩证讨论阵地时所体现的坚定一致性。不过，他还是给了普洛塔哥拉一个较长喘息的机会，后者借机将关于美德及其可教授性的对话转移到另一个领域展开，即作为智术师教化重要形式之一的诗歌诠释。[⑥]但即便在那里，

---

① 比如，下面的《普洛塔哥拉篇》349d起这段话让人想起了《拉刻斯篇》以及后者中为理解勇气本质而做的尝试。虽然前者没有拘泥细节地复述《拉刻斯篇》中提出的区别的所有细微之处，但这不能证明《拉刻斯篇》是辩证探究中更进一步的阶段，因而晚于《普洛塔哥拉篇》（不同于Arnim，前揭书，第24页起的观点。）

② 《普洛塔哥拉篇》，330c起、332a起、333a起。

③ 《普洛塔哥拉篇》，331b8、332a、350c—351b。

④ 参见本书第531页起。

⑤ 《普洛塔哥拉篇》，335b—c；参见333e。

⑥ 《普洛塔哥拉篇》，338e。普洛塔哥拉在那里宣称，诗人的知识（περὶ ἐπῶν δεινὸν εἶναι，“精于诗歌”）是“教化的主要内容”。

他仍然发现苏格拉底比自己更胜一筹。后者很快开始诠释西蒙尼德斯关于真正人类美德的那首名作（普洛塔哥拉选择它作为自己技艺的例证），[①]然后故作严肃地巧妙曲解了意思（表明我们可以用这种方法证明自己的任何想法），从西蒙尼德斯的诗句中引出自己众所周知的观点，即没有人会自愿做不义之事。[②]经过这段幽默和对普洛塔哥拉来说不算特别光彩的插 695
曲，苏格拉底费了些劲把他带回到关于美德及其部分的未完成对话中，对勇敢和智慧是同一概念这种看上去大胆的观点做了辩护。[③]由于普洛塔哥拉拒绝承认这点，并对苏格拉底得出结论的方式提出了各种逻辑和心理上的反对，[④]苏格拉底试图通过迂回方法实现目标。他从幸福和不幸生活的区别出发，将前者定义为舒适和快乐的，把后者定义为充满不快和痛苦的生活。[⑤]大众可能会认同这种定义，但普洛塔哥拉没有，他认为更可靠的是区分好的和坏的快感。[⑥]这时，苏格拉底又询问了他对理智和知识的看法。[⑦]苏格拉底认为它们是“人的最高力量”，虽然普洛塔哥拉在伦理方面并不认同大众的享乐主义思想，但苏格拉底还是担心他对精神的评价与大众相同，即不相信知识有引领和操纵生活的力量，而是认为欲望的力量更强。关键问题在于：知识和认知能帮助人们做出正确的行动吗，对何为善的判断力能保护他们免受任何会诱使其做坏事的影响吗？[⑧]但在这点上，普洛塔哥拉同样羞于认同大众的观点，这次是出于某种文化人的骄傲。事实上，如果不是这位更高精神塑造要求的代表，还有谁会认同苏格拉底关

① 他选择这首诗是因为它是关于美德本质的，虽然并不涉及苏格拉底提出的有关美德的“部分”及其与整体之关系的问题。在这里，柏拉图将智术师的教化同早前诗歌中对美德和教育做了有意识反思的方面直接联系起来，西蒙尼德斯特别适合。

② 《普洛塔哥拉篇》，345e。苏格拉底得出这个不符合历史的结论更多不是通过遵循西门尼德斯之言的意思本身，而是通过其逻辑结果。即便在曲解这首诗时，他所寻求的也是他所看到的绝对真理。

③ 《普洛塔哥拉篇》，349d起。苏格拉底不得不提到普洛塔哥拉身为教化的杰出代表的名声，以便鼓动他继续参与对话；348c—349a。

④ 《普洛塔哥拉篇》，350c起。

⑤ 《普洛塔哥拉篇》，351b起。

⑥ 《普洛塔哥拉篇》，351d。

⑦ 《普洛塔哥拉篇》，352b。

⑧ 《普洛塔哥拉篇》，352c3—7。

于知识对生活意义的推崇呢！[①]

这时，苏格拉底又代表“大众”对自己和普洛塔哥拉提出了反对，表示虽然人们经常知道什么是最好的，但还是不会去做，即便他们有能力。当被问起原因时，他们回答说，这样做是被快乐（或痛苦）左右。[②]相信对善的认知本身也包含了实现善的力量的人必须对人们的这种普遍经验做出解释。在这点上，苏格拉底和普洛塔哥拉一定明白，大众希望他
696 们解释其他人所说的“被快乐左右”表示什么。[③]普洛塔哥拉开始察觉到，通过认同苏格拉底对知识是道德力量的高度评价，可能产生了一些他之前没有看到的问题。他无疑觉得自己在根本上与大众想法一致，对他们而言，从对善的认知到实现善仍有很长一段路。但现在他已经对苏格拉底表示认同，而且觉得由此选择的角色符合他作为思想界人士的自我评价（不把自己视作大众的一员）。不过，他不愿继续探讨这个问题，傲慢地对其不屑一顾：大众的观点与我们何干，他们想到什么就说什么。[④]苏格拉底却坚称，知识及其对人类行为之价值的先锋有责任反对普通人对此事的解释，因为他相信，该问题上的正确立场对于确定勇敢与美德其他部分的关系具有决定性的意义。普洛塔哥拉只能听苏格拉底自便，任其以两人的名义与“大众”和他们的观点展开争辩。苏格拉底在其中同时代表了民众和他本人的立场，承担了对话的全部戏份，而纯粹作为听众的普洛塔哥拉则感到如释重负。[⑤]

苏格拉底对大众指出，他们所说的“被快乐左右”表示人们让自己被吸引去满足某种感官欲望的心理过程，即便他们认识到那是不好的。人

① 《普洛塔哥拉篇》，352d。普洛塔哥拉说：“如果这世上有人不认为智慧和知识是人最强的力量，那会让我觉得是耻辱（αἰσχρόν）。”但我们清楚地感到，让他赞同苏格拉底的更多不是他内心的确信，而是出于害怕如果作为教化代表的他怀疑知识的力量，他将受到羞辱。苏格拉底完全看穿了这点，利用它来让对手陷入自相矛盾。参见《普洛塔哥拉篇》333c和《高尔吉亚篇》461b，它们把对手对于社会反感（αἰσχρόν）的焦虑作为反驳手段，特别是《高尔吉亚篇》482d起，卡里克勒斯在那里揭穿了苏格拉底的这个“把戏”。

② 《普洛塔哥拉篇》，352d—e。

③ 《普洛塔哥拉篇》，353a。

④ 《普洛塔哥拉篇》，353a。

⑤ 显而易见，为何柏拉图在这里让他的苏格拉底使用巧妙的手法，以“民众”替代了普洛塔哥拉。他这样做会让出于担心社会反感而怀有疑虑的普洛塔哥拉更方便地用自己的名义回答。参见本页注释①。

们选择了暂时的享受而非克制，虽然后来会造成遗憾。苏格拉底对大众做了犀利的诘问，以便确定为何他们最终会为自己所追求的快乐感到遗憾。①他迫使大众向他承认，他们知道的唯一理由是，所享受的快乐带来了更大的痛苦。②换句话说，最终目标（τέλος）不是别的，同样只是快乐，人们据此认识到快感之间的价值差异。③当他们把痛苦的视作好的，把甜美的视作坏的时，那是因为在相关的事例中，痛苦的最终将带来快乐，甜 697
美的最终将带来痛苦。如果确实如此，那么大众所指出的有人"被快乐左右"这个事实仅仅表明此人犯了计算错误，选择了较小的而非较大的快乐，因为前者暂时离得更近。④苏格拉底让这个过程变得形象，将决定是否做出某个行为的人描绘成手持天平的样子，用其衡量快乐与快乐，痛苦与痛苦，或者快乐与痛苦。⑤他又用来自数量领域的其他两个类比明白无误地解释了上述画面的意思。如果我们生命的安康取决于选出尽可能长的一段，那么一切都依赖测量技艺，它能避免我们在线条的真正长度上受到蒙蔽，从我们的决定中排除具有欺骗性的表象因素。如果没有这样的技艺，我们的选择就会摇摆不定，一次次被纯粹的表象误导，让我们经常感到懊悔。但测量技艺能够消除这种错误来源，让我们的生活具有坚实的基础。⑥而如果我们的福祉取决于正确选择算术意义上的偶数和奇数，那么人们的整个生活都必须以算术这种技艺为基础。⑦由于按照大众的看法，人类生活的终极目标是实现快乐的有利平衡，因此为了避免由距离造成的假象（在这方面经常误导我们的选择），需要通过创造一种能教会我们区分表象和真实的技艺来加以避免。⑧苏格拉底继续表示，这种测量技艺和它的本质是什么，我们将在以后有机会时探究，但在这里已经可以确定，

① 《普洛塔哥拉篇》，353c起。

② 《普洛塔哥拉篇》，353d—e，354b。

③ 在这里，Telos这个基本概念第一次出现在柏拉图作品中，参见354b7、d2和8，以及相关的ἀποτελευτᾶν（354b6）和τελευτᾶν（355a5）等动词（终结，完成）。355a1的"善"（ἀγαθόν）与Telos同义。

④ 《普洛塔哥拉篇》，356a。

⑤ 《普洛塔哥拉篇》，356b。

⑥ 《普洛塔哥拉篇》，356c—e。

⑦ 《普洛塔哥拉篇》，356e—357a。

⑧ 《普洛塔哥拉篇》，357a—b。

为我们的行为提供标准的是一种知识和认知，足以证明普洛塔哥拉和我所代表的观点。[①]他对民众表示，你们问我，我们如何理解你们所谓的“被快乐左右”的心灵过程。如果我们马上回答“那是无知”，你们会笑话我
698 们。但现在真相大白，整个过程在本质上不过是最大的无知。[②]

当苏格拉底对民众做了这样的回答后，他又以自己和普洛塔哥拉的名义转向在场的智术师们，后者表示他们完全被说服。苏格拉底明确指出，他们认同愉快是好的，因此是人类意愿和行为的标准。[③]就连普洛塔哥拉最终也默认了这种他一开始表示怀疑的观点，人们的普遍赞同打消了他的疑虑。[④]于是，屋中聚集的所有伟大教育者最终一起来到了大众的层面上（苏格拉底从后者的观点出发）。苏格拉底让他们一起落入了圈套。因为注意力强的读者一定不会忽视，苏格拉底本人从未认同过享乐主义原则，而总是声称那是大众的观点，完全与他们的思想一脉相承。不过，苏格拉底更多把这当成对作为教育者的智术师们的间接描摹，他没有在这点上做片刻停留，而是马上充分利用了自己诱使他们做出的认可。因为如果像大众相信的那样，愉快是人们决定和行为的标准，那么显然没有人会有意选择不那么好的（即令人痛苦的），“被快乐左右”这种所谓的道德缺陷事实上只是缺乏知识。[⑤]没有人会自愿地把自己认为不利的东西作为目标。[⑥]就这样，苏格拉底让智术师承认了他为我们所熟知的悖论，即没有人会自愿犯错。[⑦]他在这里完全不考虑他们与“犯错”一词联系起来的意思是否和自己的相同。因为一旦承认了这点，他就能够容易地回答关于勇敢与知识的关系这个悬而未决的问题，从而完成美德统一性论证的最后一
699 环。按照他的观点，勇敢与智慧是一回事。普洛塔哥拉已经承认其他美德

① 《普洛塔哥拉篇》，357b。测量和测量术（Metretik）的概念在这里被一再以最大的力度加以强调（参见356d8、e4，357a1、b2、b4），它们对柏拉图所构想的教化和知识至关重要。在这里，它们首先作为一种要求出现，仍然被用于定义最高的善，完全不是真正的苏格拉底意义上的。但在柏拉图后来的作品中，它们显示了自己真正的力量和内容。

② 《普洛塔哥拉篇》，357c—d。

③ 《普洛塔哥拉篇》，358a。

④ “沉默者被视作同意”（Qui tacet, consentire videtur）。

⑤ 《普洛塔哥拉篇》，358b6。

⑥ 《普洛塔哥拉篇》，358c6。

⑦ 参见本书第562页和第563页注释②。

相互间或多或少关系密切。只有勇敢是个例外，苏格拉底的整个论证在那里落了空。[①]因为有些人极其渎神、无节制和缺乏精神教养，但又非常勇敢。他把勇者定义为在让其他人感到恐惧的危险面前不怕事的人。[②]我们所说的恐惧指的是对不利状况的预感，[③]因此普洛塔哥拉所理解的勇敢（走向令人恐惧的对象）违背了刚刚得到所有人认同的观点，即没有人会自愿把自己认为不利的东西作为目标。[④]根据这种观点，勇者和懦夫在这点上其实必然是完全一致的，即都不会自愿走向令他们恐惧的东西。[⑤]两者的区别其实在于他们害怕什么：勇者只害怕耻辱，懦夫则出于无知而害怕死亡。[⑥]通过和对立之物放在一起看待，苏格拉底知识概念的深刻含义最终带着预见的力量得以呈现。那是关于真正价值的知识，不可动摇地决定了我们意志的选择。因此，勇敢在本质上与智慧别无二致，它是对事实上应该恐惧和不该恐惧什么的知识。[⑦]

在这里，苏格拉底思想的辩证运动最终达到了目标（虽然我们在柏拉图的短篇对话中一再看到这种运动展开，但从未走到最后），因此苏格拉底用于概括《普洛塔哥拉篇》结论的那番话同时也阐明了那些早期对话的意图："我问这一切没有其他目的，只是为了探究美德及其本质为何。因为我知道，如果弄清了这些，你我二人谈了半天的东西也将马上变得明了，即我认为美德不可教授，而你认为可以教授。"[⑧]事实上，关于美德本质的问题是回答其可教授性的必要前提，但苏格拉底得出的结论——美德是一种知识，就连勇气也符合对其本质的这种定义——不仅在形式逻 700
辑意义上是美德可教授性问题的前提，而且似乎让教授美德成为可能。因此，两人最终似乎完全交换了立场：认为美德不可教授的苏格拉底现在不遗余力地证明各种形式的美德都是一种知识，而声称美德可以教授的普

① 《普洛塔哥拉篇》，349d。
② 《普洛塔哥拉篇》，349e。
③ 《普洛塔哥拉篇》，358d6。
④ 《普洛塔哥拉篇》，358e。
⑤ 《普洛塔哥拉篇》，359d。
⑥ 《普洛塔哥拉篇》，360b—c。
⑦ 《普洛塔哥拉篇》，360d4。
⑧ 《普洛塔哥拉篇》，360e6。

洛塔哥拉则致力于证明它们不是知识，因此可教授性存疑。[①]剧情以苏格拉底对这个充满矛盾的奇特结论的惊讶告终，但在柏拉图看来，这种惊讶显然也是一切真正哲学的源头，[②]而读者最终也将确信，苏格拉底的认知（将美德还原为关于真正价值的知识[③]）能够成为所有人类教育的基石。

柏拉图在这部作品中无疑仍然遵循了苏格拉底的原则，即不对我们进行理论说教，而是让我们在内心参与他的问题，从而将其变成我们的。在苏格拉底的引领下，他让认知在我们自己的内心逐渐生成。虽然个别作品能让我们对问题感兴趣，但当我们从《普洛塔哥拉篇》最后达到的层次回过头来看待柏拉图早期对话中对个体美德的探究时，我们就会明白，哲学家预设了读者在这件事上会同样顽强地坚持，就像他本人在新的作品中不断围绕着同一个问题，不断从新的角度看待它。我们在《普洛塔哥拉篇》的最后看到，尽管柏拉图展现了令人赞叹的技艺，尽管我们的注意力因为不断的场景与焦点变化而被吸引和提升，但问题仍然和早期作品中的一样。不过，我们同时感到自己通过这种认知得到的解放，在更高的层面上，我们可以越来越多地看清和理解我们所漫游的那个世界的组成结构。当初阅读关于个体美德的早期柏拉图对话时，我们更多是预感而非清楚地
701 认识到这一切努力连成一线，有目标地瞄准某个点，但我们也意识到自己总是在同一层面上活动。而当我们从《普洛塔哥拉篇》的结尾居高临下地看待那些对话时，我们会惊讶地发现那条道路通向我们现在所处的高点，通向这样的认识：一切人类美德在本质上都是一致的，其本质建立在关于何为真正有价值东西的知识基础上。不过，就像我们现在同样明白的，此前关于这种认知的全部努力的意义和重要性在于，它们都把教育问题作为目标。

在智术师的时代，教化第一次成为被充分意识到的问题，并在生活本身和精神发展的压力下（两者总是共同作用）成为公众兴趣的中心。“更高级的教育”开始出现，作为其代表的智术师也发展成独特的群体，

---

① 《普洛塔哥拉篇》，361a；参见本书第531页起。

② 参见《泰阿泰德篇》，155a。

③ 《普洛塔哥拉篇》，361a5；参见358c5，苏格拉底意义上的“无知”被定义为在真正价值方面的错误（ἐψεῦσθαι περὶ τῶν πραγμάτων τῶν πολλοῦ ἀξίων，“在有价值的事上受骗”）。

他们把“教授美德”作为自己的职业。[①]但现在可以看到，尽管对教育方法和教学方式做了各种反思，尽管可供这种更高级的教育使用的教学材料丰富得令人目眩，但没有人明白这种活动的前提。苏格拉底没有主张要教育他人，就像普洛塔哥拉所明确表示的，我们的资料也有意强调了这点。[②]不过，如果我们从一开始就在感情上确信苏格拉底是他的时代所寻找的真正教育者（就像他的弟子们那样），那么正如柏拉图在《普洛塔哥拉篇》中所指出的，这种教育并非基于任何不同的方法或者其人格纯粹的神秘力量，而是首先基于这样的事实，即通过将道德问题还原为知识问题，他第一次创造了智术师教育思想所缺乏的那个前提。智术师提出的对精神教育优先地位的要求无法仅仅通过其在生活中的成功来证明自身的合理性。那个根基动摇的时代所呼唤的是对某种最高准则的认知，后者能够约束和制约一切，因为它是人类最深刻天性的表达，教育在它的支持下能够向自身的最高目标发起冲击，即按照人的真正德性来塑造他们。智术师的知识和 702
训练无法实现该目标，只有苏格拉底的问题所指向的更深刻知识才能够。

不过，正如早期对话中的辩证运动直到《普洛塔哥拉篇》中才画上句号，因为后者将苏格拉底对美德本质的探究与教育问题联系在一起，《普洛塔哥拉篇》本身也提出了新的问题，它没有给出答案，而是通过该问题预告了将来的作品。虽然苏格拉底认为美德不可教授，也没有主张要教育他人，但柏拉图暗示，这种反讽的态度背后只是隐藏着他对这项任务真正艰巨性的更深刻意识。事实上，他远比智术师们更接近答案。我们所需做的只是彻底想通他提出的问题，而柏拉图已经让我们看到了希望。当前讨论中最紧迫的问题是美德的可教授性，通过证明美德是一种知识，苏格拉底似乎接近了答案。[③]但现在必须更准确地探究苏格拉底的知识概念，因

① 这是柏拉图对智术师的定义（《普洛塔哥拉篇》，349a：παιδεύσεως καὶ ἀρετῆς διδάσκαλον，“教授美德的老师”）。智术师自告奋勇地教育他人（παιδεύειν ἀνθρώπους，《申辩篇》，19e；《普洛塔哥拉篇》，317b），《申辩篇》20b将其等同于“拥有关于人和城邦美德的知识”。

② 《申辩篇》，19e—20c；色诺芬，《回忆苏格拉底》，1.2.2。参见本书第504—505页。

③ 《普洛塔哥拉篇》，361c。对于这些问题如何影响了苏格拉底同时代人的思想，不仅可以从像所谓的《辩论集》第6章［Diels, *Vorsokratiker* Bd. II 90 (83), 5. Aufl. S. 414］的作者这样的同时代智术师的见证中看到，也体现在像欧里庇得斯的《乞援人》中的一段讨论（911—917）中，后者表示勇气这一美德是可教授的，就像我们教孩子说话，即教他们听和说自己不知道的东西。欧里庇得斯还由此得出结论说，一切都建立在正确的教化之上。

为它显然与智术师们和大部分人所理解的不一致。[1]我们将在《高尔吉亚篇》的部分段落和《美诺篇》中看到这种探究。此外，《普洛塔哥拉篇》还多次暗示了将来对文中所提到问题的其他进一步展开。首先是关于良好生活（εὖ ζῆν）的探讨，苏格拉底在《普洛塔哥拉篇》中没有将其作为目标本身引入，而只是借此为手段，以便把快乐就是善这一大众观点的正确性作为前提，形象地展现知识对人类正确行为的重要性。他向大众表明，这一价值标准的正确性预设了人们需要某种测量技艺来让自己选择尽可能大的快乐，这种技艺能帮助他们区分较大和较小的快乐。所以在这点上，知识对实现良好的生活不可或缺。他由此暂时达到了自己的论证目标，但
703 我们必须自问的是，将善和快乐等同起来（他让智术师和许多现代研究者觉得特别有说服力）是否真的展现了苏格拉底本人的观点。[2]一旦目标（τέλος）问题被提出，它就无法再被遗忘。我们预感到，带着我们在《普洛塔哥拉篇》中看到的顽皮语气，苏格拉底可能把所有的智术师和我们自己都给骗了。我们希望，现在他能严肃地对我们谈论一个如此严肃的问题。他将在《高尔吉亚篇》中这样做，后者在所有作品中是《普洛塔哥拉篇》最完美的孪生兄弟，对其戏谑的基调做了不可或缺的严肃补充。

---

① 《普洛塔哥拉篇》的结尾（357b5）把对这种测量技艺是什么样的知识和科学（τέχνη καὶ ἐπιστήμη）的更准确探究留待以后。

② 参见本书第492页。

第7章

柏拉图的《高尔吉亚篇》：作为真正政治家的教育者

理解这两部作品间关系的第一步是摆脱今天广为流行的误解，后者 704
按照歌德的方式，错误地把“诗”（dichterisch）的概念用到柏拉图的每一篇对话中，认为从中可以看到对于让他心情沉重的内心体验和个人心情的坦白与自我释放。出于这种理由，庄重而严肃的《高尔吉亚篇》被认为不同于活泼的《普洛塔哥拉篇》，属于他生命中的另一个阶段。[①]有人据此将《普洛塔哥拉篇》视为柏拉图最早的作品，放在苏格拉底去世前，用这场大变故让柏拉图心怀愤恨来解释《高尔吉亚篇》，没有看到柏拉图对话艺术形式完全客观的特征。它们并不适用于出自现代抒情诗的“体验与创作”模式。[②]诚然，柏拉图对话的整个艺术体裁源于独一无二的伟大体验，即对苏格拉底人格的体验。但在个别作品上，这并不意味着我们可以在每篇作品中找到对创作者新的生活状况和主观情感状态的表达。作为对话形式基础的原始体验否定了这种可能，它与他人的人格联系在一起，因此是客观的。虽然其中无疑也包含了创作者本人生活中的情绪，并影响了对苏格拉底形象的描绘，但如果说《高尔吉亚篇》是严肃的，那并非因为其中反映了暂时的悲伤情绪，不必用时间上接近苏格拉底之死来解释这篇作品 705

① 走得最远的是Wilamowitz在他的*Platon*第一卷中对各篇对话的讨论。比如，他把探究修辞术与辩证法关系的《斐德若篇》放到“一个幸福的夏日”这一抒情标题下。

② Wilamowitz的思考方式与Wilhelm Dilthey同名著作的关系无法忽视。

的巨大痛苦，就像我们不必以此解释《斐多篇》中死亡将近的气氛，同一位解释者将后者放到苏格拉底死后很久，接近欢快的《会饮篇》的创作时间。此外，对于遵循我们解释思路的读者来说，将《普洛塔哥拉篇》放到柏拉图所有作品的开端是不可能的，他们相信它把短篇苏格拉底对话中的问题（属于柏拉图最早期的作品）提升到更高层面，并在更大的框架中对其做了概括，使其在事后得到了解答，就像柏拉图的典型做法。我们在后文还将看到，把《普洛塔哥拉篇》放到过早的位置，将其与同它关系最密切的《高尔吉亚篇》割裂，这种做法同样是导致误读其哲学内容的重要缘由。

《高尔吉亚篇》和《普洛塔哥拉篇》的对应性一目了然。莱昂蒂诺伊人高尔吉亚（Gorgias von Leontinoi）创造了公元前5世纪最后几十年间流行的修辞术，[①]被柏拉图视作这种技艺的化身，就像普洛塔哥拉在以他命名的那篇对话中是智术的化身。和《普洛塔哥拉篇》一样，《高尔吉亚篇》的目标也是将苏格拉底的思想（短篇对话中更多展示了其内部结构）转向外部，与同时代的伟大精神力量进行一番较量。不同于作为纯粹教育现象的智术，修辞术代表了新的教化中面向城邦实践的一面。在古典时代，修辞家仍然是对政治家的称谓，他们在民主制度中必须首先是演说家。高尔吉亚想要培养这种意义上的修辞家。苏格拉底将一篇关于修辞术本质的对话与上述主张联系起来，就像他在关于教育的《普洛塔哥拉篇》中所做的，但探讨的方式有所不同。高尔吉亚没有像普洛塔哥拉那样对自己的职业及其社会必要性发表长篇大论，因为在理论上没有那么多可说的。他无法通过演说技艺效果之外的东西来定义它。对于以文字为手段的其他学科
706 而言，尝试从实质内容出发进行定义是可能的，但不适用于修辞术，因为它完全是文字和语言的技艺，以演说形式为手段来说服他人。

苏格拉底在《普洛塔哥拉篇》中质疑了政治美德的可教授性，因为对它来说不存在具体专业知识意义上的内行。[②]不过，在苏格拉底看来是

---

① John Finley, *Harvard Classical Studies* 1939 正确地指出，高尔吉亚并非修辞术的真正创造者，也不能被当成修辞技艺在雅典的唯一传播者。

② 《普洛塔哥拉篇》, 319a—d。

智术师政治教育和修辞术[①]缺陷的地方，在高尔吉亚看来则是修辞术的主要优势。他将其视作自己技艺伟大之处的证明，因为它把纯粹话语的力量变成了政治这一所有生活领域中最重要部分的决定性因素。[②]在描绘修辞术的本质时，柏拉图指出它的代表无法具体定义它，而是觉得它至关重要，因为它能给予掌握了它的人力量。[③]高尔吉亚甚至举了几个例子，表示当内行的医生的嘱咐无效时，修辞家的话却可以说服病人吃药或做手术。[④]而当公民大会或其他大众集会上为了决定选举谁担任某个领域的领导者而发生争执时，能够达成目标的并非内行，而是演说家。[⑤]演说家的技艺在于，他能为各种内行和专家设定目标，让他们必须为此展开协作，用自己的知识为其服务。造就了雅典防御设施和港口的并非建筑师和造船师（苏格拉底称赞他们的知识是典范），而是说服了民众的忒米斯托克勒斯和伯里克利，正是修辞术给了他们这样的力量。[⑥]这些是高尔吉亚亲自指出的可见事实，因为苏格拉底用自己关于知识的严格概念衡量了修辞术，将其定义为一种能力，认为它并非通过真相说服听众，而是通过话语暗示了纯粹表面上的可靠性，用这种诱人表象的魔力来左右无知大众。[⑦]但当苏格拉底根据上述特点暗示了滥用演说力量的危险时，作为演说术老师的高尔吉亚向他保证说，此类滥用的事实并不意味着被滥用的手段是可 707
耻的。[⑧]所有用于争斗的手段都可能被滥用。如果摔跤手滥用了自己的力量，打了自己的父母或者对朋友逞凶，我们不能因此要求他的教练负责，因为他把技艺教给弟子是为了使其被正确使用。应该受到指责和惩罚的只是滥用了这种技艺的人。

但这样做更多只是掩盖而非解决了一个对苏格拉底而言最重要的问题。当高尔吉亚表示，修辞学家把技艺传给弟子是为了让他们“正确使

① 《高尔吉亚篇》，449d，451a。
② 《高尔吉亚篇》，450a，451d，454b。
③ 《高尔吉亚篇》，456a起。
④ 《高尔吉亚篇》，456b。
⑤ 《高尔吉亚篇》，456b6—c。
⑥ 《高尔吉亚篇》，455d—e（参见b）。
⑦ 《高尔吉亚篇》，454e—455a。
⑧ 《高尔吉亚篇》，456d—457c。

用”时，[1]他似乎预设了作为这种技艺的老师，他本人知道什么是好的和正确的，而他的弟子必须原本就已经具备同样的知识，或者从他那里获得。[2]高尔吉亚被描绘成一位年长绅士，在公民眼中和普洛塔哥拉同等可敬。就像后者最初不愿向苏格拉底承认快乐和善是同一的，高尔吉亚也相信自己可以逃过那个关于其教育活动之道德基础的难堪问题，只要他承认自己在必要时可以把关于正义和不义的知识教给那些不具备的人。[3]于是，这自然而然地和他就修辞术被大量滥用所发表的看法产生矛盾。[4]不过，弟子波洛斯（Polos）的介入把他从困境中解救出来，前者属于年轻一代，毫无顾忌地指出修辞术对道德问题毫无兴趣。此人还带着必要的坚定口吻对苏格拉底表示，让高尔吉亚这样一位年迈的大师陷入如此的尴尬有失体面。根据这种更加现实主义的理解，修辞术预先默认了人类社会的所谓道德是惯例和纯粹的表象，人们会理所当然地维护它们，不会在紧急情况下不受限制地使用修辞术的力量时让自己犯错。[5]于是，一边是发明修辞术
708 的老一代人，他们对权力的感情还带有一定的羞耻心和道德掩饰，另一边是年轻一代有意识和玩世不恭的非道德主义，对两者的比较展现了柏拉图高超的艺术，即辩证地展现某种精神类型在变化过程中的所有独特形式。与修辞家类型的三种主要形式的发展相对应，《高尔吉亚篇》对话的剧情也分为三场，随着每一种新类型的登场，争论变得更激烈，并展现出更加原则性的意义。在高尔吉亚和他的弟子波洛斯之后，务实政治家卡里克勒斯作为“修辞人士”的第三个也是最重要的那个代表登场，[6]此人公开宣扬强者的权利是更高的道德。就这样，这三种类型的修辞家把故事推向高潮，一步步更加深入地揭示了修辞术的真正本质。区分这些类型的标准是他们对待权力问题的立场，但无论默示抑或公开承认，无论仅仅是理论上的赞美抑或在实践中也展开追求，对他们所有人来说，这个问题都是该技

---

① 《高尔吉亚篇》，456e，457c。
② 《高尔吉亚篇》，459d—e。
③ 《高尔吉亚篇》，460a；参见普洛塔哥拉的公民体面性的特点，本书第564页，注释①。
④ 《高尔吉亚篇》，460d。
⑤ 《高尔吉亚篇》，461b—c。
⑥ 《高尔吉亚篇》，481b起。

艺的真正“对象”。

在《高尔吉亚篇》第二部分，苏格拉底的批评从修辞术主张自己是一种技艺（Techne）开始。[①]我们的艺术（Kunst）概念无法充分还原希腊语“技艺”一词的含义。后者和艺术一样带有应用和实践的意思。但另一方面，与我们的艺术一词相反，它强调的并非个体创造和服从于抽象规则，而是固定的知识和能力元素，与我们的专业知识概念关系更近。在希腊语中，技艺一词的适用范围远远大于我们的艺术一词。人们用它表示任何基于某种具体专业知识之上的实践职业，因此不仅涉及绘画、雕塑、建筑和音乐，同样甚至更多也表示医术、兵法或者掌舵技术。由于这个词表示此类工作或职业活动并非基于纯粹的惯例，而是以通用的规则和确定的知识为基础，它接近于理论（Theorie）的意思，后者在柏拉图和亚里士多德的哲学术语中大量出现，特别是与纯粹的经验进行对比时。[②]此外， 709
技艺与“纯粹知识”（Episteme）的区别在于，这种理论总是被认为服务于某种实践。[③]

通过对波洛斯提出的“何为修辞术”的问题，苏格拉底用技艺概念的标准衡量了修辞术，就像我们马上会看到的。我们从《普洛塔哥拉篇》中知悉，这种标准是柏拉图笔下的苏格拉底在寻求对人类行为准则的认知时眼前所浮现的知识理想，因为他在文中把良好生活的概念及其实现的可能性同存在某种“衡量技艺”联系在一起，并将其与普洛塔哥拉的政治教育对立起来，否定后者具有技艺的严格特征。[④]在柏拉图的其他一些苏格拉底对话中，技艺同样表现为对苏格拉底的知识追求而言决定性的模板，这点很容易理解，只要我们看到对柏拉图而言，对知识准确性的追求拥有实践的最终目标，即城邦的科学。[⑤]根据上下文，在柏拉图那里，“技艺”似乎可以被“知识”（Episteme）替代，如果需要强调这样的事实，即这

① 《高尔吉亚篇》，462b。

② 亚里士多德《形而上学》（1. 1. 981a5）把“技艺”理解为通过无数的经验观察最终得出的关于同类事物的普遍假设（ὑπόληψις）。

③ 技艺同知识一样具有实践属性；参见亚里士多德，前揭书，981a12。

④ 衡量的技艺，见《普洛塔哥拉篇》，356d—357b。这削弱了319a所做的断言，即普洛塔哥拉的教化是“政治的技艺”。

⑤ 参见F. Jeffré在我的建议下写的论文*Der Begriff* τέχνη *bei Plato*, Kiel 1922（未出版）。

种政治科学建立在完全的存在理论之上。在当前涉及的例子中，即通过与同时代政治修辞术的比较来解释柏拉图设想的城邦科学，技艺概念本身提供了比较点。

苏格拉底否认修辞术是一种技艺，而是将其定义为一种基于经验的纯粹惯例，它能够赢得大众的喝彩，并激发快感。既然如此，它与烹饪术有何区别，后者不是同样致力于通过激发快感来获得满足吗？[①]事实上，苏格拉底对吃惊的波洛斯解释说，两者是同一行当的不同分支。烹饪术实际上也不是技艺，只是惯例化的技能。当苏格拉底表示奉承能力是那两种看上去如此不同的活动共同的上层概念，并进一步对这个影响巨大的类别
710 进行系统化区分时，剧情到达了高潮。他根据对象不同将奉承能力分成四类，即智术、修辞术、化妆术和烹饪术。[②]这四类奉承的相互关系一目了然，因为苏格拉底把政治修辞术描绘成真正技艺的假象，后者又是真正治国术的一部分。[③]现在，其他三种奉承也被证明是对人类生命必不可少的真正技艺的假象。由于人的生命分成灵魂和肉体部分，两者分别需要特别的技艺来呵护。呵护灵魂是治国术的职责（通过这一让我们吃惊的关联，柏拉图的最终目标提前清晰地呈现在我们面前，即治国术以及他与这个词联系起来的全新意义），而用来呵护身体的技艺没有对应的名称。呵护灵魂和呵护身体的两种技艺又分成两个子类，一类负责健康的灵魂和健康的身体，另一类负责生病的灵魂和生病的身体。服务于健康灵魂的政治分支是立法，生病的灵魂是实践司法的对象。呵护健康的身体是竞技训练的事，生病的身体则是医学的呵护对象。上述四种技艺都为灵魂和身体的利益与持存服务。[④]在它们之下对应着四种奉承：智术对应着立法，修辞术对应着相关的正义，化妆术对应着训练，烹饪术对应着医术。它们都不为人的利益服务，而只是致力于激发快乐。因此，它们把纯粹的经验作为基础，而不是像真正的技艺那样遵循固定的原则和建立在关于什么对人的天

---

① 《高尔吉亚篇》，462b—d。
② 《高尔吉亚篇》，463b。
③ 《高尔吉亚篇》，463d。
④ 《高尔吉亚篇》，464a—c5。

性真正有益的认知之上。[①]修辞术的地位由此得到了准确界定：它之于人
的灵魂就像烹饪术之于人的身体。通过比较假象和真正的技艺，同样可以
看到修辞术并非技艺。[②]技艺概念的根本标志包括：首先它是一种建立在
关于对象真正本质的认知之上的知识；其次，它能够解释自己的行为，因
为它拥有对原因的认知；最后，它能为对象的利益服务。[③]上述标志都没 711
有出现在政治演说术中。

苏格拉底修辞术的悖论在《普洛塔哥拉篇》中展现了自己活泼的一面，现在它又表现得十分严肃。它并非那种纯粹卖弄才智的类型，希望通过惊人的断言给人留下深刻印象，如同被点燃的烟花，在壮丽地升空后又同样迅速地消逝。诚然，苏格拉底明白，意想不到的，与普遍经验相反的表述会造成刺激性和诱使反驳的心理效果。但他的悖论的真正动机更加深刻，旨在激发更深刻的反思。[④]通过与烹饪术的比较，修辞术这位当时政治生活中的独裁女王被拉下宝座，降格为地位低下的仆从角色，虽然这无法改变看上去与此相反的广为人知的事实，但我们对该事实的评价受到了冲击，并进一步影响了我们的整个观念世界。苏格拉底的比较并非源于伤害的意图，而是真真正正地来自有预见能力的目光，在那种目光下，事物的等级秩序不同于大众的感官目光所看到的。仿佛存在与表象相互分离，从此对一切人类财富有了新的评价。就像化妆术和化妆品之于通过竞技训练获得的健康之美，智术师传授的政治教化与真正立法者教育的关系同样如此。此外，就像巧手厨师的酱汁配方之于医生的有益医嘱，把不义说成

---

① 《高尔吉亚篇》，464c5—d。

② 《高尔吉亚篇》，464d，465b—d。

③ 《高尔吉亚篇》，465a。柏拉图在这里简短概括了他的整个“技艺”概念分析的结论。所有“非理性的东西”（ἄλογον πρᾶγμα）都不值得被称为“技艺”。很重要的一点是，在确定技艺结构的基本特点时，有一个特点不能忽视，即技艺指向至善，与某种价值相联系，最终目标是一切价值中的最高者。技艺服务于在施展它们的现实领域中实现最高的价值。柏拉图在分析真正技艺的本质时所用的模板是医学；参见464a和d。从医学中得出了治疗和瞄准（στοχάζεσθαι）至善的概念，而这种至善也被描绘成幸福或良好的状况（εὐεξια）。参见本书第440页。作为新确立的哲学和教育的目标，“政治的技艺”被认为是灵魂的医学。

④ 悖论是柏拉图哲学表达的主要手段，对艺术形式的特点和长处拥有敏锐感觉的同时代人伊索克拉底显然能够感受到这点。因为他在《海伦颂》1—2中首先想到的是柏拉图，我希望能在下文加以说明，有人已经谈到过这点。有趣的是，伊索克拉底是以早前的希腊哲学为背景来理解这种现象的，同时他还试图证明这是一切哲学的普遍弱点。他无疑不清楚事物的本质。

正义的修辞术与真正的法官和政治家也具有同样的关系。[①]一种新的治国术就此出现在我们眼前，与所有世人所谓的治国术天差地别。作为柏拉图的两部最伟大作品的主题，建邦和立法在这里已经被宣布为苏格拉底“灵
712 魂呵护”[②]（就像柏拉图所理解的）的重要实证任务。我们还没有意识到上述新观点的革命性后果，但已经可以感到，让我们认识到这种观点的标志暗示了对主流生活观的彻底颠覆。在后文中，卡里克勒斯同样将苏格拉底对价值的重构描绘和斥责为“颠覆了我们的整个生活”。[③]正是在苏格拉底与波洛斯下面的对话中发展起来的观点导致了卡里克勒斯在第三部分开头的强烈爆发。

对于苏格拉底对修辞术的贬低，波洛斯提出的最简单和最有力的反对理由是修辞术事实上在政治生活中发挥着巨大力量。[④]追求权力是一种深植于人类天性中的本能，我们无法轻易地忽略它。如果权力很大，我们通过它获得的力量也将变得至关重要。因此，修辞术是否拥有准确的价值知识这一看上去纯粹的科学内部领域的问题，具有了将产生影响深远的结果。它迫使我们对权力本质和价值的问题表明立场。在这点上，波洛斯的立场与民众保持一致。和《普洛塔哥拉篇》中一样，柏拉图在这里同样试图证明，虽然智术师和修辞家巧妙地让教化和人类影响的技术方式变得精致，但它们所服务的目标仍然局限于最原始的观念。[⑤]柏拉图认为，人们对目标的看法取决于如何理解人的天性。在实践中，修辞术能手所预设的对人类天性的理解完全是本能的。他们的最高梦想是按照他们自认为好的方式对待其他人。虽然他们大多在民主城邦展开政治活动，但他们的理想与在本国中行使不受限制的生杀大权的僭主统治下的别无二致。[⑥]就连最

① 《高尔吉亚篇》，465c。

② 参见本书第484和492页。

③ 《高尔吉亚篇》，481c。“如果你（苏格拉底）所言是认真的，你说的是真的，那么我们人类的生活岂不是要被颠覆，我们所做的一切岂不显然与我们所希望的相反?”

④ 《高尔吉亚篇》，466b起。在高尔吉亚的发言中已经提出修辞术有能力提供这种力量；《高尔吉亚篇》，451d、452d、456a起。

⑤ 参见“普洛塔哥拉篇”一章。

⑥ 在《高尔吉亚篇》466b11起，波洛斯支持对权力的这种定义，苏格拉底则做了反驳。希腊语表示这种意义上的权力的词是δύναμις或μέγα δύνασθαι；参见466b4、d7，467a8，469d2。在《理想国篇》中，柏拉图将权力（Dynamis）与精神（Phronesis）相互对立。Dynamis是自然意义上的权力，Kratos是法律和宪法意义上的权力。

卑微的公民也不是没有这种权力需求，私下里对登上权力最高台阶的人充满赞美。[①]阿尔喀洛科斯的哲人木匠用手按着心口对自己说“我不追求僭 713
主的权力”，但这显然是个假定了规则存在的特例。[②]当梭伦在完成立法工作后将自己无条件的代理权交还给人民时，他在自我辩解中表示，不仅是他那些对权力如饥似渴的贵族同胞，就连憧憬自由的人民也认为他愚不可及，不理解为何他没有把自己变成僭主。[③]波洛斯同样有此想法，他不愿相信苏格拉底不认为僭主的权力值得向往。[④]作为他打出的最后一张王牌，他问苏格拉底是否觉得波斯国王也不幸福。当苏格拉底回答“我不知道，因为我不知道他的教育和正义观如何”时，疑惑不解的波洛斯问道：“什么？全部幸福都基于它们吗？”[⑤]

在这场围绕两种截然不同的世界观的争论中，教化和权力的概念并非没有理由地被如此鲜明地对立起来。表面上两者没有多大的关系，但就像上面这段话所显示的，柏拉图认为它们代表了对人类幸福（即人类天性）的两种截然相反的理解。我们必须决定让自己选择权力哲学还是教育哲学。这段话特别适合解释柏拉图所理解的教化。教化并非人在成长过程中通过的某个阶段，其间发展出自身精神的某些能力，[⑥]而是含义更加广泛，表示按照自身天性完成人格的塑造。权力哲学是一种暴力的学说，在自然和人类生活中处处看到争斗和压迫，由此认可了暴力。它的意义只体现在获得尽可能大的权力中。[⑦]相反，教育哲学为人们确立了另一个目标，即美与善（Kalokagathie）。柏拉图通过其与不义和为非作歹的对立定义了它的本质，从而在本质上将其理解为伦理的。[⑧]但在他看来，美与善的塑 714
造完全不与天性相对立，而是对应着关于人类天性的另一种理解，苏格拉

① 柏拉图一再重申这点；参见《高尔吉亚篇》，466b11、d7，467a8，469c3、d2等。

② 阿尔喀洛科斯，残篇22（Diehl）；参见本书第一卷，第133页起。

③ 梭伦，残篇23（Diehl）。

④《高尔吉亚篇》，469c。

⑤《高尔吉亚篇》，470e。

⑥《理想国篇》第六卷497e—498c特别明确地提出了这点。

⑦ 雅典的谈判代表在于小岛梅洛斯展开谈判时所做的演说中一清二楚地解释了这点，后者将被迫放弃中立；修昔底德，5. 104—105；参见本书第二卷，第399页起。类似的还有雅典派往斯巴达的使者的演说，修昔底德，1. 75—76；参见本书第二卷，第397页。

⑧《高尔吉亚篇》，470e9。

底对其做了详细展开。我们由此看到了他批评修辞术的原因。根据这种理解，人类天性的真正意义并非暴力，而是教化。

如果我们把暴力哲学描绘成自然主义，就像从基督教视角看来显而易见的，那么柏拉图会认为我们对其评价过高。[1]这位希腊思想家无法想象他会把自己同天性对立起来，后者在他看来是最高的准绳和规范。不过，即便有人表示，根据希腊人的更高理解，教育的任务是不破坏天性，而是使其变得高贵，这样的解释同样有违柏拉图的意旨。对他来说，天性并非用于塑造教育艺术品的既定原材料，就像智术师教育学所认为的。[2]相反，天性是最高德性的标志本身，在人类个体上只以不完美的状态出现。[3]此外，柏拉图对权力的态度也不是简单地指责它本身是坏的。在这点上，柏拉图的辩证法同样从被其批判性检验的概念内部出发，将其理解成积极的价值，并对其进行改造。波洛斯把权力理解为修辞家或掌权者在自己的城邦中做他们自以为的善事的能力。[4]苏格拉底首先承认，如果人们应当追求权力，那么权力必然是真正的善，但按照自以为的善行事并不是善，无论行事者是修辞家或者僭主，因为这样做缺乏理智。[5]就这样，苏格拉底区分了有意的欲望（Begehren）和意愿（Wollen）。完全做自以为是善事的人追求的只是表面上的善，即他们的欲望对象。而我们的意愿对象只可能是真正的善。因为欲望的概念完全允许在欲望对象的价值上受到欺骗，但没有人可能有意识地“意愿”坏的和有害的东西。苏格拉底又进一步区分了目标和手段。[6]行事者想要的不是他所做的，而是让他这样
715 做的东西。这个目标本质上是善的和有益的，而非坏的和有害的。作为掌权者显示权力的主要方式，处决、流放和抄没财产并非目标，而仅仅是手段。如果它们并不意味着善，而是有害的，那么我们就不会在真正意义上

① 把这种以众多形式和样式表达的基督教观点与对人类天性的轻视等同起来不符合历史事实。

② 参见本书第二卷，第316页。

③ 没有必要列出所有的段落。将美德等同于符合人类天性（κατὰ φύσιν），把恶等同于违背天性（παρὰ φύσιν），这方面的主要段落是《理想国篇》，第四卷，444c—e。美德是灵魂的健康，因此也是人类真正天性的正常状态。这肯定了柏拉图从医学上将天性理解为包含了自身准则的现实。

④ 《高尔吉亚篇》，466c。

⑤ 后续参见《高尔吉亚篇》，466b起，特别是467a。

⑥ 《高尔吉亚篇》，467c5—468c。

"意愿"它们。因此专断而按照个人好恶地下令处决、流放和抄没的人，他所做的并非他意愿的事，而是在他看来值得欲求的事。所以，如果权力对拥有它的人是好的，那么暴力统治者并不拥有真正的权力。[①]他更应该是完全不幸的，如果别人在真正完美的人类天性及其独特价值中获得了幸福。当然，更加不幸的是不义之徒，如果他没有因为自己的不正义而受到惩罚。[②]因为不正义是灵魂的生病状态，就像正义是灵魂的健康状态。根据柏拉图对治国术的完全医学式理解，追究罪行的司法惩罚之于立法就像治疗疾病之于健康养生。惩罚是治病，而非像昔日希腊人对法律的理解那样是报复。[③]唯一真正的恶是不义，但它侵害的只是行不义的灵魂，而非遭遇不义的灵魂。[④]如果说权力的必要性建立在它致力于"保护我们免遭不义"，那么苏格拉底在《高尔吉亚篇》中用一种希腊人前所未闻的学说对此提出反对，即相比于不义的行为，不义的伤害是较小的恶。

波洛斯的失败应该被看作是代表他人，因为他为了自己的老师高尔吉亚而介入此事，而且更加不受拘束地代表了老师的立场，超过了后者本人觉得合适的尺度。在这里，我们无法详细盘点柏拉图的辩证理由，也只能大略地勾勒他让苏格拉底带着如此出色的思维敏捷性和道德热情所呈现的思路。在与波洛斯的对话中，苏格拉底已经提到了这样的印象——柏拉图希望读者能把这看作他的对手的基本特征——即虽然他的对手在修辞术上受过良好训练，但对辩证法完全无知。[⑤]因此，这种技艺似乎成了教化的更高形式。虽然在民众面前无往不利，但这种让思想沉睡的修辞争 716
辩方式无法抵挡辩证法武器的专注进攻。它不仅缺乏犀利的逻辑和有条理的娴熟手法，它的最大不足在于，它的背后不存在任何具体的知识，也不

① 我们在伊索克拉底的《论和平》33中同样可以看到，权力和追求权力（πλεονεξία）的概念被重新解释成道德的；见我在本书第三卷中的解读。与这篇演说辞31—35的整个思路一样，上述解释借鉴了柏拉图的《高尔吉亚篇》和《理想国篇》。

② 《高尔吉亚篇》，472e。

③ 参见《普洛塔哥拉篇》，324a—b。那里提到，在智术师的时代，人们已经放弃了将惩罚视作报复（τὸν δράσαντα παθεῖν，"为所做的事受苦"）的旧有理解，而是将其视作教育的手段（目的论式，而非因果式的惩罚理论）。根据他对政治技艺之本质的医学理解的精神，柏拉图对此加以改变，把惩罚解释为治疗。

④ 《高尔吉亚篇》，477a起。

⑤ 《高尔吉亚篇》，471d4。

具备固定的哲学和生命观，没有伦理赋予其灵魂，只有利己主义、追逐成功和无所顾忌的动机。但在修辞术被最终击败前，必须有一位更加强大的代表为其立场辩护，以便真正说服我们它被击败了。于是，卡里克勒斯现在登上战场，这是一位完美的修辞家，但同时也具备了一定的政治教化，并有过作为政客的实践经验。此外，他在个人气魄上也要超过前面描绘的那两位学院派修辞家师徒。他决心让苏格拉底停止吹毛求疵的行径。他没有像前面两人那样只敢于自辩，而是开始发动攻击。他试图摆脱苏格拉底罩在他们身上的辩证式论理之网，甚至用暴力撕破它，因为否则他也很容易被缠住。他迅速把自己的观点组织成长篇大论，这让他感觉更安心。[①]他的优势在于自己的活力，而非思想上的甄别能力。当卡里克勒斯惊恐地看到苏格拉底令人喘不过气来地迅速提出一个接一个的悖论时（在他眼中不过是争斗技巧），他放弃了自己的听众身份，想要将对方一举击倒。

面对不可抗拒的内在伦理——苏格拉底借此让修辞术的辩护者在道德上陷入困境——他没有像学院派的高尔吉亚和波洛斯那样仅仅提出反对论据，老于世故的他第一个看清了对手全部虚实。卡里克勒斯看到了之前的辩护者们没有看见的东西，即苏格拉底的优势在于他所代表的不容置疑的内心立场。苏格拉底将自己的全部生命用于建造精神堡垒，在其保护
717 下展开进攻。但卡里克勒斯认为，如果用现实经验来衡量苏格拉底看上去合乎逻辑的思想，那么他在逻辑方面的优势就将土崩瓦解。苏格拉底一生都在回避现实，以便在喧嚣尘世的一个安静角落里找到避世的惬意安宁，与三两热衷学习的仰慕者轻声交谈，[②]不断加工着他试图用来套住整个世界的幻觉罗网。但只要人们让这张网暴露在阳光下，并用粗暴的双手抓住它，它马上就会支离破碎。柏拉图在向当时修辞术的思想霸权发起进攻时清楚地意识到，这不仅是一场与对修辞术感兴趣的老师们的战斗；他还看到了阿提卡根深蒂固的现实主义对新教育过度滋生的反对。[③]虽然修辞术

① 《高尔吉亚篇》，482c—486d。

② 《高尔吉亚篇》，485d—e。

③ 柏拉图《美诺篇》结尾的阿努托斯这个人物是公民中的守旧成员反对智术师教育（也反映在喜剧中）的典型形象。他也是苏格拉底控诉者中的一员，后者在《申辩篇》中拒绝把自己与智术师归为一类；参见《美诺篇》，89e起；《申辩篇》，19d—20c。

本身也是新教育的一部分，但它比理论元素（以智术和苏格拉底的思想为主要代表）更快地被接受，融入了政治生活的实践中。卡里克勒斯的登场表明，修辞术已经可以指望得到所有看到日益脱离生活的高等教育是真正危险的政治家和公民的支持。欧里庇得斯在《安提俄珀》中已经把实干者和思考者的冲突作为悲剧问题搬上了舞台。卡里克勒斯在发言中多次引用这部剧中的句子，[①]从而承认了在他与苏格拉底之间造成鸿沟的冲突的悲剧特点。他把欧里庇得斯作品中的实干者泽托斯（Zethos）视作祖先，后者呼唤自己的兄弟，缪斯的朋友安菲翁（Amphion）从游手好闲的梦想生活中醒来，去过一种清醒的生活。

柏拉图通过卡里克勒斯的形象有血有肉地描绘了对哲学的这种广泛敌意。苏格拉底暗示，他"之前已经"听到卡里克勒斯在著名雅典政客的圈子里讨论过人们可以在多大程度上忍受这种新式哲学教育的问题。[②]这个问题同样反映在伯里克利的葬礼演说上，他赞美了雅典城邦对文化的钟情，但也为这种喜爱小心地设置了界限，从而公开迎合了反对者，后者将 718
精神方面的过度发展视作雅典政治的祸害。[③]该问题当时是针对智术师提出的，但现在更紧迫地把矛头对准了苏格拉底，因为可以越来越清楚地看到，相比于传授政治理论的智术师，前者对年轻人城邦观的影响要直接得多。在柏拉图生前，我们看到当苏格拉底死后，针对苏格拉底哲学所谓脱离生活的这种现实主义反应在伊索克拉底及其教育理想那里找到了代表，促使他建立了自己的学校。[④]不过，没有人对这种反应的描述像柏拉图本人那么有力。他一定深入体验过其思路，从而能够用如此令人信服的逼真方式和动人的力量描绘它，就像卡里克勒斯在《高尔吉亚篇》中所做的。

① 《高尔吉亚篇》，484e，485e—486c。

② 《高尔吉亚篇》，487c。苏格拉底把这场关于教化的高级政治讨论放在了一个圈子里，他认为可以通过提到其中的另外三位著名雅典公民的名字来刻画其特点。安德洛提翁之子安德隆（Andron）是公元前411年实行寡头统治的四百人政治集团的成员。柏拉图在《普洛塔哥拉篇》315c中将他作为听众提及。他的儿子安德洛提翁是著名的寡头政客和历史作家，德摩斯梯尼发表过反对他的演说。除了这里，我们对科拉尔格斯的瑙西库德斯（Nausikydes von Cholargos）和阿非德纳的泰桑德罗斯（Teisandros von Aphidna）一无所知；但有证据表明，前者的后人是富有的公民（参见Kirchner, *Prosopographia Attica* II 113 und 114）。

③ 修昔底德，2. 40. 1（参见本书第二卷，第322页）。

④ 关于他反驳智术师的纲领性作品，参见本书第三卷。

柏拉图显然从年轻时开始就在最密切的亲朋好友圈子里听到过这种批判。不断有人猜测，卡里克勒斯背后隐藏着当时阿提卡上层社会中的某个历史人物。这种想法非常正常，甚至在心理上显得很有可能。[①]但我们只需注意到柏拉图在描绘与自己展开如此激烈斗争的对手时展现出一定的感情，看到他在消灭对手前大费周章地想要理解对方。也许人们过于忽视了这样的可能性，即柏拉图自己的天性中也具有这种不受限制的权力意志，从而在“卡里克勒斯”身上遇到了部分自我。我们在他的作品中无法再找到这种意志，因为它在被征服后掩埋于柏拉图理想国的地基之下。如果柏拉图天生只是第二个苏格拉底，那么后者将很难像事实上那样令他震撼。从柏拉图对伟大智术师、修辞家和权势者的形象描绘中不太难看出，他自己的灵魂中包含了他们所有的力量，包括突出的优势和巨大的危险，但他们都被苏格拉底降服，然后就像柏拉图的诗人本能那样，他们在他的作品中与苏格拉底的精神融合成更高的整体，并为后者服务。

719 面对苏格拉底对修辞术的伦理攻击，卡里克勒斯是辩护者中第一个用自己对现实的激情给予回应的。他由此重新开始了对作为权力意志之工具的修辞术的讨论，苏格拉底此前通过辩证法将权力概念重新解读为伦理概念，从而让讨论变得对自己有利。[②]卡里克勒斯没有像波洛斯一样幼稚地将追求权力和影响视作所有人不言自明的目标，而是试图赋予其更深刻的理由。他从自然本身导出这种追求，在希腊人的思想中，自然是人类行为一切准则的源头。[③]他首先提出了智术师对惯例和法律意义上的正义所做的区分。[④]他指责苏格拉底随心所欲地混用“正义”概念的这两种含义，从而让对话伙伴陷入自相矛盾的境地。按照自然，不义的伤害是可耻的，因为它是更大的恶，而按照法律，不义的行为才是可耻的。他指责不义的

---

① 柏拉图致力于让他的卡里克勒斯具有个人特色，不仅是通过写实的描绘艺术，也通过将其描绘成我们在上面（上页注释②）更详细提到的那个上层雅典公民圈子的成员。与《美诺篇》中苏格拉底的敌人和智术师反对者阿努托斯一样，他无疑也是个历史人物，无论卡里克勒斯是真名还是化名。

② 参见本书第578页。

③ 在这里，自然及其法则这两者取代了神的位置，后者原先常常是人的力量和人的法律的来源。参见本书第二卷，第326页起。

④ 《高尔吉亚篇》，482e。

伤害是软弱和奴隶式的，因为奴隶无法保护自己。在卡里克勒斯眼中，这种自我保护的能力成了真正男子汉的标志和追求权力的伦理依据，它仿佛把最初的状态延续到了现在。[①]不过，如果说自然的强者能够发挥自己的力量和使其产生对自己有利的效果，那么法律则是创造了使得强者在其中无法自发地使用自身力量的人造状态。法律是由大众，也就是弱者制定的，但他们按照对自己有利的方式制定了法律，并进行赞美和指责。通过国家法律和主流道德，他们行使着欺凌强者的政策（后者天生比弱者要求更多），宣称这种“贪婪”是不义和可耻的。平等理想是大众的理想，他们只有当无人拥有比别人更多的财富时才会满足。[②]通过援引来自历史和自然的例子，卡里克勒斯表示自然的法则是强者对弱者行使权力。[③]而人类的法则束缚了强者，让他们从小就因为教育和训练被施咒和迷了心窍，720
以便控制他们，让他们铭记为弱者的利益而设计出来的理想。不过，一旦真正的强者站起来时，他会把我们法律的陈词滥调和违背自然的制度踩在脚下，自然权利的火花将突然迸发。卡里克勒斯引用了品达关于律法（Nomos）的诗句，即作为所有凡人和不朽者的国王，律法用更强的拳头主张最有力量者的权利，就像赫拉克勒斯通过夺走革律翁的羊群证明，弱者的财产天生是强者的战利品。就这样，他从自然法则的意义上理解品达诗中的律法。[④]

在这种以生存斗争理论为基础的社会学说纲要中，教育的角色卑微。苏格拉底将教育哲学与权力哲学对立起来，认为教化是衡量人类幸福的标准，幸福存在于正义者的美和善。[⑤]卡里克勒斯则仅仅把教育视作对天生强者进行误导和欺骗的训练，以便维持弱者的统治。年轻人很早就开始接受塑造（πλάττειν），就像人们想要驯服野兽。只要这种塑造是道德性

① 对于在遭受不义时无法保护自己（αὐτὸς αὑτῷ βοηθεῖν）的人来说，最好还是去死；《高尔吉亚篇》，483b。在这里和后文，卡里克勒斯把强者“能够保护自己”视作自由的典范；参见484a4，485b4、c5、d4、e1。

② 《高尔吉亚篇》，483b—c。

③ 《高尔吉亚篇》，483c8—d。在那个理性时代的论证中，经验的例子取代了早前劝诫诗歌中的神话范例。

④ 《高尔吉亚篇》，483e—484c。关于强者权利的智术师理论，参见A. Menzel, *Kallikles* (Wien-Leipzig 1922)。

⑤ 《高尔吉亚篇》，470e。

质的，强者的目标就只能是重新摆脱它，如果他明白那是有违自然的。[①]但这很少发生。相比于对法律和教育的仇恨（两者是为有组织弱者服务的盟友），卡里克勒斯对哲学的态度还算宽容，甚至称得上友好。如果人们适度行事，他感到其中还是有些美好的东西。但超过限度的话，哲学将成为人们的祸害。[②]卡里克勒斯显然想到了他本人接受过的智术师教育，以及这种教育带来的塑造精神的形式力量。他从不后悔自己为此类研究花费的时间。但如果超过了一定年龄的人投身其中，那么他们将因此变得怯懦和软弱，即便他们具备最好的天性。他们不了解自己所生活的城邦的法
721 律，在私人和公共交往与谈话中觉得格格不入，也无法理解人们的欲望和满足；总而言之，他们将脱离生活。由于在私人或政治活动中总是沦为笑料，他们越来越埋头于自己的研究中，只有在那里才觉得安全。[③]这一切表明，只在一段时间里把哲学作为教化的目标是好的；如果超过了限度，那么这种自由研究将变成不自由的，让精神失去自由，甚至导致整个人精神崩溃。[④]对教化概念的这种理解——仅仅视其为持续几年的一个成长阶段——与柏拉图的崇高概念截然相反，后者认为教化将充满人们的整个生命。当教化成为哲学时，它必然具有卡里克勒斯所指责的内部倾向，即要求人们为其付出全部生命。[⑤]

在发言的最后，卡里克勒斯亲自呼吁苏格拉底放弃哲学，因为无节制地从事哲学将毁掉他的杰出天赋。除了劝诫，卡里克勒斯还几乎毫不掩饰地用国家权力提出威胁。如果他有朝一日身陷囹圄，无辜地被指责犯下某种罪行，不义伤害的理论有什么用呢？人们可能对他提出生死攸关的指控，他对此却“无能为力”。人们可能打他的脸，袭击者却不会受到处

① 在把法律理解为有违天性的枷锁（δεσμός）这点上，卡里克勒斯的观点与智术师安提丰及其关于律法和自然的理论相合。类似地，智术师希庇阿斯在柏拉图《普洛塔哥拉篇》337d2中也把法律称为人类的专制君主。不过，这两位智术师都没有像卡里克勒斯那样得出关于强者权利的结论，而是选择了相反的方向。参见本书第二卷，第329页起。

② 《高尔吉亚篇》，484c。

③ 《高尔吉亚篇》，484c4—485a3。

④ 《高尔吉亚篇》，485a3—e2。

⑤ 参见《高尔吉亚篇》484c对“花费超过必要的时间”（περαιτέρω τοῦ δέοντος ἐνδιατρίβειν）和“将大量人生用于哲学思考”（πόρρω τῆς ἡλικίας φιλοσοφεῖν）的指责。参见《理想国篇》，第六卷，498a—c。

罚。[①]对苏格拉底结局的上述暗示让这个场景的读者（他们在此前很长时间里都抱着游戏的心态）意识到严酷现实的分量。苏格拉底很高兴最终找到了一位直抒胸臆的对手。如果能够让他也自相矛盾，那么再也不会有人反对说，卡里克勒斯不敢表达他的真实想法，就像波洛斯和高尔吉亚那样。而且此人并不缺乏善意，就像最后的友好劝诫所表明的。此外，他还能充当良好教化的全权代表，[②]"就像许多雅典人所说的"。出于上述三条理由，我们可以把他对修辞术辩证的最后结果视作决定性的。在整 722
篇对话的戏剧结构中，对卡里克勒斯之成就的这种预先赞美流露出尖刻的反讽，这让我们看到柏拉图的意图：卡里克勒斯注定将很快被击败，柏拉图希望将他与苏格拉底进行对比，用后者的形象来展现真正坦诚、善意和教化。

卡里克勒斯对人类天性的这种理解（他的强者正义说以此为基础）植根于将善等同于带来快乐和兴致。虽然在他本人的论证中并未特别强调这点，但苏格拉底看出那是他的根本前提，并用辩证法做了证明。该学说的其他代表也能证明这点，因为那是他们所受教育的固定特征。智术师安提丰在他的《论真理》中同样区分了自然和法律意义上的正义，认为自然意义上的正义之标志在于它符合能够给人带来快乐的特点。[③]在修昔底德关于雅典人与梅洛斯人的对话中，我们看到了同样的标准，这位史学家在文中让他们讨论了强者正义说。[④]一开始并不清楚卡里克勒斯如何理解强者的概念，但苏格拉底迫使他对此做出更准确的定义。当卡里克勒斯不得不很快否认了一系列定义后，他认定强者是政治上更聪明和更勇敢的人，他们的灵魂尚未变得软弱，因此统治权理所应当地属于他们。[⑤]最终存在

① 卡里克勒斯（《高尔吉亚篇》，485c）根据弱者始终面临失去公民地位的危险得出结论，学习苏格拉底哲学的年轻人是"不自由"的。想要正确理解这种指责，必须意识到在希腊，真正的教化一直被描绘成自由者的教化。卡里克勒斯试图通过大量引用品达和欧里庇得斯的诗句来证明他本人完全具有高等教养，这些诗句以时髦的方式被编织进他的证明。

② 《高尔吉亚篇》，487b6。

③ 安提丰，残篇，44a col 3.18—4.22（Diels, *Vorsokratiker* Bd. II5 S. 348f.）。

④ 修昔底德（5. 105. 4）让雅典人在与梅洛斯人的谈判中将国家权力天然的自我主义归纳为"让人愉快的东西是道德上的好（τὰ ἡδέα καλά）"这种程式，这也是民众和柏拉图《普洛塔哥拉篇》中的智术师的看法。他们断言，以此为原则的不仅是我们，斯巴达人同样如此。

⑤ 《高尔吉亚篇》，488b8—489a，以及491b。

分歧的问题是，这些天生的统治者是否也必须统治自己。[①]希腊人心目中的僭主和强权者可以纵容自己最疯狂的欲望，不必紧张地隐藏它们，就像奴性的大众一样。他们的自由在于能够成为人的"真正样子"。与苏格拉底认为真正的统治者必须首先统治自己相反，卡里克勒斯公开反对公民道德，他提出了自己的自由理想，即可以和要求做任何他想要的事，苏格拉底为此反讽地赞美了他"不无高贵的坦诚"。[②]

723　就这样，讨论重新回到一个我们曾经到过的位置，在《普洛塔哥拉篇》的那个段落中，苏格拉底讨论了良好生活的概念，并对智术师提出了试探性问题：除了带来快乐和兴致，他是否能对良好生活提出其他标准？[③]但那个段落中洋溢着的喜剧基调在《高尔吉亚篇》中被悲剧的沉重命运感取代。智术师们的夸张要求完全是无害的笑谈，可以作为玩笑看待；但卡里克勒斯的粗暴威胁显示了形势的真正严肃性，表明让双方在这里展开争执的原则不容妥协。经过《普洛塔哥拉篇》场景中戏谑的捉迷藏游戏（更多隐瞒而非揭露了苏格拉底的道德伦理与智术师之间的矛盾程度），《高尔吉亚篇》中的苏格拉底展现了他与享乐主义之间鸿沟的真正深度。他诉诸宗教比喻和象征，让我们第一次感到在细微的辩证差异背后（他的道德原则以此为外衣）存在着对生命本身的形而上学新解释。"谁知道究竟我们的生不是死，死不是生呢?"[④]他提到了俄耳甫斯教的隐喻语言，后者将愚人称作"未受秘传的"，或者用"筛子"来象征对享受贪得无厌之徒的灵魂，作为惩罚，他们在死后将不停地往有洞的桶里灌水。卡里克勒斯反感没有快乐的生活，称其为石头的生活。[⑤]但无论在这里还是柏拉图后来的《菲利布篇》中，苏格拉底代表的都不是无感情生活的理想：和那里一样，他区分了好的和坏的快感。通过对口渴者的快乐和痛苦感觉的准确分析，他最终让对手承认，善不等同于快乐，恶也不等同于痛苦，并迫使其认同自己从道德性质上对好的和坏的快感

---

① 《高尔吉亚篇》，491d。这是整个苏格拉底式"政治"的根本问题；参见本书第494页。
② 《高尔吉亚篇》，491e—492d。
③ 《普洛塔哥拉篇》，354d，355a；参见本书第494页。
④ 《高尔吉亚篇》，492e。
⑤ 《高尔吉亚篇》，494a。

所做的区分。[①]随后，他提出了意志选择和一切意愿之最终目标的概念，证明那就是善。[②]

一边是上面对目标的定义，一边是《普洛塔哥拉篇》中的享乐主义 724
界定，柏拉图的现代解读者常常把两者的矛盾作为自己对柏拉图思想发展全面理解的出发点，认为他直到《高尔吉亚篇》中才达到了《斐多篇》中的伦理道德高度，[③]同时也符合后者的禁欲主义倾向和对“死亡”的积极道德评价。[④]人们相信，由此还可以证明《普洛塔哥拉篇》是柏拉图最早的作品之一，因为他在对话中仍持大众的视角，后者认为善和感官快乐是同一的。[⑤]没有什么比这更严重地误解了柏拉图在《普洛塔哥拉篇》中思路的意义。苏格拉底在作品中试图向智术师指出，正是在俗众生活观正确的前提下（认为善就是快乐），苏格拉底关于知识对正确行为具有根本意义之观点（与常识如此相悖）的证明才变得特别容易。[⑥]只需一直选择较大而非较小的快乐，以及不犯计算错误，把较近的快乐误当成较大的快乐就可以了。为此，人们的一切幸福都寄希望于某种衡量的技艺，但苏格拉底在《普洛塔哥拉篇》中不愿更准确地谈论它。[⑦]即便如此，他也能完全实现自己的论证目标，还完全揭露了智术师（他们最终全都热情地对他表示认同）在道德理解上的贫乏。因为有谁不会注意到苏格拉底不止一次，而是反复和带着可疑的固执试图让《普洛塔哥拉篇》中这幕场景的读者意识到，将善等同于快乐并非他本人的观点，而是大众的呢？他表示，如果明确向大众发问，除了快乐和痛苦，他们还能说出自身行为举止的其他什么动机，他们将无法回答。他还多次用兴奋而大度的语气请他们提出其他目标，如果他们能想到的话。但他喜形于色地断定，他们显然做不到。[⑧]柏拉图在《斐多篇》中语带讥讽地把对人类行为的这种理解归纳为各种不

① 《高尔吉亚篇》，494b—499c。

② 《高尔吉亚篇》，499d—500a。

③ Wilamowitz和Pohlenz持这种观点。Raeder、Arnim、Shorey和Taylor的看法是对的。

④ 《斐多篇》，64a—68b，特别是64a到67a。参见《高尔吉亚篇》，492e—493a，523a—b。

⑤ Arnim同样认为《普洛塔哥拉篇》的创作时间很早，不过是出于不同的理由；参见本书第551页，注释②。

⑥ 参见本书第565页起。

⑦ 《普洛塔哥拉篇》，356d—357b。

⑧ 《普洛塔哥拉篇》，354b6起；354d1—3，d7—e2，e8—355a5。

725 同程度的快感的交易，但这种想法只是他的自嘲，不能当真。[①]相反，在《普洛塔哥拉篇》中被证明是所寻找的准则知识的“衡量技艺”完全不是纯粹的玩笑；我们只需用善取代快乐作为衡量尺度，《菲利布篇》和亚里士多德早年创作的《劝勉篇》（*Protreptikos*，仍然完全是柏拉图式的早期作品）将其描绘成一切尺度中最准确的。这种测量并非数量上的，而是性质上的。这正是柏拉图与大众及其价值意识从一开始就不同的地方。《高尔吉亚篇》提出了这个目标，并将《普洛塔哥拉篇》作为前提。从柏拉图最早的作品，即短篇苏格拉底对话开始，对作为善之知识的美德的研究背后就已经隐藏着该目标，就像《高尔吉亚篇》现在明确无疑地指出的，这种善的“存在（Parusie）让好的东西成为好的”，[②]也就是说，它是一切善的原型。[③]

同卡里克勒斯的谈话得出的结论与作为其出发点的强者正义学说背道而驰。如果快乐和痛苦不可能是我们行为的尺度，那么修辞术将无法扮演它的代表们为其在人类生活最重要事务中所安排的首要角色，[④]其他所有只把快乐，而非人的福祉作为目标的奉承也将一并退出。[⑤]对快乐和痛苦的正确选择只关注目标是好的还是坏的，这将成为人类生活的决定性任务。就像卡里克勒斯也直截了当地承认的，这种选择并非每个人的事。[⑥]柏拉图伦理和教育学说的基本原则由此得到了简练的表述。在这段话中，柏拉图没有让人们把自己的伦理感受作为最高的评判，而是提出需要某种知识或技艺，用它的认知来约束个人。[⑦]就这样，对话回到了一开始的话题。现在，苏格拉底在《高尔吉亚篇》开篇对修辞术的知识特点提出的问

---

① 《斐多篇》，69a。

② 《高尔吉亚篇》，498d。

③ 柏拉图在《普洛塔哥拉篇》349b就提出这样一个问题，即各种美德（ἀρεταί）是否拥有同一本质（ἴδιος οὐσία），或者说它们的名字表示唯一的东西（ἐπὶ ἑνὶ πράγματί ἐστιν）。就像《高尔吉亚篇》499e所指出的，这唯一的东西（ἕν πρᾶγμα）或共同的本质（οὐσία）就是“善”（τὸ αγαθόν），是一切人的意愿和行为的目标。

④ 《高尔吉亚篇》，451d。

⑤ 《高尔吉亚篇》，462c，463b。

⑥ 《高尔吉亚篇》，500a。

⑦ 《高尔吉亚篇》，500a6。

题显示了全部意义。两种彼此相异的生活（Bioi）出现在我们面前。[①]其中 726
之一建立在奉承的技艺之上，它事实上并非技艺，而只是技艺的假象。根据该类型的一个主要种类，我们称其为修辞术的生活理想。它的目标是制造快乐和赢得赞同。与之相反的是哲学生活方式，它建立在关于人的天性以及什么对其最有利的知识之上；因此这是一种真正的技艺，能够在真正意义上为人们提供身体和灵魂的治疗。[②]这种治疗不仅面向个人，也面向集体。相对应地，也存在针对个人和针对大众的奉承。作为后者的例子，柏拉图提到了各种类型的诗歌和音乐，包括双管演奏、合唱歌、酒神颂和悲剧。它们都以快乐为目标，如果我们从中去掉节奏、格律和旋律，剩下的将纯粹只是在公民大会上的演说（Demegorie）。[③]在古代晚期，诗歌被普遍理解成雄辩的一部分，此类观点最早出现在这里，但柏拉图显然用其表示贬义。在这里可以看到，对诗歌作为教育力量的激烈批评已经是柏拉图哲学的重要组成部分。不过，《理想国篇》和《法律篇》才是这种批评的真正位置，因为它属于那两部作品中所描绘的柏拉图式教化的范畴。与诗歌的争辩同《普洛塔哥拉篇》和《高尔吉亚篇》中与智术和修辞术的争辩如出一辙。作为演说家的诗人面对的民众并非公民中的男性成员，而是混合了孩子、女子和男子，奴隶和自由人。不过，即便是更高等级的修辞术，即面向城中男性公民的政治修辞也不比我们所谓的诗歌更好，因为它同样不是致力于善，而是追求大众的赞同，并不关心它会让他们更好还是更糟。[④]

这时，卡里克勒斯借机最后一次尝试拯救修辞术的精神价值。他任
由苏格拉底对当时的政治演说家们进行毁灭性的批评，以便把昔日雅典 727
的伟大政治家们的口才描绘成真正教育技艺意义上的模板，从而同时默认

① 《高尔吉亚篇》，500b。

② 柏拉图在这里再次强调了与医术的相似性，他在提及自己的政治技艺时总是想到这点；参见本书第577页，注释③。

③ 《高尔吉亚篇》，501d—502d。柏拉图援引当时的合唱歌和酒神颂，把基内西阿斯作为例子，此人在阿里斯托芬的喜剧中曾遭到嘲讽。卡里克勒斯也觉得此人的技艺中找不到教育价值。技艺在柏拉图的时代堕落为技巧，这在一定程度上也促成了他对其的否定态度。

④ 《高尔吉亚篇》，502e。

了苏格拉底评价他们的尺度。[①]忒米斯托克勒斯、喀蒙、米太亚德和伯里克利等人的名字看上去无疑能够平息一切反对声音。但柏拉图不动声色地评判了他们的政策。如果政治家的伟大在于他们懂得满足民众和自己的欲望，那么这些人当然配得上历史给予他们的盛誉。但如果政治家的任务是赋予自己的工作某种尽可能完美的具体形式（Eidos），并把这种形式作为自己的指导，就像所有的画家、建筑师、造船师和其他任何工匠那样，并且让整体的各个部分形成合理秩序，使之相互适应，那么这些人就是外行。好比各种艺术作品都拥有自身的形式和秩序，作品的完美取决于它们的实现，又好比人体也具备我们称之为健康的秩序，灵魂中同样存在秩序，我们称之为法律。法律建立在正义和自制，以及我们所说的“美德”之上。真正的政治家和演说家在选择言辞、完成行动和分发礼物时会参照精神领域的这一最高秩序。[②]他们始终关心的是让正义进入公民的灵魂，将不义从那里赶走，是让他们内心产生审慎和节制，将无节制从那里排除，是支持所有美德和消除一切恶习。就像医生不会用精选的美酒佳肴塞满生病的身体，因为它们对他没有好处，真正的政治家也会用严格的纪律来治疗生病的灵魂，而非纵容后者的欲望。

卡里克勒斯陷入了无动于衷的状态，看上去几乎不听苏格拉底在说什么，但也无力提出反驳。[③]他无法回避苏格拉底的逻辑结果，但在内心
728 情感上并没有被说服，就像他在后文所承认的，“正如大多数人那样”（柏拉图语）。[④]当对手哑口无言后，苏格拉底回答了自己提出的问题，独自完成了论证。他简要盘点了得出的结论，断言关于人类正确行为的一切思考都必然基于这样的认知，即快乐不等同于善的和有益的。人们只应当为了善而去做快乐的事，两者不能颠倒。和其他所有生命一样，人的善来自内心存在或产生某种德性，即某种卓越或美德。[⑤]不过，这种德性或卓越

① 《高尔吉亚篇》，503b。
② 《高尔吉亚篇》，503e—505b。政治家在让自己的对象（人的灵魂）产生秩序（τάξις）时所着眼的“形式”就是“善”，499e表示那是一切行为的目标。
③ 《高尔吉亚篇》，505d。
④ 《高尔吉亚篇》，513c。
⑤ 《高尔吉亚篇》，506d。

（无论是日用品、身体、灵魂或整个生命）并不偶然产生，而是必须通过正确的秩序和有目标的技艺。对一切存在而言，想要成为好的就必须掌控和实现内在的独特秩序，即它们“自身的秩序（Kosmos）”。[①]虽然在柏拉图之前，希腊语中的Kosmos一词并不用于表示这种有规律的内在灵魂秩序，但形容词kosmios可以表示审慎和有序的举止。梭伦的立法中同样提到了公民公共行为的“良序”（Eukosmie），特别是年轻人的。柏拉图与之一脉相承，把审慎和有序的灵魂称为“好的”灵魂，[②]这让我们想起在希腊语中，“好的”（ἀγαθός）一词不仅像对我们而言那样具有狭义的伦理意义，而且还是名词“德性”（Arete）的形容词，可以表示各种卓越。在这种观点看来，伦理只是所有事物对完美之追求的特例。苏格拉底表示，虔敬、勇敢和正义等各种其他美德必然与真正的节制共存。[③]就这样，他在这段话中插入了短篇对话和《普洛塔哥拉篇》中关于美德统一性的问题。[④]希腊人所谓的幸福（Eudaimonie）完全取决于人的这种卓越，希腊语中用“做得好”（εὖ πράττειν）来表示幸福，柏拉图认为这种表述包含
了深刻的智慧，因为使用者明白，幸福意义上的“做得好”完全建立在 729
“正确行为”之上。[⑤]

实现这种德性和避免陷入相反的情况无疑是我们生活的固定目标。个体和国家必须不遗余力地实现这个目标，而非追求满足欲望。[⑥]后者只会引向强盗生活，如此生活者将导致人神共愤，因为无法以此为基础建立集体，而没有集体也就不会产生友谊。智者认为，把天与地、神与人统一起来的是集体、友谊、纪律、节制和正义，所以人们也把整个世界称作Kosmos。[⑦]在神明和人类中，真正强大的并非贪得无厌，而是几何比例。但卡里克勒斯对几何一无所知。[⑧]因此，此前看上去是悖论的东西却是真

---

① 《高尔吉亚篇》，506e。
② 《高尔吉亚篇》，506d—507a。
③ 《高尔吉亚篇》，507a—c。
④ 参见本书第546页，第560页起。
⑤ 《高尔吉亚篇》，507c。
⑥ 《高尔吉亚篇》，507d6。在这里，柏拉图引入了目标概念，即我们在生命中应该瞄准的那个点，希腊语称为σκοπός。它与τέλος是同一的，我们在499e看到，那就是“善”。
⑦ 《高尔吉亚篇》，507e起。
⑧ 《高尔吉亚篇》，508a。

的，即相比于不义的行为，不义的伤害是较小的恶。真正的演说家和政治家必须是正义的，拥有对正义的认知。所以最大的耻辱并非在外来的不义和暴力面前无法保护自己，就像卡里克勒斯说的那样，[①]而是无法保护自己免遭人类灵魂可能受到的最大伤害，即让它被不正义占据。[②]为了免受这种伤害，我们不仅需要良好的意愿，还要具备才能和能力（δύναμις）。就像政客和演说家为了保护自己免遭不义的伤害而追求外部权力，苏格拉底主张通过内在的屏障来避免不义行为的危险。只有关于善的知识和认知，或者说政治技艺能提供此类屏障；因为如果没有人生来会自愿犯错，那么一切都取决于这种技艺。[③]

如果仅仅为了免遭不义的伤害，那么只需为此无条件地遵循当时流行的政治制度就可以了。[④]但如果缺乏教化的残酷僭主统治着国家，他必
730 然会害怕所有在思想上高于自己的人。[⑤]因此，他永远不会成为他们的朋友，就像他反过来也看不起那些不如他的人。因此，僭主的朋友只能是与他本性一致的人，他们赞美和指责同样的东西，并乐意受他统治。这种人将成为国中最有影响的人，如果有人对他们做了不义的事，他将讨不去好。[⑥]这个国家有志向的年轻人会及时意识到，让他们能有所建树的唯一道路是从小尽可能地让自己变得接近那位僭主，与他喜欢和讨厌同样的东西。[⑦]不过，即便经过这种迎合的人能保护自己免受不义的伤害，他们还是免不了做出不义的行为。因此，迎合者们恰恰让自己的灵魂沾染了最大的恶。他们因为模仿统治者而堕落和扭曲。[⑧]诚然，就像卡里克勒斯警告苏格拉底的那样，的确存在这样的危险，即有朝一日那些模仿君主和统治者的人会杀死不模仿的人。但苏格拉底不为所动，因为他认识到生命并非

① 《高尔吉亚篇》，483b，486b。
② 《高尔吉亚篇》，509b—d。
③ 《高尔吉亚篇》，509d7—510a。
④ 《高尔吉亚篇》，510a。
⑤ 《高尔吉亚篇》，510b。470e提出，教化是幸运的好统治者的标准。
⑥ 《高尔吉亚篇》，510c。
⑦ 《高尔吉亚篇》，510d。
⑧ 《高尔吉亚篇》，510e—511a。这是教育最大的障碍，就像柏拉图在《理想国篇》中更详细地阐述的，他在那里系统地发展了自己的学说，即教育总是会迎合现有政治状况的精神。

最高的善。[①]他还建议不愿走苏格拉底式孤独道路的卡里克勒斯放弃其不适合雅典的强权道德，后者只能在极小的圈子里推行，而是应该迎合其主人，也就是雅典人民的标准和好恶，不仅是外表上模仿他们，而且在内心也要尽可能地变得接近他们，因为其他一切都是危险的。[②]突然之间，刚才还在警告苏格拉底不要与政治当权者发生冲突的卡里克勒斯自己也似乎陷入了完全类似的处境。两人都面临着同样的问题，即他们希望如何对待自己国家的“僭主”，后者想要获得他们的无条件尊敬：那就是雅典人民。苏格拉底表示，他明白自己直言不讳的后果，准备好为了祖国的福祉而承受它们。作为美德的代表，他是两人中的勇者。而作为强权道德和强者正义的捍卫者，卡里克勒斯事实上是懦夫，他表面上迎合人民，以便通过要 731
嘴皮子者的巧妙奉承来统治他们。

在论证过程的这个节点上，苏格拉底适时地提醒人们注意他在对话一开始提出的那个基本区别，即设定关于身体和灵魂活动目标的两种方式，其中一种追求快乐和赞同，另一种致力于人的福祉；一种奉承人类天性的低劣方面，另一种与其进行斗争。[③]卡里克勒斯和苏格拉底此时似乎成了这两种方式的完美化身，即奉承者和斗争者。我们必须做出选择。我们不可能希望国家采用虚假的表面艺术，而是希望它接受真理的严格治疗，后者能让公民尽可能地良善。对于在精神和信念上没有被培养成真正美和善的人来说，无论金钱和财富还是更大的权力都毫无价值。[④]将城邦引向真正美和善的哲学教育者是城邦的真正施惠者，苏格拉底一边指出这点，一边睨视着那些政治家，他们乐于看到自己的功绩在人民对其表达颂

---

① 《高尔吉亚篇》，511b。

② 《高尔吉亚篇》，513a—c。

③ 《高尔吉亚篇》，513d。μὴ καταχαριζόμενον ἀλλὰ διαμαχόμενον（不阿谀，而是斗争）。参见521a，那里再次出现了这种意义上的“斗争”一词：διαμάχεσθαι Ἀθηναίοις, ὅπως, ὡς βέλτιστοι ἔσονται, ὡς ἰατρόν（像医生一样与雅典人斗争，让他们尽可能地好）。因此，这里斗争指的是医生与漫不经心和不听话的病人的斗争。在这点上也能看到与医学的相似。

④ 《高尔吉亚篇》，513e。与《高尔吉亚篇》470e那个关键性的段落一样，在这里，拥有教化同样是衡量一切金钱和权力之价值的唯一标准。因为514a1的“美和善”（Kalokagathie）指向的不是别的，而正是教化的概念，当时这两个词被当作同义词使用（见470e6和9这两个对应段落）证明了这点。

扬的决定中得到认可，在碑铭中永载史册。[①]将公民提升到这个高度的尝试必须从选择政治领袖开始。与苏格拉底政治科学的技艺性质相对应，选择程序采用合乎规则的考核形式。[②]如果考核是为了批准建筑师修建防御工事、船坞和公共圣所，那么我们会检验申请者是否懂得专业知识，他师从何人，以及在自己的专业中是否已经取得某些值得注意的成就，可以作为推荐他的理由。我们在批准申请成为医生的人时也会采用同样的方式进行检验。[③]如果政治是真正的技艺，那么未来的政治家同样必须被检验，看看他们此前在对政治而言至关重要的方面有何成就。由于政治是让人们变得更好的技艺，苏格拉底问在场的唯一政治家卡里克勒斯，在开始政治
732 生涯前，他在个人生活中让哪些人变得更好。[④]不过，对同时代人提出这个半开玩笑式的问题后，苏格拉底又开始考察雅典历史上的伟大政治家们，诸如伯里克利、喀蒙、米太亚德和忒米斯托克勒斯。就像伯里克利的批评者所说，此人让雅典人变得懒惰、胆怯、多嘴和贪财，因为他引入了食物发放制度。他从前任那里接手时的雅典人相对驯服，但就像他本人的命运所证明的，他把他们变得更加野蛮。他们流放了喀蒙和忒米斯托克勒斯，还想把米太亚德扔进巴拉特隆深坑（Barathron）[⑤]。他们就像接手了原本驯服的役畜的车夫，因为处置不当，最终从车上摔了下来。[⑥]

苏格拉底意义上的政治家尚不存在。[⑦]雅典最著名的政治家只是城邦的仆人，而非人民的教育者。[⑧]他们把自己变成人类天性弱点的工具，试图利用而非通过说服和强迫改变它们。他们并非竞技教练和医生，而是糕点师，用脂肪使人民的身体发胖，让他们原本紧绷的肌肉松弛。当然，彼

① 《高尔吉亚篇》，513e的εὐεργεσία概念暗示的正是我们在碑铭中看到的这种具体用法；因为它表示教育者对城邦的功绩。

② 《高尔吉亚篇》，514b起。是柏拉图一以贯之地遵循苏格拉底用辩证法进行检验的习惯，将考核的概念引入了高等教育。在《理想国篇》中，他把统治者教育完全建立在这一基础上。考核概念借鉴自医生和建筑师等专家的技艺，就像我们通过柏拉图的例子所看到的。

③ 《高尔吉亚篇》，514a—e。

④ 《高尔吉亚篇》，515a—b。

⑤ 位于雅典卫城后，犯人被推入其中处死。——译注

⑥ 《高尔吉亚篇》，515c—516c。

⑦ 《高尔吉亚篇》，517a。

⑧ 《高尔吉亚篇》，517b。

时吃得太多的后果要到后来才会显现。在此之前，我们会赞美为我们奉上这些佳肴的人，表示他让城邦更强大了，却没有注意到因为他的过错，城邦变得肿胀和开裂。[①]由于缺乏审慎和正义，他们在城中到处设立港口、船坞、防御工事、税收机构和诸如此类的玩意儿。但当疫病暴发时，人们不会指责罪魁祸首，而是要求当时的国家统治者负责，尽管他们只是从犯。[②]不过，没人能说推翻和驱逐了当权者的人民忘恩负义。自诩教给人们美德的智术师一直控诉弟子们忘恩负义，如果后者对他们做了不义之事或者不愿支付学费。[③]智术师和演说家之间没有本质区别，不屑地鄙视智术师的演说家事实上不如前者，两者的差距就像法官的价值低于立法者， 733
医生低于教练的程度那样。因此，演说家和智术师对所谓受他们“教育”者的同样控诉只是在谴责他们自己和他们的教育。[④]

因此，如果苏格拉底需要从这两种行为中选择其一，或者为雅典人民效劳，对他们奉承讨好，或者与他们展开斗争，以便让他们变得更好，那么他只能选择后者，即便他清楚地意识到，自己的生命将因此遭遇危险。[⑤]如果有人控告他，这样做的肯定是坏人。如果他被杀害也没有什么吃惊的。苏格拉底出于下面的理由预见到自己的教育工作会有这种结局。柏拉图让他郑重地表示：“我相信自己只和少数雅典人，甚至可以说寥寥数人一起尝试使用真正的治国术，是我的同时代人中唯一推动城邦事务的。”如果他被控告，那么对他的审判就会像是孩子们对那位医生的审判一样，有的厨子向孩子们控告了他。厨子会说：“此人用苦药、饥饿和干渴折磨你们，而我则让你们享用各种可口的东西。”当医生反驳说“孩子们，我做一切都是为了你们的健康”时，谁会听他的呢？当苏格拉底对法

① 《高尔吉亚篇》，517c—518b、d。在这里，对城邦的医学和教育式理解第一次被用作对真实城邦的批判标准。

② 《高尔吉亚篇》，519a—b2。

③ 《高尔吉亚篇》，519b—d。

④ 《高尔吉亚篇》，519e—520b。

⑤ 《高尔吉亚篇》，521a。苏格拉底在这里说的是“生命的选择”（βίου αἵρεσις），按照他的哲学，那是人的存在的真正意义，是他对真理之追求的目标。柏拉图在《理想国篇》最后的神话中（第十卷617b—620d）描绘了无生命的亡灵在冥府中的预先选择，为上述尘世上的选择提供了形而上学背景。《高尔吉亚篇》中的这个段落则发展了《申辩篇》中的动机（29d），在后者中，面对死亡威胁的苏格拉底决定坚守自己的哲学生命。

官说“法官阁下，我说的一切都是正确的，做的一切都是为了你们”时，也没有人会听他的。[①]但对这种结局的预见没有吓退苏格拉底。对他来说，“拯救自己”只有唯一的道路，那就是远离不义。因为最大的和唯一让人恐惧的恶是带着充满不义的灵魂前往死后世界。[②]

在《高尔吉亚篇》中，柏拉图第一次走出了主导之前对话的单纯检验和探究，向哲学家们指出了这种看上去纯粹的思想研究（他赋予了其对
734 正确行为的重要价值）展现其完整深度的地方，令人费解的热情游戏在这里突然变成了与整个世界的斗争，需要投入自己的生命。《克里同篇》之后最初的几篇柏拉图对话更多洋溢着这曲哲学音乐明快而欢乐的曲调，吸引了所有缪斯的爱慕者。不过，在《高尔吉亚篇》中，当苏格拉底交响乐的铿锵之声突然从深处响起，决死之心冲破了一派欢乐的气氛时，谁不会吃惊呢？自《申辩篇》中的描摹以来，苏格拉底的生命和学说第一次作为整体出现。从逻辑上显得不置可否的苏格拉底对话里，我们看到了苏格拉底生命中无条件的坚定，他拥有确定的目标，因此必然已经以某种方式获得了那种被热切追求的知识，使得他在意志上不会做出任何错误的决定。由此看来，苏格拉底把研究集中在善的理念上也就有了新的内涵。逻各斯想要把握目标的努力成了对这种用自己的一切来追求目标的生命的直接表达。对其他人来说只是话语，即便听过也不能让他们彻底信服的东西[③]却揭示了苏格拉底的真实存在。柏拉图在描绘这种存在时坚信那是最真实的存在，他的信念源于话语和现实在他老师的形象中得到了统一。《高尔吉亚篇》揭示了一种对生命的新评价，它来自苏格拉底对灵魂本质的认识。[④]

柏拉图在《高尔吉亚篇》的最后采用神话形式，[⑤]以诗人的感性手段

① 《高尔吉亚篇》，521c—522a。

② 《高尔吉亚篇》，522d。这种“拯救真正的自我”（βοηθεῖν ἑαυτῷ）与卡里克勒斯所理解的不同，后者想到的是我们用来拯救实体“自我”的力量；参见“苏格拉底”一章中的阐述。如果说苏格拉底的知识（被等同于美德本身）是一种“自我拯救”（在更高的自我意义上），那么我们就会突然明白，为何苏格拉底在《普洛塔哥拉篇》352c就坚称，知识能够救人。这里的βοηθεῖν的意思与医学中表示治愈病人和让他们恢复健康的词一致。

③ 《高尔吉亚篇》，513c。柏拉图称其为苏格拉底教诲的“普遍影响”（τὸ τῶν πολλῶν πάθος）。

④ 参见本书第489页。

⑤ 《高尔吉亚篇》，523a起。

将苏格拉底与不义斗争的这种形而上学内容呈现在我们精神目光的直观感受力之下。他试图用各种方法让通过逻各斯证明的东西也能被亲身感受到。神话形式并不意味着柏拉图求诸我们内心的非理性力量，仿佛那是认知的特别或真正来源。相反，通过一系列重要的形象和事件，他让我们仿佛隔着透明的描图纸重新看到了此前理性分析所绘制的线条，这次是作为完整的画面。因此，神话在艺术作品中起到了总结和归纳的功能。在这点 735
上，柏拉图学习了智术师的某种教学方式，但他对其加以改造，使其成为苏格拉底对话的有机组成部分。柏拉图神话的本质在于其与逻各斯为了同一目标合作。当逻辑思维的论证过程在读者记忆中早已消失时，神话画面仍然活在其中，成为整篇作品，乃至整个柏拉图学说和生命态度的象征。

《高尔吉亚篇》中的神话与对死后神话的宗教想象相关，柏拉图显然为了自己的目标而对其做了诗意的自由改造。历史上的苏格拉底不太可能是此类经过自由地添枝加叶的宗教神话的创作者，虽然他有时会关注它们。不过，那种被广泛接受的观点——柏拉图通过旅行或其他方式受到俄耳甫斯教或类似神秘宗教的影响，把它们的观点同苏格拉底伦理学结合了起来——对其思想来源的看法同样过于粗糙。柏拉图关于灵魂死后命运的神话并非某种宗教史折中主义的教条产物。[①]想要这样理解它们的人完全低估了柏拉图的诗性创造力，后者在它们中达到了高峰。不过，类似于我们常常归入“俄耳甫斯教”名下的彼岸想象的确为他提供了原材料。它们给他留下了深刻印象，因为艺术家的直觉让他感到，苏格拉底灵魂及其斗争的英勇孤独需要形而上学背景作为补充。

如果不是这样在不可见世界中占据一席之地，那么像苏格拉底那样生活和思考的人们的存在将失去平衡，至少在我们用受到感官局限的目光来看时是这样。想要理解苏格拉底对生命评价的真理性，我们必须将其与“彼岸”联系起来，就像俄耳甫斯教对死后生命的感性而明确的描绘那样，把这种评价看成对人有价值还是无价值，幸福还是不幸的终极审判。那 736
时，“灵魂本身”将被“灵魂本身”审判，没有了美貌、地位、财富与权

① 许多研究者犯了这个错误，他们怀着宗教史学家的兴趣研究柏拉图作品中的俄耳甫斯教元素。走得最远的是Macchioro，他认为柏拉图哲学中的很大一部分源自俄耳甫斯教。

力等保护性和欺骗性的外衣。[①]当柏拉图试图彻底理解作为纯粹基于自身内在价值的苏格拉底人格概念时，宗教想象里被置于从死亡开始的第二段生命中的这种“审判”，对他而言成了更高的真理。如果灵魂的健康是不受不义玷污，它的败坏和生病是沾染了罪恶，那么彼岸的审判将进行灵魂医生式的检查。赤裸的灵魂出现在法官面前，后者本身也是赤裸的灵魂，他会找出他们身上的每一处疤痕、伤口和斑点，那是他们生前罹患的不义病症所留下的。[②]柏拉图并非从俄耳甫斯教神话中借鉴了上述情节，而是借此表达了苏格拉底的基本思想，即行过的不义会留在灵魂中并构成其本质。这意味着人格价值的不断削弱。《高尔吉亚篇》中提出的幸福等同于道德完美性的理论在这里找到了依据。无法前往福人岛的不健康灵魂被分成可治愈和不可治愈的，前者将经受长时间的苦楚和痛苦的治疗。[③]不可治愈者（多为僭主和强权者）自己无药可救，但可以永远作为其他人的“反面典型”来发挥作用。[④]

《高尔吉亚篇》的最后警告了“缺乏教化”，[⑤]即“对生命最高的善无知”，并将所有城邦和政治的实践活动推迟到我们把自己从这种缺乏教化的状态下解放出来之后。柏拉图用这种方式再次提醒人们注意整篇对话的教育主旨和苏格拉底的哲学本身，让我们永志不忘他对教化本质与众不同的理解。他所理解的教化是灵魂为了摆脱对最重要的善的无知而展开的终
737 身斗争，这种无知束缚了灵魂，使其无法获得真正的幸福。[⑥]这番话指向了《普洛塔哥拉篇》的结尾，在那里，“对最高价值之物的错识和误解”已经被说成是一切恶的源头。[⑦]文中提到，人按照天性不会自愿选择恶。但这种知识没有得到准确定义，而是被留待以后探究。[⑧]《高尔吉亚篇》第

① 《高尔吉亚篇》，523e，αὐτῇ τῇ ψυχῇ αὐτὴν τὴν ψυχὴν θεωροῦντα（用灵魂本身来检视灵魂）。欺骗性外衣见523c—d。

② 《高尔吉亚篇》，524b—d。

③ 福人岛，523b，524a；可治愈的和不可治愈的，525b—c。

④ 《高尔吉亚篇》，525c—d。他们中包括马其顿国王阿尔喀拉俄斯和其他僭主，苏格拉底在470d—e质疑了他们的幸福，因为他不知道他们的“教化和正义”如何。在冥府的体检中可以看到，“未受过真理教育者”（525a）的灵魂不再挺拔，而是佝偻和残疾的。

⑤ 《高尔吉亚篇》，527e。

⑥ 《高尔吉亚篇》，527d7。

⑦ 《普洛塔哥拉篇》，358c。

⑧ 《普洛塔哥拉篇》，357b5。

一次完全揭示了包含在上述言论中的苏格拉底教化方案，以及其伦理和形而上学背景。因此，在柏拉图对话中所上演的同苏格拉底的伟大争论中（我们将其描绘成对苏格拉底生命和思想之哲学前提的意识不断加深的过程），它具有决定性的意义。[①]该过程具有多方面的性质，既涉及苏格拉底的逻辑和方法方面，也涉及他的伦理和生活方面。《高尔吉亚篇》第一次让所有方面共同发挥作用，真正的重点放在伦理内容上。它由此还确立了作为柏拉图式教化文献的意义。

最早的柏拉图对话主要通过方法和对象本身（美德问题）来描绘苏格拉底谈话中的教育思想。《普洛塔哥拉篇》则证明苏格拉底的整个研究方向（致力于关于最高价值的知识）是人类教育问题的基础，虽然对话中并未说明以此为基础的教育必然是什么样的。它只是让我们看到了将知识作为通往德性之道路的新评价，以及对正确行为之技艺的需求。如果这种技艺是可能的，那么智术师的教育将被彻底打败，或者降为第二等的。《高尔吉亚篇》在这段话中重新提出该问题，并提出了所寻求技艺的本质标志和前提。为此，他以同修辞术的争论为形式，就像对话的结尾所显示的，与同智术的争论本质上如出一辙。但这一次选择修辞术不仅是更换了 738
批评的靶子，而且是由于作为引导城邦的力量，修辞术能把我们的目光吸引到教育同城邦的关系上来。当我们出于内在的理由已经将最早的柏拉图对话纳入了这种关系，而《普洛塔哥拉篇》则清楚地解释了它后，它又在《高尔吉亚篇》中被明确认定和进一步定义。就像《普洛塔哥拉篇》所表明的，智术师教育同样试图帮助公民为城邦生活做好准备。他们不仅提供关于城邦的教导，还在理论上指出了城邦对教育的社会学制约。但他们的目标是培养公共生活的成功领袖，后者懂得在实践中迎合现有状况并加以利用。因此，在苏格拉底的意义上，城邦与教育的关系在智术师那里完全是片面的，因为他们不假思索地认为城邦的现状是合理的，从而把一种已经完全堕落的政治生活的需求当成自己教育的标准。

与之相反，《高尔吉亚篇》提出了柏拉图的决定性观点，即任何教育的根本问题都是寻找自己应该追求的最高准则和关于该目标的知识。苏格

① 参见本书第510—511页。

拉底在《高尔吉亚篇》中作为真正的教育者出现，因为只有他具备对目标的认识。在《申辩篇》和包括《普洛塔哥拉篇》在内的其他早期作品中，柏拉图笔下的苏格拉底反讽地拒绝声称自己在教育他人（这显然符合历史），尽管柏拉图已经把他刻画成了真正的教育者。在《高尔吉亚篇》中，他不仅从伦理意义上把教化描绘成最高的善和人类幸福的典范，而且宣称自己拥有这种教化。现在，柏拉图把自己的热情信念赋予了苏格拉底，即后者是城邦需要的真正教育者，他还让苏格拉底以其教育为理由，带着强烈的自信，用一种柏拉图式而非苏格拉底式的激情称自己为那个时代唯一
739 的政治家。[①]政治家的真正任务并非迎合大众，就像修辞家和智术师的伪教化所理解的。[②]相反，它本身具有教育性质，因为它是为了让人们变得更好。在《高尔吉亚篇》中，我们还看不到全力以赴追求这个目标的城邦会是什么样。这一点要等到柏拉图的《理想国篇》中才能看到。《高尔吉亚篇》仅仅带着真正先知式的激动宣示了目标，即让城邦回归教育任务。在这样的城邦中（当然只有在那里），像苏格拉底那样把人类完美性的绝对准则作为目标的教育的要求将得到肯定，被视作一切治国术的核心。

在柏拉图最早明确提出苏格拉底的教化是政治技艺的作品中，他已经展现了其与当时城邦的最尖锐对立。相比于我们听闻的智术师教育同政客代表之间的矛盾，这种对立截然不同。智术师是一种新潮现象，引发了保守圈子的注意和怀疑，因此他们完全采取守势。即便当他们因为强者正义学说或者批评民主平等原则等理论而让对手有了攻击口实，他们也懂得将这类在小圈子里宣扬的观点与表面上的迎合结合起来，就像卡里克勒斯所做的。苏格拉底显然没有这种顾忌，卡里克勒斯因为他的直言不讳而向其提出警告，柏拉图浓墨重彩地描绘了这点。[③]但柏拉图的《高尔吉亚篇》不止于此，他在一篇引人瞩目的文学作品中称赞了这种直言不讳，并全面

① 《高尔吉亚篇》，521d。

② 《理想国篇》第六卷492b起将更详细地分析对现有教化的批评，特别是493a—c。

③ 卡里克勒斯混淆了苏格拉底对雅典城邦的批评，将其与亲斯巴达的雅典少数派寡头的反对意见混为一谈，《高尔吉亚篇》，515e。他认为苏格拉底在思想上依赖这个圈子。但需要强调，后者看重的是，他只对自己和周围其他人所看到和听到的东西做出评价。柏拉图显然回避一切纯粹的党派政治，把他的批评提升到另一个层面。

展现了苏格拉底的教育同政治现实的对立。描绘了苏格拉底与城邦权力冲突的《申辩篇》无疑已经把这个问题作为焦点，而且在这样做的时候没有弱化其艰难程度。就像我们看到的，在那篇作品中，苏格拉底与城邦的冲突显得并非偶然，而是无法逃避的必然结果。[①]在柏拉图的早期对话中， 740
苏格拉底的研究的形式与内容更加显眼，而这种新的政治科学同城邦的矛盾却似乎被忘记了。但《高尔吉亚篇》表明，这种看上去的平静只是表面现象罢了。在这篇作品中，柏拉图第一次将苏格拉底的教化作为完整的方案呈现，认为其与主流治国术和主导公共生活的思想间的矛盾是根本性的，以至于他完全通过其与修辞术的批判性争论揭示了其特点，修辞术的闪亮外表让他觉得那是当时政治活动的真正代表。他甚至让可怕的乌云开始聚集，宣告着即将降临的不幸。

但《高尔吉亚篇》的新意在于被控诉的并非苏格拉底，而是城邦。柏拉图将苏格拉底向同胞公民们发出的呵护他们灵魂的呼声发展为哲学教育体系，他因此继承了苏格拉底为之献身的同城邦的艰苦斗争。在《申辩篇》中，这场斗争在许多读者看来可能只是一次性的灾难，但我们在《高尔吉亚篇》中清楚地看到，柏拉图的思想毫无例外地围绕着这种冲突的事实。他的哲学始终通过揭示苏格拉底生命和思想的前提来阐释自身，在这点上也不例外：通过试图理解导致"所有公民中最正义的那一个"[②]死亡的这场冲突，后者成了他整个教育哲学的出发点。《第七书简》如此清楚地展现了这段经历对柏拉图永恒的哲学意义，以至于作品和自述成了对彼此最完美的补充。[③]《高尔吉亚篇》暴露了柏拉图与当时城邦的决裂，按照《第七书简》的说法，他自从苏格拉底死后便认定其无可救药。但同时可以看到，在苏格拉底的所有弟子中，柏拉图是如何一开始就从具体政治的角度来理解老师的教育。柏拉图放弃了他声称无法忍受的城邦，这并不意味着他放弃了城邦本身。通过苏格拉底这位"当时唯一的真正政治 741
家"的失败，任务却反而第一次变得清晰起来，那就是让城邦符合苏格拉

① 参见本书第517页起。
② 《第七书简》324e和《斐多篇》结尾。
③ 《第七书简》，324e、325b、325b—326b。

底的要求。必须改变的并非教育，就像控诉和处死苏格拉底的那些人所相信的，而是城邦本身必须彻底革新。但这对柏拉图意味着什么？《高尔吉亚篇》的批评并非完全指向当时和过去的雅典政治家们，仿佛柏拉图的改革意志仍然寄希望于自己的母邦能展开一场彻底的政治变革。但《第七书简》告诉我们，柏拉图当时已经不再考虑这种可能性。[①]苏格拉底的精神怎可能渗入雅典这个彻头彻尾的"修辞术"城邦！在《高尔吉亚篇》的背后已经有了哲学理想国的想法。这篇作品中对现实城邦的毁灭性批判既不指向暴力革命，[②]也不是阴郁的宿命论和注定沦亡想法的产物，就像伯罗奔尼撒战争后在内忧外患的雅典可以理解的那样。柏拉图通过《高尔吉亚篇》中对现状的坚决否定为建立"最好的城邦"开辟了道路，他把后者作为目标，在拟定它时并不考虑现在或将来实现的可能性。当他在《高尔吉亚篇》中把对苏格拉底教化及其目标的描绘作为这条道路的起点时，我们同样看到了建立理想国之新意志的内心起点，因为对柏拉图来说，那是一个社会崩坏的世界中的稳固支点。

治国术建立在对人类最高之善不可动摇的知识和把公民的安康幸福作为唯一的目标之上，它的矛盾要求显然源于柏拉图本人的政治家意志同对苏格拉底政治福音之信仰的结合。但上述个人和心理解释不足以让我们完全理解柏拉图关于政治技艺的思想，这种技艺同时涵盖城邦建设和灵魂
742 呵护。在现代人看来，两种任务在此被混为一谈，至少在不久前，我们还习惯于严格区分两者。我们的政治是现实政治，伦理是个人伦理。尽管很多现代国家将对年轻人的教育抓在自己手中，从而重新承担了一部分古代国家的任务，但我们还是很难（哪怕只是暂时）接受古希腊人的观念，即国家法律同时也是人们的一切生活准则的来源，人的美德也是公民美德。这种统一性在苏格拉底的时代第一次受到严重动摇。国家名义和个人情感的分歧开始越来越大，政治生活日益粗糙，而个人对何为最优的道德感受则变得独立和精细。我们之前已经描绘过人与公民的美德原本的和谐遭到破坏，这是柏拉图国家哲学思想的历史前提。现在可以看到，国家控制思

① 《第七书简》，325c起。
② 《第七书简》，331d。

想者的力量（对早前的城邦来说不言自明）也有其危险的一面。在当时的情况下，它必然导致拥有较高文化的个体要么退到一边和离开国家事务，要么用自己的道德理想标准来衡量政府，从而与现实中的政府产生不可调和的矛盾。柏拉图在原则上完全不认同个人主义者逃离国家事务。他成长于其间的家族和阶级传统认为，最优秀的人理应把自己的生命献给城邦。如果他不是生来就接受了对城邦本质由来已久的高度评价，将城邦视作公民的道德立法者，那么苏格拉底的批评将很难令他产生深刻的印象，就像他的作品所证明的。因此，在柏拉图看来，苏格拉底同城邦的冲突也并不意味着是时候让城邦的归城邦，神明的归神明。他没有想过让人的较好方面脱离城邦的影响范围。个人和集体是一体的，柏拉图认为，只有城邦能确立这种关系的准则。不过，当位于道德自我意识深处的灵魂找到了人类价值和幸福的普遍尺度时，城邦对人们整个灵魂的这种主张就引发了一个最大的难题。现在，城邦不能停留在这种道德发展背后，而是必须在柏拉 743
图的意义上成为教育者和灵魂的医生，如果无法完成这个任务，它就会堕落和配不上自己的权威。柏拉图的《高尔吉亚篇》中已经提出，城邦的其他所有生活功能都必须为了道德教育任务而牺牲。

不过，除了传统上关于城邦对个体生活之意义的高度评价，让柏拉图对城邦产生这种独特新转向的还有第二个动机，它来自苏格拉底的美德学说本身。由于和苏格拉底一样，柏拉图将正确的行为建立在对最高价值的知识之上，从纯粹的观点和主观感情之物中实现这种价值就成了需要人类思想所能达到的最高认知的任务。苏格拉底本人通过反讽地承认自己的无知让人们看到，并非所有人都能得到所追求的这种善的知识。因此，如果根据现代人的看法把不受一切传统束缚的自由解释成个人“良知”新赢得的独立地位，那么我们就误解了苏格拉底对它的解释。由于柏拉图从他“政治技艺”的严格意义上理解这种苏格拉底的知识概念，他最大程度地强调了其客观特征。与我们对政治的通常理解不同，这种知识并不与专业学科对立，而是反过来把后者作为理想。它无法被大众获得，而是最高哲学认知的对象。在这个发展阶段，正当我们期待遇到个人良知和个体的自由道德决断等现代概念时，它们却再次遭到摒弃，客观哲学真理的权威反而得以确立，意图控制人类集体乃至个人的全部生活。如果存在苏格拉底式的知识，那么在柏拉图看来，这种知识只有在集体生活的框架内才能发挥全部影响，他按照传统称方式将其理解为城邦（Civitas）。

第8章

柏拉图的《美诺篇》：知识的新概念

在早期对话中柏拉图试图从各种路径接近对德性的认知，它们都引向 744
同样的认识，即勇敢、审慎、虔敬和正义等被分别提及的美德只是唯一整体美德的组成部分，而美德的本质是一种知识。在《普洛塔哥拉篇》和《高尔吉亚篇》中，他预设了这种认识的正确性，将其作为一切教育的核心问题，建立在这一基础上的教化第一次呈现了确定的轮廓。在那两部作品中，柏拉图通过与此前教育形式之代表的激烈争论证明，即便是他们中唯一赋予知识较重要地位的智术师，也出于自身立场而不愿得出人的道德和政治教育同样建立在知识之上的结论，而当时的传统教育则无视这点。苏格拉底在《普洛塔哥拉篇》中试图将智术师拉到自己一边。但他越是试图彻底探究自己提出的美德归根到底是知识的观点，从而对自己最初否定美德可教授性的想法产生怀疑，普洛塔哥拉就越是心有不甘地认识到，其自诩为美德老师的说法只有通过苏格拉底的假设才能得救，即美德是一种知识。

在那篇对话中已经可以看到，苏格拉底所说的知识必然不同于人们
通常所理解的一切知识，但对话中尚未探究这种知识的本质。《普洛塔哥 745
拉篇》有意识地局限于证明，如果美德的确像苏格拉底认为的那样是知识，那么它必然是可教授的。对话中只是含糊地认定这种知识是某种衡量技艺，但对那是何种技艺，而它的标准又是什么则始终语焉不详，关于该问题的讨论被留待以后。[①]这并不意味着必然指向具体的某篇对话。柏拉

① 《普洛塔哥拉篇》，357b。

图多次提及该问题，对它的思考从未停止。但这种暗示至少表明，一旦美德和知识被等同起来，而且美德知识对一切教育的意义变得清楚时，对这种意义上的知识究竟是什么的问题进行特别探究也就成了紧迫的要求。《美诺篇》是第一篇着手该问题的对话。它在时间上也最接近此前提到的对话，因此是柏拉图对《普洛塔哥拉篇》中所提出问题的回答，即被苏格拉底称为德性基础的是一种什么知识？

正确认识到知识问题对柏拉图哲学重要性的人们，夸张地把《美诺篇》称作学园的教案，但这种说法只是表明，他们以现代人的观点误解了柏拉图。柏拉图学校的任何教案都不可能把哲学局限于知识问题，特别是当我们从现代认识论和逻辑的抽象普遍性角度理解这个词。即便在第一次相对独立地探讨这一系列问题的《美诺篇》中，柏拉图也着重指出了在他看来，知识问题是如何从与他的伦理学探究的关系中有机生成的，并从后者获得了意义。他在这里同样从“我们如何获得德性”的问题出发。[①]当然，与其他对话不同，《美诺篇》没有烦琐地对问题加以展开，最后得出那个论点。相反，柏拉图有意识地把关于知识及其起源的问题作为中心。但无法忽视的是，他在全部讨论中所指的都是美德和善的知识，即新的苏
746 格拉底式知识。这种知识无法与它的对象分离，只能通过后者来理解。在对话开头，他简洁地用有条理的形式探究了对如何实现德性这一问题的各种可能答案：美德是可教授的或者通过练习获得的吗？还是说两者都不可行，人们只能通过自然或其他渠道得到呢？这是该问题的传统形式，我们在早前诗人那里已经有过接触，诸如赫西俄德、忒奥格尼斯、西蒙尼德斯和品达，在与该传统相联系的智术师那里也能看到。柏拉图认为，苏格拉底提问方式的新颖之处在于他首先探究美德本身是什么，然后才敢于提出人们如何获得它。[②]

① 《美诺篇》，70a。

② 《美诺篇》，71a。从科学角度来看，这种顺序是唯一符合逻辑和不言自明的，但古代诗人们完全没有对这种普遍形式的美德的本质提出过问题，即便他们相信某种美德要优先于其他的，就像堤耳泰俄斯、忒奥格尼斯和色诺芬尼那样。当苏格拉底提出，美德的获得依赖回答关于其本质的问题，即一个艰难而复杂的思想过程时，那意味着对他和他的时代来说，美德已经变成了一个难题。

该问题的逻辑意义（短篇对话中对个体美德的讨论总是把我们引向那里）在《美诺篇》中得到了特别详细的阐释。柏拉图比在其他任何作品中更清楚地让读者意识到，“美德本身是什么”的问题目的何在。他首先阐明了美德本身同美德的个别具体表现形式的区别。美诺从老师高尔吉亚那里学会了区分男性和女性、成人和孩子、自由人和奴隶的美德。[①]他向苏格拉底描绘了“一群美德”，而非作为所有这些形式基础的美德，但后者无意了解它们。[②]从其他视角出发，像这样根据性别、年龄或社会地位划分美德是合适的，但想要做到这点，我们必须将那种唯一和统一的美德放到它与不同承载和使用方式的关系中来看待。这正是它的相对方面，我们由此出发寻找它的绝对本质。[③]“某物”让美德看上去不再形形色色，而是独一无二的，柏拉图称其为“形式”（Eidos）。[④]那正是它们都是美德的原因。[⑤]柏拉图将其命名为“形式”，因为只有着眼于这种“某物”，[⑥]回答者才能正确解释什么是美德。“着眼于”（ἀποβλέπων εἴς τι）这种表述在 747
柏拉图作品中经常出现，形象地描绘了他所理解的“形式”或“理念”（Idee）的本质。[⑦]与德性类似，其他相关“概念”[Begriff，虽然我们可以这样说，但柏拉图对这种逻辑上的“某物”还没有意识和命名，因此我们最好称其为“本质”（Wesenheit）]也有统一的“形式”。健康、体型和力量的“形式”或“理念”便属此类。[⑧]在《高尔吉亚篇》和其他许多地方，它们被视作身体的美德，与灵魂的美德相对。[⑨]因此，这些例子是精心选出的，再次表明柏拉图的形式完全是具体地从美德问题发展而来。如果想知道什么是健康，那么我们不会试图确定它在男人、女人或其他人身上是

① 《美诺篇》，71d—e。
② 《美诺篇》，72a。
③ 《美诺篇》72b称，探究的目标是事物的本质（οὐσία）。参见《普洛塔哥拉篇》，349b。
④ 《美诺篇》，72c和d。
⑤ 《美诺篇》，72c；参见72b的例子。
⑥ 《美诺篇》，72c8。
⑦ 关于Eidos和Idee的区别，见本书第439页。——译注
⑧ 《美诺篇》，72e。
⑨ 柏拉图在《高尔吉亚篇》499d和504b把健康和力量“等等”称为“身体的美德”（ἀρεταὶ τοῦ σώματος）。在《法律篇》631c中，健康、美和力量一起出现，亚里士多德在《欧德摩斯伦理学》（残篇45，Rose）中也提到了这三者，当时他仍然秉持柏拉图的思想，是学园流行学说的好见证。

否有不同的表现方式。对于力量和体型这两种其他的身体美德同样如此。对灵魂的美德而言（比如正义或审慎），无论在男性或女性身上也都没有区别。它们总是相同的。[①]

对这个逻辑问题的讨论故意局限于基础范围内，仅仅试图展现苏格拉底思想的基本步骤。柏拉图本人把苏格拉底同美诺的对话称为“对回答关于美德本质问题的练习（μελέτη）”。[②]不过，这种本质不仅被刻画成统一和绝对的，与美德和不同类型之人的多样关系相对，它还被描绘成与柏拉图所称的美德的部分相对，如正义和审慎等。[③]我们在上面提到，正义属于男人还是女人对美德的统一性而言毫无区别。但作为正义的美德不是和作为审慎的美德有区别吗？美德被分成其所呈现的各种特别形式不是
748 很容易危及我们所寻找的统一性吗？换句话说，正义和审慎或者勇敢真有区别吗？从苏格拉底短篇对话和《普洛塔哥拉篇》中我们已经知道，美德各部分的本质统一性是苏格拉底的根本问题。[④]他在那里把自己寻找的对象称为“美德整体”。在《美诺篇》中，他把美德的木质（οὐσία）等同于全部这样的东西，我们不仅可以用其表示美德的任一个体部分，还能表示“整体”（κατὰ ὅλου）美德。[⑤]就这样，“普遍”（καθόλου）这一新的逻辑思想首次被创造出来，以无与伦比的清晰形式生动呈现。柏拉图所说的善或德性的形式不是别的，正是对“整体”的善的体验。[⑥]但特别之处在于，柏拉图同时把这种“整体”（κατὰ ὅλου）的善描绘成真正的现实和存在，使其无法与被我们作为逻辑“概念”的“普遍”等同起来。和早期对话一样，《美诺篇》也没有给出德性的真正定义，显然这种定义并非探寻美德本质问题的初衷。相反，对话中重新探讨了美德的部分，和之前一样，讨论再次回到美德本身，即理念。“它是什么”并非表示定义，而是作为理念。理念是柏拉图思想的辩证运动的目标。读者们从柏拉图最早的对话中

---

① 《美诺篇》，73b—c。
② 《美诺篇》，75a。
③ 《美诺篇》，74a。
④ 参见《普洛塔哥拉篇》，329c—d、349b。
⑤ 《美诺篇》，77a。
⑥ 这一逻辑行为的名称中所表达的形象元素也存在于Idee和Eidos这样的表达中，强调“看”或“形象”。

就已经明白了这点，《美诺篇》使其变得更加明了。[①]

如果我们从字面意义上来理解对苏格拉底辩证法（通过其最有资格的诠释者柏拉图）逻辑过程的分析，那么就像柏拉图在《美诺篇》中一步步所推导的，我们似乎不可能犯古代和现代的哲学评判者的错误。亚里士多德在某种意义上第一个犯了这种错误，他在著名的断言中表示，苏格拉底第一个试图定义普遍概念，但后来柏拉图把这一逻辑上的普遍概念实体化为本体现实，从而造成了不必要的重复。[②]因此，柏拉图的理念从一开始就把发现逻辑上的普遍作为前提。如果我们这样认为，那么理念看上去 749
只是对位于人类精神中的概念的古怪重复。现代逻辑学家们大多遵循亚里士多德的看法，像这样重建柏拉图提出理念学说的内在过程。[③]不过，即便我们所谓的"概念"已经隐藏在苏格拉底的"它是什么"中，但事实上柏拉图在解释苏格拉底对德性本质的追问时采用了另一条道路，不同于现代逻辑学家看来理所当然的那条。对现代人而言，逻辑上的普遍概念如此不言自明，以至于他们觉得柏拉图的理念在此之外另立名目完全是画蛇添足，因为他们毫不犹豫地相信，我们必须首先将美德理解为逻辑概念，然后才能将本体论意义上的存在赋予这种概念。然而，事实上在《美诺篇》中找不到这个词的两面性，即便我们在柏拉图的话中可以区分逻辑上的普遍和本体上的真实这两个方面，但两者对他来说仍是绝对同一的。"何为德性"的问题直接指向德性的本质和真实的存在（οὐσία），那就是理念。[④]直到后期对话中，理念与表象多样性的关系——柏拉图此前一直语焉不详地称其为个体"分享"的整体——才被他视作问题，出现了在他对理

① Eidos（形式）的概念早在柏拉图最早的作品中，在《游叙弗伦篇》中（5d，6d—e）中就出现了；在《高尔吉亚篇》503e（参见499e）可以一清二楚地看到，善的形式是柏拉图思想的中心。在《美诺篇》72c—d，多种表象中的"唯一形式"的逻辑问题成为重点。

② 亚里士多德，《形而上学》，1.6.987b1；13.4.1078b17—33（参见1.9.990a34—b2）。

③ "马尔堡学派"一度通过大量出版物代表了一种关于柏拉图的影响巨大的新解读，他们强烈反对亚里士多德的看法，特别是Paul Natorp, *Platos Ideenlehre* 1903。这种反应间接澄清了那两位伟大哲学家的真实历史地位，因为它与自己的目标背道而驰。他们表示亚里士多德错误地把柏拉图的理念变成了一种"物"（物化），他们为柏拉图的辩护并非是按照柏拉图的想法，而是现代逻辑意义上的，赋予了他的理念一种纯粹的逻辑特征。Julius Stenzel在他的第一部作品*Studien zur Entwicklung der platonischen Dialektik* (Breslau 1917) 中吸取马尔堡学派失败尝试的教训，揭示了柏拉图的存在逻辑的真实历史状况。

④ 参见本书第609页，注释③。

念的最初理解中尚未意识到的逻辑难点。

因此，现代阐释者的误读并非源于对柏拉图本人用语的误解，因为这本身是不可能的，而是因为人们把某种更晚近的逻辑观念掺入其中。当亚里士多德从逻辑上的普遍概念这一对他来说非常熟悉的事实出发时，他一方面正确地发现柏拉图理念中已经包含了这个概念，另一方面又强调柏拉图在其理念中同时将其视作根本和真实的存在。亚里士多德认为第二步
750 是柏拉图在定义普遍与特别的关系时所犯错误的根源。亚里士多德认为，柏拉图把普遍概念变成了形而上学的实体，赋予了其脱离感官条件的独立存在。事实上，柏拉图没有走出第二步（概念的“实体化”），因为他尚未完成第一步，即对普遍概念本身的抽象化。在柏拉图那里，逻辑概念仍然完全被包含在理念中，因此就像他所描绘的从德性表象到本质的发展，这是一种精神上的观察行为，从多元中把握统一。柏拉图本人在《理想国篇》中把辩证思想过程的本质定义为综览（Synopsis），即概括同一理念下的不同表象共有的特征。这是对《美诺篇》中所描绘的逻辑行为的最好刻画。[①]另一方面，辩证方法在这里被定义为解释-接受，这点至关重要，因为它排除了这样的解读，即那种内在的观察行为并不根本排斥其他人的一切检验。柏拉图再三提醒，辩证式回答必须不仅是真实的，而且要基于被提问者所承认的东西。[②]因此，这预设了通过问答形式的对话，人们可以理解此类思想观察的对象。在后来的《理想国篇》和《第七书简》中可以看到，这种辩证式理解的耐心工作是我们接近理念观察必经的漫长而艰辛的道路。[③]

很难说在《美诺篇》中对苏格拉底辩证法的逻辑内容的分析背后，是否和在多大程度上已经存在一个普遍逻辑规则的完美体系。情况很可能如此，即便我们看到，对最终目标的认知都源于对某个美德问题的探讨。

① 《理想国篇》第七卷537c用了名词“综览”,《斐德若篇》265d用了它的动词形式συνορᾶν，与“理念”（Idee）一词连用（用唯一的理念来综览分散的多者）。在《理想国篇》537c，柏拉图从动词形式引出了形容词“综览的”，用它描绘了辩证论者的本质和能力。在《美诺篇》中，苏格拉底同样试图把握多元中的统一；参见72a—b，74b，75a。

② 《美诺篇》，75d。

③ 参见《第七书简》，341c。一边是这种共同的辩证式努力，一边是位于道路终点的思想观察，《第七书简》中用比喻展现了两者的关系：两块木头相互摩擦，最终迸发出火星点燃火光。

为此，除了柏拉图在这篇对话中处处显示的高度逻辑意识，最引人注目的首先是他用来描绘有条理的具体步骤的大量技术性表达。就像柏拉图在这 751 里所做的，①为了展开“练习”，我们必须掌握我们想要确立的规则。在这点上，通过范例（Paradigmata）来解释逻辑过程的有意识艺术特别富有启发性，柏拉图将一次次展示这种功能。“是什么美德”的问题同样通过“什么是图形”的问题来解释，而“正义是美德本身还是一种美德”则与类似的问题“圆是图形本身还是一种图形”联系起来。②当文中提到，其他颜色和白色一样是颜色，而曲线并非比直线更高一级的图形时，③柏拉图所理解的存在（οὐσία）在逻辑上得到了解释；因为就像《斐德若篇》中同样指出的，本质并无多寡之分，没有哪种图形比其他的图形程度更高。④相反，在质量或关系上存在多寡之分。后来，亚里士多德的范畴学说中也表达了同样的认识，但柏拉图对此已经非常熟悉，而且《美诺篇》显示，他很早就了解了。⑤（在这种视角下对早期对话进行逻辑分析将很有趣。）由此可见，《美诺篇》这样的作品并非柏拉图第一次摸索地尝试理解苏格拉底辩证法的逻辑本质，而是从充分的此类逻辑认知出发。苏格拉底在一位弟子身上做了尝试，后者在思想上代表了阿卡德米学生的平均水准。⑥通过这种方式，柏拉图让读者意识到基本的逻辑问题，如果不理解它们就看不懂他的对话。他很清楚通过文学形式解释这些技术性对象的局限，但他还是成功让人们对这一新的问题领域的难点和魅力有了概念，即便他们是外行。

数学在《美诺篇》中扮演了特别的角色。柏拉图无疑从一开始就对数学很感兴趣，因为早期对话已经透露出数学方面的准确知识。在《高尔吉亚篇》中，描绘新的伦理-政治技艺的轮廓时更多使用了医学范例，而 752

---

① 参见本书第610页，注释②。

② 《美诺篇》，74b。

③ 《美诺篇》，74d。

④ 《美诺篇》，74e。曲线并非比直线更高一级（οὐδὲν μᾶλλον）的图形。参见《斐多篇》，93b—d。

⑤ 参见拙作*Aristoteles* S. 39-41，我在那里证明柏拉图的《斐多篇》也同样如此。

⑥ 美诺被描绘成高尔吉亚的弟子，在色萨雷接受过后者的教导（参见70b，76b起）；因此他之前受过良好的教育。

在《美诺篇》中用作模板的则是数学。这首先体现在方法上。第一次尝试定义德性的本质时，他就试图把“什么是某种图形”作为模板。[①]在对话的第二部分，当苏格拉底和美诺重新开始探寻什么是德性时，数学再次提供了帮助。虽然他们不知道德性是什么，但出于教育者的原因，他们对德性是否能被教授的问题最感兴趣，因此苏格拉底将问题表述为：想要让德性能被教授，它必须是什么样的？他希望由此提出自己的著名假设，即德性是一种知识。他的这种“假设”方法借鉴自几何学家。[②]我们在这里不必考虑他所举例子的细节（在圆内构建一个三角形）。

不过，数学在《美诺篇》中不仅作为方法的个别范例出现，而且完全作为展现被苏格拉底视作目标的那种知识的普遍方式。那种知识与数学知识的共同点在于，虽然前者从被探寻对象所代表的个别感官现象出发，但它本身不属于可被观察的领域。它只有在灵魂内部才能被掌握，而我们掌握它的工具是逻各斯。苏格拉底在《美诺篇》中表明了这点，通过提出相应的问题，他让美诺的奴隶（一个有些才智，但完全没受过教育的年轻人）当着主人的面，根据绘制粗糙的图形自行发现了矩形的定理。[③]这一教育实验的过程是对话的亮点。在这里，柏拉图向我们展现了是什么样的思考促使他承认，科学确定性拥有不同于感官经验的纯粹精神来源。如果没有苏格拉底的帮助，奴隶自然无法一步步走向对那个复杂数学真理的认知，而且在掌握对象的真正机理前，他必然会首先遭遇受制于纯粹感官观
753 察的天真理解所犯的各种错误。但他确信对象必然如此而不是那样，这归根到底并非出于其他任何原因，而是来自内在的观察，一旦他清楚了背后数学关系的性质，这种观察就会产生绝对和排除一切怀疑的信念力量。认知者的这种信念力量并非来自他所接受的教导，而是出自本人的精神和关于对象必然性的洞见。[④]

为了描绘这种内在观察的性质，柏拉图求助于宗教神话的想象世界。

---

① 《美诺篇》，74b。

② 关于这种假设方法，参见86e—87a。类似地，《普洛塔哥拉篇》中也指出，如果德性是一种知识，它必然可以教授。

③ 《美诺篇》，82b起。

④ 《美诺篇》，85b—d。

因为希腊人无法想象没有实际对象的观察，但另一方面，人的精神（比如那个参与几何探究的奴隶）在其当下的存在中还没有看见或听说过这种数学知识。柏拉图解释说，灵魂中潜在拥有的这种知识必然是他们在前生看到的。[①]对于我们有限的想象来说，灵魂不灭及其在多个肉体间流转的神话让这种关于前生的主张变得有声有色。[②]在《美诺篇》中，与其说柏拉图把不朽性观念视作他道德人格概念的必要基础，[③]不如说他将其作为一种可能性，借此赋予自己关于人类灵魂中拥有某种仿佛与生即来的知识的新理论以背景。如果没有这一背景，对这种知识的刻画将永远只是苍白而模糊的想象。通过将此类想象同前生联系起来，我们在更多的方向上看到了意想不到的新画面，我们所寻求的关于善本身的知识独立于一切外在经验，获得了类似于宗教的价值。它一方面具有数学般的清晰，同时又像一个更高的世界矗立于人类的存在之上。在柏拉图的作品中，数学一直扮演着理论学说的辅助角色，处处充当着通往对理念之认知的桥梁，当柏拉图第一次试图从逻辑上定义苏格拉底所寻求的知识及其对象时，他本人也必然使用过这种桥梁。

就这样，苏格拉底的遗志在柏拉图的意义上得以实现，而且同时向 754
前迈出了一大步。苏格拉底始终止步于无知，柏拉图则奋力奔向知识。不过，他还是把无知视作苏格拉底的真正伟大之标志，因为柏拉图认为那是苏格拉底的精神所孕育的一种新型知识降生时的啼哭。这种知识正是《美诺篇》第一个试图准确把握和描绘的灵魂的内在认知，是理念的观照。因此，柏拉图在《美诺篇》中从新的正面角度来展现老师的“困境”（Aporie）并非偶然。[④]虽说他不是直到此刻才第一次能够看到上述困境，但直到柏拉图描绘了这种知识的神奇性质（它的确定性完全来自内心），他才第一次有可能向他人解释那种困境。当年轻的美诺在苏格拉底的要求下第一次试图定义德性，最终得出了错误的定义时（与辩证法的基本原则冲突，就像苏格拉底对他指出的），他失望地表示，他已经从他人那里听

① 关于“回忆”（Anamnesis），参见《美诺篇》，85d。

② 《美诺篇》，81b。

③ 在《斐多篇》中就是这样。

④ 参见《理想国篇》中的阐述。

说，苏格拉底掌握了这种让别人陷入这种尴尬的危险技艺，使他们进退两难。[①]他把苏格拉底比作电鳐（Narke），这种鱼会让碰到它的手麻痹。但苏格拉底驳斥了这种比喻，因为麻痹同样会让鱼本身动弹不得，所以他觉得自己也完全是他“困境”的牺牲品。[②]不过，柏拉图随即用关于那个奴隶的数学例证表明困境如何成为学习和理解的真正源头。[③]他显然在数学中寻找并找到了苏格拉底式困境的完美例证，这个例子让他有理由相信，有的困境是真正解决难题的最重要先决条件。

《美诺篇》中的数学题外话被用来展现“陷入困境”的教育作用，证
755 明那是通往对真理积极认知的道路上的第一步。在这个精神的自我思考逐步前进的过程中，感官经验的角色是唤醒对灵魂中“永恒”呈现的事物本质的记忆。[④]将感官事物理解成理念的摹本解释了这种角色的意义，就像柏拉图在其他地方所做的。《美诺篇》中只是大略提到了将“苏格拉底式”知识视作回忆的学说，关于不朽和前生的学说同样如此，在后来的《斐多篇》《理想国篇》《斐德若篇》和《法律篇》中才做了更详细的描绘。对柏拉图而言，这里的关键认识是存在的真理“保存在”灵魂中。[⑤]这种认识推动了探寻和有条理地自我定义的过程。追求真理不是别的，而正是揭开灵魂和天然存在于其中的根本内容。[⑥]这种追求对应着一种深深植根于灵魂中的欲求，就像在这里暗示的那样。[⑦]后来，柏拉图在《会饮篇》中和其他地方把这种观点发展为他的爱欲学说，将爱欲视作一切精神追求的源头。苏格拉底多次拒绝用“教授”（διδάσκειν）一词来表示该过程，因为那似乎意味着从外部向灵魂中灌输知识。[⑧]那个奴隶并非通过他人教授才认识到数学定理的正确性，而是从自身获得了这种知识。[⑨]在《普洛塔哥拉

① 《美诺篇》，80a。
② 《美诺篇》，80c。
③ 《美诺篇》，84c。
④ 《美诺篇》，81c、d、e；82b、e；84a；85d；86b。
⑤ 《美诺篇》，85c；86a；86b。
⑥ 《美诺篇》，86b—c。在这里，追求真理不仅是作为苏格拉底哲学的，也是作为普遍人性的真正本质出现。
⑦ 《美诺篇》，84c6。
⑧ 《美诺篇》，84c11；85d3，e6。
⑨ 《美诺篇》，85d4，ἀναλαβὼν αὐτὸς ἐξ αὑτοῦ τὴν ἐπιστήμην。柏拉图对数学知识这个特例感兴趣，因为它与价值的知识拥有共同的源头，而柏拉图探究的正是后者。

篇》和《高尔吉亚篇》中，柏拉图通过与智术师教育的对比展现了新教化的伦理轮廓。与之类似，为了阐述深刻的知识概念（在苏格拉底那里只是处于萌芽状态），他在《美诺篇》中将其与智术师对学习过程的机械理解做了对比。真正的学习并非被动的接受，而是努力的追求，只有通过学习者的自发参与才有可能。柏拉图的整个描绘展现了科学探究让性格变得坚强的道德作用。①希腊精神的积极本性以及在自身中寻找思想和行为之确定基础的追求在这里得到了充分表达。

《美诺篇》的数学题外话中所阐述的柏拉图的知识概念帮助我们理解了对话的结尾部分，"何为德性"的老问题在那里再次被提及。②我们已经 756
提到，在柏拉图看来，关于知识本性的问题完全源于德性问题；因此可以期待的是，在结束了对知识的探讨后，我们能够尝试从中获得对那个苏格拉底原始问题的更多理解。③在《美诺篇》中对知识展开探究之前的那个部分，德性被故意幼稚地定义为获得各种好东西的能力。④上述尝试仍然完全停留在早期希腊的大众伦理层面上，因为柏拉图始终把自己同历史现实联系在一起。随后，通过在后面加上"以正确的方式"一语，这种初步定义稍稍接近了严格的哲学论理思想。⑤但正义与美德的关系仍然完全没有确定，可以看到，后者的本质并未因为定义而变得清晰，因为该定义犯了一个逻辑错误，即通过美德的一部分（正义）来解释它的本质。因此，它预设了认知对象是已知的。⑥

在探究的这个阶段还没有提到苏格拉底把美德定义为知识，但从一开始就能看到，《美诺篇》中间部分对"何为知识"的探讨是为了引入苏格拉底的知识概念，从而为定义德性的本质这一目标做了准备。它遵循了上文提到的（本书第614页）假设定义：如果美德是可教授的，它必然是

① 《美诺篇》，86b。在这里，探究的勇气作为真正的男子气概的标志出现。这显然是针对像卡里克勒斯这样的批评者的指责所做的辩护，他们认为长期致力于哲学会使人疲倦，让人失去男子气概。参见本书第586页。

② 《美诺篇》，86c5。

③ 参见关于苏格拉底的一章。

④ 《美诺篇》，78c。

⑤ 《美诺篇》，78d。

⑥ 《美诺篇》，79a—b。

一种知识。[①]显而易见，被世人热切追求的好东西（包括健康、美貌、财产和权力等）对人来说都不是真正的善，如果它们没有认知或理智相伴的话。[②]因此，这种理智（Phronesis）必然是我们寻求的知识，它告诉我们什么是真的善和什么是假的善，以及我们应该选择其中的哪一个。[③]在《理想国篇》中，柏拉图直接称其为选择的知识，表示生活中唯一重要的是获得这种知识。[④]它拥有无可动摇的基础，建立在当灵魂思考善和正义等东
757 西的本质时所找到的最高价值的理念和原型之上，能够决定和引导意志。这正是寻找回答苏格拉底关于德性本质之问题时的方向。

不过，柏拉图更愿意让对话以真正的苏格拉底式困境结尾。我们从中再次看到了熟悉的两难境地，就像在《普洛塔哥拉篇》的高潮部分：如果美德是可教授的，那么它必然是一种知识。作为这种知识的主张者，苏格拉底提出的要求包含了真正意义上的教育的关键。[⑤]但经验似乎表明，不存在美德的老师，即便是古往今来最伟大的雅典人也无法将自己的能力和性格传给自己的儿子。[⑥]尽管苏格拉底愿意承认那些人本身拥有德性，但如果德性是一种知识，它应该能发挥教育力量。因此，德性依赖的显然只是“正确的意见”，[⑦]后者通过某种神圣的“命运”被分配给人们，[⑧]但他们无法解释自己的行为，因为他们不具备“对理由的认知”。[⑨]因此，《美诺篇》的最后看上去并不比在《普洛塔哥拉篇》中走得更远。但仅仅是看上去如此，因为事实上，新的知识概念（在数学例证的帮助下，我们在《美诺篇》的中间部分了解了这种概念）让我们看到了一种新的认知，它并非在外部意义上是可教授的，而是通过在研究者灵魂中的正确引导产

---

① 《美诺篇》，87b。

② 《美诺篇》，87d起。

③ 《美诺篇》，88c5。

④ 《理想国篇》，第十卷，618c。

⑤ 参见本书第567页。

⑥ 《美诺篇》，89e—91b，93a起。

⑦ 《美诺篇》，97b起。

⑧ 《美诺篇》，99b起。“神圣的命运”（θεία μοῖρα），99e，100b；“来自某种机运”（ἀπὸ τύχης τινός），99a。关于神圣的机运或命运的概念，参见Edmund G. Berry的论文*The History and Development of the Concept of θεία μοῖρα and θεία τύχη down to and including Plato* (Chicago 1940)，书中也引用了更早的著作。

⑨ 《美诺篇》，98a。

生。柏拉图的苏格拉底式谈话艺术的魅力在于，即便我们在这里终于接近结论，他也不会将其现成地呈现在我们面前，而是让我们自己去找。但如果能走出柏拉图在《普洛塔哥拉篇》最后安排的两难境地，[1]那么苏格拉底在这部作品和《高尔吉亚篇》中提出的教育主张就能找到最终的理由。事实上，新的教化无法用智术师所理解的方式来教授，苏格拉底一直正确地否认他通过纯粹的教导来教育别人。不过，由于他主张美德必然是一种 758
知识，并致力于寻找这种知识，他取代了那些书本知识的伪先知，成为唯一真正的教育者。苏格拉底在《美诺篇》的结尾部分明确把自己放在智术师教育的背景下，因为阿努托斯作为新的人物加入对话，谈起了关于正确教育的问题。对话从"德性如何在人身上产生"拉开序幕，并借此提出了苏格拉底的知识概念，该问题无疑从一开始就瞄准了这个目标。《美诺篇》最后——和《普洛塔哥拉篇》一样——出现了两难境地：因为智术师的教导无法产生德性，而政治家天生（φύσει）具备的德性无法被转移到他人身上，德性似乎只是通过神性的偶然存在于世，除非找到可以把另一个人变成政治家的政治家（πολιτικός）。不过，这句很容易被忽视的"除非"事实上包含了走出两难境地的方法，因为我们已经从《高尔吉亚篇》中了解到，根据柏拉图的悖论观点，苏格拉底是唯一能够让人们变得更好的真正政治家。而《美诺篇》则描绘了如何从人的灵魂中唤醒他的那种知识。因此，最后可以看到，苏格拉底意义上的德性既是"天生的"，也是"可教授的"。但如果我们从通常的教育术语的意义上理解这个词，那么它既不"可教授"，也不"天生"存在，归根到底意味着先天的禀赋和资质，无法解释自身。

不过，苏格拉底的教育不仅取决于苏格拉底知识的有条理特点，就像《美诺篇》中柏拉图通过与辩证法和数学的类比所充分呈现的。哲学的理念知识来自精神对自身内在宇宙的自我思考，在柏拉图的对话中，它不断以新的形式呈现，被视作真正满足了人的天生使命。在《欧绪德谟篇》中，苏格拉底的知识被描绘成通往幸福和真正成功的道路。[2]在那里，他

① 《普洛塔哥拉篇》，361b。另参见"普洛塔哥拉篇"一章。
② 特别参见苏格拉底在《欧绪德谟篇》278e—282d的劝导。

759 的福音听上去几乎是完全世俗的，如果不是意识到通过最高之善的知识为人们的生活提供了坚实可靠的落脚点，这肯定无法想象。在柏拉图的《斐多篇》中，这种知识在老师先知般和令人着迷的临终时刻呈现为超越和征服世界的力量。在那里，它表现为哲学家时时刻刻都为死亡做好了准备，[①]这种在精神上不懈地“为死亡而装备自己”取得了最高的胜利，让临终的苏格拉底得以封神，他带着灵魂的泰然欢快，作为真正的解放者与他的年轻人道别。知识在这里被描绘成灵魂的聚集[②]——这是柏拉图创造的一个不朽的心理概念——灵魂从始终朝向外部世界的分散感官集中到其最核心的内在活动。人的精神和感官天性的对立在这部作品中得到了最鲜明的表达。

对于这位将自己的整个存在投入到认知和永远聚集中的哲学家的“锻炼”（Askese），柏拉图并不认为是一种排他和片面的生活象征；由于他们认为我们的精神远远优先于身体，这看上去完全顺理成章。对于习惯于在生命中将灵魂与肉体分开，从而确信精神所承载的东西是永恒的人来说，死亡变得不再可怕。如果说在《斐多篇》中，苏格拉底的精神在尚未离开身体前就像阿波罗的天鹅那样飞向纯粹存在的世界，[③]那么柏拉图在《会饮篇》中则把这位哲学家描绘成了酒神信徒的最高形式，把关于永恒之美（他的攀登目标）的知识描绘成对人类本能的最高满足，这种本能就是爱欲，是将外部和内部宇宙统一起来的伟大神明。在《理想国篇》中，哲学家的知识最终表现为灵魂的一切立法和集体构建力量的来源。因此，柏拉图的哲学不仅是一种新的认知理论，也是对人类和神明力量之秩序的最完美观照（θεωρία）。知识是这幅图景的中心，因为它是引导和规范一切的创造性力量。柏拉图认为，那是通往神明世界的指南。

① 《斐多篇》，64a—65a。
② 《斐多篇》，67c、83a。
③ 《斐多篇》，85b。

第9章

柏拉图的《会饮篇》：爱欲

在早期的《吕西斯篇》（他最优美的短篇对话之一）中，柏拉图已经 760
提出了关于友谊本质的问题，从而触及了其哲学的一个根本动机。该动机在他成熟时期的重要作品《会饮篇》和《斐德若篇》中得到了最详细的阐述。与其他早期柏拉图对话中对个体美德的探究一样，这里的讨论同样是柏拉图政治哲学的更大背景的一部分。他的友谊学说构成了某种国家观点的核心，这种观点把国家首先视作教育力量。在《理想国篇》和《第七书简》中，柏拉图把他退出所有政治活动的原因归结为完全没有可靠的朋友和同伴能帮助自己展开革新城邦的工作。[①]当集体的整个机体生病或被破坏时，重建只能从一个规模较小但核心保持健康的志同道合者集体出发，它将成为新有机体的胚细胞；这正是柏拉图对友谊（φιλία）的一贯解释：友谊是一切人类集体的基本形式，只要这些集体不仅是自然的，而且也是精神-道德的共同体。

因此，这个问题涉及的范围远远超过在我们这种个人主义发展到极致的社会形式中所理解的友谊。想要更清楚地认识希腊人友谊概念的真正轮廓，我们可以盘点它的进一步发展，直到亚里士多德的《尼各马可伦理
学》中对其做了细微区分的友谊理论，后者与柏拉图的思想一脉相承。该 761
理论将所有可以想到的人类集体概括成完整的体系，从最简单的家庭生活

① 《理想国篇》496c8，《第七书简》325d。

的基本形式，到各种形式的国家政制。这种集体哲学的基础是苏格拉底的圈子（特别是柏拉图）对友谊本质的思考，以及该问题对苏格拉底独一无二的意义。[1]与从该体系出发的整个伦理运动一样，它所引出的更深刻的友谊概念同样直接被感受为和被称作对解决城邦问题的贡献。

柏拉图时代的肤浅心理学寻找友谊源头的尝试是无法令人满意的，它将友谊归结为天性的相似，或者对立者的相互吸引。[2]《吕西斯篇》第一次超越了这种纯粹灵魂比较的外在领域，大胆地上升到新创造的“第一个爱”（πρῶτον φίλον）的概念，柏拉图主张并预设了那是人与人之间一切友谊的源头和肇始。[3]我们的一切个别的爱都是为了这种作为我们最终追求的一般性的“爱”。[4]我们每一次追求与他人建立联系都是为了达到或实现这种爱，无论那些联系的具体特征可能是什么。换句话说，柏拉图所寻找的是为一切人类集体赋予意义和设定目标的原则。当《吕西斯篇》把“第一个爱”的概念作为向导时，它暗示了这种原则。这与柏拉图在《高尔吉亚篇》中所说的相符合，即与过着强盗生活的人不可能有真正的友谊。友谊只可能存在于好人之间。[5]就像其他苏格拉底对话把善的理念预设为固定参考点一样，善在对友谊问题的思考中同样被作为绝对和终极的尺度；因为即便柏拉图没有言明，有理解力的读者还是可以看到，在“第
762 一个爱”（我们爱其他的一切都是为了它）背后隐藏着善的最高价值。[6]因
此，在《吕西斯篇》中已经出现了在《会饮篇》和《斐德若篇》这两部重

① 参见本书第502—503页。

② 《吕西斯篇》，214a，215e。参见亚里士多德，《尼各马可伦理学》，8. 2. 1155a32起。

③ 《吕西斯篇》，219c—d。

④ 《吕西斯篇》，219d。这一表述让人想起了《高尔吉亚篇》499e，柏拉图在那里把“善”说成是一切行为的目标（τέλος），认定我们所做的其他一切都是为了它。从220b可以看到，他在《吕西斯篇》中也想要以此为出发点，并用220b3的τελευτῶσιν和220d8的ἐτελεύτα来表示目标的概念。最高的爱（φίλον）——作为终极原因——是一切友谊的源头。

⑤ 《高尔吉亚篇》，507e。

⑥ 作为最终的证据，这表明就像我们在上面已经提到的，在柏拉图所有的早期对话中，善的理念事实上都是讨论背后的目标。因为《吕西斯篇》在文学形式和哲学立场上完全属于这一系列的作品，对语言进行观察的结果也证实了这点。《吕西斯篇》的创作时间以及它对柏拉图哲学发展的意义是M. Pohlenz（*Göttingische Gelehrte Anzeigen* 1916 S. 241）和H. v. Arnim（*Rheinisches Museum* N. F. Bd. LXXI 1916 S. 364）之间一场有趣论战的对象。我认同Arnim关于《吕西斯篇》创作时间很早的看法。

要作品中被彻底揭示的看法：一切集体都建立在这样的思想之上，即维系人类本质的是位于灵魂内部的准则和最高之善的法则，后者像维系宇宙那样维系着人类世界。在《吕西斯篇》中，为一切人所爱的第一原则的影响就已经超出了人类世界，它不仅是我们，也是所有生命追逐和欲求的善，在各自身上作为其特有的完美存在着。类似地，《高尔吉亚篇》坚决否定强者正义说，而是同样把人类集体的问题放到最高宇宙均衡的框架中，在这里意味着万物符合无法进一步定义的终极尺度。[①]

柏拉图的艺术在《会饮篇》中得到了最完美的体现，任何人类话语都无法通过科学分析和小心的模仿式改写来重现它。我们只能尝试从教化的角度出发来确定作品内容的基本特点。柏拉图已经通过标题暗示，不同于他的大部分作品，这篇对话并不围绕某个主要人物，不是像《普洛塔哥拉篇》或《高尔吉亚篇》那样的辩证法戏剧。与它差异最大的是像《泰阿泰德篇》和《巴门尼德篇》这样的科学作品，后者平淡地描绘了围绕某个具体问题展开的有条理探究。《会饮篇》完全不是通常意义上的对话，而是一群地位很高的人之间的论战。诗人阿加同（Agathon）的席间汇聚了各色希腊精神文化的代表。阿加同在戏剧比赛中满载而归，既是受贺者，也是宴请者。但在这个小圈子里，苏格拉底取得了演说比赛的胜利，相比于前一天阿加同在剧场中赢得的3000多名观众的喝彩，这场胜利的分量更重。[②]场景是象征性的。与宴者中不仅有那位悲剧作家，还有当时最伟大的喜剧诗人阿里斯托芬，在苏格拉底最后发言前，两人的演说毫无争议 763
地成了整篇对话的高潮。因此，《会饮篇》好比形象地表现了哲学家对诗人的优先地位，就像柏拉图在《理想国篇》中所主张的。不过，想要取得这种地位，哲学只有把自己变成诗歌或者创作第一流的诗歌作品，超脱一切意见之争，用不朽的力量将自己的本质呈现在我们眼前。

在《会饮篇》中，柏拉图已经通过场景的选择为爱欲问题营造了合适的框架。从最古老的时代开始，酒会在希腊人中间就是展现真正男子德

① 《高尔吉亚篇》，507e—508a：集体和友谊（φιλία）维系着整个宇宙。它们的基础是作为最高尺度的善的统治。

② 《会饮篇》，175e。

性之忠实传统的场合，在诗歌中得到颂扬。我们在荷马史诗中已经可以看到酒会。[①]即便像色诺芬尼这样致力于改革正在消逝的过去的诗人哲学家，也在思想活跃的酒会上向易受影响的与宴者表达了自己批判荷马神明信仰的观点，[②]而麦加拉人忒奥格尼斯的骑士教育智慧也是在宴席上被吟诵的。忒奥格尼斯相信自己将名扬后世，因为他的诗歌在随后的千百年中会继续出现在酒会上，他的希望没有落空。[③]忒奥格尼斯的贵族教化与诗人对贵族青年库尔诺斯（他的劝诫对象）的爱之间的联系，揭示了酒会同教育爱欲的关系，柏拉图由此构思出了他的《会饮篇》。不过，哲学学校与会饮的传统及使用的关系特别密切，因为后者属于老师和学生交际的固定形式，并由此获得了全新的特征。柏拉图之后的希腊文学中有大量哲学和学者作品的标题中都有“会饮”一词，[④]证明了哲学精神及其深刻问题进入这种聚会形式后对其产生的重塑式影响。

柏拉图是会饮这种新的哲学形式的缔造者。一边是文学描绘和哲学对旧道德的新解释，一边是他学园中的精神生活的组织，两者密切相关。
764 会饮的上述背景在柏拉图晚期的作品中将变得更加清晰可见。在亚里士多德和柏拉图其他弟子失传作品的标题中提到了为酒会上的举止所草拟的规则，就像柏拉图在《法律篇》中所要求的。[⑤]他在那部作品的开头用整整一卷描绘了饮酒和酒会的教育价值，并针对其他人的攻击做了辩护。这

① 《奥德赛》，1. 337起等。在酒会上演唱的诵诗人赞美了英雄的德性。

② 参见色诺芬尼残篇1（Diehl）和本书第一卷，第183—184页。酒会是宣示对μνημοσύνη ἀμφ' ἀρετῆς，即关于之前时代的崇高人类美德的鲜活记忆的场合。

③ 忒奥格尼斯239谈到，他在自己的诗中向其发话的库尔诺斯将会永远活在后世的酒会上。这预设了他的诗歌将会永生。

④ J. Martin, *Symposion. Die Geschichte einer literarischen Form* (Paderborn 1931)讨论了希腊的会饮文学及其留存。在柏拉图的弟子中，亚里士多德写过《会饮篇》，而斯波伊希波斯也讲过关于酒会上谈话的故事［见普鲁塔克《席间闲谈》（*Quaestiones convivales*）I的引言］。

⑤ 参见《法律篇》，671c。阿忒那俄斯V 186b表示，柏拉图的弟子和第二位继承者色诺克拉底为学园撰写了《会饮法则》（νόμοι συμποτικοί），亚里士多德也为逍遥派做过同样的事。现存的亚里士多德作品概要证明了后者的工作，其中有一卷《会饮法则》［„Gesetze für Syssitien“，有的引用也称为《论会饮》（„Über Syssitien oder Symposien“）］和三卷《会饮问题》（„Problemata über Syssitien“）。阿忒那俄斯1. 3起还提到了《主持人法》（νόμοι βασιλικοί）显然就是《会饮法则》，因为那是供酒会主持人（βασιλεύς τοῦ συμποσίου）使用的。在后一段文献中提到，除了色诺克拉底和苏格拉底，柏拉图的直接继承者斯波伊希波斯也是此类作品的撰写者。

种我们将在后文加以评价的酒会新伦理[①]源于在学园中经常举办的此类活动中已经变得固定的规矩。柏拉图在《理想国篇》中自称是斯巴达男子共同进餐制度（Syssitien）的拥护者，[②]但他在《法律篇》中指责他们没有会饮，将其视为斯巴达教育最引人注目的道德缺陷之一，因为这种教育只专注于培养勇气，忽略了自制的培养。[③]在学园的教育中不能留下这个漏洞。伊索克拉底的学校则采取相反的立场，反映了老师的乏味，他把雅典青年的堕落归咎于过度饮酒。[④]他对爱欲的态度应该也别无二致。但柏拉图迫使酒神和厄洛斯的力量为他的理念服务。他确信哲学能让一切有生命的东西充满新的意义，把它们转变成新的积极价值，即便是那些处于危险区域边缘的。他相信凭着这种精神可以穿透整个现实，为此他感到自己的教化必须与自然和本能的能量保持一致，而非像其他人那样徒劳地试图与它们进行对抗。在他的爱欲学说中，他大胆地在阿波罗元素和酒神元素间的鸿沟上架设了桥梁。他认为，如果没有人类非理想力量不断更新的活力和热情，就永远不可能到达精神在对美之理念的观照中所获得的那种最高神化的顶峰。爱欲和教化的联姻是《会饮篇》的基本思想。就像我们所指出的，这种思想本身并非新创，而是源自传统。柏拉图的真正冒险在于，
在一个乏味的道德启蒙时代——所有迹象都注定了早期希腊世界的男性 765
爱欲将被一股脑地送入地府，既包括对它的各种滥用，也包括其全部的理想——他试图让洗净渣滓和变得崇高的爱欲新形象重现于世。最后这种形式是两个紧密相连的灵魂朝着永恒之美世界的最高精神腾飞，柏拉图通过它让爱欲变得不朽。我们不清楚作为这种净化过程之基础的个人经历。它为世界文学中最伟大的诗意艺术作品之一提供了灵感。作品的美不仅在于其形式的完美，

一边是对普适理念的追求，一边是最具体的历史现实存在，柏拉图的哲学活动和诗歌形象在我们面前一步步表现为两者的结合。这一点在对话形式中得到了表达，它们始终从具体的状况和人物出发，但归根到底都

---

① 参见“理想国篇”一章中的阐述。

② 《理想国篇》，第三卷，416e。

③ 《法律篇》，637a起、639d、641a起。

④ 伊索克拉底，《战神山议事会演说》，48—49。

基于独一无二和从总体上看待的精神状况。在这些对话中，苏格拉底试图在辩证法的帮助下让对话者理解各种普遍的财富。对话者从中看到了他们的普遍问题，由此展开的合作让他们寄希望于找到某种包含他们所有不同努力方向的共同答案。没有哪篇对话比《会饮篇》更典型地缘起于这种具体的精神-道德状态；我们只能将其理解为当时真实声音的合唱，而苏格拉底的声音在最后作为领导者和胜利者突出于它们之上。它主要的戏剧魅力来自对个性化特征的精妙描绘，把对爱欲的各种相互矛盾的主流理解融合成无法模仿的丰富交响曲。

在这里不可能一一描绘对象的不同方面，但想要理解苏格拉底的狄
766 俄提玛演说，它们全都真正不可或缺。柏拉图本人把苏格拉底的演说描绘成建筑的屋顶，人们据此顺理成章地把之前的演说视作通往屋顶的一级级台阶。只需试着将关于爱欲的探讨想象成一系列不间断的定义尝试（这是典型的苏格拉底对话形式），我们就能明白为何柏拉图更愿意把《会饮篇》写成一系列独立的演说，那自然意味着放弃辩证法过程的严格推理。苏格拉底并非整个谈话的引导者，就像在柏拉图对话中通常看到的那样，而只是作为多位发言者之一（尽管是最后一个），这个角色看上去完全符合他的反讽。因此，辩证法在《会饮篇》中直到最后才出现，与其他演说者色彩缤纷的修辞和诗歌形成了完全的反差。对话采用这种安排完全源于对赞美爱欲这一主题的把握，演说的位置和动机同样为主题提供了充分的理由，相互关联和纯粹事实性的对话无法做到这点。赞歌是一种修辞学作品，但这篇对话不仅是对某个神话对象的赞歌，就像当时的演说家在教学实践中喜欢选择的做法。与《会饮篇》同一个时期，柏拉图还创作了另一部此类作品《美涅克塞努篇》，从而在一段时间里同与他竞争的雅典修辞学校展开较量；因为在当时，就连阵亡者的墓志铭也是演说艺术喜爱的形式。作为《会饮篇》中的一个发言者和赞美爱欲这一想法的真正“父亲”，[①]斐德若完全从这种意义上理解自己的提议，即作为修辞练习，他试图凭着智术师的演说技艺来做到这点。他批评了诗人，[②]因为他们的职责

① 《会饮篇》。在《斐德若篇》257b，吕西亚斯也被称作“演说之父”。

② 他的朋友厄里克希马库斯在《会饮篇》177a是这样说的。

是用颂诗赞美神明，却忽略了厄洛斯。于是，他自告奋勇地用一段对厄洛斯的散文体演说来填补这个漏洞。这种与诗歌的有意识竞争正是智术师修辞的特征。在这里和下面的演说中，柏拉图通过对所描绘的各种精神类型及其对应风格所做的完美高超的模仿和戏谑，展现了自己的技艺。斐德若 767
用智术师的方式大量引用了古代诗人的名言，并以赫西俄德和其他神谱权威为依据，给出了厄洛斯作为最古老神明的神话谱系。[①]他的主要思想是，爱欲的政治意义在于能够激发对名利的渴望和催生德性，否则就不可能存在友谊、集体和城邦。[②]因此，探讨从一开始就朝向对爱欲的崇高道德辩护，但没有准确地定义其本质，或者区分其不同形式。

这正是来自保萨尼亚斯的第二段演说试图做到的，他指责上面的话不够明确，试图首先像人们要求的那样提出对主题的理解。于是，他进一步分析和更清楚地描绘了爱欲关系的理想基础。保萨尼亚斯仍然采用斐德若演说的神话基调，对应阿芙洛狄忒（厄洛斯是她的助手）的双重性质，他区分了大众的厄洛斯（Eros Pandemos）和天界的厄洛斯（Eros Uranios）。[③]与这里引入两个厄洛斯类似，赫西俄德在《工作与时日》中区分了两个厄里斯，而非像传统认为的那样只有一个，两者针锋相对，分别是恶的和善的不和女神。[④]柏拉图似乎模仿了他的做法。作为粗俗而不加选择的本能，大众的厄洛斯是卑鄙和粗俗的，因为它纯粹致力于满足感官欲望。另一种厄洛斯则拥有神性来源，完全致力于为爱人的真正福祉和完善服务。[⑤]第二种厄洛斯被认为是教育力量，不仅在斐德若演说的反面意义上，而且从它的整个本质来看，它能让爱人避免做出堕落行为，[⑥]并有助于朋友人格的发展。[⑦]上述理解要求感官本能和理想动机的“巧合”，以便能为爱欲之肉体方面的合理性进行辩护，[⑧]但作为这种爱欲的辩护者，

---

① 《会饮篇》，178b。
② 《会饮篇》，178d。
③ 《会饮篇》，180d。
④ 参见本书第一卷，第68页。
⑤ 《会饮篇》，181b起。
⑥ 参见斐德若在《会饮篇》178d的演说中的羞耻（αἰσχύνη）动机。
⑦ 《会饮篇》，184d—e；参见作为这种厄洛斯目标的美德和教育的概念。
⑧ 《会饮篇》，184c，συμβαλεῖν εἰς ταὐτόν；184e，συνιέναι和συμπίπτειν。

保萨尼亚斯本人显然也觉得很难让这两个方面相匹配，这个事实充分表
768 明，这只是一种纯粹的妥协。此类妥协在当时有很多支持者，以至于让柏拉图如此详细地描述了这种观点。与狄俄提玛的话相比，保萨尼亚斯区分宝贵和低贱爱欲的观点来自爱欲之外，而非位于其本身。

特别富有启发意义的是保萨尼亚斯试图利用该领域主流道德判断的意见不一为自己的理论服务。通过相互比较不同地方关于男性爱欲的流行观点，他证明了自己的理论。[①]在埃里斯和波俄提亚，即希腊精神发展最为滞后和文化阶段较为古老的地区，爱欲一直不被认为有伤风化。相反，在伊奥尼亚（保萨尼亚斯解释说，那里是希腊世界与亚洲文化最邻近的部分），爱欲被严厉唾弃。演说者把这解释为蛮族及其政治观的影响。任何暴政都建立在不信任的基础上，在这种统治的土地上，亲密的友谊很容易被怀疑涉及谋反。同样无法否认的是，根据历史传说，雅典的民主诞生于僭主被哈摩狄乌斯和阿里斯托盖同刺杀之后，爱欲把两人生死不渝地连在一起。通过雅典人此后对这对朋友的崇拜，爱欲不是得到了首肯吗？演说者致力于证明，为这种友谊赋予灵魂的理想精神，正是在雅典和斯巴达道德看来使友谊区别于满足纯粹感官欲望的地方，并使其为公众舆论所接受。与其他被提到的城邦不同，雅典和斯巴达的立场不是简单地赞同或摒弃，而是歧义和复杂的。它们仿佛在极端的对立间选择了中间道路。因此，保萨尼亚斯可以相信，可以通过爱欲无法估量的政治和伦理意义来让有教养的雅典人更好地理解他理想化的教育性爱欲。

769 重要的一点是，他没有让雅典完全孤立，而是把它和斯巴达放在一起。严厉的斯巴达在伦理问题上似乎是个特别宝贵的证人。当然，事实上那不是个好的誓言担保人，因为保萨尼亚斯所捍卫的观点本质上源于斯巴达，就像恋童的习俗本身。这种习俗来自民族大迁徙时代的战时军营生活——相比于希腊其他部族，那种生活在多利斯人的历史中不那么久远，而且在斯巴达的武士阶层中得到了延续——它一直流传到当时，虽然在希腊其他地区也有传播，但斯巴达仍然是它最有力的支持者。《会饮篇》

① 《会饮篇》，182a—d。

诞生后不久，随着斯巴达开始败落及其特别影响的消失，恋童习俗很快消亡（至少是作为一种伦理理想），在之后的几百年间，它只是作为鸡奸者的可耻陋习继续存在。在亚里士多德的伦理学和政治学中，它已经不再作为积极元素扮演任何角色，老年柏拉图在《法律篇》中也毫不犹豫地指责那是违背自然的。[1]因此，保萨尼亚斯演说中使用的历史比较方式也表明，《会饮篇》是早期和晚期希腊情感的分水岭。在柏拉图看来，爱欲与城邦和承载城邦的古老希腊信仰一样：它们仍然都被强烈而纯粹地感受着，就像那个过渡时期的少数思想家所能做到的，但只有对它们理想本质的美化图景才能被安全地转移到新的世界，并被带到这个世界的形而上学中心。调和新与旧的妥协被认为过于软弱。柏拉图无法支持保萨尼亚斯。

厄里克希马库斯的演说描绘了第三种形式的精神传统。身为医生的他从对自然的观察出发，[2]因此并不把视野局限于人类，就像之前的演说者做的那样。但他还是遵循了对任务的修辞式表达，尽管（或正因为）对厄洛斯的本质做了这种普遍解释，他依然赞美那是一位强大的神明。对厄 770
洛斯的宇宙论解释在赫西俄德那里就开始了，后者在《神谱》中将其安排在世界之初，把它物化为原始的创造力量，在后来的所有神明的诞生中发挥了影响。[3]巴门尼德和恩培多克勒等早期希腊哲学家从赫西俄德那里借鉴了宇宙论的爱欲概念，试图用它来解释自然的细节，他们把爱欲视作元素相互结合成有形物体的原因。斐德若在他的演说中已经引述了那些古老哲学家的学术观点，在他们的帮助下通过游戏式的神话故事提出爱欲的谱系。[4]但现在厄里克希马库斯系统化地把爱欲的创造力量视作整个实体宇宙形成的原则，视作那种通过有规律的充满和排空来穿透一切和赋予其生命的原始之爱的创造性力量。[5]乍看之下，从这种自然学观点出发，任何根据道德价值来对爱欲表现形式进行的划分都不可能找到理由，就像保萨尼亚斯从人类社会的现行习俗出发所尝试的。但那位医生明确地意识到

① 《法律篇》，636c；参见835c—842a。
② 《会饮篇》，186a。
③ 参见本书第一卷，第69—70页。
④ 《会饮篇》，178b。斐德若没有提到恩培多克勒，但引用了系谱学家阿库西拉俄斯（Akusilaos）。
⑤ 《会饮篇》，186b；充满和排空，186c。

爱欲存在好与坏的区别。[①]他认为，存在于全部自然生命中的健康与生病的区别是通用称呼，我们必须把那种道德区别归入其中。健康是自然中对立元素的正确混合，生病则是对它们平衡与和睦（他从中看到了爱欲的本质）的有害干扰。[②]

现在我们明白了为何柏拉图要选择一位医生作为自然主义观点的代表。[③]这样做正是为了引出上述区别，从而证明可以对爱欲进行价值判断。柏拉图从一开始就认为，自己的伦理价值学说和教化对应了关于健康和生病的天性及其治疗的医学理论，就像《高尔吉亚篇》中所描绘的。医学上的身体自然概念和柏拉图的伦理自然概念一样，两者都是真正的规范概
771 念。厄里克希马库斯指出，在包括人类技艺在内的宇宙全部领域中，健康的爱欲是一切幸福与真正和谐的原则。他把自己的和谐概念建立在赫拉克利特的矛盾学说之上，[④]后者在当时的医学思想中同样扮演了重要角色，特别是就像伪希波克拉底作品《论养生》中所反映的。[⑤]正如治疗的艺术能够让矛盾的生理力量达到平衡，音乐也能通过高低音的正确混合与联系创造出交响乐。诚然，在音调和节奏的基本关系中不难看出，组成它们的最简单元素是密切相关和相互补充的，而这种层面上尚不存在“双重”爱欲。不过，如果我们要进行真正的作曲，或者将创作的歌曲和尺度应用到人的身上，“即我们所谓的真正教化”，那么我们将需要更高超的技艺和专长。[⑥]我们必须对守秩序的人（κόσμιοι）示以各种敬意，保存他们的爱欲，甚至以他们为手段在尚不具备此类教养和纪律的人心中植入它们。这是天界的厄洛斯，即缪斯乌拉妮娅的爱情。而对于大众的厄洛斯，即波吕许谟尼亚的爱情，人们必须小心使用。虽然人们被允许享受这种爱欲，但应注意不要因此而堕落，就像医生必须懂得利用和控制烹饪的技艺。[⑦]

如果说在厄里克希马库斯的讲话中，爱欲获得了无所不包的隐喻力

---

① 《会饮篇》，186a—c。
② 《会饮篇》，186d—e。
③ 关于对医学及其观点的暗示，参见186a、b、c、d等。
④ 《会饮篇》，187a起。
⑤ 特别参见《论养生》，第一卷（VI 466 Littré）。
⑥ 《会饮篇》，187c—d。
⑦ 《会饮篇》，187d—e。

量，导致其本质有流于空泛的危险，那么喜剧作家阿里斯托芬在自己幽默而独创的演说中则回到了具体的人类爱情现象，并试图通过鲜明的诗性想象来解读它。他首先考虑的是解释爱欲对人的神秘力量，这种力量完全无与伦比。[①]我们身上这种压倒一切的渴望本能只能通过人类性别的独特性质来理解。在关于球形原始人的荒诞故事中——上帝尚未因为害怕他们想入非非的巨大力量而将其分成两半，而是仍然保留着最初的四只手 772
和四条腿，像轮子一样迅速滚动前行——阿里斯托芬喜剧想象的深刻意义展现了我们在此前的其他演说中没能想到的解释。爱欲源于人们寻求个体被天性永远拒绝了的生命完整性的形而上学愿望。通过这种与生俱来的欲求，人被证明只是碎片，他们会寻求与相对应的另一半重新结合，只要两者仍然分离和无助地独自存在。[②]在这里，演说者从自我完善的视角看待对他人的爱情。它只能在与某个“你”的关系中实现，后者包含了让个体回到最初的整体状态所需的互补性力量，由此才能发挥爱情的真正作用。通过这种象征手法，爱欲被完全引入到人格的塑造过程中。阿里斯托芬不仅把整个问题理解为两个同性之间的爱情，而且考虑了爱情的各种形式。[③]对恋人的欲求让他们不想与彼此分开，哪怕只是一小会儿。不过，像这样共同度过一生的人却说不出他们究竟希望从彼此身上获得什么。因为他们显然不是因为肉体的结合才获得了如此之大的快乐和为此展开如此热烈的追求，而是两者的灵魂希望成为某种他们无法言状的东西，他们只是隐约预感到那是生命之谜的答案。[④]通过相互契合的两半身体的结合而重新确立的外在完整性，只是对那种无法言状的灵魂和谐与完整的荒诞和喜剧式的描摹，诗人在这里指出，后者才是爱欲的真正目标。就像《美诺篇》中把知识解释为对前生中所看到的纯粹存在的回忆，现在爱欲也被解释成对早前时代中原本存在的完整人类的欲求，从而激励性地指向某种永远的应有存在（Seinsollendes）。在阿里斯托芬的神话中，这种存在首 773
先只是被理解为失去和重新找回的，但当我们在狄俄提玛的镜子中看待它

① 《会饮篇》，189c—d。
② 《会饮篇》，191a、192b起；191e—193a。
③ 《会饮篇》，191d起。
④ 《会饮篇》，192c—d。

时，我们将看到它已经含糊地指向了善的准则，一切真正的人类友谊和爱情都在这些准则中得以实现。

苏格拉底之前的最后一段演说有意识地与喜剧诗人充满活力和放肆的戏谑形成了反差，那就是年轻的阿加同用细腻的笔触和最柔和的色调绘制成的颂词。在阿里斯托芬的神话中，爱欲主题已经超出了人的友谊，扩展到爱情本质的问题。而在这位广受称颂的当红悲剧诗人（在当时的喜剧演绎中，他被嘲讽为彻头彻尾的妇女之友）接下来的高谈阔论中，恋童主题完全退居幕后，爱欲以其最一般的形式出现。阿加同不愿像之前的发言者那样赞美厄洛斯给人带来的好处，而是描绘了这位神明本身及其本质，然后是他的能力。[①]阿加同所描绘的厄洛斯几乎与心理无关，他完全从爱欲对人类灵魂的影响出发，与之前阿里斯托芬的演说相比尤为明显。因此，阿加同的描绘带有强烈的理想化色彩。他严肃地认为爱欲是完美的，因为后者具有神圣属性。不过，任何将爱欲人格化为神圣力量的颂词必然会从受到其力量影响的人的身上获取它的特征，所以描绘者本人心中需要考虑的一个特别问题是，他的画面中的特点更多来自被爱者还是爱恋者。阿加同选择了前者。作为天生的宠儿，他认为爱欲真正的本质标志更接近于值得被爱的人，而非被煽起爱情之火的人。[②]他在自恋式的痴迷中将爱欲描绘成自己的镜像。从这点出发，他演说的意图和被安排在整篇作品这个位置的意义将在后文得到揭示。根据阿加同对厄洛斯的描绘，那是所有神明中最神圣、最美和最好的一个。[③]它年轻、优雅而温柔，只生活在鲜
774 花盛开的芬芳之地。没有人对它施加压力，它的王国具有完全的自由意志。它拥有一切美德，无论是正义、节制、勇敢抑或智慧。它是一位伟大的诗人，并教别人写诗。自从厄洛斯登上奥林波斯山后，神明的统治从恐怖的变成了美好的。它向大部分不朽者传授了自己的技艺。这位狂热的爱欲崇拜者以对厄洛斯才能的一段散文体颂词结束了自己的演说，其匀称的结构和音乐般的悦耳可以与任何诗歌艺术相媲美。[④]

---

① 《会饮篇》，194e。

② 参见《会饮篇》，204c。

③ 《会饮篇》，195a起。

④ 《会饮篇》，197d—e。

柏拉图选择它作为苏格拉底演说的直接背景。他把这位感官上过于细腻和说起话来头头是道的美学家同禁欲的哲学家做了对比，后者在内心的热情力量和对爱情认知的深度上远远胜过前者。苏格拉底做了之前其他所有人也做过的事，为了抵消在那么多出色的演说者之后才发言的不利，他对自己的对象做了不同于他们的理解。虽然他赞同阿加同的逻辑步骤，即首先定义爱欲的本质，然后才是其作用，①但他在对主题的处理上与之前的所有人都截然不同。他无意从修辞学上不断拔高和美化对象，而是想要认识真理，就像在其他地方一样。于是，我们在他开始演说前与阿加同的简短试探性谈话中看到（辩证法在这篇对话中第一次被游戏般地使用），阿加同演说的诗性夸张被带回到心理现实的地面上。一切爱欲都是对某种东西的欲求，这种东西是它所不具备的，但又不可或缺。②因此，如果爱欲把美作为对象，那么它本身不可能是美的，就像阿加同所断言的那样，而是需要美。②[α] 柏拉图从这种否定的辩证法核心出发阐释了苏格拉底和狄俄提玛的爱欲学说。但这种阐释本身没有采用辩证法形式，而是用了爱欲从丰盈（Poros）和贫乏（Penia）中诞生的神话，③与阿加同的神话形成对照。但凭着对策略的巧妙把握，柏拉图避免了让苏格拉底的反驳艺术在一个洋溢着欢乐不受约束和想象力纵情放肆的场合取得完全的胜利。苏格拉 775
底放过了阿加同，后者在第一个问题后就可爱地示弱，承认自己突然意识到对刚刚所说的一切完全无知。④就这样，与友好聚会气氛不符的训导口吻失去了锋芒。不过，柏拉图还是设法采用了刨根问底的辩证法对话，只不过将其转移到遥远的过去，苏格拉底本人在其中从令人讨厌和畏惧的提问者变成了幼稚的回答者。他为宾客们描述了自己很久以前同能预见未来的女祭司狄俄提玛间就爱欲展开的一段对话。⑤因此，他将要说的东西并非来自他本人的卓越智慧，而是作为狄俄提玛给他的启示。柏拉图有意选

① 《会饮篇》，199c。
② 《会饮篇》，199d—200e。
b[α] 《会饮篇》，200e—201c。
③ 《会饮篇》，203b。
④ 《会饮篇》，201b。
⑤ 《会饮篇》，201d起。

择和记录了这种秘启教育。神圣的狄俄提玛一步步指引着弟子走向对爱欲认知的深处，读者需要分辨该过程中奥秘程度的高低，直到被引至秘仪的最高等级。在希腊宗教的世界中，秘仪虔敬是最私人的信仰形式，苏格拉底把哲学家登上峰顶（所有爱欲中的对永恒之美的追求都将在那里得到满足）的过程描绘成他的个人启示。

爱欲本身并不美丽，但也不可憎，这种观点让我们首先认识到，它处于美和可憎之间的位置。这与它同智慧和无知的关系如出一辙。它两者都不具备，而是身处两者之间。[①]通过确认它处于完美和不完美之间，我们同时也证明了它不可能是神。它既没有善也没有美，也不拥有幸福，而这些都是神明的本质标志。[②]但它也不是有死者，而是处于有死者和不朽者之间的伟大神灵（Daimon），是神与人的沟通者。[③]因此，它在柏拉图神
776 学中占有关键地位。它弥合了将地上和天界两个世界分开的鸿沟，是把万物维系在一起的纽带（Syndesmos）。[④]它具有双重属性，那是从它不相称的双亲——丰盈和贫穷身上继承的。[⑤]它永远与贫困为伴，但同时又拥有丰盈财富，它总是精力充沛，是个伟大的猎人、冒失鬼和追踪者，它孜孜不倦地思考着，是一切精神能量的不竭源泉，它还是伟大的魔法师和巫师。它可以在一天内绽放和存活，死亡和复生。它既吸收和汲取，又给予和涌出，从来都既不富有又不贫穷。[⑥]因此，苏格拉底在这里描绘的赫西俄德式的厄洛斯隐喻谱系通过对其本质的观察得以证明。利用它这种处于美丽和可憎、智慧和无知、神明和有死者、富有和贫穷之间的位置，苏格拉底在爱欲和哲学间假设了桥梁。神明不从事哲学活动，也不教育自己，因为他们拥有一切智慧。而愚人和蠢人也完全不追求知识，因为这些无知者真正让人讨厌的地方在于他们不懂装懂。只有哲学家追求知识，因为他们知道自己没有知识，并感到需要它。他们位于智慧和无知之间，因此只

① 《会饮篇》，201e—202b。
② 《会饮篇》，202b—d。
③ 《会饮篇》，202e。
④ 《会饮篇》，202e6。《高尔吉亚篇》508a对友谊做了同样的表述：它维系了宇宙；参见本书第623页，注释①。
⑤ 《会饮篇》，203b—c。
⑥ 《会饮篇》，203c—e。

有他们适合接受教育，真诚而严肃地致力于此。从厄洛斯的整个特性来看，它同样属于此类。它是真正的哲学家，位于智慧和愚蠢之间，在永恒的欲求和追求中消耗着自己的力量。[①]就这样，柏拉图把阿加同的厄洛斯形象同自己的做了对比，前者将其描绘成值得去爱的和被爱的，而他的标尺则来自爱恋者。[②]面对静止地自成一体的平静、神圣和完美的形象，他针锋相对地提出了永远在追求、从不停止、致力于实现完美和永恒幸福的形象。

因此，狄俄提玛已经从对爱欲本性的观察转向它对人的作用，[③]但已经可以看到的是，这种作用不是任何个别的社会影响，就像其他在场者的演说中被一定程度上归功于爱欲的那样，比如激发对名利的渴望和羞耻 777
感（斐德若），或者让爱恋者愿意为教育被爱者出力（保萨尼亚斯）。这些意见虽然不无道理，但它们没能涵盖全部问题，就像我们很快会看到的。狄俄提玛以真正的苏格拉底方式把对美的欲求（就像我们在爱欲中所看到的）解读为人们对幸福（Eudaimonie）的追求。[④]我们天性中的一切强烈和深刻的愿望最终都和幸福相关，在这种意义上被有意识地引导和塑造。它们中包含了对某种最高财富，即某种完美之善的暗示和要求，就像在苏格拉底看来，人类的全部愿望本身必然是对善的愿望。就这样，爱欲从一种愿望的纯粹特例变成了整个柏拉图伦理学中对那个基本事实的最清晰和最有说服力的表达，即人们永远不会追求他们认为不是善的东西。不过，语言中并不把一切愿望称为Eros或“他们爱”（erān），而是专门把这个词用于某个特定类别的欲求，柏拉图认为这与像Poesie之类的其他词语类似，Poesie只是表示创造，但在使用中仅限于表示某种特定形式的创造活动。事实上，新近意识到像Eros或Poesie这类词的意思被专断地“限定”，是柏拉图在扩充这些概念和为其注入普遍内容的过程中的一个伴随现象。[⑤]

于是，爱欲概念在他那里代表了人类对善的追求。从现在所赢得的

---

① 《会饮篇》，204a—b。

② 《会饮篇》，204c。

③ 《会饮篇》，204c起。

④ 《会饮篇》，204d—205a。

⑤ 《会饮篇》，205b—c。

这个更高视角出发，又一位之前的演说者本身正确和深刻的意见被放回其应有的位置。爱欲并非完全以寻找我们存在的另一半，即找回整体为目标，就像阿里斯托芬说的那样，因为我们应该把目标理解为善和完美。[①]只有当我们把完整的存在理解为人的真正自我，而非完全偶然的个体性时（即只有当我们把符合和属于自身存在的东西与善等同起来，把不符合自身存在的东西与恶等同起来），对曾经属于我们的“旧有天性”（阿里斯托
778 芬语）的爱才能被看作一切爱欲的意义。那样的话，它就成了追求“让善变成自己的”。[②]这与亚里士多德在《尼各马可伦理学》中那种更高层面上的“自爱”（φιλαυτία）非常接近，他视其为道德自我完善的终极形式。[③]亚里士多德从柏拉图那里借鉴了这种形式的原理，其源头是《会饮篇》。狄俄提玛的话读来仿佛是对亚里士多德“自爱”概念最简明和最好的注解。被理解成爱善的爱欲同时也是真正实现人类本性的本能，从而成为最深刻意义上的教育本能。

亚里士多德在另一点上也追随了柏拉图，他从这种理想的自爱中引出了其他各种爱和友谊。[④]现在让我们回想一下前文对自我迷恋的评价，就像阿加同的演说中所反映的。[⑤]在这方面，阿加同的炫耀演说同样与苏格拉底的演说截然相反。哲学家的自爱——苏格拉底在一切爱欲的最深刻基础，即对我们“真正本性”的追求上发现了它——与自我满足或自我取悦无关。从心理活动的角度，人们可能误以为可以在真正的苏格拉底式“自爱”中找到自恋，但没有什么比两者的差别更大的了。苏格拉底的爱欲是不完善的有知者始终以理念为目标追求精神上的自我塑造的渴望。事实上它正是柏拉图所理解的“哲学”，即追求在人的身上塑造真正

---

① 《会饮篇》，205e。

② 《会饮篇》，206a：ἔστιν ἄρα ὁ ἔρως τοῦ τὸ ἀγαθὸν αὑτῷ εἶναι ἀεί（所以爱欲就是让善永远变成自己的）。

③ 亚里士多德《尼各马可伦理学》9. 8将“自爱”（φιλαυτία, φίλαθτος）的人描绘成与自私截然相反。前者把一切善的和高贵的东西归为己有（1168b27，1169a21），对待真正的自我就像对待最好的朋友。而我们希望最好的朋友具备一切的善（参见1166a20，1168b1）。关于自爱的这种思考是亚里士多德伦理学中纯粹的柏拉图元素。

④ 亚里士多德，《尼各马可伦理学》，1. 4. 1166a1起；参见1168b1。

⑤ 参见本书第632页。

的人。[①]

因此，当柏拉图把爱欲的目标设定为它所追求的终极之善的完美时，看上去非理性的本能就变得再合理不过了。但另一方面，爱欲却似乎因为这种新的解释而完全失去了原本的和最直接的意义，那就是对个别之美的欲求。为此，柏拉图在狄俄提玛讲话的下一部分对其做了公正的处置。紧随其后的问题必然是，从这个更高的视角来看，哪种活动或者对活动的追求配得上爱欲之名？我们吃惊地发现，我们得到的答案完全没有道德化或形而上学的过度拔高，而是完全从肉体之爱的自然过程出发：在美中孕育 779
的愿望。[②]惯常理解的错误仅仅在于把这种对孕育的渴望局限于身体，而事实上它在灵魂生活中才能找到完美的类比。[③]不过，首先思考身体孕育未尝不可，因为这能说明与之相对应的精神孕育过程。生理上的孕育意志是一种远远超出人类世界的现象。[④]我们坚信，一切爱欲都是想要帮助实现真正的自我，[⑤]因此兽类和人类的孕育和繁衍本能表达了留下与自己相同的后代的本能。[⑥]按照有终点的生命的法则，它们本身不可能永远存在下去。人类自我在生命阶段的更迭中觉得自己是同一的，拥有绝对意义上的这种同一性，但事实上自我经历了不断的身体和灵魂更新。[⑦]只有神明是永远绝对同一的。因此，孕育有着零星区别但类型一致的后代是有死者和有终者让自己不朽的唯一方法。这就是爱欲的意义，作为一种肉体欲望，它正是对自我保留我们身体形式的追求。[⑧]

现在，柏拉图又提出同样的法则也适用于精神本性。[⑨]精神自我就是德性，作为“名声”辐射到集体生活中。荷马已经看到了这一切，而柏拉图懂得如何从这个希腊德性观的最早源头汲取灵感。[⑩]斐德若的演说中暗

① 这是柏拉图在《理想国篇》中所做的表述；参见本书第707—708页。
② 《会饮篇》，206b。
③ 参见《会饮篇》，206b—c。
④ 《会饮篇》，207a起。
⑤ 参见本书第635—636页。
⑥ 《会饮篇》，207d。
⑦ 《会饮篇》，207e。
⑧ 《会饮篇》，208a—b。
⑨ 《会饮篇》，208c—209a。
⑩ 参见本书第一卷，第16页，以及整个《贵族与德性》一章。

示对名利的渴望（φιλοτιμία）是爱欲的影响，这种观点完全正确，[1]但此类动机的意义不止于他所认识到的。一切精神爱欲都是孕育，是通过某种行为或亲手创造的某件心爱作品来追求自我的永恒，这些东西将在人们的回忆中存在下去并产生活跃的影响。一切伟大的诗人和艺术家都是这类孕育者，但国家和家庭共同体的创造和塑造者才是他们中的佼佼者。[2]精神
780 中充满创造力的人寻求着美，以便能在其中孕育。当他找到一个美丽、高贵和天资出色的灵魂时，他就会全身心地欢迎后者，向其大谈德性，大谈卓越的人如何被创造，应该做些什么和追求什么，并试图对其进行教育（ἐπιχειρεῖ παιδεύειν）。在与那个灵魂的接触交往中，他孕育和生下充满了自己内心的东西。无论是否在身边，他都想念着对方，一起把孩子养大。他们的关系是比真正的孩子更牢固的纽带，他们的爱比夫妇更持久，因为他们分享了更美和更长生的东西。柏拉图认为，荷马与赫西俄德，吕库格斯和梭伦是希腊的这种爱欲的最高代表，因为他们通过自己的作品在人们身上创造了多种美德。诗人与立法者在其作品所展现的教育活动上是一致的。柏拉图由此把从荷马和吕库格斯到他本人的希腊精神传统视作精神上的整体。无论诗歌与哲学对真理与现实概念的理解有多大的分歧，源于对德性的爱欲的教化理念都作为某种纽带维系着两者。[3]

狄俄提玛的讲话到此为止一直在希腊最高传统的高度上展开，她用爱欲解释了一切创造性的精神活动。在苏格拉底看来，将爱欲解读为维系整个精神宇宙的教育力量是一种他所认同的启示，这种力量在他身上再一次得到了纯粹的展现。但狄俄提玛怀疑他能否接受更大的奥秘，登上终极景象的顶峰。[4]由于这种景象把美的理念作为对象，我们很容易想到，柏拉图希望通过这种观点指出，这番讨论在多大程度上沿着苏格拉底的道路，又在哪些地方超越了苏格拉底。在之前的讲话中已经可以清楚地看到从身体到精神的阶梯式发展。这种阶梯式发展在讲话的最后一部分将成为其结构的基本原则。柏拉图进一步阐释了秘仪景象的画面，提出一整套阶

① 《会饮篇》，178d。
② 《会饮篇》，209a。
③ 《会饮篇》，209b—e。
④ 《会饮篇》，210a。

梯体系（ἐπαναβαθμοί），受到真正爱欲驱使的人将沿着它攀登，[①]无论是 781
出于内在渴望，抑或在他人的引导下。最后，他把这种精神攀登称为“培育”（Pädagogie）。[②]这里涉及的不再是爱恋者对被爱者的教育作用（就像之前的演说中所讲的，柏拉图也提到了这点[③]），现在爱欲被描绘为驱动力，成了对爱恋者本身的教育者，因为它指引人们从底层阶梯不断向上攀登。这种发展从青年早期对某个人的美丽身体的赞美开始，后者促使赞美者发表“高贵的言辞”。[④]但被真正爱欲俘获的年轻人随后会发现，这个身体上的美与其他身体上的美如同兄弟一般，他将爱上所有的美，认识到它们是同一的，对某个个体的依赖变得不再重要。当然，这并不意味着他不加选择地与许多个体有了艳遇，而是指他对美本身的理解有了发展。他很快还将注意到灵魂之美，将其视作比身体之美更重要，他会偏爱灵魂的优美和风度，哪怕它们存在于不那么有魅力的身体里。[⑤]到了这个阶段，他的爱欲对其他部分也将产生教育作用，孕育出让青年变得更好的言语。[⑥]现在，他将能够看到一切活动和法律中的美都是相关的，这清楚地指出了辩证法的总结功能，就像柏拉图在其他地方所描绘的。爱欲神话中所描绘的整个阶梯式发展，都把这个将众多可见之美总结为不可见的“美的本身”的辩证过程作为目标。该过程以对一切知识之美的认知告终。现在，爱恋者不再受到奴役，摆脱了把他和某个人或某种唯一偏爱的活动联系起来的激情枷锁。[⑦]他转向“美的无边大海”，在体验了各种知识和认知后，他最终窥见了纯粹形式的神性之美，不受一切个别现象和关系的束缚。[⑧]

柏拉图把“众多美的知识”同一种知识（μάθημα）对立起来，后者
的对象是美本身。[⑨]这种知识的美并非近代人所谓的“美的知识”意义上 782
的。在柏拉图的意义上，一切类型的知识都具备它们独有的美，拥有特

① 《会饮篇》，211c。
② 《会饮篇》，211e。
③ 参见保萨尼亚斯的发言，以及狄俄提玛的发言，209c。
④ 《会饮篇》，210a。
⑤ 《会饮篇》，210b。
⑥ 《会饮篇》，210c。
⑦ 《会饮篇》，210d。
⑧ 《会饮篇》，210e。
⑨ 《会饮篇》，211c。

别的价值和意义。但对一切特例的认知最终都将归结为对美自身本质的认知。[①]这点同样让我们感到陌生，因为我们习惯于首先从美学意义上去理解美。但柏拉图通过各种明显的提示让我们不要这样解释美。他认为，只有在对这种永恒之美的持续注视中度过的一生才是真正值得的生命。[②]因此，那种注视并非仅限于零星的高潮，或者说某个迷狂中的陶醉时刻。只有将人的整个存在引向这一“目标”（τέλος），才能满足柏拉图的要求。[③]当然，这完全不是意味着终生不间断地沉浸于关于美的梦境中，抛弃一切现实。我们还记得，狄俄提玛之前把爱欲的本质定义为试图“永远”把善变成自己的，[④]同样意味着永久的拥有和终生的影响。“美本身”或者柏拉图在这里所说的“神性的美本身”[⑤]，与前文他所提到的“善”的意义没有本质区别。在《会饮篇》中，美的学问（μάθημα）被描绘成在各种学问（μαθήματα）的世界中漫游的最终目标，[⑥]它的地位相当于《理想国篇》的教化体系中善的理念及其主导地位。柏拉图在那里类似的称之为最大的学问（μέγιστον μάθημα）。[⑦]美和善只是同一现实的两个密切相关的分支，在希腊人的惯常用语中还被融为一体：人们用“美和善”（καλοκἀγαθία）来称呼人的最高美德。在这种“美”或“善”中，即从纯粹本质上看待的“美和善”中，我们找到了一切人类欲求和行为的最高准则，找到了凭着
783 内在必要性发挥作用的终极动因，这同时也是全部自然事件的动因。因为在柏拉图看来，道德和自然宇宙间存在完全的和谐。

关于爱欲的第一篇演说已经提到它对道德之美的这种固有追求，我们可以看到爱恋者对名利的渴望，以及关心被爱者是否出色和完美。因此，爱欲成了人类集体的道德结构的一部分。在对爱欲奥秘的阶梯式发展的描绘中，狄俄提玛谈及最低一级的爱欲，即对身体之美的爱，彼时已经提到它能激发“高贵的言辞”。这种言辞显示出对更崇高、理想和光荣之

① 《会饮篇》，211d。
② 《会饮篇》，211d。
③ 《会饮篇》，211b。
④ 《会饮篇》，206a。
⑤ 《会饮篇》，211e。
⑥ 《会饮篇》，211c。
⑦ 《理想国篇》，第六卷，505a。

物的理解。在随后各个阶段所展开的美的活动和学问同样不是纯粹美学类型的，而是涵盖了善和完美，以及为全部行为和知识领域带去意义的东西。因此，这种阶梯式发展让我们越来越清楚地看到，美并非落在可见世界中某个点上并照亮它的单独一束光芒，而是支配一切的对善和完美的追求。我们攀登得越高，这种力量影响一切的图景就越是宽广地在我们眼前展开，我们就越是强烈地希望看到它纯粹的样子，并将其理解为生命的动因。柏拉图描绘了美的普遍理念同其无限表象的分离，但在实践中，这并不意味着认知者将与世界分离。相反，世界将教会他们彻底理解这一原则在整个现实中支配一切的力量，并让他们在自己的存在中有意识地让这种力量发挥作用。因为他发现，他从来自外部世界的东西中发现的贯穿一切的存在基础，也作为他最重要的本质出现在他自身精神最高程度的凝聚中。如果我们对爱欲的解释无误，即那是将善永远变成自己的本能，是最高意义上理解的人的自爱，那么作为爱欲的对象，永恒的美和善不是别的，而恰恰是这个自我的核心。柏拉图所说的爱欲“培育”这一阶梯过程的含义，是从个体的原材料中塑造出真正的人类本质，在我们内心的永恒 784
之上树立人格。柏拉图对“美”的描绘让不可见的理念沐浴在光辉中，这种光辉来自精神的内在之光，它的中心和存在基础位于理念之中。

《会饮篇》将爱欲视作人们实现更高自我的与生俱来的欲求，这种理论的人文主义意义无须解释。在《理想国篇》中，上述思想又换了一种表现形式，即一切教化的意义在于让内在的人主导人类。[①]一边是作为自然意义上的既定个体的人类，一边是更高的人类自我，两者间的区别是整个人文主义的基础。在这种哲学上的有意识理解中，人文主义直到通过柏拉图才变得可能，《会饮篇》是第一部对其加以阐释的作品。但在柏拉图那里，人文主义并非抽象知识，而是像其哲学中的其他一切那样源于对苏格拉底独一无二之品格的直接体验。因此，在理解《会饮篇》时，任何仅仅致力于从各篇演说中（特别是狄俄提玛的哲学启示）剥离出辩证法内核的做法都太狭隘了。虽然它们中无疑包含了这样的核心，而且柏拉图一次也

① 《理想国篇》，第九卷，589a。参见本书第703页起。

没有小心翼翼地隐藏它。但我们不能认为他真正的意图是为了满足久经辩证法考验的读者，让他们在如此形式多样的感性外壳下最终发现纯粹的逻辑内涵。柏拉图没有在揭示美的理念和爱欲的哲学意义后就为作品画上句号。作品的高潮场景是阿尔喀比亚德率领一群喝醉酒的同伴闯入屋中，他发表了大胆的演说，在狄俄提玛揭示的意义上称颂苏格拉底是爱欲的大师。对爱欲的一系列赞颂以对苏格拉底的赞颂告终。在他身上体现了作为哲学本身的爱欲。①他的教育热情使他吸引了所有美丽和有天赋的年轻人，②但在阿尔喀比亚德身上，我们看到了源自苏格拉底的深刻精神吸引
785 力的影响，这种力量颠覆了爱恋者和被爱者通常的关系，最终是阿尔喀比亚德在徒劳地追求苏格拉底的爱。在希腊人看来，美丽而受到赞美的年轻人爱上了古怪可憎的老年人是最大的悖论，但《会饮篇》所传递的关于内在美价值的新感受透过阿尔喀比亚德的演说得到了有力的体现，他把苏格拉底比作雕塑作坊前摆放的西勒诺斯像，当人们把它们打开时，里面的完美神像就显露了出来。③在《斐德若篇》的最后，柏拉图让苏格拉底为内在美做了祈祷，这是柏拉图全部作品中唯一的一次祈祷——是哲学祈祷的模板和范例。④阿尔喀比亚德对苏格拉底之爱情的悲剧——他在追求后者的同时也在逃避，因为苏格拉底正是他控诉自己的良心⑤——是一个具有伟大哲学天赋之人的悲剧，他从满腔抱负堕落为追求名利和权力，就像柏拉图在《理想国篇》中所描绘的。⑥柏拉图在《会饮篇》结尾出色的自白发言中揭示了这段爱情里错综复杂的心理——既对苏格拉底表示赞美和崇敬，但也混合了畏惧和仇恨。这是一个强者对他在苏格拉底身上看到的

① 204a狄俄提玛的发言已经为这最后一步做好了铺垫。

② 苏格拉底是对教育追求（ἐπιχειρεῖ παιδεύειν，《会饮篇》，209c）的真正诠释，狄俄提玛把这种追求描绘成被美丽而高贵的灵魂的样子所俘获的确定无疑的表征。他还代表了一种灵魂的状况，即灵魂处于智慧和无知之间，永远追求着知识。因此，狄俄提玛的整个发言都是对苏格拉底天性不断深入的分析。他的天性完全由爱欲驱动。但当爱欲栖身于像他这样崇高的人身上时，他本人似乎也发生了改变，服从于这位神明的法则。柏拉图无疑会说，爱欲在苏格拉底身上才展现了自己的真正本质，即作为一种把人的生命升华为神圣之物的力量。

③ 《会饮篇》，215a—b。

④ 《斐德若篇》，279b—c。

⑤ 《会饮篇》，215e—216c。

⑥ 《理想国篇》，第六卷，490起。

战无不胜的力量的本能崇敬，也是具有野心和嫉妒心的弱者在自觉无法企及的真正伟人之卓越道德面前的退缩。柏拉图在这里不仅回应了对苏格拉底收阿尔喀比亚德这样的人为徒的指责（就像智术师波吕克拉提斯在控诉词中所说的），而且回应了伊索克拉底，后者觉得苏格拉底收如此伟大的一个人为徒十分可笑。① 阿尔喀比亚德很想成为苏格拉底的弟子，但他天生无法驾驭自己。② 苏格拉底的爱欲在他的灵魂中被短暂地点燃，但无法燃起持久的火焰。

---

① 伊索克拉底，《布西里斯》，5起。

② 在阿尔喀比亚德所代表的这种类型身上，柏拉图能够最好地展现苏格拉底真正希望的是什么：他们是有追求的天才年轻人，“打理着雅典的事务，但不关心（ἀμελεῖ）自己是否能够胜任”（《会饮篇》，216a）。这种自我疏忽与苏格拉底对“关心灵魂”（ἐπιμελεῖσθαι τῆς ψυχῆς）的要求背道而驰（参见本书第484—485页）。阿尔喀比亚德还没有建成“内心的城邦”就想要建设城邦（参见《理想国篇》第九卷结尾）。

第10章

柏拉图的《理想国篇》

引　言

国家是柏拉图思想从一开始就致力于研究的问题。它最初并不可见， 786
但可以越来越清楚地看到，那是他早前作品中全部辩证探究的目标。就像我们已经看到的，苏格拉底关于美德的讨论在短篇对话中已经涉及政治美德，[①]而《普洛塔哥拉篇》和《高尔吉亚篇》则把苏格拉底关于善本身的知识描绘成决定一切幸福的政治技艺。[②]清楚看到这一事实的人几乎不需要《第七书简》中的自证[③]就能看到，《理想国篇》是柏拉图的核心作品，早前作品的所有线索在那里汇聚。[④]

长久以来人们一直试图在柏拉图那里寻找“体系”，因为他们根据后世的思想形式来评判他，最终他们满足于这样的观点，即无论出于描绘的抑或批判的理由，这位哲学家不像其他思想家那样追求固定的理论结构，而是想要展现形成过程中的知识。但目光犀利的诠释者们没有忽略的事实

---

① 见本书第539页。

② 参见关于这两篇对话的各章。

③ 参见本书第526—527页。

④ 在关于柏拉图《理想国篇》的无法计数的作品中，特别让研究教化的历史学家感兴趣的是E. Barker, *Greek Political Theory* (London 1925)，R. L. Nettleship的 *Lectures on the* Republic *of Plato* (London 1901) 和同一作者的 *The Theory of Education in the Republic of Plato* (Chicago 1906)，J. Stenzel, *Platon der Erzieher* (Leipzig 1928) 对《理想国篇》选文做了深入的解读，并给出了基本的哲学概念，P. Friedländer, *Platon* Bd. II: *Die platonischen Schriften* (Berlin 1930) S. 345f.（对作品的文学分析）。

是，尽管如此，柏拉图的各篇对话在结构性内容上存在巨大差异。如果将他作品中结构性最强的头衔归于《理想国篇》，那么可以看到，对话没有选择体系的抽象逻辑形式，而是选择了那个国家形象而生动的画面作为最高的表现整体，后者完全涵盖了其伦理-社会问题的轮廓，就像在《蒂迈欧篇》中，柏拉图的物理学并非作为自然原则的逻辑体系被阐释，而是作为宇宙起源时生动而形象的整体画面。[1]

787 那么那个“国家”对柏拉图意味着什么呢？他的《理想国篇》并非一部关于今天意义上的国家法律或统治艺术，立法或政治的作品。柏拉图没有从像雅典或斯巴达那样的现有历史民族出发。虽然他有意针对希腊的状况，但他并未觉得自己受到任何具体的土地和城邦的束缚。理想国的物质基础未被提及。在这个框架内，柏拉图对地理和人类学意义上的物质基础都不感兴趣。柏拉图的《理想国篇》中谈到了培养更高类型的人，这与作为族群的全体人民无关。无论是广大人口，还是他们的商业活动，或者他们的道德和生活状况，这一切都不在考虑范围内，或者完全处于边缘。我们也许可以在柏拉图的“第三等级”中找到人民，但后者只是统治者的被动对象，[2]柏拉图对其本身从未有过进一步的评价。

对于国家存在的上述所有方面，柏拉图在《理想国篇》中既未给出准则，也没有加以描绘。他认为它们是无关紧要的，因而不予考虑。相反，全书以同诗歌和音乐的争论（第二卷至第三卷）以及抽象科学价值的问题（第五卷至第七卷）为中心，而第十卷则从新的视角出发再次讨论了诗歌。第八卷到第九卷对国家形式的探究似乎是个例外。但即便在那里，更仔细的观察也会告诉我们，国家形式只是被哲学家理解成对不同的灵魂态度和灵魂形式的表达。正义性问题同样如此，它在开头的讨论中就被提出，后文的一切都由此引出。无论是对于我们时代的法学家，还是第一次催生了比较政治学的柏拉图的时代而言，这都是个多么重大的主题啊！但

① 在希腊化时代之前，“体系”（σύστημα）一词还没有被用来表示科学和哲学的学科体系，它是那个时代的特有产物。就连亚里士多德也还没有把这个词用于此类目的，尽管我们常常把他视作真正的体系化者。

② 这与国家和灵魂的严格对应有关：柏拉图对“第三等级”感兴趣，仅仅是因为他将其作为对人类灵魂本能方面的写照。

这里同样没有考虑现实的法制生活，对何为正义这一问题的探究被引向关于“灵魂之部分”的学说。[①]柏拉图的《理想国篇》的最终目标与人的灵魂有关。当他谈到国家本身及其结构时（所谓的对国家的有机理解，许多人认为那是柏拉图《理想国篇》的真正核心），他只是将其作为灵魂及其结构的“扩大化镜像”而提及。对柏拉图来说，甚至灵魂问题首先也并非 788
理论性的而是实践性的：他是灵魂塑造者。灵魂的塑造是他让苏格拉底撬动整个国家的杠杆。柏拉图在其代表作中所揭示的国家意义正是早前的《普洛塔哥拉篇》和《高尔吉亚篇》让我们期待的，从其最高的本质来看是一种教育。[②]经过了此前的一切，柏拉图的这种描绘方式不会再让我们感到陌生。他通过城邦集体从哲学角度展现了希腊教化永恒的存在前提之一。[③]但与此同时，他还通过教化的形式展现了城邦的某个方面，他相信后者的衰弱是当时城邦生活日益腐化和堕落的主要原因。就这样，在当时的许多人看来关系仍然非常模糊的国家和教化成了柏拉图作品的焦点。

对于持有这种观点的人来说，没有什么比一位出身实证主义学派的现代哲学史学家的评价更让人吃惊了，尽管他在柏拉图的《理想国篇》中找到了许多有意思的思想，但抱怨说对教育谈得太多。[④]我们同样有理由说，虽然《圣经》是一本睿智的书，但书中对上帝谈得太多。不过，我们并不觉得好笑，因为这种立场绝非个案，而是反映了19世纪时对该作品缺乏理解的典型状况。从人文主义的书面知识中脱颖而出，被提升到大大高于前者位置的科学，因其对一切“教育学”的傲慢蔑视而无法理解自身

① 在这里保留这种从亚里士多德以降的传统中一直存在的并不完全正确的表达，部分原因是为了方便起见；参见本书第三卷。这与灵魂的各种能力，或者说工作方式有关。

② 参见本书第558页起。

③ 我们一再对城邦做出过这样的评价；参见本书第一卷第81—82页、第113页和第二卷第324页。但柏拉图考虑的不是教化同某个将其作为自身政治手段的具体历史城邦的关系，而是教化把作为“最优城邦”中心的善的理念作为神圣的目标。

④ 参见Theodor Gomperz, *Griechische Denker* Bd. II 4, 372。Gomperz认为《理想国篇》（第六卷至第七卷）中对统治者教育的描绘只是展示柏拉图本人认识论和本体论的借口。Gomperz还认为，第二卷至第三卷中的卫兵教育也是借口，是为了让柏拉图可以详细讨论神话、宗教、音乐、诗歌和竞技领域的各种问题。事实上，这种解读颠倒了真正的关系。就像我们对《理想国篇》的分析将会展示的，柏拉图教化的本质需要Gomperz罗列的所有元素，必须用哲学方式来讨论它们才能揭示这点。教化不仅是维系这部作品的外在联系，也构成了其真正的内在统一。

的起源。[1]科学无法从人类教育问题（在莱辛和歌德的时代仍然被作为最重要的目标之一）中的古代和柏拉图维度（特别是后者）来看待它，将其视作精神生活的全部缩影和人类存在的一切更深刻意义的源头。但在一个世纪前，让-雅克·卢梭的观点与对柏拉图《理想国篇》的真正理解要接
789 近得多，他表示这部作品并非治国理论，就像那些只凭着书名下判断的人所认为的，而是有史以来最优美的一篇教育论文（《爱弥儿》，第一卷，导言）。

最优政体的理念源于正义问题

自从《高尔吉亚篇》最后提出苏格拉底是该时代最伟大的政治家这一悖论观点后，我们就期待着实现由此做出的承诺。[2]诚然，在《高尔吉亚篇》中已经可以看到，柏拉图笔下的苏格拉底通过这种自我刻画想要表示什么。但把政治从自私的权力欲领域转移到苏格拉底的教育和灵魂塑造中——如果这发生在现实城邦中，会产生什么实际影响呢？它会如何改变国家的本质？柏拉图对直观性的诗意要求和他的政治革新意志共同促成了了不起的尝试，即在思想中以此为基础建立“最优政体”，并将其作为范式呈现在人们眼前。

“最优政体”的思想本身并非创新。让希腊人在技艺和知识的所有分支追求最高完美的天生本能，也在该民族的政治生活中发挥着作用，驱使他们对现在无法实现的东西感到不满，即便法律中有严格规定，推翻本国宪法者将被处死刑，但还是无法制止超越现有情况的政治想象。[3]特别是社会状况，它在几个世纪前就已经成为热切思考的对象。在混乱时代，古代诗人们就已经创造了“良序”的理想画面。斯巴达人堤耳泰俄斯保守地

---

① 这种科学理想是从自然科学中发展起来的；语文学在完全误解了后者本质的情况下从它那里接受了科学理想。

② 《高尔吉亚篇》，521d。参见本书第603—604页。

③ 参见我的演讲Die griechische Staatsethik im Zeitalter des Plato，发表于*Humanistische Reden und Vorträge* (Berlin 1937) S. 95ff.。

将完美秩序等同于斯巴达传统。[①]梭伦不满足于此，而是从道德理智的永恒要求引出了正义城邦。[②]在智术师时代，人们更进一步：现在需要对如何革除城邦弊端提出更加具体的建议，法勒亚斯（Phaleas）和希波达摩斯（Hippodamos）——我们在亚里士多德的《政治学》中还能看到他们 790
的乌托邦的轮廓[③]——根据现实主义的时代精神描绘了一种正义而永久的社会秩序的梗概，其概略形式让人想起了同一个希波达摩斯所制定的城市建设方案中的几何形状。法勒亚斯在他的城邦构思中要求向所有公民提供平等的教育，视其为从内部维系集体的纽带。[④]伯罗奔尼撒战争后，一位佚名智术师把公民美德和国家法律问题作为他关于国家重建的作品的中心。[⑤]他的视角与柏拉图《理想国篇》的截然不同，因为他从经济关系看待一切，包括道德和国家权威问题。他认为，无论在国家内部还是在与其他国家的成员打交道时，信任与信用都取决于这个因素。如果国家无法用自身的力量确立这种权威，就会出现僭政。因此，作者主要致力于他从一开始就确定的目标，它们本质上符合在那场毁灭了一切的战争后希腊民主中的主流观点。不过，这样的作品也反映了柏拉图的最优政体学说所诞生的环境状况。

柏拉图不像这位作者一样，满足于以某种政体形式为前提为国家出谋划策，或者像智术师一样讨论各种政体形式的相对价值，[⑥]而是采取激进做法，把普遍意义上的正义性问题作为出发点。《理想国篇》的交响乐以我们耳熟能详的苏格拉底德性动机拉开序幕，与柏拉图的早期对话处于同一层面，最初和后者一样也很少提及国家。苏格拉底似乎再次从讨论某种个体美德说起，但这次讨论具有重要的历史背景，尽管在当时并不可见。想要理解柏拉图这部作品的开头，我们必须回想一下在柏拉图之前的 791

① 参见本书第一卷，第100页。
② 参见本书第一卷，第150—153页。
③ 亚里士多德，《政治学》，2. 7—8。
④ 亚里士多德，《政治学》，2. 7. 1266b29—33。
⑤ 扬布里科斯佚名作者，Diels, *Vorsokratiker* Bd. II 5 S. 400ff.。关于这种有趣的时代现象，参见R. Roller, *Untersuchungen zum Anonymus Iamblichi* (Diss. Tübingen 1931)。
⑥ 这种对主要的政制形式进行的比较观察有一个著名的例子，即波斯国王议事会上的讨论，见希罗多德3. 80起。

那个世纪里围绕着正义性理想的斗争。正义是最高意义上的政治美德；就像古代诗人所说，它概括了其他一切美德。[①]在正义城邦的形成时代，这句诗曾为对美的概念的新定义提供了精辟的表达，而对柏拉图的国家思想而言，它又以新的方式具有了现实意义。不过，现在它的意义变得不同和更加内化。在柏拉图的弟子们看来，它不可能继续表示对国家法律或者合法性的完全顺从，在那个专制割据或革命暴力的世界里，法律曾为正义城邦筑起了坚实壁垒。[②]柏拉图的正义概念超越了一切人类法令，而是回归到其在灵魂本身的源头。哲学家可以称之为正义的东西一定能在其本质的最深处找到理由。

将公民同普遍性成文法联系起来的想法——200年前，这种想法为走出几个世纪来的派系斗争指明了出路[③]——隐藏了一个严重问题，就像其后来的发展告诉我们的。原本预计将长期或永久实行的法律很快被发现需要改良或扩充。但经验显示，一切都取决于由城邦中的何种元素来负责法律的修订。无论选择少数有产阶层、广大人民抑或几个掌权者，无法避免的结果都是当时的统治元素将按照自己的想法（即符合他们自己的利益）来修改法律。各个城邦中所流行的正义的差别证明了这个概念的相对性。[④]如果我们想要从这种摇摆不定的差别中寻找最终的统一性，那么似乎只能在下面这个很难带给人宽慰的定义中找到：流行的正义总是表达了当时更强一派的意志及其利益。因此，正义完全成了权力的功能，本身不
792 具备任何道德原则。不过，如果把正义等同于强者的优势，那么人们对更高正义理想的一切追求就都成了自欺欺人，而想要实现正义的国家制度则完全沦为布景，现实中无情的利益斗争在其背后上演着。事实上，当时的许多智术师和政治家已经得出这个最终结论，从而抛弃了一切束缚，虽然无疑并非每个体面公民都意识到这点。对柏拉图来说，与上述自然主义的争论必将成为对国家问题的任何更深刻理解的出发点，因为如果这种观点

① 见本书第一卷，第114页。

② 见本书第一卷，第114页，注释①。

③ 参见本书第一卷，第112页起。

④ 法律概念的这种不断相对化，其典型表现是常被提到的νόμῳ和φύσει的对立，前者表示仅仅由人的法规决定的正义，后者是自然决定的正义。参见本书第二卷，第328—330页。

正确的话，那么一切哲学活动显然都将画上句号。

在《高尔吉亚篇》中，他已经通过卡里克勒斯的形象刻画了这类完全无所顾忌的权力政治家，将其认定为苏格拉底的真正对手。[①]在那里，他把权力和教育对人类灵魂的争夺描绘成那个时代精神状况的核心问题。[②]现在，当苏格拉底在《理想国篇》中开始描绘自己的治国术时，我们期待他会回到那个问题。《理想国篇》第一卷中，好斗的智术师忒拉绪马科斯被选为卡里克勒斯权力政治的代表；在其他地方，尽管柏拉图有意识地采用了变奏技艺，但还是有许多《高尔吉亚篇》中的场景重现。强者正义说显然被柏拉图视作衬托其本人对待国家立场的最佳背景。[③]不过，在这部更长的作品中，他没有简单地把教育理论和权力意志理论进行程式化的对比，就像在《高尔吉亚篇》中所做的，而是迂回地从他对教育要求的发展说起。开头部分关于对国家和正义的纯粹权力-马基雅维利式理解的讨论只是背景，而对柏拉图教育体系的实证描绘才构成了真正的主题。

当苏格拉底在第一卷中通过让正义的真正本质取代实证法律，用他惯常的方式驳斥正义只是表达了当时最强大一方之意志的观点后，对话似 793
乎接近了终点。[④]但作为雅典青年精英的两位绝妙代表，柏拉图的兄弟格劳孔和阿德伊曼托斯凭着顽强的毅力、犀利的头脑和理想的活力在这点上“拦住了”苏格拉底，要求其谈谈某些远比他之前所说的更重要的东西。他们仅仅把他刚说的一切视作铺垫，表示他们并未被最终说服，相信完全不考虑社会用途和公民传统的正义本身是崇高的善。在连续两段发言中，格劳孔和阿德伊曼托斯咄咄逼人地用唯一能让他们那一代年轻人满意的严格形式提出了问题：正义是一种我们因其本身而追求的善吗，还是说它只是能够带来某种用途的手段？或者它属于既因为本身，也因为其有益的结果而让我们喜欢的东西？[⑤]格劳孔为某些人的观点做了一番辩护，他们认

① 参见本书第582页起。
② 参见本书第584页起。
③ 《理想国篇》，338c。
④ 《理想国篇》，357a。
⑤ 《理想国篇》，357b—c。

为不义行为本身是善的，而不义伤害是恶的，但他们自己没有力量按照这种强者的正义生活，于是把法律的保护作为妥协，欢迎在最高的善（不受惩罚地行不义）和最大的恶（遭受不义的伤害）之间的折中路线。[1]通过巨革斯魔戒的比喻，他让我们明白了正义的非自愿性，只要佩戴者把印章那面转向内侧，戒指就能让他突然消失。[2]如果我们中有人拥有这枚戒指，他的内心能否如此坚强，足以抵挡尝试这种力量的想法呢？谁不会尝试满足各种被我们社会的道德秩序视作恶的秘密愿望呢？就这样，格劳孔抓住了该问题的根本。我们之前已经看到，在智术师关于道德和国家法律之客观效力的讨论中，为何人们在有目击者的时候所做的常常不同于没有目击者时这一问题所扮演的角色。他们认为有目击者时的行为会受到法律的不
794 自然制约，相信在没有目击者时的人类行为中可以看到真正的自然准则，后者正是追求快乐和避免痛苦的本能。[3]在巨革斯戒指的故事中，柏拉图为权力和人类追求的自然主义理解创造了巧妙的象征。一边是过着完完全全的不正义生活，但始终隐藏自己真正性格的人，一边是真正正义的人，但不懂或不屑于一直小心地维持重要得多的正义表象，我们只有对两者加以比较才能认清正义对人类生活的真正价值。这种比较岂非对过着不义生活的人非常有利？而正义者岂非会遭遇不幸，受到迫害和折磨呢？

不过，对于正义的纯粹内在价值问题的这种动人的象征性描绘，柏拉图同样并不满意。他让格劳孔的兄弟阿德伊曼托斯做了第二段演说，以便进一步阐明格劳孔的观点。[4]在非正义的当代开明赞美者之后，现在他的对手也有了发言机会，即从荷马和赫西俄德到缪塞俄斯和品达的一系列伟大诗人，他们赞美了正义。不过，他们对这一理想的赞美难道不是仅仅因为神明对正义者的奖赏吗？[5]而在其他地方，他们不是表示正义虽然崇高和庄严，但同时也是辛苦的，并且会带来痛苦吗？而且他们不是经常把

---

① 《理想国篇》，359a。

② 《理想国篇》，359d。

③ 参见本书第二卷，第331页起。

④ 《理想国篇》，362e起。

⑤ 《理想国篇》，363a—e；366e。另参见本书第一卷，第98页和第154页罗列的对“美德”的奖赏，以及堤耳泰俄斯（残篇9.23起，Diehl）和梭伦（残篇1.11起，Diehl）诗中对“恶行”之害处的解释。

非正义描绘成有用的，甚至连神明也是可以贿赂的吗？[1]作为人类最高美德的见证者，如果就连诗人和人民的教育者也做出这样的判断，那么当年轻人在实践中面对抉择时，他们应该选择什么样的生活呢？阿德伊曼托斯的发言显然出自真正的内心困境，他的话反映了亲身的经历，特别是在最后部分。[2]柏拉图将其变成了年轻一代的代表（他本人也是其中一员）。这就是选择自己的兄弟作为交谈对象的意义所在，他们推进了探究，将真正的问题完整地呈现在苏格拉底面前。事实上，对于柏拉图想要在其最伟大的作品中为教育者苏格拉底树立的纪念碑来说，他们是两个出色的基座。纪念碑的基础是这些最货真价实的古老阿提卡的美与善理念的年轻代表们 795
让人不安的内心痛苦，他们找到苏格拉底，视其为唯一有望带给他们答案的人。

阿德伊曼托斯以毫无保留的坦诚描绘了他和像他那样的人的内心立场，他的每个字眼都是对此前通过经典的古代诗人和著名的道德权威所实行教育的批判，这种教育在一位毫不妥协地思考着的年轻人的灵魂中留下了怀疑的芒刺。柏拉图和他的兄弟们是这种旧式教育的产物，觉得自己成了它的牺牲品。这些教育者中真有人在新一代年轻人所要求的意义上（从而让理想仍然可信）相信正义的内在自我价值吗？[3]他们在公共和私人生活中到处听到和看到的仅仅是勉强包裹在理想套话中的狡猾的无所顾忌，年轻人受到与这个世界同流合污的巨大诱惑。就像阿德伊曼托斯所描绘的，如果不义经常不会被充分揭露，如果和神明的眼睛总能看见我的宗教想象相反，只要一点点无神论，或者某种预言式神秘宗教的仪式性净化就能解决问题，内心的渺小声音将很容易被这样的经历淹没。[4]因此，和他

① 《理想国篇》，364a起。
② 《理想国篇》，366e、367b起。
③ 阿德伊曼托斯坚持在评价正义时完全不考虑其所包含的社会用途（367b和d），就像格劳孔已经要求的那样（361b）。用来表示德性的社会用途的是doxa（荣誉）一词。在早期希腊伦理学中，它一直对应着德性，是它的同义词（参见本书第一卷，第11页起）。梭伦残篇1.4为这个意义上的doxa提供了一个很好的例子。因此，柏拉图在这里试图割裂德性同这种doxa的密切关系。扬布里科斯辑录的那位同时代的佚名智术师则恰恰相反，试图在doxa的基础上恢复公民美德（第2章）；参见Diels, *Vorsokratiker* Bd. II^5 S. 400f.。柏拉图认为，这种社会doxa中已经包含了某种纯粹“表象”的意思，就像这个词在他的认识论批判中所表示的。
④ 《理想国篇》，365c起。

的兄弟格劳孔一样，他要求苏格拉底令人信服地证明的并非正义的社会有用性，而是正义本身对于拥有者的灵魂而言是一种犹如视觉、听觉和清晰的思维那样的善，而不正义则是一种不幸。他还想知道两者对人的性格的本质内核会产生什么影响，无论它们是否隐藏。对正义问题的这种表述方式将探究带到了新的观察高度，从那里来看，生命的全部意义似乎完全被移入了人的内心存在，无论是道德价值还是幸福。当然，向苏格拉底提出
796 该问题的年轻人自己无法解释这如何成为可能；他们只是清楚地看到，这是摆脱完全的相对主义（就像强者正义说所包含的）的唯一出路。正义必须处于灵魂本身的内部，是一种人的内心健康状态，如果它不是像城邦法律那样纯粹反映了不断变化的外部权力和派系的影响，我们就无法怀疑它。[①]巧妙的是，与《高尔吉亚篇》不同，苏格拉底没有居高临下地想把这种观点作为教条传递给心存怀疑的听众，[②]而是由正在努力寻找自身道德立场的年轻人通过自己疑惑的内心得出这一结论，他们找到苏格拉底只是为了让后者用卓越的头脑来解开自己的谜团。就这样，远处的一道光芒照亮了柏拉图所定义的国家，后者的根源便是这种正义理念，它的中心必然位于人的内心。人的灵魂是柏拉图国家的原型。

当柏拉图谈论国家时，他一直用不寻常的方式暗示国家与人类灵魂的密切联系。根据作品的标题，我们期待着现在他终于会宣布，对正义连篇累牍的探究的真正主要目标是国家。但国家完全被柏拉图当成实现目标的手段，即形象地展现正义在人类灵魂中的本质和功能。由于个体灵魂和整个国家中都存在正义，所以比起在个体灵魂中，我们在国家这块更大（虽然也更远）的黑板上可以读到更大和更清晰的文字。[③]乍看之下，人们无疑更可能觉得国家才是灵魂的原型，但柏拉图认为两者完全一致，无论在健康还是堕落的情况下都具有相同的结构。事实上，柏拉图给出的最优政体下的正义及其功能的图景并非来自城邦生活的真实体验，而是反映了
797 他关于灵魂及其部分的学说，将其放大后投射到他的国家及其阶层的图景

---

① 参见本书第三卷。

② 参见本书第584—585页。

③《理想国篇》，368e。

中。柏拉图让我们目睹了国家从最简单的元素诞生，以便让我们明白正义在其中的哪些点上是必需的。[①]虽然直到后来才真正浮出水面，但正义的基本原则早在国家诞生之初就已经不知不觉地发挥着作用，这体现在职业分工不可避免的必要性上，当一些工匠和农民刚组成最简单形式的集体，分工就出现了。[②]柏拉图认为，人人应各事本职（τὰ ἑαυτοῦ πράττειν）的原则与德性的本质本身联系在一起，德性意味着一切存在及其所有部分完美地发挥其功能。[③]通过社会集体中人们的合作，我们很容易理解这个真理，而它对“灵魂各部分”之合作的作用就不那么容易理解了。正义的本质要等到柏拉图通过对国家和灵魂的比较得出答案时才会见分晓。

对旧式教化的改革

我们已经超过了对话的探讨进度，现在让我们回到对国家诞生的描绘。诞生分成两个发展阶段：一是原始、简单和仅仅由必要的工匠和专业人士组成的社会结构，柏拉图称之为健康的国家；二是虚浮和生病的城邦，随着与日俱增的奢华和享乐生活而产生。[④]后者中不仅有农民、建筑师、面包师、裁缝和鞋匠，还有一大批提供生活奢侈品的人。保持有限的规模最有利于国家的健康，病态膨胀无法避免的后果是通过吞并邻邦的一部分土地来扩张疆域的欲求。我们由此看到了战争的爆发，其原因永远是经济的。[⑤]柏拉图在这里将其视作既定事实；他明确表示，战争是好是 798
坏的重要问题将留到其他地方讨论。[⑥]下一步自然是军人的出现。柏拉图反对公民普遍有责任服兵役的民主原则，就像希腊城邦中所实行的，而是要求建立职业军人阶层（即卫士），他的理由是每个人只应从事自己的行

---

① 《理想国篇》，369a。

② 《理想国篇》371e一开头就提出问题：在所描绘的新诞生的城邦中，哪里可以看到正义？那里没有给出答案，但暗示正义必然已经被包含在对城邦里相互合作的不同个体间相互关系的规范中。

③ 《理想国篇》，370a起。

④ 《理想国篇》，372e起。

⑤ 《理想国篇》，373e。

⑥ 见《法律篇》，625e—628d、629a。但不能就此认为，柏拉图在写《理想国篇》的时候已经对《法律篇》有了计划。

当。[1]在这点上，他已经拥有了后来希腊化时期的职业军队理念；通过设立当时饱受批评的雇佣军，那时的作战方式已经在这个方向上迈出了决定性的一步。[2]柏拉图则更希望在公民本身中选出一个特别的军人阶层。不过，通过用“卫士”来表示军人，他们的目标仅限于防御。柏拉图绘制的图景是不寻常的大杂烩，一方面是对现实自然过程带有道德判断的描绘，战争的产生被视作原始秩序遭到破坏的症状，另一方面则是理想的虚构，试图让现在再也不可或缺的军人阶层变得尽可能地完善。后一种动机占据了上风，我们发现自己突然扮演了塑造者的角色，摆在面前的任务是通过遴选天性最适合的人并对其加以正确的教育，仿佛用艺术家的手一样造就勇敢而智慧的卫士典范。[3]

和其他地方一样，柏拉图在这里也最着重地强调了严格的遴选对于教育成功的重要性。[4]遴选卫士不需要特别而复杂的程序，它显然更多关乎教育者的眼光，通过对真正卫士天性的刻画，柏拉图给出了一个这方面的出色例子。卫士的身体资质取决于感官知觉的犀利，追踪被发现对象时的灵活，以及追上后的战斗力。在战斗中他需要勇气，而勇气的特别身体基础是高贵的赛马和猎犬也拥有的那种大胆特质。类似的比较在谈到从精
799 神方面遴选卫士和教育女性时将再次出现。[5]这种比较明显透露出贵族对优良品种之价值的看法，以及他们在打猎和运动消遣时把赛马和猎犬视作忠诚的伙伴。如果想要成为他们真正的卫士，军人的灵魂必须像良种犬那样兼具两种看上去相互矛盾的特质：对自己人的温柔和对敌人的攻击欲。柏拉图戏谑地将这种特点称作哲学特质，因为狗和卫士都把熟人和陌生人的区别当作判定敌我的尺度。[6]

遴选过后，柏拉图又转向对卫士的教育（παιδεία）。[7]他对教育做了内容丰富的长篇大论，后来还用更长的篇幅探讨了最优政体下的女性和统治

① 《理想国篇》，374a—d。
② 参见伊索克拉底《论和平》44—48和德摩斯梯尼《反腓力第一辞》20.47等处的批评。
③ πλάττειν（塑造）一词在这种语境下被多次使用；参见377b、c。
④ 《理想国篇》，374e。
⑤ 参见《理想国篇》，375a—e以及459a和b。
⑥ 《理想国篇》，375e。
⑦ 从《理想国篇》376c—e开始。

者教育。作为对卫士教育展开详细研究的理由，柏拉图暗示这有助于解释对话中的主要探究，即正义和不正义在城邦中的地位，他的年轻交谈者们对此明确表示认同。不过，即便我们并不怀疑这种作用，但越是深入卫士教育的细节，我们就越感到关于正义性的所谓主要探究完全消失了。诚然，对于像《理想国篇》这般形式错综复杂的对话而言，我们必须承认，许多让我们的秩序感受到严重考验的东西是创作手法的要求。然而，对卫士教育、女性教育和统治者教育的三重探究明显像是目标本身，而与此同时，对正义本质和正义者幸福的追问则被草草打发，这两种相互交织的探究间表面上的失衡只可能完全是创作者有意为之。虽然对正义性的讨论是主要探究，因为整部作品都由此发展而来，而对正义性的追问也把准则问题作为关键点。但通过柏拉图给予的外在和内在的强调，可以看到教育 800
问题才是整部作品的核心，这个问题与对准则的认知不可分割地联系在一起，在一个致力于实现最高准则的国家中自然是头等大事。

按照由国家法律确定的体系来教育卫士是一种革命性的创新，产生了无法预见的历史影响。现代国家对公民教育进行权威管理的主张最终可以上溯到那时，特别是从启蒙时代和专制主义时代开始，不同政体的国家都采用了这种做法。虽然在希腊和雅典民主制度下，城邦政制的精神同样在很大程度上决定了公民的教育，但根据亚里士多德的证言，除了斯巴达之外不存在由城邦当局提供的教育。[①]亚里士多德援引的例子表明，他和柏拉图在提出城邦教育的要求时都有意识地把斯巴达作为模板。在后来的《法律篇》中，柏拉图会更详细地讨论公共教育活动的组织和建立引导机构的问题，[②]而在《理想国篇》中则完全将其放在一边。他在这里只对教育的内容感兴趣，试图为其确立基本方针，关于教育的讨论最终来到了对最高准则的认知问题上。他把分为竞技和音乐部分的古老希腊教化视作对人的身体和灵魂教育这一双重任务的自然答案，因此将它们作为基础。[③]柏拉图认为对旧有教育体系的一切革新都是有害的，我们必须根据这句话

① 《尼各马可伦理学》，10. 10. 1180a24。
② 参见本书第三卷。
③ 《理想国篇》，376e。

来看待上述事实，以免因为他在细节上对旧式教育内容的激烈批判而忽视了他对被证明是有用之物的保守立场。可以理解人们大多会突出他的否定，后者无疑特别能显示柏拉图新的哲学原则。但一边是他抽象的激进主义，一边是他对由精神塑造的传统的保守态度，柏拉图的个人魅力和他对
801 文化发展具有决定性作用的地方恰恰在于两者间有益的张力。因此在聆听他的批评前，我们应该明白，他把自己新的哲学式教育建立在（即便总是经过改造的）古老希腊的教化之上。这个决定具有深远的历史影响，为后世哲学家的态度提供了模板。首先，当哲学的理性精神从对自然的思考转向抽象的文化重建时，它在内容和形式上确保了希腊文化发展的延续性和有机统一性，避免了与受到严重威胁的传统发生彻底断裂。其次，通过积极地同旧式教化和希腊民族活的遗产联系起来，他让自己的哲学活动具有了历史色彩，因为那是在与诗歌和音乐力量的持续争辩中完成的，后者此前一直统治着希腊人的精神。因此，从哲学角度来看，这种争辩完全不是小事，就像现代评价者常常觉得的。对柏拉图来说，它绝对至关重要。

对音乐教育的批判

柏拉图要求从对灵魂的教育，也就是从音乐开始。[①]在对希腊语μουσική一词的丰富含义的理解上，音乐不仅与曲调和节奏有关，根据柏拉图的强调，它更是首先与言语或者说逻各斯联系在一起。柏拉图在对卫士教育的描绘中还没有揭示自己的哲学原则，但他从第一句话就暗示了该原则的方向所在。哲学家对语言表达的全部兴趣都归结为同一个问题，即某句话是真是假。不仅是话语的认知价值，它们的教育价值同样取决于其真实性。让人更加觉得矛盾的是，柏拉图表示教育并非始于真理，而是从
802 “谎言”开始的。[②]他指的是人们给孩子讲述的神话，他本人也找不到其他途径。但在这里和在其他地方一样，当他有意识地把欺骗用作教育和治疗手段，使其在城邦中占据一席之地时，他同时也会对其地位加以重要限

① 《理想国篇》，376e、377a。

② 《理想国篇》，377a。

制，这种限制是对此前所用方法的深刻干预。我们向年轻人讲述的故事尽管总体而言并不真实，但还是包含了一定程度的真理。一切事情的开头都很重要，教育尤其如此，因为它事关人类发展最早和最脆弱的阶段。这个年龄的人是最容易塑造的，我们在他们身上留下的印记（Typus）会被永久保留。因此，没有什么比满不在乎地随便让某个人给孩子讲故事更不合适的了。以这种方式植入他们的想法，往往与他们长大后树立的观念截然相反。因此，柏拉图想要对传说和童话的讲述者进行监管，因为孩子的灵魂会通过这些人被持久地塑造，[①]就像他们的身体会通过看护者的手被塑造。

柏拉图的要求是，无论重要与否，各种故事中都应该表达同样的“类型”。[②]虽然国家的建立者本身可能不是诗人，但他必须对被诗人们视作其故事之基础的普遍类型有清楚的认识。柏拉图有时说一种类型，有时则提到多种类型。因此，他想到的并非把诗人创作者明确限制在某些事先确定的具体模式和僵硬的类型学中，而是想到通过他们的作品给孩子灵魂留下印记的一切强调价值的思想（特别是关于神明和人类德性本质的），应该具有什么样的形态和轮廓。对今天的荷马和赫西俄德的读者而言，如果以自身的道德情感为标准来评判诗中的无数场景，他们也会得出同样的结论。但他们习惯于只是从消遣的角度出发来看待它们，而早在柏拉图的时代人们已经这样做了。事实上，很少有人声称它们适合孩子。像克罗诺斯吃掉自己的孩子这种故事也不会被我们收入童书。但那时的人没有 803
童书：人们早早地让孩子喝酒，也用真正的诗歌作为他们的精神养料。不过，虽然柏拉图最初也从此类故事出发，但他对诗歌的批评并非仅限于这种狭窄意义上的教育视角。他的批评的目标不完全是设立“王太子读物”。在其背后隐藏着诗歌和哲学深刻的原则性对立，这种对立主导了柏拉图围绕着教育的全部斗争，在这点上变得尤为突出。

柏拉图不是第一个指责诗歌的希腊哲学家。他属于某个悠久的传统，尽管我们显然不可能将其批评中的特定观点上溯到某个前人身上，但忽视

① 柏拉图用“铸造”或“塑造”（πλάσις，πλάττειν）的思想让读者清楚看到了早前的希腊教化中所开展的诗歌和音乐活动的本质功能。这里讨论的同样不是全新的东西，而是意识到某种已经存在的东西，以及它早已经过检验的意义。

② 《理想国篇》，377c。

这种传统的力量及其对柏拉图的影响也不符合历史。他的攻击从荷马和赫西俄德对神明过于人性的描写有失体面出发，在色诺芬尼的嘲讽诗中，这恰恰也是其对史诗斗争的出发点。[①]赫拉克利特同样持这种论调，而当时的诗歌本身也通过欧里庇得斯与这些哲学家批评者站在一起。[②]此外，尽管这样做可能导致自己遭到负面批评，但埃斯库罗斯和品达本人不是对荷马的奥林波斯另有看法，并且凭着满腔的道德热忱和个人的信仰力量用他们纯粹的神明形象取代了旧有的形象吗？不间断的连续传统从对荷马史诗的宗教和道德指责的最早见证者一直延伸到基督教教父，后者反对希腊神明采用人类形象的理由乃至许多表述本身都借鉴了这些异教徒哲学家。其实，这个传统从《奥德赛》的作者那里就开始了，他显然努力想让自己的神明（特别是宙斯）显得比我们在《伊利亚特》中所看到的更加高贵。[③]柏拉图在细节上直接借鉴了色诺芬尼的理由，比如对神明和提坦的斗争，
804 或者荷马的不朽者内部的仇恨和分裂所做的批评，[④]其感受的最终来源与前辈们一致：和他们一样，他也用自己的品德作为尺度来衡量古代诗人的思想，觉得他们不符合他对神明的要求，因此是不真实的。色诺芬尼已经攻击过荷马，“因为荷马从一开始就担任了所有人的老师”，[⑤]而他反对荷马是因为他知道自己掌握了新的更高真理。

柏拉图的反对也遵循同样的路线，但走得要远得多。他不只是偶尔指责诗歌对人们思想的坏影响，而且在《理想国篇》中为自己安排了整个希腊教化体系的革新者角色。在此之前，诗歌和音乐一直是精神培养的基础，也涵盖了宗教和道德教育。柏拉图认为对诗歌的这种理解包含了某种非常不言自明的东西，因此他从不试图进一步证明这点。每当他谈到诗歌的本质时，他总是把这作为前提，或者明确地将其同自己的定义联系起来。今天的人很难理解这种立场，因为现代“艺术”无疑在不久前才刚刚痛苦地摆脱了启蒙时代的道德主义。因此，对我们中的许多人来说，没有

① 参见本书第一卷，第181—182页。
② 参见本书第二卷，第351页。
③ 参见本书第一卷，第56—58页。
④ 《理想国篇》，378c—d；参见色诺芬尼，残篇1.21（Diehl）。
⑤ 色诺芬尼，残篇9（Diehl）。

什么比享受“艺术”作品无关道德的看法更深入人心的了。我们在这里不谈上述理论的真实性问题，而是只想再一次指出，这不符合希腊人的感受。虽然我们无法将柏拉图就诗人的教育使命所提出的具体严格要求进一步普遍化，但这种理解本身完全不是他所独有的。他不仅与早前的希腊传统不谋而合，而且与同时代人想到了一起。当阿提卡的演说家们想要强调有书面文本可依的权利时，他们会在法庭上引用城邦的法律。而当没有书面文本，只能依赖非成文法的支持时，他们会同样理所应当地引用诗人的格言，伯里克利在赞美雅典民主时就骄傲地暗示了后者的力量。[①]所谓的 805
非成文法事实上被编排在诗歌中。如果缺乏合理的理由，荷马的一句诗将永远是最好的权威证明，就连哲学家也无法否认它。[②]我们只能把这种权威与基督教世纪里的《圣经》和教父相提并论。

正是从诗歌作为一切教育之代表的这种普遍影响出发，我们才能理解柏拉图对它的批评，因为这种理解把诗人的话变成了准则。但反过来，这也为柏拉图用更高的准则来衡量这种准则提供了理由，通过哲学认知，他知道自己掌握了前者。在色诺芬尼的批判中已经存在规范性元素，他认为荷马和赫西俄德的神明形象是“不相称的”。[③]但柏拉图这位思想家从一开始就明确把整个问题指向行为的最高准则。从这种准则来看，早前诗人们的理想有的高不可及，有的卑鄙下流。从更高的视角来看，柏拉图对诗歌的批评无疑是一种甚至更加激烈的形式。用哲学带来的对纯粹存在的认知来衡量的话，被诗人们描绘成现实的世界就贬值为了完全表象的世界。柏拉图对诗歌的看法是变化的，这取决于他想要检验其作为准则的价值，还是检验其作为对绝对真理的认知。后者发生在《理想国篇》第十卷最后对诗歌的探讨中，他只是把诗歌视作摹本的摹本。但在那里，他站在知识的最高台阶上向下观看。而在构想对卫兵的教化时，他站在了纯粹的正确意见（Doxa）的台阶上（整个音乐教育都在那里展开），因而态度上更有

① 参见吕库格斯，《诉利奥克拉提斯》，102；埃斯基内斯，《诉蒂玛科斯》，141。

② 众所周知，斯多葛派在把诗人用作权威方面走得特别远。因此，他们对诗歌价值问题的态度与柏拉图截然不同。他们支持诗人对于自己（特别是荷马）是真正教化的主张，使用寓意解读的方法。

③ 参见上页注释④。

耐心。在这里，他保留了诗歌作为一种突出的培养手段和对更高真理的表达，[①]但因此必须严格地将诗歌中不符合哲学尺度的东西加以改变或压制。

一边是柏拉图对诗歌的批评，一边是诗人作为本民族的教育者在希腊人中独一无二的地位，现代评判者无法总是清楚意识到两者的相互关
806 联。即便是19世纪的“历史”思想也无法完全在观察过去时摆脱自己时代的世界观前提。人们试图为柏拉图辩护，或者把他的准则描绘成比事实上的更加无害。他们把这些准则解释为哲学家灵魂中的理性力量对其自身诗人天性的反抗，或者把他对诗人的不屑同那个时代的诗歌日益堕落联系起来。但即便包含了某种事实，上述解释仍然误解了柏拉图立场的原则。人们过于从艺术自由的政治视角下看待这个问题。在现代诗歌和哲学为摆脱国家和教会而展开的斗争中，他们经常把希腊人作为模板，但柏拉图与这种图景格格不入。因此，他们试图对其加以修饰，使柏拉图不至于显得像是现代官僚体系中的艺术警察。但这位思想家的问题并非如何组织审查部门才能使其尽可能地取得实际效果，如果僭主狄俄尼修斯想要实现柏拉图的理想国，那么他在这点上将会失败，或者必须按照柏拉图的判决，首先禁止他自己的戏剧。在柏拉图的《理想国篇》中，通过哲学对诗歌艺术进行改革的真正意义在于精神方面，它的政治意味仅仅在于，在任何精神计划中最终都包含着塑造国家的力量。正是这点让柏拉图有理由将符合理念的诗歌纳入新建立的国家集体中，如果它们无力做到，那么它们将被加以评判和显示出其不足。柏拉图完全无意消灭不符合自己尺度的诗歌，他没有忽视其美学特质。它们只是不适合他所建立的苗条和结实的国家，而是属于丰满和富饶的国家。

因此，决定诗歌命运的正是希腊人用以包裹它们的独一无二的价值。诗歌的情况和城邦如出一辙，后者对道德权威的主张同样在当时变得岌岌
807 可危，因为柏拉图用苏格拉底的道德准则对其加以评判，但城邦的世俗性质使其永远无法符合这种准则。虽然诗歌和城邦两者作为教育元素都不可或缺，但在柏拉图的理想国中，作为对真理认知的哲学引导着两者，因为

① 参见《理想国篇》，377a：虽然神话作为整体是骗人的，但其中还是包含了真理元素。

哲学指导它们必须如何改变，以便能维持其教育主张。事实上它们没有改变，因此看上去柏拉图的批评的唯一可见效果，在很大程度上只是从此在希腊人的灵魂中留下了无法弥合的裂痕。不过，一边是对艺术之美的追求，一边是崇高的教育使命，虽然柏拉图让两者完全和解的愿望看似徒劳，但还是催生了一个成果，那就是他的对话中的哲学诗。用《理想国篇》的要求来衡量，它们在最高程度上是符合时代要求的，取代了早前的诗歌类型，即便它们不可复制（尽管人们尝试了各种办法来模仿它们）。但为何柏拉图不直接明言，人们应该把他自己的作品作为真正的诗歌交到教育者和被教育者手中呢？阻止他这样做的完全是口头对话这种虚构形式。在晚年的作品中，他放弃了这种把戏，要求堕落的世人把他的《法律篇》视作他们需要的诗歌类型。[①]就这样，垂死的诗歌在其伟大控诉者的作品中再一次获得了特权。

对卫士教育的规定主要关于未来将被从诗歌中驱逐的“类型”。柏拉图的这段讨论有两个目标。在从音乐教育中彻底清除一切在宗教和道德上有失体面的观念同时，他也让我们意识到了他的要求，即整个教育应由某种最高的准则主导。他根据神话在道德和宗教方面的真理内容对其所做的批评和遴选以某个不容动摇的原则为前提。该原则在这里首先只是间接地出现在其实践应用中，苏格拉底在这点上为自己赢得的认同完全是情感性
质的；但由此同样可以感受到对其进行更深刻的哲学论证的必要性，这个 808
阶段已经指向了后来更高等级的认知，柏拉图在这里作为教条提出的准则将在那里揭示自身的真实性。首先是“神学的类型”，即对任何一种关于神明与英雄之本质和影响的表达的概要。[②]此前的诗人们对他们的描绘被比作糟糕的画。[③]因为虽然诗人们希望让自己的话能接近真相，但他们做不到这点。他们讲述了诸神相互间的暴行和阴谋。但柏拉图认为，神明具

---

① 参见本书第三卷。

② 《理想国篇》，379a：τύποι περὶ θεολογίας。这是神学（Theologie）一词首次出现。

③ 在《理想国篇》377e，柏拉图将讲述神明短处的诗人比作画作和对象“不肖”的画家。μηδὲν ἐοικότα这种表达用得很妙，因为它既表示与柏拉图心目中的神明形象不肖，也表示与其不符。色诺芬尼残篇22（Diehl）也说过，从某地来到另一个地方，神明看上去“不相似”。表示符合或适合的πρέπειν一词最初和荷马的ἐοικέναι类似，表示相似。公元前5世纪的悲剧仍然无一例外地使用这种意思。

备完全的善和没有缺点是最为可信的。神话中认为他们具有可怕、幸灾乐祸和带来灾难的特征，但这些事实上不符合他们的本性。因此，他们不可能是世人不断遭受的不幸的源头。由此可见，神明只在很小程度上对人的命运负责；他们不是我们生活中一切不幸的来源，就像诗人们所宣称的那样。①古代希腊人相信神明会让犯错的犯人陷入罪孽，从而导致他们及其家庭的毁灭，这种想法是有违神性和亵渎神明的。伴随着上述观点，希腊悲剧的世界轰然倒塌。神明不会给无辜者带去不幸，而有罪者必须遭受痛苦并非不幸，而是幸事。来自诗人们的无数例子和名言都能证明这一切。同样地，所有将绝对完美、不变和永恒的东西描绘成具有有死生命的可变和多元形态，或者把欺骗和误导意图归于神明的神话也将被禁止。带有此类内容的诗歌不仅不应该被用于年轻人的教育，而且根本不会被引入柏拉图的理想国。②

与对描绘神明的规定相关，诗歌也被批评对勇气和自制的发展有害，同样有无数例子支持这点。在对早前教化的整个批评中，柏拉图关于四种
809 公民主要美德的学说成了分类原则，即虔敬、勇敢、自制和正义。虽然在这里没有谈到正义，但作者最后明确指出，我们尚无法认定正义究竟是什么，以及它对人的生命和幸福有何意义。③在这个部分，柏拉图同样对古代诗人非常粗暴。荷马对冥府世界令人恐惧的描绘会导致卫士怕死。柏拉图自然不会完全禁止荷马，但他对其做了删改（ἐξαλείφειν，διαγράφειν），去除了史诗中的整段内容，并毫无顾忌地改写诗人的作品，就像他后来在《法律篇》中付诸实践的那样。④语文学传统的维护者必然觉得这是暴政和专制最恶劣的怪胎。他们认为诗人的原话不可触碰。但这种传入我们血肉的信念是一种已经寿终正寝的文化的产物，它把过去当成幸运抢救下来的

① 《理想国篇》，379c。

② 《理想国篇》，383c。

③ 首先是对神明神话的批评，对应了关于真正虔敬的要求（377e一直到第二卷末）。第三章开始了对有违勇气要求的诗歌段落的批评，389d从自制的角度做了批评。这两部分批评都与诗歌中对英雄的描绘有关。对人的描绘似乎必然紧随其后；必须首先检验其是否符合真正的正义性的要求（392a、c），因为这种美德是唯一剩下的。但柏拉图推迟了这部分的批评，因为正义性的本质还有待说明。

④ 参见本书第三卷。

宝藏那样维护，只有当从某个更干净的文本来源可以确定诗人原先所写的形式时，才有理由进行改动。但在那些诗歌本身还有生命力的时候，如果更仔细地观察，我们就会发现柏拉图对诗歌进行改写的要求有许多先兆和雏形，这些让我们对他的粗暴行为有了新的理解。比如，梭伦就向同时代的诗人弥涅摩斯提出过改写已经定型的诗句的要求，后者出于无力的悲观主义宣称，人活到60岁就该死去。梭伦要求他把60岁改成80岁。[①]希腊历史上有大量的例子表明，当某个诗人质疑前人关于最高人类德性的看法或者想要纠正时，他会特别紧密地把自己同那人的诗联系起来，将自己的主张作为新酒装入旧瓶中。[②]他事实上改写了前人的作品。在荷马和赫西俄德诗歌的诵诗人口头传统中，这种动机的介入无疑更加常见，就像我们可 810
以证明的，从而在这种意义上让诗人变得更好。

上述独特的现象显然只有在诗歌权威的教育作用这一背景下才能被理解，这对那些世纪来说不言自明，对我们则非常陌生。这种改造以单纯的方式让曾经经典的风俗适应了对准则的新理解，借此以某种方式对其表示最高的敬意。哲学家们在对诗歌的阐释中普遍采用了这种“修正”（Epanorthose），并将其传给了基督教作家们。“钱币改铸”是一种尚未消亡，而是继续活跃的传统的基本原理，只要它的持有者意识到，自己是作为共同创造者和生命维持者参与其中。[③]因此，认为柏拉图对古代诗人的批判是理性主义的误解这一看法本身，也是对于他的民族的诗歌传统对他和他的同时代人意味着什么产生了某种历史误解。比如，他在《法律篇》中要求，古代斯巴达诗人堤耳泰俄斯——此人将勇敢标榜为男子德性之冠，他的作品至今仍被视作斯巴达人的圣经——必须被改写，因为人们已经用正义取代了勇敢，[④]由此可以直接看到，堤耳泰俄斯的诗歌在人们的心灵中一定具有何种约束性力量，他们相信只有通过改写才能满足自己对诗人和真理的双重责任。

---

① 梭伦残篇22（Diehl）。

② 对于将具有很高权威的著名诗歌进行的这种改造，我在自己的论文*Tyrtaios über die wahre Arete* (*Sitz. Berl. Akad.* 1932, S. 556)中讨论了一系列富有启发性的例子。

③ 相关内容参见Ed. Norden, *Agnostos Theos* (Leipzig 1923) S. 122（另见附录第391页）。

④ 《法律篇》，660e起。

但柏拉图没有采取如此单纯的做法，就像之前那些对传统诗歌智慧进行改写的人所做的。他严格的反对态度笼罩着一层反讽的烟雾。他不认同那些出于美学快感而想要维护自身立场的人，这些人表示荷马的冥府场景能让诗歌变得更具诗意，让大众获得更多的享受。它们越是具有诗意，自由的孩子和成人就越不应该聆听，好让自己比起害怕死亡更害怕被奴
811 役。[①]他不仅毫不留情地删除了荷马作品中所有对著名人物的哀叹，而且去掉了奥林波斯诸神的令人难忘的笑声，因为这会让听众轻易纵容自己发笑。对不服从、追求享乐、贪财和受贿的描绘也因为腐化影响而被删去。同样的批评也针对史诗中的人物。[②]阿喀琉斯收下了赫克托耳尸体的赎金和阿伽门农的赔罪礼，这伤害了后来时代的道德情感，他的老师福伊尼克斯同样如此，此人劝说阿喀琉斯为了钱而与阿伽门农和解。阿喀琉斯对河神斯佩尔赫俄斯（Sperceios）的挑衅之词，他对阿波罗的谩骂，对高贵的赫克托耳尸体的侮辱，以及在帕特罗克洛斯的火葬柴堆旁对战俘的屠杀，这些都不足为信。荷马英雄的道德或者排除了他们的神性，或者对他们的描绘是不真实的。[③]柏拉图没有从中得出结论，指出史诗在许多方面仍然是古老和粗糙的，因为它们反映了一个原始时代的思想。相反，他坚持认为，诗人应该和愿意给出最高德性的例子，但荷马的人物经常无法作为这种例子。没有什么比对这种有缺陷的历史解释更有违上述理解了，因为这将完全夺走诗歌的规范性力量，那正是它们对自己作为人类向导的主张的基础。必须根据绝对尺度来衡量它们，因此在柏拉图放在它们面前的真理的要求下，它们或被驱逐，或遭抛弃。[④]这种真理与我们所理解的，并且在柏拉图之前的那代人中已经存在的艺术写实主义截然相反。无论是对人类可憎之处和弱点的描绘，还是对神圣世界秩序的明显缺陷的展示，这些仅仅触及了现实的表象方面，而非其本质，就像柏拉图哲学所认为的。柏

---

① 一边是我们所称的艺术享受，一边是希腊人所理解的诗歌塑造灵魂的任务，这个段落对于两者的关系大有启发。两者完全不相互排斥，相反，享受的强度越高，艺术作品对观赏者的塑造作用就越大。不难理解，那种塑造理念诞生于世界上最伟大的艺术民族希腊人，他们有能力获得最高程度的美学享受。

② 《理想国篇》，387d起，389e。

③ 《理想国篇》，390e起。

④ 《理想国篇》，391d。

拉图从未想过，人们可以用哲学的抽象知识来取代作为教育力量的诗歌。他在争论中展现的顽强劲头的根本依据更多来自这样的看法，即几百年来音乐和诗歌形象久经检验的塑造力量无可替代。即便哲学能够找到最高生命准则的救赎性知识，在柏拉图看来，它的教育任务仍然有一半没能完 812
成，那就是把这种新的真理作为灵魂注入已完成和塑造中的新诗歌的形象中。

音乐作品的作用不仅建立在它们的内容上，而是首先基于形式。因此，柏拉图对此前音乐教育的批评有理由分成神话和语言风格两个主要部分。[①]对诗歌语言风格（λέξις）的探讨具有不同寻常的魅力，因为它在希腊文学史上第一次揭示了诗学的某个作为完成形式存在的基本概念，在亚里士多德的《诗学》中，我们将在更大的系统化背景中遇到它。不过，柏拉图提出诗艺理论并非为了其本身，他的诗学是对作为教化的诗歌的批评。此前，他把模仿带来的满足作为一切艺术的根源，[②]但在区分不同类型的诗歌用语时，我们注意到模仿的概念被缩小到戏剧模仿的意义上。诗歌所表现的内容被分成：1. 纯粹的叙事立场，如在酒神颂中；2. 通过戏剧模仿的描绘；3. 通过叙事和模仿混合的描绘，叙事者“我”像在史诗中那样隐藏自己，叙事和作为戏剧元素的直接引语交替使用。[③]柏拉图在这段探讨中显然无法预设读者能马上理解，他的观察方式是新的，他将通过《伊利亚特》中的例子详细解释。

这里同样出现了最优城邦中允许存在哪些类型的诗歌这一问题；问题的答案完全取决于教育卫兵的要求。柏拉图认为每个人必须完全懂得自己的职业，此外什么都不必做，通过对这一原则的严格论证，他指出模仿其他许多东西的倾向和能力与好卫兵的特质格格不入。在大多数情况下，悲剧演员无法正确地表演喜剧，诵诗人也很少能胜任戏剧角色。[④]卫士应 813

---

① 对神话的讨论到《理想国篇》392c为止，然后是对语言风格的批评。

② 《理想国篇》373b提到了这点，尽管一笔带过；另参见377e的“模仿”（εἰκάζειν），这是诗人和画家共同的任务。

③ 《理想国篇》，392d。作为柏拉图对诗歌艺术类型划分的基础，模仿的概念并非人对某种自然对象的效仿，而是诗人或表演者作为人物“让自己变得相似”（ὁμοιοῦν ἑαυτόν），当时他们并非以本人身份，而是作为其他人说话。

④ 《理想国篇》，395a。

该成为一个职业阶层，只懂得唯一的手艺：保卫城邦的自由。[①]旧式教化无意培养专家，而是只培养各方面都出色的公民。虽然柏拉图也明确用这种教化的美和善理想来要求他的卫兵，[②]但由于不恰当地用当时高度专业化的职业演员为标准来衡量业余戏剧表演，他将戏剧诗纳入卫兵教育的问题突然变成了两种不同的专业禀赋的边境冲突，认为最好不要让它们相互干扰。对于作为全才的柏拉图来说，对专业领域纯洁性的强烈偏好是一种奇怪但在心理上可以理解的现象。这显然是内心冲突的标志，在这里和柏拉图作品中的其他许多地方，它引出了某些略显不自然的结论。从人类天性是分成小块的这个事实，他得出结论，认为最好有意识地把士兵培养成只擅长一个方面。[③]

与这种有点过于呆板的观点相关的是某些非常深刻的认识，比如模仿（特别是不断的模仿）会影响模仿者的性格。一切模仿都是灵魂的变形，即暂时放弃自己的灵魂形式，接近表现对象的本质，无论后者更好还是更坏。[④]因此，柏拉图将卫兵的戏剧表演活动局限于表现具有真正德性的形象。他完全排除模仿妇女、奴隶、性格或品行低劣的人，或者“贱民”（Banausen）——即一切不具备美和善的人。除了开玩笑，举止得体的年轻人也不应该模拟动物的叫声、潺潺的流水声、大海的咆哮声、隆隆的雷声、风的呼啸声、轮子的嘎吱声。[⑤]语言有高贵者的和普通人的之
814 分，如果未来的卫兵真的想要模仿，他必须把前者作为目标。[⑥]他应该只习惯于使用一种风格，从而在品性上符合一个正直的人，而不是喜欢充满了形形色色变化的多种风格，出于音乐性和有节奏伴奏的要求还需要具有

① 《理想国篇》，395b—c。

② 《理想国篇》，396b。

③ 《理想国篇》，395b。

④ 显而易见，这些特征无关广义上的模仿，我们在第667页对其与戏剧诗人或表演者做了区分，而是与后两者有关，柏拉图认为史诗中的演说也属于此类。这种模仿会影响模仿者的身体、声音和精神，让被模仿者成为他的第二天性（395d），柏拉图明确将其归于伦理范畴，而在艺术意义上对某种现实的模仿则都对模仿者的性格没有影响。自我放弃意义上的模仿概念是教育性质的，而完全的模仿自然则是技术性的。

⑤ 《理想国篇》，395d—396e。

⑥ 《理想国篇》，396c—d。

相应的音调和节奏的不断变化。①这种充满魅力的新式类型的艺术家虽然会在柏拉图的城邦中赢得各种尊敬和赞美，脑袋将被抹上香膏并套上羊毛花冠，但他们将带着这种装束被送到其他城市，因为在纯粹的教育城邦中没有他们的立足之地。那里只为严肃和不那么追求快乐的诗人留下了位置。②柏拉图甚至把戏剧诗本身放到了叙事诗之后，还尽可能限制史诗中出现直接引语这种戏剧元素。③他对上述事项的处置自然以当时的年轻人热情地投身剧场和戏剧诗为前提。柏拉图在投入苏格拉底门下之前热衷悲剧，他无疑从自身和其他人那里了解到这样做的危险。他在这里的表态带有来自亲身经历的切身感受。

在希腊文化的理解中，诗歌和音乐是不可分割的姐妹，就连希腊语也用同一个词囊括两者。因此，对诗歌的内容和形式的定义之后轮到了我们今天意义上的音乐。④在模棱两可的抒情诗中，它和语言艺术融合成一个更好的整体。在主要通过史诗和戏剧这两个显然是言说式诗艺的例子阐释了诗歌的内容和语言方面后，无须再特别讨论抒情诗，只要它仍是诗歌，因为它和其他两种类型适用同样的原则。⑤但需要考察一下与文字分离后的调式或和谐。除此之外，演唱的诗歌和舞蹈的伴奏中还有另一种非言语元素，那就是节奏。柏拉图对文字、和谐和节奏三者的共同作用提出
的最高法则是，音调和节奏必须居于文字之下。⑥因此，他认为自己为诗 815
歌提出的原则也对音调世界有约束力，因而有可能从唯一的视角出发对文字、和谐和节奏做出整体观察。文字是对思想的直接表达，而思想必须居于领导地位。这无疑不是柏拉图在同时代的希腊音乐中看到的状况。诗歌

① 参见《理想国篇》397a以及对两种（εἴδη）或两类（τύποι）风格（λέξις）的描绘。

② 《理想国篇》，398a。

③ 《理想国篇》，396e。

④ 参见《理想国篇》，398b—c。内容和形式是ἅ τε λεκτέον καὶ ὡς λεκτέον（说什么和怎么说）。前者（说什么，ἅ）就是对神话的详细讨论，后者（怎么说，ὡς）等同于风格（λέξις）。作为对诗歌讨论的第三部分，音乐（“关于歌曲和曲调之道”，περὶ ᾠδῆς τρόπου καὶ μελῶν）从398c开始。将诗歌分成不同元素的做法在一定程度上预见了亚里士多德诗学的结构。两种“说”（λεκτέον）暗示了行为的规范特征。柏拉图的规范是教育性质的，而不是诗歌作品纯粹的技术上的完美。

⑤ 《理想国篇》，398d。

⑥ 《理想国篇》，398d；另参见400a和d。

在戏剧舞台上遭到奴役，形成了柏拉图所谓的“戏剧的统治”，[①]在演唱会上也成了音乐的奴仆。对当时音乐生活的描绘符合印证了对其沉迷于情感陶醉和刺激各种激情的指责。[②]被解放的音乐成了音调王国中的煽动者。

如果柏拉图的批评有什么依据的话，那一定是这样的事实，即全部的古代音乐理论都认同他的判断。但柏拉图并未想过约束这个堕落的世界。世界的本性是不受约束，他任其自行运转。世界本身的过度包含了治疗它的药物。在适当的时间，过度会自然而然地转向反面。我们不应忽视，他的目标是“最初”的健康、苗条和结实的城邦，而不是“后来”必须存在厨师和医生的肥胖而浮肿的城邦。他的简化非常激进。他不是想要限制发展，而是要从头开始。比起将诗歌还原为某种“类型”，从音乐上可以更清楚地看到，他无意提出一种完整的艺术学说。他没有让讨论充斥着技术细节，而只是作为立法者划定了几条明确的边界。这体现了他的艺术家智慧，即便我们作为历史学家会对这种语焉不详感到遗憾，因为从他的批评中了解的寥寥信息构成了我们对希腊音乐的和谐的基本知识。我们无法描绘希腊竞技或音乐——它们是早期和古典时期教化的基础——的细节，因为我们传统的状况不允许这样做。因此，它们出现在这里的描绘
816 中并非特例，凡是其形象现身纪念碑和古代讨论的地方都能看到它们，所以我们必须庆幸，和柏拉图一样，技术性内容对我们同样是次要的。柏拉图本人多次把和谐学说的技术性内容留给专家，并表示苏格拉底了解当时划时代的达蒙的音乐理论。[③]于是，我们听到的只是混合吕底亚调式和激烈吕底亚调式必须被排除，因为它们适合悲叹和哀悼，这些在之前对诗歌的批评中已经被禁止。同样地，作为适用于酒会场合的和声，柔和的伊奥尼亚和吕底亚调式也遭到打压，因为卫兵不应醉酒和软弱。[④]与苏格拉底对话的是年轻的格劳孔，此人代表了有教养的年轻人的兴趣，自豪地展示了自己的音乐理论知识。他表示，这样的话就只剩下多利斯和弗吕吉亚调式。但苏格拉底并未深入这些细节，柏拉图由此有意识地将其描绘成

① 《法律篇》，701a。
② 伪普鲁塔克，《论音乐》，27；贺拉斯，《诗艺》，202起。
③ 《理想国篇》，400b。
④ 《理想国篇》，398e起。

具有真正教养的人，他们能看到事物的本质，但不愿与行家较量。对内行来说，准确性是不言自明的要求，而对有教养的人来说，这反而显得卖弄学问，不符合自由人的身份。[①]因此，苏格拉底只是笼统地表示，他最终希望保留的调式要能模仿卫兵在面对危险、受伤和死亡时的声音和语调，或者模仿和平时代具有审慎性格和节制行为的人。[②]除了形形色色的调式，他还摒弃了各种乐器。不应从乐器所能演奏的调式多少或者琴弦的数量来评判它们。管、竖琴和钹被完全禁止。只有里拉琴和齐特拉琴得到保留，因为它们只适合演奏简单的旋律，而乡下只能响起牧笛。[③]这让我们想起了斯巴达当局对天才的创新者提莫忒俄斯（Timotheos）的指责，因为这 817
位新式音乐的大师放弃了在音乐传统中被视作神圣的忒耳潘德洛斯的七弦齐特拉琴，而是使用琴弦数量更多的乐器和丰富的和谐。即便故事并非确有其事，它仍然构思巧妙，表明在希腊人听来，音乐和谐的彻底改变犹如一场政治革命，因为这改变了作为城邦基础的教育精神。[④]这种情感并非源于斯巴达人特有的墨守成规，在雅典这样的民主城邦同样可以找到，甚至更加强烈，虽然形式有所不同，同时代的全部阿提卡喜剧中对新式音乐的反对潮流证明了这点。

与和谐密不可分的是节奏（Rhythmus），即运动中的秩序。[⑤]我们在前文已经提到，这个希腊语单词最初并不包含运动的义项，而是常常表达了物体的固定位置或布局。[⑥]希腊人在静止和运动的情况下，在舞蹈、歌唱或话语（特别是有格律的）的节拍中都能看到这些。根据节奏的长短数值和它们的相互关系，脚步或声音的不断运动中产生了不同的秩序。苏格拉底在这里同样回避了深入专业的技术性问题，但他从专家那里听说的一番话激发了他的教育想象，即关于和谐与节奏中的性格（Ethos）学说。从中可以得出柏拉图通过选择和谐而提出的主张：只有表达了勇敢或审慎性

① 参见亚里士多德，《形而上学》，2. 3. 995a9起。
② 《理想国篇》，399a—c。
③ 《理想国篇》，399c—e。
④ 阿忒那俄斯，626a起；伪普鲁塔克，《论音乐》，30。
⑤ 《理想国篇》，399e。
⑥ 参见本书第一卷，第134—136页。

格的调式才受欢迎。[①]在各种节奏类型中，他同样只选择了那些模仿这两个道德意志立场的。于是，性格学说成了音乐和节奏教化的共同原则。柏拉图更多将其作为前提，而不是确立了它。不过，他是从苏格拉底时代最伟大的音乐理论家达蒙那里接受了这种学说，这个事实足以向我们证明，
818 这里涉及的并非柏拉图的特有观点，而是希腊人对音乐的独特理解，这种理解有意无意地从一开始就对音调艺术和节奏在希腊文化中获得主导地位产生了决定性影响。

在《政治学》第八卷中描绘教育的概要时，亚里士多德进一步发展了音乐中的性格学说。他追随柏拉图的脚步，但就像经常看到的那样，他对普通希腊人观点的诠释来到了比他的老师更高的层次上。他肯定了音乐和节奏的性格内容，同样以此为源头推导出它们对教育的意义。[②]他认为音调和节奏艺术的性格描摹了不同价值的灵魂态度，并提出这样的问题：这些通过听觉感受到的特性（我们称之为性格）是否也能以类似的形式在触觉、味觉或嗅觉中找到。他坚决否认性格存在于那些感觉中，[③]我们在这点上很少会想要反驳他。但他还断言，视觉印象（就像美术所传递的）中一般也没有性格。他只知道某些绘画和雕塑形象具有这种影响，而且表示影响程度很小。[④]亚里士多德认为，这些例子中涉及的并非对性格的真正描摹，而是用色彩和图形表现的性格的纯粹标志。比如，我们在画家保松（Pauson）的作品中看不到性格，但在波吕格诺托斯（Polygnotos）和某些

---

① 在这里（《理想国篇》，400a），苏格拉底同样把如何更准确地界定和谐中的节奏类型及其数字的任务交给了受过音乐专业教育的格劳孔。但专业人士往往对各种类型的伦理表达内容一无所知。显然，在音乐理论家中，达蒙是个例外；苏格拉底想要向他请教（400b），哪种节奏（βάσεις）适合（πρέπουσαι）特定的性格。这点富有教益，因为亚里士多德和贺拉斯的诗学从同样的视角出发讨论诗歌中的格律：哪种格律是适合哪种内容的节奏。这延续了可以上溯到柏拉图之前的传统，尽管人们喜欢把他同这种音乐思考的教育方法等同起来。他没有把自己，而是让他的苏格拉底把达蒙称为这种"适合"（πρέπον）学说的权威，这对柏拉图来说是完全罕见的赞美和肯定。这背后不仅仅有苏格拉底是达蒙弟子这一事实——这种古老的传统似乎完全源于《理想国篇》的那个段落——而是更多承认达蒙是这种音乐性格学说（柏拉图将其作为他的卫兵教化的基础）的创立者。

② 亚里士多德，《政治学》，8. 5。

③ 亚里士多德，《政治学》，8. 5. 1340a18—30。

④ 亚里士多德，《政治学》，8. 5. 1340a30起。

雕塑家那里却能看到。[①]相反，音乐是对性格的直接模仿。在希腊美术的任何赞美者看来，显然这位哲学家缺乏艺术家的眼睛，他们用这种方式解释了他对音乐和美术的性格内容的不公平评价。也许我们还能指出，他认为耳朵是人类感官中精神色彩最强的器官，而柏拉图则认为眼睛与精神的关系最近。[②]但事实是，没有希腊人想要让美术及其观察在教化中占据一席之地，诗歌、音乐和节奏一直统治着这个民族的教育思想。亚里士多德对图 819
画的价值的评价与美术的意义无关，因此与这种判断并不矛盾。[③]

柏拉图同样只是对绘画的影响（在结束了对音乐教育的讨论之后）一笔带过，将其与织布、刺绣和建筑艺术放在一起，而且没有提到雕塑。[④]我们并不完全清楚，他在多大程度上认为它们具有音乐和诗歌意义上的性格[⑤]；它们显然更多是为了完整起见而被加入的，作为对优雅和严格，或者没有品位之放肆的总体精神的表达形式，即作为创造了某种好的或坏的公共氛围的因素。[⑥]但它们不是教化的真正支柱。[⑦]认为这种氛围具有教育影响是希腊人特有的观点，但只有在柏拉图那里才变得如此微妙。我们在对哲人王的教育中将再次看到它。[⑧]虽然教育变得日益精神化，希腊人让人始终认为那是一个发展过程。表示教化和养育的两个词最初的意义几乎相同，而且一直关系密切。[⑨]它们的区别首先在于，教化概念越来越多地表示思想教育，而“养育”则表示儿童成长中的前精神阶段（das Vorgeistige Stadium）。不过，柏拉图在更高程度上把这两个概念重新放到一起；他没有把个体的精神教育过程视作孤立的，就像智术师们所做的，

① 亚里士多德，《政治学》，8. 5. 1340a36。

② 亚里士多德，《论感觉和被感觉的》，1. 1. 437a5。柏拉图对眼睛的评价见他在《理想国篇》508b给出的谓语“太阳般的”，以及《会饮篇》219a的比喻“精神的眼睛”。

③ 亚里士多德，《政治学》，8. 2. 1337b25。

④ 《理想国篇》，401a。

⑤ 苏格拉底想要把他关于音乐中的正确性格所做的表述普遍化，从而扩展达蒙的学说。后者在和谐和段奏的领域中发现了性格，而苏格拉底提出的问题则是（400e）：如果想要正确完成自己的工作，年轻的卫兵们是否必须处处（πανταχοῦ）“追求”（巧妙的文字游戏！）这种元素？关于在伦理方面，音乐相比其他艺术的优先性，参见400d。

⑥ 《理想国篇》，401b—d。

⑦ 《理想国篇》，401d。

⑧ 参见本书第691页起和第三卷。

⑨ παιδεία和τροφή最初是同义词；参见埃斯库罗斯，《七雄攻忒拜》，18。

而是第一次认识到精神教育同样具有某种气候前提和生长条件。[①]尽管具有高度的精神性，但柏拉图的教育概念重新具备了某种植物属性，这是智术师们的个体理解中所不具备的。我们在这里看到了柏拉图的国家集体意志的根源之一；他认识到人不是在孤立中，而是只有在符合其本性和使命
820 的环境中才能茁壮成长。国家是必要的，只有那样教育才有可能，不仅是作为必要的立法权威，还作为个体呼吸的周边空气。仅仅让作为灵魂养料的音乐教育保持纯洁还不够；一切职业的作品和一切具有形式的东西也必须反映高贵立场的同样精神，共同致力于追求最高的完美和可敬的体面。在这种环境中，所有个体从幼年时期开始就犹如沐浴着来自某个健康地区吹来的微风。[②]

不过，虽然艺术和手艺共同确立了精神气候，音乐仍然是“真正的教育养料”。[③]在这点上，柏拉图的思想同样不是完全受到传统的束缚。他有意提出疑问，即音乐居于希腊教化传统中的其他技艺之前是否有理由。他觉得这完全合理，因为节奏与和谐“能潜到灵魂内部的最深处，通过为其带来和向其传播高贵的态度，它们最有力地抓住了它”。不过，在他看来，音乐对其他一切的优先地位不仅因为它的灵魂动力，它还教会人们以无可比拟的精确性认识到，在一件优美的作品及其表演中，哪些地方是正确的，哪些地方存在缺陷。[④]在音乐中受到正确教育的人将这样得到成长，他们把音乐纳入了自己的灵魂，从年轻时和仍然无意识的发展阶段开始就明白无误地对美好之物感到快乐，对可憎之物感到厌恶，当他们后来获得有意识的知识时，这让他们能够欣然将其视作契合自己本性的东西。[⑤]事实上，柏拉图让他的卫兵接受的教育，已经以无意识的内心形式（音乐作品以此教育人们）先行囊括了那种后来他对统治阶层的哲学教育将会揭示的最高知识。由于柏拉图事先暗示了第二种更高的教育，我们已经可以清

---

① 参见本书第三卷。

② 《理想国篇》，401c，ὥσπερ αὔρα φέρουσα ἀπὸ χρηστῶν τόπων ὑγίειαν（犹如风从有益的地方带来了健康）。

③ 《理想国篇》，401d，κυριωτάτη［最重要的］ἐν μουσικῇ τροφή。类似地，真正的存在被称作κυριωτάτη οὐσία。

④ 《理想国篇》，401e。

⑤ 《理想国篇》，402a。

楚地看到，对早期的希腊文化而言曾是独一无二的更高精神教育形式的音乐教育存在何种局限。不过，音乐教育同时也获得了一种新的意义，即作为纯粹哲学知识不可或缺的准备阶段，如果没有音乐教育的基础，那将是 821
空中楼阁。

较为深刻的认知者会注意到，这里涉及的并非某种虽然微妙，但或多或少偶然的心理转向，而是从柏拉图的知识理论中得出的一个基本的教育学结论。柏拉图认为，无论理智多么犀利，它无法通过直接的道路前往价值知识的世界，从而达到柏拉图哲学的终极目标。他的《第七书简》中将认知过程描绘成灵魂持续一生地逐渐与那些人们致力于认知的价值之本质变得相似。不能把善理解成位于我们之外的形式-概念对象，不必先行在我们内心分享它的性质；善的知识在人内心的成长程度取决于善在他身上的实现和成形程度。[①]因此，柏拉图认为，对性格的教育是让理智的眼光变得犀利的途径，这种教育会在不知不觉中通过诗歌、和谐和节奏这些最强大的心灵力量改变人的天性，让他可以通过对自身的真正培养最终理解最高原则的本质。苏格拉底用惯常的朴素方式将培养人的性格这个漫长的教育过程与基本的读写课做了比较。[②]当我们能够认出所有字词中的字母（那是它们最简单的元素），我们才在真正意义上具有了识字能力。同样的，想要在真正意义上具有音乐教养，我们必须处处学会发现和适当地重视音乐所清楚表现的一切东西，无论在小事和大事上，在自制、审慎、勇敢、慷慨和高贵等“形象”中，以及与它们有关的一切，或者对它们的描摹中。[③]

对竞技和医学的批评

除了音乐，柏拉图把竞技视作教化的另一半。[④]虽然他的真正兴趣在 822
于音乐教育，但对卫兵的教育来说，身体培养同样至关重要，因此从孩提时代就应该开始竞技训练。现在可以看到，把音乐教育放在前面并非因为

① 《第七书简》，343e—344b。
② 《理想国篇》，402a。
③ 《理想国篇》，402c。
④ 《理想国篇》，403c。

它在时间上必须先开始，就像柏拉图最初解释的那样。[①]它在原则上同样先于竞技，因为有用的身体无法因为自己的有用而让灵魂变得美好和杰出。反过来，出色的精神却可以帮助身体变得完美。[②]这就是柏拉图如此编排的依据。他想首先让人们接受完善的精神教育，然后把身体培养留给他们各自完成。与在音乐教育中一样，他本人在这里同样仅限于给出某种基本方针，[③]以便回避细节。希腊人一直以来都把运动员视作身体力量的典范，由于士兵被称作“最重要的战斗游戏中的运动员”，把高度发展的训练运动员的方法作为他们的榜样显得不言自明。[④]他们自然也不能酗酒。不过，柏拉图不认为应该效仿摔跤手在训练期间必须遵守的其他饮食规则；这些让运动员过于敏感和依赖自己的饮食，而且他们长时间睡觉的习惯完全不适合需要成为警惕化身的人。这些人必须能够适应饮食和天气的任何改变，他们的健康不能时刻“摇摇欲坠”。[⑤]因此，柏拉图要求他们接受另一种截然不同和简单的锻炼（ἁπλῆ γυμναστική），与他为他们规定的音乐教育类似。[⑥]就像在后者中乐器种类与和谐方式被简化那样，[⑦]现在身
823 体的运动方式也将避免种种花样，仅限于必要的。[⑧]在柏拉图看来，有两点是坏的教化的确切症状：法庭和医院。它们的高度发展完全不是文明的骄傲。教育者的目标必须是让它们在自己的国家变得多余。[⑨]

我们从《高尔吉亚篇》中已经熟悉了法官和医生技艺的类比；柏拉图重新提到它们表明，这是他教育学说的基本组成部分。[⑩]与之相反的是立法者和竞技教练的类比，两者分别与健康的灵魂和健康的身体有关，就像法官和医生之于生病的灵魂和生病的身体。[⑪]《理想国篇》中同样如此，

① 《理想国篇》，376e、377a（参见本书第658—659页）。
② 《理想国篇》，403d。
③ 《理想国篇》，403e，τοὺς τύπους ὑφηγησαίμεθαι。
④ 《理想国篇》，403e。
⑤ 《理想国篇》，404b。
⑥ 《理想国篇》，404b。
⑦ 参见《理想国篇》，397b，399d。
⑧ 音乐中的节制对应竞技中的健康，《理想国篇》，404e。
⑨ 《理想国篇》，405a。
⑩ 《理想国篇》，405a；《高尔吉亚篇》，464b（参见本书第437—438页和第590页起）。
⑪ 《高尔吉亚篇》，464b。

但在这里，音乐教养作为竞技的对应物出现，取代了《高尔吉亚篇》中的立法；它包含了人类行为的一切更高准则，表现出这种教养的人不需要司法意义上的立法。[①]司法在社会中的功能对应着医学在身体领域的功能，柏拉图嘲讽地称后者为一种“疾病的教育学”。[②]不过，选择生病的时刻作为让教育发挥影响的真正起点太晚了。柏拉图的时代的医学发展和对养生的日益强调（在当时的许多医学体系中开始扮演几乎主导性的角色）表明，哲学提出的关怀健康人的要求代表了最进步的认识，本身也是进步的重要因素之一。[③]对卫兵的教育让柏拉图可以非常关心如何维护健康，因为由于职业的关系，锻炼是这个阶层的任务，在他们生活中占据了很大的空间。这是一个理想的例子。希腊医学作品的所有读者都明白，医术多么依赖病人的社会地位和职业。药方通常只针对富人，他们拥有足够的时间和金钱，只为了自己的健康或疾病而活着。[④]这种存在不符合柏拉图的分工原则。一个生病的木匠怎能长时间采用禁止他从事自己职业的疗法呢？对他而言，不工作就得死亡。[⑤]即便是生活优渥的人在生病时也无法投身 824
弗基利德斯在其有点过于现实主义的箴言中所提出的那种职业：当你挣到了足够的钱，应该实践德性。[⑥]如果一直忙于某种超出锻炼正常限度和挖空心思想出来的身体保养，他们在家中和城邦内能够实践何种德性呢？首先这会让他们无法实践精神培养，无法学习和思考，然后把头痛和晕眩归咎于哲学。[⑦]事实上，柏拉图哲学同通过严格的教育而获得完美健康的身体具有天然的亲和力。没有什么比许多诠释者加入的病态特征更加与它背道而驰了。如果说柏拉图在《斐多篇》中要求灵魂从肉体和感官世界分离，从而能够专注于观察纯粹的抽象真理，那么《理想国篇》中竞技教化的精神则对其做了正确的补充。把两幅图景放在一起才能看到完整的柏

① 《理想国篇》，404e—405a。这里没有用数学形式表示μουσική：γυμναστική=δικανική：ἰατρική（乐师：竞技教练=法官：医生）的对应关系，但那是这一段的前提。
② 《理想国篇》，406a。
③ 关于养生学在公元前4世纪的发展，参见本书第446页起。
④ 参见本书第428页起和第456—457页。
⑤ 《理想国篇》，406d。
⑥ 《理想国篇》，407a。
⑦ 《理想国篇》，407b—c。

拉图。

柏拉图完全无意贬低医学活动的价值，或者认为那完全可以抛弃。但一边是在他自己的时代，一边是在理想国中，他谈及两者的地位时自然看法不同。在柏拉图通过自己诗性想象的魔棒在《理想国篇》里重建的原始但健康的情况中，他的模板不是自己时代的精细医学，而是荷马所描绘的英雄时代的医术。对那个时代来说，健康方面的正确负责人是阿斯克莱庇俄斯自己。[1]他为身体上遭受某种局部性的、非永久伤害的健康人发明了医术，以便消除那些伤害。但荷马史诗中没有提到他们父子治疗内部已经被彻底感染的身体。照顾欧律普罗斯（Eurypylos）的女仆们为身受重伤的他所调制的饮料会让今天的一个健康人也丢掉性命。对于被潘达罗斯（Pandaros）的毒箭射伤的墨涅拉俄斯，阿斯克莱庇俄斯之子马卡翁
825 （Machaon）从伤口吸出毒液，然后敷上伤药。其中包含了希波克拉底医学所透露的正确知识，即健康的体质患病后会自行恢复，如果通过正确的手段让康复变得更加容易的话。但医生应该让病入膏肓的身体死去，就像法官会判处灵魂已经因为犯罪而无药可救的人死刑。[2]如果我们不是把对健康人的教育越来越多地交给医学，而是反过来把锻炼变成治疗慢性病的手段，就像赫洛迪科斯所做的——通过这种锻炼和医学的混合物，他在不良的意义上引起了轰动——那将完全有悖常理。这种做法只是让他自己和其他人饱受折磨，通过巧妙地延长死亡过程而使得死亡变得困难，他最终活到了高寿。[3]得益于自身接受的音乐教育，最优城邦中的卫兵无须与法官和法律打交道。同样地，竞技训练也让他们免去了寻医问诊的必要。

竞技的目标（卫兵的练习和努力据此单独安排）并非获得运动员般的身体力量，而是发展他们的胆量。[4]因此，不能认为竞技应该只培养身体，音乐只培养灵魂，就像许多人所相信的，甚至是柏拉图本人最初看上去所认为的那样。[5]两者塑造的首先都是灵魂。但它们在不同的意义上

---

① 《理想国篇》，407e起。
② 《理想国篇》，408b、410a。
③ 《理想国篇》，406a。
④ 《理想国篇》，410b。
⑤ 《理想国篇》，410c；参见376e。

这样做，如果有哪个方面以另一个为代价占得上风，那么效果就会是片
面的。纯粹的竞技教育的结果是过于严厉和粗野，而过度的音乐教育则
会把人变得过于软弱和温顺。[①]想要让自己的灵魂不断被笛声淹没，人必
须首先让自己变软，就像坚硬的铁变软之后才可以锻造那样。在时间长
了之后，他会熔化和流淌，直到他的灵魂中再也没有肌肉。[②]相反，对接
受竞技训练并变得熟练，但不参与任何音乐和哲学活动的人来说，他首
先会因为自己的身体力量而获得更大的胆量和骄傲，变得更加勇敢。不 826
过，即便他的灵魂中最初存在着天生的求知欲，如果得不到任何科学和
研究作为养料的话，灵魂也会最终变得又聋又瞎。于是，他将成为讨厌
理论的人，成为精神的不敬者和缪斯的敌人；他再也不能通过言语说
服别人，而是把暴力作为寻求达到目标的唯一手段，就像兽类所做的那
样。[③]因此，神明把竞技和音乐作为不可分割的教化整体交给人们，它们
不是分开的身体教育和精神教育，而是针对人的天性中勇敢和追求智慧
的部分的塑造性力量。比起史前时代那位第一个为里拉琴装上琴弦的神
话英雄，懂得如何让两者达到正确和谐的人更能成为缪斯的宠儿。[④]柏拉
图用上述比喻结束了他对卫兵教育的描绘，他无法更完美地展现该问题
的本质了。这种教育是一件最为精巧的多弦乐器。不懂得如何弹奏的人
无法让它发声，如果只弹一根弦则会发出无法忍受的单调声音。同时弹
奏多根琴弦，并且不是制造出刺耳的不和谐，而是优美的和弦，这是真
正教化的艰深艺术。[⑤]

① 《理想国篇》，410d。

② 《理想国篇》，411a。

③ 《理想国篇》，411c。

④ 《理想国篇》，411e起。柏拉图用于表示这种混合的术语是δυναρμόζειν和κεραννύναι。后者来自医学。根据希腊医学的观点，所有的健康都是正确混合（κρᾶσις）的结果；参见本书第421—423页。竞技与音乐教化的和谐就是健康的教育。另见《理想国篇》，444c。但柏拉图考虑的是人的整个天性的健康，不仅是身体的。

⑤ 在有关竞技的部分最后（412b），柏拉图再次明确提出了在他的卫兵教育体系中使用的方法原则：（1）他再次指出，对这一方法的任何描绘都只能够给出教化的轮廓（τύποι τῆς παιδείας），让人们可以看到这种培养的精神形态；（2）他明确拒绝对各种形式的教育进行内容上的完整讨论，诸如圆圈舞、竞技和赛马、打猎等等（“为什么我们还要讨论这些呢”，“显然，这一切必须以类似的方式进行”）。在他老年的作品《法律篇》中，他对这些形式的教化有了不同的想法。特别是合唱舞蹈，其地位完全不同，变得至关重要。参见本书第三卷关于《法律篇》的一章。

教育在正义城邦中的地位

城邦的维持必须要求领导者掌握这种艺术，[①]或者就像柏拉图后来在重申和扩展这种思想时所说的：城邦中必须永远保留某种使其奠基者的精神永远活跃的元素。[②]这一要求包含了一个新的和更大的问题：对统治者的教育。它在对哲人王的培养中得到了解决。柏拉图没有直接将其放在对卫兵的教育之后，就像系统化的描绘中可能发生的那样，而是觉得正确的做法是用更大的空间分开这两种存在内部关联的教化形式，从而使其更加
827 吸引人和提升其地位。但他从未让读者对未来道路的方向产生片刻疑惑，因为他马上提出这样的问题：卫兵中有谁应该统治城邦？[③]统治者只能来自这个代表了最高的战争与和平美德的阶层，柏拉图认为无须特别做出解释。在他看来，行使最高的权力完全与拥有最好的教育联系在一起。但后者并不随着对卫兵的培养就一劳永逸地完成。为统治者这一职位做准备要求特别的挑选过程，我们在这里首先只考虑其在卫士教育中的情况。[④]通过从小开始的不断观察和考验可以确定，卫兵中有谁具备对统治者而言决定性的特质，包括实践智慧和才干，以及对全体福祉最高程度的关心。他们的廉洁和自制将通过各种诱惑得到考验，只有在长达几十年的考验中走到最后的人，才会被认可为真正和严格意义上的卫士，与之相比，其他人只是作为助手。[⑤]

这种性格考验制度的前提是，尽管柏拉图高度重视教育的影响，但他并不相信那会产生机械式的同等效果，而是考虑到了个体天性的差异。从政治角度来看，严格而有意识的挑选原则对于柏拉图的城邦结构同样意义重大，因为维持城邦的等级体系取决于此。诚然，这种体系的前提是某种崇高的固定特征，三个等级中任一等级的成员都必须拥有。但柏拉图完全考虑到了上层等级后代的堕落，以及第三等级出现高素质后人的可

① 《理想国篇》，412a。
② 《理想国篇》，497c。
③ 《理想国篇》，412b。
④ 《理想国篇》，412d—415d。
⑤ 《理想国篇》，414b。

能性，通过有意识地挑选和剔除，他让这些元素的上下流动变得更加方便。[①]统治者的职务要求特别有力的性格作为基础。虽然各种政制形式下都是这样，但这在柏拉图的“最优城邦”中达到了最高程度。他把特别 828
和几乎不受限制的权力交到统治者手中，完全没有防止它被滥用的宪法保障。他认为，想要避免他们从城邦的卫兵变成城邦的主人，从牧犬野化为撕碎自己羊群的狼，唯一的真正保障是对他们的教育。[②]从我们的解读中足以清楚地看到，不能主要从宪法权利和政治经验的视角出发来评判柏拉图城邦中的这种“缺乏保障”，并由此指责他的幼稚，因为他相信，即便没有现代宪法的复杂机制也能统治国家。我觉得可以十分清楚地看到，柏拉图完全无意认真讨论这个问题，因为他在这里感兴趣的不是作为技术或心理问题的城邦，而是最终将其作为教育的框架和背景。我们可以因此指责他，批评他将教育绝对化，但不能怀疑对他来说，教化才是真正的问题。他认为那是一切除此之外无法解决的问题的答案。对柏拉图来说，将尽可能大和不受限制的全部权力聚集到统治者手中并非目标本身。他的统治者是他的教育的最高产物，他的任务是成为最高的教育者。

柏拉图没有回答对卫兵的教育——其首要目的是创造尽可能优秀的平均类型——是否足以达成上述目标。[③]但即便统治者教育的特别内容一直没有确定，从接下去对统治者生活的描绘中还是可以清楚看到教育思想在新城邦中的主导力量，而所有纯粹的政治性内容则被异常简短地一笔带过。统治者的外在生活必须极度节制、清贫和严苛。这种生活没有任何私人空间，甚至没有自己的住宅或者在家用餐的时间，而是完全在公开场合进行。他们可以从集体获得最必要的饮食和衣物，但既没有钱，也得不到其他财产。[④]一个真正国家的任务不是让人口中的统治阶层尽可能地幸福， 829
因为它必须为全体的幸福服务，而这取决于每一个体尽可能好地履行自己

① 《理想国篇》，414d—415d。

② 《理想国篇》，416a—b。表示“保障”的希腊语单词是εὐλάβεια。保障仅限于他们“受过良好的教育”（τῷ ὄντι καλῶς πεπαιδευμένοι，416b6）或者“正确的教育”（ἡ ὀρθὴ παιδεία，416c1）。

③ 《理想国篇》，416c。

④ 《理想国篇》，416c起。除了“教化”，对统治者的生活还有这些规定。

的职责。因为柏拉图认为，每一个体生活的内容、权利和边界来自他们作为社会整体（如同活的有机体）一部分的功能。因此，整体的统一性是所能实现的最高价值。[1]但并不是说通过这种对个体权利的限制，整体将取而代之，国家必须变得尽可能地富有和强大。这个国家所追求的并非权力和经济繁荣，或者无限的财富积累；它对权力和财富的追求仅限于内部的社会整体性对外部财富的需求。[2]

因此，柏拉图觉得那并非某种不可企及的东西，他觉得实现自己的计划很简单，只要公民们坚持一点就行，那就是作为城邦基础的良好教育。[3]如果得到忠诚的维护，教育将唤醒这个集体中的出色成员，而这些人会热情地抓住这种教育机会，从而超越自己的前辈。[4]根据柏拉图的理念，他关于社会秩序的这种图景并非基于个人的偏好或专断的看法，而是一种绝对的准则，源于作为社会和道德存在的人类的天性。因此，这种秩序必然是静态的，不会有所发展；对它的任何偏离都是堕落和衰败。最优城邦的思想意味着，所有不同于它的形式只会更糟。对真正的完美无法取得任何改进，而是只能希望维持。但维持的方法只能是创造它的方法。一切都取决于不再革新教育。[5]外来危险将无法伤害这个城邦，但音
830 乐中的思想变更会导致其法律的特点发生变化。[6]因此，卫兵必须把城邦的堡垒建在音乐教育这个最高点。[7]如果它堕落了，违法的东西会毫不费力和像游戏般地进入道德和生活方式，乃至公共生活。相反，真正的道德也必须和能够通过它得以重建，诸如对长者的敬畏，对父母的虔诚，适当的发型、着装、鞋子和身体姿态。[8]柏拉图嘲笑对细节做出规定的立法幼

① 《理想国篇》，419a—420b，421b。
② 《理想国篇》，422b。
③ 《理想国篇》，423e。
④ 《理想国篇》，424b。
⑤ 《理想国篇》，424b。
⑥ 《理想国篇》，424c。
⑦ 《理想国篇》，424d。
⑧ 柏拉图在《理想国篇》425d—e详细描绘了教化遭受动摇的有害社会影响；作为对比，他在425a—b描绘了忠实和不动摇地坚持教化的有益结果。παρανομία（违法）和εὐνομία（守法）的对立描绘了这两种情形。这让我们想起了梭伦哀歌残篇3（Diehl）。在那里，παρανομία和εὐνομία是终极的原因（参见本书第一卷，第149—150页）。而在这里，它们只是影响：两者的原因在于教化的改变或不可变性（参见425c）。

稚地高估了口头和书面话语。只有通过教育的道路才能达到立法者追求的目标，如果教育真的有效，那么法律也就没有必要了。虽然柏拉图本人在《理想国篇》中经常把他为建立自己的集体存在而做出的规定称为法律，但这种法律只和教育的确立有关。教育让国家避免了不断制定和修改法律，就像在柏拉图时代的雅典司空见惯的那样，使得为警察、市场、港口、商业活动、伤害和暴行、民事审判和法庭程序做出的特别规定变得多余。[1]政治家是在绝望地同许德拉作战。他们只是治疗症状，而不是通过正确教育的自然康复过程根除弊端。

与之类似，赞美斯巴达法度（Eunomie）的古人也将其描绘成一种国家教育制度，通过对主导整个生活的不成文法则的严格遵守，专门的立法变得不再必要。我们之前已经提到，对斯巴达人的这种看法是在柏拉图的教化和公元前4世纪类似的国家批评浪潮等改革思想的影响下才形成的；[2]但这并不排除柏拉图本人提出的教育国家思想在总体上和细节上借鉴了斯巴达人的模板，或者他相信自己这样做了。对当时的统治和立法机制的鄙视，用道德的力量和主导整个生活的公共教育体制取代个别立法，引入卫兵的集体用餐制度，由国家对音乐进行监督，并视其为国家的坚实堡垒， 831
这一切都是斯巴达的特征。不过，想要把斯巴达解读为一种幸运地避免了极端个人主义的国家制度，哲学家本人必须生活在雅典民主的堕落时代，并在对它的反对中长大。雅典民主最大的骄傲是法治城邦，是其对法律的遵守和对每个公民权利平等的要求（无论高贵还是低贱），以及其自我统治的精巧机制。柏拉图放弃这种成就自然是极端做法，只能被理解为当时雅典的精神状况令人绝望。他悲哀地认识到，法律和宪法同样属于形式，其价值仅仅来自作为道德实体存在于保护和维持它们的人群中。保守的思想家相信，在民主中可以看到，维系国家的东西其实不同于它自身的意识形态对此的解释。与其说那是新近赢得和竭力保护的自由，不如说是在民主中经常特别强大的道德和传统的约束力，就连公民自己也完全无法意识到它们，而其他类型国家的成员也大多鲜能感受到。这种不成文法规的不

① 《理想国篇》，425c；另参见427a。
② 本书第一卷，第84页起。

断延续是英雄时代阿提卡民主的力量所在；它们的衰败导致城邦的自由变成无法无天的状态，尽管存在各种成文法律。柏拉图把吕库格斯式的严格教育视作唯一的复兴之路，虽然不是复兴基于出身的贵族制，就像许多和他来自同一阶级的人所希望的，而是重建古代的道德，以便由此将国家重新黏合起来。如果我们希望从柏拉图那里得到关于城邦生活所有元素的均衡画面，那么我们就误解了他权威教育的情感和时代背景。他怀着道德热情将那个重要的真理（那个时代及其最伟大人物的痛苦使其看到了它）放到关于城邦之讨论的中心。无论柏拉图的教育在外部形式上多么缺乏雅典
832 特色，它有意识的伦理斯巴达主义只有在雅典才可能产生。这种思想在最深刻的本质上完全不是斯巴达的。我们从中看到了雅典民主的教育意志的最后一次加强，在民主发展的最后阶段中，它被用来阻止雅典的崩溃。

当我们在最后要提出这样的问题，即我们所描绘的卫兵的教育与作为我们出发点的正义的本质有何关系时，我们发现柏拉图的预言得到了印证，对教育问题的深入讨论也有助于对正义的认识。[①]诚然，我们一开始的怀疑得到了证实，即对于卫兵教育的大段讨论是否只是为了探究正义，而非柏拉图的目标本身；[②]因为我们发现，城邦的整个结构都建立在真正的教育之上，或者可以说两者是同一的。[③]但即便如此，我们通过真正教育的目标也实现了真正的正义，现在只需进一步认清后者。

为此，柏拉图回到了之前他为引入对城邦的思考而给出的动机，即这样做有助于探究正义。[④]虽然他一直确定无疑地表明，他把这种美德视作人类灵魂本身固有的特性，但在与城邦类比的帮助下，他觉得可以更容易地形象展现正义的本质及其对灵魂的影响。尽管如此，但就像我们现在看到的，正是对城邦的有机理解让他做出了这种比较。他对城邦正义的看法基于这样的原则，即社会躯体的每个部分必须尽可能完美地实现自身的职责。[⑤]统治者、卫兵和劳动阶层，他们都有各自固定的任务，如果这三

---

① 《理想国篇》，376c—d。

② 参见本书第656—657页。

③ 《理想国篇》，423d—425c。

④ 《理想国篇》，427d；参见368e。

⑤ 《理想国篇》，433a。

个阶层根据自己的力量各司其职，那么从这些元素的合作中诞生的城邦就会是尽可能最优的。对每个阶层的描绘都通过其特别的美德：统治者必须睿智，[1]而士兵必须勇敢。[2]第三种美德“审慎的自制”（σωφροσύνη）其实 833
并非第三阶层专属的真正意义上的美德，但对他们有特别的意义。这是各阶层之间的一种和睦，基于天性较劣者自愿服从那些天生或者通过教育而更为出色的人。它同样影响到其他两个阶层，但对那个会服从它的阶层提出了最严格的要求。[3]因此，当古代城邦伦理的四种主要美德（正义除外）在理想国中确立了位置，并各自被分配给人口中的某个阶层后，正义没有了特别的位置，也没有其他哪个阶层将其作为首要的财产，这个问题的本能答案直接呈现在我们眼前：正义是理想国中各个阶层完美地在自身中表现各自特别的美德并实现各自特别的功能。[4]

但我们一定记得，这种状况事实上并非真正意义上的正义，而只是它在集体结构中放大了的镜像，我们必须从人类内心本身寻找它的本质和源头。[5]灵魂中有像城邦中一样的各个部分：灵魂中的理智对应着统治者的智慧，灵魂中激情的部分对应着卫兵的勇气，灵魂中的本能部分对应着追求好处和享受的第三阶层的自制，如果它服从于理智的更高认识的话。[6]柏拉图暗示，对于灵魂各部分的这种理论的解释完全是概要式的，但他不愿用更加细致的方法来处理该问题，那样做会离题太远。[7]如果不是在灵魂本身中已经作为不同的元素存在，灵魂结构的差异如何能和城邦中不同的职业阶层相对应呢？[8]就像身体的一部分可以在另一部分活动时保持静止，在我们的灵魂中，当本能元素充满欲望时，思考的理智将为

① 《理想国篇》，428b—e。
② 《理想国篇》，429a—c。
③ 《理想国篇》，430d—432a。
④ 《理想国篇》，433a—d；参见434c。
⑤ 《理想国篇》，434d。
⑥ 《理想国篇》，435b—c。
⑦ 《理想国篇》，435c—d。504a重新提出了这个问题。柏拉图用来表示灵魂的类型或部分的词是εἴδη ψυχῆς（435c）。这个概念源于医学。相对应的表达θυμοειδές（激情的）同样借鉴自希波克拉底；参见《论风、水和地点》16：在那里，它被用来描绘某个民族，在他们身上，勇气和性情要超过理智。
⑧ 《理想国篇》，435e。

欲望划定边界，而激情的部分在这场冲突中可能对欲望发火，作为盟友站
834 在理智一边。[①]灵魂中同时存在着限制和追求的力量：个性的和谐完整源于它们的相互作用。只有当灵魂的每个部分“各司其职”时，确立这种内在的统一性才有可能。理性应该作为统治者，激情部分则应该服从，并提供协助。[②]它们的交响是音乐和竞技正确混合的产物。[③]这种教育会让思想（Geist）集中，用美好的思想和知识加以滋养，同时在不断的关怀下放松了激情（Mut）的缰绳，并通过和谐与节奏驯服它。如果对它们进行这样的教育，让它们正确地学会扮演自己的角色，那么两者将共同控制本能。本能构成了每个人的灵魂中最大的部分，它在本性上无法得到满足。永远无法通过实现其愿望来让它履行自己的职责。当它因此变得强大时，它只会夺走统治权，颠覆整个生活。[④]

因此，正义并非有机的城邦秩序，鞋匠和裁缝需要通过遵循它来完成各自的鞋匠和裁缝工作。[⑤]正义是灵魂的内在性质，灵魂的各个部分借此能各司其职，人们能控制自身，而各种相互冲突的内心力量能结合为整体。[⑥]我们把这种与有机的城邦观相似的理论称为对灵魂秩序的有机观点，于是我们终于来到了柏拉图的城邦和教育揭示自身真正中心的地方。在《高尔吉亚篇》中已经如此鲜明地出现的医生和政治家的类比在这个决定性的地方重现。[⑦]正义是灵魂的健康状态，如果我们从个性的道德价值的意义上理解这个词的话。[⑧]它并不存在于个别行为中，而是存在于内在习惯（Hexis），即永远正确的意志状态中。[⑨]就像健康是身体最高的善，正义是灵魂最高的善。于是，正义对灵魂是否有益和有用的问题变成了彻底的

---

① 《理想国篇》，436c起。除了理智和欲望，还必须区分第三种元素，即勇气，参见《理想国篇》439e到441a。

② 《理想国篇》，441c—e。

③ 《理想国篇》，441e。

④ 《理想国篇》，442a—b。

⑤ 《理想国篇》，443d。城邦中的这种秩序只是真正正义的虚像。

⑥ 《理想国篇》，443d—e。因此，与《斐多篇》中一样，美德是“灵魂力量”的“和谐”。

⑦ 参见《高尔吉亚篇》一章。

⑧ 《理想国篇》，444c—e：美德是灵魂的健康。

⑨ 《理想国篇》，443c—e。“内在习惯”的医学概念贯穿了关于正义性的整个部分。

笑话，[1]因为它正是灵魂本身的健康，偏离它的准则就是病态和堕落。[2]因 835
此，如果没有身体健康的生活不值得存在，那么没有正义的生活也不值得过。[3]不过，医学和政治问题之类比的用处完全不限于此，它表明正义是独立于一切外在权力变化的内心存在，由此创造了一个真正真理的领域。柏拉图还得出了进一步的结论，即只存在一种形式的正义，但其堕落形式有许多种，从而再次唤醒了我们内心对医学的记忆。对于一个“自然”的正义城邦和与之相对应的正义灵魂而言，存在多种形式的堕落城邦和灵魂。[4]教育的任务此前一直局限于塑造健康灵魂的正常和“自然”的类型，现在则由此一下子扩大到更大的新领域：认识有违准则的城邦表现形式和与之对应的个人教育的堕落形式。[5]将美德的生理学和病理学部分结合成唯一的教育哲学是柏拉图《理想国篇》的谋篇基础，只有以医学为模板才能理解和找到这样安排的理由。不过，苏格拉底没有进一步讨论这种诱人的病理理念学，而是开始探究对女性的教育及其在理想国中的地位。[6]于是，教化的伟大哲学剧开始了新的一幕。

对女性和儿童的教育

对当时的人和后世来说，柏拉图的理想国中没有哪段话比关于卫兵共有妻子和孩子的题外话更能引发他们对耸人听闻之事的兴趣。苏格拉底本人在《理想国篇》中只是不情愿地表达了对此的矛盾观点，因为他担心那会招来愤怒的浪潮。[7]不过，他想说的东西在他看来是对卫士教化的顺

---

① 《理想国篇》，445a。

② 关于对“遵循天性”（κατὰ φύσιν）和“违背天性”（παρὰ φύσιν）这两个医学概念非常重要和影响深远的使用，参见《理想国篇》，444d。柏拉图借用了健康是身体天性的正常状态（Arete），将其作为模板，让他可以将正义这一道德现象理解为灵魂的真正天性和正常状态。通过医学的天性概念，看上去纯粹主观的东西被客观化，也成为关于规则的知识。

③ 《理想国篇》，445a。

④ 《理想国篇》，445c。

⑤ 《理想国篇》，449a。

⑥ 参见第八卷到第九卷中重新提出的城邦和灵魂的病理学问题。

⑦ 《理想国篇》，450c、452a等。

理成章的结果。[①]他们被教育为了服务集体而奉献全部，没有自己的家和
836 财产，也没有私人生活，像这样的人怎么可能维持和领导一个家庭呢！如果对个人财富的任何累积都是可鄙的，因为那会助长经济上的家庭利己主义，从而阻碍公民集体真正统一性的实现，那么在作为法律和道德制度的家庭面前，柏拉图同样毫无保留地要求必须抛弃它们。

《理想国篇》的乌托邦特点在这种极端做法上体现得比其他地方更加清晰。但柏拉图的城邦思想及其对社会统一性的重视（被升华为神话）不容妥协。当然，柏拉图仍然有义务向我们证明这种道德和社会革命是可能的，就像他承诺的那样，[②]但他对这种革命值得期望的证据仅仅基于那是一种必要的手段，借此可以实现那种通过限制个体权利而确立的统一性。事实上，让个体永远为城邦服务的尝试[③]必然会与家庭生活发生冲突。在斯巴达，统治阶层的男性的整个一生几乎都被用来满足他们的军事和公民义务，家庭生活仅仅扮演了次要角色，而且这个其他方面如此严格的城邦的女性在希腊声名不佳。我们主要从亚里士多德那里了解到对斯巴达婚姻生活状况的这种批评。[④]它们由来已久，因为早在忒拜军队在留克特拉战役后的入侵中，希腊人就注意到英勇的斯巴达女性缺乏纪律。[⑤]让柏拉图的理想国与斯巴达的比较（在统治阶层没有家庭生活这点上）更加容易理解的是，他还从后者那里借鉴了男性共同进餐的做法。[⑥]这可能给了他另一个理由，要求他用别的方法来解决女性的地位及其与男性和孩子的关系的问题。他特别将共有妻子和孩子局限于直接为城邦服务的卫士阶层，没有将其扩展到广大劳动人口。后来，教会通过强制教士（从他们中培养教
837 会的统治阶层）单身解决了这个问题。但本人同样单身的柏拉图没有在他

① 《理想国篇》，451d。

② 柏拉图在《理想国篇》501e将他的城邦建设描绘成神话学。《理想国篇》450c提出了柏拉图的提议之可能性的问题，但只针对女性的竞技和音乐教育做了回答（参见452e—456c）。关于共有妻子的主张首先是从对其受期待性的角度进行讨论的，而有关这种制度的可能性问题被一再回避。它在458a和466d被搁置，在471c似乎将被讨论，但很快让位于整个柏拉图城邦理想之可能性的普遍问题。

③ 不能忘记，这里指的只是注定要成为统治者的个人。

④ 亚里士多德，《政治学》，2. 9. 1269b12起。

⑤ 亚里士多德，《政治学》，2. 9. 1269b37。

⑥ 《理想国篇》，416e。

的《理想国篇》中考虑这种做法，不仅是因为他觉得婚姻在道德层次上并不比单身更低，而且因为在他的城邦中，作为统治者的少数人在身体和精神上都是全部人口中的精英，正因如此，他要求他们结婚，以便制造出新的精英。禁止任何个人财产（包括女性的财产）的动机与血统精英的原则结合起来，成为对卫兵共有妻子和孩子的要求。

柏拉图首先提出了对未来的卫兵妻子的教育问题。在他的理想国中，这些妻子不应只是女性，而且应该是卫兵的同行。[①]柏拉图相信，在建设集体的过程中，她们能有力地提供创造性的协作，但他没有从家庭中寻找这种协作，就像我们期待的那样。他反对流行的观点，即女性天生只能生育和抚养孩子，或者操持家务。尽管他承认，女性普遍比男性体弱，但他不认为那会阻碍她们参与卫兵职业的任务和职责。[②]如果她们和男性从事一样的职业，那么她们需要接受相同的培养（τροφή）和教化（παιδεία）。因此，统治阶层的女性必须和男性一样接受音乐和竞技教育，还必须接受战争训练。[③]

柏拉图形象地预见了上述法律的后果，他的革命性改革可能被指责为荒谬。女性将赤身裸体地和男性在摔跤学校中一起训练，不仅是年轻的，还有满脸皱纹的老妇人，就像许多老年男性也经常在训练场中练习那样。但柏拉图不相信自己的做法会构成道德威胁；无论我们怎么想，能够提出这个主意本身表明，对于男女地位的看法自伯里克利时代以来已经发生了巨大变化，因为在讲述巨革斯和坎道列斯的故事时，希罗多德表示， 838
女人脱下衣服时也抛弃了羞耻。[④]柏拉图注意到，蛮族认为赤身裸体甚至对男性也是不体面的，而受到他们影响的小亚细亚希腊人的道德情感与之类似。[⑤]在更早时代（甚至是公元前5世纪）的希腊艺术中，女性同样普遍不以裸体形象出现。在竞技及其身体德性理想的影响下，也在其对道德体面和得体之情感的潜移默化的作用下，裸体男性运动员身体的形象早就

① 《理想国篇》，451d。
② 《理想国篇》，451d。
③ 《理想国篇》，452a。
④ 希罗多德，《历史》，1.8。
⑤ 《理想国篇》，452c。

成为雕塑的主要对象。[①]希腊艺术与东方艺术的最大区别正是来自对这一主题的选择。教化在这里以竞技的形式决定了艺术的意愿和性质，而柏拉图对女性裸体出现在摔跤场上的要求则是新思想的标志，公元前4世纪的艺术由此开始描绘女性裸体的形象。[②]人们普遍感到，这一步的革命性无疑不逊于柏拉图关于女性竞技的理论。他意识到这种理论必然会引发反对，于是他问道，那么从男性裸体训练被传入我们中间，并引发嘲笑和愤怒的浪潮又只过去了多久呢？根据他所遵循的传统，裸体训练首先兴起于克里特岛，从那里传入斯巴达，最终进入了所有的希腊城市。[③]根据修昔底德在“考古”按语中的描绘，反对摔跤手全裸的最后残余出现在奥林匹克运动会上，运动员需要围着遮羞布，直到不久之前才被取消，而蛮族还是一直围着它，特别是亚洲人。[④]对于女性裸体训练的要求，柏拉图很可能把斯巴达作为模板，因为我们所了解的传统中提到斯巴达少女的裸体训练。

不过，将女性纳入男性的职业领域不是恰恰违反了柏拉图的原则吗？
839 该原则认为在一个有机建立的城邦中，正义意味着每个人都从事自然交给他们的职责。根据这一原则，天生禀赋不同的人不应从事同样的职业。[⑤]但柏拉图认为，如此使用他的原则是一种辩证法上的错误，因为它从绝对意义上使用了不同或相同禀赋的概念，而不是注意到活动的具体形式，我们应该以此来谈论禀赋的不同或相同。不具备鞋匠禀赋的人自然不应该和拥有它的从事相同的职业。但对分别是头发茂密和容易秃顶的两个人来说，尽管存在体质的差异，却都可能拥有鞋匠的禀赋。虽然男女天性的差

① 第二个主要对象是神明。一种错误的想法是，希腊的造型艺术选择运动员作为对象，仅仅是因为在训练场中才能看到男性身体的裸体之美。对于某种把艺术家当成是裸体作品专家的现代概念，这是典型的误解。这种概念在古代晚期就出现了。早期希腊艺术中的运动员形象用年轻人完美塑造的形体展现了他们最高的竞技美德。当柏拉图将身体的美德定义为力量、健康和美时，他只是再现了希腊人普遍的理解。

② 裸体女性形象在艺术中当然不是被描绘成柏拉图式的女运动员，而是作为阿芙洛狄忒的类型。这种新的造型所感兴趣的是女人身体具体的女性形态，与早期古典时代对女性身体更加男性化的描绘相反。柏拉图对美的动机与此不同：“有益的是美好的”（ὅτι τὸ ὠφέλιμον καλόν）。卫兵的妻子当衣服穿的不是希马申，而是美德，457a。

③ 《理想国篇》，452c起。

④ 修昔底德，《伯罗奔尼撒战争史》，1.6.5。

⑤ 《理想国篇》，453b—d。

别对他们生活的影响要比上面例子中的深得多，但他们还是可能对某项工作拥有同样的禀赋。[①]男性的一流成就表明他们在同一行当中相比女性有某种优势，即便是被家庭妇女理想的代表认为特别适合女性的职业，如烹饪、烘焙和编织，但没有哪个职业只能由女性或男性从事。[②]女性在医学或音乐中取得过巨大成就，为什么在竞技或战事中就不能呢？[③]因此，对女性的音乐和竞技教育并不有违天性，违反天性的反倒是此前那种让她们被给予的禀赋无从发挥的状况。[④]柏拉图通过这一要求引出了伯里克利和欧里庇得斯时代开始的发展过程的结果。众所周知，在早前的雅典，女性在思想和身体上大多没有接受过培养，完全被限制在家中。但从那时开始，女性参与时代思想进程的痕迹变得越来越多。悲剧通过自身日益丰富的著名女性形象表明，女性开始被认同为人，她们的教育权也得到了公开讨论。[⑤]柏拉图在女性思想文化的图景中还加入了另一些斯巴达特征。如 840
果我们从他的规定中去掉那些旨在将女卫兵培养成活生生的阿玛宗人的内容，那么剩下的就主要是当时的女性教育所致力于实现的。柏拉图认为，贯彻这一计划对女性的天性而言不仅是可能的，而且极有价值，因为这种教育将强化作为整体的国家，它不仅实现了男性和女性文化的完全统一，而且让担任统治者的阶层对人口中的下级阶层拥有了优势，这正是他们的任务对其提出的要求。

血统选择与对最优者的教育

柏拉图将最优城邦定义为最优者的统治。他希望由此提出一种符合自然，从而绝对有约束力的要求。这种真正意义上的“贵族/最优者统治”（Aristokatie）与现实政制形式的关系首先仍然有待探究，因为到此为止，他还没有从“最优”这一概念的全部内容上对其加以界定，这要等

① 《理想国篇》，454a起。
② 《理想国篇》，455c—d。
③ 《理想国篇》，455e。
④ 《理想国篇》，456b—c。
⑤ 参见Ivo Bruns, *Vorträge und Aufsätze* (München 1905) S. 154ff. : „Frauenemanzipation in Athen“。

到他最终对遴选原则的讨论，即对被确定将成为统治者的那一小部分卫兵的教育方式。在关于女性教育的段落中，我们已经谈到，她们在完成了音乐和竞技教育后就有条件履行自己作为下一代人母亲的职责，而柏拉图紧接着又提出了他对男女关系和教育孩子的规定。这部分内容被安排在这里不仅是时间顺序的要求，也因为教育塑造卫兵的一个前提（在柏拉图看来不可或缺）的最自然位置是紧跟在对女性教育的探讨之后。那就是从本族中遴选出注定将要担任统治者的阶层。①柏拉图的"贵族"并非出身意义上的贵族，该阶层的每个成员不是天生就有权在城邦中担任领导职务。其中没有能力或不合适的人将被降级，而第三等级中能力和品质出众的人则
841 不时被升入统治阶层。但柏拉图还是认为，对于创造他的精英而言，出身扮演了关键作用。他相信，统治阶层的后代总体而言会拥有不亚于他们父母的优点，这种观点的前提是最小心地选择他们的父母。最优者的统治必须建立在最好的教育之上，而最好的教育又要求以最好的天赋作为栽培土壤。在柏拉图的时代，这种思想首先从智术师的理论中流行开来。②但智术师们只是满足于天性现有的状况，并不尝试对其进行有意识的培育。培育的要求更多属于早前希腊的贵族伦理遗产。贵族越是相信与生俱来的天赋（φυά）是一切真正美德的根源，他们就必然会越发致力于捍卫自己的宝贵血统。在写给自己母邦的贫穷贵族（他们试图通过与富有平民的女儿结婚来走出财务上的困境）的训诫诗中，忒奥格尼斯已经预言了血统的混杂会对维持古老的贵族德性造成何种不良后果。在我们现有的材料中，他第一个用血统的选择（就像在家畜培育中使用的那样）来证明有意识地维持人类统治阶层纯洁性的必要。③柏拉图采用了这一原则的精神化形式，即只有最优者才能缔造最优者，④为了让曾经的精英保持纯洁，他认为有必要对后代进行特别培养，并将其置于城邦的控制之下。这个结果是老忒奥格尼斯从未想到的。位于他的血统伦理和柏拉图的国家控制的制度之

① 《理想国篇》，457c。

② 参见本书第二卷，第316页起。

③ 参见本书第一卷，第214—215页。

④ 忒奥格尼斯自然也考虑过遴选优秀者，但对这位贵族诗人来说，"优秀的"（ἀγαθός）和"坏的"（κακός）也表示贵族和非贵族（在阶层意义上）；参见本书第一卷，第208—209页。

间的是斯巴达式教化，后者关心对斯巴达统治阶层的健康后代的培养。在柏拉图成长的时代，雅典贵族已经从理论上对斯巴达人的教育做了大量研究。色诺芬表示，从孩子的孕育和降生开始就对他们进行严格的训练是斯巴达人的特色。[①]在其将斯巴达国家奉为模板的散文作品中，克里提亚斯也提出了同样的主张，要求父母在受孕和妊娠前进行竞技训练，并采用增 842
强体质的饮食。[②]通过这篇作品，我们来到了柏拉图的身边。他无疑早就从舅爷克里提亚斯的圈子里听人讨论过这种观点，并读过该作品。该作品还可能为柏拉图理想国中的其他某个想法做了贡献。乌尔里希·冯胡腾（Ulrich von Hutten）这样的贵族人文主义者在宗教改革时代再次提出，血统贵族必须通过真正的美德来证明自己的权利，这种观点很可能与雅典民主的贵族反对者的看法相去不远，因为否则他们又怎么为自己辩护呢？柏拉图也认为，只有最卓越的人才有资格在城邦中取得领导地位。但他不愿把现有的血统贵族培养成有德性的人，而是通过遴选最高德性的代表来创造新的精英。

上述意图让柏拉图得出结论——因为他一直拒绝让理想国的卫兵拥有自己的财产和私生活——卫兵阶层必须完全放弃男女永久共同生活意义上的婚姻，而是代之以两性间暂时的联系，作为培养本阶层后代的非个人制度。在他的所有措施中，个人为城邦做出的牺牲（那是他对统治者的要求）在这里表现得最为粗暴，对我们的情感造成了最大的伤害。这种侵犯毁灭了个人存在的最后残余，即尚未有任何城邦染指的人们对自己身体的权利。柏拉图曾在其他地方表示，卫兵没有财产意味着他们事实上只有自己的身体，鉴于他对男女关系做出的上述规定，他的话显然言过其实，因为我们只能将其理解为“拥有”身体，而非对身体的自由使用。诚然，柏拉图描绘了年轻男女如何通过共同教育而产生爱情关系，而这是以个人情感为前提的。[③]但他们被禁止顺从这种情感和开始某种未经当局允许的

---

① 色诺芬，《斯巴达政制》，1。

② 克里提亚斯，残篇32（Diels）。

③《理想国篇》，458d。

843 关系。[①]柏拉图故作晦涩的表达方式还是确定无疑地表明，他在这里想说的并非仅仅获得官方的正式许可，而是官方根据自身对人们的了解从中选出那些他们认为“最有益的”。这就是柏拉图对他所谓的“神圣婚礼”的定义。[②]他用两性结合取代了永久共同生活的婚姻，他显然想要通过宗教的庄严来让前者具有某种光环。特别设立的庆典同样是为了这个目标服务，男女双方将在献祭和颂歌中走到一起。[③]但个人情感和自我意志在选择伴侣的过程中不扮演任何角色。柏拉图甚至允许当局使用诡计和欺骗，以便为了整体的利益让最好的男性配上最好的女性，最劣的男性配上最劣的女性。[④]婚姻的数量将依据城邦所需男性的数量。[⑤]因为在柏拉图看来，完美城邦更适合存在于容易一目了然的状况，而非混乱的人群中，必须一直对人口加以限制，因此上述规定的目标是限制而非提高生育数量。柏拉图的血统政策并非为了提高公民数量，而是为了提高他们的质量。

出于同样的原因，生育仅限于特定的年龄。只有20岁至40岁之间的女性才能为城邦生育孩子，男性育龄为30—55岁。[⑥]那是如日中天（ἀκμή）的年岁；少年和老年无权生育孩子。[⑦]柏拉图的这种优生学措施沿袭了希腊医学的教育努力，后者一直特别重视生育最佳时点的问题。在柏拉图的理想国中，最优男性和女性的结合得到了上层的推动，并尽可能地对不那么出色的人造成困难。[⑧]养育新生儿的工作必须完全从母亲手中夺走。城中的一个隔离区域会建立保育员监管的托管所，健康的婴儿将在那
844 里被养大。母亲们只被允许去那里给孩子哺乳，但认不出自己的孩子，因为她们必须把对自己孩子的情感一视同仁地分给所有的孩子。[⑨]自然亲情本能的力量在希腊人身上表现得非常强烈。柏拉图很清楚这点，不愿放过

① 《理想国篇》，458d—e。
② 《理想国篇》，458e。
③ 《理想国篇》，459e。
④ 《理想国篇》，459c—d。
⑤ 《理想国篇》，460a。
⑥ 《理想国篇》，460d—e。
⑦ 与之相反，在《理想国篇》461c，当超过了法定的生育孩子的年龄后（女性40岁，男性55岁），柏拉图允许统治阶层的成员也可以拥有个人的爱情和性关系。
⑧ 《理想国篇》，459d。
⑨ 《理想国篇》，460c。

将其用作巩固集体之手段的机会。他只是想要禁止这种本能的排外作用，将家庭在其成员的心中所制造的团结感扩展到全体公民。他想要把城邦黏合成犹如一个家庭，那里的父母把自己视作所有孩子的父母和教育者，而孩子们对所有成年人都怀有对亲生父母那样的尊敬。①作为柏拉图的最高目标，每个人的快乐与痛苦也应该是其他所有人的快乐与痛苦。②他的公理是，这样的城邦是最优的，因为它最为统一，对其中尽可能多的人来说，“我”并无个体分别，而是唯一和同一的。③如果一根手指疼，全身都会共同感受到该肢体的痛苦，这一身体比喻形象地描绘了柏拉图的统一性思想，还清楚地展现了他对家庭和个人的看法同他对城邦的有机理解之间的关系。④每一个体的生命与行为中的全部价值和意义都来自整体。集体（κοινωνία）维系人们，个体（ἰδίωσις）则将把他们分开。⑤柏拉图无意把他从上述婚姻原则中得出的颠覆性结论扩展到城邦中的劳动和供应阶层，而是将其作用范围限制在统治和包围城邦的阶层。因此，城邦的统一性必须通过他们，然后再通过自愿的服从来实现，柏拉图希望上层阶级的无私能让下层阶级乐意那样做。在这个城邦中，统治者并不作为主人，而是作为帮手出现，他们本人不会把民众当成仆人，而是当成供应者。⑥

但作为整体本身的城邦又从哪里获得自己的权力和价值呢？整体和集体的概念不是可以被用于表示截然不同的意义和范围吗？现代思想最倾 845
向于把民族视作由自然和历史决定的这种整体的个体承载者，把国家视作民族在政治意义上存在和被对待的形式。因此，对未来统治者进行身体遴选的意义在于根据特定民族的人口特点来培养该族中的贵族。但这并非柏拉图的意图。他眼中的理想国是一个城邦。在这点上他迎合了希腊历史上发展起来的政治生活的现实。尽管他有时把自己的理想国称为一座希腊城

① 《理想国篇》，461d。
② 《理想国篇》，462b。
③ 《理想国篇》，462c。
④ 《理想国篇》，462c—d。
⑤ 《理想国篇》，462b。
⑥ 《理想国篇》，463a—b。

市，[1]但那并不代表希腊民族，除了它之外还存在其他希腊城邦，他的国家可以与之保持和平或者展开战争。[2]因此，它的居民拥有希腊血统并非其作为国家存在的原因。柏拉图的最优城邦也可以在蛮族中建立，或者过去可能在那里出现过，但我们一无所知。[3]对柏拉图来说，这种国家整体的价值并非在于那里形成的伦理材料，而是其作为整体的完美性。完美性的基础是新国家及其各部分的完全统一性。[4]它作为城邦的特点也必须这样理解。如果说柏拉图没有把自己的“理想国”构思成一个民族大国或世界帝国，而是作为城邦，那么他的理想国就不是历史传统的机缘巧合所提供的政治经历给哲学家留下的纯粹印记，就像我们所谓的历史眼光乍看之下以为的那样，而是基于他的绝对理想。在柏拉图看来，这种疆域狭小但紧密团结的国家，比其他任何拥有更大面积或更强人口的国家拥有更完美的统一性。[5]希腊人所理解的政治生活只能在城邦中发展到无与伦比的强度，而且事实上只能与后者一起消亡。在柏拉图眼中，他的理想国比其他任何国家更称得上国家。他确信，生活在那里的人将实现最高形式的人类
846 美德和人类幸福。[6]和教育一样，他提出的血统选择（为教育奠定了基础）也完全是为这一理想服务的。

战争教育与战争法改革

虽说居民属于同一民族并非柏拉图城邦存在的决定因素，但在他的《理想国篇》中还是可以清楚地看到，对民族团结的情感在公元前4世纪

---

① 在对希腊人与希腊人之间的战争所做的规定中，柏拉图特别有意识地描绘了其城邦的希腊特征。《理想国篇》469b—c，470a、c，471a和470e明确表示，苏格拉底所建立的城邦将是希腊式的。

② 参见上一条注释提到的段落。

③ 《理想国篇》499c认为，其他民族实现最优城邦是可能的。这段话表明，柏拉图非常尊敬蛮族，以及他们拥有教养和智慧的时代。

④ 这一点被反复提到，特别参见《理想国篇》462a—b。这段话让人想起埃斯库罗斯的《慈悲女神》985，后者称赞了公民在爱与恨上的统一性。

⑤ 亚里士多德的《政治学》（7. 5. 1327a1）也遵循柏拉图的这种观点。

⑥ 关于整个城邦的幸福，参见《理想国篇》420b，柏拉图将其视作最高目标。关于卫兵的幸福同样见419a起。这个问题在466a被重新提出，并得到解决。在幸福的等级上，卫兵处于最顶端，尽管那是最没有私欲的职业。

的希腊人中有着日益重要的意义。[①]柏拉图认为那是一种新的战事伦理准则的源头。他为此确立了一系列我们倾向于将其理解为国际法的原则，因为在今天的情况下，战争通常发生在不同民族的国家之间，这种战争的规则并非基于个体民族的国内法，而是基于国际协定。但对希腊人来说，只要他们保持自己的政治自由，那么通常情况下战争就一直是在多个希腊城邦之间展开的；即便非希腊人也经常卷入他们的战争，完全针对外族的战争仍然是少见的特例。因此，柏拉图提出的战事准则首先着眼于希腊人与希腊人之间的战争。[②]但在有限的使用范围内，这些准则从未被用于城邦之间的条约，因为柏拉图只是将其作为对他的最优城邦的规定，他无法预先确保其他城邦也会接受它们。柏拉图对希腊战事的规定更多只是作为战争伦理法典的一部分存在，后者是他对卫兵教育的基础。[③]

《理想国篇》中关于对卫兵的音乐和竞技教育的那一卷，自然很少提到对他们的战争教育。诚然，柏拉图在那里剔除了他认为会让未来的战士充满对死亡恐惧的段落，并在讨论竞技时明确提到了身体教育以军事为最终目的，以免变成训练运动员。[④]但他没有提到如何唤醒卫兵身上的战斗 847
精神。直到对他们的音乐-竞技教育的描绘早已结束，并且讨论了女性教育和共有妻子之后，柏拉图才插入了战争教育。在描绘养育（τροφή）孩子之后他紧接着谈起了这点，他们必须早早地熟悉战争的印象。[⑤]但那只是他为了借机提出自己的全部战争伦理，后者与孩子本身关系很小。[⑥]事实上，这只是一段补充，它和卫兵教育主要部分的区别一直引人注目。[⑦]内容的这种差别包含了一个问题，而不仅具有构思上的意义。如果说柏拉图避免将对卫兵的战争教育同音乐-竞技教育更加紧密地联系起来，那并非因为外部状况，即战争教育必须在真正的教化开始前展开。柏拉图显然把音乐-竞技教育视作有机整体，通过历史传统得到确立，以理性基础作

① 关于公元前4世纪的泛希腊主义，参见本书第三卷。
② 参见上页注释①。
③ 《理想国篇》，469b。
④ 在《理想国篇》403e，柏拉图反讽地称他的卫兵是“最大竞赛的运动员”，即战争。
⑤ 《理想国篇》，466e。
⑥ 在《理想国篇》468a，对年轻人战争教育的描绘就已经转向对战争伦理的一般性建议。
⑦ 第二卷至第三卷讨论对卫兵的音乐和竞技教育，对他们的战争教育见第五卷，468a—471c。

为依据；他不希望让任何并非与其相关的东西来打断它。希腊文化的战争美德并非源出于此，而是来自另一个传统。在探讨音乐-竞技教化时，柏拉图就已经试图将灵魂和身体方面的两种不同性质的希腊教育形式统一为更高的精神和谐。[①]对卫兵的音乐-竞技教育同战争教育在更高层次上重复了上述工作。两者的统一和交融在此前希腊的任何地方都没有完全成功过。在斯巴达，军事训练压倒了其他一切；而在雅典，对青年的军事训练（包括全体公民身份的青年，但仅限两年）的地位不如音乐和经济教育。柏拉图试图在对他的战士阶层的教育中将两股教育传统引入同一条河床。

848　对卫兵的战争教育一定会让现代职业军人失望，就像它的音乐训练之于音乐家，或者竞技训练之于体育教练。在柏拉图的时代，战争艺术已经在策略、战略和技术上有了高度发展，战事的机械化方面也随着每一个新的10年而变得更加重要。在这点上，亚里士多德也更接近现代人，从该视角强调了对柏拉图的反对。[②]但就像在讨论音乐和竞技教育时那样，柏拉图在谈及军事教育时同样排除了一切纯粹的技术细节，而是将自己的要求归结为真正意义上的教化。[③]他想要把卫兵阶层的男人和女人变成真正的战士。这首先不是能否熟练使用武器的问题，而是预设了某种影响他们整个人的特定灵魂印记。我们看到，在柏拉图的音乐教化中，对内心的塑造至关重要。因此，这种教化必须在灵魂尚易塑造时及早开始，使其无意识地接受后来对其来说将是有意为之的形式。[④]柏拉图对其小群精英的战争教育也采用了如出一辙的做法。他们必须从孩提时代就开始体验战争，就像陶匠的孩子通过在父亲干活时于一旁观察或者亲手参与来学习陶艺。对卫兵孩子的教育不能逊于后者。[⑤]但如果把他们带上战场，也不能让他们遭遇危险。柏拉图为此采取了特别的预防措施来保证他们的安全。他让最能干和最有经验的年长上级担任他们的向导和“监护人”，并注重

① 关于把音乐和竞技教育的正确和谐作为教化的目标，参见《理想国篇》，410e—412a，以及本书第678—679页。

② 亚里士多德，《政治学》，7. 11. 1331a1。

③ 见本书第656—657页。

④ 见本书第673—674页。

⑤《理想国篇》，466e—467a。

在出现会使其直接卷入战斗的意外情况时，可以让他们迅速撤离战场。[①]作为战争教育的手段，单纯地见证战场似乎不如让年轻人经常进行战争游戏的练习，他们可以亲身主动参与。[②]不过，柏拉图在这里的目标同样不是技术上的熟练，而是性格的塑造。这是一个通过让他们熟悉真实战争的可怕景象而使得灵魂变得坚强的过程。柏拉图显然想到了堤耳泰俄斯赞美 849
古代斯巴达人之勇气的诗歌。诗人将其同男子的其他所有个人和特别的优点做了比较，但在紧急关头，它们对于拯救祖国来说都比不上勇气，因为它们都无法让男子能够“直视血腥的战场”，毫无惧色地坚守阵地，用牙齿咬着嘴唇。堤耳泰俄斯认为，能够这样直视是对更勇敢坚持的最好证明。[③]柏拉图所说的战争“经验”正在于此，而非在于各种军事知识。

这一要求为年轻人的战争训练画上了句号；培养使用武器和其他士兵技能被认为是不言自明的并被略过。如果我们可以赋予直视（θεωρεῖν）以伦理意义，那么就能够理解柏拉图为何随后附上了有关战争的一整套伦理，涉及战士与战友和敌人的关系。最大的耻辱是离开阵地，丢下武器或者其他出于怯懦的类似行为。柏拉图把犯了这些错的战士降格为劳动阶层，把他们变成工匠或农民。他采用这种惩罚，而非像希腊人通常做的那样剥夺他们的公民权，这对应了战士在“最优城邦”中所享受的特权地位。[④]虽然劳动阶层的成员也被称为公民，但就像上述惩罚所显示的，他们只是二等公民。[⑤]活着落入敌手的人不会被赎回，而是任其成为敌人的战利品。[⑥]按照古代的战争法，这意味着他们将活着作为奴隶出售，或者将被杀死。战功卓著的人将获得花环和祝贺。他们甚至还能交上特别的桃花运，就像在战争期间经常发生的那样。柏拉图指的当然不是“战争婚姻”（Kriegsehe）；即使在战争期间，两性间的交往也仍然要遵循他为精英血统提出的规定。但勇敢者正因如此而享有特权，柏拉图还对他们的个

---

① 《理想国篇》，467d。

② 《理想国篇》，467c：θεωρεῖν τὰ περὶ τὸν πόλεμον（见证战争），θεωροὺς πολέμου τοὺς παῖδας ποιεῖν（让孩子成为战争的见证者）。

③ 堤耳泰俄斯，残篇7.31；8.21；9.16（Diehl），另见本书第一卷，第97—98页。

④ 《理想国篇》，468a。

⑤ 类似的见亚里士多德，《政治学》，7. 8—9。

⑥ 《理想国篇》，468a。

850 人喜好做出了让步，这在《理想国篇》的其他地方都看不到。[①]在这种特殊情况下，他有一次还幽默地把荷马的伦理用作权威，表示埃阿斯在一场著名的战斗后获得了整条脊肉这样充满敬意和使人强壮的奖赏。[②]英雄在献祭和庆祝仪式上收到了赞歌，以及上面提到的那些奖赏：尊贵的座位、尊贵的饮料和尊贵的食物。在著名战斗中阵亡的人则被认为属于黄金族群，即他们将成为英雄，人们必须带着宗教般的尊敬走近他们的坟茔。[③]而那些幸存下来，并且在过完功勋卓著的一生后善终的人最终也将获得同样的尊敬。[④]这种战争伦理在结构和内容上都让人想起了堤耳泰俄斯的诗歌，后者称赞战士在敌人面前的勇敢是最高的美德，并描绘了奖赏阵亡者和幸存者的整个制度，那是斯巴达城邦结构的基础。我们已经在相关段落将其评价为斯巴达国家教育的纪念碑。[⑤]柏拉图不仅从中借鉴了“直视”战场的要求，而且把作为这种教育基础的战争伦理体系变成了自己的理想国的基石。他是否也将勇敢视为最高的美德则是另一个问题。柏拉图给予了正义主导地位，将其作为整个理想国的源头，这让他从一开始就不可能那样做。在《法律篇》中，我们将看到柏拉图与斯巴达伦理中的这一首要主张出现了明显分歧。[⑥]

对于本城邦士兵的相互关系，以及他们的荣耀和羞耻，柏拉图的战争伦理无疑非常古老，而在对他们与敌人的关系所做的规定上，他非常现代。[⑦]这些规定的唯一源头是当时受过较好教育的希腊人所拥有的活跃的正义感。柏拉图认为，在这种正义感中，民族情感虽然并非塑造国家的力量，但必须作为遏制希腊城邦相互之间肆无忌惮地内斗的道德约束。正是伯罗奔尼撒战争期间各城邦肆无忌惮的战争策略，以及随后几十年间希腊
851 城邦世界的不断解体，最大程度地推动了希腊人对和平与和睦的渴望。虽然这一愿望距离在现实政治中的实现似乎仍然很遥远，因为在这个世界

① 《理想国篇》，468b—c。
② 《理想国篇》，468d。
③ 《理想国篇》，468e。
④ 《理想国篇》，469b。
⑤ 参见本书第一卷，第96页起。
⑥ 参见本书第三卷，第665页起。
⑦ 《理想国篇》，469b起。

中，城邦自主和个别城邦的私利仍然是最高的思想法则，但它还是让人们的良心更强烈地反对战争让希腊人对彼此做出的毁灭暴行。对共同的语言、风俗和血缘的意识让这场战争的目标和方式显得违背自然。当希腊人的家园和文明在各方面遭到敌对外族与日俱增的压力时，如果他们继续相互冲突，那将是毫无意义的自我毁灭。希腊城邦本身越是虚弱，危险就越大。柏拉图写下他的泛希腊战争法的那些年，正是雅典势力重新崛起和第二次海上同盟之时，后者在经历了同斯巴达及其盟友旷日持久的战争后才最终达成。因此，柏拉图的主张是对希腊民族正在交战的两派城邦最有现实意义的呼吁。

柏拉图的规定在形式上既针对希腊人的内战，也针对同蛮族的战争。它并非基于某种普遍的人道主义理念，因为它在对待希腊人和非希腊对手上有着原则性区别。它对人性的要求仅限或主要面向希腊人。他们天生是亲属和朋友，而蛮族是陌生人和敌人。[①]这种观点也是伊索克拉底的泛希腊主义的基础，亚里士多德则据此向亚历山大提出建议，用霸权统治希腊人，用专制统治蛮族。[②]柏拉图没有从普遍原则出发，而是首先提出了一条具有直接说服力的特别主张：希腊人奴役希腊城邦是不正义的。[③]但宽恕希腊人这一要求的依据是被蛮族奴役的危险。为此，柏拉图禁止在他的理想国中拥有希腊人奴隶，并希望对持相同想法的其他城邦施加影响。[④]他希望由此产生这样的效果，即希腊人会越来越多地把矛头指向蛮 852
族，而非他们的同胞。[⑤]虽然在这点上与伊索克拉底观点一致，[⑥]但他没有像后者那样把对波斯人的战争说成是将希腊人统一起来的手段，而只是泛泛地提出了自己的论点。不过，后来在书简中谈及西西里岛上的希腊人受到迦太基人威胁的处境时，他使用了同样的策略，把抵御蛮族作为要求

① 《理想国篇》，470c。

② 关于伊索克拉底的泛希腊主义，参见本书第三卷。普鲁塔克的《论亚历山大大帝的命运和德性》1. 6让亚里士多德的名言（残篇658，Rose）得以流传。他的话显然让人想起伊索克拉底《论和平》134。亚里士多德对雅典民主和泛希腊政治的实践态度遵循了伊索克拉底的想法，我希望在别的地方证明这点。只有在构建理想国方面，他才表现出适度的柏拉图主义。

③ 《理想国篇》，469b。

④ 《理想国篇》，469c。

⑤ 《理想国篇》，469c。

⑥ 参见伊索克拉底，《泛希腊集会辞》，3和133起。

他们团结起来的理由。[①]因此，他在关于希腊人与蛮族的关系上代表了一以贯之的看法，把两者的战争冲突视作理所当然的，但不愿说希腊人之间存在“战争”，因为战争只会针对外族和敌人，而非发生在亲属之间。通过一种当时的政治演说家们也常常使用的方法，他区分了战争（πόλεμος）和内部不和（στάσις），希望只用后者来表达希腊人之间的冲突。[②]就这样，他将其与城邦内部的冲突放在同一层面上，对其应用了同样形式的法律思想。出于这一理由，他禁止破坏田地和烧毁房屋等不应在公元前4世纪的文明城邦中经常出现的做法（即便在内战中），而是请求神明诅咒这样做的人，并给他们打上祖国敌人的标签。[③]因此，在希腊人之间的冲突中，也不能把敌对城邦的所有居民都视作敌人，胜利者应该仅限于让有罪之人绳之以法。[④]柏拉图允许对敌人造成的最大程度的财产损失是毁掉当年的收成。[⑤]在同一民族的城邦之间展开的战争中，所有敌对行动的背景中必须一直保留这样的思想，即天然的目标是与对手和解，而不是消灭他们。[⑥]

除了这种面对希腊人时的战争伦理，柏拉图还确定了无差别地适用
853 于所有战争的普遍方式。出于纯粹的贪欲而抢劫战场上的阵亡者被认为会让自由之人蒙羞，阻止收殓死者同样如此。战士能从阵亡敌人那里取走的唯一物品是后者的武器，[⑦]但不允许将缴获的武器作为献祭悬挂在神庙中，特别是如果武器属于希腊人，因为他担心人们这样做不会装点圣所，而是将其玷污。[⑧]这种规定部分源于道德自尊，部分源于净化的宗教信仰。它们对如何处置同一民族的规定做了补充，两者都致力于缓和战争过程中的做法。柏拉图本人意识到，希腊人不会像他希望的那么做。因此，他的规定并非只是对现行战争习惯的总结，而是对现实做法作了大胆抨击。通过要求把这种现在希腊人中流行的方式局限于对蛮族的作战中，他间接

① 《第七书简》，331d起，336a；《第八书简》，353a起。
② 《理想国篇》，470b、471a。参见我学生的论文：W. Wößner, *Die synonymische Unterscheidung bei Thukydides und den politischen Rednern der Griechen* (Würzburg 1937)。
③ 《理想国篇》，470d，471a。
④ 《理想国篇》，471a—b。
⑤ 《理想国篇》，470b、d—e。
⑥ 《理想国篇》，470e，471a。
⑦ 《理想国篇》，469c—e。
⑧ 《理想国篇》，469e—470a。

表达了自己的看法，即这些做法是野蛮的。[①]我们不能忘记，将被俘的敌人变成奴隶符合柏拉图时代的战争法，只有这样才能看到上述战争准则所表达的道德情感的进步。直到17世纪，伟大的人文主义者和近代国际法之父胡果·格劳秀斯（Hugo Grotius）在他的《战争与和平法》（*De iure belli ac pacis*）中仍然认为，将敌人变成奴隶并不有违自然。在“论战俘的权利”（De iure in captivos）一章中，他援引拜占庭史学家格里高拉斯（Gregoras）为证，表示东罗马人、色萨雷人、伊利里亚人、特里巴尔人和保加尔人因为基于长期传统的基督教信仰共同体而遵循这样的准则，即他们在战争中只是劫夺彼此的财物，但不会把人变成奴隶，而且在战场之外不杀人。柏拉图笔下的苏格拉底出于民族自我维持的本能，徒劳地试图在希腊人中贯彻这样的禁令，而基督教世界直到格劳秀斯之后才做到这点。[②]但格劳秀斯本人指出，伊斯兰教徒在与相同信仰的人作战时遵循同样的国际法准则。因此，我们必须把他的观点普遍化，并非古代城邦和公 854
元前4世纪的民族理念，而是后来普世宗教的跨民族信仰共同体为有可能部分实现柏拉图的主张奠定了基础。这种宗教基础比柏拉图为其设立规则的本民族范围更广。但它仍然与柏拉图的模式存在关联，因为它并不抽象地涵盖全人类，而是等同于具体的基督教或伊斯兰教信仰共同体，属于它们的民族即使在战争中也不会脱离。

柏拉图的理想国——哲人的“生活空间”

最优城邦的构思已经完成，这个主题被放到一边，直到作品来到中点和达到高潮后才会重新提起。现在我们面对的问题是，完美城邦能否和如何实现。[③]在这个转折点上——因为他从一定的距离之外回顾了自己的作品——柏拉图用更加意味深长的方式表达了对自身创作的看法。“苏格拉底”把自己比作刚刚完成一幅奇妙作品的画家，即完全正义之人及其本

① 《理想国篇》，471b。

② *De iure belli ac pacis* S. 557 (ed. Mohhuysen, Leiden 1919). 对格劳秀斯来说，柏拉图《理想国篇》中关于战争权利的部分自然是经典的一章。

③ 《理想国篇》，471c—e。

质和幸福的理想画像。[1]这个形象的意义通过作为对照的完全不正义之人的不幸形象而变得更加鲜明。柏拉图称自己的作品为范式（Paradeigma），表示它同时是画像和典范。[2]一边是苏格拉底的理想结构，一边是最美之人的画像，两者的对比显示了在柏拉图眼中，什么才是他的《理想国篇》的真正对象。作品的目标首先不是城邦，而是拥有缔造城邦的力量的人。即便除此之外柏拉图还谈到了城邦的范式，城邦也无法与最美之人的画像相比较。[3]与后者对应的是真正正义之人的理想类型，柏拉图本人将其称作自己画作的对象。[4]最优城邦只是他构建自己的形象所需的合适空间。这种自我描述与我们的分析结果一致。柏拉图的《理想国篇》首先是一部
855 关于人类塑造的作品。它并非通常意义上的政治作品，而是苏格拉底意义上的。[5]《理想国篇》所形象展现的伟大教育真理是形象与恐惧的严格对应。这种对应不仅是艺术原则，也是道德世界的法则。完美之人只能够在完美城邦中形成，而反过来，构建这样的城邦则是一个如何塑造人的问题。在柏拉图的《理想国篇》中，人与城邦，人的类型与城邦类型存在内部结构上的普遍对应，其根据便在于此。从这点来看，他对公共氛围及其对人的教育之意义的不断强调变得更容易理解。

柏拉图还就观赏者与苏格拉底的哲学"画像"的关系做了提示。任一范式都是绝对的完美，无论是否能够变成现实都会得到我们的赞美。[6]它的概念本身已经暗示了它无法完全实现，最多只能接近。[7]承认这一点并不意味着把理想本身视作是不完美的。作为哲学艺术品，它始终像最美之人的画像一样保持着应有的美，独立于实践考量。但将苏格拉底的画像描绘成典范也暗示了它与人类无法消除的模仿欲的关系。整个希腊教化都建立在范式与模仿（Mimesis）这对希腊创造的古老概念上。柏拉图把

① 《理想国篇》，472c—d。
② 《理想国篇》，472c、d。
③ 《理想国篇》，472d9。
④ 《理想国篇》，472d5；参见c5。
⑤ 参见本书第506—507页。苏格拉底的政治是"灵魂的关怀"（ψυχῆς ἐπιμέλεια）。关怀灵魂者也是在关怀"城邦本身"。
⑥ 《理想国篇》，472d，参见e。
⑦ 关于理想与现实的关系，以及对理想的"近似"，参见《理想国篇》，472c、473a和b。

自己的《理想国篇》作为教化结构中的新台阶。那个时代的修辞家经常谈到神话和历史范式，将其用作行使劝诫技艺时的模板和典范。就像我们之前看到的，希腊人的范式思想可以上溯到最古老时代的诗歌，在这种意义上描绘神话事件和形象。[①]诗歌的教育性质正是基于对神话的此类看法。因此，当柏拉图把他虚构的理想国或理想之人也称为神话作品时，[②]他想要表达的并非其不可实现，而是其典范性质。造型艺术中也有类似的标 856
准（Kanon）概念，指在所有的比例和形式上作为美学典范的人体形象。[③]但柏拉图的范式概念还包含了伦理典范的元素。他由此直接与早前的诗歌建立了联系，并与之展开竞争。他有意识地模仿诗歌的理想形象中所包含的魅力，感到致力于普遍的哲学思想缺乏这种力量。但在他的哲学目光之下，任何美德的普遍概念马上会变成体现它们的人的类型。正义性变成了完全正义之人的形象。[④]此类现象并不局限于这个例子。出于创造新范式的需要，他的思想创造了所有道德立场和生活形式的相应人类理想类型，这些类型式的人格化形象成了他的固定思想习惯。必须在这样的背景下理解《理想国篇》中的“最优城邦”和“真正正义的人”。它们是给人启迪的典范，期待通过模仿变成现实。

但什么是实现它的正确起点呢？如果说正义之人的理想只能产生于完美的城邦中，那么创造这种类型的教育归根到底是一个权力问题。那时的城邦无疑会把对权力的追求视作目标本身，就像《高尔吉亚篇》所显示的，[⑤]因此它们并不致力于被柏拉图视作城邦之根本的教育任务。他认为，只要政治权力和哲学精神没有合二为一，苏格拉底意义上的人类塑造问题乃至当时的社会弊端就找不到建设性的解决办法。由此产生了柏拉图的那句名言，即想要消除世上的政治痛苦，必须等到哲学家成为国王，或者统治者开始真正的哲学研究。[⑥]他把上述要求放在《理想国篇》的中心。这 857

① 参见本书第一卷，第44—45页。
② 《理想国篇》，501e。
③ 参见波吕克里托斯（Polyklet）a3（Diels）。
④ 参见《理想国篇》，472b—c，那里同时出现了正义性和正义之人。亚里士多德的伦理学特别发展了这种将伦理普遍概念典型化的做法，把宽厚者和宽厚、慷慨者与慷慨等放在一起。
⑤ 参见本书第578页起。
⑥ 《理想国篇》，473c—d。

并非一时的哗众取宠，国家与哲学教育间的悲剧性矛盾（就像我们在柏拉图之前的作品中所看到的[1]）从中找到了理想的解决办法。上述矛盾在正义之人的死亡这一问题上得到了象征性的表达，柏拉图早前的思想一直围绕着它的意义展开。该矛盾当时首先表现为精神与城邦的完全分离，[2]但在这场巨人之战的骚动之上，柏拉图的《理想国篇》中出现了对一个新宇宙的想象，它吸收了早前秩序的积极价值，并使其形式能为自己服务。对柏拉图来说，哲学家统治的要求源于他意识到，哲学是这个形成中的新世界的构建力量，也就是城邦通过消灭苏格拉底其人而试图毁掉的精神。哲学把最优城邦带到了思想中，也只有它能将其付诸实践，如果它得到权力的话。

因此，在柏拉图的《理想国篇》中，哲学第一次登上了前台。此前，哲学一直隐藏在它的作品，即它刚刚创造的城邦图景背后，现在它公开提出了自己的统治主张。这种主张并非源于通常形式的权力意志，而只是表面上与柏拉图之前对城邦及其权力的批判态度存在矛盾。[3]在《高尔吉亚篇》中对权力城邦之贪婪的指责背后，我们已经可以清楚地看到哲学本身对统治权的主张。柏拉图在那里并未将权力评价为“本身是恶的”，而只是让它的概念接受了一种激进的辩证净化，去除了追求私利的污点。[4]他让权力摆脱了专断独行，将其还原为纯粹的意志，其不可改变的目标本质上是善的。所有人都不愿在自己认为是善的和有益的东西上受到蒙蔽。真正的权力只在于实现自然追求这一目标的能力。因此，它的前提是对善的真正认识。于是，哲学本身自相矛盾地成了通往真正权力的道路。在《理想国篇》中，柏拉图同样直接从权力的概念出发引出哲学对统治权的主
858 张。当然，必须对这个概念做进一步的界定，因为它在这里被全无准备地引入。柏拉图首先用哲学家的统治这一煽动性的观点让读者大吃一惊，接着通过随后的讨论为其辩护，指出为何哲学家在天性上注定将成为统治

① 参见本书“柏拉图的短篇苏格拉底对话”一章。
② 参见本书《苏格拉底》一章的结尾。
③ 参见“高尔吉亚篇”一章。
④ 参见本书第580页和第584—585页。

者。[1]当这个观点第一次被提出时，我们想起了柏拉图早期作品中围绕着正确的行为、真正的美德和正确的知识所做的全部漫长探究，一下子明白了它们都指向那个现在展现于我们面前的目标。柏拉图不可能希望在《理想国篇》的这个段落中用寥寥数语描绘哲学的本质，获得与之前的作品所留下的印象相同的效果。就像在他的作品中随处可见的那样，他更多把那些作品当成前提。但《理想国篇》中的这种艺术精简会让人产生错觉，以为读者在这里第一次被迫认真地思考哲学，从某种角度来看的确如此，因为通过统治城邦的主张，哲学呈现出惊人的新形象，即便是它最真诚的赞美者和敬仰者也必然会觉得需要在这一视角下重新考虑其地位。

出于对哲学力量坚定不移的信心，柏拉图将其置于生活的中心，并将最艰巨的实践任务交付给他，对今天的观察者来说，没有什么比看到他如何这样做更加诱人和迷人的了。在当时所处的孤立状态下，哲学很难明白只有通过与这类任务的斗争，它才能获得让自己在初创阶段显得突出的伟大特征。诚然，黑格尔沮丧的话所言不虚，即密涅瓦的猫头鹰在暮色中才起飞，对于柏拉图在最后时刻为拯救城邦所做的尝试而言，上述认识给其中蕴含的人类精神所展开的英勇奋斗投下了悲剧的阴影。但任何衰老的文化仍然拥有自己的青春，柏拉图的哲学觉得自己是那个时代的青春力量。
于是，它把自己同年轻一代的热情联系起来，柏拉图在自己的对话中很喜 859
欢想象他们围绕在苏格拉底身边，以便用一种新的信仰来对抗当时衰老和怀疑的城邦，以及自作聪明的文化。为此，哲学觉得自己有责任把关于生活真正准则的新知识带给人类集体，这并非因为它是拥有伟大历史传统的力量，拥有“自然的研究者”“世界谜题的解答者”“宇宙的奠基者”等各式可敬的名字和思想者的头衔，而是因为对来自苏格拉底的新力量的意识。

这就是柏拉图在《理想国篇》中描绘哲学本质时所持的视角。他用寥寥数笔给出了哲学的教义问答，通过哲学知识的对象界定了它的本质。哲学家是这样的人，他们没有让自己的感官沉浸于形形色色的印象中，导致终生在纯粹观念的起伏海面上四处漂泊，而是让自己的精神致力于存在

① 第五卷的剩余部分，从474b开始充斥着对哲学概念的描绘。

的统一性。[①]只有他们拥有真正意义上的知识和智慧；他们在现象的个体多样性中看到了事物永恒和普遍的基本形象，即“理念”。只有他们能界定什么本身是正义和美的，而对于这些和其他一切事物，大众的观点徘徊于非存在和真正存在之间的阴影中。[②]就连政治家在这点上也和大众没有区别。他们把各种现行的宪法和法律视作自己的典范，但就像柏拉图在《政治家篇》中所说的，这些只是对真理的模仿。[③]因此，只知道效仿它们的人不过是模本的模仿者。哲学家则在自己的灵魂中带有清晰的范式。[④]在普遍不确定的时代，他们把自己的目光牢牢地投向这些准则。认识准则的能力是城邦的真正卫兵首先需要拥有的视力。一边是这种能力，一边是经验和实际领导城邦所必需的其他优点，如果哲学家能够将两者结合起来，他们将胜过通常类型的政治家。[⑤]

860　对哲学家的上述描绘显示了柏拉图城邦理论的精神状况和出发点。在柏拉图看来，政治和道德世界的弊病在于缺少确定目标和制定法律的最高机关。创造这种机关的问题曾经催生了民主。民主通过将多数人的意志认可为立法权力而解决了该问题。该制度建立在对人类个体的高度评价之上，长期以来都被作为最进步的国家形式。但和其他制度一样，它也因为人性而存在不完美。通过希腊各大城市所经历的发展，它越来越多地成为没有良心的煽动者手中的工具。这些人的教育掌握在一群自称智术师的人手中。柏拉图将其描绘成某种驯兽师，他们一生都在研究民众这头“巨兽”的脾气，能够出色地理解其叫声，那是它表达愉快和愤怒的语言。他们的技艺包括正确地对付民众并控制他们，讨好他们，灵巧地迎合他们变化的情绪。[⑥]于是，民众的专断决定就成了政治活动的最高尺度，这种迎合思想逐渐渗透到整个生活。迎合这种讨好民众的流行做法导致以永恒价值为尺度的真正的人类教育变得不可能。[⑦]苏格拉底批评政治演说家在处

---

① 《理想国篇》，476a起。
② 《理想国篇》，479d。
③ 《政治家篇》，300c。
④ 《理想国篇》，484c。参见540a，在那里，范式被更明确地定义为善的理念。
⑤ 《理想国篇》，484d。
⑥ 《理想国篇》，493a—c。
⑦ 《理想国篇》，493a7和c8。

理公共事务时缺乏专业知识，这从一开始就在柏拉图的作品中扮演了重要角色。早在《高尔吉亚篇》中，他就已经将这种修辞政治与哲学家的思想方式做了比较，后者把对善的认知作为一切行为都要服从的最高目标。[①]与此相应，他在《理想国篇》中把对最高准则（哲学家将其作为范式承载在自己的灵魂中）的知识作为真正统治者的试金石。[②]

必须从这点出发理解《理想国篇》的整个结构。柏拉图认为哲学是困境中的拯救者，因为它为人类社会最紧迫的问题提供了解决办法。如果 861
我们预设存在那种他的意义上的最高准则的知识，[③]那么自然应该由此着手重建摇摇欲坠的城邦。那里的统治者必须认可对真理的认知。这种认知的性质决定了它不是许多人的东西，而只属于少数人。柏拉图在心理上没有从对待民众的问题出发。他首先考虑了如果要让精神和道德上最为出色的那类人全心全意地为城邦服务，他们必然会对城邦提出什么要求。[④]他以那些更出色之人的名义提出了哲学家的统治；他的城邦中最为引人注目的特征——作为有机分支的各个阶层，以及统治的权威特点——都源于唯一的基本要求，即必须由对绝对真理的认知来统治城邦。这座简单而有条理的完美建筑不允许从中拿走任何一块石头，或者用另一块取代。如果我们拿走了统治者是拥有绝对认知的哲学家这一特质，那么在柏拉图眼中，我们也拿走了他权威的基础，因为他的权威并非建立在固有的个人魅力之上，而是基于真理的说服力，这个城邦中的所有人都自愿服从真理，因为他们都在真理的精神中接受教育。哲学家的灵魂中所承载的对最高准则的认知是柏拉图的教育城邦体系的拱顶石。

不过，无论对最高准则的认知对于一个理想城邦具有多么根本的意义，柏拉图的结论——只有这种知识的承载者才能注定成为那里的统治者——都要面对哲学家在实践经历方面的无助这一难题。[⑤]在《理想国篇》

① 参见本书第573页起，第595—596页。

② 参见上页注释④。

③ 对于研究柏拉图教化学说的历史学家和阐述者来说，认定其出发点的真理性是已知的，证明柏拉图如何必须从这一假设出发得出他的解决方案，这种观点并非循环论证。验证假设的正确性是系统哲学的工作。

④《理想国篇》，497b。

⑤《理想国篇》，487d起。

的这个段落中，柏拉图首先与卡里克勒斯在《高尔吉亚篇》已经提出的反对意见展开争辩，即尽管人们在年轻时研究几年哲学“对教化”有益，但作为终生职业的话，它会使人失去勇气，导致他们无法应付生活。[①]柏拉
862 图驳斥了这种只认可有限的研究时间的狭隘教化概念，就像在《高尔吉亚篇》中那样。他用一个比喻（εἰκών）作为回答，只需要些许想象力就能将其变成生动的画面，适合登上政治讽刺报刊的首页。[②]比喻中描绘了一个非常高大强壮的船长，但耳朵很聋，视力也不好，而且对驾船一无所知。这就是人民。他的身边围着水手们，他们为了掌舵权展开争执，纷纷要求他把权力交给自己。他们是对为了权力争执不休、觊觎城邦中最高地位之人的寓言式写照。这些人不相信掌舵是一门技艺，或者是可教授的；每个人都毫无顾忌地敢于驾船。如果有人不愿听从和任其掌舵，他们就需要使用暴力，毫不犹豫地把敌人扔下船；他们还麻醉了真正的舵手（唯一能够安全掌舵的人），阻止他们发挥自己的技艺，挥霍和放荡着驶向大海深处。他们称赞每个帮着自己恐吓船主甚至夺走控制权的人为懂得驾船的，却指责少数真正学过驾船技艺的人是观星者和无所事事的空谈者。

柏拉图努力将他的哲学家（他们被隐藏在真正舵手的比喻背后）的教育与卡里克勒斯类型的那种“教化”清楚地分开，像后者这样体面和青睐教养的贵族很乐意让他们的子弟在其中花费几年时间，然后再开始了解所谓的人生正事。与之相比，“舵手”接受的教导既枯燥又讲求目标，显得非常缺乏人文色彩。那是一种典型的职业教育，在职业活动中获得使用和延续。因此，柏拉图似乎不认同智术师和人文主义者对教育中的职业主义提出的反对。这对一个如此推崇追求知识本身的人来说显得自相矛盾。[③]显然，人们不应指责柏拉图的教化对于目标是绝对敌视的，就像同
863 时代的教育家所提出的，特别是伊索克拉底。[④]它拥有目标，并为某个职

---

① 《高尔吉亚篇》，485a：ὅσον παιδείας χάριν（就为了教化而言）。面对卡里克勒斯关于哲学教育让人“卑躬屈膝”（ἀνελευθερία）的指责，柏拉图在486a做了辩驳。他的辩论同样正对伊索克拉底，后者在柏拉图把哲学作为教化的问题上倾向于“卡里克勒斯”的立场。

② 《理想国篇》，488a起。

③ 例如参见《理想国篇》，499a，在那里，“为了知识而寻求真理”被标榜为哲学的标志。

④ 参见本书第三卷。

业服务；那就是对人类而言最崇高的职业，即拯救与“舵手”同船之人的生命。舵手的比喻选得非常准确，它揭示了两件事：舵手的特长知识对全体的不可或缺性，以及其他人无法理解其技艺的优越性。无论他的驾船知识多么必不可少，他们仍然把他视作观星者和无所事事的空谈者，[①]因为他的工作对理论和方法的要求超出了其他船员所能想象的。引人注目的是，比喻中多次有意强调掌舵术的可教授性，与那些将其视作纯粹经验事务的水手们的幻想相反。[②]柏拉图由此重新提出了《高尔吉亚篇》中的政治技艺概念。[③]我们还想起了在《普洛塔哥拉篇》中，苏格拉底一开始对政治美德的可教授性表示怀疑。[④]当然，他在那篇对话的最后无疑已经改变了想法，因为他认识到美德是一种关于善的知识。[⑤]在《理想国篇》中，柏拉图的苏格拉底不再有这样的怀疑。通过可教授的真正掌舵术的比喻，他让我们对下文所描绘的他本人的政治掌舵术，即统治者的哲学教育有了准备。

但这个比喻尚不足以让柏拉图反驳关于哲学家无用的指责，它仿佛只是可见的序曲，引出了对哲学家在政治集体中状况的深刻分析。[⑥]对于哲学家政治能力的普遍怀疑首先出于心理原因，因此回应也必须深入哲人的心理。但柏拉图并不把他们视作孤立现象。他的分析是类型描绘的杰作，不仅抽象地列举了特定类型的人的特点，而且考虑了它们与社会环境的相互影响。柏拉图非常重视对哲学家政治职业的怀疑。他以这些怀疑为契机，为哲学家撇清了许多被归于其名下的东西。但当他如此坚定地为真正的哲学辩护时，对批评者的任何让步都变成了对世界的控诉。他对哲学 864
家命运的描绘成了动人的悲剧。如果说柏拉图的作品中有哪个部分是用他的心头之血写成的，那就是这里。感动他的不再只是变成象征的苏格拉底的命运。其中还加入了他本人的最高意愿以及他的力量在他曾经视为自己的任务面前“失灵”的历史。

① 《理想国篇》，488e。
② 《理想国篇》，488b和e。
③ 《高尔吉亚篇》，462b、464b。
④ 《普洛塔哥拉篇》，319a8。
⑤ 《普洛塔哥拉篇》，361a。
⑥ 柏拉图常常以这种方式，通过比喻（εἰκών）预示理性讨论的结果。这方面最著名的例子是《理想国篇》第七卷开头的洞穴比喻。它预示了第七卷中提出的教化体系的意义和方向。

辩护实际上早在批评之前就开始了。柏拉图先前只是通过哲学家的知识对象来定义他们，[①]现在他又描摹了哲学家的本性，[②]这对理解他的哲学家统治理论必不可少，特别是对今天的读者来说，他们很容易把进入现代语言的那个希腊语单词同学者联系起来。他的“哲学家”并非哲学教授，或者哲学“学科”的其他任何代表，由于自己狭小的专业知识（τεχνύδριον）而自以为拥有了这一头衔。[③]他们更不是“原创思想家”，因为柏拉图需要“哲学家”来管理他的城邦，但我们怎么可能同时找到如此之多的思想家呢？就像我们马上会看到的那样，尽管这个词在柏拉图的语言中包含了大量辩证式智力教育的意味，但在其“青睐教养”的更丰富和基本的意义上，它首先表示具有最高教养的人。在柏拉图的眼中，哲学家具有出色的记忆力、迅速的理解力和求知欲。他们讨厌一切无关紧要的小事，目光总是投向事物的整体，从更高的角度纵览存在与时间。他们不太看重生活，轻视外在的物质。自夸与他们的本性格格不入。他们处处展现出伟大的性格，由此获得了魅力。他们是真理、正义、勇敢和自制的“朋友和亲戚”。柏拉图相信，通过早期和不间断的遴选，通过最好的教育和年岁的成熟，实现这种类型的人是可能的。[④]他的哲学家形象并不符合智
865 术师弟子的类型。有的知识分子以不断批评他人而闻名，柏拉图最为嫌弃这种人，把他们赶出了自己的神庙。[⑤]柏拉图强调的是精神与性格的和谐。因此，他干脆也把自己的哲学家概括为“美和善”的。[⑥]

对这类人无用的指责事实上要归咎于那些不会使用他们的人。具备这种天性的人不可能很多，而且还会在人群中遭受无数的危险，有时还

① 这发生在第五卷的结尾。

② 《理想国篇》，485e起；参见487a对“哲学天性”特征的简要复述。

③ 《理想国篇》，475e；参见495c8—d。

④ 《理想国篇》，487a7。484d同样着力强调了“经验”（ἐμπειρία），它和哲学精神塑造一样重要。

⑤ 参见《理想国篇》，500b。苏格拉底的话是：“难道你不是和我一样相信，要为大多数人拒绝精神塑造（φιλοσοφία）负责任的是那些不请自来，像一群聒噪的酒徒那般从外面闯进屋里的人，他们相互咒骂，彼此充满敌意，永远谈论着他人，这完全不符合精神塑造。”

⑥ 《理想国篇》，489e。亚里士多德在《欧德摩斯伦理学》中（当时他的观点仍然与柏拉图接近）同样用“美和善”作为谓语来表示身上结合了“德性所有部分”的完美德性的承载者8. 3. 1248b8）。后来，在《尼各马可伦理学》中，亚里士多德也抛弃了这一柏拉图的特点。尤其对于习惯和柏拉图一样把他的哲学视作教化的人来说，非常重要的一点是，柏拉图的“哲学家”仅仅是按照苏格拉底的精神更新的“美和善”，也就是希腊古典时期最高的教养理想。

有被腐化之虞。[①]危险首先来自他们自身。如果每种禀赋（勇敢与自律等）都是单方面和脱离其他的发展，它们将成为真正哲学教育的障碍。[②]另一种障碍是美貌、体魄、有影响的亲属和其他此类财富。[③]健康的成长取决于正确的营养、时节和环境；这条普遍原理适用于所有的植物和动物，特别是天生最为出色和最强有力的。[④]如果因为坏的教育而腐化，最有天赋的灵魂将变得比普通人更糟。[⑤]哲学家的天性在好土地上能蓬勃生长，但如果被播种或移植到坏教育的土地上，而且没有“神圣机运”相助，那么就会结出与他们的一切出色天赋相反的果实。[⑥]

在柏拉图的作品中，这种关于人们无法理解的命运安排的思想——虔诚者并不将其视作盲目的偶然，而是视为某种救赎力量的神奇操控——在上述背景下多次出现。在柏拉图的书简中也可以看到同样的神圣机运。作为神圣机运的例子，他提到当自己第一次在西西里岛逗留期间，他把僭主的小舅子狄翁变成了自己关于国家教育职责之理论的热情信徒，几十年后，正是此人领导的革命推翻了狄俄尼修斯的僭政。[⑦]因此，通过自己的学说柏拉图无意中变成了这一影响深远的历史事件的动因，于 866
是出现了这样的问题，即究竟那是偶然，还是说他是某种更高力量手中的工具。[⑧]几十年后，当他实现自身思想的所有直接尝试显然都失败后，上述背景对他而言具有了宗教问题的意义。在《理想国篇》中，哲学家的天性被神奇地从各种危险中拯救（腐朽的环境从很早就开始威胁其教育过程），这段描绘同样具有某种亲身经历的性质。柏拉图认为，哲人在这个世界上的存在带有悲剧特征，只有通过特别的神圣恩典或机运才能在那里成长，而大部分具有这种天性的人在尚未充分发展之前就注定堕落。

---

① 《理想国篇》，490d起。

② 《理想国篇》，491b；参见487a所罗列的个别美德，以及上文关于柏拉图短篇对话的一章。

③ 《理想国篇》，491c。

④ 《理想国篇》，491d。

⑤ 《理想国篇》，491e。

⑥ 《理想国篇》，492a，492e。

⑦ 参见E. Berry受我启发的博士论文*The History and Development of the Concept of* θεία μοῖρα *and* θεία τύχη *down to and including Plato* (Chicago 1940) S. 49f.。

⑧ 《第七书简》，326e。

如果说柏拉图把某种不相称的教育描绘成对这种天性的首要威胁，[①]那么他似乎认同民众对智术师的腐化影响的指控（苏格拉底也是这种指控的牺牲品）。但事实上，没有什么比把对教育的决定性影响归因于某个个体更有违他对教育本质的看法了。柏拉图认为，一切教育都是集体的功能，无论由国家管理还是“自由的”。他认为正确的教育只有在最优城邦中才能实现，因此必须在思想中建立这样的城邦，以便搭建最优教育的框架，故而他并不把现有教育的缺陷归咎于教育者，而是归咎于集体。指责智术师要为年轻人的堕落负责的人们本身就是最大的智术师。[②]事实上，是国家和社会的影响教育了他们，将其变成人们期望的样子。公民大会、法庭、剧场、军队和其他各种过分激烈地对演说家的话报以响亮的掌声或者喝以倒彩的民众聚集场所是各种年龄的人被塑造的地方，没有哪个年
867 轻人和私人教育（ἰδιωτικὴ παιδεία）能够与之抗衡。[③]在这种情况下，个人别无选择，只能认同民众所说的善与恶，把他们的判断作为自己行为的准绳，如果他珍惜自己生命的话。任何性格和个性的培养必须遵循民众提供的这种“教化”，除非他因为神明特别的介入而得救。[④]被我们称为老师和教育者的受雇个人（μισθαρνοῦντες ἰδιῶται）所能教授的只是主导舆论的民众带给他们的观点。如果认真看的话，他们关于何为可敬或可耻的表述与民众的如出一辙。[⑤]自诩向人们提供更高教养的智术师教育的真正弊端，正是在于他们的全部价值判断都源于此。这些教育者是最了解那头“巨兽”最喜欢的声音和话语的一群人。[⑥]他们把迎合变成了职业。因此，柏拉图认为主流的教育和教育学只是对真正教化的讽刺画。[⑦]与哲学家天性的得救一样，真正的教化在这个世界上只能通过神明特别的介入而零星地存在。[⑧]柏拉图本人的获救与他遇到了作为真正教育者的苏格拉底这一事

① 《理想国篇》，491e。
② 《理想国篇》，492a5—b。
③ 《理想国篇》，492b—c。
④ 《理想国篇》，492d—e。
⑤ 《理想国篇》，493a。
⑥ 《理想国篇》，493a—b。
⑦ 《理想国篇》，493c。
⑧ 《理想国篇》，492e。

实有关，在上述讨论中，这种因果关系呈现在读者眼前，却未被言明。某一个体将具有永恒价值的善带给了他的后辈，这只是特例。但这位所有教育者中的教育者没能因为自己违背民众的观点而获得酬报，反而付出了自己的生命。

公元前4世纪的阿提卡民主无疑是上述图景的历史背景，但柏拉图所理解的民众是普遍意义上的。当他断言民众不明白什么是真正的善和正义时，他指的并非雅典人民，而是典型的民众。[①]认知到什么东西本身是善的是哲学家的本质标志。在柏拉图看来，哲学的民众（φιλόσοφον 868
πλῆθος）这一表述本身就包含了矛盾。[②]以讨好民众为目标的个人与哲学具有天然的敌对关系。有哲学家天性的人如何维护自身和充分实现自己的内在职责呢？他们会被某些人利用，后者预见了天赋出众的他们未来的伟大道路，并迎合其不太好的本能。这些人预言那类年轻人将成为希腊人和蛮族的统治者，让他们变得膨胀，产生傲慢的自负。[③]柏拉图显然想到了阿尔喀比亚德和克里提亚斯等人的天性，人们曾把他们的错误归咎于苏格拉底和他的教育。[④]柏拉图没有试图为他们开脱，就像色诺芬所做的；[⑤]他将其视作曾经追求哲学的年轻人，把他们描绘成向往最崇高目标的哲学天性的例证，但由于自身环境而堕落。这种伟大政治冒险家的形象中存在某些哲学色彩，他们具有更高的热情和精神光辉，使其凌驾于民众之上。民众在善和恶上都无法成就大事。只有具备哲学家天性的人能够做到这点，但也只有他们需要做出选择，究竟是成为对人类最大的造福者之一，还是成为给人们带来最严重损害的天才罪犯。[⑥]

没有什么比对这种阿尔喀比亚德式天性和柏拉图式哲学家天性的比较（后者因此获得了色彩和力量），更能让我们从心理上理解哲学家统治的梦想。做出这种比较的人通过亲密的交往熟悉上面描绘的那些人物，觉

① 《理想国篇》，493b7。
② 《理想国篇》，494a。
③ 《理想国篇》，494c。
④ 参见本书第494页。
⑤ 参见色诺芬，《回忆苏格拉底》，1.2。
⑥ 《理想国篇》，495b。

得自己在精神方面与他们处于同一水准，但也明白自己的想法与他们的分歧所在。柏拉图把这个问题看得犹如秘密，仿佛是一个亲身经历者在描绘其他家庭成员的人物悲剧。这些孩子的背叛让哲学失去了具备哲学家天性的人，他们注定的角色并非真理的可怕反对者，而是作为站在哲学宝座周围的大天使。现在，闯入者占据了他们的空位，这些人配不上也无力承受如此崇高的教育（Paideusis），也很难增强人民对哲学家的统治者使命
869 的信赖。[1]柏拉图看到自己被这类效颦者包围。只有很少具备精神天性的人避免了普遍的腐化：比如某个拥有高贵性格和高度教养的人被迫流亡他乡，用这种非自愿的孤立来拯救自己不受堕落的影响；或者出生在小城市的某个伟大灵魂，他鄙视那里，于是转向精神世界；或者因为生病而与仕途无缘的人；或者某个专业领域的代表，他有理由轻视自己的专业，找到了通往哲学的道路。[2]事实上，这些形形色色的幸存者组成了一个奇特的团体，让人清楚地想起了柏拉图圈子里的个体形象。[3]同样显得奇怪的是，反讽的自我贬低紧跟着哲学对尘世宝座的严肃主张。这种安排引出了下文对极度灰心的表白，柏拉图以此结束了他对哲学的辩护。[4]

“属于这个小群体、曾经品味过这种财富是多么甜美和幸福的人，也充分体会了民众的荒唐，并看到了在政治活动中没有人会做健康和正确的事，那里没有盟友能够支持他充当正义的先锋，同时又让他可以指望不受腐化。相反，他就像陷入兽群的人，既不参与它们的不义，又没有力量独自对抗它们所有的暴怒。还没来得及为祖国和朋友们做些有益的事，他就丢掉了性命，对自己和他人都毫无用处——考虑了这一切的人会保持安静，安于自己的工作，就像当狂风席卷着尘暴和暴雨袭来时，他会躲到矮墙后；当他看到其他人如何充满了不义，他就会满足于让自己在远离不义和卑鄙行为的状态下度过一生，最后可以确保快乐和安宁地离开。”

870 在对真正城邦的君主角色提出理想的主张后，哲学家又从高处坠落，

[1] 《理想国篇》，495c—d。

[2] 关于通过受到孤立和免遭腐化而被哲学拯救的各种类型的人，参见496b—c。

[3] 甚至明确提到了仅仅因为身体羸弱而无法从政的苏格拉底弟子泰戈斯（Theages）的名字。同时代的读者可以猜到其他人是谁，而我们再也无从知晓。

[4] 《理想国篇》，496c5—e2。

重新静静地满足于现实世界留给它的不起眼角落。[1]现在我们知道，如果他拥有权力，他所建立的城邦会是什么样。但事实上，经历了精神的这次翱翔后，哲学家发现自己仍然一直处于和《高尔吉亚篇》中同样的地位，我们在那里看到他受到了修辞家和政治家的无情逼迫和尖刻指责。他完全不相信能够改造自己时代的真实城邦，也不愿意投身政治斗争的竞技场，和在那里一样他是被世人误解的真正人类。他生命的重点位于当时受到认可的大人物所活跃的成功、名望和权力的世界之外。从公共活动退出成了他真正的力量。柏拉图在《申辩篇》中已经把苏格拉底描绘成一个完全清楚为何自己终生都被命运警告不得从政的人。他在法官面前为此辩解说，如果有人公开反对民众的不义，那么他将无法长时间与他们对峙。真正想为正义奋斗的人必须在私人生活中这样做，而不是作为政治家。[2]因此，与许多学者的看法不同，柏拉图在《理想国篇》中这番失望的话并非他第一次表示放弃原先的观点，即在实践中影响当时的城邦。《第七书简》再清楚不过地表明，苏格拉底之死对柏拉图的政治意愿而言是一次重大危机，[3]而《申辩篇》证实了这点。《理想国篇》中的悲哀表白在实质上没有区别，差异仅仅在于柏拉图通过命运带给他的长期痛苦而获得的诗性表现力的程度。《申辩篇》中清晰而原则性的放弃变成了某种宗教立场，静静地确立这种立场似乎是在为最后的考验做准备，就像《高尔吉亚篇》和其他柏拉图对话中的彼世神话所描绘的。

柏拉图的哲人通过被世人误解的存在，区别于此前所有的希腊诗人 871
作品中所出现的人类理想形象。后者都是对植根于真实城邦中的某种美德的表达。公民集体看到，诗歌中对它的美化反映了自己的最高追求和对世界的理解。柏拉图的哲人和哲学美德的崇高形象与全体的公民美德对立，后者因此不再是全体。他非自愿的隔离源于这样的意识，即他需要比别人追寻更高的目标和对生命的真正价值拥有更深刻的认识，即便别人在数量上大大占有优势。哲学家把少数派的缺陷变成了美德。他认为现实政治集

---

① 参见《高尔吉亚篇》，485d。

② 《申辩篇》，31e。

③ 《第七书简》，325b起。

体已经沦为纯粹的大众。对小群幸存者的描绘——他们的哲学天性逃过了各种威胁，得以保持纯洁——表达了一种新的集体意识，即属于学校或派系小圈子的。

这类学校的建立是一个具有深远影响的历史事实，从根本上决定了个人与集体直至今天的关系。学校或团体背后真正的活跃力量一直是思想家，他们以自身知识的名义发言，把具有相同想法的人集聚到身边。当柏拉图为自己的城邦描绘了一幅权威画面时，我们不应忘记，他在现实中无法实现的要求（把哲学真理变成最高的权力机关）事实上源于对思想家所主张的影响力的大幅提高，而非来自对他们价值的误读。这种精神最高权威在社会方面的唯一现实影响是学校集体的建立，就像柏拉图在雅典兴建的阿卡德米学园。虽然自古以来就有老师和学生，但把前苏格拉底哲学
872 中的这种关系描绘成苏格拉底意义上的学校是历史年代的错误。这种学校的唯一模板是意大利南部的毕达哥拉斯主义者圈子，柏拉图在结束第一次希腊西部之行（期间他与毕达哥拉斯派的交流特别密切）不久后建立了学园，暗示与此行存在某种内在联系。毕达哥拉斯派是一个遵循固定生活方式的团体，柏拉图的哲学家“生活”（βίος）似乎将其作为某种前提，虽然把柏拉图意义上的有意识的哲学家生活理想乃至哲学一词归于毕达哥拉斯的创造无疑只是传说。[①]尽管有柏拉图对城邦所做的思考，但他的学校并不作为政治团体参与母邦的生活，就像毕达哥拉斯派在他们的团体消亡前所做的。在《第七书简》中，当柏拉图谈及在西西里时与他心爱的弟子——政治冒险家狄翁的关系时，他详细说明了为何自己原则性地不参与雅典的任何革命活动。他与母邦的关系就像独立的成年儿子之于父母，前者并不认同他们的行为和原则。他在必要时会表达这种异议，但这并不会免去他孝敬父母的责任，也不会让他有理由使用暴力。[②]

事实上，学园不可能存在于除了雅典民主之外的任何地方，那里允许柏拉图畅所欲言，即便是批评自己的城邦。那里的人们早就觉得审判苏

① 参见拙作*Aristoteles* S. 99。J. L. Stocks试图证明西塞罗《图斯库鲁姆辩论集》5. 3. 8中传统的历史真实性，即毕达哥拉斯使用了“哲学家”一词，并将其用在自己身上。但我无法认同这位过早去世的杰出朋友的理由。

②《第七书简》，331b—d。

格拉底是个严重的错误，认为他留下的最重要遗产是让雅典城提高了精神声望，当外在权力地位摇摇欲坠时，它却日益成为希腊世界的精神中心。哲学家在学园中隔绝和避世的生活（学园同样远离城中的喧嚣，坐落于苍翠安宁的科洛诺斯山上）造就了一种独特的人，就像柏拉图在《泰阿泰德篇》的题外话中带着充满感情的反讽所描绘的。[①]这些人从不涉足市场、法庭和公民大会，对体面家族的谱系和城中搬弄是非者所好奇的东西也同样一无所知。他们如此沉浸于数学和天文学问题中，目光完全投向更高的 873
领域，发现自己很难适应这个世界，甚至会被对任何睁着眼睛和智力健全的人都构不成障碍的东西绊倒。柏拉图对他们的内在价值和精神中的神性火花深信不疑，他们在人类社会中不可避免地被误解反倒促使他把对哲学家外在形象的描绘变成了讽刺画，从而激怒市侩庸人，后者的怒火会让能够理解这类独特之人的拥趸们内心充满欢乐。哲人的这种生活情感包含了真正的艺术家风度，但没有刻意标新立异者的扬扬得意和沾沾自喜。相比柏拉图在《理想国篇》中对他的卫兵所提出的身体与精神之和谐教育的理想，这幅肖像无疑更贴近真实的哲学家。但柏拉图在《泰阿泰德篇》中对哲学家的精神兴趣所做的描绘与后来《理想国篇》中的哲学家统治者的课程完全一致。后者诠释了《泰阿泰德篇》中的观点，即哲学家的知识并非像人们与生俱来的感官知觉那么简单的东西，而是“只有通过大量的努力和长期的教育（παιδεία）”才能发展起来。[②]《理想国篇》让我们窥见了这种教育在柏拉图学园中的结构，在这点上，他带给我们的不仅是理想，也有某种事实。

当哲学家因为被误解而灰心和变得避世后，我们很难重新把他想象成未来城邦的统治者。对比这一主张，刚刚在我们面前露出真面目的真实哲学家显得有点可笑。但对柏拉图来说，这只是他关于不正义的环境对教育之有害影响的植物病理学理论的一个新例证。哲学家是“上天的作物”，在被移植到当时城邦的贫瘠土地后，他必然会枯萎，或者同样变得和那里

① 《泰阿泰德篇》，173c起。
② 《泰阿泰德篇》，186c：διὰ πολλῶν πραγμάτων καὶ παιδείας παραγίγνεται。

的土地一样。[1]但如果被转移到最优城邦的有利条件下，他就能显露自己
874 的神圣来源。[2]没有什么地方比这里更清楚地表明，柏拉图的最优城邦不是别的，正是对哲学家天性的充分发展所必需的理想的集体形式。反过来，通过把哲学家变成统治者，柏拉图赋予了自己的城邦一种精神，可以确保在那里维系自己的教育体系和建立某个传统。只有他能够满足建立创造性的最高教育机关的要求，那是最优城邦建设的最终目标。[3]此前的哲学教育无法实现作为其最高目标的“政治”教育，因为它总是被安排在错误的年龄。现在它仅仅是“年轻人的教化和哲学”。[4]于是，柏拉图重新与“完全以教养为目标”的哲学研究开战，后者是智术师实践的特点。[5]现在他提出了自己的方案，大大扩展了教养概念的意义，将其变成要求持续终生的过程。一旦人们领会了真正的知识并能对其进行检验，他们就会改变对知识的教育力量的评价。人们还无法想象自由的和为其本身而追求的知识，[6]认为那只是某种机智和吹毛求疵的演说技艺，实质上漫无目的和无关紧要，纯粹是为了满足个人的自以为是。[7]人们必须首先意识到，他们现在所看到的哲学家并非真正的哲学家。哲学家所谓的避世对他们来说将显得不那么可憎，如果他们意识到，将自己的生命奉献给观察更高神圣秩序的人不可能参与过于人性的嫉妒和纷争，参与某类人的敌意言行和中伤活动，世人错误地把那类人视作学者和思想家，但事实上他们只是哲学殿堂的骇然入侵者。[8]如果想要认识纯粹存在的神圣和永恒有序的世界，人们必须让自己充满神圣而平静的秩序。[9]

875 与《泰阿泰德篇》中一样，相比之前作品中的苏格拉底，这里的哲学家类型特别像数学家和天文学家。这两部时间上相邻的作品中还都出

① φυτὸν οὐράνιον（上天的作物），《蒂迈欧篇》90a。ξενικὸν στέρμα（外来的谷种），《理想国篇》497b。
② 《理想国篇》，497b7—c4。
③ 参见本书第三卷，第695页。
④ 《理想国篇》，498b。
⑤ 参见本书关于《普洛塔哥拉篇》的一章。
⑥ 《理想国篇》，498d—499a。
⑦ 《理想国篇》，499a—b。
⑧ 《理想国篇》，500a—b。
⑨ 《理想国篇》，500c。

现了哲学家与他们所研究的神性对象具有本质相似性的观点。[①]但在《理想国篇》中，哲学家在现实环境中被迫过的以观察为主的生活不再是他的终极命运。在最优城邦中，他将从纯粹的旁观者变成创造者。他将成为“创造者”，把自我塑造（ἑαυτὸν πλάττειν）这个当时环境所允许的唯一创造性工作换成对人类性格（ἤθη）的塑造，无论在私人生活还是公共职责中。[②]那时，他将成为伟大的画家，根据自己内心的神性模型绘制完美城邦的形象。[③]这让我们想起苏格拉底在理想国方案的最后如何把自己比作绘制了最美人类形象的画家；[④]但这次的画像不再是关于现实的典范，而是按照哲学家心灵中的神性范式所绘制的新的现实本身。这位画家是城邦的掌舵人，城邦本身则是“画板”，被彻底擦干净后，上面将出现新的人类形象的轮廓和色彩。一边是永恒的正义、美丽、审慎和其他各种美德，一边是来自真实之人的特征，通过融合了理念和经验，从哲学艺术家那里诞生的并非荷马在其史诗的人物身上所呈现的“类神形象”（θεοείκελον），而是与之相应的“类人形象”（ἀνδρείκελον）。[⑤]

柏拉图在这里再次明确地将诗歌与哲学做了类比，这种类比引导了他的全部思想和形象。哲学家可以成功地同诗人的教化展开较量，因为他拥有一种新的人类理想。柏拉图在这里完成了从史诗-英雄式的人类形象向哲学式人类形象的过渡，把他的代表作对准了整个希腊思想史所围绕的 876
人文主义轴线上。因为我们所说的人文主义是有意识地根据人的本质形象开展教育。于是，柏拉图的哲学人文主义和智术师的类型产生了矛盾，后者不具备这种人类理想，他将其基本特征定义为在思想上迎合当时的真实城邦。柏拉图的这种人文主义在原则上不是非政治的，但其政治立场并不位于经验世界的现实中，而是位于被其视作真正事实的理念中。它坚定地时刻做好了末世论式的准备，希望在属于未来的完美神性世界中成为有用

① 参见《泰阿泰德篇》，176b：ὁμοίωσις θεῷ κατὰ τὸ δυνατόν（尽力像神明）。

② 《理想国篇》，500d。这段话非常有意思，首先因为这是“自我塑造”的概念第一次出现在教育的历史上；其次，因为它极其清晰地展现了柏拉图哲学教化的理想和现实性。在柏拉图所生活的艰难环境下，他的哲学只能是自我塑造，而不是塑造。

③ 《理想国篇》，500e。

④ 《理想国篇》，472d。

⑤ 《理想国篇》，501b。

的力量。但它对任何形式的现实城邦都不愿放弃批评的权利，因为它并非着眼于某种暂时的典范，而是关注永恒的。[①]柏拉图把“人类的”和“类人的”理想形象作为象征放在通往统治者教化的入口，那是真实城邦的真正内容和意义。没有理想的人类形象就不可能有对人的塑造。通过这种塑造与为其铺平道路的完美城邦的关系，自我塑造（当时的哲学教化事实上局限于此）获得了自身更高的社会意义。柏拉图并不把这种关系视作“仿佛”（Als-Ob）或纯粹的虚构，而是在这里明确地将最优城邦描绘成可能的，即便很难实现。[②]他由此避免了让哲学家为之塑造自身的“未来”概念沦为想象，并通过哲学家的“理论生活”随时会付诸实践的可能性使其拥有了某种原则上的“纯粹”科学所不具备的神奇张力。一边是与任何实践-伦理目标无关的纯粹研究，一边是智术师完全的实践-政治教育，正是通过采取在两者之间的这种“中间位置”，柏拉图的人文主义事实上超越了两者。

对统治者的教化

877 统治者必须在最优城邦中维持真正教育的精神，对他们进行特别的教化的必要性紧跟着对卫兵教育的刻画，在其结束后就已被提出，[③]但这个话题被妇女和孩子的教育以及共有妻子等问题推迟了。[④]不过，一旦“对哲学天性的拯救”被证明本质上是对其进行正确的教育问题，哲人统治的论点——首先似乎只是作为实现上述要求的先决条件而引入——就会自然而然地回到对统治者的教育上。[⑤]

对卫兵的音乐和竞技教育是经过哲学改革的旧式希腊教化，其精神

① 哲学与城邦的关系之于希腊人，就像先知与国王的关系之于以色列人。

② 《理想国篇》，499c—d。

③ 从卫兵中挑选出最优秀者，见《理想国篇》，412c。对于让他们接受特别教育的必要性，最早的暗示见416c：ὅτι δεῖ αὐτοὺς τῆς ὀρθῆς τυχεῖν παιδείας ἥτις ποτέ ἐστιν（他们需要正确的教育，无论那是什么）。补充部分预先承认，那不同于此前描绘的卫兵的教育。它预示了第六卷和第七卷中所描绘的统治者的教育。

④ 《理想国篇》，449c起。

⑤ 《理想国篇》502c—d开始讨论统治者的教育。

部分完全基于习惯和习俗。柏拉图将其建立在关于何为善和正确的看法之上，他没有证明这些看法，只是假设它们有效。这类教育的目标是在灵魂中创造好的节奏与和谐，而非认清为何这种节奏与和谐是好的。在教育的这个阶段尚无法认清原因，但作为教育的构建者和监督者，统治者在开始工作前必须具备这种认知。该认知是他的特别教化的目标，因此必须是哲学式的。尽管在时间上晚于音乐-竞技教育，但第二个阶段在概念和性质上反而在前。因此，对全体教育的构建必须以此为出发点。通过范式概念，柏拉图将其与第一阶段联系起来，他把范式放在两者之间，这一财 878
富决定了哲学家是最高意义上的统治者和教育者。[①]他根据最高准则或者“模板”勾勒了对卫兵的教育，称这类准则为“最大的学问”（μέγιστον μάθημα），因为在城邦统治者必须掌握的知识中，那是最难理解，同时又是最重要的。[②]“学问”（Mathema）这一名称包含了哲学教育相比于之前所有教化阶段的决定性新颖之处：它的范式内容并非包含在形形色色的诗歌形象或戒律中，而是存在于某种普遍的认知中，而且是关于某个独一无二对象的认知。柏拉图要求统治者具有坚定而可靠的性格，这种性格必须配上最出色的精神能力，对它的培养需要通过最精准的知识（ἀκριβεστάτη παιδεία）。[③]就像在其他情况下那样，他在学习的困难面前也不能生畏，身体训练的辛劳之后开始了“精神的竞技”。[④]

黑格尔有句名言：精神之路是迂回的（Der Weg des Geistes ist der Umweg）。直达目标的道路似乎顺理成章。但它们常常被观察者可能完全看不到的深堑切断，或者存在其他障碍阻止人直接靠近。通过选择有意识地走上可以到达目标的迂回道路（尽管常常要面对巨大的困难）来克服障碍是一切有条理推进的研究的本质，特别是哲学思考。此外，我们会产生这样的印象，即仿佛黑格尔的表达只是把他从柏拉图说过的话中所发现的

① 《理想国篇》，484c。通过在《理想国篇》472c和d处用这个概念来表示理想城邦和正义之人的图景，它在这段话中已经做好了准备。不过，仍然只有哲学家能够拥有城邦和人的理想图景，因为他具备关于真正的善的知识。

② 《理想国篇》，503e，504a，504d和e，505a。

③ 《理想国篇》503c要求他们具备坚定而可靠的性格，503d要求进行最严格的精神塑造，参见504b和e。精准性（Akribie）的概念显示了统治者和卫兵教育的真正矛盾。

④ 《理想国篇》，503e。

某种观点用到更普遍的形式上。当柏拉图在《理想国篇》中解释对统治者的特别教育的必要性时，他提醒说，[①]之前在分析涉及卫兵教育的四种美德之问题时，他就表示那仅仅是笼统和临时的，指出对此事的完全认知需要“更长的弯路”。当时，他认为在卫兵教育的较低级阶段不必考虑这
879 些。但当真正的哲学教育开始时，他又回到该问题，要求未来的统治者现在必须走上这条弯路，因为若非如此，他们永远无法获得对“最大的学问”的认知。关于应该如何理解这条弯路，人们众说纷纭。不过，尽管第一次被提出时的表述有点意义含糊，[②]但“弯路”的意象在哲学教育开始时被重新提出的方式并无歧义，它所指的只能是统治者必须经历的哲学教育之路本身。只有当我们将其视作对未来政治家的教育之路，视作“政治教育”时，对柏拉图所要求的学问-辩证式培养的刻画才特别恰当。[③]它有力地指出了这种方案中的新颖和不寻常之处：将要从事实践工作的人被要求接受多年纯粹的精神教育。柏拉图如是描绘了让他认为必须走这条弯路的原则：对象的价值越高，我们对其认知的准确和纯粹程度也必须越高。[④]这是苏格拉底早就提出的要求，即政治家要对一切人类活动的最高目标具有内行和准确的知识。在柏拉图看来，满足这一点的途径是他从苏格拉底的对话艺术中发展出的辩证科学。

不过，在进一步讨论这条弯路的各个阶段前，他把我们的眼光引向它的目标，即我们必须攀爬的陡峭顶峰。此前这个目标一直仅仅被泛泛地称为“最大的学问”，它不是别的，正是善的理念，一切正义和美丽等等的东西因其而变得有用和有益。[⑤]没有对它的认知，其他的一切知识都将无用。因为如果某件财产一无是处，它有何价值呢？柏拉图大多数时候仅

① 《理想国篇》，503e—504b。这里回顾了《理想国篇》435d。后者第一次提到“更长的道路”（μακροτέρα ὁδός），而504b称之为“更长的弯路”（μακροτέρα περίοδος）。另参见504c9：μακροτέραν（亦即ὁδόν）τοίνυν περιτέον τῷ τοιούτῳ（所以为此要走更长的弯路）。

② 《理想国篇》，435d。

③ 不应忽视的是，在《斐德若篇》中也能找到辩证法教育是未来政治家必须走的“弯路”这种坚定的观点。在那里，柏拉图同样想要表明，对于政治家和演说家来说，被伊索克拉底这样的对手指责为脱离生活和没有用的辩证法是不可或缺的。伊索克拉底喜欢把自己的教化称为真正的政治教化，同柏拉图的精神竞技对立起来。

④ 《理想国篇》，504e。

⑤ 《理想国篇》，505a。

仅简单地用“善”来称呼善的理念，就像理念一词，这首先只是表示普遍的善，即概念中所囊括的善之存在（Gutsein）的统一，与我们与谓语“善”并置（因为就像柏拉图所说，它们以某种方式分享了善的理念）的种种个体事物相反。这种看法尽管不符合惯常的理解，但当大众把他们认 880
为一切有价值的东西还原为快乐时，他们会看到由快乐所提供的某种“至善”（summum bonum）。[①]不过，从《高尔吉亚篇》以及间接地从《普洛塔哥拉篇》开始，我们已经看到，这种将快乐作为最高之善的肤浅假设无法区分好的和坏的快感，尽管大多数人觉得这如此不言自明。[②]更有教养的人更愿意相信，智慧和理智才是最高的善。但如果有人问他们，他们指的是何种知识，他们会回答：善的知识。[③]就像从其他对话中看到的，柏拉图的想法并非完全否定这两种相反的观点。根据《菲利布篇》的学说，在真正的“人类之善”中，快乐和理性知识被正确地混合起来。[④]但快乐和理性本身都不是最高的，[⑤]相反，对人类之善的那两种理解的代表会发现，就像柏拉图在《理想国篇》中指出的，他们无意中在价值世界里赋予了善更高的地位，超过了他们自己所说的至高之物，无论是因为他们把好的快乐放在坏的之上，或者把善的知识放在其他一切知识之前。[⑥]但为了明确善的理念对统治者教育的意义，我们完全不必像上面那样对它的本质做出定义。我们只需看到善最普通的标志，正如每个人都能意识到的，即善就是让谁也不会自愿犯错的东西；[⑦]然后我们会认识到，我们不能把对城邦的领导权托付给一位在这个最重要的问题上自己也懵懵懂懂的守护者。[⑧]

接下来，柏拉图也没有试图定义真正意义上的善的本质。这在他作品中的其他地方也没有发生，虽然在讨论的最后常常会来到这一步。在后期 881
的作品，《菲利布篇》试图以更系统的方式探究这里提出的问题，即最高的

---

① 《理想国篇》，505b。
② 《理想国篇》，505c。
③ 《理想国篇》，505c。
④ 《菲利布篇》，66b—c。
⑤ 《菲利布篇》，22b。
⑥ 《理想国篇》，505c。
⑦ 《理想国篇》，505d。
⑧ 《理想国篇》，505e。

善究竟是快乐抑或理智，但即使在那里，作者最终也没有寻求找到任何详尽的定义。相反，善只是由它的三个标志——美、对称和真——导出，[①]以便获得评判快乐和理智哪个相对更接近善的标准。在《理想国篇》中，当对话者格劳孔要求柏拉图的苏格拉底不仅描绘他人的，也说出其本人对善的看法时，作者首先让后者用历史上的苏格拉底的“无知”作为托词。[②]在《理想国篇》和其他地方，苏格拉底完全没有表现得那么怀疑，而是声称政治舵手的技艺勉强可以教授，但在这里，柏拉图不再允许他使用这种托词。不过，柏拉图让苏格拉底通过格劳孔暗示，如果他用同样的权宜方式描述善，就像他之前对公民美德所做的，那么人们就已经满足了。[③]我们还记得的，他没有最终界定与对卫兵的教育相关的四种美德的本质，而是更加笼统地指出了它们在灵魂中的位置和功能，将其与城邦中的各个阶层及其功能对应起来。与之类似，现在他回避了一切过于技术和哲学性的东西，而是通过感官类比的手段让善在世上的地位和作用方式变得形象。一边是至高的诗歌力量，一边是生动鲜明的逻辑轮廓，这一比喻将两者结合起来，一下子揭示了善之理念的位置和意义。在柏拉图的作品中，两者此前被故意隐藏，或者只是约略暗示，现在则成了他的哲学的最高原则。

虽然在对话过程中，对于善而言究竟是否存在抽象定义形式的恰当认知，我们产生了疑问，但上述比喻表明，柏拉图并没有提供这样的认知，而是选择了另一条道路来接近它。在柏拉图的辩证法中，“观看”（Schauen）成了对精神概括功能的表达，它在形形色色的事物中看到了理
882 念的统一，柏拉图本人有时称其为“综览”（Synopsis）。但由于观看善的理念的辩证道路最终无法用文字表现，他用其在可见世界的“类似物”的感官形象取而代之。他解释说，[④]永恒的善在它的儿子，即天空中最显眼的神明——太阳（Helios）身上显示了自身的本质。为了避免德语中阴性的太阳（Sonne）一词影响“儿子”的形象，我们保留了其希腊语称呼。柏拉图并未称他所寻找的父亲为神明，那意味着预设了他寻找的东西是已

① 《菲利布篇》，65a。
② 《理想国篇》，506c。
③ 《理想国篇》，506d。
④ 《理想国篇》，507a。

知的。他的神学的感官确定性首先仅限于儿子。格劳孔希望下次也能听到关于父亲的同样“故事”，但苏格拉底如是拒绝了，表示他希望自己能够讲述，而他的听众也能听懂。随后，苏格拉底又简单地援引了他之前在这篇对话中大略谈及和在其他地方更准确论述的理念学说，[①]他还根据理念和表象的对立区分了两个世界，一个是可思考或可理解的，另一个是可见的。我们把感官上可以感受到的世界称为可见世界，因为视觉器官在人类感官中首当其冲。[②]这种优先地位的理由在于，眼睛需要光作为媒介才能视物，而光在一个完全特别的意义上是可敬的。眼睛能够视物，外部世界对它能够可见，其原因正是那位能够发光的天神——太阳（这样我们想起了前文提到过但被否定的观点，即知识本身就是善，[③]我们还猜到了为何柏拉图要用这个比喻）。他想要证明的是独立于人意识的、客观的善的现实。因此他问道，我们的视觉能力与这位天上的光明之神是什么关系？我们的视力或者蕴含了视力的眼睛都不是太阳本身。[④]也许我们可以说，在我们的感官中，视力最像太阳（helioide）；但能够看见首先需要通过太
阳产生和放射出的光。只有通过光，眼睛才能看到太阳本身，但太阳不等 883
于视觉，而是光源和一切视觉的原因。

现在，我们已经非常接近对认知过程的理解，以及善的理念在其中扮演的角色。人的灵魂如同眼睛。[⑤]如果我们没有把眼睛转向被白天的多彩光芒照射的地方，而是转向只有微弱星光点缀的夜晚世界，那么它将目力衰弱，犹如失明，仿佛并不拥有完全的视力。但当太阳将世界照亮，它就能清楚地看见，拥有了全部视力。灵魂同样如此：当它把目光投向身前被真理和存在之光照亮的世界时，它就能认知和思考，并拥有理性。但当它看着混合了晦暗的世界，看着形成与消逝时，它就会产生纯粹的意见，变得目力衰弱，摇摆不定，犹如没有理性的东西。正是善的理念把真理赋予了认知对象，把认知的力量赋予了认知者。[⑥]作为知识和真理的

① 《理想国篇》，507a。参见476a起。
② 《理想国篇》，507c。
③ 参见《理想国篇》，505b。
④ 《理想国篇》，508a。
⑤ 后续参见《理想国篇》，508b起。
⑥ 《理想国篇》，508e。

原因，虽然我们总是能认知它（就像太阳能被我们看见），但它本身比知识和真理更加崇高（就像太阳比我们的视觉更加崇高）。正如太阳是把可见世界变得可见的光的来源，善的理念是让可思考的世界变得可思考的真理和感官性的来源。因此，我们的知识不是善本身，就像我们眼睛的视力不是太阳。①但正如眼睛在我们所有的感官中最像太阳，知识和真理最像善（agathoid），与善的原型关系密切。②不过，这个比喻所揭示的不止于此。太阳给予可见世界的不仅是可见性，还使其发展、成长和得到滋养，尽管它本身并非发展。同样的，可认知的世界从善那里获得的不仅是可认知性，还有存在，尽管善本身并非存在，而是拥有比存在更高的地位和力量。③作为一切认知和一切存在的原因，善的这种双重意义使其成为不可
884 见的可认知王国的国王，对应了太阳在可见王国中的统治。④

柏拉图之前的早期希腊思想家们一直把他们的最高原则称为神明或者“神性的”，无论是赋予生命的物质原因，还是驱动世界的精神。⑤希腊哲学从一开始就把注意力投向现实或“存在”的本质（Physis）。从中诞生了我们习惯称之为科学的东西。但从19世纪开始，对于希腊哲学的这个方面，人们越来越倾向于忽视其神学谱系的功能，或者将这件庄严的外衣视作区区蛋壳。这导致人们完全无法理解柏拉图，后者对这方面重要性的强调超过了他的前辈。作为他的核心学说，善的理念只有在上述背景下才能得到正确的评价。柏拉图是古典世界的神学家。如果没有他，西方的

① 参见上页注释③。

② 《理想国篇》，509a。

③ 按照《理想国篇》509b的说法，善仍然是超越存在的（ἔτι ἐπέκεινα τῆς οὐσίας）。但在532c，观看善的理念被描绘成在存在世界中对最优者的观看（τοῦ ἀρίστου ἐν τοῖς οὖσι θέαν）。因此，这种观看既是最高的存在，也让我们所认知的东西具有了存在。类似地，在亚里士多德关于祈祷的作品的一段残篇中［*Dial*, fragm. ed. Walzer S. 100 (49 Rose)］，神明“是精神，或者超越精神”（ἐπέκεινα τοῦ νοῦ）。所以在柏拉图的思想中，他对善和存在之关系的摇摆不定（就像上面引用的两个段落所表明的）完全不矛盾，或者两者之一，或者两种表达同时是正确的。

④ 《理想国篇》，509d。

⑤ 在我1936年于圣安德鲁斯大学所做的吉福德讲座中，我详细讨论了前苏格拉底哲学的这个方面。讲座以*Die Theologie der älteren griechischen Philosophen*为题出版［*The Theology of the Early Greek Philosophers* (Princeton 1931)］。我的意图是把对希腊思想中的这另一条主线（对于描绘古代对后世的影响十分重要）的盘点延伸到柏拉图。在后者的哲学中，该主线同教化的传统在这一至关重要的点上相切。柏拉图认识到，为了塑造更崇高的人所做的一切努力（即所有的教化和教养）都将归结为关于神性的问题。

神学在实质和名义上都将不复存在。[①]他对神性本质所做的描述分布在他的许多作品中，具有不同的意义。在这里，我们无法更详细地分析经常被讨论的柏拉图神学问题。探究它在柏拉图《理想国篇》的教化框架中出现的情况无疑就足够了，我们可以局限于指出它在柏拉图教化的整座建筑中的位置，并清楚地展现柏拉图驱使我们攀登的最高原则的神学功能。[②]柏

---

① 欧洲最伟大的基督教神学家奥古斯丁正确地认识到，没有人比他更有能力做出这一评判。在他的《上帝之城》第七卷中（他有意将其作为基督教世界与柏拉图《理想国篇》相对应的作品），他让柏拉图凌驾于所有前基督教神学之上。事实上，教父们的基督教神学是用柏拉图神学的概念和方法来对基督教进行哲学讨论的产物。

② 参见后来的柏林心理学家和哲学家Karl Stumpf的*Verhältnis des platonischen Gottes zur Idee des Guten* (Halle 1869)，虽然这部作品已经老旧，但仍然总是很有价值。就像我们可能会猜到的，它受到了Franz Brentano的启发。Stumpf和Brentano认识到，柏拉图在他对自己学说的这一部分所做的公开表述中极其清楚地描绘了《理想国篇》中善的原则的神性。系统性地讨论这个问题需要首先更深入地分析《蒂迈欧篇》。《蒂迈欧篇》让宇宙起源学意义上的“城邦”和“法律”具有了柏拉图神学的教育色彩。关于柏拉图在他的公开表述中没有提及其认知的这个终极和最高的层次，参见《第七书简》。[英译本注释：现代“价值”理论之父Hermann Lotze接受了Stumpf的论文。脚注里无法写下这个问题的历史，它将永远是个问题。当我有时间续写我的*The Theology of the Early Greek Philosophers*（上页注释⑤），追溯这个问题在希腊思想古典时代的发展时，我在别的地方给出我的全部论点。在讨论柏拉图的观点时，我们应该记住他本人在《蒂迈欧篇》28c所说的话：“很难找到这个宇宙的缔造者和父亲，即使找到了，也不可能向所有人展现。”因此，柏拉图关于神明所说的一切都具有庄严和神秘的形式。主要是为了他的思想的这个核心问题，我们必须找到《斐德若篇》中的著名段落和《第七书简》，它们谈到了不可能将（柏拉图）哲学的精髓付诸文字。柏拉图从不止一个方面讨论了神的问题，就像F. Solmsen在*Plato's Theology* (Ithaca, New York, 1942)中正确地指出的。他的主要讨论方法是什么？《蒂迈欧篇》和《法律篇》中关于神明所做的明确表述（部分以神话形式，部分基于哲学论点）表明，柏拉图越来越关心解决这个问题的宇宙起源学和物理学方面。对此事的全面讨论——我在这里当然无法给出——必须把它们考虑在内。Solmsen的书是对该主题的现有证据所做的最新和细致的思考。对于善的理念及其在《理想国篇》中的神圣地位，Solmsen和另一些人都否认神明是“宇宙的原则”（就像柏拉图所称的）。另见他的前辈P. Bovet的*Le dieu de Platon* (a Geneva dissertation, 1902)，且不提其他许多人，包括像Shorey和Gilson这样的学者。我真心觉得很难相信，柏拉图最初会从自然哲学和物理运动的观点出发讨论他的伦理和政治哲学的核心问题——神明——或者其他任何问题，就像他在《蒂迈欧篇》和《法律篇》中所做的。诚然，他逐渐开始觉得这个方面变得越来越重要：他认为，必须要有神明来推动星辰。但他讨论这个问题的首要方法是苏格拉底式的，而非前苏格拉底式的。从《游叙弗伦篇》到《理想国篇》，我们在他的对话中可以看到他遵循这样的思路。在那里，苏格拉底问题——什么是德性的本质和统一性——最终表现为作为“万物尺度”（神在《法律篇》中被这样定义）的神明的问题。在柏拉图的作品中，研究神明的方法不止一种，神明也不止有一面：神是万物所追求的绝对的善，神是世界的灵魂，神是造物主，神是理性（nous），有看得见的神，比如太阳、月亮和行星等等。正是柏拉图哲学中神明面向和形式的多样性让希腊化时代的批评者们感到困惑——不仅是他们，现代学者甚至更加困惑，他们期待在柏拉图作品中找到唯一的神，而不是一切充满了神（πάντα πλήρη θεῶν）。亚里士多德失传的对话《论哲学》同样如此，在这方面它显然与柏拉图的神学相类似：见拙作*Aristoteles* S. 140，以及伊壁鸠鲁派的批评，残篇26 Rose（西塞罗，《论神性》，1. 13. 33）。]

拉图为善的理念安排了太阳般的地位，把它变成可理知世界的统治者，在希腊人的意义上赋予了其神性价值，即便他没有明确说出那个词。[①]他在这里似乎有意回避这样做，因为这种想法如此显而易见，读者自己也能完成。这样做还能使其突出他的原则和大众宗教神明的区别。[②]根据他自己的假设，就像他在谈及卫兵教育时为诗人们所定义的“关于神学的类型”
885 中所设定的那样，没有什么比善的理念更配得上神明之名，因为它最符合在那里提出的原则，即神明不干坏事，永远只做好事。[③]上述宗旨是柏拉图对史诗和悲剧中的神明形象提出批评的依据，它基于这样的认知，即善的理念是最高原则。可能也正因如此，善的理念没有被称作神明，因为这个名字不会对它的定义增加任何实质性的东西。相反，神明只会做好事的原则却让善的理念成了神明本质和行为的最高尺度。[④]事实上，善具有“神性”价值的最重要证明恰恰在于，它把自己的特征作为“尺度”印刻在柏拉图的神明概念中。因为就像《法律篇》中所说，神是万物的尺度，[⑤]而之所以如此是因为神是善的。在《理想国篇》中，善的理念是绝对的准则，为柏拉图的思想中早已确立并始终坚持的观念，即哲学是最高的衡量技艺奠定了基础。与《普洛塔哥拉篇》中智术师和民众所相信的不同，这种衡量技艺无法建立在主观快感和痛苦的纯粹考量之上，而是一种

① 国王的概念包含了统治者的行为；柏拉图《理想国篇》509d提到了βασιλεύειν，而对于他们的最高原则，前苏格拉底思想家们更常用的是κυβερνᾶν。两者是近义词，表示希腊人受到宙斯的统治。另一方面，许多前苏格拉底哲学家回避“神明”（θεός）一词，更喜欢说“神性者”（τὸ θεῖον），这不同于民间观念中以个体形象出现的神明。

② 另一方面，柏拉图把太阳（鉴于其在可见世界中的位置）与精神世界中的善相提并论，称其为天上的神，是光和视觉的主宰者。这更多是一种诗性的表达，因为在柏拉图的其他作品中（《蒂迈欧篇》和《法律篇》），以及他的弟子奥普斯的菲利布斯（Philippos von Opus）的《厄庇诺米斯篇》中，太阳和星星也被称为“可见的神明”（ὁρατοὶ θεοί），与不可见的最高神明相对。这个问题同样非常重要，因为柏拉图在《理想国篇》中的比喻把日神这个天上最高的可见神明称为“儿子”，把“善”称为“父亲”。

③ 参见《理想国篇》379a的“关于神学的类型”（τύποι περὶ θεολογίας）。这种神学的首要原则是（379b），神明在本质上是善的（ἀγαθὸς τῷ ὄντι），柏拉图用τῷ ὄντι表示理念的存在。

④ 诚然，在希腊宗教的意义上，“神”是谓词，相比于被希腊人奉为神明的世界上的其他许多力量，影响一切的至高的善更有理由被称为神。但对柏拉图来说，哲学上本质的东西自然是他对真正理解神性所做的贡献，他通过把世界的原则定义为善的本身做到了这点。

⑤ 《法律篇》，716c。柏拉图在《法律篇》中称神明为万物的尺度，这无疑有意与普洛塔哥拉的名言形成矛盾，后者表示人是万物的尺度。

完全客观的尺度。[1]不过，我们在这里还要援引另一个证据。在亚里士多德的一篇显然仍站在柏拉图信念立场上的早期对话中，他把善称为“最精确的尺度”。[2]这种表述表明，善曾经与柏拉图所要求的精确的衡量技艺有着紧密的关系，另一方面又以受人欢迎的方式在《理想国篇》中善的理念和《法律篇》中作为万物尺度的神明之间架设了桥梁。

对柏拉图的现实主义而言，善的理念本身是好的，甚至说善是最完美的形态，就像美的理念本身是美的，甚至说是最美的存在。但现在对柏拉图来说，善的存在和幸福是同一的。[3]对希腊人的宗教思想而言，没有什么比幸福更符合神明的本质了。荷马的神明是绝对的“有福者”。根据我们的诠释，作为世上一切值得被称作善的东西的模板，善的理念（如果 886
柏拉图真的将其视作神明）也是对幸福的称谓，德性（即善的存在）与幸福同一的学说无疑让他更容易解释这种称谓。作为世上各种德性的存在基础，绝对的善必然参与了幸福（Eudaimonie），甚至是后者的终极来源。事实上，在《理想国篇》后文中一个在这方面很少被注意的段落里，柏拉图把善的理念称作“所有存在中最幸福的”。[4]现在可以清楚地看到，善是哲学家灵魂中具备了对其知识的至高范式。[5]柏拉图没有用凡人形象代表德性的理想典范，就像早前的教化通过诗人的作品呈现在人们眼前的那样，他在《理想国篇》中的新式哲学教化将神性的善作为绝对的范式。因

① 《普洛塔哥拉篇》，356d—357b。真正的尺度是善本身。关于最高的衡量技艺，以及哲学家的价值认知（φρόνησις）是一种衡量活动的想法贯穿了柏拉图的作品，一直到最后阶段。在《政治家篇》《菲利布篇》和《法律篇》中，它一再被用于伦理、政治和立法中正确行为的问题上。《法律篇》中称神明是万物尺度的段落标志着这种思想的顶峰（参见上一页注释①）。但早在《高尔吉亚篇》中，柏拉图就再明确不过地表示只有善是真正的目标。

② *Dial*, fragm. ed. Walzer S. 99 (79 Rose).

③ 亚里士多德在这一表述中看到了柏拉图主义的本质；关于他的祭坛哀歌和对这些诗歌的阐述，参见拙作 *Aristoteles* S. 107ff.。

④ 《理想国篇》，526e。柏拉图在这里谈到了灵魂朝着能够找到存在着最高幸福（τὸ εὐδαιμονέστατον τοῦ ὄντος）的世界的自我转向。他指的是善的理念本身。

⑤ 到此为止，《理想国篇》484c 只是表示，失去了存在者的认知，灵魂中没有清晰范式的人与盲人没有多少区别，因为他们不具备可以从那里观察自己的思想和在各种事务中为自己定位的参考点。就像我们后面将会看到的，与之相反的是柏拉图理想国的哲人统治者，他们管理着（κοσμεῖν）自己和城邦，把灵魂中更清醒的部分朝向给予万物光明的东西，能够看到善的本身纯粹的样子，以便随后将其用作范式（《理想国篇》540a）。这种至高的范式是“万物的尺度”，柏拉图在《法律篇》（716c）谈到了它，将其等同于神。

此，《泰阿泰德篇》中的表述——哲学家向着德性的努力被称作“与神明相似”——成了对柏拉图教化的精辟表达，[①]善的理念同对哲人统治者教育（前者是他们“最重要的课程”）的联系变得一清二楚。如果说神明的本性是善的，或者说神明就是善本身，那么人类所能达到的最高德性就是与神明相似的过程。因为正如柏拉图的短篇对话中已经指出的，“善自身”或者“善本身”是所有个别德性的基础。通过对它们所探求的德性本质的追问，这些作品都指向同一个目标：它们无意定义个别德性，而是通往善的原则自身，《理想国篇》中将其揭示为一切存在和思想的神性起源（ἀρχή）。这看上去完全不符合我们在前文提到的事实，即柏拉图明确将“类人”形象作为哲学画家的目标和任务放在更高教化的入口旁。[②]但在那里，他已经将这种“类人”形象同荷马人物的“类神”形象做了比较，并指出这种新的人类形象必须如此混合理想和现实的特征，使其尽可能地受
887 神明喜爱。[③]因此，人类的个体偶然性并非最终准则，就像智术师的教化所希望的，他们把人作为万物的尺度。完整的人性只有在向着神明，即向着永恒尺度靠近的努力中才可能实现。

我们的上述思考已经超前了。柏拉图首先似乎只是停留在善的理念的形而上学方面。他似乎完全没有看到善的理念同人类教育任务的关系。这导致诠释者一再被误导，他们把太阳的比喻从背景中抽离，将其本身理解为对柏拉图的形而上学和认知理论的充分象征，特别是因为它位于第六卷的结尾，从而（与柏拉图的意图相左）看似成了独立于后文的描述的高潮。但知识——太阳比喻解释了它在人类灵魂中的产生——正是关于善的知识，直接与德性问题联系在一起。即便当柏拉图的思想从苏格拉底哲学中发展出终极的形而上学结论时，从其结构中仍然可以看到作为其发端的教育之根。以善的理念为顶峰的本体论是教化的形而上学。柏拉图所说

① 《泰阿泰德篇》176b，ὁμοίωσις θεῷ，另参见《理想国篇》613b，εἰς ὅσον δυνατὸν ἀνθρώπῳ ὁμοιοῦσθαι θεῷ（尽人所能地与神明相似）。如果神明就是善本身，那么 ὁμοίωσις θεῷ 就成了对“获得德性”的表述。

② 《理想国篇》501b，τὸ ἀνδρείκελον。

③ 《理想国篇》501b，τὸ θεοειδές τε καὶ θεοείκελον（神明的形象和样子）；501c，ἀνθρώπεια ἤθη εἰς ὅσον ἐνδέχεται θεοφιλῆ ποιεῖν（使人的性格变得尽可能地受神明喜爱）。

的存在并非与人类及其意愿无关。充满柏拉图的理念世界的善的理念看上去是一切努力的自然目标，对它的认知要求人类和他们的行为采取相应的态度。但这个目标位于直接已知的表象世界之外，仿佛有多重面纱将其从感性人类的眼前遮蔽。因此，第一步是除去这些障碍，让善的光芒完全进入灵魂之眼，使其可以看见真理的世界。

于是，柏拉图让太阳比喻成为认知阶段的图景，从最空洞的表象直到对最高存在的观看。他用数学将我们的认知接近存在的各个阶段形象化
为一条直线，分成不等长的两段；两段直线又以和整条直线相同的比例被 888
再次分割。[①]两条主线段描绘了可见和可理解的世界，或者（从理念学说的视角出发）纯粹观念的世界以及真理和认知的世界。在代表可见世界的两条次线段中，一段表示各种映象，比如事物在水中或能够产生反射的坚硬光滑物体上留下的影子和镜像；另一段代表了我们周围的动植物，以及各种手工制造的物品。第一类对象是第二类的映象。我们在两个阶段遇到的是清晰和真实程度不同的同一对象。现在，第三和第四类对象之间也必然存在相应的关系；因为对整条直线及其两个部分按照相同比例的分割暗示，柏拉图眼中有一种正确的比例。它的真正意义当然无法通过几何线段得到充分表达，因为柏拉图关心的并非比较对象的数量关系，而是它们的现实性和我们对其知识的准确性的相对程度。直到第二条主线段中，我们才走出纯粹观念的世界，进入了科学认知和研究的世界，以及真理的王国，柏拉图对哲人统治者的教育将在这里展开。它的教学方法的基本思想在这里第一次被约略提出。它本身同样被视作一个阶段过程，无论是在超越感性世界的方式上，还是在向着最终巅峰的攀登中。

这条线段的第一部分代表了处理对象的技艺（τέχναι）[②]，就像数学从假设出发，一直推导出最终结论，获得新的知识。[③]虽然数学用可见形象
作为映象，但它展现的真理并不真正适用于映象本身，而是与三角形和 889
圆形本身有关，它在思考中将其视作对象。[④]数学将感性事物抽象化，致

① 《理想国篇》，509d。
② 《理想国篇》，511c6。
③ 《理想国篇》，510b。
④ 《理想国篇》，510d，参见510b。

力于认知圆、三角形和角等数学对象本身，因此它最为接近至高的哲学认知方法。但另一方面，它又以双重方式同感性世界和与之相对应的认知阶段——意见（Doxa）密切相连：首先，它从建立在对可见形象感性观看基础上的假设出发，即便它的定理并非真正用于这些映象；其次，它在根本上从未向上超越这些被认定（“要求”）为真的假设，由于它逻辑地根据它们一路向下，直至得出最终结论，必须把这些假设当作原则（ἀρχαί）来使用。[1]直到可理知世界的最后（即第二个）部分，我们才获得了某种知识，尽管同样从假设出发，但它并不像数学那样将其作为原则，而是仅仅像那个词[2]本来所表示的，作为基础和台阶，我们由此向上攀登，直至来到万物的无条件的原则。[3]这种认知方式是真正或纯粹的逻各斯。它在攀登过程中领会了最高原则，当它来到最高原则旁，它又向着最接近那里的台阶进发，由此一路走向终点，完全没有求助任何感性观看，而是始终从理念向理念前进，并将理念变成了最终的落脚点。[4]

柏拉图多次提到对这种阶梯本身进行简要的形象化描绘的困难，因为苏格拉底的交谈者虽然平时颇为熟悉哲学，但对于这个问题，他们开始完全无法理解，最终也只是一知半解。[5]不过，柏拉图显然没有想要在一页纸上展现他的方法理论和逻辑的终极秘密，就像大多数诠释者似乎认为的，他们一直把这个段落当成自己的乐园。相反，柏拉图只是希望粗略地展现通往摆脱一切感性映象的辩证法的认知阶梯，这种辩证法引出了无条
890 件的万物原则，并由此能够将其他的一切理解为源于那个原则。只有这种知识才配得上理智（νοῦς）之名，相比之下，数学阶段只是纯粹的思想和理解（διάνοια）；对事物世界的感性知觉阶段只是一种没有证据的不言自明的信念（πίστις）；而第四个阶段完全基于猜测（εἰκασία）。[6]从下一个更

① 《理想国篇》，511c—d。

② 指“假设”（ὑποθέσις）。——译注

③ 《理想国篇》，510b（参见上页注释④）。

④ 《理想国篇》，511b。

⑤ 《理想国篇》，510b10和511c3。

⑥ 《理想国篇》，511d。柏拉图在这里提出的四个阶段之间的比较标准是它们所代表的σαφήνεια和ἀσάφεια的程度。σαφήνεια既表示清楚性，也表示对象的真实性。

高的阶段，即从对真实事物的感性知觉来看，它的对象是纯粹的映象。[①]不过，感性现实（比如木球）同样是数学家研究的那种现实（球体本身）的纯粹映象。[②]柏拉图并未表示，数学认知中所指的存在与辩证法所理解的是映象关系。但他无疑看到了某种类比性，因为他指出，被数学家当成原则的最普通定理对于哲学家来说是纯粹的假设，后者由此出发，寻求真正的原则。[③]

四个阶段所表现的数学比例，把我们从作为第六卷结尾和高潮的太阳比喻引向第七卷开头的洞穴比喻，作者此前只是抽象地描绘了知识向着善的理念的升华，现在则用最出色的诗性体验力量将其变成了象征。接着，苏格拉底如此开始讲述洞穴人的著名故事：将我们受过和未受教化的天性与资质比作下面的经历。[④]他设想了生活在地底洞穴中的人，洞穴经由一条长长的窄道通往上方的光源。居民们从童年开始就生活在洞穴里，腿上和脖子上戴着枷锁，因此无法活动，永远只能看到前方。他们背朝出口。出口通道的另一头，在远离他们背后的地方燃着一堆火，火的反光从囚徒的头部上方射到洞穴的后壁上。他们和火堆间有条向上的道路，沿着它建起了一堵墙，就像木偶戏舞台上的屏风，表演者在那里耍弄他们的木偶。它的背后，人们沿墙拿着各式各样的木头和石头的用具与雕像，有的 891
默不作声，有的说着话。这些物品突出墙头，火堆将它们的影子投射到洞穴的内壁上。囚徒们无法将头转向洞口，终生只能看见影子，于是顺理成章地以为影子就是现实。如果同时听见路过者语声的回响，他们会以为听到了影子形象说话。

如果他们中有人被松开枷锁，突然向上走去，并看到了光，那么他将无法注视那些他之前所见影子的物体的彩色光芒。而当有人向他保证，

---

① 映象（εἰκών）不仅表示重复，也表示弱化，就像这个例子所显示的。柏拉图在509e—510a也把可感知物体的影子和镜像称为εἰκόνες。

② 《理想国篇》，510e和511a。

③ 《理想国篇》，511b5。

④ 《理想国篇》，514a。“比作”（ἀπεικασον）一词明确将下面的比喻同柏拉图在这里所使用的其他映象（εἰκόνες）放在同一层面上，就像太阳比喻和数学比例。因为正如509c6的同义词“相似物”（ὁμοιότης）和从属于εἰκών的动词ἔοικε所表明的，后者也是一种真正的映象（510a5；d7）。

他此前看到的一切都是幻影，他的眼睛现在看到的是一个更高现实的世界时，他也会无法相信。[①]他更愿意坚信，他所习惯的影子形象才是真正的现实，并带着痛苦的眼睛逃回洞中。在长时间的适应之后，他才能够注视地上世界。他首先只能看见影子，以及人和其他物体在水中的倒影，最后才是物体本身。然后，他将注视夜晚的天空，以及星星和它们的光芒，直到他最后可以看着太阳，不再是水中或其他物体上的倒影，而是完全在其正确位置上的太阳本身。然后，他会认识到是太阳造就了季节的更迭和岁时，太阳统治着可见世界的一切事件，还是他和其他人一直看到的一切（哪怕只是影子）的原因。然后，当他回忆起自己之前的居所和当时的见识，以及他的狱友，他会庆幸自己经历的改变，同情自己的同伴。假设在被束缚者中，能够最清晰地看见眼前飘过的影子的人会得到某种尊敬和认
892 可，他们能够最好地回忆起哪些通常首先出现，哪些随后，哪些同时，因此最善于预言哪些将会到来（指完全依靠经验的政治家），那么获释者将很难想要回归和嫉妒享有这种尊敬的同伴，而是——就像荷马的阿喀琉斯——宁愿在地上世界做最低贱的短工，也不愿在亡灵的国度做鬼魂的国王。[②]不过，如果他回到洞中，不得不再次与其他人竞相分辨影子，那么他将变得可笑，因为他无法继续在黑暗中视物，人们会说，地上世界之行毁坏了他的眼睛。要是有谁试图解救其他人，把他们带到上面，人们会杀了他，如果他们能抓住他的话。

柏拉图还亲自解释了这个比喻的含义。当我们把它同之前说过的东西，即太阳比喻和存在阶段的数学比例联系起来时，它的意思就将变得明了。[③]洞穴对应了可见世界，将光线射入洞中的火堆就是太阳。向上攀行

① 《理想国篇》，515c。

② 《理想国篇》，516c9。显而易见，柏拉图在这里将理念知识意义上的政治（以对神性之物的观看为顶点）与纯粹经验的政治做了对比。因此，用 εἰώθει（通常，516d1）一词来描摹传统和非苏格拉底意义上的政治家体现了这点。因为一切完全基于经验的定律和判断只在最有利的情况下才能获得对通常会发生什么和不发生什么的洞见。关于用 γίγνεσθαι 或 συμβαίνειν εἴωθεν（通常产生，发生）等表述作为医学中的实证方法的特征，参见拙作 *Diokles von Karystos* S. 31；关于政治中的，见我的论文 *The Date of Isocrates' Areopagiticus and the Athenian Opposition*, in *Athenian Studies presented to W. S. Ferguson* = *Harvard Studies in Classical Philology,* Special Volume (Cambridge 1940) S. 432。

③ 《理想国篇》，517b。

和注视地上世界是灵魂升入可理知世界的感性画面。苏格拉底把这一切作为他的个人“希望”，但那正是格劳孔想听的。只有神明知道那是否为真，但在他看来的确如此。[①]这种意义上的希望概念特别为领受秘仪者对彼岸的期待所利用。在这里，从此岸到彼岸的过渡被用来表示灵魂从可见世界跨入不可见世界。而对真实存在的认知则是从时间进入永恒。在纯粹认知的领域，灵魂“努力”学会看到的终极目标是善的理念。不过，一旦看到了它，人们就会认定那是整个世界上一切正确和美丽之物的来源，愿意使用理智的人一定会看到它，无论是在私人抑或公共生活中。[②]真正的哲学家拒绝参与人类事务，并渴望留在上面，与上述比喻相合，这并不让人意外。我们还明白，当他从这种神圣的景象回到人世的恶事，而他为高处的 893
光芒所炫的眼睛还没能适应黑暗时，他必然会变成可笑的形象。不过，灵魂之目从光明下到黑暗时所遭遇的视觉错乱不同于从无知的黑暗进入光明时所经历的，看到过地上事物的人不会取笑，他会因为后者而贺喜灵魂，因为前者而同情它。[③]

我们严格根据柏拉图本人的话复述了《理想国篇》中的上述整个段落，不仅因为它是作品中光彩夺目的诗性高潮，而且首先因为它对我们的对象至关重要。此外，面对此处意义深刻的比喻（从古代开始就以最截然不同的意思被无数次解释），我们还有个独一无二的有利条件，因为柏拉图提供了自己的诠释，清晰、充分和简要地说出了一切必要的东西。这一诠释恰好把读者的注意力引向了柏拉图认为是关键的那个点上，从而避免了被岔开到虽然可能本身很重要，但在这里不必更深入探究的问题，比如现代哲学特别感兴趣的哲学方法问题。我们这个段落对该问题所做的表述更多需要通过柏拉图的其他对话来解释，而不是反过来有助于对它们的解读。因此，下面我们只是简要地概括一下柏拉图本人关于这两个比喻对他的主题有何作用的看法。

就像我们已经指出的，太阳比喻和洞穴比喻通过四个存在阶段的数

① 《理想国篇》，517b6。
② 《理想国篇》，517c。
③ 《理想国篇》，517d。

学比例而成为整体，它为教化的本质提供了独一无二的生动形象。我们在对古代哲学的所有描绘中都能看到这些比喻，它们作为柏拉图世界观令人印象深刻的象征而被复述，但人们很少重视第七卷开头引入洞穴比喻的那
894 句话，柏拉图在那里明确将其说成是对教化的比喻。更准确地说，他称其为关于人类天性及其与有教化（Paideia）和无教化（Apaideusie）关系的比喻。对于能够在逻辑关系中同时理解一系列句子的读者来说，其中包含着向前和向后的双重暗示。教化在洞穴比喻中并非第一次被提到，它同样与之前的太阳比喻和存在四个部分比例的学说有关。在那里，教化的目标被确定为关于善的理念的知识，善是一切尺度的尺度。当善的理念被称为"最大的学问"时，我们就提到过，这应该是描绘哲人统治者教育的第一步。[①]随后，洞穴比喻又指出我们的天性与这个目标有何关系。[②]与太阳比喻不同，它没有从无条件之物出发看待教化，而是从人出发：作为灵魂在注视最高本质过程中的变化和净化。当柏拉图把我们的注意力从目标转向教育之内在过程的"激情"时，他同时也让我们进一步看清了对教育在数学和辩证法中的方法过程的真正描绘。在接下来的段落让读者对这种学习的教育价值进行冷静理智的权衡前，他首先通过灵魂向着光明和真正现实世界攀登的想象先行描绘了整个精神过程的本质和影响。他让我们切身体验了这种"激情"的动力，利用灵魂中发生的变形让知识的解放工作变得可见，他称这种工作为最高意义上的教化。

柏拉图早前对话的每位读者一定会期待，《理想国篇》的教化体系何时会从《美诺篇》第一次提出的知识概念的革命中得出结论。事实上，柏拉图从最早的作品开始就致力于表明，苏格拉底的无知是一个走上征服之
895 路和深化迄今占据主流位置之知识的人所面临的难题。《理想国篇》对该问题的解释在准确性上自然比不上专门探讨知识问题的对话，而是仅仅整理了它们的成果。柏拉图本人如此解释太阳和洞穴比喻，他完全摒弃了"教化"的惯常描绘，即那是将知识注入此前无知的灵魂，就像我们把

① 《理想国篇》，504e和505a。

② 《理想国篇》，514a，ἀπείκασον τοιούτῳ πάθει τὴν ἡμετέραν φύσιν παιδείας τε πέρι καὶ ἀπαιδευσίας（将我们受过和未受教化的天性比作这样的经历）。

视力注入失明的眼睛。[①]真正的教育是唤醒灵魂中沉睡的能力。它开动了人们用来学习和理解的器官，或者沿用眼睛和视力的意象，人的教育是让灵魂正确地面向光源，也就是知识。就像我们只有转动整个身体才能面对光，我们也必须让“整个灵魂”离开“生成中”的领域，直到它能够承受对最明亮存在的注视。[②]

因此，哲学教育的本质是“皈依”（Konversion），是这个词最初所表示的空间形象意义上的转变。它是“整个灵魂”转向善的理念之光，即万物的源头。[③]一方面，该过程让认识基于某个客观存在中，从而不同于后来借用了皈依这一哲学概念的基督教信仰体验。另一方面，正如柏拉图所理解的，该过程完全与唯理智论（Intellektualismus）无关，就像人们错误指责它的那样。《第七书简》指出，知识的火花只会在这样的灵魂中被点燃，经过长年的努力，灵魂与对象，即善本身变得尽可能地相似。[④]这种“知识”（Phronesis）是美德，柏拉图将其作为哲学美德，与公民美德区分开来，因为它把自己建立在对一切善之永恒原则的有意识认识之上。[⑤]与其相比，作为卫兵教育目标的所谓的美德（审慎、勇敢等）更接近身体美德（力量、健康等）。它起初并不存在于灵魂中，而是通过习惯和练习在那里生成的。[⑥]知识这一哲学美德是苏格拉底毕生研究的那种全 896
面美德。它属于人更具神性的部分，虽然始终存在于他们身上，但它的发展取决于灵魂的正确方向和将其真正转向善。[⑦]哲学教育和与之相应的哲学美德是更高等级的教育和美德，因为它们是更高等级的存在。在通过向着真理努力来实现灵魂的精神塑造的道路上，如果存在某种朝着更高存

① 《理想国篇》，518b6起。

② 《理想国篇》，518c。

③ 《理想国篇》，518c—d。柏拉图在这段话中用的词是περιαγωγή（转动），但表达有所变化。他还使用了περιστροφή和μεταστροφή，以及相对应的动词。它们都试图营造同一个感官画面形象：头部的转动和把目光转向神性的善。参见A. Nock, *Conversion* (Oxford, 1933)：他回顾了皈依这一基督教宗教现象在古典希腊的前身，因而也提到了柏拉图的立场。如果不是从皈依现象本身出发分析该问题，而是探究基督教皈依概念的起源，那么我们必须把柏拉图本人视作其创造者。这个词在早期基督教的柏拉图主义的基础上被转移到基督教信仰经验中。

④ 《第七书简》，344a；参见341c—e。

⑤ 参见《理想国篇》，500d；《斐多篇》，82b。

⑥ 《理想国篇》，518d。

⑦ 《理想国篇》，518e。

在，从而朝着更高完美的进步，那么用柏拉图在《泰阿泰德篇》中的话来说，这条道路就是“与神明相似”。[①]

苏格拉底和交谈者为认识美德本身和善本身所做的努力从一开始就让一种无休止的隐秘压力充斥着柏拉图的对话，这种压力在这里停止了。它在这里实现了目标，虽然事实上永远无法以恒久的占有和惰性的自我满足告终。从个例来看，哲学的最深刻本质决定了它是一种永远朝着“存在中的范式不断前进的努力”。[②]但在对城邦的理想构思中——对它的构想完全基于这种知识，并且以其为构建原则——哲学必然会作为终极和迫切的东西出现。在这个城邦中，关于“万物本源”，[③]即世上的一切善的原因的知识成了统治的基础和目标。一边是上述原则，一边是“神是万物的尺度”这一《法律篇》中的基本原理，两者除了表达方式外并无区别。[④]《法律篇》中的城邦是“神的统治”（theonom），但它与《理想国篇》中的城邦并不矛盾，反而以后者为模板。前者同样坚持那条最高原则，尽管它做了这样的安排，仅仅把对应存在的较低级阶段的空间留给了哲学知识，那里是其产生的地方。柏拉图在《斐多篇》中表示，发现善和目的
897 因（Zweckursache）是对自然理解之过程的历史转折点，区分了前苏格拉底和后苏格拉底世界。[⑤]亚里士多德把这种思想置于《形而上学》第一卷中他的哲学史的中心。[⑥]不过，除了自然，上述结论也同样适用于城邦的哲学。对柏拉图来说，在自然方面，苏格拉底的这一转向区分了自然学（Physik）与某种最高的哲学，后者即理念学说和神学的最终目标。在政治中，对于善的理念是一切活动之目标的认识促成了哲人，即新的精神宗

① 换句话说，在柏拉图看来，人类灵魂和神明之间存在着实现完美的漫长而艰辛的道路。否则德性就会变得不可能。柏拉图在灵魂和神明间架设的桥梁就是教化。教化是真正存在的增长。

② 《泰阿泰德篇》，176e。这个段落谈到了两种相互对立的“存在中的范式”，一种是神性的，一种是非神性的（善的和恶的），前者是最大的幸福，后者是完全的不幸。这让我们想起了《理想国篇》472c，柏拉图将正义的理念与完全正义之人，不义的理念与完全不义之人作为范式（παραδείγματος ἕνεκα）相互放在一起。与《泰阿泰德篇》一样，《理想国篇》中也用“与神明相似”作为德性的概念（613b），我们在前面已经提到，参见本书第731页，注释①。

③ 《理想国篇》，511b，τὴν τοῦ παντὸς ἀρχὴν。

④ 《法律篇》，716c。

⑤ 《斐多篇》，96a起，98a起。

⑥ 参见亚里士多德，《形而上学》，1. 3. 984b起和1. 6. 987b1。

教的承载者对纯粹理念国家的统治。

毫无疑问，就像亚里士多德的祭坛哀歌中所表明的，弟子们在柏拉图关于善是世界本源的宣示中看到了一种新宗教的创立，他们还在老师身上至少一次看到，柏拉图将善等同于幸福的信仰在这个世界上形象地变成了现实。[①]依据学园的传统和柏拉图将哲学设定为目标，亚里士多德将他的“第一哲学”称为神学。[②]柏拉图的弟子——奥普斯的菲利布斯（Philippos von Opus）为自己编集的《法律篇》添加了续篇，他同样把神学视作篇中智慧的本质。[③]在这种神学中——获得学园的首肯后，他才得以用续篇形式进行编写，并与《法律篇》一起发表[④]——作为法律城邦的原则并非善的理念学说，尽管他显然将其视作模板，而是以《蒂迈欧篇》中关于“可见神明”的天文神学为基础，[⑤]这最终对应了《法律篇》中更加实证主义的存在阶段和《理想国篇》中的纯粹知识间的区别。事实上，柏拉图是神学概念的创造者，这个革命性概念在世界历史上首次出现的地方是柏拉图的《理想国篇》，为了把对神明的知识用作教育中的善这个目标，那里给出了神学的“基本方针”。[⑥]神学（即通过哲学理解探讨最高深的问题）是一种希腊人特有的创造。它是最高精神勇气的产物，柏拉图的弟子们与希腊人普遍的（事实上是民众的）偏见展开了斗争，即神明的嫉 898
妒拒绝人类理解这类高深的东西。他们的斗争并非依赖他们自信拥有的神性启示的权威，而是以柏拉图教给他们的善的知识的名义，这种知识的本质是不嫉妒。[⑦]

于是，相比于一切纯粹的宗教，即完全基于神秘思想和观念的大众的敬神，神学看上去是更高和更纯粹的精神阶段。在人类文化的一个早

① 参见拙作 *Aristoteles* S. 109 和 “Aristotle’s Verses in Praise of Plato” (*Classical Quarterly* Bd. XXI 1927) p. 13ff.，我在文中更准确地指出，亚里士多德在诗中留给老师的位置只能与宗教创立者相比较。

② 亚里士多德，《形而上学》，6. 1. 1026a19；另参见拙作 *Aristoteles* S. 159。

③ 《厄庇诺米斯篇》首先讨论了所谓“可见的神明”，即作为神明的星星。

④ 第欧根尼·拉尔修，3. 37。我在这里不讨论其真实性的问题。

⑤ 参见《蒂迈欧篇》，40d。

⑥ 《理想国篇》，379a。

⑦ 《厄庇诺米斯篇》，988a；亚里士多德，《形而上学》，1. 2. 982b28—983a11；《尼各马可伦理学》，10. 7. 1177b30—33。

期阶段，国家以此为基础建立了自身的秩序。在柏拉图的时代，虔敬仍然普遍是城邦公民的主要美德之一，尽管受到理性的怀疑影响。柏拉图从这种稳固的政治-宗教传统中提取了它和其他三种美德。从他最早的作品开始，它就是哲学兴趣的对象。苏格拉底死后不久，他便在《游叙弗伦篇》中向虔敬献上了它自己的对话。在那里，他批判性地比较了传统的虔敬概念和新的苏格拉底式虔敬，后者不仅将善作为地上的，也作为天上万物的唯一衡量尺度。[①]《游叙弗伦篇》是第一部提出"理念"概念的柏拉图作品，这并非没有原因。[②]在《理想国篇》的卫士教育中，虔敬作为教化第一阶段的所谓"美德"之一出现。而在统治者哲学教育的更高存在阶段中，它消失了。在这里，它与其他三种公民美德融合成更高的整体——"智慧"，后者本身是灵魂的神性部分，能够看出纯粹形态的神就是善的理念。在这个阶段，希腊人所创造的哲学形式的虔敬取代了民众的虔敬，前者便是神学，现在成了城邦的原则。作为柏拉图的代表作，《理想国篇》为教化奠定了理想的基础，那是一篇名副其实的"神学-政治学论文"（tractatus theologico-politicus）。无论希腊的城邦与宗教关系多么密切，希腊文化从来都不认可基于教条的教士统治。在柏拉图的理想国
899 中，希腊创造了与东方的教士神权统治相反的可敬而理想的图景：这是一幅哲人统治的勇敢图景，建立在孜孜以求的人类精神认知神圣之善的能力之上。对此，我们之前已经暗示，虽然柏拉图把他的理想国想象成希腊城邦，但希腊文化只是他塑造理想国的主要材料。由于神圣之善的理念在这一原料中表现为塑造性原则，从法治国家思想在希腊城邦出现以来就活跃着和致力于发挥普遍影响的理性元素获得发展，达到了最高的普遍性。它的可见象征是将善比作照亮整个世界的太阳。

不过，在开始了解哲学认知本身的方法过程（与对教育本质的这种理解相对应）之前，我们对哲人统治的可实现性产生了新的担忧。先前，我们必然会对哲学家是否有能力承担此职感到怀疑，而现在，存疑的首

---

① 《游叙弗伦篇》，11e；另参见10a提出的鲜明的二元选择：神明喜爱虔敬，因为那是虔敬的，还是说虔敬之所以虔敬，（仅仅）是因为它被神明喜爱？这个问题旨在将神明等同于善。

② 《游叙弗伦篇》，6d。

先是，在大费周章地登上能够看见纯粹存在的高处后，他是否愿意再下来。[①]在能力的问题上，洞穴比喻中的所谓实践政治家的见识无疑显得很糟糕。柏拉图把他们中在狱友间享有某种可疑声望的人——因为他们能最准确地区分影壁上相对最常见的图像序列——描绘成无原则的权力经验主义者，城邦的领导权现在就掌握在他们手中。[②]根据这一比喻，如果无教化者（ἀπαίδευτος）是在自己的生命中没有固定目标的人，[③]那么政治家就是这一类型的最佳写照；因为在柏拉图的意义上，在他们心中唤起野心和统治欲的主观“目标”配不上目标之名。如果我们和柏拉图一样把拥有无条件的目标作为招聘统治者职位的最高标准，那么凭着自己的教化，哲学家将成为唯一真正的受聘者。但我们如何才能说服他离开“福人岛”，把严重影响他发挥自身研究能力的负担扛到肩上呢？[④]作为“沉思生活” 900
之乐园的写照，福人岛是如此幸福的图景，被不断沿用。在年轻亚里士多德的《劝勉篇》中它将再次出现在我们面前——柏拉图的弟子在那里为自己的哲学生活理想做了广告——并将特别通过该作品在古代晚期及以后的传播而变得广为人知。[⑤]不过，无论柏拉图和亚里士多德用多么诱人的颜色描绘纯粹知识的生活，按照其理念来说，这种生活仍然总是与实践相关，并由此被证明是正确的。一切希腊教化的原始政治意义恰恰在与柏拉图往其中注入的精神与伦理内容产生最大矛盾时取得了胜利。尽管如何以及何时完成这一职责仍然有待进一步确定，但他在原则上已经给出了明确的前提：哲学家必须重新下到洞中。[⑥]为了让他帮助昔日的狱友，应该同时采用劝说和强迫。在前苏格拉底思想家面前，这种强烈的社会责任感

① 《理想国篇》，519c。
② 《理想国篇》，516c8起。
③ 《理想国篇》，519b8—c2。柏拉图在第六卷开头（484c）把哲人统治者与“灵魂中没有清晰范式的人”对立起来，从那里开始，一切旨在将无教化者定义为生命中没有统一目标（σκοπὸν ἕνα）的人。想要让生命中获得这种目标，只有通过把绝对的善作为人的全部努力所追求的天然目标。
④ 柏拉图，519c5。参见540b，“前往福人岛，在那里居住”表示哲学家的真正告别及其死后的生活。这是英雄的生活，当他们走完了一生，就会在这个被选出的地方享受幸福。《高尔吉亚篇》526c与之类似。相反，《理想国篇》519c5预示这一宗教图景是“沉思生活”（θεωρητικὸς βίος），即哲学精神在尘世生活中的思考活动，亚里士多德接受了这种观点；参见拙作*Aristoteles* S. 98。在《尼各马可伦理学》10. 7对沉思生活之幸福的描绘中仍然可以感受到上述图景的影响。
⑤ 参见拙作*Aristoteles* S. 73。
⑥ 《理想国篇》，519d—520a。

突出了柏拉图的最高精神教育的理想。历史的悖论在于，在参与实践-政治活动的程度上，那种更加致力于认知自然而非人类自身的方式反而要远远超过柏拉图，后者的思想完全围绕着实践问题。[①]与教育的可能性和哲学家从政的有效性一样，在柏拉图看来，对全体（在完全的意义上）的责任同样仅仅存在于理想国中。他对现实中的堕落城邦没有任何积极的感激之情，因为即便有哲学家能在那里成长起来，也完全不是归功于他们从这个城邦的公众和机构那里接受的要求。[②]而在最优城邦中，情况不是这样。在那里，哲学家的教化和精神存在要归功于集体，因此愿意向后者"偿付培养的花销"。尽管不乐意，他们还是会出于感激之情接受人们提供的职
901 位，为其竭尽全力。因此，我们总是能够以此辨识最优城邦：统治那里的并非贪恋权力者，而恰恰是对其最不感兴趣的人。[③]

数学研究

那么，可以实现"灵魂皈依"的是哪种知识呢？我们从一开始就明白，对柏拉图来说，那不是个别的经历，不是灵魂的震动，也不是人们不费力气就获得的突然开悟。卫兵教育乃至此前的整个希腊教化所展开的教育阶段也不会发生这样的情况；因为竞技同形成和消逝的世界，同成长和衰退相关，而音乐只会在灵魂中创造节奏与和谐，但不会带来知识。[④]职业技艺（τέχναι）完全是庸俗的，因此在涉及人的培养时根本不被考虑。[⑤]不过，除了它们还有一种知识，所有人或多或少地会用到它，而且比其他一切更适合把灵魂从可见世界转向思想世界，那就是数值或者算术的

---

① 参见我的论文,Über Ursprung und Kreislauf des philosophischen Lebensideals' (*Ber. Berl. Ak.* 1928) S. 414。我在文中指出，一部分古代哲学史学家把早期的思想家描绘成思与行正确结合的模板，而后来的哲学家越来越转向纯粹的理论。

② 《理想国篇》，520b。就像已常常有人提到的，在公元前4世纪的希腊城邦，无法公开展开高等教育。参见亚里士多德，《尼各马可伦理学》，10. 10. 1180a26，作者表示在大多数城市，教养和教育领域仍然被独目巨人的原始状况主导，因为每个人专断地管教自己的妻子和孩子。

③ 《理想国篇》，519a—d，521b。

④ 《理想国篇》，521e—522a。

⑤ 《理想国篇》，522b。

科学。[①]传说它的发明者是英雄帕拉墨德斯，此人参与了对特洛伊的战争，他可能在那里告诉统帅阿伽门农，如何能够将这种新的技艺用于战略和战术目标。柏拉图觉得这个故事很可笑，因为那表示阿伽门农之前连自己的脚都数不清，更别提他的军队和船队了。鉴于军事价值，这种科学对统治者的教育早已不可或缺。[②]不能仅仅反讽地看待这一实践理由，因为后来柏拉图将其扩展到数学的其他科目，而且就像我们知道的，战争科学在公元前4世纪的发展对数学提出了越来越高的要求。[③]不过，柏拉图被驱使着想要了解的算术不仅仅是一门辅助将领的科学。它是人文研究，因为没有了它，人也就不成为人。[④]这首先无疑只是涉及对算术理解的一个完全原始的阶段，即所提到的量的数值和区别。但柏拉图更进一步地在数值中 902
看到了某种知识，它在一定程度上把我们的思想引向我们所寻找的对象领域：它把灵魂引向存在。[⑤]

这是一种全新的视点，他由此出发看待算术和整个数学的教育价值。我们不能期待从他的探讨中看到任何对实质性数学问题的分析，甚至是对这门科学的全部课程的描绘。与对竞技和音乐的探讨如出一辙，柏拉图在这里也只是给出了以何种精神探讨该话题的最简单方针。在依次讨论数学的各个科目时，这种简要的讨论方式中出现了某种重复，因为在谈到每个科目时，他都会重申自己的观点，即数学将会唤醒思想。他认定，人们之前完全没有将其用于这个目标。让我们回忆一下，前文中我们是如何看待智术师将数学作为教育手段而引入，以及这种研究的现实理由。[⑥]柏拉图从智术师那里接受了对数学的高度评价（就他们所理解的而言），但和他们不同，他不认为数学的真正价值在于现实用途。承认它对战争科学的重要性完全是为了他所着眼的统治者教育而做的让步。他为哲学划定的道

① 《理想国篇》，522c—d。

② 《理想国篇》，522e1—3。

③ 因此，数学成了希腊化时期的将军和国王所偏爱的科学；关于安提戈诺斯（Antigonos）和“围城者”德米特里乌斯，参见拙作*Diokles von Karystos* S. 81-82。另参见《理想国篇》525b—c的军事观点。

④ 《理想国篇》，522e4。

⑤ 《理想国篇》，523a：ἑλκτικὸν πρὸς οὐσίαν。

⑥ 参见本书第二卷，第321页。

路让未来的统治者需要对教育有太多的渴望，以至于对这种知识曾经为自己赢得的实践意义的暗示，几乎只能作为他关于数学研究的真正理由的威胁。①特别是几何，这给了他与数学家展开论战的动机，后者“可笑地”进行着自己的证明，仿佛几何论证是为了“行为”（Praxis），而不是“认知”（Gnosis）。②他一再使用大量意思相近和令人印象深刻的语言意象，将这种认知描摹成引领或者引发思考的、净化和点燃灵魂的、召唤或者唤醒
903 思想的东西。③未来的统治者应该接受专业而非外行的算术培养。④他们应该学会理解这种研究的美和用处，它的目标并非买卖活动，而是为了便于灵魂向存在的“皈依”。算术的作用在于，那些对它特别有天赋的人可以通过对它的研究提高对所有科学的理解能力，而对于那些迟钝的人来说，通过接受算术教育和训练，即便他们无法从中获得别的用途，至少也能增进自己的理解。⑤数学给学习者带来的巨大困难让它有资格成为对精神精英的教育手段。

除了算术和几何，智术师教育的现实分支还包括天文和音乐；这整个门类后来获得了“后四艺”之名。⑥不清楚柏拉图是从智术师传统还是从别的来源作为整体接受了它们。在《理想国篇》中，当他从天文学转而谈起音乐时，他表示毕达哥拉斯主义者代表了这样的观点，即天文学和音乐是姐妹科学。⑦这让我们猜想，两者与算术和几何的联系同样来自毕达哥拉斯主义者，或者已经流行于他们中间。我们是否相信希腊人所有真正的精确科学都源于围绕在阿尔库塔斯周围的毕达哥拉斯学派则是另一个问题；答案看上去必然是否定的，即便“学问”（Mathemata）发展的主要

---

① 传说柏拉图对这个计划是认真的，因为他被要求按照自己对统治者的想法来教育僭主狄俄尼修斯二世。普鲁塔克《狄俄尼修斯传》13表示，有一段时间，不仅是君主，而且整个叙拉古宫廷都在从事数学活动，空气中充满了人们在沙土上勾勒几何图形所扬起的尘土。

② 《理想国篇》，527a。

③ 参见《理想国篇》，523a2、6，b1，d8；524b4，d2，d5；525a1；526b2；527b9。

④ 《理想国篇》，525c：ἀνθάπτεσθαι αὐτῆς μὴ ἰδιωτικῶς。

⑤ 《理想国篇》，526b。

⑥ 见本书第二卷，第321页。柏拉图《泰阿泰德篇》145a把这四艺归入了年轻的泰阿泰德在公元前400年左右所接受的教化。

⑦ 《理想国篇》，530d8。

动力来自那里，而柏拉图又与其关系密切。[1]在解释数学研究在他的哲学教化之框架中的意义时，他与毕达哥拉斯主义者的关系显得很受重视，因为他称那些人是这一知识领域的最大权威。但另一方面，他又批评他们一直执着于感官世界，不朝着纯粹的思想前进。[2]因此，他们是专业领域的专家，所以无论他从他们那里学到什么，首先都必须由他本人来推行那种他认为至关重要的观点。他在探讨音乐时已经明确表达过这点，音乐不应该被理解成教授音乐，而是和谐学说。毕达哥拉斯主义者将可听见的和 904
谐与音调相互比较，在这种和谐中寻找数字，[3]但他们止步于“问题”的起点，[4]而柏拉图却把对该问题的探究视作其教育的真正目标，就像他在探讨几何与天文学时那样。[5]必须如此理解问题的意义，即它们直接引向事物自身（An-sich），引向非实体的存在。毕达哥拉斯主义者不问“哪些数字是和谐的，哪些不和谐，各自的原因又是什么”。[6]他们并不探究所涉及学问的所有对象彼此间的相似性，并还原它们全体的共性，就像柏拉图新要求的那样。[7]相反，他们阐释了自己对数字，对线和面，对可见的天文现象，以及对可闻的音调与协和音的个别观察。因此，毕达哥拉斯主义者的天文学同样遭到了他的批评，因为如果人们认为，天文学只是关于纯粹的实体性和可见性数量的运动，那么很难想象天文现象是永恒的，总是遵循同样的法则。[8]这种批判性的暗示（对柏拉图学说的正面描述被留给了专门的作品）背后隐藏了通过《蒂迈欧篇》和《法律篇》为人所知的结论，即天文过程符合数学法则预设了存在具有理性意识的承载者。[9]不过，这位教化的展示者没有深入科学的细节；他仅仅止步于给出让事物具有形

① Erich Frank的*Plato und die sogenannten Pythagoreer* (Halle 1923)走得最远，把希腊的精确科学上溯到毕达哥拉斯主义者。另参见A. Heidel的新作*The frame of the ancient Greek maps, with a discussion of the discovery of the sphericity of the earth* (New York 1997)。

② 《理想国篇》，531a5，参见530d6。

③ 《理想国篇》，531a1—3。

④ 《理想国篇》，531c。

⑤ 《理想国篇》，530b6。

⑥ 《理想国篇》，531c3。

⑦ 《理想国篇》，531d。

⑧ 《理想国篇》，530b。

⑨ 《蒂迈欧篇》，34c—38c，《法律篇》，898d—899b。另参见《厄庇诺米斯篇》，981e起。

状的轮廓，即便那与他自己的哲学有关。①

对柏拉图来说，将上述所有专业知识（他更多只是做了暗示，而没有展开）归到他的苏格拉底身上并不困难。无论人们如何考验，苏格拉底始终表现为无所不知的人，而在所探讨的问题中，无论他如何专注于某一个点，他有时还是会对人们觉得他肯定陌生的某个领域显示出惊人的渊博。这一特征无疑具有某种历史根据；另一方面，没有什么比下面的事实更确定了，即真正的苏格拉底从来没有将数学及其科目描绘成通往善的知
905 识的道路，就像我们在这里第一次看到柏拉图提出的那样。我们在这里可以特别好地检视，柏拉图在其对话中利用苏格拉底来为自己的思想辩护时所表现的极度自由。色诺芬明显语带尖刻地反对柏拉图不合史实的描绘，表示尽管苏格拉底对数学有所了解，但只在很小的范围内承认它的教育价值，即仅限于有实践用途的地方。②这与柏拉图的看法正好相反。根据色诺芬对柏拉图看法的有意识否定，我们可以肯定地得出结论，在这里更可靠的证人是他而非柏拉图。如果对话者用天文知识对耕作、航海和战争艺术的用途来解释它的价值，那么历史上的苏格拉底将不会像柏拉图的那样严厉指责他们。③在这里，柏拉图的教化反映了在对苏格拉底思想的理论深化中，数学对他本人而言具有多么巨大的意义。他认为一切纯粹的功利主义理由都是可疑的，即便他也强调了数学对战略本身的不可或缺。受到数学推动的天文学教灵魂"仰视"，但完全不是把眼睛转向天空，就像天文专家所做的。④在柏拉图的意义上被推动的数学科学让灵魂部分燃起了纯洁的火焰，这"比一万只眼睛更重要"。⑤

此外，柏拉图没有遵循仅仅包括四个所谓数学科目的传统，而是

---

① 我们在《理想国篇》对教化的描绘中一直看到，柏拉图回避了一切技术细节。对于他的这种习惯，《蒂迈欧篇》38d给出了一个精彩的例子。在那里，更准确地讨论天球理论的天文学细节遭到拒绝，理由是这样做会让次要的东西（πάρεργον）变得比应有的目标更重要。亚里士多德在《形而上学》12. 8则不这么认为，他批评了天文学家们用于解释天球准确数值的理由，但在这方面犯了计算错误。

② 色诺芬，《回忆苏格拉底》，4. 7. 2起。

③ 色诺芬《回忆苏格拉底》，4. 7. 4暗示天文学研究对这些活动有用，作为对其进行研究的理由。

④ 《理想国篇》，529a。

⑤ 《理想国篇》，527e。

就像他本人所说，他在授课中加入了一门全新的数学科学，即测体积学（Stereometrie）[①]。在他的时代，天文学无疑已经在几何学之后确立了自己的位置。柏拉图先是仿佛不言自明地在第三个提到它，并开始讨论，[②]但随后纠正了自己，把这个位置留给了空间量的科学，因为按照逻辑，它必然排在作为线和面之科学的几何之后，但位于天文学之前，后者尽管同样与空间量有关，但研究的是移动的物体。[③]引入测体积学令人惊讶，它让 906
柏拉图可以给这个部分带来某种变化。显而易见，学院的教学实践在这里其产生了直接影响。根据古代晚期的数学史传统——建立在亚里士多德的弟子欧德摩斯（Eudemos）的奠基性作品基础上——测体积学的创立者是杰出的数学家——雅典人泰阿泰德（Theaitetos von Athen），《理想国篇》问世几年后，柏拉图写了一篇同名对话怀念此人。[④]根据我们现在所相信的，泰阿泰德于公元前369年在服兵役时死于痢疾流行。[⑤]作为希腊数学不朽的奠基作品，欧几里得的《几何原本》诞生于仅仅一代人之后，它的最后一卷是关于测体积学的，总体上无疑基于泰阿泰德的发现。[⑥]此人曾是学园中的名人，就像柏拉图在《泰阿泰德篇》中怀着如此巨大的同情描绘的可爱学者形象所证明的；早在此人生前，柏拉图就在《理想国篇》中给他的学科留了如此受到尊敬的位置，这无疑要归功于测体积学之父的个人影响。

理想国中给出了建立哲学教育的规章，在一个如此重要的地方我们可以就这些规章对于柏拉图的科学现实意义做一评价，这对我们理解柏拉图的教化来说至关重要。希腊数学在欧几里得那里获得了变得经典和在范围上延续至今的科学形式，由于距离那个时代已经过去了两千多年，我们

---

① 《理想国篇》，528b。

② 《理想国篇》，527d。

③ 《理想国篇》，528a—b。

④ 《苏达辞书》，Θεαίτητος词条。欧几里得，《几何原本》注疏，第十三卷（第五卷，654页，1—10 Heiberg）。普罗克洛斯（Proklos）在《几何学家名录》中说毕达哥拉斯是正五边形的发明者，这种说法只是传说，就像G. Junge、H. Vogt和E. Sachs的新研究无可辩驳地证明的。

⑤ 参见Eva Sachs, *De Theaeteto Atheniensi mathematico* (Diss. Berlin 1914) S. 18ff.。

⑥ 关于《泰阿泰德篇》是欧几里得《几何原本》第十三卷的源头，参见Eva Sachs, *Die fünf platonischen Körper* (Philol. Untersuchungen hrsg. v. Kießling u. Wilamowitz Bd. 24) S. 112以及T. L. Heath, *A Manual of Greek Mathematics* (Oxford 1931) S. 134。

很难让自己回到这种形式仍然在形成中或者走向完善时的精神状况。如果想到那是区区几代人的成果，那么我们就会明白，一小批竞相推动它进步的天才研究者的专注工作如何营造了充满信心，甚至是自信必胜的氛围，在像公元前4世纪的雅典那样处处洋溢着热情的精神环境中，这种氛围必
907 然为哲学思想带来了前所未闻的推动力。在这里，哲学面前出现了一种论证过程和逻辑结构上准确而无懈可击的知识理想，那是前苏格拉底的自然哲学家时代的世界不曾梦想过的。作为辩证法这一新学科（由柏拉图从苏格拉底关于美德的对话中发展而来）的模板，这种有条理的方法在当时的数学家圈子里引发了关注，让它变得无比宝贵。和其他任何伟大的哲学一样，如果没有当时科学提出的新问题和所做解答的有益作用，柏拉图的哲学将无法想象。我们在他那里一再看到医学的影响，在医学之后，数学也给予了他特别的帮助。他从医学中看到了身体和灵魂习惯的相似性，并由此认识到可以将医学技艺的概念用于灵魂健康的科学，而数学则主要指明了如何处理纯粹的思维对象，就像柏拉图的理念。反过来，得益于新的逻辑知识，柏拉图能够向为自己学科构建系统结构的数学家们提供最有力的建议，从而形成了互助关系，就像传统的说法那样。①

泰阿泰德直到相对较晚才变得对柏拉图重要起来。公元前369年去世时，此人尚在壮年；因此，当多年前柏拉图在《理想国篇》中评价他的发现时，他无疑刚刚有了那个发现。②柏拉图与数学的最早接触无疑还要在他与毕达哥拉斯主义者建立关系前，因为在《普洛塔哥拉篇》和《高尔吉亚篇》等创作于第一次西西里之行前的对话中，他已经流露出对数学的强烈兴趣。在这方面，当时的雅典无疑提供了足够多的培养机会。③遗憾的是，我们无法考证柏拉图与昔兰尼的联系，因为不能肯定地证实他在苏格拉底死后前往那里的所谓旅行。④后来，在写作《泰阿泰德篇》时，柏拉

① 根据主流的年代观点，《理想国篇》创作于公元前4世纪70年代。

② 柏拉图的《泰阿泰德篇》143e起所做的假定符合史实，即便泰阿泰德同苏格拉底的相遇显然只是柏拉图为了自己的对话而做的文学虚构，就像《巴门尼德篇》中苏格拉底同巴门尼德和芝诺的相遇。

③ 第欧根尼·拉尔修，3.6。

④ 关于柏拉图在苏格拉底死后前往昔兰尼拜访忒奥多罗斯的“传统”很可能基于这一推论（参见上一条注释）。

图把此人描绘成容易接受哲学提问的年轻一代数学家的代表，与之相反的是年长得多的昔兰尼人忒奥多罗斯（Theodoros von Kyrene），那是一位更著名的研究者，但对这种问题尚无兴趣。这似乎也假定了与忒奥多罗斯 908
本人相识。[①]公元前388年的南意大利之行让柏拉图接触到了那里的毕达哥拉斯主义者，可能还与作为数学家和政治家的塔兰托人阿尔库塔斯相遇，后者是毕达哥拉斯派科学的主要代表。柏拉图在此人身边待了很长时间，与他建立了终生的友谊。[②]他成了柏拉图的数学统治者教育活生生的模板。亚里士多德表示，柏拉图的研究和教学方式在本质上追随毕达哥拉斯主义者，但也有自己的东西。这番让我们感到奇怪的话无疑首先与教学中的数学方面有关，这方面内容在我们的对话中并不突出，但在学园中处于重要位置。[③]根据亚里士多德的古代传记中的陈述，他在“欧多克索斯时期”加入学园。我们可以据此推断，无论是学园与这个名字的伟大数学家及其学校的密切关系（在我们的传统中经常被提到），还是亚里士多德个人与此人的相识（他在《伦理学》中讲述了此事），两者都能追溯到欧多克索斯在柏拉图学园中的长期停留，可以通过亚里士多德的加入年份（公元前367年）来准确地确立其时间。[④]学园与欧多克索斯学校［位于库齐科斯（Kyzikos）］的联系一直延续到下一代人。这是柏拉图学园积极参与数学科学进步的可见表现。柏拉图晚年的秘书和亲密助手是奥普斯人菲利布斯，即我们在前文提及的柏拉图遗作《法律篇》的编集者，此人在古代便作为数学家和天文学家著称，撰写了大量作品。[⑤]除了赫尔墨多罗斯（Hermodoros）和赫拉克勒得斯（Herakleides）这样的学园弟子，他似乎

---

① 按照《第七书简》338c的说法，柏拉图在第二次南意大利之行（公元前368年）中让阿尔库塔斯与僭主狄俄尼修斯缔结了友谊；因此两人共同推动了他的第三次南意大利之行。按照普鲁塔克《狄俄尼修斯传》13的说法，除了狄翁，毕达哥拉斯派在柏拉图的第二次南意之行时就已经是推动因素，但他本人没有提到这点。这种说法看上去并非事实，但在柏拉图第一次逗留意大利期间，在他前往叙拉古之前（公元前388年），如果不是毕达哥拉斯派，他还能拜访谁呢？第欧根尼·拉尔修（3. 6）谈及了此事，当然他只说在第一次南意之行中有菲洛拉俄斯（Philolaos）和欧律托斯（Eurytos），没有提到阿尔库塔斯。

② 亚里士多德，《形而上学》，1. 6。

③ 参见拙作 *Aristoteles* S. 10。

④ 我们看到，柏拉图的弟子亚里士多德在科学方面认同欧多克索斯的弟子，天文学家卡里波斯（Kallippos）的观点，《形而上学》，12. 8. 1073b32。参见拙作 *Aristoteles* S. 343ff.。

⑤ 《苏达辞书》，φιλόσοφος 词条。

也是学园在这方面的主要权威。赫拉克勒得斯更多代表了天文学思考，而菲利布斯则是精确研究者的类型，尽管在《厄庇诺米斯篇》中，他像其他柏拉图主义者一样把天文学视作神学的基础。

909 上述事实有力地提醒我们注意，我们在柏拉图的书面作品中看到的只是学园的科研结构和教学活动方面，暗示了它们的内部结构。《理想国篇》中关于数学教学的规定只是反映了这一科学在学园的哲学培养中的地位。在这里，柏拉图显然没有区分研究和教育。该领域的规模仍然一目了然，让他的统治者教育仍然可以把研究整个学科作为要求，而不是选择一部分，并欢迎测体积学这样新加入的科目，称其为对自己方案的补充。不难理解，别的学校对于统治者的教化有不同构想。在把修辞术作为首要实践目标的地方，就像伊索克拉底所做的那样，人们一定会觉得柏拉图言过其实了，因为他高度评价数学知识的准确性，视其为政治教育的要素，而他们更强调的是经验。[①]但对柏拉图的批评针对的是他过于突出数学，这个事实恰恰证明，人们在其中看到了他的教育体系的基石。

与卫兵教育的阶段一样，柏拉图的教化在这个更高的阶段同样很少源于纯粹的理论。在那里，他以自己民族的诗歌和音乐为形式接受了历史文化（对他来说是希腊文化）的整个既有状况，将其作为他的教化的实质内容，仅仅把净化它们和将它们置于他的最高目标之下作为自己的任务。与之类似，现在他把同时代的活跃科学纳入了自己的哲学教化的轨道，仅仅想要找出适合通往他的哲学目标和直接朝向那里的东西。这促使我们提出疑问，即柏拉图对他的方案中没有提到的其他科学看法如何。现代科学概念将科学的边界扩大至人类经验所能达到的极限，这让数学在柏拉图教化中的一家独大显得片面（即便很了不起），我们因此可能倾向于认为，
910 这体现了数学在他的时代的暂时优势的作用。不过，无论数学的重要发现带来的进步意识对数学在学园中的这种重要地位产生了多大影响，它归根到底都仍然建立在柏拉图哲学本身的特点及其知识概念之上，后者将实践的知识分支排除在教育之外。智术师那里出现的“博学”萌芽在柏拉图的

① 《理想国篇》，525c。

学园中没有继续发展。即便我们在同时代的阿提卡喜剧残篇中读到了对柏拉图及其弟子关于动植物定义和分类的冗长争辩的嘲笑，这与我们从柏拉图对话本身获得的画面也不矛盾。喜剧作家埃庇克拉提斯的幽默醒目地展现了学园教学的秘传奥义，无论他的描绘可能多么过于荒诞，他都正确地说到了关键点，即哲学家们对植物本身所知寥寥，因此他们的分类知识出了洋相，在剧场中引发哄堂大笑。[①]一位偶然作为贵宾到场的西西里名医（因而是实证知识的代表）用很不礼貌的方式默默见证了这种探究的无聊，就像“没教养的自然学家”那样。这类研究的动物和植物学材料会让人们错误地认为，学园中的教学同《理想国篇》中所描绘的必然存在巨大差异，实证知识在那里占据着宽广得多的空间。[②]不过，即便对于动植物分类的研究离不开直接经验，特别是当致力于系统的完整性时，但它的目标仍然不是为了收集个别种类的全部可体验的材料，而是为了它们与其他种类的区别，以及确定它们在对“一切存在”进行概念区分的宏大体系中的位置，就像柏拉图在后来的对话中通过别的对象所生动展现的。辩证法是这种对客体所进行的探究的真正意义。如果《理想国篇》中的描绘无法让 911
我们对他的教学方法产生同样的印象，那仅仅是因为柏拉图在那里用简要的形式刻画了他的教化的各个阶段，就像我们一再强调的。因此，在《理想国篇》的教育方案中，喜剧作家埃庇克拉提斯所描绘的植物分类属于数学之后的第二部分，它的主题是辩证法。

辩证法教育

柏拉图让他的苏格拉底把之前的教育道路（让对话者觉得是件极其艰巨的任务）比作法律的序章，以便表示我们已经到达的阶段，以及将要进入最高阶段。[③]数学研究只是将要学习的歌曲的前奏。因此，把自己培养成这方面专家的人还不是辩证学家。柏拉图暗示，他一生中遇到的数学

① 埃庇克拉提斯，残篇287（Kock）。

② 参见拙作*Diokels von Karystos* S. 178。

③ 《理想国篇》，531d。

家中只有寥寥几位同时也是辩证学家。其中之一无疑是泰阿泰德。在同名对话中，柏拉图不仅描绘了哲学数学家这种新的类型，就像我们已经注意到的，而且还在对数学与哲学共同的重大问题——知识的讨论中指出，受过数学教育的人如何被引上通往哲学知识的辩证反驳之路。除了苏格拉底，对话中的另一位主要人物是个年轻、好学和有创造天赋的数学家，这不应被视为纯粹偶然的状况。它让辩证法教化的作用在最适合的人身上变得形象；同样正是在《泰阿泰德篇》中，哲学知识被描绘成与数学联系在一起，并被称为漫长而艰苦的教化的成果。①这篇仅仅比《理想国篇》晚了数年的对话仿佛对《理想国篇》中所描绘的通过辩证法进行的哲学教育做了后续展示。根据教化立法者的任务的性质，他无法在这个框架内给出
912 辩证法的例证，就像在教化的之前阶段中同样没有发生过的那样。此类例证实质上出现在其他所有的柏拉图对话中，它们辩证地探究了更加具体的问题，有意识地按照逻辑经历了这种过程的读者对其性质一清二楚。另一方面，《理想国篇》将辩证法描绘成教化的最高阶段，给予这种说法特别魅力的是柏拉图对他本人创造的看法，以及他试图在25年经验的基础上将其价值和问题刻画成教育的工具。

在这里，柏拉图提供的定义也仍然不过是我们从之前的对话中已经看到的。他在教育历程最后部分的一开始就将辩证法描绘成“提供解释和使其产生的能力”，从而同时给出了它的由来。②因为这种称呼不是别的，而正是对苏格拉底在反驳式对话中与别人达成一致的老办法［即质询（Elenchos）］的传统描绘，柏拉图从中发展出了“辩证法”的逻辑理论和艺术。③他年轻时亲身体验了苏格拉底的这种对话改变人内心的伟大力量，从这里可以看到，现在那种力量对他来说成了辩证哲学主张自己是真正教化的根本依据。由此看来，作为第一阶段的数学下降为了完全的预

① 《理想国篇》，531e。

② 尽管亚里士多德的《形而上学》（13. 4. 1078b25）意识到柏拉图的辩证法源于苏格拉底的对话，但在晚期柏拉图或者他自己的方法（当时还不存在）的意义上，他清楚地区分了这一开端和发展程度更高的“辩证法力量”（διαλεκτικὴ ἰσχύς）。

③ 《理想国篇》，536d。

备教育（Propaideia）。[①]那么，在“前奏”中第一次奏响，然后由辩证法完成的“歌曲”是哪一首呢？为了明白这点，我们必须回到洞穴的比喻。那个比喻通过囚徒的视觉体验反映了精神之路：转向洞穴出口和真实世界后，他们的眼睛首先寻找生命之物，然后是星辰，最后看到了太阳本身。就这样，他们一步步学会了看到事物本身，而不是他们习惯的影子。与之类似，把辩证法变成真正的知识之路的人，在试图不借助感知，而是通过思考来接近一切事物的本质直到在思考中领会了“善本身是什么”前，他们都不会罢休，从而达到可思考之物的终点，就像作为空中的光线来源， 913
太阳是可见之物的终点。[②]辩证法正是这样的旅程（πορεία）。[③]我们此前所了解的科学研究的意义在于“让灵魂中最好的部分重新看到一切存在中最好的东西”。[④]到达那里后，精神将停止自己的旅程。[⑤]柏拉图本人也觉得这种简短的比喻描绘带有迫不得已的教条意味，但他还是宁愿这样简单地表现，而不是证明它，特别是因为他还将经常重新提到这点。[⑥]

辩证法的性质（πρόπος）只有通过与其他类型的人类知识的关系才能得到确定。想要了解事物及其本质，可以选择不同的道路来有条理地接近它们。所谓的技艺或者实证学科与人的意见和欲求有关；它们被用于某种东西的创造或维护（θεραπεία），无论是自然生成还是技艺制造的。[⑦]数学在某种方式上已经更为接近真正的存在，但仿佛只是在睡梦中才能接触到后者，醒来时却无法看见。就像我们之前指出的，数学从假设出发，无法给出其理由。因此，数学对自己的“原则”是无知的，用它“编织”的其他一切同样源于它所不知道的东西。我们不能真正地把这种“承认”（ὁμολογία）称为知识（ἐπιστήμη），即便我们习惯于如此使用这个词。[⑧]辩证法这种科学则“取消”了对其他知识类型的前提假设，“让被埋在蛮荒

① 《理想国篇》，532a—b。
② 《理想国篇》，532b8。
③ 《理想国篇》，532c。
④ 《理想国篇》，532e。
⑤ 《理想国篇》，532d。
⑥ 《理想国篇》，533b1—6。
⑦ 《理想国篇》，533b6—c5。
⑧ 《理想国篇》，533c—d。

泥沼中的灵魂之眼慢慢地转向上方”，为此它把数学作为辅助工具。[①]柏拉图此前通过存在和知识阶段的比例来说明其教化的目标，这种比例的意义是：思考之于意见的关系正如存在之于形成，而真正的知识（ἐπιστήμη）之于纯粹的感官证据（πίστις），或者数学理解之于可见对象的关系则正
914 如思考之于意见。[②]换句话说，辩证法所提供的知识在存在含量上要远远超过数学“知识”，就像在可见世界中，真实事物要远远超过影子或镜像。因此，辩证学家是理解万物本质，并能够说明其理由的人。[③]他们必然也能以同样的方式从其他的一切事物中取走（ἀφελεῖν）善的理念，即将“善本身”从我们称之为善的个别事物、人和行为等分离，并通过逻各斯界定它，他们就像在战斗中那样“经受了全部反驳”，勇敢地坚持到交锋过程的最后，思想上从不动摇。[④]这种教化教授“科学的提问和回答”，[⑤]它的真正力量在于其在意识中营造的完全的警觉。因此，柏拉图认为那是更高意义上的卫兵教育，即对统治者的教育。把统治阶级称为卫兵，这种显得奇怪的表述是柏拉图在展望了上述最高精神警觉——那是对他们的教育目标——的哲学美德后所做的选择。[⑥]卫兵之名首先被用于整个战士阶层，后来仅限于被选出的统治者，[⑦]他们正是接受更高教育的那一小群人。没有接受过这种教育的人在做梦中度过自己的生命，他们这辈子还没来得及醒来，就已经进入冥府永远睡着了。[⑧]但在科学的体系中，辩证法充当压顶石（θριγκός），构成了人类知识的上限，并禁止增加超过它的新知识。[⑨]意义的认知是存在的认知的最终目标。

现在产生的问题是，谁有资格进入这最后的阶段，即精神教育的王冠。首先，从塑造真正的统治者美德的角度来看，我们已经说过，哲人统治者只能从天性最可靠和最勇敢的人中选出，而且必须尽可能地漂亮、魁

① 《理想国篇》，534a。
② 《理想国篇》，534b。
③ 《理想国篇》，534b8—c。
④ 《理想国篇》，534d8—10。
⑤ 《理想国篇》，534c6。
⑥ 《理想国篇》，413b，参见412c。
⑦ 《理想国篇》，534c7。
⑧ 《理想国篇》，534e。
⑨ 《理想国篇》，535a，参见412d—e。

伟和高贵。[①]不过，这种美和善还必须与对更高的精神培养来说不可或缺的特质联系起来，即敏锐的感觉、出色的理解力、记忆力和顽强。适合机 915
敏的辩证法游戏的人不能是瘸子，即只能用一条腿正确地行走和站立。他们不能是这样的人，即尽管喜欢竞技和打猎的肉体劳累，而且在这方面有毅力，但在精神上很容易疲劳，而且有抵触。他们对真理的爱也不能只是有限度的，比如虽然厌恶有意的谎言，却平静地容忍无意识和非意愿的假话。当被证明说了假话时，他们应该对自己不满，而不是像猪一样得意地待在自己无知的垃圾堆里。统治者只能是灵魂上肢体健全的人，就像人们对身体不言自明的期待那样。[②]因此，除了对未来统治者已经提出的性格测试，[③]还必须加上一个特别精心打造的精神遴选体系，以便在更长的考验期中辨别出有能力掌握辩证法的头脑，并把他们带到正确的位置。上述思想在柏拉图的时代是全新的，与盲目相信除了日常活计之外什么都没学过的人具有健全理解力的看法相反。从此诞生了数量充足的学校和考试，但如果柏拉图出现在我们中间，他是否相信他的要求就此得到了满足仍然存疑。

为了找出有朝一日将站在国家之巅的那一小群（或者只是唯一的）男人或女人，我们必须在更广泛的基础上和从更早的年龄开始遴选。尽管柏拉图此前表示反对将哲学研究集中在刚成年时的那几年里，[④]但这并不意味着青年早期就应放弃开始思想的培养，就像现在所看到的。作为预备教育，数学知识的教授应该在儿童时就展开。[⑤]不过，所有早期开始的精神教育都会遇到一个巨大的障碍，即孩子的厌学。强迫手段对此无能为力，因为在最深刻的本质上，没有什么比出于对惩罚的奴隶式恐惧而学习更加有违自由教育的了。身体锻炼的健康效果不会因为使用了强迫而减 916
弱，但通过暴力强加给灵魂的知识无法附着在上面。[⑥]为此，柏拉图希望

① 《理想国篇》，535a—536b。
② 《理想国篇》，412d起。
③ 《理想国篇》，498a。
④ 《理想国篇》，536d。
⑤ 《理想国篇》，536e。
⑥ 《理想国篇》，537a。

这个阶段的做法能让孩子们像在游戏中一样学习知识。这种规定的背后显然是人们在一个教学活动迅猛发展的时代必然有过的不幸经历：人们开始不再仅仅试图从具有最高天赋和学习热情的人中，而是从普通人中吸收新的教授对象。柏拉图同样无法为这个阶段选择过高的标准，因为只有通过最早的教学活动的游戏才能看到，每个人在哪方面最有天赋。他把这种学习的意义与带着同一年龄的孩子们出去观看战争表演相提并论：他们将像幼年的猎犬一样“舔血”，克服在这种可怕学习面前的恐惧。[①]在这个阶段，孩子们不应只是机械地学习，人们应该向他们“提出”（προβάλλειν）符合其年龄的数学问题。这是对数学教学今后将要采取的“问题”导向的最早暗示。[②]

对这群孩子的第一次遴选应该在强制的竞技培养结束后进行。柏拉图将其时长定为2到3年。在此期间，精神培养将完全停止，因为疲劳和困倦对学习不利。竞技锻炼中的表现本身同样是这种考验和以其为基础的遴选的重要部分。[③]精神教育从20岁重新开始，这表明柏拉图所说的义务竞技培养（显然不同于之前和之后自愿参与的竞技锻炼）发生在17岁至20岁。在雅典，那是适合服兵役的男性青年进入成人（Epheben）的年龄。他们的服役期限为两年，从18岁开始。因此，柏拉图借鉴了这一期限，但认为还需要加上第3年。[④]现在开始的教学将与之前获得的数学知
917 识重新联系起来，在前文所描绘的阶段过程的意义上，它还将揭示过去分别学习的各学科及其对象的联系。它们现在将成为“对于存在之性质的一体性综览”。知识的这个阶段虽然从数学出发，但它本身并非数学式的，而是辩证法式的，因为辩证学家是综览者，能够看到知识对象和领域间的联系和相似。[⑤]柏拉图首先希望优选者在研究中学会像在战斗中那样“坚守阵地”（μένειν），这暗示他把古老军纪中的最高指令转移到了精神领域，就像他以完全相同的方式将斯巴达人的制度转移到更高的维度

① 《理想国篇》，536d7，参见530b6。
② 《理想国篇》，537b。
③ 《理想国篇》，537b3。
④ 《理想国篇》，537c。
⑤ 《理想国篇》，537d。

上。[①]经过10年的辩证法入门，优选者将再经过一次优选（προκρίνεσθαι ἐκ προκρίτων），从中选出的人将受到更高的尊敬。[②]从30岁至35岁，随后的5年将考验谁能够摆脱感官知觉，前进到存在本身。[③]柏拉图将这5年与竞技训练的第2和第3年对应起来，认为那是后者的翻版。[④]它们是辩证法的竞技，与此前10年的辩证反驳和综览的关系就像柏拉图的《智术师篇》和《政治家篇》中抽象和有条理的辩证法典范之于更基本的早期对话。[⑤]

辩证法培养的漫长过程——总共历时15年，而且并未抵达真正的终点——能比其他的一切更形象地展现柏拉图的知识概念及其作品的本质，他的作品被证明描绘了该过程的不同阶段。乍看之下，对学习时限的如此要求仿佛是专家的一厢情愿，他的专业的教学计划永远无法获得他相信完全实现自己的目标所必需的那么多的时间，但当他构想了一个教育乌托邦时，事实上有多少个月可用，他就会为自己的领域安排多少年的学习时间。不过，柏拉图提出这种要求的真正原因并非如此。他早就坚定地 918
表示，无论是对于哲学培养还是统治者的教育，他所承诺的都不是仅限区区几年的哲学学习，就像在他的时代司空见惯，今天也仍然如此的那样。[⑥]《第七书简》将善的知识（这是柏拉图始终关心的）的产生经过描绘成一个在长年的共同生活和研究中完成的内在过程。[⑦]它意味着人类内心逐渐的本质改变，那正是柏拉图在《理想国篇》中所说的灵魂向存在的皈依。在书简中，与共同从事哲学研究的友好同行的精神交流的内容被刻画成“在善意的反驳中让自己接受反驳”，[⑧]与《理想国篇》中所描绘的反驳过程所有阶段完全相同。[⑨]柏拉图所理解的善的知识预设了灵魂与对象的密切关系；因此，性格的发展必然与认知过程平行展开，最终成果以知识

① 《理想国篇》，537d1起。
② 《理想国篇》，537d3起。
③ 《理想国篇》，537d5。
④ 《理想国篇》，539d8—e2，竞技参见《理想国篇》，537b3。
⑤ 《政治家篇》中明确表示，这种探究的目标是辩证法联系。另参见《巴门尼德篇》，135c—d；136a、c。
⑥ 《理想国篇》，498a—b。
⑦ 《第七书简》，341c。
⑧ 《第七书简》，344b。
⑨ 《理想国篇》，534c。

的形式出现。[①]投入这种学习和理解过程的人只能一步步地明白它的深刻。柏拉图所理解的认知的本质在于，它只能一步步地接近目标，就像《会饮篇》在低级和高级秘仪的比喻中所描绘的。但在那里，柏拉图只是提供了一般性的宗教象征，而在《理想国篇》中，他描绘了具体的课程，让这门课程更复杂的是，其中无疑还包括了对统治者实践责任的教育。在该方案中，从20岁到35岁这15年间的辩证法培养奠定了统治者教育的思想基础。特别意味深长的是，它没有以获得对善的理念的认知而告终，就像看上去顺理成章的那样。相反，柏拉图在辩证法学习的这段时间和那种最高体验的阶段之间插入了第二个15年的学习时间，即从35岁持续到50岁。[②]在此期间，精神方面已经培养完善的人们将获取必要的经验，否则就无法作为统治者利用自己的更高水平。这段时间里，他们将接受对性格和行为
919 的更严格培养。这15年的理论和实践体现了精神的两个方面之平衡的理想，以及两者在统治者身上的统一。它对应了竞技和音乐在更低阶段的卫兵教育中的完全和谐的理想。

第二个15年的性格培养无论从教育统治者的角度，还是从思想教育的内在问题来看都是必不可少的要求。柏拉图看到，辩证法可能带来危险，造成自负的优越感，这将误导弟子们用刚刚掌握的技艺来反驳别人，把这种消遣变成目标本身。[③]我们在柏拉图那里经常能看到此类想法，但没有什么地方比在这里更加深刻。这里讨论的是辩证法的教育价值，对于上述危险的警告成了对辩证法描绘的一部分，通过揭示看似消极的方面来展现隐藏在其背后的积极方面。因为辩证法会引诱年轻人将其当成纯粹的理解游戏，这不仅与该年龄段的好玩本性有关，而且在一定程度上源于辩证法本身，即它的形式特征。在同时代人（特别是其他教育理想的代表）的批评中，柏拉图的辩证法与争辩术（Eristik）的相似性这个事实非常引人注目，甚至被放在同一层次上。这种坏名声要归咎于它的弟子。柏拉图一直有意识地致力于区分教化（Paideia）和游戏（Paidia），即教育与文

① 《第七书简》，344a。
② 《理想国篇》，539e—540a。
③ 《理想国篇》，537e—539d。

化之于纯粹的游戏。游戏与文化在希腊语中源于同一个词根，因为它们最初都与孩子（Pais）的活动有关，因此柏拉图的思想中最早提出了两者关系的问题。[①]该问题在当下几乎无法回避，因为两者中的“教化”概念获得了如此丰富的含义，成了“文化”。游戏的问题伴随着柏拉图直到生命的终点，他对此的兴趣最清晰地体现在其晚年的作品《法律篇》中，我们将在那里看到该问题以新的形式出现。它还将被亚里士多德继承，用于解 920
释其科学休闲的文化概念（与纯粹的游戏相对）。[②]柏拉图致力于将游戏元素纳入自己的教化。在《理想国篇》的青年教育中，他已经使用了游戏式的学习，从而试图让游戏能够为教化所用。但辩证法是更高的阶段，它并非游戏，而是“认真”（σπουδή）。[③]德语已经吸收了这种对立和它的两个概念，但并非所有的文化语言都能轻而易举地表达它们，因此说德语的人很难想象这种古典遗产中包含了多少抽象和哲学意识。“认真”，或者更准确地说σπουδή（认真的努力）的概念直到《法律篇》中才真正被明确提出，但在我们讨论的段落中，它无疑已经浮现在柏拉图眼前。他把滥用自己的技艺、游戏式地反驳别人的辩证法初学者比作幼犬，它们最喜欢到处撕咬别的狗。[④]

相比于激怒人们，一个更严重的危险是年轻人在传统面前失去了敬畏。因为辩证法让他们习惯于对一切主流观点提出批评，导致他们很容易陷入混乱的无法无天的状态。[⑤]他们犹如被人调包的孩子，从小就相信养父母是自己真正的孕育者，但有朝一日，当他们长大后发现了自己的亲生父母时，他们会鄙视此前尊敬的一切。柏拉图本人关于正义概念的讨论提

① J. Huizinga, *Homo ludens, Ein Versuch einer Bestimmung des Spielelements der Kultur* (deutsche Ausg. 1939)带着哲学家的嗅觉探究了这一关系。Huizinga还对希腊人和柏拉图做了评价，事实上他的提问复述了只有柏拉图能够提出的问题，但采用了现代材料。他将一切教化归于人的游戏本能，在这点上远远超过了柏拉图。足够值得注意的是，当希腊人致力于最深刻地从哲学上理解他们如此认真对待的教化时，他们遇到了游戏问题。不过，从游戏转向极度的认真从此变成了真正自然的事。

② 亚里士多德，《尼各马可伦理学》，10. 6. 1176b28起。

③ 《理想国篇》539b表示，游戏式地使用辩证法技巧来进行纯粹的争吵（ἀντιλογία）是一种滥用（καταχρῆσθαι）。在逻辑上与游戏相对的是“认真”（σπουδή）。另参见539c8。

④ 《理想国篇》，539b6。

⑤ 《理想国篇》，537e。

供了一个实际例子，即辩证法会导致对“正义和美”的现行观点，即对年轻人和他们的父辈受命遵守的当前法律和习俗提出反驳。[①]柏拉图在《克里同篇》中表达了自己对于服从法律的看法，作品描绘了当苏格拉底的生命将成为他觉得不公正的死刑判决的牺牲品时，他仍然自愿服从城邦及其
921 当权者。柏拉图的弟子色诺克拉底认为，哲学的本质在于教育人们自愿去做大众只会在法律强迫下才做的事。[②]诚然，上述定义完全无视了在柏拉图对辩证法的描绘中至关重要的实证权利和绝对正义的冲突。[③]但色诺克拉底无疑也相信，哲学执行着某种更高的正义，所做的比法律规定的只多不少。为了防止出现无政府状态，柏拉图采取的主要手段是尽可能晚地结束辩证法教育过程（他将其定在50岁），以及通过时间阶段的性格教育来实现平衡。学生们将辩证法滥用为纯粹的形式工具，这特别会让人想起苏格拉底在《高尔吉亚篇》中对修辞术学生的批评。[④]但区别在于，修辞术对于善与恶、正义与不义的问题完全不感兴趣，而它们正是辩证法的目标。因此，对辩证法的滥用是对其真正本质的否定，就像柏拉图所看到的，这证明了滥用者并未获得真正的知识。

直到15年的理论和15年的实践后，他才把辩证学家带到了善的理念这一最高的目标。[⑤]当他们看到了一切光芒的源头后，他让他们把自己的灵魂之光——精神转向那里，按照这种范式“管理”（κοσμεῖν）国家和私人生活中的人们，以及他们本人的余生。他们应该在精神教养和为全体服务间分配时间，虽然把大部分时间用于研究，但当轮到自己时，他们仍然总是愿意承担统治者的辛劳，并非作为尊荣，而是作为责任。[⑥]当他们一再用同样的方式培养人才，作为自己的替代者担当城邦的卫兵后，他们将离开前往福人岛，这次不是比喻的，而是真正的。但对于在生前就通过默默的研究预见了福人岛的他们来说，死亡只是通往永恒沉思生活的过渡。

① 《理想国篇》，538c起。
② 色诺克拉底，残篇3（Heinze）。
③ 《理想国篇》，538d。
④ 《高尔吉亚篇》，460e起。
⑤ 《理想国篇》，540a。
⑥ 《理想国篇》，540b。

柏拉图为他们死后安排的尊荣与希腊城邦为英雄准备的如出一辙。不过， 922
将死者变成英雄的最高决定是由德尔斐女祭司的神谕做出的。[1]

这就是对哲人统治者品格的描绘，他们是柏拉图教化的最高目标。最优城邦只有通过他们才能实现，如果真有可能的话（尽管任务艰巨，柏拉图对此毫不怀疑）。[2]他设想由一个或多个这样的人担任城邦的掌舵者，他们具有一切权力，因而是国王或贵族。人数问题无关紧要，因为这并不涉及政制的本质。它可以被描绘成名副其实的贵族制。希腊的教育始于血统贵族，而在其发展的最后，柏拉图想象它变成了新的法律贵族的遴选原则，无论他们是否统治。被最优城邦以两个相互依托的教育阶段为形式囊括的教育元素渗入了这些优选者的文化，那就是“混合了音乐元素的哲学逻各斯”，[3]从而囊括了希腊天才的两股最高力量。

新的教化骄傲地提出要为国家带来真正的领袖，这体现了它对自己在世上的地位和任务的自我意识。它对当前城邦所提供的尊荣变得不屑，因为它只认可一种尊荣，那就是在正义的基础上确立真正意义上的统治。[4]如果我们问，这些通过最高教化塑造的统治者将如何建设城邦，那么答案还是通过教化。目标是对全体人民进行那种伦理教育，柏拉图在第一阶段的最后将其描绘成正义的教育，即基于灵魂各部分完全和谐的那种习惯。他在那里定义说，任何有助于维持或养成该习惯的行为都是正义的，而知识正是能够引导这类行为的科学（ἐπιστήμη）。[5]现在，我们找到
了这种知识的承载者。人们只用寥寥数语简述了他们如何完成任务，因为 923
所有细节都可以留给他们自己考量。柏拉图没有像在《法律篇》中那样从新奠基的城邦出发，而是准备改造已经存在的城邦。如果统治者想要在这样的城邦实现自己的教育目标，他们必须把年轻人作为重建的材料。所有10岁以上的人都将被送去乡下，对孩子们的教育将不基于他们父母的习

① 《理想国篇》，540c。
② 《理想国篇》，540d。
③ 《理想国篇》，549b。
④ 《理想国篇》，540d。
⑤ 《理想国篇》，443e5.

俗，而是基于最优城邦的精神。[①]正如医学作品承诺让遵循规定的人最终获得健康和长寿，柏拉图也对采用他的教育并将其推广到所有人的城邦承诺，它们将很快实现最优政制，它们的人民将获得幸福的未来。[②]

作为人类灵魂病理学的国家形式学说

在描绘了如何教育哲学家后——他们作为统治者将实现最优城邦，本身还将是那里最重要的教育者——柏拉图的《理想国篇》似乎已经完成了对教化的真正贡献：它把城邦变成了教育机构，致力于发展作为最高的个人和社会价值的人的个性（ψυχῆς ἀρετή）。唯独柏拉图觉得探究尚未结束。他从一开始就把完全从正义本身出发界定其本质和价值设为目标，以便随后比较不义者和正义者的形象，并衡量两者的幸福程度。[③]找到了完全的正义者后，不义者的本质仍然有待界定。[④]这不仅是形式上兑现曾经做出的承诺（每位留心的读者现在都能很容易地自行加上），而且引出了《理想国篇》中最有趣的内容之一：我们将离开自然和正确的国家，下到有缺陷和偏离标准的国家；非柏拉图主义者可能会说：现在我们走出理
924 想世界，进入了政治生活的现实。如果说完美的国家独一无二，那么缺陷的种类则有很多。[⑤]我们经历过的国家形式有多少，不完美的种类就有多少。它们彼此间只在不完美的程度上有区别。为了确定它们相对价值的排序，柏拉图挑选了最为人所知的政制形式作为主要类型，根据它们与最优城邦的差距降序排列成价值标尺。[⑥]

亚里士多德在他的《政治学》中同样将最优城邦的学说同有缺陷政制的理论结合成整体。他深入探讨的一个问题是，为何完成看上去如此不同的两个任务是同一门科学的事。[⑦]他从柏拉图的政治哲学中继承了两者

---

① 《理想国篇》，540e5起。
② 《理想国篇》，541a。
③ 《理想国篇》，449a。柏拉图在《理想国篇》543c9回顾了这里。
④ 《理想国篇》，544a。
⑤ 《理想国篇》，455c5。
⑥ 《理想国篇》，544c。
⑦ 亚里士多德，《政治学》，4.1。

存在联系的观点，以及为何这种联系是合理的问题。在我们今天看到的《政治学》最终版本中，亚里士多德首先以此探究了所有存在的政制形式，承认它们中有多种形式都是正确的，[①]最后确立最优城邦。[②]柏拉图的程序则正好相反：他从绝对正义和实现的这种正义的理想国家之问题出发，[③]然后指出其他所有形式的国家都偏离了标准，因而是堕落的表现。[④]如果我们承认柏拉图把政治理解为严格的标准科学，那么合理的做法只能是，必须首先确立标准，然后才能用它来衡量有缺陷的现实。唯一需要讨论的问题是，国家的经验主义形式是否应该被纳入考察，成为政治标准科学的有机组成部分。

柏拉图对该问题的回答源于其政治科学的概念结构。如果说他的辩证法作为逻辑学的部分主要以数学为模板，那么作为政治学或逻辑学，它相应地基于希腊医学这一科学类型，就像我们多次指出的。在第一次揭示了新的政治技艺的结构轮廓的《高尔吉亚篇》中，柏拉图用医术为模板展现了它的方法形式和目标。在那里，哲学家并不作为纯粹的价值理论学家，而是作为教育者和医生的对应者出现。他们关注灵魂的健康，就像医 925
生关注身体的正确状况。在《理想国篇》中可以看到，医学和政治的对置对柏拉图有什么基本意义。《理想国篇》中系统地呈现了这种意义的前提，即一切集体的目标是个体灵魂的最高发展，也就是教育他们获得完全的人类个性。和医学类似，政治把人的本性（Physis）作为对象。从第四卷的最后可以看到柏拉图对此的理解，他在那里将正义定义为灵魂的真正本性。于是，他把规范意义赋予了“本性”概念，与医生的做法如出一辙，后者把健康的状态视作“正常的”。正义就是健康，必须直截了当地追求和得到它，因为只有那样才符合灵魂的本性（κατὰ φύσιν）。根据这种观点，如果有人行不义之事是否可能更加幸福的问题将无法被严肃地提出，就像我们不可能问，生病是否比健康更值得渴望。恶有违灵魂的本性

① 参见亚里士多德，《政治学》，3.7。
② 《政治学》，第七卷至第八卷。
③ 《政治学》，第二卷至第七卷。
④ 《政治学》，第八卷至第九卷。

（παρά φύσιν）。[①]医生按照个体和普遍本性区分身体，对前者而言，许多体质虚弱的人仍然显得正常，尽管以普遍和完全的本性概念来看并不正常。同样的，当灵魂的医生着眼于个体时，他们也可能在偏离普遍标准的意义上使用“本性”一词；但柏拉图并不认为，如果这种意义上的本性对应了某些个体，它们就都是“正常的”，他也不会认为统计学上最多的结果就更加正常。虽然很少有完全健康的人、动物或植物存在，但这个事实不会让生病变成健康，把无法令人满意的经验平均值变成标准。

因此，只有在灵魂上正常，即培养正义之人的国家才是正常的，因
926 此我们在现实中遇到的国家形式都偏离了本性。柏拉图在第四卷的最后已经简要地提到了这点；这一思考过程在那里刚开始就被打断，现在他重新开始。[②]真实的国家形式都是病态和堕落的现象。这并不完全算是柏拉图从他的标准概念中被迫得出的奇怪结论。相反，就像《第七书简》的自传式表述所显示的，这是他真正的出发点，是他的全部政治思想所依仗的永不失效的根本信念。[③]除了正确的形式，柏拉图的政治概念也包含了堕落的国家形式，两者同样重要，就像医学不仅是关于健康人，也是关于病人的学说，既是病理学也是治疗学。[④]从《高尔吉亚篇》中已经可以看到这点，但《理想国篇》中对这一科学概念做了新的阐释，即对万物的认知同时也认知了它们的反面。

正确城邦的反面是多种错误的国家形式。对它们的探究要求另一种半构建性、半依赖于经验的程序，亚里士多德后来借此进一步发展了柏拉图主义中的实证元素。他进一步发展的恰恰是柏拉图政治学的这个部分，该事实充分表明了柏拉图混合理念和现实的做法的有用性。但亚里士多德的深入发展只是部分阐明了柏拉图在这种关于堕落国家形式的学说中的意图。柏拉图关于国家形式的学说首先并非政制学说。与最优城邦

① 参见《理想国篇》，444c—e。
② 《理想国篇》，445c9—d6，参见544c起。
③ 特别参见《第七书简》，326a。
④ 亚里士多德在其《政治学》第四卷开头进一步发展了与有条理的竞技和医学的比较。在那里，他从正确的政制转向错误的政制。但他的思想仍然是柏拉图式的。在《理想国篇》544c以及444d—445c可以看到，“错误的政制”（ἡμαρτημέναι πολιτεῖαι）被形容为疾病的形式。

的理论一样，它首先是人的学说。城邦和人的平行化贯穿了整部作品，在此基础上，柏拉图根据荣誉统治（Timokratie）、寡头统治、民主制和僭主制区分了相对应的勋阀式、寡头式、民主式和僭主式人民，并认为和城邦形式一样，这些类型间也存在不同的价值等级，一路向下直至与正义之人反差最大的僭主。[1]在最优城邦中，国家和人民不仅是最彻底的平行关系，国家只是为与其本质上相同的正义之人的肖像提供了空白的画框，而 927
其他的国家形式也离不开人。当我们谈到形形色色的“政制精神”时，这种精神的源头是人民类型的精神气质，后者从内部创造了与其相称的国家形式。[2]这并不排除集体存在的形式一旦出现后会反过来在生活在其中的个体身上留下自己的印记。但如果从这个狭小的圈子里发展出或者过渡到另一种国家形式，就像历史经验告诉我们的，那么原因将无法从任何外部情况，而是只能从人的内心找寻，即他们改变了自己的“灵魂结构”（κατασκευὴ ψυχῆς）。[3]从这点来看，柏拉图的国家形式学说呈现为一种人类性格的病理学。对于把符合标准的人类“习惯”视作正确教养之产物的人来说，[4]教育无疑也对偏离标准负有不可推卸的责任。如果城邦的所有居民在某种意义上偏离了标准，那么问题一定出在教育，而非追求善的本性。因此，我们应该把国家形式的学说也理解为教育的病理学。[5]

柏拉图认为，城邦的任何改变都源自统治者而非被统治者，因而在统治阶层或团体内部会发生纷争（Stasis）。[6]柏拉图和亚里士多德关于国家剧变的全部学说不是别的，而正是一种有关分裂的理论，这个词的意义范围要超过我们的革命概念。人类本性乃至城邦的堕落原因与动物和植物的情况如出一辙，即决定好收成（Phora）和坏收成（Aphorie）的不可捉摸的因素。[7]我们在品达关于德性的思考中第一次看到这种想法，[8]它显然

① 《理想国篇》，544d—545a。
② 《理想国篇》，544d。
③ 《理想国篇》，544e5。
④ 《理想国篇》，443e6，444e1。
⑤ 这种观点将在下面的解释中占据主导。在这里还要指出的是，阐述者大多没有充分考虑它。
⑥ 《理想国篇》，545d。
⑦ 《理想国篇》，546e。
⑧ 参见本书第一卷，第225—226页。

源于早期希腊贵族的教化传统。这个具有教育意识和从事农耕活动的阶层
928 早就明白，在整个有生命的自然中，曾经达到的最优形式的繁衍要服从同
样的法则。但在柏拉图那里，基于他眼中的伦理学和医学的普遍相似性，
上述经验被以更科学的方式表述，并得到系统化的阐释。在我们看到的这
个段落中，他第一次提出了用动植物的病理学来类比人类德性的堕落这
一事实。尽管它探究生灭原理和“痛苦”（Pathe）的原因，这种思考自然
的方式并非源于早前的自然哲学，而是随着德性问题产生。畜牧业者和农
耕者的圈子里无疑从原始时代起就对此有了认识。将这种经验遗产发展为
动植物病理学是从柏拉图到忒奥弗拉斯托斯（Theophrast）这两代人的工
作。尽管它只能以实证观察为基础，就像亚里士多德的学校所做的，但显
然柏拉图关于人类德性的生物学及其目的论式的本性概念和标准思想[①]无
疑给了它重要的动力。在忒奥弗拉斯托斯的植物病理学中——可以在他
的作品《论植物的原理》中找到经典形式——我们仍能随处清楚地观察
到柏拉图的标准概念同纯粹统计学上的正常概念的斗争，前者表示植物的
最优和最实用的形式，即它们的德性，后者则把许多偏离理想标准的情况
也视作“正常的”。[②]就像我们所暗示的，柏拉图提出最优城邦中共有妻子
的要求是为了通过有意识的优生学手段来控制自然婚配的随机性，后者还
受到其他许多考虑因素的影响。但一切生命的诞生都要服从神秘和不可违
背的数字法则，人们对其几乎一无所知，[③]而当某次结合违背了这种规定
的和谐并没能找准时机，那么联姻的果实就无法获得最好的天性，将得不
929 到幸运眷顾。[④]因为金子没有与金子，白银没有与白银，铁没有与铁结合，
而是把无关的金属混在一起，这种反常的结果就是纷争，即不和与对立。
于是，从最优到次优城邦的改变（Metabasis）就开始了。[⑤]

对政制的上述描绘是一部心理学杰作。这是世界文学中第一部从内部对政制生活形式做了普遍的本质理解的作品。相比于修昔底德的葬礼演

---

① 参见《理想国篇》，444d8—11。

② 参见忒奥弗拉斯托斯，《论植物的原理》，5. 8起，特别是关于“违背天性”（παρὰ φύσιν）概念的双重含义。

③《理想国篇》，546b。

④《理想国篇》，546c。

⑤《理想国篇》，547c5。

说中对雅典的著名赞颂，柏拉图对民主类型的分析在其现实主义和对弱者的关注上有所区别，而和《雅典政制》这部批判性的小册子相比，它又没有寡头主义者的怨恨。柏拉图并不代表某一派发言。他对一切政制持同样的批判态度。仅次于最优城邦的是斯巴达人，智术师的政治理论似乎经常将其和克里特人一样描绘成法度的模板。①对这一体制——柏拉图为其创造了荣誉统治的新概念，因为它完全是以荣誉为尺度确立的②——的描绘具有真实个体的特别魅力，而对其他国家形式的描绘则更加类型化。由于柏拉图在《理想国篇》中多次以斯巴达人为模板，所以人们粗鲁地称其为雅典寡头意义上的亲斯巴达派，因此将他的斯巴达图景同他本人的城邦理想进行比较，可以解释为何在柏拉图的理想国中存在有意识的非斯巴达元素。③“金属”的错误混合造就了构成上充满矛盾的斯巴达人这一类型。这些人身上的铁和铜诱使他们追求金钱和地产。由于那些是灵魂中的贫穷元素，想要通过外部财富来补充自己。金和银则驱使他们追求德性，把他们带回到最初的状况。④因为在这种变化中，最初的状况正是符合标准的，这种思考方式取代了历史式思考，后者从不回到一切变化的真正“起源”。于是，斯巴达人性格中汇聚的各种元素发生了相互纷争，最终在贵族制 930
（即真正德性的统治）和寡头制之间达成了妥协。⑤地产、土地和房屋成了私有财产，落入统治阶级手中；下层阶级的成员曾经受他们保护，被称为统治者的朋友和养育者，现在却被奴役，从此成了珀里俄基人和农奴。统治者现在变成了主人阶层，对他们来说，监视那些人是和警戒城邦外来威胁同样重要的任务。⑥

由于处在最优城邦和寡头城邦之间的位置，斯巴达城邦拥有许多与

① 亚里士多德《政治学》2. 1. 1260b提到了斯巴达和克里特，人们常常将它们的政制视作模板（πόλεις εὐνομεῖσθαι λεγόμεναι）。因为该卷开头的话针对的是对这两个城邦以及第9—11章对迦太基的描绘。另见第11章的结尾。关于《劝诫篇》中的同样问题，参见我在*Aristoteles* S. 78的介绍。柏拉图在《理想国篇》544c已经把斯巴达和克里特称为“被大部分人喜爱的政制”。伊索克拉底也有类似的说法。

② 《理想国篇》，545b6。

③ 参见《理想国篇》，547d。在这点上，《法律篇》第一卷至第二卷中对斯巴达城邦的直接批评更加重要。

④ 《理想国篇》，547b。

⑤ 《理想国篇》，547c。

⑥ 《理想国篇》，547b—c。

两者共同的特点，但也有一些自己独特的地方。在对官方的服从（柏拉图认为雅典民主缺乏这点）、统治阶层避免一切敛财行为、集体用餐、竞技和战争技能方面，斯巴达和最优城邦一致，也就是说，柏拉图认为上述制度是正确的，因而从斯巴达借鉴了它们。[①]另一方面，对文化的恐惧阻碍了斯巴达人让知识分子担任公职，这个国家完全没有纯粹和未受掺杂的思想。那里的人们偏爱单纯和勇敢类型的人，他们更适合战争而非和平。人们推崇这一目标所需要的各种狡诈和诡计，因此那个国家永远处于战争状态。[②]上述特征都与正确城邦的特征格格不入，却是斯巴达人所固有的。与寡头城邦一样，斯巴达也有贪财的恶习。表面上看，人们展现出极度的朴素，但他们的私宅却是真正的宝库，是奢华和挥霍的巢穴。他们花自己的钱时非常吝啬，对于从别人那里抢来的财物则肆无忌惮地挥霍。就像从父亲身边逃走的孩子那样，面对法律（这个国家被称赞为它的化身），他们却偷偷地沉湎于被禁止的欲望。[③]

表面上的神圣性是斯巴达教育不可避免的产物，这种教育无法实现
931 内心的信服，只是暴力的训练。它是缺乏真正的音乐教育的结果，后者一直与理性和对知识的追求融为一体。柏拉图在对卫兵的教育中追求竞技与音乐教育的平衡，这种平衡被破坏导致了斯巴达人乃至斯巴达城邦的不健全。因此，那里混合了好的和坏的元素。他们完完全全被野心的力量支配。[④]柏拉图明白自己的描绘只是梗概式的，他只想着在精神上描绘一个轮廓，对准确性不做任何要求（《理想国篇》的这整个部分再次让人想起了这位教化的哲学家采取的基本原则，即突出类型的做法）；[⑤]因为变化无穷的细节对于理解事物而言并不像主要事实那么重要。因此，“斯巴达人”这种今天深受喜爱，被人们用于各种形式和历史时期的说法是柏拉图的发明。不过，今天的人们常常将它视作某种文化及其人民类型的平均形象，这并非柏拉图的想法。对他来说，类型表示价值或者特定价值等级的人

① 《理想国篇》，547d。
② 《理想国篇》，547e—548a。
③ 《理想国篇》，548a—b。
④ 《理想国篇》，548b—c。
⑤ 《理想国篇》，548c9—d。

格化。通过作为城邦基础的人民的形式，他的“斯巴达人”生动地展现了处于堕落第一阶段的城邦形象。柏拉图把这种人的类型[①]概括为自负、喜爱音乐，但本身几乎没有音乐才能，他们很愿意聆听，但本身完全不会说话。他们对奴隶粗鲁，[②]对自由民友好，对上级顺从，但热心于自己统治和让自己出人头地。他们不愿通过令人信服的话语，而是通过军事纪律和手段来统治。此外，斯巴达人还喜欢运动和狩猎。[③]

随后，柏拉图勾勒了一位年轻的斯巴达人成长的画面，形象展现了对他产生影响的教育力量。此人年轻时对金钱不屑，但随着他年纪的增长，贪欲在他心中也越来越占据上风；因为他缺乏避免贪欲的最佳保护，即精神教育，后者对于保持德性和永远维持已经达到的水准必不可
少。[④]他可能有位卓越的父亲，后者生活于一个管理不善的国家，因此尽 932
可能地远离荣耀和公职，选择隐藏锋芒，以便不过分引起注意。但他的母亲野心勃勃，对自己丈夫的公共地位并不满意。她不希望他只取得这点成就，而且无视金钱和不愿出风头，只是忙自己的事。她可能也不满意他对自己不够重视，仅仅表现出必要的尊敬。因此，她向儿子灌输了父亲缺乏男子气概和软弱无能的印象，并说了女人们对这种男人的其他怨言。奴隶们也同样讨好他，他们偷偷地告诉他，他的父亲没有受到应得的尊重，因为人们觉得这种人是傻子。他的灵魂就这样被拉来拽去，因为时而父亲“浇灌”和增强了他灵魂中的理智部分，时而他身边的其他人又刺激了他灵魂中贪婪和大胆的部分。但最终，他把缰绳交给了灵魂中热衷于荣耀的“中间”部分，成了骄傲和野心勃勃的人。[⑤]

我们有必要将柏拉图的论证过程放在其背景中展示，不仅是为了不失去诱人的细节，也是为了用事例来形象地呈现他井井有条的基本思

---

① 《理想国篇》，548e4—549a。

② 《理想国篇》，549a2。柏拉图在这两个对立之间插入了“不会轻视奴隶，就像真正有教养的人”。和斯巴达人不同，真正有教养的人（ἱκανῶς πεπαιδευμένος）在责骂奴隶时不会因为他们的错误而激动。

③ 我们不难在色诺芬的教育理想中也看到这种斯巴达人的特征。

④ 《理想国篇》，549a9—b7。正是在这一背景下，在对斯巴达人的批评中，柏拉图采用了“理性混合了音乐”（λόγος μουσικῇ κεκραμένος）这一奇妙的表达，以便让人们明白，这个在许多方面值得钦佩的类型有什么缺陷。

⑤ 《理想国篇》，549c—550b。

想，即教育的病理学。他首先对斯巴达做了描绘，更多刻画了城邦的精神，而非描述了它的制度。[①]他预设后者为已知的。他对该制度做了分析，将斯巴达城邦中相互矛盾的元素分离出来，把它们归入相互矛盾的两极（贵族制—寡头制）。城邦夹在两者之间，被它们拖向相反的方向，直到更坏的倾向最终占据上风。柏拉图将斯巴达城邦的这幅图景与对斯巴达人及其精神气质的描绘放在一起。两者的特点一一对应。不过，对于上述次序，我们不能忘记的是，柏拉图没有把按照性质来说更早[②]的放在
933 开头，而是把更方便我们观察的放在前面。就像在探究正义性和正义之人时，首先通过城邦来展现正义性的本质，因为后者在那里可以用更大的字体显示，然后我们才在人的灵魂中辨认出它，尽管它源于灵魂，而且在真正意义上只存在于那里。[③]在他的病理学描绘中，柏拉图同样每次都从染上了相关弊病的城邦出发，在更大尺度上向我们展示病症；然后，他又仿佛在心理显微镜下一样介绍了人类个体灵魂的病症。其中包含了将毒害整个集体生活的萌芽。[④]就这样，柏拉图从可见现象出发，让自己接近了隐藏的原因。原因是灵魂三个部分的那种和谐平衡（柏拉图认识到那是正义，即灵魂的“健康”）遭到了破坏。柏拉图仿佛希望让读者特别意识到，如何有条理地将斯巴达荣誉统治表面上纯粹的政治现象还原为人类灵魂中的内在病理学过程，为此在最后一句话中明确重申了灵魂

① 用新的心理学方法来描绘国家的类型是柏拉图在伦理-政制领域最重要的科学成就之一。这种方法的产生顺理成章地源于他把自己对国家的实证法律结构的兴趣转移到了其教育功能和本质类型。对它而言，更重要的是城邦的“精神”（ἦθος），而非其制度，因为决定个人典型的基本结构的是整个国家的精神。在柏拉图的比较中，对各种不同国家形式中个人典型的结构区别的理解至关重要。因为在他的时代，政制形式本身的区别并非新东西。因此，他可以完全放弃描绘与政制相应的国家制度。

② 众所周知，亚里士多德在《政治学》1. 2. 1253a19和1253a25中就是这样定义了国家与人的关系。

③ 柏拉图认为，城邦中的正义就是每个人用最好的方式履行自己的工作和社会职能，但他在《理想国篇》443c表示，事实上这只是“正义的一种表现”（εἴδωλόν τι τῆς δικαιοσύνης）；因为真正的正义只存在于人的内在结构以及他们灵魂各个部分之间的正确关系中（各自以正确的方式履行自己的工作）。

④ 《理想国篇》，544d6—e2。与政制类型相对应的是同样多的人的类型（εἴδη ἀνθρώπων），“因为政制并非偶然产生的（或者就像柏拉图用荷马式的表达所说的，它并非完全源于橡树和崖石），而是来自城中的性格”，他们决定了城邦偏向这边或者那边。这里的ἐκ τῶν ἠθῶν τῶν ἐν ταῖς πόλεσιν并非城邦的精神气质，而是城中之人的性格。因此，五种城邦必然对应着作为其源头的五种灵魂结构（κατασκεθαὶ ψυχῆς），见544e4。

三个部分的图景。[①]按照希腊医生的定义，健康的基础是小心避免让组成它的某一种生理要素的独大（Monarchie）。柏拉图没有采用这种定义，因为这无法引出他的“最优政制”。他并不负面地认为健康（包括身体）的本质在于没有任何一部分占优，而是正面地认为其在于各部分的对称，这似乎与较好的部分超过较坏的部分完全不矛盾。他认识到，最优部分（即理智）的独大是灵魂的自然状态。[②]于是，疾病的原因在于本质上注定并非统治者，而是服从者的那些或某个灵魂成分占得了上风。

因此，与同时代人的普遍赞美相反，柏拉图揭示了这个当时仍然主宰一切的城邦的弱点，将其终极原因归结为那种享有盛名的斯巴达教育的缺陷，那是他们整个集体生活的基础。[③]对年代的主流看法正确地将柏拉 934
图的《理想国篇》放在公元前4世纪70年代的后半期。他的描写没有给人留下他写作时已经受到留克特拉惨败（公元前371年）的影响这样一种印象。这次经历如何动摇了世人对斯巴达的普遍判断，可以逐步从亚里士多德的《政治学》中和同时代其他人的批评中看到，后者这次达成了共识。[④]但这些批评正是来自对成功的纯粹崇拜，以及之前对那个战胜强大雅典民主的城邦的赞美。柏拉图似乎成了巨大的例外。他对斯巴达人的分析极有可能是在斯巴达的势力意外地彻底崩溃前不久写下的。留克特拉事件不仅是希腊城邦权力政治史上的转折点，而且由于斯巴达的模板意义，它也是希腊教化领域的一次暴跌。就像我们之前所指出的，那几十年间诞生的关于斯巴达的理想化作品本质上表达了对斯巴达教育制度的赞美。[⑤]无论柏拉图如何认可和借鉴了斯巴达，他的教育城邦事实上并非斯巴达理想之精神影响的最高点，而是该理想遭遇的最强冲击。柏拉图凭着先知精神看到了它的弱点，他从中接受了有用的部分，让真实的斯巴达从绝对理想的高处下降到有缺陷的国家形式中之最优者的等级。

---

① 《理想国篇》，550b。

② 《理想国篇》，443d—e。

③ 我们可以用柏拉图本人在《理想国篇》548b7的话来概括他对这种教育的评判：用暴力而非说服来教育（οὐχ ὑπὸ πειθοῦς ἀλλ’ ὑπὸ βίας πεπαιδευμένοι）。

④ 参见亚里士多德，《政治学》，2. 9起，这部分显然写于留克特拉战役之后，谈到了留克特拉的教训。

⑤ 参见本书第一卷第84页“公元前4世纪的斯巴达理想与传统”一节。

柏拉图把寡头统治安排到仅次于勋阀统治的位置，原因在于他反感自己时代堕落的雅典民主，这让他对自己母邦的历史功绩视而不见。[①]最使柏拉图反感的是僭主统治。不过，这种根本性的感情虽然看似将他与古典民主联系起来，事实上却把他与那种政制当时的形式区分开。一种不
935 受文字影响的更微妙感觉已经让他在《高尔吉亚篇》中将大众的恐怖与僭主制的做了比较。[②]民主就这样走向了下限。自由与不自由间不只有对立，对立的相互转变可以使其接触到另一个极端。[③]另一方面，当时的斯巴达城邦发展成金钱统治，揭示了其与最初如此截然相反的寡头制的隐秘关系，[④]而将这一过渡视作合乎规律的、把寡头制放在勋阀制之后和民主制之前也显而易见。因为柏拉图（而非亚里士多德）已经看到，寡头制的本质在于将金钱看重为个人社会价值及其公民权利的最高尺度。[⑤]可以说，寡头制是以将财富视作高贵之本质的物质信仰为基础的贵族制。尽管财产是早期贵族存在的不言自明的前提，[⑥]但田产发展出了一种不同于金钱的伦理，当金钱取代前者成为经济形式或者从其独立时，即便在贵族制的思维方式中，对财富（Plutos）的看重也遭受了一次令其再也无法恢复的重创。对柏拉图和亚里士多德而言，高贵的慷慨仍然是一种美德，就像它在早期希腊贵族统治的时候那样。[⑦]与正确地花钱不同，挣钱的技艺植根于另一种伦理。柏拉图给出了一个原则：金钱财富的行情越高，真正美德的价值就跌得越低。[⑧]早在梭伦和忒奥格尼斯这两位早期贵族统治代表的时代，财富与高贵的统一就已不复存在，梭伦曾经宣称，他不愿用自己的德性来交换财富。[⑨]柏拉图完全没有提到赚钱能力本身也是才能的衡量标准

① 他的立场后来在《法律篇》中有了一定的变动。

② 《高尔吉亚篇》，481d。苏格拉底在510b表示：如果某个野蛮和没有教养的僭主统治着城邦，那么每个想要活下来的人就都必须迎合他的观点，而比他好的人将会受罪。柏拉图想到的不仅是所谓的僭主制，而是所有的国家形式，特别是苏格拉底在雅典的命运。

③ 《理想国篇》，564a。

④ 《理想国篇》，548a。

⑤ 《理想国篇》，550e—551a。

⑥ 参见本书第一卷，第23页和98页。

⑦ 关于亚里士多德，参见《尼各马可伦理学》4. 1—3和4. 4—6的两段关于“慷慨”（ἐλευθεριότης）和“崇高”（μεγαλοπρέπεια）的论述。

⑧ 《理想国篇》，550e—551a。

⑨ 关于梭伦与财富的关系，参见本书第一卷，第153—154页，关于忒奥格尼斯，参见第211页。

这一想法；他的德性理想与这种俗众的概念截然不同，即便他也注意到，大众必然会赞美成功人士。[①]诚然，柏拉图把赚钱时的节欲视为美德。但 936
对于这种节欲所要求的对财神的虔诚，以及由此产生的对贫穷的鄙视，他视之为社会肌体生病的症状。

柏拉图认为，寡头城邦的概念由四个标志决定。首先是一切以金钱为目标。无须证明就能看到这是一种错误，因为正如我们不会因为某人有钱而让他做我们船只的舵手，也没有理由把城邦的统治权托付给他。[②]第二个标志是城邦丧失了统一性。事实上它包含了两个城邦，即贫穷的和富有的，它们相互怀疑和充满敌意。[③]因此，这样的城邦无法保卫自己。统治者有理由对武装较贫穷的人口感到疑虑，因为他们对后者的害怕超过了对敌人的。他们必然还同样害怕在后者面前露出怯意，以及暴露富人缺乏承担战争责任的决心。这种城邦与柏拉图城邦原则相矛盾的另一个特征是它的公民被迫从事多种活动，因为同一个人必须参与耕作、买卖和兵役，而不是每个人各司其职。[④]此外，在寡头统治下，每个人都可以出售他所拥有的东西，其他人则可以买下它们，但即便当他卖光了一切，事实上不再是城邦的一员，既不是商人和工匠，也不是骑兵和重装步兵时，他仍然有权作为一无所有者居住在城邦内。[⑤]这里出现了一种深入具体细节的对经济问题的反思，它在最优城邦的建设中没有扮演什么角色，因为那只关乎教育任务，把其他的都撇在一边。后来，柏拉图将在《法律篇》中对这里以批判形式出现和原则上提出的东西进行正面的规范性界定。在那里，他试图通过限定可拥有田产的数量和禁止转让，来消除过于富有和极端贫困的有害对立，[⑥]但原则上这些思想显然在柏拉图早期的作品中就已经存
在了。[⑦]这种城邦中最不利的情况是存在无数“雄蜂”，有的是穷人，有的 937
是职业罪犯、小偷和扒手。[⑧]柏拉图认为，这种现象最终要归咎于不好的

① 《理想国篇》，554a11。
② 《理想国篇》，551c。
③ 《理想国篇》，551d—e。
④ 《理想国篇》，551e6。
⑤ 《理想国篇》，552a。
⑥ 《法律篇》，741a起。
⑦ 参见《理想国篇》，552a。
⑧ 《理想国篇》，552c。

教育。[①]

当勋阀制类型的人认识到，在斯巴达城邦中主宰一切的雄心要求为集体福祉做出太多“没有回报”的牺牲时，他们就会变成寡头制类型的人。由于柏拉图把一切政治改变都理解为教育现象，他在这里再次从年轻人的发展说起。这次，他将其设想成这样一个父亲的儿子，此人是勋阀国家形式所特有的那种雄心勃勃类型的鲜活写照，具有显赫的公共地位，可能是位将军或高官，将自己和自己的财产毫无保留地奉献给全体。然而，他遭遇了挫折和失败，没能赢得荣誉和嘉奖这独一无二的犒赏：他被罢免公职，遭到告密者的诽谤，受到法律的追究，丧失了财产，名誉扫地，被放逐或处死。儿子气愤地目睹了这一切，发誓自己永远不想遭遇同样的事。[②]他把父亲灌输给自己的雄心从内心的宝座上推开，一同被抛弃的还有灵魂中热爱胜利和勇敢的部分，那是一切雄心之举的来源。他因为贫穷而卑微，于是致力于节约和工作，一点一点地攒钱。现在，贪婪和爱情的部分坐上了他灵魂的宝座，成为他内心的大王，头戴王冠，脖子上挂着金链，身侧佩带短剑。[③]在这里，我们目睹了直接以政治比喻出现的变形，但这一王位更迭（乐于牺牲的斯巴达式雄心为满身黄金的东方暴君，或者说极度的贪财所取代）却是发生在人的内心。[④]事实上，这是灵魂的病理过程，是其各部分的健康和谐被破坏。作为新的苏丹，贪婪把灵魂中负责思考的部分以及热烈和热爱荣誉的部分变成了奴隶，让它们
938 蜷伏在自己王座的台阶旁。它只允许前者思考从哪里能省下更多的钱，只允许后者赞美和尊敬财富和富人。[⑤]柏拉图拥有令人称奇的技艺，能够在每次转换新话题时避免死板地重复同一个基本概念，而是将其藏在画面背后，如实而形象地展现了灵魂的三个部分和它们如何偏离正常的关系。从

① 《理想国篇》，552e。

② 《理想国篇》，553a—b。

③ 《理想国篇》，553b—c。柏拉图认为，“节约和工作”是正在变成“寡头类型的人”的特征（553c3），这看上去就像政治口号，显然也的确如此。我们在伊索克拉底《战神山议事会演说》24再次看到了这一表达，它在那里被视作荣誉称号和“祖制”（πάτριος πολιτεία）的基本原则。但伊索克拉底是作为“温和民主派”的代表发言，激进民主派称他们为“寡头”。柏拉图《理想国篇》中的这段话为此提供了新的证据。

④ 柏拉图还认为，贪财一向不是希腊人的，而是东方人的精神类型。参见《法律篇》，747c。

⑤ 《理想国篇》，533d。

这种关系的偏离已经导致最优城邦堕落为勋阀统治。[①]现在我们看到，这第一次改变不可避免地带来了第二次。寡头制类型之人的形象突然完整地呈现在我们面前：他们节约、勤劳而知足，用冷静的纪律让一切其他欲望服从于对金钱的渴望，不屑于美丽的形式，缺少教化意识，就像我们已经指出的，他们让一位盲人（因为财神眼盲）担任歌队的领导者。[②]他们的无教化（Apaideusie）令其产生了雄蜂式的欲望，即同样源于贪财的穷人和罪犯的本能。[③]最能看清寡头制类型之人真正特征的情形是当他们有权毫无风险地夺走他人的财物时。他们会侵占被托付给自己照顾的孤儿的钱；但在正义的表象能带来好处的正常买卖中，他们知道要约束自己，这并非因为善的知识驯服了他们，而是出于恐惧，因为他们会为自己其他的财产而战栗。[④]于是，有钱人表面上显得像是特别正派和高尚的人，但他们非常伪善，不具备真正的美德和内在和谐。[⑤]他们不情愿为公共排场所做的巨大牺牲，就像民主城邦对富有公民所要求的，而是很乐意让别人超过自己。[⑥]他们不具备为理想目标展开竞争的那种高贵精神，就像融入希腊文明城邦成员血肉的那样，以至于柏拉图完全忘了将其算作自己母邦的功绩。

正如过度的斯巴达式雄心导致勋阀统治变成了寡头统治，对金钱无法满足的饥渴导致寡头统治变成了民主统治。[⑦]柏拉图再次通过医学思想将这种人类的病态形式改变的原因清晰呈现在我们眼前。医学病理学使用 939
均分（Isomoirie）和对称的概念，保持它们主要依靠避免过量。[⑧]这显而易见，因为物质的变换是一种充满和排空的有规律节奏。[⑨]健康的秘密是事物的隐藏尺度，很容易犯错。“最有钱的人想要让自己的财富翻番”（梭

---

① 《理想国篇》，550b。
② 《理想国篇》，554b4。
③ 《理想国篇》，554b8。
④ 《理想国篇》，554c。
⑤ 《理想国篇》，554e。
⑥ 《理想国篇》，555a。
⑦ 《理想国篇》，555b。
⑧ 《理想国篇》，555b9。
⑨ κένωσις和πλήρωσις是柏拉图思想在其他地方也定义过的医学概念，参见《菲利布篇》35b，《会饮篇》186c等。它们在希波克拉底文集中扮演了重要角色。

伦语），因为财富本身没有界限，这一直以来都被视作财富真正的社会问题。[1]人的一切弱点都是这种欲望壮大自身的有用途径，特别是年轻人喜欢花钱，寡头城邦对此并不立法加以限制，因为在那里，每个人都只想着创造新的挣钱可能性。[2]越来越多因为被富人利用而变穷之人的出现以及盘剥和放贷行为的剧增最终将成为不满和颠覆的原因。[3]一无所有者中较优秀的元素越多，有钱人的天性越是无视除了赚钱能力之外的一切能力，那么两个阶层之间的比较就越是不利于有产者。社会生活为两者提供了足够多的机会让他们相互了解。柏拉图的现实主义给人留下最深刻印象的地方是他对朴素之人心理的描绘，此人身体精瘦，被晒得黝黑，在战场上与一位如此富有和在庇荫下长大的人并肩作战。他看着富人因为过多的肥肉而无助地喘息，最终表示富人的统治仅仅是因为穷人的怯懦。他让我们感同身受地意识到，无权利者是如何逐渐树立了这样的信念："这些家伙一无是处，我们可以对他们为所欲为。"[4]

正如有恙的身体只需些许外部诱因就能给疾病可乘之机，潜在的分
940 裂只需最小的机会就能在这样的城邦爆发，比如富人对在自己城邦压迫人民的某一外部力量怀有好感，或者穷人从其他民主城邦寻求支持。[5]寡头城邦一转眼就消失了，民主取而代之。民主的对手有的被杀死，有的被驱逐。每位公民都获得了同样的权利，官员通过抽签选出。柏拉图认为，这一特征是民主真正和根本的标志，就像他在自己的母邦中所目睹的。对于重视专业知识超过一切的他来说，这一特征完全成了某种政制的象征，这种制度让每个人的判断在决定城邦最重要的问题时具有同等的分量。[6]从历史角度来看，他在这里把某种堕落现象当成了民主的本质；因为雅典民主的缔造者们自己也会认同他的批评，即通过带有偶然性的抽签来选出官员显示了对平等思想的机械化。[7]众所周知，亚里士多德不赞同他老师的

① 参见本书第一卷，第155页。
② 《理想国篇》，555c。
③ 《理想国篇》，555d。
④ 《理想国篇》，556c—d。
⑤ 《理想国篇》，556e。
⑥ 《理想国篇》，557a。
⑦ 伊索克拉底在《战神山议事会演说》21—22特别提到了这点，他的政治信仰是梭伦式的民主（"我们祖先的政制"）。

判断，认为其过于草率。他看到每种政制都有正确和错误的形式，甚至对其再次加以区分，并在他的《政治学》中对民主和其他国家形式不同的历史发展阶段做了区分。[①]因此，他所说的无疑更加符合现实。但柏拉图完全没有想过最准确地如实展示现实及其区别。国家形式本身对他来说只是第二位的，他仅仅是利用其来描绘那种创造了它的灵魂疾病类型，他将其概称为“民主”之人。

因此，为了证明他的基本观点，即除了纯粹的教育城邦，一切形式的国家都是病态的，他首先需要揭示它们的不利特征。比如，柏拉图在书简中似乎流露出他理解西西里僭主将岛上的各个城邦联合起来对付迦太基人的威胁这一民族任务，前提是这不是通过强迫实现的，而且僭主要让各城邦自由制定它们的内部政制。[②]《理想国篇》中看不到这点，僭主制在那里完全是一种病态现象。民主的情况与之类似。柏拉图的《美涅克塞努 941
篇》称赞了它在波斯战争中拯救民族的功绩，就像在战士的葬礼演说中早就做的那样，[③]但《理想国篇》中没有提到这点。柏拉图在后者中也没有提到一个无疑令他产生好感的事实，即民主曾经作为法律的统治出现，从而结束了此前普遍的无政府状况。这里出现的民主本质既不是教育人们在法律的保护和精神下进行自我负责的活动，也不是述职义务的观念，埃斯库罗斯在《波斯人》中用后者区分了雅典的国家形式和亚洲的专制。相反，柏拉图描绘了民主在他的时代乱了套的悲哀画面。他写道：“现在，城邦充满了自由，人人可以在那里为所欲为。”[④]因此，自由首先是一种没有任何义务的自由存在，而非依照内心准则的自我约束。“每个人都按照自己最舒服的方式生活。”[⑤]个体兴奋地沉浸于自身赤裸裸的天然偶然性，但正因如此无法实现“人的”真正天性。与在强制和过度纪律的制度下被压迫

① 亚里士多德《政治学》3. 7. 1279b4—10区分了民主和“政体”(Politeia)；在4. 4. 1291b15起，他又区分了更多民主的子类型。

② 《第八书简》，357a；亦参见353e和355d。

③ 对于先辈们在马拉松、萨拉米斯和普拉提亚战胜波斯人时所展现的卓越，柏拉图在《美涅克塞努篇》238b更多将其归因于他们的教化而非政制，亦参见238c；而在241c，他表示那些人的功绩恰恰在于，他们用同样的无畏精神教育了其他希腊人，让他们不屑纯粹的战船和军队规模。

④ 《理想国篇》，557b。

⑤ 《理想国篇》，557b8。

的个体一样，这种个体解放仍然无法令其做到这点。我们可以把柏拉图所描绘的民主之人称作“个人主义”（individualistischen）类型，与雄心类型、贪财类型和僭主类型的人一样，所有的国家形式下都能有他们的身影，但对民主制度尤为危险。个人主义成了人格的一种新的病态。因为人格并非纯粹的个体性。作为德性承载者的人是通过理性塑造的天性。柏拉图通过他的最优城邦的教化展现了自己对这种天性的理解。从内在自由的这一高度（最清楚地体现在，在他的城邦中，除了教化规定之外的一切法规都可以被废弃）来看，我们关于自由的平常想象只是陈词滥调，涵盖了许多最好被禁止的东西。

942　柏拉图对自己城邦政制的尖锐批评和他的哲学中“颠覆生活”的学说都不可能在雅典之外的地方产生，这点是不言自明的假设。这种自由的价值令他觉得可疑，因为每个人都能享受。柏拉图觉得自己掌握着唯一真正的哲学，他怎么会乐意给予错误同样的权利呢？虽然他的辩证方法得名于“交谈”，但没有什么比毫无约束的“讨论”更令他反感的了，这种讨论最后总是停留在“你的观点可以那样，我的则是这样”。在这点上，教育者与政治家的宽容发生了冲突，前者在这种没有约束的气氛中觉得自己就像旱地上的鱼，后者则宁愿让某个愚蠢的观点得到表达，而不是强行压制。在柏拉图看来，民主就像一个蜂拥着各色人等的城邦，一个各种政制的“仓库”，每个人从那里取得符合他们私人口味的东西。[①]即便完全无意参与城邦事务的人也能和与他们志趣相反的人过得一样好。当其他人发起战争时，不愿参战的人可以坚持和平。当有人被法律和判决禁止担任公职时，他还是可以不受限制地统治。[②]宽容精神主宰了正义。[③]社会道德不会斤斤计较。政治活动不需要任何精神教育作为先决条件，人们只是要求演说者对人民友好。[④]法庭演说家和喜剧再现了这幅画面的全部特点。雅典政制的爱国捍卫者们也是对这种制度弱点的最坦诚批评者，尽管他们并不想抛弃它的优点。柏拉图同样提出过以革命途径改变雅典政制的问题，并

① 《理想国篇》，557d。
② 《理想国篇》，557e。
③ 《理想国篇》，558a。
④ 《理想国篇》，558b。

否定了它，但出于其他原因。他是个一以贯之的医生，只是检查了病人的健康状况并发现其令人担忧，但不会开药方。[①]

柏拉图认为，民主之人的诞生是另一种教育错误的后果，由此从过去类型的人类缺陷中制造出一种更加错误的。寡头制类型的贪财之人很节省，但在灵魂的最深处缺乏教养。[②]因此，在他们内心占据主导的欲望元素最终超过了原来约束节省和敛财本能的界限。他们无法区分生来必要和不必要的欲望和需求，[③]特别是在年轻时，于是他们的灵魂成了派系斗争和暴动的舞台。与从勋阀到寡头类型之人的转变一样，柏拉图正是通过灵魂"城邦"内部政治革命的隐喻图景描绘了灵魂内部的变化过程，以便揭示其对国家形式的直接意义。如果说雄心之人是灵魂中的勇敢部分战胜思考部分的产物，寡头类型的人源于欲望部分战胜思考和勇敢部分，那么民主之人则诞生于完全在灵魂的欲望部分内部所展开的斗争。他们内心的寡头元素首先通过寻求外在的相似元素来保护自己，比如教育他们的父亲，但敬畏（Aidōs）的约束影响最终将在欲望的压力下被冲破，后者越来越强，因为年轻人的父亲和教育者不懂得向更好的本能提供正确的滋养（Trophé = Paideia）。对灵魂正确滋养的无知（Anepistemosyne）导致整个教育工作的失败。[④]于是，他们的体内堆积起大量无法满足的欲望。[⑤]这些欲望有朝一日将集合起来摧毁他们灵魂的卫城（精神），因为它们发现，灵魂阵营完全没有知识和理想的精神努力。[⑥]相反，城堡现在充斥着错误和自负的想法，人类完全落入了它们的掌握。它们最终关上了大门，既不允许得到另一边的帮助，也不允许年长朋友送来的建议。[⑦]欲望驱逐了敬

943

① 关于柏拉图与现实国家的关系，参见《第七书简》330d—331d的整个段落，关于他与自己城邦的关系，特别见331c6。在这里，医生的模板还对哲学家教育者具有决定性影响；参见330d。

② 关于教化作为原因在这一发展过程的角色，见《理想国篇》，558d1，559b9、d7，560b1、e5，561a3。

③ 《理想国篇》，558d9起。

④ 《理想国篇》，559e—560b。在这里，"滋养"（τροφή）同样与教化同义，因为τρέφειν和παιδεύειν是近义词。

⑤ 《理想国篇》，560b。

⑥ 《理想国篇》，560b。

⑦ 《理想国篇》，560c。

944 畏（它们称其为愚昧），着手重新命名所有的价值概念。它们把审慎称为怯懦，把节制和有序的花费称为庸俗的吝啬，将这些美德驱逐出境。[①]它们在欺骗的伪装和高声的赞美中引入了相反的东西，把无序称为自由，把挥霍城邦财产称为慷慨，把无耻称为勇敢。

和所有地方一样，这里可以清楚地看到，对柏拉图来说，原先纯粹的政治概念变成了某种具体的心理结构类型的象征。

有谁会看不到，柏拉图在这里利用了修昔底德的历史作品中那段了不起的描绘，用词义的改变展现了道德的堕落呢？[②]柏拉图把这一知识同他的问题联系起来。他在灵魂中的这种不可见过程中看到了教化历史上所受最严重震动的标志。根据他的假设，他把那位历史学家所描绘的伯罗奔尼撒战争对全希腊造成的可悲后果变成了完全是“民主之人”本身的过错。他的眼前站着这样的人，他们交替着听任自己的本能，无论是必要的需求抑或有害的欲望。[③]如果他们运气好，没有因为放纵而彻底毁掉自己，那么当他们年岁更长，结束了内心的主要骚动后，他们很可能会找回那些被驱逐的更好本能，听命于当时主宰自己的相反倾向。他们时而生活在歌声和觥筹声中，时而喝水和消瘦，时而从事运动，时而产生精神兴趣。他们投身政治，跃起发表各种演说，或者投身疆场，因为那是一种美好的生活，或者从事投机。他们的生活没有秩序，但他们却称之为美好、自由和幸福的。他们是形形色色的性格的集合，身上承载着各种相互排斥的理想。[④]

柏拉图对民主之人的评价完全取决于这种类型的人与其僭主制源头
945 的直接心理关系。[⑤]诚然，僭主制表面上似乎最接近柏拉图所认为的最优

---

① 《理想国篇》，560d。“敬畏”显然是之前占据主导的灵魂部分的秘密谋士，因为对那部分灵魂的影响而遭到制造革命之欲望的特别憎恨。

② 修昔底德，3. 82. 4。参见本书第二卷，第338页。与这里的柏拉图一样，伊索克拉底在《战神山议事演说》20显然也受到修昔底德对政治危机及其表现的分析影响。这种危机理论非常符合柏拉图对城邦和个体灵魂中所发生事件的医学理解。在本书第二卷第391页所举的战争起源问题的例子中，我们已经谈到修昔底德本人的思想同样多么强烈地受到医学模板的影响。修昔底德这种思考方法的最后传人是雅各布·布克哈特在他的《世界历史沉思录》中的政治危机学说。

③ 《理想国篇》，561a。

④ 《理想国篇》，561c—d。

⑤ 《理想国篇》，562a。

城邦。与智慧和正义的君主制一样，僭主制基于唯一个人的无限制独裁。但这种相似性具有欺骗性，在哲学家眼中，独裁的事实对国家的本质并非决定性的，而只是意志最高程度集中和统一的形式，既可以是正义的，也可以是完全不正义的。僭主制的原则是不正义。由于这种外在相似形式背后的截然对立，僭主制成了柏拉图对理想国家的戏谑，它越是接近后者，就越是成为恶的尺度。僭主制的特征是最大程度的不自由。这种不自由正是源于最大程度保护自由的民主，这不难理解，因为当任何状况达到最极端的程度，超过了界限时，它就会产生相反的效果。过度的自由是通往绝对不自由的捷径。[①]对生物过程的这种医学解释自然是基于伯罗奔尼撒战役以来最后1/4个世纪的经验。更早的僭主制是从贵族统治到民主制的过渡现象，而柏拉图时代的所谓新僭主制则是当民主达到无以复加的发展阶段后发生瓦解的典型形式。因此，由于只考虑了当下的僭主制形式，柏拉图的理论是片面的，但后来的历史经验似乎让他有理由这样做，因为它们表明，僭主制大多是民主的后继者。为了防止这种过渡，罗马共和国甚至做了成功的尝试，把紧急时期让单个人在一定期限内获得统治权变成了民主合法制度的一部分，创造出独裁官一职。不过，柏拉图将僭主制和民主制联系起来并非仅仅基于外部的历史经验。这种联系的逻辑必要性来自其教化学说的心理-病理学考量。他对这种国家形式的描摹激发了我们的强烈兴趣，但他新揭示的现象并非政治上的僭主制。相反，就像在他的整个 946
国家形态学中那样，他的研究针对的是僭主制概念在最宽泛的伦理范围内的灵魂源头。在这类现象的圈子里，作为政治类型的僭主只是最极端，对全体影响最大的例子。这种重要性的分级对应了从描绘僭主制的政治状况到分析僭主类型之人的有条理上升。

正如我们所说的，僭主制的原因是过度的自由。柏拉图没有把它用作纯粹的口号，而是通过无政府状态的症状学说赋予了其形象的生命，[②]作为对国家和精神间亲密相互作用的描绘，这在世界文学中无与伦比。人们从中逐步感受到，这是柏拉图在自己母邦的亲身经历，给予了他的画面

① 《理想国篇》，546a。
② 《理想国篇》，562e。

阴郁而现实、有时还反讽夸张的色彩。在他看来，斯巴达和寡头统治事实上远不如他在这里揭示的东西重要。他能够如此描绘无政府状态，因为那是从一开始就决定了他的哲学方向的经历。在这里，我们仿佛看到从他所描绘的情形中浮现出了他的城邦和他的教化。于是，他所说的一切同时也具有了警示的意义，提醒人们按照无法回避的逻辑必将随之到来的下一步。在这里，它在更高的平台上重复了梭伦的语言，因为一切政治最终都将如此，无论是以柏拉图所不屑的经验式频率观察为基础，[①]还是基于灵魂过程最深刻的内在必要性。诚然，他关于国家形式相互更迭的学说并未描绘历史顺序，但与他对自由危机的描绘一样，柏拉图在其城邦最后看似复兴的岁月里看到了雅典的未来。如果雅典城邦能够完全按照其内部法则继续发展，也许历史事实上早晚都会走上这条路。不过，僭主制不会脱胎
947 于民主，而是由外部势力强加给后者。马其顿人对希腊的入侵打断了柏拉图所描绘的体温曲线的所谓最后阶段，但反过来此事再次把一项重大的民族任务托付给民主，仅仅是因为民主拒绝了这项任务，柏拉图的诊断才得到了证实（尽管实际过程并不一致）。

无政府状态的症状最早显现在教育领域，因为根据柏拉图的起源解释，该过程的源头正是教育的解体。虚假平等教育的影响出现在最有违自然的现象中。父亲变成孩童的样子，畏惧自己的儿子，而孩子则表现得早熟和老谋深算。他们不知道敬畏父母，不再具有羞耻感，因为两者都与他们对真正自由的感情存在冲突。外邦人和异乡人自认为与公民享有同样的地位，生活在自己国家的公民则如此漠然，仿佛他们是外邦人。老师害怕自己的学生并恭维他们，学生则对老师不敬。年轻人中流行着老谋深算的精神，而年轻人的做派则盛行于老年人中，没有什么比不亲切的样子和“专制”的严厉更让人避之唯恐不及。[②]甚至主奴关系中也不再有区别，更别提妇女的解放了。这段话犹如新阿提卡喜剧活跃画面的说明文字，我们能在其中找到对儿子和奴隶自由地位之刻画的特别丰富的表现。柏拉图对一切心理状况的微妙感受不仅包括人，也同样包括动物。在他看来，狗、

① 《理想国篇》，516c—d。
② 《理想国篇》，562e—563a。

驴和马的活动在民主制下比在其他任何地方更加自由和不受拘束，充满了自尊。它们似乎想对在街上遇到的每个人说：如果你不让路，我也不会为你让路。[①]

每个极端转换为它的对立是一种符合自然法则的必然性，无论是大气、植物界还是动物界，没有理由认为政治世界情况不同。[②]在这里，柏 948
拉图还多次通过措辞的选择强调自己的原则源于经验。多次出现的"惯常"（φιλεῖ）和"习惯于"（εἴωθεν）清楚地指向医学和自然科学病理学的模板，后者中经常出现这种用法，用来表示知识的相对确凿程度。[③]紧接着是疾病的比喻：就像黏液和胆汁会破坏身体健康，社会有机体中无所事事和只知挥霍的元素也会导致人群发炎。[④]对民主制度而言，"雄蜂"——我们在讨论寡头国家时已经看到了它们的有害影响——同样是威胁生命的疾病的源头。[⑤]聪明的养蜂人会及时将其全部关在蜂巢外，从而保住整个蜂群。雄蜂是民众煽动家，他们在台上演讲和活动，民众则在他们周围嗡嗡作响，不允许任何人表达不同的意见。蜂蜜是富人的财产，那是雄蜂自己的食粮。在政治上不活跃的广大民众靠自己的双手劳作生活，没有很多财产，但如果他们集中起来就能够做出决定，当富人的财产被没收后，他们每次还能从民众煽动家那里获得一点点蜂蜜作为报酬；不过，雄蜂把大部分留给了自己。现在，有产阶层投身政治，以便用这个城邦中唯一有效的武器保护自己。但反过来，他们的反抗犹如战斗号角，民众把不受限制的全权交给了他们的领袖。僭主统治就此诞生。[⑥]

在难以到达的阿卡迪亚山谷中生活着一个遵循古老习俗的野蛮民族。直到公元前4世纪的文明时代，他们仍然不间断地遵循着祖先的习惯。就像在遥远的史前时代一样，那里的人们每年向吕卡翁的宙斯献上人祭。在主要以牺牲下水组成的祭品中会加入切碎的人心和人的内脏。传说如果有

① 《理想国篇》，563b—c。
② 《理想国篇》，563e—564a。
③ 参见《理想国篇》，563e9，565c9、e5。
④ 《理想国篇》，564b4—c1。
⑤ 《理想国篇》，564b6，参见552c。
⑥ 《理想国篇》，564c6—565d。

人在他的那份里吃到了人肉，他就会变成狼。同样地，一旦有人用不祥的
949 嘴品尝了他的人民之子的血，他就会变成僭主。当他把许多对手赶出家乡
或处死，并制定了颠覆性的社会改革计划之后，他所能做的要么是被敌人
杀死，要么是作为僭主统治，从人变成了狼。[①]为了保住性命，他让私人
扈从环护，那是民众自愿给他的，因为他们足够愚蠢，关心他胜过担心自
己。当富人把财产转移到国外或者因为被发现这样做而丢了性命时，他在
城邦内打倒了最后的对手。现在，他作为驾驭者站在城邦这辆马车上，但
从民众领袖变成了僭主。他们最初以亲民形象出现，通过平易近人的样子
赢得了一切。他否认自己的统治与僭主制有何关联，向人民做出巨大的承
诺，下令取消债务，并把耕地分配给人民和同志。[②]但为了让作为领袖的
自己变得不可或缺，他被迫不停地制造开战的理由。他因此变得越来越可
憎，甚至他最忠诚的追随者和最亲近的谋士（他们帮助他获得权力，现在
身居高位）也对他提出了尖锐批评。如果想要保住自己的统治，他必须把
这些人都除掉。[③]最勇敢、思想最高尚和最聪明的人必然是他的敌人，无
论是否愿意，他都必须把他们从城邦“净化”。净化的概念被他从医学借
用到政治学，在这里具有了相反的意思：僭主需要从民众中驱除的并非最
坏的元素，而是最好的。[④]他必须依靠日益加强的扈从的支持，通过较坏
的那部分民众统治较好的部分。他只能通过更多的不义来维持这支庞大的
扈从队伍，把神圣的财产国有化。最终，民众会意识到自己养大了什么。
他们害怕被自由人奴役，从这种阴影下逃走，结果却陷入了掌握在奴隶手
中的专制。[⑤]

僭主制类型的人看上去与民主类型的截然相反，但前者诞生于变得
950 过于强大和独立的本能生活，柏拉图认为那也是民主类型之人的源头。如
果说后者产生于多余欲望的大量增长，那么僭主式的灵魂则来自一种我们

① 《理想国篇》，565d—566a。

② 《理想国篇》，566a—e。

③ 《理想国篇》，566e6—567b。

④ 《理想国篇》，567b12—c。

⑤ 《理想国篇》，567d—e。

尚未提及的不法欲望。[1]想要理解它的本质，我们必须深入到潜意识世界中。在梦境中，当精神摆脱了理智施加给它的锁链的限制，唤醒了人体内野性和兽性而非驯服的部分，那么对人本身而言大多无意识的那部分天性就会显露。柏拉图是心理分析之父。他第一个揭示了可怕的俄底浦斯情结（与自己母亲同居的肉欲追求）是潜意识自我（Ich）的一部分，他通过对梦境体验的研究显示了这点，并描绘了一系列类似的被压抑的愿望情结，甚至包括与神明性交、鸡奸和纯粹的谋杀欲。[2]为了给自己如此详细地分析这个问题辩解，他指出了本能生活之教育的意义，僭主类型之人完全缺失这种教育。潜意识在梦境中的这种上升甚至出现在完全正常和有自制的人身上，证明任何本能都包含了如此可怕和疯狂的类型。[3]

柏拉图由此得出结论说，他的教化必须扩大到这种潜意识的灵魂生活，以便筑起大坝，阻止来势汹汹的这种地下元素侵入有意识的灵魂活动与追求的秩序世界。基于灵魂三大部分的心理学，他描绘了一种驯服违规本能的方法。基础是人与其真正自身（Selbst）的健康而有度的关系。人们有理由指出，自我（ὁ ἐγώ）这个现代个体概念在柏拉图的时代尚不存在，但这个事实与柏拉图的人格概念的结构有关。这个概念描绘了欲望之人同他的真正自我的正确关系，柏拉图称后者为美德，或者灵魂最好的部分。因此，自我并无突出价值，在与自身的关系中只是任意对象。对潜意 951
识本能生活的教育影响必然首先扩展到睡眠的情形，那是教化至今唯一尚未“掌握”的生命领域。柏拉图提到了这段生活，就像他提到人出生前在母体内的生活，以及父母在孩子出生前的生活。正如他认为理性是在非理性中预先形成的，[4]非理性是在潜意识中预先形成的。柏拉图揭示了梦境生活与清醒时的行为和经验之间的关联，亚里士多德的梦境研究从中获得了重要激励，但后者具有更多的自然科学属性，而柏拉图即便在梦心理学中也一直与教育问题保持着紧密的联系。人在入睡前“应该”唤醒自己体内的思考部分；他“应该”为其准备精美的思想和思索作为丰盛的宴席，

① 《理想国篇》，571a—b。
② 《理想国篇》，571c—d。
③ 《理想国篇》，572b，另参见571b。
④ 参见《理想国篇》，401d—402a。

从而使其醒来和专注于自身。灵魂欲望部分的饮食将遵循“既不缺少也不过多”的准则，从而让更好的部分不因快乐或痛苦的刺激而受到干扰，而是使其完全安静地检验和探究某些他不知道的东西，无论是过去、现在抑或未来。还应以同样的方式缓和灵魂中激情的部分，从而让人不会带着激动的情绪上床。这里想到的是“心”（Thymos）的主要运动形式，即愤怒或激动。因此，睡眠应该首先占领灵魂较低级的部分，而精神应该保持清醒直到最后一刻，使得当意识完全停止时仍能在灵魂的不平静区域内感受到它舒缓作用的持续影响。① 这种睡眠教育学在古代后期产生了巨大影响。比如，在新毕达哥拉斯主义者那里，它和每晚对良心的检验联系在一起，② 柏拉图尚未提到这点。他为灵魂开出的睡眠药方并非道德的，而是营养学的。

952 僭主类型的人源于某种有违准则的本能生活在灵魂中占据主导。他们是灵魂倒退到某个前人类阶段的结果，灵魂总体上被束缚在潜意识中，在我们体内仅仅维持着一种地下的存在。③ 我们很容易忽视的是，与谈到其他三种作为国家主要形式来源的病态人格的起源问题时一样，柏拉图在这里同样通过“父子关系”揭示了不断堕落的状况的最初萌芽。在所有四种类型中，为了形象地展现下一阶段的堕落，他虚构的例子都是在观点和理想上与父辈背道而驰的年轻人。④ 我们在这里要再次赞美柏拉图作为教育者和心理学家的犀利目光，当他谈到因为错误的教育而导致的灵魂堕落时，他首先考虑的并非学校向人们灌输的学说。在那之前是父亲和他自己儿子的教育关系。在希腊传统中，父亲首先作为儿子应该模仿的天然典范出现。父亲将自身所体现的德性传给自己的儿子是最简单和最清晰形式的教化的意义。⑤ 对于更高等级的教育文化，父亲在其中扮演着更基本的功

① 《理想国篇》，571d6—572a。

② 扬布里科斯，《毕达哥拉斯传》，35. 256（第138页，3—5，Deubner），书中还收集了古代的平行材料。

③ 《理想国篇》，572b。

④ 柏拉图本人显然回想起了将寡头类型之人教育成民主类型之人的类似过程，《理想国篇》，572b10—d3。但对于之前的阶段，他同样把改变归于这个原因。

⑤ 参见本书第一卷，第34—35页：在荷马那里，奥德修斯是忒勒马科斯的榜样；第227页：品达的第六首《皮同凯歌》称赞色诺克拉底是他的儿子特拉许布罗斯的榜样；第9—10页：在《伊利亚特》中，希波洛科斯是他的儿子格劳科斯的导师，珀琉斯是阿喀琉斯的导师。

能，或者完全被取代。但从某种角度来看，他永远是教育者的原型，只要他同时把自己的理想作为亲历的生活展现在儿子的眼前，从而衡量其效果。当父亲有失偏颇地将在特定范围内合理的努力朝着他面前的理想过度推进时，儿子的灵魂中所产生的年轻人对长辈的自然反感会更加抵触与父亲的德性类型保持绝对相似。勋阀类型的人产生于儿子同父亲毫无野心，只关注自身工作的生活方式的矛盾。[①]在这里，父亲的追求甚至完全符合规则。因此，从原则上看，与其说根源在于父亲理想的有失偏颇（这在上述情形中并不真正存在，而只是儿子觉得如此），不如说在于年轻世代天 953
性的不断恶化。不过，当他们的代表本人也成为父亲时，这些人将通过随着一代代人变得愈发偏颇的德性种类助长堕落的日益加剧，父辈的这种助长会从某一种类型变成另一种。勋阀类型的年轻人用野心勃勃的理想取代了他们父辈不愿“多管闲事”（Philopragmosyne）的立场，[②]但在他们自己儿子的眼里又显得过于“无私”，后者因而成了爱钱之人。[③]后者的儿子则对抛弃赚钱之外的其他一切快乐和欲望感到不满，从寡头类型变成了民主者。[④]民主类型之人的儿子最终无法抵御过度欲望的要求（在他们的父亲看来，满足这些欲望标志着真正的自由和人的身份），而是成了违规欲望的汹涌大海上的冒险者。[⑤]

柏拉图展现了该过程与之前阶段的严格对称，让灵魂之国反映了通常从僭主制国家形式开始发展的典型过程。不过，虽然他从政治世界获得了这幅无政府状况的画面，但根据他明确表达的原则，在灵魂中所发生的事实上是类似政治过程的不可见原型。年轻人灵魂中的僭主制源于他们成了自身欲望的傀儡。父亲和其他具有教育影响的人努力想把他们的欲求从已经踏上的不法道路引向不那么危险的目标。相反，作为他们的引诱者，骗子和僭主制造者则在他们内心激起了一种支配一切的巨大热情（ἔρως），造就了有翅膀的庞大雄蜂，这些雄蜂自我标榜为有着低级欲望

① 《理想国篇》，549c—e。
② 《理想国篇》，549c。
③ 《理想国篇》，553a9—10。
④ 《理想国篇》，558c11—d2。
⑤ 《理想国篇》，572d8。

的大众的民众领袖（προστάτης），这些人无所事事，瓜分了现有的全部钱财。[1]因此，与城邦中一样，僭主之人的现象在灵魂中同样产生于“无所
954 事事”的问题。成群的此类欲望在他们身边鼓噪，刺激他们的首要热情达到极限，这种热情让疯狂作为保镖围绕着自己，如果有别的什么欲望还具备反抗的力量，它就会“清除”节制在灵魂中的最后残余。[2]我们从经验中发现，我们所谓的僭主式本质首先与三种破坏灵魂的力量有关：情欲、酗酒或疯狂的抑郁。无论是因为天性或习惯，还是两者兼而有之，当一个人成为酗酒者、情欲者或抑郁者时，就会产生僭主式灵魂。[3]他的发展始于对父母的不顺从，然后又把暴力行为转向其他人。[4]他灵魂中的民主解体了，情欲这个大僭主把他引向各种冒险，就像对待受其迷惑的人民。[5]柏拉图所理解的僭主式天性绝非仅限于政治上的掌权者，这种天性有各种大小，从小偷和窃贼开始，直到最终被小小的僭主灵魂抬上权力巅峰的人，因为这些灵魂觉得，此人内心藏着最大的僭主和最疯狂的热情。[6]最终，僭主一开始小规模针对父母的暴力行为在更高的水平上得到重复，在大僭主的尺度上被用来针对他的父母之邦。[7]

僭主类型的人，其生命情感不知道真正的友谊和自由。它充斥着不信任，其真正的本质是不正义。在它和它的统治下，我们达到了同正义之人与正义城邦的最大对立。[8]它们有多么幸运，僭主就有多不幸，因为正义不是别的，正是灵魂的健康，而在后者的内部，自然秩序遭到了破坏。想要能够真正做出判断，我们必须凭着自己的精神深入到某个人的性格和本性中，而不是像孩子一样只从外部观察，让自己被外在装饰迷了眼。[9]在对国家和人的形式所做的病理学分析的最后，柏拉图描绘了一种心理学
955 家，后者通过自身与价值的哲学研究者的融合制造出新的教育者类型，他

① 《理想国篇》，572e。
② 《理想国篇》，573a—b。
③ 《理想国篇》，573b—c。
④ 《理想国篇》，574b—d。
⑤ 《理想国篇》，574e—575a。
⑥ 《理想国篇》，575b—c。
⑦ 《理想国篇》，575d。
⑧ 《理想国篇》，575e—576a。
⑨ 《理想国篇》，577a。

还让苏格拉底带着美妙的反讽对交谈者说道：来吧，让我们这样做，仿佛我们是这类灵魂的认知者。[①]僭主的灵魂不正是像僭主统治的城邦那样，处于和后者相同的病态状况吗？这是所有人类灵魂形式中最奴性的，因为它不知道自由，被狂热高亢的欲望主宰着。因此，统治它的不是最好的，而是最坏的东西。焦虑和懊悔始终控制着它。它贫穷而又无法满足，充满了恐惧、悲伤、抑郁和痛苦。[②]不过，对于僭主类型的人来说，最大的不幸在于他无法作为个人度过一生，而是拜时局所赐获得了政治僭主的权力。[③]《高尔吉亚篇》中已经提到，尽管被赋予了各种威权，但僭主缺少真正的权力：他们无法做好事，而那是一切人类意愿的天然意义。[④]在对僭主制的描绘中已经可以注意到，僭主没有被刻画成能够自由行事的人，而是每当有新行动时都会有意强调，僭主必须赶走最好的人，强迫自己干掉同伴。[⑤]他行为中的一切都身不由己，他本人是个最大的奴隶。[⑥]他因为自己的不信任而变得孤独，活动范围比其他任何能够旅行和见识世界的人都小。[⑦]因此，在哲学医生的眼中，他完全是不幸的化身。

我们内心的城邦

对于为何详细描绘了不同的国家类型以及与之相对应的人的类型，柏拉图如此解释说，对话的真正目的在于认清正义本身是否是一种善，而不义是一种恶。[⑧]他想要证明，完美的正义者（按照之前对这个概念的定义，即具有完美德性的人[⑨]）拥有真正的幸福，而不义者是不幸的。因为 956
按照柏拉图对希腊语 εὐδαιμονία 的真正意思的解释，幸福并不表示人外在康乐，而是他真的拥有一个善的神明，就像这个词所暗示的。

① 《理想国篇》，577b。
② 《理想国篇》，577c—578a。
③ 《理想国篇》，578b6—c。
④ 《高尔吉亚篇》，466b—468e。
⑤ 《理想国篇》，567b。
⑥ 《理想国篇》，579d—e。
⑦ 《理想国篇》，578e—579d。
⑧ 《理想国篇》，544a。
⑨ 《理想国篇》，443c—444a。

这一宗教概念可以不断变迁和深化。Daimon表示神明对人的影响和意义。对世人而言，拥有“善的神明”的人是有幸掌握财富者，他在这个意义上是幸福的。当埃斯库罗斯戏剧中的波斯王轻率地将他的旧神明作为赌注，以便赢得新的权力和更多的财富时，这个词在希腊语中的常用意思得到了很好的描绘。[①]因为在这里，它既表示物质内容，也表示神明庇佑的真正原始含义。虽然在公元前4世纪的思想方式中，“幸福”的物质含义日益占据优势，甚至成了唯一的，[②]这个词（提醒人们它的神明起源）仍然总是能够和作为其基础的宗教概念重新联系起来。独立于经常使用的εὐδαιμονία一词的特别用法，Daimon的概念本身早就发展出了一种内在含义。我们最熟悉的例子来自赫拉克利特的名言：“性格是人的命运。”在这里，Daimon并非外在于人的存在。相反，恰恰是因为这种密切的关系（这一概念在其中将神明及其统治视作人类个体的命运掌握者），它被等同于人的内在本质及其特别的约束性。这已经与柏拉图的思想相去不远，即人的内在道德德性（即我们所说的“人格”）是其幸福的唯一来源，或者像亚里士多德在祭坛哀歌中有一句话对柏拉图学说所做的概括那样：人只有通过德性，即通过真正的内在价值才是幸福的。[③]我们在柏拉图的《高尔吉亚篇》结尾神话的意义中已经看到了这一信条：当冥界的法官对人做出最后的审判时，他用“灵魂本身”检验完全赤裸的“灵
957 魂本身”。在《理想国篇》的第一部分，柏拉图将正义定义为灵魂的健康，由此证明为人正义是否值得的问题毫无意义。[④]因为我们认识到僭主是完全不幸的，如此理解的正义现在也显示，它是真正的幸福和满足的唯一源头。通过将幸福置于灵魂的内在天性本身及其健康之中，在柏拉图看来，它也就实现了追求幸福的人所能达到的最高程度的具体化和内在独立性。如果我们以所确立的政体形式和人之类型的序列为基础，正义者的幸福和不义者的不幸这一问题似乎得到了解决，因为僭主被证明是最大的奴隶，而与最优城邦相对应的“君主般”的人则被视作是唯一的真正自由者。这

① 埃斯库罗斯，《波斯人》，825，参见164。
② 比如在色诺芬等人经常使用的πόλις μεγάλη καὶ εὐδαίμων（大而幸福的城邦）中就是这样。
③ 参见拙作*Aristoteles* S. 109。
④ 《理想国篇》，444c起。

一点被明确称为整个探究的最终结果，并被隆重地作为评审者的裁决而宣布，就像竞赛结束后宣读结果。[①]

根据直接基于对正义者和不义者生命燃素的评价，柏拉图还用第二种证明捍卫了自己的立场。与此前他所描绘的城邦的三个部分或阶级，以及灵魂的三个部分相对应，他区分了三种欲求和快乐，以及与之相应的三种不同的统治。根据灵魂每个部分的欲求和追求所指向的对象，他把欲望的部分称为最广义上的热爱利益的，把激情的部分称为热爱荣誉的，把思考的部分称为热爱知识的（φιλόσοφος）。对应人类追求的这三个基本方向，他描绘了三种类型的人和三种基本的生命形式，并提出了这样的问题：这三种生命形式中哪个最快乐？[②]希腊语中有多个词表示我们的“生命”，其中Aion将生命描绘成期限和封闭的生命时间，Zoe本义更多表示生命的自然过程，即活的存在，Bios被希腊人用来表示作为个体生命之整体，以死亡为终点的生命，但也表示生命的维持，即在性质上不同于其他 958
人的生命。Bios一词所表达的这个方面最符合对生命的新定义，即对特定的伦理和确定的人类生活态度的表现。柏拉图思想塑造类型的力量始终把人视作整体，而不仅是关注他的个别活动或表达。通过Bios的概念，他推动了哲学思考，从此后几个世纪的哲学以及宗教和伦理思想中，我们可以看到这种动力在该思想的漫长历史中的持久影响，直至它融入基督教的神圣生活观念以及其他形式和阶段的基督教生活的体系。

对上述每种生命形式的刻画都通过另一种形式的快乐和幸福。因此问题在于，是否有途径能够评价各种快乐的价值。柏拉图认为，实现这一目标的唯一途径是内在体验。[③]但难点是，每个人都会赞美自己生活的价值，却不了解他人的生活。柏拉图试图克服这点，他暗示，只有哲学生活理想的代表才能从自身体验中了解全部三种快乐。因为显而易见，对于感官欲望和野心刺激，他们就像这两种类型的代表一样毫不陌生。而后者的

① 《理想国篇》，580b—c。在这里，“君主般”的人再次被简短地定义为“自己像国王般统治的人”（βασιλεύων αὑτοῦ）。在他身上，关于善的理智知识享有专制。自由之人的主题是苏格拉底式的。哲学家和国王是苏格拉底式的人。

② 《理想国篇》，580d—582a。

③ 《理想国篇》，582a。

思想则无法超越这个领域，因此他们凭着自己奉献给知识的存在形式完全胜过了后者。[1]柏拉图在这里所说的仍然是理想，而非真实的人。因此，他觉得自己有理由认为，三个条件在他的哲学之人身上得到了统一，必须结合三者才可能对三种不同的快乐做出不仅是主观比较式的评价：即在所有三个部分的真实体验。对这种体验的道德价值的感受是以思考为基础的评价的工具。[2]只有哲学家所热爱的才是真正的幸福。他们的评价也是其
959 他生活方式之代表的评价尺度。[3]于是，哲学的生活理想成了真正的人类理想。亚里士多德在他的伦理学中缓和了这种观点的绝对严格性，尽管他仍然把哲学生活视作人类幸福的最高形式，但承认除此之外还有第二种形式的道德卓越性，后者基于日常生活，而非基于拥有纯粹的知识。[4]他把这两个阶段区分为智慧（Sophia）和明智（Phronesis）；但对柏拉图来说，两者在哲学家的理想中是统一的，就像在描绘对未来统治者的教化时所展现的。前苏格拉底哲学家逸闻（描绘了他们生活和行动中的异事）中的怪人在柏拉图那里成了更崇高人类的典范。不过，这并非评价发生改变的结果，而是哲学家自身的本质经历了变形。在苏格拉底的激烈诘问中，哲学家的Bios成了一切教化的目标和人类性格的理想。[5]

不过，我们仍然可能认为柏拉图对哲学家的判断是片面的，他在这里将其视作评判人类不同阶层快感之客观价值的唯一尺度。为此，柏拉图试图从另一个方面让他的结论变得可以理解，即通过对快乐自身本质的观察。[6]他的目标是获得一个有可能比较式地评价不同快感的视角。和《菲利布篇》一样，他对该问题——似乎与理性思考和衡量的理解相悖——的探究归根到底同样从这样的疑问出发，即所有快感本身是否具有同等价值，还是说存在真的和假的快感，以及如何区分两者。我们在这里不再重复论证的细节。主要的论点是，我们所谓的快感大多不过是摆脱了某种不

① 《理想国篇》，582a—d。
② 《理想国篇》，582d11：διὰ λόγων κρίνεσθαι（通过思考来评价）。
③ 《理想国篇》，582e。
④ 亚里士多德，《尼各马可伦理学》，10. 7和10. 8。
⑤ 参见我的论文*Über Ursprung und Kreislauf des philosophischen Lebensideals* (*Ber. Berl. Akad.* 1928)。
⑥ 《理想国篇》，583b起。

快时的感觉，因此是消极的。[①]在更仔细的审视之下，我们拥有的“最大”快感恰恰被证明出自这个源头，即经过之前因为某种会引起痛苦和不适的 960
情况所造成的困境，进入了平静的状态。[②]在这种过程中，处于快乐和不快之间的平静被视作积极的快感。柏拉图将该过程与我们所经历的感官错觉相提并论，即在从下往上攀登时，我们在中途处常会觉得已经登顶。[③]我们在沿着色谱滑动时产生的错觉与之类似，当我们从黑色走向白色，我们在抵达灰色时会感到已经来到了白色面前。[④]一切快乐和不快感同样是相对的，就像柏拉图后来在《菲利布篇》中所指出的，它们取决于我们当时所渴望的是更多或者更少。[⑤]我们认为，快乐和不快与充满和空虚有关——这是当时的医学中非常流行的一种观点——因此饥饿和口渴是身体的空虚，无知和愚蠢则是灵魂的空虚。饱食和休息充实了身体，知识和学问则充实了灵魂。[⑥]

乍看之下，似乎几乎不可能将这两种情况以及与之相对应的填充加以比较。不过，想要让比较身体与灵魂从空虚到充满的过程变得可以理解，我们只需用形而上学的尺度来衡量这两个过程和与它们相联系的快乐，看看两者中哪一个用更真实的存在充实了人们。那个过程必然还在更真实的意义上具有充实效果。相比于通过知识滋养和满足灵魂，对身体及其需求的任何关心都无法具有同等程度的充实效果，因为相比于滋养灵魂的真理知识，能够养育身体的对象不具备同等程度的真实存在。[⑦]如果说真正的快乐是充满了符合被养育者天性的东西，那么相比于使用存在程度较低的对象，用更高程度的存在来充实无疑才是更加真实和本质意义上的快乐。[⑧]因此，纯粹感官快乐的享受者看不到真正的“上方”，为了留在那种视觉错觉的图景中，他们从不把目光投向那里，从未享受过持久和纯粹 961

① 《理想国篇》，583c—584a。
② 《理想国篇》，584c。
③ 《理想国篇》，584d—e。与之类似，《普洛塔哥拉篇》356c和《菲利布篇》41e也用对于距离的感官错觉来说明衡量快乐和痛苦程度的困难。
④ 《理想国篇》，585a。
⑤ 《菲利布篇》，24a起。
⑥ 《理想国篇》，585b。
⑦ 《理想国篇》，585b—c。
⑧ 《理想国篇》，585c—e。

的快乐。他们像牲口一样把目光投向“下方”，朝着地面和桌子俯下身，吃着草，追随着自己的快乐。为了获得更多的快乐，他们用铁做的角和蹄子相互攻击，因为没能得到满足而相互杀戮，因为他们没能充满真正的“是”。他们只能看到快乐的影子和偶像，因为他们看不到真正的快乐，后者与人的精神部分“明智”（Phronesis）联系在一起，他们甚至把精神和理智视作快乐的对立面。他们就像为了夺回海伦而在特洛伊城下作战的希腊人，但特洛伊的海伦只是幻象，真正的海伦则在埃及，就像斯特西科洛斯所讲述的。[①]因此，从快乐的存在含量来看，只有哲学家拥有真正的快乐。[②]与他们距离最远的是僭主类型的人，最近的是君主式的人，即真实城邦的“正义者”。在这个反讽的游戏中，柏拉图甚至准确地给出了与不同的国家形式相对应的人类形式与真正快乐的相对距离。他计算得出，柏拉图式人类的生活比僭主幸福729倍。如果说善和正义者在快乐上胜过僭主那么多倍，那么僭主的生活在价值、美和人性完美程度上又要被胜过多少倍！[③]

正义之人的生活不仅比不义之人的更加幸福，而且不义者假装正义也并不更加有用，就像格劳孔和阿德伊曼托斯在对话开头所说，他们表示那是许多人的看法。之前在把正义定义为灵魂的健康与和谐时，柏拉图已经提出了这个结论。[④]在探究的最后，他通过在关键时刻经常使用的比喻这一艺术手法再次强调了该结论。[⑤]为了这个目标，他做了一个寓言式的比喻，形象展现了人类天性的整个复杂的内在结构。与柏拉图的灵魂学说相对应，对人（更准确地说是灵魂）的这种比喻将其对象区分为三种形
962 象：首先是多头的怪物，然后是狮子，最后是人。我们通常所谓的人只是欺骗性的表象，它囊括了这三种如此不同的独立本质，让人显得犹如毫无问题的平滑整体。[⑥]怪物的脑袋周围长着无数驯服的和野蛮的兽类的脑袋，

① 《理想国篇》，586a—c。
② 《理想国篇》，586e。
③ 《理想国篇》，587a—e。
④ 《理想国篇》，445a，参见444c—e。
⑤ 《理想国篇》，588b起。
⑥ 《理想国篇》，588c—d。

代表了作为欲望本质的人。它相当于灵魂的欲望部分，柏拉图将其与激情和思考的部分做了区分。狮子是作为激情本质的人，能够感受到愤怒、羞耻、勇敢和振奋。不过，真正的人或者说“人中之人”（就像柏拉图的比喻对这一新概念的奇妙描绘）是灵魂的精神部分。[①]

上述思想对人文主义历史的意义不言自明。这个比喻一下子揭示了柏拉图教化的方向和意义，只要后者建立在对人类及其天性的新评价之上。他的教化把发展人中之人作为自己的目标。通过让其他一切严格服从精神部分，这种教化获得了关于生命和真正的人类完美性的全新图景。我们再一次清楚地看到，最优城邦的整个复杂结构归根到底只是为了衬托人类灵魂图景的这一发展；同样地，探求城邦的不同类型的堕落原因只是为了给解释灵魂的各种类型的堕落提供背景。因此，热衷不义的人让多头的野兽在我们内心占据了上风。哲学家则加强了人的驯服天性，并使其发挥作用，只有他们才能让我们内心的一切服从神性的部分。让更好的东西服从更坏的东西永远没有好处，因为那有违自然。柏拉图《理想国篇》中的双重教化——对统治者的哲学教育和对卫兵的战争教育——通过狮子的比喻再次显示了自己的意义，如果能够真正被驯服，狮子不会与多头怪为伍，而是服从于人中之人，帮助后者一起战胜那个怪物。[②]教育的任务是 963
让更高贵和非理性的灵魂冲动与人的精神部分协调一致，在前者的支持下，本身如此弱小的真正人性部分将能够制服非人的部分。

这就是柏拉图的教化所指向的城邦。只有当年轻人在内心建立和巩固了这样的城邦，即在人的内心确立了神性部分对兽性部分的统治后，才能允许结束对他们的培养。[③]在现实城邦（只是更崇高人类天性的失色写照）中，被柏拉图称为正义的和与真正正义城邦具有相同本质的人无法为他的教育和影响找到据点。就像柏拉图在别处所说的：如果无法在完美城邦中开展活动，他会首先塑造自己（ἑαυτὸν πλάττειν）。[④]不过，他把真正

① 《理想国篇》，588e—589b。

② 《理想国篇》，589b。一边是希望把人塑造成人的任何一种教育，一边是纯粹的“驯狮”，这段话同时澄清了两者的区别。但从社会角度来看，后者的必要性并不更低，因为纯粹的人的培养无法扩大到城邦的所有部分，而是只能作为统治者的培养存在。

③ 《理想国篇》，590e，参见589d，590d。

④ 《理想国篇》，500d。

的城邦放在自己的灵魂里，根据它来生活和活动，尽管他并不在其中生活。他会注意不去改变城邦里的任何东西，对于金钱、财产和荣誉等尘世生活的财富，他会以是否符合内心城邦之法则作为应对的尺度。[1]由此他还将面对这样的问题，即他是否应该参与政治活动。但之前所说的一切已经决定了该问题的答案，苏格拉底的年轻对话者不无理由地认为答案是否定的。但苏格拉底反驳说：他当然会，在他的城邦中甚至会竭尽全力，但在他的祖国可能不会，除非神圣的命运使其有可能按照自己的想法下定决心参与其中。[2]他的城邦是那个在理念世界中刚刚建立的，因为大地上哪里都找不到。不过，无论它存在与否——柏拉图以此结束了自己的探究——并没有区别。它可能存在于天上，作为那些看到它的人的永恒范式，他们注视着这个榜样，想要把自己建成真正的城邦。[3]

我们和柏拉图一起开始寻找那个城邦，找到的却是人。无论理想国在未来是否会实现，我们都能够和应该不断地建设“我们内心的城邦”。
964 在柏拉图哲学中完成的对人类本质之意识的形而上学加深和变化，采用了悖论和比喻的语言，我们对此已不陌生，但在柏拉图思想给出的所有悖论中，这个是最大的。我们从柏拉图最早的作品中就能看到他产生了某种关于城邦的新意志。在这条道路上，我们无疑多次觉得有必要提出疑问，它真的通向那个目标吗？因为主流观点认为的对于城邦的外部存在不可或缺的一切，柏拉图都表示反对。[4]实现目标后，我们终于认识到，虽然城邦对这位思想家来说是人类的最重要事务之一，就像在希腊思想的最优传统中那样，但他用来衡量城邦的尺度完全是其道德和教育任务。在修昔底德的历史作品中，这个方面已经与城邦的权力功能发生了冲突，尽管在其关于雅典城邦的理想图景中，他致力于让两者再次实现平衡。[5]柏拉图的时代也有许多迹象显示原先的和谐遭到了破坏。我们由此理解了城邦为何不

---

① 《理想国篇》，591e—592a。

② 《理想国篇》，592a。

③ 《理想国篇》，592b。

④ 亚里士多德在《政治学》第二卷中已经从这一立场出发批评了柏拉图的“理想国”，特别是按照其作为国家的可实现性这一尺度来加以衡量。但柏拉图本人一再声称，这个问题和他的目标相比完全是次要的。虽然他在叙拉古尝试过自己的统治者教育，但该事实对此没有改变。

⑤ 参见本书第二卷，第407—408页。

可避免地分裂成这两个部分，无论是发生在当时现实的城邦生活中，还是在柏拉图关于城邦的哲学思想中。诚然，那几十年中，尤其是在重要政治人物和僭主等人的带领下，纯粹的权力城邦的发展势头日益强大，纯粹的国家至上原则似乎被毫无顾忌地贯彻。但另一方面，哲学家对城邦教育功能的理解宣示了建立一种新的集体形式的伦理意志。对他们而言，唯一的决定性因素并非权力，就像《高尔吉亚篇》中已经指出的，而是人、灵魂和内在价值。由于柏拉图似乎一以贯之地使用这一标准，以便革除当时城邦的所有弊端，最终只剩下了“灵魂的内在城邦”。在为革新城邦而展开的努力中，个体的这种自我革新最初被认为是一种囊括一切的新秩序的胚细胞。但最终，灵魂的内在性被证明是早期希腊城邦公民对法律的那种不 965
渝意志的最后避难所，他们曾经塑造了城邦，但在尘世间再也无法找到自己的家乡。

因此，柏拉图理想国中的正义者并非现实城邦中的理想公民，无论后者实行何种政治制度。就像柏拉图本人清楚看到的，正义者在那里必然会是异乡人。他们总是乐于全身心投身符合自己道德要求的理想城邦，而在现实城邦中则选择了退隐。这并不意味着他们逃避作为社会集体成员的义务。相反，他们总是努力成为最准时的，因为他们在完全的意义上干着“自己的工作”。不过，柏拉图的正义者只有在他们的灵魂所承载和他们在生活中致力于遵循其法律的城邦里才是完全意义上的公民。[①]从此，成为两个世界的公民似乎成了具有更高道德意识之人无法逃避的结果。[②]这一点在基督教世界中得到延续，基督徒既属于这个世界的有穷国度，又属于他们作为其一部分的永恒和不可见的天国。这是向着真正的存在“皈依”的结果，柏拉图将其描绘成他的教化的本质。归根到底，他所说的一切只

① 参见《理想国篇》，592b。“最优城邦是否存在或将要存在于某个地方都无关紧要；因为正义之人的行为只会遵循这一真正城邦的法律，而不是其他的。”

② 亚里士多德在《政治学》(3.4）完全按照柏拉图的想法解释说，只有在完美的城邦中，完美的人和完美的公民才是同一的。在现实城邦中，最好的公民是最完美地按照这一城邦的精神接受培养和让自己迎合这种精神的人（即便这种精神在绝对的意义上如此不完美），而绝对意义上最完美的人在这一城邦中可能显得是个坏公民。这正是伟大的罗马史学家巴托尔德·格奥尔格·尼布尔（Barthold Georg Niebuhr）指责柏拉图本人的地方。当他称其为坏公民时，他是以德摩斯梯尼为尺度来衡量柏拉图。

是表明他意识到了哲学之人的现实处境，就像苏格拉底的生活和死亡这个代表性的例子所展现的。在希腊文化的巅峰，“内心的城邦”被确立为人类新的基础，这绝非偶然，而是深刻的精神和历史必然性。从城邦精神对生活史无前例的渗透中，我们早就可以看到希腊文明的早期和古典时期对个体与集体关系的严肃理解。不过，从柏拉图的角度出发，我们认识到，
966 如果将这种全面渗透有条理地贯彻到底，那么它将从尘世政权的世界进入其唯一能够真正统治的世界，即神性的世界。通过有意识地服从在自己内心发现的这个世界的法律约束，人类最终得到了真正的自由。于是，希腊人对城邦的思考最终创造了西方的人性自由理念，这种自由并不依赖人的财富，而是直接基于对永恒准则的认知。柏拉图在洞穴比喻中揭示了这一永恒尺度是神明的本质。就像现在所看到的，为了认知这种准则而展开攀登（柏拉图在那个比喻中将其称为教化的意义）的目的是效仿神明建立“我们内心的城邦”。

诗歌的教育价值

《理想国篇》的第十卷即最后一卷再次留给了对诗歌及其教育价值的讨论。乍看之下，引人注意的是，柏拉图似乎从已经达到的最高点，即从能够总览身后道路的地方回到了对某一个别问题的探讨。如果事实的确如此，效果只会被减弱。但就像在柏拉图作品中经常看到的，谋篇问题往往基于深刻的哲学问题，因此搞清楚他所选择的程序非常重要。无疑我们不难看到，先前对诗歌的批评与卫兵教育有关，从更崇高的神明形象和道德性角度对诗歌提出了反对。柏拉图在那里所钟爱的教条式手法只是要求读者具有“正确的意见”，没有向其提供关于基本原则的真正知识。[①]而在后来对统治者的教育中（完全基于哲学认知），诗歌和音乐教育没有扮演任

① 在讨论武士阶层和狭义的卫兵（即统治者）时，他明确表示，对卫兵的教育仅仅基于正确的意见（ὀρθη δόξα），而不是知识（ἐπιστήμη）。勇气这种特定的武士美德被定义为“关于害怕什么和不害怕什么的正确意见”，见《理想国篇》，430b；因为他们不具备善的知识，因此也没有基于这种知识的最高的苏格拉底式勇气。相反，统治者拥有知识和智慧，城邦想要拥有智慧只有通过在统治者身上具备它，参见《理想国篇》，428d—e。

何角色，柏拉图一直没能找到机会，从哲学角度（即纯粹的真理认知）对诗歌的教育职责提出最后的看法。这要求他从理念学说出发，后者作为统 967
治者教育的主要对象被引入了对话。因此，在此基础上重新讨论诗歌问题完全顺理成章。

但关键在于，我们需要弄清为何柏拉图恰恰在这里踏上了哲学与诗歌最终的决定性战斗。下面的认识能帮助我们理解这点：就像柏拉图本人在开头所说的，关于最优城邦的整个讨论（包括对城邦堕落形式的广泛探究）仅仅是手段，目的是在城邦的更大镜像中揭示灵魂的道德结构，以及灵魂各个部分的合作。[①]教化的阶梯也包括了关于政制形式和与其相对应的灵魂类型的各卷。只有从这点出发，我们才能理解为何讨论最终把建立"我们内心的城邦"，即人的品格作为高潮，将其变成整部作品的目标。我们从旧式的音乐教化仍然占据一席之地的卫兵教育和战士教育上升到某种哲学的教育形式，后者将通过对真理和最高准则的认知来塑造统治者的精神。通过这种教育，灵魂将根据自己内在的秩序和法则，即按照其内在结构和运作方式中与城邦类似的性质来奠定自己。一边是关于教育任务本质的这种观点，一边是柏拉图在这里视作最高文化形式的哲学逻各斯，两者间存在最亲密的关联。在卫兵教育的阶段，与诗歌的对立只是相对的，从这点看来则变成了绝对的。哲学代表了灵魂中赋予秩序和法则的力量，这将其同灵魂中再现和模仿的元素分开，而那些正是诗歌的源头。它被认为在诗歌面前具有优越性，要求后者让位和服从逻各斯的命令。从把诗歌视作纯粹文学的"现代"视角来看，这一要求很难理解，似乎完全是专横之举和对他人权利的侵犯。但希腊人把诗歌理解为一切教化的首要载体，由 968
此看来，当哲学意识到自己的教化角色，并对教育的主导权提出主张时，它与诗歌的矛盾必然会变得尖锐。

问题不可避免地导致对荷马的攻击，因为每个人都爱他，所以如果涉及的是最伟大的诗人，问题的严肃性将变得最容易理解。柏拉图的苏格拉底也对此表达了歉意，因为他胆敢用这种批评方式来表达自己对诗歌的

① 《理想国篇》，368d—e。

私密看法。[①]迄今为止，一种从孩提时代起就产生的对这位诗人的神圣恐惧和敬畏阻止了他公开承认这样的看法。柏拉图以此警告了那些现在抱怨他缺乏理解或虔诚的人。但选择荷马作为攻击目标不仅是因为那样做能够突出哲学的矛盾，而且还出于其他两个原因。柏拉图在讨论开始提到了其中的一个，在那里他把荷马称作悲剧的大师和领袖。[②]进攻的主要火力对准了悲剧诗歌，因为它们最有力地展现了诗歌中本能的“悲情”元素对灵魂的影响。[③]第二个原因是，在涉及诗歌的教育主导权的所有争议中，荷马必然都站在中心位置。他仿佛是传统意义上的教化的化身。[④]这种观点本身由来已久，就像我们此前所指出的。早在公元前6世纪，荷马的指责者色诺芬尼就称他为所有人智慧的最初来源。[⑤]通过处处有意识地突出教育元素的智术师思想运动，这种观点得到了新的力量。[⑥]在论战的最后，我们完全清楚地发现，柏拉图把矛头对准了某些特定的智术师作品或演说，它们流露出这样的观点，即荷马是全希腊的教育者。[⑦]为了解释这种思想，它们把那位诗人变成了百科全书式全面教育的导师，懂得一切技艺（τέχναι）。[⑧]类似的观点在当时无疑司空见惯。在诵诗人对荷马的诠释中（他们赞美自己的诗人，并对其进行解读），这种观点显然也扮演了一定的
969 角色，就像柏拉图的《伊翁篇》所指出的。[⑨]到了帝国时期，在所谓的普鲁塔克关于阅读这位诗人的作品中，对荷马诗歌仍然采用同样的现实主义

① 《理想国篇》，595b9。

② 《理想国篇》，595c1，参见598d8。

③ 关于对艺术模仿（μίμησις）概念的讨论，参见《理想国篇》，595c起。

④ 关于对作为教育者的荷马的批评，参见《理想国篇》，598e起。

⑤ 参见色诺芬尼残篇9（Diehl）：ἐξ ἀρχῆς καθ' Ὅμηρον ἐπεὶ μεμαθήκασι πάντες（因为从一开始，所有人都自荷马那里学到）。

⑥ 参见本书第二卷，第301—302页。

⑦ 《理想国篇》，606e：ὡς τὴν Ἑλλάδα πεπαίδευκεν οὗτος ὁ ποιητὴς（这位诗人教育了希腊）。

⑧ 参见《理想国篇》，598e。

⑨ 苏格拉底在《伊翁篇》531c对荷马思想世界形形色色的内容所做的描述与《理想国篇》598e的看上去很相似。他在533e驳斥了诗人的知识是基于技艺（τέχνη），即一种实际知识。对诗人的诠释者来说同样如此，和诗人自己一样，他们的话完全来自神启。这种想法把矛头对准了智术师的理论，后者认为荷马的教育是建立在他的普遍知识之上，尽管就像在《理想国篇》598d（ἐπειδή τινων ἀκούομεν，“我们听某些人说”）一样，《伊翁篇》中也没有明确引述这种观点。它也出现在色诺芬《会饮篇》4.6。

和学院式看法，将其视作一切智慧的源泉。[①]因此，柏拉图的对手是希腊人对于诗歌总体（特别是荷马）的教育学价值的普遍看法。

在这里，我们正身处希腊教化历史的一个转折点。冲突将以真理和表象的名义展开。模仿诗会从将要建立的理想国中被驱逐，这一点得到了短暂的重申。[②]因为理想国可能无法实现，就像柏拉图刚刚所说的，[③]这意味着排斥诗歌与其说是让它们强制远离人类生活，不如说是限定其对于那些认同柏拉图结论者的精神作用的范围。诗歌将损害听众的精神，如果他们没有真理的知识作为药物的话。[④]这意味着，必须将诗歌贬至更低的等级。和以前一样，它们仍然是艺术享受的对象，但失去了其最高的价值，即作为人类的教育者。诗歌价值问题针对的是柏拉图认为决定性的一点，即诗歌与现实，或者说与真实存在的关系。

柏拉图首先把矛头对准了模仿诗。但什么是模仿呢？柏拉图以惯常的方式解释了这点，从对理念的模仿出发。[⑤]理念表示多样性在思想中所呈现的统一性。感官事物是对理念的写照，比如众多可见和存在的桌椅是对桌椅理念的写照和模仿，后者是唯一的。木匠以理念为模板完成了自己的作品。他制造出的是椅子或桌子，而非它们的理念。[⑥]除了理念和感官事物，现实的第三个阶段是画家在描绘对象时他的技艺所带来的。[⑦]柏拉图将诗歌同真理和存在的关系比作这个阶段。画家把木匠制造的可以用感官感知的桌椅作为模板，在画中模仿它们。就像有人试图通过获得镜子 970
中的反影来创造第二个世界，画家也满足于事物及其表面现实性的纯粹镜像。[⑧]因此，作为桌椅的制造者，他们比不上会制造真实桌椅的木匠。而木匠又比不上永恒的桌椅理念的缔造者，尘世间的一切桌椅都以此为模

① 伪普鲁塔克《诗人荷马传》1073c起致力于证明，荷马不仅掌握了全部修辞技艺的规则，而且完全掌握了哲学和自由之艺。

② 《理想国篇》，595a5。

③ 《理想国篇》，592a11—b。

④ 《理想国篇》，595b6。

⑤ 《理想国篇》，595c起。

⑥ 《理想国篇》，596b。

⑦ 《理想国篇》，596e—597b。

⑧ 《理想国篇》，596d。

板。理念的创造者是神明。[①]工匠制造的是理念的写照。因此，画家是模仿式的展示者，他们的产品位于从现实开始的第三个等级。诗人属于同一个等级。他们创造的是纯粹表象的世界。[②]

在诠释者们归于荷马名下的所有技艺中，柏拉图在这里只对其中的一项感兴趣，并选择它来验证荷马是否真正具备这些技艺。他没有探究荷马是不是伟大的医生，就像人们所断言的，或者是不是拥有人们所称颂的其他一切，而是只想知道荷马是否具备政治技艺，并且能够教育人们。[③]就像在一场常规的考试中那样，他问诗人，他们是否曾经像古代的伟大立法者那样让某座城市变得更好，使其制度臻于完善，或者赢得过某场战争；或者说他们是否像毕达哥拉斯及其弟子们那样在私人生活中为人类提供了某种新生活（βίος）的榜样。显然，他们也没能像作为新时代教育大师的智术师一样有弟子和拥趸环绕，称颂自己的盛名。[④]这显然是对自视为比肩荷马等古代诗人的智术师的耻辱，就像毕达哥拉斯在柏拉图对话中所做的。[⑤]从荷马以降的诗人所描绘的都只是人类德性的写照（εἴδωλα），并不触及真理，因此不能成为真正的人类教育者。[⑥]

诗歌犹如人类脸上的青春之花，脸本身并不美丽，因此其魅力将随着青春之花的凋零而消失。[⑦]上述想法如同闪电一样照亮了柏拉图所认为
971 的诗歌的处境。真正的比较对象是青春，作为年华和美貌的初次完全绽放，青春在个体的生命中具有特定的时限，完全因其本身而被人欣赏。但当它走到终点时，它必然会让位于别的优点，从而显示它的拥有者不具备真正的美。诗歌并非属于所有的时代，这种深刻的认识在这里第一次浮现于希腊人的思想中。民族的生命同样具有青春，诗歌幻想是其最钟情的同伴。如果抽象地理解柏拉图对于诗歌和哲学关系的看法，那么我们会觉得那有失体统，即便我们承认它完全符合事实。不过，在柏拉图所提到的所

① 《理想国篇》，597b—d。
② 《理想国篇》，597d—e，参见599a、d2。
③ 《理想国篇》，599c。
④ 《理想国篇》，599d—600e3。
⑤ 《普洛塔哥拉篇》，316d起。
⑥ 《理想国篇》，600e5。
⑦ 《理想国篇》，601b。

有事实中，惊人的和常常带有先知色彩的预言能力都会令人惊讶，以普遍概念的形式预示了希腊精神的命运必然性。将道德自我提升到分崩离析的城邦之上，让创造精神摆脱诗歌这一创作形式，使得灵魂回归自身，只有像柏拉图那样伟大的天才方能从这些鲜明的特征中看到新现实的愿景。诗歌并不具备真正和永恒的美，后者只属于真理，给他带来安慰的无疑正是这种想法的普遍性。在柏拉图看来，诗人既没有哲学意义上的知识，也没有非哲学实践者意义上的真正意见，他们只是模仿了让大众觉得美和善的生活。[①]他们的作品是对现行价值判断和理想的反映，但他们缺少真正的"衡量技艺"，让他们能够摆脱错觉和"表象"。[②]在整个对话中，值得注意的是苏格拉底的反讽，他用耳熟能详的死板方式包装起自己的深刻观察，通过选择桌椅作为例子，把各种思考留给了读者。

不过，从教育角度出发，这并非对诗歌的主要反对理由。诗歌面向的不是灵魂中最好的部分，即理智，而是面向欲望和热情，并激起它们。[③]具有崇高道德的人会控制自己的情感，当感受到强烈的刺激时，他 972
会努力使其缓和。[④]法律和理智命令他管束自己的激情，而激情则驱使他服从痛苦。激情（πάθος）和法律是相互斗争的力量。法律的规定支持灵魂的思考部分对欲望的反抗。[⑤]但诗歌处于幼稚的等级，就像感到疼痛的孩子会抓住身体上作痛的部分不断哭泣，诗歌会进一步加强其通过模仿所展现的痛感。它由此诱导人们全身心地服从这种感觉，而不是让灵魂习惯于尽可能快地转向恢复被拖入同情的灵魂部分，用疗伤替代悲歌。[⑥]通过这两个例子，悲剧诗歌与柏拉图哲学在性质上的对立得到了极其如实的刻画。对于诗歌中完全沉浸于痛苦情感的倾向，柏拉图解释说那是因为它天生对人类灵魂生活的激情部分感兴趣。灵魂的思想部分具备理智和平静的性质，总是保持不变，而对于追求变化和表现力的模仿式描绘者来说，激

① 《理想国篇》，602a—b。
② 《理想国篇》，602c7—d。
③ 《理想国篇》，603c。
④ 《理想国篇》，603d—e。
⑤ 《理想国篇》，604b。
⑥ 《理想国篇》，604c—d。

情的部分能够提供大得多的可能性。这一点在为大量喜气洋洋的观众表演时尤其适用。灵魂的激情部分总是处于兴奋中，呈现出多种形态，因此更便于模仿。[①]

柏拉图从上述分析中得出结论，认为模仿式的诗人对人的灵魂完全是一种坏的影响，因为他们会唤醒人们内心较坏的力量，并加以滋养和加强，却杀死了思考的精神，就像统治者让城邦中较坏的元素变得强大。[②]柏拉图再次提醒我们，他出于这个理由将模仿式诗歌赶出了自己的理想国。但他没有在这条“治安规定”上多做文章，尽管如果把他的“理想国”视作建立真正城邦的基础，我们很容易首先想到这点。相反，他的认
973 知只面向对个人的教育。他在第九卷的最后专门讨论了这点，实现最优城邦的问题却被认为并非关键而放到一边。他对模仿式诗人的指责是，他们“在每个人的灵魂中建立了坏的城邦”，因为他们讨好人们内心的非理智元素。[③]上述比喻源于向大众献媚的民众领袖饱受批评的行为。诗人导致灵魂无法区分重要和不重要的东西，因为他们根据自己的目标把同一个事物时而描绘成伟大的，时而又描绘成渺小的。但这种相对性恰恰证明他们只是偶像的创造者，并未掌握真理。[④]

最严厉的指责是，诗歌败坏了我们的价值判断。当我们倾听一位悲剧英雄的话语，听他抱怨痛苦和做出感情强烈的举止时，我们会感到快乐，从而完全落入诗人之手。我们跟着他升腾起同情之感，称赞那些最能让我们变得如此的是好诗人。“同情”是一切诗歌效果的本质。[⑤]但在家庭生活中，这种在遭遇不幸命运时对自身软弱情感的屈从却恰恰与我们所看重的东西背道而驰。在那里，我们会把在诗人笔下的人物身上受到称赞的行为称作没有阳刚之气。于是，对于诗歌人物身上让我们快乐的独特现

---

① 《理想国篇》，604d—605a。

② 《理想国篇》，605b。这里和606d4的滋养（τρέφειν）比喻表明，诗歌的这种作用如何直接影响了对人的塑造；因为在柏拉图看来，在“滋养”这个词用于表示灵魂时，一切教育都是滋养过程。

③ 《理想国篇》，605b7。

④ 《理想国篇》，605c。

⑤ 《理想国篇》，605c10—d。

象，在现实中我们却不希望自己成为那样，甚至会对此感到羞耻。[①]换句话说，我们关于人的道德理想与我们的诗歌情感截然相反。诗人满足了抱怨和流泪等在生活中被强行压抑的自然需求，我们觉得那是快乐。在这种情况下，如果我们生命中真正最好的部分没有从理智和习惯那里受到好的教育，它就会放弃警惕的反抗，放任抱怨的需求。[②]它觉得自己这样做完全无可厚非，因为这是关于别人的，而非自己的痛苦，同时把通过分享痛苦得来的快感视作纯粹的好处。悲剧诗歌中的同情和喜剧诗歌中的可笑感 974
是对听众心情之影响的源头。我们都服从于它们的魅力，但很少有人注意到，诗歌助长了欲望，让我们自身的本质产生难以察觉的变化。[③]

因此，柏拉图拒绝承认荷马是希腊民族的教育者，就像人们普遍认可的那样。诚然，他是而且永远是最伟大的天才诗人和第一位悲剧作家，但我们应该在他的能力范围内热爱和尊敬他。在最优城邦中，只有对神明的颂歌以及对善而卓越之人的赞歌。柏拉图不愿让自己带上死板之嫌。[④]在他看来，诗歌与哲学的对立本身由来已久。他通过亲身经历认识了诗歌的魔力。他想让诗歌及其代理人有机会为自己辩护，证明诗歌不仅令人愉快，而且对生活和城邦有用，他承诺会友好地倾听。[⑤]智术师在散文体作品中已经对荷马和诗歌做过这种辩护。柏拉图想到的似乎就是我们在前文推断过其存在的那部智术师作品，它第一次对荷马使用了这样的标准：

> 把有用和快乐融为一体的人能得到所有人的支持（omne tulit punctum qui miscuit utile dulci）。[⑥]

柏拉图将诗歌比作一种我们仍然眷恋的古老之爱，但我们已经认识到它对健康无益，最终被迫违心地抛弃它。不过，我们必须善待它，希望它在这

① 《理想国篇》，605e。
② 《理想国篇》，606a。
③ 《理想国篇》，606b—d。
④ 《理想国篇》，606e—607a.
⑤ 《理想国篇》，607b—c。
⑥ 《理想国篇》，607d。

一考验中能够尽可能地证明自己如此善和真，而如果它无法真正为自己辩解，那么我们最终会得到那种清醒的认识，用其作为咒语来保护自己免受那种魔法之害。为此我们告诉自己，不要把所有此类诗歌当真，而是要对它们保持警惕，担心它们会破坏“我们内心的城邦”。衡量其教育价值的唯一尺度是它们能让灵魂多么接近这种内心形式。[1]

教化与末世论

975 通过哲学，教育证明自己是唯一真实的。没有其他任何道路能够通向在灵魂本身内部建立城邦。在一个现实政治生活无法获得决定性改善的世界里，那是我们所知的唯一可能的教育目标。乍看之下，柏拉图的首要意图是创造一个由少数人统治的“最优城邦”，而教育和伦理则完全从属于前者的目标。但随着作品的深入，我们十分清楚地看到，他反而是把政治建立在伦理之上，不仅因为政治改革必须从对人的道德教育开始，而且因为柏拉图认为对集体和城邦而言，除了有关个体道德行为的，没有其他行为原则。最优城邦对柏拉图来说只是理想的生活框架，人类品格在其中能够按照天生的道德法则不受限制地发展，确信这样做也是在实现自己内心城邦的目标。在柏拉图看来，现有的城邦中都不可能有类似的情况。那里处处都无法避免城邦精神和人之性格的冲突，他们自己的灵魂中承载着“最优城邦”，致力于遵循后者，即完全的正义来生活。[2]如果我们从这个视角出发看待柏拉图的理想国，那么与其说这是关于城邦实际改革的草案，不如说是一种社会建构，它让其他一切考虑都从属于教化，即道德和精神人格的塑造。在这种建构中，一切都以人的幸福为目标，但幸福并不在于个人的愿望或判断，而是基于灵魂的内在健康，即正义性。在第九卷最后，柏拉图对不同的灵魂类型和生活方式的代表做了评价，表示只有正义之人才是真正幸福的。他由此也回答了格劳孔的问题，那是主要对话的

① 参见《理想国篇》，607e—608b。注意两次出现的ἡ τοιαύτη ποίησις（这种诗），即所有这种（模仿）诗歌，它们为其他类型的诗歌敞开着大门。参见607a4。与之前的605b7一样，608b1再次暗示，“我们内心的城邦”是教育的目标，也是衡量诗歌合法性的尺度。

② 参见《理想国篇》，591e—592b。

出发点：正义本身是否能让人幸福，即便不考虑对其的社会认可。[①]不过，976
对于正义的价值和以正义为目标的教化，他还有更多的话要说。正义的战利品不止于此，所涉及的价值比在人类生命的短暂期限内所能实现的任何东西更高。[②]我们必须在永恒而非时间框架内看待灵魂的存在，关系到灵魂在这个和那个世界中的永恒健康。如果说正义者的尘世生活是以真正的城邦（和理念一样存在于天界）为目标不断进行唯一的教育，[③]那么一切教育都是在为灵魂的更高阶段做准备，那时它将不再以多头怪物、狮子和人的混合形式，而是以其纯粹形式存在。

有必要在这里深入分析不朽的问题，以及柏拉图在这里给出的证明。[④]证明的出发点是，如果说灵魂自身的疾病（恶）无法摧毁它，那么就没有什么能摧毁它。柏拉图不认为灵魂的生活可以脱离身体。他所关注的并非灵魂的心理-生理方面，而是灵魂作为道德价值的载体角色。同《高尔吉亚篇》和《斐多篇》结尾的神话中一样，这种角色在《理想国篇》的同一位置也在从彼岸投向尘世的光芒下变得更加清晰。哲学用神话形式掩盖了灵魂与超自然世界的关联，阻碍了我们检验彼岸的物质特性。一边是巧妙的想象游戏，一边是赋予其灵魂的深刻的宗教严肃性，就像柏拉图作品中随处可见的那样，两者在这里也很难区分两者。与城邦一样，人的灵魂在尘世的现实中也永远无法达到完美状态。我们始终只能看到它处于格劳科斯的状态，当它从生命之流中探出身子时，身上缠着海草和贝壳，有多处磨损和破碎，被波浪撞伤，它更像是一头野兽，没有展现其真正本性。[⑤]想要认识它的真正本质，我们只有着眼其对知识的热爱，以及
其为了一跃获得对自身神性和不朽的感受而展开的最高努力和斗争。不同 977
于我们描绘过的痛苦和扭曲及其各种形式，它的这种本质是简单而非多样化的。[⑥]

① 《理想国篇》，488b起。
② 《理想国篇》，608c。
③ 《理想国篇》，592b：真正的城邦作为范式存在于天上。
④ 《理想国篇》，608d—610e。
⑤ 《理想国篇》，611c—d。
⑥ 《理想国篇》，611e—612a。

就像早前的希腊英雄诗歌中所赞扬的，以及英雄的同胞公民们献给他的赞歌中所描绘的，柏拉图在这里也以此为模板列出了正义之人所获嘉奖的真正名录。[①]早前的诗人常常将这类荣誉分成生前得到的和死后享有的，[②]这位哲学家也同样首先给出了正义者在自己的城邦所获得的尘世荣耀的画面——画面无疑带有传统的特征，而且为了让人想起它的古老模板，必须这样做——然后更加详细地描绘了正义者死后灵魂的命运。[③]早前的城邦风俗只能保证死去的英雄享有不朽之名，这些名字被镌刻在他们的墓碑上，描绘了他们的事迹。[④]在柏拉图的《理想国篇》中，灵魂的不朽取而代之，与之相比，城邦能给予的一切荣耀都显得不成比例地渺小。柏拉图式人类的功绩带来的不再是同胞公民面前的名声，就像早前希腊各个世纪中的城邦统治者那样，而仅仅是在神明面前的名声。这同样适用于他们的尘世生活，柏拉图将"被神喜爱"放在一切对人的嘉奖之前。[⑤]不过，这首先适用于他们的灵魂在与肉体分离后经历的千年漫游的命运。

与《高尔吉亚篇》和《斐多篇》一样，《理想国篇》的神话同样描绘了冥府的审判，但重点没有放在法官如何确定灵魂价值的方式，或者给出何种惩罚。这些东西被放在开头提及，以便暗示正义者将拥有好运气，而不义者将要面临漫长的痛苦之路。[⑥]《理想国篇》的来世观中的关键元素是灵魂在结束漫游时选择的生命形式（βίων αἵρεσις）。[⑦]灵魂的选择数量有
978 限，它们在结束逗留后必须再次返回尘世，以新的形式存在。柏拉图在这里使用的灵魂漫游说源于俄耳甫斯教传统，使其得以在更深刻的意义上阐

---

① 《理想国篇》，612d，参见本书第一卷，第97页起，我解释了堤耳泰俄斯诗中对于真正德性将会得到的嘉奖的预言。

② 关于我对这些诗歌的分析，参见 *Tyrtaios, Über die wahre Arete‛* (*Sitz. Berl. Akad.* 1932) S. 537f.。

③ 柏拉图对美德所得嘉奖的描绘分为正义之人在此生（612d—e）和彼岸（614a起）所得的荣耀。在这点上，真正的新颖之处在于把重心从城邦共同体给予的此生荣耀转移到了从社会领域的彼岸开始的人。但尘世的嘉奖不能完全缺失，且不说别的一切，这是延续根深蒂固的城邦伦理形式的要求，在诗歌中可以看到对此的表达。因此，柏拉图对正义之人在此生的社会地位所说的话沿袭了早前诗歌的思路。

④ 参见堤耳泰俄斯，残篇9. 31—32。

⑤ 关于正义之人在此生所获嘉奖的段落被分为他们在神明那里享受到荣誉（612e—613b），以及人们给予他的荣誉（613b9—614a）。

⑥ 《理想国篇》，614e—615a。

⑦ 《理想国篇》，617d起。

释人的道德自我责任，那是一切教育活动的最高前提。他在这个意义上改造了变形的概念。一边是我们内心的道德责任意识，一边是早前希腊对守护神灵（Daimon）的信仰，认为它们自始至终用神秘的枷锁束缚着个体的一切行为，他大胆地试图调和这矛盾的两者。

教化理念把选择的自由作为前提，[①]而守护神灵的控制则属于定数（Ananke）范畴。[②]关于人类生命的这两种观点在各自范围内都不无道理。传统的思想认为神明会使人迷惑，让他们不知不觉地陷入不幸，但希腊人的古老概念越来越多地与第二种观念发生分歧，即存在咎由自取和自愿罹受的灾祸。这在梭伦那里成了一种新的道德自我责任的萌芽，从中诞生了希腊悲剧的思想世界。[③]但在关于灾祸本质的那种双重观念中，悲剧的罪恶与过错概念始终存在无法消除的歧义。只要这种无法解决的矛盾所造成的不确定仍然影响着人的良心，柏拉图对教育的力量开始产生的强有力信仰（在《理想国篇》中最终成形）就无法确定自己的最终目标。但柏拉图无法通过对灵魂的客观分析和伦理上的衡量技艺来克服这个问题。他唯一能做的是把浮现在他的灵魂面前的内心答案投射到彼岸的超自然世界中，就像早前的诗歌搭起更崇高的神圣舞台来展现关于人类命运的观点，在那里给出人类问题的最终答案。人的精神目光只能看见其最一般的轮廓，因此无法理解它的细节。

早在与古老诗歌的音乐教育第一次发生争执时，柏拉图就反驳了神 979
明要对人的悲剧性错误负责以及造成整个家族败亡的观点。[④]事实上，一

---

① 参见《理想国篇》，617e。在柏拉图的作品中，伦理意义上的“选择”（αἱρεῖσθαι，αἵρεσις）概念之前被和正确的“行为”（πράττειν，πρᾶξις）的问题联系起来。政治上的选择行动与它存在概念上的区别。在内心抉择的伦理意义上，柏拉图最早在《申辩篇》39a和《克里同篇》52c使用了这一概念。那里讨论了苏格拉底作为至关重要的内心抉择的模板。在《普洛塔哥拉篇》356e和《高尔吉亚篇》499e，它第一次更多作为一般的哲学问题出现。在后者中，它是简洁意义上的“行为”的同义词，而500a用“遴选”（ἐκλέγεσθαι）的概念来表示它。《普洛塔哥拉篇》和《高尔吉亚篇》的那两个段落中讨论了选择某种手段来达到目标（τέλος）。柏拉图采用辩证法直接从语言中打造了这些概念。后来，亚里士多德以此为基础创立了他的意志学说。

② 《理想国篇》617c把三位命运女神称为“定数”的女儿，617d6拉克西斯的话中再次提到这点。守护神灵首先作为一种强大的力量出现，排除了任何自由选择。

③ 我在*Solons Eunomie* (*Sitz. Berl. Akad.* 1926)中对这一思想做了进一步的解释；另参见本书第一卷，第153—155页。

④ 《理想国篇》，380a—c。

切教化都会反对这种想法，因为它们认为人对自己负责。于是，柏拉图的作品在结尾的神话部分达到高潮：诗歌退位后，定数的女儿拉克西丝（Lachesis）的逻各斯被宣示降临。[1]一位先知从她的膝头取下不同生活形式（βίος）的命运和范例，这是荷马放在那里的。[2]不过，他本人没有按照无法避免的定数的判决将其分配给凡人；他对期待重新投胎的灵魂宣布："守护神灵不会挑选你们，而是由你们选择守护神灵。"一旦选定了生活，灵魂就必须接受，始终与其绑在一起。"德性并非专制力量的产物。无论是否看重它，每个人或多或少都有德性。责任在于选择者，神明没有责任。"然后，灵魂在我们眼前完成了对未来生活的选择，从拉克西丝那里取得了命运，并得到克罗托和阿特洛波斯这另外两位命运女神的确认。选择无法反悔。

与此同时，由于我们是上述场景和先知警告的见证者，我们看到第一个灵魂走上前做出了选择。它选择了最强大僭主的生活，当它看到自己贪婪抓取的命运将给自己带来多么巨大的痛苦和罪责时，空气中充满了它对命运和神明的高声控诉。[3]在这里，所有人都能看到它的控诉的不正义。这是神义论的一个由来已久的问题，贯穿了从荷马到梭伦再到埃斯库罗斯的希腊诗歌。[4]在柏拉图的《理想国篇》所描绘的新的道德文明最高点上，它再次出现。柏拉图保留了荷马的独特情节，即人在事先得到神明警告的情况下仍然会犯错。[5]就像选择行为本身那样，这个情节也被放到托生前独一无二的决定性时刻，但完成选择的灵魂并非空白的纸页。灵魂已
980 然经历过出生的循环，它的选择取决于已经度过的生活。柏拉图用许多例子清楚地表现了这点，因为人类灵魂会选择某些在性情和精神上与他们的

① 《理想国篇》，617d—e。

② 《伊利亚特》，17. 514："但一切都放在神明的膝头"（ἀλλ’ ἤτοι μὲν ταῦτα θεῶν ἐν γούνασι κεῖται）；另见20. 435；《奥德赛》1. 267，1. 400，16. 129。——译注

③ 《理想国篇》，619b。

④ 参见*Solons Eunomie*（前揭书，第73页）和本书第一卷，第152页。柏拉图在《理想国篇》619c提出了那个老问题，即犯错的责任不在人自己，而在于命运和守护神灵：οὐ γὰρ ἑαυτὸν αἰτιᾶσθαι τῶν κακῶν ἀλλὰ τύχην τε καὶ δαίμονα。

⑤ 参见《理想国篇》617e和619b的预言之语。关于早前的希腊神义论中的警告者，参见*Solons Eunomie*（前揭书，第76页）。

前世相近的动物的生活。[①]歌者选择了天鹅的样子，英雄选择了狮子，忒耳西忒斯选择了猿猴，阿伽门农选择了鹰。只有阅历丰富的奥德修斯没有选择荣誉、功绩和痛苦的生活，而是选择了低调游荡和不引人注意、属于退隐者的新生活命运，他经过漫长的寻找终于如愿。他认识到，无论是财富、荣光和权力还是它们的反面都不能带来多少幸福，中道生活才是最好的。[②]

唯一有价值的知识是选择的知识，它让人有能力做出真正的决定。这是柏拉图亲自宣布的神话的意义。选择生活命运是每个人都要面临的巨大危险，对哲学而言，它与生活形式和生活理想同义。因此，他必须寻找能让自己做出正确选择的知识，并忽略其他的。[③]教化的意义就此得到了最终的揭示。柏拉图极其严肃地看待这项任务，将其变成人类生活中唯一和主宰一切的事。他的严肃态度源于这样的要求，即人们在此生中需要全力以赴地为他们在彼岸将要做出的重大抉择进行准备，经过千年的游荡，他们将降临尘世，过上更好或更糟的生活。[④]现在，他并非在完全意义上是自由的，特别是当昔日的罪孽限制了他的攀登。不过，如果能坚守向上的道路，他便可以推动自我解放的事业。[⑤]如果“不断努力奋斗”，他将在另一次生命中实现解放。

① 《理想国篇》，620a。
② 《理想国篇》，620c。
③ 《理想国篇》，618b起。
④ 参见《理想国篇》，615a、621d。
⑤ 《理想国篇》，621c5。

第11章

伊索克拉底的修辞术及其教育理想

在公元前4世纪的希腊文学中所呈现的、围绕着真正教化之本质所展 981
开的普遍精神斗争的图景中，伊索克拉底作为修辞家的最重要代表，是与柏拉图及其学派的经典对立的化身。从此，哲学与修辞学围绕成为更好的教育形式之诉求所展开的争夺成了贯穿古代文化历史的主题。我们无法描绘这种冲突的所有阶段，特别是因为其中有很多重复，而且大部分代表的人格本身很少让人感兴趣。[①]对我们来说，更具决定性意义的是柏拉图和苏格拉底的交锋，这预示着哲学与修辞学在以后世纪里的竞争，并第一次点燃了战火。虽然这种矛盾在其后来的阶段里逐步完全沦为学院活动，因为双方都放弃现实的生活内容，但在争论开始时，它仍然代表了希腊民族的真正驱动力和需求，其对话在政治生活舞台的中心展开。这赋予了它真正历史事件的色彩和宏大的风格，后者确保了我们对它的永久关注，我们在回顾中认识到，那个时代的希腊历史的真正决定性问题在这场斗争中得到了表达。

和柏拉图一样，伊索克拉底直到最近仍然拥有赞美者和阐释者，他从文艺复兴开始就无疑比其他任何一位古代大师更有力地主导着人文主义
的教育实践。我们完全有历史依据在现代著作的扉页上称赞他为“人文主 982
义教育”之父，只要智术师尚无法对这个头衔提出主张，而且我们的教育

① H. v. Arnim, *Leben und Werke des Dion von Prusa* (Berlin 1898, pp. 4–114) 对这种冲突的发展做了近乎完整的历史概述。

学可以径直追溯到他，就像追溯到昆体良和普鲁塔克那样。[①]与这种由现代学院派人文主义所主导的观点相反，本书中所采用的思考方式的任务是一次次把目光投向希腊教化发展的整体及其问题和内容的多样性和矛盾性。[②]不应忽视的一点是，被今天的教育者经常视作“人文主义”本质的东西主要延续了古代教育的修辞学分支，而如果囊括了希腊教化的整个持续影响，即希腊哲学和科学的世界影响，那么人文主义历史所涉及的范围将宽广得多。[③]由此看来，对真正希腊教化的思考直接构成了对近代的学术人文主义的自我批评。[④]另一方面，为了看到哲学与科学在希腊文化之整体中的地位和本质，我们需要一个展现它和其他形式的思想争夺真正人类教育之头衔的观察框架。归根到底，哲学和修辞学都是最古老的希腊教化即诗歌的孩子，脱离了这个源头就无法理解。[⑤]不过，对教育主导权的争夺越来越多地集中在哲学和修辞中哪个配得上最高的赞美，这足以证明，身体和音乐教育这一希腊古老的二元结构最终下沉到更深的层面。

对于读过柏拉图的《普洛塔哥拉篇》和《高尔吉亚篇》的人来说，智术师和修辞学家的教育无疑已经是被彻底抛弃的观点，与哲学的理想主

① 参见E. Drerup的弟子August Burk的*Die Pädagogik des Isokrates als Grundlegung des humanistischen Bildungsideals* (Würzburg 1923)，特别是第199页起的*Das Nachleben der Pädagogik des Isokrates*这部分，以及第211页起的*Isokrates und der Humanismus*这两部分。以及后来出版的E. Drerup的四篇演讲*Der Humanismus in seiner Geschichte, seinen Kulturwerten und seiner Vorbereitung im Unterrichtswesen der Griechen* (Paderborn 1934)。

② 这番话同样是特别对那些要求教化史必须首先定义它所理解的教化是什么的人所说。这相当于有人要求哲学史学家确定柏拉图或伊壁鸠鲁、康德或休谟的定义，他们对哲学有着完全不同的理解。撰写一部关于教化的历史著作的任务必须尽可能忠实地描绘希腊神话在其个别特点和历史关系中不同的意义、表现形式和精神层次。

③ 参见我在*Platos Stellung im Aufbau der griechischen Bildung* (Berlin 1928)的尝试，首先刊载于*Die Antike* Bd. 4 (1928)。

④ 从这个角度来看，哲学（特别是希腊哲学）在现代人文主义的构建中拥有决定性的重要地位。如果没有了哲学，后者将就此失去最大的冲击力，甚至无法解释自己。事实上，研究古代文化的哲学方面不仅在哲学中，而且在现代语文学中也占据了越来越大的空间，对语文学的目标设定和方法的发展产生了深刻的影响。但从这个角度看来，人文主义的历史也将显得不同。人文主义通常的历史构造僵硬地将中世纪与文艺复兴、经院主义与人文主义对立起来，如果我们学会在原则上将希腊哲学在中世纪盛期的重生视作希腊教化对后世影响的历史上中的一个重要时期，那么上述对立就将不复存在。希腊教化在中世纪和近代史上的影响是连续的。人文主义的历史中没有跳跃（Non datur saltus in historia humanitatis）。

⑤ 想要评价希腊哲学作为文化有机体一部分的意义，我们必须将其最紧密地同希腊文明的历史结合起来。

张相比显然如此，后者将人类的一切教育和文化完全建立在关于最高价值的知识之上。但就像我们在以后几个世纪里所看到的，[①]早前的智术师-修 983
辞学家教育与哲学教育并存，力量并未削弱，甚至在希腊人的精神生活中成为第一等的强大势力。柏拉图对它的尖刻和强烈嘲讽也许在一定程度上是因为作为胜利者，他觉得自己面对的是一旦坚守疆界就无法战胜的敌人。如果认为柏拉图的攻击归根到底针对的是苏格拉底那一代的著名智术师（他将其视作那种教育的化身），诸如普洛塔哥拉、高尔吉亚、希庇阿斯和普罗迪科斯，那么我们将很难理解柏拉图的激烈情绪。在柏拉图写作对话的时候，他们已经去世或者快被遗忘了；因为那是一个发展迅速的世纪，柏拉图需要使出浑身解数才能让那些昔日名流的影响从亡灵国度再次回到他所处的世界。当他创造了关于他们的讽刺形象时（这些形象与他关于苏格拉底的理想形象一样不朽），已经有新一代人接替了他们，柏拉图希望将这些人也加入目标。因此，我们完全无须认为他所描绘的对手形象只是作为活着的同时代人的面具，但他对智术师的描绘包含了许多同时代的经历，而且有一点是肯定的：柏拉图从不与死人（在这里指纯粹的历史人物）争论。

当柏拉图与这场运动的斗争开始时，没有什么精神现象比伊索克拉底更清晰地展现了智术和修辞术在那些年里是多么活跃，此人在柏拉图的《普洛塔哥拉篇》和《高尔吉亚篇》诞生后开始了教育者和老师的生涯。[②]让我们对此人更感兴趣的是，他从一开始就明确接受了涉及柏拉图和苏格拉底圈子的挑战，为智术师教育的立场辩护，因此他在写作时意识到，那种批评始终没有伤害到自己。事实上，伊索克拉底是真正的智术师，甚至是智术师教育运动的真正完善者。在传记传统中，他师从普洛塔哥拉和普罗迪科斯，特别是高尔吉亚，希腊化时代的考古学家已经从伊索克拉底的 984
墓碑上证实了后一种说法，他们认出墓碑上指着地球的高尔吉亚是他的老

① 参见第815页，注释①。

② 柏拉图的《普洛塔哥拉篇》和《高尔吉亚篇》在公元前4世纪90年代还在写作中，伊索克拉底学校的建立不可能早于公元前390年，因为我们在现存的演说中可以把他为他人代写法庭演说辞的活动追溯到那个10年的最末。也许我们甚至必须将其进一步追溯到80年代。

师。[①]按照另一种传统，伯罗奔尼撒战争末期，伊索克拉底在色萨雷向高尔吉亚求学。[②]柏拉图的《美诺篇》也把这位伟大修辞学家一个阶段的教学活动放在那里，[③]有趣地证明了新的教育已经穿越希腊土地的边界。伊索克拉底的第一篇重要作品《泛希腊集会辞》（*Panegyrikos*）让他一下子声名鹊起，作品与高尔吉亚的《奥林匹亚演说辞》（*Olympikos*）直接相关，他与那位大师在同一重要主题上（号召希腊人实现民族统一）的有意识竞争恰恰按照古人的方式证明了他的弟子身份。能够证明这点的首先是他给予修辞术的主导地位，后者是纯粹的理论色彩最不明显的智术师教育形式。和高尔吉亚一样，他想要终生教导演说的艺术，[④]把智术师的名字留给了各种流派的理论家。他把苏格拉底及其弟子也归入此类，这些人的批评对智术师之名造成了巨大的负面影响。伊索克拉底把自己的目标称为“爱智”（Philosophie）。[⑤]于是，他完全颠倒了这个词在柏拉图那里的意思。由于柏拉图对哲学概念的定义已经流传了许多个世纪，在今天看来，这完全是任性之举，但事实上并非如此；因为在他的时代，这一概念的固化尚未结束，意义的发展仍在进行中。当伊索克拉底把苏格拉底及其弟子同普洛塔哥拉或希庇阿斯一起描绘成智术师，却用“爱智”一词来表示各种一般性的精神教育时（在修昔底德那里也能看到这种做法），遵循这些词的普遍用法的是他而非柏拉图。[⑥]伊索克拉底很可能会和修昔底德笔下的伯里

---

① F. Blaß, *Die attische Beredsamkeit* (II. Abt. 2. Aufl. Leipzig 1892) 中深入讨论了关于伊索克拉底的传记传统；关于他老师的信息，参见第11页。关于那块墓碑，参见伪普鲁塔克，《十位演说家传》，838d。在这位演说家的传记中，他从希腊化时期的旅行家赫里奥多罗斯的一部作品中引用了这段记录。

② 伊索克拉底在色萨雷停留的时间定时在公元前410年前不久或者在公元前5世纪最后的10年间，但无法确定。

③ 《美诺篇》，70b。

④ 伊索克拉底说的是 ἡ τῶν λόγων μελέτη/ παιδεία/ ἐπιμέλεια（演说的练习/教育/关心）。Blaß 前揭书第107页认为，伊索克拉底自己注意到并回避使用 τέχνη（技艺）的称呼。这样做的原因很可能是，他不愿和技术手册作家相混淆。不过在像《驳智术师》9—10和《论财产交换》178等段落表明，伊索克拉底也把他的“爱智”（φιλο σοφία）视作一种技艺。

⑤ 在这里不必给出全部的段落。在《论财产交换》270，伊索克拉底认为只有自己称得上“爱智”的头衔，而其他教育者无权这样称呼自己，比如辩证法学家、数学家和修辞手册作者。在早期作品中，伊索克拉底没有那么排他，他毫无顾忌地谈到了争辩者（Eristiker,《海伦颂》6）或者像波吕克拉提斯那样的学院修辞家（《布西里斯》1）的“爱智”，而在《驳智术师》1，这个词成了对那篇作品中描绘的高等教养和教育的所有分支的一般称谓。

⑥ 修昔底德，《伯罗奔尼撒战争史》，2. 40. 1。

克利一样表示，对更高精神文化的追求（φιλοσοφία）是全体雅典人民的标志，事实上他在《泛希腊集会辞》中说过类似的话。他在那里表示，雅典发明了（κατέδειξε）文化。伊索克拉底想到的显然是集体的特征，而非 985
围绕在柏拉图或苏格拉底周围的一小群思路机敏的辩证学家。[①]伊索克拉底致力于普遍的教育，而非具体的教条或者认知方法，就像柏拉图派所要求的。因此，双方对"爱智"一词提出的主张和赋予其的完全不同的意思，清楚地显示了修辞术和科学为了争夺教育领域的主导权而展开的竞争。[②]

因此，伊索克拉底是伯里克利时代的智术师和修辞术教育在战后时代的继承者，但他的意义远不止于此，这甚至完全没有触及他身上最好和最独特的东西。从他对重点的分配，对修辞术和实践政治的强调，以及对智术师理论色彩的淡化已经可以看出，他能够敏锐地感受到雅典人面对新教育的态度，这种教育在他少年时代迅速崛起于他的母邦，但也引起了激烈的争议。尽管伊索克拉底绝非第一个成为其门徒和先锋的雅典人，但这种教育正是凭着他所赋予的形式才在雅典获得了真正的居留权。相比于苏格拉底，修辞学家和智术师在柏拉图那里总是不正义的，因为他们是外邦人和这座城邦的真正问题，完全没有被视作自己人。他们总是带着"现成的进口"知识[③]从外部走向如此严密自闭的阿提卡世界。虽然他们说这仿佛国际通用的语言，每个有文化的人都能听懂，但他们没有雅典人的口吻和优雅，做不到轻松自然的交际，缺少这些就很难在这片土地上取得成功。无论他们通过自己的教育和奇妙的形式技能多么令人钦佩，但在更深刻的意义上全都没有影响，至少暂时如此。新的元素首先需要融入这个无与伦比的城邦的个体历史生命过程，这一点只有雅典人能完成。就像伊索克拉底那样，他们能清楚地意识到本邦人民的特质和当下的命运状况。在 986
战争和战后时期的非常经历的作用下（引发了城邦内部的改变），修辞术的这种本土化直到它来到雅典整整一代人之后才实现。不过，该过程同时

① 《泛希腊集会辞》，47。κατέδειξε表示建立宗教缔造者等，φιλοσοφία在这里不表示"哲学"。

② Blaß前揭书第28页正确地指出，Philosophie一词在伊索克拉底的时代仍然表示"教养"，因此他的表述"教授Philosophie"并不可笑。但Blaß觉得当伊索克拉底相信只有自己才是真正Philosophie（教养）的代表时，他显得狂妄。不过，柏拉图和其他所有学校最终都提出了同样的主张，即只有他们教授真正的教养；例如参见柏拉图《第七书简》326a，《理想国篇》490a等。

③ 参见《普洛塔哥拉篇》，313c起。

也受到苏格拉底派的道德改革[①]和重大社会危机的影响，后者在伊索克拉底的少年和青年时代动摇了雅典城邦。这种状况对有能力继承伯里克利统治之遗产的新一代人提出了巨大的要求。伊索克拉底认为，最完美地体现了时代的政治和伦理观念内容，并且有能力将其变成普遍财富的并非柏拉图意义上的哲学，而是修辞术。凭着这一新的目标，伊索克拉底修辞术的影响成了战后时代伟大的雅典教育运动的一部分，当时的一切改革努力都可以归结为这场运动。

多种动机带来了这种转变。尽管具备高超的风格和语言技巧，但伊索克拉底本人并非天生的演说家。然后，出于雅典民主的性质，演说家之职当时仍然是一切政治家影响力的真正形式。就像伊索克拉底本人所说，他体质虚弱。他不仅缺乏有力的声音，而且在公开场合会感到无法克服的羞怯。公众本身会让他产生恐惧。[②]当伊索克拉底毫不介意地谈起这种“恐惧”时，他显然不仅想为自己完全回避政治活动辩解，而且意识到这种状况是位于其本性更深层面上的一个独有的特征。和苏格拉底一样，他远离政治并非因为不感兴趣，而是源于一个难题，这个难题既限制又加深了他对当时的真正任务的理解。与柏拉图笔下的苏格拉底一样，他确信改
987 革工作必然不同于作为演说者在公民大会和法庭上开展实践活动。因此他觉得，让自己不适合正常政治生涯的虚弱身体为他指明了更崇高的职业；体弱是他的命运。不过，如果说苏格拉底通过不断的提问和考察成了道德领域的研究者，最终来到了一种新科学禁闭的大门前，那么天性更加务实的伊索克拉底则觉得（尽管他暂时受到那位同时代伟人的影响，不断以后者为模板衡量自己），高超的见识和天生脱离群众注定了他将在小圈子里

---

① 在《斐德若篇》中，柏拉图让他的苏格拉底对伊索克拉底的远大未来做了预言，这一描绘有多少历史可信度存在疑问。我们不再怀疑，年轻的苏格拉底在某个时候见过那位前辈。这几乎并不意味着两人熟识，或者有师徒关系。但在伊索克拉底的作品中可以看到无数与苏格拉底思想的相合之处，H. Gomperz, *Isokrates und die Sokratik* (*Wiener Studien* Bd. 27 [1905] S. 163 und 28 [1906] S. 1) 中最为深入地讨论了这点。Gomperz正确地认为，伊索克拉底的知识要归功于苏格拉底的作品。一个事实支持这种假设，即他从公元前4世纪80年代开始讨论这些理念，当时他本人开始成为教育理论家。但在我看来，Gomperz夸大了安提斯忒涅斯对伊索克拉底的影响。

② 关于伊索克拉底的生平，参见F. Blaß，前揭书第8页起；R. Jebb, *Attic Orators* Bd. II (London 1876) p. 1ff.，以及Münscher在Pauly-Wissowa的*Realenzyklopädie* d. kl. Alt. IX Sp. 2150ff. 的详尽文章。关于伊索克拉底声音的缺点和他的羞怯，参见伊索克拉底的《腓力辞》81和《泛雅典娜节演说》10。

教授一种新形式的政治影响。[①]

他所生活的时代本身似乎让这条道路变得必要。伊索克拉底希望在退隐生活的专注宁静中培养人才，让他们能够为走上歧途的民众和处于无益循环中的希腊城邦政治设定新的目标。那个目标就藏在他心里，他希望用它来鼓舞他们。他内心住着一位政治梦想家，其思想在根本上与现实中的政治家走着同样的道路，受到权力、荣耀、繁荣和扩张等愿想的引导。这个目标被他的经历逐渐一点点地修正。不过，他认为这一愿望的实现可能性并不在于已经尝试过的道路，无论是希腊内部的利益政治，或者像伯里克利那个世纪中消耗巨大的权力之争。在这点上，他的思想完全是战后时代雅典弱势的证明。梦想家在精神中飞越了上述现实障碍；他看到，雅典城邦未来在希腊事务中扮演主导角色的唯一可能性在于同斯巴达和希腊其他地区实现和平的均衡，在于战胜者和战败者的完全平等。那样的话，凭着精神上对于粗鲁对手的优势，雅典必将扮演决定性的角色。[②]唯有实现了这种均衡，并将其与必然会把希腊各城邦团结起来的伟大共同任务联系起来，希腊才能停止彻底的瓦解和各部分的沦亡——那些部分此前只
能相互消耗，它们中没有哪个能对其他部分取得真正的优势，没有力量确 988
立能够平息一切的统治地位。寻找这一任务意味着对希腊民族的拯救。在有了伯罗奔尼撒战争的痛苦经历之后，伊索克拉底现在将其变成一切现实政治的真正目标。毋庸置疑，首先需要克服的是希腊城邦政治生活内部的堕落，以及这种堕落的源头，即各城邦想要毁灭对方的仇恨。根据修昔底德的悲剧描绘，这种彼此之间的自私仇恨解释了战争中所有的伤害行为，瓦解了一切坚实的道德概念。[③]

不过，与柏拉图的苏格拉底不同，伊索克拉底并不认为改革的真正

---

① 在《腓力辞》81—82，他一方面承认自己在生理和心理上的限制，另一方面又声称自己在知识和教化领域首屈一指。

② 他在《泛希腊集会辞》中把这个角色交给了雅典。只要涉及的仅仅是雅典在精神方面的优势，他即便在第二次海上同盟败亡后仍然能够坚持这种观点，就像在《战神山议事会演说》和《泛雅典娜节演说》中所做的。后来，在《论和平》与《腓力辞》等作品中，他放弃了与之相伴的政治主张。

③ 修昔底德，3.82。

问题是建立道德世界，或者说人类个体内心的城邦。[①]相反，他的改革意志的结晶点是民族，或者说希腊人的理念。柏拉图指责修辞术只教授说服的手段，却不会指明目标，因此在实践中只能作为人们达成不道德目标的精神保护伞。这个弱点不容否定，在最优秀之人的良心不断变得更加敏感的时代，这对修辞术而言成了危险的源头。伊索克拉底看到，转向泛希腊理念也是解决这个问题的出路。一边是此前修辞教育对道德的漠不关心，一边是柏拉图将政治化为伦理学（尽管后者在实践中必然与一切政治分道扬镳），需要在两者间找到中道。[②]新的修辞术必须找到在伦理上正当的目标，但必须有实际政治用途。在他看来，他的新民族伦理符合条件。这种伦理确保了修辞术拥有取之不尽的主题，甚至随着它可以发现一切更崇高修辞术的主题。在旧时信仰的力量正在消失，作为人们此前道德根基的本土城邦政制形式遭到动摇的时代，民族统一和伟大的梦想成了令人鼓舞的力量。它让生命有了新的内涵。

989　于是，伊索克拉底选择修辞术作为现有状况下的活动领域本身推动了他确立新的目标。他设定这个目标的动机也完全可能直接来自高尔吉亚，后者的《奥林匹亚演说辞》开创了伊索克拉底将终生坚持的主题。老师提出的理念为他的全部影响奠定了方向，这并不少见。如果说伊索克拉底不想成为演说家，但想成为政治家，如果说他想要成为年轻人的教育者和修辞术老师，但不参与苏格拉底的哲学和旧式修辞学家的竞争，并对其提出批评，那么以这种理念为方向将是他唯一能找到的可行道路。这解释了他自始至终的坚持。尽管他的弱点经常足以招致对他的批评，但几乎没有凡人能比伊索克拉底更完美地履行自己所选择的使命，或者更好地理解自己的任务。这种理解让修辞术有了自身的实质内容，后者的缺失曾使其遭受人们的指责。[③]它让修辞术老师的角色第一次拥有了堪比智术师和哲学家的价值，让他独立于普通政客，确保他拥有更高的地位，因为他流露出超越个别城邦的兴趣。通过他的计划，自身本性的缺失（无论是身体、

① 柏拉图，《理想国篇》，591e。
② 伊索克拉底在他的《驳智术师》中对比了当时教化的两种方向。
③ 参见柏拉图，《高尔吉亚篇》，449d、451a、453b—e、455d。后来，柏拉图在《斐德若篇》中再次做了同样的指责。

精神还是性格的）以及修辞术本身的缺陷几乎变成了美德，或者看上去如此。修辞家、政治理论家和传单作者再也无法找到同样有利的境遇，自诩能对整个民族产生类似的影响。在漫长得异乎寻常的一生中，他通过勤奋和坚持在一定程度上弥补了这种影响在丰富程度和天才张力上的欠缺。尽管这些永远无助于作品的质量，但有助于其活动的成功，因为教育者的活动基于同活生生的人的关系。

千百年来，现代人对伊索克拉底的理解第一次对其作品的政治内容给予了应有的重视，并根据其对公元前4世纪历史的意义来加以评价。这与 990
早前的观点在许多方面截然不同，后者完全把他视作道德主义者，而且没有足够清楚地指出，与柏拉图和亚里士多德一样，他所有的公开作品都是为自己学校的教育计划服务的。诚然，伊索克拉底也想让自己的作品在弟子圈子之外发挥影响，由此经常赢得追随者，包括那些从未聆听过其学说的人。但他的政治“演说”同时也是他在自己学校教授的新型演说术的模板。他本人后来在《论财产交换》中从自己最有名的演说中选出了一些段落，在更大的圈子面前讲解了自己的学说。这些演说旨在成为形式和内容上的模板，因为两者在他的学说中不可分割。如果想要试图通过我们手头这唯一的原始材料来想象他所传授的文化的本质，我们必须始终注意这点。幸运的是，他以自己有意识的方式多次表达了他作为教育者的艺术和目标，每次中断反思时就会谈到自己说了什么，以及如何和为何这样说。事实上，他在自己的教育活动伊始就写下了多篇纲领性的作品，以便清楚地界定自己在同时代文化的其他代表人物圈子里的位置。我们必须从这些表达出发，才能在其全部影响的框架内正确理解伊索克拉底的教化。

我们不清楚他从“演说作者”（在许多方面对应了今天的律师）转向修辞术老师的原因和时点。与吕西阿斯、伊萨伊俄斯（Isaios）和德摩斯梯尼一样，伊索克拉底是为了挣钱才从事刀笔匠的营生，因为他的祖产毁于战火。[①]后来，当感到自己成了演说术的菲迪亚斯时，[②]他便不愿谈起这

① 关于他作为“演说作者”的活动，参见哈利卡那苏的狄俄尼修斯《论伊索克拉底》18和西塞罗《布鲁图斯》48，其所用的材料是亚里士多德的《技艺汇编》（συναγωγὴ τεχνῶν），关于他失去祖产，参见伊索克拉底，《论财产交换》，161。

② 伊索克拉底，《论财产交换》，2。

段时光，尽管就像亚里士多德所嘲讽的，书店里随处放着整套当年他写的
991 法庭演说。①这类作品中只有很少一部分留存至今，因为伊索克拉底的学校（老师去世后，传播其遗稿的工作被交到后者手中）对保存它们的兴趣并不比老师更大。②它们的痕迹可以上溯到不晚于公元前4世纪90年代末。③因此，伊索克拉底学校的建立在时间上与柏拉图学园非常接近。④在纲领性的演说辞《驳智术师》中，伊索克拉底已经注意到了柏拉图的竞争性作品《高尔吉亚篇》和《普洛塔哥拉篇》，试图把自己同它们的教化理想区分开。⑤这把我们带到了同一个时代。对我们来说，他的《驳智术师》的无与伦比的价值在于其生动性，让我们一点一点地共同经历了两大学派围绕教育所展开的斗争，这场斗争将持续一代人的时间。同样令人感兴趣的是它再现了许多同时代人对柏拉图的登场所产生的真实印象。我们习惯于从柏拉图哲学对后世的世俗影响来看待其意义，因此自然倾向于设想他从一开始就对当时的世界有类似的影响。伊索格拉底对这种观点做了有价

① 参见哈利卡那苏的狄俄尼修斯，前揭书18。

② 按照哈利卡那苏的狄俄尼修斯（前揭书）的说法，伊索克拉底的继子阿法莱俄斯（Aphareus）在驳斥麦加克莱德斯（Megakleides）的演说中声称，他的父亲没有写过法庭演说，但这种说法只可能限于伊索克拉底主持自己学校的时期；伊索克拉底的弟子科非索多洛斯（Kephisodoros）承认有老师的法庭演说存在，但只认可其中的很小一部分。

③ 可以认定为在90年代末左右的是《为银钱商辩护》（*Trapeziticos*）和《致埃癸那陪审团》（*Aegineticus*）。

④ 伪普鲁塔克在对十位演说家生平所做的描绘中（837b）表示，伊索克拉底最初在希俄斯主持一所学校（σχολῆς δὲ ἡγεῖτο, ὥς τινές φασιν, πρῶτον ἐπὶ Χίου）。但这种说法除此之外没有佐证，而且很少有用ἐπὶ Χίου而不是ἐν Χίῳ。我们期待在ἐπὶ之后看到伊索克拉底开始授业时的总督的名字，但由于那是漫漶的名字，我们很难还原，因为90年代和80年代初的总督名字都与Χίου一词没有相似之处。如果是〈Μυστι〉χίδου（穆斯蒂基德斯），那将会是公元前386/5年，但这对学校的建立来说显得太晚了。

⑤ 伊索克拉底本人在《驳智术师》193表示，这篇演说创作于他的教育活动伊始。Münscher在Pauly-Wissowa（前揭书）9. 2171引用了关于与柏拉图关系之问题的丰富著作。它们大部分已经过时，它们中的许多所持的基本观点是错的，即柏拉图关于修辞术的主要作品《斐德若篇》是作者早期或中期的作品。Münscher在其出色的指导性文章中同样把后者作为前提。新时代的研究必须改变观点。此外，我觉得必须要承认的一个事实是，就像对其他苏格拉底弟子一样，《驳智术师》也对柏拉图发起了猛烈的论战。它把柏拉图早期的作品《普洛塔哥拉篇》和《高尔吉亚篇》作为前提，可能还有《美诺篇》（参见下文对这个问题的讨论）。Münscher认为（Pauly-Wissowa Bd. IX 2175），伊索克拉底在写作《驳智术师》的时候本质上“仍然认同柏拉图”。从《驳智术师》中并不能得出这点，反而与演说辞的内容处处矛盾。这种错误的观点完全基于《斐德若篇》的创作时间很早的看法，相比于对待吕西亚斯之流，当时柏拉图对伊索克拉底更有善意。认为《斐德若篇》问世于《驳智术师》之前或之后不久，这必然会导致将后者强行解读为亲柏拉图的。

值的修正。

伊索克拉底从教化的代表在广大公众面前的不佳声誉说起，将其归
咎于由他们的宣示所唤起的过度期待。[①]他由此对当时教育力量获得的过
高评价提出了反对。事实上，从苏格拉底怀疑是否存在教育到早期柏拉图
对话中的教育激情，这种观点的剧变无疑有值得注意之处。在这点上，伊
索克拉底同样是选择中间路线的人。他本人自然希望成为教育者，但也理
解那些外行人，他们完全不愿接受教育，而是更乐意信任“哲学家”的许
诺。[②]如果他们自己产生了如此错误的希望，我们如何能相信他们对真理
的追求呢？伊索克拉底没有提到任何名字，但他论战中的每一个字都对准
了苏格拉底派，他在这里和其他地方轻蔑地称后者为“吵架的演说家”。[③]
在《普洛塔哥拉篇》和《高尔吉亚篇》中，柏拉图刚刚表示辩证法是优
于修辞术及其冗长演说（μακροὶ λόγοι）的技艺。他的对手不假思索地将 992
辩证法与争辩术（Eristik）归为一类（真正的哲学一直试图与其划清界
限），[④]尽管柏拉图的苏格拉底不时让我们清楚地想起后者。这正是在《普
洛塔哥拉篇》和《高尔吉亚篇》这样的早期作品中经常可以看到的；[⑤]因
此，伊索克拉底对辩证法的看法不如苏格拉底派的正面也就不足为奇了，

① 伊索克拉底，《驳智术师》，1。

② Philosophen一词当然不仅表示我们今天所称的教化的代表，即苏格拉底的圈子。它还包含了各种自诩教授文化的人（参见《驳智术师》11和18）。但它也包含了更严格意义上的“哲学家”，就像《驳智术师》2清楚地指出的，那里影射了他们的自命不凡。这适用于所有的苏格拉底派，不仅仅是安提斯忒涅斯的《真理》。

③ 《驳智术师》，1：περὶ τὰς ἔριδας διατριβόντων, οἳ προσποιοῦνται μὲν τὴν ἀλήθειαν ζητεῖν（他们浪费时间争吵，自诩在追求真理）；《论财产交换》，261：οἱ ἐν τοῖς ἐριστικοῖς λόγοις δυναστεύοντες（善于争辩的）。在后一个段落中，他们被和几何学与天文学归在一起。后两者也出现在柏拉图的学园中。Münscher前后矛盾地认为，伊索克拉底在《论财产交换》中所指的“争辩者”包括柏拉图，而在《驳智术师》中则没有。这种想法同样是因为他把《斐德若篇》的时间设定得很早，并因此得出伊索克拉底和早年的柏拉图之间有过友谊。

④ 很可能是辩证法和争辩术的被混淆——伊索克拉底的论战中将其作为固定观点——驱使柏拉图在《欧绪德谟篇》鲜明地区分了苏格拉底和喜欢论战者。柏拉图在《理想国篇》499a再次谈起这个问题，表示没有人理解那位真正的哲学家，试图避免把他和纯粹的争辩演说家混淆起来。在那里，他将其描绘成从不参与机智但无目标的口舌交锋和争斗的人，而是在寻求“知识本身”。

⑤ 普洛塔哥拉一再拒绝认同苏格拉底顺理成章的结论，显然他觉得对手是在试图欺骗自己，给他设下了陷阱。柏拉图客观地展现了这一切，从而暗示苏格拉底的辩证法是如何被怀疑成争辩术的。与之类似，卡里克勒斯在《高尔吉亚篇》482e起也在提防苏格拉底的“诡计”，后者会在同一论点中使用同一概念的不同意思。

后者将其作为万灵药推荐。在具有健全人类理智的人看来，不会犯错的价值知识（φρόνησις）——苏格拉底派如此称呼他们的教学成果——超出了人类可能性的尺度。[1]荷马能够敏锐地认识到区分人与神的界线，他不无理由地认为只有神明具备这种理解力。哪个凡人能有勇气自诩教给晚辈们关于做和不做什么的知识，并通过这种知识（ἐπιστήμη）引导他们走向幸福（εὐδαιμονία）呢？[2]

在这里，柏拉图主义中与大众的理解相抵触的内容被巧妙地归为一个狭小的范围，包括提问和回答程序组成的奇特争论方法，赋予作为特别理智器官的“价值知识”近乎神话的意义，在知识中寻求一切福祉的表面上的唯理智论，以及对哲学家幸福近乎宗教般的夸张预言。伊索克拉底指的显然是新哲学风格的术语特征，他凭着语言专家的敏锐本能找出了那些无疑令大部分有教养者感到讨厌和可笑的东西。一边是“全体德性”（σύμπασα ἡ ἀρετή），那是苏格拉底认知“善本身”的目标，一边是哲学家们为了微薄的学费就出售自己的知识，[3]他对两者做了比较，让普通人有充分的理由怀疑，年轻人能从这些人那里学到的东西是否真比他们付出的那点钱有价值得多。这些人自称希望在听众内心释放完美的德性，但本人却不太相信，他们对后者诚实的不信任证明了这点，从对弟子的规定中
993 可见一斑。他们要求预先把听课费存入雅典的一家银行。[4]如果是为了自身的保障，这完全无可厚非，但这种想法如何与他们教育人们变得正义和自制的主张相调和呢？这个理由显得太低级了，但并非完全不着边际。柏拉图在《高尔吉亚篇》中用类似的尖刻论据反对修辞学家，后者抱怨学生滥用演说术，却没有看到他们完全是咎由自取。因为如果修辞术果真能让年轻人变得更好，那么后者就不可能滥用自己真正学到的东西。[5]事实上，修辞术的不道德特性是人们反对它的主要理由。伊索克拉底多次在他的作品中对柏拉图笔下的高尔吉亚的观点表示赞同：老师教给学生的是技

① 《驳智术师》，2。
② 《驳智术师》，2—4。
③ 在柏拉图那里，“全体德性”与正义、勇敢和自制等“个别德性”相对。它也被称为“德性本身”（αὐτη ἡ ἀρετή）。这种表达对柏拉图的同时代人来说有点新颖和陌生。
④ 《驳智术师》，5。
⑤ 参见《高尔吉亚篇》，456e—457c、460d—461a。

艺的正义用法，因此如果学生为了不义的目标滥用它，老师也不必受到指责。[①]因此，他并不赞同柏拉图的批评，而是觉得高尔吉亚完全正确。不过，他还进一步对哲学家发动攻击，试图证明他们不信任自己的学生。由此看来，伊索克拉底很可能已经知道了柏拉图的《高尔吉亚篇》，并在他的纲领中涉及那篇作品。[②]

作为高尔吉亚的弟子，那篇作品无疑令他特别生气，他必然感到自己也随着老师一起受到了羞辱，因为柏拉图攻击的不仅是高尔吉亚本人，还包括各式各样的修辞学家，就像我们已经看到的。伊索克拉底在驳斥智术师的公开演说辞中提出的“争辩者”（Eristiker）的全部独特的学说概念，在《高尔吉亚篇》中已经得到了清楚的表达，后者对它们的评价特别依据其对柏拉图新式教化的意义。[③]如果说伊索克拉底在他的作品中将柏拉图和苏格拉底派作为首要的敌人，对他们进行了最详细的分析，那么显而易见，他充分意识到了那些人带给自己的威胁。他的抨击完全是实践的，没有进行理论上的反驳，因为他完全清楚那样做只会居于下风。相 994
反，他完全采取普通人的视角，诉诸他们的本能。外行人不理解哲学家的技术秘密。但他们看到，那些想要引领别人走向智慧和幸福的人本身却一无所有，也不向学生索取什么。[④]这种贫穷不符合希腊人关于幸福的传统

---

① 伊索克拉底在《论财产交换》215起试图为修辞术老师受到的指责辩护，即学生从他们那里学到了坏东西。

② 出于一般理由，这两部作品的这种时间关系也是最有可能的。《高尔吉亚篇》现在完全和有充分理由地被放到了公元前4世纪前10年的下半段，当时伊索克拉底几乎还不可能开设学校，因为我们可以把他作为法庭演说辞作者的活动追溯到公元前390年左右。因此，描绘了他的学校方案的《驳智术师》也将被推迟到80年代。[英译本注释：一些学者试图根据似乎是柏拉图对话中对伊索克拉底演说的影射来确定《驳智术师》和柏拉图《高尔吉亚篇》的年代关系。但即便柏拉图谈到了“精明的心灵”（ψυχὴ στοχαστική，《高尔吉亚篇》463a），而伊索克拉底提到了“原创的心灵”（ψυχὴ δοξαστική），也无法证明柏拉图在模仿伊索克拉底。“原创的”（δοξαστική）同样是柏拉图用语。柏拉图鄙视纯粹的意见（δόξα），而在这里和其他所有地方，伊索克拉底都坚称人的天性只允许他们拥有“意见”和“相信”（δοξάζειν）。他是在回应柏拉图这个事实表明，他依靠柏拉图对这个问题的表述。但主要的论据来自文本：《驳智术师》中充满了关于柏拉图的基本概念和它们之间相互的逻辑关系的信息（比如πᾶσα ἀρετή : : εὐδαιμονία，ἐπιστήμη : : δόξα，ἀρετή : : ἐπιστήμη），只可能源于《高尔吉亚篇》这一早期的柏拉图作品，那是柏拉图年轻时唯一对自己的思想做了相当系统的说明的作品。]

③ 另一方面，很难找到另一部柏拉图的早期作品中结合了他的哲学的所有这些特色元素，并展现了它们的内在关系。

④ 《驳智术师》，6。

概念，像安提丰这样的其他智术师曾以此为由指责苏格拉底。[①]外行人看到，发现他人表达中的矛盾的那些人却看不到他们自己表达中的矛盾，而且虽然他们想要教导人们对未来的一切做出正确的决定，对于当下却只字不提，也不给出正确的建议。[②]此外，如果外行人进一步考虑到，相比于自称完全拥有知识（ἐπιστήμη）的人，完全以意见（δόξα）作为行为基础的大多数人反而更容易达成一致和做出正确的行为，那么他们就会最终不屑于这种研究，视其为空谈和吹毛求疵，而非“呵护灵魂”（ψυχῆς ἐπιμέλεια）。最后这点让我们毫不怀疑，伊索克拉底在这里想要针对的是柏拉图和其他苏格拉底派，特别是安提斯忒涅斯。他故意稍稍混淆了他们的特征，尽管也有符合事实的一面，因为他们都希望成为苏格拉底的弟子。[③]他完全清楚，苏格拉底的弟子们相互间斗争激烈，由此制造了又一条反对哲学家的理由，就像所有时代有常识的人所做的。老师的贫穷和俭朴特别模仿了安提斯忒涅斯；伊索克拉底所描绘的形象中更具理论和哲学色彩的特征最符合柏拉图，而将哲学活动描摹成吹毛求疵[④]则显然针对的是柏拉图将辩证法发展为逻辑的技艺。[⑤]这是踏入形式和理论世界的一步，就像伊索克拉底已经正确意识到的。当他用这种发现矛盾（致力于通过
995 知识完成对意见的征服[⑥]）的新技艺来衡量苏格拉底“呵护灵魂”的旧目标，[⑦]并质疑了其对该目标的价值时，他以历史教导我们的真正问题的所在作为自己批评的收尾。因此，我们在这里见证的柏拉图与伊索克拉底之间的对话是一次关于教育理想的历史辩证，其永恒的价值无关乎争辩中人物的细节。

① 色诺芬，《回忆苏格拉底》，1.6.1起。

② 《驳智术师》，7。

③ 《驳智术师》，8。

④ 对于哲学家向听众收取小笔学费的指责也许更符合安提斯忒涅斯而非柏拉图的情况，但我们对这类事所知太少，无法做出确切的判断。学园的学生们可能也要付一定的学费，它们并不作为真正的酬金，但伊索克拉底是这样理解的，并因此将其解读为低于时价。

⑤ 《论财产交换》也对吹毛求疵进行了指责。在那里，他被公认是将矛头指向了柏拉图。为什么他在《驳智术师》中针对的就要是别的人呢？

⑥ 他对反驳技艺（Elenktik）的这种刻画是针对苏格拉底和柏拉图。参见《海伦颂》4的类似段落，在那里，苏格拉底的专业术语ἐλέγκειν成了他嘲笑的靶子。

⑦ 关于把“呵护灵魂”作为苏格拉底一切教育工作之目标的术语，参见本书第三卷。

伊索克拉底攻击的第二类对手被他称为政治老师。①他们不像哲学家那样探求真理，而是仅仅在“技艺”（Techne）一词的古老意义上实践它，②即那个词尚不包含道德责任的痕迹，而柏拉图在《高尔吉亚篇》中以医生的技艺为模板，对真正的修辞学家提出了这种要求。伊索克拉底无法否定这一要求，在他谈到第三类竞争者，即法庭演说老师时，可以特别清楚地看到这种道德视角。但他没有让柏拉图借此提高地位。他对政治演说老师的批评——我们首先肯定会想到他的同门，高尔吉亚的弟子阿尔喀达马斯（Alkidamas）③——教导我们认识一种与哲学截然相反的教育，那就是即兴演说的技艺。阿尔喀达马斯虽然也像伊索克拉底一样发表过成为模板的演说辞，但他的长处在于即兴发言（αὐτοσχεδιάζειν）。阿尔喀达马斯的一篇留存至今的演说辞明显把矛头对准了伊索克拉底这样的修辞学家，他们可以写出优美的风格，但无法在关键时刻说出形势所要求的话。④这方面的持久练习对于未来的从业演说家无疑是很有价值的培养，即便现实中教学很容易沦为纯粹的例行公事，经常严重忽视了对更崇高语言艺术的追求。伊索克拉底指责这类对手不懂审美，缺乏对艺术质量的感受。⑤在实践活动中，这种形式的修辞术成了掌握某种公式化的技巧，以便每次都能派上用场。它不能给学生本身的精神气质和经历带来任何影响，而是抽象而教条地教给他们演说的形式，就像童蒙老师教给孩子们字 996
母表。⑥上述方法是时代特征的好例子，因为教育乃至整个生活都被尽可能地机械化了。这种极端现象给了伊索克拉底期待的机会，让他的艺术家追求有机会摆脱本行业的庸俗，并洗清狭隘意义上的只重实践之名（因为不赞成哲学教育的技巧，他很容易受到这种指责）。他试图在高深的理论和庸俗的技艺之间找到中间道路，那就是对形式的艺术性塑造。⑦他由此

① 《驳智术师》，9：οἱ τοὺς πολιτικοὺς λόγους ὑπισχνούμενοι（自诩教授政治思想的人）。

② 从字句中可以清楚地看到，伊索克拉底在一定程度上给那些修辞术老师使用的“技艺”一词标上了引号。对于他戏仿苏格拉底弟子所用术语的那些段落，我们同样可以这样认为。

③ 参见J. Vahlen, *Ges. Schriften* Bd. I S. 117ff.。

④ 最好把这篇演说解释成阿尔喀达马斯对伊索克拉底在《驳智术师》中的攻击的反驳。

⑤ 《驳智术师》，9。

⑥ 《驳智术师》，10。

⑦ 《驳智术师》，12起。

引入了第三种原则。在这里，他同样通过与其他原则的对立来解释自己的观点和理想。不过，通过与两方面的斗争，他证明了与哲学教育的对立尽管对他非常重要，但只是描绘了他本人的一半意愿。他还必须与传统意义上的修辞术保持距离。因为他的教化在修辞术领域同样有某些新意。

相比于生活的其他任何领域，更难以把修辞术的所有个例归纳为若干固定的公式和基本形式。柏拉图在逻辑表达的世界里把这种基本形式称作理念。就像我们看到的，他从那个时代的医学中借鉴了这种立体的观察方式，并将其用于对存在的分析。在修辞术中，我们在同一时代看到了同样的发展，不过我们不能说，这受到了柏拉图使用“理念”术语的影响。修辞术和医学的性质决定了它们是可以发展出此类理念概念或基本形态的经验领域，无论是形形色色的生动心理现象，还是政治或法律的个例和情况。它们适合被归结为普遍的基本形式，从而简化其实践活动。将这种思想与字母（στοιχεῖα，γράμματα）的发明相提并论是不言自明的，就像在伊索克拉底和后来的柏拉图那里所看到的；因为在两者中，认知的精神过
997 程都把大量的组合形体还原为作为其基础的数量有限的终极“元素”。[①]自然科学的元素也是在那时第一次获得了这个名字，其背后同样是与语言和字母的类比。[②]伊索克拉底没有完全否定修辞理念学说的想法，他的作品反而表明，他在很大程度上将其变成了自己的，他的学说处处建立在掌握演说辞的基本形式这条道路上。不过，除此之外一无所知的演说技能只是徒有其表。一边是字母的不可移动和不可改变性，一边是不受任何规则束缚的人类生活状况的可变性和多样性，两者形成了最鲜明的反差。[③]完美的演说术必须是对状况的个别表达，合适性是其最高法则。只有通过遵守这两点才能做到新颖和原创。[④]

简而言之，演说术是一种诗性创作。无论多么离不开技艺，它都不会完全沉沦其中。[⑤]正如智术师自认为是诗人的继承者，用散文体改造了

① 柏拉图在《克拉底鲁篇》《泰阿泰德篇》《政治家篇》和《法律篇》中与字母做了比较。

② 这首先出现在柏拉图《蒂迈欧篇》48b、56b、57c；参见 Hermann Diels, *Elementum*。

③ 《驳智术师》，12。

④ 关于 καιρός 和 πρέπον（合适、相合），参见《驳智术师》13。

⑤ 《驳智术师》，12。

他们的艺术类别，伊索克拉底也有意识地延续了诗人的工作，扮演了他们从民族生命伊始就承担的角色。他把修辞术与诗歌相提并论，这远不只是一次性的犀利评点。他的演说辞中随处可见这种观点的影响。对伟人的赞颂模仿了颂诗，劝谕演说以劝诫哀歌和教诲史诗为模板，甚至在思想内容上，伊索克拉底在这些创作中也与相应的诗歌体裁的深远传统关系密切。此外，与诗人的上述类比还决定了修辞学家的地位和价值。这种新职业必须依托某种历史悠久和根基深厚的行当，把后者当作模板。伊索克拉底越是不希望或不愿意成为实务政治家，他就越需要诗歌来衬托自己纯粹的精神使命，而让他的修辞术获得灵魂的教育精神也有意与希腊人眼中古代诗人的教育角色一较高下。后来，他还一度像品达那样将自己的创作与雕塑 998
家相比，骄傲地将自己和斐迪亚斯相提并论。[①]但这不仅是为了说明，即便这种技艺达到了很高的水平，仍然总有人认为修辞学家的活动低人一等。在古典时代希腊人的社会情感中，雕塑家同样一直是个与手工业和匠人活动相联系的概念。这里的手工业包含了从普通石匠到帕特农神庙的天才建造者的全部类型。随着雕塑艺术和雕塑大师越来越受到推崇，在随后的世纪中，将演说术同绘画和雕塑相提并论变得更加常见。不过，诗歌与修辞术的统治更迭一直是精神史过程的真正形象画面，该过程以修辞术崛起为新的教育力量而告终，所有后来的希腊诗歌都是修辞术的孩子。[②]

通过上述理解，伊索克拉底对修辞术的教育价值这一问题的看法的本质也自然得到确定。作为一种创造性活动，最高程度的修辞术无法在学校里教授。尽管如此，伊索克拉底仍然想要通过修辞术来培养人，这需要他本人关于天性、学习和练习之关系的看法作为前提。根据智术师的教育学，这三者是一切教育的基础。当时对培养和教育的普遍热情在广泛的圈子里引发了过度的期待，[③]这种期待过后已经出现了某种失望，部分原因是对教育界限的根本性批评，就像苏格拉底所做的；部分原因是发现并

---

① 在《论财产交换》2中，伊索克拉底将自己与雕塑家斐迪亚斯、画家佐克西斯（Zeuxis）和帕拉西俄斯相提并论，自比为希腊最伟大的艺术家。

② 柏拉图《高尔吉亚篇》502c同样把诗歌视作一种修辞术。

③《驳智术师》，1。

非每个接受过智术师教育的人都比从未聆听过的人更好。[1]伊索克拉底非常小心地表述了教育的用途。他认识到天生禀赋是决定性因素，公开承认缺乏培养但天赋高的人常常比只有培养但无天赋的人（如果没有什么值得培养的情况下也可能得到培养的话）成就更大。第二重要的因素是
999 经验和练习。[2]虽然修辞学家在此之前似乎在理论上认识到了天资、学习和练习三者，但在实践中，被推上前台的却是培养和学习。伊索克拉底谦虚地将教育放在第三位。在天赋和经验这两个其他因素的帮助下，教育（Paideusis）才可能臻于伟大。它让人们对自己的技艺更有意识和更加敏感，让他们节省了许多不可靠的摸索和尝试。教育甚至能帮助不那么有天赋的人，让他们得到精神上的发展，即便无法把他们变成出类拔萃的演说家或作家。[3]

修辞术教育能够传授对于组成每篇演说的理念或基本形式的认识。这是此前这种培养被开发的唯一方面，伊索克拉底似乎暗示它还大有潜力可挖。我们很想更多地了解他的新理念学说，从而能够将其与过去的修辞学家的学说进行比较。然而，他的传授越是完善，问题的真正难点就越不在这里。难点在于对每个涉及的对象进行“理念”的正确选择、融合和设置，在于找准正确的时机，在于用修辞式推论（Enthymeme）装点演说时的分寸感，在于有节奏和韵律地连缀词语。[4]此外还需要有力而准确的精神。对学习者，修辞术培养的这一最高阶段预设了前提，要求他们完全了解演说的理念，并能够加以运用；对老师，它要求他们竭尽全力传授可以合理传授的东西，而对于所有无法传授的东西，他们应该把自己变成模板，让那些能够按照模板进行自我塑造和模仿它的人马上可以用更加华丽和优美的说话方式表达自己。[5]

就像后来柏拉图在《理想国篇》中认为教育的最高目标取决于现实中很少能结合起来的特点的“巧遇”，伊索克拉底也把所有列举的元素的

---

① 《驳智术师》，1和8。
② 《驳智术师》，14。
③ 《驳智术师》，15。
④ 《驳智术师》，16。
⑤ 《驳智术师》，17。

巧合视作一切教育活动的真正成功的必要前提。①独立于柏拉图，我们在 1000
这里看到希腊人关于教育的普遍想法被描述为对人的塑造，体现在模板或范例（παράδειγμα）、镌刻（ἐκτυποῦν）和模仿（μιμεῖσθαι）等不同的表述中。②真正的争议围绕着这样一个问题，即这种塑造如何能从美好的图景变成具体的现实，即围绕着形式的方法，归根到底围绕着对人类精神本性的看法。柏拉图试图通过将理念认知为善、正义和美的绝对准则（符合灵魂结构的内在法则）来培育灵魂，最终将其发展成可以理解的宇宙，把一切存在囊括其中。伊索克拉底不认可这种知识的宇宙。修辞教育的工具是纯粹的意见，但就像他多次强调的，他认为精神中存在一种目标性和准确性的实践力量，这种力量在不具备绝对意义上的真正知识的情况下能够做出正确的选择。③他的教育思想便植根于这种艺术能力。柏拉图的辩证法将年轻人一步步引向理念，但如何在生活和行为中真正使用理念最终还是留给他们自己，这仍然是一个无法理性化的过程。与之类似，伊索克拉底也只是描绘了教育过程的元素和阶段，而塑造本身仍然是个秘密。我们既不能将其完全从自然中驱逐，也不能使其完全听命于自然。因此，教育中的一切都取决于自然和技艺的相互契合。如果我们把伊索克拉底的不彻底性（在柏拉图的意义上），把他在纯粹的意见面前止步不前（柏拉图认为那是一切修辞术的生命要素）视作由对象决定，那么他有意识地给自己设限和坚决放弃一切“更加崇高”和让他没有把握的东西，就表明他把体质的缺陷变成了长处。伊索克拉底把自身变成了他的成功的本质，在这里又在修辞教育中故技重施。他认识到修辞术的实证主义特征，无论现在将其定义为真正的技艺是否正确——柏拉图在《高尔吉亚篇》中对此提出
疑问——伊索克拉底都牢牢地坚守这个实证主义特征。于是，他遵循了 1001
他的前辈们已经提出的模仿原则，该原则未来将在修辞学乃至整个文学创

① 《驳智术师》，18。柏拉图在《理想国篇》473d和《法律篇》712a也谈到了权力和精神的“巧遇”；但他没有用这个词，而是提出了一种多方面天赋的理想（《理想国篇》485b起），即“哲学天性”（φιλόσοφος φύσις），其本质是基于可以统一但很少统一的特质的巧遇。这种构建理想的做法对教化作品来说特别典型。

② 《驳智术师》，18。

③ 关于“精明的心灵”（ψυχὴ στοχαστική），参见《驳智术师》17。

作（随着文学的日益修辞化）中产生巨大的作用。在这点上，我们更了解他的教育方法，而非关于其理论的理念学说；因为他所有的伟大演说同时也被视作模仿的模板，他的弟子们据此学习他的技艺的要求。

伊索克拉底草草地打发了第三类教育者，即法庭演说作者。他显然把他们视作最弱的对手，尽管几十年后，柏拉图在《斐德若篇》中还在质疑这个类型的修辞学家，从而赋予其一定的意义。显而易见，伊索克拉底对这些竞争者远不如对新的哲学教育感兴趣，他把后者视作对自己志向的真正威胁。法庭演说作者以面包为目标，因为他们的文章大多追求实用。我们从安提丰、吕西阿斯、伊萨伊俄斯、德摩斯梯尼和最早期的伊索克拉底本人所发表的模板演说中了解了他们的做法。这类作者是希腊文学花园中最不寻常的花朵之一，是阿提卡土地的特有产物。雅典人对审判的狂热在喜剧中被描绘得可笑，那是他们引以为豪的法治国家的另一面。这种狂热引发了对法庭活动和“诉讼”（Agonen）的普遍兴趣。刀笔匠的模板演说同时也是撰写者的广告，是弟子们模仿的模板，是读者公众的谈资。[①]在这里，伊索克拉底还表现出第二代人变得更加敏锐的口味。他反讽地劝告说，应该把修辞术（已经有了足够多的敌人）的这个最令人不愉快的方面留给它的批评者去展示，而不是自己将其曝光，特别是因为修辞术中可以教授的内容对法庭辩论而言并不比对其他一切更有用。我们无须怀疑这
1002 种反感是否发自内心，它充分解释了伊索克拉底为何放弃这一行。他认为演说作者在道德上远远低于哲学家。[②]在这里，他考虑的显然不仅是法庭演说的撰写者，还包括各种类型的争辩演说家，因为他把他们都归于政治演说术教师的名义下。[③]尽管哲学教育的对象并不值得费力研究，尽管那些在讨论中闹腾的争辩演说家认真起来的话就会遭遇巨大的危险——他在这里引用了柏拉图《高尔吉亚篇》中的卡里克勒斯，完全站在此人一

---

① 按照伊索克拉底的理解，与本人的修辞术及其作品一样，法庭演说作品同样属于教化，只要作者将其作为讲课的样本。它们代表了一种纯粹形式的教育原则，本身足够有趣。不过，作为一种内容上没有多少意义的现象，在这里不值得更深入地评价。在这方面，我遵循的是柏拉图和伊索克拉底对这种修辞类型的评判。

② 《驳智术师》，19—20。

③ 《驳智术师》，20。

边——但仅凭修辞学家的演说有政治这个更好的对象这一事实本身不会蒙蔽我们，让我们忽视他们在实践中大多会过度活跃地将其用于多种活动，或者不正确地夸大自己的力量。因此，伊索克拉底遵循了柏拉图的批评，但不是正面的。他相信美德和艺术感一样无法教授，如果说柏拉图只承认能够实现这点的教育才称得上技艺之名，那么伊索克拉底则否定了其存在的可能。不过他倾向于承认以政治为目标的教育最有可能产生伦理影响，如果采用他所设想的方式，而非此前的修辞术代表的不道德观点的话。[1]

在理解《驳智术师》中出现的关于柏拉图教化的内容方面，值得注意的一点是，对手学说中的政治内容被完全忽视。伊索克拉底从柏拉图的早期对话中得到的印象一定与大多数现代读者不久前获得的相同，即那些作品谈的完全是道德指导，这种指导奇特地显得与辩证法紧密相关。相比之下，修辞术的优势在于它完全是政治教育。它必须找到新的道路和新的立场，如此才能在这个领域夺得精神领袖的角色。旧式修辞学家放弃了太多东西，因为他们把自己变成日常政治的工具，而非超脱其上。这里已经宣示了这样的信念，即可以让民族的政治生活充满更崇高的性质。不幸的是，现存的《驳智术师》残篇缺少了主要部分，那里无疑将会讨论这一任务。当伊索克拉底清楚地意识到柏拉图哲学的政治主张时，他对柏拉图教 1003
育目标的立场必然马上发生改变。事实上，他通过柏拉图《高尔吉亚篇》中的解释已经被告知，苏格拉底是当时唯一真正的政治家，因为此人试图让公民变得更好。这很容易被解读成完全的悖论，特别是伊索克拉底，他认为追求原创性和寻求闻所未闻的悖论是所有同时代作家的主要动机，并有理由担心在这点上他几乎无法与柏拉图和哲学家竞争。但后来，在《腓力辞》中，当他回顾去世不久的柏拉图一生的作品时，他将其视作伟大的政制理论家，只是可惜其思想无法实现。[2]问题在于，他何时改变了对柏拉图的看法。

作为颂词的模板，《海伦颂》通过神话对象给出了详细的答案，由于

① 《驳智术师》，21。

② 《腓力辞》，12。

这个对象遭到普遍指责，对她的赞颂无疑更显得矛盾。我们不知道创作这篇作品的准确时间，但它显然诞生于《驳智术师》之后不久，因此仍然属于伊索克拉底学校的初期。通过篇尾对女主人公的奇特赞颂可以确定它的时间下限：海伦被诱拐成了民族团结的起因，对特洛伊人的战争第一次实现了这种团结。[①]因此，在他看来，海伦仿佛成了不久之后他在《泛希腊集会辞》(公元前380年)中完整表达的政治诉求的神话象征：通过对蛮族的一场共同的民族战争来实现希腊国家团结的计划。在最初的这10年里，伊索克拉底仍然完全处于高尔吉亚的影响之下。正如《泛希腊集会辞》之于《奥林匹亚演说辞》，《海伦颂》与高尔吉亚为她的辩护也如出一辙。伊索克拉底把他的《海伦颂》描绘成“头贡”，因为它符合教化代表的身份。[②]与苏格拉底学派及其教育理想重新开始的论战让这篇作品变得有趣。[③]在这里，柏拉图和安提斯忒涅斯的特征同样被融合进同一形
1004 象。斗争对象不是某个具体的人，而是这种新教育的整个方向。伊索克拉底只能把他们的主张理解成寻找卖弄才智的悖论，他们中有的(安提斯忒涅斯)教授说，人无法做出错误的表述，无法对同一对象提出两种矛盾的观点；还有的(柏拉图)试图证明，勇气、智慧和正义是同一的，我们生来不具备这些特质，而是通过唯一的知识(μία ἐπιστήμη)获得。[④]这一次，伊索克拉底区分了苏格拉底与纯粹的争辩者，后者完全不教育任何人，只想着给别人出难题。他把矛头指向了所有这些人，表示他们试图反驳(ἐλέγχειν)别人，自己却早就被反驳了，[⑤]但相比于他们的悖论，作为他们前辈的智术师要更胜一筹，比如高尔吉亚表示存在之物并不存在，芝诺认为同一事物既可能又不可能，而麦里梭则认为无穷就是一。[⑥]

---

① 《海伦颂》，67。

② 《海伦颂》，66。

③ 序篇部分完全是对“争辩者”的论战，与作品内容完全无关；因此，我们在这里可以只谈他的这部分评论。亚里士多德在《修辞学》3. 14. 1414b26表示，它的序篇属于炫耀演说的文学体裁，无须与主体部分具备有机联系。

④ 《海伦颂》，1。认定那两位未具名的对手并不困难。关于安提斯忒涅斯，参见亚里士多德《形而上学》5. 29. 1024b33，以及阿芙洛狄西亚斯的亚历山大对这段话的评注和柏拉图《智术师篇》251b。

⑤ 《海伦颂》，4。

⑥ 《海伦颂》，2—3。

他对比了这种小把戏与对实质真理的朴素追求，按照他的理解，那是现实经验和政治活动领域的教育。哲学家追求纯粹认知的幻影，但最后拿到手的东西没有人需要。因此，专注于人们真正需要的东西不是更好吗，即便对它们没有准确的知识，最多只是正确的意见？伊索克拉底如是表述自己对柏拉图关于科学准确性和缜密性之理想的看法，相比于对生活毫无用处的不重要和无价值对象的哪怕最大的精神优越性，对真正重要的事物之认知的哪怕最小进步都更加宝贵。[①]作为心理学家，他显然理解年轻人对辩证法的争论技艺的偏爱，因为对这个年龄的人来说不能存在严肃的私人或公共事务，相反游戏越无用，他们就越是乐在其中。[②]不过，人们必须痛斥那些诱惑他们的弟子进行这类消遣的所谓教育者，因为他们由 1005
此所犯的错误正是他们对法庭演说代表的指控，即腐化年轻人。[③]他们不顾荒谬地声称，没有任何政治权利和义务的乞丐和流亡者比留在祖国的其他人（完全的公民）更幸福——这显然影射了安提斯忒涅斯和阿里斯蒂波斯等苏格拉底一派中激进分子的伦理个人主义和世界主义。[④]伊索克拉底认为，更可笑的无疑是那些相信自己的道德悖论对政治共同体的精神建设做出了创造性贡献的哲学家。后者指的只可能是柏拉图，他把苏格拉底的道德福音理解为政治知识（πολιτικὴ τέχνη）。[⑤]如果我们的解读正确，那么在公元前4世纪80年代，即完成他的《驳智术师》之后不到10年，伊索克拉底就已经改变了对柏拉图教育理念的看法，认识到后者也希望成为一种政治教育。只不过，专注于伦理问题和辩证法的尖锐机敏（特别是后者，局外人将其视作柏拉图教育的真正标志）似乎总是与其试图服务的对大众有用的目标相矛盾。两人在教育的实践目标上越显得一致，伊索克拉底就越是反对柏拉图理论上的“大绕弯路”。[⑥]伊索克拉底只看得到直道。一边是前进的行动意志，一边是漫长理论准备的观望，他的教育没有

① 《海伦颂》，5。
② 《海伦颂》，6。
③ 《海伦颂》，7。
④ 《海伦颂》，8。
⑤ 《海伦颂》，9。
⑥ 参见本书第723—724页。

柏拉图思想中的这种内在矛盾。诚然，伊索克拉底足够远离当时的日常政治和政客活动，能够理解柏拉图对这一切的反对。不过，苏格拉底派在个人和国家之间提出的激进道德要求让选择中间道路的他无法理解。他试图寻找不同于乌托邦的其他道路来改善政治生活。他根深蒂固地怀有受过教
1006 育的有产公民阶层对大众统治的野蛮堕落和个人僭政的反感，内心对值得尊敬的东西深表敬意。但他无法接受柏拉图毫不妥协的改革精神，不愿让生活变得如此。因此，他没有看到柏拉图的立场所包含的强大教育力量，而是完全根据其对于他本人所关心的具体政治问题的直接适用性来衡量其价值。这正是伯罗奔尼撒战争之后希腊世界的内部状况和未来希腊城邦之间的关系。这场大战表明，此前的状况无法维持，有必要重建希腊城邦。在写作《海伦颂》的同时，伊索克拉底也已经开始创作《泛希腊集会辞》，这篇伟大的宣言将向同时代人证明，它将用一种新的语言不仅为个体的道德生活，也为整个希腊民族指明新的目标。

第12章

政治教育与民族理念

修辞术从一开始就是一种政治活动的手段，但直到它有能力设定政治目标后才成了政治教育的载体。伊索克拉底在与哲学的争论中产生了这种认识。因为柏拉图最尖锐的批评把矛头对准了修辞术在道德上的冷漠和他们纯粹的形式主义，这让他们在公共生活肆无忌惮的斗争中沦为完全的工具。因此在柏拉图眼中，哲学是唯一真正的修辞术。伊索克拉底看到，哲学在教育上的优势在于拥有最崇高的道德目标，但由于他既不认为那是实现该目标的唯一合理手段，也不相信哲学家为达到该目标所采取的手段具有可行性，因此他想要通过将“最崇高的事物”变成修辞术的内容来使其成为真正的教育。[①]此外，一切想要成为不仅是某种职业的专业化培养的教育都必须是政治教育，无论对于他和他的智术师-修辞学家前辈，还是对于柏拉图和亚里士多德来说，这点都很少有疑问。不过，还需要一项重要的任务，将演说技艺内在的塑造力量释放出来。如果说此前的一切修辞术都是艺术性、风格性的和显得空洞的，那么问题完全在于选择了错误的出发点。风格和语言形式的进步并非完全关乎技艺。“为艺术而艺术”在思想表达的艺术中最缺乏根据。伊索克拉底一再提出，一切都取决于被表达的人类事务的伟大程度。 1007

因此，修辞术的对象必须是而且永远是“政治的”（Politisch），只不

① 《泛希腊集会辞》，4；参见《海伦颂》，12—13；《论财产交换》，3。

1008 过这个词的概念刚刚改变了其旧有的简单含义。它的词源学意义是与城邦（Polis）相关，对其有用或有害的东西。不过，即便在之前和之后，城邦都是一切公共生活的框架，但公元前5世纪的历史发展还是创造了新的形式，揭示了新的必要性。伯里克利帝国的崩溃提出了这样的问题，即经过缓慢的复兴，雅典是否应该重新走上同样的帝国扩张道路（这条道路曾经把它引到悬崖边），还是说在被征服的海洋霸主和现在独领霸权的斯巴达势力之间存在某种平衡的可能，能为两国提供存在空间，以及超越它们各自利益的共同任务。职业政客的想法在马基雅维利式争权的传统道路上越走越远，而在90年代的科林斯战争中可以看到，一个新的希腊城邦联盟正在形成，它们明确针对斯巴达筑起了防线。与此同时，伊索克拉底却在为希腊人过剩的力量寻找通往外部的出路。他在探寻能够同时消除希腊内部矛盾的政治和经济扩张的可能性。他完全不相信永久和平。但战争会破坏所有希腊城邦的生活，无论是胜利者还是失败者，这让全体受过教育的人都感到，这个高贵民族不断地自残何其荒谬。善意和卓识让他们觉得，必须找到除魔的咒语，将希腊从这种梦魇中解救出来。如果帝国主义不可避免，那么就让它把矛头对准教化程度更低和天生与希腊人为敌的其他民族：对当时的道德情感来说，让它在希腊人中间永远存在下去会造成无法忍受的不快；因为长此以往，它不仅会对战败国，而且会对整个希腊种族造成毁灭的威胁。

1009 长久以来，诗人和智术师都称赞和睦是最高的善，但自从埃斯库罗斯的《慈悲女神》宣称个体城邦的公民和睦是全部政治生活的神性目标后，[1]它的范围扩大，问题变得复杂。现在，只有一种和睦还有用，那就是维系整个希腊的纽带。人们越来越感到，所有说同一种语言的族群（哪怕使用不同方言）都是某个看不见的政治集体的成员，应该相互尊敬和帮助。[2]诚然，不乏开明者对为何这种团结感应该局限于希腊民族表示不解。

① 埃斯库罗斯，《慈悲女神》，980—987。

② 还需要对伊索克拉底之前的泛希腊主义努力做出综述性描绘，但个别研究并不少。Josef Keßler, *Isokrates und die panhellenische Idee* (Studien zur Geschichte und Kultur des Altertums IV. Bd. 3. Heft) Paderborn 1911 仅限于伊索克拉底本人。G. Mathieu, *Les idées politiques d'Isocrate*, Paris 1925 对这点做了更深入的讨论。

他们认为，以纯粹的人类为纽带具有普遍性，本质上比以民族为纽带更加有力。柏拉图在《普洛塔哥拉篇》中让智术师希庇阿斯如是表态，安提丰在《论真理》中也表达了类似的观点。[①]但在那个时代，这种想法无疑显得极其抽象，当时的希腊人因为彼此而遭受的痛苦远远超过因为其他民族的，最迫切的问题是让阋墙的兄弟重归于好。在大战期间，悲剧和喜剧诗人一再发声，除了表达激烈的种族仇恨，也不乏智慧的爱国劝诫，敦促人们不要忽视共同的起源。[②]这种思想在战后一定很有市场。无论在城邦的小圈子里思考的希腊人最初对它多么陌生，比起相安无事但孤立的比邻而居，有意识的对立更能把人们联系起来。在《理想国篇》中，柏拉图为希腊人的作战伦理所设立的原则也显示受到这种新的思考方式的主导。而在《第七书简》中，西西里希腊人的共同利益足以成为将城邦的全部权力集中在僭主狄俄尼修斯手中的理由，只要后者愿意为城邦制定宪法，放弃专断任性。亚里士多德的政治理论并未超越旧式城邦的范围，但他认为如果希腊人团结起来，他们就能统治世界。[③]因此，集体行动的想法（即便不是全体希腊人的永久联盟）在公元前4世纪成了人们认真思考的问题。诚 1010
然，创造统一的民族国家与他们的国家概念相去甚远，而希腊人所谓的“城邦”（以自由和为全体服务的存在为条件）过于紧密的同城邦公民狭小的生活共同体联系在一起，无法转移到更广大领土上的分散存在。不过，民族团结意识的增强仿佛创造了一个道德的约束，它超越了城邦的边界，为个体城邦在权力政治上的自我主义设置了界限。如果要问这种意识的根源，它无疑深埋于共同的血缘、语言、宗教、道德和历史。但这种超越国界的力量此前并没有唤起同样有意识的情感。新的希腊人情感是文化和教育的产物。另一方面，希腊教化也因为被注入这一泛希腊时代的洪流而获得了重要的力量增长。

教育与觉醒的民族思想之间新的紧密联系，在伊索克拉底的《泛希腊集会辞》中获得了经典的形式。一边是对精神教育的轻视，一边是对竞

① 参见本书第二卷，第329页起。
② 参见H. B. Dunkel, Panhellenism in Greek Tragedy, Dissertation Chicago 1937。
③ 亚里士多德，《政治学》，7. 7. 1327b29—33。

技角逐的传统赞扬，作品伊始就对两者做了象征性的比较。[①]古老的色诺芬尼动机自然而然地出现，因为伊索克拉底按照文学虚构的方式，将这篇演说标榜为在盛大的泛希腊节日集会上所做的修辞术示范。[②]对于原则上不作为参与公民大会斗争的政治演说家出现的他来说，华丽而修饰丰富的炫耀式风格是天然的选择，而颂词则是发挥其影响的合适精神载体。[③]在奥林匹亚和皮同的节日上，神明和平迫使希腊人停止彼此的争斗；伊索克拉底还能为他的希腊和睦的提议找到比那里更好的氛围吗？从最古老的时代开始，竞技游戏就是对希腊人和睦理想的最醒目表达；但对集体来说，难道精神天赋不比一切竞赛更有价值吗？色诺芬尼已经提出过这样的问
1011 题，并思考了智慧和运动对个体城邦的作用。[④]伊索克拉底重述了前辈的问题，但他考虑的竞赛涵盖全体希腊人组成的集体。[⑤]他希望就希腊城邦的相互和睦以及对蛮族的战争向听众提出建议，这个主题的伟大既来自其风格姿态，也来自其对全体的益处。[⑥]作为一个真正的希腊人，他登场时没有乞求原谅，而是向所有相信自己能够做得更好的人提出挑战，他的自信并非因为他感到自己的主题具有新意，而是因为意识到自己探讨方式的缜密性。[⑦]

伊索克拉底从实际问题着手处理该主题。在目前看来，他的主张似乎没有哪怕最小的可能实现。人们必须首先为其创造基础。这取决于斯巴达和雅典的和解，以便让这两个最强大的城邦分享希腊的霸权。伊索克拉

---

① 《泛希腊集会辞》，1。

② 色诺芬尼在哀歌中将奥运会竞赛胜利者的德性与他本人所代表的智者的精神优越性相比，，参见本书第一卷，第183—186页。

③ 伊索克拉底对自己职业的理解——就像他为自己的建议所选择的思想框架中所表达的——自然同高尔吉亚这个榜样及其《奥林匹亚演说辞》联系在一起：在全希腊的评判席前，精神德性的承载者与竞技者和赛跑者这些身体德性的代表展开了公开的较量。从《论财产交换》1和《腓力辞》12可以看到伊索克拉底的自我理解所发生的深刻改变，他抛弃了之前的泛希腊辞令，因为那在当时的希腊不起作用。在《腓力辞》中，他只是在对他眼中全希腊的未来统治者一人说话。

④ 色诺芬尼，残篇，2. 15—22。

⑤ 《泛希腊集会辞》，2。

⑥ 《泛希腊集会辞》，3。

⑦ 《泛希腊集会辞》，10—14。

底希望通过他的演说实现这点。[①]如果这不可能，他希望至少由此向世人说明谁阻碍了希腊人的幸福，并无可反驳地解释雅典曾经和现在对海上霸权的正当主张。[②]因为那是真正的争议点。他将盘点雅典在过去的统治，以便证明其延续性，并将反对意见扼杀在萌芽状态，即任何统治都会随着时间而改变。[③]雅典最早取得霸权，并通过善举向希腊人证明，它最配得上这种霸权。[④]这是一个配得上修昔底德的主题，没有前者的模板，伊索克拉底无法如此探讨它。与那位史学家一样，雅典在波斯战争中扮演的希腊盟军的先锋角色被视作它的最高成就。但修昔底德是从萨拉米斯海战以来希腊城邦世界最新发展的那段相对较短的时期，即完全从当下出发看待雅典的统治地位。[⑤]相反，伊索克拉底描绘的伟大雅典的画面上溯到神话中的原始时代。从中反映出他在新时代给雅典的定位：它的使命将是受到
祖国不公正迫害的政治流亡者的庇护所，是抵挡充满征服欲的蛮族入侵的 1012
壁垒，是受到强大僭主威胁的弱小城邦的帮手和保护者。上述历史图景完全建立在雅典政治用来解释自身的原则之上。这种意识形态在内容上与近代英国的外交政策最为接近。反过来，根据当下的政治主张回溯性地解读早前雅典历史的做法在特赖奇克（Treitschk）那里可以找到非常接近的例子，他从勃兰登堡-普鲁士后来扮演的民族领导者角色出发解释了这个国家之前的历史。和后来人们了解更为准确的任何时期相比，这种伪历史的早期更适合根据此类建构不断调整自身这一目标。神话的可塑黏土一直都被艺术家的塑造之手用来表达他们的理念，通过修辞术来将古老的雅典神话重新解读（解读为后者可以证明雅典从最古老时代开始就扮演着民族先

---

① 参见《泛希腊集会辞》17，ἰσομοιρῆσαι（平分）和τὰς ἡγεμονίας διελέσθαι（瓜分霸权）显然与斯巴达和雅典瓜分霸权有关。必须从这种意义上解读ἀμφισβητεῖν τῆς ἡγεμονίας（争夺霸权）或τὴν ἡγεμονίαν ἀπολαβεῖν（恢复霸权）这样的表达。它们指的是重新确立雅典的海上霸权。Keβler（前揭书第9页）徒劳地试图证明，伊索克拉底在《泛希腊集会辞》中把雅典的独霸作为目标。

② 《泛希腊集会辞》，20。

③ 《泛希腊集会辞》，22。

④ 这并不意味着雅典要求独霸希腊。但如果我们转而通过历史上的优先地位或者对希腊人的善举来解释霸权主张，就像斯巴达人现在所做的，那么雅典将更有资格称霸。参见《泛希腊集会辞》，23起。

⑤ 修昔底德，1. 73—76。

锋和解放者的角色），只是这种政治变形的最后阶段。早在公元前5世纪雅典获得霸权仪式之时，这类城邦神话就已经出现在英雄葬礼和类似场合上的公开演说中。当伊索克拉底试图证明恢复雅典的霸权地位的必要性时，它们自然而然地派上了用场。[1]

通过前后一致地将雅典的全部历史和神话解读成为这个城邦的民族领导者角色进行逐步的准备，伊索克拉底以非修昔底德的方式将一个真正的修昔底德动机投射回过去，他在这样做的同时还运用了这位伟大史学家的第二种思想，将其与民族领导权的动机紧密联系起来，那就是雅典作为文化创造者的使命。在伯里克利的葬礼演说中，修昔底德将正处于外在力量和威望顶峰的雅典描绘成“全希腊的学校”。[2]这种思考在雅典对希腊的政治贡献之上加入了其精神贡献。在修昔底德笔下，雅典的精神领导地位就已经是其对外势力扩张的真正理由。[3]但在这里，伊索克拉底同样超越
1013 了他的模板，他把雅典的这种文化使命从伯里克利和他自己的时代（仍在不断壮大）回溯到雅典神话的原始时期。于是就有了完全符合这一基调的静态历史画面。伊索克拉底把耕作的诞生和厄琉息斯秘仪的设立作为文化史的开端，[4]他显然参照了智术师的做法，他们将教化和第一次征服了野蛮兽性状况的农业相提并论，视其为一切文化的基本形式。[5]因此，对过上定居与和平生活的人类而言，一切更高程度文明的起源都与更加高级和个人式的宗教的起源同时发生；因为公元前4世纪对秘仪的虔敬本身特别值得注意。[6]但与此同时，这种传说式回忆可以将一切文化的起源放在阿提卡的土地上，按照伊索克拉底的看法，它们后来将作为教化在那里达到发展和精神化的最高阶段。所有的民族和文化神话都会像这样缩小视野，将自身特有的方式绝对化。它们更希望被视作信条，而非客观的科学真

① 参见葬礼演说这一文学体裁。从民族统一和当时权力斗争的意义上重新解读古老神话的一个更早的例子，是忒修斯国王作为阿提卡统一者的传说传统被复兴，这一传统首先于公元前6世纪僭主庇西斯特拉托斯统治时期出现在瓶画中，后来又进入了诗歌。现在可以参见 Hans Herten 详尽的描述，*Rhein. Museum* 1939 S. 244ff. und 289ff.。

② 修昔底德，2. 41. 1。

③ 参见本书第二卷，第407—408页。

④ 参见本书第二卷，第317页。

⑤《泛希腊集会辞》，28。

⑥ 参见拙作 *Aristoteles* S. 169。

理。因此，无法用历史事实来评判它们。它们与对外族及其功绩的了解完全不矛盾，想象伊索克拉底对埃及、腓尼基或巴比伦一无所知是错误的。在他的历史哲学，特别是他对雅典原始历史的建构中，取得胜利的是他对雅典文化具有独一无二使命的信仰。一切文化的创造都通过雅典这一民族意识形态以及伊索克拉底教化的全部其他思想内容被后来的人文主义历史图景吸收。

《泛希腊集会辞》所描绘的雅典文化的图景是伯里克利在葬礼演说中所描绘画面的变体。在这里，后者紧绷的线条在丰富的修辞装饰的大范围形式游戏中变得舒缓，但仍然随处迷人地闪现着修昔底德的基本动机。伊索克拉底自由地扩充了一些他认为重要的内容，或者加入了他从阿提卡诗 1014
人那里借鉴的新特色。因此，将雅典描绘成法治城邦的典范作品，即禁止血亲的私人复仇和用城邦法庭取而代之显然借鉴了埃斯库罗斯的《慈悲女神》。[①]技艺（τέχναι）从制造生活必需品的下层级别上升为提供享受，或者说从技术变成艺术，这是在公元前4世纪经常看到的一种受希腊人钟爱的想法。[②]伊索克拉底把对教化起源具有决定性作用的这一精神更高发展的过程转移到雅典。[③]于是在他看来，这座一直以来作为所有不幸者庇护所的城市同时也是寻求舒适生活者的首选居所。与排外的斯巴达人的方式相反，吸引而非排斥异邦人是雅典文化的本质。[④]进出口中的经济商品的交换只是同一精神原则的物质表达。他把比雷埃夫斯港视作所有商业活动的中心。同样的，阿提卡的节日是希腊世界的盛大聚会。在那里实现的无法衡量的人流涌入和精神交换中，财富和艺术代表以和谐交融的方式得到展现。[⑤]在雅典上演的演说和精神竞赛可以与自古以来在整个希腊留下印记的身体力量和才智的较量相提并论。这些竞赛把很快会结束的奥林匹亚和皮同的民族节日变成独一无二的不间断赞歌。[⑥]更令人感兴趣的是，在

---

① 《泛希腊集会辞》，40。
② 参见亚里士多德，《形而上学》，1. 1. 981b17。
③ 亚里士多德（前揭书）认为，科学文化诞生于埃及。
④ 《泛希腊集会辞》，42。
⑤ 《泛希腊集会辞》，42—45。
⑥ 《泛希腊集会辞》，46。

伊索克拉底的思想中，文化的本质如何被理解为没有目标的精神集会，总是用竞技比赛的理想画面进行表现。修辞术并不下定义，而是通过对立和比较进行说明。因此，无论怎么有意指出这种教育对全体的益处，炫耀（即自我精神表现）才是其真正的意义，任何时代的蛮族都没有这种内在需求。

1015 “爱智”（即对文化和教育的爱）是雅典真正独特的创造。[①]这一表述并不意味着一切精神创造都源于这座城邦，而是表明它们如同处于沸点那样集中在这里，带着更强大的力量由此辐射出去。对这种独特氛围的感受越来越强，文化这一稀有和娇弱的植物的良好成长离不开它。我们在欧里庇得斯的《美狄亚》中可以看到对它的诗性描绘，在柏拉图的《理想国篇》中看到对它的哲学分析。[②]浮在伊索克拉底眼前的美化画面没有给让柏拉图敏锐意识到环境危险的悲剧问题留下空间。正是这种对精神财富，对知识和智慧的普遍追求造就了雅典人，让他们具备了作为文明标志的那种独特的温和与节制。这种力量越来越多地教会人们对自己的各种痛苦做出区分，有的是源于纯粹的无知，有的是因为必然，它让我们可以有尊严地忍受那些不可避免的不幸。雅典为人类“指明”了这点——伊索克拉底在此处用了κατέδειξε这种通常用于秘仪创立者的表达。[③]充满理性的话语是人类超越兽类的能力。[④]一边是从少年开始就接受自由教育和智慧的人，一边是随便、愚蠢和无知的人，勇敢、财富、舒适或其他此类特质（别的城邦的面貌主要由它们界定）无法区分两者，只有语言中显现的精神文化才能做到。伊索克拉底把对人的教育具有他所希望的价值的全部努力都归结为这点，无论它们的内容是什么。他把带有语言和精神双重含义的逻各斯视作教育的象征。这一巧妙的概念确保了修辞术的地位，把这种力量的代表变成了文化的真正表征。[⑤]

---

① 《泛希腊集会辞》，47。伊索克拉底认为，对于各种技艺的发明和把人的生活塑造成前面所描绘的形式而言，对文化的爱或者说“爱智”提供了巨大的帮助。

② 参见本书第二卷，第353—354页。

③ 《泛希腊集会辞》，47。

④ 《泛希腊集会辞》，48。

⑤ 《泛希腊集会辞》，49：σύμβολον τῆς παιδεύδεως。

伊索克拉底的文化思想是民族性的，按照真正的希腊方式，它基于人在整个文明集体中作为自由政治生物的存在。但伊索克拉底让这个概念转向普世：得益于自身的精神文化，这位雅典人对其他人类拥有这样一 1016
种优势，即他的弟子成了整个世界的老师。[①]因此，他远远超越了他的模板修昔底德。后者把雅典称为整个希腊的老师。但根据伊索克拉底的名言，雅典的精神成就具有这样的影响，即希腊人的名字从此不再表示某个种族，而是精神的最高阶段。"和只与我们拥有共同祖先的人相比，与我们共享教化的人是更崇高意义上的希腊人。"[②]伊索克拉底没有否认血缘的纽带，他比自己的大部分同胞更看重这点，因为他在血缘共同体的意识之上确立了泛希腊伦理，以此限制个体希腊城邦的权力自我主义。但对他来说，精神上的民族意识是比血缘上的更高的阶段，他表达这种观点时充分感受到了其对希腊文明在世界上的政治地位的意义。伊索克拉底号召希腊人参加他的征服计划，计划的基础不仅是希腊城邦的某种物质力量，感到对其他民族具有无边的精神优势重要得多。伊索克拉底以热情洋溢地宣告民族自豪感为契机表达了本民族这种跨族群的文化使命，乍看之下仿佛是一个巨大的悖论，但当我们把希腊文明的跨族群理念（即普适的教化）同希腊人征服和拓殖亚洲的实际政治目标联系起来，这种表面上的矛盾就马上消失了。该理念所包含的正是这种以民族为基础的新帝国主义的更高合法性，它把希腊人特有的东西等同为人类普遍的东西。虽说并未如此表示，而且有人会对此提出异议，但这是伊索克拉底心目中希腊教化无往不利的唯一可能的解释，希腊人正是通过他们特有的逻各斯的力量为其他人类和民族确立了一条原则，后者也必须承认和接受这条原则，因为它的作用独立于种族：那就是教化（文化）的理想。有一种民族情感标榜自己与 1017
其他民族无关。那是虚弱和孤僻的产物，因为它基于这样的意识，即只有通过人为的隔离才能确立自身。伊索克拉底的民族情感则属于拥有文化优势的民族，它意识到在自己的所有精神表达中，对普遍准则的追求是与其他民族竞争时的最大优势。因为现在，其他民族也接受了希腊人的方式是

① 《泛希腊集会辞》，50。
② 《泛希腊集会辞》，51。

真正文化的表达。很容易像今天那样将其类比为文化宣传，把修辞术与作为经济和军事征服先锋的现代媒体和宣传相提并论。但伊索克拉底的表述源于对希腊精神和希腊教化真正结构的更深刻洞察，历史证明那不仅是政治宣传。我们从他的话语中感受到希腊文化的气息。新的时代正是以伊索克拉底预先感受和构想的形式到来。如果没有他在这里第一次宣示的希腊教化的普世效果，就不会有希腊-马其顿人的世界帝国，也不会有希腊化的普世文化。

伊索克拉底在《泛希腊集会辞》中没有把雅典在战争中的英雄事迹作为主要内容，就像在阵亡者墓边的赞美演说那样，而是将其置于那座城市的精神成就之下。[①]他将其放在对精神成就的描绘之后，以便确保外在和内在的平衡。[②]但葬礼演说的传统在这部分内容中为他提供了丰富的材料，可以明显看到他受这类模板的影响；他没有像在对雅典文化的赞美中那样自由地表达观点，流露出个人的热情和更深刻的内在信念。战争荣耀在他的画面中当然不是可有可无的，否则就无法达到修昔底德“我们爱智，但不软弱”（φιλοσοφοῦμεν ἄνευ μαλακίας）的理想。在一个战争思想式微、精神兴趣占据上风的时代，这一表述无疑成了对他那代人遗忘了的
1018 和谐概念的简明表达。伊索克拉底的全部作品中都在哀叹这点；因此，他必须在真正的雅典文化中加上那种斯巴达受人称赞的特征。修昔底德也没有把斯巴达视作纯粹的对立面，而是认为雅典的优点在于结合了斯巴达和伊奥尼亚的特质。[③]但对《泛希腊集会辞》的目标而言，雅典人英雄的一面更加不可或缺，因为在他提议的对蛮族的战争中，雅典和斯巴达将作为具有同等资格的伙伴分享指挥权。

雅典因为在第一次海上同盟时采取的帝国主义手段而遭受批评，这段话的最后为此做了辩护。[④]这一同盟被斯巴达用来长期打压战败后的雅

① 修昔底德在伯里克利的“葬礼演说”上（2. 36. 4）对这点的讨论要比演说者在这种情况下通常做的短得多，并突出了雅典在文化上的重要性。

② 《泛希腊集会辞》，51起。

③ 关于修昔底德对雅典的描绘中这种综合性的基本思想，参见本书第二卷，第407—408页。

④ 关于雅典的战争贡献的部分见《泛希腊集会辞》51—99，从100开始是对第一次雅典海上同盟的辩护。

典，成了雅典海军东山再起道路上的道德障碍。伊索克拉底试图通过巧妙的文字游戏证明，雅典的海上统治（ἀρχὴ τῆς θαλάττης）对其他希腊人来说更多是一切福祉的源头（ἀρχή）。这一统治的崩溃导致希腊人在世界上的声望下降，并拉开了蛮族入侵时代的帷幕。现在，蛮族胆敢以希腊的调停人角色出现，把斯巴达人变成了他们的警察。[①]斯巴达在过去几十年间的累累暴行，所有人还都记忆犹新，这让斯巴达是否有权批评雅典显得存疑。[②]因此，回归之前的状况，即以强大的雅典作为前提成了迫切需求。有人把《泛希腊集会辞》描绘成第二次阿提卡海上同盟的方案。[③]这种理解高估了作品与现实政治的关系，误读了其中的意识形态元素。[④]我们只能说，伊索克拉底把恢复雅典的地位视作达到他的目标，即降服波斯帝国的不可或缺的手段，因而他成了第二次海上同盟之正当性的捍卫者。这个同盟最初无疑沐浴在伊索克拉底带其走进的民族梦想中，带有某种更崇高 1019
的色彩，即便事实上它没能完成在这里被赋予的期待。[⑤]

不过，即便这种思想在现实政治中的实践更多源于对斯巴达的共同对立，而非伊索克拉底的民族理想，但他为《泛希腊集会辞》中的修辞披上的这一新价值的外衣并未因此失色。他一举把自己变成了对希腊的政治状况和追求进行某种新批判的代言人。诚然，他向各个城邦和部落的希腊人发表演说的平台并不建立在任何现实力量之上。但作为那个平台基础的准则能够确保获得本民族的广泛认可，必然会吸引最优秀的务实理想主义者前往他的学校。让政治臣服于哲学教育提出的永恒价值之要求无疑令许多人觉得太高，但在政治中注入更崇高的原则是普遍的期待。一边是在道德怀疑，一边是哲学向绝对的还原，在这两个极端之间，许多年轻人无

① 《泛希腊集会辞》，119。

② 《泛希腊集会辞》，122起。

③ Wilamowitz和E. Drerup就是这样认为的。另参见G. Mathieu, *Les idées politiques d'Isocrate*, Paris 1925。

④ 后来，伊索克拉底本人在《腓力辞》12（他在这篇作品中表示希望参与现实政治）清楚地影射了他本人之前的讨论，即《泛希腊集会辞》无关现实政治，就像城邦理论家的"政制和法律"那样。后者显然应该被理解成柏拉图。

⑤ 在伊索克拉底的《普拉提亚人辞》（*Plataikos*）中，雅典的海上霸权看上去已经很不希腊主义，而是非常的分立主义。关于这篇演说辞的时间，参见我的*Demosthenes, Der Staatsmann und sein Werden* (Berlin 1939) S. 199-203。

疑觉得伊索克拉底的民族伦理是更好和更合时宜的出路。一个重要的标志是，苏格拉底为之完全献祭了自己的旧式城邦，到了下一代人的时候再无法凭着自己的力量提出这种新的政治伦理。[①]因此，伊索克拉底意义上的修辞术教化和柏拉图的哲学教育有一个共同点，即它们的目标都超越了城邦的既定历史形式的框架，进入带有理念色彩的世界。在那里可以看到它们与身边世界的政治现实的分歧。但作为教化，它们把这种对主流体制的格格不入变成了旧式希腊教化所没有的新张力。基于整个集体的教育变成了由重要个人承载的教育理想。它的背后不再是贵族上层或整个民族，而
1020 是某一精神运动或封闭学校的精英圈子，他们只能希望对全体的生活产生间接影响，方法是培养能够或别人认为能够带来改变的少数领袖人物。

① 值得注意的是，在城邦面对外敌压迫时所开展的最后一场斗争中（由德摩斯梯尼领导），泛希腊思想越来越多地成为意识形态的基础。参见拙作 *Demosthenes* S. 170–175。

第13章

君主的教育

《致尼科克勒斯》与《泛希腊集会辞》相隔多年，但属于和后者关系最近的那组作品，两者在内容和结构上完全不同，不过通过文中与伊索克拉底学校及其教育方案特别明显的关联，它与那篇有名得多的作品联系起来。它在时间和内容上更接近《欧阿格拉斯》(Euagoras)和《尼科克勒斯》。这三篇作品都是为塞浦路斯统治者欧阿格拉斯的家族所作，他死后，伊索克拉底在以他名字命名的作品中对其进行了赞颂。另外两篇演说与欧阿格拉斯的儿子和继任者尼科克勒斯有关，此人是伊索克拉底的弟子，出自后者的学校。按照西塞罗的名言，那里走出的都是统治者，就像特洛伊木马。[1]在《尼科克勒斯》中，伊索克拉底让这位年轻君主对他的臣民发表了演说，说明了他的统治原则。《致尼科克勒斯》最终[2]把我们引向这种政治智慧的源头；因为在这里，老师亲自向弟子发言，后者刚刚登上宝 1021

① R. Jebb, *Attic Orators* (Bd. II S. 88)认为，君主尼科克勒斯“有可能”曾经是伊索克拉底的弟子，但伊索克拉底在《论财产交换》40的话确定无疑地暗示了师生关系，《欧阿格拉斯》的结尾也同样如此。因此演说者不是作为预约的记者，而是老师在和亲密的学生对话。在《欧阿格拉斯》80，伊索克拉底还谈到了自己和“另一位朋友”的令人鼓舞的赞许。

② 狄奥多罗斯15. 47认为，欧阿格拉斯于公元前374年去世，但现代学者对这一估计不置可否。写给尼科克勒斯的作品最有可能创作于这位君主的统治之初，就在欧阿格拉斯去世后不久。相反，《尼科克勒斯》预设了尼科克勒斯继承统治权已经有了一段时间（参见第31节），因为从财政状况的改善中已经可以看到他统治期间的善举。第11节提到了伊索克拉底的《致尼科克勒斯》，将其放在紧接着《尼科克勒斯》之前。《欧阿格拉斯》不可能写于尼科克勒斯的统治时间开始后太久，因为它认为后者年轻而没有经验，鼓励他“像这样继续下去”（就像他已经开始的那样）。但按照第78节，《欧阿格拉斯》并非伊索克拉底写给尼科克勒斯的第一篇劝诫辞。

座，但仍然是他的弟子，并且显然意识到这点。伊索克拉底对弟子的骄傲（其他地方也经常提到，在《论财产交换》中尤其多）属于其虚荣心中较为可爱的一面，我们有理由怀疑，如果没有透出这种人性，其优雅的表面会给人留下冷漠虚伪的印象。

尼科克勒斯主题的三篇作品都是伊索克拉底学校中采用的教育艺术的模板范例。《泛希腊集会辞》确定了主导这种教育的政治意识的基调，
1022 即泛希腊和谐，而塞浦路斯作品则清楚地指出了伊索克拉底教化在实践中的着手点。如果说乍看之下人们会困惑，在公元前4世纪由民主主导的希腊世界中，这个远离政治活动的学校的政治家智慧能否发挥作用，那么在这里突然出现了一个在当时环境下无疑至关重要的问题，即教育通过培养统治者对城邦产生影响的可能性。我们在公元前4世纪类型最为不同的作家和思想家那里都可以看到该问题：在柏拉图的全部哲学中，以及他为影响僭主狄俄尼修斯所做的实践尝试中，他本人在《第七书简》中把这次尝试描绘成"教化的悲剧"；在伊索克拉底的尼科克勒斯主题作品中，在他写给叙拉古的狄俄尼修斯的"公开信"中，在《阿尔喀达墨斯》和《腓力辞》中，特别是他与弟子提摩忒俄斯的关系中；在色诺芬伟大的教育小说《居鲁士的教育》中；在亚里士多德同阿塔内俄斯的僭主赫米亚斯的哲学友谊中，特别是与未来的世界统治者亚历山大的教育关系中。[①]这些只是最著名的例子，很容易找到更多。

这种情况并非前所未有。在此前的世纪中可以找到很多贤者与强权者关系密切，作为后者的谋士、劝诫者或教育者的例子。正如哲人比学者更早，诗人也比哲人更早扮演这一角色。公元前6世纪出入僭主宫廷的诗人并非都是可收买的寄生虫和谄媚者，在僭主倒台后，他们也会转而赞美民主，就像柏拉图对当时诗歌的诟病那样。[②]品达的最后一首伟大诗作是写给西西里新独裁者的，他在诗中放弃了熟悉的凯歌路线，从赞颂公民或

---

① 亚里士多德的《劝勉篇》同样是写给一位名叫忒弥松（Themison）的塞浦路斯僭主的劝诫词。我在*Aristoteles* S. 55指出，年轻的亚里士多德的这篇作品没有采用柏拉图风格的对话，而是模仿了伊索克拉底的"劝告演说"（λόγος συμβουλευτικός）。但亚里士多德在这种形式中填充了柏拉图教化的内容。

② 柏拉图，《理想国篇》，364d起。

贵族出身的竞赛胜利者转向劝诫那位君主，[①]这是伊索克拉底对他那个时代的统治者所做的劝诫演说的前身。在更早的时代，我们可以找到“骑士之鉴”这种诗歌类型，即忒奥格尼斯表达其希腊旧式贵族伦理的箴言 1023
诗。[②]伊索克拉底清楚地意识到，当时的智术师散文是这类更古老的诗歌体裁的精神和语言变体，他在《致尼科克勒斯》中明确提到了作为模板的赫西俄德、忒奥格尼斯和弗基利德斯的箴言诗，从而将自己归入他们的行列。[③]

他的三篇塞浦路斯演说展现了不同形式的君主教育。对欧阿格拉斯的颂词（Enkomion）是品达颂诗的散文体对应形式，就像对该体裁古老名字的有意识联系所证明的。[④]不过，伊索克拉底的颂词不再是纯粹的胜利颂歌，而是称颂了受赞美者的整个生命、影响和性格中所展现的德性。这种形式远远超越了诗体颂词最初的教育内容，在同时代人中引发了最强烈的认同，很快被成百上千地模仿。[⑤]它植根于原始的典范思想，后者是阵亡者赞美诗的基础。[⑥]在上述例子中，是欧阿格拉斯的儿子和继任者见证了他们父亲的典范。我们需要看清伊索克拉底的国家教育中的泛希腊理想如何融入了对塞浦路斯君主形象的描绘，这点非常重要。伊索克拉底没有把他理解为个别现象，而是将其视作希腊德性和生活方式的先锋，在与亚洲的世界强国波斯的较量中在东方建立的最遥远前哨。[⑦]把某个历史人物的形象变成真正德性的化身，就像伊索克拉底在这里所创造的，这种做法可以和柏拉图对苏格拉底的描绘相提并论，后者融合了人物与情势，同

---

① 参见本书第一卷，第231页。

② 参见本书第一卷，第205页。

③《致尼科克勒斯》，43。

④ 伊索克拉底本人在《欧阿格拉斯》8—11表示，他的颂词是一种新的文学创作，有意识地与诗歌展开竞争。因为在此之前，赞美具有更高德性的人都是颂诗诗人的任务。第11节的ᾠδαί指的是像品达和巴库里德斯这样的诗人。参见上一条注释。

⑤ 参见第欧根尼·拉尔修《名哲言行录》2. 55关于亚里士多德对色诺芬之子格律洛斯（Gryllos）死后人们所写的无数颂诗和墓志铭的看法。时间是公元前362年或此后不久。

⑥ 品达称颂胜利者是德性典范，参见本书第一卷，第222页起。品达让我们想起伊索克拉底把埃阿科斯家族（Aiakiden）和希腊文化在塞浦路斯的奠基人透克洛斯（Teukros）描绘成欧阿格拉斯的神话祖先和真正德性的化身（《欧阿格拉斯》，12—18）。

⑦ 关于从整个希腊的视角对欧阿格拉斯作为统治者的贡献所做的评价，参见《欧阿格拉斯》，47—64。

样具有范例的意义。不过，修辞家对欧阿格拉斯的美化没有达到柏拉图的苏格拉底形象那样的真正个体性，而是按照其意图将对象变成了一切真正美德的标杆，特别是统治者的美德。

《尼科克勒斯》和《致尼科克勒斯》这两篇演说完善了伊索克拉底意义上的政治教化的画面，在欧阿格拉斯的典范形象之上补充了更加基本和
1024 普遍的对统治者的政治指导形式。伊索克拉底首先以虚构的方式向自己昔日的弟子尼科克勒斯做了关于对统治者职业真正理解的劝诫演说，然后尼科克勒斯又紧接着对自己的民众做了讲话。[①]他假设人们此前听过伊索克拉底对尼科克勒斯的演说，这显示那位政治哲学家和老师的地位比那位君主更高。伊索克拉底由此变成了更高秩序的代表，这种秩序的资格完全建立在其道德真理的分量之上。在读《致尼科克勒斯》时，我们必须始终注意这点。伊索克拉底在这里变成了理想的立法者，年轻君主与老师的关系明确印证了这个事实。通过将僭主制纳入一个绝对的框架，这一希腊人眼中的专断化身仿佛被合法化，暗示统治者的意志是按照确定的法律和更高的准则来统治人们。公元前4世纪反复出现的一个问题是，如何把僭主制变成某种“更为温和的政制”。无论是在尼科克勒斯本人的演说中，还是在伊索克拉底对他的劝诫演说中，这种想法都占据了不小的空间。[②]我们在这里只需稍微提一下，“温和”在公元前4世纪经常作为民主城邦形式的独有特征为人所知。[③]因此，伊索克拉底对君主的教育并不建立在将僭主制视作既定的权力事实，而是将其置于绝对的准则之下，从而反过来声

---

① 《尼科克勒斯》，11：τὸν μὲν οὖν ἕτερον (λόγον), ὡς χρὴ τυραννεῖν, Ἰσοκράτους ἠκούσατε, τὸν δ’ ἐχόμενον, ἃ δεῖ ποιεῖν τοὺς ἀρχομένους, ἐγὼ πειράσομαι διελθεῖν［对于另一个（问题），即应该如何统治，你们已经听伊索克拉底说了，对于被统治者要做什么，我将试着解释］。因此，当伊索克拉底写作《尼科克勒斯》的时候，他显然想要把这两篇演说组成双联画。

② 希腊语表示温和的词是πραότης，形容词是πρᾶος。参见《致尼科克勒斯》8. 23，《尼科克勒斯》16—17、32和55。狄杜摩斯（Didymos）在对德摩斯梯尼的《反腓力辞》（5. 52, Diels-Schubart）的评注中也提到，阿塔内俄斯的僭主赫米亚斯在柏拉图派哲学家科里斯克斯（Koriskos）、埃拉斯托斯（Erastos）、亚里士多德和色诺克拉底的教育影响下把自己的统治“变成了某种更温和的统治”（这一解读基于对纸草的可靠还原）。

③ 德摩斯梯尼，《诉安德洛提翁》，51：πάντα πραότερ’ ἐστὶν ἐν δημοκρατίᾳ（民主下的一切更加温和）；伊索克拉底，《论财产交换》：没有哪个民族比雅典人更加温和（即更开化，πρᾶος一词也表示动物的“驯服”）。参见柏拉图《理想国篇》566d对致力于显得温和的僭主的描绘，以及埃斯库罗斯，《被缚的普罗米修斯》，35。

称君主制是最好的政制形式。对此的解释是，享有最高政治声望的国家，比如迦太基和斯巴达，它们在和平时实行寡头制，但在战争时实行君主制；波斯长久以来的世界强国地位得益于其君主制；即使是实行民主制的雅典，在战争期间也由唯一的将军领导，这种做法一直能助其化险为夷；最后，就连神明的国度也采用君主制。[①]在这里和其他地方，作为伊索克拉底政治思想的分析对象和作为他志向基础的准则并不建立在纯粹的理念之上，而是基于历史例证和经验。他提到在战争期间的雅典，唯一的将军 1025
拥有权力无限的地位，我认为这表明他的演说很可能发表于第二次阿提卡海上同盟建立后，即伊索克拉底的弟子提莫忒俄斯担任对斯巴达作战的军事指挥的那些年里。对于这里提到的民主的内部政治问题，我们将在伊索克拉底后来的《战神山议事会演说》中再次看到，而他的《论财产交换》也将更详细地讨论这点。[②]伊索克拉底没有想要通过成文法或宪政来限制僭主的统治。臣民被明确要求把统治者的话视作他们的法律。[③]对僭主行使权力的唯一限制来自正义和自制这些美德，尼科克勒斯没有采用对君主美德更加尚武的理解，而是把这些描绘成其统治的支柱，并庄重地表示自己需要它们。[④]因此，它们的唯一来源是对君主的教化。完善的教化是德性，是最高的善。[⑤]如此理解教化的人——国王的解释预设了他的臣民能做到这点——将终生坚守这种秩序。[⑥]统治者的德性是让他可以要求臣民服从和效忠的平台。[⑦]对于这部分演说中提出的关于好臣属的公民责任的学说，我们在这里不必继续深入探究其社会伦理观。

相反，在我们开始分析伊索克拉底对尼科克勒斯做的关于统治者责任的演说前，看一下尼科克勒斯演说的序章会很有意思。在那里，伊索克拉底以自己熟悉的方式借机重新美化了修辞术教育，并为其辩护。看上去

---

① 《尼科克勒斯》，24起。从所引的段落等处可以看到，为何作为民主城邦公民的伊索克拉底不想用自己的名义发表这篇关于君主制的演说，而是必须将其伪装成尼科克勒斯的演说。伊索克拉底借斯巴达国王阿尔喀达墨斯之口所发表的演说辞也做了同样的伪装。

② 《战神山议事会演说》，11—12。另参见《论财产交换》，101—139。

③ 《尼科克勒斯》，62。

④ 正义：《尼科克勒斯》31起，自制：36起。

⑤ 《尼科克勒斯》，47。

⑥ 《尼科克勒斯》，43—47。

⑦ 《尼科克勒斯》，48—62。

值得注意和别有深意的是，这些发生在这篇演说中；因为伊索克拉底由此被迫通过那位君主之口表达对教化的赞美，后者是演说的所谓发表者。他
1026 让君主否定对自己的嫌疑，因为修辞术和当权者的这种新的关系很容易让人怀疑，“爱智”和教育所追求的是权力，而非人的完善。①我们不知道这种批评来自何方。柏拉图不太可能说过这样的话，因为他本人也在理论上认可通过具有君王权力的个人来实现其国家和教育计划的想法，并不惜与叙拉古僭主交好。也许我们更应该想想伊索克拉底周围的政治实干者圈子。他的修辞术教育被指责“贪婪”，对此他反驳说，这种指责更应该针对那些不愿了解演说力量的人，因为他们只考虑正确的行为。②追求人类德性的一切努力都以设法提升和增加生命的善为目标，不应指责我们借以在道德原则的帮助下实现该目标的外物。③就像财富、权力或勇气常常被人滥用一样，修辞教育被误用并不会损害它的价值。没有什么把人的道德弊病归咎和转移给外物更愚蠢的了。④这只会导致不加甄别地抛弃一切更崇高的教育。这样做的人不知道，他们由此失去了人类天性中作为生命最高之善的源头的那种力量。⑤

就这样，序章部分的最后恰如其分地把演说技巧称赞为创造文化的力量。《尼科克勒斯》由此重新提出了《泛希腊集会辞》的主题，称赞雅典是一切教育发端的城邦。⑥这种力量在后者中被称为“爱智”，在这里则表现为人与兽的区别标志，在两篇演说中，它都首先建立在逻各斯这种禀赋之上。⑦演说随后被称赞为把人第一次塑造成人的力量，没有什么地方比这里更形象地描绘了修辞术与诗歌的竞争。我不知道是否已经有人注意
1027 到，我们在这里看到的是一篇崇高的散文体颂词，但用严格的诗歌风格写成。对伊索克拉底关于演说本质和作用之个别表达的更仔细观察已经通过

① 《尼科克勒斯》，1。
② 《尼科克勒斯》，1.2。
③ 《尼科克勒斯》，2。伊索克拉底视作德性果实的“善”显然是成功和公民福利。在这点上，他所强调的道德主义与苏格拉底所理解的善的区别特别明显。
④ 《尼科克勒斯》，3—4。
⑤ 《尼科克勒斯》，5。
⑥ 《泛希腊集会辞》，47—50。
⑦ 参见《泛希腊集会辞》48和《尼科克勒斯》6。

他的语言形式表明，这是对某个被视作和人格化为神明的概念的纯粹描述。①它的名字将最终出现在这段赞歌中，那就是逻各斯，一切文化的创造者。②“因为若只具备其他禀赋，我们无法超越动物，反而在速度、力量和其他所有力量上远远处于下风。而通过让我们可以互相说服和让彼此理解我们想要什么的那种与生俱来的能力，我们不仅脱离了动物的生活方式，而且过上了集体生活，建立了国家，制定了法律，缔造了艺术。是逻各斯让我们几乎所有人得以实现我们为文明贡献的一切。他让我们确立了关于正义和不义、美丽和可憎的准则，没有这种秩序我们就无法与他人共同生活。我们通过它给坏人定罪，给好人称赞。我们通过它教育愚人，检验智者。因为演说的能力是理性心智的最重要标志。真正、合法和正确的演说方式是善和值得信赖的灵魂的写照。我们在逻各斯的帮助下对存疑的东西展开争论，探究未知的东西。因为当我们给自己出主意时，我们也需要说服别人时用到的说服理据；我们把那些能够在许多人面前演说的人称为修辞学家，而只是把知道如何向自己提供正确建议的人称为明智者。如果我们想要概括性地定义这种力量，那么我们会发现，世上具有理智的一切都离不开逻各斯，逻各斯是一切行为和思想的向导，最需要它的是最具才智的人。因此，我们必须把对教育和教化不敬的人看成像渎神者一样可憎。”

需要指出的是，如果想要理解伊索克拉底对弟子们（尼科克勒斯在 1028
这里作为代言人出现）的强大影响力，那么我们不能忘记对教育和演说之力量的这种赞美诗式宣示的激情。③通过这种理解，修辞术达到了超越其之前代表的层次。诚然，对于柏拉图在《高尔吉亚篇》中提出的问题，即修辞术同真理和道德性的关系，这里仍然没有给出在哲学上令人满意的答案；但该问题暂时被修辞术作为崇高文化和人类集体创造者之角色的更炫

① 对于用颂词赞美和神化某种在我们看来是“抽象”的力量，比如逻各斯，我最熟悉的更早的例子是梭伦对“良序”（Eunomia，即法律秩序）及其造福社会之力量的赞美。我在*Solons Eunomie*（*Sitz. Ber. Berl. Akad.* 1926, 82-84）做了说明。

② 《尼科克勒斯》，5—9。

③ 从《尼科克勒斯》8和9所说的可以看出，在这里被神化的逻各斯是伊索克拉底的教化（文化）的典范，《泛希腊集会辞》48明确表达了这点。关于逻各斯作为“教育的象征”（σύμβολον τῆς παιδεύδεως），参见本书第846页注释⑤。

目光芒掩盖。和这一理想相比，惯常的修辞术教学实践的现实无疑显得有点可怜。必须首先将伊索克拉底的话视作对带给他灵感的意愿的表达。同时，通过其定义修辞术本质的方式，我们也可以从他的话中看到自我批评。这种批评显然考虑到了柏拉图的强烈指责，它试图通过比此前更深刻地理解修辞教育的任务来回击这一指责。从字里行间可以看到，如果修辞术不能提供比它的哲学家指责者所承认的更多东西，即以说服无知大众为目标的形式化程序，那么它将很难胜任上述任务。伊索克拉底试图让修辞术摆脱与民众煽动实践的这种联系。修辞术的真正本质不在于影响大众的技艺，而在于在内心思考自己的祸福时，每个人日常的简单而基本的灵魂活动。[①]在这种活动中，形式和内容无法人为分开，"明智"意味着在任何情况下都能做出正确的决定。[②]重点由此自然而然地从风格形式转向演说家所提供"建议"的正确性质，但这正是伊索克拉底所希望的。[③]他的教育并不只是语言和形式的，形式直接源于对象。这里的对象是政治和伦理
1029 世界。伊索克拉底的修辞术教育的目标是带来人类生活的完美状态，他和哲学家一样称之为幸福（Eudämonie），因此那是客观的最高之善，而非赢得以主观任性为目标的影响力。[④]将这种教育理念实体化为逻各斯的神圣概念是说明其目标设定的巧妙手段。因为逻各斯表示理智话语和相互理解意义上的语言，总是基于某种归根到底的共同价值设定。伊索克拉底正是突出表达了逻各斯的这个方面，从而使其成为社会生活的真正载体。[⑤]

伊索克拉底对立法和教育的立场源于这种逻各斯哲学，我们无法用多义含糊修辞术一词来准确地描绘他的立场。现在，我们想要试图将《致

---

① 《尼科克勒斯》，8。

② 伊索克拉底在第8节表示：我们把能在集会上发言的人称为"修辞学家"。我们把自己跟自己讨论某个所考虑对象的人称为"明智的"。伊索克拉底由此暗示，这两种情况的本质是相同的，尽管我们对它们有不同的称呼。

③ 因此，对他来说，用"逻各斯"发言或讨论等同于"用理智的思考"（φρονίμως）；参见第9节。

④ 幸福的理念处处是伊索克拉底政治思想（φιλοσοφίαε）的基础，例如参见《论和平》19，在那里他明确承认，幸福是他的政治追求的目标。

⑤ 伊索克拉底觉得，通过这种"爱智"，他与早前法律演说辞作者的法庭修辞学截然不同。通过把逻各斯置于"明智"和"幸福"的概念中，柏拉图关于修辞术没有客观目标的指责显然失去了效力。

尼科克勒斯》理解为该立场的果实。它首先思考了能够带给君主的最佳礼物。[①]伊索克拉底认为是正确界定让统治者能够最好地统治自己国土的行为。教育一位普通的公民需要诸多因素的共同作用：对他所生活其中的外部状况的约束，他必须遵守的法律，以及朋友和敌人对他所犯错误的公开批评。昔日的诗人也留下了对人们应该如何生活的劝诫。这一切都是为了提升人们，让他们变得更好。[②]但君主和僭主不具备这些。登上宝座后，他们更多把教育视作对其他所有人的要求，不愿听取批评。他们完全不与他人一起用餐，周围都是谄媚者。因此，他们误用了自己被赋予的权力手段，可以理解许多人产生了这样的怀疑，即行事正义的一介平民的生活是否比僭主的生活更好：[③]尽管统治者的财富、荣耀和权力似乎值得所有人觊觎，但当人们想到大人物一直生活在什么样的恐惧和危险中，回想起他 1030
们中有的被最好的朋友杀害，有的觉得自己不得不对亲友下毒手，那么人们就会认为，相比于在这种悲剧纠葛中成为整个亚细亚的君主，最简朴的生活才是更好的。[④]最后的说法显然影射了苏格拉底在柏拉图的《高尔吉亚篇》中所说的话，他表示自己无法评判波斯国王是否更加幸福，因为他不知道他们具备何种程度的教化和正义性。[⑤]于是，建立在教化基础上的正义性第一次成了衡量统治者生命和影响的尺度，被表述为君主教育的基本思想。也许在柏拉图本人想到在他的《理想国篇》中将上述要求发展成对统治者教育的完整体系之前，伊索克拉底在致尼科克勒斯的劝诫辞中已经试图用自己的方式实现同样的思想。

由此可见，尽管某种理念具有伟大之处，但它的实现可能达不到期待，就像许多诗歌作品在思想构思上预先承诺了很多东西，写成后的样子

---

① 《致尼科克勒斯》，1。

② 《致尼科克勒斯》，2—3。

③ 《致尼科克勒斯》，4。希腊文学中很早就出现了这种怀疑，参见阿尔喀洛科斯笔下那位无意成为僭主的哲学家木匠（残篇22，见本书第一卷，第134页），或者梭伦拒绝长期独占统治权（残篇23）。但伊索克拉底在这里指的显然是苏格拉底派。他在《海伦颂》8就嘲笑说："有人胆敢写道，乞丐和难民的生活要比其他人的更值得妒忌。"这种思想自然必定会在像《致尼科克勒斯》（将为统治者的生活提供新的内容）这样的演说中被进一步阐述。

④ 《致尼科克勒斯》，5—6。

⑤ 柏拉图，《高尔吉亚篇》，470e。也许在其他苏格拉底派那里也能看到这种观点，比如安提斯忒涅斯。

却让人十分失望。[1]不过，开始本身就是宝贵的：无论是寻找对教育的补充（Paralipomena），还是起草君王的法律。公民个体的教育者只对个人有用；相反，如果有人能够激励大众的统治者追求最高的美德，那么个体和大众都将受益；因为他由此确保了国王的统治，把国中公民的生活变得更加人性。[2]因此，就像前文已经指出的，伊索克拉底的目标是阻止或缓解当时的城邦生活从宪政形式堕落为纯粹的强权统治，方法是把统治者的意志同更高的准则联系起来。修辞学家的行为在解释的哲学深度上无法与柏拉图关于善的理念的学说相比（理想的统治者必须把这种理念作为不容变更的范式放在自己的灵魂中），也比不上辩证法知识的有条理道路（灵
1031 魂必须通过这种知识才能变得成熟，看到绝对的准则）。柏拉图让被选出的绝对优秀者沿着精神“弯路”向这一目标攀登，伊索克拉底则没有预见到这样做的必要性。他认为未来统治者的地位取决于他们出生的偶然性，[3]因而只是试图通过他的教育来弥补他们天资的某些缺陷。由于与柏拉图不同，他没有把精神的禀赋和性格的可靠作为衡量是否符合统治者职位的标准，他的教育注定被认为更加典型和传统。不过，他清楚看到了缺乏普遍原则所造成的危险，那就是导致对国家的管理变成技术细节。他把在这方面向统治者提供建议的人物交给了昔日的官方谋士。他自己的目标是尝试指明统治者正确行为的普遍基本特征。[4]

他首先谈到了国王的任务或“工作”。[5]无论是这种提问方式，还是把统治者的举止描绘成“指向”正确的行为方式，[6]两者都很容易让人想起柏拉图，特别是《高尔吉亚篇》，那篇对话无疑给这位修辞学家留下了最持久的印象。[7]与柏拉图一样，伊索克拉底认为弄清统治者行为的整体目标是

① 《致尼科克勒斯》，7。伊索克拉底用了一种他在其他地方也常常使用的对立表达：诗歌和散文作品。

② 《致尼科克勒斯》，8。

③ 关于建立在合法继承权原则之上的塞浦路斯统治者家族的神话谱系，参见《欧阿格拉斯》，12—18。

④ 《致尼科克勒斯》，6。

⑤ 《致尼科克勒斯》，9。

⑥ 《致尼科克勒斯》，6（结尾）。

⑦ 关于好公民的工作（ἔργον），参见《高尔吉亚篇》517c。但πολιτικοῦ（政治家）要比πολίτου（公民）更好。因为这不是个体公民的任务，而是政治家的。让公民变得尽可能好是政治教化的目标，《高尔吉亚篇》502c；参见465a。

决定性的，因为行为的各个部分只能“根据整体”得以确定。与柏拉图一样，他也从普遍的状况出发，虽然他没有用辩证法检验善的概念（实现它们是统治者的责任），而是仅仅遵从普通人的观点。①伊索克拉底把这种界定最高准则或目标的方法称为“假设”（Hypothesis），因为这种“奠基”为一切进一步的结论奠定了基础。②在伊索克拉底的演说中，寻找这类受到普遍承认的假设不仅出现在此处。那是他政治思想的一个本质特征，可以通过柏拉图有条理的例子来解释。归根到底，这种手法借鉴自数学。③

他的假设是：正义的统治者必须消除城邦的困端，维护城邦的福祉，
使其变得更大更强。处理日常出现的问题必须服从于这一目标。在这里可 1032
以清楚地看到，不同于柏拉图，伊索克拉底认为城邦的任务不在于教育公民和让他们个人达到完美，而是在于有关伟大和繁荣的物质概念，它最接近于柏拉图在《高尔吉亚篇》中驳斥的对政客的现实政治理解，即忒米斯托克勒斯和伯里克利这样的昔日雅典的伟大政治家追寻的目标。④因此，有关统治者责任的观点不仅是君主制才有的特征；在伊索克拉底看来君主制只是这种观点最容易实现的政制形式。⑤走上帝国主义道路的是波斯战争后的雅典民主。伊索克拉底很容易就把它对物质福祉的强烈信仰转化成开明专制的思想，尽管他也对当时的哲学道德主义做了一定的让步。

一边是伯里克利时代的现实政治传统，一边是哲学的伦理批评和新时代的独裁者风气，他为尼科克勒斯确立的目标是两者的妥协。不过，这一切首先并不适用于雅典，而是适用于遥远的塞浦路斯更具殖民地色彩的政治状况。从雅典人的视角看来，那里的权力集中在个人手中是合理的，因为只有这样做，希腊人的疆界才可以抵挡强敌波斯的进犯。如果我们的

---

① 《致尼科克勒斯》9；参见 οἶμαι δὴ πάντας ἂν ὁμολογῆσαι（但我认为所有人都同意）这一表达。

② 参见《致尼科克勒斯》13，ὑπεθέμεθα。

③ 在《论和平》18，伊索克拉底的政治推论明确是从这一假设出发的。这一点值得更准确的探究；参见拙作 *Demosthenes* S. 86。

④ 柏拉图在《高尔吉亚篇》517b 称他们为“城邦的仆人”（διάκονοι πόλεως）。不过，柏拉图认为那是对统治者任务最广义、但最低级的理解。这让我们想起腓特烈大帝的名言，他对身为国家的第一仆人而自豪。

⑤ 在《论和平》19，伊索克拉底以完全相似的方式从雅典城邦的角度定义了政治幸福的概念。这一概念包含的要求有：1. 安全，2. 繁荣，3. 内部的和睦，4. 外部的声望。

猜想是对的，即《尼科克勒斯》等演说创作于伊索克拉底心爱的弟子提莫忒俄斯被任命为重新缔结的雅典海上联盟的总指挥之时，那么《尼科克勒斯》中对雅典统帅在战争期间拥有君主般地位的暗示就更多只具有年代意义，[①]而伊索克拉底的两篇演说似乎同时也是关于雅典外交政治的作品。它们显然想要把塞浦路斯的萨拉米斯城邦与雅典更紧密地联系起来，为此这位雅典修辞学家通过演说向该城邦提供了“更温和的统治形式”。早在公元前390年，尼科克勒斯的父亲欧阿格拉斯就已经同雅典结盟抗击波斯
1033 人。提莫忒俄斯和尼科克勒斯的家族之间在他们的父亲科侬（Konon）和欧阿格拉斯的时候就已经建立了密切的关系，个人和政治友谊为后者从公元前390年开始与雅典结盟做了铺垫。这种友谊可以上溯到科侬还是波斯舰队统帅和在克尼多斯海战胜利后出资修复雅典长城的时候。波斯国王是在欧阿格拉斯的建议下任命科侬担任统帅的。[②]到了尼科克勒斯那一代，这种状况得到重现。作为伊索克拉底的弟子，尼科克勒斯和提莫忒俄斯甚至可能彼此相识。因此，伊索克拉底的演说辞很可能写于提莫忒俄斯第一次担任雅典统帅之时，位于欧阿格拉斯去世（公元前374年）和雅典人罢黜统帅（公元前373/372年）之间。《尼科克勒斯》中提到，如果指挥权掌握在唯一的杰出人物手中，雅典城邦就总是能在战争中有好运气，而如果处于多人委员会的领导，就总是会失败，[③]这很可能暗示了即将发生的争端。那场争端以变得过于专断的提莫忒俄斯倒台告终。提莫忒俄斯一直是位政治将军，他帮助自己城邦取胜的方式不仅是通过武力，通过外交成果也同样重要。他与被他变成雅典盟友的国王们的友谊广为人知，伊索克拉底对尼科克勒斯施加政治影响的尝试似乎顺理成章地是这一链条上新的一环。伊索克拉底在战争间还从其他方面支持过提莫忒俄斯，对这个事实有明确记录；《战神山议事会演说》中则有内部政治方面的证据。

在盘点了《致尼科克勒斯》的历史背景后，让我们转回对其内容的分析。如果说统治者的任务如此艰巨，就像伊索克拉底所陈述的，那么我

① 《尼科克勒斯》，24。

② 关于科侬和欧阿格拉斯，参见 J. Beloch, *Griechische Geschichte* Bd. III I^2 S. 38 und 89。

③ 《尼科克勒斯》，24。同盟战争中，第三次担任统帅的提莫忒俄斯在与多人组成的将军委员会打交道时也遇到过同样的困难。

们必然会认为，统治的成功对应着统治者的内在品质。因此，任何竞技角
逐者都不会像未来的统治者训练自己的精神那样训练自己的身体。[①]因为
任何竞赛能够提供的奖项在意义方面都比不上统治者的日常行为所关乎的
赌注。只有通过精神和道德优势凌驾于其他人之上，他们享有的不寻常荣 1034
耀才是合理的。[②]尼科克勒斯不应认为，无私的关怀（ἐπιμέλεια）只对生活中的其他东西有用，但对人的提高和加强其理智认识没有作用——这一劝诫带有近乎苏格拉底的色彩。[③]如果说伊索克拉底在《驳智术师》中对柏拉图关于美德可教授性的教育理想展开了激烈的论战，[④]那么从这里可以看到，他无意就此完全否定人是可以被教育的。与柏拉图不同，伊索克拉底不认为两者是同一个问题。在前一篇演说中，他充满激情地驳斥了柏拉图对纯粹知识的过高评价，这导致他表示教育的意义完全比不上人的天资。[⑤]而在对尼科克勒斯的劝诫中，我们发现他对教育力量的看法本质上是积极的。虽然他在这里也回避了断言人类可以“教授德性”，但他认同早前的智术师理论家们对于教育的乐观想法，他们相信人类在天性上并不比没有理智，但灵魂可以驯服的动物糟糕多少。[⑥]不过，这种重点的改变并不意味着伊索克拉底真正改变了自己的观点，而是因为他转移了斗争的阵地。理论上，他在“美德的可教授性”这一哲学悖论面前是悲观主义者，但在实践中，他对教育的意志始终没有破灭。他带着特别的动力投入自己接受的教育君主的新任务。因此，教化在《致尼科克勒斯》中成了人类天性最伟大的造福者之一。[⑦]

就像忒奥格尼斯对其贵族教育的看法，伊索克拉底也认为与他人的
交往至关重要，这显然直接借鉴了早前箴言诗人的观点。国王必须从最亲
近的人中选出最有见识的，而其他谋士则应该尽可能地来自远方。这显然 1035

① 《致尼科克勒斯》，10—11。

② 《致尼科克勒斯》，11。由此引入了统治者的教化问题。

③ 《致尼科克勒斯》12。在第12节的最后，ἐπιμέλεια被用作παίδευσις的同义词。

④ 《驳智术师》，4、6、21，类似的见《海伦颂》1。

⑤ 《驳智术师》，14—15。

⑥ 《致尼科克勒斯》，12。

⑦ 参见《致尼科克勒斯》12（最后）：ὡς...τῆς παιδεύσεως...μάλιστα δυναμένης τὴν ἡμετέραν φύσιν εὐεργετεῖν（教育最能有利于我们的天性）。

暗示了伊索克拉底对自己在年轻统治者面前角色的想法。柏拉图只是在朋友和君主本人的迫切介绍和请求之下才前往叙拉古，而伊索克拉底则是毛遂自荐。随后，他又把自己的建议一般化，劝诫国王与诗人和学者交往，成为他们的聆听者（学生）。通过这种“竞技训练场”，他能够最容易地满足身居高位对他提出的要求。[①]与《尼科克勒斯》一样，伊索克拉底在这里描绘的最高原则同样是永远不能让更糟糕的人统治更优秀的人，让无知者命令明智者。在与他人交往中，这意味着批评糟糕的人，与优秀的人竞争。不过，最重要的是，想要统治他人者必须将上述原则用于自身，有能力通过真正的优点证明自己的地位是应得的。[②]君主制经常首先建立在合法性原则之上，伊索克拉底认为这不足以解释其世袭罔替和统治他人的资格。君主制统治下的民众对这种完全的国家法式思维方式习以为常，但希腊人对此很难理解。他们天生的想法总是要求把统治的理由视作真正的德性，统治不是自动运行的机制，而是取决于人。这并不等同于美化不合法的强权，伊索克拉底是这方面一个很有说服力的例子。诚然，在类似尼科克勒斯统治的国家，公民自由缺乏法律保障是一个严重缺陷，对教育力量的信仰也不足以解决这点。不过，在法律缺失和强权统治的当地既有状况下，教化以道德性和人性的名义高声提出自己的要求仍然是它的重大贡献。

统治者必须在自己的性格中把对人的爱和对国家的爱融为一体。[③]也就是说，他们必须同时是克瑞翁和安提戈涅。通过弥合这种表面上的对
1036 立，伊索克拉底看到了所有统治术的第一个问题。如果对所关心的活生生的人无法感受到理所应当的快乐，为抽象的“国家”献身又有何意义！博爱是一个在当时作品中变得日益重要的概念。[④]我们可以从铭文中看到，

① 《致尼科克勒斯》，13。关于这一要求本身，参见第9节：统治者的工作（ἔργον）。
② 《致尼科克勒斯》，14。
③ 《致尼科克勒斯》，15：φιλάνθρωπον δεῖ εἶναι καὶ φιλόπολιν（必须爱人和爱城邦）。
④ 参见Siegfried Lorenz, De progressu notionis φιλανθρωπίας, Diss. Leipzig 1914。A. Burk, *Die Pädagogik des Isokrates* S. 208单方面从“博爱”的希腊语概念引出了罗马人的“人性”（humanitas）概念。对此，革利乌斯在《阿提卡之夜》13. 17已经做出正确的评判，区分了“博爱的人性”和“教化的人性”。在伊索克拉底那里，博爱的概念没有核心意义；教化的概念才是他的思想中心，他的“人文主义”（Humanismus）以此作为基础。但这并没有排斥博爱。

人们在公共生活中多么推崇博爱。因为在向有贡献者致敬的决议中一再提到这种特质。对城邦的任何贡献只有当源于这种想法时才会得到真正的推崇。伊索克拉底没有忘记补充说，向民众示好不应是软弱的表现。最好的民众领袖——国王也应该被视作“民众的领袖”（δημαγωγός）——既不放纵也不压迫人民。[①]这是伯里克利的伟大艺术，就像修昔底德所描绘的，我们由此找到了那种对立和谐学说的源头，伊索克拉底在这篇演说中始终将其作为准绳。[②]在伯里克利的葬礼演说中，修昔底德通过大量此类实现正确平衡的对立构建了雅典文化和政治制度的图景。[③]伊索克拉底也从那篇演说中得出了这样的理想，即只有最优秀的人才能享有荣誉，对其他人则完全是保护他们免遭不义。他把这两条原则（伯里克利称赞两者的调和是雅典民主的真正秘密）称为一切优秀政体的基本元素。[④]修昔底德赞美雅典的政治制度，因为后者并非借鉴自其他地方，而是一种原创。伊索克拉底鼓励国王尽可能地亲自成为最优制度的发明者，如果不可能，那就模仿别国的好制度。[⑤]因此，他根据不同情况调整了自己的建议，但他在这里还是遵循了同样的对立和谐原则：原创和模仿两者都有必要。在他看来，最本质的要求是创造相互间具有内在和谐的稳固秩序和正义法律。必须尽可能地减少法律争端的数量，加快解决它们。因为立法本身是好的还不够。司法实践同样重要。[⑥]工作必须带来好处，而诉讼必须让有罪的一 1037
方遭受重创。伊索克拉底这里的话描绘了雅典的司法状况及其所引发的诉讼热情。必须始终采用同样的尺度，国王对法律事务的理解必须固定而持久，就像好的法律。[⑦]

经过了开头部分，以及伊索克拉底宣称他将仅仅说明统治者职业的普遍基本准则，我们可能会期待剩下的部分中对僭主的指导也具备体系

① 《致尼科克勒斯》，16。

② 修昔底德，《伯罗奔尼撒战争史》，2. 65. 8—9。伊索克拉底用ὑβρίζειν来表示民众的喜怒无常，模仿了修昔底德的ὕβρει θαρσοῦντας（敢于傲慢）；但在其他地方，伊索克拉底对这种对立的使用有所不同。

③ 见本书第三卷第406页起的说明。

④ 修昔底德2. 37. 1，参见《致尼科克勒斯》，16。

⑤ 修昔底德，前揭书；参见《致尼科克勒斯》，17（前半）。

⑥ 《致尼科克勒斯》，17（后半）。

⑦ 《致尼科克勒斯》，18。

的特征，但事实并非如此。在形式上，这部分内容与作为其模板的赫西俄德、忒奥格尼斯和弗基利德斯的箴言诗智慧具有相同的特点，主要由零星的规训组成，它们的排列非常自然，但并非出自某种严格的内在逻辑原则。不过，我们不能因为这种形式上的松散而认为《致尼科克勒斯》完全是智慧规训的总和。[①]演说中的建议之间具有内在联系；零星的规训组成了一幅统治者的理想肖像，其统一性体现在伦理上的一致性中，后者最有力地显示了新时代的精神。在《斐德若篇》的最后，柏拉图让他的苏格拉底评价了年轻的伊索克拉底，表示他的天性中具有某种哲学色彩。把这句话解读为反讽是对其完全的误解。在这句话清楚划定的范围内，它完全是正确的，任何伊索克拉底的专注读者都会觉得其真理性不言自明。在《致尼科克勒斯》中，这种哲学色彩体现在伊索克拉底如何一笔一笔地将惯常的统治者肖像改造成新的理想。于是，统治者的概念从纯粹的专断化身变成了意志与更高法则联系在一起的强权人物。

我们从演说的整体构思中可以看到，这种内在教育是演说的基本思想，它在所有的零星规训中表现为伊索克拉底的统治者教育的行动原则。
1038 尽管僭主之名被保留，但统治的本质已经完全改变。伊索克拉底罗列了构成统治者传统形象的一系列特征，并以警句形式将它们改造得符合自己的想法。下面的大量例子（很容易给出更多）清楚地证明了这点："要尊敬祖先崇拜的神明，但须注意，最好的祭品和最崇高的敬神方式是你的为人要尽可能地善和正义。[②]把你朋友们的美德、公民的友善和你自己的道德认识视作最可靠的保镖。关心你臣民们的生计，相信那些乱花钱的人是在挥霍你的钱，而工作的人是在增加你的财产。[③]让你的话比别人的誓言更可靠。不要让公民始终处于恐惧中，不要让没有做不义之事的人感到忧虑；因为你如何对待他们，就会导致他们如何对待你。[④]不要希望通过严

① 大部分语文学家对这种文学体裁就是如此理解的；参见Blaβ，前揭书，第271页和275页。想要衡量这篇演说在形式上的精简，我们只能从内容上进行评价。Blaβ认为它完全不是原创，但他完全没有理解演说辞中统治者思想内在的辩证法。

② 《致尼科克勒斯》，20。

③ 《致尼科克勒斯》，21。

④ 《致尼科克勒斯》，22（前半）和23。

刑峻法成为正义的统治者，而是要通过你精神上的优势，通过让民众相信，你关心他们的福祉胜过关心你自己的。通过战斗的知识和恰当的预防成为懂军事的君主，但也要做和平的守护者，不要试图不正义地扩张势力。希望强国如何对待你，你就该如何对待弱国。[①]要有野心，但仅限于那些拔得头筹对你有益的事。不要觉得为了获得好处而暂时忍受损失的人是软弱的，为了获得胜利而让自己遭受损失的人才是。不要认为追求力有不逮目标的统治者是伟大的，[②]不要把拥有最强大统治权的人当作榜样，能最好地运用统治权的人才是。[③]不要与任何想和你结交的人做朋友，而是只选择那些配得上你天性的。不要选择与最能让你满足的人交好，而是要选择最能帮助你治理国家的。小心地检验和你交往的人；因为要知道，所有无法与你直接接触的人会根据你的身边人来评价你。为你无法亲为的 1039
国家事务选择主管时，要注意你将为他们所有的行为负责。[④]不要觉得赞美你全部言行的人是可靠的，指责你错误的人才是。让明白事理的人畅所欲言，那么当你举棋不定时，就有人帮你出谋划策。[⑤]”

自制是对统治者教育的最高要求。国王的本质要求其承载者不能是自身欲望的奴隶。对他人的统治必须以此为出发点。[⑥]关于如何选择正确交往者的一切建议归根到底都是因为，与他人的关系有助于自我教育。统治者的行为和他接受的任务也必须根据对他的性格发展有多少贡献来衡量。衡量人民对统治者态度（即对其德性）的真正尺度并非因为恐惧而被迫对其公开表示尊敬，而是人们内心对他的想法，以及他们更多赞美的是他的智识抑或运气。[⑦]不过，国王保持自制的重要性不仅在于能证明他的价值，同时也在于作为臣民的典范；因为整个城邦的性格会和统治者的相匹配。[⑧]就像在柏拉图的作品中那样，古老的希腊贵族教化中的典范思

---

① 《致尼科克勒斯》，24。
② 《致尼科克勒斯》，25。
③ 《致尼科克勒斯》，26。
④ 《致尼科克勒斯》，27。
⑤ 《致尼科克勒斯》，28。
⑥ 《致尼科克勒斯》，29。对统治者的内心自由（即自制）的这一要求是苏格拉底的。在《尼科克勒斯》39出现了Enkratie这一苏格拉底式的词语。
⑦ 《致尼科克勒斯》，30。
⑧ 《致尼科克勒斯》，31。

想在这里重现于更高的等级，从个人教育转向对全体公民的教育问题。不过，柏拉图把典范变成了绝对之物、善的理念乃至神明，而伊索克拉底则坚持了以个人为典范的思想。他把理想的统治者变成民族教化的载体和国家性格的可见化身。当他用统治者教育的理念来为人类教育服务时（只要
1040 仍然对某个国家或民族有作用），他试图为其注入新的生命；因为教化理念在那个时代是真正活跃的东西，是人类存在的终极意义。生活中的一切制度和财富、宗教和敬神、国家和集体、个人和家族都根据它们对这个任务的贡献获得了存在理由。伊索克拉底最终看到他的统治者形象活生生地呈现在面前：一边是性格的可爱，一边是庄重的威严，他通过这两种力量臻于和谐的平衡定义了统治者的形象，认为两者的融合是他的君主教育法典中最难满足的要求。这两种特质本身对君主来说都不够。君主的威严令人战栗。温文尔雅让与人的交际变得愉快，但很容易降低身份。①

精神领域的情况与道德领域类似。那里同样需要调和两种对立元素，即经验与哲学理念。只有把两者正确地联系起来，它们才能完全体现出对人格教育的意义。②伊索克拉底显然在这种表述中概括了他本人的政治教化概念，就像他的其他演说中也指明了这条教育道路，但首先是他本人的实践行为和思想。他明确将经验界定为关于过去的知识，这种知识作为历史事例在他的政治学说中一再发挥作用。③尼科克勒斯必须由此了解个人和国家的统治者遭遇了什么（τὰ συμπίπτοντα），即他们的生活和行为要服从什么普遍和持久的条件。伊索克拉底劝诫年轻的君主思考（θεώρει）它们，因为如果你对过去的事保持鲜活的记忆，你就能更好地判断未来的事。④因此，与柏拉图将统治者的教育建立在关于最高的理论性普遍概念的知识，即数学和辩证法之上不同，他把历史知识作为教育的基础。⑤从

① 《致尼科克勒斯》，34。罗马帝国时代的诗人西里乌斯·伊塔利库斯（Silius Italicus）在《布匿战记》8. 611用诗句概括了同样的理想：laeta viro gravitas ac mentis amabile pondus（和蔼沉稳，性格的严肃受人欢迎）。"和蔼"是文雅的标志，在《致尼科克勒斯》中，文雅（ἀστεῖον）这一概念正是受教化（πεπαιδευμένος）的理想。统治者应该将其与"威严"（σεμνότης）结合起来。

② 《致尼科克勒斯》，35。

③ 《致尼科克勒斯》，35（后半）：τὰ παρεληλυθότα μνημονεύῃς（生动地回忆过去）。

④ 《致尼科克勒斯》，前揭书。

⑤ "生动地回忆过去"（τὰ παρεληλυθότα μνημονεύῃς）这种表达表明了一切历史研究的本质。

这点上可以第一次看到历史描述对政治思想和当时普遍文化的直接精神影响。即便不提我们在伊索克拉底的作品中发现的许多借鉴自修昔底德的零星知识，我们在这里仍然会首先想到后者和他所创造的新的政治历史写作 1041
体裁。由于这一体裁是因为阿提卡城邦的危机及其崩溃的经历而突然在希腊人的精神中出现，我们首先将其视作某种新的客观政治思想的产物，[①]从而潜在地成为未来教化的一个本质要素。诚然，修昔底德本人没有这样“利用”它，或者说只是勾勒了其大致轮廓，他把自己所写的历史称为“永恒的财产”，作为未来世代对政治家了解的来源。[②]在伊索克拉底的教化中，特别是在他教育新型统治者的方案中，我们第一次看到历史知识这种新的巨大精神力量被囊括进来，并登上了人类教育世界中为其搭建的舞台。

在这里适合对历史在希腊教育的结构中所扮演的角色略加思考。以竞技和音乐为框架的旧式教化中还没有独立的历史思想和智慧。尽管并不缺少过去，因为诗歌与其不可分割，但诗歌中的过去仅仅以讲述个人或本族的英雄事迹为形式，历史与神话还没有清楚地分开。[③]这种回忆的目标是激起对伟大模板的模仿欲，就像柏拉图对话中的智术师普洛塔哥拉在描绘伯里克利时代的雅典教育时所做的中肯评价。[④]他的描绘称不上更深刻意义上的历史研究，也不可能做到这点，因为当时还不存在政治意义上的此类研究。哲学家的教育完全源于对自然或道德性永恒法则的观察，但历史在其中没有意义。甚至在公元前4世纪90年代修昔底德的作品问世后，这种情况也没有马上改变。尽管在柏拉图构想的科学教化的全面体系中甚 1042
至考虑到了数学、医学和天文学等最新学科，但政治历史写作这一伟大的新创造仍然完全不见踪影。这可能让人觉得修昔底德的真正影响仅限于专业圈子，即只有在对他的个别效仿者中才能找到，他们出于类似的想法而

① 参见《作为政治思想家的修昔底德》一章，本书第二卷，第381—408页。

② 修昔底德，1.22.4。

③ 在1.22.1和4，当修昔底德在自己的作品中大胆尝试新的路线时，他已经看到了这种根本性的融合，一边是更早时代的历史传统，一边是源于神话的诗歌，或者与诗歌相似，很少关心真实性的散文体编年史。

④《普洛塔哥拉篇》，325e—326a。

着手展现另一段历史。不过，我们不能因此而忽视当时希腊教化的另一个重要代表，那就是修辞术。就像不难理解数学的教育力量只有在哲学教化中才能得到完全的认可，修昔底德作品中显示的历史知识的新教育力量也只有在修辞教育体系的框架中才能找到自己的位置。这个事实对历史写作的发展至关重要，因为它由此进入了修辞术的影响范围。[①]不过，我们在这点上首先看到的是相反的观点，即修昔底德所开创的对政治事务的历史式观察对于伊索克拉底新修辞术的影响。由于后者不再局限于教授法庭演说术的专业学校，而是致力于公共生活的最高任务，即培养统治者和政治家，前者的意义变得更加重大。政治经验的教育对上述任务不可或缺，[②]让作为这种经验来源的修昔底德更受欢迎的是，他的作品同时也为当时在伊索克拉底的修辞术中占据主导的炫耀式和劝诫式演说艺术提供了多方面的模板。在后来的修辞术中，这种对历史的兴趣以历史范例的形式得到延续，让人想起与历史的这一关系的教育学起源。但到了那时，真正的政治演说术已经死亡，因为它和希腊城邦一起被从生长的土壤中拔起，从此其中使用的历史事例完全失去了生命，变成纯粹的装饰。而伊索克拉底的修
1043 辞教育体系仍然生长在风格宏大的真正政治辩论的土地上，只有在那里，古代希腊的某种严肃意义上的历史研究才找到了自己的位置。[③]

我们在这里无法更详细地分析伊索克拉底如何在政治论证中使用历史事例。[④]我们在这里也不会追踪修辞家的政治理念如何反过来影响对历

① 从这里可以清楚地看到，这种影响不可能仅仅在于修辞形式，而是必然会延伸到修辞教育的内在观点，即延伸到政治理念和对人之德性及其反面的描绘。

② 伊索克拉底首先强调了历史的这个方面，认为那是一切政治经验（ἐμπειρία）的源头；参见《致尼科克勒斯》，35。见我的论文 *The date of Isocrates' Areopagiticus and the Athenian Opposition, Harvard Studies in Classical Philology* (Special Volume) Cambridge 1941 S. 432。伊索克拉底在《驳智术师》14—15，《海伦颂》5，《论财产交换》187、188、191和192强调了他的政治哲学的实证特征。

③ 在罗马方面，可以与之相比的首先是西塞罗和他在演说中对历史事例的使用。

④ 参见Gisela Schmitz-Kahlmann受我启发的工作*Das Beispiel der Geschichte im politischen Denken des Isokrates=Philologus*, Suppl. Bd. 31 Heft 4。在伊索克拉底引用的材料中，对于他的保守政治观特别重要的部分是早前的雅典历史。对它的使用受到“祖先”（πρόγονοι）概念的支配。参见Karl Jost, *Das Beispiel und Vorbild der Vorfahren bei den attischen Rednern und Geschichtsschreibern bis Demosthenes* (Rhetor. Studien hrsg. von E. Drerup, 19. Heft), Paderborn 1936。

史事实的看法（后者被用来证明那些理念），尽管可以很有趣地看到，历史智慧与政治意愿的任何直接关系都必然导致按照描绘者的愿望来塑造历史真理的形象本身。随着历史被纳入伊索克拉底的教化体系，历史思考中也出现了这种争论、赞美或指责的倾向，历史思考之前的代表对此基本是陌生的。由于伊索克拉底学校不仅研究早前的历史作品，而且想要亲自撰写新的，他们的观点对历史写作本身产生了影响，就像欧弗洛斯（Ephoros）和忒奥彭波斯的作品所显示的，根据非常可靠的传统，他们或者直接来自伊索克拉底的圈子，或者受其影响。就连阿提卡的专门史也受到伊索克拉底的影响。他的弟子，雅典政治家安德洛提翁在本学派政治理想的意义上重新描绘了雅典的历史。而伊索克拉底本人（或者通过安德洛提翁）决定性地影响了逍遥派对阿提卡政制史的看法，后者是我们了解这方面情况的主要来源。[①]上述影响与伊索克拉底教育方案的内在政治目标有关，在《战神山议事会演说》中可以更清楚地看到这点。

伊索克拉底把《致尼科克勒斯》的最后一部分用来分析他本人意识到的这种新的文学"君主之鉴"形式的影响问题。一边是天生追求艺术效果的修辞家，一边是只愿就事论事的教育者，我们在这里看到他身上的这两种形象发生了奇特的冲突。他把自己与过去的教诲诗（ὑποθῆκαι）编撰者做了比较，所有人都称赞这些作品是有益的，但都不太想读。[②]人们宁 1044
愿去看最糟糕的喜剧，也不愿去读从最深刻的诗人那里精选的箴言。[③]文学就像菜肴，我们喜欢的并非健康的，而是能引起食欲的。懂得调整的人会像荷马或悲剧诗人那样做，他们正确地估计了人的天性，将娱乐式的神话观点与智慧的话语融为一体。[④]在诗歌面前，可以感受到为教育理念服务的新修辞术的一个明显弱点。引导灵魂（Psychagogie）的真正大师是那些过去的诗人，人们在听了新的教诲后最终还是会不断回到他们那里，仅仅是因为他们更有意思。他们用喜欢美丽的事物这条轻盈的带子左右我

---

① Wilamowitz, *Aristoteles und Athen* 和其他人探究了阿提卡编年史对亚里士多德《雅典政制》中对阿提卡政制史所做描绘的影响。但对政治背景的理解还可以更深刻（参见下一章）。

② 《致尼科克勒斯》，42—43。

③ 《致尼科克勒斯》，44。

④ 《致尼科克勒斯》，45；48—49。

们的心。相反，劝诫演说中没有悖论和意外，只是在熟悉的圈子里活动，它们中最好的只是尽可能地收集分散在世界各地的人们那里的牙慧，就像赫西俄德、忒奥格尼斯和弗基利德斯所做的。①形式看上去是教化最大的问题之一。无论在教化理想上有多少分歧，柏拉图和伊索克拉底都同样清楚地意识到这个事实，因此找到一种新的形式是他们最高的目标之一。修辞教育后来对哲学取得了胜利，至少是在更广泛的教育层面上，这部分得益于形式上的优势；因为形式对修辞术而言一直至关重要，虽然柏拉图和亚里士多德在他们的时代同样为哲学的形式力量确立了优先地位，但后来哲学和科学放弃了与修辞术在这方面的竞争，故意听任形式的缺失，甚至将其等同于科学性。在伟大雅典思想家的时代，情况并非如此。《致尼科克勒斯》的字里行间处处流露出对哲学影响的恐惧。

1045　不过，伊索克拉底不愿以论战的基调结尾。无论当时的伟大教育家们对教育本质的看法多么不同，他们都同意，真正的教育必须让人们能够进行评判和做出正确的决断。②因此，人们应该放弃理论争端，在有机会时看看谁的教育最能经受考验。因为就连哲学家自己也承认，付诸实践才是终极目标。③这是对年轻国王的强有力呼吁，要求他证明自己配得上从老师那里得到的教诲，并有意识地实践它们，因为人们会根据他的行为来评判这些教诲的价值。所有人的目光都落在他的身上，特别是伊索克拉底的批评者们。当伊索克拉底在最后劝诫尼科克勒斯时，他正是这样想的："推崇和尊重那些拥有理智和见识，并且能够比别人看得更远的人，你要明白，好谋士是最有用和最配得上君主身份的财富。"④比别人看得更远的能力（包括普通的政客）重申了伊索克拉底提出的要求。这是他权威的真正基础。

① 《致尼科克勒斯》，40—41；43。
② 《致尼科克勒斯》，51。伊索克拉底在这里区分的教化代表的三种类型对应着他在《驳智术师》中所列举的：两种主要的类型是哲学家或争辩家，以及教授政治演说术的老师；第三类显然等同于法庭修辞学家；参见《驳智术师》，19—20。
③ 《致尼科克勒斯》，52。
④ 《致尼科克勒斯》，53。

第14章

激进民主中的权威与自由

自从他的政治作品被重新发现和依赖，伊索克拉底关于对外政策的 1046
作品就是最让人感兴趣的部分；因为从历史角度来说，其中展现的泛希腊理念的确是他为解决希腊民族的生存问题所做的最重要贡献。他的政治思想的另一面因此常常被忽视或得不到足够的重视，那就是伊索克拉底对自己时代的城邦内部形态的看法，对他来说这无疑首先意味着雅典的。伯罗奔尼撒战争后的几十年间，所有的政治讨论都或多或少地直接源于雅典之名所包含的问题。虽然柏拉图不久之后就不加分别地抛弃了现实中的城邦，[①] 而伊索克拉底则一直把全部注意力放在自己的母邦。他关于内部政治的主要作品是《战神山议事会演说》。[②]

他的最后一部作品《泛雅典娜节演说》（*Panathenaikos*）仍然显示了他的生命同雅典的命运之间不可撕裂的联系。在那里，他探讨的同样是雅典政制生活的内在形式。相反，在《战神山议事会演说》开头，他顺理成章地谈到了雅典与其他希腊城邦的关系，在雅典输掉战争和海上帝国崩溃后的漫长而艰辛的岁月里，那是他最关心的事。不过，外部和内部政治问题的联系如此紧密，以至于我们无法相信伊索克拉底直到后来才把兴趣

① 参见他在《第七书简》326a谈及苏格拉底去世后的那些年时对此所说的。

② 下文的阐述基于我对《战神山议事会演说》的时间、历史背景、派系政治倾向所做的详尽研究*The Date of Isocrates' Areopagiticus and the Athenian Opposition*, Harvard Studies in Classical Philology (Special Volume) Cambridge 1941（下文简称Jaeger, *Areopagiticus*）。

1047 转向雅典的内部状况。《泛希腊集会辞》更多只是其政治家立场的单方面表达。他在这篇作品中完成的民族转向必然要求他强调雅典对整个希腊共同事务的贡献，无论是在解释城邦的早前历史，还是在描绘其当前的任务时。他对内政问题的讨论同样证明了对外政策在其思想中的这种优先地位；因为在《战神山议事会演说》中，伊索克拉底是从对外政策的影响角度思考雅典民主及其当前状况的。这在他为自己的批评选择的出发点中就已经得到了明确的表达。《战神山议事会演说》首先概括了作品创作时雅典的外部状况，对作品发表时的精神状况的追问由此获得了特别的意义。为了让口头演说的形式显得合理，伊索克拉底在其中虚构了一个历史时刻：他作为告诫者出现在集会的民众面前，他可以在梭伦的政治诗歌和修昔底德历史作品的重要演说中为这个角色找到著名的模板。大部分民众和他们的顾问都是乐观的（他如此描绘当时的情况），因此他们无法理解他的担心，反而会指出一切似乎能够证明有理由充满信心地评价雅典对外地位的事例。他所描绘的这幅他们心目中的画面暗示，所谓的第二次雅典海上同盟（在《泛希腊集会辞》之后成为事实）当时仍有势力。雅典仍然拥有庞大的海军，它统治着海洋，它的盟友们有的愿意在其受到威胁时提供援手，有的愿意向同盟的财库纳贡。阿提卡的土地周围处于和平之中，不必担心敌人的进犯，反而似乎更有理由相信，雅典的敌人在为自己的安全担心。[①]

与上述光明的图景相反，伊索克拉底自己给出的画面要阴郁得多。他预料到自己的看法会遭到不屑，因为它背后的理由并不像其他人能够指
1048 出的事实那样显明。一个主要的理由是普遍的乐观自信主导着人们，其中始终埋藏着危险。人们相信雅典现在的力量可以控制整个希腊，而他却担心，权力的表象恰恰很容易将城邦引到悬崖边。[②]伊索克拉底的想法植根于希腊悲剧的世界观。他认为政治世界服从于同样的悲剧基本法则，人类生活中的权力和财富处处伴随着理智和约束的丧失，这种从内部产生的力量会威胁其存在。他认为真正的教育要素是贫穷和卑微，因为它们会带来

① 《战神山议事会演说》，1—2。
② 《战神山议事会演说》，3。

自制和节制。大部分人都有过此类经历，不利的处境包含了改善的动力，幸运则很容易变成不幸。[①]伊索克拉底不仅把上述法则用于个人的生活，而且也用于国家的命运。在可供使用的大量例子中，他只举了雅典和斯巴达的历史。经历了波斯战争期间的破坏后，雅典崛起为希腊的领袖，因为恐惧让他把复兴作为自己全部精神力量的目标。但在伯罗奔尼撒战争中，它又从如此实现的权力顶峰突然坠落，差一点沦为奴仆。得益于朴素和军人生活带来的古老力量，斯巴达从其历史之处的完全籍籍无名变成了伯罗奔尼撒的统治者。但这种力量让它变得过于狂妄，随着最终取得了陆上和海上的霸权，它陷入了和雅典一样的困境。[②]伊索克拉底在这里暗示了斯巴达在留克特拉的失败，此事给当时的人们留下了最深刻的印象，特别是对斯巴达的无条件赞美，就像公元前4世纪的作品中对斯巴达及其国家制度的评价变化所证明的。不仅是柏拉图、色诺芬和亚里士多德，伊索克拉底也反复提到了斯巴达对希腊统治的沦亡，他对此的解释是，斯巴达人没 1049
能明智地利用他们的力量。[③]伊索克拉底用上述事例支持他关于历史变迁（μεταβολή）的政治学说。[④]我们有理由猜测，这个问题在他的政治家教育中所扮演的角色远不止《战神山议事会演说》中的寥寥数语所表达的。通过前几个世纪的剧烈变革，这一点以前所未有的透彻性呈现在希腊世界的面前。就这点而言，事例的选择不是随机的。作为这些事例基础的经历成了伊索克拉底那代人展开深刻思考的真正动力。柏拉图和亚里士多德的思想中同样突出了政治变革的问题，对此的讨论显示了一种不断增强的趋势。鉴于当时的经历，伊索克拉底把对安全的任何过度感受都视作纯粹的自欺欺人。在所举的两个例子中，雅典的溃败显然在时间上更远。因此，斯巴达的崩溃无疑被描绘成对雅典所经历不幸的重蹈覆辙。[⑤]因此，雅典的陷落只能被理解为阿提卡帝国在伯罗奔尼撒战争结束时的败亡。伊索克拉底让我们回想起这场灾难多么突然，以及那个城邦曾经多么强大，其现

① 《战神山议事会演说》，4—5。
② 《战神山议事会演说》，6—7。
③ 《腓力辞》47，《论和平》100，《泛雅典娜节演说》56起。
④ 《战神山议事会演说》，5；8。
⑤ 《战神山议事会演说》，7（结尾）。

在所拥有的力量完全无法与之相提并论。

人们大多把《战神山议事会演说》的创作时间放在同盟战争失利（公元前355年）之后，第二次海上同盟重蹈了第一次阿提卡海上同盟崩溃的覆辙，《泛希腊集会辞》之后意想不到的快速复兴又同样匆忙地终结了。[①]如果这是对《战神山议事会演说》中所预想状况的正确理解，那么对该状况中所隐含危险所做的冗长讨论就显得多余，无须证明强大的力量中经常包含着不幸。伊索克拉底将不会对未来的可能事态发展提出警告，
1050 而是必然对已经发生的灾难做出评价，教育的契机将不会是从过去的震慑性例子，而只能是从即刻当下的经历中学到些什么。伊索克拉底不必用之前的帝国在伯罗奔尼撒战争中的解体来证明他的观点，而是必然会暗示第二次海上同盟的覆灭；这种理解更加难以解释的是他对乐观者们的描绘，即雅典仍然总是能够调动庞大的财力和兵力，拥有强大的舰队和大批愿意施援的盟友，牢牢地手握海上统治权。支持演说创作时点较晚的理由主要在于，学者们相信，一些时间上的暗示必然与同盟战争或紧随其后的时期有关。热衷于将演说中提到的个别事实同已知的历史事件联系起来导致人们无视整体情况及其特征，对解读当时的历史状况产生了不利影响。[②]

伊索克拉底指出了必须被视作警告信号的各种症状。他谈到了其他希腊城邦对雅典及其海上同盟与日俱增的仇恨与不信任，以及雅典同波斯帝国的关系不佳。他认为，这两个因素在第一次海上同盟时期就导致了本方力量的崩溃。[③]有人把这段描述与同盟战争后的情况联系起来，但他们因此忽视了那样的话，预言重蹈覆辙就多余了，而警惕的目光在灾难爆发前就能看到希腊人的仇恨（很可能首先包括雅典自己的盟友）和与波斯人交恶的征兆。事实上，按照伊索克拉底的意图，预见这种不幸是其演说真正的政治家式贡献。他所暗示的大部分东西更多是典型而非特定类型的，

---

① 参见F. Kleine-Piening关于这篇演说的时间的著作：*Quo tempore Isocratis orationes, quae* Περὶ εἰρήνης et Ἀρεοπαγιτικός *inscribuntur, compositae sin*t, Dissertation Münster 1930；另见Jaeger, *Areopagiticus*，411。

② 参见Jaeger，前揭书，第412页起，第421页。

③ 《战神山议事会演说》，8—10，80—81。

符合公元前4世纪50和60年代的不同状况，比如盟友开始分裂和波斯国 1051
王的再三威胁。[①]唯一提到的性质较为具体的事件更可能指向同盟战争爆发前（前357年）[②]而非结束后，后者意味着海上同盟和雅典海上统治的最终崩溃已经板上钉钉。

如果上述观察正确，那么《战神山议事会演说》并非海上同盟完全破产后的清算，而是避免其破产的最后尝试。我们必须以这种时点来看待他关于变革雅典民主的建议。在伊索克拉底看来，雅典城邦面临的一切威胁都源于其内部结构。我们——可能是他的想法——通过好运的眷顾或者某些个体的天才尽管取得了巨大成功，但我们无法保住战利品。在科依，特别是在他的儿子提莫忒俄斯的带领下，我们赢得了对全希腊的统治，但很快又赌输了，因为我们不具备能让我们守成的政治制度。[③]政治制度是国家的灵魂。它之于国家就像精神和理智之于人。个人和政治领袖按照它塑造自己的性格，让自己的行为与之相符。[④]我们在《致尼科克勒斯》中已经看到过这种思想，他在这里从负面意义上再次提起。伊索克拉底提出这样的事实，即雅典人都认同他们在民主统治下的处境没有比现在更糟的了。在人们交谈和辩论的市场上，人们听到的都是这类想法。尽管如此，没有人愿意对状况做出些改变，所有人都更喜欢当下这种堕落的政治生活，而非祖先创造的政治制度。[⑤]

对伊索克拉底的上述批评让我们对这种矛盾的根源产生了疑问。当时的城邦对大部分公民来说（包括那些认为其需要改革的）显然成了满足
他们利己行为的一种舒适手段。尽管城邦要求每个人有所约束，但同时也 1052
限制了其他人的过度欲望。因此，不同人的利己行为形成了某种平衡，它最终让所有人都满足了充分多的个人愿望，从而变得对他们不可或缺。大部分的物质欲望（人们为了满足它们而选择了这种共同生活）显然是当时“塑造人类”的真正要素，就像各种倾向的政治思想家所一致表达的。作

① 《战神山议事会演说》，9—10；81。参见Jaeger，前揭书，第416页起。
② 参见Jaeger，前揭书，第432页起。
③ 《战神山议事会演说》，12。
④ 《战神山议事会演说》，13。
⑤ 《战神山议事会演说》，15。

为对人类的塑造，教化在当时沦为了纯粹"教育"的角色。它致力于从外部施加影响，无法对方向相反的力量形成真正的制衡。如果想要实现更多，它要么必须放弃对全体人民的塑造，退回学校和会社的小圈子，就像哲学家们所做的，要么只能尝试从个人统治者着手（在民主国家则是个别的国家制度），以便按照自己的想法对其施加影响。这正是伊索克拉底的教育理念。他在《致尼科克勒斯》中尝试了第一条道路，讨论了统治者职业的责任。在《战神山议事会演说》中则探索了第二条。

在这里，正是出于认识到政治的根本弊端在于如何改变人的问题，他尝试了通过改变城邦制度来实现这个目标。伊索克拉底认为，现在的人不同于梭伦或克勒斯特涅斯时代的，因此把他们从过度的个人主义中解放出来的唯一手段是重新确立那个世纪的政治制度。[①]个人将随着城邦的"灵魂"一起改变。但政治制度是城邦的灵魂[②]这一优美的表达反而掩盖了一个严重的问题。假设在祖先所生活的公元前6世纪，它真是城邦的灵魂，换句话说是人们真实存在的精神表达，是从内部创造的集体生活的形式，那么在伊索克拉底的时代仍然如此吗？在他的理解中，政治制度难道
1053 不只是一种手段，作为一种法律机制来重新创造那种被有害力量破坏的内在形式吗？于是，对人的塑造从精神存在的世界转移到教育的世界，国家成了教育任务的权威外在承载者。教化因此成了机械的东西，一边是伊索克拉底希望实现的最高程度的技术化方式和方法，一边是他希望由此重现的关于过去的浪漫图景，通过这种对立可以更清楚地看到这种缺陷。在这里可以看到与柏拉图的全部区别，后者在他的最优"城邦"中尽管似乎也对生活做了浪漫的简化和限制，但他的出发点始终完全是现实的，一切终点都放在对灵魂的真实塑造上。柏拉图《理想国篇》中的一切都以此为目标。伊索克拉底则相信，只需通过恢复战神山议事会的地位就能在他那个时代的现实雅典城邦中实现这点。因此，完全与他对教化的理解相对应，他把城邦变成了纯粹的监督机构。

为了刻画他所追求的教育的精神，他所提出的关于过去的理想图景

① 《战神山议事会演说》，16。

② 参见《战神山议事会演说》14，《泛雅典娜节演说》138重申了这点。

突然变成了幻想，当下的一切弊病和问题在其中都消失了，观察这是如何发生的对我们很有教益。想要理解这种奇特的历史思考方式，我们首先要把他对过去的各种赞美视作对当下相应弊端的否定。公元前4世纪雅典的激进化民主在引发对其批评的更广大圈子里提出了一个无法解决的问题。那就是大众统治的问题，就像在《战神山议事会演说》和伊索克拉底的其他演说中所形象描绘的，以及一切与之相伴的现象，如民众领袖，告密行为，以及多数人对有更高文化的少数人的专断和保证等等。在雅典民主之父梭伦和克勒斯特涅斯的时代，人们尚未把没有约束当成民主，把没有法纪当成自由，把言论自由当成平等，把行为不受节制当成最大的幸福，而 1054
是会惩罚这类人，希望把公民变得更好。[①]那时的人们所追求的平等并非机械的一切平等，而是按比例的平等，给予每个人他们所应得的。[②]选举制度也还没有因为引入抽签而变得机械化，导致纯粹的偶然取代了价值评判。那时的官员并非直接从全体民众中选择，而是仍然从一批预先选出的、具有真正能力的人中间接选择。[③]当时的选举格言仍然是“克勤克俭”，在为他人的利益考虑时，人们也不会怠惰自家的事。当时还没有用城邦的公共收入来养活人们的做法，他们反而会把自己的财产贡献给集体。[④]成为公民尚不是纯粹的工作，而是一项义务。[⑤]为了让这种对高贵行为的赞美不会显得与民众为敌，伊索克拉底补充说，当时的民众仍然是主

① 按照伊索克拉底在《战神山议事会演说》20的说法，通过对全部价值观的彻底颠覆，“城邦”（即社会整体）如此败坏了其公民的思想和说话方式。他选择了παιδεύειν一词来表示这种对人进行塑造、实则瓦解仪礼的影响。这表明伊索克拉底完全意识到，真正的教育力量并非存在于某个改革者的教育计划中，而是存在于时代的整体状况中。在仪礼崩坏的时代，教化只作为负面意义上的腐化存在，从整体影响部分。伊索克拉底也类似的描绘了负面的“教化”，它从城邦的权力欲（δύναμις）出发，改变了公民的精神（《论和平》77）。这种意识必然让他深感一切纯粹教育的无力。但作为那个时代的特点，正面意义上的教化只有以孤立的个人对普遍发展趋势的有意识反抗为形式才有可能。

② 《战神山议事会演说》，21。

③ 《战神山议事会演说》，22。人们称之为προκρίνειν或αἱρεῖσθαι ἐκ προκρίτων。

④ 《战神山议事会演说》，24。有趣的是，“工作与节约”这一口号——在这里显然与来自公元前4世纪派系斗争的一条被大量使用的口号有关——在《理想国篇》553c被柏拉图用来刻画寡头类型的人。伊索克拉底几乎不会有意识地将这种讽刺刻画的色彩用于自己的理想形象；更加意味深长的是他在这点上与柏拉图的契合。关于伊索克拉底认同有产阶层的政治观，参见下文。

⑤ 《战神山议事会演说》，25。

人，他们设立了官职，从享有必要闲暇的有产阶层中选择他们的公仆。[①]因此，对选举而言，专业能力比抽签的偶然或者任何党派的政治视点更重要。[②]

这些话读上去就像是第二次海上同盟失败时雅典的保守和有产人群青睐的计划。从同盟战争失利后开始盛行的反对声浪中，我们能够最清楚地看到他们对当时城邦的批评。当时，富有的金融家欧布罗斯（Eubulos）用自己的体系纠正了过去几十年间民众领袖对经济的管理不善，赢得了多数民众的长期信任。“克勤克俭”的基本原则特别符合这种倾向，对大众统治和民众领袖的弊端必然源于同一个有产者圈子，他们不得不承担激进民众领袖的战争政策造成的成本，却不能因此避免城邦的败亡。伊索克拉底多次暗示（特别是在阿提卡海上同盟再次解体时期所发表的演说
1055 中），他非常关心有产少数阶层的诉求。[③]尽管他在表达时极尽小心，但他在民众领袖的攻击面前一再为其提供保护的总是这个阶层。他指责人们怀疑这些人与民众为敌，尽管他们对城邦存亡的贡献要超过大部分高喊口号者。[④]不过，他觉得也有必要为自己与民众为敌的嫌疑辩护。这点在此刻有了双重必要，因为他提出了不受欢迎的建议，要求让战神山议事会重新拥有更大的权力。[⑤]重建最高法庭的权威（特别是监督公民的道德）很久以来就是保守派计划中一个不变的要点；在伊索克拉底的这篇作品中，它成了关于古典时期雅典民主画面的封顶石。[⑥]

诚然，伊索克拉底没有明确提出恢复“祖先政制”（πάτριος πολιτεία）——在伯罗奔尼撒战争后期，这一口号在雅典的政制斗争中扮演了如此重要的角色——但在内容上，他对梭伦和克勒斯特涅斯时期民主的回顾式美化最大程度地符合当时用那句口号所表达的计划。在伯罗奔尼撒战争和三十僭主的寡头统治期间，该计划的主要执行者是温和民主派

① 《战神山议事会演说》，26。
② 《战神山议事会演说》，27。
③ 参见 Jaeger, *Areopagiticus*, 449 的段落。
④ 《论和平》，13 和 133。
⑤ 《战神山议事会演说》，56—59。
⑥ 参见 Jaeger, *Areopagiticus*, 442f.。

的领袖忒拉墨涅斯（Theramenes）。亚里士多德的《雅典政制》中记载说，公元前403年，三十僭主在掌权后最早采取的行动之一就是废除了伯里克利时代对战神山议事会的权力做了严格限制的法律，该法律导致这个机构最终失去了对城邦的支配影响。[①]对战神山议事会的恢复发生在三十僭主统治的初期，当时忒拉墨涅斯和保守派中的温和势力仍然对政治有决定性的影响。三十僭主倒台后，回归的民主派显然重新撤销了上述立法决定，而“祖先政制”口号的创造者忒拉墨涅斯被克里提亚斯和寡头中更加激进 1056
的力量杀害这一事实，也没能让那个温和的派别及其精神遗产在后来民众统治恢复后更受欢迎。因此，不难理解伊索克拉底有意回避或改变了“祖先政制”的表述，以免引发不满。但可以同样清楚地看到，他与忒拉墨涅斯的计划有联系，后者在雅典重建民主政制后必然仍有支持者。伊索克拉底关于战神山议事会的呈文和忒拉墨涅斯的想法在内容上的一致让人产生了这种猜想，一个令人高兴的证据是，在古代的传记中，政治家忒拉墨涅斯和高尔吉亚与智术师一起被归为伊索克拉底的老师。[②]

因此，两者在政治思想上的延续是无可否认的事实，一旦承认了这点，就很容易远远超过伊索克拉底《战神山议事会演说》的范围，在雅典的政制史和理论-政治作品中追寻它。因此，伊索克拉底在呈文中关于恢复战神山议事会的请求，不太可能是个人在一个关键时刻回顾伯罗奔尼撒战争期间提出的那个政制改革方案时所采取的举动。伊索克拉底对当时的民众领袖和激进主义的整个立场更让人相信，在对内和对外政治上，他都同样与那个他为其观点而奋斗的政治团体关系密切。就像我们所看到的，在这篇演说中，雅典的全部幸福和力量似乎都与提莫忒俄斯个人及其在第二次海上同盟中作为统帅的行为联系在一起。[③]伊索克拉底认为，一切的不幸和败亡都始于这位伟人被罢黜。他用自己的笔不懈地为其效劳，[④]并

① 亚里士多德，《雅典政制》，35. 2；参见25. 1—2，以及Wilamowitz, *Aristoteles und Athen*, I S. 68, 40。

② 哈利卡那苏的狄俄尼修斯，《伊索克拉底》，1；伪普鲁塔克，《十位演说家传》，836起；《苏达辞书》，Ἰσοκράτης词条下。

③ 《战神山议事会演说》，12。

④ 参见伪普鲁塔克，《十位演说家传》，837c。

且不顾其倒台和受审，在其死后仍然勇敢地为之辩护。如果我们对时间的估计正确，即《战神山议事会演说》创作于同盟战争爆发前的关键时刻，1057 那么在当时的情况下，几乎无法相信伊索克拉底在一个如此重要的内政问题上会一意孤行，不去寻求与他的伟大弟子达成一致，后者当时退隐雅典，和他毗邻而居，而且必然日益不满地目睹着其激进继任者的行径。[①]与伊索克拉底一样，他无疑也觉得新的掌权者会在短时间内重新毁掉他辛苦建立的东西。[②]而他在同盟危机爆发后再一次介入雅典政治和战事则证明，他期待着东山再起。伊索克拉底通过暗示政制改革在对外政策领域的意义来解释其必要性，这最清楚地表明他的思考方式必然只和提莫忒俄斯的相同；因为后者只关心确立自己的母邦在希腊的权力地位，而非民众领袖的内部政治活动。

因此，我们无法否定这样的结论，即伊索克拉底在《战神山议事会演说》的呈文中同样以某个现实政治群体的名义发言，当他们的对手将城邦带到了悬崖的边缘后，那个群体在危难迫在眉睫的时刻最后一次试图通过新的影响来赢得对雅典命运的决定权。我们知道，这次努力失败了，没能阻止第二次海上同盟即将崩溃的不幸。虽然提莫忒俄斯被任命为舰队的联合指挥，但我们在伊索克拉底演说中看到的深刻矛盾仍然无法弥合，而是因为后来雅典的战事而成为裂口。伊索克拉底亲口告诉我们，当他决定在公共政治中宣扬自己修正政制的想法时，它们不是全新的。他多次在朋友圈子里讨论过它，但一直被警告不要将其付诸文字，因为那样会招致对1058 他思想不民主的指责。[③]我们可以推测，他不是偶然谈到这个建议，而是将其作为伊索克拉底学校的政治教化的固定组成部分。这还更清楚地显示

① 参见Jaeger, *Areopagiticus*, 442。

② 对于老师和学生之间的这种一致，一个典型的例子是几年后，在提莫忒俄斯死后发表的《论财产交换》中，伊索克拉底觉得必须为弟子洗清敌视民众和寡头思想的指责。为此，他在《战神山议事会演说》57为他本人和他给政制改革的建议做了辩护。显然，就像他在演说中提到的，当他为《战神山议事会演说》的发表寻求建议时，提莫忒俄斯圈子里的某些成员警告他注意这种“很容易的曲解”。

③ 通过发表这个圈子之前说过的话，《战神山议事会演说》56—59让我们如愿一窥其内容。一方面，有人不建议他这样做，因为他们认为雅典的内部形势不可救药，觉得激进派领袖对温和派的敌意过于危险。当然，肯定也有人的想法与这种声音相反，他们建议发表，因为否则谨慎的伊索克拉底很难做出发表的决定。

了他与提莫忒俄斯的关系，并印证了这个想法来自忒拉墨涅斯的圈子，即来自更早时代的事实。[①]伊索克拉底无疑作为成年人在内心参与了伯罗奔尼撒战争最后岁月里的思想斗争，即便他表面上远离政治活动。伊索克拉底和柏拉图在那些年里的类似立场让这一点显得更有可能。[②]

现在，我们对《战神山议事会演说》的背景有了更清楚的了解，我们不仅明白了为何伊索克拉底对雅典民主“更美好岁月”的描绘处处流露出独特的现实性，而且在他关于过去的画面中看到了对当下的大量直接暗示。作为模板，画面本身具有教育功能。如果我们从这种视角来读上文解读的有关公共生活的段落，以及关于宗教节日和对过去与现在一切敬神问题进行讨论的段落，[③]那么我们会发现，每句话都是对缺乏教养的现状的尖锐控诉。伊索克拉底指责现在的崇拜活动随心所欲，没有定规和常式，在错误的极端间摇摆不定。雅典人时而隆重地献祭300头牛，时而完全荒废祖先传下的节日。他们有时大张旗鼓地庆祝特殊和额外的节日，特别是当这些节日与民众飨宴有关时，有时却把最神圣节日上的祭祀承包给他人。过去的人不会像现在的人那么轻率，漫不经心地抛弃了祖先的神圣习惯，或者引入新的仪俗。伊索克拉底表示，宗教对古人来说不是虚荣的炫耀，而是惶恐地避免改变任何先人的传统。[④]

在这点上，我们想起了一类细致的研究，从现存此类作品的残篇来看，它们通过阿提卡编年史这一当时开始盛行的新体裁，探究了宗教崇拜以及一切敬神节日和虔敬习俗的诞生和庆祝情况。这种对往昔的兴 1059
趣在罗马史上也有类似的例子，那就是瓦罗的《世俗与神圣事物考古》（*Antiquitates Rerum Humanarum et Divinarum*），一部文化史和神学知识的巨著。这部作品诞生的环境与伊索克拉底的时代有着内在的相似性。在伊索克拉底的学校中，对于过去历史的这一面也必然已经存在新的理解。为了能够写出上文引述的那些句子，他必须更准确地研究古代雅典的祭祀

① 与之类似，我们从柏拉图的《第七书简》（326a）中了解到，作者早在几十年前——早于他的第一次西西里之行——就已经产生了后来在《理想国篇》中所公布的想法，并在口头上为其辩护。

② 参见柏拉图，《第七书简》，325a起。

③《战神山议事会演说》，29。

④《战神山议事会演说》，30。

习惯和节日，即便我们在其他地方觉得这位作者很喜欢将结论普遍化。在他动笔时，“阿提卡编年史”（Attis）这一新体裁已经出现；另一方面，我们可以大胆地假设，伊索克拉底在这方面的兴趣和他对昔日雅典政治状况的讨论，促使像安德洛提翁这样的弟子创作了自己的“阿提卡编年史”。我们不应忽视，《战神山议事会演说》对节日和敬神的堕落所做的批判式描绘中所流露出的有意识的宗教保守主义，与致力于回归“祖先政制”理想的政治保守主义密不可分，就像我们反过来也很容易理解宗教元素在后者中的意义。

伊索克拉底特别关注过去的社会问题，因为他无疑会想到自己将在这点上面对异议，即他的画面中的阴暗面正是富人与穷人、高贵者与低贱者的关系。他的看法与此相反，认为当时是社会肌体完全健康的时期。当时，穷人还不嫉妒有产阶层，无产者分享他人的好运，有理由认为后者的财富也是他们自己生计的来源。富人也不鄙视生活无着者，而是认为后者的贫穷是自己的耻辱，他们向困境中的人伸出援手，为他们创造工作。[①]相比于梭伦本人对统治阶层的描绘，[②]这幅画面被大大理想化了，即便拥
1060 有这里所描绘想法的富人和穷人曾可能比伊索克拉底的时代更多。我们可能会想起喀蒙和他仍然基于父权主义观念的社会态度。[③]只要雅典还有这种有产贵族，这种情况就比工业化、资本增长和贫困加剧的时代更有可能。那时，人们并不积聚巨额财富，而是让自己的钱发挥生产力，不会马上觉得所有此类行为都是危险的。相互信任主导着商业生活，穷人和拥有庞大财富的人同样重视经济状况的安全。人们不在公众面前隐藏财富，而是让其发挥实际用途，他们相信这不仅对城邦的经济状况有益，而且能增加自己的财富。[④]

伊索克拉底不认为这种健康的状况源于某个外部条件，而是认为在于对公民的教育。[⑤]他由此引出了自己的主要思想，即一个强大的战神

① 《战神山议事会演说》，31—32。
② 特别参见他的抑扬格长诗，残篇24。
③ 参见普鲁塔克，《喀蒙传》，10。
④ 《战神山议事会演说》，33—35。
⑤ 《战神山议事会演说》，36—37。

山议事会的必要性。因为他主要从教育，而非从法律判决的角度看待此事。现行制度的缺陷在于，雅典人把教化局限于孩子（Pais）。[①]孩子们受到大量监督，但长大后每个人就能为所欲为。在过去，人们对成年人的关心要超过对孩子的。因为那正是决定让战神山议事会监督公民品行（εὐκοσμία）的意义。参加议事会的人必须拥有最好的出身，在生活中表现出无可指摘的性格。上述遴选原则使得战神山议事会成为全希腊此类机构中最高贵的。[②]虽然后来它的许多政治权力遭到了限制，但其道德权威至今仍然如此之高，任何与之打交道的人都会不由自主地感到敬意，即便是最坏的人。[③]伊索克拉底正是想在这种道德权威的基础上重建对公民的 1061
教育。

好的法律本身无法把国家和公民变得更好，这个事实在他的眼中是关键的认识。否则我们就能简单地将某国的法律文字和它的精神一起移植到其他所有城邦。[④]这种对他国立法的借鉴在希腊司空见惯。无论是为某个城邦，还是为了对城邦的普遍改善，哲学家制定的法律都基于对正确法规的高度重视。但在柏拉图的作品中，我们已经看到了这样的认识，即如果城邦的精神，或者说它的“性格”有问题，那么法律本身将无能为力。因为集体的个性决定了对公民的教育，以自己为模板塑造每一个体的性格。因此，关键在于为城邦注入好的精神，而不是为其配备涉及生活各个方面、数量越来越大的具体法规。[⑤]人们相信在斯巴达可以看到，那里对公民的培养非常出色，但成文法的数量却很少。柏拉图相信，在他的最优城邦中可以完全放弃专业化的立法，因为他设想那里的教育可以通过公民的自由意志实现法律在其他城邦通过强迫也无法达到的目标。[⑥]这种想法借鉴自当时人们眼中斯巴达的情形，以及同时代人对其的描绘，特别是色诺芬。伊索克拉底则没有把斯巴达作为模板。他认为这种理想状况更可能

① 《战神山议事会演说》，37。
② 《战神山议事会演说》，37。
③ 《战神山议事会演说》，38。
④ 《战神山议事会演说》，39。
⑤ 《战神山议事会演说》，39—40。
⑥ 柏拉图，《理想国篇》，426e—427a。

在昔日的雅典实现，那时强大的战神山议事会负责监督公民的生活，特别是青少年的。①

在伊索克拉底的描绘中，当时雅典青少年的状况特别需要教育。②这是内心最为混乱的年龄，充满了各种欲望。对他们的教育应该通过既辛苦又能带来内心满足的好活动，因为只有这样才能长时间地吸引青少
1062 年。③此外，还有必要根据年轻人的社会状况对活动进行划分。因为社会状况不同，对青少年的教育方式也不会相同。伊索克拉底认为，根据各人的财产状况对教化进行调整是必须的。④只要存在对更高等教育的要求，这种观点在希腊人关于青少年教育的理论中就有一席之地。在柏拉图的对话中，我们看到普洛塔哥拉表示，教育的时间长度应该取决于父母的财产，⑤在伪普鲁塔克关于青少年教育的作品中还能看到这点，他使用了今天已经失传的材料。⑥直到在柏拉图的《理想国篇》中，这种观点才消失了，因为在那里，更高等的教育是国家和受国家监督的精英的事。我们从伊索克拉底的政治视角可以看到，他完全没有这种想法。在他看来，教育的国有化是教育激进主义的完全不现实的要求，在现实中无助于创造思想精英，反而会导致社会差异被机械地抹平。伊索克拉底认为这种差异是自然给定的，无法被消除。因此，尽管他希望减轻不必要的艰辛，但无意消除财富差异本身。他认为教育的目标不在于这种差异，表示“我们的先辈为富人和穷人制定了符合他们社会地位的教育方式。他们让较为贫苦的人从事耕作和商业，因为他们认识到，无所事事会导致生活无着，而生活无着会导致不义行为。因此他们相信，如果能消除弊端的根，那么也就能消灭由此长出的罪恶。他们强迫有产者参与马术、竞技、狩猎和精神教育（φιλοσοφία），因为他们看到，这能把其中的一些培养成能干的人，让

① 《战神山议事会演说》，41—42。

② 从中可以看出，他认为当时的青少年特别需要教育。就像我们所看到的，他对早前雅典的全部理想化描绘都是为了与当下形成对立。参见《战神山议事会演说》，48—49和50。

③ 《战神山议事会演说》，43。

④ 《战神山议事会演说》，44。

⑤ 柏拉图，《普洛塔哥拉篇》，326c。

⑥ 伪普鲁塔克，《论儿童教育》，8e。作者很希望为所有阶层提供良好教育的建议，但如果贫穷限制了许多人使用他的方法，那不是——就像他所宣称的——他的教育术的错。我们在论养生的医学作品中可以看到类似的思路，它们往往只考虑有钱人。

另一些人不干坏事”。[①]将精神教育同各种运动等同起来显示教化被理解为一种高贵的游戏，伊索克拉底与柏拉图《高尔吉亚篇》中的贵族卡里克勒斯对此观点一致。根据这种观点，某个社会阶层最容易喜欢上新时代的精 1063 神兴趣。伊索克拉底完全不羞于在更广大的读者圈子面前公开表达这点。他可以预见到，相比于严肃而内在的精神任务，就像柏拉图和哲学所要求的，各个阶层的希腊人（特别是雅典人）可能更容易理解事情的这一面。

伊索克拉底认为，在当下的民主中，教育的真正弊端是缺乏任何公共控制。他在之前阿提卡城邦健康时期的生活中可以找到这种控制，特别是地方上，即乡间的村（Deme）和城里的区（Kome）。在这些很容易一览无余的较小共同体中，人们警觉地关注着个体的生活方式。“破坏秩序”（Akosmie）的案件被带到战神山上的议事会，后者掌握着不同等级的教育手段组成的体系；最轻的是训诫，然后是威胁，如果两者都没有效果，那么最后将使用刑罚。[②]就这样，通过训教和惩罚这两个互补的原则双管齐下，战神山议事会得以对公民实施“约束”（κατεῖχον），这个词在梭伦的作品中就已出现，后来在关于对公民进行法律约束的表达中也经常可以看到。[③]那时，青少年并不在赌场中和吹笛女身边无所事事地虚度光阴，就像伊索克拉底所描绘的自己时代的常景。人人忙着自己的行当，满怀敬意地模仿着本行的佼佼者。在对长辈的关系上，年轻人遵守着尊敬和礼貌的规矩。他们展现出严肃的举止，无意成为插科打诨者。人们并不根据年轻人在社会中的机敏程度来评判其才智。[④]

雅典青少年的全部生活曾经充满着Aidōs，即那种神圣的敬畏感。自从赫西俄德以来，没有哪个时代比伊索克拉底的时代更加哀叹它的消失。[⑤]在基本思想上，对昔日教育的描绘让人想起了阿里斯托芬在《云》 1064

① 《战神山议事会演说》，44—45。在伊索克拉底的同时代人中，色诺芬最接近这种教育理想。他同样将马术、竞技和狩猎同对精神教育的偏好结合起来。

② 《战神山议事会演说》，44。

③ 《战神山议事会演说》，47。参见梭伦残篇24. 22和25. 6；类似地，修昔底德2. 65. 8将其作为对伯里克利的最高赞美。

④ 《战神山议事会演说》，48—49。

⑤ 《战神山议事会演说》，48（结尾）。参见赫西俄德，《工作与时日》，199。

中所描绘的新老教化的对比。[1]但在细节上，它引人注目地契合柏拉图在《理想国篇》中提出的理念，可能受到后者的影响。Aidōs概念是古老的希腊贵族伦理和教育的遗产，在后来的世纪中逐渐失去了重要性。但在荷马或品达时代的人那里，它仍然扮演着权威角色。[2]很难定义这种耻辱或羞怯的本质，那是一种由众多社会、道德和类似动机组成的复杂的内心约束过程，或者说是引发这种约束的情感。在致力于用法律的理性形式确立一切准则的民主发展的影响下，Aidōs概念一度在公众意识中变得很不起眼。从伊索克拉底的保守思想方式中可以看到，他的教化不仅把典范思想和昔日道德伦理的个别规定，也把Aidōs或羞耻感作为道德行为的源头。无论是在作为君主之鉴的《致尼科克勒斯》中，还是在《战神山议事会演说》所提出的青少年教育理想中，伊索克拉底都有意识地追求复兴古老的贵族教育及其准则。在被他美化的早期阿提卡民众城邦中，这种教育仍然能完全发挥作用，对城邦社会结构的内在稳定做了许多贡献。伊索克拉底完全清楚这些要素，将其看得比法律更重，把它们视作民主生活秩序的支柱。他对纯粹立法本身的教育价值持怀疑态度，推崇敬畏和羞耻的道德力量，两者显然是相辅相成的。

在对当前激进民众统治形式的民主做了彻底的批判后，伊索克拉底觉得有必要先行为自己辩护，他认为民众领袖很可能指责他有反人民的思
1065 想。这种预防措施非常明智，因为它让对手被釜底抽薪，避免了很容易发生的误解，即伊索克拉底站在原则上与民主政制为敌的寡头那边。[3]在当时的雅典公民大会的论坛上，如果想要让对手背上政治嫌疑，演说者们常常会大肆用这种罪名来对付他们。于是，伊索克拉底将这种习惯为己所用，证明没有什么比怀疑他与三十僭主（每个雅典民主派都认为他们代表了所有时代的寡头制的罪恶）交流政治观点更荒谬的了。一个把雅典民主之父梭伦和克勒斯特涅斯的政治制度视作自己理想的人，怎么可能被怀疑

① 参见本书第二卷，第372—373页起。

② 关于这种概念在希腊伦理思想中的发展，参见Carl Eduard Frhr. von Erfia受我启发所做的研究*Aidos*. (Philologus Suppl.-Bd. 30, 2; 1937)。

③《战神山议事会演说》，57。

试图破坏作为阿提卡城邦基础的公民自由呢？[①]在这点上，伊索克拉底可以指出，他的所有作品都谴责寡头制，赞美真正的平等和民主。[②]从他为形象展现真正自由而选择的例子可以看出，他在这里把民主概念的范畴变得比当时大部分民主派所认为的大得多。他认为雅典和斯巴达最完美地体现了这种自由，在那里，真正的民众平等一直主导着对最高官员的选择，以及对日常生活和行为的规范。[③]无论伊索克拉底多么强烈地认为当下的激进大众统治必须进行改革，他还是认为那要远远优于雅典在三十僭主时期经历的专制和寡头统治。[④]作者以令人印象深刻的方式做了大段此类比较，不仅是为了消除对于他的民主基本立场的任何怀疑，同时也为了表明他认为什么才是评判内部政治看法的终极尺度。[⑤]演说首先强调了雅典的政制生活有必要进行改革，这种观点源于对城邦对外政治状况的批评，他对此持最悲观的看法。[⑥]因此，通过比较激进民主和寡头制这两种政治制度在敌人面前保护雅典城邦时的表现，他顺理成章地相对认可前者。 1066

在这部分作品中，为了根据这一政治路线的两种行为来检验自己的立场，真正的和原来的伊索克拉底（即《泛希腊集会辞》中的）仿佛重新发声，只不过泛希腊思想在这里完全被民族-雅典观点盖过。伊索克拉底急于证明，他不仅试图指责民众的缺点，而且在必须承认他们对祖国贡献的地方也总是乐于传颂其功绩。《泛希腊集会辞》中已经有力地表达了重建雅典海上统治的愿望，而所有希腊人在斯巴达和雅典的率领下对波斯人开战的计划成了雅典的海上统治具有必要性和正义性的证据。在《战神山议事会演说》中，民众和寡头制对建立雅典海上统治的贡献顺理成章地成为评判两者政治贡献的决定性标准。寡头在这点上自然处于下风。因为他们是战争失败和帝国毁灭的产物，完全依赖作为胜利者的斯巴达，依靠其恩赐才得以统治。这些人唯一的桂冠来自内部政治领域，他们成功压制

① 《战神山议事会演说》，58—59。
② 《战神山议事会演说》，60。
③ 《战神山议事会演说》，61。
④ 《战神山议事会演说》，62。
⑤ 《战神山议事会演说》，63起。
⑥ 《战神山议事会演说》，3—13。

了自由，在战败的雅典为胜利者的利益服务。①他们只对自己的同胞实行专制，而胜利的民众在他们掌握统治权的几十年里占据了其他城邦的卫城。②他们把雅典变成了全希腊的统治者，尽管对未来存有各种担心，但伊索克拉底至今仍然相信，雅典的使命是不仅成为希腊，而且成为整个世界的统治者。③在雅典的历史上，这是伯里克利时代的帝国主义（在第二次海上同盟中重现）最后一次发声，以雅典人对霸权提出主张的名义要求变革（μεταβολή）对公民的政治教育，这种教育必须让城邦和公民能够成功地扮演这一继承自祖先的历史角色。④

1067 伊索克拉底希望通过他的赞美和指责来扮演真正教育者的角色，⑤但他不希望因为承认雅典民主的历史功绩而让人产生这样的印象，即他的首肯足以让雅典人有理由完全自我满足。对他们进行真正衡量的尺度并非某些时常僭越法度的堕落之人的谵妄，而是他们先辈的功业（Arete），今天的人们在这点上相去甚远。⑥伊索克拉底希望通过他的批评让人们对自己不满，以便把他们提升到其真正任务的高度。因此，他最后向他们呈现了天性（φύσις）的理想画面，这种天性是雅典人民的嫁妆，他们必须表明那是自己应得的。作者对这一概念做了简单的解释，将其比作在某个地方能够长得最好的果实或树木。阿提卡的土地可以养育那些不仅能在艺术、日常生活和文学上取得最高的成就，而且在勇气和性格上也能臻于完美的人。⑦雅典的全部历史只是雅典人民这一天生禀赋的展现。伊索克拉底将天性概念用于历史-精神领域，在这点上他显然效仿了修昔底德。因为除了人类普遍天性（ἀνθρωπίνη φύσις）的思想，在那位历史作家的笔下还可以找到对个体民族或城邦的特有天性的描绘，完全对应了这个词的医学用

① 《战神山议事会演说》，64。
② 《战神山议事会演说》，65。
③ 《战神山议事会演说》，66。关于在《战神山议事会演说》中，伊索克拉底对于雅典海上霸权观点的态度，更详细地分析参见 Jaeger, *Areopagiticus*, 426-429。
④ 参见《战神山议事会演说》78：μεταβάλωμεν τὴν πολιτείαν。
⑤ 《战神山议事会演说》，71。
⑥ 《战神山议事会演说》，72—73。
⑦ 《战神山议事会演说》，74，参见76。

法，后者同样区分了人类的普遍和个体天性。①不过，伊索克拉底的特别之处在于，他让天性概念具有了规范意味。在医学中，这种规范意味大多与普遍的天性概念联系在一起，个体天性总是仅仅表现为对普遍天性的某种修改，大多数情况下是对其的削弱，而在伊索克拉底关于雅典人天生禀赋的概念兼具个体、无法比较和规范性的特点。他的教育思想体现在呼唤真正的雅典人天性，即雅典人民更美好的自我，这种天性现在湮没黯淡，但可以从先人的功业中看到。

后来，当城邦陷入更危险的境地，即面对与马其顿的腓力的决定性 1068
战役时，德摩斯梯尼的演说和呼吁中出现了这种思想的回响。这并非德摩斯梯尼向这位伟大演说家唯一的致敬，无论在其他方面，他对马其顿问题的看法与伊索克拉底的多么不同。②在第二次海上同盟瓦解后致力于复兴雅典城邦任务的新一代人深受伊索克拉底的批评的影响。作为民主自由反抗外来压迫者的先锋，没有谁比德摩斯梯尼更令人信服地重复了对专制的民众领袖和大众的物质主义的这一抨击。在指责挥霍公帑供民众享乐，以及批评雅典公民娇生惯养和丧失战斗精神上，没有谁比他更和伊索克拉底观点一致。他最终还认同了伊索克拉底在《战神山议事会演说》中达到顶峰的观点，即不仅是为了自己，也为了作为全希腊的拯救者和保护者的角色，雅典人必须从当下的管理不善和疏忽大意中振作起来，接受更加严格的教育，使得人民重新有能力履行自己的历史使命。

放弃权力的悲剧在于，当伊索克拉底的思想在年轻人的心中扎根的时候，它的提出者本人却最终不再相信雅典会作为独立的力量和强大城邦同盟的领袖而重新崛起。在伊索克拉底的《论和平》中，我们看到他放弃了关于让提莫忒俄斯的政治作品（即第二次阿提卡海上同盟重建的帝国）从内部重生的一切计划。今天，在读到《战神山议事会演说》中的教育方案时，我们必然会想到当输掉了与背叛的盟友的战争后，伊索克拉底在
《论和平》中劝说雅典人民放弃那些计划。这篇作品的基本思想是在文中 1069

① 想要探究“天性”（Physis）概念及其在修昔底德作品中的不同用法，必须首先将其与当时的医学作品加以比较。

② 关于这点，参见Paul Wendland, *Beiträge zu athenischer Politik und Publicistik des vierten Jahrhunderts. II: Isokrates und Demosthenes*. Nachr. d. Gött. Ges. d. W., Phil.-hist. KI. 1910. S. 289ff.。

着力强调的信念，即雅典人别无他法，只能彻底放弃对海上统治的主张和海上同盟政策的理念，这些是阿提卡帝国的基础。现在他建议，不仅要和背叛的盟友，而且要和与雅典有争端的整个世界实现和平。[①]想要做到这点，唯一的可能是切断争端本身的根源；伊索克拉底认为，那正是雅典想要统治其他城邦的勃勃野心。[②]

为了理解他的主张的这种反转，有必要说明一下海上同盟破裂后雅典局势的变化。同盟的势力范围缩小到差不多只有它在提莫忒俄斯率领下达到极盛时的1/3。盟友的数量也相应减少，因为其中最重要的那些已经背叛了同盟。财政状况是灾难性的。[③]战争结束后，大量的财务政治诉讼（我们从德摩斯梯尼的演说中可以准确地了解到）醒目地显示了当时的堕落状况，以及人们为了自保而诉诸的绝望手段。卡里斯特拉托斯（Kallistratos）和提莫忒俄斯这两位第二次海上同盟胜利崛起之时的伟人都已去世。唯一可行的政策似乎首先是小心翼翼地避开风暴，彻底放弃积极的对外政策，并慢慢地实现内部复兴，特别是财政和经济领域。伊索克拉底在这种局面下提出了自己的建议，把《安塔尔喀达斯和约》（Frieden des Antalkidas）作为对外政策的基础，[④]即彻底放弃雅典的全部海上统治权。这一方案与色诺芬关于公共收入的著述非常相似，后者诞生于同一时期，希望指明一条摆脱困境的出路。现在，城邦的真正领导权落入了财务政治家欧布罗斯的保守团体之手，他们的想法也与此类似。

1070 《论和平》进一步探索了伊索克拉底在《战神山议事会演说》中提出的对雅典公众的政治教育道路。[⑤]尽管今天的人们普遍将两篇作品放到同盟战争后或更晚的时间，但根据上面的分析，从《论和平》中立场的改变可以看出，两篇作品不可能属于同一时期。诚然，我们无法忽视两者对当下的雅典民主提出了同样的批判意见，因而演说的思路有很多相合之处。

---

① 《论和平》，16。

② 伊索克拉底想要说服雅典人放弃海上霸权，见《论和平》28—29，特别是64起。参见《论和平》中关于雅典对海洋统治权（ἀρχὴ τῆς θαλάσσης）的问题所表达的态度。

③ J. Beloch, *Griechische Geschichte* III 1 S. 245; III 2 S. 167ff.。

④ 《论和平》，16。

⑤ 关于在雅典海上霸权问题上，《论和平》对《战神山议事会演说》的态度，以及关于这两篇演说与《泛希腊集会辞》中的政策的关系，参见Jaeger, *Areopagiticus*, 424f.。

但在雅典海上统治的问题上，两者采取了截然不同的观点。如果说主流观点有理由认为，《论和平》中放弃海上统治权的决定是基于盟友背叛的痛苦经历，那么也就证明了我们的结论，即《战神山议事会演说》必然属于危机尚未剧烈爆发的时候；因为在那时，上文提到的加强战神山议事会教育影响的建议，正是基于有必要为维持雅典的海上统治而采取这种措施。

《战神山议事会演说》丝毫没有质疑海上统治的卓越，以及它对雅典和希腊的历史功绩，这完全符合伊索克拉底之前在《泛希腊集会辞》中的观点。《泛希腊集会辞》以民族利益的名义要求重建在伯罗奔尼撒战争中崩溃的雅典海上统治。在那里，它的崩溃被描绘成希腊民族“一切不幸的源头”。[①]而持悲观态度的《论和平》则正好相反，将海上统治的开始描绘成一切不幸的开始。[②]《战神山议事会演说》处于伊索克拉底的政治观点在这两极间发展的过程中，并未来到消极的那一端，即放弃雅典的海上统治。[③]从《战神山议事会演说》到《论和平》，统治权问题上的彻底改变对应了两篇作品中对《安塔尔喀达斯和约》的矛盾评价。在《战神山议事会演说》中，和约遭到了最严厉的谴责，被视作希腊人可耻地仰波斯人鼻息的写照，只有在雅典的海上统治崩溃后才可能出现这种情况。[④]而在《论 1071
和平》中，这种民族意识的立场和海上统治权一起被抛弃，《安塔尔喀达斯和约》成了理想的平台，人们必须回到那里，以便重新组织起遭到毁坏的希腊政治生活。[⑤]《战神山议事会演说》的每位读者无疑都清楚，这种放弃对伊索克拉底来说一定特别痛苦。他们也明白，当那位马其顿国王作为希腊利益新的“先锋”出现时，伊索克拉底的反波斯情结将在后来的《腓力辞》中重新出现。

伊索克拉底的道德主义让他放弃海上统治的想法变得不那么艰难，

---

① 《泛希腊集会辞》，119（参见从100开始）。

② 《论和平》，101起。

③ 参见Jaeger, *Areopagiticus*, 429。

④ 《泛希腊集会辞》，120—121。

⑤ 《论和平》，16。对于那些无视《泛希腊集会辞》和《论和平》之间明显的矛盾，仍然认为伊索克拉底在这两篇演说中的观点一致的人，我在这里不想与他们展开论战。但我不得不说，我无法理解他们的逻辑。我觉得在这些学者身上，提出统一图景的愿望要比让这一图景符合实际事实的能力更强。

这种道德主义最初似乎与其思想中的帝国主义元素奇特地结合，而在《论和平》中则战胜了后者。在《战神山议事会演说》中，帝国主义通过与全体希腊民族福祉的关系获得了正当性，而在《论和平》中，统治权（ἀρχή）和扩张（πλεονεξία）企图被彻底抛弃，私人道德对国与国之间关系领域的影响则得到了明确的肯定。①虽然伊索克拉底谨慎地没有完全排除重新建立更强大的城邦集团或同盟，但他把完全基于权力的统治与"领导权"（Hegemonie）原则对立起来，后者将领导者的角色理解成为了追求荣誉。②领导权必须基于其他城邦对雅典的自愿依附。伊索克拉底认为那并非完全不可能。他将其与斯巴达国王的地位做了比较，后者同样拥有仅仅基于荣誉而非权力的权威。必须将这种权威移植到国与国之间的关系上。在这里，伊索克拉底暂时忘记了在斯巴达城邦，国王的这种荣誉地位总是通过城邦的权力得到保证。对权力和统治的追求被证明是希腊历史上一切不幸的根源。伊索克拉底发现这种追求在本质上与僭主制是一样的，因而从根本上与民主格格不入。③就像他所说的，创作《论和平》是
1072 为了彻底改变雅典人在权力问题上的观念。④与《战神山议事会演说》中一样，政治处境的改善再次显得依赖于彻底改变根本的道德立场，尽管我们可能会不自禁地感到，事实上的崩溃，即情势所迫对这种立场产生了重要影响。⑤与其说这表明了老年伊索克拉底在政治上的转变，不如说表明了他一直乐于从经验中学习。我们在《战神山议事会演说》中已经见证了他的这种习惯，他在那里从雅典在伯罗奔尼撒战争中的第一次崩溃和斯巴达势力在留克特拉的垮台中得出了自己的理论。当80年代海上同盟解体后，这种做法在《论和平》中再次出现。在《战神山议事会演说》中，它表现为对悲剧性僭越的警告，在《论和平》中则以放弃一切纯粹的帝国主义式权力追求为形式。这自然仅限于希腊城邦之间的关系；因为即便当伊索克

① 不能把私人和公共道德对立起来：见《论和平》4、13和更多地方。

② 这种意义上的统治权与霸权的区别，见《论和平》142起。参见Walter Wößner受我启发在柏林完成的论文*Die synonymische Unterscheidung bei Thukydides und den politischen Rednern der Griechen* (Würzburg 1937)，论文探究了政治辩论中对这一区别的用法。

③ 参见《论和平》，111起，特别是115。

④ 《论和平》，27。

⑤ 《论和平》69—70表示，海上帝国的力量已经失去，雅典无法重新获得它。

拉底痛苦至极地抛弃了他之前的权力梦想时，他也从未放弃过希腊人天生注定要统治蛮族的想法。从跨国伦理的角度出发，这种限制无疑使得《论和平》中提出的伦理结果重新产生疑问，或者削弱了其价值。但对于希腊城邦间的相互争端而言，伊索克拉底的道德主义是一个重要的标志，无论现实距离理想还有多远。在这点上，可以将其和柏拉图在《理想国篇》中所预示的现象相比，即关于希腊人内部冲突的新战争伦理。

伊索克拉底本人明白，这个问题归根到底是教育性质的。因为对权力的追求深深植根于人的内心，需要强大的精神努力才能将其根除。伊索克拉底试图证明，权力（δύναμις）会引诱人们变得无法无天。他认为，造成公民堕落的影响更多并非来自这代人，而是上一代人，即第一次阿提 1073
卡海上帝国时期，这代人的阴影现在掩盖了他们的荣光。[①]与《战神山议事会演说》将祖先的守法和严格的生活秩序描绘成一切善行的教育者类似，《论和平》把这代人的一切恶行和无法无天都归咎于民众及其领袖因为权力而受到的堕落教育。[②]就像在《战神山议事会演说》中那样，伊索克拉底在这里同样清楚地意识到那些在他的时代事实上决定了个人生活和塑造他们的力量。这些力量并非来自为了消除和削弱有害的影响而以教育的名义提供的无数尝试和手段，而是来自定义了个体存在的政治共同体的集体精神。人类灵魂的真正塑造者是权力欲，即追求更多（πλεονεξία）。当这种追求主宰了国家及其活动，它也就成了个人行为的最高法则。这种权力政治（Dynamismus）是真正的僭主制，在所有形式的政治体制中都同样大占上风，[③]为此他呼唤民主的精神与之对抗。长久以来，民主一直推崇这种权力政治，没有意识到它因此放弃了自己。[④]

于是，民主被等同为放弃对权力的追求。但这是否意味着在与不受公民自由的宪政约束而径直通往同一目标的其他政治制度的竞争中，应该自愿终结这一硕果仅存的重要民主？这个问题似乎非常令人不安。但事实

---

① 伊索克拉底在《战神山议事会演说》50起就谈到过这点。

② 参见《论和平》，77。这种教化把雅典对权力和统治权的追求作为出发点，伊索克拉底在《论和平》中将其视作败坏道德的，将其与致力于和平和正义的教化对立起来，见63。

③ 参见《论和平》，95—115。

④《论和平》，115。

上，我们必须承认，当伊索克拉底提出放弃雅典统治的专断权力之时，这种权力在形势所迫之下确实已经开始丧失了。[①]通过自由意志寻找道德理由只是事后的辩解，让昔日荣耀的无力继承者的工作变得更轻松些，因为这抚慰了那些爱国者的良心，他们的思想仍然走在传统的权力政治道路
1074 上。伊索克拉底希望在当前的形势下尽可能地减轻第二帝国遗产的冷静维护者们的工作。他的精神权威使其成为这种自我谦逊的真正教育者，因为他本人一直是雅典海上统治思想的承载者。事实上，他的内心变化象征了在他一生中所发生的历史变迁的意义，而几乎不可思议的是，被他指定了退休者角色的雅典城邦会在德摩斯梯尼的领导下再次奋起参战，战斗并非为了获得更大的权力，而是为了捍卫雅典在失去它的帝国后唯一留存的东西，即它的自由。

① 参见第894页注释④。

第15章

伊索克拉底为他的教化辩护

伊索克拉底在作品中经常谈到自己，但在他80多岁时所写的一篇作品中（是他最后的作品之一），[1]这种需求得到了最纯粹的表达，因为那篇作品完全围绕着他本人和他生平的工作。那就是《论财产交换》，阿提卡法律中称这个概念为Antidosis。法律规定，最富有的一小群公民必须承担高得不同寻常的税负，为雅典的战舰支付装备成本，伊索克拉底也适用该法。如果觉得这一负担不公平，每个被要求为三桨座战舰出资的人可以提名某个更加富有，从而更应该被要求履行同一义务的公民，他可以提出与此人交换财产，以便证明他自己的财产不如对方。在审判中，伊索克拉底本人和他的教学活动遭到了各式各样的攻击，它们并不严格与案件相关，而是关乎他的名声，他被指通过自己在大众传播和教育上的影响敛取了大笔财产。[2]由此可见，他在城邦公众的广大圈子里不受欢迎，他无疑早就意识到这点，因为在《战神山议事会演说》和《论和平》这两篇关于内部政治的作品中，他已经试图为自己遭受的民众敌意而辩解。[3]《论财产交换》同样与这种指控有关，很容易看出它缘起于伊索克拉底对民众领袖 1075

① 《论财产交换》9显示他当时82岁。演说辞大部分已佚，只留下开头和结尾部分，直到1812年希腊人米斯托希德斯（Mystoxides）重新发现了主体部分（包括72—309）。

② 《论财产交换》，4—5。

③ 《战神山议事会演说》，57；《论和平》，39。与柏拉图的苏格拉底在《高尔吉亚篇》中如出一辙，伊索克拉底在后一处引文中把自己比作医生，必须用炙烤和切割来治病。不过，伊索克拉底把这种比较用于纯粹的派系政治的对立，并不那么恰当。

的一再攻击。

1076 现存的《论财产交换》并非伊索克拉底在所谓的审判中真正发表的演说，而像他的大部分政治作品一样是虚构的。[①]他把财产交换的审判作为写作的契机，借口称受到公开攻击，需要为自己的人格和教学活动"辩护"，即使其获得他认为正确的评价。在《论财产交换》中，他详细描述了这种集法庭演说、自辩和自传于一身的奇特组合，[②]希望人们把这种"理念的糅杂"视作他的修辞技艺独到的精妙之处。[③]这让他有机会在辩护的压力下说出作为纯粹的自我赞美时可能会让人反感的东西。[④]柏拉图在他的《申辩篇》中率先将法庭辩护词变成了自我辩白的文学形式，让具有卓越思想的人物寻求解释自己的行为（πρᾶγμα）。[⑤]这种新型的文学自画像无疑给伊索克拉底的自我中心思想留下了深刻的印象，他在《论财产交换》中也使用了此类手法。虽说他自然不具备为了自己的生命而搏斗的英勇背景（在柏拉图的《申辩篇》中，这种背景动人地突出了坚毅和拥有伟大灵魂的苏格拉底形象），但伊索克拉底无疑觉察到自己的处境与苏格拉底的审判完全类似；因为他一有机会就通过引用柏拉图的文字和对苏格拉底的控诉来提醒读者。[⑥]他毫不在乎地表示，控诉者和他所面临的危险无疑只是令人印象深刻的点缀，甚至觉得作为他最长的作品，这篇同时也是最平淡的。[⑦]但除去作为自画像的第一座真正纪念碑，[⑧]或者更准确地说作为"他的精神和生命的肖像"而吸引我们，[⑨]这篇作品让人特别感兴趣的地方还在于它是对伊索克拉底教化的目标和成功的最全面展示。[⑩]

---

① 伊索克拉底本人在《论财产交换》8和13说过。

② 《论财产交换》，5—8和10。

③ 《论财产交换》，11—12；参见《驳智术师》，16。

④ 《论财产交换》，8。

⑤ 柏拉图，《申辩篇》，20c。

⑥ 从希罗尼穆斯·沃尔夫（Hieronymus Wolf）以来，人们就常常指出，《论财产交换》中到处可以看到，伊索克拉底非常认真地模仿了对苏格拉底的控诉和他的申辩。

⑦ 《论财产交换》，9。

⑧ Georg Misch在*Geschichte der Autobiographie* (Bd. I, Leipzig 1907, 86ff.)中评价了《论财产交换》本身，但没有考虑伊索克拉底。

⑨ 伊索克拉底称《论财产交换》是εἰκὼν τῆς ἐμῆς διανοίας καὶ τῶν ἄλλων τῶν βεβιωμένων（我的思想和其他整个生活的图像）。

⑩ 《论财产交换》6区分了伊索克拉底这篇演说所追求的三个目标：他想要展现自己的性格和类型（τρόοπος）、他的生命形式（βίος）和他的教化（他在第10节称之为自己的"爱智"）。

捏造的指控声称伊索克拉底腐化年轻人，教他们以不正义的方式在法庭上占得上风。[①]演说家总是很容易遭到这种误解，为此伊索克拉底希 1077
望首先将自己与培养弟子从事法庭事务的普通演说辞作家区分开。他在自己最早的宣言《驳智术师》中就坚决反对他们，[②]把他的政治-道德教育同他们无聊的司法程序混为一谈尤其令他恼火。[③]他觉得自己相比于那些人就像菲迪亚斯之于捏小陶土像的工匠，或者就像帕拉西俄斯和佐克西斯之于绘制廉价小画像的蹩脚画家。[④]这篇演说中不断流露出身为伟大艺术家的骄傲意识。一方面是其演说的主题与众不同，涉及的是希腊民族，而非某个个人的利益。[⑤]而且它在形式上更接近于诗歌，而非对普通法庭争辩的短暂见证，其作用更加类似供消遣的韵体诗歌幻想作品。[⑥]它所诞生的氛围并非日常生活奋斗中无休止的纷繁事务，而是一种高贵的休闲。[⑦]因此，他的技艺吸引了无数弟子，而实用演说作家无法培养真正的弟子。[⑧]

伊索克拉底从之前他公开发表的作品中选择了一系列模板段落来展示其演说在内容和形式上的技艺。[⑨]事实上，这正确地揭示了他的书面演说的本质。没有什么比这些引文更清楚地展现了伊索克拉底以范例为目标的教育方向；[⑩]我们可以由此推定伊索克拉底学校的教学方式。那里教授的同样不仅是用词和谋篇等技术性内容，最终的灵感来自作为艺术典范的老师。对于这点，他关于自己教育计划的最早作品中就提到了“模仿”一词；[⑪]这个词无疑越来越成为其教育的真正核心。他的教育从一开始就包含了实现

① 《论财产交换》，30。这种捏造的罪名显然借鉴了对苏格拉底的指控。
② 《驳智术师》，19起。
③ 根据哈利卡那苏人狄俄尼修斯的《伊索克拉底传》18的说法，亚里士多德特别嘲笑了伊索克拉底很不高兴自己和法庭演说作者混为一谈（下文在谈到他当时在柏拉图学园从事修辞术教学活动时将重新提起此事）。他向自己的弟子们指出，在书店里到处摆着署名伊索克拉底的整卷法庭演说。这些演说是伊索克拉底在建立学校前为客户写的。在《论财产交换》中，伊索克拉底显然谈到了类似于亚里士多德这样的攻击。特别参见38起。
④ 《论财产交换》，2。
⑤ 《论财产交换》，46。
⑥ 《论财产交换》，46—47。
⑦ 《论财产交换》，48和39。
⑧ 《论财产交换》，41。
⑨ 《论财产交换》54中，他把自己演说的选段比作从各式水果中挑选样品。
⑩ 《论财产交换》，54起。
⑪ 《驳智术师》，18。

1078 完美的意愿，而在《论财产交换》中，年迈的伊索克拉底本人在文学公众面前将自己描绘成完全的古典主义者，把自己的作品标榜为模板。这是后世的古典主义的根源。他首先引用了《泛希腊集会辞》，[1]既作为其作品形式的模板，也作为其爱国思想的样本，他在这里更多强调的不是泛希腊主义，而是他对雅典的有意识情感。[2]雅典人显然对后者存疑。不过，由于他在两年前将雅典的海上统治称为一切不幸的根源，他无法不对《泛希腊集会辞》进行修正，因为他在那篇作品中最坚决地主张建立这种统治。因此，在引入那篇作品的选段（真正提到海上统治的那段）前的简短说明中，他加入了"领导权"（Hegemonie）这个中性的词。[3]他在《论和平》中已经用这个词表示某种更为温和的以荣誉为目标的领导形式，如果想要把希腊的海上城邦重新团结起来，就必须用它取代基于权力的海上统治。[4]

伊索克拉底确信，这篇演说能够让他从现在仍然爱国的雅典人圈子里赢得最多的掌声。但意味深长的是，为了平衡对雅典及其伟大历史的这种美化，他紧接着引用了自己最新的作品《论和平》中的段落，而且恰恰是他希望实现持久和平、要求雅典放弃海上统治权的那段。[5]人们很可能指责他改变甚至颠覆了自己的立场，[6]面对这种攻击，他最容易的应对方法是声称自己在《泛希腊集会辞》和《论和平》中的两种立场是对同一意愿的两种不同表达。在引用了《泛希腊集会辞》后，他亲口表示许多读者可能会觉得鉴于雅典当下的局面，指责比赞美更重要，并明确把《论和平》标榜为这种通过教育进行指责的例证。[7]

1079 他从《致尼科克勒斯》中选择了第三个模板。雅典的民主派显然特别诟病他与那位塞浦路斯君主的关系，指责他从自己的君主弟子那里收受

① 《论财产交换》，57起。

② 伊索克拉底在《论财产交换》57起如此解释了《泛希腊集会辞》的倾向，以至于这篇更早演说的粗心读者会以为，伊索克拉底在其中提出了雅典独霸希腊的主张。

③ 《泛希腊集会辞》对海上统治权（ἀρχή）和霸权（ἡγεμονία）的使用尚无区别。

④ 让我们比较《论和平》64和142，前者要求放弃海上统治权，后者推荐建立在自愿追随基础上的霸权。

⑤ 《论财产交换》，62起。

⑥ 不言自明的是，《泛希腊集会辞》中的帝国主义目标完全不对应公元前355年雅典和平派的方案，他们的观点反映在《论和平》中。伊索克拉底在《论财产交换》中首先试图让他们满意。

⑦ 参见《论财产交换》，62。

重礼。伊索克拉底反驳说，他收到礼物完全不是因为教会了那位未来的统治者和本国的最高法官如何像辩护人一样巧舌如簧，而他的对手却把他说成是这样的老师。[①]他提醒人们，他在《致尼科克勒斯》中提出了对世上的强权者进行教育的新颖观点，亲身为这种技艺提供了一个重要例证。[②]在这点上，他完全没有与人民为敌，因为他本人建议那位国王首先要真诚地关心他的人民。他希望人们由此相信他不言自明地认为，这对像雅典一样的民主城邦更是重要得多的任务。[③]我们当然可以认为，这在《战神山议事会演说》中所给出的民主理念的意义上是真的，[④]但与此同时，尽管这篇作品特别典型地展现了他的教育立场，但并未被《论财产交换》引用，我们可以把这看成政治谨慎的标志。有人据此认定，虽然各种证据表明《战神山议事会》的创作时间更早，但那篇作品当时尚不存在。不过，从主导《论财产交换》的政治自我辩护倾向来看，这个结论很不可信。[⑤]在那一刻，他不希望让人想起自己之前的失败尝试，即将雅典民主置于道德和教育监督机构的控制之下。

在一系列演说样本的最后，伊索克拉底对于他所见证的政治教育作品的重要性做了思考。这类作品比立法者的作品更加重要，因为后者的影响仅限于受其规定约束的事务，以及个体城邦的权利范围。相反，如果伊索克拉底的教化能够得到遵循，那将惠及整个希腊民族。[⑥]在这里，他的泛希腊主义的政治伦理直接成了他的全部教育活动的理由；因为并不存在 1080
某个泛希腊国家能够通过立法道路在整个希腊世界贯彻类似于他的目标，因此教育和教养的理想力量就成了可以完成这种政治建设的唯一工具。一个不无意思的问题是，伊索克拉底想到的立法者中是否也包括柏拉图，后者当时正忙着写作《法律篇》。对思想活动感兴趣的雅典人圈子无疑清楚

① 《论财产交换》，40。

② 《论财产交换》，67—70。

③ 《论财产交换》，70。伊索克拉底提出，他建议国王让他们的统治尽可能地温和，那是民主精神的标志。

④ 这是一种比例的而非机械的平衡，其座右铭是“各居其所”（suum cuique）。参见《战神山议事会演说》，21。

⑤ 参见Kleine-Piening，前揭书中的文献，第43页；相反的观点见Jaeger, *Areopagiticus*, 412 note 1。

⑥ 《论财产交换》，79。

此事。那部作品是对柏拉图教育思想最后的和新的解释。因此，如果他作为一长串希腊立法者中的最年轻一位出现，那么他在伊索克拉底眼中将不会受到青睐；因为“人们赞美最老的法律和最新的演说”。[①]这正是伊索克拉底本人的目标：他不与希腊和蛮族历史上的无数立法者竞争，而是致力于成为城邦和希腊民族的政治谋士，帮助其摆脱当下的魔咒。[②]他作为教育者的工作也比哲学家或智术师的具有更高的意义，后者劝诫人们要追求正义和自制等美德；因为他们对道德认知（Phronesis）和与之相符的活动的呼吁只针对个人，因此满足于感化少数人。[③]伊索克拉底的教育则面向整个城邦，致力于使得人们的行为不仅让自己幸福，而且能帮助其他希腊人摆脱痛苦。[④]

围绕着他本人的作品（代表了他的学说），伊索克拉底不仅在《论财产交换》中为自己的教化树立了纪念碑，而且还罗列了他从一开始到现在所招收的弟子。对今天的读者来说，他的文学遗产才是关键。但对雅典人，特别是无法准确了解其作品的人而言，罗列一长串出自伊索克拉底学校的政治家和其他杰出的公众人物要比纯粹的书面文字更加重要。因为这
1081 清楚地显示了从演说家的学说注入母邦集体生活的力量。由此每个人都能明白伊索克拉底所理解的教化，没有什么能与他通过培养城邦领袖所做的贡献相提并论。他在古代的后辈对手们后来也做了同样的事，当亚历山大里亚的学者想要确定哲学家学校（特别是柏拉图学园）的政治影响时，他们盘点了柏拉图各位弟子在当时的国家生活中的经历。[⑤]我们看到，他们

① 《论财产交换》，82。

② 《论财产交换》，81。与此同时，他也强调了在立法领域有大量的前辈。

③ 《论财产交换》，84。

④ 《论财产交换》，85。

⑤ 卡利马科斯的弟子赫尔米波斯（Hermippos）写过一部《论从哲学转向独裁的人》，就像重见天日的菲洛德墨斯的斯多葛派和学园派目录所证明的。我们对该书的内容所知很少。亚里士多德最亲密的朋友和岳父，阿塔尔内俄斯的僭主赫尔米斯自然在其中扮演了重要的角色，而此人的政治谋士，柏拉图的弟子埃拉斯托斯和科里斯克斯同样如此，参见柏拉图《第七书简》和拙作 *Aristoteles* S. 112。此外，书中肯定还列举了狄翁和许多更年轻的柏拉图弟子，比如塞浦路斯的欧德摩斯（Eudemos von Cypern）和与其志趣相投者，他们在反对叙拉古僭主的斗争中牺牲。不过，柏拉图的弟子中还有杀死狄翁的卡里波斯，此人随后自己成了僭主。在本都的赫拉克里亚（Heraklea am Pontos）也有一位伊索克拉底和柏拉图的弟子克莱阿尔科斯（Klearchos）把自己变成了僭主，另一位柏拉图弟子喀翁（Chion）推翻和谋杀了他。关于赫拉克里亚，参见 Eduard Meyer, *Geschichte des Altertums*, V. 980。

大多作为革命者和实验者扮演了短暂而激进的角色。我们之前认为这种现象表达了他们致力于高深的问题，导致他们被孤立，但从当时的城邦现实的角度来看，他们大多无法作为参与者和服务者成为城邦的一员。伊索克拉底清楚地感到了这点，就像他在《论财产交换》中对自己学校历史的描绘所显示的，在他的公民同胞的眼中，他的弟子们活跃地为城邦服务事实上无疑是他的一大贡献。

在这点上，一个老问题无疑马上会被重新提出，即教育究竟在多大程度上为它的结果负责。柏拉图在他的《高尔吉亚篇》中认为旧式的法庭修辞术是有罪的，因为它教会了弟子们把较坏的东西说成较好者的不光彩技艺。伊索克拉底最初反对这种罪名，表示坏人滥用生活中的好东西并不表明后者就是坏的。[①]但现在，随着他的生涯临近终点，他表示愿意为弟子完全负责，如果现在人们反过来并不否认，弟子们广为人知的功绩中也有老师的功劳。[②]伊索克拉底把这留给读者决断，但他显然想到了苏格拉底被处死后，人们对此人及其昔日弟子克里提亚斯和阿尔喀比亚德关系的类似讨论。当时，苏格拉底的弟子们致力于让老师摆脱与那两个人的一切连带责任，因为他们在雅典遭受最严峻考验的时刻扮演了最有害的角 1082
色。就像伊索克拉底所断言的，他不会隐瞒弟子靠伤害雅典为自己牟利的行为。[③]在这点上，谁不会马上想到他最著名的弟子，科依之子提莫忒俄斯呢！此人曾两次作为他参与建立的第二次海上同盟的统帅和政客，把雅典的权力带上顶峰。《论财产交换》发表几年前，他因为在同盟战争中的行为而被人民法庭罢黜，并被判缴纳无法承担的罚金，此后不久在自愿流亡中结束了生命。他无疑被算作伊索克拉底的污点，因为两人的亲密关系尽人皆知。此外，可以毫无疑问地认定，这种友谊不仅是个人的，同时两人在政治观念上也明显一致。伊索克拉底多次承认自己为提莫忒俄斯宣传造势，而反过来，后者的基本政治观念也要归功于伊索克拉底的学校。老师宣称愿意为所有弟子的行为完全负责，这正好符合了当时舆论的要求。

① 参见《尼科克勒斯》4和演说的整个引言。

② 《论财产交换》，95—96，参见104。

③ 《论财产交换》，98。

让人更加吃惊的是，我们所熟悉的他在一切可能触怒民众的事上都极其谨慎。

让他在公众面前如此表态的动机很可能非常复杂。不负责任、口口相传的批评指责伊索克拉底是政治反动（激进圈子认为他的弟子们是其代表）的精神之父，这可能让他深感不安。他越是认同提莫忒俄斯关于第二次海上同盟失败和崩溃的看法，就越是必须保持朋友的名字不受玷污，至少是在那些他在乎其评价的人的记忆里。此外，此事还攸关他自己的学校
1083 和教育的名誉，他肯定担心，由于他的教育和现实政治的关系（他对此深感自豪，从一开始就致力于实现这点[①]），他一生的全部工作似乎都受到了威胁。这一切如此紧密地相互关联，以至于他决定为他的伟大弟子押上自己全部的道德和文学声望。恐惧感和对局面真正性质的更深刻理解（特别是对提莫忒俄斯的性格）让他有勇气发起攻击，这在伊索克拉底的全部作品中绝无仅有。这同时在我们眼前展现了表面上看起来如此成功的伊索克拉底教育生涯的悲剧，对他而言，这也是雅典城邦的悲剧。这一悲剧的根源是希腊民主中伟大人物同大众的关系这个老问题。

伊索克拉底的提莫忒俄斯形象以后者担任第二次海上同盟的统帅和领导者的丰功伟绩作为光辉的背景。不过，他对后者的大加赞美并不过分，而是符合其功绩的重要性。伊索克拉底将提莫忒俄斯攻占的城市数量同之前所有的雅典将领的战功做了比较，发现提莫忒俄斯远远超过他们。[②]他最著名的胜利的名字如同象征形象般出现在他的纪念碑的基座周围：西海的克基拉（Korkyra），伊奥尼亚的萨摩斯，赫勒斯滂的塞斯托斯（Sestos）和克里托特（Krithote），色雷斯沿岸的波泰达亚（Poteidaia）和托洛内（Torone），阿律齐亚（Alyzia）海战，与斯巴达的和约（打破了斯巴达的霸权地位，导致了其在留克特拉的失败），以及征服卡尔喀斯城邦同盟。[③]上述胜利的缔造者尽管取得了如此著名的功绩，却出乎意料地

① 参见《驳智术师》21，《海伦颂》5和《泛希腊集会辞》3—4。伊索克拉底要求修辞术应该把“人类最重要的事务作为主题”，即现实政治问题，这种观点可以上溯到他的老师高尔吉亚，参见柏拉图，《高尔吉亚篇》，451d。

② 《论财产交换》，107。

③ 《论财产交换》，108—113。

显得非常人性，没有早前时代将领们的那种英雄气概。他不具备因战争的磨砺而强健的体魄，而是神经敏感、身体娇弱。与激进派的战神，满身伤疤的勇士喀雷斯（Chares）相比（伊索克拉底在进行上述描绘时显然想到了这一比较，但没有明言），提莫忒俄斯是新时代将领的理想。他让喀雷斯这样的人担任下级军官，自己则具备统帅的特质。[①]他把战争视作全局 1084
问题，包括敌人和盟友。他认为自己的任务始终既是政治的，也是军事的。他知道作战时要不受前线后方的影响，成功地将行动推进到底。[②]他是组建每次都能胜任目标的军队的大师，他明白如何与军队共存，以及独立为其提供给养。[③]他的力量不在于挥舞拳头，他是道德征服的天才。他知道通过赢得信任和友谊去实现一切，而他的继任者则因为激起了希腊人的憎恨而重新失去了它们。在他看来，雅典受到其他希腊人的欢迎要比他本人受到士兵的欢迎更重要。[④]上述刻画无疑着眼于第二次海上同盟的溃败，其原因是希腊人对雅典的憎恨和不信任。[⑤]虽然没有明言，但伊索克拉底把一切不幸都归咎为雅典人没有认清自己的真正领袖。他把提莫忒俄斯与另一位广受赞誉的当代领袖吕山德做了比较，认为提莫忒俄斯更胜一筹。吕山德靠着一次性的非凡运气一举赢得了他的地位，而提莫忒俄斯则在许多完全不同的困难处境中始终能做出正确的行为，并保持头脑的清醒。[⑥]

如此赞美这位三次被雅典人罢黜的统帅肯定无异于对他们的严厉指责，但从绝对正义的角度出发，伊索克拉底不愿讨价还价，坚持认为雅典对自己最伟大的儿子之一的行为是可耻的。但从人的天性及其弱点和无知，从对一切伟大和著名之人的妒忌，以及当下的混乱时局来看，此事可悲地显得可以理解。[⑦]但提莫忒俄斯本人也对他被误解负有责任。通过承

---

① 《论财产交换》，114—117。
② 《论财产交换》，117—118和121。
③ 《论财产交换》，119。
④ 《论财产交换》，121—124。
⑤ 伊索克拉底在《战神山议事会演说》8和81已经预见了这点，亦参见《泛雅典娜节演说》，142。
⑥ 《论财产交换》，128。
⑦ 《论财产交换》，130。

认这点，伊索克拉底离开了政治观点的争端，转入他最熟悉的教育领域讨论该问题。提莫忒俄斯既不是人民的敌人，也不是人类的敌人，他既不高
1085 傲，也没有其他此类不好的性格特征。可是，高尚的情感虽然对他的统帅身份如此有用，却让他在日常交际中遭遇困难，让他显得自大和粗暴。①伊索克拉底承认的这点对于他与弟子的关系至关重要，因为这证明他的教育影响超越了求学的岁月。他永远是演说家和劝诫者，即便他的弟子站上了成功的顶峰。“他经常听我说：想要获得人们的认同，政治家不仅必须选择最有益和最好的行为，以及最真实和最正义的话语，他们还必须始终想到让自己的言行显得通俗和博爱。”②

伊索克拉底在这里插入了对提莫忒俄斯的整段劝诫，与其说是作为足够充分的叙事，不如说是为了给他实践的教育提供一个令人印象深刻的模板。劝诫以直接引语的形式生动地呈现在读者眼前，让他们看到了老师如何试图用自己的话来节制英雄的骄傲之情。看到这幅画面的人都会想起荷马史诗中的范例，当伊索克拉底用真理与虚构交织出它时，他无疑想到了那个例子：《伊利亚特》第九卷中福伊尼克斯对阿喀琉斯的劝诫。在那里，问题同样是如何可能约束“伟大灵魂”（Megalopsychos）的情感，将独一无二的人纳入并不总是愿意对他表示感谢和认可的人类集体。就像荷马所描绘的，这种尝试的悲剧性失败源于具有高尚情感者本人的天性，它从一开始就令伊索克拉底和提莫忒俄斯之间的这幕场景蒙上了阴影。③

伊索克拉底向他描绘了民众的样子：他们偏爱让自己舒服和恭维自己的人，而不是对自己有益的人。他们更愿意接受对自己露出慈爱笑脸的骗子，而不是对自己做出应有评价的行善者。提莫忒俄斯从不关心这个事实。当他在对外事务中领导国家取得巨大的成功时，他相信国内的政治家
1086 肯定也会对自己怀有好感。④他没有看到，这些人的评价取决于他们对他

---

① 《论财产交换》，131。

② 《论财产交换》，132。

③ 参见本书第一卷，第28—33页，那里评价了福伊尼克斯场景对希腊教化的意义，以及它对一切教育之局限的悲观意识。重新提出这个问题，并用古诗中的理想画面来反映当下的情况，这是希腊思想方式的特征。

④ 《论财产交换》，133。

的好感，而非他事实上的成就。如果有好感，他们就会愿意忽视自己同情的人所犯的一切错误，而他的任何功绩都会被他们夸上天。①但提莫忒俄斯没能认识到这种内部政治因素的重要性，尽管在对外政治中，没有人能比他更周到地考虑到敌方的心理。②他不可能对民众领袖让步，尽管他意识到这些获得了民众信任之人的重要性。③在其他地方，伊索克拉底完全认同提莫忒俄斯对民众领袖的评价，④但在这里似乎愿意做出牺牲，因为此事关乎雅典和提莫忒俄斯。他指责了提莫忒俄斯总是毫不妥协地生硬反驳此类想法。“听我这样对他说，提莫忒俄斯承认我是对的，但表示他无法改变天性。他拥有配得上城邦和希腊的美和善，无法迎合那些对更胜一筹者恼火的人。”⑤

除了上述具有持久历史意义的画面，《论财产交换》的形式还让伊索克拉底可以谈论他的财产数额和讲课费用这样的商业事务；因为演说虚构了一位同胞在法庭上要求与其交换财产，这让他不可避免地涉及自己职业的物质方面。⑥他如同聊天般地过渡到该问题。同样有一位好朋友提醒他不要谈论此事。⑦但他不愿在雅典人面前隐藏什么。他在谈到金钱事务时流露出某种无法忽视的自得，尽管与演说的思想相对应，他以辩护的口吻进行表述。他在引言部分提到了对他的攻击，即他从已故的塞浦路斯萨拉米斯国王尼科克勒斯那里收到金钱馈赠，这让他有理由进行自辩。⑧他的巨额财产在当时几乎不可避免地会引起民众的嫉妒和贪欲，虽然拥有如此财产的人曾经骄傲地展示它们，但到了伊索克拉底的时代，所有的富人都 1087
因为害怕失去它们而将其隐藏，即便钱财是通过体面的手段得到的。⑨但

① 《论财产交换》，134。
② 《论财产交换》，135。
③ 《论财产交换》，135。
④ 参见《战神山议事会演说》，15；《论和平》，36和124。
⑤ 《论财产交换》，138。
⑥ 《论财产交换》，140起。
⑦ 《论财产交换》，141。参见《战神山议事会演说》56起复述的与一位警告他的朋友的私密商谈，以及《泛雅典娜节演说》200起与一位昔日学生的交谈。这三个例子都表明伊索克拉底习惯于在发表他的演说之前先在弟子中间宣读和“修正”（ἐπανορθοῦν），参见《泛雅典娜节演说》，200。
⑧ 《论财产交换》，40。
⑨ 《论财产交换》，159起。参见《战神山议事会演说》，33—35。

伊索克拉底不愿回避对财产问题的讨论，这对他来说显然是吸引读者注意力的一个重点，因为在他和大部分同时代人的眼中，他的教学活动在物质上的成功是衡量其成就的终极尺度。[①]他认为把教师的收入同演员的相比是不公平的——后者的收入无疑被认为普遍高得离谱——而是建议将其与同一职业具有相同水平的人相比。[②]伊索克拉底以自己的老师高尔吉亚为例，后者曾经在色萨雷授业，因为色萨雷人拥有全希腊最庞大的财富，高尔吉亚也被认为是最富有的修辞家。[③]但他身后只留下1000斯塔特尔。伊索克拉底由此委婉地暗示，人们应该根据什么金额来衡量他的财产。他的私人花销总是低于他必须为公共税负所支付的。[④]他没有从同胞，而是从异邦人那里赚钱，他的名字把他们吸引到雅典，从而为母邦的商业繁荣做了贡献。[⑤]在这点上，如果将伊索克拉底同柏拉图的贵族立场相比较（后者从未把哲学教育视作买卖），那么我们就能最清楚地看到他和他的教育具有务实的公民思想。[⑥]在伊索克拉底的所有作品中都可以看到对金钱毫不讳言的推崇，仿佛那是完全不言自明的，他选择了智术师和修辞家指明的道路。和医生一样，两者对学费的规定也完全是个人的。我们必须始终想到，柏拉图对此事的看法是个例外。[⑦]

就像我们之前所注意到的，《论财产交换》是伊索克拉底以为他的教化辩护为形式对他本人、他的生平和影响的自我展现。他的描绘首先通过自己作品的选段，然后是通过弟子的数量和成就，以及社会对他的教育的
1088 推崇（他认为他们的热情和“听课”反映了这点）。最后，在作品的结尾部分，他对自己的教育做了一般性的讨论，进一步分析了其理论基础。[⑧]

---

① 这显然是《论财产交换》145起的言外之意。

② 《论财产交换》，157。

③ 《论财产交换》，156，参见158。在这方面，伊索克拉底显然乐意与自己受人钦佩的老师高尔吉亚相比，但不愿与通过自己的活动获得很少或者只是微薄收入的其他智术师和公共老师相比（《论财产交换》155）。

④ 《论财产交换》，158。

⑤ 《论财产交换》，164。

⑥ 让伊索克拉底骄傲的是，虽然他在优渥的环境下长大，但在伯罗奔尼撒战争中失去了祖产后，他通过作为口才出色的公开演说家的活动为自己挣了很多钱。参见《论财产交换》，161。

⑦ 在对财产状况的整个描绘中，可以生动地看到伊索克拉底所属的公元前5世纪最后那代人身上的维多利亚时代精神。这种精神不可能出现在公元前4世纪50年代的贫穷和“社会精神”中。

⑧ 演说的主体部分从《论财产交换》167开始。

伊索克拉底觉得，公众对“爱智”和更高等教育的评价充满了不确定，这让他很难被人理解。[①]我们从他之前关于教育的纲领性作品《驳智术师》和《海伦颂》的序章中已经了解到，为了阐明自己的观点，他一直致力于把自己同别人区别开来。因此，他最后的自辩也是试图避免自己的教育和其他流派混为一谈。但与此同时，与错误的阐释划清界限的努力也成了受欢迎的借口，让他可以评判他人的理想。在教育问题上做出正确的决定事关重大；因为谁拥有了年轻人，谁就拥有了国家。[②]伊索克拉底的讨论充满了这种观念，他有意识地将其放在开头，确保通过这一认知也吸引那些对该问题不感兴趣的人。在他看来，对年轻人的影响与其说是权力问题，不如说是为了拯救和维系城邦。如果对年轻人的教育果真是在腐化他们，就像捏造的指控所声称的，以及对苏格拉底的审判以来经常被指出的，那么就必须消灭它。如果这种教育是有益的，那么人们必须停止诽谤它的代表，惩罚告密者，鼓励年轻人投身其中并超过世上的其他任何兴趣。[③]

一切更高等的精神教育都基于培养人们相互理解的能力，伊索克拉底假设这点是公认的。这种教育并非只是各种事实知识的尽数堆积，而是致力于维系人类集体的那些力量。那正是逻各斯一词所涵盖的力量。[④]更高等的教育是语言的教育，这里的语言指的是充满意义的演说，以人类集体生活的基本事务为主题，希腊人称之为“城邦的事务”（τὰ πολιτικά）。 1089
作为由灵魂和肉体组成的生命，人类需要获得这两个意义上的关心；前人据此创造了竞技训练和精神教育两种形式。[⑤]在这里，伊索克拉底没有像通常那样用音乐来表示后者，而是用了“爱智”，因为作为希腊人，他对诗歌和其他音乐艺术的教育与精神塑造的关系再清楚不过了。[⑥]竞技训练

① 《论财产交换》，168。

② 《论财产交换》，174。

③ 《论财产交换》，175。

④ 《泛希腊集会辞》48起和《尼科克勒斯》6已经对此做了原则上的阐述。

⑤ 《论财产交换》，180—181。

⑥ 把竞技和音乐改成竞技和爱智（即修辞术）表明，伊索克拉底走出了早前的希腊教化，要求用一种更高的精神塑造来取代早前通过诗人的教育。不过，与柏拉图在《理想国篇》中的统治者教育的哲学理想一样，他所谓的“爱智”也把旧式的音乐教育作为前提。在伊索克拉底的晚年，伊索克拉底在《泛雅典娜节演说》34表达了详细讨论诗歌在教育世界中之地位的意图，但一直仅限于意图。

和精神教育这两种教化形式之间存在大量的相似性。两者的本性决定了它们都由训练或练习构成。竞技老师教授摔跤的身体姿势，精神塑造者则教授我们所用的演说的基本形式。就像之前在《驳智术师》中那样，伊索克拉底在这里引入了他关于逻各斯“理念”的学说，尽管只是暗示性质的，因为这里是对他方法的一般性描绘。[①]就像之前看到的那样，在《理想国篇》中描绘他的教化时，柏拉图对他的理念学说的技术方面也是这样做的。不仅是关于理念的学说，在涉及知识、练习和正确抓住时机的关系时，《论财产交换》同样只是对伊索克拉底在《驳智术师》中已经提出的观点稍加变化。因此，他的修辞体系的概况没有改变。对于天生禀赋、联系和学习等教育的个体因素的评价同样如此。[②]伊索克拉底从那篇早前的纲领作品中选取了一段较长的话，以便证明当时他已经清楚地对教化的价值表达了相对谦虚的看法，就像他在教育生涯的最后所承认的。[③]

伊索克拉底随后把矛头转向两类对教化的不敬者。[④]前者强烈怀疑自称能够让人们精通文字和做出正确行为的精神教育的可能性。[⑤]后者承认
1090 思想和修辞教育是可能的，但断言它们在道德上会把人变得更坏，因为它们会诱导人们滥用如此获得的精神优势。[⑥]这两个问题所属的讨论范畴显然在智术师对他们学说的介绍中已经是固定内容。在柏拉图的对话中，普洛塔哥拉关于可教育性问题的发言便与之类似。[⑦]在后来所谓的普鲁塔克关于青少年教育的作品中，我们将会看到伊索克拉底用来反驳对人的可教育性表示绝对怀疑的部分论据。我们在前文已经将其追溯到老一代智术师

① 《论财产交换》，182—183。逻各斯的形式或理念之于精神教育方面对应了竞技教练所教授的摔跤的身体“姿态”。这种指导首先是把演说分解成这些基础的根本形式。然后是指引他们把这些元素重新组合成整体，将材料整合在分解过程中获得的普遍观点之下。参见《论财产交换》184：συνείρειν καθ’ ἓν ἕκαστον（整合一切）。这个双向过程的意义在于，它为学生们创造了更多的经验（ἔμπειρον ποιεῖν），让他们对这些形式的意义更加敏锐（ἀκριβοῦν），以便更好地把握细节。这种方法的基础是营造某种一般性的经验。它无法传递不会有错的知识。

② 《论财产交换》，187起。

③ 《论财产交换》，194。这里引用的是《驳智术师》14—18。《论财产交换》195明确指出了两篇作品观点的一致。

④ 《论财产交换》，196起。

⑤ 《论财产交换》，197。

⑥ 《论财产交换》，198。

⑦ 《普洛塔哥拉篇》，320c起。

的教育学；伊索克拉底似乎从他们那里借鉴了这些。[1]正如即便是最虚弱的身体也会通过细心地培养而变强，正如野兽也能被驯服或者通过驯养而改变天性，也存在某种能够塑造人类精神的训教。[2]在这点上，外行人很容易低估时间因素，如果经过短短几天，或者至多一年，他们还看不到劳动的果实，他们就会不再相信。[3]伊索克拉底在这里重述了他关于教化的效果具有不同等级的学说。[4]但尽管存在这种差异，他仍然坚信对在所有具备一定天赋的人身上都能看到效果。他们总体上或多或少地带有同一种精神教育的印记。[5]

对于第二类不敬者，伊索克拉底反驳说，无论是快乐、利益抑或荣誉，任何可以理解的人类动机都无法让教育者有意地把腐化年轻人变成自己工作值得追求的目标。[6]对他的最高回报是弟子们变得美和善，成为道德和精神上充分发展的人，赢得同胞的尊敬。他们是他最好的广告，而坏学生肯定会吓跑求学者。[7]假设老师本身是个缺乏自制的人，那么他也无法指望弟子有自制。[8]但如果弟子原本就品格不佳，那么将其归咎于教育是不公平的。在评价教育时，我们应该根据其好的和得到普遍肯定的代
表，而不是根据堕落的和不懂得如何发挥所受教育的人。[9]伊索克拉底没 1091
有更深入地讨论柏拉图提出的问题，即滥用或无效究竟是否符合真正的教育的概念。在这里，伊索克拉底更多将这个概念理解为工具。真正的教育并不主张或致力于改变人的整个本性，而是预设了人具有道德内核。我们在后文中会看到，这并非伊索克拉底对该问题的最后表态。当他的弟子从黑海或西西里跋涉到雅典来聆听他的讲课时，那绝非因为当地缺少坏人，

① 参见本书第二卷，第315页起。
② 《论财产交换》，209—214。
③ 《论财产交换》，199—201。
④ 《论财产交换》，201—204。《驳智术师》14—15已经强调了技艺对于不同天赋者具有不同等级的效果。
⑤ 《论财产交换》，205—206。
⑥ 第二类人相信通过修辞术（φιλοσοφία）进行精神教育是可能的，但认为它的影响是有害的。对他们的反驳从《论财产交换》，215开始。关于教育者的动机，参见217起。
⑦ 《论财产交换》，220。
⑧ 《论财产交换》，221—222。
⑨ 《论财产交换》，223—224。

而是因为在雅典可以找到最好的老师。[1]众多的政治家证明了修辞术教育本身不会诱导人干坏事，他们将雅典带上了显赫的顶峰，全都拥有能够实现自己成就的才干。作为例证，伊索克拉底不仅列举了“祖先政制”的创造者梭伦和克里斯特涅斯，而且还提到了忒米斯托克勒斯和伯里克利这样的帝国时代的政治家。[2]他们正是柏拉图在《高尔吉亚篇》中所驳斥的那种修辞术教育和政治制度的代表，《美诺篇》中认为它们所谓的知识只是基于“神性的命运”的“正确意见”。伊索克拉底自然知道这些指责。但在他看来，对于柏拉图之前的雅典人和柏拉图之后的大部分雅典人来说，那些人意味着一切德性的最高尺度。于是，对修辞术的控诉只剩下了这样的事实，即它可能被滥用，但任何技艺都是如此。[3]伊索克拉底对于逻各斯创造文化之力量的信仰没有改变。就像在对自己的教育的本质进行最后的原则性宣示时，他的思想的所有基本动机都被再次回原为囊括一切的整体的构成元素，他在自辩的这部分最后逐字重复了对逻各斯的狂热颂歌，就像在《尼科克勒斯》中借那位弟子之口所说的。[4]

1092 上述辩护显然更加针对教化的其他代表，他们是修辞术的对手，而非一般性的舆论。因为演说的最后还显示了与柏拉图学园的对立。伊索克拉底对哲学家特别诟病之处在于，他们比其他任何人更了解逻各斯的力量，却仍然贬低它和认同无文化者的批评，希望由此让他们自己的教育显得更有价值。[5]这里体现出很强的个人情感，但伊索克拉底显然试图压制这种情感，尽管他并不隐讳对柏拉图学派哲学家的不认同。他相信相比于他们尖刻地批评自己，他更有理由尖刻地批评他们。不过，他不愿与性格被嫉妒败坏的人一般见识。[6]这番话并非源于由来已久的内容争执（《驳智术师》和《海伦颂》中对其做了基本的描述）；个人憎恶的混入需要特别的解释，但并不困难。据说亚里士多德在柏拉图学园担任老师的时候（即

---

① 《论财产交换》，224—226。

② 《论财产交换》，230—236。

③ 《论财产交换》，251—252。

④ 《论财产交换》，253—257。对逻各斯的这种赞美出自《尼科克勒斯》（5—9），我们在前文已经指出，那是一种完完全全的颂词。

⑤ 《论财产交换》，258。

⑥ 《论财产交换》，259。

柏拉图晚年），他引入了修辞术教学。他在修辞课上自由戏仿了一句欧里庇得斯的诗，用散文体形式表达就是：保持沉默，让伊索克拉底发言是可耻的。[①]亚里士多德的这门课曾经是考虑到听众对正式教育的需求。修辞术教育能补充辩证法教育。不过，将修辞术放在更加科学的基础之上是一种尝试。[②]两者都对伊索克拉底的学校造成了打击，招致其不满。作为伊索克拉底的弟子之一，科非索多洛斯写了一部洋洋洒洒的四卷本作品来反对亚里士多德，书中的某些证据暗示，作品创作于亚里士多德还在柏拉图学园教书之时。[③]亚里士多德的尖刻风格表明，他的创新中很可能不无激烈的论战，虽然他在自己的修辞术中也经常把伊索克拉底的演说作为范例。弟子们竭尽所能地让争执激化。因此，不难理解柏拉图和伊索克拉底这两位德高望重的大师觉得有必要呼吁保持克制。

对柏拉图《斐德若篇》的新研究认为，作品结尾的那段著名赞许 1093
（对伊索克拉底的哲学禀赋表示称道）应该属于作者的晚期，而非像曾经认为的那样属于他的早期，因为这种赞美之词不符合最初对伊索克拉底的排斥态度。将其解释为反讽是说不通的，因为这番话带有真理的印记，而且尽管有各种保留，但柏拉图无疑可以强烈地感受到伊索克拉底同吕西阿

① 关于亚里士多德教授的修辞术，参见Blaβ，前揭书，第64页。主要段落是昆体良3. 1.14和菲洛德墨斯《论修辞》（Sudhaus）2. 50。那句戏仿的诗出自欧里庇得斯的《菲罗克忒忒斯》残篇796（Nauck）。亚里士多德对修辞教育问题最早的讨论是失传的对话《格律洛斯，或论修辞》，以柏拉图的《高尔吉亚篇》为模板。根据与篇名中提到的色诺芬之子格律洛斯（Gryllos）的关系可以推断出其年代，后者在与忒拜人的战争中（公元前362年）英勇牺牲，催生了一大批赞颂演说（ἐγκώμια）。亚里士多德对这种文学现象做了批评。他现存的《修辞学》中较早的部分可以追溯到他还在学园任教时。参见Fr. Solmsen对这个问题明白易懂的讨论*Die Entwicklung der aristotelischen Logik und Rhetorik* (Neue Phil. Untersuchungen hrsg. v. W. Jaeger. Bd. IV) Berlin 1929, S. 196ff.。

② 这一基础就是辩证法。柏拉图在《斐德若篇》中已经在新的意义上讨论了修辞术是否为真正技艺的问题，他在《高尔吉亚篇》中明确表示否定（参见下文关于《斐德若篇》一章）。他在那里要求以辩证法作为其新的基础。Solmsen前揭书在描绘亚里士多德早期修辞术的发展时指出，可以看到与柏拉图对修辞术立场的改变完全相似之处，但他没有在其中为《斐德若篇》安排位置。我认为最有可能的是，《斐德若篇》的问世要晚于亚里士多德的《格律洛斯》（公元前362年后），但时间差不太远。在《格律洛斯》中修辞术仍然是一种技艺，而在《斐德若篇》中，它可以成为技艺。亚里士多德教授的修辞术的各个阶段反映了这一过程。无论如何，我都会把《斐德若篇》放在《论财产交换》（公元前353年）之前。

③ 参见Solmsen，前揭书，第207页。Blaβ（第452页）仍然用古代晚期的学院的方式，将科非索多洛斯对柏拉图理念学说的攻击（在一篇攻击亚里士多德的作品中！）解读为那位伊索克拉底的弟子完全的无知。他认为这篇作品诞生于伊索克拉底死后，因为通过建立了自己学校和作品中的攻击，亚里士多德脱离柏拉图学园必然已经变得尽人皆知。

斯之流的修辞家的区别。如果说他让苏格拉底预言伊索克拉底有朝一日将显示其更具哲学色彩的天性，那么始终存在的一个问题是，伊索克拉底后来的发展在多大程度上真正对应了苏格拉底的期待。伊索克拉底在《论财产交换》的论战中有所保留很符合上述图景。[①]这一点正好对应了柏拉图在《斐德若篇》中对他的相对赞美。他对柏拉图的妥协体现在改变了对理论研究的评价。现在，他乐意承认无论是辩证法或“争辩术”（他之前和之后一直如此称呼），还是天文和几何等数学科学都不会危害年轻人，而是对他们有益，即便用处不像它们的代表所认为的那么大。[②]这显然指的是柏拉图的学园，那两门课程的统一始终被认为是其特点，特别是在柏拉图生命的最后几十年里。[③]当然，“大部分人”认为那些课程是无益的闲扯和拘泥细节，因为他们看不到这对日常生活有什么用。[④]我们还记得，伊索克拉底本人在其早期作品中也持这种观点，在对柏拉图的攻击中使用了完全一样的措辞。[⑤]现在，他成了辩护者，还可能学会了从另一视角看待此事，愿意承认逻辑和数学研究对精神教育具有不无可观的价值，尽管他再次指出它们无法用于实际生活。[⑥]诚然，我们还是不能把这种纯粹的
1094 概念-逻辑教育称为哲学，因为它无法培养正确的言行。但它是一种灵魂的练习，是对真正的哲学，即政治-修辞教育的预备训练。[⑦]他把这种教育本身同语法、音乐和诗歌活动归为一类，它们也服务于同一目标，即让人们有能力接受更崇高和更严肃的问题。[⑧]因此，就像柏拉图《高尔吉亚篇》

① 伊索克拉底在《论财产交换》258慎重地表示，“某些”好战的哲学家辱骂了他；因此他区分了柏拉图本人及其弟子亚里士多德。

② 《论财产交换》，261。伊索克拉底在其最晚的作品《泛雅典娜节演说》中持同一立场；参见同篇演说，26。

③ 柏拉图本人在《理想国篇》第七卷中把他的教化描绘成数学和辩证法的结合。

④ 《论财产交换》，262。

⑤ 在《驳智术师》8谈到柏拉图所要求的辩证法教育时，他使用了同样的两个词：ἀδολεσχία καὶ μικρολογία（闲扯和拘泥细节）。

⑥ 《论财产交换》，263—265。

⑦ 《论财产交换》，266。

⑧ 虽然伊索克拉底在《论财产交换》267愿意认同辩证法是一种比在学校（διδασκαλεῖα）教授的旧式音乐教育更加适合男子的活动，但总体上他还是把后者的影响与前者放在同一等级上。对文学教育的这种倨傲的表态让诗歌诠释者们感觉受到伤害；参见《泛雅典娜节演说》18。遗憾的是，伊索克拉底没能兑现自己的意图（《泛雅典娜节演说》25），亲自撰文描述教化与诗歌的关系。柏拉图的《理想国篇》很可能是他想到的例子（甚至可能是模板？）。

中的卡里克勒斯一样，他也认为暂时从事那种“所谓的哲学”是完全可取的，只要我们避免因此造成学习者的精神天性枯竭，①最终因为老一代智术师（指前苏格拉底哲学家）的虚妄而失败。因为我们必须把这种只会引发无知者赞美的小把戏彻底赶出教育领域。②但就像柏拉图的《巴门尼德篇》和《泰阿泰德篇》以及他弟子们的作品所显示的，恰恰在那些年里，这些小把戏在学园里受到了更高的重视。因此，这最后一击事实上也是对准了学园。伊索克拉底也许尚能接受柏拉图辩证法和数学知识对于精神竞技的价值。但在他看来，对于存在和自然之本质的形而上学思考不过是令人讨厌的愚蠢的行为，就像恩培多克勒、巴门尼德和麦里梭等名字所代表的。③

于是，伊索克拉底终于开始界定真正教育的本质，将其与虚假或半真半假的教育形成对照。但恰恰从这里可以看出，他的思想多么强烈地依赖他的对手。柏拉图对人类教育的哲学研究如此清晰地让人们意识到那个决定性的问题，以至于伊索克拉底只能不由自主地以否定柏拉图的观点为形式来表达自己的不同看法。因此，如何理解人的教育，或者说真正而非科学-柏拉图意义上的“哲学”一词呢？伊索克拉底在这里同样重复了之前的说法，只是试图更清晰地表达自己的想法。④他认为，关键的一点在

① 《论财产交换》，268。在柏拉图《高尔吉亚篇》484c—d，卡里克勒斯也指责了苏格拉底派的修辞教育，认为如果开展的时间太长，这种教育会导致学生对日常活动所需要的法律和演说变得陌生。它让他们“对生活陌生”，使其缺乏各种人的知识。伊索克拉底知道这种批评。柏拉图自认为在《高尔吉亚篇》中已经反驳了卡里克勒斯的批评，但伊索克拉底将其整个重新提起，表明这种教育理想的矛盾永远不会消失。另参见伊索克拉底，《泛希腊集会辞》，28。

② 《论财产交换》，268—269。早在《海伦颂》2—3中，伊索克拉底就攻击毕达哥拉斯、高尔吉亚、芝诺和麦里梭等前苏格拉底哲学家是纯粹的悖论猎手，并警告了他们的追随者。在《论财产交换》中，他提到了恩培多克勒、伊翁、阿尔克迈翁、巴门尼德、麦里梭和高尔吉亚。

③ 柏拉图的《巴门尼德篇》和《泰阿泰德篇》生动地讨论了埃利亚派、赫拉克利特和毕达哥拉斯的问题。亚里士多德的作品目录特别提到了关于色诺芬尼、芝诺、麦里梭、阿尔克迈翁、高尔吉亚和毕达哥拉斯派的作品。这些论著源于学园对早前思想家的集中研究，在亚里士多德《形而上学》最早的部分中已经可以看到其成果，特别是讨论早前思想家的第一卷。色诺克拉底写过关于巴门尼德和毕达哥拉斯派，本都人赫拉克勒得斯写过毕达哥拉斯派、德谟克利特和赫拉克利特的作品。因此，伊索克拉底对早前的哲学家的论战不无理由地作为他对柏拉图教化之批评的一部分出现。后者让他不满的地方还在于，柏拉图教化致力于复兴前苏格拉底哲学家的研究（参见《论财产交换》285）。对于后来以此为开端诞生的老年亚里士多德学校的大批哲学史作品，他又会说什么呢！

④ 《论财产交换》，270起。

1095 于并始终在于，人的天性并不适合从我们的所做或所说中（因为伊索克拉底认为两者总是联系在一起）掌握严格的柏拉图“认知”（Episteme）意义上的真正科学。因此，他认为只存在唯一的智慧（Sophia）。其本质在于以纯粹的意见（Doxa）为基础，大体上做出对人最好的选择。于是，人们所称的“哲学家”应该是那些致力于上述努力、有能力由此获得这种“知识”（Phronesis）的果实。[①]在这点上，伊索克拉底似乎认同柏拉图，认为变得明智（φρονεῖν）是对人的哲学教育的目标和缩影。不过，这个概念在他那里再次被还原为他从前苏格拉底希腊文化的道德意识中所获得的纯粹的实践意义。其中的一切理论元素都被完全清除。它不包含任何柏拉图意义上的美德或善的知识，因为伊索克拉底认为不存在这种知识，或者对凡人来说不可能。[②]对柏拉图在《高尔吉亚篇》所提出的政治技艺的要求同样属于此类，它们正是基于这种关于善的绝对知识，就像柏拉图后来在《理想国篇》中所正面描绘的。他在《高尔吉亚篇》中批评了过去的伟大政治家们，因为这些人不具备政治技艺带来的可靠准则，但伊索克拉底却认为那些批评者们才是这种批评的对象，因为他们对人类设置了高于人性的尺度，从而对他们中最杰出的成员造成不公。柏拉图后来在《美诺篇》中表示，那些受人赞美者的美德并非基于真正的知识，而是仅仅基于作为“神性的命运”（θείᾳ μοίρᾳ）被给予他们的正确意见。对伊索克拉底来说，这是凡人所能获得的最高赞美。[③]柏拉图认为更高等级的德性和教化要到这种基于本能和灌输的成功之外才开始，而伊索克拉底的教育则在有意识的自我限制中展开，出于原则性的怀疑，完全仅限于观念和纯粹意见的层次。他认为正确的意见不是一种精确的知识，而是本身永远无法解释和培养的天才。

---

① 《论财产交换》，270起。

② 我们要注意《论财产交换》271对“这种知识”（ἡ τοιαύτη φρόνησις）的强调，从而将伊索克拉底所认可的实践-政治的价值知识同柏拉图的理论知识对立起来。关于Phronesis在柏拉图哲学中演变成形而上学的存在知识，参见拙作*Aristoteles* S. 85f.。

③ 在《论财产交换》233—234中，除了梭伦和克勒斯特涅斯，被柏拉图的《高尔吉亚篇》和《美诺篇》攻击的忒米斯托克勒斯和伯里克利这样的古典时期雅典民主的政治家，也作为政治-修辞的德性-理想的模板出现，由此可以确定无疑地看到，伊索克拉底站在被攻击者的一方，就像他之前支持卡里克勒斯那样。

伊索克拉底认为柏拉图和苏格拉底派大大高估了教化的力量，这解 1096
释了他为何如此有失公允和夸张地描绘自己的对手，并毫无根据地表示他们声称甚至能够向天生的坏人注入美德和正义。①没有什么地方能比从伊索克拉底对柏拉图式教化的批评中更清楚地看到伊索克拉底的精神界限。尽管反感辩证法在概念上的吹毛求疵，他还是并非不能接受其作为形式教育手段的价值。他最终也对数学做了同样的让步，尽管相比于辩证法，数学距离他的“爱文”（Philologie）概念更要远得多。②与之相反，他完全无法理解辩证法对精神的净化与道德元素在灵魂中的显露这两者的关系，而他完全实践导向的思想从未超越这一界限，在思想上不可思议地清楚看到某种绝对的准则，柏拉图关于对人类更高教育的确信便最终植根于这一准则。伊索克拉底把能否运用于大量行业作为尺度来衡量这种对教化本质的最高理解，由此认定该目标是虚幻的。他的判决始终把人的健全理智作为终审法院，因此觉得柏拉图在那种纯粹的理念同道德和教育任务之间架设的桥梁只是幻影。③

不过，除了批评，对伊索克拉底来说，学园最近朝着修辞术的转向无疑也有积极的一面。上述转向隐含了承认某种认真的形式语言教育的不可或缺，也许正是这一让步使得他在《论财产交换》中说出了这句否则很难理解的话：接受（柏拉图意义上的）伦理教育的人会变得更好，如果他们更多地投入到修辞术中，把他们的“爱欲”（Eros）转向这种说服的技艺。④这里考虑的不仅是理解能力里的发展，而且显然是道德人格的改善。
诚然，不存在能够带来美德的不会犯错的知识，就像伊索克拉底之前所说 1097
的，但有可能通过对有价值的对象展开精神活动来潜移默化和不由自主地改变人的整个本质，使其更加高贵。能够实现这些的正是修辞教育。⑤柏

① 《论财产交换》，274。

② “φιλολογία”，《论财产交换》，296。

③ 《论财产交换》，274—275：修辞学家们所要求的这种技艺无论是之前还是现在都不存在。在这种教化（ἡ τοιαύτη παιδεία）被找到前，人们应该停止向他们做出承诺。这里的ὑπόσχεσις表示老师自告奋勇要教学生，与ἐπάγγελμα意思相同。

④ 《论财产交换》，275。这里故意使用了“爱欲”这个柏拉图概念。这个概念应该被用于更好的对象，而不是像柏拉图那样用其吹毛求疵。

⑤ 《驳智术师》21和《尼科克勒斯》7都已经表达了这点，后者尤为积极。

拉图表示修辞教育对道德漠不关心，反而会引发滥用，而伊索克拉底则认为他没能理解真正的修辞术的作用。真正的修辞术的主题并非个人的商业利益，就像早前的修辞术教学所围绕的，而是人类最高的共同财富和最重要的事务；它所要求的行为是最适当和最有益的，演说者对此类问题的长期思考和评价使其成为自己的第二天性，他们不仅对正在讨论的事，而且对自己的行为普遍获得了正确思考和言说的能力，这是严肃地致力于演说技艺的自然成果。[1]伊索克拉底没有抽象地认为演说家的任务在于演说的具体效果以及人们首先考虑到的形式思想前提（即技术上的说服手段），而是认为其在于对性格的自我宣示。因为藏在话语背后或者在话语中表达自身的人格是任何演说的真正说服力所在。[2]柏拉图指责修辞术会诱使个人“贪婪”（Pleonexie），即满足自身的天然本能，“想要获得更多”，因为那是一种没有道德目标的纯粹手段。[3]伊索克拉底提到了这番话，并由此再次证明，他对真正的教育之本质的定义完全是在回应柏拉图的批评。[4]在《论和平》中他与雅典帝国主义派的强权理念展开争辩，其策略便是并不全盘否定他们追求更多的欲望，而是暗示他们在粗俗的物质意义上误解了人类天性的这种基本本能，因而走上了歧途。[5]他在那里对城邦政治提
1098 出了要求，而在《论财产交换》中则将其变成对个体之人的要求。就像他在那里试图证明道德征服和严格合法的政治是唯一真正的逐利，他在这里批评柏拉图将逐利等同于不义和暴力，试图证明那些东西事实上对人无益。他重新把希腊人对正义性之益处的古老信仰作为出发点。因此，他认为以更高的道德和精神文化为追求目标才是根本和真正地满足了“自我”

① 《论财产交换》，276—277。

② 《论财产交换》，278。

③ 柏拉图，《高尔吉亚篇》，508a。在那里，修辞学家卡里克勒斯是真正的逐利代表。

④ 可以明确无疑地看到，这里讨论的是回应柏拉图的指责，即修辞术只会教育人们纯粹地满足自我主义的天然本能。伊索克拉底在《论财产交换》275已经建议学习哲学的年轻人，他们最好把“欲望”转向演说术，把全部灵魂投入“正确的逐利”，他准备在稍后进一步谈论这点。这是一段令人激动的评论，其意义直到《论财产交换》281起才会变得清楚。在那里，他对作为占有欲而深深植根于人类天性中的“逐利”做了特别的探究，试图让这个概念具有正面意味。在这点上，伊索克拉底让自己同柏拉图对话中的卡里克勒斯划清了界限。这是道德的界限。

⑤ 《论和平》，33。在那里（31起）已经可以看到，伊索克拉底反对柏拉图对话中的卡里克勒斯的无道德主义和他的强者正义理论，柏拉图在《高尔吉亚篇》中把它同修辞术及其实践政治的教育理念联系在一起。在《论财产交换》中，伊索克拉底试图与两者划清界限。

对于自我丰富和自我提高的原始本能。就像所谓的哲学家现在很少教授真正的哲学，真正的逐利也很少见，而且被那些哲学家批评为修辞术结出的坏果实。作为货真价实的哲学和精神教育，真正的修辞术还会实现一种比通过欲望、劫夺和暴行所能获得的更加崇高的自我丰富，即按照人格的固有目标对其进行培养。[①]伊索克拉底认为他的学校对年轻人的教育实现了这种理论，将这种教育和对其的研究同无教养的广大雅典年轻人不受拘束的活动做了对比，后者在饮酒、游戏和感官快乐中挥霍了自己的力量。[②]

在《论财产交换》中，伊索克拉底将人们对其教育方式的批评归结为两个来源：冒牌教育者（即哲学家）的卑鄙中伤，以及民众领袖的政治诽谤。他不知不觉地从对前者的反驳过渡到对后者的，哀叹在雅典，人们更愿意看到年轻人漫无目标和无所事事地浪费时间，而不是有严肃的追求，因为那样就会让他们在政治上没有危险和不加批评。于是，在最后描绘自己的教育时，他从希腊民族的真正本质和真正任务的角度对其进行了思考。在《泛希腊集会辞》中，他曾经认为对雅典的最高赞美在于，这座城市是一切更崇高文化的故乡，希腊的精神从那里辐射到四方，那里的学生作为老师被送到其他地方。[③]现在，伊索克拉底把这种想法变成了修辞术的必要性和民族意义的决定性证据。因为他一直以来都认为那是“爱 1099
文”（Philologie）这一创造文化的原始本能的真正体现。[④]对逻各斯的不敬和对精神教育的憎恶（现在他在政治当权者和大众身上经常看到这种雅典城邦的堕落症状）是一种“非雅典的”现象。当然，这个概念具有歧义，每个人都很容易给出自己的解读。但对于什么是“雅典的”只有唯一

① 《论财产交换》282和285。在283，伊索克拉底指责哲学家滥用了这个词，将其从最崇高的东西变成了最卑劣和最无耻的。事实上，他把“逐利”从道德上可鄙的东西重新解读成理想。在这点上，他显然遵循了柏拉图的例子，后者在《会饮篇》205a将理想化的情欲定义为追求拥有至美和至善。类似地，柏拉图在《高尔吉亚篇》中也教导说，自我主义的强权人物所追求的权力并非真正的权力。伊索克拉底想要用同样的方式表明，他的修辞术会引向这种真正的更高级的“自我逐利”。由此可见，他毕竟从广受诟病的辩证法中学到了些东西！

② 《论财产交换》，286—290。他对自己学校中孜孜不倦的年轻人的描绘完全是苏格拉底式的，把自制和自我关怀的理想（参见304）作为最高目标。伊索克拉底接受了苏格拉底派的实践道德，但没有接受柏拉图的辩证法和本体论，并将前者同他的修辞-政治教育融合起来。

③ 《泛希腊集会辞》，47—50。

④ 《论财产交换》，296。

的客观标准。在其他希腊人眼中，雅典对世界的真正本质性和永恒性贡献是它的文化。[1]如果雅典人民自己已经堕落到不再理解这点，那么就是时候提醒他们，这座城邦在全世界的盛名依赖的是雅典的精神。人民如何可能认为，一边是粗鲁而暴力的民众领袖，他们被其他人憎恶，一边是真正的文化承载者，他们让身边的人对雅典充满了爱，人民怎么可能觉得前者对自己更加友好和更有好处？如果雅典人迫害他们的精神教育的代表，他们的行为无异于斯巴达人惩罚尚武行为，或者色萨雷人驱逐养马和赛马活动。[2]

在第二次阿提卡海上同盟瓦解后的那些年里，对教育的政治辩护无疑变得有所必要。被伊索克拉底和持相同观点者认为要对雅典的不幸负责的民众领袖显然发起了反击。随着人们认识到教育与政治批评的关系，较为激进的民主派别也相应地越来越持有敌视教育的立场。一个事实是，尽管教育的代表们对于真正教化的本质有着原则性的观念分歧，但都同样不认可当时的雅典城邦。正是从这一深刻的矛盾中产生了《战神山议事会演说》和《论和平》中的政治思想。现在，它清楚地出现在伊索克拉底为自
1100 己的教育理想所作的伟大辩护演说中。[3]大众反对用一种新的精神贵族取代现在已经彻底失去意义的血统贵族，而伊索克拉底恰恰有意识地把这作为教育目标。作为其辩护的高潮，他表示在一个被民众领袖和诽谤者主导的集体中不可能有真正的教育。[4]但他想要指出，真正的教育并不与雅典城邦的精神本身相悖，在这里引发他批评的同样是祖先的例证。让这座城邦变得伟大的政治家们并非当今的民众领袖和煽动者一流。他们是受过良好教育和具备卓越精神的人，赶走僭主并建立了民主，然后战胜蛮族，在雅典的领导下将被解放了的希腊人统一起来。他们并不和其他所有人完全

---

① 《论财产交换》，295—297和293起。参见302：在身体角逐方面，雅典人会和其他许多人竞争，但在文化（Paideia）上，全世界都甘拜下风。

② 《论财产交换》，297—298。

③ 《论财产交换》的整个结尾（291—319）都围绕着它。

④ 《论财产交换》299—301表示，政治告密和民众领袖是雅典之名上的污点；它的伟大完全要归功于其文化（Paideia）。这段话的有趣之处在于，它鲜明地区分了文化和政治生活，就像当时的现实情况那样。当他谈及这种文化之前的代表时（他们让雅典受到世人的尊敬和爱戴），伊索克拉底并没有把自己排在最后。这种评价无疑符合事实。

一样，而是凌驾于其他人之上。尊敬、热爱和培养这类人是伊索克拉底的演说中提出的劝告。[①]但谁又不会注意到，他的话笼罩着最强烈的悲观主义！这番话被设定为在法庭和全体人民面前所说，事实上却来自偏远的角落，从那里再不可能产生影响，因为个体和大众、受过教育和没有教育之间的裂痕已经变得无法弥合。

直到这里，我们才完全理解了为何伊索克拉底和他所代表的圈子要走出传统的希腊城邦政制及其形式，转向新的泛希腊任务。也是在这里，我们理解了在为希腊的城邦政制所做的最后斗争中，为何受过最高教育的阶层众所周知地选择了“拒绝”。对于马其顿国王腓力这颗冉冉升起的新星，伊索克拉底没有像城邦的捍卫者一样视其为灾兆，而是看到了更美好未来的光芒，他在《腓力辞》中欢迎了这位雅典的强敌，称其为被命运召唤而来，承载了他的泛希腊理念。现在，此人将接过率领希腊各国对抗蛮族的任务，就像伊索克拉底在《泛希腊集会辞》中曾经设想由雅典和斯巴达所承担的。[②]对于反对马其顿的雅典人（甚至包括德摩斯梯尼），他仅仅表示，他们不会给城邦带来好处。[③]城邦和文化曾经在公元前5世纪相互 1101
渗透和促进，现在却日益分道扬镳。那时，诗歌和艺术赞美政治集体的生活，而现在，哲学和教育却提出了批判性的要求，政治上的不满更是对其火上浇油。作为伊索克拉底最后的作品，《泛雅典娜节演说》显示他仍然在思考《战神山议事会演说》中的那个重要内政问题，即雅典的最优政治制度。伊索克拉底学校的修辞术越来越强调演说技艺的内容元素，即政治。[④]这一点上显然受到了柏拉图的影响，后者认为纯粹的形式主义是修辞教育的主要弱点。但外部环境的压力以及伊索克拉底对雅典政治状况的看法同样是让他越来越产生这种倾向的原因。因为他从一开始就承认实质内容对修辞术的必要性，沿着这一方向继续下去对他并不困难。于是，他

① 伊索克拉底用文化和教育程度来衡量过去所有的雅典著名政治家，《论财产交换》306—308。他得出的结论是，只有精神贵族才能让这座城市变得伟大。

② 《腓力辞》，8—9。

③ 伊索克拉底，《书简》，2. 15。这里所指的人中必然包括德摩斯梯尼。写这封信时，后者是反腓力势力的灵魂。

④ 关于伊索克拉底对风格形式的日益不屑，参见《泛雅典娜节演说》，2—4。

的修辞术训练场越来越明显地成为政治的学校。在那里，赞美精神让位于批评–教育精神。尽管《泛雅典娜节演说》中最后一次出现了对雅典的赞美，这位97岁的老人以此向自己的城邦道别，①但它缺乏他早年作品那种高昂而充满希望的热情。赞美变成了对最优政治制度的历史观察，伊索克拉底表示，那是三种主要政治制度的正确混合。②他觉得具有强烈贵族统治色彩的民主是值得追求的，认为这种形式在雅典的繁荣时期已经得到了验证。在这点上，伊索克拉底同样借鉴了修昔底德，后者笔下的伯里克利在“葬礼演说”上将雅典城邦描绘成结合一切政治制度之优秀元素的典范。这种理论也影响了逍遥派，并通过他们影响了波吕比乌斯的历史作品（特别是他对罗马国家精神的描绘），以及西塞罗在《论共和国》中的国家理想。

① 这是他在《泛雅典娜节演说》270的最后给出的年龄，而在引言3，他说的是94岁。

② 其中也不乏对真正教化的思考，特别让我们感兴趣的是《泛雅典娜节演说》30—33对教化所做的没完没了的定义，占据了将近一整个印刷页。伊索克拉底在赞美雅典教化时所说的一切都与前人的理想形象交织在一起。在他看来，雅典真正可贵的地方属于其往昔的历史。

第16章
色诺芬

在苏格拉底的圈子里，除了才智凌驾于所有人之上的柏拉图（他的学校保存了他的文学创作），只有关系疏远的色诺芬有大量作品流传下来，而诸如安提斯忒涅斯、埃斯基内斯和阿里斯蒂波斯等专事效法老师的道德抨击的弟子，留给我们的几乎只有他们的名字——这绝非完全偶然。因其多样化的兴趣和描绘形式，以及活泼而有吸引力（尽管存在局限）的性格，色诺芬一直是广大读者的宠儿。古代晚期的古典主义时代有理由视其为阿提卡魅力的独特代表。[1]如果有人没有把他作为自己所读的第一位希腊散文作家（就像今天在我们的学校里那样，因为他的语言通俗易懂），而是首先读了修昔底德、柏拉图或德摩斯梯尼等同一世纪的伟大作家之后，那么他们会觉得他是那个时代更纯粹的代表，并对他的许多尽管形式优美，但在今天可能显得思想平庸的作品产生不同的感受。事实上，此类评判不仅对于色诺芬，而且对于那些令其相形见绌的思想家都是不公平的，因为这是用在所有时代都很容易称得上伟大的人物来作为他的评判尺度。 1102

不过，尽管色诺芬被公认为平易近人和通俗易懂，他从来不仅仅是自己时代的典型表达。他是个具有独特命运的人，这无疑源于他的内心性

① 参见 Karl Münscher, *Xenophon in der griechisch-römischen Literatur* (Leipzig 1920)，特别见第四部分：“帝国时期的希腊语文学中的色诺芬”，作者在取之不尽的材料帮助下准确描绘了色诺芬在阿提卡时代的地位。

1103 格和与环境的关系。他和伊索克拉底出生在同一个阿提卡村子，在伯罗奔尼撒战争的最后10年里，他遭遇了同伊索克拉底和柏拉图相同的不幸经历，在此期间长大成人。与那一代的许多年轻人一样，他也被苏格拉底吸引，尽管他称不上后者最严格意义上的弟子，但苏格拉底给他留下了如此持久的印象，以至于后来当他从居鲁士的雇佣军中归来时，他在自己的作品中为热爱的老师树立了不止一座永恒的纪念碑。不过，促使他走向这一命运的并非苏格拉底，而是对战争和冒险的火热兴趣，这种兴趣让他为那位波斯反叛王子的浪漫形象所吸引，使他寻求成为在王子麾下作战的希腊军队的统帅。[①]他在自己最丰富多彩的一部作品《居鲁士远征记》中描绘的这一角色让他和斯巴达政治影响的距离近得可疑，[②]为了在亚洲作战中所获得的无价的军事、民族志和地理经验，他无疑付出了被母邦驱逐的代价。[③]在《远征记》中，他提到斯巴达人送给他一处斯基鲁斯（Skillus，位于伯罗奔尼撒西北部的埃里斯农业区）的田庄，让他找到了第二故乡。[④]色诺芬在那里度过了几十年平静的日子，过着乡间生活和打理田庄事务，也从事创作。除了对苏格拉底的回忆以及历史-军事经历，对形形色色的农业活动的爱也是色诺芬其人的一个主要标志，并与前者一起成为其作品的重要内容。家乡的民主带给他的极不愉快的政治经历让他在内心倾向于斯巴达，随着对那个当时几乎不受限制地统治着希腊的城邦的领袖人物和内部状况有了更准确的了解，他后来对拉刻代蒙人的国家进行了研究，并赞美了阿格西拉俄斯；在《希腊志》中，他把政治兴趣的范围扩大到当代
1104 史；在《居鲁士的教育》中则可以看到波斯人的印象留下的痕迹。在雅典通过第二次海上同盟重新崛起的几十年里，色诺芬正远离家乡；直到雅典的这最后一次伟大的政治创造失败后，他才被召唤回到祖国，试图通过一

① 色诺芬《远征记》3.1.4的描绘。

② 色诺芬《远征记》3.1.5只是指出了一个事实，即从伯罗奔尼撒战争开始（居鲁士在战争中支持斯巴达反对雅典），雅典就和居鲁士为敌。但从亚洲的远征军返回后，他直接加入了斯巴达人，后者在阿格西拉俄斯的率领下正在小亚细亚为了希腊人的自由作战，然后与国王一起返回希腊（《远征记》5.3.6）。色诺芬强调，他是“经过比俄提亚”回国的，这很可能意味着，他站在斯巴达人一边参与了科罗尼亚战役。关于色诺芬投入斯巴达人的政治阵营，参见Aldred Croiset经过仔细权衡的评价：*Xenophon, son caractère et son talent* (Paris 1873) S. 118ff.。

③ 色诺芬，《远征记》，8.7.57和5.3.7。

④ 色诺芬，《远征记》，5.3.7—13。

些短小的实用作品参与对军队和经济的重建工作。同盟战争结束后（公元前355年）不久，我们就失去了这位70多岁老人的音讯，他很可能没有活过那个10年。因此，他的生卒时间与柏拉图完全一致。

就像他一生的动荡命运所表明的，色诺芬属于那种再也无法置身于自己城邦的熟悉秩序中的人，而是因为那个时代的经历而在内心疏远了它。他的被放逐（很可能出乎他的意料）让这一裂痕变得无法弥合。他离开雅典的时候正值战败之后，帝国内部的混乱和外部的崩溃让年轻人陷入了绝望。他决定把生活抓在自己的手里。当他撰写"为苏格拉底辩护"时——可能创作于公元前4世纪90年代末，由智术师波吕克拉提斯对苏格拉底及其弟子的诽谤文章拉开帷幕的论战期间，现在成了很久之后所写的《回忆苏格拉底》的第一卷——他加入苏格拉底的辩护者圈子更多是出于政治原因：流亡中的他想要证明，不能把苏格拉底同阿尔喀比亚德和克里提亚斯等人的诉求等同起来。[①]新苏格拉底学派及其追随者特别希望把这些人硬说成是苏格拉底的弟子，以便让与苏格拉底相关的一切背上反民主的嫌疑。[②]这是在对苏格拉底审判期间，就连控诉者也不曾做过的。让自己从此成为辩护者的一员对色诺芬也是危险的，如果他想要有朝一日回到雅典。[③]这篇作品被视作反击波吕克拉提斯对苏格拉底的政治控诉的传单，我们可以一眼看出，色诺芬在撰写它的时候仍然想着要回归家乡。[④]这本曾经的时事小册子后来被收入了篇幅更大的《回忆苏格拉底》，我们可以将其同一个类似的情况联系起来，即公元前4世纪50年代色诺芬 1105
被真的召回；因为到了那时，它重新具有了现实意义，成为作者对祖国的永恒情感的证据。通过赞美苏格拉底绝对的政治忠诚，色诺芬同时证明了自己对于雅典民主饱受怀疑的态度。[⑤]

---

① 参见色诺芬，《回忆苏格拉底》，1. 2. 12起。

② 伊索克拉底，《布西里斯》，5。

③ 参见伊索克拉底为了帮助自己或者弟子提莫忒俄斯洗清"敌视民众"（Misodemie）的指责而做的努力，《战神山议事会演说》57和《论财产交换》131。

④ 波吕克拉提斯控诉苏格拉底的作品出现的时间上限是公元前393年，因为在第欧根尼·拉尔修2. 39，法沃里努斯（Favorinus）表示，其中提到了科侬修建长墙。公元前394年，色诺芬与阿格西拉俄斯一起返回希腊。

⑤ 这部作品被收入《回忆苏格拉底》，类似于我们今天所说的"再版"。

他的很大一部分创作活动集中在公元前4世纪50年代。回归祖国显然让他的生产力有了新的提升。[①]当时他无疑已经完成了《希腊志》，这部作品以公元前362年的曼提涅亚（Mantineia）战役结尾，还试图解释如此受他赞美的斯巴达制度后来为何崩溃了。[②]《拉刻代蒙人的国家》同样属于斯巴达霸权崩溃后的时期，作品中对斯巴达今昔的最终观察表明了这点。从60年代开始，雅典和斯巴达的结盟使得色诺芬重新走近雅典，后者最终召回了他。后来，随着公元前4世纪50年代雅典也变得衰落和第二次海上同盟的崩溃，国家的不幸在《法律篇》《战神山议事会演说》和《论和平》等柏拉图和伊索克拉底的后期作品中唤起了全新的教育热情。[③]色诺芬内心认同这场运动的理念，通过《回忆苏格拉底》和其他篇幅较小的作品参与其中。[④]他从流放回归后所撰写的后期作品无疑包括关于优秀骑兵将领之任务的《论骑兵将领》（Hipparchikos，显然与雅典人的需求有关）以及谈论马和骑士的相关作品，[⑤]还有关于财政收入的政治经济学小册子，如果它们真的出自他的笔下，就像今天几乎普遍认同的那样。[⑥]此外，人们还非常倾向于把他关于打猎的作品（几乎完全用来谈论最优教化的问

① 很难确定色诺芬是就此一直留在了祖国，还是后来在科林斯生活过一段时间（离开斯基鲁斯后，他在那里待过几年）。

② 色诺芬无疑在公元前362年之前就已经在写《希腊志》了。我们很容易理解，为何他会觉得曼提涅亚战役这一斯巴达人弱点的新证据是合适的结尾。因为在他的作品中首先描绘了斯巴达的势力达到顶峰，然后是它的衰弱。在伊索克拉底和其他同时代人的作品中，我们可以看到这个主题是最重要的政治经历，而且和第一次雅典帝国的衰亡一样是同时代人的警示例子。它让色诺芬的历史作品具有了内在的统一性。

③ 所有这些作品都属于50年代。柏拉图的《克里提阿篇》和他对雅典的理想描绘也必须放在同样的精神背景下来理解。

④ 像《回忆苏格拉底》3. 5中苏格拉底同年轻的伯里克利谈话这样的一章——它假设忒拜人是雅典的主要敌人，规劝雅典人（在伯罗奔尼撒战争中！）以老斯巴达的德性为榜样——只可能被认为写于雅典与斯巴达联手对付新崛起的忒拜之时，即公元前4世纪60年代或50年代。在对话所设定的时代，即阿尔基努萨战役之前不久，还没有比俄提亚人入侵阿提卡的威胁。相反，我们可以比较色诺芬在《论骑兵将领》7.2起的告诫，他提醒要注意比俄提亚人的入侵。《回忆苏格拉底》中的这章属于同一时代，当时，采取措施来预防比俄提亚人的入侵已经变得有现实意义。

⑤ 《论骑兵将领》给出的指导并非面向所有人，而是为了改善对雅典骑兵的训练。在作者看来，阿提卡抵御比俄提亚的入侵是自己首要的任务。参见《论骑术》，7. 1—4。雅典应该尝试用毫不逊色的阿提卡步兵来对付忒拜人出色的重甲兵，用更出色的骑兵来对付比俄提亚人的骑兵。这部关于骑术的作品也谈到了雅典的情况；参见第1节。作品最后提到了《论骑兵将领》。

⑥ 5. 9提到，德尔斐圣所在神圣战争中落入了福基斯人之手，被后者长期占领。这让我们来到了50年代下半期。

题）也归于这一时期，因为作品强烈反对纯粹的修辞术和智术师教育。[①]这很不符合斯基鲁斯乡间生活的田园式平静，尽管有人根据内容认为作品出自那里。作品中用到的经历无疑来自那个时候，但作品本身属于雅典的 1106
文学生活和活动。

有意识的教育特征或多或少地贯穿了色诺芬的全部作品。这一特征不仅是作者在向自己的时代致敬，而且是对自身天性的自发表达。甚至在对参加万人希腊远征军历险的描绘中也包含了许多直接的劝导内容。读者将会了解到，人们在生活的特定状况下应该采用何种言行。就像被蛮族和敌军包围、处于极度困境中的希腊人那样，他们也必须学会发现和发展自己内心的德性。作品中经常提到作为范例的许多人物和行为，且不说他大胆展示的各种实用知识和技能，特别是在军事领域。但相比于有意识的教育元素，体验作者及其同伴的命运对读者产生了更强烈的影响，他们经历的状况即便对久经战争考验的无畏士兵也是可怕的，甚至是绝望的。色诺芬从没想要真正地炫耀自己的勇敢和能干。让他更能得到我们同情的是，在那些年里希腊历史令人绝望的整个画面中，一万名希腊人的自救这一个别事件是唯一的亮点，当那些人失去了自己的军官后，他们从幼发拉底河流域出发，经过不断的战斗和危险最终抵达黑海岸边。

最令读者感动的并非色诺芬希望对读者施加影响的方式，而是异族的世界对他本人产生的永久印象。这种印象反映在各个方面，特别是对高贵的波斯人及其阳刚美德完全没有成见的描绘，想要理解这对色诺芬的意义，我们必须将其放到《居鲁士的教育》中理想化的背景之下。这类描绘当然没有主导整个画面，而是混合了作者对当时与希腊人打交道的波斯王国的堕落代表们背信弃义的最深刻厌恶。色诺芬在《经济论》中信誓旦旦 1107
地表示，如果小居鲁士活得再长些，他将成为像自己的著名前辈一样伟大的统治者。[②]但我们几乎不需要这一点就能知道应该如何看待小居鲁士在《远征记》中的形象。[③]他的形象出自一位热情的赞美者之手，后者不仅哀

① 参见《论狩猎》，13。
② 《经济论》，4. 18。参见《远征记》，1. 9. 1。
③ 《远征记》，1. 9。

叹了这位在战斗中阵亡的王子的悲剧英雄命运，而且在他身上再一次看到古老波斯德性的光辉闪现。在《居鲁士的教育》最后，色诺芬将波斯国力衰落的源头归咎为“过目不忘者”阿塔薛西斯（Artaxerxes Mnemon）宫廷的道德废弛，小居鲁士想要推翻的正是自己的这个兄弟。[①]如果起义成功，小居鲁士本可以实现复兴的古老波斯理想与希腊文明的最优秀力量的联手，[②]世界历史可能会是另一种走向。在《远征记》中，色诺芬描绘的在库那科萨（Kunaxa）战役中英勇阵亡的小居鲁士形象堪称最高程度的美和善的完美范例。[③]这个范例会激励人们效仿，并告诉希腊人，真正的阳刚美德以及高尚的情操和举止并非希腊民族本身的特权。即便色诺芬的作品中一再流露出对于希腊文化和才干之卓越的民族自豪与信仰，但他仍然完全不认为，神明从襁褓开始就为每个平庸的希腊公民奉上了真正的德性。他对最优秀的波斯人的描绘中处处很好地显示出那个民族的卓越代表在他内心唤起的情感，即真正的美和善在整个世间都是罕见的，那是人类形式和文化至高无上的花朵，完全意义上的美和善只能在某个民族最高贵的成员身上才能看到。

公元前4世纪的希腊思想方式有对这一真理视而不见的危险，它致力于崇高但常常无法实现的追求，要求所有人拥有同样的德性，就像他们都
1108 拥有同样的公民权利。诚然，对色诺芬来说，他的经历不断证明，普通的希腊人因为其独立自主性和负责行为的能力而优于普通的蛮族。但波斯人的伟大之处在于培养出一批受过令人印象深刻的人类教育和经过雕琢的精英，柏拉图和伊索克拉底这样的同时代希腊思想家，在他们关于教育和文化的理论中十分清晰地认识到遴选问题是所有文化的核心问题，这让坦率的希腊人在这个事实上更加无法自欺欺人。因此，对色诺芬来说，同外族及其生活方式打交道揭示了在理想化教育中经常被忽视的东西，即一切更崇高教育的默认前提。这些卓越的波斯人也有自己的“教化”或类似的东

① 《居鲁士的教育》，8. 8，特别参见8. 8. 12。

② 《居鲁士的教育》8. 8.15对比了老波斯人的教育同当时波斯的“米底式”软弱无力。

③ 参见Ivo Bruns, *Das literarische Porträt der Griechen* S. 142ff.。

西，[①]因为有了那些，他们非常乐于接受希腊文明的最高成果。[②]在色诺芬的描绘中，小居鲁士的崇高波斯德性和亲希腊主义最紧密地相互关联。小居鲁士是波斯的亚历山大，只是命运不同于那位马其顿人。刺穿他的长枪也可能会刺中亚历山大。[③]如果长枪饶过了小居鲁士，那么希腊化时代的历史将由他开启，并走上不同的路径。[④]但正因如此，色诺芬的《远征记》通过对万人远征军的回忆让公元前4世纪的希腊人认识到，任何有才干的希腊将领都可以做到小居鲁士（如果他活得更长的话）麾下的那支希腊雇佣军所做的。在这点上，色诺芬让许多同时代的思想者信服。[⑤]同时，《远征记》还第一个提出了通过希腊文化来丰富波斯-东方文化的可能性这一问题，暗示对波斯贵族的教化是一个文化-政治要素。

希腊人的教育通过自身的精神内容和形式向所有的他族精英提供了他们本身所不具备的东西，但也正因此帮助他们发展了自身。色诺芬笔下的小居鲁士并非成熟的希腊式文化人，而是最纯粹和最卓越类型的波斯 1109
人。[⑥]这种观点很符合伊索克拉底的想法，后者指出，许多希腊人不具备希腊教化，而其他民族的最优秀代表却常常深谙其道。[⑦]这位希腊人预见

---

① 关于小居鲁士的教育，参见《远征记》1. 9. 2—6。色诺芬对此的描绘既是为了刻画他的英雄，也是为了描摹这种教育本身。《居鲁士的教育》1. 2. 16对波斯贵族礼仪的幼稚描绘也许最好被理解成向我们展现了对一名柏拉图时代的受过教育的希腊人来说，在他们中间什么是有教养的。波斯人觉得吐痰、擤鼻涕和表现出胀气是失礼的。被人看到去方便或者做同类的事也有违礼仪。就像色诺芬对此做出的医学-养生学解释和整段话的写实主义所表明的，他是从医生泰西阿斯（Ktesias）的《波斯记》中获得这些信息的，后者效力于阿塔薛西斯国王的宫廷，在《远征记》1. 8. 27被提及。

② 关于居鲁士的亲希腊观念和对希腊文化的尊重，参见《远征记》1. 7. 3他对希腊军队的讲话。在那里，色诺芬让他表示，他带着希腊人一起参加远征，因为他认为他们远比蛮族优秀。居鲁士认为，他们在道德和军事上的优势源于他们的自由。因此，被波斯征服的民族成了奴隶。这当然不会影响居鲁士对自己属于波斯帝国统治民族的自信心。《居鲁士的教育》8. 8. 26表示，如果没有希腊人的智慧和勇武，当时的波斯人已经无法作战。

③ 参见《远征记》，1. 8. 27。与居鲁士一样，亚历山大作为统帅的个人英勇形象让公元前4世纪的希腊人觉得浪漫。他会不顾一切地向危险冲去，常常负伤。

④ 阿里安（Arrian）清楚地意识到亚历山大远征同居鲁士远征在世界历史上的相似性，因此他把自己写的这位马其顿征服者的历史定名为“亚历山大远征记”，参见阿里安，《亚历山大远征记》，1. 2. 3—4。

⑤ 伊索克拉底，《泛希腊集会辞》，145。德摩斯梯尼，《论海军分队》（*Symm.*），9和32。关于菲拉伊的伊阿宋（Iason von Pherai）和他推翻波斯帝国的计划，参见伊索克拉底，《腓力辞》，119。腓力和亚历山大肯定是其中的重要人物。但我们缺少这方面的材料。

⑥ 参见《远征记》，1. 9。

⑦ 《泛希腊集会辞》，50。

了影响力超越本民族界限的希腊文化的可能性和条件，即便并没有清楚地看到。希腊文化必须同每个民族最优秀的特质联系起来。因此，色诺芬不仅认识到，从贵族教育的结构来看，作为马上民族和希腊人"世仇"的波斯人与原始希腊对美和善的推崇非常相似，而且这一比较反过来影响了他关于希腊的理想，将波斯贵族和希腊德性的特征融合为一体。若非如此，像《居鲁士的教育》这样以一位波斯国王的形象来向希腊人展现真正的统治者美德的作品是不可能出现的。

这部以Paideia一词为题的作品令我们失望，因为只有开头部分与小居鲁士的教育有关。[①]我们看到的并非一部古代的成长小说（Bildungsroman），而是一位奠定了波斯作为世界帝国地位的国王的完整传记，尽管具有强烈的浪漫色彩。称其为"教化"是因为它的每一页上都清楚地流露出教育意图。居鲁士是君主的典范，通过自身的性格特质和正确的行为一步步赢得和确保了自己的强大地位。[②]公元前4世纪的希腊人可以对这个人物表示同情，这一事实本身证明了时代的变迁，或者更准确地说可能是环境的变迁，因为写作此书的是个雅典人。我们进入了君主教育的时代。描绘这位名垂青史的统治者的事迹和崛起是实现该目标的一条途径。柏拉图和伊索克拉底则选择了别的努力方式，前者通过自己的辩证法学校，后者通过汇
1110 编关于统治者责任的格言和反思。而对色诺芬来说，最重要的是其英雄的士兵美德。作者既从军事现实方面，也从道德方面看待这点，并加入了来自自身经历的细节。对色诺芬来说，士兵归根到底是真正的人，他们蓬勃而健康，正直而坚忍，不仅在面对环境和敌人的战斗中，也在面对自身及其弱点的斗争中严守纪律。在一个不再有稳固的政制环境和公民保障的世

① 参见《居鲁士的教育》1. 1. 6所说的：τίς ποτ᾽ ὢν γενεὰν καὶ ποίαν τινὰ φύσιν ἔχων καὶ ποίᾳ τινὶ παιδευθεὶς παιδείᾳ τοσοῦτον διήνεγκεν εἰς τὸ ἄρχειν ἀνθρώπων（他的血统如何，拥有何种天性，接受过何种教育，以至于在统御人的方面如此出众）。与这里对波斯人的情况类似，色诺芬认为教育对斯巴达人的体制也有着重大的意义：《拉刻代蒙人的国家》2。不过，对居鲁士所受教育的描绘基本上仅限于《居鲁士的教育》第一卷第2章。同样地，《远征记》的篇名（Anabasis）只和作品的第一部分有关，而作品的主要部分讲述的是返回希腊（Katabasis）。在古代作品中，这种类型的篇名的例子并不少见。

② 让该书的篇名更加名副其实的是，书中一再重申，波斯人的教化和他们的德性是缔造了波斯帝国的创造性力量。有大量段落被用来阐述这点。在把自己的权力交给继位者和继承人时，他同样指出，他们的继承资格来自他所接受并传给孩子们的教化（8. 7.10）。

界里，他们是唯一自由和独立的人。色诺芬的士兵理想并非傲慢的老爷，随意践踏法律的传统，在必要时用暴力解决一切难题。他的居鲁士同时也是正义的模板，以朋友的爱和人民的信任作为统治的基础。[①]色诺芬的战士是朴素信神的人。在关于骑兵将领之责的作品中，他曾表示，读者对于他事事都要以“凭着神明”开头表示惊讶，但如果他们也不得不总是生活在危险中，他们马上就会明白。[②]不过，他也认为军旅生涯是真正卓越之人的高等学校。他觉得战士和统治者在居鲁士身上融为一体是完全自然的想法。[③]

作为这种卓越和高贵的高等学校，波斯人的教育吸引了色诺芬的注意，他把对这种教育的描绘穿插进了自己英雄的生命历程。最早让色诺芬注意到该问题的可能不是伊索克拉底，因为雅典和其他地方的“社会”圈子早就对别的民族的政制和教育深感兴趣。[④]色诺芬通过自己的观察和调查提供了关于波斯的新信息；波斯生活的这个方面也许从未被如此清晰地揭示。但色诺芬的报告也并不十分详细。他认为波斯人的教育要优于希腊人的。[⑤]在这点上，他眼前浮现的希腊人的教育就像是柏拉图所描绘的。公众对年轻人并不关心，只有色诺芬在这里未加提及的斯巴达例外，他无 1111
法将那里的情况和希腊等同起来。[⑥]人人都让自己的孩子按照其喜欢的方式长大。当孩子们长大后，法律接手了他们，将自己的规矩施加到他们身上。但这些人根本没有准备好接受法律对他们的服从要求，尽管希腊城邦

---

① 通过波斯的教育，对正义的爱很早就植根于每一个体，《居鲁士的教育》1. 2. 6；另参见童年的居鲁士与他的米底人母亲的对话，1. 3. 16。1. 3. 18表示，对他的波斯人父亲来说，μέτρον δὲ αὐτῷ οὐχ ἡ ψυχὴ ἀλλ᾽ ὁ νόμος ἐστίν（他的尺度不是心灵，而是法律），这里的ψυχή表示主观欲望。

② 《论骑兵将领》，9. 9。

③ 作为雅典的“第一公民”（πρῶτος ἀνήρ），伯里克利这位雅典培养出的统治者既是政治家，也是统帅。同样的理想也适用于阿尔喀比亚德和尼喀亚斯这两个对头。提莫忒俄斯是最后一个兼具两者的。从此，它们越来越分道扬镳。色诺芬认为，成为统治者的最佳准备不是政治家的生涯，而是士兵的教育。伊索克拉底和柏拉图（特别是后者）也非常重视他们的统治者教化中的士兵元素。不过，色诺芬描绘的士兵统治者的类型直到希腊化时期才成为主流。许多此类的统治者个体格融合了士兵特质和科学教育。

④ 就像从用散文体写成的《拉刻代蒙人的政制》残篇中所看到的，克里提亚斯在对其他城邦的政治生活的研究中关注了教育的问题。对于色萨雷，他可以根据亲身观察来描述。

⑤ 《居鲁士的教育》，1. 2. 2—3开头。

⑥ 与这里对波斯人类似，《拉刻代蒙人的国家》10. 4也赞美了斯巴达对年轻人的国家教育。

以这种服从为荣，称之为正义。而重视正义的波斯人则从孩子幼年起便开始向他们进行这方面的灌输，就像希腊家长教孩子认字。[①]

他们的教育场所是王宫旁的“自由市场”，那里也是其他公共建筑的所在。买卖和商贩活动被从那里驱逐，以免它们的嘈杂声与“有教养者的秩序”混杂。[②]这一点与雅典和希腊的情况截然相反。因为在那里，市场上和官方建筑周围充斥着商贩的店铺，回响着嘲哳喧闹的市声。[③]通过划定范围，波斯人的教育从一开始就与社会集体建立了确定的关系，甚至被置于政治结构的中心。年轻人教育的负责人从一批能够胜任这项任务的年长者中选出，而能够服兵役的青年（Epheben）的教育者则由年富力强的男性中的出色代表担任。[④]就像希腊的成年人，人们也为这些年轻人设立了一种法庭，让他们可以对盗窃、抢劫、暴力、欺骗或伤害提出控诉和抗议。[⑤]犯罪者将被依法惩罚，而诬告者也会受到惩处。色诺芬提到了波斯人的一个特点，即对忘恩负义者的严厉处罚。忘恩负义被视作一切无耻行为，乃至一切恶行的根源。[⑥]这让我们想起了柏拉图和伊索克拉底所说的敬畏和羞耻感（Aidōs）对于教育年轻人和维系任何社会制度的重要性。
1112 色诺芬认为，榜样是一切波斯教育的真正原则。年轻人还从榜样身上学会了自愿遵守最高的法则，即服从；因为他们看到前辈们无条件地认真遵守同样的职责。[⑦]

年轻人的生活方式尽可能地简单。他们带着面包，但在老师的监督下共同进餐。这种教育一直延续到16岁或17岁，然后年轻人会加入青年兵团，在那里服役10年。色诺芬对青年服义务兵役的制度报以热情的赞美，因为这个年龄需要特别专心的关怀。这是纪律的学校。兵团成员始终听命于官员，作为保镖陪同国王定期外出打猎。这种打猎活动每月进行

① 《居鲁士的教育》，1.2.6。
② 《居鲁士的教育》，1.2.3—4。
③ 参见德摩斯梯尼，《金冠辞》，169。
④ 《居鲁士的教育》，1.2.5。
⑤ 《居鲁士的教育》，1.2.6。
⑥ 《居鲁士的教育》，1.2.7。
⑦ 《居鲁士的教育》，1.2.8。

多次。[1]色诺芬把对狩猎的这种推崇视作波斯人制度的健康标志之一。他赞美打猎有让人变得坚强的效果，无论在这里，还是在《拉刻代蒙人的国家》和《论狩猎》中，他都将其看成好的教育的必要组成部分。[2]除了对波斯文化的上述描绘，包括对正义的培养，以及战争和狩猎中的训练，色诺芬在《经济论》中又补充了第三种要素，即农业活动。[3]社会体系由儿童、青年、成人和长者四个所谓的年龄阶层组成。想要晋升为青年，儿童的父母必须有能力让他们加入这所美和善的高等学校，而不是让其工作；而只有服完了全部兵役时间，青年才能跻身成人（τέλειοι）行列，并在未来成为长者（γεραίτεροι）。[4]这四类人构成了波斯民族的精英，整个政治体制都以他们为基础，因为国王通过他们统治者国家。这一切无疑会让希腊公众觉得很陌生，斯巴达人可能是个例外，他们在本国的制度中必然可以找到许多相似的特点。[5]现代读者会想起老普鲁士这样的军国主义国家的军官学校，这些学校向军队提供新生力量，并以军队的精神从小培养 1113
他们。这种比较的合理之处还在于，两种制度的社会基础是相同的。它们均为封建类型，虽然说在色诺芬的作品中，似乎父母的财务独立性取代出身成为有资格受教育者的标准，[6]但这个圈子可能与有产的波斯贵族大体重合。

色诺芬的士兵-贵族倾向（在希腊，斯巴达提供了最为接近的例子）让他在对波斯教育的独特描绘中找到了第二个榜样。人们会问，《居鲁士的教育》中的思想究竟是纯粹理论的，还是说作者想要借此为传播和实现这种理想做出实际的贡献。在那个时代，即便像色诺芬这样的历史学家在面对该问题时也不可能持有纯粹的历史态度。他创作这部作品时，斯巴达

---

① 《居鲁士的教育》，1.2.8—9。伊索克拉底《战神山议事会演说》43和50也要求更加关心青年和少年。

② 《居鲁士的教育》，1.2.10；参见《拉刻代蒙人的国家》4.7，6.3—4。

③ 《经济论》，4.4起。

④ 《居鲁士的教育》，1.2.12（结尾）—13。

⑤ 对真正的斯巴达公民来说，无疑会让他们感到陌生的一点是，就连波斯国王和最高贵族们也会热衷于农事。而在斯巴达，与其他所有的职业行当一样，这被认为是低贱的，参见《拉刻代蒙人的国家》7.1。在这点上，色诺芬并不认同他的斯巴达理想，他在《经济论》4.3明确提出了斯巴达人与波斯人的这一对立。

⑥ 《居鲁士的教育》，1.2.15。

很可能仍然掌握着霸权，这位内心倾向于斯巴达的流亡作家希望通过与之相似的波斯人来加深本国受教育群体对真正的士兵精神的理解。他关于斯巴达政制的作品也服务于同样的目标。不过，色诺芬在这两部作品结尾的思考证明它们不可能出自直接的宣传意图。在《居鲁士的教育》的后记中，他明确与当时的波斯划清界限，并解释了其衰败的原因。[①]在《拉刻代蒙人的国家》的结尾，他在谈到当时的斯巴达时显示了同样的态度。[②]如果阿格西拉俄斯还活着，这几乎是不可能的，因为在那位国王去世时（公元前360年），他还为其撰写颂词，赞美其是真正斯巴达美德的化身。根据这两部作品中的时代历史暗示，它们应该完成于色诺芬的晚年，那时斯巴达的霸权已经不复存在。[③]不过，与一切政治现状无关，一个人仍然可能想为自己对波斯教育精神的信仰树立丰碑。对于人们指责他宣扬东方风
1114 俗和蛮族专制，他多次试图在作品中为自己辩护，将当时失去斗志的波斯人同波斯帝国奠基时代尚武的马上民族区分开来。他认为，现在被许多人视作来自波斯的奢华东方生活其实来自米底人。[④]这是当波斯人意识到自己的优势后，他们马上灭掉米底帝国的一个主要原因。居鲁士时代的波斯人并非奴隶民族，而是自由和平等的人，[⑤]在居鲁士统治时期，这种精神在新国家的体制中不断地延续着，直到继任者们否定了它，加速了国家的衰败。[⑥]色诺芬认为波斯人的教育是他们早前德性的最后遗存和真正载体，虽然那个民族当时堕落了，但他觉得让这种教育同对帝国的奠基人及其昔

① 《居鲁士的教育》，1. 2. 15。

② 《拉刻代蒙人的国家》，14。

③ 一些学者试图证明，《居鲁士的教育》和《拉刻代蒙人的国家》的结尾——色诺芬在那里分别指责当时的波斯人和斯巴达人背弃了自己的理想——是色诺芬后来添加的，或者出自他人之手。但如果两部作品后来经过同样的修改，那将是很奇怪的。两篇作品结尾的思考更可能为彼此提供了佐证，它们都对比了曾经更好的状况和当下更坏的状况。标志性的"现在"一词不仅出现在《居鲁士的教育》结尾，也同样出现在作品的其他地方，参见1. 3. 2，1. 4. 27，2. 4. 20，3. 3. 26，4. 2. 8，4. 3. 2，4. 3. 23，8. 1. 37，8. 2. 4，8. 2. 7，8. 4. 5，8. 6. 16。不过，如果这两部作品的最后一章不是伪作，而且是最初就有的（对此我并不怀疑），那么《居鲁士的教育》和《拉刻代蒙人的国家》就都创作于色诺芬生命的最后10年。色诺芬的《居鲁士的教育》8. 8. 4提到的最新事件是叛乱总督阿里奥巴尔扎内斯（Ariobarzanes）被他自己的儿子出卖给了国王（公元前360年）。

④ 《居鲁士的教育》，1. 3. 2起，8. 3. 1, 8. 8. 5。

⑤ 《居鲁士的教育》，7. 5. 85。

⑥ 《居鲁士的教育》，8. 8. 1—2。

日丰功伟绩的回想一起在人们的记忆中继续存在是值得的。

《拉刻代蒙人的国家》是与《居鲁士的教育》最为接近的作品。尽管它并非关于某个人的历史，而是将国家制度作为描绘对象，但两者仍然有可比较之处，因为它们都从教育讲起，由此提出自己对于主题的具体观点。尽管在这两部作品中，严格意义上的教育都仅限于前几章，但作者将其视作波斯和斯巴达政制的基础而一再重新提及。此外，这两个民族的其他制度也同样带有被合乎逻辑地贯彻的唯一教育体系的清晰印记，如果我们用教育体系一词来表示对成人生活进行引导的话，就像在这些国家中经常见到的。

我们已经从堤耳泰俄斯的诗歌中了解了斯巴达人关于最高公民美德的理念（本书第一卷，第93页），那是对该理念最早的宣示。这些诗歌属于美塞尼亚战争的时代，在诗中，这种斯巴达人的男性理想在外部危难的压力下同更古老和更加贵族式的观点展开了斗争。这种理想认为，公民对集体福祉的最高贡献在于保卫祖国，他们在城邦中的权利不能以阶层或财 1115
产的某种特权，而是要以证明履行了这种最高责任来衡量。因为斯巴达人的国家总是通过战斗来捍卫自己，它的存在基于随时做好战争准备，所以对于个体和整体之关系的这种基本观点从未被动摇。几个世纪以来，从中诞生了一种公民生活的独特体系。我们对其形成过程的具体阶段不做介绍。在色诺芬和柏拉图的时代，甚至在此之前很久，斯巴达人的这种秩序就已经作为完备的画面呈现在世人眼前。不过，完全要归功于这些思想家和作家对斯巴达教化的兴趣，才会有关于斯巴达人的值得一提的信息留存下来。[①]其他希腊人惊讶地发现，在斯巴达一切制度都服从于同一目标，即把公民变成世界上最优秀的战士。他们非常清楚，实现这一点不仅需要不断的专业训练，而且要建立在从青少年时期伊始便对人们展开的内部塑造之上。这种塑造不仅是军事的，而且在最广泛的意义上也是政治和道德的，但与希腊人所理解的一切政治和道德恰恰相反。在希腊，除了雅典民主的同情者，到处都有对斯巴达精神深信不疑的支持者。柏拉图并非典型

① 参见本书第一卷，第84页起，“公元前4世纪的斯巴达理想与传统”一节。

的此类拥趸，因为他对斯巴达理想本身持批判态度。他所赞美的只是这种主流思想在斯巴达被坚定不移地贯彻到公民生活的各个领域，以及斯巴达人认识到教育对于塑造集体精神的重要性。[①]相比柏拉图，色诺芬才是货真价实得多的亲斯巴达派，这类人在贵族圈子里特别常见。

对当时家乡的民主的批评——尽管不失作为公民的忠诚，他还是在《回忆苏格拉底》中对母邦公开表示不满——让他对雅典的政治对头斯巴
1116 达大为赞赏，认为对于雅典的某些尚未解决的根本问题，斯巴达人提供了仿佛具备有意识智慧的答案。当时民主的一切弊端似乎都源于一点，即个人过分的自我主张，人们似乎无视责任，只看到公民的权利，把它看成作为国家之保障的自由的本质。从色诺芬的士兵理想来看，这种有责任意识的纪律的缺失无疑特别令人反感。他的政治思想的出发点并非个人的理想要求，而是集体存在的外部条件。柏拉图、伊索克拉底和德摩斯梯尼等同时代批评家同样一再抱怨雅典公民缺乏保卫祖国的能力和意愿，色诺芬无疑觉得这种缺乏是无法理解和幼稚的轻率行为，在一个充满敌意和嫉妒的世界里，它必然将很快导致雅典民主失去其如此引以为豪的自由。斯巴达的教育当然不是多数公民做出的自由决定，而是被写在国家的基本立法结构中，色诺芬认为那是半神化的吕库格斯个人的天才创造。[②]色诺芬很清楚军营生活的原始状态在斯巴达维持得更久这一历史条件，也知道作为统治者和被统治者的多个民族共存于这同一个国家，数百年来两者之间一直存在着大部分时间并未爆发的潜在冲突，但他没有提到这些，而是把斯巴达人的秩序描绘为自成一体的政治艺术品，认为它值得他人模仿。[③]当然，他指的不是盲从地全盘照搬全部制度，柏拉图关于政治制度的作品是对希腊人所理解的模仿做的最好注解。希腊人远不像我们那样，将自身保持一致，但由其本质的条件所决定的事物视作独一无二的个体。相反，当他们
1117 被迫承认一种制度的某些特性时，他们马上会想要模仿其中让他们觉得好

① 参见柏拉图，《法律篇》，626a。与之类似，被误归于色诺芬名下的《雅典政制》的寡头派作者也赞美了民主制度在其各种细节上取得的惊人成果，但并未解释此事本身。

② 《拉刻代蒙人的国家》，1.2，2.2，13等。

③ 关于吕库格斯政制改革的原创性，参见同上1.2；关于斯巴达制度的值得赞美，参见9.1，10.1，10.4，11.1等。关于没有人模仿它，但许多人赞美它，参见10.8。

的和有用的东西。色诺芬认为，斯巴达在整个国家实现了他在居鲁士军队的自由军营生活中所看到的士兵理想。

色诺芬意识到，在当时通常的个人主义及其自由意识看来，斯巴达人的生活方式和教育是矛盾的。[①]他多次用谨慎的口吻掩盖自己对吕库格斯制度的认同，让会思考的读者本人去判断那位斯巴达立法者的措施对他的人民是否有好处。他无疑已经预见到读者会意见不一，许多人会觉得为这种好处付出的代价太高了。不过，他显然相信同时代人在很大程度上会认同自己，不仅是在那些认为他的书中所预设的文学兴趣多余的城市和国家，就像可能在斯巴达本地那样。[②]这个问题完全不是纯粹意识形态的。有人把色诺芬称为浪漫主义者，因为他的理想在一个民主启蒙的世界里是不合时宜的，但他并非诗人，而是实践者。除了早年作为士兵对斯巴达的同情，他作为地主的政治信仰无疑也起到了作用。他不喜欢城市人和城市生活，而是清楚地看到，对于农村和农民而言，尝试解决源于城市平民的社会问题是徒劳无益的。就像他在《希腊志》最后几卷中所透露的，从他对埃里斯派系关系的准确了解中可以看到，当他在埃里斯地区的偏僻角落经营农庄时，他参与了那里同样并不缺少的政治斗争。他用比例失衡的大篇幅描绘了此事，而且显然是目击者。[③]斯巴达贵族和阿卡迪亚民主在这场社会斗争中共同发挥了影响，色诺芬有机会研究两者的作用。对务农的伯罗奔尼撒人来说，当斯巴达在留克特拉战役中失败后，由忒拜在当地推 1118
动的民主运动是相对新生的事物，因为许多个世纪以来，他们一直在斯巴达的领导下沿着固定路线生活。即便当美塞尼亚人和阿卡迪亚人摆脱了这一政治体制后，保守的政治元素仍然存在于斯巴达人那边。在埃里斯，阿卡迪亚人新的扩张产生的影响不受欢迎。雅典对忒拜的突然崛起感到不安，与遭到羞辱的斯巴达人结盟，这对色诺芬来说是有利的状况。[④]特别是当雅典军队多次站在斯巴达人一边同忒拜人作战之后，它让雅典读者更

---

① 他一再强调，吕库格斯的制度与其他希腊城邦的截然相反。参见1.3—4，2.1—2.13，3.2，6.1，7.1等。

② 参见同上，1.10和2.14。

③ 这不会降低斯巴达人对色诺芬作品的欢迎程度，因为它包含了对斯巴达制度的有效辩护。

④ 例如参见《希腊志》，7.4.15起。

能接受平静地观察斯巴达的情况，即便仍然不无批评，也让这种情况的描绘者不会显得政治上可疑，就像之前常常发生的那样。[①]

斯巴达式教育（所谓的Agogé）的细节广为人知，在这里不必复述色诺芬的描绘。这一制度的本质标志包括，对教育健康后代的关注早在分娩和怀孕之时或之前就开始了；育种和优生；通过国家机构开展教育，而不是像其他城邦那样通过老人和奴隶，把孩子交给他们看管；任命教育监督官（Paidonomen）作为国家最高教育权威；将儿童和与他们分开的年轻人编成军事单元；各单元由其中最可靠的人进行自我监督；通过相应的着装和饮食来强健体魄，国家教育延续到成年初期。其中的许多内容让我们觉得夸张甚至原始，但雅典哲学家们认为，由国家或城市掌管，并由官方任命的专家来开展教育的原则是有益的。通过将其纳入自己的理想国方案，他们帮助其几乎处处获得了成功。[②]公众对教育的要求是斯巴达人对
1119 教育史所做的真正贡献，其重要性怎么评价都不为过。斯巴达教育制度的第二个主要部分是年轻人的兵役，这被认为是教育的关键部分。那里的兵役时间远比希腊民主城邦的更长，而且在他们年纪更长后，还会以男性集体就餐（Syssistien）和军事训练的形式延续。就像我们看到的，柏拉图也采纳了这点。

被认为不可战胜的斯巴达军队在留克特拉失利后，上述制度遭受了致命的打击，这无疑强烈动摇了色诺芬的想法。在《拉刻代蒙人的国家》最后，他指责当时的斯巴达人贪婪、追求享乐和权欲熏心，暗示他们因此丧失了霸权。[③]在《希腊志》中——他在这部作品中不仅想要从外表上延续修昔底德的工作，而且还模仿后者，试图解释事件的必然性——他痛斥了斯巴达人开始对希腊进行独裁统治后所犯的错误。色诺芬的宗教情感让他只能把从如此高度的悲剧坠落理解为复仇女神的安排。她因为弓拉得太

---

① 《希腊志》7.1对雅典政策的这一转变做了详细的描绘。在《希腊志》和《论雅典的收入》中明确提到了雅典向斯巴达或其盟友派出援军。

② 除了采用这一原则的柏拉图的《理想国篇》和《法律篇》，特别参见亚里士多德《尼各马可伦理学》10.10.1180a 25的表述："只有在斯巴达人的国家，立法者才会关心教育和生活方式；在大多数城邦，这些事完全被忽视，每个人都喜欢按照独目巨人的方式主宰着女人和孩子生活。"

③ 《拉刻代蒙人的国家》14.6：现在，斯巴达在希腊如此不受欢迎，其他希腊人都致力于防止斯巴达统治的重新确立。

满而施加了惩罚。从这里可以看到，尽管对斯巴达大加赞赏，但色诺芬仍然不失为一个雅典人，总是对斯巴达的无情统治留有最后的陌生感。虽然这没有妨碍他在斯巴达败落后继续撰写关于斯巴达教育的作品，但让他在对象面前不得不采取像《居鲁士的教育》中那样有保留的态度。对我们来说，在他关于教育的研究中，这种警告才是更高意义上的教育元素。在同样的意义上，我们可以把他的历史作品《希腊志》加入希腊教化的宏大建筑中。这部作品所提供的教导并非内在于事实本身，就像在他无与伦比的更伟大前辈的作品中那样。这些教导通过完全的主观坦诚和宗教热情得以表达。除了雅典在伯罗奔尼撒战争最后的败落，斯巴达的溃败是他一生中第二重大的历史经历，造就了他对建立在正义基础上的神性世界秩序的道德信仰。①

色诺芬关于苏格拉底的作品包括对话和形式独特的对老师的《回 1120
忆》，构成了其作品中的一个特殊类别，它们与教育问题的关系不言自明。苏格拉底给了色诺芬最大的动力，让他发展了自己天性中生来就具备的伦理和思考元素。②我们在前文已经将《回忆》评价为我们对于苏格拉底了解的历史素材，在这里不能再将其视作反映了色诺芬关于教化的观点。③对其作为历史素材的价值的批评同样包含了对作品中色诺芬思想的认识。有意思的是，色诺芬将苏格拉底描绘成作者本人最喜欢的理念的承载者，从而尽可能地将其变成作者所盼望的雅典复兴时期的教育者。于是，那位老师成了为骑兵军官和战术训练出谋划策的军事专家，或者向情绪悲观的青年伯里克利表达了对于雅典未来的信心（后者经历了阿尔吉努斯海战的失利，正处于雅典在战场上的运势迅速式微之时），只要引入严格的军事纪律，并认可战神山议事会的权威。上述思想借鉴自保守派，显然属于伊索克拉底公开表达同样想法的时期，即第二次海上同盟败亡之时，该事件无疑让人回想起伯罗奔尼撒战争最后雅典内部崩溃的类似过程。不过，更清晰的例子是，色诺芬在《经济论》中极为自由地用苏格拉底的形象来宣

① 《希腊志》，6.4.3，7.5.12—13提到了神的力量在历史事件中的支配作用。

② 参见本书第二卷关于苏格拉底的一章。

③ 《回忆苏格拉底》中对教化问题的贡献是色诺芬在这部作品中对苏格拉底教化的描绘。

示自己的观点，这篇对话在这里特别值得一提，因为它从一个对作者来说至关重要的方面扩展了他的教育理想的整体画面，即文化与农业的关系。

1121 智术师们常常把他们的教育理论建立在与耕作的比较之上。[①]不过，尽管他们承认耕地和收获是一切文化的源头，智术师教育本身仍然是城市的产物。赫西俄德曾经将农村生活及其法则作为《工作与时日》的独特伦理的出发点，但那个时代早已过去，城邦接管了教育领域的主导权。“农村的”和“没教养的”在色诺芬的时代成了可以互换的概念，[②]农民的活动似乎不太可能再保有其旧日的价值。色诺芬本人是城市的孩子，却因为个人喜好和命运而务农为业，他无疑看到自己被赋予了这样的任务，即将自己赖以维生的艰辛职业同他的文学教育建立内在的关系。于是，城市和农村的问题第一次在文学中得以凸显。旧阿提卡喜剧中无疑已经涉及该问题，但只是为了揭示古老的农村生活要求和新式的智术师教育是无法统一的。[③]色诺芬的《经济论》中则出现了一种新的思想。农民世界认识到自己的独立价值，并有能力证明他们对文化做出了不容轻视的贡献。这种对农村的热爱既不同于希腊化时期田园诗人笔下多愁善感的牧羊人，也不同于阿里斯托芬农民场景中的农村闹剧。这种热爱是自信的，没有夸大自己世界的意义。即便我们无意将农业在文学中的出现普遍化，但通过色诺芬的作品，农村还是第一次被描绘成一切人类文明的永不衰老的根基。这片广阔的生活区域在紧张忙碌而又狭小的城市教育活动的背后平静而惬意地延伸开去。另一方面，它展现了苏格拉底教育理想的生命力和本土性：这种理想能够影响到城墙之外的世界，尽管作为土生土长的城里人的苏格拉底从未涉足那里，因为他无法对树木说话。[④]

开头部分关于经济本质的对话将苏格拉底和克里托布洛斯引向农业
1122（γεωργία）这一主题，作品的主要部分将对其展开讨论。克里托布洛斯希

① 参见本书第二卷，第316—317页。

② ἀγροῖκος最常被用来表示“没有教养的”；参见亚里士多德《修辞学》3. 7. 1408a32，那里将它与πεπαιδευμένος（有教养的）相对。《尼各马可伦理学》2. 7. 1108a26把这个词更具体地解释为与εὐτραπελία（社会交往中的“精明”）相对。忒奥弗拉斯托斯在《性格画像》第四卷描绘了“没有教养的人”这种类型。

③ 参见阿里斯托芬《赴宴者》，本书第二卷，第370—371页。

④ 柏拉图，《斐德若篇》，230d。

望向苏格拉底求教，哪种实践活动和知识最为美好，最适合作为自由公民的他。[①]两人很快达成共识，希腊人所谓的“匠人”（banausischen）职业很不适合，它们在城邦中大多地位不高。不健康的久坐的生活方式会让身体虚弱，让精神迟钝。[②]苏格拉底推荐了以务农为业，在谈话过程中对这一行当展现出如此令人惊讶的专业知识，让色诺芬觉得需要对此进行特别的解释。为了大体上证明对农业的兴趣是合理的，表明那是一种对社会来说不容轻视的活动，苏格拉底援引了波斯国王的例子，他们在军事职责之外只认可唯一有价值的爱好，那就是耕作和园艺。[③]色诺芬无疑是从他本人对波斯状况的了解中获得了这一知识。由苏格拉底口中说出关于居鲁士奇妙花园的细节显得有些奇怪。[④]于是，色诺芬加入了斯巴达将军吕山德的个人回忆，此人造访萨迪斯时在小居鲁士的带领下参观了花园，听到后者亲口说他每天都在那里工作，亲手种植了所有的树木和灌木，对它们做了规划。吕山德向麦加拉的一位宾朋转述了这一切，苏格拉底是从此人那里听说的。[⑤]这种显而易见的虚构显然表明，在这里借老师之口发言（就像柏拉图经常做的）的作者是从吕山德那里听说此事的。色诺芬很可能作为带领万人希腊远征军从亚洲撤退的英勇军官被引荐给后者。两人都是小居鲁士的朋友，没有谁比色诺芬更乐意听吕山德回忆那位阵亡的伟大朋友了。那位君主的生活方式中结合了军人的品格与对农耕的热爱，[⑥]对于后来本人也以务农为业的色诺芬来说，这无疑让他对波斯传统的推崇有了新的理由。

对色诺芬来说，详细解释苏格拉底对农业的专业知识同样并非易事。1123
为此，他安排苏格拉底转述与一位地主圈子的出色人物的谈话，并给后者起了伊斯科马科斯（Ischomachos）这样响亮的名字。[⑦]苏格拉底亲口表示，他听说各方都把此人视作真正的美和善的化身。当克里托布洛斯问及何为

① 色诺芬，《经济论》，4.1。

② 《经济论》，4.2—3。

③ 《经济论》，4.5。

④ 《经济论》，4.6，8—12，14起。

⑤ 《经济论》，4.20—25。

⑥ 《经济论》，4.4。关于这两种活动在波斯国王的生活中的结合，参见4.12。对色诺芬来说，农事活动不仅能改善生计（οἴκου αὔξησις），是一种身体训练（σώματος ἄσκησις），而且也是享受（ἡδυτάθεια），参见《经济论》，5.1起。

⑦ 意为“作战有力的”。——译注

这种一切真正的卓越和可敬之典范的本质时——人人都把它挂在嘴上，但大部分人都无法将其与清晰的形象联系起来——苏格拉底所能给出的最好答案就是描绘这个他见到过的人。[①]在这段被复述的对话中，伊斯科马科斯自然成了谈话的真正主角，苏格拉底只是提出正确的问题，引导他发言。在这里呈现在我们面前的真正的美和善不是别的，正是一位出色农庄主的生活，他怀着真正的喜悦和完全的理解从事自己的职业，并持有正确的态度。在这幅图景中，色诺芬本人的经历同他关于职业和人的理想如此紧密地融为一体，以至于我们可以把伊斯科马科斯视作经过诗性升华的作者自画像。因为他显然没有主张自己代表了这一完美的图景。正如高贵的波斯人身上结合了军人和农民的特质，色诺芬在整篇对话中也认为以务农为业同军人生活具有相似的教育价值。这正是他的理想农庄主的名字所表达的。军人与农民在能力和对责任理解上的这种联系是色诺芬的教育理想。

《经济论》中经常提到教化。在作品中，经济上的成功不仅是农庄主本人，也是他们的妻子和雇工的正确教育的成果，特别是女管家和监督者。[②]因此，色诺芬将扮演教育者的角色视作农庄主的主要任务，我们可
1124 以认为，这反映了他本人对庄园活动的理解。在他看来，对农庄主妻子的教育比其他一切更重要，[③]后者被描绘成主角和蜂后。[④]当丈夫把毫无阅历的15岁少女从娘家闺房娶回家，要将她变成自己庄园的女主人时，[⑤]丈夫的教育无疑不是多余的，伊斯科马科斯对此颇为自豪。[⑥]在这种教育中，年轻的母亲完全仰仗丈夫更出色的专业知识和更有力的性格，[⑦]他为妻子划定了职责，让她兴高采烈地开始艰难的新工作。消极的城里妇女很难胜

---

① 《经济论》，6. 12—17。

② 我们还可以加上色诺芬在关于骑术的作品中（《论骑术》5）关于马夫的教育所说的话。教育思想在公元前4世纪的发展无往不胜。当然，这里涉及的只是表达的问题。意味深长的是，我们看到，就在像柏拉图或伊索克拉底这样卓越的思想家将教化一词提升到具有前所未闻的精神意义的同时，它在另一些圈子里已经开始平庸化。色诺芬《经济论》7. 12顺带提到了作为一种任务的儿童教育。那种教育不属于这里讨论的家政教化。

③ 《经济论》，7. 4。

④ 《经济论》，7. 32。

⑤ 《经济论》，7. 5。

⑥ 当年轻姑娘结婚时，她们在纺织和厨艺方面已经受过教育（πεπαιδευμένη），《经济论》。除此之外，母亲只是教她们表现出害羞矜持（σωφρονεῖν）。

⑦ 《经济论》，7. 14。她们并不期待成为丈夫的工作伙伴（συμπρᾶξαι）。

任庄园生活，她和仆人一起周而复始地打理着很容易让人生厌的家务，用梳妆打扮和八卦闲聊打发空余时间。如果没有色诺芬描绘如何培养在农村居于显赫社会地位的女性，那么希腊女性的形象将是不完整的，缺少了其最美好的特征。我们对那个时代的妇女解放和教育的理解主要局限于欧里庇得斯悲剧中获得精神启蒙和唇尖舌利的女性。①不过，一边是聪明的墨拉尼珀（Melanippe），一边是生活圈子被有意限制到最小的普通雅典妇女，在这两个极端之间还有独立思考和行动、具备自身广泛影响的女性理想，就像色诺芬在农村文化的最优秀传统中所看到和描绘的。除了有意识地反思这一遗产中包含的任务，他本人很难再做些什么。因为这种传统中蕴含的教育内容与农业本身同样古老。

在色诺芬笔下，妻子是丈夫的真正助手。②她是家中的主人，丈夫则在田头指挥工人。男人对从那里进入家中的一切负责，女人则负责这些东西的储存和使用。她们需要养育和教育孩子，还要管理地窖和厨房，准备面包和纺织毛线。这一切都是由天性和神明所安排的，决定了男女从事不同的工作。③相比于男性的勇敢，女人怯懦的灵魂更适合看守田里的果实， 1125
而前者对于户外工作中出现的不公和失误是不可或缺的。④女人天生爱孩子，会尽心照顾他们。⑤男人更能忍受酷热和严寒，更能跋涉艰难遥远的道路，或者拿起武器保卫家乡的土地。⑥女人把工作分配给仆人，并监督工作的执行。她负责仆人们的饮食，还是庄园里的医生。⑦女人还要教没受过训练的女工们纺织和其他家务，培养女管家为自己服务。⑧伊斯科马科斯最关心的是教育女性守序，这对打理庞大产业具有特别的意义。⑨作品中详细描绘了房间的布局、各种厨具和餐具以及用于日常和节日需要的

① 参见Ivo Bruns, *Frauenemanzipation in Athen, Vorträge und Aufsätze* (München 1905)，他同样从这方面评价了色诺芬的《经济论》。

② 参见色诺芬哲学中关于在农事方面的男女合作的内容，《经济论》7. 18起。

③ 《经济论》，7. 21—22。参见整个下一段。

④ 《经济论》，7. 23—25。

⑤ 《经济论》，7. 24。

⑥ 《经济论》，7. 23。

⑦ 《经济论》，7. 32—37。

⑧ 《经济论》，7. 41。

⑨ 《经济论》，8。

衣物，这让我们有了独一无二的机会去了解希腊地主家庭的内部结构。[1]上述女性教化的最后是关于她本人健康和美貌的指南。即使在这点上，伊斯科马科斯同样认为自己的庄园女主人理想不同于城里人的模式。他让自己的妻子相信涂脂抹粉是不诚实的，让她渴望焕发出真正的朝气和身体活力之美，不断的家务劳动会让她比城里女性更容易做到这点。[2]色诺芬以同样的方式分析了农庄有机体的其他重要部分。女管家必须被训练得可靠和诚实、守序和有决断力，[3]监督者则必须忠诚和对庄园管理无私尽责、小心谨慎、有能力领导他人。[4]如果想要让监督者对托付给他的工作保持不懈的兴趣，庄园主本人必须首先以身作则。[5]他在工作中不能有懈怠，
1126 无论耕作和畜牧让他变得多么富有。他必须早起，在田地间长途跋涉，[6]目光不放过任何东西。[7]他的活动所要求的专业知识要比其他许多技艺的更容易，[8]但除了军人般的守序，农业还要求另一项军人特质，那就是统帅和领袖的天性。如果当庄园主人现身时，雇工们不是不由自主地绷紧肌肉，以更加精确地节奏协同工作，那么主人就缺少对自己工作至关重要的能力，这种能力是一切成功的基础，让他在自己的世界里获得真正像国王般的地位。[9]

色诺芬关于打猎的作品《论狩猎》将《经济论》中关于地主的美和善的教育理想补充完整。[10]《论狩猎》并非完全是对某个人类活动领域的专业研究，需要在一个日益专业化的文明中得到某种有教益的总结。虽然在某些方面，从色诺芬最为专业的短篇作品中可以确定无疑地看到这一发

① 《经济论》，9。
② 《经济论》，10。
③ 《经济论》，11.11—13。
④ 关于对监督者的教育，参见《经济论》12.4起到14。这里的παιδεύειν并非专业培养，而是更多被理解为把天生具有必要特质的人培养成工人监督者的真实教育。这种教育的主要目标是让某个人变得有能力领导其他人（参见13.4）。他必须真正忠于主人，在对工人的领导中要让他们尽力而为，此外他还要完全了解自己的工作（15.1）。
⑤ 《经济论》，12.17—18。
⑥ 《经济论》，11.14。
⑦ 《经济论》，12.20。
⑧ 《经济论》，15.10，16.1。
⑨ 《经济论》，21.10。
⑩ 现在，大部分人认为这篇作品系伪作。诚然，这不会降低它对于教化历史的价值，因为那并不取决于作者的名字。不过，我们将因此失去对色诺芬教育理想的两大基本元素之一的描绘。

展，但作者的目标比这更高。作为热情的猎人，他明白这种活动对于他的全部生活观和人格的价值。[①]我们在他的《拉刻代蒙人的国家》中同样可以看到对狩猎的推崇。[②]在《居鲁士的教育》中，狩猎被归入波斯人的教育。[③]在《法律篇》中，柏拉图也在他的教育方案里为狩猎训练留了一席之地。这部分内容位于讲述数学-天文法则之后，远离对竞技和军事训练的界定，松散地接在作品结尾，因此也许可以认为是事后增补的。[④]可能正是色诺芬作品的问世让柏拉图注意到自己教育体系的结构中存在这一漏洞。无论如何，《论狩猎》都发表于柏拉图创作《法律篇》的那几十年间。

我们在这里可以稍稍岔开话题，谈谈柏拉图的《法律篇》。在结尾部分关于教育立法的思考中，他面对着这样的问题，即他是否应该承认狩猎也是一种合法的教化形式。这部分讨论似乎预设了已经存在类似于色诺芬 1127
的《论狩猎》那样关于狩猎的书面探讨，柏拉图非常倾向于完全认同狩猎对于性格教育的巨大意义。[⑤]一边是包含各色截然不同活动的狩猎（θήρα）概念，一边是在他看来称不上狩猎的活动，为了做到这点，他发现自己必须清楚地将两者区分开。[⑥]柏拉图不承认今天我们所谓的一切狩猎都是教化。但他没有为此制定法则，而只是在法律中插入了对某些狩猎方式的赞美和指责，就像在《法律篇》中多次出现的那样。[⑦]他严厉指责网鱼、钩鱼和捕猎飞禽，因为它们不会增强人的性格。[⑧]因此，剩下的只有捕猎四足动物，但必须仅限于光明正大地在白天展开，不能在夜间，或者采用罗网和陷阱。[⑨]人们只能骑马或用猎犬驱赶它们，因为这需要猎人付出体力劳动。在禁止使用罗网和陷阱这点上，柏拉图的狩猎法则比色诺芬的走得

① 《论狩猎》的主要部分（2—11）完全是技术性的。导言（1）和结尾（12—13）讨论了狩猎对于教化和人之德性的价值（即对于个性的塑造）的问题。

② 《拉刻代蒙人的国家》，4. 7，6. 3—4。

③ 《居鲁士的教育》，1. 2. 9—11。与之对应，整部作品中都在强调狩猎在老居鲁士和波斯人生活中的意义。另参见《远征记》1. 9. 6对小居鲁士的描绘中所表现的对狩猎的热爱。

④ 柏拉图，《法律篇》，823b一直到第七卷最后。

⑤ 参见《法律篇》，第七卷的结尾和823d。

⑥ 《法律篇》，823b—c。

⑦ 关于这种教导的一般情况，参见《法律篇》823a；关于针对狩猎的，参见823c和d，那里还展望了用诗歌形式对狩猎所做的赞美。

⑧ 《法律篇》，823d—e。

⑨ 《法律篇》，824a。

更远。捕鱼和猎鸟在其中同样没有一席之地。色诺芬对猎犬的训练和使用给出了详细的指南。他没有提到应该骑马打猎，有人认为这表明《论狩猎》是伪作，因为骑马是所有阿提卡贵族的狩猎方式。对于像色诺芬这样的爱马之人来说，缺了马似乎特别显眼。[①]不过，除了这部作品无意描绘色诺芬本人是如何打猎的，而是想要鼓励更广大的人从事狩猎之外，对我们来说，确定什么对斯基鲁斯的地主来说是重要和不重要的准则，或者事先要求他们必须符合柏拉图的理论太过困难。想要骑马并有能力拥有它的人就能骑马。教他们应该如何骑马的不是狩猎的技艺，而是骑术，色诺芬在另一部专著中探讨了后者；相反，训练猎犬无条件地属于有关狩猎的专
1128 著，色诺芬在《论狩猎》中用无数有趣的细节描绘了他在这方面的经历，表明他是个非常识狗和爱狗的人。

色诺芬还声称，他的作品对当时有关教化的讨论做出了贡献。在导言部分，他表示狩猎是阿波罗和阿耳忒弥斯这对神明姐弟的发明，他们将其传授给半人马喀戎，以便向后者的正义致敬。[②]在早前的传统中，喀戎总是作为英雄的老师出现，特别是阿喀琉斯的。[③]品达描绘了这位最伟大的希腊英雄如何向喀戎学习狩猎。[④]通过采用智术师修辞术的方式回到这一神话典范，色诺芬成功地用那位老半人马的形象表现了打猎与美和善教育的关系，从而表明这种关系自古有之。他罗列了一长串史前时代的著名英雄，他们都接受过喀戎的教化。[⑤]这些人获得的最高德性的教育都要归功于接受了“狩猎和其他教化”，就像对每位英雄分别做的特别描绘所显示的。[⑥]这最好地证明那份英雄名单并非整体源自真正的神话或诗歌传统，而是色诺芬本人根据他对英雄故事的了解编撰而成，以便支持自己的理论，即狩猎从希腊英雄时代伊始就属于真正教化的基础。他因此感到自己

① 参见L. Radermacher, *Rheinisches Museum* Bd. 51 (1896) S. 596ff und Bd. 52 (1897) S. 13ff.，作者试图证明《论狩猎》是伪作。

② 《论狩猎》，1. 1。

③ 关于早前的教化传统中喀戎的神话形象，参见本书第一卷，第27页起。

④ 关于喀戎在品达的作品中作为英雄教育者出现，参见本书第一卷，第27—28页和第227—228页。

⑤ 《论狩猎》，1. 2。

⑥ 《论狩猎》，1. 5起。

关于承认狩猎是塑造个性的手段和方法的要求与当时的发展潮流相悖，正是这点让他那部优美的小作品变得有趣。我们在这里无法深入内容的技术细节。作品的魅力在于其中所描绘的猎人的丰富经验。作品的中心无疑是猎兔，占据了作品的主要篇幅。① 此外，他还详细描绘了希腊人捕猎鹿和野猪，而根据色诺芬的证言，像狮子、花豹、猎豹和熊等猛兽的捕猎当时 1129
只发生在马其顿、小亚细亚和内亚。②

我们在此必须把《论狩猎》的结尾部分同导言最紧密地联系起来，因为这部分内容再一次明确地突显了作品与教化问题的关联。③ 在那里，作者对智术师的成见提出反对，即完全通过文字对人进行教育的理想。④ 他的标准总是以伦理为先，他的目标是人格的教育。这种教育的基础是身体的健康。狩猎让人变得有力，犀利的眼睛和耳朵使他不会过早衰老。⑤ 狩猎是最好的军事训练，因为它让人们习惯于背负着武器在艰难的道路上跋涉，让没有经验的人忍受恶劣的天气和露天过夜。⑥ 它教会他们对低级的满足感到羞耻，就像所有的“真理教育”一样，它让他们变得自制和正义。⑦ 作者没有说明他的意图，但显然他最看重的显然是纪律的压力，他

---

① 《论狩猎》，2—8。

② 《论狩猎》，9，高等猎物；10，野猪；11，猛兽。色诺芬对近东狩猎的了解来自他的亲身经历。

③ 《论狩猎》，12—13。[英译本注释：Eduard Norden 在其 *Antike Kunstprosa* (1. 431) 的特别附录中讨论了色诺芬《论狩猎》的导言的风格。他显然受到 Radermacher 论文（见上页注释①）影响，后者正确地指出，导言的风格不同于该书的其他部分。他形容其风格是“亚洲式”的，认为《论狩猎》并非写于公元前3世纪之前。第欧根尼·拉尔修罗列的色诺芬作品中也提到了该书，其来源是公元前3世纪的亚历山大里亚学者汇编的目录（πίνακες）。Norden 不无理由地指出，导言风格的不同并非伪作的证据，而是完全正常的。虽然他无法承认是色诺芬写的，但认定这场关于教化真正本质的争论（《论狩猎》旨在成为其一部分）很可能属于色诺芬的时代。另一方面，他认为导言的风格只可能属于罗马帝国时代的第二次智术师运动时期。因此，他相信那是后人加上的。但一个事实摧毁了这种论断，因为结尾部分的开头（12. 18）明确引用了导言——Norden 忽视了这点。事实上，全书是不可分割的整体。导言和结尾部分把作品技术性的主体部分纳入公元前4世纪关于教化的一般性讨论中，解释了狩猎的教育价值。在风格问题上很难反驳像 Norden 这样敏锐的批评家；但事实上，导言部分与色诺芬作品中的其他段落并没有那么不同，后者有着特别复杂和修辞化的风格。我希望在别的地方更详细地讨论这个主题。]

④ 《论狩猎》，13. 3和6。

⑤ 《论狩猎》，12. 1。

⑥ 《论狩猎》，12. 2—6。

⑦ 《论狩猎》，12. 7—8：τὸ ἐν τῇ ἀληθείᾳ παιδεύεσθαι（接受真理教育的）被和当时主流的完全通过文字的教育对立起来，后者即智术师的教育，就像第13章所描绘的。当涉及生活的现实（ἀλῆθεια）时，教育是通过“艰辛劳苦”（πόνος）进行的。

把这种通过现实本身实施的训练称为“真理教育”。这让苏格拉底的思想有了现实和实践色彩。对“辛劳”（Ponos）的推崇贯穿了整部作品，缺了这点，人就不可能得到真正的教育。[①]哲学史学家认为他受到了道德主义者安提斯忒涅斯的影响，后者如此解读苏格拉底的教诲。但色诺芬生来就喜欢辛劳，习惯于把自己的力量投入到任何有需要的地方。他在这里表达的是自己的信念，如果真有的话。辛劳是狩猎中的教育元素，喀戎培养的那位古代英雄的崇高德性以此为基础。[②]智术师用来引导年轻人的作品没有真正的内容（γνῶμαι），仅仅让他们熟悉了没有价值的爱好。[③]色诺芬看不到有真正的美和善从这颗种子萌发。他承认自己只是外行，但经验告诉
1130 他，我们处处都只能从自然本身学到善；或者至多从懂得或能够做到某种真正的善和有用行为的人那里学到。[④]当时的教育试图从造作的文字中寻求伟大。色诺芬表示他无法理解这点。[⑤]他认为，德性的真正养料并非文字（ὀνόματα），而是内容（γνῶμαι）和思想（νοήματα）。[⑥]但他无意否认一切对文化的真正追求（φιλοσοφία），而只是把矛头对准了他所认为的智术师，即所有只会“鼓捣文字”的人。[⑦]正直的猎人还得到了最适合集体生活的教育。[⑧]自私和贪婪不符合狩猎的精神。色诺芬希望自己的狩猎同伴是健康而虔诚的，因此他确信，猎人的工作会讨得神明的欢心。[⑨]

---

① 《论狩猎》，12.15，16，17，18；13.10，13，14，22等。在12.18，πόνος和παίδευσις被用作同义词。

② 《论狩猎》，12.18；参见1.1起。

③ 《论狩猎》，13.1—3。

④ 《论狩猎》，13.4。有意思的是，当时的教育领域同样存在专业人士和外行（ἰδιῶται），但在该领域，外行的批评要比其他领域的更有力。色诺芬在《论骑术》的最后也强调了自己的外行。

⑤ 我们不能从字面上理解作者在写下这番话时所标榜的简洁：ἴσως οὖν τοῖς μὲν ὀνόμασιν οὐ σεσοφισμένως λέγω· οὐδὲ γὰρ ζητῶ τοῦτο（我不像智术师那样使用辞藻，因为那不是我所追求的）。他为了让整体显得“简单”而在自己作品的导言和结尾使用的风格技巧完全不容小觑。

⑥ 《论狩猎》，13.5。这里让人想起了忒奥格尼斯v.60，他指责自己时代的无教养者没有“内容”（γνῶμαι），参见本书第一卷，第208—209页。

⑦ 《论狩猎》，13.6：“其他许多人——也就是追求真正教化的人（τοὺς φιλοσόφους）——指责当下的智术师（τοὺς νῦν σοφιστάς），说他们的智慧在于文字而不是思想。”13.9再次提及了这种同样出现在柏拉图和伊索克拉底作品中的对立。参见13.1、8、9对智术师的批评。虽然色诺芬表示他完全是外行，但他认同“爱智者”。

⑧ 《论狩猎》，12.9，10，15；13.11起，17。

⑨ 《论狩猎》，13.15—18。参见色诺芬《论骑兵将领》同样虔诚的结尾。

第17章

柏拉图的《斐德若篇》：哲学与修辞术

在过去的百年间，没有哪部柏拉图的作品能比《斐德若篇》引发更 1131
多不同的评价。它被施莱尔马赫视作学园的计划和柏拉图的早期作品，长久以来若要对柏拉图作品和教育方法的终极目标有任何理解，它都是自然的出发点。它对柏拉图关于书写、文字和思想之关系的看法做了最精辟的总结，从而也是任何人进入柏拉图哲学殿堂的大门。苏格拉底在谈到厄洛斯时所用的酒神颂式的激情话语（就像他本人反讽地指出的）[①]被认为确凿地证明了这篇对话的问世时间较早。有古代批评家将这段话的风格描绘成有点拙劣和“幼稚”，这原本指的当然不是生物学意义上的幼稚，而是绝对的艺术价值评判，即过于热情洋溢。[②]但后来人们将其理解为标志着作者真的年纪尚轻，尚缺乏正确的均衡感。他们没有看到，这种风格特征没有贯穿全篇对话，而只是出现在关于厄洛斯的发言中，而且柏拉图明确指出那是苏格拉底处于非常精神状况的表征。人们期待从柏拉图的文学活

---

① 《斐德若篇》，238d、241e。

② 从第欧根尼·拉尔修3. 38可以一清二楚地看到这点，那里援引了逍遥派哲人狄卡伊阿科斯（Dikaiarchos）对这篇对话风格的批评。狄卡伊阿科斯称柏拉图在《斐德若篇》中的写作风格是“平庸的”（φορτικός），而新柏拉图主义者奥林匹奥多罗斯（Olympiodor）的柏拉图传第三卷将《斐德若篇》中苏格拉底关于厄洛斯的发言的酒神颂式语言归因于作者的年轻，由此可以清楚地看到，“幼稚”（μειρακιῶδες）这一概念（第欧根尼奇怪地用其描绘对话中提出的全部问题）原本用的是其通常的意义，即对修辞风格的批评，完全无关内容。我认为，从内容上批评《斐德若篇》中的“幼稚问题”似乎是第欧根尼·拉尔修典型的无知曲解。他显然把吕西阿斯在《斐德若篇》开头的发言中的幼稚主题当成了对话的真正“问题”。

动伊始就可以看到他解释自己与一般意义上的写作的关系，以及关于书面文字对哲学的价值，特别是因为他们意识到理解柏拉图作品的形式特别困
1132 难，而这种形式对哲学内容意义重大。施莱尔马赫正是在《斐德若篇》的帮助下获得了这种新的规范式理解，那是其他一切的基础；[①]难怪他相信，柏拉图可能把这篇对话视作其作品的入门。后来，随着19世纪的柏拉图研究开始接受历史发展的思想，人们对各篇对话做了更准确的时间顺序研究，找到了《斐德若篇》问世较晚的证据。同时，人们不再认同施莱尔马赫的基本思想，即柏拉图的全部对话作品具有教育意图，《斐德若篇》有计划地宣示了这种意图。[②]现在，这篇对话的真正意义被认为在于第一部分关于厄洛斯的发言，或者在于苏格拉底更加重要的发言中的心理学和理念学说，以及第二部分对辩证法具有启发性的描述。最后，他们还发现在这部作品中，柏拉图采用丰富的语言和复杂的结构展现自己的思想，这暗示作品创作于作者最为成熟的时期。作品中还不断可以看到与柏拉图最后几十年间所写的其他对话的关系。《斐德若篇》首先被认为与《会饮篇》属于同一时期，即柏拉图学园的建立之初，现在则被放到哲学家的晚年。[③]今天，对辩证法进行理论描绘的兴趣成了《斐德若篇》属于所谓的“辩证法对话”组别的标志，有不容辩驳的证据表明那组对话属于柏拉图后期。[④]

《斐德若篇》的结构提出了一个最费解和被讨论最多的问题。第一部分关于厄洛斯的酒神颂式的激昂发言，无法与第二部分对于真正演说术之

---

① 参见我对施莱尔马赫在19世纪柏拉图研究史上之地位的阐述：*Platos Stellung im Aufbau der griechischen Bildung* (Berlin 1928) S. 21 (Abdruck in „*Die Antike*» Bd. IV (1928) S. 86)。

② 最先完成这种转变的是Karl Friedrich Hermann, *Geschichte und System der platonischen Philosophie* (Heidelberg 1839)。另参见我在上一注释所引书中对19世纪柏拉图形象的转变所做的历史概述。

③ Hermann把《斐德若篇》同《美涅克塞努篇》《会饮篇》和《斐多篇》等作品放在一起，称其为柏拉图创作的第三时期，位于《理想国篇》《蒂迈欧篇》和《法律篇》之前。Usener和Wilamowitz也反对Hermann，为施莱尔马赫认为其是早期作品的想法辩护；当然，Wilamowitz后来放弃了这种观点。对于这篇作品的创作时间，Arnim比Hermann走得更远，他在自己的*Platos Jugenddialoge und die Entstehungszeit des Phaidros* (Leipzig 1914)一书中表示，《斐德若篇》是柏拉图晚期的作品之一。

④ J. Stenzel, *Studien zur Entwicklung der platonischen Dialektik* (Breslau 1917) S. 105fr. (=*Plato's Method of Dialectic*, Oxford 1940, S. 149) 为Arnim的证明加上了封顶石。西塞罗《论演说家》13中源自希腊化时期学者的证据由此得到确证，即《斐德若篇》是老年柏拉图的作品。

本质的抽象理论探究完全融为一体。作品结构对读者造成的难题的很大一部分无疑完全来自与《会饮篇》显而易见但错误的类比。除了那篇全文讨论厄洛斯问题的作品，《斐德若篇》很容易被视作柏拉图第二篇伟大的以厄洛斯为主题的对话。但对房屋立面的这种单向照明完全漏掉了作品的第 1133
二部分，或者将其变成附属建筑。如果我们将第二部分的重点完全放在赞美柏拉图的辩证法上，那么两者之间的差异会显得更加突兀。想要走出这一困境，我们必须要理解作品诞生于和柏拉图将作品明确置于何种精神状况下。

《斐德若篇》的统一性体现在它与修辞术问题的关系上。作品的两部分同等程度地讨论了该问题。诠释者的尴尬大多源于忽视了维系两者的这一纽带。第一部分是所谓的情欲主题，以背诵和批评吕西阿斯的演说开篇，此人被描绘成最有影响的雅典修辞学校的领导者，在苏格拉底的时代声誉正隆。[①]柏拉图将这篇演说与苏格拉底关于同一主题（厄洛斯的价值）的接连两段发言放在一起，以便表明我们如何可以在吕西阿斯关于厄洛斯的错误前提基础上更好地处理同一对象，或者如果真能认清厄洛斯的真正本质，我们应该如何谈论它。与之相应，第二部分首先以更加普遍的方式探讨了修辞术的缺陷及其在苏格拉底时代的主流体系，以便充分表现作为真正修辞术之手段的苏格拉底辩证法的优点。作品最后仍然没有回答是否真的存在这种修辞术的问题。但柏拉图让苏格拉底对年轻的伊索克拉底寄予厚望，以对后者的嘉许结束了对话。[②]

《斐德若篇》的第一和第二部分都从对吕西阿斯的指责开始，对伊索克拉底的赞美有意识地与之形成了反差。[③]由此可见，在柏拉图创作这篇对话的时候，他再次对修辞术教育之价值的问题做了热烈讨论，就像他之前在《高尔吉亚篇》中所做的那样，而这种兴趣无疑与被标记了伊索克

① 让柏拉图可以将自己的哲学同吕西阿斯的修辞术进行比较的共同基础是，两者都提出自己代表了真正的教化。伊索克拉底在他驳斥智术师的纲领作品中将当时的教化分为三种主要的形式：（1）苏格拉底派；（2）像阿尔喀达马斯这样的教授政治演说术的老师；（3）像吕西阿斯这样的代写或写作法庭演说辞的。

② 《斐德若篇》，279a。

③ 《斐德若篇》，228a、258d。

拉底之名的修辞术发展的重大转向有某种关系，即便我们总是会对柏拉图
1134 在这里公开表达的赞美打上折扣。如果说现代研究将《斐德若篇》的问世时间延后是正确的，那么与伊索克拉底学校的这种关系就是一个重要的证据。即便事先很难认定此事属于伊索克拉底活动的哪个时期，我们仍然清楚，苏格拉底对于此人未来伟大成就的预言不可能来自柏拉图的早期，因为当时还根本不存在伊索克拉底的学校，不可能将其与其他演说作家区分开来。直到有决定性的证据表明，伊索克拉底的新修辞术是谁的精神后代，柏拉图才会将苏格拉底的赞美这顶桂冠献给在雅典给他带来最大竞争的学校。[①]柏拉图的这种态度同样不符合公元前4世纪80年代或90年代末伊索克拉底的学校创立后最初的那段时间，因为伊索克拉底在他的纲领作品《论智术师》和《海伦颂》中都强烈否定柏拉图的教化。不过，在柏拉图和伊索克拉底的学校间漂移不定的精神关系曲线上，后来一定存在过某个相互靠拢的时点，期间亚里士多德在学园中组织修辞术课程，从而与伊索克拉底产生竞争，并发展成公开的笔战。[②]

我们只能把《斐德若篇》理解成柏拉图与修辞术关系中的一个新阶段。在《高尔吉亚篇》中，他对修辞术完全持否定态度，认为那代表了基于纯粹的表象而非真理的教育。如果读得更仔细，我们在那里已经可以看到对所谓柏拉图关于修辞术之自我意识的偶然暗示。[③]在《会饮篇》和《美涅克塞努篇》中出色地展现出有能力模仿和超越同时代所有类型的演说术的那个人不可能对修辞术不感兴趣。他从一开始就把与生俱来的演说天赋用于为哲学服务。不过，这并不意味着他放弃了将思想塑造成有效的语言，而是有最强烈的动力去这样做。伊索克拉底越是强调作为教育手段的
1135 修辞术是吹毛求疵和无用的，越是将其同自己的演说术的实际价值对立起

① 西塞罗在《论演说家》13. 42已经正确地表示：haec de adulescente Socrates auguratur. at ea de seniore scribit Plato et scribit aequalis（苏格拉底预言了这位少年，但柏拉图是他年长后，作为同辈写的）。对柏拉图和伊索克拉底的文学关系有过专注考察的人（比如亚历山大里亚的文法学家们据信做过的），必然会得出这个结论。我们只能把第欧根尼·拉尔修的所谓证据当作无价值的即兴发挥。参见第949页注释②。

② 参见拙作*Aristoteles* S. 57ff.。

③ 显然，如果苏格拉底是唯一真正的政治家（《高尔吉亚篇》521d），那么他也必然是战争的修辞家。两者是同一的。

来，柏拉图就必然越是觉得有必要公开解释辩证法教育对于这一目标有何意义。他有理由暗示，分明而清晰的概念和心理区别是一切修辞术的先决条件。他很容易证明，没有发展出这种精神能力的演说家和作家缺乏真正的说服力，而当时和今天常见的修辞课程手册所提供的技术手段都无法取代这种精神训练。柏拉图写作《斐德若篇》是为了充分展现其教化的这个方面，明确他对这一点的要求。上述声明很可能直接推动了年轻的亚里士多德（作为柏拉图的弟子，他当时在学园任教）尝试将修辞术作为新学科引入柏拉图的课程。他无疑希望通过此举给出一个建立在《斐德若篇》中所描绘的科学基础上的新修辞术的例子。[①]

柏拉图在《斐德若篇》开头深入讨论了厄洛斯的问题，这不应让我们误以为那是这篇对话的真正目的。关键在于，对话以诵读吕西阿斯的一篇演说范文（他要求自己的弟子们背诵）拉开帷幕。[②]只有当柏拉图的真正目标是批评对该主题的修辞术处理时，这一引人瞩目的虚构才有意义。选择厄洛斯作为演说的对象是因为那是此类修辞训练所钟爱的主题。在亚里士多德失传作品的标题中可以找到一大批提到厄洛斯的此类修辞术论文。[③]这种做法在修辞学校中无疑更要悠久得多，显然是对学生的兴趣所做的让步。这还有助于我们理解柏拉图关于厄洛斯的作品。[④]让学校完全绕过这个令年轻人激动的问题几乎是不可能的，即便柏拉图对它的理解要比所有那些吕西阿斯风格的修辞空谈更加深刻。讨论该问题让柏拉图有机 1136
会在形式之外也能涉及内容上的真理这一对哲学家至关重要的问题。修辞学校希望通过这个激动人心的主题来吸引人们，但并未掌握其内在，柏拉图玩笑似地选用了该主题，将其与来自他本人对于厄洛斯本质的深刻哲学思考的反驳放在一起，揭示了拙劣的修辞术作品全部的空洞与含糊。

---

① 流传至今的亚里士多德的修辞学与学院修辞学的区别正是在于处理这一任务的哲学方式。对这方面的评价参见F. Solmsen, *Die Entwicklung der aristotelischen Rhetorik und Logik* (Neue Philol. Untersuchungen hrsg. von W.Jaeger, Bd. IV) S. 213f.。

② 《斐德若篇》，228b—e。

③ 第欧根尼·拉尔修的书单：第71号，《爱欲命题集》（θέσεις ἐρωτικαί）；第72号，《友爱命题集》（θέσεις φιλικαί）。

④ 在《会饮篇》中，特别是在演说比赛的开头和斐德若的发言中，厄洛斯问题也作为特别的修辞主题出现。

他指出，吕西阿斯的演说充斥着重复，没能清楚而抽象地理解对象。[①]从这个具体的例子中已经可以看到柏拉图的辩证法对于修辞术教育的实践意义，那将是第二部分谈话的中心。但与此同时，正是通过苏格拉底为了更有逻辑地解释吕西阿斯的论点而尝试进行的反驳，后者的真正错误才暴露出来。在这里无法更深入地考虑细节，因为我们更关心的是看清《斐德若篇》的主线，即修辞术的问题。雅典年轻人经常谈及的一个问题是，是否和在何种情况下允许接受倾慕者的示爱，这里的接受首先指的是委身。我们从《会饮篇》保萨尼亚斯的发言中可以看到这种讨论。吕西阿斯比那些认同这样做的人更进一步，他提出了有违常情的观点，认为对被倾慕者来说，最好委身于一位没有被厄洛斯俘虏，而是保持了冷静头脑的朋友。[②]这样的人不会被爱慕者的感情洪流来回撕扯，不会像他们一样因此伤害年轻的朋友，自私地用各种暴力将后者同其他人隔离开来，试图完全将其与自己锁在一起。在他的第一段发言中，苏格拉底通过对不同种类欲望进行清晰而有逻辑的分类和定义强化了上述解释，他说这番话时蒙着头，因为他意识到这种观点是亵渎的。在这里，他完全按照吕西阿斯的想法，将情欲理解成感官欲望的一个子类，以此为前提提出了自己的证
1137 明。[③]根据这种定义，爱慕者是把感官快乐看得比善更重要的人。他们自私、嫉妒、眼红而专横。他们完全不关心朋友在肉体和精神上的完善。他们把朋友的身体安康置于满足自己的欲望之下，在精神方面让其尽可能地远离“爱智”，[④]也就是说，他们并不真正对朋友独立的内在发展感兴趣。他们的行为完全与《会饮篇》中所赞美的真正的教育性爱欲背道而驰。[⑤]

上述矛盾已经明确无误地表明，苏格拉底在这段发言中并未严肃地代表自己关于厄洛斯本质的观点。更准确地说，尽管他口气严肃，但他所

① 《斐德若篇》，234e起、237c。
② 《斐德若篇》，231起。
③ 《斐德若篇》，237d—238c。
④ 《斐德若篇》，239b。
⑤ 苏格拉底在蒙住自己的头所做的第一段演说中警告年轻人要当心自己的恋人。他所用的方式揭示了《会饮篇》所描绘的那种哲学爱欲对教化的决定性意义。那个恋人是“不可靠的，侵害他的财产和身体健康，特别是灵魂的教养（ψυχῆς παίδευσις），后者是神明和人类现在与将来所拥有的最崇高的东西”（《斐德若篇》241c）。当然，按照柏拉图的想法，这一切事实上都要被反过来看：真正的恋人会对“灵魂的教养”提出最高的要求。参见243c。

提到的厄洛斯名不副实。没有什么比这里通过各种辩证法手段所表达的观点，更有违狄俄提玛的讲话中所宣示的对于厄洛斯本质的更崇高理解的了。事实上，如此细致地表达这种观点只是为了清楚地展现吕西阿斯对厄洛斯并未明言的理解。不过，正是对于主题如此细致的辩证式理解，经由内在的必要性而将关于厄洛斯定义的探讨推向真正的哲学思考的高度。它驱使苏格拉底发表了关于厄洛斯的第二段发言，即“翻案演说”。他在演说中试图为神明及其真正的本性正名，首先对神圣的狂热做了无与伦比的描绘，将其与非神圣和有害的人类疯狂形式区别开来。①在这里，厄洛斯和诗人与先知的天赋放在一起，灵感被理解为他们共同的本质。正如柏拉图在这里将诗人的创造性感动直接和根据其最初的本性理解为最高意义上的教育现象，②这一元素在真正的厄洛斯中也自始就发挥着作用。后来在柏拉图关于灵魂本质的学说中上述理解得到了进一步的巩固，③通过不相配的马（代表灵魂的不同部分）和车夫的神话精神的活动得以生动地表现。④演说在洋溢的激情中越飞越高，直至来到比天更高的区域，被厄 1138
洛斯征服的灵魂追随着最符合其本性的神明，在那里有资格目睹纯粹的存在。⑤苏格拉底在解释自己的诗歌式语言风格时告诉斐德若，他是为了后者才采用了这种手段。⑥面对一位修辞术教育的弟子和赞美者，人们别无他法。但苏格拉底向他证明，只要有意，哲学家们可以轻易地在他的技艺上更胜一筹。他发言中的酒神颂式激情并非没有感情的做作，就像修辞学家的崇高风格常常表现的那样，而是真正从情欲的内心源头涌出，他在自己的发言中见证了其强大的精神力量。

对话轻易而不费力地从修辞学家和哲学家的演说术之争转向普遍的问题，即人们如何才能最好地说话和写作，⑦这是一切修辞术的根本问题。

---

① 《斐德若篇》，244a起。

② 《斐德若篇》，245a起。我们在本书第一卷第44页已经引用过这段。事实上，这里所表达的对诗人的本质和影响的不朽认知是整篇作品的基础和其中使用的思考方式。它是典型希腊式的。

③ 《斐德若篇》，245c—246a。

④ 《斐德若篇》，246a起。

⑤ 《斐德若篇》，247c。

⑥ 《斐德若篇》，238d，242b。

⑦ 《斐德若篇》，258d。

在这里，柏拉图最关心的问题是，将思想塑造成语言是否需要真理的知识。[①]这一直是修辞术和哲学教育分道扬镳的地方。与《高尔吉亚篇》中一样，柏拉图在这里同样把他的讨论同技艺的概念联系起来。他否认修辞术是严格意义上的技艺，声称那是一种纯粹的程式，没有任何实质性的基础。[②]真正的技艺必须基于真理的知识。实践中，人们大多把修辞术定义为在法庭或人民大会上用来说服人们的技艺。[③]它所用的手段是演说和反驳。在生活中，这种矛盾争辩术（Antilogik）不仅存在于上述情形中，而且是处处影响着人的思想和话语。[④]它归根到底取决于将一切与一切进行比较的能力。[⑤]修辞学家的证明方式首先以相似性为手段。[⑥]从那时开始，后期的柏拉图似乎从全新的意义上开始对修辞术及其说服手段变得感兴趣，因为他对方法（特别是证明）的逻辑问题投入了很多精力。在《斐德若篇》创作前后，柏拉图的弟子斯波伊希波斯写了一部题为《相似
1139 性》的关于辩证法的大型作品，讨论了对存在之物的分类。[⑦]对事物的任何逻辑定义都基于有关相似和不相似的知识。如果说修辞术的目标是欺骗听众，即通过纯粹的相似性引诱得出错误的结论，那么对辩证法的准确认知就需要以分类为前提，因为只有这样才能认识到事物具有不同的相似性程度。[⑧]铁和银不容易混淆，搞错好的和正确的却并不难。[⑨]没有谁能够弄清别人对什么意见一致或产生分歧，除非他们准确而有条理地定义了“形式”（Eidos）。因此在关于厄洛斯的演说中，苏格拉底将对于对象的抽象

① 《斐德若篇》，259e。

② 《斐德若篇》，260e起。柏拉图在这里引用的正是他的《高尔吉亚篇》，但没有点明。

③ 《斐德若篇》，261a起。

④ 苏格拉底关于厄洛斯的两段演说便是这种矛盾争辩术［译注：即从对方的论点出发，得出与其矛盾的结论，以此进行反驳］的例子，其基础是“两面论证”（dicere in utramque partem）的修辞手法。参见柏拉图本人在《斐德若篇》265a的观点。

⑤ 参见《斐德若篇》，261a—b，那里强调说，修辞家的心灵引导术不仅可以在公开集会上，也可以在私下交际中使用。在《斐德若篇》261e，修辞家的这种方法被扩大到了人的各种表达（πάντα τὰ λεγόμενα）。

⑥ 《斐德若篇》，261d。

⑦ Paul Lang在其论文*De Speusippi Academici scriptis, accedunt fragmenta* (Bonn, 1911)中汇编了已经失传，但在古代为人所知的作品的残篇。

⑧ 《斐德若篇》，262a起。

⑨ 《斐德若篇》，263a。

定义作为他论证的起点。[1]

现在，在结束了自己的演说后，他重新谈起吕西阿斯演说的开头，指出它把本该作为结尾的部分变成了开头。[2]他由此提出了一般性的批评。整篇演说缺乏严密的结构。与生物一样，任何演说也应该具备有机的身体。它们既不能没有头，也不能没有脚，而是必须拥有正确的中段和头尾，各个部分间和与整体之间必须保持恰当的关系。按照上述标准，吕西阿斯的演说是缺陷严重的产品。[3]柏拉图在这里透露了关于文学作品谋篇布局的深刻见地，后来将成为古代诗艺和修辞理论的根本要求。[4]对我们来说，明白这一点非常重要，那就是提出文学作品需要具备有机整体的是哲学，而非修辞术的艺术理论或者诗人，表达此类观点的必然是一位艺术家哲人，他赞美自然和有机的整体，同时也是个逻辑天才。通过对概念的相互关系的系统化研究——他后期所谓的辩证法对话中把这种研究作为练习的目标，用具体的例子对其做了描绘——他发现演说的各部分必须具有逻辑性。一边是他后期的理念学说中这一看上去抽象而艰深的理论 1140
问题，一边是演说和写作能力的最简单要求（这种能力在当时为众人所艳羡和广泛讨论），驱使柏拉图写作《斐德若篇》的正是对两者联系日益加深的理解。但特别让柏拉图感兴趣的是，通过这一积极的贡献，他证明了修辞学家对哲学的批评是多此一举。柏拉图没有采用仇恨或不屑的论战口吻，就像伊索克拉底在其早期活动中对柏拉图也做过的那样，而是一面赞美他所尊敬的对手，一面暗示双方的领域之间有着深刻的精神联系。

柏拉图表示，第一部分的三段演说（吕西阿斯的和两段苏格拉底的）

---

① 这是他在两段演说中的步骤。《斐德若篇》263b要求划分形式，后文中多次提到这点。参见263c，265a、b、c、d，266a。

② 《斐德若篇》，263e—264b。

③ 《斐德若篇》，264c—e。

④ 参见贺拉斯的《诗艺》（34）对“表现整体”（ponere totum）的要求。类似地，亚里士多德的《诗学》23要求史诗和戏剧中的故事具有严格的整体性（πρᾶξις ὅλη καὶ τελεία）。贺拉斯在《诗艺》的第一部分给出了破坏这种有机整体法则的例子，但没有给出这种法则本身的一般形式（或者只是像在34那样顺带提到），这符合他的讽刺诗的风格。不过，其背后是柏拉图在本页注释②所引的《斐德若篇》段落中最早做出的深刻认知。

必须被视作用于展现修辞术和辩证法关系的范例。[1]在做出上文提到的批判性评论后，他把吕西阿斯的演说丢在一边，转向苏格拉底的两段发言，它们表明修辞术依赖辩证法作为基础。[2]柏拉图在这里完整地说明了应该如何理解他给出这两段发言的意图，以及它们代表了何种观点。[3]尽管采用诗性语言，两段演说却是概念分解与联系的模板。这两个相互制约的过程共同构成了整个辩证法。[4]为了说明这点，柏拉图在第二段发言中复述概念划分的过程和结果。[5]对于辩证法的“综合”（synoptisch）和“分解”（diäretisch）功能的这一解释是柏拉图关于该话题所做的最清晰和最深入的表达。我们在此对解释本身不做评论，但重要的是，柏拉图在这段话中呈现了演说术中的“技艺”（在这个词的更高意义上）元素的典范。[6]而修辞术的其他部分，即吕西阿斯之流教给他们弟子的东西则从来
1141 就称不上技艺（Techne），而只是构成了所谓的修辞术的前技术部分。[7]柏拉图故意用诙谐的口吻罗列了演说各个部分的术语名称，就像演说家们在他们的手册中所区分的。[8]他在自己的描绘中提到了所有老派修辞术代表的名字，还给出了其他一部分人的独特发明，它们的趋势是变得越来越复杂。柏拉图并不鄙视这些东西，但把它们放在次要的位置。这些人都提供了对演说及其形式有价值的方法。[9]但他们无法教给人们说服和构建出整体的技艺。

伊索克拉底在他关于修辞术的纲领作品中始终把天赋看得最高，而将练习和知识放在相对较低的位置。智术师在谈到完美演说术的实现时

① 柏拉图反讽地表示，吕西阿斯的演说（无疑旨在成为范例）包含了大量人们不应该怎么做的例子：《斐德若篇》，264e。262d和265a表示，应该把苏格拉底的两段演说作为范例。修辞学校完全是通过范例法来教学的。柏拉图采纳了这种方法，但另辟蹊径，通过辩证的视角来揭示相互比较的范例演说的缺点或优点。

② 《斐德若篇》，264e—265a。

③ 《斐德若篇》，265a起。

④ 参见《斐德若篇》，266b—c，柏拉图通过“综合”和“分解”这两个概念概括了他之前用形象的例子对辩证法程序所做解读的结论。

⑤ 《斐德若篇》，265a—266a。

⑥ 《斐德若篇》，269d。

⑦ 《斐德若篇》，269b—c：τὰ πρὸ τῆς τέχνης ἀναγκαῖα μαθήματα（这门技艺的必要知识）。

⑧ 《斐德若篇》，266d—267c。

⑨ 希腊人用τὰ ἀναγκαῖα（必要的）来表达这种意义上的“方法”，参见本页注释⑦。

区分了这三个元素，柏拉图在《斐德若篇》中也探讨了它们的关系。①他非常明确地肯定了被伊索克拉底轻视的两个元素的价值，特别是知识，②但也包括练习。柏拉图显然考虑到学园的课程，在那里逻辑不仅作为理论的，也作为实践的练习。伊索克拉底总是强调创造性的艺术家及其本能的作用。③显然，他谈到并表示不屑的知识不是别的，正是旧式智术师修辞学家的形式教育活动。柏拉图用哲学的逻辑训练取而代之，这种训练可以被教授。如果人们想要教授别人某些东西，那将是不可或缺的。于是，他对之前修辞术的批评悄悄变成了完全是他本人关于该技艺的理想，通过这种理想的实现，修辞术第一次真的变成了真正意义上的技艺。他的理想是修辞术与哲学、形式与精神内容、表达能力与真理知识的结合。只要古代的哲学学校仍对修辞术敞开大门，修辞术就总是与上述方案联系在一起。④直到后来，在更加普遍和不那么严格的逻辑意义上，修辞术才接管了这一理想，将其视作话语艺术与哲学精神教育的联姻。柏拉图的这种结 1142
合促使西塞罗在《论演说家》中提出了自己的教育理想，⑤又在昆体良的《演说术原理》中延续了影响。柏拉图试图在实用演说术的历史上为这种修辞术寻找模板，他找到了伯里克利。他把此人作为演说家的伟大归功于深刻的精神教育。他的朋友和门客阿纳克萨格拉的哲学世界观贯穿了他的全部思想，让他的演说有了其他政客无法企及的高度。⑥

---

① 《斐德若篇》，269d。

② 从整个探讨过程中可以看到这点，尽管没有做特别清楚的表述。在伯里克利的例子中，除了他的好天赋（εὐφυία），首先被强调的是他从阿纳克萨格拉那里获得的哲学知识。

③ 伊索克拉底，《驳智术师》，16起。

④ 参见H. v. Arnim, *Leben und Werke des Dion von Prusa* (Berlin 1898)，特别是详尽的导言。对于智术、修辞术和哲学在围绕着年轻人教育所展开斗争中的关系的后续发展，导言中做了全面的历史盘点。

⑤ 关于西塞罗是通过对柏拉图（《斐德若篇》）了解到这种结合，还是受到更晚近的学园作品影响，Arnim在前揭书97页起做了深入分析。在后期的学园中，拉里萨的菲洛（Philon von Larisa）是他的先驱，此人在哲学学校中给修辞术留下了一席之地，就像亚里士多德在柏拉图生前已经做的那样。

⑥ 《斐德若篇》，269e—270a。在269a，柏拉图还把他与传说中的阿德拉斯托斯国王并称为榜样，与涅斯托尔一样，后者在早前的诗歌中以迷人演说（γλῶσσα μειλιχόγηρυς）的模范形象出现。参见堤耳泰俄斯，残篇9. 8。这些神话和祖国历史中具有真正雄辩美名的英雄不仅作为范例形象支持了柏拉图的修辞学概念，并使其变得形象，而且暴露了当时的修辞术大师和专家迂腐的贫乏和寒酸。

柏拉图还从另一点上解释了对演说家进行实质性全面培养的重要性。他将其与对灵魂的影响联系起来，他的真正技艺与其说是演说纯粹的形式装饰，不如说是心理学。①与其最相似的是医生的职业，柏拉图在《高尔吉亚篇》中已经将其与修辞学家做了比较。②他在那里以医生为例解释真正技艺的本质，在《斐德若篇》中同样通过这一例子来说明正确方法的意义和过程。柏拉图还援引了希波克拉底，将其作为真正医术的代表。③他认为，这一思想方式的根本特点在于，它在探究人体时总是着眼于整个本性（Kosmos，参见本书第三卷，第438页）。因此，如果想要正确地引导听众或读者，作家和演说家必须了解人类灵魂的各种动态和力量。④就像医生必须准确地知道某个事物的本性是简单抑或复杂的，以及它如何产生影响，或者说其不同形式如何相互影响，演说家也必须了解灵魂的各种形式及其起源，以及与之相应的各种演说形式。⑤修辞学家已经教授了这些演说形式或者逻各斯的“形式”（Ideen），⑥但柏拉图意义上的修辞术方案的新颖之处在于，演说的形式直接被还原为灵魂的状况，解读为对后者的必要表达。⑦于是，全部重点都放在了对内心的培养上。

值得注意的是，柏拉图完全清楚他本人的精神具有何种真正的力量。
1143 和其他地方一样，这种力量源于对灵魂的认知。他意识到某些表达形式取决于灵魂的某种功能，他由此提出了这样的实践要求，即对于处在某种内在情绪或者具有某种永久性格状况的人，只有通过选择相应的演说手段才能引导和说服他们。⑧柏拉图生来比别人更适合完成这项任务，即发现语言对人的所有影响都存在心理基础。他一如既往地没有满足于理论要求，

① 参见《斐德若篇》，261a，更详细的阐述见271c—d。

② 《斐德若篇》，270b。

③ 《斐德若篇》，270c。

④ 《斐德若篇》，271a。

⑤ 《斐德若篇》，271d。

⑥ 伊索克拉底，《驳智术师》，16—17。

⑦ 对于这点，与他作品中的其他地方一样，柏拉图在《斐德若篇》271d起给出的只是这种关于修辞术用法的心灵形式学说（ψυχῆς εἴδη）的典型轮廓。在柏拉图对话这样的一部艺术性作品中，他放弃了对自己的思想进行艺术性的展开，而且就像我们之前已经提到的，苏格拉底的两段关于厄洛斯的演说具有丰富的心理内涵，可以作为范例。

⑧ 《斐德若篇》，271d—e。

即建立一个关于心理类型的全面体系供修辞学使用，而是同样重视在具体情况下和某个时点上将这种认知付诸实践检验。[①]我们对此并不意外，因为一边是实践经验和性格训练，一边是纯粹的精神教育，柏拉图在《理想国篇》中对两者同样重视，给予了它们同样多的时间。

不过，真正的新颖之处在于他为精神教育选择的道路。《斐德若篇》为柏拉图《理想国篇》中的教化方案增加了修辞术这一新学科，但将修辞术纳入这部更大作品所划定的框架中。《理想国篇》的目标是教育未来的统治者，《斐德若篇》的则是培养演说家和作家。[②]两部作品的特点都在于对某种让纯粹的实践者无法信服的精神训练的要求。[③]在《斐德若篇》关于哲学式演说家教育的方案中，作者逐字地复述了《理想国篇》中的基本思想，即想要达到目标需要经过更长的"弯路"。[④]柏拉图由此明确与《理想国篇》的教育学说建立了联系。在两部作品中，"弯路"指的都是要经过辩证法。[⑤]对于认为掌握一些程序就够用的人来说，这条弯路可能显得过分漫长而艰难。但柏拉图的教育哲学总是瞄准最高而非最低的目标，从这一目标来看，想要完全实现演说家的任务，没有什么更短和更舒服的道路
了。毫无疑问，柏拉图是从伦理意义上理解该任务的。不过，即便人们觉 1144
得这个目标定得过高，哲学弯路仍然不可避免，就像我们已经认识到的那样。修辞术老师原则上满足于可能的和让人信服的，而不是寻求真理。[⑥]柏拉图在《斐德若篇》中并没有试图让他们相信，言说真理是必须的。相

---

① 《斐德若篇》，272a—b。

② 修辞教育的主体在《斐德若篇》271d被称为 ὁ μέλλων ῥητορικὸς ἔσεσθαι（注定要成为修辞家的），272b称为 ὁ συγγραφεύς（作家）。但由于演说术是统治者和政治家专有的能力，《斐德若篇》还为柏拉图在《理想国篇》中描绘的统治者教育增加了新内容，或者更准确地说：他发现辩证法教育——在《理想国篇》中，他把统治者的教育作为其顶点——也是受过哲学教育的统治者在修辞学方面胜人一筹的基础。

③ 参见伊索克拉底的《海伦颂》（4起）对苏格拉底辩证法的批评，他称其为无用的吹毛求疵，特别是他否认那是"政治教育"，见《海伦颂》，6和8。

④ 没有大量的努力（ἄνευ πολλῆς πραγματείας），想要达到柏拉图所要求的受教程度是不可能的，《斐德若篇》273e。他在274a称这是"漫长的旅程"（μακρὰ περίοδος）。关于柏拉图教化"漫长的弯路"，参见《理想国篇》，504b。

⑤ 斐德若的段落通过对同一对象使用类似的表达证实了我们在本书第723—724页对《理想国篇》504b所做的解读。

⑥ 《斐德若篇》，272d（结尾）。

反，就像他经常做的，柏拉图表面上从对手的立场出发，由此证明知识对于他们同样不可或缺。他在《普洛塔哥拉篇》中证明过知识的价值，指出如果就像大众所相信的，生活中最高的善是快乐，那么必须要有知识作为尺度来正确区分较大和较小的快乐，较近和较远的快乐。与之类似，他在《斐德若篇》中证明了知识对于修辞学家的必要性，指出找到有说服力的论据（εἰκός，修辞术论证大多以此为根据）必须以对真理的知识为前提。因为有说服力意味着看上去像真理。①一切修辞术的真正目标显然不是让人，而是让神明满意，就像柏拉图最后所承认的。②这正是我们在《理想国篇》《泰阿泰德篇》和《法律篇》中所看到的学说。后期的柏拉图对教化持严格的神明中心主义立场，他早期作品中的所有难题在这种立场中最终得到了解决。

柏拉图完全愿意承认专业修辞学家的写作技艺本身。但他们的技艺并不因为是一种巧妙的发明而能让神明满意。埃及神明透特（Theuth）发明书写技艺（字母文字）的神话证明了这点。③当这位神明带着他的新发明来见底比斯的塔姆斯（Thamus von Theben），吹嘘说那是一种增进人类记忆和知识的良方时，塔姆斯回答说，书写这项发明反而会导致记忆荒废和灵魂健忘。人们将会因此依赖书写，而不是把鲜活的记忆留在自己内
1145 心。④因此，它带来的是徒有其表的智慧，而非真正的知识。柏拉图的全部伟大都体现在上述对书面文字的鲜明态度上，这种态度不仅针对修辞学家的作品，也同样针对他自己的文学创作活动。柏拉图在对话最后与自己和他人都产生了分歧，如果说在看到《斐德若篇》中的表述后，我们对此还有些许怀疑的话，那么他的《第七书简》则明确无疑地表明，这位哲学家意识到将任何思想付诸文字都会遇到问题。由于某些不具备资格的人

① 《斐德若篇》，272e。

② 不仅是柏拉图，伊索克拉底和德摩斯梯尼等人同样把为了让人满意（χαρίζεσθαι）而说视作修辞术特别的缺陷。柏拉图把这个概念颠倒为了“让神明满意”（θεῷ χαρίζεσθαι）而说和做（《斐德若篇》，273e），就像他在《法律篇》中说人而非神才是万物的尺度。就这样，他用一种新的演说术理想取代了修辞术，前者以毕达哥拉斯和智术师的相对主义为世界观背景，后者则把永恒的善作为尺度。

③ 《斐德若篇》，274c起。

④ 《斐德若篇》，275a。

也在描述他的学说，他做出了矛盾的声明，表示就算他本人也无法描述自己的学说，因此根本不存在书面的柏拉图哲学。[①]有人早就把《斐德若篇》中的类似态度与苏格拉底对话这一柏拉图的哲学写作方式联系起来，将其视作把这部作品理解成纲领性宣示的一个主要理由。事实上，很难想象如果早年的柏拉图对所有书面作品表示怀疑，他还会有特别的动力去取得其伟大的写作成就，而后来与自己所写的全部作品保持距离，则很容易从心理上理解为在自己的作品面前保持自由。

出于晚年的这种态度，柏拉图在《斐德若篇》中认为写作的技艺价值不大，即便是在更高的修辞术意义上。人人都可以获得写作技艺的产品，无论是否理解。当受到不公正的指责时，书面文字无法为自己辩解，而是需要别人的辩护。[②]真正的文字是写在学习者灵魂中的，因为它有能力保护自己。[③]用墨水书写的文字，唯一用处是让人们回忆起已经知道的东西。[④]当时的修辞术日益转向写作的技艺和“图画式的演说”，为了显示
哲学辩证法在教育上对这种修辞术的优势，柏拉图指出了这样的事实，即 1146
辩证法直接作用于精神，并塑造精神。智术师将教育的本质比作耕种；[⑤]柏拉图也采用了这种比较。对真正的种子有所期待，想要有所收获的人不会将其种在阿多尼斯的苗圃，让他们高兴的不是看到秧苗在8天里快速生长，而是找到正确的耕种技艺，满足于自己的种子在8个月不懈地辛勤耕作后终于结果。[⑥]播种与栽培的画面被柏拉图用来比喻对精神的辩证法训练。对真正的精神文化有所期待的人，不会满足于修辞术的阿多尼斯苗圃中玩笑式地栽培出的少量早熟果实，而是有耐心等待真正的哲学精神教育的果实成熟。我们从《理想国篇》和《泰阿泰德篇》中看到了对哲学教育的这种辩护，它预设了对“漫长的弯路”的要求，注意柏拉图如何不断重

① 《第七书简》，341c—d，344d—e。
② 《斐德若篇》，275e。
③ 《斐德若篇》，276a。
④ 《斐德若篇》，275d。
⑤ 参见本书第二卷，第317页。
⑥ 《斐德若篇》，276b。

新提到这点很重要。[①]就像《第七书简》所说，柏拉图的教化秧苗只会在长期的共同生活中长大，而不是区区几个学期的系统授课。[②]和其他地方一样，柏拉图在这里也致力于将这描绘成其真正的优点，而不是像在他的对手眼中那样是弱点。这种优点只能在少数精英身上完全实现。[③]对于广大“有教养者”来说，修辞术才是康庄大道。

---

① 《理想国篇》，498a起。《泰阿泰德篇》，186c: ἐν χρόνῳ διὰ πολλῶν πραγμάτων καὶ παιδείας παραγίγνεται οἷς ἂν καὶ παραγίγνηται（如果他们能做到，最终也要经过大量的努力和教育才会做到）。参见《斐德若篇》，273e：ἄνευ πολλῆς πραγματείας（没有大量的努力）。

② 《第七书简》，341c。

③ 参见《泰阿泰德篇》，186c: οἷς ἂν παραγίγνηται（如果他们能做到）。《第七书简》，341e。同样是这些人，他们有能力仅凭很少的指点就能自己找到知识。

第18章

柏拉图与狄俄尼修斯：教化的悲剧

柏拉图的第七和第八书简长久以来都被认为是伪作，但在过去10年 1147
间语文学家们终于证明那是柏拉图真正的自我见证，从而也为柏拉图教化的历史添加了重要的篇章。①不过，哲学家与当时最强大僭主的关系这一外在事实不会改变，即便我们在信中（特别是《第七书简》）看到的并非第一流的自传文献，而是某个狡猾的文人骗子耸人听闻的虚构作品，因为他觉得将伟大柏拉图纳入当时的政治图景将是一个很受欢迎的小说主题。作为我们在这里最关心的东西，《第七书简》的史料价值即便在人们大多对其真实性表示怀疑的时代也不存在争议。②但阅读柏拉图本人对于叙拉古悲剧的态度能够激起历史观察者最大的兴趣，而普鲁塔克的《狄翁传》（*Leben des Dion*）对事件的戏剧化修饰完全不会阻碍我们将其与从它的主要素材，即柏拉图的《第七书简》中涌出的鲜活画面进行比较。

即便没有这封书简，我们也能断定《理想国篇》和《法律篇》的作者必然从对政治事务的巨大和真正的热情中获得了动力，正是这种热情驱

① 《第六书简》是写给统治着阿索斯的柏拉图弟子埃拉斯托斯和科里斯克斯，以及邻邦僭主阿塔尔内俄斯的赫尔米阿斯的，他与前两者组成了哲人联盟，关于这封信，参见拙作*Aristoteles* S. 112。Brinkmann和我认为这封书信为真的理由得到了Wilamowitz等人的认可，但它与这里的讨论无关。关于第七和第八书简的真实性，参见Wilamowitz, *Platon*, vol. 2和G. Pasquali的新作*Le Lettere di Platone* (Florenz, 1938)。一些学者认为全部书信都是真的，但这种观点面临着无法克服的困难。

② 现在，大部分人都承认《第七书简》在那些与其他晚得多的传统不一致的细节上也符合史实。参见R. Adam, *Programm*, Berlin 1906, S. 7ff.。

使他展开行动。这不仅从心理角度清晰可见，而且在柏拉图知识概念的结构中也得到了表达，因为在该结构中，知识（Gnosis）不仅被理解为完全
1148 脱离生活的观察，而且成为技艺和理智（Phronesis），即对于正确的道路和决定、真正的目标和真实的善的思考。即便在大部分为理论的表象形式中——柏拉图晚年对话中的理念学说——这点也没有改变；他永远把真正的重点放在行动和生活上，即便他的活动领域越来越多地从外在的城邦缩小到“我们内心的城邦”。现在，柏拉图在《第七书简》中向我们亲述了他直到第一次大希腊之行的思想发展。他在此行中还前往了叙拉古僭主的宫廷，从他的叙述中可以看到，对政制的实践兴趣正是他早年的主导元素。对信中描绘的印证不仅来自柏拉图的主要作品及其政治目标，也来自他在《理想国篇》和同属三部曲的《蒂迈欧篇》的对话场景中提到的亲友圈子的细节。他无疑想要借此间接地展现自己（作为作者，他自然完全无法在作品中现身），以及他与苏格拉底的关系。他的兄弟阿德伊曼托斯和格劳孔在《理想国篇》中成了热衷政治的雅典年轻人的代表。刚刚20岁的格劳孔已经想要开始政治生涯，苏格拉底费了一番口舌才劝阻了他。柏拉图的舅爷克里提亚斯是公元前403年臭名昭著的寡头和革命领袖。柏拉图不止一次让他作为谈话对象出现，还特意将一篇以其名字为题的对话（只有残篇存世）献给此人，作为以《理想国篇》为首的三部曲的最后一部。和苏格拉底的其他弟子一样，柏拉图最初也因为对政治的兴趣而投入老师门下。色诺芬表示克里提亚斯和阿尔喀比亚德也是如此，尽管他无疑正确地补充说，他们很快感到失望，因为他们意识到苏格拉底提供的是何种政治教育。[①]但这种教育对柏拉图来说却是正确的土壤，他的哲学便是那里结出的果实。在柏拉图的思想中，苏格拉底在城邦和教育间创造了新的纽带，甚至几乎将两者等同起来。但直到经历了苏格拉底与城邦的斗争
1149 和他的死亡后，柏拉图才真正断定，新的城邦必须以对人的哲学教育为出发点，这种教育将彻底改变整个人类集体。带着这种很早就获得的信念（他在《理想国篇》中将其用作公理），公元前388年左右，年约40岁的

① 色诺芬，《回忆苏格拉底》，1.2.39。

柏拉图来到叙拉古（按照《第七书简》的说法），用自己的学说完全俘获了狄翁热情而高贵的灵魂，后者是叙拉古强大统治者的近亲和朋友。[①]不过，狄翁让狄俄尼修斯一世本人也接受柏拉图理想的尝试必然会失败。这位无情而善于算计的现实政治家对诚挚的热情主义者狄翁表现出巨大的人性信任，使其鼓起勇气将柏拉图引荐给僭主，这更多基于狄翁的绝对可信及其人格的纯粹，而非基于他有能力像那位僭主一样看待政客所活跃的世界。柏拉图在《第七书简》中表示，狄翁要求僭主为叙拉古制定宪法，根据最好的法律统治城邦。[②]在统治者看来，催生叙拉古专制的状况不允许这种政策。柏拉图相信，这种政策将让狄俄尼修斯的帝国真正在意大利和西西里扎根，使其具有意义和长久存在下去。相反，狄俄尼修斯认为那会很快毁掉他的帝国，让重新分裂为各个城邦共和国的西西里再次在迦太基的入侵面前束手无策。这段故事是后来柏拉图、狄翁以及狄俄尼修斯二世之间悲剧的预演。不同之处在于，狄俄尼修斯一世的儿子和继承者的怀疑所针对的并非狄翁，而是柏拉图。阅历大增的柏拉图回到了雅典，很快在那里建立了自己的学校。这次挫折无疑促使柏拉图退出一切积极活动，就像他在《申辩篇》中已经提到的，但他与狄翁的关系并未因挫折而终结。两人缔结了终生的友谊。不过，虽然柏拉图从此完全投入到哲学老师的工作中，狄翁却仍然坚守着对西西里僭政进行政治改革的想法，等待着在有 1150
利时机到来时实现它的可能。

随着狄俄尼修斯一世死去（公元前367年），他尚年少的儿子继承了王位，机会似乎到来了。在此期间，即公元前4世纪70年代，柏拉图完成了他的《理想国篇》。这部作品无疑再次加强了狄翁的信念；因为在那部作品中，他曾经听柏拉图口述的思想以经典的形式呈现。这部作品刚刚问世几年，正处于讨论的中心。在作品中柏拉图尽管多次谈及实现他的最优城邦的问题，但以这对实际贯彻他的哲学教化并无决定性作用为由不加理会。他写道，这种最优城邦也许只是作为理想范例而存在于天上，[③]从未变

① 柏拉图，《第七书简》，326e起。
② 《第七书简》，324b。
③ 《理想国篇》，592b。

成现实，或者它可能在某个未知的遥远国度已经存在于蛮族（异族）中，希腊人对他们一无所知。[①]（在希腊化时期，当新的东方民族进入希腊人的视野，另一些民族也变得更为人所熟知时，学者们受到柏拉图的这种猜测启发，想要在埃及的种姓国家或是摩西创造的等级神权国家中发现柏拉图教化的原型，或是某种类似的东西。[②]）现在，柏拉图要求教育把在每个个体内心建立正义国家付诸实践，无论当下的真实国家是如何创造的。[③]他评价说，自己时代的国家已经无可救药。[④]它们不适合他的思想的实现。理论上说，在他看来最简单的做法是在某个人身上尝试他要求作为改善国家之基础的统治者教育，假设那个人真是神明派来的，因为根据数学而言，改变一个人要比改变多个或许多人更容易。[⑤]不过，柏拉图并非从权力问题出发。在生命的最后，他甚至在《法律篇》中表示反对将权力集中在某一个人手中。[⑥]在《理想国篇》中，他关于让一个精神和道德上杰出的
1151 僭主掌握统治权的思想，完全是源于教育者的基本立场。[⑦]通过某一个人可以让善的精神主导全体民众无疑同样是可能的，就像柏拉图在狄俄尼修斯一世的僭政下经历过的相反情况，唯一的强人通过系统性的影响腐化了全体民众的性格。《理想国篇》中僭主的丑恶形象显然带有老狄俄尼修斯的特征。这显得令人沮丧，似乎否定了狄翁的改革计划。但为什么要把所经历的某个如此之大的人之缺陷变成对人类的信条，因而永远切断通往更好未来的道路呢？这无疑是伦理上的理想主义者狄翁的想法，在那位叙拉古的僭主死后，他给柏拉图写信和遣使，恳求他利用这个时机，回到西西里，以便在新统治者的帮助下实现其关于最优城邦的想法。[⑧]柏

① 《理想国篇》，499c。

② 很早就有人暗示，埃及与柏拉图的“理想国”类似，或者是其模板；参见普罗克洛斯的柏拉图《蒂迈欧篇》注疏中Krantor所说的，Diel，第一卷，第75页。另参见拙作*Diokles von Kargstos* 128, 134，以及拙文‘Greeks and Jews’ in the *Journal of Religion*, 1938。

③ 《理想国篇》，591e。

④ 《理想国篇》，501a，《第七书简》，325e起。

⑤ “最优城邦”是一个神话，见《理想国篇》501e。但哲人“王子”可以实现它，502a—b。

⑥ 《法律篇》，3. 691c。

⑦ 柏拉图没有关上这扇门，很可能是因为在他写作《理想国》的时候，狄翁对小狄俄尼修斯抱有巨大的希望。唯一清楚的是，他说的是王族后代而非在位君主，因为必须首先对其进行教育。

⑧ 《第七书简》，327起。

拉图在《理想国篇》中声称，实现自己的理想要求的前提条件是，权力（δύναμις）和知识（φιλοσοφία）必须统一起来，大多数情况下，两者在世间被毫无希望地分开。[①]只有通过特别的命运安排，通过神明的机运才能实现这点。[②]狄翁试图说服柏拉图，小狄俄尼修斯登上王位正是这种出人意料的安排，如果柏拉图没有遵从时机的呼唤，那将是背弃了他自己的理念。[③]

即便是像狄翁这样的理想主义者也无疑明白，柏拉图的要求源自某一个例外之人的个体意识。在当下的国家中，试图由处于从属地位的生活统一体的无意识力量来承担它是没有希望实现的，其追求方向完全相反。[④]他并不期待广大民众，因为他们从曾经的有机的人民变成了机械的大众。只有很少的人在机运眷顾的情况下能够达到最高的目标，但狄翁相信，那位年轻的统治者可能就位列其中，如果把他争取成功，那么叙拉古 1152
王国就将成为地上的幸福之国。[⑤]在狄翁的这一计划中，僭主不受限制的权力是唯一事实上可以确定的东西，这种权力无疑是可怕的，因为没有人知道他会如何使用它。但狄翁把赌注押在狄俄尼修斯的年轻之上，这种想法足够大胆。年轻意味着可塑性，尽管那个缺乏经验的年轻人至今还不具备柏拉图对他理想统治者所期待的道德和精神上的成熟见识，但这似乎为柏拉图理念的实现提供了唯一可能的根据。

除了培养一位完善的统治者，柏拉图在《理想国篇》中同样没有看到别的实现最优城邦的方法，他把确定这种教育的基本原则和将其确立为理想的任务交给了自己，即有创造力的哲学家。但除了柏拉图本人以及他在精神上不可触犯的权威地位，还有谁有能力切实开展对统治者教育的工作（就像他富有远见地预料到的），并实现好的结果呢？当然，在柏拉图的《理想国篇》中，情况并非如此。在那里，对于被指定将要掌握统治权者的教育是通过艰难和持续终生的遴选和考验过程完成的，无论是哲学知

① 《理想国篇》，473d。
② 《理想国篇》，499b，参见《第七书简》326a—b；327e和更多的地方；柏拉图对机运的描述有所变化，但这里和那里所指的是相同的。
③ 《第七书简》，327e起。
④ 我们在伊索克拉底的作品中也看到对这种现状的意识。
⑤ 《第七书简》，327c。

识还是日常生活方面。遴选的对象都是所有年轻人中最优秀的，他们的人数在各个阶段越来越少，直到最后剩下少数几个或是只剩一个，他们有能力完成那项伟大的工作，就像神明所希望的。经受过这种培养的统治者将与僭主完全相反。他们会在自己的内心把全体民众的福祉（显示在永恒真理的光芒下）作为最高法则，从而避免一切个人意见和愿望的偏颇。叙拉古的统治者可能是有意愿、有天赋和可受教的，但他被选出承担这项任务只是因为历史的机缘让作为王位继承者的他掌握了最高的权力。这种情况
1153 与伊索克拉底那样的君主教育在本质上没有很大的差别。但狄翁认为在那时必须投入最高的赌注，不仅因为如果赢了，狄俄尼修斯的强大权力将预示着更大的成功，或者考虑到他本人在这个伟大王国中拥有独一无二的地位。[①]相反，这首先是因为他感受到柏拉图的人格对他的影响是一种能够改变整个人的力量，通过亲身经历，他完全信服了柏拉图对教育之力量的信仰。

在《第七书简》中对这些情况进行回顾时，柏拉图眼前再次浮现了狄翁一生中的主要事件，以及他与这位高贵和才能出众的朋友交往的各个阶段（他还在为其不久前的去世而哀悼）。从那位僭主登基就开始的教育尝试两次都宣告失败。但狄俄尼修斯的强大国家也灭亡了；因为当教育失败后，被僭主驱逐的狄翁最终使用了暴力。不过，他对僭主的胜利也没能维持多久。经过短暂的统治，他死于刺杀者之手，成为自己阵营分裂的牺牲品。柏拉图这封所谓的书简写于狄翁遇刺后，为自己的行为向公众做了解释和辩护，但表面上是向狄翁的儿子和在西西里的支持者提供建议，让他们忠于那位死者的理想。柏拉图承诺，如果这样，他将带着自己的建议和威望站在他们一边。[②]通过这样做，他公开表示了对狄翁的支持，赞同其最初的意图。他既不支持僭政，也不希望推翻它，而是因为僭主对他的不义之举才被迫采取了行动。责任完全在于僭主，尽管柏拉图事后看到，他本人的第一次叙拉古之行促成了这种结果，让狄翁接受了柏拉图哲学，

① 《第七书简》，328a。
② 《第七书简》，324a。

最终成为僭政倒台的原因。[①]他在事件发展中看到了神圣机运的力量，就像他同时在《法律篇》中对历史上的神明教育的探究。在回顾自己的过去时，柏拉图发现在他本人的生命同当时历史的联系中，可以同样清楚地看 1154
到机运力量的痕迹。只有神圣的机运有可能造就让统治者变成哲人，或者让哲人变成统治者的机会。柏拉图在《理想国篇》中已经提到过这点。当狄翁把柏拉图和狄俄尼修斯带到一起，她似乎伸出了手。但当统治者没能认出她，拒绝了她的手时，同样是她将一系列因果事件带向悲剧的结局。常识很容易让我们认为，狄翁的计划——全力支持他的柏拉图也间接参与其中——注定将要失败，因为它建立在对心理的认识不足之上，即没能看到普通人天性的弱点和低劣。柏拉图则不这么想。当他的学说推动了像狄翁这样的力量后，对于不那么强大的狄俄尼修斯来说，放弃统治者的本能（因为他拒绝了这一机会）就成了其最重要的任务。

因此，柏拉图本人在这幕剧中的角色并非自发的行为，而是某种更高力量的工具。我们在《法律篇》中看到了这种自我理解的哲学背景。柏拉图在那里一再宣称：人是神明手中的玩具，是木偶戏中的人物。但他们想要正确理解自己的戏份，人类本能的热情并不总是情愿顺从神明牵着的线。这在根本上是远古希腊对人生命的看法，在荷马史诗和悲剧中，人的生命已总是与更高的神明舞台一起被描绘。来自那里的看不见的线同我们所称的事件连在一起。诗人处处看到它们操纵着游戏。[②]一边是“善”这个万物的神圣原则，一边是真正的人类生活，在《理想国篇》中，两者间仍然存在着鸿沟。但柏拉图的兴趣越来越多地投向“善”的影响形式，以及这种影响在可见领域（在历史、生活和具体事物中）中的实现。与他的理念学说一样，在他对生命的描绘中，形而上学的内容中开始有了越来越多的感性细节。因此，这封书简的重要性还在于，它向我们表明，柏拉图 1155
为理解自己的人生和影响所做的努力是他对整个世界的理解来源：尽管在《理想国篇》中被故意掩饰，但已经可以看到这种个人色彩的痕迹，虽然在那里，“哲学本性”在一个处于堕落环境和文化中的存活被说成是神

① 《第七书简》，326e；关于这一段落的阐释，参见*Deutsche Literatur Zeitung* 1924 S. 27。
② 参见本书第一卷，第55页。

性机运的救赎性介入。[1]只有从这里出发，才能完全理解,《理想国篇》和《第七书简》中把权力与精神的相遇（通过统治者和智者的形象）解释成这种神明安排的个别举动究竟意味着什么。在西西里的活动由此和《理想国篇》中描绘的哲学家的状况联系了起来。它的意义远不只是纯粹传记式的。它成了对《理想国篇》学说的直接阐释，哲学家在这个世界上没有用处这一普遍经验其实是表明了世界的破产，而不是关于哲学的反面证据。

当狄翁要求柏拉图来叙拉古后，他表示他的任务是在通过王位交替创造的形势下实现他在《理想国篇》中向世人揭示的政治哲学。这自然会被认为是一次所谓的系统性改变，但柏拉图在《第七书简》中明确表示，他并非作为不用负责任的政治顾问被召唤，而是有着意图和清晰的目标，即教育年轻的统治者。没有什么比对他任务的这一表述更清楚地表明，狄翁对《理想国篇》是认真的；因为柏拉图在作品中将最优城邦直接描绘成实现了的完美教化。由于狄翁认为已经有了统治者的人选，必须让狄俄尼修斯——他并非从卫士群体中挑选出来——为一个他实际上已经履行的职务补上准备。这大大限制了柏拉图的要求。工作必须自上而下，而不是从基础做起。在他写给柏拉图的信中狄翁将那位君主描绘成生来能干,“渴望哲学和教化”。[2]柏拉图在《理想国篇》中表示，教育成果的最关键条件
1156 是开展教育的周围环境。这无疑是不好的预言；因为在《第七书简》的一开始，柏拉图就描绘了自己第一次在西西里逗留期间对那里的习俗和僭主宫廷气氛的看法，将其描绘得仿佛是动人的戏剧。[3]然后，他还描绘了对于狄翁让他进行的冒险的恐惧，理由是他的教育经验：年轻人很容易产生热情，但他们的努力无法持久。[4]显而易见，狄翁久经历练的性格和老成的年龄是他唯一每次都能依靠的支点。让他接受邀请的一个更重要的动因是，拒绝邀请无异于彻底放弃实现他一生致力的学说。他在《理想国篇》没有这样做，尽管在其想法的实现性问题上有所保留。他害怕最后这种结果，不愿承认自己并非真正相信自己的使命将会成功，而是因为不愿作为

① 《理想国篇》，492a、492e—493a。
② 《第七书简》，328a。
③ 《第七书简》，326b。
④ 《第七书简》，328b。

纸上谈兵（λόγος μόνον）之人而蒙羞。[1]不过，对于让他走出避世状态的问题，《理想国篇》中如此动人表达的无可奈何其实已经说了不。[2]现在，柏拉图要尝试用自己的行为来反驳他有充分理由的悲观态度，这让他的名誉受到了威胁。就像他本人所说，他放弃了在雅典作为老师的活动，让自己置身于僭政的胁迫下，前者“完全适合他”，而后者完全不符合他的哲学观。[3]但他相信，这样做并不会玷污他的名字，因为有好客的宙斯，因为作为他职业的哲学不允许他选择更舒适的道路。

必须完全把《第七书简》中柏拉图与僭主的关系视作老师与学生。他刚一来到，就发现自己的所有担心都变成了现实。狄翁在统治者那里受到的中伤已经造成了一种如此密不透风的不安全和不信任的气氛，即便是柏拉图对狄俄尼修斯带来的深刻印象也只会进一步激化后者对狄翁的嫉 1157
妒。[4]狄俄尼修斯一世有理由信任狄翁，与他关系亲密，但他试图消除柏拉图对其的影响，把这位哲人送回了家。而那个软弱的儿子却听信了狄翁的敌人和嫉妒者的谗言，这些人想要获得比他更大的权势，他们说狄翁在排挤小狄俄尼修斯，他披着哲学改革理念的外衣，想要自己当僭主。柏拉图只是为了确保让统治者成为狄翁计划的工具。狄俄尼修斯并不怀疑柏拉图的信念，与后者的友谊让他满意，于是他做了与父亲截然相反的事。他放逐了狄翁，想要与柏拉图成为朋友。[5]不过，就像柏拉图所写的：对于这种友谊唯一能够创造的东西，他犹豫了，那就是向柏拉图学习，成为他的弟子和政治演说的听众。因为中伤者已经让他充满了焦虑，担心他的内心已经过于依赖柏拉图，“对教化着了魔，疏忽了他作为统治者的义务”。[6]柏拉图耐心等待着弟子身上有更深刻的热望觉醒，但“他一直是成功的抗拒者”。[7]于是，柏拉图回到了雅典，但他无疑做过承诺，在当时爆发的战

① 《第七书简》，328c。

② 《理想国篇》，496c—e。

③ 《第七书简》，329b。

④ 《第七书简》，329b起。

⑤ 《第七书简》，330a—b。

⑥ 《第七书简》，333c。虽然这段话提到的是柏拉图在第二次造访狄俄尼修斯二世时受到的中伤，但330b表明，第一次在小狄俄尼修斯宫廷逗留时，针对他的阴谋也让他遭受了如出一辙的怀疑。

⑦ 《第七书简》，330b。

争结束后归来。他害怕与狄俄尼修斯完全闹翻，这首先是考虑到狄翁，因为他希望这位朋友能够从流放中被召回。但他和狄翁的目的都失败了，即把之前“没有接触过教化和与其地位相应的精神交流”[1]的僭主“培养和塑造成配得上统治地位的君主”。[2]

为何柏拉图在第一次叙拉古之行失败几年后再次接受了狄俄尼修斯的邀请，想要理解这点并不容易。他给出的理由是他在叙拉古的朋友不断敦促，特别是统治塔兰托的阿尔库塔斯及其追随者，此人属于南意大利的毕达哥拉斯派，是一位大数学家。[3]离开叙拉古之前，柏拉图在他们和狄
1158 俄尼修斯之间缔结了政治纽带；现在，如果他拒绝前往，这一纽带就会遭受威胁。[4]狄俄尼修斯向雅典派去一条战舰，好让柏拉图的艰难旅行变得容易些，[5]并保证如果他接受了邀请，就把狄翁从流放中召回。[6]但对柏拉图来说，起到决定作用的是狄俄尼修斯身边的朋友们和阿尔库塔斯通报了他的精神塑造取得的进步。[7]部分是在家乡弟子的敦促下，部分是在西西里和意大利朋友们的请求下，柏拉图不顾年事已高，决定前往，这次旅行将给他带来最深的失望。[8]这一次，柏拉图的叙述一笔带过了他抵达叙拉古时受到的欢迎和看到的政治形式，完全着眼于他见到的教育状况。在此期间，僭主与形形色色的聪明人往来，满脑子都是从他们那里听来的思想。[9]对于延续这种学习方式，柏拉图毫无期待。根据自己的经验，他认为应该让学生明白任务的困难和艰巨，并观察这种启蒙在其身上的影响，这是对学生勤奋与否的可靠试金石。[10]通过认识到将要克服的障碍，充满了对知识真正热爱的精神会变得更加渴望，为了达到目标，它会鼓起自己

---

① 《第七书简》，332d。
② 《第七书简》，333b。
③ 《第七书简》，339d。
④ 《第七书简》，328d。
⑤ 《第七书简》，339a。
⑥ 《第七书简》，339c；关于在柏拉图启程出发，准备开始前面所说的那次逗留前，狄俄尼修斯承诺召回狄翁，参见338a。
⑦ 《第七书简》，339b。
⑧ 《第七书简》，339d—e。
⑨ 《第七书简》，340b，参见338d。
⑩ 《第七书简》，340c。

和精神导师的全部力量；而没有这种认识的那类人则会在他们被要求的辛劳和严格的生活方式面前却步，无法走上那条道路。许多人自以为已经懂得了一切，可以不必继续努力。[①]

这就是狄俄尼修斯的情况。他以博学者自居，用从别人那里学来的东西炫耀，仿佛那是他自己的精神财富。[②]柏拉图在这里表示，狄俄尼修斯后来也正是如此对待他从柏拉图那里听来的东西，甚至还为此写了本书，在书中声称那是他本人的学说。这段话并非不重要，因为它让我看到了某种精神上的雄心，只不过那是一知半解者的虚荣。按照传统的说法，这位僭主下台后生活在科林斯，在那里讲学。柏拉图知道那部剽窃了他学说的作品，但只是道听途说，并未读过。不过这让他有理由对自己的 1159
作品以及它们同自己学说的关系做出解释，鉴于他在《斐德若篇》中所说的，他的解释并不太让我们吃惊，但其独一无二的表述值得一提。柏拉图晚年越来越多地提到，他的知识中真正本质的东西无法用令人满意的书面形式确定下来，这绝对不是偶然。他在《斐德若篇》中表示，文字的价值仅仅是作为对已有认知的回忆，但无法带来新的知识。如果此言不虚，那么在柏拉图看来，他所有书面作品的意义只是反映了他作为老师的口传效果。这特别适用于某种知识，它不像其他种类的知识那样通过纯粹的话语传播，而是只能来自灵魂自身的逐渐成长。这显然指的是对神圣事物的认知，柏拉图哲学中其他的一切归根到底都从那里获得了可靠性，并将其作为追求目标。在这里，柏拉图触及了一个终极问题，他全部的学说和影响，以及他对教育价值的理解都取决于问题的答案。对于作为他思想的基础和为其提供支撑的那种最高的可靠性，他从未亲手写下来，也永远不会提供。[③]至少在理念上，亚里士多德的神学是一种说教，是学科中的最高学科。柏拉图认为，通过他在《理想国篇》中所描绘的作为哲学教化的知识的各个阶段，促使精神摆脱附在其上的感性元素，使其上升为无条件的，这是可能而必要的。但这一过程是旷日持久的，只有通过对此事本身

---

① 《第七书简》，341a。
② 《第七书简》，341b。
③ 《第七书简》，341c。

所做的许多共同的辩证式探究（πολλὴ συνουσία），以一种哲学家生活共同体的形式才能达到目标。正是在这里，柏拉图描绘了在经历这一过程时人的灵魂中火花跳动的画面。[1]这种认知（他为其点亮了光芒）是创造性活动，只有很少的人能够做到，而且必须通过自己的力量和一点指引。

1160 在《第七书简》所谓的认知理论题外话中，紧接着对僭主的教育，柏拉图又用一个数学例子来说明这一从感性到本质认知的过程及其各个阶段。[2]在这个难懂的段落中——后世对其做了许多讨论，但总有些不解之处——对柏拉图教育之本质和学习之性质的描绘（按照这位哲学家所理解的）达到了最高层次。[3]这一意义上的认知表现为同对象的本质相似性。人类的和神明的似乎在这里变得最为接近。但柏拉图认为，作为“与神明相似”这一目标的景象永远是不可言说的（Arrheton）。[4]与之类似，《会饮篇》中已经把灵魂上升到看见永恒之美的景象描述为神秘主义启示，《蒂迈欧篇》中则说：找到万物的创造者和父亲很难，即便我们找到了，也不可能公开说出其本质。[5]如果狄俄尼修斯理解了柏拉图，那么他就会像柏拉图本人一样觉得，对其的认知是神圣的。[6]将其公之于众是渎神之举（可耻的虚荣心在驱使其这样做），无论是他想要把这种思想说成是自己的财产，或者吹嘘自己是某种他配不上的教化的拥有者，以便借此来炫耀。[7]从《第七书简》中的暗示可以看出，柏拉图想要狄俄尼修斯接受的统治者教育并非关于统治事务的纯粹技术教导，而是致力于改变他的整个人和他的生命。作为这种教育的基础的认知不是别的，而恰恰是针对柏拉

---

① 《第七书简》，341d，参见344b。

② 《第七书简》，342b。

③ 参见J. Stenzel, *Sokrates*, 1921, S. 63和*Plato der Erzieher*, S. 311; Wilamowitz, *Platon* Bd. II S. 292。Stenzel非常精彩地指出，柏拉图在这里如此详细地描绘了狄俄尼修斯的失败尝试，即“出于天生本能”来理解整个柏拉图哲学，而不是一一经历辩证法工作的艰难道路，因为他想要在此人的身上形象地展现真正教化的本质。许多人表示，这段关于认知理论的题外话不属于对这一重要政治过程的描绘。另一些学者声称这部分是后人加入的，以便“拯救”全篇作品的整体性。他们都没有认识到，柏拉图在《第七书简》中把狄俄尼修斯的例子描绘成了教化问题，而不是他本人参演的感伤戏剧。这些学者显然低估了柏拉图的自我意识。

④ 《第七书简》，341c。

⑤ 《蒂迈欧篇》，28c。

⑥ 《第七书简》，344d。

⑦ 《第七书简》，344c。

图在《理想国篇》中确立为统治者准则和尺度的那种最高范式，针对神圣的善。[①]达到这种认知的图景也和《理想国篇》中一样，即数学和辩证法。柏拉图在与僭主的谈话中似乎仅限于划定了这种教化的轮廓，但显然他决心毫不放松自己的严格要求。通往君主之道这一目标没有康庄大道。通过对待从柏拉图那里听来的东西的方式，这位僭主表明他的精神无法到达他 1161
徒劳地试图履行的职业真正扎根的深处。

柏拉图与狄俄尼修斯的决裂以及对于导致他这样做的僭主暴行的描绘，组成了书简戏剧性的最后一部分。这幕场景与书简中段对柏拉图式教化的描绘形成了令人印象深刻的鲜明反差。早在《高尔吉亚篇》中，柏拉图就已经将教化的哲学同权力的哲学对立起来。狄翁的财富——他此前一直靠它们在国外生活，但没从狄俄尼修斯的王国带走——被没收，承诺的召回也遭到了拒绝。在统治者的宫殿中，一度作为囚徒的柏拉图与外部世界的联系被切断，他最终被转移到卫队的营房。卫队对他怀有敌意，让他的生命受到威胁。[②]最后，得到私下通知的塔兰托的阿尔库塔斯说服僭主同意放柏拉图回家。在归途中，他在奥林匹亚的节日庆典上遇见了被放逐的狄翁，获悉了后者的复仇计划，但他拒绝参与筹备活动。在书简中的另一处，他把自己同狄翁的关系称为“自由教化的伙伴”（ἐλευθέρας παιδείας κοινωνία）。[③]但这种伙伴关系并不意味着他有义务追随朋友走上暴力的道路。他只乐意并自发提出推动狄翁与狄俄尼修斯和解。[④]不过，他没有禁止狄翁从自己的弟子中招募追随者，作为自愿者加入狄翁的志愿军。虽然成功推翻叙拉古的僭政几乎离不开学园的有力支持，但柏拉图还是将事态发展视作悲剧。在两个对立角色失败后，他用梭伦的话回顾说：“他们咎由自取（αὐτοὶ αἴτιοι）。”[⑤]

事实上，西西里的这一戏剧性事件不仅是成为其牺牲品的两位叙拉古统治者家族成员的悲剧，在某种意义上也是柏拉图的，尽管他置身这场

① 《理想国篇》，500e。
② 《第七书简》，350b起。
③ 《第七书简》，334b。
④ 《第七书简》，350d。
⑤ 《第七书简》，350d结尾。

灾难之外。尽管对冒险能否成功存有怀疑，他还是为这次任务投入了全部
1162 的力量，从而将其变成了自己的事。有人说，柏拉图的错误在于他对政治生活和活动的“条件”完全缺乏理解，体现在柏拉图国家理想的性质本身。伊索克拉底在《腓力辞》中已经用嘲笑的口吻提到那些撰写在现实生活中没有用处的城邦和法律作品的人。[①]伊索克拉底是在公元前346年写下这番话的，也就是柏拉图死后不久，他相信这是对柏拉图为城邦问题所做努力的盖棺定论。他本人特别自豪的是，他的理念虽然同样远远超出了日常政治的视野，但在现实政治中是可用和有效的。但事实上，上述批评并未切中柏拉图的问题。在他的最优城邦和政治实现性之间存在着原则性的鸿沟，但他意识到了这点，对其做了各种强调。[②]只有奇迹才能将这种智慧同尘世的力量结合起来。诚然，在西西里的失败尝试（他是带着如此强烈的怀疑进行的）无疑让他对于在有生之年，或者有朝一日能够实现自己的理想感到绝望。但这并未改变他将其作为理想和绝对的尺度。一种错误的设想是，柏拉图可以通过某种更加迎合大众心理和宫廷灵活手段的做法，让被他奉为最高和最神圣的东西对世界（他看待这个世界就像医生在看重病之人）来说变得可以接受。他对国家的兴趣完全不在于这种意义上的政治。我们对《理想国篇》的结构和其中政治家概念的分析已经让这点变得毫无疑问。因此，叙拉古的灾难也没有击碎人生的梦想，甚或是“人生的谎言”——人们如此称呼柏拉图一生对国家的研究，以及他对哲学统治的要求。

就像我们已经看到的，柏拉图在开始写作之前就已经放弃了积极地介入政治。在《申辩篇》中，他清楚地表达了这点。在那里，他首先考虑的仍然是雅典。不过，即便当狄翁结识了柏拉图，可能试图从理论上说服
1163 他，他的理念在一个由不受限制的统治者主宰的国家更容易实现时，柏拉图对于实践可实现性问题的怀疑仍然与他在《理想国篇》中所表达的立场一样。后来，当他在弟子和朋友们（首先是狄翁）的乐观主义驱使下决定不再抗拒时，他所预见的失败也很难让他对人类集体的本质和教化的核心

① 《腓力辞》，12。
② 特别参见《理想国篇》，501a。

地位产生动摇。但他在叙拉古所经历的对他来说仍然是悲剧。这是对他教化的一次打击，尽管并非对其哲学真理的反驳，而是把他的实践教育手法用到了错误的地方，而且首先是他朋友们的过错，他们承担了驱使他进行这场实验的责任。[①]狄翁不太可能出于自私的原因把柏拉图拖进了这次冒险，尽管他对柏拉图介入叙拉古的政局有直接的兴趣。柏拉图对人的认识让他对僭主的性格做出了正确的评价，因此他不可能如此彻底地被与他亲密得多的朋友蒙蔽。

因此，一边是柏拉图建立在自己不会犯错的本能上的勇敢放弃，一边是狄翁纯粹而热情洋溢，但肤浅和轻信的理想主义，在这段故事中登场的两个人物在立场上的区别将两者清楚地分开。细心的读者可以完全确信，尽管柏拉图在《第七书简》中宣称他与狄翁的目标是相同的，即为叙拉古确立宪政统治，但他在这方面始终想要与前者划清界限，从而突出自己的不同。柏拉图从根本上否认革命是政治手段。[②]但在那段经历之后，他也不再像过去那样相信自己的理想能够通过合法的途径很快实现。基督徒会产生同感，认为柏拉图感到的光荣的失望仅仅是因为他试图在这个世界上寻找他致力于建设的精神王国。对于西西里的事件和他本人在其中的角色，错误的判断主导了舆论，他对此的纠正源于一种内在的优越感，谁 1164
都无法轻易消除其影响。这种优越感来自经过锻炼的灵魂力量，让他以宏大庄严的方式象征了那种神圣的均衡，后者在世间万物的实现中都拥有一席之地。我们不得不把这份个人文件同伊索克拉底在《论财产交换》中的自我辩护进行比较：两人最终都必定公开自己的个人意愿和命运，这无疑是那个时代一个意味深长的标志。这是对《第七书简》真实性的一个不容小视的证据，因为它用强有力的方式让我们感受到了其背后人格的强大。

---

① 柏拉图在《第七书简》350c着力强调了当狄翁推动他前往叙拉古时对他施加的道德压力。他称这是一种“强迫”（βίᾳ τινὰ τρόπον）。

② 《第七书简》，331b—d。

第19章

柏拉图的《法律篇》

作为教育者的立法者

柏拉图老年时完成并于死后发表的作品《法律篇》在古代就鲜有阐 1165
释者，读者也是寥寥无几。像普鲁塔克这样学识渊博的人对于自己属于这一小群人感到自豪，[①]而就像我们所有来自某个幸存孤本的抄本一样，这部作品在拜占庭时代的流传也命悬一线。[②]直到19世纪，人们对《法律篇》还不知道如何着手，该时期哲学史家的代表人物爱德华·策勒在一部早期作品中宣称它不是柏拉图的。[③]后来，在《古希腊哲学史》中介绍柏拉图时，他将其放进了附录。[④]也就是说，虽然他认为它是真的，但当时还无法将其加入他从其他对话中获得的柏拉图哲学的全景。不过，由于《法律篇》占据了柏拉图作品的1/5，在篇幅上遥遥领先，从这个事实中可以看到，我们至今为止在对柏拉图哲学真正重视的历史理解方面做得有多少。[⑤]人们为其描绘了一幅画面，以他们对哲学是什么的预先理解为模板。

---

① 普鲁塔克，《论亚历山大大帝的命运和德性》，328e：τοὺς...Πλάτωνος ὀλίγοι νόμους ἀναγιγνώσκομεν（很少有人知道柏拉图的《法律篇》）。

② 关于《法律篇》的流传，参见L. A. Post, *The Vatican Plato and its Relations* (Middletown 1934)。

③ Eduard Zeller, *Platonische Studien* (Tübingen 1839) S. 117.

④ *Philosophie der Griechen* Bd. II (3. Aufl.) S. 805.

⑤ 许多关于柏拉图的新著作对《法律篇》的内容做了更深入的分析，比如Wilamowitz、Shorey、A. E. Taylor、E. Barker、P. Friedländer。但如果想要正确地理解这部作品，必须从各种截然不同的视角来思考。J. Stenzel, *Plato der Erzieher* (Leipzig, 1928)没有讨论它，因为将《法律篇》排除在外的老传统仍在发挥影响。

《法律篇》中既没有逻辑学，也没有本体论。因此哲学家把它视作次要的。但对柏拉图来说，它的内容是最重要的：它对国家和法律、伦理学和文化哲学做了深刻的探讨。不过，柏拉图将这一切都置于教化的视角下。因此，在希腊教化史中，《法律篇》无论如何都是一根主要支柱。教化是柏拉图最早的，也是他最后的话题。

1166 就像《理想国篇》(柏拉图之前作品的巅峰)一样，《法律篇》全面展示了人的一生，但值得注意的是，当这位哲学家完成了那些作品后，他觉得有必要再次以其他形式创造一幅这种全景画面，在《理想国篇》的最优城邦旁放上第二座城邦。就像他在《法律篇》中所称的，这座城邦只属于神明和神子。[①]在《理想国篇》中，柏拉图完全没有提到具体的立法。他把最优城邦建立在完美教育之上，通过后者的效果，当时大部分城邦的法律都变得多余。[②]在《政治家篇》中，柏拉图同样批评了传统上希腊人对法律的重视：完美的君主理应要比最好的立法更好，因为呆板的成文法无法足够快地适应变化的形式，因此在紧急情况下不允许做出真正必要的行动。[③]当柏拉图最后一部关于国家的作品被命名为《法律篇》，并对公民生活的所有细节做了法律规定时，可以看到他的标准发生了改变。[④]这一标准同样表现为他越来越多地考虑到经验。在伦理和教育领域，上述新态度体现在对准则的纯粹认识的兴趣让位于历史和心理。[⑤]《理想国篇》的中心是理念学说和善的理念。而在《法律篇》中，它们只是在结尾部分被简单

---

① 《法律篇》，739d。在那里，《法律篇》中的城邦被称为次优的，最接近于不朽，即神圣和完美的，但并未完全达到。除此之外，柏拉图还想到了第三种城邦(739e)，如果神明愿意，他会在稍后介绍。但这种城邦没有被描绘。从他所说的话中可以看出，对柏拉图来说，《法律篇》与《理想国篇》的共存并不意味着他放弃了之前的城邦理想。相反，这种理想即便对《法律篇》来说也是绝对有效的，至少在基本思想上：最优城邦是最能保持一致的。在当时低下的教化水平允许的情况下，《法律篇》中的城邦试图尽可能地接近这个目标。参见740a。因此，这两部城邦作品的区别不在于它们的哲学理想，而在于它们所预设的高层次教化的不同。

② 《理想国篇》，425a—c。

③ 《政治家篇》，294a—297c。

④ 改变的不是绝对目标，而是实现这一目标所依据的尺度。参见本页注释①。法律适用于《法律篇》所预设的教化的低级层次(《法律篇》740a)，而不是在《理想国篇》中所预设的层次。

⑤ 有人可能会反对说，这里完全无关柏拉图的新态度，而仅仅是观点发生了改变。但柏拉图对这种他之前不那么看重的观点变得非常感兴趣，这个事实显示他的哲学态度有了真正的转变。

提到，作为统治者教育的内容提出，[1]但打造这种最高教育的问题——在《理想国篇》中吸引了真正的注意，占据着最大的篇幅——在《法律篇》中让位于对更大群体进行教育的问题，其中包含了基础教育。作为柏拉图的秘书和艾克曼（Eckermann）[2]，奥普斯的菲利布斯——他在老师死后将其未完成的蜡版手稿编成了《法律篇》，分为十二卷——感受到了由于统治者教育的缺失而造成的漏洞，试图填补它，于是进一步界定了统治者所必需的特别智慧的性质。他在这部作品的最后，即今天我们所称的《厄庇 1167
诺米斯篇》和《法律篇》附录的论文中写下了这一思想。[3]考虑到作为最了解柏拉图遗稿和最终计划的人，菲利布斯无疑受委托承担了这项任务，我们很难说那是伪作。这更应该被视作是对柏拉图学园成员坚信未完成的作品所做的补充。

在这里，我们无法事无巨细地分析像《法律篇》这样篇幅浩大的作品。即便只是描绘其粗略的轮廓（就像我们对《理想国篇》所做的）也很困难，因为《法律篇》的结构及其整体性是个最大的难题，而这部作品的独特魅力在于其原创的方式，即老年柏拉图如何用全新的方式处理一系列重要的个别问题。同样困难的还有从大体上说出《法律篇》与《理想国篇》的关系，尽管常常有人试图这样做。有人可能会表示，以辩证法为尺度，《理想国篇》代表了理念和以真理为基础的存在的阶段，而《法律篇》代表了纯粹意见的阶段。除了上面提到的，柏拉图没有给出这个谜题的任

① 《法律篇》965b只是简单地要求未来的统治者接受“更精确的教育”（ἀκριβεστέρα παιδεία），而965c明确无误地指出那就是从多重表象中发现理念的辩证法。

② 歌德的助手，著有《歌德谈话录》。——译注

③ 参见第欧根尼·拉尔修，3. 37，《苏达辞书》φιλόσοφος词条下。与菲利布斯撰写《厄庇诺米斯篇》的传统不可分割的故事是，他从柏拉图遗留下的蜡版上挖掘出了《法律篇》，将其编辑成十二卷的大作。不过，这种说法无疑可以追溯到非常古老的来源（很可能是老学园）。《厄庇诺米斯篇》的风格完全证实了这一故事所声称的。A. E. Taylor, *Plato and the Authorship of the Epinomis* (Proceed. Brit. Acad. vol. XV)和H. Raeder, Platons Epinomis (Danske Videnskab. Selskab. Hist-phil. Medd. 26, 1)再次为这部作品的真实性辩护，因为他们想要把其中的数学内容归于柏拉图，但作为学园中博学的数学家和天文学家，奥普斯的菲利布斯是其作者的可能性要大得多。参见F. Müller, Stilistische Untersuchung der, Epinomis ‘(Berlin 1927), *Gnomon* Bd. 16 (1940) 289和W. Theiler, *Gnomon* Bd. 7 (1931) 337以及B. Einarson, *American Journal of Philology* Bd. 61 (1940)。我本人对《厄庇诺米斯篇》的研究尚未付梓（1913年获得柏林科学院嘉奖）。

何答案。[1]从哲学史上来看,《法律篇》有许多方面在方法上更接近亚里士多德。老年柏拉图让自己的原则进入范围越来越大的材料，而不是像早年那样尽可能地让理念表象的鸿沟变得不可逾越。《法律篇》中关于教育的讨论占据了很大的篇幅。前两卷和第七卷都完全用于研究该问题。不过，这并非《法律篇》对教化的全部意义。在柏拉图看来，整部作品是为了建立一个强有力的教育体系。原则上，它与教化问题的关系在第九卷的一个段落中得到了最清楚的表达，而这个段落是在重复第四卷中出现过的一个主题，并对其做了改动。[2]该主题将坏的立法者比作奴隶的医
1168 生，他们忙着为一个接一个的病人诊治，既不给出病因，也不进行完全的诊断，而是匆忙和专断地开出处方，习惯于依据和使用他人流传下来的方法或者自己的经验。与他们相比，为自由公民看病的医生就像哲学家。他们像对待学生一样同病人交谈，引导他们有意识地认识到现象的原因。奴隶医生不懂这种费事的教学方法，他们会对倾听病人的同行说：你不是在给病人诊治，而是在教育他，仿佛你想把他培养成医生，而不是看到他健康。[3]

当时所有的立法者都与奴隶医生在同一层面上。他们不是真正的医生，因为他们并非教育者。而这正是柏拉图在《法律篇》中追求的目标：他希望成为最高意义上的立法者，这意味着他希望成为公民的教育者。对待自身任务的这种方式与通常的立法者的区别在于，前者轻视通常的法律条文，它们仅仅对具体的行为规定了具体的惩罚尺度。在这种做法中，立法者的工作开始得太晚了；因为它们最重要的工作并非制裁已经发生的不义，而是避免不义的发生。在这点上，柏拉图借鉴了医术的例子以及当时它日益流行的趋势，即不把病人，而是把健康作为真正的关心对象。与之相应，养生医学获得了很高的，甚至是首屈一指的重要性。这是让人们保持健康的方法，为他们规定了正确的生活方式。因为希腊医学中所理解的“养生学”（Diatia）不仅是今天意义上的“食疗”（Diät），而且是每个健

① 参见本书第982页，注释①。
②《法律篇》，720a起，957d—e。
③ 参见《法律篇》，857d：οὐκ ἰατρεύεις τὸν νοσοῦντα, ἀλλὰ σχεδὸν παιδεύεις。

康之人的普遍生活方式。我们在前文提到过，在希腊医生对养生学日益强烈的兴趣中可以感受到教育思想对医学的影响。一边是对身体和灵魂的呵护，一边是医学和政治活动，柏拉图在《高尔吉亚篇》中已经将两者做了对比，而他在《法律篇》中的目标就是从中得出结论，成功地将教育思想 1169
引入立法领域。在《理想国篇》中，他致力于通过完善教育让所有的立法变得多余，[①]而在《法律篇》中，他的根本假设是法律通常对国家生活不可或缺。现在，他试图让立法本身服从于教育原则，成为其工具，就像他在《理想国篇》中完全把国家变成了教育机构。

《法律篇》的前言描述了实现这一目标的手段，他用了特别大的力气对其做了界定，并拟定了细节。在第四卷的主旨段落中，他区分了立法者的说服式陈述和命令式陈述。[②]说服部分被写在《法律篇》的序言中，他认为这部分内容的任务是确立和解释正确行为的形式。[③]这个部分必须非常详细，不仅要供法官，也要供全体公民使用。智术师普洛塔哥拉在柏拉图以其命名的对话中已经表达了这种思想，即当学校里的年轻一代长大和走进生活时，他们的教育将开始一个新的阶段；现在，他们在实践生活中的一切所作所为都将以国家的法律作为导师。[④]因此，法律成了一切培养成年人公民美德之教育的真正承载者。普洛塔哥拉这番话想要表达的并非新东西，他仅仅描绘了所有希腊城邦的现实状况。柏拉图把这个事实作为既定的出发点，但他想要通过自己对立法风格的改革让人们意识到法律作为教育者的意义。他出色地——他从一开始就把教育者视作自己的工作——把自己的哲学变成了一切积极教育力量的焦点，而就像他之前把苏格拉底的辩证法、厄洛斯、会饮和城邦都纳入了这一精神建筑，他在人生的最后又以立法者的角色出现在我们面前，成为包括吕库格斯和梭伦在内的那一系列了不起的历史人物中最后的一个，并以庄严古老、专为这一

① 参见本书第982页，注释②。

② 《法律篇》，718b。

③ 比较柏拉图在《法律篇》第四卷结尾部分（718d起）所做的全部相当详细的描绘，特别是719e起将立法者比作医生；关于一般性的序言概念，见722d起；一切法律都要包含序言，见722b。

④ 《普洛塔哥拉篇》，326c。

1170 目标而打造的语言宣示了他的法令。[①]在希腊人的思想中，立法一直在真正的意义上是某一神圣个人的卓越智慧的产物。因此，作为柏拉图《理想国篇》中最高的哲学“美德”，“智慧”最终将在法律的设立中现身，在那里找到她在人类集体生活中的创造性地位（最初，她似乎让拥有她的人远离那个集体）。哲学家成了立法者。他在所有方面都与古代那些希腊立法的伟大代表一样；唯一的区别在于，他有把他们的工作中包含的潜在内容变成了有意识塑造的基本原则，即立法者是教育者的原型这一思想。他在《会饮篇》中就已经以这种形象出现了，柏拉图在那里将被这样看待的立法者与诗人并列，就像其他希腊作家所做的那样。因为柏拉图的哲学活动自始至终都是教育工作，而且他在最深刻的意义上理解了这一概念，所以他最后注定要成为立法者。

法律的精神和真正的教育

正如《理想国篇》以正义性的普遍问题开篇，柏拉图在《法律篇》中从法律的精神出发，这种精神在现实国家中贯穿了一切细节。孟德斯鸠的名作《论法的精神》的源头便是柏拉图的“法律的精神”概念，这部作品对现代国家生活的发展产生了如此不容忽视的影响。柏拉图选择了某种一直吸引着他注意力的具体的城邦生活来形象地展现其国家精神的概念，那就是多利斯人的国家。他让这一希腊族群的两个代表——一位斯巴达人和一位克里特人——作为发言者出现在他的对话中。这是个好主意，不仅因为那是个很好的例子，展现了某种强有力的政治特点对立法的物质细节的影响，而且因为他由此同时对最好的城邦精神的问题展开了讨论。
1171 因为对柏拉图时代的大多数哲学理论来说，斯巴达和克里特被视作拥有最

① 对于理解这种庄严、节奏缓慢、时常拐弯抹角的风格，柏拉图本人给出了大量指点。他最反感的是自信的无知者（ἀμαθαίνοντες），表现为心智敏捷（τάχος τῆς ψυχῆς）：也就是知识分子（另参见《理想国篇》500b）。柏拉图在《法律篇》中已经通过他的语言显示出自己与这种教育的不同。

佳政制的希腊城邦。[①]不过，除了那两个典型的多利斯人（他们在精神方面就像是双胞胎），柏拉图安排一位“雅典来的异邦人”作为第三个主要的谈话者，尽管两位多利斯人非常反感普通的雅典人，但还是心甘情愿地承认此人拥有神秘而绝对的优势。因为麦吉洛斯（Megillos）宣称，一旦有例外的好雅典人，那么他坚信此人多半可能是真正地出类拔萃。[②]柏拉图通过虚构让这位斯巴达人的话在客观程度方面变得可信，表示麦吉洛斯是其母邦的异邦人保护者（Proxenos），因此很早就带着同情思考过这个问题。[③]他是个雅典化的斯巴达人，就像那个异邦人是亲斯巴达的雅典人。这一人物选择具有象征意义。在具体的形式上，《法律篇》和其他任何一部作品一样展现了柏拉图从一开始就有的追求，即将多利斯人和雅典人的天性提升为更高的整体。可以把这同后来人文主义者的尝试进行比较，他们想要把希腊和罗马的精神融合为对立的统一。柏拉图在《法律篇》中的这种结合体现了同样的历史哲学精神，试图从既定现实和个体出发，达到完善和绝对。因此，这部作品注定将引起所有人文主义者的兴趣，即便撇开其中所讨论的最优教育的问题。这两个族群用片面但与生俱来的方式象征着希腊民族的根本力量。柏拉图试图通过暗示它们同出一源来阻止两者依靠武力来寻求霸权和相互毁灭的图谋。他认为，可能发生的最糟的结果是各个希腊族群被混为一体。[④]他认为那就像希腊人和蛮族被混为一体那样糟糕。

这位雅典的异邦人在克里特短暂停留，在谈话中被两位多利斯人发 1172
言者引向最优法律的问题——由于即将建立一个殖民地，这个问题对他们来说真正具有现实意义。新建立的克里特城邦将拥有形势所允许的尽可能最优的法律。因此，他们自然而然地从国家和人之德性的本质出发，而且鉴于身处的环境是多利斯人的，两人首先谈到多利斯的国家观念和伦理。这一对话的出发点无疑会特别受到《理想国篇》读者的欢迎，因为在

① 关于这点，见柏拉图，《理想国篇》，544c2。另见亚里士多德的《劝勉篇》（*Arist. dialog, fragm.* S. 54 Walzer）；关于扬布里科斯的引文是出自亚里士多德之手，参见拙作 *Aristoteles* S. 77。

② 《法律篇》，642c。

③ 《法律篇》，642b。

④ 参见《法律篇》，692e—693a。

那部作品中已经可以如此清晰地感受到斯巴达的色彩，人们希望看到柏拉图对“斯巴达”这一理念公开表达立场。尽管如此，在《理想国篇》中，在最优城邦的建设中几乎没有触及真实的斯巴达，因为在那里，柏拉图完全是在理念世界中活动。但在一系列堕落的政治体制中，斯巴达的荣誉统治（Timokratie）是实践现实中最接近那个理想的政制形式，[①]而柏拉图的国家形象的许多特征直接借鉴自模板斯巴达，或者被证明是斯巴达的制度，被哲学家改造成更崇高和更加精神化的形式。在这一过程中，从斯巴达到柏拉图的国家理念的距离很容易显得相应减小了。柏拉图《理想国篇》中的理想化斯巴达发出的一道荣光反射回了其在尘世的模板之上。

这幅图景在《法律篇》中发生了改变；因为尽管柏拉图对多利斯的国家观念和传统所说的一切都充满了真正的敬畏，但他在这里的立场仍然是明确和根本对立的。当他从哲学角度对具体和现实的斯巴达的整个精神展开讨论时，情况无疑必定如此。永远不能说柏拉图支持的是片面的斯巴达文化；在这点上，《法律篇》构成了对《理想国篇》的最佳评注。诚然，没有人能比柏拉图更加确信多利斯文化对于确立希腊的伦理与政治文化以
1173 及人性所做贡献的价值。但当他开始考虑个别的历史现象本身时，它们就仅仅成了他整个哲学的价值秩序中的一个阶段，必须用某种更高的原则来衡量它们的有限正当性。与历史现象和绝对准则的简单对立不同——就像我们在柏拉图的《理想国篇》中所看到的——《法律篇》中出现了建立在更多个此类阶段中构建起来的真正的人类完美状况的图景，它的各个阶段对应着特定的历史现象，按照从低级到高级的辩证式进步关系排列在一起。因此，我们在《法律篇》中看到了某种历史哲学的元素，无论就现代历史意识对个别现象之个体理解的精细化要求而言，柏拉图式对立的模式显得多么不足。无论如何，在该模式中可以清楚地看到历史具体对象的倾向，这种倾向与规范式立场融合成更高的整体。这是柏拉图在《法律篇》中采用的思考方式的结果，他把精神在文学和诗歌中的历史表现视作人的德性的代表，试图在教化的整个世界中确定它的相对价值。[②]

① 《理想国篇》544c，参见545b6。

② 本书的作者几乎无须赘言，他认为柏拉图在《法律篇》中的这种做法堪为所有时代的模板。

对于柏拉图时代的希腊教化史，堤耳泰俄斯的诗歌是斯巴达精神的代表。无论对于斯巴达人自身，还是对其他希腊人，它们都是对这种精神的标准表达，前者从少年时代起就学会背诵这些诗，被其“充斥”，[1]后者认为它们代表了斯巴达德性的特质。[2]几个世纪来都是这样，甚至在后来也会一直如此，只要斯巴达元素在整个希腊文化中仍有一席之地——一首在碑铭中重新发现的希腊化时代的诗歌最好地展现了这点。它被刻在一位为祖国牺牲的教育者和老师的墓碑上，表示他用行动守护了堤耳泰俄斯的诗中写下的教化。[3]柏拉图同样完全把这位多利斯诗人的作品视作人类德性的证明和法则。不过，虽然他自称赞同接受斯巴达的法规——它 1174
把为祖国的辩护变成了每位公民的最高责任——但他在《法律篇》中思考的是某种更宏大和更基本的东西：建立在堤耳泰俄斯关于勇气的劝诫之上的人类德性和完美性的终极尺度。[4]在《法律篇》的前两卷中，柏拉图以对堤耳泰俄斯的解读为基础展开了他对斯巴达的城邦精神和德性思想的全部讨论，然后由此确立了他对斯巴达和克里特制度的实践立场。换句话说：这位诗人是人类生活的最高立法者，致力于将人类德性的原始理念（Uridee）注入每位公民生活的立法者必须从他那里寻找这种理念。从历史实体中直接产生出教育理想是柏拉图立场的人文特色。诗人一直以有效价值的经典代表出现。但他们也因此和某种最高的尺度联系起来，而对这种尺度的辩证检验是哲学对教化建设的贡献。

对于多利斯人所理解的人类德性，堤耳泰俄斯的诗歌和像克里特共同体这样的斯巴达制度的看法可以用一句话概括，即战斗是生命的本质。共同生活的一切形式和主导它的一切道德观都迎合了这一目标。[5]对斯巴

① 《理想国篇》，629b。

② 从柏拉图在《法律篇》中毫不迟疑地评价堤耳泰俄斯是斯巴达德性理念的代表可以证明这点（629a，另参见660e，他改写了堤耳泰俄斯关于真正德性的诗句）。

③ 关于堤耳泰俄斯在后世希腊人的思想和诗歌中活跃的持续影响，参见我在我的论文 *Tyrtaios über die wahre Arete* (*Ber. Berl. Akad.* 1932) S. 559-568所归纳的一长串证据。证据中现在还可以加上一首新近从碑铭中发现，已经录成文字的诗歌，发表于G. Klaffenbach为他的埃托利亚和阿卡纳尼亚之行所写的报告（*Ber. Berl. Akad.* 1935）第719页。它把影响链一直延伸到公元前3世纪。堤耳泰俄斯在诗中被明确称为是某种切实“教化”理想的代表。

④ 参见本书第一卷，第103页。

⑤ 《法律篇》，625d—626a。

达的哲学讨论首先需要理解斯巴达生活所有细节中的这一普遍特征，有意识地看到它。诗人的见证只是证明了这点，同时还揭示了这种理想的片面性。在人们把胜利视作存在的唯一意义的地方，勇气必然就会成为唯一的德性。[1]我们已经探究了从堤耳泰俄斯向世人宣示斯巴达男性理想的特权那天起，围绕着对德性的接受如何成为希腊诗歌最重要的主题之一。柏拉图重拾这一哲学问题，在堤耳泰俄斯和忒奥格尼斯的古老争论中站在后者
1175 一边——前者颂扬勇气，后者则宣称正义包含了一切德性。[2]法治城邦的建立是超越古老的多利斯理想的决定性一步。人们必须学会区分正义和不正义战斗中的勇气，认识到相比于仅仅只有勇气本身，与正义、节制和敬畏神明等其他德性相结合的勇气要更好。[3]因此，必须通过忒奥格尼斯对堤耳泰俄斯进行修正。我们的立法者必须把全部德性（πᾶσα ἀρετή）作为目标。[4]不过，我们从多利斯立法者那里学到的一点是，必须从某种特定的人类理想和德性概念出发。在这点上，他们无疑是一切未来立法的真正模板。[5]健康、力量、美和财富这些人类的善要服从于四种灵魂的德性，[6]柏拉图在这里把它们称为神性的善。[7]如果神性的善得到维护，也会自发产生人类的善。而如果只着眼于后者，人们就会同时失去两者。[8]就像忒奥格尼斯在谈到正义时所说的，更高的善或德性总是包含较低的。[9]不过，作为精神的德性，理智（Phronesis）才是包含一切的真正统一体，无论是神性的还是人类的。[10]

为了说明立法如何能够培养某种特定的德性，柏拉图描绘了在斯巴达和克里特，人们如何通过男子共同就餐的体制（Syssitien），通过军事

① 斯巴达人认为，在战争中胜过其他所有国家是治理有序的国家的本质标志和标准（ὅρος）。参见《法律篇》626b—c。

② 堤耳泰俄斯：《法律篇》，629a（参见本书第一卷，第97—98页）；忒奥格尼斯：《法律篇》，630a—c（参见本书第一卷，第114页和第213—214页）。

③ 《法律篇》，630b；参见本书第一卷，第107页起，关于法治城邦及在人之德性的历史中的意义。

④ 《法律篇》，630e。

⑤ 《法律篇》，631a。

⑥ 《法律篇》，631b。

⑦ 《法律篇》，631c。

⑧ 《法律篇》，631b。

⑨ 参见忒奥格尼斯，147。

⑩ 《法律篇》，631c6，632c4。

身体训练的制度，以及通过打猎和各种锻炼来培养勇气。[①]不过，斯巴达人的勇气理想所奉行的只是在恐惧或痛苦面前不为所动，而不是抵抗情欲的诱惑。[②]这种缺陷造成的结果是无力地顺从于情欲。事实上，在多利斯人的制度中完全没有系统培养节制和自制的相应制度。[③]因为在这方面，共同就餐和训练规章的效果非常可疑。[④]雅典人攻击多利斯人的恋童有违天性，是正常性生活的堕落，并谴责了斯巴达女人的性放纵。[⑤]在他看来，斯巴达人对会饮和喝酒的偏见并非培养理智的真正手段，而是在逃避自身 1176
的无纪律性。事实上，与生活中其他许多所谓的善一样，喝酒本身既不好也不坏。[⑥]柏拉图要求在宴会上实行严格的纪律，安排一名好的主持人担任管理者，将混乱和狂热的元素约束在正确的秩序之下。[⑦]

“井然有序的会饮”对个人或城邦有什么用处？[⑧]斯巴达的法律不明白这样做的用处，因为它在这方面没有任何经验。[⑨]柏拉图把反对饮酒的问题变成了一大段专门探究的对象，贯穿了《法律篇》的前两卷。对他来说，这不仅是对斯巴达法律的批评，也提出了他自己对教化的看法，特别是关于对本能生活的教育。他在语言学上对一个具体细节问题（柏拉图由此推广到普遍的认知）的重视是这种老年时期风格的典型例子。会饮的价值与任何教化的价值一样，比如歌队的培养。[⑩]个体的培养对全体来说并没有不可或缺的价值，但对全体受教育者的教育[⑪]对城邦来说至关重要；因为这种教育会把他们变成真正能干的人，他们能够正确地做

---

① 《法律篇》，633a起。

② 《法律篇》，633c—d，634a—c。

③ 《法律篇》，635b—d。

④ 《法律篇》，636a—b。

⑤ 反对恋童见《法律篇》636c，反对斯巴达女人放纵见637c。

⑥ 《法律篇》，638d—639a。

⑦ 《法律篇》，639a—640d。柏拉图《法律篇》中对会饮价值的详细探究的背后是柏拉图学园中的会饮礼仪。

⑧ 《法律篇》，641b：συμποσίου δὲ ὀρθῶς παιδαγωγηθέντος τί μέγα ἰδιώταις ἢ τῇ πόλει γίγνοιτ' ἄν。

⑨ 《法律篇》，639e5。

⑩ 《法律篇》，641b3，χοροῦ παιδαγωγηθέντος。对整个歌队的作用被拿来和歌队个别成员的做了比较。选择这种比较遵循了《法律篇》639d将会饮定义为一种人的共同体（τῶν πολλῶν κοινωνιῶν μία）的说法。与那个10年的许多作家一样，歌队在柏拉图的作品中作为教育和纪律的原始形象出现。参见色诺芬，《回忆苏格拉底》，3. 5. 18；德摩斯梯尼，《反腓力第一辞》，35。

⑪ 《法律篇》，641b6：παιδείαν τῶν παιδευθέντων。

一切事，有能力战胜敌人，这是斯巴达人对德性的最高尺度。[①]因为教化（παιδεία）能带来胜利，而胜利并不总是带来教化，结果甚至常常是无教化（ἀπαιδευσία）。[②]让人变得更加狂妄的胜利是卡德摩斯式的胜利。但从来没有卡德摩斯式的教化。[③]想要证明会饮的教育力量，需要将其完全纳入教化的框架内，将其与音乐教育联系起来。[④]因此，柏拉图不得不界定教化的本质和作用，并补充说："我们的讨论必须经由它，直至涉及神明。"[⑤]教育哲学同最高本质的这种联系让我们想起了在柏拉图的《理想国篇》中，善的理念被作为教化的基础。[⑥]

1177　不过，《理想国篇》中强调的都是教化的最高层次，柏拉图致力于尽可能地将这个概念同"孩子"（Pais）分开。相反，他在《法律篇》中则从儿童幼年出发。[⑦]他越来越专注于让教化中有意识和理性的层面——似乎可以视作其中真正的哲学元素——植根于心理生活中前理性和无意识的，或者半意识的层面。其实，就像我们已经指出的，在《理想国篇》中就已经有了对这种关系的认知。值得注意的是，柏拉图在《法律篇》中如此念念不忘地专注于心理上的"如何"。现在，正确的培养被认为是教化的主要内容。[⑧]就像在游戏中那样，它需要在孩子的心灵中唤醒他们以后将会实现的渴望。我们在《理想国篇》中也已经看到过作为柏拉图特色的"养育"的想法。他在那里清楚地表示，在任何领域，完美德性的约束性的实现都是通过像人或生命体的成长那样的方式，通过一切伦理和生物完美性中的植物属性，柏拉图无疑把这一点用于对青少年本能生活发展的探究中，提出了快乐和痛苦（对其的反应在儿童时期特别强烈）如何被用来

---

① 《法律篇》，641c1。

② 《法律篇》，641c2：παιδεία μὲν οὖν φέρει καὶ νίκην, νίκη δ' ἐνίοτε ἀπαιδευσίαν。

③ 《法律篇》，641c5。

④ 《法律篇》，641c8。对于会饮的本质被视作一种教化的观点，《法律篇》中的斯巴达人表达了自己的惊讶；因为在斯巴达虽然有教化，但没有酒会。关于会饮同音乐教育（μουσικὴ παιδεία）的联系，见《法律篇》，642a。

⑤ 《法律篇》，643a。

⑥ 《法律篇》同样甚至更明确地表示，教化体系的结构以柏拉图新的精神创造为制高点，即神学。整个《法律篇》第十卷都以神学为主题。

⑦ 《法律篇》，643b5。

⑧ 《法律篇》，643c8：κεφάλαιον δὴ παιδείας λέγομεν τὴν ὀρθὴν τροφήν（正确的培养是教化的首要部分）。这个阶段被描绘成教化的"首要部分"。在第二卷653b—c，它也作为真正的教化出现。

为教育服务。

现在，就像柏拉图所宣称的，教化被一再用来称呼各种活动中的培养，我们可以说商贩、水手或其他类似行当中的从事者有教化或没有教化。[①]但当我们从自己的立场——即作为教育者的立场，希望在城邦中创造某种影响一切的风气、某种普遍的精神——出发看待教化，那么我们必须更应该把教化理解为从孩提时就开始的德性教育，它唤醒了人们对成为完美公民的渴望，让他们学会按照法律下令和服从。[②]其他所有的培养都仅仅关乎专门的活动，我们必须严格拒绝对其使用教化这个名字。它们是庸俗的，致力于赚钱，或是缺乏主导的精神原则和正确目标的某种具 1178
体能力或知识，或者是纯粹的手段和工具。[③]不过，柏拉图不愿与他人就“教化”一词展开争论；他关心的仅仅是，对其本质的正确理解要被当作一切立法活动的基础。因为他坚信，受过正确教育的人将普遍成为卓越的人。真正的教育永远不应被轻视，因为对于人群中最出色的那些而言，它是一切理想价值中最高的（πρῶτον τῶν καλλίστων）。一旦失去了它，还有可能恢复，但必须要每个人终生全力以赴地去实现。[④]

这番话描绘了柏拉图本人及其一生工作的特点。他在这里清楚地谈及他如何看待自己所处的状况。真正的教化一直是培养人们获得“全部德性”，现在它瓦解成了纯粹的专门能力，没有主导的目标。[⑤]柏拉图的哲学想要为人们的生活找回这个目标，从而让支离破碎的存在的全部个体领域重新获得意义和整体性。他无疑感觉到，虽然他的时代包含了丰富得惊

---

① 《法律篇》，643d7—e2。

② 《法律篇》，643e3。柏拉图在《法律篇》的其他更多的地方也试图从概念上界定教化的本质，比如655b，654b，659d。引人注目的是，他在这些地方给出的教化的定义更多针对人的社会任务，而不是像伊索克拉底在《泛雅典娜节演说》中所提出的大段书面定义。伊索克拉底首先致力于描绘受教育者内心的本质形式和他们个性的和谐，就像与当时的理想相对应的。柏拉图把人纳入城邦，将他们的教育的全部价值归结于他们与他人合作的能力。

③ 《法律篇》，644a1—5。

④ 《法律篇》，644a6—b4。

⑤ 他把真正的教化（他将其与纯粹的职业教育对立起来）称为 ἡ πρὸς ἀρετὴν παιδεία，即追求人之完善的教育。这里的“德性”应该被理解为柏拉图在早期的对话中常常提到的“整体德性”，他在《法律篇》630d将其作为自己的理想，同斯巴达人纯粹的战场勇武对立起来。630e表示，那是衡量一切立法的唯一真正的尺度。在柏拉图的四种公民美德中，勇敢只排在第四，参见《法律篇》，630c8。

人的专门能力和知识，但这事实上预示着文化的“衰退”。一边是他所追求的真正的人类教化，一边是纯粹的专门和职业教育，他通过两者的对立解释了他所理解的“恢复”教化。①为他的时代重新赢得这种“全部德性”（即人和他生命的全部）是一切任务中最难的，哲学精神能够实现的其他任何专门的认知成就都无法与它相比。从《理想国篇》中可以最清楚地看到柏拉图是如何想出解决办法的；因为这种办法的基础是善的理念（一切价值的原始原则）作为主导被放在宇宙的中心。对教育的决定性认识是把这一宇宙图景作为出发点。它必须环绕着善的理念，将其作为自己的太阳。我们在《法律篇》的这一段落中也看到，真正的教化与神性之物联系起来，就像柏拉图在这里亲自表达的。②

1179 作为这部作品和《理想国篇》之后所有作品的特点，它们中都有很多地方谈到了神性之物或者神明，也就是说柏拉图后来可能不再像当初那样羞于如此描述他的原则，或者可能这种毫无顾虑的用法表述认知的另一个层面，更接近于意见（Doxa）。但和《法律篇》中随处可见的一样，柏拉图在这里同样对这一最高原则在人的灵魂中发挥作用的心理关联深感兴趣。他通过木偶剧的比喻（Eikón）形象地展现了这点：人就像木偶一样在生命的舞台上表演。③无论我们只是神明的玩具，还是为严肃的目的而被创造的——因为我们无法知晓这点——我们都可以清楚地看到，我们灵魂的本能和想象是把我们牵引到不同方向的带子。④当对快乐和痛苦的期待以勇敢和恐惧感的形式影响我们的本能生活时，能够做出评价的思

① ἐπανορθοῦσθαι，《法律篇》644b3。England在他为柏拉图《法律篇》做的注疏中将这里用于形容教化或文化的ἐξέρχεται一词解释为“越界”，最新一版的《里德尔-斯科特词典》同样如此。那是这个词平时很少使用的义项。事实上，它无疑表示文化已经“行将结束”，就像我们说议员或职务任期，或者一年或一个月，或者持续了一段时间的病“行将结束”，快要停止。它的前提是这样的观点，即文化周期也有生命，因此会有教化的衰败，这很好地符合柏拉图对历史周期性和文化发展重新开始（《法律篇》第三卷）的整体理解。这种意识只会出现在剧烈变化的时期，就像柏拉图所生活的。文化的衰亡问题从一开始就充满了他的整个思想。他常常提及并以其为出发点的国家衰亡是该问题的一部分。

② 关于直至达到目标的教化之路，参见《法律篇》643a5—7。

③ 《法律篇》，644c起。

④ 《法律篇》，644d7—e3。人是神明玩具（παίγνιον）的想法也出现在第七卷803c，牵线木偶的比喻同样如此；参见804b3。两者与柏拉图在《法律篇》中所提出的教化观念密切相关，因此对他来说是至关重要的。

考（λογισμός）就会告诉我们，这些冲动中哪些更好，哪些不好。当这些思考成为城邦的共同决定时，我们就称之为法律。[1]灵魂应该服从于逻各斯牵引它的柔软金带，而不是本能的坚硬铁丝。这种思考越是温和而轻柔地牵引我们的灵魂，它就能越好地从灵魂内部催生出合作。[2]就像我们看到的，逻各斯的这一牵引带不是别的，而正是法律在城邦中所命令的。神明或是某个能认清神明的人把逻各斯带给了城邦，城邦将其上升为法律，用于约束它自身或对其他城邦的行为。[3]我们把灵魂对逻各斯的顺从称为自制。由此也揭示了教化的本质。教化是让由神明之手牵引的逻各斯之带（Bande des Logos）来引导人的生活。[4]在这点上，可以看到《法律篇》同《理想国篇》的一个根本区别。在《理想国篇》中，善的理念被理解成统治者和哲学家自身灵魂中的榜样。[5]《法律篇》则致力于变得更加具体。它预设了存在一种人，他们希望知道究竟要“怎么样”和“是什么”。他们要求行为的全部细节都要有法律。这时问题就出现了：神圣的逻各斯如何 1180
来到人世间，化身为政治制度？虽然柏拉图似乎考虑了全体达成的某种一致，[6]但对他来说最关键的是，某个了解神性之物的个体能成为城邦的立法者。在这点上，他们接近于启示。[7]

由此可以看到，柏拉图所说的会饮礼仪的教育作用意味着什么（他

---

① 《法律篇》，645a。

② 《法律篇》，645a4—7。

③ 《法律篇》，645b。柏拉图在这里清楚地表达了作为立法者的自我意识。终极的立法者是神明本身；人类立法者说的是他对神明的认知。他的法律的权威来自神明。这是古希腊城邦确立法律的基础。柏拉图恢复了这一结构，但他的神明观念是新的，其精神贯穿了他的整部《法律篇》。

④ 《法律篇》，645b8—c3。柏拉图没有从他的前提详细推导出这个结论，而只是说，现在读者可以清楚地看到，美德和恶行是什么，教化是什么。

⑤ 《理想国篇》，540a9，参见484c8。

⑥ 参见《法律篇》，645b7：πόλιν δὲ...λόγον παραλαβοῦσαν, νόμον θεμένην（城邦……获得了逻各斯，将其立为法律）。他在《政治家篇》293表示，统治者对何为绝对最好的统治形式（他考虑的是君主制或贵族制）达成一致并非至关重要。而在《法律篇》中，他预设了这种一致的不可或缺，因为它存在于任何受法律约束的统治中。

⑦ 当然，一个区别在于，他们用来获得对神明认知的不是别的，而正是他们的理智（νοῦς, φρόνησις）；参见631c6，632c，645a—b。他们的认知并非来自“出神”（Ekstase），柏拉图在其他作品中用于描述哲学家精神状况的“灵感”和“入迷”等宗教概念，被他们重新解读成作为辩证法道路最终目标的精神观看。但对那些把哲人统治者的认知当作法律，而本人又不是哲学家的人来说，这种解释与神明启示几乎没有区别。

谴责了斯巴达制度在这方面的缺失)。[①]从最深处的本质来看，他的教化理想就是自制，而非他者通过外在的力量的控制，就像斯巴达人的那样。[②]作为教育者，他在寻找一种对他最为看重的特质的检验方法，对他来说，酒精造成的迷醉就是这样的检验。酒精会让快感变得更强烈，削弱精神力量。仿佛回到了儿童的状况。[③]这一时刻成了对羞耻和胆怯在无意识下发挥作用的约束因素的考验。就像我们只有让人接触到令其产生恐惧的印象才能培养他们的无畏，灵魂也必须经受情欲的来访才能不为其所动。[④]对于这一考验所针对的情欲类型，柏拉图没有展开决疑论式的说明。他只是对其做了暗示。[⑤]相反，他尽可能深入地强调了教化同“儿童”(Pais)的关系。[⑥]在《理想国篇》中，他是自上而下，从最高精神培养的树冠开始描绘其发展的，而在《法律篇》中则是从根部向上，即从本能生活被逻各斯的驯服开始。在儿童幼年时期，教育几乎完全与快乐和痛苦的情感，以及对它们的培养有关。它们是教育的真正材料。可以说，教化成了“儿童教育”(Pädagogik)。[⑦]

无须赘言，上述用法并不排除之前那种崇高的教化理念，无意排斥它。这是柏拉图的教化哲学之树新长出的充满希望的枝干，直接贴着主干从根部萌发。现在，柏拉图越来越多地看到，一切后来的教育都取决于对
1181 童年期精神的这种最早的处理。对于把苏格拉底将德性等同于知识的观点

① 柏拉图把得出的观点直接用于在酒会上醉酒(μέθη)的教育意义这个问题，《法律篇》645c3和d。于是，它回到了对雅典人提出的问题的讨论，即斯巴达人建立了什么制度来培养“自制”(Sophrosyne)的美德(635d)，就像他们在教育和勇气上众所周知的制度那样。参见637a起和638c—e。

② 因此，斯巴达为自制教育做了什么的问题(《法律篇》635e)针对的是柏拉图对教化不同于斯巴达人的理解，必然会得出对教化本质的一般性思考(643a—644b)。现在，斯巴达人的教育对醉酒持什么态度这个具体问题被用来通过实际的例子从心理上展示柏拉图的教化概念。

③ 《法律篇》，645d—e。

④ 关于迷醉作为精神疗法，见《法律篇》646c—d，关于通过迷醉而人为地释放本能来培养对不受约束的情欲的恐惧(Aidos)，见646e到第二卷结尾。

⑤ 《法律篇》，649d。

⑥ 柏拉图在《法律篇》第二卷开头着重强调了这点。

⑦ 柏拉图在《法律篇》中也对παιδαγωγεῖν一词显示出某种偏爱。就像之前他认为，人对德性的一切追求都是教化那样，现在παιδαγωγία也成了成年人教化的核心。迷醉具有教育意义，因为他把成年人重新变成了孩子(παίς)，《法律篇》，646a4。就这样，他得以把一切教育的基本功能——创造出与本能生活的正确关系——从童年早期延伸到成年。

作为自己教化出发点的人来说，这是不可避免的发现。柏拉图并不怀疑这种学说，就像看上去可能的那样，但他把教育活动的起点不断提前。他在《理想国篇》中已经这样做了，但在那里，他考虑的和让他做出这种提前的更多是早早开始精神预备教育（Propaideia）。而现在，他希望尽可能早地让自己的塑造包含本能，从而让孩子从一开始就像游戏一般地学会习惯于爱上正义的和憎恶坏的。①自身的逻各斯想要在以后的阶段中获得成功，必须要他人的（教育者或父母）逻各斯在无意识的阶段令其做好准备。一切德性都建立在理智和习惯的和谐之上，只要它们是精神的德性，也就是我们所理解的性格教育。作为对快乐和痛苦情感的培养，教化是这种和谐的基础。②在这点上，柏拉图来到了亚里士多德伦理学的起点，后者首先考虑的同样是性格（Ethos）。③从苏格拉底对德性知识的要求到晚期柏拉图-亚里士多德细节详备的性格学说（Ethoslehre）——成为一切现代“伦理学”（Ethik）的基础——决定这一发展的是这样的事实，即它希望成为教化，从对准则的纯粹认知发展为对灵魂本质和活动的理解。不断加深有意识的理智和认识，相信这种提高和加深必然会对性格的整个道德培养产生的影响，这一度作为最高的目标出现。经过了这样的一个阶段，在柏拉图的老年作品中，古代希腊关于人的塑造的思想再次完全占据了前台，他对自己的真理有了新的看法。我们会发现这种看似从理想到现实的倒退是完全顺理成章的。当柏拉图向纯粹理想的方向的冲锋到达最远的点后，想

---

① 《法律篇》653a表示，儿童最早的感觉（πρῶτη αἴσθησις）是快乐和痛苦。我们必须把这看作最幸运的过程之一，如果他们年长后（πρὸς τὸ γῆρας）想让自己拥有“明智”（Phronesis，苏格拉底关于“善”的知识，同时也是善的存在）和“真正的意见”（ἀληθὴς δόξα）。只有做到这些，人才是完善的（τέλεος）。不过，现在柏拉图完全愿意把在儿童时代就确立的这个德性的第一阶段称为教化（653b1）。

② 《法律篇》，653b。

③ 诚然，亚里士多德在他的伦理学中仍然区分了理智德性（διανοητικὴ ἀρετή）和伦理德性（ἠθικὴ ἀρετή），从而遵循了柏拉图和源于苏格拉底对德性知识之评价的传统，但《尼各马可伦理学》中的主要部分还是对伦理美德的评价，该书和它的整个学说因此得名为“伦理学”。在出自老逍遥派学校，传统上被错误地认为出自亚里士多德本人之手的所谓“大伦理学”中，这种发展已经完全质疑性格同精神及其塑造的本质关联，把自己的任务仅限于对冲动（ὁρμαί）的教育。参见W. Jaeger, *Ursprung und Kreislauf des philosophischen Lebensideals* (Ber. Berl. Akad. 1928, S. 407) 和R. Walzer, *Magna Moralia und aristotelische Ethik* (Neue Philol. Unters, hrsg. v. W. Jaeger, Bd. 7) S. 183-189。

要尽可能实现这一理想并向世人灌输它的愿望便驱使他回归尘世，让他成为普罗米修斯式的人类塑造者。早在《理想国篇》中我们就看到他表达过
1182 塑造的思想。但显而易见，对于《法律篇》中所思考的培养灵魂中的非理性力量的问题，他无疑要更加重视得多。这里所指的是狭义上的“塑造”一词，表示举止、手势和灵魂内在性情的所有表达中的姿态。当柏拉图第一次以新教徒的方式致力于思想对象时，他揭示了一种表达元素的意义，尽早将其确定为固定的形式是天主教教育智慧的根本特征之一。

于是，我们早就熟悉的古希腊教育元素以意味深长的方式重新成为兴趣的中心。旧时希腊的音乐教育是歌队舞蹈和歌唱。它们在思想化的世界中无疑会失去这些功能，仅仅作为形态高度复杂的艺术作品形式继续存在，特别是在雅典。但当柏拉图思考尽早塑造性格的问题时，他马上感到在当时的教育中缺乏其真正的替代品。因此，他在《法律篇》中提出，恢复旧时希腊的圆圈舞是少年教育的基本元素。年轻人片刻也不停息，他们不知疲倦地活动，不能把他们限制在某个地方，而是只能朝着某个方向引导他们。[①]与其他动物不同，人可以在运动中感到秩序和无序，我们称之为节奏与和谐。对于那种在游戏中发展起来的对正确和美好活动的喜悦，我们在这里看到了一个经典的例子，这种喜悦会对道德和艺术感的发展产生最有力的推动。没有接受过歌队的有节奏运动与和谐的培养，就不是有教养的人。有教养的人精通优美的舞蹈。[②]他们内心拥有正确的尺度，能作为对美丽和可憎之物的可靠感受，因此柏拉图将伦理和美学上的美视作不可分割的整体。[③]在他的时代的艺术中，这种伦理和美学的统一几乎已经不复存在。这位哲学家希望在被他视作典范的歌队表演中重现这种统一。
1183 这预设了存在美的绝对标准。[④]对于想要把一切建立在这一艺术基础之上的教育者来说，那是最大的问题。如果把将整个城邦及其年轻人的性格变得

① 《法律篇》，653d。

② 《法律篇》，654b：ὁ μὲν ἀπαίδευτος ἀχόρευτος ἡμῖν ἔσται, τὸν δὲ πεπαιδευμένον ἱκανῶς κεχορευκότα θετέον（我们必须认为没有教养的人不懂歌队舞蹈，有教养的人精于舞蹈）。

③ 《法律篇》，654b6—e。

④ 《法律篇》，654e9—655b6：表达（字面意思是“贴合”）灵魂或身体德性的每个动作和每首歌都是美的。

类似于所听到的旋律和所舞蹈的节奏视作一切培养和教育的源头，那么我们就不能认为这一切都是诗人个人的心血来潮，就像“今天”所发生的那样。[①]柏拉图想要找到一个艺术具有固定等级形式的国度，那里没有任何的革新欲望和专断任性。他找到的只有埃及，那里的艺术似乎没有发展，强烈的传统感牢牢地维持着曾经被奉为神圣的东西。从他的立场出发，他对自己所看到的状况有了新的理解，就像他对斯巴达有了不同的兴趣。[②]

在他看来，艺术的未来取决于它能否摆脱公众的享乐和物质主义品味。西塞罗曾经表示，雅典公众的精致品味衡量了他们的艺术水平达到的高度，他把其他国家缺乏品味归因为缺乏这类标准。[③]柏拉图用截然不同的眼光看到这一问题，尽管他生活在西塞罗所称赞的古典时代和环境中。他认为自己时代的公众只会从享受出发，是一切艺术的败坏者。[④]真正的艺术评判者——柏拉图想到的很可能是城邦设立的委员会，负责在公共表演上评定最佳作品的奖项——不该顺从听众，因为这会同时败坏诗人和听众。他们不该是公众的学生，而应是老师。人群掌声的嘈杂与他们自身教养的缺乏有悖于正确的评判和好品味。[⑤]我们已经看到，公众对艺术成就的唯一尺度是带给他们的享受。一旦我们真正确定了每个年龄段的人所理解的享受和各自偏爱的艺术体裁，他们都会做出不同的选择。儿童偏爱魔术师超过其他任何艺术家，而成年人的艺术判断也好不了太多。[⑥]

---

① 《法律篇》，655d、656d1。

② 《法律篇》，656d起。柏拉图解释说，埃及艺术类型的僵化（无论是造型艺术还是音乐）是因为古老时代的一次立法，类似于现在他在《法律篇》中所提议的。埃及艺术无疑会让风潮多变的公元前4世纪的希腊人觉得，他们没有任何发展或改变；参见656e4：σκοπῶν δὲ εὑρήσεις αὐτόθι τὰ μυριοστὸν ἔτος γεγραμμένα ἢ τετυπωμένα οὐχ ὡς ἔπος εἰπεῖν μυριοστὸν ἀλλ᾽ ὄντως τῶν νῦν δεδημιουργη μένων οὔτε τι καλλίονα οὔτ᾽ αἰσχίω（看一下，你就会发现一万年前写下或雕刻的文字，我说的是确确实实的一万年，比起现在所制造的既没有更美，也没有更丑）。最古老时代的作品比起当下的艺术创作既没有更美，也没有更丑。柏拉图关注的只是美之理想的永恒。当然，从他的文字中几乎感觉不到对埃及人美之理想本身的特别赞美。

③ 西塞罗，《论演说家》，8. 24起，特别是9. 28。

④ 《法律篇》，657e—658d。柏拉图当然并不否认艺术是为了供人享受，但他为其设定的衡量标准不是给某个听众带来的享受程度，而是最优秀者，即受过充分教育的人（ἱκανῶς πεπαιδευμένοι）——或者更准确地说在完美性（ἀρετή）和教化（παιδεία）方面突出的人——从中感到的快乐。

⑤ 《法律篇》，659a—c。

⑥ 《法律篇》，658a—d。

1184 在希腊，只有克里特和斯巴达（那里的人们仍然青睐古老的堤耳泰俄斯）存在诗歌方面的固定传统。[①]但就像柏拉图之前所指出的，必须首先为我们的城邦改造这位诗人，用正义取代勇气作为最高的价值。[②]为了举例解释这点，柏拉图从堤耳泰俄斯的全部诗歌中选出了一首，诗中把勇气同人的其他优点做了比较，然后赞美了前者。[③]他证明，事实上，将其他优点变成真正之善的特质是正义而非英雄的勇气，没有了它，那些优点就变得一文不值。[④]由于教育年轻人是诗人的职责，因此对善的等级的正确看法是一切真正诗人的前提。[⑤]如果满足了这一要求，诗歌和音乐就是真正的教化。[⑥]事实上，对过去的希腊诗歌和音乐而言，上述观点包含了很大一部分真理，尽管它无疑是片面的。对听过我们阐述的读者来说，理解柏拉图的意思并不困难。无论是对最高德性的争执，还是对生命中最高之善的争论，两者在过去的诗歌中延续了几个世纪。柏拉图在《法律篇》中有意识地谈到了这点。诗人的颂诗（Ode）成了他对听众灵魂的咒语（Epode），通过形式的甜蜜魔法让他们心甘情愿地在游戏中接受严肃的内容，就像给予加了糖的药。[⑦]柏拉图希望他的城市对这种食物充满无法满足的热切饥渴。[⑧]归根到底，他只是证明了自己采用了希腊人的方式，因为他把与生俱来的对美的喜悦同对善的渴望融合成了新的整体。只有这种

---

① 《法律篇》，660b，参见629b。

② 《法律篇》，629e—630c。

③ 这首哀歌的开头是：οὔτ' ἂν μνησαίμην, οὔτ' ἐν λόγῳ ἄνδρα τιθείμην（我不会铭记那个人，也不会为他谱写文字）；参见《法律篇》，660e7起。参见我在*Tyrtaios über die wahre Arete* (*Ber. Berl. Akad.* 1932)中对这首诗的讨论；柏拉图选择这首诗是因为，它不仅谈到了斯巴达人的勇气，在战斗中形象地描绘了它，就像堤耳泰俄斯的其他诗歌那样，而且以一般性的方式讨论了"什么是真正的男性美德"的问题，参见本书第一卷，第107页。

④ 《法律篇》，661b5。

⑤ 《法律篇》，661d起。

⑥ 《法律篇》，660e和661c5—8，对堤耳泰俄斯哀歌讨论的开头和结尾明确强调了这种诗歌和教化的等同。

⑦ 《法律篇》，659e—660a。"颂诗"（ᾠδή）是教化，因为它是"咒语"（ἐπῳδή）。因为就像柏拉图引出这点时所说的（659d），教化是ἡ παίδων ὁλκή τε καὶ ἀγωγὴ πρὸς τὸν ὑπὸ τοῦ νόμου λόγον ὀρθὸν εἰρημένον（吸引和引导孩子走向正确的话语所宣示的法律）。这种吸引力源于美的形式。关于法律被定义成（字面意义上的）"正确的话语"，参见《法律篇》645b。亚里士多德的伦理学与这种概念有关联。

⑧ 《法律篇》，665c。

统一才能在青春和热情的火焰中将希腊人的灵魂锻造成持久的形式，[1]即便是老年人也不再僵硬和无法塑造，如果通过酒神的礼物使他们的性情适度融化，变得软化和温热。[2]就这样，立法者成了灵魂的形成者和塑造者（πλάστης）。[3]

最后，他加上了锻炼，但显然仅仅是因为其形式。[4]柏拉图在这点上没有多停留，就像在《理想国篇》中，锻炼获得的篇幅要比音乐少得多。
在关于教化的第一段长篇论述最后，通过用更大的篇幅说明适合不同年 1185
龄段的饮酒量，以及酒对该老年人的特别意义，他重新回到了会饮及其教育价值的问题——作为他的出发点，似乎被暂时遗忘——并为其画上了句号。[5]

关于城邦衰亡的原因

关于教化和城邦精神的论述涵盖了前两卷，在其最后，过渡到对城邦诞生问题的讨论显得突兀，但只是在形式上如此；因为立法必须以创造城邦制度的基础作为前提，而后者又预设了确定主导城邦制度的精神。这种精神在城邦的制度中得到了前后一致的表现，就像多利斯人的城邦所显示的，但两者在精神上截然不同。和后者一样，新的城邦将是一个规模宏大的教育体系，但这种教育的准则是人的全部德性，是个性的充分发展。[6]在它的价值等级中，斯巴达的勇气并非第一位的德性，而是第四和最后一位。[7]探究的这一发展表明，对于用自制和正义的理想替代权力的理想，柏拉图并非作为呆板的道德主义者从外部下达指令，不顾城邦生命的现实。相反，他的要求与他对城邦的延续和维持条件的看法紧密地联系

① 《法律篇》，666a。
② 《法律篇》，666b、671b。
③ 《法律篇》，671c。
④ 《法律篇》，673a起。
⑤ 《法律篇》，673d10，第二卷的结尾。对醉酒（μέθη）及其对教化之意义的讨论在这里到达了“终点”（673d10和674c5）。
⑥ 《法律篇》，630b3、e2。
⑦ 《法律篇》，630c8。

在一起。我们将很快回到这个问题。

此外，关于城邦生命的开端和变迁，以及因为巨大的自然灾害而导致的文化的周期性重新毁灭，他的理论显示出对人类历史问题的深入和富有见地的思考。[①]柏拉图认为，比起黑暗的史前时期，我们所谓的历史传统并
1186 不比昨天或前天古老多少。在那个时期，人类以蜗牛般的速度向前发展。[②]经过了地表的大洪水、瘟疫和类似的灾难，只有一小部分当时的人活到了新的时期，人类由此重新开始，从最初的开端逐渐重新崛起。[③]那时，大地上的人口还不稠密，人们既不知道使用金属也不知道战争，后者是技术文明进步的产物。[④]柏拉图对早期时代的想象基本上是和平的，那时还没有贫富，人的温驯成长造就了更高的道德水准。[⑤]立法者仍然是多余的，人们甚至还没有文字。[⑥]由于当时尚无发掘活动，柏拉图依据的是文学传统，特别是荷马。至少在一定程度上，他明确把这部最早的诗篇视作历史真实的来源。借助荷马之手，他描绘了从圆目巨人无法无天的生活到系统性的联系和父权式的统治。[⑦]随着不同的氏族联盟汇聚成更大的城市定居点，平衡他们形式各异的正义习惯变得必要。最早的立法活动由此找到了自己的任务。[⑧]与同时代的历史作家欧弗洛斯一样，柏拉图把赫拉克勒斯之子们的归来紧接在荷马的时代之后——即亚该亚人和他们向小亚细亚进军之时——由此开始了伯罗奔尼撒各城邦最早的历史，它们作为多利斯人移民的产物

---

① 与亚里士多德一样，对柏拉图与历史的关系的讨论长久以来仅限于从哲学史能够从中学到什么这一视角出发。近来，G. Rohr, *Platons Stellung zur Geschichte* (Berlin 1932)和K. Vourveris, Αἱ ἱστορικαὶ γνώσεις τοῦ Πλάτωωος (Athen 1938)从更全面的视角出发研究了这个问题。我关于柏拉图的论文对此做了更深的探究，它们不仅考虑了柏拉图对历史事物所做的明确表达，而且试图从对他自己的时代及其历史状况的清楚意识出发来理解他的全部思想和描绘。这位哲人把道德和政治世界的结构问题作为出发点，面对着像希腊城邦这样既有的历史秩序的没落和衰老的事实，上述意识对他来说是完全自然的。

② 《法律篇》，677d。

③ 《法律篇》，677a起。

④ 《法律篇》，678c—e。

⑤ 《法律篇》，679a—d。

⑥ 《法律篇》，680a。

⑦ 《法律篇》，680b起。柏拉图明确只把荷马当成早期伊奥尼亚文明的材料来源来使用。在克里特，直到柏拉图的时代，他仍然被视作一位非常有才智的异邦诗人（680c4）。关于早期诗歌的历史现实价值，参见682a。

⑧ 《法律篇》，680e6—681c。

在更古老的亚该亚人国家的废墟上发展起来。①于是，我们的历史回顾来到了这部对话开始的地方，即多利斯人的建城和立法者的时代。②

当柏拉图在公元前4世纪的40或50年代写作《法律篇》时，多利斯族的命运——无论是他们一度的辉煌和高贵的精神特质，还是斯巴达因为在留克特拉的惨败而注定败亡的悲剧——在希腊世界会思考的人眼中都是一个重大的问题。③斯巴达人失败后，厄帕米侬达斯（Epaminondas）号召美塞尼亚人摆脱几个世纪的农奴身份，获得自由，以便通过引发伯罗 1187
奔尼撒内部的分裂来完成在战场上消灭敌人的工作。在整个希腊，经历了这些事件之后，多利斯人的朋友们都会在心中燃起这样的问题：如果斯巴达、阿尔戈斯和美塞尼亚人这些伯罗奔尼撒的多利斯人国家不是相互内耗，而是组成政治共同体，希腊的历史将变成什么样？④在这里，似乎是当下的状况对全体希腊城邦所提出的问题被放到了昔日伯罗奔尼撒的多利斯文化面前。事实上，这完全是被投射到过去的当下问题。对于柏拉图所称的多利斯城邦“体制”，⑤即赫拉克勒斯的三个儿子的同盟而言，当他们刚刚占据那片土地时，发展的条件完全是理想的。与柏拉图时代的社会革命者和改革者所建议的不同，他们无须让国家冒着巨大的风险去重新分配土地和免除债务，而是可以从头开始，因为他们能够公平地分配重新征服的土地，从而在正义的社会原则的基础上建立国家。⑥从后来柏拉图对地产分配问题的讨论中可以看到他对此是多么严肃；因为在那里，他实际上把赫拉克勒斯之子们当成了模板，追溯到他们在伯罗奔尼撒定居。⑦不过，为何多利斯人的王国败亡了呢？柏拉图相信，相比于特洛伊城下的希腊

① 《法律篇》，682e起。

② 《法律篇》，682e8—683a。

③ 关于斯巴达势力的衰弱对同时代人的政治和教育思想的影响，参见本书第937—938页。

④ 柏拉图在《法律篇》683c8起提出了这个问题，并试图明确做出回答。他指出，这需要历史想象；他的尝试离不开大胆的构想，与当下比较的教育目标影响了他对过去的描绘。但柏拉图对多利斯人早期历史的讨论令每位历史学家都非常感兴趣的是，它们证明了当时的人们已经清楚意识到，在单方面倾向于伊奥尼亚-雅典的历史图景中，多利斯民族曾经拥有的历史机遇和他们的精神意义将永远从画面上消失。

⑤ 《法律篇》，686b7，另参见687a6。

⑥ 《法律篇》，684d—e。

⑦ 他是在《法律篇》第五卷736c5谈及新城邦的建立时说起这些的，在那里明确引用了第三卷中对伯罗奔尼撒的多利斯王国的历史描述。

人，前者要强大、统一和有序得多。[1]它们本可以统一希腊和主宰世界，[2]但它们在无可救药的相互争斗中败亡了。柏拉图的历史幻想从这些在其时代已经变成半神话的公元前8世纪和公元前7世纪的事件中，看到了无可挽回的真正悲剧，看到了希腊民族在世界历史上错失的大好机会。[3]他把斯巴达视作对多利斯人建立国家能力的最好证明，但美塞尼亚人和阿尔戈斯人不在同一水平上。

与斯巴达人可能认为的不同，[4]它们的沦亡并非因为缺少勇气或战斗
1188 技能，而是在对人来说最重要的方面缺乏教养（ἀμαθία）。[5]无论在彼时还是现在，这种严重的教养缺乏都会导致国家毁灭，柏拉图认为未来也总是会这样。[6]如果我们问为何如此，他会让我们回顾教化的本质，就像我们在漫长的探究中已经看到的。教化的基础是欲望与认知的相一致。[7]那些强大的多利斯城邦覆灭了，因为它们追随的是自己的欲求，而非理智的认知。[8]因此，对于多利斯人历史上表现出的悲剧性政治缺陷的认知让我们回到了对话的起点，即正确的城邦风俗的问题，其根源在于个体灵魂的健康结构。柏拉图在《理想国篇》中已经对斯巴达人的城邦精神和教育做了哲学批判，而在《法律篇》中，通过（在当时看来）斯巴达人在竞争对希腊的统治权这一最高奖赏（他们似乎注定会赢得）的历史竞争中的彻底失败，这一点得到了印证。在这些书页上，柏拉图仿佛对他毕生苦苦探究

① 《法律篇》，685d。

② 《法律篇》，687a6—b。柏拉图在这里对赫拉克勒斯之子们归来后的多利斯人国家所表达的看法正是亚里士多德在《政治学》7.7（1327b29—33）对当时的希腊所下的断言，即当他们变成统一国家时，就能统治世界。在这里很难忽视伊索克拉底的泛希腊理念的影响。伊索克拉底认为，希腊人的第一次亚细亚远征（即特洛伊战争）是民族统一的大好机会（参见《海伦颂》结尾），但柏拉图表示（显然是在指这件事），多利斯人占领伯罗奔尼撒的远征提供的机会还要好得多。

③ 关于多利斯人的国家错失的机会（καιρός），参见687a5。另见686a7。

④ 《法律篇》，690d。在柏拉图写作《法律篇》的时候，即美塞尼亚人的国家重新独立后不久（他们从公元前7世纪开始就长期处于斯巴达人的统治之下），这一批评自然特别有现实意义。伊索克拉底在《阿尔喀达墨斯》中同样持支持斯巴达和反对美塞尼亚的立场。

⑤ 《法律篇》，688d和e，689a1和8，689c。柏拉图认为，对人类最重要的东西无知要为那个强大王国的败亡负责（688d），这让我们想起了《普洛塔哥拉篇》357d—e，那里将“听命于快乐”同样归结为“最大的无知”。

⑥ 《法律篇》，688d。

⑦ 《法律篇》，643c8起、653a起，特别是653b5，那里将“德性”这一“正确教化”（ὀρθὴ παιδεία）的果实定义为欲望和思想的和谐（συμφωνία）。

⑧ 《法律篇》，690—691a。

的多利斯人城邦理念的问题给出了最后的结论。结论是悲剧性的——它还能怎么样！少年时的他从雅典反对派的圈子里听到斯巴达被称赞为绝对的理想。成年后，他从这个模板那里学到很多；不过，虽然当时表面势力如日中天的斯巴达的成功似乎理应获得不加甄别的赞美，但他在《理想国篇》中已经预言式地指出了其弱点的根源。当他写作《法律篇》时，这一缺陷早就出现在世人的眼前，[①]现在对柏拉图来说，剩下的只需证明，《理想国篇》中的“次优城邦”同样必然会因此而沦亡，因为它并非最优城邦，也就是说，因为它不具备真正的教化和最好的风俗。这些“国王”服从的是他们灵魂中的“暴民”（Plethos），即权力和野心的欲望，或者说“贪婪”（Pleonexie），而不是服从精神这一真正的向导。柏拉图把儿童教育放在现实政治之先，这同样体现在他大胆而富有洞见地将国家的外在形式和内在本质对立起来。表面上看，它是由某个人统一领导，但在内部， 1189
它是主宰这个人灵魂的各种欲望的暴民统治。[②]在《高尔吉亚篇》中，柏拉图已经将由民众的专断所主导的民主同僭政做了类似的比较，两者在本质上是相似的。[③]对《理想国篇》而言，统治者灵魂内部的城邦的沦亡[④]注定了其外部权力的溃败。因为国家并非纯粹的权力，它们始终也是权力拥有者的精神结构。

因此，缺乏教养是城邦衰败的原因，即统治者（无论有一位还是多位）灵魂中缺少欲望和理智的“和谐”，因此决不能让无教养者影响领导者。这种更深刻意义上的无教养者很可能恰恰就在大众心目中被视作典型的有教养者：聪明的算术家、头脑反应敏捷的人、幽默的发言者；柏拉图似乎在最后那种特点中看到了欲望元素在其拥有者身上占据了上风的某种症状。[⑤]于是，应该由谁统治的问题就变成了重点。柏拉图在《理想国

① 从撰写《理想国篇》到完成《法律篇》之间发生了留克特拉和曼提涅亚战役，以及斯巴达势力的败落。

② 《法律篇》，689a—b。

③ 民主下的民众领袖被放在和僭主同等的位置上，见《高尔吉亚篇》466d和467a。民众是僭主，雅典的每位公民和每名政客都必须迎合他们，就像在专制城邦中对独裁者那样，见《高尔吉亚篇》510c7起和513a。

④ 《理想国篇》，591e、592b。

⑤ 《法律篇》，689c—d。

篇》中对此回答说，更优秀的人应该统治较差的人，更高贵的人应该统治较低贱的人。①而在《法律篇》中，他重新尝试做出界定，显然他意识到，无论对于作为科学还是作为实践技艺的政治来说，这都是真正具有决定性的。如果我们把政治理解成统治的科学，那么它就需要处理一切细节的原则，而这一原则必须用普遍有效和让每个理性思考者觉得明白易懂的方式回答应该由谁统治的问题。

柏拉图在《法律篇》的这个部分提出了统治者的7条“公理”，无论是在批评历史现实的城邦，还是他自己的城邦的制度时，他都多次援引了它们。②“公理”（Axiom）一词曾经表示司法意义上的权利或支配主张，解读者们在这里完全是如此理解的，因为讨论的正是这样的问题。但在
1190 柏拉图晚年，这个词在科学中同样已经具有了我们通常所用的意思，即我们在科学推导中无法证明但也无须证明的前提，特别是在数学中，亚里士多德表示这个术语最早出现在那里。③众所周知，柏拉图致力于把数学变成一切科学和哲学方法的模板。这种努力在他的晚年变得尤为明显，亚里士多德将其视作整个柏拉图学校的特征。④因此，我们不可避免地要从上述意义上理解这里的这个概念，因为它事关政治的普遍基础，不过并不必然排除曾经提到的“支配主张”的意思。⑤因为在数学语言的用法中，“公理”同样表示不言自明的要求或需要，也就是说，原先的法律意义仍然活在这个词中。这些奠基性表述的固定数量同样暗示了“公理”的意思，柏拉图通过这个数字明确表示了这点，他为各条公理编了号（从1到7），从而表明它们的数量是有限的，⑥就像在欧几里得的几何学中那样。这些表述说：长辈天然应该支配孩子，高贵者支配不高贵者，老人支配年轻人，主人支配奴隶，更优秀的人支配较差的人，理性和有知

---

① 《理想国篇》，412c。

② 《法律篇》，690a：ἀξιώματα δὲ δὴ τοῦ τε ἄρχειν καὶ ἄρχεσθαι ποῖά ἐστι καὶ πόσα（统治和被统治的公理是什么？有多少？）。他认为这些公理具有绝对的普适性：它们适用于大国和小邦，也适合每个个体家庭。参见《法律篇》690d和714d对这一公理的使用。

③ 亚里士多德，《形而上学》，4. 3. 1005a20。

④ 亚里士多德，《形而上学》，1. 9. 992a32；《欧德摩斯伦理学》1. 6. 1216b40，参见拙作*Aristoteles* S. 232。

⑤ A. E. Taylor, *The Laws of Plato* (London 1934) 将 ἀξιώματα 译成“统治和服从的权力”。

⑥ 参见《法律篇》，690a—c。

者支配无知者。而作为民主原则的第7个要求，抽到签的人应该支配没有抽到签的人。在这里和《法律篇》中的其他地方，柏拉图把抽签视作神明的决定，而不是像他在早期作品中批评民主时那样更多地将其理解为无意义的机制。[①]

按照上述公理，美塞尼亚和阿尔戈斯国王失去他们的王国是有理由的，因为不负责任的过大权力集中在了某个完全无法真正满足那些要求的人手中。[②]虽然《理想国篇》和《政治家篇》中的许多说法可能会让我们误以为柏拉图是这种形式的政治生活的支持者，但他在《法律篇》中直截了当地反对这种权力的集中，宣称那是一种权力欲或者说贪婪导致的堕落，[③]而如果从通常意义上理解的话，伊索克拉底同样认为那是一切弊端 1191
的根源。斯巴达的例子表明，混合政制是最持久的。因为在那里，双国王的制度以及长老会议和监察官限制了君主制。[④]希腊要感谢的不是美塞尼亚和阿尔戈斯，而是斯巴达，因为希腊民族今天没有互相与蛮族混合，像波斯帝国的各族民众那样，而是维持了自身的纯粹。柏拉图认为，这是在波斯战争中赢得的自由的全部意义。[⑤]立法者追求的不应是将不受限制的巨大权柄集中在某个人手中，而应是自由、理性和城邦内部的和谐。[⑥]波斯和雅典代表了所有国家生活中的两种基本元素在单方面的过度发展。事实上，这两种元素都不可或缺，斯巴达的价值在于它致力于将两者混合，从而长久维持了自身。柏拉图插入了对波斯君主制的一段更长的批评，他的批评完全基于这样的想法，即居鲁士和大流士这些缔造了帝国的少数真正的卓越者不懂得教育他们的儿子。[⑦]对波斯王子们的教育掌握在野心勃勃的暴发户王后之手。[⑧]因此，冈比西斯和薛西斯在短时间内就把他们

---

① 《法律篇》，690c。

② 《法律篇》，691c—d。

③ 《法律篇》，691a，参见690e。

④ 《法律篇》，691d8—692a。

⑤ 《法律篇》，692d—693a。

⑥ 《法律篇》，693d—e。

⑦ 关于居鲁士，见《法律篇》694a，关于大流士，见《法律篇》695c6，695e后再也没有提到伟大的波斯君主。

⑧ 《法律篇》，694e。波斯的教育因为居鲁士宫廷被女人和阉臣统治而堕落，见695a。

父亲赢得的一切又都输光了。[①]在培养自己的继承人这一最重要的任务上，他们既不理解，也没有投入时间。[②]埃斯库罗斯的大流士在波斯人战败后向他们提出了告诫，在柏拉图看来，这为时已晚。[③]事实上，大流士和居鲁士都没有教育他们的儿子，因为他们本人也没有教化。[④]就这样，柏拉图同时也把色诺芬的作品《居鲁士的教育》全盘否定。他在波斯人那里没有找到可以作为希腊人榜样的东西。[⑤]

不过，柏拉图更大的兴趣事实上还在于他的母邦雅典。[⑥]他对其在解放希腊的工作中所扮演角色的赞扬[⑦]，似乎与他对其当时正在变得过度的
1192 自由相矛盾。[⑧]但柏拉图对雅典历史的描绘并非单纯的白或黑。在这点上，他与老年伊索克拉底类似，后者激烈地批评自己的时代，但会赞颂波斯战争时代古雅典的许多杰出的特质。[⑨]柏拉图看到，在雅典民主早期的英雄时代，许多对法律的传统敬畏仍然被保留着，但现在已经消失。[⑩]在描绘这种事实上从内部维系了社会结构的“敬畏感”（Aidōs）时，他的想法

---

① 《法律篇》，695e，参见694c。

② 《法律篇》，694e、695a。

③ 埃斯库罗斯，《波斯人》，739起。

④ 居鲁士没有接受过正确的教育（ὀρθὴ παιδεία），大流士对儿子薛西斯的教育并不比居鲁士对冈比西斯的更好，695d7—e。同等教育的果实也是相同的，695e2。

⑤ 显然，一部赞美波斯教育的现有作品促使柏拉图如此详细地考察这种教育。它的作者不是别人，正是色诺芬。古人已经注意到这点，参见第欧根尼·拉尔修3. 34。色诺芬在《居鲁士的教育》中想要将波斯人的教养同雅典人的无教养进行对比，类似于塔西佗在《日耳曼尼亚志》中所写的，以便进一步突出这种比较所暴露的罗马人的无道德和堕落。柏拉图将波斯和雅典这两个最大政治对手放在一起，指出两者都毁于同一个缺陷，即缺乏真正的教化。因此，他的批评回避了派系政治。我在本书第945页试图证明，他在《法律篇》中对色诺芬关于狩猎的作品做了完全类似的批评。但也许我们必须更进一步，将《法律篇》中对斯巴达的教育和政体是最优的这一论断所做的系统性讨论同色诺芬这部赞美斯巴达人天性的作品联系起来。这部作品问世于公元前4世纪50年代初。由此可见，柏拉图创作《法律篇》的工作基本上是在他生命最后的10年完成的。

⑥ 《法律篇》，698a9。

⑦ 《法律篇》，698b—699a。

⑧ 《法律篇》，700a。

⑨ 柏拉图在这方面对伊索克拉底做了书面上的致意，见《法律篇》699a。他用与《泛希腊集会辞》中如出一辙的表达描绘了薛西斯准备好军队向雅典进发。参见柏拉图的表达：καὶ ἀκούοντες Ἄθωτε διορυττόμενον καὶ Ἑλλήσποντον ζευγνύμενον（他们听到阿托斯山被挖通，赫勒斯滂被架起桥梁），以及伊索克拉底《泛希腊集会辞》89—90：τὸν μὲν Ἑλλήσποντον ζεύας, τὸν δ᾽ Ἄθω διορύξας（在赫勒斯滂架起桥梁，挖通阿托斯山）。

⑩ 关于古老雅典的“敬畏”，见《法律篇》，698b5—6和699c4。

与伊索克拉底的《战神山议事会演说》如出一辙，后者的写作与《法律篇》大致同时。[①]从这位政治教育家的观点来看，这事实上指出了主要问题。于是，柏拉图和伊索克拉底这两位如此截然不同的思想家在这点上达成了共识。柏拉图完全从这一教育视角出发看待雅典民主的堕落，正如他只用缺乏教化来解释波斯帝国的败亡。这尤其体现在他是从音乐和诗歌的没落，以及它们堕落为非艺术的放纵中寻找雅典这种状况的根源。[②]上述的堕落图景是柏拉图最重要的历史认知之一。它为逍遥派所接受，通过后者进入到希腊化时代和帝国时代的政治和音乐作品。[③]它详细解释了《理想国篇》中的论断，即音乐教育是理想国家的堡垒。[④]

无论是颂诗、哀歌、赞美诗、酒神颂还是抒情曲（Nomen）[⑤]，长久以来，保持个别体裁及其特点的纯粹性都保证了对早前世纪里严格的音乐传统的忠实守护，[⑥]人群的口哨声、叫嚷和掌声都不会对艺术产生一丁点影响。善于教育孩子的人可以不受打扰地一直听到最后，秩序的标尺能让大众遵守纪律。[⑦]但后来，一些在诗歌方面很有天赋，但对这门艺术的规范内容完全没有判断的能手，在酒神式的迷狂和纯粹感官的诱惑下将酒神颂同赞美诗、颂诗和哀歌混合起来，试图用华丽的笛管音乐来模仿齐

① 就像我们在上文指出的，从其他标志也能清楚地看到与伊索克拉底的这种关系。如果《战神山议事会演说》并非最早创作于同盟战争结束后，而是在公元前357年就完成了，就像我在本书第874—875页试图证明的，那么它就大约与柏拉图在《法律篇》中所批评的色诺芬的作品同时（参见上页注释⑤）。这一切都指向公元前4世纪50年代初。

② 《法律篇》，700a7起。

③ 柏拉图对希腊音乐发展的描绘完全是从他对教化的想法出发的。我们可以想象后世的音乐理论家完全脱离他的描绘，从纯粹的艺术角度来观察音乐的发展，但伪普鲁塔克关于音乐的作品完全被柏拉图的观念所主导。伪普鲁塔克27认为，音乐的历史发展是按照这样的方式，即从最初的教育性质（παιδευτικὸς τρόπος）越来越向戏剧音乐（θεατρικὴ μοῦσα）发展，最终完全归于后者。书中多次引用柏拉图作为证据。但伪普鲁塔克的观点并非直接来自柏拉图。通过更细致的观察可以发现，他的音乐史图景借鉴自逍遥派音乐史学家阿里斯托克塞努斯。普鲁塔克引用了它关于音乐的作品（15）以及《论和谐》（*Harmonika*）的历史部分（16）；在其关于音乐的作品的第二卷，阿里斯托克塞努斯讨论了柏拉图关于音乐中的性情的理论（参见17）。

④ 《理想国篇》，424c：τὸ...φυλακτήριον...ἐνταῦθά που οἰκοδομητέον τοῖς φύλαξιν, ἐν μουσικῇ（卫兵要用音乐来建立堡垒）。

⑤ 一种以里拉琴演奏，用来给史诗伴奏的早期曲调。——译注

⑥ 《法律篇》，700a9—b。

⑦ 《法律篇》，700c。

1193 特拉琴的曲调。[1]他们抹除了所有的边界，认为一切都是允许的，只要能够引起感官的快乐，因为他们无知地相信，音乐领域不存在正确和错误的尺度。[2]人们还为这些曲子配了同样类型的文字。就这样，人们把无视规则带进了缪斯的国度，鼓励民众使他们妄想可以对这些东西做出评判，并用大声喧哗来表达出来。[3]剧场中无声的平静变成了喧嚣，在此之前一直主导着那个国度的高贵雅致被无教养公众的“剧场统治”（Theatrokratie）取代。如果那真是自由之人的民主，它也还能井然有序。但现在，它成了对自己懂行的狂妄和毫无顾忌的放肆，不受一切约束。[4]柏拉图认为，这种自由的命运必然是从当初构成了其本质的内在约束逐步变成完全没有约束，最终彻底倒退回提坦的原始状况。[5]

城邦的奠基和神圣的准则——法律的序言

探究的起点是历史的：多利斯城邦及其立法的精神。但柏拉图很快在讨论中加入了对德性和人的绝对理想的哲学要求，以及他本人的教化观念，从这个更高的视角出发批判了斯巴达的教化传统。[6]看上去，我们期待的新城邦的奠基已经准备就绪。但柏拉图在这里又引入了新的历史观察：他没有马上具体着手眼前的任务，而是提出了在历史上国家是如何产生的问题。[7]在回顾这一发展过程的历史阶段时，多利斯城邦建设的问题再次浮现，它们遭遇的悲剧命运——尽管有着光辉的外表——把我们带回到前文对多利斯人的城邦风俗和人的理想之批判的结论；历史事实证
1194 实了哲学分析。在这里，对历史过程的批判一度仿佛将会给出理想城邦的系统结构；因为柏拉图现在提出了统治的公理，任何这类尝试都将由此出

① 《法律篇》，700d。关于音乐的规范内涵，参见d4：ἀγνώμονες...περὶ τὸ δίκαιον τῆς Μούσης καὶ τὸ νόμιμον（对音乐的正义和法则无知）——在忒奥格尼斯60，γνώμη同样表示“准则”。
② 《法律篇》，700e。
③ 《法律篇》，700e4。
④ 《法律篇》，701a。
⑤ 《法律篇》，701b—c。
⑥ 《法律篇》，第一卷。
⑦ 《法律篇》，第三卷。

发。[①]但为了确保对这些公理的正确使用，他把更大范围内的历史视野重新呈现在我们眼前。按照柏拉图的理解，这将为我们带来混合政制的理念，他看到在老斯巴达这点已经实现了。[②]相反，波斯和雅典的当下政制形式代表了僭主制和专断自由的过分极端，其原因是缺乏教化。[③]

在对话的这个段落中，作为对话者之一，克里特人克莱尼亚斯（Kleinias）第一次提到克里特人想要建立新的殖民地，他告诉雅典人，克诺索斯城负责监督此事，委托他和其他九人着手办理。[④]对话由此转向实践，在这里意味着制度方面的内容，因为哲学家现在开始对城邦的形态施加影响。然后，克莱尼亚斯要求雅典人提供建议。对于为建立这一新的城邦而提出的规章，我们在这里无法讨论其技术细节，尽管在更深刻的意义上，这些规定都与立法所代表的教化有关，并源于后者。第一条规章表示将要建立的城市不应是海港，这与柏拉图教育的基本思想存在联系。[⑤]亚里士多德在《雅典政制》中将雅典民主激进化为民众统治归因为雅典发展成了海上霸权。[⑥]他是从雅典民主派中保守和温和的群体那里获得这种思想的，第二次海上同盟失败后，在柏拉图写作《法律篇》和亚里士多德在学园中形成自己观点的同时，他们试图重新获得自己的影响力。[⑦]柏拉图与亚里士多德和老伊索克拉底一样既对雅典的海上统治权持否定态度，[⑧]又信仰混合政制。伊索克拉底同样明确支持致力于回归前人政治制度的那 1195
种温和主张。亚里士多德把雅典海上霸权的崛起和战神山议事会权威的削

① 《法律篇》，690a—c。

② 《法律篇》，692a。

③ 《法律篇》，693d—701b。

④ 《法律篇》，702b—c。紧接着这段之前，雅典人发问说，他拐弯抹角地进行大段的历史讨论是选择了什么目标。那是在为最优城邦的问题做准备。这让克里特人克莱尼亚斯有机会谈及建立殖民地的计划。

⑤ 《法律篇》，704b。

⑥ 亚里士多德，《雅典政制》，27. 1。

⑦ 我们在这方面的主要文献是伊索克拉底的《战神山议事会演说》。参见本书第873页起的《激进民主中的权威与自由》一章，以及那里引用的我的论文 *The Date of Isocrates' Areopagiticus and the Athenian Opposition*。

⑧ 后来，伊索克拉底在《泛雅典娜节演说》中详细解释了这一理论。不过，柏拉图把斯巴达作为混合政制的代表（《法律篇》692a），而伊索克拉底则选择了昔日的雅典，他在《战神山议事会演说》中已经称赞其为榜样。

弱联系起来，认为那是雅典民主恶化的原因。①这种思想同样是保守派对伯里克利的国家，对帝国主义和海上霸权民主的批评的一部分。事实上，它可以上溯到更早的时代。在埃斯库罗斯的《波斯人》中，保守的议事会老成员已经对年轻的薛西斯王的政策提出了批评，显示出贵族反感追逐海上霸权和建设舰队。②埃斯库罗斯是在雅典而非波斯了解到这些的，表现出对其异乎寻常的了解。我们不应忘记，他本人属于居住在厄琉西斯周围的地主贵族圈子。在《波斯人》中，决定蛮族命运的是普拉提亚的陆上战役。③柏拉图更进一步，否认被雅典人视作荣耀头衔的萨拉米斯海战具有决定性的意义，认为是波斯陆军在马拉松和普拉提亚被歼灭让希腊人避免沦为奴隶。④与伊索克拉底一样，柏拉图的政治观与他的教化理想很难分开。两者的关系在这点上显得尤为清晰。

柏拉图本人意识到，人们并不按照自己的喜好制定法律，形势是一个决定性的因素。战争、经济困难、疾病和不幸会带来颠覆和革新。⑤机运（Tyche）主导了人类生活的一切，包括集体生活。神明主宰了一切，然后是机运和时机（Kairos），第三个是人的技艺，在猛烈的暴风雨中，掌舵的技艺无疑会带来不可小视的帮助。⑥如果立法者想要满足一个愿望，实现在他看来对未来城邦的幸福最为重要的先决条件，那么柏拉图会选择一个由可以被教导的僭主统治的城邦来作为其计划的内容。⑦机运必须
1196 将其和那位伟大的立法者带到一起，以便实现《理想国篇》中所要求的精神和权力的相一致。对他来说，这是实现其理念的最简单途径。⑧柏拉图通过自己与叙拉古僭主的经历认识到，通过赞美和致敬（或者相反），这样的人可以很容易地彻底改变一整群人的风俗。⑨但这样的人很难和很

① 亚里士多德，《雅典政制》，27.1。

② 参见埃斯库罗斯，《波斯人》，103—113；不过，舰队及其毁灭的动机贯穿了整部作品，扮演波斯贵族的歌队一直在指责和抱怨年轻的薛西斯国王的政策。

③ 埃斯库罗斯，《波斯人》，800起。

④ 《法律篇》，707b—c。

⑤ 《法律篇》，709a。

⑥ 《法律篇》，709b—c。

⑦ 《法律篇》，709e6—710b。

⑧ 《法律篇》，710c7—d，参见《理想国篇》473d和《第七书简》326a。

⑨ 在《法律篇》，711a6，柏拉图（借那位雅典异邦人之口）明确提及了与一个僭主统治的国家打交道的亲身经历。关于僭主改变民众观念的强大影响，见711b。

少具有对正义和节制的神圣欲求。[1]老年的柏拉图比过去更强烈地意识到这个困难。但只要这个先决条件没有得到满足，实现最优城邦的这条途径就完全是“神话”。[2]在柏拉图看来，其他形式的政制与僭主制没有本质上的区别，而只有程度上的。它们都是专制，主宰它们的法律表达了当时的统治阶层的意志。[3]但法律本质上并不是强者的权利。[4]柏拉图把他的公理用于上述问题，由此得出结论，最严格地服从真正法律的人最适合统治。

服从这种意义上的法律等同于服从神明，按照古人的说法，神明掌握着万物的开端、过程和结尾。[5]作为引领人的不信神者会把一切带入深渊。[6]神是万物的尺度。他们是万物追求的目标。[7]在《法律篇》中，柏拉图城邦理想的这一基本思想得到了最明白易懂的表达，而在《理想国篇》中，它是通过“善的理念”（一切存在和思想的源头）和灵魂向其“皈依”等概念得到表达的，并经过了哲学的修改。善的理念是柏拉图提出的神性的新的方面，其他的一切都必须居于其下。更早的希腊思想家把无穷无尽的“万物是一”（All-Eine）或是原始的驱动力，又或是塑造世界的精神尊为神性的。而对从伦理或教育出发的柏拉图的哲学思考而言，神性更应该是准则中的准则，尺度中的尺度。如果从这个意义上来理解，神的概念就成了一切立法的中心和源头，立法就成了对这一概念的直接表达 1197
及其在尘世间的实现。与在自然秩序中一样，神明也将在城邦的秩序中显现并发挥作用。柏拉图认为两者是相互联系的，因为支配宇宙的同样是

---

① 《法律篇》，711d起。

② 《法律篇》，712a。

③ 《法律篇》，712e10—713a2。参见714b，柏拉图回忆起了《理想国篇》第一卷中忒拉绪马科斯的观点，即在世上任何地方，法律都是为了国家中的统治阶层的利益而制定的，而在715a，他又明显用卡里克勒斯的话（引用了品达）为强者正义做了辩护。柏拉图认为只有斯巴达的国家形式是个例外，后者混合了君主制、贵族制和民主制，监察官制度甚至包含了某种僭主制元素（712d—e）。参见691d—692a关于斯巴达的混合政制的全部类似论述（参见第1011页，注释②）。

④ 在《法律篇》的国家中，没有哪个群体能够独揽大权，见715b—c，那里的统治者也应该是法律的仆人。

⑤ 《法律篇》，715e7。

⑥ 《法律篇》，716a5—b。

⑦ 《法律篇》，716c和717a。

最高的尺度及其和谐。[①]法律成了把人塑造成这种和谐的工具。它是人的德性，人在德性中获得了自己的真正本性。柏拉图的思想在这种关于自然（Physis）的新的价值概念中获得了立足点。[②]就像《法律篇》中对灵魂的描绘所显示的，支配世界的原则不是物质及其偶然性，而是灵魂及其秩序。从星辰的世界到植物的灵魂，一切都统一在它的权杖之下，灵魂意味着理智和尺度。[③]在这样的世界中，以纯粹的人的观点和意见作为尺度已经失去了理由。柏拉图的教育和城邦理念建立在对普洛塔哥拉格言“人是万物的尺度”的颠覆之上。他用神明取代了人，表示“神是万物的尺度”。[④]这不是我们第一次看到某位希腊诗人或思想家以修正著名前人的方式表达自己最高的价值尺度。归根到底，柏拉图这样做只是重新确立了城邦、法律和神性的关系，就像早前的希腊人所理解的那样。但神性的概念发生了根本的改变。个体的城邦神明被“万物的尺度”取代，即柏拉图的“善”，它是一切德性的原型。宇宙成了目的论系统，神明是世界的教育者。[⑤]在他老年时写的另一部重要作品《蒂迈欧篇》（与《法律篇》创作

① 在《蒂迈欧篇》中，柏拉图利用那个时代的自然知识，严格按照这种观念对可见世界及其秩序做了解读。因此，他的自然哲学是教化和国家学说的必要背景，就像在他重要的政治作品《理想国篇》和《法律篇》中所阐述的。如果我们在描绘柏拉图的教化时把《蒂迈欧篇》或者其他任何他的作品排除在外，那就会丧失完整性。在这里着重指出这点是为了避免误认为本书作者觉得这样的分离是可能的。当然，本书无法同样详细地讨论柏拉图世界观的所有部分，而是不得不突出那些直接探究教化问题的作品。

② 神明的道路始终是“按照自然”（κατὰ φύσις）的，见716a1。参见《理想国篇》中的描述，那里把“德性”描绘成“按照自然”的状况。在“神明或自然”（Deus sive Natura）这种表达中，神明被和自然画上了等号，并通过后者被理解。而柏拉图则反过来将真正的自然与神性和善进行对比，它们是可见世界追求的目标，但无法达到。

③ 关于这点，参见第五卷开头和第十卷，特别是后者，它把柏拉图的神学完全建立在这种关于灵魂及其同身体之关系的学说之上。

④《法律篇》716c的措辞本身证明，柏拉图想要通过他的表述让人想起普洛塔哥拉的名言，将自己的最高原则同一切相对主义鲜明地对立起来。“因此，对我们来说，神无疑最称得上万物的尺度，远远超过（就像人们所说的）任何人。”神是“尺度”，是对人们应该追求（στοχάζεσθαι）的目标（τέλος）而言；参见717a。这让人想起了柏拉图的《理想国篇》和《高尔吉亚篇》，他在那里教导说，一切努力的目标都是“善”或者“本身是善的”。与柏拉图在更早的作品中关于“目标”（σκοπός）所说的一切的这种联系再清楚不过地表明，《法律篇》中的神明在本质上等同于《理想国篇》第六卷中的“善本身的形象”（ἰδέα τοῦ ἀγαθοῦ）。我们必须认识到，在柏拉图看来，理念是其所是之物的最高现实，因此善的理念所展示的是比世上的其他一切更高和更有力的程度的善。

⑤《法律篇》897b：ὀρθὰ καὶ εὐδαίμονα παιδαγωγεῖ πάντα（它们正确而幸福地教育一切）。

于同时），柏拉图描绘了神圣的造物者如何在自然的表象世界中缔造了永恒理念的世界。他表示理念是“存在者中所包含的模板”。[①]通过立法，哲学成为人类集体的宇宙中的造物者，这个宇宙必将被纳入那个更大的宇宙，而神明的统治将通过作为理性生物的人对神圣逻各斯的有意识贯彻来实现。[②]在这个意义上，尊称神明为世界的教育者是有理由的，没有别的 1198
什么方式像这个尊号那样一下子展现了新的柏拉图神明意识的内在起点和源头。正如对柏拉图来说，天空中的星辰以永远清晰的秩序按照合理而简单的数学规则运动（按照欧多克索斯天文学的研究）是至关重要的知识，[③]人类的立法也寻求让生命体（只要他们对那种更高的秩序有所认识）的任性运动摆脱其无目标和无方向性，引导其走上美好而和谐的道路。星空的图景和星辰的周转反映在人的灵魂里，反映在灵魂中纯粹思想的循环里。[④]在《厄庇诺米斯篇》中，当《法律篇》的编集者把关于“可见神明”的科学（即数学天文）称为星辰上所实现的最高智慧的象征时，他无疑表达了自己的不朽老师的意思。[⑤]

确立了神学作为中心后，柏拉图转而开始详细描绘法律本身。在这里，他分析了自己关于真正立法之本质的基本观点。一切立法活动都是教育，法律是教育的工具。就这样，柏拉图做到了前面的介绍中我们进行过详细描绘的那个要求，即不仅要给出规定，还要通过法律的序言引导人们正确行事。有许多重要的东西需要说，但无法放进通常言简意赅的条文中。[⑥]本质上，这个步骤意味着纯粹的法律统治的阶段被哲学取代，前者的表达是“你不可以”式的命令，后者思考的则是普遍的原则。对哲学来说，法律的实质内容并不如法律规定的理性出发点，或者说道德准则那么重要。这个事实无疑给哲学家立法者造成了实际的困难。为了克服这

① 这一表述很好地解释了《蒂迈欧篇》中的创世工作，也出现在柏拉图的《泰阿泰德篇》176e。

② 在《法律篇》643a7，即在第一卷中首次对教化本质的讨论中已经提到，教化必然会最终引领走向神明。神明是不可动摇的最高目标。按照645a—b的说法，立法者是神性的人，他们内心怀有真正的逻各斯，说服城邦将其变成法律，而神明则用法律作为绳索来驱动作为其玩具的人。

③ 证明这点是柏拉图在《法律篇》第十卷和第十二卷中的神学的目标。

④《蒂迈欧篇》，37a。

⑤ “可见神明”这个名字见《厄庇诺米斯篇》，984d5；作为数学的天文学概念见990a起。

⑥《法律篇》，718b—c。

个困难，他可以说会在法条的字里行间不断进行哲学讨论。[①]这无疑会导致法律的篇幅大大增加，无法完全贯彻。不过，柏拉图更感兴趣的是给
1199 出具体的例子。为此，他选择了婚姻法。首先，他给出了其在当时惯常的简单形式，即威胁。然后是结合了劝说和命令的新的双重形式。[②]序言自然要比法律本身长得多。因为在序言中，柏拉图回顾了《会饮篇》中提出的观点，即生育是为了延续人类种族。他把人类种族视作整体，视作贯穿了所有时代的一代代人组成的不中断链条。与这种意义上的不朽相关的愿望是死后享有声名，不变得湮没无闻。[③]在这里，柏拉图的出发点是希腊古老的名声理念（Kleos），后者与名字联系在一起，个人的德性在其中得到了有效的社会表达。[④]在最狭窄的意义上，这种名声（美名和怀念）的拥有者是家人。因此，剥夺自己的这种不朽永远不符合天理（ὅσιον）。[⑤]男子的结婚年龄被定为30—35岁。到那时还不结婚的人每年会被处以罚金，其高昂的金额可以吓退每个想要利用单身汉生活来为自己牟利的人。他们还会失去城邦的年轻人对年长者的尊敬。他们在社会意义上不再"年长"。[⑥]

柏拉图把哪些法律（无论是较长还是较短的）需要序言留给了立法者来判断。[⑦]他宣称，之前的全部讨论在某种意义上都是序言，[⑧]希望接下去的讨论也能在这种意识下展开。[⑨]紧接着关于对神明和长辈的责任，以及要对他们表现出尊敬的序言部分之后，他认为首先必须对灵魂的本质进

---

① 柏拉图把他要求的这种法律规定与哲学理由的并行称为"双重讨论"，参见718b—c、719e起、720e6—8。

② 简单形式的婚姻法，参见《法律篇》，721a—b3；双重形式的，参见721b6—d6（结合了劝说和命令）。

③《法律篇》，721c。

④ 本书第一卷，第44页，参见第11页起。

⑤《法律篇》，721c。

⑥《法律篇》，721d。这意味着他们无法再使用柏拉图的第三公理（参见690a7）赋予老年人对年轻人的权威。

⑦《法律篇》，723c—d。

⑧《法律篇》，722d。

⑨《法律篇》，722e5。

行解释，因为这对教育来说具有根本上的重要性。[①]序言部分结束后将是真正的立法。这部分必须从关于新城邦的公职和政治基本结构开始。因为在制定公职人员据以展开治理的法律之前先要设立公职，并确定与它们相联系的职权。[②]在这里，柏拉图先行对教化的建设做了重要的评价。他在 1200
国家这一织物上区分了经线和纬线。前者必须比后者更加坚韧。经线是被指定成为统治者的人，他们的德性必须高于其他公民。因此，他们必须区别于鲜受教育（σμικρὰ παιδεία）的人。[③]事实上，柏拉图在第十二卷中提到——他在这部作品快结尾时谈及了统治者及其教育——这个阶层接受的是更精心的教育（ἀκριβεστέρα παιδεία）。[④]这一评价在第五卷中无疑显得太早，因为他暂时还没有谈到更高级或较低级的教育，而是在讨论完全不同的问题。但显然柏拉图一直都在考虑教育问题，因此整个第七卷实际上都围绕着对教育的立法。第七卷中的这些教育法律显然对应于第五卷（735a）中先行提到的"鲜受教育"。这是普通公民的教育，不同于对未来的城邦统治者的教化。在我们面前的版本中，这种基础教育在作品中处于完全显眼的位置，但那是完全合理的。《法律篇》最大的魅力之一在于，它如此深入地思考了一个问题，该问题不仅在柏拉图的《理想国篇》中被完全忽视，而且在从智术师运动开始后关于正确教育的争论中，它也从未

---

① 《法律篇》，724a。第五卷的开头延续了灵魂学说，那不是别的，正是苏格拉底教旨的核心。第四卷最后的句子再次强调了序言与教化的关系。事实上，传统意义上的法律还不够，如果它们真要培养公民具备"完美公民"（τέλεος πολίτης）的美德（643e称其为一切真正教化的目标）。总而言之，立法必须增加的和必须进入每个具体法规的是苏格拉底的精神。

② 在整个立法的一般性序言结束后（734b）应该是真正的法律。柏拉图在这里（735a）区分了治理的两个部分（εἴδη πολιτείας），即设立公职和制定担任公职者据以治理国家的法律。不过，前者直到第六卷开头才被提到，之前是对地产和土地分配的详细讨论（735b）。如果说我们面前的这部作品的谋篇有哪个地方不完善，那就是这个重要的段落。诚然，对于土地分配这个让公元前4世纪的社会改革家非常感兴趣的问题来说，没有哪个地方比放在对土地管理的讨论之前更好了。但尽管如此，读者还是不认为柏拉图会考虑将其放在这里，因为他在735a5—6宣称将转而谈论设立公职。Ivo Bruns, *Platos Gesetze*, p. 189ff. 认为，734e6—735a4是来自柏拉图草稿的片段羼入。

③ 《法律篇》，734e6—735a4。

④ 《法律篇》，965b。相反，柏拉图在《法律篇》670e所理解的比面向大众的"更精心的教育"显然与这里所指的统治者的高等教育无关。在第二卷的这个地方，这一表达还不具备可以将第十二卷中的"更精心的教育"与第五卷735a的"鲜受教育"对立起来的鲜明的概念意义。

被认真讨论过。[①]

民众教育的法律

柏拉图本人意识到，对于通过一般性的法律影响人们的生活而言，没有哪个领域比教育更难。教化的很大一部分是在家中和由家人完成的，因此不受公众的批评。[②]但家庭的影响至关重要。柏拉图相信，他可以更多通过教诲而不是规定来做到这点。[③]但当时的现状是，在不同的人家，
1201 私人教育以完全相反的方向展开，立法者无法消除这种差异，后者大多体现在很小和几乎不可见的东西上。不过，就整体影响而言，对正确教育之本质的理解不同会令成文立法产生疑问。[④]因此，尽管很难对教育立法，但同样不可能干脆对此保持沉默。柏拉图的这一批评针对的是当时在雅典和其他没有对教育做出法律规定的希腊城邦的情况。[⑤]关于教育的法律紧接着关于婚姻和生育孩子的法律，柏拉图在后者中已经为前者奠定了基础。[⑥]彼此缔结婚约的双方应该把生育尽可能美丽和优秀的孩子视作最高的社会目标。[⑦]柏拉图没有安排由国家挑选配偶，就像在《理想国篇》中对卫兵所做的那样。在《法律篇》中，他也没有触及婚姻本身。但他要求双方特别重视此事，还设立了一个妇女委员会，她们的任所位于生育女神埃莱提娅（Eileithyia）的神庙中。[⑧]她们也在那里办公，负责提供建议。她们对婚姻有监督权，与适合生育的年龄一样延续10年。如果男方或女

---

① 柏拉图不太可能计划在《法律篇》中对基本和高等教育进行同等程度的讨论。如果他进行更深入的描绘，对统治者的教育与《理想国篇》中对哲人统治者的教育没有本质区别。

② 《法律篇》中有家族和家庭，这是对现实状况的近似。这种社会秩序的基础体现在作品中讨论地产分配的部分（735b起）。尽管这部分内容与教化无关，但它对规范财产和收入的理解自然也对教育的构成至关重要。反过来，就像柏拉图在740a所指出的，保留私人财产体现了“按照现在的生育、养育和教育”（κατὰ τὴν νῦν γένεσιν καὶ τροφὴν καὶ παίδευσιν）所处的教育和文化阶段，即当下的状况。

③ 《法律篇》，788a。

④ 《法律篇》，788a—b。

⑤ 《法律篇》，788c。

⑥ 生育、养育和教育休戚相关，参见740a2—783b2。

⑦ 《法律篇》，783d—e。

⑧ 《法律篇》，784a。

方没有对后代表现出必要的兴趣，或者无法生孩子，她们就会介入。最后一种情况下，婚姻会被解除。[①]这个委员会的成员会走进各家各户，向较年轻的女人提供建议，避免她们犯下由无知引起的错误。对于那些故意顽固地拒绝更好的认识和劝告的人，有一套详细的惩罚制度被制定，特别是荣誉惩罚。[②]

柏拉图在这里遵循的是斯巴达法律的要求，只是将其扩大。我们从克里提亚斯和色诺芬那里看到——两人都写到过斯巴达人的城邦和养育——在那里，对后代的重视从受孕和怀胎之时就开始了。[③]这种优生学在公元前4世纪的哲学作品中得到了巨大的支持，柏拉图和亚里士多德在他们的国家乌托邦中加入了它。普鲁塔克和其他更晚近的教育学作家则是 1202
从他们那里接受的。柏拉图《法律篇》的特点是，相比于在《理想国篇》中，他在这部作品中更加专注地探究了养育更优秀和更健康的年轻人的生理学和优生学基础，同时把道德教育的决定性阶段放到童年早期。医学养生显然对他的构想产生了巨大的影响。当他规定要让胎儿在母体内运动时，[④]那只是对竞技体系的扩展，这种体系也是当时的医生主要感兴趣的对象。柏拉图援引了斗鸡和其他为了战斗目的而训练的较小的鸟为例，主人利用其来完成自己的任务，把它们放在手臂上或者腋下，带着它们去远处兜风。[⑤]无论自身是否发力，对身体的真正震动同样能给人带来增强力量的效果，就像散步、荡秋千、去湖边休养漫游、马术运动和其他种类的活动所证明的。[⑥]因此，柏拉图建议怀孕的母亲多散步，对新生的婴儿进行按摩，把他们留在襁褓中直到两岁。保姆应该带孩子去乡间的神庙或是亲戚家，把他们抱在手上，直到他们能够站立。[⑦]柏拉图考虑到了母亲和保姆的反对；但还是应该向父母做出上述建议，以便让他们明白自己的责

① 《法律篇》，784b。
② 《法律篇》，784c起。
③ 克里提亚斯，残篇32，Diels。
④ 《法律篇》，789a起。
⑤ 《法律篇》，789b—c。
⑥ 《法律篇》，789c—d。
⑦ 《法律篇》，789e。

任，意识到疏忽的后果。[①]在这之后也需要让孩子不断活动，不应设法让他们安静下来。这有违孩子的天性；白天和黑夜都要有节奏地活动，就像在船上那样。[②]能让孩子们平静下来的正确做法不是让他们安静，而是歌唱，因为外部的活动能够释放内心的恐惧，起到和缓的效果。[③]柏拉图对这些医学问题给予了如此之多的重视，因为他认识到生理因素对于性格的心理塑造的重要性。关于对待新生儿身体的学说都直接与这种塑造相关。
1203 孩子通过身体活动给自己带来舒适和避免不适，这是灵魂塑造的第一步。正因为柏拉图把人的一切教育视作对灵魂的塑造，他成了幼儿教育的奠基者。

让孩子避免恐惧感是教育他们变得勇敢的第一步。柏拉图承诺说，新生儿的身体训练能够实现这样的结果。不满和生气会导致产生恐惧。[④]柏拉图要求在娇惯和高压之间选择中间路线。前者会导致过于敏感和喜怒无常，后者则让他们变得唯命是从、胆小怕事和对人怀有敌意。[⑤]我们可以说，教育者应该极其小心地避免造成自卑情结，因为过度的教育很容易造成这种后果。目标必须是让孩子快乐。因为必须尽早为性格的和谐与完全平衡奠定基础。选择这一中间路线时，我们既不能纵容孩子的乐趣，也不能将其完全禁止。[⑥]“习惯”是一种巨大的力量；柏拉图直接从“习惯”（ἔθος）衍生出“性格”（ἦθος）。[⑦]必须让新生儿在前三个年头习惯于这种均衡，那时他们还没有完全被快乐和痛苦支配。[⑧]柏拉图并不把这些要求视作法律，而是不成文的惯例（ἄγραφα νόμιμα）。他认为其至关重要，称之为城邦的纽带（δεσμοὶ πολιτείας）。它们维系了整个结构，如果去掉它们，结构就会崩塌。[⑨]教化的准则本质上由这些固定的习俗（ἔθη）和习

① 《法律篇》，790a—b。
② 《法律篇》，790c—d。
③ 《法律篇》，790e起。
④ 《法律篇》，791c。
⑤ 《法律篇》，791d。
⑥ 《法律篇》，792b起，参见793a。
⑦ 《法律篇》，792e。亚里士多德也接受了这种观点。
⑧ 《法律篇》，792b4。
⑨ 《法律篇》，793a10—c。

惯（ἐπιτηδεύματα）构成。它们比成文法（νόμος）更重要。[1]想要建立新的城邦，将其牢牢地维系在一起，就必须具备这两个元素。[2]后来，在西塞罗的伦理和国家哲学作品中，当他想要表示整个成文和不成文的准则体系时，他常常谈到leges et mores（法律与习俗）或者leges et instituta maiorum（法律与祖制），这些是人们生活的基础。这种两分法可以上溯 1204
到希腊城邦的古典时期，柏拉图从这种现实社会结构中获得这一概念，并传给了后来的哲学思想家。他本人表示，严格来说，风俗和习惯并不属于一部名为《法律篇》的作品。虽然他还是援引了很多这方面的内容，[3]但并非因为他对概念的区分不够清晰，而是更多与他的教化动机有关。因为他对立法的理解完完全全是教育的，他对其概念的理解足够广义，可以在他作品中（并非被刻在铜板上，竖立在城中，而是作为文学创作）大量包含风俗和习惯。就像《法律篇》中对异族风俗（νόμιμα）的有趣引用所表明的，这部分作品的背后是对希腊和蛮族“风俗”的广泛研究，就像对真正的法律所做的比较那样。[4]当时，希腊对本民族和异族的风俗历史的兴趣达到了顶点。这项工作在学园中显然已经开始了，亚里士多德是它的延续者。

柏拉图将对青少年的教育分为若干阶段。从3岁到6岁应该让他们游戏。对于他们娇惯和过于敏感的本性应该施加惩罚。但不能让他们对惩罚心生怨愤，也不能将他们出乎意料地饶恕。[5]当这个年龄的孩子聚在一起时，应该让他们自己发明游戏，不应对他们做出规定。柏拉图希望各区（κώμη）的孩子能在当地的圣所举行这种聚会。他由此预见了幼儿园这一现代设施。照顾孩子的妇女需要监督被托付给她们的小孩子。而她们本人和“整群孩子”（柏拉图用斯巴达人的表述ἀγελη来称呼他们）则受到十二人委员会中的一名妇女监督，该委员会是为了这个目标从婚姻监督

① 《法律篇》，793d。显而易见，这里指的都是雅典的法律，后者对这一切完全沉默。参见788c。

② 《法律篇》，793d。

③ 书中提到了斯巴达、克里特、凯尔特、伊比利亚、波斯、迦太基、斯基泰、色雷斯、索洛马提亚和其他许多希腊城邦和地区的风俗（νόμιμα或ἐπιτηδεύματα），把它们作为例子。

④ 《法律篇》，793d7—e。

⑤ 《法律篇》，794a—b。

1205 委员会中选出的。[①]在6岁以前，对男孩和女孩的教育都由女性负责。男女共同接受教育。从那以后，柏拉图将两性分开。[②]后续的培养对左手和右手一视同仁，不像现在那样偏向一边。[③]之前一笔带过的身体竞技在这里被重新提出。[④]竞技仅限于舞蹈和摔跤。对以后的军事训练无用的一切都被去除。[⑤]这无疑包含了很大一部分在当时变得以自身为目标的竞技。另一方面，我们从柏拉图后来对于设立这方面的教师力量所说的话中看到，他希望看到竞技的概念向着军事训练大大扩展，因此许多广为人知的希腊竞技在《法律篇》的国家中几乎只剩下了名字。[⑥]我们看到了为射箭和投掷、轻甲和重甲持剑格斗、各种阵型的技巧、安营和骑术等而出钱聘用的老师。柏拉图在那里明确表示，他把这一切都算作"竞技"。[⑦]尽管这些内容属于后来的培养阶段，但只有将其同他关于竞技的开端所说的话结合起来，我们才能理解柏拉图为何要求削减竞技。他希望看到被培养的是人的一种高尚、率真的风度，而竞技是造就他所期望的风度的重要手段。他在谈到复兴古代的战车舞蹈时提及了克里特岛上的"青年武士舞"（Kureten）、斯巴达的"双子舞"（Dioskuren），以及雅典的"德墨忒耳母女舞"（Demeter und Kore）。[⑧]这让我们想起，阿里斯托芬在《云》中指责这些舞蹈的式微是古老教化衰败的标志。[⑨]柏拉图的脑海中看到了尚未达到参战年龄的年轻人乘着战车和战马，参加向神明致敬的盛大队列和节日游行——就像我们在帕特农神庙的饰带上看到的他们的理想形象——让他们在竞赛和预赛中试试自己的力量。[⑩]

我们在柏拉图的理论中看到的这种强化军人精神的趋势也出现在当
1206 时的政治现实中。公民的普遍兵役责任最初不仅是斯巴达的制度，在雅典

① 《法律篇》，794c。
② 《法律篇》，794d5—795d。795a援引斯基泰人的习俗，作为这种左右手教育可行的证据。
③ 《法律篇》，795d6起。
④ 《法律篇》，796a。
⑤ 《法律篇》，813c6起，关于专业老师，参见813e。
⑥ 《法律篇》，813d6。
⑦ 《法律篇》，796b。
⑧ 参见本书第二卷，第373页。
⑨ 《法律篇》，796c—d。
⑩ 伊索克拉底，《战神山议事会演说》，82；德摩斯梯尼，《反腓力第一辞》各处。

民主中也同样是公民生活的法律基础。它不仅不被认为是非民主的，反而被视作是城邦每个公民享有之自由的不言自明的前提。在公元前5世纪雅典鼎盛时期所展开的大量战争中，履行这种责任被认为是理所当然的。随着公元前4世纪时开始招募雇佣军，人们普遍抱怨公民的服役能力和意愿衰败了。[①]但即便在那时，青年的两年兵役仍然得以保留，而鉴于上面的事实，对于年轻人的教育来说，这个要求甚至有了更大的意义。有人认为必须相信，经历了喀罗尼亚的惨败后，雅典城邦甚至在实践中遵循了柏拉图在《法律篇》中给出的建议。[②]但这种说法站不住脚，因为青年兵役制的时间要早得多。不过，在柏拉图的《法律篇》问世10年后，在吕库格斯改革的时代，对雅典民主产生影响的正是在前者中占据主导的精神。但那时，自由早已彻底失去。用药为时已晚，起不到真正的帮助，因为当公民大众明白服役的必要性时，他们已经面临着将永远毁灭雅典民主的彻底失败的事实。

竞技之后是音乐。[③]重新讨论它似乎是多余的，因为《法律篇》的第二卷在谈及尽早习惯于正确的快感时已经探究过这个问题。[④]在第七卷中讨论音乐教育时，柏拉图也持同样的观点。他在《法律篇》中所说的与《理想国篇》中的对应阐述差别最大的正在于此。在后者中，柏拉图特别 1207
考虑的是把其哲学的新的伦理和形而上学思想作为音乐艺术的内容和形式；在《法律篇》中，就像我们之前所指出的，他的兴趣转向了教育工作的心理基础，因此从无意识的塑造开始。在《法律篇》的第二卷中，规范问题成为焦点，对话长时间围绕着谁对艺术事物中的“正确”做出了真正的判断展开，[⑤]而在第七卷中，柏拉图以立法者身份出现，聚焦于在游戏中学习的想法。[⑥]在探讨部分中，他已经谈到了这一点，[⑦]现在柏拉图开始

---

① Wilamowitz, *Aristoteles und Athen* I, 353.

② 参见I. O. Lofberg, The Date of the Athenian Ephebeia», *Classical Philology* Bd. 20 S. 330－335。

③ 《法律篇》，796e。

④ 《法律篇》，659d起。参见673b，对音乐的讨论被宣告结束。

⑤ 《法律篇》，658e。最好的艺术不是带给人们最大享受的，而是给受过充分教育的人（ἱκανῶς πεπαιδευμένοι）带来享受。

⑥ 《法律篇》，797a起。

⑦ 《法律篇》，643b—c，656c。

对游戏的教育价值做出了新的原则性解释，因为此前后者在所有城邦都被完全误解。[①]无论这种重复是出于柏拉图教学习惯的风格，还是因为作品的未完成状态，它都清楚地表明，对柏拉图来说什么是重要的。老年时的他一定比过去更多地思考游戏的问题，特别是作为培养正确性情的早期手段。对3岁到6岁孩子的游戏，他给予了孩子们的创造力以完全的自由，[②]而在那个年龄段之后，他为其安排了体现出一种完全确定色彩的固定游戏。由于一切教育的最高前提是规范的稳定，以及用于维系好传统的国家制度的经久不变，他在《法律篇》中试图通过让孩子们从小习惯于固定的游戏形式来实现他在《理想国篇》中提出的要求，即确保音乐传统得到保存。不得对游戏做出改变，它不应是风尚、心血来潮和实验的对象（柏拉图认为，那是他自己的时代的特征）。[③]"旧的"一词本身不应被贬低，就像在那个风尚不断变化的时代那样。[④]新游戏意味着年轻人的新精神，这意味着新的法律。任何改变本身都是危险的（除非是改变坏的），无论是气候、身体的习惯还是心灵的特点。[⑤]

1208　因此，柏拉图试图将节奏和歌唱等人的游戏本能的表达形式固定下来，为此他以之前提到的埃及艺术为模板，[⑥]宣称它们是神圣的，因而是不可染指和不可改变的。[⑦]从历史角度来看，这会否定希腊人真正的成就，即诗歌摆脱受等级束缚的东方诗歌创作的整个发展，让作为个人表达的诗歌创作变得不可能。因为在《法律篇》中，除了官方的歌曲和舞蹈，其他的一切都被禁止。在希腊，Nomos一词具有法律和歌曲的双重意思。柏拉图想要将这两种意思完全融为一体。他的教育体系中所承认的歌曲应该像法律一样，没有人能够撼动它们。[⑧]一系列基本规则界定了它们的性质、形式、目标和题材。[⑨]一个主管机构被设立起来负责歌曲的挑选，有权改

① 《法律篇》，797a7。
② 《法律篇》，794a。
③ 《法律篇》，797b—c。
④ 《法律篇》，797c5—d。
⑤ 《法律篇》，797d。
⑥ 《法律篇》，656d，参见797a。
⑦ 《法律篇》，798b—d，关于歌舞的神圣，见799a。
⑧ 《法律篇》，799e—800a。
⑨ 《法律篇》，800b—801e。

编部分有用的歌曲，显然就像柏拉图本人之前对堤耳泰俄斯的哀歌所做的修改那样。[①]对活着的诗人所做的规定——他们必须始终将“法律”的精神视作准则——仅仅适用于新城邦建立后的最初时间，因为一旦被接受，那些歌曲就不再允许改变。除了上述传统，只有写给非常当之无愧的公民同胞的赞歌和颂词这样的即兴诗歌还有一席之地，而且仅限于写给那些终生保持着德性的死者。[②]

事实上，柏拉图如此设想新的秩序：传统的绝对固定将始终与必要的轮替结合起来。他把日历上的一年作为生活时间循环的基本单位，在其中为地位或高或低的神明分配了永久固定的节日，展开献祭和祈祷。[③]他为每个祭司节日确立了特别的歌曲、节奏性的举止和动作，即所谓的“舞姿”（Schemata），希腊人在描绘节奏性对象的本质时也经常使用这个词。[④]我们在《法律篇》中看到的理想生活秩序可以与天主教的教历、节 1209
日和为每一天所规定的圣礼和礼拜仪式相比较。我们在之前已经做过这种比较，柏拉图从他的基本思想中得出的结论印证了这种相似性。只要我们试图把柏拉图的教育体系想象成国家，它就会让人觉得陌生，但如果我们想到的是后古典世界最大的教育机构天主教会，那么他最后的这部作品马上就显示出预示了天主教的许多根本特征。[⑤]在今天的世界里，国家和教会是分开的，而在柏拉图那里，两者被统一在城邦的概念之下。不过，正是柏拉图对人类集体之教育的精神力量所提出的非同寻常的要求造成了这种统一的崩溃，缔造了一个建立在尘世之外和之上的精神王国。从《理想国篇》到《法律篇》，他以自己的教育理念为中心建立起来的城邦迅速变

① 《法律篇》，801d，802b。
② 《法律篇》，801e—802a。
③ 《法律篇》，799a。
④ 《法律篇》，802e5；参见本书第一卷，第135页。
⑤ 在与教会的精神结构相对应的柏拉图教化的特征中，除了非常尊重礼拜仪式中的姿势、歌唱和动作的固定形式，最重要的事实是，柏拉图把整个生命和人的教育建立在一个神学体系之上，把取悦神明变成了万物的普遍尺度。柏拉图要求对否定这一体系的真实性和怀疑神明存在的人判处死刑；参见《法律篇》，第十卷，907d—909d。在这点上，他把自己同对无神论的控诉联系起来，这种现象早在最古老的城邦中就有了。不过，苏格拉底的城邦因为否定城邦的神明而判处死刑，柏拉图在《法律篇》中的城邦则反过来判处任何不相信苏格拉底所宣示神明的人死刑。柏拉图当然确信，接受多年对灵魂的哲学治疗的人（他嘱咐神明的否定者这样做，然后才会觉得他们无可救药而放弃）很难不认识到和接受永恒之善学说的真理性。

得接近于对灵魂的精神统治，就像教会后来所实现的。不过，在柏拉图本人的基本观念中，这个王国一直不是别的，而是在更高部分的引导下发挥作用的人内心最深处的天性。在我们的内心，更高的部分支配着较低的部分，就像《法律篇》的公理中作为基本要求所规定的。

在许多人看来，将少年的游戏及其形式扩大到如此的尺度是过分夸张了一种本身正确的想法，它把生命的重点从我们往往特别重视的地方转移到了被我们视作生活中纯粹的附属之物上。柏拉图本人意识到这个后果，他用庄严的宗教语言做了重新评价，将其与他立法中的神明中心主义的基本思想联系起来。在作品的开头，他把人类称作神明的玩具。①如果我们把这幅图景同法律序言的想法（他在其中宣称神明是万物的尺度）结合起来，②那么就会得到他在这里宣示的结论：人的生命不值得特别严肃
1210 的对待。在自然中（φύσει）只有神明值得全部的严肃对待，对人则只有他们身上的神性部分。③那个部分就是逻各斯，神明以此为纽带控制人的活动。人类最高的形式是神明的玩具，④他应该致力于追求的生活是尽可能按照神明喜欢的方式去游戏。⑤离开这种关于神性的观点，人性也就没有了独立的价值。战斗和争斗尤其不是生命中真正严肃的事。它们“既不包含游戏（παιδιά），也没有对我们来说需要最严肃对待的东西，即任何值得一提的教育（παιδεία）”。因此人们应该把和平地生活作为头等大事，就像我们所说的：我们打响战争是为了拥有和平。⑥我们的全部生活应该是始终用献祭、歌曲和舞蹈向神明致敬，以便获得神明的保佑。此外，击退敌人一直是无法回避的责任，在上述精神下接受教育的人会比其他任何人都好地履行这一责任。⑦中世纪的精神骑士团可能更好地对应了这种双重理想。

至少在开明的19世纪人眼中，柏拉图的整个法律城邦都显得如此过

① 《法律篇》，644d。
② 《法律篇》，716c。
③ 《法律篇》，803b—c。
④ 参见《法律篇》，644d7—645b。在803c和804b，柏拉图显然再次联系了这一比喻。
⑤ 《法律篇》，803c、e。
⑥ 《法律篇》，803d。
⑦ 《法律篇》，803e。

时，但也有许多特别现代的具体要求，比如普遍义务教育[1]，女性马术[2]，设立公共学校和运动场[3]，男女均接受教育[4]（柏拉图在《理想国篇》中只希望对卫兵这样做），对每天的工作进行严格的时间划分，[5]要求在公共和私人生活中占据领导地位的人在夜间工作（这在希腊是前所未有的），[6]对老师进行监管，[7]设立以国家教育官为首的最高国家教育委员会。[8]在这里，柏拉图预设了存在“教育监管者”。他在《法律篇》的第六卷中已经提到设立这样的部门，那卷的主题是“设立监管者”（ἀρχῶν κατάστασις）。在这里我们只需简单回忆一下，在从序言过渡到真正的立法部分时（735a5），柏拉图区分了设立管理部门和为管理国家而制定的详细法律。 1211
从764c开始，他要求任命负责音乐和身体竞技的官员，然后（765d）是设立对教育体系来说最重要的职务：教育官。他们的年龄不能低于50岁。甚至在我们将会提到的关于政制权利的部分中，柏拉图也用庄重的口吻（766a）提出教化在《法律篇》的城邦中是至关重要的，以此解释了他为何要令希腊人吃惊地创立一个全新的部门，后者清楚地表现出教化在这个城邦中的核心位置。柏拉图一再提醒选举者和候选人，最高教育官员的职务“要比最高级城邦官职中的其他职务重要得多”（765e2）。通过设立最高教育官，立法者希望确保教育在他的城邦中永远不会成为“次要的事”。教育官的选举将特别隆重而烦琐。除了议事会和主席团，所有的官员都要在阿波罗神庙集中，通过秘密投票从作为“法律守护者”（νομοφύλακες）的夜间议事会（νυκτερινὸς σύλλογος）成员中选出他们每个人认为最适合领导教育部门的人选。在对候选人进行考察（δοκιμασία）时，与他们关

① 《法律篇》，804d。
② 《法律篇》，804e。
③ 《法律篇》，804c。
④ 《法律篇》，805c。
⑤ 《法律篇》，807d6—e。
⑥ 《法律篇》，807e。
⑦ 《法律篇》，808e。
⑧ 在《法律篇》809a，柏拉图把站在国家教育活动顶端的最高官员称为ὁ τῶν νομοφυλάκων ἐπὶ τὴν τῶν παίδων ἀρχὴν ἡρημένος（法律守护者中被选出负责监管孩子们的），809b7和813c1称之为παίδων ἐπιμελητής（孩子的监督者），811d5和812e10称为παιδευτής（管教者），813a6称为ὁ περὶ τὴν μοῦσαν ἄρχων（音乐主管）。

系最近的团体“法律守护者”并不参加。教育官任期5年，担任过此职的人不能重新当选，但将是下一届夜间议事会的长期成员。作为教育监管者，他们自然在其中自动享有第一等的地位。不过，让我们从这段政制权利的插曲中回到教育官的职权上来。现在出现的问题是，最高教育官员本人是如何受教育的。[1]应该向他们提供尽可能翔实的指示，以便他们随后作为他人的诠释者和教育者。[2]必须把关于歌队舞蹈和歌唱的规定作为其教育的基础，因为宗教教育为其他一切提供了框架。[3]但除此之外，所有自由公民——《法律篇》中考虑的是他们——的孩子还要获得许多知识，
1212 包括读写，演奏里拉琴，以及阅读没有歌舞伴奏的诗歌。[4]

柏拉图特别探究了教授诗人作品的方法。他批评“万事通”，这在他的时代被许多人当作有文化。[5]就像许多同时代的其他文献所证明的，人们会背诵某个诗人的全部作品，[6]柏拉图在《理想国篇》中批评将诗歌理解成一切知识的百科全书便与此有关。[7]相反，他在教育史上第一个提出编撰只包含选出的最佳作品的读本。[8]他希望只背诵诗歌作品的个别段落，以避免材料让记忆不堪重负。老师在进行挑选时应该以《法律篇》作为模板。[9]在这里，作者暂时打破了《法律篇》是真实对话的幻觉，将其视作文学作品。它和任何诗歌创作一样是神性灵感的产物，柏拉图甚至明确将其同韵诗放在同一层面上，这是对其艺术家自我意识的最重要证明之一。[10]不仅青少年应该将《法律篇》当作最崇高的诗作来读，而且老师应该根据它来培养自己关于真正诗歌的尺度，对其进行最细致的研读。[11]城邦的最高教育官员应该根据对这部作品和其中观点的理解来选择自己的同

① 《法律篇》，809a6。最高教育官员的教育者是法律本身。
② 《法律篇》，809b。
③ 参见《法律篇》800a起，那里给出了确立固定传统的详细建议。
④ 《法律篇》，809e—810c。
⑤ 《法律篇》，810e。
⑥ 参见色诺芬，《会饮篇》，3.5。
⑦ 《理想国篇》，598e、599c；参见色诺芬，《会饮篇》，4.6。
⑧ 《法律篇》，811a。
⑨ 《法律篇》，811c起，特别是d5。
⑩ 《法律篇》，811c6—10。
⑪ 《法律篇》，811e。

僚和师资。内心无法认同《法律篇》精神的人无法担任教育者，在柏拉图的城邦中找不到职位。[①]今天，我们自然能看到其背后潜在的危险，因为许多人赞美这部作品只是为了谋得职位。但无论如何，柏拉图都希望将其视作一切教育智慧的圭臬，视作教养内容的不竭矿藏。出于这种意图，他将其交给了文法学家们。[②]

我们在这里无须详细叙述在文学老师之后，音乐老师或齐特拉琴手如何接受书中的指示，[③]或者身体竞技和舞蹈的规则如何将我们之前描绘过的普遍思想付诸实践。[④]在这部分内容中自然有大量与《理想国篇》或 1213
者之前在《法律篇》中对该问题的先行讨论相关的地方。[⑤]柏拉图的严肃很容易变成反讽，比如他把自己的《法律篇》作为最美的悲剧介绍给那些被他指责在舞曲和歌曲中模仿了坏的榜样和对象的诗人，因为这部作品是对最美和最好生活的模仿。[⑥]"你们是诗人，我们是同一类型的诗人，"他这样[⑦]对他们说，"我们——哲学家——是你们的竞争者。在最优美的戏剧方面，我们是你们的对手，只有真正的法律才能创造出这种戏剧，就像我们希望的那样……现在，软弱缪斯的传人啊，把你们的歌曲放在总督的面前，让它们与我们的进行比较，如果它们和我们的一样或者更好，我们就为你们献歌，否则朋友们，我们就无法这样做。"柏拉图的作品从一开始就瞄准了与旧式诗歌的竞争；这是《理想国篇》中对古典诗人展开攻击的前提。在柏拉图本人的作品中，法律序言被用来替代早前的诗歌，作为学校和舞蹈教学的对象，这是沿着上述道路顺理成章的最后一步。完全撇开这一要求是否可以实现的问题，它真正让我们理解了柏拉图：为了创造新的教化，这位哲人成了诗人，把他构想的国家建立在自己的作品之上。我们必须把这种观点同他在《斐德若篇》和《第七书简》中的想法放

① 《法律篇》，811e6—812a1。
② 指诗歌老师，见812b。
③ 《法律篇》，812b起。
④ 《法律篇》，813b起。
⑤ 特别比较第二卷。
⑥ 《法律篇》，817a—b。
⑦ 《法律篇》，817b6起。

在一起来看（柏拉图在后两者中似乎剥夺了书面文字的几乎全部意义①），以便看清这两种自我看法中的真理内容和反讽。

富有启发的是，就像这位哲学家在《理想国篇》中把对统治者的教育建立在辩证法和数学之上，他在《法律篇》中考虑的是这种知识对民众教育的可期待性。显而易见，作为他对城邦最高掌控者的要求，数学和天
1214 文学方面的长年基本训练并不在公民普遍教育的考虑范围内。②但他不满足于竞技和音乐这些旧有的教化，而是第一次补充了现实性的基本教育。因此他考虑到了当时对培养理智所提出的更高要求，不过柏拉图还着眼于更高的目标。与从前不同，这些学科现在对世界观具有了直接的意义。③当柏拉图表示，对民众的教育仅仅需要算术以及测量线段和面积的基本知识时，④乍看之下这似乎与苏格拉底对这方面的教化所设定的范围相同。⑤但后者考虑的是未来政治家的需求，而柏拉图说的是基础教育。诚然，教授算术从来没有完全从基础教育中消失，但柏拉图认为必不可少的最低限度的数学显然超出了原来的。这意味着数学的新胜利，在征服高等教育之后，现在它又征服了民众教育。数学对各个教育层次的统治权要归功于它比其他任何学科更早地认识到在教育中根据各个教育等级的理解力程度不同来传授知识的必要性，同时又丝毫没有失去其方法的精确性。⑥

柏拉图显然对自己时代的新数学念念不忘，以至于他通过提到希腊人研究的最新观点来解释他开展数学基础教育的要求。那位雅典的异邦人坦然表示，他本人直到年纪不小时才了解了这门他想要通过民众学校来教

---

① 《斐德若篇》，277e；《第七书简》，341c。

② 《法律篇》818a指出，柏拉图在《法律篇》中也对“少数人”（τινὲς ὀλίγοι）提出了掌握数学的“准确知识”（ὡς ἀκρίβειας ἐχόμενα）的要求。ἀκρίβεια一词显然有意识地与ἀκριβεστέρα παιδεία（更精心的教育）这一表述联系起来，后者在第十二卷中（965b）表示未来统治者的教育。这一表达直接来自《理想国篇》，柏拉图在503d8同样把统治者的教育称为“最精心的教育”（παιδεία ἡ ἀκριβεστάτη）。因此在这点上，《法律篇》中的统治者教育和《理想国篇》第七卷中所描绘的没有区别。他在《法律篇》第七卷中对数学的要求对应着大众教育的层次（鲜受教育，σμικρὰ παιδεία）。

③ 参见《法律篇》，967a起。

④ 《法律篇》，817e。

⑤ 色诺芬，《回忆苏格拉底》，4.7.2起。

⑥ 参见《法律篇》818c—d关于数学的必要性和数学研究的正确次序的叙述。这预设了存在一个完善的教育体系。《厄庇诺米斯篇》978c也强调了这种研究的人文主义特征。

给希腊各民族的学科，并认为有教养的希腊人在这方面落后于埃及人是个耻辱。[①]他是在谈到测量线段、面积和体积问题时这样表示的。[②]柏拉图在这里所说的话显然建立在关于埃及数学知识状况的最新报道之上。他对这方面的知识大概来自欧多克索斯，后者本人曾长期在埃及生活和观察。[③] 1215
柏拉图所了解的埃及人在算术基本教育方面所用的和他推荐人们模仿的方法无疑要追溯到某位直接的见证者。[④]让他的消息源是欧多克索斯的说法变得更加可信的是，柏拉图在谈到数学时还提及了另一种在希腊同样仍然是未知的，但对正确地敬奉神明具有更大意义的学说。这种天文学观点认为所谓的"行星"完全名不副实，因为与肉眼看上去的不同，它们不是在天空中向前然后向后移动，而是永远沿着同样的固定圆周运行。[⑤]这种理论是由欧多克索斯提出的，要归功于柏拉图在这里特别提到的知识，即作为肉眼看来移动最慢的行星，土星事实上是所有行星中最快的，走过的路程也最长。[⑥]柏拉图把这个天文学事实同他的观点联系起来，即星星是有灵魂的物体或者可见的神明。由此看来，这个客观错误是对应受尊敬者的严重怠慢，对于奥运会赛跑者来说这已经是最大的不公正，更别提对神明的崇拜敬奉了。[⑦]于是，对于在民众学校中开展数学和天文学教育的要求就直接同《法律篇》中独特的神学结合起来，后者认为，观察星辰按照数学进行的永恒循环是产生神明信仰的主要来源。[⑧]在柏拉图看来，"数学"（特别是天文学）的神学功能是本质性的。在《法律篇》后文中为了证明神明的存在而做的阐述中，他强调了一种历史变化：通过天文学的新发

① 《法律篇》，818b—819d。

② 《法律篇》，819e10起。

③ 关于欧多克索斯在埃及的考察，参见第欧根尼·拉尔修，8. 87。

④ 《法律篇》，819 b3。

⑤ 《法律篇》，821b—822c。

⑥ Th. Heath, *A Manual of Greek Mathematics* (London 1931) S. 188.忒奥弗拉斯托斯表示，柏拉图老年时接受了所谓的菲洛拉俄斯地动体系，但《法律篇》中的这个段落尚未提到。

⑦ 《法律篇》，822b—c。在希腊人看来，宗教的本质首先是对神明表现出其应得的尊敬和赞美。参见本书第一卷，第12页，那里揭示了这种宗教态度同古希腊贵族伦理的关系。

⑧ 关于神明信仰的两个来源，参见《法律篇》966d，其中之一是对星辰永远按照相同轨道运行的认知。另一个来源是对于我们内心的心灵生活是一种"永恒流动的存在"（ἀέναος οὐσία）的内在体验，参见拙作*Aristoteles* S. 165。未来的统治者当然应该掌握关于天文法律的真正知识；参见968a。

现，这门之前世纪里的无神论科学变成了对神明认知的支持。①被加强了的“现实性”教学归根到底是为了巩固公民心中对神明的信仰。②

1216 柏拉图觉得他的城邦与所有存在的城邦截然不同，于是出现了这样的问题：应该如何界定它与世界其他部分的关系。因为它不是沿海城市，无法展开值得一提的贸易，而是追求经济上的自给自足。③在精神方面，它同样必须隔绝来自外部的所有偶然影响，后者会破坏其完美法律的运行。④只有信使、使者和“观察者”（Theoren）才能出游外邦。⑤对于“观察者”，柏拉图指的不是这个词的传统意思，即观礼员（Festgestandte），而是具有科学研究精神的人，也就是异族的文化和法律的真正“观察者”，他们在闲暇时会研究外国的情况。⑥如果没有关于好民族和坏民族的认知，任何国家都无法变得完善，也无法维系自己的法律。这种异邦研究之旅的主要目的是让“观察者”同人群中少数的杰出人物或“神性之人”交流，与这些人物谈话和达成共识是有价值的。⑦在柏拉图看来，承认世上到处存在这样的人，无论是治理得最好还是很糟的国家，这无疑并不容易。他本人曾经多次和长期离开雅典，关于出游外邦或者让精神上出色之人展开“观察”的法律显然源于他的亲身经历。被派出国的人在与和他们同一等级的异邦人交流时应该判断出后者国家中的哪些法律是好的，哪些必须改善。只有过了50岁的有经验的人才能承担这项任务。⑧当他们归来时，这些人可以进入最高的官方机构，即秘密的夜间议事会。议事会成员包括最高祭司职位的拥有者、10名最年长的法律守护者、最高行政官员，以及

① 《法律篇》，967a。

② 在对数学训练做出规定后（822d），柏拉图接着对作为教化的狩猎做了一大段值得注意的讨论。这段话成了第七卷中教育立法的结尾。显而易见，把这段话放在思想教育之后不太适合，因此在这里就不做讨论了。我已经谈到过它和色诺芬《论狩猎》的关系，因为对于狩猎对教育的意义，它与后者的观点完全相同，对彼此做了解释。

③ 《法律篇》，949e；参见704b起，那里确定了城邦的内陆和农业特征。

④ 《法律篇》，949e7。

⑤ 《法律篇》，950d。

⑥ 《法律篇》，951a。

⑦ 《法律篇》，951b—c。

⑧ 《法律篇》，951c6。同样地，柏拉图在《法律篇》952d—953e对异邦人的进入和什么样类型的人将被接纳给出了精确的规定。其中，除了商人、观光客和大使之外，还有第四种与理论家相对应的类型，即博学的研究者。他们可以自由接触负责教育的官员和城邦中有学识的人。

文化和教育官（或称为整个教化的监督者），以及他们仍然健在的前辈官员。议事会的权限包括立法和教育；对两者进行改进是他们的任务。从外邦归来、近距离观察过别的民族制度的人将就立法和教育方面的所有建议提交报告，无论是他们从别人那里获得的，还是基于他们自己的观察。但 1217
他们的建议将受到严格的评判，以免该机构成为有害影响的入口。[①]无论是议事会的构成，对其活动目标的确立，还是观察者研究之旅的目标设定，都反映了教化在《法律篇》的城邦中占有的支配一切的地位。柏拉图致力于让他的城邦避免僵化的危险，将对内部生活的权威规定同对外部有用建议的接受能力结合了起来。

统治者教育和对神明的认知

夜间议事会是城邦之锚。[②]它的成员必须明白政治家应该着眼的目标。[③]我们由此再一次看到了《理想国篇》中城邦的基本结构。在那里，这个目标被称为善的理念，而在这里则按照之前苏格拉底的表达，被称为德性的统一体。[④]但两者表示的是相同的意思；因为当我们目睹被我们称之为“德性”（Aretai）的各种善之存在的表象形式时，我们看到的是善的理念。[⑤]在《理想国篇》中，承载着这种城邦教育的最高知识的国家机构是卫兵。在《法律篇》中，与其对应的是夜间议事会。书中明确表示，它的成员必须具备“全部德性”，同时还要有那种作为其塑造性精神原则的能力，即“多中有一”的哲学认知。[⑥]柏拉图在《理想国篇》对此做了详

① 《法律篇》，952c—d。在教育领域引入有害的革新将面临死刑。

② 《法律篇》，916c。

③ 关于目标（σκοπός），见《法律篇》，961e7—962b。城邦中必须认清目标的部门是夜间议事会，见962c5。

④ 《法律篇》，963a起。柏拉图在这里联系起了第一卷到第二卷中的论述，后者从整个立法的目标（σκοπός）问题出发，但用全部德性（πᾶσα ἀρετή）取代了作为斯巴达人国家目标的勇气。对目标的这种定义是《法律篇》整个立法的基础，但在最后，当柏拉图需要谈及统治者的教育时，他不得不再次把我们的目光引向这里。

⑤ 963a—964c提到的“德性的统一”是苏格拉底的老问题，就像我们在最早的对话中所看到的。参见Robin, *Platon*, Paris 1935。这种“全部德性”等同于善的知识本身。参见本页下一条注释。

⑥ 《法律篇》，962d4。柏拉图在962d和963b4干脆把德性的统一称为“一”（τὸ ἕν）。

细的思考，在这里则只是简单地提到那是真正的统治者教育，不过两者并无本质区别。当我们在本章开头表示，《法律篇》中没有理念学说时，并不能证明一种著名的现代观点所提出的假设，即柏拉图晚年放弃了他的理念学说。[①]从他在《法律篇》第十二卷中对统治者教育所做的简要评论来
1218 看，情况更可能恰恰相反。在那里，他指出辩证法[②]是读者已经了解的东西；重新讨论其教育价值只会重复《理想国篇》中已经说过的话。不过，对于辩证法的教育功能和“多中有一”的总体观点，他会明确用旧有的表达来陈述，用苏格拉底关于德性统一这个旧有的基本问题来说明。

事实上，正是这个关于德性的问题，而不是别的任何一种理念让柏拉图有了把“多中有一”的哲学认知变成统治者教育和整个城邦之基础的想法。在这个基本要点上，柏拉图的思想在他的作品中自始至终都没有变过。同样不变的是，对善的统一性的认知（Phronesis）一直被视作最高的准则和理想，视作最高等级的德性。[③]在哲学教育上，夜间议事会的成员相比于《理想国篇》中的卫兵毫不逊色。他们做到了三位一体，既具备真理的知识，又有能力将其用话语表达出来，用行动向世人做出榜样。[④]柏拉图在《法律篇》中一再强调，行动的榜样是一切教化的核心。[⑤]统治者应该认知的真理是价值的知识，即值得非常认真地为之全力付出的东西。[⑥]这种价值认知体系的顶峰是对神明的认知，因为就像柏拉图教导我们的，神明是万物的尺度。[⑦]为了在法律和生活中让这种尺度发挥实际作用，立法者和国家统治机构必须拥有对神明的认知，后者是存在和价值本身的最高尺度。在《法律篇》的城邦中，神明占据了善的理念的地位，那

① 杰克逊和卢托斯瓦夫斯基等人持此观点。

② 《法律篇》，965c：τὸ πρὸς μίαν ἰδέα βλέπειν（看到一）。那里也用“更准确的方法”来表示辩证法。

③ 《法律篇》，963c5—e；另参见635c1。

④ 《法律篇》，966a—b。

⑤ 《法律篇》，966b。

⑥ 《法律篇》，966b4：περὶ πάντων τῶν σπουδαίων（关于全部美好的东西）。这让我们想起柏拉图在《普洛塔哥拉篇》和《高尔吉亚篇》中对他新的“政治艺术”的称呼：关于人类最高之物的知识。那正是《法律篇》中统治者教育的对象。

⑦ 《法律篇》，966c；参见716c。

是《理想国篇》中的统治者必须心怀的最高范例。[①]两者之间没有本质的区别，而是仅仅在视角上和以它们为对象的认知的层次上有所不同。[②]

柏拉图的《法律篇》以神明思想结尾，但就像该书的第十卷所表明的，其背后是一套完整的神学。在希腊教化史中，我们无法更加详细地分析这种神学的概念结构；这属于希腊的哲学神学史，我们将在其他地方对 1219
这方面展开讨论。在希腊的科学和艺术几乎不复存在的世纪里，希腊教化及其哲学神学史是希腊文化的世界历史影响的两种主要形式。在荷马史诗中，人的德性和神明的理想最初联系在一起。在柏拉图的作品中，这种关系在另一个层面上被重新确立。这种结合最清楚地体现在他的两大教育作品中，即《理想国篇》和《法律篇》，而且变得更加清楚和明确。高潮部分是《法律篇》的结语，我们还要加上完全用于讨论神明问题的第十卷。通过柏拉图的形而上学在亚里士多德和其他柏拉图弟子的神学（包括《法律篇》的编集者添加的《厄庇诺米斯篇》）中的发展可以证明，在柏拉图结语的简短暗示背后藏着对这种研究最高之物的学科的规划，那是一切人类知识的终点和王冠。在这里，纯粹的教育知识和最高的本质知识之间没有任何区别，就像现代人试图确立的那样，[③]因为在柏拉图的思想中，不以神明的知识为源头、方向和目标的真正的教育知识都是无法想象的。柏拉图在对自己在尘世中的创造性影响的这一后记中宣称，人类关于神性存在的一切信仰都源自两点：对于在数学上永远保持一致的天体运行轨道的认知，以及我们内心“永远流动的存在”，也就是灵魂。[④]从亚里士多德的神学（他从柏拉图的《法律篇》中吸纳了关于神明可靠性的这两个来源）到康德的《纯粹理性批判》（在其所有颠覆性理论观点的最后实际上也再次得出了这个结论），人类在哲学上无法超越这种认知。[⑤]因此，柏拉图为

---

① 《理想国篇》，484c—d。参见505a，“最高的学问”（μέγιστον μάθημα）。

② 作为“万物尺度”的神明等同于柏拉图在962d和963b4定义为统治者的辩证知识对象的“一”（τὸ ἕν）。因此，他们和《理想国篇》中的统治者一样是哲学家，和那里一样，他们的知识顶峰是神学。但在《法律篇》中我们没有踏入这座最神圣的神庙本身，而是一直站在门槛外。与之对应的是，柏拉图在这里只是按照传统的方式称其对象为神明。不过，他至少用辩证法暗示了指的是什么：那就是“一”，本质上是“善本身”。

③ Max Scheler, *Die Formung des Wissens und die Bildung* (Bonn 1935) S. 33–39.

④ 《法律篇》，966d。

⑤ 拙作 *Aristoteles* S. 165 汇总和评价了这些值得深思的事实。

揭示一切人类教育之真正和不可回避的基础而付出的终身努力最后得出了
1220 这个理念，它高于人类，但也是人的真正自我。在柏拉图的教化中所呈现的古代人文主义以神明为中心。[①]城邦是希腊民族的历史传统交给柏拉图的社会形式，让他在其中清楚地呈现这种理念。但当他成功让自己新的神明理念成为万物的尺度时，他把城邦从局部和暂时的尘世组织变成了理想的神明王国，像它的象征——有灵魂的星辰之神——一样是普世的。它们的闪光形体是神明的形象（Agalmata），柏拉图主义用它们取代奥林波斯山人形神明的形象。它们不受人类建造的逼仄神庙的束缚，而是用它们的光照耀着大地上的所有人类族群，那光宣示着不可见的至高神明。

① 《法律篇》，967d："如果没有从哪两个源头流出的对神明的知识（见第1031页，注释⑧），没有人会如此不可动摇地敬神。"在柏拉图的《法律篇》中，一切人之教育都以这种真正的敬神为最高点。结尾实现了开头所预言的；参见《法律篇》643a，那里已经先行把这种教化描绘成通往神明之路。

第20章

德摩斯梯尼

自从德摩斯梯尼在文艺复兴时获得重生，接下来的几个世纪里，他 1221
就像其第一版印刷作品的出版者在其值得一读的前言中所说的：唤醒了希腊人的自由意识，还是反对压迫者的雄辩先锋。在拿破仑压迫欧洲的时代，德国的语文学家和人文主义者弗里德里希·雅各布（Friedrich Jacob）为加强民族独立精神而翻译了他的作品，而刚刚经历了第一次世界大战的政治家克里孟梭（Clémenceau）写了一本关于德摩斯梯尼的书来攻击“马其顿”德国，书中充斥着华丽的法语修辞，提醒巴黎的“雅典人”注意不要因为过于文雅而成为失去勇气的艺术家和靠养老金为生者，无法再使用那种生死攸关的力量，用打不垮的生存意志来抵抗蛮族敌人。[①]在拉丁文化的土地上，凭着被赞颂的主人公本人的演说手段，古老的古典主义的火焰在它的祭坛上最后一次被点燃。而一位德国语文学家题为《来自一个古代的律师共和国》（Aus einer alten Advokatenrepublik）的战书则对德摩斯梯尼得出了看上去毁灭性的结论，这是几个世纪以来对这位伟大演说家和煽动者的经典描绘（这位教育修辞学家被错误地当成了圣人）的激烈反应的结果。[②]诚然，在这一本身也极具煽动性的战书中，所有的特征都

---

① Georges Clémenceau, Démosthène (Para 1926). 关于现代对德摩斯梯尼评价的摇摆不定和各国间的区别，参见Charles Darwin Adams, *Demosthenes and his influence* (London 1927)，收录于‘Our Debt to Greece and Rome’系列。Adams清楚地指出18世纪的民主对德摩斯梯尼的偏爱以及近代德国史学对他的反感。

② 参见Engelbert Drerup, *Aus einer alten Advokatenrepublik* (Paderborn 1916)。

被表现得过于鲜明，像面具一样变得过于突出，但它仅仅代表了自从历史意识在差不多一个半世纪前觉醒以来，对德摩斯梯尼的历史评价曲线上最极端的那个点。

1222 虽然作为古代研究领域新的历史观的第一位伟大代表，巴托尔德·格奥尔格·尼布尔（Barthold Georg Niebuhr）是德摩斯梯尼最坚定的崇拜者之一，但约翰·古斯塔夫·德罗伊森（Johann Gustav Droysen）提出了激烈的批评。他的批评源于对希腊文化世界的划时代发现。[①]在此之前，希腊历史一直以希腊城邦在喀罗尼亚战役中失去自由作为戏剧性的终结。作为最后的希腊政治家，德摩斯梯尼站在他的棺木旁，为其做了葬礼演说。但现在，幕布突然高高升起，现出一幕不同寻常的表演，即从亚历山大征服波斯帝国开始的希腊文明对世界的政治和精神统治的世纪。希腊文化从外部和内部不断发展，在规模上变成了一种普世和大同文明，这让德摩斯梯尼的伟大变得渺小和有限。看上去他属于一个受制于对自身的真正意义表现出自负的自欺欺人的世界，那里仍然沉浸在对光荣祖先之修辞回忆的年代错乱中。[②]他们在行为上似乎想要在当下重温那种回忆，但自身已经属于过去。批评总是一步接着一步。人们首先摆脱了德摩斯梯尼的政治判断的尺度，在此之前的近代历史描述一直愿意使用它，因为没有出自同时代人之手的相关历史画面留存下来。当人们认识到德摩斯梯尼的政治家存在疑问时，他们又开始检视和怀疑他的性格。与此同时，德摩斯梯尼的对手伊索克拉底和埃斯基内斯的地位开始上升，因为他们适时放弃了对雅典城邦未来的信心，劝阻一切战斗。就像经常看到的那样，成功成了历史的评审者，人们满足于看到，德摩斯梯尼在他生前[③]就有对手，这些人像现代科学一样富于洞见。

1223 是时候对德摩斯梯尼的形象进行重新修正了，因为批评无疑已经远

① 这种批评从德洛伊森辉煌的早年作品《亚历山大大帝史》（1833年初版）就已经开始了，特别参见他的《希腊化史》（1836年起初版）。对德摩斯梯尼持旧式正统观点的最博学代表是Arnold Schäfer, *Demosthenes und seine Zeit*, 3 Bände (Leipzig 1856)。

② Julius Beloch和Eduard Meyer等现代德国古代史学家都大体上这样认为。Ulrich Wilcken和Helmut Berve的评价则要温和得多。

③ 参见E. Drerup, *Demosthenes im Urteil des Altertums* (Würzburg 1923)。

远超过了限度。[①]对德摩斯梯尼、伊索克拉底和埃斯基内斯个人形象激进的重新评价在心理上显得不真实，无疑会引起情感和正常人类理解的不适。除此之外，自从希腊化世界的概念出现以来，对公元前4世纪的评判有了决定性的进步。这一进步并非源于政治发展，而是来自这个具有深刻影响的时代的思想运动的历史。对于政治命运被交织进了希腊思想和文化的普遍危机，人们获得了全新的画面；在仅仅几十年前，各个禁止往来的世界看上去还是相互隔离的，就像城邦和哲学、传播和修辞学的历史那样，但现在它们看上去就像是统一有机体的活的肢体，参与了同一个民族的宏大生命过程。我们由此认识到，可以赋予修昔底德发现的历史必要性思想[②]以更广泛的理解，不仅是像通常那样专门局限于政治史。现在，对于德摩斯梯尼这样的非凡历史人物出现在希腊城邦沦亡的历史中，如果我们仅仅从他的个性出发或者按照他在现实政治中的机会来评判，那将是粗暴的理性主义。在他对当时强权的反抗中，一种关于民族顽强坚持自己塑造的生活方式的超个人法则得到了实现，这种生活方式建立在他们的天性之上，他们最高的发展成就要归功于它。

从荷马到亚历山大的那些世纪里，希腊历史的基本事实是，希腊城邦是国家和思想生活一成不变的形式。[③]它让整个希腊民族的内在和外在生活发展出了就像希腊地理的多样性那样形形色色的形态，即便随着泛希腊的精神共同体从公元前6世纪末的觉醒，在国家领域，当众多较小的共同体发展成规模更大的联合政治体时，城邦的独立存在仍然是这一新的必然趋势或早或晚必然要面对的界限。自从在伯里克利时代因为雅典的帝国 1224

① 新派英国史学家们深受德洛伊森和贝洛赫影响，但近来可以重新看到有人对两者的否定评价表示反对，比如Pickard-Cambridge以及G. Glotz, *Histoire grecque*和P. Cloché的*Démosthène* (Paris 1937)等法语作品。我在本章中提出的观点都在拙作Demosthenes, Der Staatsmann und sein Werden (Berlin 1939)中做了详细解释。我在下文中不得不多次援引这些解释作为依据。

② 参见本书第二卷，第395—396页。

③ 在早前的研究者中，首先参见雅各布·布克哈特在他的《希腊文化史》(*Griechischen Kulturgeschichte*)中对古代城邦的生动描绘，其中反映了在他的故邦巴塞尔的经历；以及福斯泰尔·德库朗日著名但过于简化的《古代城邦》(*La cité antique*，Paris 1928)。这些作品首先是从城邦的外在经济和政治存在及其制度出发来讨论它们的。我在本书中则是从希腊城邦史的内部出发，将其描绘成它们的精神和道德形成的过程。参见本书整个第一卷，特别是关于斯巴达、法治城邦和梭伦的各章。

政策而第一次受到伤害以来（他把同盟成员当作臣属），城邦自治的问题就从未平息过。伯罗奔尼撒战争后，当斯巴达的霸权继承了雅典的衣钵，它的统治地位不得不建立在形式上承认个体城邦的自治之上。随着希腊城邦在所谓的科林斯战争中对斯巴达霸权发起了第一次大规模反抗后，这一点在安塔尔喀达斯（Antalkidas）和约中得到了郑重的承认。[①]诚然，对斯巴达来说，希腊城邦的自治形式同时也是避免在另一个城邦的领导下形成反对者联盟的手段。但当它勒紧了缰绳，开始干涉个体城邦的自由时，结果就是斯巴达统治的败亡。从此之后，再没有哪个希腊城邦能在希腊的城邦体系中实现明确的单独统治。换句话说：在希腊人的政治思想中，放弃城邦自治是不可能的，就像在我们看来，为了某种规模更大的国家形式而放弃民族国家原则那样不可能。

德摩斯梯尼的少年时代正值雅典城邦在伯罗奔尼撒战争的灾难性结局后重新崛起。[②]在柏拉图的作品中，同时代人的哲学精神协力用于城邦的思想问题和对城邦的道德重建，独立于时间和空间条件，而现实中的雅典城邦则一步步走出了虚弱状态，恢复了行动自由，有了慢慢加强自身力量的希望。修昔底德的预言很快就实现了，即权力所有者的变更也
1225 会导致同情的转移。在从前斯巴达的盟友忒拜和科林斯的支持下，雅典可以夺回在希腊城邦圈子里的地位，用波斯人的钱重建自己在战后不得不毁掉的防御工事。然后是第二步：忒拜被斯巴达攻陷让雅典有了建立第二次海上同盟的借口，通过避免前一次同盟时过度集权的政策把同盟成员与雅典绑定起来。在其达到顶峰的时候，可以看到像提莫忒俄斯、卡布利亚斯（Chabrias）、伊菲克拉提斯（Iphikrates）和卡里斯特拉托斯这样真正了不起的政治家和军人，而在新的海上同盟建立之初，在与忒拜人一起对斯巴达展开的七年战争中，甘愿牺牲的高涨爱国情感带来了公元前371年的和约这一可喜的成就，确保了雅典无可争议的优势地位，并通过国际法条约最终将新的海上同盟合法化。[③]

① 色诺芬，《希腊志》，5. 1. 31。

② 这个事实对于理解他后来发展的重要性没有得到充分的评价；参见拙作*Demosthenes* S.1–21。

③ 色诺芬，《希腊志》，6. 3. 68，参见14。

雅典似乎再一次被要求承担在希腊民族的生活中发挥自身力量这一最高的任务，沉浸在哲学思考中或者完全在冒险和游戏中消遣的雅典年轻人被卷入了这一重大的历史过程中。他们不同于受到伯罗奔尼撒战争及其造成的分崩离析结果所带来问题困扰的那一代年轻人，他们把柏拉图的《高尔吉亚篇》作为战斗檄文，在公元前4世纪90年代自认为是未来世代的培养基。[①]在《泰阿泰德篇》中，柏拉图的智者退归远离尘世的高处，沉湎于他的数学-天文学思考，怀疑地离开了整个政治，[②]而新一代的年轻人则被卷入了政治运动旋涡的中心，不得不让像亚里士多德、色诺克拉底、赫拉克勒得斯和奥普斯的菲利布斯这样来自希腊小城市和边缘地区的年轻异邦侨民，去投身于柏拉图式的纯粹研究的生活。[③]伊索克拉底及其学校的情况与柏拉图的学园不同。从那里走出了一批当时活跃的政治家，特别是新的海上同盟的军事和政治领袖提莫忒俄斯，他是伊索克拉底最大的骄 1226
傲。不过，年轻一代的真正学校是各个派系的政治活动，是公民大会和法庭上的演说台。在那里，被他的老师偷偷带进场的少年德摩斯梯尼偷听了卡里斯特拉托斯在奥罗波斯（Oropos）审判上发表的著名辩护演说，他由此再次逃过了身败名裂。[④]

没有什么比这则很可能是历史事实的逸闻更能说明新一代年轻人的思想。它表明，除了多年来对于被破坏的祖宅和家产的不幸状况感到心力交瘁的担忧（他在20岁时的第一次法庭演说中言明了这点），这位年轻人的真正兴趣在哪里。世事的发展从一开始就预示着他将沿着成为政治家的道路塑造自己的内心。作为他的榜样，第二次海上同盟的重要人物们从根本上决定了他的方向：他将致力于让当下重温对雅典政治全盛世纪里的历史回忆（柏拉图的哲学批评似乎或多或少地使之褪色），通过过去的理想让自己的时代恢复青春。[⑤]不过，作为战后那代人对于这场灾难原因的不

① 关于柏拉图《高尔吉亚篇》中对雅典过去的伟大政治家的猛烈批评，参见本书第三卷。

② 柏拉图，《泰阿泰德篇》，173d起。

③ 柏拉图在《理想国篇》496b已经提到，哲学家大多并非来自拥有最活跃政治生活的城市。

④ 普鲁塔克，《德摩斯梯尼传》，5。

⑤ 参见K. Jost, *Das Beispiel und Vorbild der Vorfahren bei den attischen Rednern und Geschichtsschreibern bis Demosthenes* (Paderborn 1936)。

懈精神思考的结果，那个伟大的世界不得不崩溃的痛苦经历让他们的认知变得成熟，如果不想重蹈覆辙，就不能丢掉这种认知。新一代年轻人的任务是在旧有的阿提卡权力政治这一令人迷醉的美酒中掺入相当剂量的这种认知的凉水。只有这样，人们才有希望适应自己的时代。这种道德政治反思的试探性谨慎是第二次海上同盟时代与公元前5世纪精神的区别。[①]公元前4世纪的政治复兴运动同时是如此理念式和文学性的，这完全顺理成章。这场运动中还没有上一个世纪那种打不垮的生命力。直到德摩斯梯尼时代雅典城邦生活迟来的活跃时期，政治演说艺术才发展成让众人赞美的
1227 文学艺术体裁。与这个事实相对应的是，据说德摩斯梯尼在成长为政治演说家的过程中曾经热情地钻研修昔底德的历史作品。[②]能够作为这位年轻人模板的并非伯里克利真正发表的国事演说，因为它们的文字没有公开，也没有保存下来。事实上，修昔底德作品中的演说是对雅典伟大时代的政治演说术的回响，在艺术和思想成熟度上，以及在内容的思想深度上，它们都要超过一切现实中的政治演说实践。[③]一边是真正口语的力量和灵活的可塑性，一边是修昔底德演说辞的辩证思想性和技巧丰富的形式，直到德摩斯梯尼出现，两者才得以结合起来，创造出一种文学形式，而作为修辞术说服力的关键元素，活生生的情感对听众的感应作用也被用于文学形式中。[④]

在经历了少年时聆听的那场演说12年之后，当德摩斯梯尼本人登上讲台时，政治形势已经完全改变。同盟战争失利后，那些更重要的盟友再次背叛了雅典，曾经被抱有如此大希望的第二次海上同盟彻底失败。在大多数成员眼中，随着斯巴达霸权垮台，这个同盟已经完成了自己的历史任务。尽管当雅典胜利与斯巴达达成和约后，同盟达到了鼎盛，但很快就可

---

① 关于对伊索克拉底在政治中的伦理要求的论述，参见本书第839页起。

② 普鲁塔克，《德摩斯梯尼传》，6起；伪普鲁塔克，《十位演说家传》，1。

③ 参见本书第二卷，第389页起。

④ 关于对德摩斯梯尼演说方式的分析，首先参见F. Blaß, *Geschichte der attischen Beredsamkeit* Bd. III 1。关于他的政治演说的风格的缘起，另参见我的*Demosthenes*对个别演说的修辞学评价。伊索克拉底比他更早将政治思想作品用口头演说的形式发表。德摩斯梯尼效仿了他的榜样，但就像许多现代批评家所认为的，他的演说并非纯粹的文学虚构，而是加工过的真实演说。他没有使用伊索克拉底“演说”的单调写作风格，代之以一种模仿生动的政治辩论的语言，但将其提升到了更高的品位水平。

以足够清楚地看到，它缺乏积极的利益共同体，无法使其继续维持下去，而随着其领袖雅典因为自身的困难而被迫重新对同盟城邦实施从前的强权政治时，曾经推翻了雅典海上统治的普遍反感再次升温。不过，从公元前371年的和约以来，希腊政治中最重要的积极新元素是忒拜在厄帕米侬达
斯的领导下意想不到的崛起，这彻底改变了势力关系的格局。雅典最初与 1228
忒拜并肩对抗斯巴达，但在公元前371年的和约中同盟友忒拜分道扬镳，以便及时将战争的果实收入囊中。不过，就在它刚刚独自与斯巴达缔结了那份和约后（由此得到了海上同盟的正式承认），斯巴达陆军在留克特拉被厄帕米侬达斯率领的忒拜军队消灭。这场胜利让忒拜在希腊取得了前所未有的权力地位，让斯巴达沦为二流。这时，卡里斯特拉托斯改变了雅典的政策，转而与斯巴达公开结盟，以便制衡之前的盟友忒拜。这种新诞生的平衡理念将在随后的几十年间主导雅典的政治，试图让一种新的体制在希腊城邦世界中稳定下来。它的提出者是卡里斯特拉托斯，就是这位政治家在和约谈判过程中推动雅典与忒拜分道扬镳，并且不顾雅典强烈的亲忒拜潮流促成了这一结果。[1]另一方面，在取得对斯巴达人的胜利后，厄帕米侬达斯这位忒拜培养出来的独一无二的伟大政治家解散了伯罗奔尼撒同盟，解放了被压迫的美塞尼亚人和阿卡迪亚人，使其成为具有统一政府的独立国家。现在，它们加入了忒拜臣属的行列。斯巴达在伯罗奔尼撒的优势地位也因此不复存在，多亏了雅典提供的武器支持，它才免于完全覆灭。若非厄帕米侬达斯在曼提涅亚（Mantinea）战胜斯巴达人的战役中阵亡，而他在雅典的著名对手卡里斯特拉托斯不久之后也倒了台，我们无法预见随着雅典与忒拜对阵的新状况出现，希腊的政治将走向何方。[2]此后，在平庸之辈的领导下，这两大敌对城邦的力量很快衰弱，冲突也转移了：
忒拜和雅典都需要苦苦维持在自己盟友中的权威，忒拜在希腊中部和色萨 1229
雷，雅典在海上。不过，这并不妨碍直到德摩斯梯尼的时代，两大城邦的敌对一直是固定的前提，体现在所有的个别问题中，但对雅典来说，随后

① 色诺芬，《希腊志》，6. 3. 10起。关于卡里斯特拉托斯的平衡政治，参见我的*Demosthenes* S. 43ff.。我在那里还揭示了它作为模板对德摩斯梯尼的希腊内部政策的意义。

② 关于厄帕米侬达斯建立忒拜海上霸权的计划，以及他把雅典的盟友吸引到忒拜一边的计划，参见拙作*Demosthenes* S. 42, 82, 113。他想要把“卫城的大门移植到卡德米亚”。

几年中的内忧自然显得比这更加迫切，导致海上同盟无可挽回地瓦解。这是德摩斯梯尼和他那代人继承的遗产（公元前355年）。

第二次海上同盟的灾难以并不过于迫切的方式再一次，也是最后一次提出了雅典城邦之未来的问题。伊索克拉底在他的《论和平》中的无畏回答——当时还处于战争期间，面对着困境的压力——似乎是唯一合理的答案。他公开要求最终彻底废除昔日的阿提卡帝国所有对外的强权政策，就像第二次海上同盟中再次强行实施的。[①]这一论点建立在带有强烈功利主义色彩的政治道德之上。沿着和平道路赢得桂冠，这要比通过各种权力政治来“逐利”更加有用（后者会引发所有人的憎恨），还能阻止让国家处于遭到普遍唾弃的煽动家和军事集团头领的领导之下。与此同时，某个经济生活的出色研究者撰写的《论收入》也出于经济理由劝告放弃同样的政策。[②]不过，无论雅典是从根本上认同这种看法，还是仅仅受当时的困境所迫，任何改良都必须专注于最紧迫的任务，即整顿财政和重新确立在其他世人心目中的信誉（在这个词的各种意义上）。与此同时，在那些年里，有产阶层的圈子里无疑也对过去10年间落入激进大众手中的国家进行政制改革的全面计划展开了讨论，否则伊索克拉底就不会敢于在他的小册子《战神山议事会演说》中公开提出建立更加权威的政府。此类目
1230 标虽然还很遥远，但它证明了在那种紧迫的状况下，富有市民阶层的战斗情绪和权力意识，当时只有他们能够帮助城邦。[③]现在，一位持这种观点的德高望重的政治家欧布洛斯成了反对派的领袖，他首先是经济和财政健康的先锋。反对派中有年轻一代最好的代表，包括年轻的德摩斯梯尼，他出身雅典的富人圈子。[④]他自然而然地在那里寻找自己的归属，出身、教育和观念都指引他加入其中。这些年轻人的政治意识在雅典的力量重新崛

① 关于伊索克拉底《论和平》的前提和倾向，见本书第892页。

② R. Herzog, *Festschrift für H. Blümner* (1914, 469-480) 讨论了《论收入》——这部作品今天似乎再次被普遍认为是色诺芬的文学财产——的主要论点。关于其真实性问题，见Friedrich, *Jahrbücher für class. Philol.* 1896。

③ 关于伊索克拉底的《战神山议事会演说》的诞生时间和派系政治背景，参见本书第872页，以及拙文 *The Date of Isocrates' Areopagiticus and the Athenian Opposition* (Oben S. 409 Anm. 2) S. 409-450。

④ 演说家许佩莱德斯（Hypereides）也属于年轻的德摩斯梯尼的战友。

起到达顶峰时觉醒，不知道还有什么比为城邦投入全部力量更高的目标。而现在，他们不得不在雅典城邦处于有史以来的最低潮时加入他们所期盼的政治活动。带着深入血肉的理想，他们看到自己被抛入了绝望的现实中，从一开始就明白，自己将不得不在理想与现实的这种巨大矛盾中为了城邦的命运展开斗争。

德摩斯梯尼因为自己的经历（父亲留下的很大一部分财产被他的监护人侵吞）很早就与法庭有了接触。自从他第一次为了自己的事在法官面前发言后，他便选择将法庭演说辞撰写者和法律顾问的活动作为职业。[①]由于政治斗争同法庭关系密切，就像在雅典逐渐形成的那样，参与政治审判成了通往仕途者完全正常的道路。我们有关德摩斯梯尼最早的政治活动文件同样是大萧条岁月中重要的国家审判上的演说，那是他作为状纸代写者为别人写的。控诉安德洛提翁、提摩克拉底（Timokrates）和勒普提内斯（Leptines）的三篇演说都是为同样的政策服务。它们针对的都是在对盟友的失败战争期间统治雅典，并在战争的不幸结局后一度仍能掌权的政 1231
治群体中最容易受到攻击的那些人。[②]德摩斯梯尼马上证明自己是反对派突击队中最危险和最机敏的攻击手之一。斗争的恶意让我们认识到统治集团的反对者们争夺权力时的激烈。在这方面已经可以看到，行为上有条理的始终如一是德摩斯梯尼的一大主要长处，当然那时他仍然主要为他人或者在他人的领导下工作。[③]很快，他本人也作为演说者公开露面。显然，他的兴趣从一开始就投向对外政策问题。在这些最早的宣言中，我们紧张地一路关注这位成长中的政治家的发展。可以看到，正如他以值得注意的坚定性一个接一个地谈到了雅典对外政策的决定性问题，在这些文件中，

① 参见德摩斯梯尼诉阿弗波斯（Aphobos）和俄内托尔（Onetor）的演说。对于真实性最有争议的诉阿弗波斯的第三篇演说，G. Calhoun现在坚称其为真，见*Trans. American Philol. Ass*. LXV (1934), S. 80f.。关于那次审判，参见Blaß a. O. S. 225和Arnold Schäfer, *Demosthenes* Bd. I S. 258f.。

② 见拙作*Demosthenes*，第3章，第42页起，那里深入讨论了控诉安德洛提翁、提摩克拉底和勒普提内斯的演说，并探究了它们的政治倾向。

③ 诉安德洛提翁和提摩克拉底的演说是为反对派的两名政治走卒欧克特蒙（Euktemon）和狄奥多罗斯（Diodoros）所写。按照传统的说法，德摩斯梯尼为卡布利亚斯将军的遗孀之子写了诉勒普提内斯的演说，如果此说不误，那么我们可以从这篇演说中了解到这位年轻政治家是以何种风格描绘自己的。

他用很短的时间就将当时雅典对外状况的完整画面呈现在我们眼前。①

对处于这个缓慢和艰辛的内部重建时期的雅典来说，有成效的外交政策的可能性微乎其微。更加引人注目的是，只要有一个此类问题出现在政治视野中，年轻的德摩斯梯尼就会在面对它们时展现出思想的独立性和灵活的主动性。鉴于雅典因为自身的状况而在对外政策方面表现得消极，这完全取决于自己出现的机会，而对雅典来说，在那个变化很快和受多种相互交织的利益影响的时代，此类机会并非没有。当然，出现裂痕是绝对必然的，而且在那些年里将变得越来越大和不可弥合。伊索克拉底在纸面上的政治观点和富人圈子的反对派领袖欧布洛斯在现实政治中所代表的政治观点始终不赞成变得虚弱的城邦展开任何对外政治活动，而是认为它的未来在于有意识地局限于谨慎的内部和经济政策。德摩斯梯尼在自己最早
1232 的对外政策演说中仍然认同这种非干涉主义的立场。②针对那个当时得到很多人赞同的问题，即应该对波斯国王所谓直接的来犯威胁发动预防性的战争，他通过具有巧妙的煽动性和明确政治目标的动议来反对战争贩子，从而赢得了欧布洛斯身边圈子的赞赏，而某个改革派群体也怀着同情注意到他敢于提出不受欢迎的想法的勇气，他们的口号是毫不留情地反对政治中的粗野情感和盛行的空话。不过，尽管德摩斯梯尼在评判现有机会时表现得非常冷静，但他在原则上相信，雅典必须走出当下的低谷，重新在希腊的城邦生活中扮演积极的角色。③他必须珍惜雅典获得的每一次机会，以便战胜其绝望的孤立，通过在对外政策中采用有度恰当而又警觉的立场来逐渐扩大其影响。但无论他多么小心地行事，这种利用来自外部机会的政策都不可能完全没有风险，而彻底放弃的政策必然总是偏爱绝对的安全。德摩斯梯尼在精神上同样作为活跃分子经历了这个消极的时代。他作

① 德摩斯梯尼在公民大会上最早的演说被保留了下来。关于这些以及对德摩斯梯尼对雅典对外政策所发表的观点几乎完整的描绘，参见拙作 *Demosthenes* S. 69ff. 起：“他的前三篇关于对外政策的演说。”

② 这就是《论海军分队》。认为从《论海军分队》到《金冠辞》，德摩斯梯尼的政治立场完全没有改变的学者会对这篇演说有不同的理解，认为那是建立庞大新舰队的积极一步，比如福尔·克洛谢自始至终在他关于德摩斯梯尼当时的政策的著作和文章中所认为的。参见我对与我相反的观点的详细阐述，*Demosthenes* S. 71-78。

③ 在为麦加洛波利斯人和罗德岛人的自由所做的演说中已经展现出了这种信念，德摩斯梯尼支持采取更主动的政策。

为讲坛边感兴趣的听众关注着身边事态的发展，以便在关键时刻自己能突然跃上舞台，让自己成为争论中的主角。

他的成长道路上的下一站是为麦加洛波利斯人和罗德岛人的自由而发表的著名演说，以及在内容上同样是关于对外政策的诉阿里斯托克拉底（Aristokrates）的法庭演说。[①]当德摩斯梯尼在自己的第一次公开演说中探讨了与强大的波斯帝国的关系后，他在上述演说中又提出了雅典对外政策的其他三个主要问题：伯罗奔尼撒问题，同背弃雅典的前海上同盟成员的未来关系的问题，北方希腊的问题。德摩斯梯尼由此第一次大致勾勒了自己所设想的未来的全部外交政策。这些尝试的目标总是相同的，德摩斯梯 1233
尼始终牢牢着眼于它们，那就是走出无力的孤立状态，谨慎地寻求建立现实同盟的可能性，以便在适当的时机实现它。无法想象，当时的雅典外交家不采用以当初卡里斯特拉托斯的平衡思想为雏形的建设性框架。自从忒拜意外崛起成为斯巴达和雅典之外的第三势力，这种平衡方案就必然会成为自伯里克利以来阿提卡政治最成功时期的经典遗产。只要希腊城邦政治的既定要素仍然和10年前这些公理被确立时一样，后来的外交家就无法动摇这些公理，而是只能像好学的学生一样使用它们。德摩斯梯尼在《麦加洛波利斯人演说》（*Megalopolitenrede*）中接受的考验证明了他在这点上的思想灵活性，他遵循其他所有政治家所接受的原则，按照其提出者的意思做出了变化的时局所要求的解读。让天平两边的斯巴达和忒拜保持平衡，而雅典一直作为中间的指针——在忒拜同盟占得上风，让雅典不得不与老对手斯巴达和解的时候，这种想法曾经让人豁然开朗。不过，随着忒拜的崛起停止了脚步，并且因为当时同福基斯人的中部希腊战争出师不利而导致力量大大削弱，雅典需要避免阿卡迪亚和美塞尼亚（这两个城邦是忒拜为了对付斯巴达而在伯罗奔尼撒新建立的）被恢复元气的斯巴达重新镇压，从而很容易导致雅典不情愿地变成斯巴达的附庸，让忒拜被过度削弱。现在，这些没有防卫能力的城邦必然会向雅典求助，德摩斯梯尼认

① 关于同阿卡迪亚建立防御同盟的演说，即所谓的麦加洛波利斯人演说，以及支持罗德岛民主派的演说，参见拙作*Demosthenes* S. 82–97；关于诉阿里斯托克拉底的演说，见该书关于北方希腊问题那章的第一部分。

为时机已经到来，应该打破已经变得僵化的平衡，通过与阿卡迪亚和美塞
1234 尼亚两邦结盟来制衡从留克特拉战役之后与雅典结盟的斯巴达。[①]在为罗德岛人辩护的演说中，又出现了第二种同样有趣的独立想法。在卡利亚国王的煽动下，罗德岛人是第一批背弃了雅典海上同盟的。但他们没有想过，对所有民主制的海上城邦来说，雅典是它们保住独立性的唯一天然依靠。后来，当卡利亚诱骗者将民主派赶出罗德岛后，他们懊悔地前往雅典，愿意重新结盟。就像在阿卡迪亚人一事上，在雅典具有决定性影响力的不干涉派以当时同斯巴达人的盟约作为托词，这次他们又利用舆论来对付罗德岛人，民众将他们现在的困境归咎于这个老叛徒。[②]这一次，德摩斯梯尼同样强烈反对肤浅和感情用事的不作为，他认为这种情感的背后隐藏着当局的缺乏决断力和消极态度。[③]两次他都是独立行事，把自己刚开启不久的职业作为赌注，但两次都没有成功。被拒绝者投向了雅典的敌人。后来，阿卡迪亚人和美塞尼亚人站到马其顿的腓力一边，而除了罗德岛，雅典还失去了其他城邦，如果能与罗德岛结盟，它们无疑也会很快回到雅典身边。在背弃同盟时它们追随的也是罗德岛。

在《诉阿里斯托克拉底》中，德摩斯梯尼第一次踏入了北方希腊政策的舞台。演说辞内容是关于达达尼尔的安全。这条海峡的控制权是雅典最后的海上据点，关系到城邦的粮食供应，还确保了雅典对北方希腊海域的控制。德摩斯梯尼曾经在这片海岸担任过三列桨战舰长，通过亲身经历认识到该问题的重要性。几十年来，毗邻的色雷斯人一直对这个要地构成威胁，还一度占领过那里。现在，由于色雷斯王国被多位王族兄弟瓜分，
1235 他觉得有必要利用这种分裂，避免上述情况重现，尽可能地削弱海峡边的这个危险邻居。[④]但与此同时，北方希腊政治中出现了另一个要素，那就是新任马其顿国王腓力。登基短短几年，他就凭借自己的天才能力把这

① 关于德摩斯梯尼对外政策的基本原则（Hypothesis）及其在《麦加洛波利斯人演说》中的运用，见我的 *Demosthenes* S. 86-89。

② 德摩斯梯尼也必须谨慎对待这种民众声音。

③ 见《罗德岛人自由演说》，8—10；13；25。

④ 德摩斯梯尼本人在《诉阿里斯托克拉底》102—103表示，他在此事上的政策同样基于平衡思想，就像他在《麦加洛波利斯人演说》为人所知的那样。这一次，他试图将其搬到希腊之外的环境下。

个不久之前还四分五裂和轮番依附其他强邦的国家变成了该地区举足轻重的力量。在《罗德岛人自由演说》中，德摩斯梯尼已经提到了雅典面临来自那里的威胁。自从夺取了长久以来存在争议的海港城市安菲波利斯（Amphipolis），马其顿国王就与雅典处于战争状态，后者对其贸易和舰队的这一据点提出了主张。统一本国后，腓力又成为南部邻邦色萨利的统治者，该邦从几十年前开始就处于分裂，等待着外来者解决自己的问题。然后，他参与了忒拜和福基斯人的战争。打败福基斯人后，他甚至想要经由温泉关进入中部希腊，成为那里的仲裁人。雅典急忙采取行动，派出军队守卫这个很容易防守的希腊门户，挡住了腓力的去路。[①]腓力没有试图强攻关隘，而是转向北方，率军通过色雷斯，在那里他没有遇到真正的抵抗，并突然意想不到地来到达达尼尔，对雅典构成了威胁。德摩斯梯尼为了保护海峡免受色雷斯人威胁的全部考虑一下子化为乌有，整个画面都变了，马其顿人的危险闪电般地完全显露了出来。[②]

这个消息在雅典引发的恐慌很快被无忧无虑的若无其事取代，因为人们听说腓力病倒了，放弃了远征。但德摩斯梯尼在这个时候做出了原则性的决定，他公开放弃了当权者们拖拉和消极的政策。[③]他们导致他通过自愿抓住所出现的有利机会来改善雅典处境的所有尝试都遭到了失败。但现在，问题不再是干涉和不干涉之间的原则之争。城邦正处于危险之中。无动于衷不能再被说成是为了雅典的安全考虑：这样做意味着放弃城邦最 1236
重要的生命利益。敷衍的腓力阻击战突然迫使雅典进行防御。整个作战体系都必须改变。腓力的迅速崛起让德摩斯梯尼拿出了全部的积极能量。[④]他终于找到了那个令人生畏的入侵者，在雅典当时的状况下，需要此人来为外交活动中的勇敢举动辩护。如果时机更有利，德摩斯梯尼能否成为那种建设性和创造性的政治家（他们的存在以奋发向上的国家为前提），这

① 关于腓力的崛起和他的政策，现在可参见Arnaldo Momigliano, *Filippo il Macedone*，Firenze 1934。

② 在第一篇《奥林托斯演说》13，德摩斯梯尼描绘了腓力势力迅速扩张的主要阶段；关于他对海峡的闪电突袭的影响，参见第三篇《奥林托斯演说》，4。

③ 参见第三篇《奥林托斯演说》，5。

④ 关于腓力对赫勒斯滂的突袭可能是德摩斯梯尼政治观发展的转折点，参见拙作*Demosthenes* S. 114ff.。

是一个很难回答的问题。但如果没有像腓力这样的对手，那就无法想象他出现在当时的雅典，后者让他发挥了长远的眼光、决断力和坚韧的不懈。现在，道德约束被消除了，在那个充斥着哲学良心问题的时代，道德长久以来一直限制着所有咄咄逼人的对外政策。这让德摩斯梯尼可以更容易无视当权的妥协派政治家，转向在其最早的演说中与他还有很大距离的民众。在为罗德岛民主派所做的演说中，出于对外政策考虑，他已经采用了旨在迎合大众政治观点的口吻，与他最早的演说中那种居高临下地教训和反讽的姿态截然不同，那些演说是为了让激动的情绪冷静下来。[①]《诉阿里斯托克拉底》则对权威政客们做了猛烈的抨击，这些人为自己牟利，舒适地住在豪华的房子里，但除了重新粉刷墙壁和修葺道路，他们却不知道做些什么来为城邦添砖加瓦。[②]论“装备”的演说批评了依靠国家的钱救济为生的人，把他们同昔日经过战火考验和善于统治的人做了比较。演说最后提出了这样的想法，鉴于向政治人物呼吁没有效果，必须教育民众形成一种新的精神，因为演说家所说的永远只是民众希望从他们那里听到的。[③]

1237 这番话显示了他的计划。此前，人们一直没有更加严肃地考虑这点，因为直到不久之前，大部分人都不认为这篇演说是真的。19世纪的研究在提出怀疑时常常超越了可以证明的界限，这个例子同样如此。[④]不过，几乎不需要证明“装备”演说的真实性，我们就能看到，从现在开始的德摩斯梯尼演说在独一无二的程度上构成了思想的整体。早在古代，它们就作为“反腓力辞”被编为特别的一类。不过，与之前演说的区别不仅在于它们把矛头指向了同一个对手这个事实。把它们联系在一起的是宏大的民

① 我在*Demosthenes*中盘点了德摩斯梯尼演说里煽动元素的发展，关于《诉安德洛提翁》，见第61页，关于《罗德岛人自由演说》，见第92页，关于《诉阿里斯托克拉底》，见第103—104页。关于最早的《论海军分队》演说中截然不同的口吻，见第74页起。

② 德摩斯梯尼《诉阿里斯托克拉底》。第三篇《奥林托斯演说》25几乎逐字重复了这一攻击。关于在更多演说中将会重现的这种煽动套话的使用，参见拙作*Aristoteles* 第64、103、142页和相关注释，以及第234页起。

③ 德摩斯梯尼，第十三演说（存疑），36。另参见第十三演说，13，那里同样把这种教育理念作为基础。

④ 关于《论装备》（Περὶ συντάξεως）的真实性，参见我的*Demosthenes*, S 234ff.。对该问题进行新的研究不可避免。在几十年前新发现的狄杜摩斯的《反腓力辞》注疏中，我们发现很难准确认定它的年代，因为其中没有具体的暗示。

众教育理念，“装备”演说中的那句话对此做了简短而中肯的表述。它为德摩斯梯尼最终在《反腓力辞》中成长为伟大的民众领袖（人们错把这描绘成他投向了民主派）做了最直白的注脚。[①]当然，我们从中可以足够清楚地看到常被用来预见和主导大众内心反应的有意识的技巧。公元前4世纪的雅典修辞家们利用了超过百年的经验，而由于领导权往往掌握在本人并非出身大众的人手中，他们为了与大众打交道而创造了一种自己的语言，考虑到了后者的本能。但只有完全缺乏思想辨别能力的人才会将德摩斯梯尼偶尔使用这种语言的能力混淆为通常的民众煽动。正如他转向民众的动机与民众煽动家的有着本质不同，是出于在内心驱使他的客观政治认知，让他克服柔弱的天性和年轻造成的障碍，作为批评者登场，[②]另一方面，他的人格对政治影响的价值不仅远远超过了民众煽动家的呼喊，也要远远超过欧布洛斯这样务实和正派的职业政治家的普通水平。不言自明，就像德摩斯梯尼在他关于对外政策的最早期演说中向我们展现的，一位内心完全
成熟的政治家不会突然改变本性，变成纯粹无理取闹的人，就像某些严肃 1238
的学者所无畏声称的。任何对德摩斯梯尼的《反腓力辞》中所使用的语言的伟大和新颖哪怕有一点理解的人，从一开始就不会产生任何此类误解。

为了理解这篇演说中政治家的态度，探究其中的实践措施是不够的。演说中展现的命运意识和接受命运的决心具有历史维度。这不再是纯粹的政治，就像梭伦或伯里克利曾经理解的那样。[③]他关心民众，对他们的不幸处境进行安慰。处境已经足够糟糕。但民众没有像他们有权利做的那样去期待改变现状。在所有的不幸中，这恰恰是唯一的慰藉。[④]就像梭伦

① 我在*Demosthenes*第117—119页、129—138页以及特别是第134页着重指出了《反腓力辞》中的民众教育观点。忽视这一点，只想在其中寻找具体建议的人完全无法理解这篇演说，许多现代学者同样如此，他们无法根据自己的体验来想象一个伟大民主制度下的政治生活。在一个民主统治的民族中，开战的决定无法通过“统治者”做出，而是必须争取每一个体内心的同意，因为每个人都会参与决定。德摩斯梯尼的《反腓力辞》完全是为了让公民接受该决定这一艰巨任务而写，大部分人对此既不愿牺牲也没有认识。如果腓力像第二个薛西斯那样进犯阿提卡，情况就不同了。难点在于让“街头的人”认清他们没有亲眼看到，无法理解其影响程度和无法逃避性的威胁。

② 参见德摩斯梯尼，《反腓力第一辞》，1。在那里，他让自己和此前对此发过言的职业政治家形成了鲜明的对比。提出自己的行动计划时，他31岁。

③ 见本书第一卷，第152页；第二卷，第403页起。

④ 《反腓力第一辞》，2。

作为警告者出现那样，德摩斯梯尼现在告诉雅典人：不要抱怨神明，你们已经放弃了自己的事。如果腓力一步步逼迫你们，现在他获得的力量已经让你们中许多人的任何反抗都显得绝望，那么你们是咎由自取。[①]正如在梭伦那里，神明要对城邦的不幸负责的问题被与机运的思想联系起来，在德摩斯梯尼针对腓力的警告演说中，这种想法以一再变化的形式重现。[②]在对雅典命运的深刻分析中，这是一个基本主题。在这个日益个人化的时代，人们在他们对自由的要求中非常强烈地感到自己事实上依赖于外部世界的发展。从欧里庇得斯的悲剧以来的那个世纪要比以往更加充斥着机运的理念，人们越来越倾向于听天由命。这是一切果敢行为最大的敌人，德摩斯梯尼大胆地援引了昔日梭伦对其的激烈抨击。他把雅典的历史责任完全放到了当下这代人的肩头。他认为，他们的人物与输掉伯罗奔尼撒战争后的黑暗时代的那代人一样，后者战胜了整个希腊
1239 的反对，让雅典在世界上的政治影响重新走上了高峰。[③]做到这点只需要一样东西，即警觉而全力以赴地投入民众的全部力量。现在，雅典就像个蛮族摔跤手，他的拳头只知道护住对手上一拳打到他的地方，而不是看着前方，勇敢地考虑出拳。[④]

在《反腓力第一辞》中，德摩斯梯尼用这种简单而令人信服的思想开始了他的教育工作。他在这里提出了彻底改变作战方式的预防性措施，但腓力还没有发动新的直接进攻，表明这篇演说辞发表时（现在对它的年代认定往往太晚），腓力对达达尼尔海峡出人意料的突袭让德摩斯梯尼第一次看到了危险。[⑤]他为了在下一次遭到进犯时做好准备而提议采取的军

---

① 关于梭伦解释说神明要对雅典的一切不幸负责，参见本书第一卷，第152页起（另参见伯里克利，修昔底德，1. 140. 1）。德摩斯梯尼的第一篇《奥林托斯演说》1和10，以及《反腓力第一辞》42也提出了类似的观点。

② 关于德摩斯梯尼作品中的机运理念，参见我的*Demosthenes*，第132页。

③《反腓力第一辞》，3。

④《反腓力第一辞》，40。

⑤ 这是德摩斯梯尼的第三篇《奥林托斯演说》中描绘的情况。特别参见《反腓力第一辞》，10—11。Eduard Schwartz, *Festschrift für Theodor Mommsen* (Marburg, 1893) 认为《反腓力第一辞》的年代要晚得多，发表于奥林托斯战争期间（公元前349/8年），许多现代学者也认同他。参见我在*Demosthenes*中的相反论点。哈利卡那苏的狄俄尼修斯认为［《论模仿》（*ad Amm.*）4］这篇演说的正确发表时间很可能是公元前352/1年。

事和财政措施没有被民众接受。[①]当腓力病愈后向奥林托斯发起进攻，他不得不重新提出它们，[②]让雅典最后一次有机会与这个希腊北方强大的贸易城市结盟，抵抗马其顿势力的继续扩张。德摩斯梯尼再一次以更加紧迫的口吻提出了雅典人民在机运-灾难面前的自我负责问题，试图解放自主行动的勇气。[③]他强烈抨击了那些虚假的教育者，这些人（为时已晚地）试图通过引发恐慌来让民众相信，现在是真正采取行动的时候了。[④]他本人对敌方力量的分析完全不是真正的现实政治意义上的，而是对敌方力量所基于的道德基础的批判。[⑤]我们不应把这篇演说理解成一位密室中的政治家的权衡。它是为了引导一批聪明但优柔寡断和自私的民众，想要把他们作为政治家目标的原材料那样塑造。[⑥]这让该时期德摩斯梯尼的演说中的伦理元素具有了特别的意义。我们在希腊文学中看到的其他对外政策演说都没有与之类似的。[⑦]德摩斯梯尼清楚地看到了对手的伟大，看到了其 1240
人格中神奇和有如魔鬼的力量，无法完全用道德尺度来加以衡量。[⑧]但这位梭伦的信徒不相信建立在如此基础上的权力能够维持下去，尽管他对腓力的神秘机运表达了赞美，但他仍然决定相信雅典的机运，这个城邦的历史使命的余晖正投射在后者的翅膀上。[⑨]

对于任何考察过希腊精神转变过程中的政治家形象的人来说，当他们看到上述讨论中与雅典人民及其命运所做的艰难抗争时，就必然会回想起最早那些行事负责的政治领袖的伟大形象，就像阿提卡悲剧中所创造

① 包含在《反腓力第一辞》16—29。

② 第一篇《奥林托斯演说》16—18所提议的措施只是在重复德摩斯梯尼在《反腓力第一辞》中提出的建议。关于这篇演说同《反腓力第一辞》的关系，参见我的*Demosthenes*第128页起。

③ 这首先出现在第一篇《奥林托斯演说》中。演说辞的第一部分再次分析了政治中的机运问题，机运给了雅典最后一次机会（καιρός）。第三部分探讨了腓力的不利（ἀκαιρία）形势，参见24。

④ 第二篇《奥林托斯演说》3抨击了这些假教育者。

⑤ 第二篇《奥林托斯演说》，5起。

⑥ 关于《论装备》和其中向民众施加影响的反感，参见第1050页，注释④。

⑦ 德摩斯梯尼战斗演说中的伦理元素同修昔底德历史作品中的书面演说有着明显的不同，后者只是阐述了政治家的思想本身，与现实中对民众的劝说无关。它们只面向有想法的思考者，完全用于对个体政治状况的分析。正是在这点上，德摩斯梯尼证明自己是真正的教育家（参见第1051页，注释②）。

⑧ 第二篇《奥林托斯演说》，22；另参见《反腓力第一辞》，5和10；第一篇《奥林托斯演说》，12—13；《金冠辞》，67—68等段落。

⑨ 见拙作*Demosthenes*第131页起对腓力和雅典的机运的比较。

的。[①]他们同样洋溢着梭伦的精神，但都陷入了悲剧的两难抉择。在德摩斯梯尼的演说中，悲剧的两难变成了现实，[②]这种意识和并非纯粹主观的感动是一种强烈“悲情”的来源，只懂得美的享受和像学生般热情模仿的后世正确地感受到那是演说表达历史上一个新时代的开始。[③]

那个时代的悲剧本质在这种风格中留下了自己的印记。它浓厚的悲情阴影也被投到了斯科帕斯创造的同时代造型艺术的卓越作品的面庞上，而这两位新的生命情感的伟大开拓者开启的发展催生了帕加马祭坛，在后者所洋溢的悲情而强烈的感染力中，这种新的思想意识的形式语言达到了崇高的顶峰。德摩斯梯尼如何能成为希腊化时代最伟大的古典人物（他的政治理念与那个时代格格不入），若非他让那个时代的灵魂情感的色彩得到了最充分的表达？不过，在德摩斯梯尼本人那里，这种情感及其表达与围绕着政治理想的斗争密不可分，正是斗争催生了这种情感。在他身上，演说家和政治家是一体的。政治家精神的重量在演说家的形式中寻求得到表现，没有了它的纯粹后者会是什么！它让后者充满热情的创造更加持
1241 久，这种语言的数以千计的模仿者都做不到这点，并将这些创造不可分离地牢牢扎根于因其而变得永恒的历史时刻。

我无意在这里完整展现德摩斯梯尼的政治思想本身。尽管存在空白，但就我们所熟悉的历史传统的概念而言，他的演说提供了大量丰富的历史材料，可以用来重构事件的真实经过，以及德摩斯梯尼作为政治家的成长。我们希望一路探究其领袖形象的成长和实现，直到为了雅典城邦的独立而展开的最后搏斗。奥林托斯的陷落和卡尔喀迪斯半岛上大批繁荣的城市（属于奥林托斯商业联盟）被毁迫使雅典与马其顿的腓力议和。和约在公元前346年达成，就连德摩斯梯尼也在原则上希望这样。[④]不过，他反对接受腓力的条件，因为这会把中部希腊毫无防备地交给敌人，让雅典放

---

① Virginia Woods, *Types of Rulers in the Tragedies of Aeschylus* (Diss. Chicago 1940) 对最古老的阿提卡戏剧中统治者形象的政治性格所做的全面分析。

② 参见拙作*Demosthenes*第130和193页。

③ 关于德摩斯梯尼的“腓力”风格，参见拙作*Demosthenes*，第123页和172页。后来，当西塞罗用他的《反腓力辞》来反对安东尼时，这种风格成了固定的概念。

④ 针对自己的和平条件受到的批评，见埃斯基内斯2. 14—15；56反击说，德摩斯梯尼本人曾帮助菲洛克拉提斯走出了与腓力议和的第一步。

弃自己日益缩小的势力范围。但他无法出于这个理由阻止签署和约，而随着对于中部希腊的统治权非常重要的福基斯和温泉关事实上被腓力占领，他甚至不得不在《论和平》中急切地反对武装抵抗。与德摩斯梯尼那些最早的演说（即在同腓力的斗争成为其真正的毕生任务之前）一样，《论和平》表明他是个现实派政治家，他并不期待不可能的事，敢于强烈反对由纯粹的热情主导政治。[①]人们不会在对敌人最有利的情况下向其发难。[②]这篇现实主义思想的演说显示了德摩斯梯尼身上的一个对其作为政治家的评价具有决定性影响的方面。在这里，他同样从一开始就是老师，无意仅仅说服和压服他们，而是让他们不得不站得更高，并通过一步步的引导让他们自己做出判断。一个很好的例子是《麦加洛波利斯人演 1242
说》，他在其中分析了权力平衡的政治，以及在适当的时候加以运用。对于他始终警觉地准备好平息充斥着沙文主义狂热情感的辞藻风暴，《论罗德岛人的自由》是经典的例子。在这篇演说中可以清楚看到，德摩斯梯尼的政治概念是一门完全客观的艺术，而公元前346年的不利和约签署后发表的演说也表明，与腓力的斗争没有改变这种立场。《反腓力第一辞》和三篇《奥林托斯演说》中提出的建议展现了这位政治家的预见和适时的决断，他知道在这个机运主宰的世界里，机会的眷顾意味着什么。[③]他的行为始终把对机运的依赖作为前提，因此他在和约签署后引人注目地选择了克制。他的批评者和支持者中完全以感情行事的政治家们直到今天都没能理解这点，当他严格一致的思想表现出灵活多变的立场时，他们将其视作性格的动摇。[④]

不过，就像他在发表《论和平》时那样，德摩斯梯尼完全明白自己的目标，清楚地将其看在眼里。他并不相信这种和平能够持久，那只是控制雅典的工具，他更乐意让埃斯基内斯这样视而不见的政治家或者老伊索克拉底来为腓力实际利用这种和平辩护，前者的反抗意志已经崩溃，后者

---

① 见拙作*Demosthenes*第156—162页对《论和平》中德摩斯梯尼政治立场的深入评价。

② 《论和平》，14和25（结尾）。

③ 第二篇《奥林托斯演说》，22。

④ 《论和平》（12）的古代评注者将德摩斯梯尼对形势要求的灵活适应（即他约束或鼓动民众的能力）与伯里克利相比；参见修昔底德，2. 65. 9。

则愿意更进一步，拥立腓力为全希腊的领袖，把坏事变成好事。[①]事实上，只有关注了伊索克拉底如何逐渐成为希腊政治统一之思想的宣示者，才能理解为何在与马其顿异邦统治危险的思想斗争中出现了这种意想不到的转向。在希腊，这种统一无法通过消灭自治的个体城邦，将其变成民族的统一国家为形式来实现，即便现在那些城邦的虚弱已经让这变得非常有可
1243 能。统一只可能来自外部。外敌会把所有希腊人团结成一个民族。在伊索克拉底眼中，这个敌人是波斯帝国，波斯在差不多150年前的侵略让希腊人忘记了他们的内斗。他不认为敌人是马其顿，尽管那是当时唯一真正迫在眉睫的危险。可以用习惯的惰性来解释这点，因为伊索克拉底几十年来一直代表了这种"十字军东征"的思想。[②]不过，他犯了无可饶恕的政治错误，宣称雅典和全希腊的自由的敌人腓力是天生领导这场未来民族战争的人，以为这样就能消除马其顿人的威胁；因为这样做是把希腊拱手献给了敌人，让敌人获得了非常乐于接受的地位，因为这个地位无疑会从道德上瓦解希腊人对于他统治计划的一切反抗。从这种泛希腊主义观点出发，伊索克拉底可以把所有仍然不愿接受马其顿势力侵犯的人斥责为彻头彻尾的战争贩子，[③]而马其顿人的宣传鼓动也可以方便地系统性利用这一口号。

德摩斯梯尼不会回避这一新的内部斗争。正如他曾经热情地反对不干涉主义派中的重要人物，现在他又重施旧策，首先试图让雅典走出孤立。腓力把自己伪装成困境中的希腊人的拯救者，而德摩斯梯尼则用坚定的意志反对这一名不副实的阵线，号召希腊人团结起来反抗腓力，捍卫民族的独立。他在和平时期的演说不断尝试用自己这种泛希腊主义来反对伊索克拉底亲马其顿的泛希腊主义，将其组织成真正的政治力量。[④]紧接着为雅典人灵魂的斗争之后是为全希腊人灵魂的斗争。想要逃出封锁圈（如

① 关于伊索克拉底的《腓力辞》，见本书第919—920页。

② 全希腊远征波斯的想法显然产生于签订《安塔尔喀达斯和约》的时候（公元前386年），背景是阿格西拉俄斯国王在小亚细亚的胜利远征。公元前346年，它已经变得很不合时宜。但这对腓力来说非常合适，因为他需要某种意识形态来为自己卷入希腊政治辩解。U. Wilcken, *Philipp II. von Makedonien und die panhellenische Idee* (*Ber. Berl. Akad.* 1929)出色地揭示了这点。

③ 伊索克拉底，《书简》，2. 15。贝洛赫在他的《希腊史》中持相同观点。

④ 在《反腓力第四辞》34，德摩斯梯尼把他代表的反马其顿的泛希腊主义同亲马其顿派反波斯的泛希腊主义对立起来，宣称希腊人必须应对的唯一真正威胁不是波斯人，而是腓力。

果真能够的话），雅典必须让腓力的希腊盟友脱离敌方的阵线，把自己变成希腊的领导者。[①]这就是德摩斯梯尼的目标，他在《反腓力第二辞》中描绘了自己为了让伯罗奔尼撒诸邦脱离腓力而做的努力。最初它们没能 1244
成功。[②]这在之前是可能实现的，当时它们找到雅典，希望结盟。几年前，当与腓力的斗争尚未达到眼下的高峰时，德摩斯梯尼就强烈主张采用这样的同盟政策，提出不能因为与斯巴达变得几乎没有价值的同盟关系而疏远其他的伯罗奔尼撒城邦，雅典是它们合适的依靠。现在，它们投入了腓力的怀抱，就连忒拜（对雅典来说，当时的忒拜变得比斯巴达更重要）也与腓力关系密切，因为雅典和斯巴达支持它的对手福基斯。就像他后来所说的，德摩斯梯尼一直认为，出于对忒拜的憎恶而支持福基斯是错误的政策。现在，福基斯战争给了腓力干涉中部希腊的机会。福基斯人被消灭，雅典与忒拜的关系进一步疏远。[③]在如此分崩离析的希腊建立反对腓力的阵线似乎是西绪福斯的工作。不过，经过多年的努力，德摩斯梯尼最后成功了。他成长为希腊自由的先锋，让这一点更加令人吃惊的是，泛希腊主义思想在政治上的实现看上去就像童话，即便修辞术的代表已经对其做了表述。实现它的人正是德摩斯梯尼，他在自己最早的对外政策演说中提出了基本原则：对我来说，一切政治思想的出发点都是雅典的利益。[④]这位受教于卡里斯托拉托斯派（彻底和不抱幻想的地方主义者）的政治家变成了《反腓力第三辞》中的泛希腊主义政治家，对他来说雅典最重要的任务是承担起希腊人反抗腓力的领导权，不要忘记之前政策中伟大的民族传统。[⑤]他幸运地把大部分希腊人召集到了这面旗帜下，古人的历史描绘已

---

① 希腊语的περιστοιχίζεσθαι一词对应着我们的“封锁/包围”概念，和后者一样都源自狩猎。参见《反腓力第二辞》，27。

② 《反腓力第二辞》，19起。

③ 对于德摩斯梯尼从一开始就把与忒拜重归于好作为目标，我在*Demosthenes*第88、160、175、184页做了证明。不过，与忒拜人的结盟直到喀罗尼亚战役的最后时刻才实现，参见《金冠辞》，174—179。对德摩斯梯尼来说，这是悲剧性的胜利。

④ 《麦加洛波利斯人演说》，1—4。

⑤ 关于德摩斯梯尼发展成泛希腊主义事业的先锋，参见拙作*Demosthenes*第169页起、175页和248页，关于从公元前346年的议和开始德摩斯梯尼演说中的证据，见第249页。当然，德摩斯梯尼早期演说中的现实政治立场和后期的泛希腊战斗纲领之间并不完全对立，就像纯粹代表普鲁士利益的早期俾斯麦和从1870年开始的那位德意志政治统一的缔造者之间那样。

经将其描绘成政治家中第一流的成就。

战争打响前不久发表的《克尔索尼演说》和《反腓力第三辞》是他
1245 的灵魂大爆发，德摩斯梯尼在其中再次作为民众领袖出现在我们眼前，就像公元前346年的和约签署之前发表的《反腓力第一辞》中那样。但形势已经发生了多么大的变化！当时他只是个体的突击手，现在却是一场席卷整个希腊的运动的精神领导。他号召的不是雅典人，而是全体希腊人，要求他们走出冷漠的状态，为了自己的生存而斗争。面对腓力势力的迅速扩张，他们仍然一直无动于衷，仿佛消极地望着暴风雨或常见的自然灾害，感到完全无能为力，希望坠落的冰雹可能只会砸到邻居的房子上。[①]领袖的任务是让民众的意志摆脱这种瘫痪状态，逃离出馊主意者的掌握，后者心甘情愿地把民众交给敌人，只代表腓力的利益。[②]民众很愿意听这些人的话，因为他们不会对其提出要求。德摩斯梯尼列举了那些城市的例子，当地效忠腓力的派系已经把权力交到了他的手中。奥林托斯、厄瑞特里亚和俄瑞俄斯现在明白了：如果我们之前预见到，就一定不会毁灭，但现在为时已晚。[③]必须在船还完好时施救。当波涛占据上风时，一切努力都将白费。[④]雅典人必须亲自行动，即便其他人都退缩了，他们也必须为了自由而战。他们必须提供金钱、舰船和人力，通过甘愿牺牲把自己和希腊维系在一起。[⑤]大众的斤斤计较和演说家的腐化必须并且将要让位于那种希腊文化的英雄精神，后者曾经赢得了波斯战争。[⑥]

早在许多年前，德摩斯梯尼的作品中就提出了一个在上述比较中无法被回避的问题，即今天的雅典人是否为一个堕落的种族，无法与昔日的雅典人相提并论。[⑦]但德摩斯梯尼不是只想知道事实的历史学家或文化理论家。在这个问题上，他还不得不是一个看到了自己任务的教育者。他不相信人性的堕落，无论迹象看上去多不乐观。他永远无法像柏拉图那样放

① 《反腓力第三辞》，33。
② 《反腓力第三辞》，53—55；63起。
③ 《反腓力第三辞》，56—62；63；68。
④ 《反腓力第三辞》，69。
⑤ 《反腓力第三辞》，70。
⑥ 关于雅典历史上人民曾经不受贿赂和拥有自由意识的例子，见《反腓力第三辞》，41起。
⑦ 《论收入》，25起。

弃雅典城邦，像对待不可救药的病人那样弃之而去。斤斤计较和心胸狭窄 1246
成了这里民众的本能，他们的思维方式又能有何区别？[①]他们能从哪里获得更高的理解力和更大胆的活力？通过与过去的对比，伊索克拉底得出的唯一结论是，过去已经彻底无法回来了。而那位实干的政治家不会得出这样的结论，只要他的要塞还有一座堡垒需要守卫。[②]对他来说，昔日雅典的伟大能够激励民众投入自己最大的力量。[③]不过，在他看来，对当下与过去关系的这种理解不完全是意愿的问题。那更多是必须的问题。[④]即便当往昔和今天的裂痕变得如此之大时，雅典也无法在不自我放弃的情况下将自己同它的历史分开。历史越是伟大，它在衰亡时就越是会成为民众的命运，逃避历史责任的不可能性（即便这种责任是无法完成的）就越有悲剧色彩。[⑤]诚然，德摩斯梯尼并非有意自欺欺人，轻率地诱导雅典人展开冒险。但我们还是必须要提出的问题是，他比其他人看得更清楚的那种紧急处境是否允许他使用那种政治艺术，我们称之为“可能的艺术”。围绕着事关生存的理念问题，即是不是要投入全部力量，以及是否向现有的力量提出完全不可能的要求，德摩斯梯尼内心的现实政治家（要比大多数现代历史学家们所理解的强大得多）无疑与他内心具有权利和责任意识的其他政治思想发生了冲突。这种要求并非完全是乌托邦。它建立在这样的认知之上，即在生死存亡的时刻，像民族这样由个体组成的有形和道德的有机体能够达到最高的效率，它的力量水平本质上取决于斗争者在何种程度上意识到自己的处境，以及他们的生命意志有多强烈。在这点上，那位最智慧的政治家同样面对着一个自然的秘密，人类的理解力无法做出预估。

---

① 参见前揭书，25。

② 伊索克拉底，《论和平》，69：“我们已经不再拥有让我们赢得统治权的特质（ἦθη），只有我们失去它的特质。”在伊索克拉底那里，与往昔的比较总是对当下不利。

③ 这里再一次以宏大的方式展现了古老而朴素的模板教育思想，这种思想从希腊民族诞生之初就照耀着他们。关于对德摩斯梯尼作品中此类思想之例证的系统性汇编，见K. Jost材料丰富的著作（见第1041页，注释⑤）。

④ 德摩斯梯尼是从雅典伟大时代的模板中得出了这些“必须”，特别是后来在《金冠辞》中；不过，在《腓力辞》中他从这些范例身上得出了“应该做的”，其中也包含了上述“必须”。

⑤ 参见《金冠辞》中的动人段落，特别是66起。“埃斯基内斯，城邦应该做什么，当它看到腓力正试图确立对希腊的统治和专制？或者说雅典人民的顾问应该说些什么或者提供什么建议？我知道从一开始直到我亲自登上演说台的这天，我的母邦就一直只追求荣誉和声望的最高赞美。”

在事后看来，很容易以为真正的政治家在这种情况下仿佛面对的是一个计
1247 算问题，因此很方便回避这样的风险：没有对自己民众的强烈信心，没有对他们价值的感情，也没有对命运无法逃避性的预感在内心驱使着他们去冒险。在这个决定性的时刻，希腊城邦精神的英雄特征在德摩斯梯尼身上得到了无可辩驳的表达。只需看看被艺术家捕捉的形象中他那阴郁忧愁、遍布沟纹的脸庞，我们就能看到，他在本性上不同于阿喀琉斯或狄俄墨德斯，而是自己时代的儿子。但谁又会忽视，他越是对一个神经如此敏感和内心如此个性化的人提出显得超人的要求，他的斗争就会变得越是崇高！

德摩斯梯尼做不了别的，只能带着最强烈的意识展开这种斗争。修昔底德曾经表示，雅典人只有在具备充分意识的情况下才会冒险，而其他人的勇气往往基于没有意识到危险。[①]德摩斯梯尼的行为遵循了这条原则。他否认将要到来的战争会和伯罗奔尼撒战争相似，当时伯里克利所做的仅仅是允许敌人进入城郊，把自己围在城墙背后。但在技术上已经大大进步的新式战术下，如果等到敌人进入城郊，那么按照他的观点，雅典已经输了。[②]这是德摩斯梯尼拒绝等待策略的根本前提。除了希腊，当时他还向波斯求救。事实上，鉴于紧接着腓力征服希腊，波斯帝国也灭亡了，波斯人对雅典命运的置身事外看上去完全是非理智的行为。德摩斯梯尼相信，通过自己的政治家逻辑的力量能够说服波斯国王，如果腓力征服了希腊，等待着波斯的将是什么。[③]如果他亲自前往亚洲，也许就能做到这点。但他的使者无法打破波斯人的消极。另一个德摩斯梯尼在当时有意识地处理
1248 的问题是社会问题，即在这几十年间人口中的有产者和穷人阶层之间不断激化的对立。他清楚，如果不想从一开始便影响所有民众阶层投入全部的力量，就不能把这种分裂带进决战中。《反腓力第四辞》试图调停，至少能够达成妥协，让气氛变得缓和。演说希望双方做出牺牲。[④]它表明对民众来说，守护民族的意愿问题同解决社会难题的问题多么紧密地联系在一

① 修昔底德，2.40.3。

② 《反腓力第三辞》，49—52，另参见《金冠辞》，145起。

③ 参见《反腓力第四辞》52和31—34，关于后一段，见狄杜摩斯的评注，其中解释了这段话中对与波斯人谈判的暗示。

④ 《反腓力第四辞》，35—45。

起。对德摩斯梯尼来说，最好的证明也许是在后来的战斗中随处活跃着的甘愿牺牲的精神。

战争的结果对希腊同盟不利。喀罗尼亚战役之后，希腊城邦的主权存在就被毁灭了。即便在他们团结起来，为了自由而展开的最后一战中，旧城邦们也无法抵敌马其顿王国组织有序的作战力量。它们的历史被汇入了马其顿的世界帝国，那是在腓力国王突然死于谋杀者之手后，亚历山大暴风般的远征穿越亚洲，在波斯帝国的废墟上建立的。希腊的殖民、经济和科学开启了新的和无法预见的发展可能，即便当这个帝国在其创造者的早逝后分裂为了各个继业者国家。但旧希腊在政治上已经死亡。伊索克拉底关于全体希腊人团结在马其顿的领导下，向世仇波斯人发动民族战争的梦想现在变成了现实。死亡让伊索克拉底免于为时已晚地认识到，一个失去独立地位的民族战胜了一个想象中的敌人，这对民族情感没有真正的提升，而外部强加的统一无法解决国家分裂的问题。在亚历山大东征期间，任何真正的希腊人都更愿意听到这位新阿喀琉斯去世的消息，而不是在最高指令下把他当作神明来崇拜。所有的爱国者们都热切等待这个消息的到来，然后总是一再失望，操之过急地试图发动起义，这本身就是一场悲剧。但如果希腊人在亚历山大死后果真摆脱了枷锁，而不是马其顿军队血 1249
腥镇压了叛乱，德摩斯梯尼也没有因为对自己的民族已经不抱希望而寻求通过自杀来获得解脱，情况又会如何呢？

希腊人不再有政治上的未来，即便他们用武器取得了胜利——无论是否处于外族统治之下。他们的城邦已经完成了历史使命，但没有任何新的人为组织能够取而代之。不能用现代民族国家的尺度来衡量它们的发展。希腊人从未发展出政治意义上的民族意识，让他们可以建立这样的国家，尽管他们并不缺少其他意义上的民族自我意识，这始终是一个事实。亚里士多德在《政治学》中表示，如果希腊是一个国家，它就能统治世界。[①]但这种想法仅仅是作为哲学问题出现在希腊人的思想视野中。只有一次，即在德摩斯梯尼为了独立而展开的最后斗争中，它才成为希腊民

① 亚里士多德，《政治学》，7.7.1327b32。

族情感的爆发，这种情感在对外敌的集体抵抗中变成了政治现实。在为自己的生存和理想进行最后努力的时刻，沦亡中的城邦在德摩斯梯尼的演说中变得永恒。常常被滥用，也常常受到赞美的公开政治演说术的力量（与它的理念不可分割）在这些演说中再一次获得了至高的意义和价值，然后就消亡了。它最后的一次伟大作战是德摩斯梯尼的《金冠辞》。演说围绕的已经不再是政治现实，而是历史评价，以及在那些年里领导雅典之人的形象。令人惊讶的是，我们看到德摩斯梯尼把关于这种理念的斗争延续到了生命的最后一息。当历史已经做出判决，这显得过分固执。不过，当他的老对手们现在从洞里悄悄溜出，相信自己可以用历史的名义对他做出最
1250 后的评价时，他必须最后一次站起，对民众说出他从一开始就想要和已经做的。在《反腓力辞》中，作为当时斗争的一部分，我们见证了传统的重负、危险的严重和决定的艰难。而现在，它们作为最终的命运又一次出现在我们眼前，其中已经包含了结局。德摩斯梯尼用真正的悲剧思想意识为自己的行为辩护，他恳求民众不要期待做出不同于往昔要求他们做的决定。[1]往昔的光辉再一次亮起，结局尽管苦涩，但与它相谐。

① 《金冠辞》，206—208。

附录一

早期基督教与希腊教化

序　言

本书收录了1960年我有幸在哈佛大学所做的卡尔·纽厄尔·杰克逊 1
讲座（Carl Newell Jackson Lectures）。讲座的命名人卡尔·杰克逊教授大力推动我来到哈佛，而在我即将退休、不再作为这所大学的一名教师活动时，能够记录我对他永远的感谢，这一点对我意义深远。

我在其他场合更简短地讨论过该主题的不同方面。在这里看到的讲稿有了大幅扩充，并附上了翔实的注释，它们是本书不可或缺的一部分；但即便是现在的扩充版讲稿也无法完全实现我最初的计划。当我写作《教化》时，我从一开始就打算在那部作品中用专门的一卷来讲早期基督教世界对希腊教化的接受。不过，虽然此后我的大部分工作都是在古代基督教文学领域完成的，但正是这些工作的庞大范围让我无法实现计划，写出一部更全面的著作来论述希腊教化传统在古代晚期基督教世纪里的历史延续
和变迁。以现在的年纪，我再也无法保证还能在那样大的规模上讨论这个 2
问题，即便我尚未放弃实现那个目标的希望，但既然我觉得自己完全准备好了做这件事，我决定在这些讲座中给出一些纲要，把它们作为我希望是更大规模的完整作品的某种头期款交付。

当我们完全是凭借好运获得了来自东方的丰富宝藏，诸如昆兰的《死海古卷》，以及在上埃及的纳格-哈马迪找到的整套灵知派文献，而对早期基督教的历史研究也突然重新流行时，不可避免地，我们应同时彻底

地重估决定纪元最初几个世纪的基督教历史的第三个重要因素，那就是希腊文化和哲学。我把这本小书作为对这一新研究的初步贡献。

维尔纳·耶格尔

哈佛大学

1961年复活节

I

在这些讲座中，我不会致力于将宗教和文化作为人类思想的两种异 3
质形式来加以对比，就像讲座标题看起来的那样，特别是在我们的时代，像卡尔·巴特（Karl Barth）和布鲁纳（Brunner）这样的神学家都会强调一个事实，即宗教并非文明的从属部分，就像老派的自由神学家在将艺术、科学和宗教放在一起谈论时往往想当然认为的那样。换句话说，我不想抽象地讨论宗教和文化问题，而是非常具体地谈论基督教及其同希腊文化的关系；我对这一现象的分析方法将是历史的，就像古典学者应该做的。我也不想对索福克勒斯悲剧和巴台农神庙中所表达的希腊思想同基督教信仰的精神进行比较，就像埃内斯特·勒南（Ernest Renan）从圣地之旅归来途中登上雅典卫城时曾经所做的。他感到被那种纯粹之美和纯粹
理性的崇高显现征服，在卫城上用热情的祈祷赞美了它。[①] 勒南同时代的 4
后辈尼采本人是一位新教牧师之子，也是狄俄尼索斯的狂热信徒，他把这种比较推向了极端，从古典学者变成敌基督的传道者。相反，我将谈论基督教诞生时的希腊文化，以及公元最初的几个世纪里这两个世界的历史相遇。篇幅所限，我将无法谈论早期基督教艺术，或者将晚期古代文明和早期教会的拉丁语部分包括进来。

自从现代历史意识在18世纪下半叶觉醒以来，神学学者们在分析和描绘伴随着这种新宗教开始的重大历史过程时就意识到，在决定基督教传统最终形式的因素中，希腊文明对基督教思想产生了深刻的影响。[②] 最初，

---

① Ernest Renan, *Souvenirs d'enfance et de jeunesse* (Paris 1959) p.43f.

② 理论上，希腊文明对基督教的影响在许多领域都得到了学术神学作品的承认。在教义史中，哈纳克的*Lehrbuch der Dogmengeschichte* I (Freiburg-Leipzig 1894) 127–147将其列为决定了基督教及其历史发展的最重要因素之一。哈纳克的基础性工作特别展现了希腊哲学对基督教教义的影响的性质。近来，H. A. Wolfson, *The Philosophy of the Church Fathers* I (Cambridge, （转下页）

基督教是晚期犹太教宗教生活的产物。[①]所谓的《死海古卷》等近来的发现让我们对犹太宗教的这个时期有了新的认识，可以看到当时生活在死海边的这个宗教派别的苦修虔诚与耶稣的弥赛亚教义的相似性。两者显然有一些醒目的相似之处。但有一点巨大的差别引人注目，那个事实就是基督教的“传道”（kerygma）没有止于死海或犹地亚边界，而是克服了自己的排外和囿于一隅，进入到周遭被希腊文明和希腊语统一与主宰的世界。这是基督教的使命及其在巴勒斯坦内外发展过程中的决定性事实。在此之前的是希腊化时期希腊文明在世界范围内长达三个世纪的扩张，古典学者长久以来都忽视了那个时期，因为他们拒绝把目光投到希腊的古典时代以外。成为这个希腊的世界性扩张时期发现者的伟大历史学家约翰·古斯塔夫·德罗伊森第一个撰写了它的历史。[②]从他已经出版的书信中，我们现在可以看到他受到自己的基督教信仰和教义的驱使，因为他认识到，如果没有希腊文化在后古典时代的这一演化，基督教将不可能作为世界宗教崛起。[③]罗马帝国中希腊语世界的这一基督教化过程完全不是单方面的，因

（接上页）Mass., 1956）详细得多地研究了基督教教义受到的哲学影响和它们的希腊源头。甚至在这次系统性的尝试之前，追随哈纳克的历史学派的那代神学家就盘点了《圣经》各书本身的希腊元素，特别是《新约》，Hans Lietzmann杰出的*Handbuch zum Neuen Testament*系统性地将这种观点用于对最早的基督教文献的解读。更新的作品中，E. R. Goodenough, *Jewish Symbols in the Greco-Roman Period* (8 vols., New York 1953–1958) 描绘了考古学领域发现的希腊对晚期犹太文化的影响。所谓的一般宗教史更广泛地探究了外来宗教对早期基督教的影响，但也涉及希腊人的影响。另一方面，现代历史研究没有确证希腊哲学对《新约》的直接影响，特别是对圣徒保罗，就像之前的一些神学研究学派（比如D. F. Strauss的）曾经认为的。事实上，有许多哲学理念被提到，但这和可以证明对教义有影响是两回事，比如19世纪中叶的图宾根神学学派认为塞涅卡对圣徒保罗的影响。总而言之，希腊哲学对基督教思想的这种教义影响属于更晚的世代；见本书第1108页起和1120页起。关于与古典文学和文学形式的相似之处，见第1070页起和1103页起；关于犹太人和犹太基督徒的环境中对希腊语的了解，参见第1068—1074页。

① 自从哈纳克觉得有必要吹响战斗号角，试图遏制R. Reitzenstein和其他同时代的学者所偏爱的比较宗教史（Religionsgeschichte）浪潮后——他们似乎在威胁摧毁基督教的原创性，将其真正的起源模糊为犹太人思想史的一个阶段——这一点就主要在过去半个世纪的基督教神学研究中被强调。关于犹太教的这一晚期阶段，见Emil Schürer的权威著作*Geschichte des jüdischen Volkes im Zeitalter Jesu Christi* (4th ed., Leipzig 1901-1909；English translation by J. Macpherson, S. Taylor, and P. Christie, New York 1891)。另见R. Pfeiffer, *History of New Testament Times* (New York 1949)。

② J. G. Droysen, *Geschichte des Hellenismus* (Hamburg 1836–1843).

③ J. G. Droysen, *Briefwechsel*, ed. Rudolf Hübner (Berlin-Leipzig 1929) I, 70：“在我看来，语文学家、神学家和历史学家都以同样糟糕的方式忽视了希腊化世纪的历史。但基督教的（转下页）

为与此同时它也意味着基督教的希腊化。我们必须如何理解希腊化，并非马上就能清楚。让我们试着说得更加具体。

在使徒时代，我们注意到了基督教希腊文化的第一个阶段，即使用希腊语，就像在《新约》的书写中所看到的，这一直持续到了后使徒时 6
期，即所谓的教父时期。这是“希腊化”（Hellenismos）一词原本的意思。[①]语言问题绝非无关紧要。与希腊语一起进入基督教思想的是一整套的概念、思想范畴、继承的隐喻和微妙的隐含意义。基督教从第一代人开始就迅速地被周边吸收，对此显而易见的解释当然是（1）基督教是一场犹太运动，保罗时代的犹太人已经被希腊化，不仅是那些大离散的犹太人，也包括很大一部分在巴勒斯坦[②]本地的；（2）基督教传道者最先找到的正是这部分被希腊化了的犹太人。在《使徒行传》第6章中，被使徒们称为“说希腊话的犹太人”的那个耶路撒冷社群的一部分，在他们的领袖司提反（Stephen）殉道后流散到巴勒斯坦各地，开始了下一代

（接上页）源头和它最初发展中最引人注目的方向都来自希腊文化。世界教育、世界文学和全面启蒙，这些神奇的现象是基督出生后那个世纪的特点，只有在希腊文化的历史中，而不是在基督教文化或罗马文化中才能理解它们。”从信中可以看出，这位希腊化历史的发现者的兴趣一部分来自该时期本身，但可能更大的部分来自它在世界历史中扮演的角色，即作为让基督教变得可能的发展。

① Hellenismos是从动词hellenizo（“说希腊语”）衍生而来的名词，原本表示正确使用希腊语。首先使用这个概念的似乎是修辞学老师。忒奥弗拉斯托斯——和他的老师亚里士多德一样，他也把修辞学作为他在雅典吕克昂所授课程的一部分——提出了关于完美风格的理论，分为五个部分，他称之为“措辞的美德”（aretai），其中首先和最基本的是“希腊化”，即使用语法正确的希腊语，避免鄙俗和语病（参见J. Stroux, *De Theophrosti virtutibus dicendi*, Leipzig 1912, p. 13）。在公元前4世纪的希腊，这一要求是当时的特点，当时来自各个社会阶层的异邦人数量如此之多，败坏了口语乃至希腊人的语言本身。因此，“希腊化”一词最初没有接受希腊人的举止或生活方式的意思，就像它后来不可避免地带有的，特别是在希腊以外希腊文化蔚然成风的地方。这个词在晚期古代的另一个用法是在很大程度上已经基督教化的世界里发展起来的，见第72页。它不仅被用来表示希腊人的文化和语言，也有“异教”（即古代希腊）的崇拜和宗教的意思。希腊教父在他们的论战中大量使用了这种意思。在学术作品中，并不总是能够足以区分这个词的上述不同意思。

② 当然，这对犹太贵族和受过教育的阶层尤为如此；约瑟夫斯（Josephus）[*Antiquitates Judaicae* XX.12.264 (*Opera*, ed. Niese, IV, Berlin 1890, 269)]正确地指出，犹太人普通大众不像别的民族那么喜欢学习外语。这不同于生活在巴勒斯坦以外的希腊化环境中的犹太人，他们在那里很快把希腊语变成了自己的语言，而不是埃及语或其他当地方言。但在巴勒斯坦，人们也懂得希腊语，将其用于贸易和买卖，甚至教育程度较低的人中懂希腊语的比例也要比学者们常常认为的高得多；参见S. Lieberman, *Greek in Jewish Palestine* (New York 1942)以及同一作者的*Hellenism in Jewish Palestine* (New York 1950)。

人的传道活动。[①]与司提反/斯特凡诺斯（Stephanos）本人一样，他们都有典型的希腊名字，诸如腓利（Philippos）、尼迦挪（Nikanor）、伯罗哥罗（Prochoros）、提门（Timon）、巴米拿（Parmenas）和尼哥拉（Nikolaos），大多来自已经被希腊化了一代人或更久的犹太人家族。[②]这个新派别的名字“基督徒”（Christianoi）源自希腊城市安条克，这些希腊化的犹太人在那
7 里为他们的基督教传道找到了第一片广大的活动空间。[③]地中海周围的犹太会堂（synagogai）里都说希腊语，就像从亚历山大里亚的斐洛的例子中看到的，他用书面希腊语写的东西并非面向异教徒读者，而是面向受过良好教育的犹太人同胞。如果听不懂在离散者会堂的犹太祈祷上所说的语言，就不会发展出大批的异教徒皈依者。保罗的全部传道活动都建立在这个事实之上。在途中与犹太人交谈，并试图把基督福音带给他们时，他的讨论都用希腊语进行，体现出希腊逻辑辩论的所有微妙之处。双方引用的《旧约》一般都不是希伯来语原文，而是希腊语的七十子译本。[④]

除了圣言集（Logia，耶稣的语录集）和福音书（Evangelia）这些

① 《使徒行传》，6: 1起。“说希腊话的”（Hellenists）这个词在这里表示不同于“希伯来人”，但不表示“希腊人”（《新约》中用这个词表示“异教徒”）；它是对犹太人中说希腊语的那部分人的正式称谓，后来也指使徒时代耶路撒冷的早期基督教共同体。它不表示在耶路撒冷出生或长大，接受了希腊文化的犹太人。这些人在家里不再说他们的母语亚兰语，即便他们懂得，而是说希腊语，因为他们或他们的家族曾经长期在国外的希腊化城市生活，后来才回到家乡。他们中那些没有变成基督徒的人在耶路撒冷拥有自己的希腊化会堂，我们看到一位像司提反这样的“说希腊话的”基督徒与他们进行了大段的宗教讨论。讨论中明确提到了释奴犹太人（Libertinoi）、昔兰尼人、亚历山大里亚人、奇里乞亚人的会堂，以及小亚细亚的所有会堂（《使徒行传》，6: 9）。“说希腊话的”的基督徒——即便是在司提反生前仍然在耶路撒冷进行传教工作时——很自然地会首先找到犹太人中这些“说希腊话的”非基督徒和他们的学校，因为希腊的语言和教育背景构成了共同的纽带。从他们坚持要求派自己说希腊语的代表来进行每日的食物发放和对寡妇的其他赈济必然可以得出结论，他们是使徒共同体中一个日益强大的少数群体。他们能够说服十二使徒设立新的执事职务。因为《使徒行传》6: 5列出的最早的执事都有希腊名字，似乎清楚地表明他们只是共同体中说希腊语的成员的专门代表，被认为主要照顾那部分会众。在宣布这项创新时，使徒们强调让他们自己包办一切将不堪重负。不过，如果这些新的执事是为了照顾全体会众，无论是“说希腊话的”还是“希伯来人”，那么“说希腊话的”人在早期基督教共同体中的重要性将进一步提高，因为当选的七名执事全是“说希腊话的”。

② 只有尼哥拉不是天生的犹太人，他在安条克加入犹太教，后来又改信基督教；参见《使徒行传》，6: 5。

③ 《使徒行传》，11: 26。

④ 在这点上，福音书和圣保罗有所不同。在他的书信中，来自七十子本的《旧约》引文的数量要远远超出来自其他来源的。参见H. B. Swete, *Introduction to the Old Testament in Greek*, 2nd ed. (Cambridge 1914) p. 381ff.。

新的体裁，使徒时代的基督教作家还使用书信集和行传（Praxeis）等希腊文学体裁，前者以希腊哲学家为模板，[1]后者记录了智者或名人的事迹和学说，由他们的弟子讲述。基督教文学在教父时代的进一步发展沿袭上述路线，增加了使徒训言（Didachē）、启示录（Apocalypse）和布道词（Sermon）等类型。布道词的体裁继承了希腊大众哲学的辩驳（Diatribe）和论辩（Dialexis），后两者曾试图将犬儒派、斯多葛派和伊壁鸠鲁派的学说带给民众。就连殉道者传的体裁也被埃及的异教徒使用过，在使徒时代 8
埃及人与犹太人的宗教斗争中发展起来，早于基督教殉道者传文学的出现。[2]我们必须考虑在希腊化时期存在过作为许多派系“传信”（propaganda fides）手段的宗教小册子，尽管这些产物寿命有限没有流传下来。柏拉图谈到过俄耳甫斯教信徒挨家挨户发放的本派小册子，[3]而普鲁塔克在他的《新婚者告诫》中也建议，女方不要让试图从后门偷带宣传异邦宗教小册子的陌生人进屋，因为那可能会使她和她的丈夫疏远。[4]在《雅各书》中，我们可以看到源自俄耳甫斯教的“生命的轮子”这一表达。[5]作者无疑是从某本这种俄耳甫斯教小册子上借鉴了它。它们看上去都有点像一家人，有时会借鉴彼此的表达。所谓的毕达哥拉斯派是这些群体之一，他们宣扬“毕达哥拉斯”的生活方式，用Y作为自己的象征，这个符号表示岔路口，人们必须在那里决定选择善还是恶的道路。[6]这种学说无疑非常古老（比如，它出现在赫西俄德的作品中[7]），在希腊化时期，我们从一篇流行的哲学论文《刻贝斯画板》（*Pinax of Cebes*）中也可以看到它，文中描绘了一 9

---

① 关于这个问题的一般性讨论，见Paul Wendland, *Die urchristlichen Literaturformen* (Tübingen 1912), Part 3 of H. Lietzmann's *Handbuch zum Neuen Testament* I。

② 参见H. Musurillo, *The Acts of the Pagan Martyrs* (Oxford 1954)，特别是第236页起。

③ 柏拉图《理想国篇》第二卷364e谈到了“流浪先知”缪萨俄斯和俄耳甫斯拿出的“成堆的小册子”，上面介绍了某种洁净宗教和它被称为teletai（秘仪）的仪式。在比这段话稍稍往前的地方（364b—c），他表示这些先知挨个前往富人的门前，劝说他们皈依自己的教派，指导他们如何通过仪式和献祭洗清自己和祖先的罪恶。这些小册子包含了有关实现那个目的的各种方法的实践建议。见O. Kern, *Orphicorum Fragmenta* (Berlin 1922) p. 81f.。

④ 这是普鲁塔克在*Praecepta coniugalia* c. 19 (*Moralia* I, ed. Paton-Wegehaupt, Leipzig 1925, p. 288, 5-10) 中的话的意思。参见我的*Scripta Minora* (Rome 1960) I, 136。

⑤《雅各书》，3: 6。关于这段话，参见Hans Windisch, *Die katholischen Briefe*, 3rd ed. (Tübingen 1951; Handbuch zum Neuen Testament, XV) p. 23, Kern, *Orphicorum Fragmenta* p. 244。

⑥ 参见*Scripta Minora* I, 140。

⑦ 赫西俄德，《工作与时日》，288—293。

座神庙还愿献礼中间的两条道路。[①]它成了哲学道德布道的出发点，就像保罗在《使徒行传》第17章中用作其辩驳主题的那段铭文所在的未识之神的祭坛。最早的基督教教义问答是19世纪发现的，自称为《十二使徒训言》，其中同样把"两条道路"说作为基督教教义的核心，将它同浸洗和圣体礼结合起来。[②]显然，它们是作为独特的基督教元素被加入的；因为"两条道路"说借鉴自某个前基督教小册子。这种半文学作品包括伦理箴言集，诸如原子论哲学之父德谟克利特的古希腊语小册子《论心灵的平静》(*Peace of Mind*)。它的开头表示："如果你想要享受心灵的平静，就不要卷入太多活动。"该书非常有名，被广为阅读。[③]我吃惊地发现，这条告诫在《黑马牧人书》(*The Shepherd of Hermas*)中被改成了如下形式的基督教训诫："避免太多的活动，你就不会误入歧途。因为参与许多行动的人也会犯许多错误，他们被各种活动吸引去，不敬奉他们的主。"[④]所以就像斐洛所说（他从亲身经历中认识到这点）："旧钱被打上新印，重新使用。"[⑤]

因此，早期基督教的传教活动迫使那些传道者或使徒用希腊人的书面和口头形式来与他们在地中海世界的所有大城市中首先遇到的希腊化犹太人打交道。当保罗接近异教徒，开始在他们中间发展皈依者时，这变得更加必要。这种劝导活动本身是希腊化时期希腊哲学的典型特征。各个派别都试图通过发表劝导演说来赢得追随者，在演说中推荐自己的哲学知识或教义（dogma）才是通往幸福的唯一道路。我们首先在出现于

① 参见*Scripta Minora* I, 140f.。

② 《十二使徒训言》1—6，见*Die apostolischen Väter*, ed. Karl Bihlmeyer (Tübingen 1924)。对"两条道路"的大段讨论也出现在《巴拿巴书》18，前揭书。由于两篇文献对材料编排的某些差异让我们无法认定谁源自谁，两者似乎显然都依据同一个来源。这个来源似乎是一本说教的犹太教小册子，"两条道路"说本身与能够被具体称为基督教的东西关系不大或者无关。可以相当肯定地证明，包含了同样的道德教义的新毕达哥拉斯派的《刻贝斯画板》(参见本页注释①)最终来自希腊化材料，既不是犹太教也不是基督教的。

③ 德谟克利特，残篇3，Diels-Kranz，*Fragmente der Vorsokratiker* II 8. 132。由于大受欢迎，这部作品后来有过扩充，其中的有些部分甚至收入了晚期古代的道德格言和箴言集，比如斯托巴依俄斯的《文选》(*florilegium*)。在罗马皇帝的时代，它仍被广泛阅读。《黑马牧人书》是一部民间话本（Volksbuch），就像它的各种文本传播所证明的。参见*A Papyrus Codex of the Shepherd of Hermas* (Similitudes 2–9), ed. Campbell Bonner (Ann Arbor 1934) p. 23ff.。

④ *Hermae Pastor*, Sim. IV.5, in *Patres Apostolici*, ed. Gebhardt-Harnack-Zahn, 4th ed. (Leipzig 1902) p. 171, 4ff.

⑤ Philo, e.g., *Quod deterius potiori insidiari soleat*, 1.292.24.

希腊智术师和柏拉图对话的苏格拉底的教导中看到了这种雄辩术。[1]就连“皈依”（conversion）一词也源自柏拉图，因为接受某种哲学首先意味着改变生活方式。[2]虽然接受基督教传道是出于不同的动机，但这种传道会谈及人的无知，承诺给他们更好的知识，而且和所有的哲学家一样，它会提到某个拥有和揭示真理的老师。希腊哲学家和基督教传道者的这种类似状况让后者可以对此加以利用。哲学家的神明同样不同于传统异教的奥林波斯诸神，希腊化时期的哲学体系为他们的追随者提供了某种精神庇护所。基督教传道者追随了他们的脚步，而如果我们可以相信《使 11
徒行传》中的记述，那么他们有时甚至会借鉴这些前辈的论点，特别是在对受过教育的希腊听众讲话时。[3]

这是希腊人与基督徒相遇中的决定性时刻。基督教作为世界宗教的未来取决于此。当《使徒行传》的作者让使徒保罗造访雅典时（那里是古典希腊世界的思想和文化中心，是其历史传统的象征），在战神山那个神圣的地点向一群斯多葛派和伊壁鸠鲁派哲学家宣讲那位未识之神时，他清楚地看到了这点。[4]他引用了一位希腊诗人的诗句，“我们是他生的”；他的观点大部分是斯多葛派的，旨在让受过教育的哲学头脑信服。[5]无论这幕令人难忘的场景是历史事实，还是为了把基督徒和古典世界正在开始的

① 苏格拉底的劝勉或规劝演说的最典型例子见柏拉图的对话《欧绪德谟篇》，参见我的 *Aristotle*[2] (Oxford 1948) p. 62f.。

② A. D. Nock, *Conversion* (Oxford 1933) 将新信众的皈依同希腊化时期准宗教的哲学派系的心理态度做了比较。关于柏拉图将哲学比作人把脸转向真正存在的光辉，见《教化》第三卷，第726—727页，特别是第738页起。

③ 当然，后来基督教护教者大量借鉴了希腊化哲学家，比如当他们用哲学家的论战来驳斥希腊和罗马大众宗教的诸神时。

④《使徒行传》，17：17起。作者告诉我们，保罗是在犹太会堂中对雅典的犹太人和皈依者讲话的，而对异教徒讲话则是在战神山上，因而描绘的是使徒传道活动中相当典型的情况。会堂中的讲话只是被简单提及，当然保罗不可能省略它们；会堂是他平时布道的场所。但这一次，重点显然是战神山上的辩驳演说，其中描绘了这位基督教伟大领袖（他本人是个“说希腊话的”前犹太人）所处的新情况：他把目光对准了基督教最后的目标，即古典希腊世界。

⑤ 对于保罗雅典演说中的论证及其与古希腊传统的关系，特别是与其中的斯多葛派元素，Eduard Norden, *Agnostos Theos* (Berlin-Leipzig 1913) p.13ff. 做了最透彻的分析；参见我对那部作品的书评，*Scripta Minora* I, 10-111。我不再相信Norden的精彩论点，即《使徒行传》的作者肯定把一部关于异教徒布道者和行神迹者提亚纳的阿波罗尼乌斯（Apollonius of Tyana）的作品当作自己的文学模板，那样的话，《使徒行传》的创作将会是公元2世纪开始后很久。《新约》中数次引用了希腊诗歌。亚历山大里亚的克莱门——这位（转下页）

思想斗争的历史状况戏剧化，舞台的安排清楚地显示了《使徒行传》对此是如何理解的。[①]上述讨论需要共同的基础，否则就无法进行。保罗选择希腊哲学传统作为基础，那是当时希腊文化的活跃元素中最具代表性的部分。后来的一位基督教作家，《使徒腓力行传》的作者用同样的方式解读
12 了《行传》的意图：他模仿我们的正典《使徒行传》，让主人公像保罗一样来到希腊，与同样的听众谈论相同的问题。他让使徒腓利说："我来雅典是为了向你们显示基督的教化（paideia）。"那正是我们的《行传》作者想要做的。[②]通过把基督教称为基督的教化，模仿者强调使徒的意图是让基督教看上去像是古典希腊教化的延续，让那些拥有后者的人顺理成章地接受前者。与此同时，他把基督变成新文化的中心，暗示古典教化正在被取代。古老的教化因此成了它的工具。

II

紧接着使徒时代，可以确定年代的最古老基督教文献是罗马的克莱门致科林斯人的书信，写于公元1世纪最后10年。观察基督教思想在保

（接上页）基督教作家本人的作品中充满了这类对希腊诗人的共鸣，有的摘自文本本身，有的摘自文选和类似的文集——是第一个特别关注《新约》各书中此类文学引用的作者。他本人受过高等教育，对圣经作家的希腊教化很感兴趣。他正确地认出了（*Stromata* I.19, ed. Stählin, Leipzig 1905–1909, II, 59, 1ff）《使徒行传》17: 28的引用来自阿拉托斯（Aratus）的天文学作品《天象》（*Phaenomena*）5。他还指出（*Strom.* I.14, Stählin II, 37, 23ff）《提多书》1: 12引用了克里特的厄比墨尼德斯（Epimenides the Cretan）的史诗《神谕》（*Oracles*，残篇1，Diels-Kranz, *Vorsokratiker* I 8. 31）；《哥林多前书》15: 33中还有一处与最著名的阿提卡新喜剧诗人米南德的作品相似（*Thäis* 残篇218，*Comicorum Atticorum Fragmenta*，ed. Kock，III，Leipzig 1888，62）——在一封保罗写给科林斯最有文化的希腊会众的信中，这处引用非常合适。

① 在了解古代历史书写传统的学者中间，很少有人怀疑保罗在雅典的演说只是典型的仿真之作，并非历史文献。作者写它是为了充当全书的戏剧高潮，此人不仅研究过希腊历史作品，而且本人具有真正的历史眼光，从他处理材料和巧妙平衡各个部分的高超手法中可以看出这点。参见A. v. Harnack, "Ist die Rede des Paulus in Athen ein ursprünglicher Bestandteil der Apostelgeschichte?" in *Texte und Untersuchungen*, 3rd Series, IX, No. 1 (Leipzig 1913)。关于《使徒行传》的作者是位历史学家，见Eduard Meyer, *Ursprung und Anfänge des Christentums* (Stuttgart 1921–1923) III, 3 and 23。

② 《使徒腓力行传》，8（3）。参见*Acta Apostolorum Apocrypha*, ed. Lipsius-Bonnet, II, Part 2 (Leipzig 1903) p. 5, 2。

罗死后30年间的变化会很有意思，后者本人也给同一个科林斯教会写过
信，以便解决他们的派系争端和对基督教信仰的解读分歧。现在，科林斯 13
的一个强大群体拒绝承认他们主教的权威，当地教会也陷入了公开的争论。罗马主教克莱门是以自己作为享有最高权威的教会代表的职权对科林斯人讲话的。[1]按照古老的修辞技艺的方式，他用许多精心选择的事例（hypodeigmata）向他们证明派系不和（stasis）和不服从的悲剧后果，把这些同和谐与服从的好处对立起来。他仿佛是第二个德摩斯梯尼，恰如其分地把这些例子分成了来自遥远过去的和来自其读者亲身经历过的更晚近时代的。[2]在谈到内部不和会导致伟大君王倒台和摧毁强大国家时［按照修辞学规则，这是将要加上的最恐怖的主题（topos）］，克莱门没有给出例子，以免过多卷入世俗历史，但他显然在使用政治雄辩术的规则。我们知道在古典时代的希腊城邦，“和谐”（homonoia）一直是进行调停的领袖和政治教育者、诗人、智术师和政治家的口号。[3]在罗马时代，“和谐”甚

---

① 正式说来，当时的罗马教会和科林斯教会是平级的，因为“教会”的统一性是仅就理念而言；不过，随着时间的推移，统一性被越来越多地强调，就像我们甚至在《新约》本身看到的，比如《以弗所书》，它在这方面预示着未来的世纪里将真正发展出普世教会。

② 《克莱门一书：致科林斯人》，3起。关于希腊修辞学把例子作为劝说手段的专业用法，参见下一注释。Stasis（不和，派系冲突）是希腊政治思想中被最多讨论的问题之一。

③ 除了对不和提出警告，克莱门也举出许多例子来倡导和谐。在这段论证中，和谐的重点逐渐转向服从，甚至是信仰。但对该主题的修辞学处理是一样的。我们在这里无法探讨希腊文学中的“和睦”（homonoia）这个政治理念的详细历史（参见Harald Fuchs, “Augustin und der antike Friedensgedanke,” in *Neue philologische Untersuchungen*, ed. W. Jaeger, III, Berlin 1926, 109ff），它从梭伦的哀歌《法度》或埃斯库罗斯的《慈悲女神》以及智术师安提丰关于该主题的散文体著作开始，经过希腊的演说家和政治思想家，直到克莱门时代的修辞学校的雄辩。这位基督教主教关于该主题的技巧和处理方法无疑与后者有关，而不是上面提到的更早的材料。克莱门大量使用一系列例子来加以证明，这种做法源自他那个时代的修辞学校。在经文中，这种证明方法还不是很常见，但就我们看到的而言，比如《希伯来书》中的，它们同样受到当时的修辞技艺的影响。克莱门的一些例子似乎来自该书，但方法本身都是两位作者从修辞技艺的通行实践和手册上学来的。

克莱门从它们中借鉴的做法包括区分来自过去和来自更晚近的历史经验的例子（参见5. 1），修辞学家们在像德摩斯梯尼和伊索克拉底这样的古典希腊作家那里常常注意到这点。像《克莱门一书：致科林斯人》6. 4所用的“不团结和纷争常常摧毁了强大的国家和伟大的民族”这样的负面主题同样可以追溯到那个来源。这是“夸张”（amplificatio）的修辞手法，发言者用它来表明，他谈到的东西常常是巨大好处（或巨大灾难）的原因。这类修辞手法甚至侵入了诗歌；比如，当卡图卢斯（《歌集》51）翻译萨福那首著名诗歌的一些诗节时（无疑是在某本修辞手册中发现的，让它留存至今的也正是一篇这样的修辞论文），他加入了最后一节进行道德说教，告诫更好的自己不要过度沉湎于“闲逸”，后者“曾经摧毁了许多强大的国王和繁荣的城市”。这个主题可以被用于各种坏东西。克莱门将其用于科林斯基督教共同体的放肆和纷争。希腊人的修辞学教育几乎可以被用于任何目的。

至成为女神。我们可以在罗马钱币上看到她的图像；人们会向她祈祷，无
14 论在私人的婚礼上，抑或在全城的节日上（由罗马帝国的统治者）。哲学
家们称赞她是约束宇宙以及维系世界秩序和世界和平的神圣力量。因此，我们既意外又不意外地看到，克莱门在精彩的第20章书信中称，万物的宇宙秩序是由造物主即上帝的意志确立的终极原则，是人类生活与和平合作的可见模板。

保罗在《哥林多前书》第12章的范例，无疑鼓励了克莱门在这点上再次诉诸古典希腊的传统。保罗对科林斯人讲了人身体的各个肢体间爆发不和的著名故事。它们拒绝履行自己在整个人体中的专属功能，直到它们被迫明白自己都是一个身体的组成部分，只能作为这样存在。这是墨涅尼乌斯·阿格里帕（Menenius Agrippa）对平民说的寓言，后者当时离开罗马城前往圣山，下定决心不再想和贵族生活在一起；他用这个寓言说服他们回归。我们都是从李维那里知道这个故事的，不过它也出现在几位希腊史学家的作品中。[①]它似乎可以追溯到一位希腊智术师关于“和谐”（Homonoia）的演说。[②]但克莱门用了不同的证明。他罗列了宇宙中所有和平合作的例子。[③]我们可以将这种论点追溯到欧里庇得斯的《腓尼基妇
15 女》，剧中人伊俄卡斯塔试图让她专横的儿子厄忒俄克勒斯相信，与被流
放的波吕尼刻斯和平合作才是他唯一顺理成章的选择。[④]大量迹象表明，克莱门的论证用了一份斯多葛派的材料。[⑤]那份材料热情称赞和平与和谐是统治整个自然的主人，从日夜和天体的规则运行开始，直到最小的生物和它们神奇的社会共同体，比如蚂蚁和蜜蜂。

值得注意的是，在那个关键时刻，古希腊城邦的政治哲学进入了新的基督教人类共同体，即现在所说的教会，希腊语中称为ekklesia，最初

① 李维 2. 32. 8起。关于讲过同一个故事的其他古代作家，见Pauly-Wissowa-Kroll, *Real-Encyclopadie* XV, 840, s.v. Menenius12。

② 参见W. Nestle, *Philologus* 70 (1911) 45f.。

③ 《克莱门一书：致科林斯人》，20。

④ 欧里庇得斯，《腓尼基妇女》，535起。

⑤ 参见我关于《克莱门一书》的论文，*Rheinisches Museum für Philologie* 102 (1959) 330−340，我在文中试图为确定克莱门所用的斯多葛派材料的性质和年代做些努力。关于材料问题，另见R. Knopf对归于罗马的克莱门名下的两封书信所做的注疏，*Handbuch zum Neuen Testament,* ed. H. Lietzmann, Ergänzungsband (Tübingen 1920) pp. 76−83。

表示希腊城邦中的公民大会。在当时的亚该亚行省（当时罗马行政当局
的官方语言中对希腊的称呼）的治所科林斯，圣灵的附身者相互倾轧，他
们是老师和先知，有的懂各种语言，有的说方言，也就是“说胡话”，[①]而
在罗马的土地上诞生了一种新的秩序意识，对希腊城市的个人主义者产生
了如此之强的吸引力。[②]克莱门提到了罗马殉道者彼得和保罗的名字，作
为服从的模板；顺从的最高模板是基督本人，但他甚至提到了罗马军队堪
称榜样的军纪。[③]虽然在克莱门的信中，包括对信仰的坚持一直没有改变，
但他特别强调的是善行，就像在《雅各书》中那样，后者可能属于同一时 16
代，很明显在与保罗论战。[④]克莱门的这份重要的历史文献中已经开始显
现出一整套基督教美德，它的基督教概念更接近斯多葛派的道德主义，而
非圣保罗及其《罗马书》的精神。应该如此理解和接受基督教的布道，这
当然并不意外。在所谓的“教牧书信”中，随处都可以看到《新约》将基
督教解读为本质上的伦理理想主义。犹太教无疑偏爱这种解读，即便作为
保罗那代人首要问题的希伯来律法对克莱门及其同时代人而言已经不再重
要，他们还是与犹太人离散者一样有着理性的道德倾向。[⑤]

如果我们想要刻画克莱门书信的精神，那么就不能仅仅称赞它是兄
弟友爱和基督教博爱的证据，或者将其解读成怒火和愤慨的爆发，是对科
林斯教会事务的干预。它的背后是与科林斯人对教会截然相反的理解。我
们在这封罗马教会的书信中看到的关于和谐与统一的大段强有力的宣示，
表明他从根本上坚信，如果基督教想要成为真正的共同体，就要像一个组 17
织有序、洋溢着全体共有之精神的国家那样，拥有某种内在的纪律。早期
基督教的地方教会仍有多元主义的空间，但无法完全任性行事。会对它们

---

① 《哥林多前书》12:4—11罗列了使徒区分的圣灵所有不同的天赋。

② 在《哥林多前书》12:7，保罗强调的不是每个人被圣灵给予的天赋能力（charisma），而是这个事实：将其给予他们是为了最好地使用。一边是每个公民特别的品质或优点，一边是把这种品质或优点用于公共的福祉，这种区分从一开始就存在于希腊政治思想中；一旦出现严重的分歧，早期基督教共同体中也就马上自然而然地提出了这个问题。

③ 《克莱门一书：致科林斯人》，37.2—4。

④ 《雅各书》，2:17。

⑤ 犹太民族的精神和犹太作者们所理解的他们的宗教总是被刻画成属于一个遵守律法的民族，坚持极其认真地按照律法的字面意思行事。见Josephus, *Ant. Jud.* XVI.6.8f, *Contra Apionem* II.171f.。

的行动和行为自由造成限制的是，可能的放肆行为将让其他地方的姐妹教会感到不满，并由拥有公认的精神和道德权威的其中一员公开表达。在这封信中可以想当然地认为科林斯的无序状态需要这种公开告诫，但同样可以想当然地认为在基督教世界，除了罗马教会，没有其他权威有权在这种情况下扮演公共呼声。

这封信不是以个人名义发起的。克莱门的名字没有出现在信里，但在我们的抄本传统中与信的首页题词保存在一起，不久之后即公元前170年左右，科林斯人自己和他们的主教狄俄尼修斯也提到他是作者。在下几代人中，科林斯的圣礼上仍会宣读这封信的一部分。但克莱门回避了在信中作为作者和个人出现；这很符合他正给科林斯人上的关于基督教会公共纪律和秩序的一课。

18 他确立自己关于人类共同体中秩序与和平概念的方式表明，那是建立在对所涉及一般性问题有意识的哲学反思之上的。克莱门似乎认为，仅仅重复诉诸爱（agapé）或仁爱（《哥林多前书》第13章）的情感（在这方面科林斯人表现出完全的缺失），并没什么用，他们从前的领袖一定已经多次这样做过。但鉴于他们是受过教育的人，拥有希腊教化（至少部分如此），他为自己对基督教“国家”（politeia）中公民秩序的强调给出了两种哲学背景：政治经验与社会伦理的，以及宇宙哲学的。希腊教化曾经也是这样做的，其总是从宇宙的神圣准则［被称为“自然”（physis）］中引出自身的人与社会行为的准则。基督教的诠释者（不仅仅是他们！）应该记住，希腊人的自然概念不同于我们现代意义上的自然主义，而是几乎截然相反。不仅是在这封信著名的第20章中，我们看到人类世界的和平问题的这个宇宙方面被呈现在读者眼前。随后的各章里也一直贯穿着同样的观点，即便它总是被实践运用到当前的情况中。在希腊人眼里，这并不会减弱对原则进行反思的哲学色彩，因为理论和生活必须总是在一起，只
19 有像这样理解它们，哲学家才能维持他关于授予真正教化的主张。

在这点上，克莱门再次诉诸他有着深厚功底的古典教化传统。当他用基督教的方式把社会有机观解读为基督身体的统一时，他从希腊政治思想中获得的这种观念有了近乎神秘的意义。有关教会的这种神秘理念源

于保罗，克莱门为其加入了希腊政治经验与思考的智慧。在第37章中指出与罗马军队及其等级纪律的相似性后——对于帝国的非罗马人口来说，那是令人非常吃惊和好奇的对象（我们还记得波吕比乌斯和约瑟夫斯对罗马军队的组织和不可战胜的力量的长篇描述，前者是对希腊人讲述，后者是对犹太人）——克莱门又回到希腊悲剧，引用了索福克勒斯和欧里庇得斯，可能摘自某一希腊哲学材料：伟大者的存在离不开渺小者，渺小者也离不开伟大者。索福克勒斯在他《埃阿斯》的著名合唱中（第158行）如是告诫人们，但在克莱门那里，这种经验被和一般性的陈述结合起来，即这是因为万物都存在恰当的混合，让它们的实际用途变得可能。将这种 20
观念同人类社会的大小（the big and the small）相互合作的想法结合起来不见于索福克勒斯的《埃阿斯》，但的确出现在欧里庇得斯《埃俄洛斯》（*Aiolos*）的一个相似残篇中（第21行），就像对看似微不足道的东西足够重视，为其花费时间心力的学者注意到的。他们的发现对我们确定罗马说希腊语的基督教社群中存在活的希腊教化传统的尝试非常重要。该社群说希腊语，因为从1世纪初直到该世纪末，甚至更晚，其成员都是希腊化的犹太人。因此，他们可以用自己古典教育的语言对科林斯人提出基督教式的批评。对他们来说，这不仅是风格问题，而且暗示了处理每个问题的思想方法的理论普遍性，那是希腊教化的独特标志。

被我们译作“恰当的混合”的希腊语单词表示一种特别的混合，希腊语称之为krasis，区别于仅仅将不同元素放在一起，没有相互渗透（希腊语称为mixis）。克莱门和欧里庇得斯在这一语境下使用的都是krasis的复合词synkrasis，比简单名词甚至更加强调相互渗透。因此我们应该将其译成“融合”。这个词具备近乎专业的意思，有着漫长而有趣的历史。它 21
很早就被用于希腊医学思想，表示某种东西虽然由两种或更多元素组成，但结合成不可分割和均衡的整体。政治与社会思想家用这个词来形容他们的政治统一理想是城邦中不同社会元素的健康融合。它还被用于宇宙，以及其元素或部分的统一和秩序。换而言之，克莱门考虑和倡导的教会统一对应着那个希腊哲学理想，他可以非常方便地通过诉诸这种类比来解释它，即便基督教用自己新的精神填充了这一古老的概念。但就像当希腊人的思想在考虑人类社会的结构问题时必须从特例回到普遍的现象，在这件事上，关于新的基督教会共同体的结构问题也迫使克莱门回到希腊哲学所诠释的普遍问题。在基督教历史上，在古典遗产被纳入基督教思想结构的方式中，这一直在重演。它并非后来作为教条神学进入基督徒的思想，而是从一开始就以非常实践的方式存在于那里了，与生命本身不可分割。

22 克莱门继续表示，这种统一——他首先用罗马军队的秩序，然后又用人类社会有机体中的大与小的类比来描绘它——是自然的，将其比作人体和身体部位的关系。他在这里引用了使徒保罗（《哥林多前书》12：21—22），后者是第一个指出这种理想的基督教导师，把它作为框架来传递自己关于基督教之“爱”（agapé）的著名启示。克莱门没有重复保罗“爱的颂歌”的动人细节，这些科林斯人当然都十分熟悉。他只是强调哪怕是人体最小的部分对整个身体的生活也是重要的，在第37章的最后，他欢欣鼓舞地断言“它们共同呼吸”（希腊语sympnei，拉丁语conspirant）以及它们通过这样做让自己服从于对整个身体的维护，从而结束了自己的论证，在这里，我们再次看到了成为整个哲学基础和特点的那些真正的希腊概念之一。动词sympneo表示拥有共同的气息/精神（pneuma）。克莱门把这个词用于身体的各个部分，这一事实暗示整个身体有机体弥漫着某种精神，并因而有了生气。这种想法来自希腊医学，[1]并从那里被斯多葛派哲学吸收。最初用来解释人体有机生命的东西现在被转而用于宇宙中的

① 《克莱门一书：致科林斯人》37.4通过下面关于身体各部分有机关系的陈述扩展和解释了synkrasis（交融）的概念：“头离开脚将一无是处，脚离开头也一无是处……一切共同呼吸（panta sympnei），被统一于维系整个身体的任务。”解读者似乎没有注意到，这番话转述了希波克拉底的《论饮食》（*Peri trophés*）23的那个曾经著名的段落：“融合，共同呼吸，一切相互共鸣！”这个感叹句回响在希腊化时代晚期和罗马帝国时期的哲学与医学作品中。这显然并非因为那本小册子的直接影响，而是要归功于那位斯多葛派哲学家，他在自己的作品中既引用了欧里庇得斯《埃俄洛斯》中的synkrasis，又包含了希波克拉底《论饮食》中的那个段落。我们已经注意到（第1077页），克莱门书信的第20章无疑源于某份现已失传的斯多葛派材料。37. 4起的观点肯定也来自同一本哲学著作，因为它们反映了统一自然体系特有的标志。在这里，我无法对克莱门作品中的那份斯多葛派材料的痕迹做出全面的分析，不得不把该问题的这个部分留待别处。但有一点是清楚的，即克莱门利用了希腊哲学理论，用他的基督教思想进行解释，以便向科林斯人做出道德和社会方面的呼吁，他把这种呼吁建立在保罗的《哥林多前书》第12—13章上，这同样是一个坚固的理性基础。在这点上，他应对该问题的方法预示着公元4世纪教父的做法，后者同样把《圣经》权威的证明与理性论证结合起来。他们的基督教教化不仅局限于前者，而是包含了在活基督教作家头脑和心灵中的希腊道德与哲学传统的强有力元素。

生命：按照斯多葛派的“自然”理论，宇宙到处弥漫着给予生命的精神。
医生用各个部分的“共同呼吸”（sympnoia）来表示人体，而现在它被当 23
作活的宇宙的原则，成为“万物的共同呼吸”（sympnoia pantōn）。我们可
以追溯这种观念从斯多葛宇宙学到新柏拉图哲学、再到莱布尼茨的传承。
克莱门也用这一概念来描绘他关于教会精神统一的理想。基督教的“圣
灵”（holy pneuma）思想可能让他更乐意接受这种观念。无论如何，这是
被证明可以用于最多样对象的隐喻概念之一。synkrasis和sympnoia的概
念属于同一类，来自同一个关心人类社会的政治和谐问题的哲学源头。克
莱门需要它来实现自己在迅速发展的教会中确立一种基督教秩序（ordo
Christianus）的理想，让这个共同体的每名成员各得其所，按照自己的能
力合作。主教及其职守拥有特别的地位与功能，教士也有自己的，利未人
和执事有一种，在俗教徒也有一种。他们都不得超过职守所限，而是必须
满足于此。克莱门从经文中的犹太律法及其传统中借用了这些例子。它们
无法按照字面被转移给教会，但显然往往会成为其新的等级制度的模板。

对科林斯人讲话的那些人在信中享有的权威基于这样的假设，即这 24
并非罗马教会方面的傲慢之举，而是在看到兄弟走上歧途时履行他们作为
基督徒的职责。在书信的结尾，就在最后所做的庄严而优美的祈祷之前，
克莱门再次列举了来自经文和异教历史的警戒例子（就像他在第55章中
明确表示的）。然后他转而赞美教化，由此将他的整篇书信定义为基督教
的教育行为。在他看来这无疑是他此举的真正理由，无疑也反过来揭示了
那些将被收录为《新约》一部分的使徒书信的意义。难怪许多个世纪以
来，他写给科林斯人的信都被归入使徒书信。对于一个受过希腊教育的人
来说，教化一词本身必定非常自然地暗示了通过自己的书信他正试图取得
什么。在这方面《圣经》的权威——他们的《圣经》仍然是我们的《旧
约》——同样不缺少，书信的结尾处经文得到大量引用。七十子本常常谈
及教化；它在那里仍然表示克莱门引用的这些段落的希伯来原文所理解的
“教化”：让罪人改变想法的惩戒。对克莱门来说，这个词的原义同样始终 25
存在。但显然他的书信是在广泛得多的意义上使用这个词，在使用经文证
据时，他想到的教化正是他在整篇书信中所给出的。《以弗所书》和其他

一些在当时的基督教会中备受尊敬的段落都是在这个意义上谈到“上帝的教化”（paideia tou kyriou），当克莱门在书信将近结尾处的几个段落中谈到“上帝的教化”或“基督的教化”是基督徒生命中强大的保护力量时，他想到的必定就是这个词。①毋庸置疑，他把自己书信中从一个伟大哲学传统和其他异教来源获得的东西包括在了这一神圣教化的综合概念中，因为若非如此，他就无法将其用于自己的目的，说服科林斯人相信其教导的真理性。他将自己的基督教教化中加入的这些希腊诗人和思想家的普遍真理和表述作为确凿的证据，强调他作品的教化特性。用这种方式提出自己的“建议”是为了让误入歧途的科林斯兄弟更容易接受。作为这种新教化的永恒法则，文献中保留了它被写作时的情况。正是因为作者对自己作品的这种理解，
26 甚至在最后的祈祷中他也感谢了上帝为我们派来基督：“通过他，您教育了我们，给予我们圣洁和荣耀。”在书信最后一部分中——克莱门在那里试图让他的收信人明白他写此信的目的（skopos）——对教

① 克莱门书信的最后一部分显然总结了全信的内容。它以59. 2开始的宏大祈祷结尾。紧接着祈祷之前，讲话者最后一次试图让科林斯人没有怨恨地看到他的意图，教化的理念正是为此而被引入的。他预设了科林斯人愿意承认基督教的“爱”（agapé）的存在：（他写道）再次拿起使徒保罗的书信，就会明白这封书信为不可动摇的老科林斯教会树立的伟大理想，如何被一两个人的无耻行径破坏，这些行径配不上好基督徒的纪律。他在这里使用的“守纪”（agogé）一词是古希腊人用来强调好教育的这个特别方面的专业术语。它常被用来表示斯巴达人的纪律和自控。作为另一个标准，他还表示这个词意味着寻求公共福祉，而非个人利益。这是常被提到的古典希腊公民美德的最高戒条。克莱门接受了它，不过是在基督徒的“爱”的意义上；他用整个第49章来讨论“爱”，用让人喘不过气的首语重复修辞法这种令人印象深刻的形式把这个词牢牢印刻在读者脑海中。然后，他再次使用了那种希腊教育传统最古老的方法，举了很多例子，但仅仅是用其“提醒”读者，因为他们既知道经文，也了解异教徒的例子（hupodeigmata ethnōn）。

在第56章中，paideia和paideuo这些词出现了不下7次。在随后的几章中延续了这种情况（57. 1，59. 3，62. 3）。在第56章摘自《旧约》的段落中，paideia仅仅表示希伯来语的惩戒之意，但在62. 3，克莱门用“神的教化（paideia）”这一表达来指对书面传统中的全部耶稣语录的总称，该用法对应了这个词的希腊语意义。《提摩太后书》3: 14—16用的也是这种意思。显然，在广受推崇的“希腊教化”（是所有人共同的知识）的存在的影响下，正在发展出一种新的基督教教化的概念，我们将在随后的世纪里看到它进一步的发展。值得注意的是，这个过程始于一系列基督教作品，包括《以弗所书》（6: 4）、《希伯来书》（12: 5）、《提摩太后书》（3: 14—16）和克莱门写给科林斯人的信。其中，《以弗所书》和《希伯来书》标志着这个方向的最早尝试，而克莱门写给科林斯人的信则表明这个理念及其在基督徒的生活与思想中的英勇有了大幅扩张。教化的概念完全不限于当时的“异教徒”世界，在犹太人和基督徒中间也非常活跃；它作为让所有人都很容易理解的东西被提到，即便基督徒和犹太人可能觉得他们自己对真正教化的问题也能有所贡献。因此，这个旧有的希腊理想进入了生命的新阶段。历史的进步并不始于对它从过去继承的东西做出定义，而是通过占有它和使其适应自己的新目的。

化的这种高度评价无法完全用这一理念在此前的基督教思想中扮演的角色来解释；它无疑得益于通过其在希腊文明中的使用而获得的巨大价值。

Ⅲ

早期基督教作品面向的是基督徒和那些将要接受基督教的人。到当时为止，这是基督教共同体的内部事务。但基督教作家向非基督徒听众讲话的直接原因是基督的信徒在罗马帝国各地遭受的残忍迫害。于是，在大约公元2世纪中叶，出现了一大批基督徒出于自辩而对人口中占据多数的异教徒讲话的作品。显然，在他们的护教中，这种复调合唱无法认为自己 27
将要辩护的东西是不言自明的。这就是它们的情况与更早的基督教作品的不同。如果想和他们的听众达成共识，这些自己宗教的新倡导者必须找到某个共同点。这迫使他们用更理性的方式进行护教，让别人有可能与自己展开真正的讨论。他们大多选择说教式的发言来回答可能的反对或诽谤，但当时的情况本身推动了对话形式的复兴，就像我们在殉道者查士丁（Justin Martyr）同特里弗（Trypho）的对话中所看到的，这个经典的例子并非对教化的文学模式僵化了的外在模仿，对话参与者在真正努力地理解彼此，而非仅仅为了反驳而提问。[①]这种尝试只可能在希腊思想文化的氛围中进行。因此，它的语言在口吻上不同于早前热情的基督教雄辩。作者无意对未受教育的大众讲话，而是为那些以获得更多信息为目的阅读者写作。他们是在对少数受过教育的人讲话，包括了罗马帝国的统治者。[②]他们把对方当作一个个具备高等文化（paideia）的人，会用哲学精神思考这样的问题。[③]这不仅是恭维：世上的统治者中没有谁比哈 28
德良、安东尼·庇护或马可·奥勒留更配得上这种描述，其中一些作品

① 参见R. Hirzel, *Der Dialog* (Leipzig 1895) II, 368。

② 参见Justin, I *Apol.* c. 1; Aristides, *Apol.* init.; Athenagoras, *Suppl.* init。

③ 查士丁在《护教篇》中向皇帝们讲话，这些皇帝被称为“虔诚的人和哲学家”，“热爱文化（paideia）者”；参见I *Apol.* c. 2。

是献给他们的。基督徒面临着公然食人的指控，因为在圣餐礼上，他们会吃他们的神的肉，喝他的血。他们被称为无神论者，因为他们不崇拜国家的神明。他们拒绝给予皇帝本人神明的荣耀，因此他们的无神论立场同时也是政治颠覆。[1]

对基督教的辩护必须随处使用哲学论据。苏格拉底和柏拉图这样的伟大哲学家和其他许多人不是教导过同样的东西吗？[2]不信仰旧日诗人和大众宗教中的神明与哲学本身一样古老。[3]苏格拉底不是已经因为自己更纯粹的神明概念而作为殉道者死去吗？[4]他是受难义人的原型，是真正的typos，就像《旧约》中的一些人物被认为预示了基督的降临。斯多葛派教导说，世界的神圣原则和缘起是渗入到存在万物的逻各斯。苏格拉底一定程度上预见了这种逻各斯，它在基督身上以人的形象出现，就像第四福音书中所说的，因为基督在那里表现为缔造世界“话语”的创造性力量。[5]查士丁在他的对话中讲述了他如何从少年起就被希腊哲学吸引；
29 事实上，他一个接一个地学习了希腊哲学的体系，因为没有哪个能让他完全满意，直到他在基督教中找到了真正的答案。[6]不过，即便在成为基督徒后，他还是没有脱下希腊哲学家的外衣，因为基督教对他来说是绝对的哲学。[7]不仅对查士丁，对他的广大同时代人来说，整个问题也都是哲学问题。

将基督教解读为哲学不应让我们意外，因为当我们停下来想一下希腊人会用什么来比较犹太-基督教这种一神教现象时，我们能找到的唯一答案是希腊思想中与之对应的哲学。事实上，在公元前3世纪，即亚历山大大帝去世后不久，当希腊人第一次在亚历山大里亚接触到犹太教时，

① 对无神论主义的指控，参见Justin, I *Apol.* c. 6。神圣逻各斯的承载者在基督之前就存在了，见I *Apol.* c. 5。

② 查士丁在《护教篇》的许多段落中都参考了苏格拉底和柏拉图。苏格拉底与基督的相似性贯穿了这部作品。

③ 科洛丰的色诺芬尼对荷马与赫西俄德的神明发起过猛烈抨击，他是第一个区分大众和哲学神学的希腊哲学家；参见拙作*Theology of the Early Greek Philosophers*[2] (Oxford 1948) pp. 38–54。

④ Justin, I *Apol.* 5. 3.

⑤ Justin, I *Apol.* c. 10.

⑥ Justin, I *Apol.* c. 2. 3–6.

⑦ Eusebius, *Hist. eccl.* IV.11.8.

希腊作者们为我们记录了他们与犹太人相遇时的第一印象，比如阿布德拉的赫卡泰俄斯（Hecataeus of Abdera），麦加斯忒内斯（Megasthenes），以及忒奥弗拉斯托斯的弟子——塞浦路斯索利的克里阿尔科斯（Clearchus of Soli on Cyprus），他们总是称犹太人为“哲学的民族”。①当然，他们的意思只是犹太人一直认为世界的神圣原则是唯一的，而希腊哲学家刚刚产生这种看法。当希腊文明在亚历山大时期（很可能甚至更早）开始东移时，哲学为东西方的最早的亲密接触充当了平台。克里阿 30
尔科斯——他在小亚细亚的阿索斯（Assos）遇到了亚里士多德——失传的对话中提到的那个犹太人被形容为完全的希腊人，不仅在语言上，而且在灵魂上。②在一位逍遥派学者眼中，“希腊的灵魂”是什么呢？当然，这不是现代历史学或语文学研究试图在荷马、品达或伯里克利的雅典那里理解的东西；对他来说，希腊的灵魂是人的理智化头脑，在其澄澈的世界中，即使是天赋和智慧出色的异邦人也可以极其方便和优雅地参与和活动。也许他们永远无法理解对方的终极动机，也许每个人的理性耳朵无法听懂他人语言中微妙的弦外之音；但只要他们觉得自己能够相互理解，只要他们勇敢的尝试看上去预示着令人吃惊的成功——那就足够了。如果不是亚历山大里亚的希腊人期待在其中发现他们尊敬地称为蛮族哲学的东西的秘密，恐怕犹太人的圣经就永远不会被翻译，七十子本就可能永远不会存在。③这场冒险的背后是亚历山大在征服波斯帝国后的

---

① 关于犹太人被早期希腊化作家刻画为“哲学民族”以及他们的信息来源，参见拙作*Diokles von Karystos* (Berlin 1938) p. 137f。后来，不仅是希腊化时期的希腊人把犹太教称为哲学：希腊化犹太人同样如此，他们从希腊人那里学会用希腊人的眼光看待自身和自己的宗教。约瑟夫斯就是这样，在谈及犹太人的宗教派别或派系时，他区分了三种哲学派别：撒都该派（Sadducees）、法利赛派（Pharisees）和艾赛尼派（Essenes）；参见他的*Bellum Judaicum* II. 8. 2–15和*Ant. Jud.* XVII. 2. 4, XVIII. 1. 2–5。类似地，菲洛也常常谈及犹太人的“祖先哲学”，或者称他们的律法和制度为“摩西的哲学”。

② Josephus, *Contra Apionem* (1. 176)逐字引用了克里阿尔科斯对话中这一长段有趣的残篇。参见拙作*Aristotle*^{2}, p. 116，以及拙文“Greeks and Jews”，现在重刊于*Scripta Minora* II, 172ff.。

③ 基督教护教者查士丁（I *Apol.* 5. 4）在比较苏格拉底和耶稣基督身上的神圣逻各斯的样子时表示，苏格拉底在希腊人中揭示的就是基督（当时逻各斯在他身上变成了人的形象）在蛮族中所教导的。

政策中所宣扬的“同一人性”的新理念。[①]

对我们来说，亚历山大里亚的斐洛当然是犹太哲学家的原型，后者吸
31 收了整个希腊传统，利用其丰富的概念语汇和文学方法来向犹太同胞而非希腊人证明自己的观点。[②]这点非常重要，因为它表明一切理解（甚至在非希腊民族中）都需要希腊思想及其范畴作为智识媒介。这对宗教事务的讨论特别不可或缺，因为对希腊人来说，当时的哲学已经具有了自然神学的功能。[③]亚里士多德追随已故的柏拉图的强烈倾向，把他的“第一哲学”理解为神学。[④]但哲学宗教的元素——不同于物理学或宇宙学——从一开始就已经以或多或少完备的形式存在于希腊思想中了，[⑤]自从亚里士多德提出其地位的至高无上后，在希腊哲学的所有体系中就都能找到它，无论是柏拉图哲学、斯多葛派，甚至是伊壁鸠鲁派，只有怀疑派是个例外。在殉道者查士丁的对话中，犹太人特里弗[⑥]在一所摔跤学校的柱廊间散步时与这位希腊哲学家的相遇为谈话拉开了帷幕。[⑦]他对后者说“我看你是个哲学家”，认

① 参见Plutarch, *De Alexandri fortune aut virtute* c. 6。在这个著名的章节中，普鲁塔克将这位马其顿国王与斯多葛派哲学家芝诺做了比较，前者在征服波斯帝国后将世界各国统一成普世的国家，而按照普鲁塔克的说法，后者在理论上提出了同样的想法。希腊化史学家W. W. Tarn误解了这段话，认为普鲁塔克在这里是把大同国家的政治理论归于亚历山大。普鲁塔克所做比较的真正意思是，亚历山大要比区区的理论哲学家更伟大，他用自己的行动实现了芝诺只是在理论上的构想。普鲁塔克相信，伟大理论的实现甚至要比它的理论构想更有哲学意义。对普通的希腊人来说，完美的哲学家不仅拥有真正的知识，而且会在自己的生活中对其加以实际应用。从这点来看，作为行动者的亚历山大可以被称为甚至比芝诺更伟大的哲学家。

② 看上去显得矛盾的是，斐洛作品的保存并非因为犹太传统，而是要归功于希腊传统。不过，他并非作为希腊世俗文学的一部分被保留下来，而是被和希腊教父和教会文学放在一起。他最感兴趣的是基督教神学。

③ 关于希腊思想中的“自然”神学概念和起源，参见拙作*Theology of the Early Greek Philosophers*, chapter 1。

④ 参见亚里士多德，《形而上学》，6. 1. 1026a10—19，关于晚期柏拉图，见Friedrich Solmsen, *Plato's Theology* (Ithaca NY 1942)。

⑤ 参见拙作*Theology of the Early Greek Philosophy*各处；该书专门讨论了早期希腊宇宙学和“生理学”思想的这个特别方面。

⑥ 这被认为是不言自明的，特里弗明确表示（Justin，*Dialogus* c. 2），他接受过希腊教育。

⑦ 在罗马时代，查士丁在这里（*Dialogus* 1. 1）使用的xystos这个希腊语单词经常表示罗马别墅的柱廊前的平台。在古典时代和希腊化时期，它还表示摔跤学校的柱廊。后者更符合对话的场景，因为像特里弗这样的异邦人和他的同伴不会在别墅的私人场地散步。参见H.-I. Marrou, *Histoire de l'éducation dans l'antiquité* (Paris 1948) p. 181，书中有T. Wiegand和H. Schrader对普利埃涅摔跤学校的复原。

为此人因此肯定会关心神明和神学问题。[①]对方马上确认了这点。因此，在公元2世纪中期，哲学家是对神明感兴趣的人的想法不言自明。

当时，让基督教显得像是哲学的是它对伦理学和宇宙学的关心。不 32
仅是犹太人，异教徒同样如此。那就是为什么当时的异教徒作品中开始谈到基督教的观点。塔西佗仍然认为基督徒是犹太人（他们对罗马领主发动叛乱，以提图斯摧毁耶路撒冷告终）中一个政治上狂热的派系。[②]马可·奥勒留仍然形容基督教殉道者是宗教狂热分子，要不是他鄙夷地认为那是被迫的夸张表演，他会赞美他们的勇气和坚贞。[③]对这位忧郁的斯多葛派哲学家皇帝来说，那些人热情地甘于在斗兽场中被野兽杀死（就像我们在安条克的伊格纳提乌斯的信中所看到的[④]）无疑让他有了这种感慨。但另一位著名的同时代人，异教徒医生和哲学家盖伦称犹太人和基督徒为哲学家。他把摩西的宇宙学同伊壁鸠鲁和柏拉图的相比较，更偏爱后者的《蒂迈欧篇》，因为柏拉图不仅谈到了造物主的“意志”，即神明的法令，而且描绘了一幅可以满足希腊人艺术和理性精神的神明造物图景。[⑤]在谈起基督徒的哲学时，盖伦批评他们依赖“信仰”，他认为那仅仅代表主观证
据，表明他们的体系缺乏充分的认识论基础。[⑥]除了一位非希腊人的基督 33
教护教者即非洲人德尔图良（Tertullian），信仰和理性的问题还没有被提

① 我在上面给出的只是查士丁对话整个导言部分的大意。特里弗的原话是（第3章）：“哲学家的全部努力不是朝向神明吗？他们的探究不总是关心宇宙的统治和神意吗？哲学的任务不是考察神圣者的问题吗？”希腊哲学家并不否定这些，而是认为其不言自明。

② 塔西佗，《编年史》，15. 44。

③ 马可·奥勒留，《沉思录》，11. 3。参见Folco Martinazzoli, *Parataxeis, le testimonianze storiche sul cristianesimo* (Florence 1953) p. 17f.。

④ Ignatius of Antioch, Letter to the Romans c. 4-5, *Die apostolischen Väter*, ed. Bihlmeyer, pp. 98-99.

⑤ Galen, *De usu partium* XI.14 (*Corpus Medicorum Graecorum* II, ed. Helmreich, Leipzig 1907, p. 158, 2); cf. Richard Walzer, *Galen on Jews and Christians* (Oxford 1949) pp.12-13 and 32ff. 除了盖伦现存的希腊语作品中那些关于犹太人和基督徒的著名段落，Walzer还补充了一些有趣的新证据，来自只保存在阿拉伯作者那里的他的失传作品。

⑥ Walzer在前揭书第14页整理了盖伦提到犹太人和基督徒的“信仰”及其在他们的“哲学”中的位置的地方，在第48页做了讨论。Walzer恰如其分地引用了琉善的对话《赫尔默提莫斯》（*Hermotimus*）和另一位盖伦的同时代人，哲学家凯尔苏斯（Celsus），后者对接受“纯粹的”而不是批判性的思想提出了同样的批评。这三位希腊作家反映了希腊人对犹太人和基督教“依赖”信仰的典型反应。他们都属于公元前2世纪，当时基督教在希腊-罗马世界的快速扩张迫使当地的思想领袖直面这种新形势，即便他们只能通过自己的理性文化的伟大传统的范畴来看待它。因此，他们只能把“信仰”视作缺陷。

起。德尔图良反对异教神明和迷信的论点完全依赖他的希腊人-基督徒前辈，后者的论点则借鉴自希腊哲学家们；但他不像他们一样认为基督教本身是一种哲学。[①]他严格区分了作为信仰的基督教和作为纯粹理性态度的哲学，认为信仰优于理性的地方恰恰在于其超理性特征。在这点上，他预见了拉丁基督教的发展，这种形式的基督教非常重要，与希腊人的解读截然不同。希腊人总是欢迎理性的支持，而罗马人的思想始终强调（1）在接受基督教信仰中的个性因素和（2）权威的超理性因素。

罗马人和希腊人对待宗教确定性的问题的基本区别不是在讨论基督教问题时首先显现的。它在西塞罗《论神性》第三卷中谈到罗马的宗教与传统时已经出现了。在伊壁鸠鲁和斯多葛派哲学家描绘了他们的哲学对该问题的贡献后，第三卷中的发言者（在哲学上是个怀疑论者，但同时也是
34 罗马国家的大祭司）否定了他们关于神明的存在和本性的理性论点，因为这些论点是建立在可能受到逻辑怀疑的原则之上，宣称他无法接受它们作为自己的宗教行为的基础。他认为唯一可以接受的是把对那种宗教的接受建立在罗马国家的基础上，或者说传统的权威。[②]我总是觉得，这种西塞罗式的解决方案（是真正罗马式的）预见了后来的发展，同样的问题在基

---

① 德尔图良反对当时的希腊和基督教思想家的一种倾向，即试图把“基督教主义”理解为新的哲学，类似于过去的希腊哲学，可以用同样的逻辑标准加以衡量。参见*De praescriptionibus haereticorum*, ed. Kroymann (*Corpus Scriptorum Ecclesiasticorum Latinorum* LXX, Leipzig 1942) p. 9。关于德尔图良与希腊护教者的关系（他把他们的作品用作材料），见Carl Becker, *Tertullians Apologeticum, Werden und Leistung* (Münich1954)，特别是对其希腊前辈的影响（第81页起）及其局限的讨论。像阿尔诺比乌斯这样后来的拉丁语基督教作家试图表明，人的一切行为和选择，以及一切哲学都以信仰为基础（*Against the Pagans* II.8–10）。

② 作为西塞罗《论神性》第三卷的主要发言者，奥雷利乌斯·科塔（Aurelius Cotta）在对他之前发言的卢基利乌斯·巴尔布斯（3. 2）的哲学立场所做的批判伊始就清楚地表明了自己的立场。在长篇发言的最后，巴尔布斯向下一位发言者发出强烈呼吁，提醒他注意自己的罗马国家大祭司的职责。就此而言，他似乎肯定会欢迎巴尔布斯的斯多葛派宗教哲学的积极态度。但面对这一告诫，科塔声称自己的确愿意捍卫罗马宗教，但不是因为他相信哲学家们的微妙论据的正确性。他承认那是他们祖先的宗教传统：“但在敬神方面，我遵循的是大祭司提图斯·科伦卡尼乌斯、普布利乌斯·西庇阿普布利乌斯·斯凯沃拉，而不是芝诺、克里安提斯或克吕西波斯。”（Sed cum de religione agitur, Ti. Coruncanium, P. Scipionem, P. Scaevolam pontifices maximos, non Zenonem aut Cleanthen aut Chrysippum sequor）担任过罗马第一祭司这个要职的前任们的名字代表了拉丁语中所谓的“权威”（auctoritas）。在随后的发言中，科塔能够以此为基础驳斥希腊哲学家关于他的神明们存在的所有论点，同时又不危及他作为大祭司和罗马信仰捍卫者的身份。见我的“The Problem of Authority and the Crisis of the Greek Mind” in *Authority and the Individual* (Harvard Tercentenary Publications, Cambridge, Mass., 1937) pp. 240–250。

督教信仰取代旧日异教神明的位置后会重新出现。

现在，让我们回到希腊护教者，他们对哲学理性的怀疑不那么激进。东部唯一持有德尔图良式怀疑的是亚述人塔提安（Tatian），他像其他所有人一样用希腊语写作，掌握了希腊文化，但并不相信这种文化。[①]他强烈不认同基督教在自己时代的发展方向：他警告基督徒，他们的信仰的未来不在于逐渐被希腊文化同化，而是完全取决于将其保持为完全纯粹的蛮族崇拜。相比于那位反希腊文化的倡导者，查士丁显得受过很好的教育。塔提安不可能是个例。随着希腊文化在亚历山大远征亚洲后的前几个世纪里的向东发展，东方注定会出现强烈的反应。犹太和基督教的发展本身就是其中的一部分。但在一个受希腊文化的影响更深的地方，这种完 35
全的反对想要站稳脚跟的希望很小，即便看上去有利的时机已经到来，也很难持久。另一方面，曾经相信柏拉图和毕达哥拉斯是一切哲学和精神价值之坚实壁垒的人（就像查士丁在沙漠中与那位陌生老人的对话中对他们的称呼[②]）会对历史上的神意得出某种看法。在《律法书》和《先知书》中，上帝只向犹太人显现吗？保罗在《罗马书》中不是已经承认了异教徒的智慧对真理的贡献吗？[③]诚然，他并不完全承认那是上帝启示的另一个方面；但即便我们仅限于这种有限的认可，希腊思想在历史上的进展是独立于神意的教育计划取得的吗？这是前进中的基督教运动在护教者时代面临的问题。通过他们打开的大门，希腊的文化和传统涌入了教会，与后者的生活和教旨融为一体。早期基督教的伟大老师和思想家的时代开始了。

---

① 在《致希腊人的演说》（*Oration to the Greeks*）第42章的最后，塔提安介绍了作为作者的自己，还提到他的家乡“亚述”（按照当时的用法，表示他出生在叙利亚）。他自称是以教授（profiteor）蛮族哲学为业。他告诉自己作品的希腊读者，他是接受他们的教化长大的，但后来成了基督徒。他在罗马跟随查士丁学习，不过显然不像后者那样对希腊哲学和文化极为尊敬（尽管他对老师钦佩有加），而是骄傲地自诩拥有“蛮族的智慧”，那是他在读《旧约》时第一次接触到的。他赞美它的朴素智慧和语言，抛弃了希腊人复杂的修辞教育和风格。但显然，他对一切希腊事物的憎恶要比那更深，并且有种族理由。

② Justin，*Dialogus* 5. 6（查士丁在这篇对话中的一段对话里描述了这次相遇）。

③ 《罗马书》，2：14—16。

IV

36 我们可以把基督教在公元后最初几个世纪里的历史发展理解为原始
材料被不断“翻译”的过程，旨在让世人对其内容拥有越来越准确的理解
和认识。这个过程始于最早的福音书作者——可以追溯到现存最早的关
于耶稣言行的口头或书面记录——把它们从原来的亚兰语翻译成希腊语，
并将其编排成现在的形式。下一步是像路加这样接受过更好的希腊语教育
的作家觉得那些早期的翻译在材料的语言和陈述上存在缺陷，试图按照自
己更高的水准来调整它们的形式。但字面意义上的翻译只是获得原文意义
的第一步尝试。很快就需要另一种解释，它不仅给出了文本传统的文字本
身，而且必须要求专注于基督训示的意义，以及诸如“谁是耶稣？什么是
他在天上的权柄?”之类问题的解读。这种解读首先是在犹太人的《律法
书》和《先知书》的范畴内，以及以色列人的弥赛亚传统中进行的；但很
37 快就有人试图使它们适应说希腊语的人的耳朵和思想，从而让它们得以被
希腊世界接受。于是，解读过程被自动提升到更高的水平，需要伟大的头
脑来履行这一令人生畏的任务。

公元2世纪的护教者具备令人尊敬的思想水平，但基督教现在需要那
些具有更加高度发达的思想和性格的人效力，在亚历山大里亚的文化环境
中可以找到他们，那里是希腊化世界的首都。自从亚历山大大帝建立该城
后，东方和西方就在那里遭遇和相互竞逐。在耶稣和保罗的时代，当地的
犹太哲学家斐洛试图用大量希腊语写的作品来表明，他的希伯来宗教可以
用希腊哲学来描绘和理解，他在理性的评判面前证明了这点。因此，两个
世纪后希腊和基督教传统在这个历史的交叉路口的面对面并非史无前例。
在此之前，他们怀着未宣的敌意生活在统一的环境中，只是偶尔才交流观
点或论点。而从现在开始，那种交流将在更高的水平上展开，就像从3世
纪的希腊和基督教学者间那场大争论的最著名例证中所看到的：俄利根的
38 《驳凯尔苏斯》(*Contra Celsum*）和新柏拉图主义者波菲利的巨著《反基

督徒》(*Against the Christians*)。不过，这些攻击已经默认在基督徒阵营中诞生了真正的基督教学术和哲学“神学”，在基督教信仰和希腊哲学传统体现在同一个人身上（就像亚历山大里亚的克莱门和他更伟大的弟子俄利根）之前，这种基督教精神很难发展起来。正是两个世界在个人身上的这种结合创造了希腊和基督教思想高度复杂的合成。

当我们试图回答这些问题时，古典人文主义者和基督徒都面临着巨大的困难：基督教——最初是晚期犹太教宗教生活的产物——经历了这种完全的转变，或者为何古希腊文化最终接受了这种东方的信仰，后者似乎与古典形式的希腊思想差别如此之大？现代古典学家往往会把希腊的遗产视作自给自足的文化，主要是以人为中心的，他们难以理解当基督教向“希腊”文明的后人提供了自己关于人和人类生活的概念时，它已经不再如此。他们轻易忘记了那个雅典——当保罗穿行在那里的街道时，他在每一步都能看到一个畏惧神明的民族的标志[1]——索福克勒斯的《俄底浦斯在科洛诺斯》(*Oedipus at Colonus*)用几乎如出一辙的文字来描绘这一
标志；宗教情感在那座城市根深蒂固。[2]一神教理念通过哲学讨论渗入了 39
旧有的信仰，这种讨论在保罗的时代已经进行了几个世纪，甚至传到了普通人耳中。[3]另一方面，在我们的时代，信奉某种具体神学的基督徒（无论是托马斯·阿奎那的，还是马丁·路德的）很难理解一种尚未将神学重点放在他们认为至关重要的那些理念之上的基督教。如果想要真正理解这种历史现象，我们就不能期待在早期的希腊基督教思想中找到对现代的单方面纯粹主义的肯定，无论是人文主义的还是神学的。我们在历史中看到的，大多与我们在自己理论中所坚持的那种清晰的逻辑一致性恰恰相反。

---

① 《使徒行传》，17:22。

② 索福克勒斯，《俄底浦斯在科洛诺斯》，260。

③ 对古老的希腊多神教的批评始于公元前6世纪的哲学家，科洛丰的色诺芬尼。按照亚里士多德的说法（《形而上学》1. 5. 986b21—25），他思考的不是单一的物质原则，就像泰勒斯、阿那克西美尼和赫拉克利特那样，“而是望着天空，宣称那个一就是神”。自那以后，一神论观念在希腊思想中的演化经历了从阿波罗尼亚的第欧根尼到柏拉图和他的学校，从斯多葛主义者克里安提斯到早期罗马帝国的神学思考的过程。参见拙作 *Theology of the Early Greek Philosophers*，关于从苏格拉底开始的时期，见 Edward Caird 更早的作品 *The Evolution of Theology in the Greek Philosophers*, 2vols. (Glasgow 1904)。

事实上，希腊文化理想和基督教信仰的确混合了，无论我们多么急切地想要保持它们的纯洁。双方都有相互渗透的强烈欲望，无论这两种语言多么不愿意同化，它们都有自己不同的情感和隐喻式的自我表达方式。双方最终必然会认识到，在这一切之下，它们间存在着终极的统一，以及共同的核心理念，像桑塔亚纳（Santayana）这样敏感的思想家毫不迟疑地称之
40 为“人性的”，尽管他也许无疑让其被当作无条件的赞美。由之而来的产物不应被斥为在早期的这些世纪里如此司空见惯的宗教混合的典型例子。对于这种把“道成肉身”和“看那个人”作为象征的宗教来说，它的解读将遵循不可避免的历史逻辑。它促成了希腊思想的某些基本概念［可以称之为“固有理念”（ideae innatae）］的重生，后者无疑赋予了它新的力量和自信，尽管它在外表上经历了失败和剧烈的改变。另一方面，基督教与希腊传统中这些固定理念的接触无疑让基督徒的思想确信了自己的普世性（catholicity）。基督教从一开始就提出这种主张，始终坚持它是真理。这种主张必然会用世上唯一追求和实现了普世性的思想文化来衡量自己，那就是在地中海世界占据主导的希腊文化。现在，亚历山大在建立那座以自己名字命名的城市时的梦想实现了：希腊文化和基督教会这两个普世的体系将在亚历山大里亚神学的宏大上层建筑中统一起来。

在这个关头，基督教信仰开始参与希腊思想的伟大历史过程，加入
41 了后者生命的持续节奏。因为不能认为我们看到当时正在发生的基督教思想的希腊化是单方面的过程，与当时存在的希腊文明的内在需求无关。希腊思想从最古老时代的演化显示，经过最初的神话思维阶段，将一切形式的人类活动和思想理性化的倾向变得日益强烈。作为其最高的表现形式，它缔造了哲学，那是希腊天才最有特色和独一无二的形式，也是其伟大历史地位的最重要资质之一。这一渐进发展的高潮是柏拉图和亚里士多德的学园。在他们之后，希腊化时期的斯多葛派和伊壁鸠鲁派体系就相形见绌，表明创造性的哲学力量已经衰退。哲学成了一整套教条，尽管建立在对世界和自然的某种构想之上，但主要致力于通过教授哲学来指导人的生活，并给予其某种在外在世界中已经不再能找到的内心的安全感。因此，这种哲学发挥了宗教功能。为了理解这点，我们只需要回忆一

下斯多葛主义者克里安提斯写给宙斯的颂歌，或者卢克莱修对他的老师伊壁鸠鲁及其学说的热情赞美。虽然在其他大多数方面彼此相反，但斯多葛主义和伊壁鸠鲁主义在这点上是共同的，即它们都满足了非理性的宗教需 42
求，试图填补古希腊对奥林波斯诸神的崇拜宗教留下的真空。不过，人类头脑的认知能力所具备的进行冷静研究和批判分析的精神，仍然足够强大到让希腊思想家对这种作为原则的救赎知识发动最猛烈的攻击，结果是希腊哲学思想最终变成了一种英勇的怀疑论，激进地否定了过去和现在的一切教条哲学，而且远不止如此，它还宣称自己不会对真与假做出任何实证主义的论断，不仅是对于形而上学的思考，而且也是对于数学和自然科学。

从某种角度来说，希腊思想从未从这一打击中恢复过来，这种怀疑论兴起后，它再也没有创造出某种伟大的哲学。但传统的哲学学派逐渐展开了某种奇怪的自卫，它们携起手来，结成了一个“大同盟”，柏拉图主义者、斯多葛派、毕达哥拉斯派和亚里士多德派都参与其中（后者的程度较低）。想要做到这点只有通过忽略它们的分歧（怀疑论者对此颇多诟病），并试着找到共同点。它们对哲学确定性的要求变得很低。虽然旧学派仍在重复自己的论点，但西塞罗在他的对话《论神性》中描绘了实证 43
宗教（比如老的罗马宗教传统）可以如何利用希腊哲学家缺乏自信的怀疑论；因为就像我们已经看到的，受过良好教育的奥雷利乌斯·科塔在哲学上更愿意做一个怀疑论者，而不是接受斯多葛派自然神学的理性论点，而在实证的宗教崇拜上，他完全接受老罗马传统是共和国整个政治体系不可或缺的一部分。[①]不过，即便当哲学家超越这一限度，坚持更加实证的形而上学立场时（就像斯多葛派和柏拉图主义者所做的），他们还是会诉诸仍然存在的古老崇拜宗教以及对其神话的寓意解读。他们还表现出对“蛮族”宗教的特别兴趣，尤其是东方的，包括犹太人和他们无偶像的崇拜。哲学的技术部分越来越多地变成寥寥无几的博学评注者的深奥

① 见第1087页起。

知识，没有人读他们卷帙浩繁的作品。[①]比如，在西塞罗的时代，没有希腊哲学家（按照他的说法，很可能略有夸张）能读懂亚里士多德。[②]必须要让读者大众看得懂书面形式的哲学思想；因此，系统式的阐述越来越多地被随笔形式或大众辩驳取代，重点被放到了神学问题上。穆索尼乌斯（Musonius）、爱比克泰德、普鲁塔克、伪朗吉努斯（Pseudo-Longinus）、
44 普鲁萨的狄奥（Dio of Prusa）和马可·奥勒留皇帝，且不提提亚纳的阿波罗尼乌斯和类似的陌生名字，他们都表现出这种倾向，就连埃里乌斯·阿里斯蒂德（Aelius Aritides）等形式古典主义传统的捍卫者也觉得他们的演说需要以宗教为主题，因为那是大多数人想要听到的。[③]虽然并不缺少讽刺，但琉善的犀利嘲讽只是例外。它对当时过度的迷信和偏执做了极其生动的描绘。

难怪就连当时的哲学学校也追随这一普遍的潮流。这最为有力地反映在公元2世纪的柏拉图学园（通常被称为中期柏拉图主义）对柏拉图哲学的解读。可以说，我们在当时的希腊语世界随处看到的柏拉图的大复兴，与其说要归功于与之相伴的学术研究的加强，不如说要归功于“神圣的柏拉图”作为最高宗教和神学权威的角色，这个角色是他在2世纪时开始扮演的，在3世纪时俄利根那代人所谓的新柏拉图主义中达到顶峰。[④]纯粹的形式古典主义无法拯救那个古老的文明。它整体留存下来的理由是

① 这首先适用于对亚里士多德作品的全部学术注疏，自从罗德岛的安德洛尼科斯在公元前1世纪推出了亚里士多德哲学论述的第一个全集，从而成为逍遥派学校的第二位创始人后（那里后来成为注疏者的学校），在超过1000年的时间内不断有这种注疏被写出来。

② 西塞罗，《论题术》，1. 3：“对于修辞学家不识这位哲学家，我一点也不意外，除了少数哲学家，他不为人知。”（quod quidem minime sum admiratus eum philosophum rhetori non esse cognitum, qui ab ipsis philosophis praeter admodum paucos ignoretur）

③ 在古典时代，当修辞学家寻找有意义的主题时，伊索克拉底会选择政治。但在罗马帝国时代，在我们纪元的最初几个世纪里，宗教取代政治，越来越多地成为对最多数量的受教育人口来说重要性首屈一指的问题。当失去政治自由后，大部分人想要的一切是安定和秩序，个人只能在宗教中找到对他的内心生活和个人自由的表达，他甚至愿意为了宗教信念而付出生命——在希腊的古典时代很难找到类似的现象，尽管当时有许多人为了自己的政治信仰而付出了生命。

④ 虽然与新柏拉图主义学校的创始人普罗提诺是同时代的人，但根据波菲利的描绘，俄利根本人似乎代表了柏拉图主义历史的上一个阶段，即中期柏拉图主义；因为当波菲利罗列了俄利根讲课时使用和引用的柏拉图作品时，他特别提到了那个阶段的作者和作品（公元2世纪）；见本书第1099页。

它拥有柏拉图这个事实；如果没有柏拉图，其他希腊文化可能会和老奥林
波斯诸神一起消亡。希腊人文主义者足够清楚自己的处境，柏拉图学园的 45
哲学家们同样如此，他们受益于该时期的政治趋势。谱写一种庄严的散文体新颂歌来向古老的希腊神明致敬，用斯多葛派的寓意方式对每位神明进行哲学解读，就像演说家阿里斯蒂德那样，这样做并不够；于是，另一些古典学家将柏拉图作为活的内在火焰注入希腊的文化体系中，让高贵形式的冰冷大理石获得了新的热和光。他们所指的柏拉图不是一种认识论或是《理想国篇》中的社会理论，对于生活在罗马帝国和平统治下的人来说，这些东西仍然带有太多的旧日城邦的紧张精神。柏拉图的“理念”曾经作为他的思想主旨遭到他的弟子亚里士多德的批评，现在它们被解读为神明的思想，以便让柏拉图神学拥有更加具体的形式。[①]克莱门和俄利根是在这种文化体系下长大的。它主宰的不仅是它们时代的哲学学校，也是传统的希腊教化。叙利亚的新柏拉图主义者波菲利的柏拉图信仰并非来自他的哲学老师普罗提诺，而是直到后来才在罗马与之相遇。他是从古典文化和教育的源头雅典，从修辞学家朗吉努斯的学校中获得了这种信仰。按照普
罗提诺的说法，朗吉努斯完全不是哲学家，而是他那个时代最伟大的语文 46
学家。[②]语文学和哲学致力于同一方向。它们从荷马教起，到柏拉图结束，

① 我们在亚历山大里亚的斐洛那里已经看到过这种理论，作为犹太人神学家，他必然倾向于接受这个版本。在柏拉图学派中，这种情况直到阿尔比诺斯（Albinus，在抄本传统中被误植为Alcinous）的时候还在发生，后者是该学派在公元2世纪的代表，有《柏拉图哲学导论》存世。在《柏拉图哲学导论》中，这种解释完全被视作不言自明；参见第11章，C. F. Hermann的柏拉图全集，第六卷，Appendix Platonica。不过，最好不要忘记该时期的希腊哲学传统中有多少今天已经失传。稳妥的做法似乎是认为对柏拉图理念的这种解读并非来自斐洛，而是更早就在柏拉图学派中出现了。

② Bidez, *La vie de Porphyre le philosophe néoplatonicien* (Gand 1918) p. 34ff. 后来，在普罗提诺的影响下，波菲利修改了他对柏拉图的一些看法，特别是关于柏拉图理念是存在于精神（Nous）之外还是之内的问题。由此可见，波菲利首先是在雅典的朗吉努斯学校形成了他对柏拉图的看法。这就是为什么当他后来在某些点上改变了看法时，朗吉努斯和普罗提诺的学校之间有过文字交锋，参与者包括波菲利本人。波菲利的《普罗提诺传》第14章有普罗提诺对于朗吉努斯作为哲学家的水准的评价。从我们现在的观点来看，关键的事实是，古典学家朗吉努斯的学说（他从荷马讲起）以柏拉图为中心和高潮。这是一种新的古典学术。朗吉努斯是在阿莫尼乌斯·萨卡斯（Ammonius Saccas）的启发下完成了对文学教化以及对柏拉图和从前的古典希腊哲学的这种有趣结合，此人是新柏拉图主义学校的创办者，他的弟子不仅有普罗提诺和朗吉努斯，还有基督徒俄利根。波菲利提到还有另一个俄利根，他同样是阿莫尼乌斯的弟子，几乎没有作品发表。阿莫尼乌斯本人没有写过任何东西。

阅读和解释后者的对话。[①]它们引领自己的弟子通向那种作为古代晚期所有高等宗教共同纽带的精神性。从这个宗教情感的源头出发，一切异教和基督教传统都被重新解读，让它们可以为新时代的人所接受。他们开始记住是柏拉图让人们内心的眼睛第一次看到了心灵的世界，意识到这一发现多么剧烈地改变了人类的生活。就这样，在他们攀登的途中，柏拉图成为向导，把他们的目光从物质和感官现实转向非物质的世界，人类种族中具有更高贵思想的成员将在那里安家。

V

在这种情形下，教义问答派领袖——亚历山大里亚的克莱门和俄利
47 根成了基督教哲学的缔造者。这不是一个包含逻辑学、物理学和伦理学等全部学科的完整体系，就像亚里士多德和斯多葛派的体系那样，而是完全由这些早期异教徒思想家所称的“神学”构成。因此，在亚历山大里亚派的哲学思想中，神学本身并不是新东西。[②]它的新颖之处在于这样的事实，即哲学思考被他们用来支持一种本身不是人类对真理的独立追求的结果（就像之前的希腊哲学），而是以《圣经》中的神圣启示为出发点的实

① 波菲利本人写过多卷的长篇作品《荷马诸问题》（*Homeric Questions*, ed. H. Scheider, Leipzig 1882）。J. Bidez想要将其放在他的雅典时期，认为那是他在朗吉努斯门下学习的成果。但即便真是如此，他后来在罗马受普罗提诺的影响而转向更专注的柏拉图研究很难说是信仰的改变，并不意味着他抛弃了荷马。作为新柏拉图主义者的弟子，又有部分东方（近东）血统，他非常需要研究荷马，从而能在自己的希腊化背景下理解柏拉图，就像现代哲学家那样。事实上，普罗克洛斯和扬布里科斯也在新柏拉图主义学校教授荷马，即便在波菲利的时候也不可能被完全抛弃，后者曾写过关于这位伟大诗人的几部作品。很长时间以来，荷马都被等同于普通希腊人所理解的“教化”，就像我们从希腊化时期所写的希腊语小说中所能看到的。柏拉图的加入扩充了这个传统概念，让对世界观（Weltanschauung）的需求在晚期古代的教化中占据了中心位置。很容易看到，这既是真实的需求，也是为了制衡像基督教这样的东方宗教日益强大的影响而采取的防御手段，后者在它们的教育中最为重视宗教智慧。在希腊教化的早前历史中，柏拉图是第一个这样做的，用的是他的哲学方式。因此，现在他们必须回归于他，以便填补希腊传统教育的这个空白。

② 拙作*Theology of the Early Greek Philosophers*（见第1084页注释③）的目的是把神明和神性的理念以及其中隐含的问题上溯这些“神学讨论”（theologein）在希腊哲学中最早的源头。

证宗教。但即便那样也不是完全前所未有的，因为就像我们看到的，斐洛
对犹太宗教做过类似的事，而在希腊哲学中，斯多葛派也曾对旧有的希腊
神话做过寓意解读。亚里士多德本人曾声称，希腊大众宗教的古老神明与
他的第一推动者神学是一回事，前者仅仅是用神话形式做了表达，①就像
他教导说，赫西俄德的《神谱》是神话形式的“教诲”（sophizesthai）。②
亚历山大里亚派对《圣经》的解读（特别是俄利根的）系统性地将这种方
法用于基督教的原始材料，就像朗吉努斯和普罗提诺学校中的异教徒柏
拉图主义者用它来解释荷马，正如我们从波菲利的《荷马诸问题》中所看
到的。③对异教传统而言，这种现象的背后是希腊哲学理性主义强烈的保
守性，它想要保留希腊思想中前理性层面的整个传统。柏拉图在《理想国 48
篇》中没有否认荷马和赫西俄德的作品是虚构的诗歌，而是否认它们是教
化，他认为教化意味着真理的表达。④相反，斯多葛派则坚称荷马和赫西
俄德是对真理的规范性表达，以便继续把古老的诗歌作为希腊教化的基
础。因此，他们不得不为自己在神话故事中寻找的寓意含义创造一整套的
体系。这样做首先是出于神学理由，从而保护希腊人最古老的书面传统免
遭亵渎的指责。⑤同样地，亚历山大里亚派想要在否定《旧约》的激进批

---

① 亚里士多德，《形而上学》，12. 8. 1074a38—b14。

② 亚里士多德，《形而上学》，3. 4. 100b9—19。

③ 见第1096页注释①。

④ 参见《教化》，第660页起。

⑤ 我们在所谓的伪赫拉克利特的《荷马问题》［*Quaestiones Homericae*, ed. F. Oelmann (Leipzig 1910) c. 1, pp. 1–2］中看到了对于催生出对荷马的这种寓意解读的理由所做的最短和最引人注目的表述。根据这种解读荷马史诗的方法，“我们将自己孩子的教育从一开始就托付给他”的荷马是所有人中最不虔诚的，除非对他进行寓意解读。柏拉图指责他对神明有各种亵渎的描述，但该书作者认为，柏拉图本人反而要受到这些指责（参见第4章），因为他尚不理解荷马的话的寓意含义。换句话说，伪赫拉克利特认为，寓意方法开启了一个新时代，拥有高雅道德品位和纯洁宗教信仰的读者能够在其中欣赏荷马而不受柏拉图的顾虑影响。柏拉图当然一刻也没有停止对他钟爱的荷马的诗歌之美的赞美，但他质疑了荷马作为“希腊教育者”的地位，他看到这一点在当时的希腊教化中得到了普遍认可。批评柏拉图激进地否定了荷马的那位斯多葛主义者采用了相反的思路：他首先感兴趣的是荷马作为希腊民族教化的角色，如果没有他，希腊文化将是另一个样子。因此，柏拉图肯定是错的，必须对荷马重新解读。同样的情况在其他传统中也出现过，比如维吉尔的诗歌在古代晚期和中世纪，犹太人的圣书《旧约》，以及《古兰经》在伊斯兰传统中等等；这总是处于思想发展的那个时刻，即一方面圣书的字面意义已经遭到质疑，但另一方面放弃那些形式是不可能的，因为那无异于自杀。它们带着被赋予的不同意义得到了延续，其理由不是思想的而是社会学的必要性，与生活的延续要依赖形式这个事实有关——对有着历史盲点的纯粹智识来说，这很难理解。

评者面前保护它，希望完全摆脱他们；在俄利根的神学中，他们通过区分文本的字面、历史和属灵意义实现了这点。这让他们得以避免遭到哲学家对《旧约》中赤裸裸地用拟人来表现上帝的批评。希腊神话中神明的人形特征从一开始就遭到希腊哲学的攻击。首先是科洛丰的色诺芬尼，他批评荷马和赫西俄德的神明太人性，缺乏神性应有的威严。后来的希腊思想家称之为“适合神的”（theoprepés），这个词像主要动机一样贯穿了希
49 腊哲学神学的历史。[①]俄利根与凯尔苏斯的争论表明，这是当时的异教徒思想家对基督教教义——它的神话特征——的根本批评。于是，俄利根开始了将持续一生的把《圣经》从字面意义翻译成属灵意义的尝试。他对几乎全部重要的《旧约》书和许多《新约》书做了注疏，把自己的哲学神学同对神圣文本最细致的语文学研究［他在自己里程碑式的《六经合编》（*Hexapla*）中重新校订了经文］结合起来。

哲学在俄利根的神学方法中发挥了什么功能？显然他在自己对经文的解读中一直用着它。这不仅是与他的释经相分离的一个抽象的教条体系，更是贯穿于他对耶稣和使徒宗教的整个理解，按照希腊人的方式将其变成了神学。他的头脑非常复杂。他完全可以像孩子一样阅读《圣经》，以一颗卑微之心的单纯来享受它，就像我们在他的布道文中看到他在对普通人说话时完全没用到自己的学识。因此，一位整天沉浸于复杂数学计算
50 的伟大天文学家仍然可以在静谧的夜晚仰望星辰，享受它们的美，不必

① 见上一页注释⑤。在诗人荷马和赫西俄德的古老神话里所描绘的希腊大众宗教中，神明常常会做“不合适”的事，如果以更加发达的道德情感或是关于他们威严的概念作为标准来评价的话。首先提出这种批评的是科洛丰的色诺芬尼（残篇26，Diels）；见拙作*Theology of the Early Greek Philosophers*第50页关于色诺芬尼的一章。这种被用于神明及其至高威严的“合适”标准后来催生了一个特别的词，即theoprepés，表示“适合神明的”。在希腊哲学神学的历史上随处可见这个词所指出的问题，而theoprepés本身也在这种语境下无数次出现。在上面所引的我的书中，我指出需要用新的方法来研究该问题的演化，包括它进入基督教神学。当时，我首先想到的是克莱门、俄利根和尼萨的格里高利。与此同时，我从前的学生Harald Reiche在他的论文中接手了这项任务。他的论文经过大幅扩充，将很快作为专著出版，探讨希腊哲学和早期基督教神学中的theoprepés问题。事实上，这是关于希腊哲学神学中的拟人化及其对基督教神学思想之影响的问题，它从一开始就面领着诸如神化身为人的样子和受难神明的概念等新问题。两者都与希腊哲学神学中的神明理论的先验范畴存在冲突。从与希腊本体论思想的冲突中将产生基督教神学最深刻的问题，比如“为什么神是人?”

想到他常用的设备、望远镜和算术公式。[①]但俄利根也教授纯粹形式的哲学。他必须这样做，因为他的哲学思想总是把过去的伟大历史体系和哲学家本人的文本作为出发点。我们恰好很熟悉他的教学方式，因为我们仍能从他的敌人和赞美他的学生留给我们的报告中了解到这点。

俄利根的文化要归功于希腊哲学。新柏拉图主义者波菲利提供的画面让我们对这位基督教柏拉图主义者有了很多了解，后者无疑让当时的异教徒柏拉图主义者着迷，但对他们来说同样也是巨大的丑闻。波菲利本人还很年轻时见过这位名人，他概括了俄利根双重生活的悖论，表示虽然此人接受希腊语教育，作为希腊人成长起来，却成了基督教那种蛮族活动的拥护者。不过，虽然他过着基督徒的生活，但他对万物（包括神明在内）的看法都是希腊式的，并赋予了所有异邦神话以希腊人的意义。因为他始终与柏拉图同在，读过上一代的柏拉图主义者和毕达哥拉斯派的全部作品。波菲利继续说，但后来他从犹太人的作品中读出了希腊人的全部奥秘（指 51

① 俄利根的复杂性格导致对他的神学和思想特点出现了截然相反的解读。想要试图理解他，就必须牢记这个事实。俄利根的作品是为了满足不同的意图。他的布道词是在对"较单纯的头脑"讲话（他总是这样称呼他们），而在更具学术性和哲学性的作品中，比如对圣徒约翰和马太的注疏、《论首要原理》和《驳凯尔苏斯》，他会上升到更高的层次。我们很难将其解释成在他的布道词中，我们看到了真正的俄利根，即心灵的神学家，而在其他地方，对灵知派和其他异教徒批评者的论战迫使他使用哲学的方法和思想以及哲学的语言。后来巴西尔就是这样为自己辩护的，但对俄利根来说，这是他的自然语言，他用起来很舒服：它们并非被用于特别的场合或意图。

当俄利根的现代解读者试图理解这位伟人的真正天性时，这个特异之处变得越来越明显。那些通过他的布道词了解他的人认为，他首先是个虔诚的基督徒，而另一些人则强调他殚精竭虑地试图将希腊哲学传统的整个概念方法用于那项伟大的任务，即创造一种只可能是哲学神学的基督教神学，因为那正是希腊语"神学"一词的意思。不过，我们不应如此区分俄利根的作品，让它们相互冲突。它们不是"或此或彼"；相反，只有当把它们放在一起，它们才会显示出那个完整的他。E. de Faye的巨著*Origène, sa vie, son oeuvre, sa pensée* (3 vols. Paris, 1923–1928)是对俄利根的哲学解读的代表。Walter Völker, *Das Vollkornmenheits ideal des Origenes* (Tübingen 1931)反对这种观点，声称哲学对俄利根来说只是方法工具，而布道词是他的基督教虔诚的首要来源，之前的解读者几乎完全忽视了这点。在布道词中，俄利根作为致力于逐渐臻于完美的神秘主义灵魂出现，是后来的修道院主义的先驱。换句话说，Völker把俄利根放到了公元后最初几个世纪里那场连续的犹太-基督教运动的背景下来看待，这场运动以伦理完美性为目标，追求灵魂与上帝的神秘结合。Völker本人的巨大优点在于他对那场运动的分析和描绘，他追溯了其从斐洛到俄利根和尼萨的格里高利，再一直到伪战神山法官狄俄尼修斯（Pseudo-Dionysius the Areopagite）。我确信他成功地牢牢确立了这一观念的历史延续性，证明那些观念对基督教生活强有力的实践影响也经历了相应的发展。在这点上，巴西尔和尼萨的格里高利离不开俄利根的指引。但当我们考虑这些继承者时，我们会疑惑他们是否能理解为何这种新的洞见要排除对俄利根哲学头脑的真正欣赏，特别是因为他的追随者展现出了与我们在俄利根身上看到的那两种组成元素如出一辙的结合；他们总是把完美的生活称为"哲学"生活。见下页注释②。

的是俄利根对《旧约》各书的注疏）。[①]对俄利根与哲学关系的上述描绘得到了俄利根一位弟子的印证，那就是“行神迹者”卡帕多奇亚的格里高利（Cappadocian Gregory Thaumaturgus），后者后来成为家乡卡帕多奇亚的使徒，从而成了俄利根与巴西尔（Basil）、纳齐安的格里高利（Gregory Nazianzen）和尼萨的格里高利（Gregory of Nyssa）等卡帕多奇亚教父间的纽带，这些人都是俄利根的伟大读者和赞美者。在俄利根流亡巴勒斯坦期间跟随他学习了5年后，“行神迹者”给他写了一篇告别词，表示这位老师要求他的弟子们熟悉每一种希腊哲学，并作为批判性的释经者亲自教导他们。他带领他们踏上了漫长的思想之旅，总是会消灭一切看上去诡辩的和站不住脚的东西，把他认为是好的和安全的放在他们面前。[②]

这就是希腊哲学学校中所用的教学方法，至今仍然如此，因为哲学的本质使其存在于自身的伟大历史中，在这点上要远远超过任何纯粹的科学。我们在普罗提诺反映他本人教学的作品中看到了同样的方法。他常常提出一个来自早前哲学家的问题，特别是柏拉图和亚里士多德的，学校里会读他们的作品。从保存下来的扬布里科斯（Iamblichus）、辛普利基乌斯（Simplicius）和普罗克洛斯（Proclus）等后世柏拉图主义者的注疏中，
52 我们了解到他们是如何阅读的。[③]波菲利的话确定无疑地表明，俄利根一生都在研究过去的重要哲学家，对关于柏拉图的大量专著形式的特别作品

① Porphyry, quoted by Eusebius, *Hist. eccl.* VI.19.5－8.

② “行神迹者”格里高利在他的《颂词演说》（*Oratio panegyrica* Migne, *PG* X, col. 1069f）中讲述了他的老师俄利根如何不断赞美哲学和哲学的真正热爱者，表示只有他们过着配得上理性生命的生活。只有他们拥有正确的生活方式，只有他们认识自己（1069a）。从这些话中可以看到——我们还可以加上其他许多的此类表述——哲学对俄利根来说既是“思想”（logos）也是“生活”（bios），就像对所有的古代哲学家那样。我怀疑现代解读者没能认识到哲学的宗教力量（在俄利根、普罗提诺和波菲利所做的广义解读中），部分原因是对那些思想家来说，哲学并不具有这个词的现代含义，而是带有精神宗教的意味。现代的宗教心理学似乎很难理解这种宗教思想，因为在新教的信仰概念的影响下，它缩小了宗教体验的范围，将思想作为纯粹的智识排除在外。但什么是“真正的宗教”这样的先验概念会让我们很难理解更高形式的晚期古代宗教，将宗教局限于非理性的。参见上页注释①。

③ 这些作者虽然代表了不同类型的解读，但共同的事实是，他们总是从古代思想家的文本出发和试着确定其意义。

了解得很多。①波菲利的描述可能让人觉得，这些知识最常出现在俄利根解读《圣经》各书时，但“行神迹者”格里高利所说的老师坚持研究“所有的哲学家”似乎证明，除了《圣经》课，他也另外教哲学，并且是专门讲授。波菲利可能在这些哲学课上被《圣经》课吸引，但他对那里所用的寓意方法失望（他后来把这种方法用于对荷马的解读）。②批评也来自基督教方面，安条克学派更多从字面和历史意义上解读《圣经》。但卡帕多奇亚的教父们沿袭了俄利根的方法，在基督教神学家中还有许多人同样如此，无论他们是否全盘接受俄利根的特别解读。一个事实让他们觉得自己面对这个问题的方法是正确的，那就是《圣经》作者有时已经在用这种寓意法了，甚至是使徒保罗本人。这种方法无疑可以追溯到他那个时代的拉比学校，很难想象如果不是寓意解读，他们能如何处理像《雅歌》这样的篇章。在所谓的使徒教父作品中，《巴拿巴书》（*Epistle of Barnabas*）便 53
选择了这个方向。③但亚历山大里亚派的新神学在系统使用这种方法上走得要远得多，像俄利根这样的作者和以他为榜样的尼萨的格里高利坚称，甚至《旧约》中的历史各书也要这样理解，即作为对重要的形而上学或伦理真理的透明展示。④对他们来说，这是圣灵教育方法的醒目证明。

一边是纯粹“信徒”“更单纯”的基督教思想，一边是“知晓”圣书真正含义的神学家，克莱门和俄利根都做了这样的区分，他们对经文的处理不可避免地导致这种结果。⑤在这点上，同样可以从基督教传统本身找到他们的先例。“灵知”（gnosis）这个时髦的词语被用来表示这种超越“信”（pistis）的领域的潮流，后者在希腊哲学语言中总是带有主观意

① 参见上页注释①。就像波菲利告诉我们的，俄利根在讲课中曾经引用的作者大多属于中期柏拉图主义学派。从波菲利在《普罗提诺传》中的描述，我们必然可以确定普罗提诺在他的研究会上也讨论同一些作者。他们代表了有关过去的伟大哲学家的最新著作，普罗提诺和俄利根在解读经典作品时都可能会参考那些哲学家。

② 见1096页，注释①。

③ *Die apostolischen Väter*, ed. Bihlmeyer, pp. 10–34.

④ 参见Gregory of Nyssa, *In Canticum Canticorum*, introd.，他引用了俄利根，称其为这种方法最有名的例证。在那里和在论文《论〈诗篇〉的标题》（*In inscriptiones Psalmorum*）中，他甚至把寓意解读的理论扩展到《圣经》的历史各书。

⑤ 拉丁语simpliciores（更单纯的）相当于希腊语的haplousteroi，克莱门和俄利根经常使用这个术语。

味。上述区别早在保罗的书信中就出现了，无论确切的意义是什么。这种潮流在公元2世纪变得更加强烈，当时出现了自称为“灵知派”（gnostic）的多个完整的体系。它们的教义截然不同。与基督教有关的那些同样倾
54 向于从经文中寻找秘密。另一些的部分内容则是对宇宙过程不同阶段所做的奇妙的神话猜想，包括关于人的灵魂及其命运的观点。由于大批灵知派原始材料刚刚被发现，我们在这里无法对灵知及其历史源头做出推测，虽然那些材料甚至还没有被整理，但可能会改变对这一宗教现象的传统描绘。[1]但它在公元2世纪和3世纪的存在本身足以证明，人们对这种更奇特的宗教替代品无疑有所需求，因为它在罗马帝国的传播如此迅速而广泛。

克莱门和俄利根对“灵知”的着重强调表明，他们在关注这种新的力量，它已经成为基督教的危险对手，被认为类似于摩尼教和密特拉教。亚历山大里亚派在灵知的名义下提出的东西当然与巴希利德斯（Basilides）或瓦伦提努斯（Valentinus）的体系截然不同。但克莱门或俄利根的基督教灵知明确将自己解释成是为了用合法的方式满足同时代人对灵知的胃口而做的尝试。面对东方的灵知及其粗糙的象征主义，他们针锋相对地提出了自己的灵知，主要源于希腊哲学。我们从普罗提诺那里
55 得知，异教徒柏拉图主义者同样强烈反对他们时代的灵知派潮流。[2]异教徒和基督教柏拉图主义者都觉得自己代表了对这个问题更“科学”的方法，因为他们的基础是希腊的思想传统。这种传统让他们区分了秘仪的（esoteric）和公开的（exoteric）知识，分别对应着真理（aletheia）和纯粹的表象（doxa）。当时不止一种哲学体系做出过这种区分。它甚至推动了对早前体系的此类解读，比如柏拉图和亚里士多德的那些，或者催生了神秘化，比如所谓的秘传毕达哥拉斯主义，其成员伪造了一批文献，假托可以追溯到毕达哥拉斯本人和他受秘传的弟子的时代。很容易对基督教神学做出类似的解读，而基督教是一种秘仪的观念也有利于这种发展，它很

① 参见F. L. Cross, *The Jung-Codex* (London 1955)。作为对灵知问题的第一部导读，见G. Quispel, *Gnosis als Weltreligion* (Zürich 1951)。

② 见普罗提诺的《驳灵知派》(*Against the Gnostics*)。

快被普遍接受，在基督教作品和崇拜中占据主导。

如果我们考虑到从公元前4世纪开始，吸引大部分受过高等教育者的不是奥林波斯诸神的宗教，而是让个体与神明拥有更加私人关系的秘仪宗教，那么就更容易解释克莱门在他的《劝勉希腊人》（*Protrepticus*）中对异教秘仪宗教的激烈论战。每当哲学家把自己的学说与宗教智慧相比时，他们总是把秘仪视作要传递讯息给人类的更高形式的宗教。[①]这种比较非 56
常古老；它甚至出现在其他隐藏真理的寻找者身上，比如在希波克拉底的作品中，掌握真正医学知识的医生被比作接受过神圣秘仪启示的人，从而把他与江湖郎中和无知外行区分开来。[②]随着时间的推移，这成了希腊哲学中日益强大的潮流；当然，它在哲学神学的语言中最为自然。在克莱门和俄利根的语言中，“秘仪”一词的使用非常频繁，当初仅仅作为隐喻的东西现在变成了实在的。对信众来说，基督教神学自称提供的灵知是世上唯一真正的秘仪，将战胜异教的众多伪秘仪。[③]宣称基督教是给所有人的讯息，这似乎违背了对只有朴素信仰者和拥有更高的秘密灵知者的区分；但在克莱门的时代，特别是在亚历山大里亚这个如此之多的神秘崇拜的交汇之所，这种潮流看起来几乎无法阻挡。像卡尔波克拉提斯派（Carpocratians）这样在克莱门时代从那里发展起来的异端团体，自称拥有《马可福音》的一个秘密版本，包含了他们的教义，但据说被教会扣留，只供少数得到允许的人阅读。在一份不久前才被重新发现的书信中，57
克莱门解释说，的确存在这样一个更完整版本的《马可福音》，但卡尔波克拉提斯派异端流传的那个版本糟糕地混合了真正的秘本《马可福音》和

① 我不会引用全部材料来证明这点，而是只提一下柏拉图的《会饮篇》。其中，狄俄提玛的发言将哲学灵魂朝着至高理念神圣的超感官之美的攀升比作神秘宗教入教仪式的连续阶段。参见《教化》，第633—634页。

② 希波克拉底的《法则论》第5章（*Corpus Medicorum Graecorum* I, Part 1, ed. Heiberg et al., Leipzig 1927 S. 15）和《教化》第427页。

③ 只举一个这方面的例子，见亚历山大里亚的克莱门的《劝勉希腊人》第1—2章，对希腊人秘仪的犀利论战。可参见Stählin出色的校勘本中对克莱门作品的索引，其中的mysterion条（列出这个词和所有相关词语出现的段落需要好几页）表明了异教秘仪对克莱门宗教概念的重要性。在这里，基督教作为唯一真正的秘仪被拿来和异教秘仪做了对比。秘仪是灵知派的教化（Strom. VII. 1，Stählin III，6. 8）。他们的老师是基督。

卡尔波克拉提斯派插入的那些他们所中意的谬误。[①]在一个人们认为几乎所有的哲学流派都有秘仪原始文献的时代，制造这样一个秘本的诱惑肯定很大。就连正统基督教也需要圣师的（hierophantic）解读，可以将其视为它特别的灵知——真正的灵知，不同于“那些外人”（hoi exo）的“伪灵知”。

在这里需要稍微谈一下亚历山大里亚基督教学校里新的思想生活的文学形式。俄利根的思想代表了这一发展的较高级阶段，而他的前辈克莱门仍然接近于护教者，可以被称作那个群体最后和最重要的成员。与之相应，俄利根和克莱门的作品在形式上区别很大。俄利根是学者式的。在基督教文学中，他第一个使用了希腊学术的传统形式，诸如校勘本、注疏、评注、科学论文和对话来展示自己的广博学识，使其能够供后人
58 使用。他把这部分作品同他的布道文严格分开，后者是教诲性质的。[②]他的科学著作的基调冷静而理性，圣哲罗姆（St. Jerome）在为他的《以赛亚书》注疏所作的序言（据说是为了让说拉丁语的西部世界了解俄利根的渊博神学）中对其将会对西部教会产生的影响表达了某种怀疑，那里的人赞美和渴望的是展现激昂的雄辩，对别的都不在乎。[③]这很好地把俄利根刻画成希腊科学精神的后世继承者，这是一种从事深入研究和将终生献给沉思（theoria）的精神。它甚至反映在俄利根的写作方式中，后者尽管清晰有序，但不受那个时代的风格化古典主义影响，强调的是内容而非形式。《论首要原理》（*De principiis*）和《驳凯尔苏斯》这两部大作表明他是以当时的希腊文学的方式进行哲学讨论的大师，而在他的注疏中，他用的方法和写作方式是根据距离他几个世纪前亚历山大里亚的语文学派发展起来的文本批评和注解作品。他的学术成果的庞大规模（前提是作者的禁欲）也反映了那个学派的广博学问。即便如此，如果忘记了他所有的作品是向一群整天轮流记录的秘书口授的，我们也很难理解

---

① 这条信息是哥伦比亚大学的Morton Smith教授提供给我的，他在马萨巴（Mar Saba）的叙利亚修道院图书馆发现了克莱门的一封新书信。承蒙他让我参考他即将发表的校勘文本和对书信的注疏，他允许我读这封信，好让我对其真实性做出判断。迄今为止，他只发表了概要。

② 见第1099页，注释①。

③ Jerome, *Commentariorum in Isaiam prologus sub finem* (Migne, *PL* XXIV, col. 22A).

他的成就。

克莱门则是另一种作家。在《劝勉希腊人》中他采用了希腊哲学家 59
从苏格拉底和亚里士多德的时代起就常常被用来邀请和命令人们接受自己生活方式的文学形式。在劝勉话语中，哲学被称赞是通往幸福的道路，是关于人生目标的知识，对于获取真正的善必不可少。[①]这种话语形式常常会根据它所代表的哲学类型而改变，不像学者们有时认为的那样刻板化。我在亚里士多德的《劝勉篇》中已经指出了这点，[②]而克莱门对基督教的赞美的确与这类异教徒模板很不相同。后者在很大程度上是对希腊宗教和哲学的论战，但对这种文学体裁的哲学类型的模仿仍然显而易见。克莱门的《杂缀集》同样有希腊模板。他的语言要比俄利根的更加虚夸和精巧，同样是对公元2世纪开始的第二次智术师运动文学风潮的模仿。这种语言非常激昂，不会不屑于去使用当时修辞风格的手法和效果。[③]甚至在克莱门之前，基督教文学的发展（特别是说教作品）就早已开始迎合当时在世俗文学中占据主导的亚细亚式雄辩。相比于所谓的罗马的克莱门的《第二书》——事实上是后使徒作品中现存最早的基督教布道词——在纸草上发现的萨迪斯主教梅利托（Melito，公元2世纪中叶）的一篇布道词令人
非常意外。[④]比起前一份文献的自然质朴，梅利托东方布道词夸张的矫饰 60
主义截然不同，文中没完没了地使用成串的首语重复，对亚威的天使杀死埃及人头生子的主题做了悲剧式的戏剧化。他声称，亚历山大里亚的克莱门不会布道。但他的散文常常接近于诗歌，他模仿音乐节拍的节奏在现代人听来也不总是悦耳。

在他的《导师》（*Paedagogus*）中，克莱门把目光对准了希腊文化。在这部作品中，他描绘了基督作为神圣教育者的角色，到这里为止，我们从哲学和文学形式上将这些基督教思想家同他们在希腊文化方面的前辈

① 见第1072—1073页和第1073页注释①。

② 见拙作*Aristotle*[2], p. 54。

③ 想要感受这点，可以读一下比如克莱门《劝勉希腊人》的前几句：必须吟唱它们，就像他那个时代的新智术师一样，他们使用带某种韵律模式的散文。

④ *Melito of Sardis*, ed. Campbell Bonner (Philadelphia 1940).

相比较；现在，我们将见证他们试图直面全体希腊人的文化理念。①他们试图根据希腊人为人类更高生活所贡献的至高概念来看待基督教。他们并不否认那种传统，但声称他们的信仰完成了这一人类教育的使命，使其达到了前所未有的更高程度。鉴于教化这种涵盖一切的理念对于希腊思想世
61 界中统一文化发展的重要性，基督教与希腊传统间对话的这一步，标志着基督徒对作为其目标的基督教文明的渴望开始了决定性的发展，就像很快将会看到的。一边是犀利的论战语言，坚决否定早前的异教文化的宗教价值，一边是偶尔更公平地从文化上对其历史优点表示欣赏，克莱门在两者间摇摆不定。当他面对一种既难以接受又无法否定的现象时，比如柏拉图哲学的精神地位，他必须认为这一切都源自摩西，柏拉图是“阿提卡的摩西”（Moyses attikizon），或者承认那是异教世界的《旧约》，无论它和希伯来传统的历史关系如何。②作为真正的基督徒，克莱门无法相信希腊哲学家（如果他们能够认识到一部分真理）可以靠纯粹的运气和在没有神明天启的情况下做到这点。③以此为出发点，他的神学思想开始走向一种新的神意观点。按照希腊哲学史家的做法，克莱门区分了蛮族的哲学和希腊

① 选择“导师”（*Paedagogus*）这个题目——显示了基督的新角色——当然是指基督教与希腊文化的关系，因为对希腊语世界来说这就是教化，自从诞生了柏拉图和伊索克拉底的那个世纪提出这个理念以来，那是每个受过教育的男人、女人和每个文明国家都渴望的理想。将基督描绘成导师暗示了一个计划。只有在整个希腊教化传统的背景下才能完全理解它意味着什么；参见我的《教化》（三卷本）。从这一角度来看该问题显然不同于当学者们把基督教作家（特别是伟大的亚历山大里亚派）希腊传统进行比较时通常发生的。这类比较通常仅限于文学形式或哲学内容方面的东西。但当基督被形象化为人类的“教育者”时，他就被拿来与希腊文化的整个概念相比较，因为那正是“教化”一词在历史过程中所发展出的意思。在这种崇高的意义上使用“导师”（pedagogue）一词意味着他不再表示在希腊的古典世纪里曾经陪伴小男孩上下学的奴隶，而是更接近于柏拉图在法律篇中赋予paidagogein一词的哲学意思，他在那里这样定义神明与世界的关系：“上帝是世界的导师。”这个词的含义和地位的变化是柏拉图将教化概念提升到哲学上的尊贵地位后的必然结果。正是这种柏拉图神学的尊严让克莱门得以将基督作为导师介绍给所有人。

② 亚历山大里亚的学术传统（特别是犹太人的）总是强调东方或以色列智慧的古老，因为那是当他们将其与希腊智慧进行比较时的感受。他们的前辈是米利都的赫卡泰俄斯和希罗多德，古老的埃及文化给他们留下的印象让他们不知所措；柏拉图在《蒂迈欧篇》中让埃及的祭司告诉梭伦，在埃及人看来，希腊人总是孩子。关于柏拉图学园对东方的兴趣，以及亚里士多德对柏拉图和查拉图斯特拉的比较，参见拙作*Aristotle*[2], pp. 131–136。不过，对希腊和东方智慧的系统化比较直到希腊化时期才开始。Josephus, *Contra Apionem* I. 6ff. 讨论了犹太宗教的古老。查士丁和克莱门只是这场讨论姗姗来迟的回响。关于柏拉图被称作“阿提卡的摩西”，参见Clement, *Strom.* 1.22和Stählin II, 93, 10–11。那是克莱门从努门尼乌斯（残篇9 *Fragmenta Philosophorum Graecorum*, ed. Mullach, III, Paris 1881, 166）那里引用的妙语。

③ 参见Clement, *Strom.* I.19, Stählin II, 60, 12。

人的哲学：[1]这让他更容易在人类思想的演化中看到计划。两者相互补充，因此克莱门认为，哲学虽然并不完美，却是完美灵知的预教化。[2]真正的教化是基督教本身，不过是神学形式的基督教，就像克莱门自己的基督教 62
灵知体系中所构想的，因为显然，将基督教解读为灵知本身暗示了它是神圣的教化。

我们在克莱门作品的不同段落中看到，他如何重提这个问题，并打开一扇窗口，让我们可以从这种新视角看待世界。显然，这个对他来说至关重要的问题必然会延续下去，对基督教理解自身的方式产生影响。这一点在我们读俄利根时得到了确证，后者接受了克莱门的观点，用更加一致和详细的方式发展了它们。事实上，它们贯穿了他的全部思想。如果我们想抓住俄利根松散而庞大的神学思想的内在统一，那么我们会发现它并不忠于任何一种哲学体系，比如柏拉图主义或斯多葛主义，或者是它们的折中混合，它的基本历史观念是源于见证古典希腊文化同基督教会经历了相互适应过程的时代的群星。基督教与希腊思想遗产的融合让人们意识到，如果从希腊教化理念的更高角度来看，这两种传统有许多的共同之处，从而为两者提供了独一无二的通用分母。我们发现，早在具备宽广历史眼光的《使徒行传》中，保罗于雅典所作的演说就已经预言了这种融合
的想法，而现在它瓜熟蒂落。俄利根的思想催生了真正的历史哲学，后者 63
从未在古典希腊的土壤上成长，因为那个时期的希腊人只关心自己，而不是别的文明。在希罗多德那里，他们最接近于这样的历史哲学，或者是历史神学。但总体而言，他们更感兴趣的是人从原始阶段向更高文化的典型演化，而不是思考人类思想及其发展的历史构造。他们试图用德谟克利特的因果论或是亚里士多德的目的论来展示文化的演化，但这无法满足基督教思想家。后者有根本性区别的宇宙学概念（宇宙是被创造而诞生的）需要一种能够在历史世界中寻找计划的思想和人类文化的哲学，类似于物质世界中的神明规划。基督教历史思想必须考虑不同人类种族在基督教信仰

① 参见第欧根尼·拉尔修，I，Prooemium。

② 希腊哲学家自己认识到所谓的博雅之艺是哲学的预教化。现在，在克莱门的计划中，哲学本身被降级为基督教神学的预教化，后者是最终的灵知。但只有预教化来自人，真正的教化本身源于上帝。关于希腊人的哲学作为预教化，见Clement，*Strom.* I. 20和Stählin II, 63, 8。

下日益加强协调与合作的事实。希腊人关于人类未来将统一在希腊教化之下的观念（早在公元前4世纪时伊索克拉底的作品中就出现了[①]），在亚历山大征服后变成了现实。以这种国际文化为基础，基督教现在成了新的教
64 化，其源头是创造世界的神圣逻各斯。希腊人和蛮族都是它的工具。

俄利根的哲学热情不仅事关学术。我们必须在俄利根时代东方的宗教混合主义中强有力的摩尼教和灵知派潮流背景下来看待它。我们还必须将其与压在无数思想者心头的深深的悲观主义区分开，他们看到世上处处都有邪恶的力量压倒善。柏拉图就像一块礁石屹立在这些失望的浪潮中，因为他坚信在万物和存在本身的本质中都能找到善的种子。[②]只不过被他称为万物中“类善的”（agathoid）事实上就“是”善。人们可以在那个基础上建立一个基督教的世界，证明造物主的做法有理，即他觉得自己的工作是好的时就会认可。但我们如何把这种主张与犹太人和基督徒的另一种同样有力的信念，即人性的有罪调和起来呢？这对相信基督是前来救赎世界的人来说更难接受，他们现在不得不承认，甚至在获得拯救后，人还在继续犯罪。如果上帝是无所不能的，为何他不通过创造完美和无罪的人来避免有罪呢？为何上帝必须从天上降临，变成人的样子？哲学教导说人
65 的尊严是他的自由意志，而那些相信邪恶是世上一种独立和自我传播的力量，而且深深植根于人性中的人当然会否认自由意志的存在。基督徒们自身认为，人的意志不再像他们以完美状态从造物主手中诞生时那么自由。但另一方面，他们无法承认，人无法在善与恶中做出选择并决定偏向于善，即便人性的纯洁已经因为亚当的堕落而被玷污。

俄利根把人理解为自由的道德行为主体，因此即使上帝剥夺了人的这种必要特质，即自由地为了善而选择善的能力，他也并不觉得上帝的造物会更完美。所以，他的柏拉图和斯多葛派信仰成为他的整个人类历史结

---

① 伊索克拉底，《泛希腊集会辞》，47起。伊索克拉底在这里把他所谓的“爱智”（philosophia）和“教化”归于雅典，也就是对智慧和知识的不断追求，以及作为其结果的高等教育或文化。他从中引出了拥有“逻各斯”这一概念，那是区分智者和无知者的标准。然后他从这些前提（50）中得出结论说：“我们的城邦在思想和演说方面把其他人远远甩在后面，她的弟子们成了他们所有人的老师；‘希腊人’不再表示这个特定的人，而是表示这种思想；那些接受了我们的教育，而非那些只在体质上与我们相同的人才称得上‘希腊人’。”

② 参见柏拉图，《理想国篇》，6. 509b；7. 517b。善的理念是知识和存在的原因。

构的出发点。一切都取决于人知道什么是善，并将它同恶区分开的能力，或者用柏拉图的方式来说，一切都取决于人区分真正的善和仅仅是善的表象，区分真和假以及存在和非存在的能力。从那里开始，柏拉图的哲学成了教化，即对人的教育。这是历史上最伟大的教育力量，本质上与柏拉图和哲学一致。于是，对俄利根来说，柏拉图和哲学成了基督教在当前战斗中最强大的盟友。

下一个问题是，这种教育计划和对人的意志的逐步解放如何与基督 66
联系起来。俄利根认为基督是个伟大的老师，在这方面，他关于基督教是人类教化的观点让其可以忠于经文和福音书对耶稣的描绘。但耶稣不是自封的人类老师，他身上蕴藏着神圣的逻各斯。这是基督教与所有纯粹的人的哲学的重大区别，它把逻各斯降临人类描绘成不仅是人的努力，也是出于神的意旨。但柏拉图在他最后的重要作品《法律篇》中不是教导说，逻各斯是把立法者、老师和他们的工作同神圣的精神（Nous）联系起来的黄金纽带吗？[①]他不是把人放在一个因其完美秩序与和谐而成为人类生活永恒模板的宇宙中吗？柏拉图《蒂迈欧篇》中的宇宙把人的教育变得可能，因为教育的实现需要一个有序而非混乱的世界。在《法律篇》中，我们看到有一句表述将那部作品中关于正确教化的一切都和作为其终极来源的神明联系起来：神是宇宙的教育者（ho theos paidagogei ton kosmon）。[②]智术师普洛塔哥拉曾经宣称人是万物的尺度，但这让一切教育
都变得相对。柏拉图颠倒了这句名言，将其改成神是万物的尺度。[③]对俄 67
利根来说，基督是把这些崇高理念变成现实的教育者。但他认为，通过基督而降临的救赎并非单一的历史事件。虽然在重要性上独一无二，但它之前有过许多类似性质的步骤，首先是创世本身，按照上帝的样子创造了人；亚当堕落后是一长列以色列的先知、希腊的伟大哲学家、智慧的立法者，上帝通过他们“说话”，如果我们可以用这样的拟人表达。斯多葛派引入了pronoia的概念，这是一种关怀世界和人类的神意。他们在

① 柏拉图，《法律篇》，1. 645a—c。

② 柏拉图，《法律篇》，10. 897b，神明是整个世界的导师。

③ 柏拉图，《法律篇》，4. 716c。参见《教化》，第1013—1015页。

宇宙的整个性质中看到了证据。宇宙的永恒法则显示了进入一切存在的神圣逻各斯。俄利根在人类历史中发现了这种逻各斯和神意的证据，他描绘的历史画面由圣经历史和希腊思想历史的事实组成，将两者融为一体。就这样，教化逐渐实现了神意。[①]

VI

68　在本书有限的篇幅内不可能描绘这种对基督教的理解的神学影响。我们必须满足于认识一个重要的历史事实，即俄利根的神学是建立在希腊教化理念最高的哲学形式之上的。[②]于是对他来说，教化成了基督教与希腊文化真正关系之问题的关键。这是到那时为止，为了将希腊人所理解的“文化”一词纳入基督教，以及用希腊哲学的方式来解读基督教及

① 神圣教育的理念对俄利根的整个神学来说至关重要；见Hal Koch, *Pronoia und Paideusis* (Berlin-Leipzig 1932)。就像从我对俄利根的描绘中可以看到的，我相信此书代表了我们理解俄利根思想的决定性进步。诚然，这位丹麦学者的著作并非前无古人，有其他人也认识到希腊哲学对俄利根的基督教神学的深刻影响。这种影响在许多教义上都得到了证明，尤其是E. de Faye在其关于俄利根的重要著作中（见第1099页注释①）。但Koch率先把主要重点放在俄利根的教育理念及其在他的历史哲学中的功能上。正是这种理念让俄利根的神意概念有了意义。Koch展现了这些思想在俄利根关于神明救赎人类计划的教义中所扮演的角色。Koch注意到，在贯穿俄利根所有作品的思想结构中，这些概念都占据着主导地位，他的这一发现因此成为理解俄利根解经的内在统一性的关键。但为何之前的学者没有认识到这点呢？原因在于他们并不理解教化理念在整个希腊思想的历史传统中的核心地位。甚至Koch本人对俄利根神学和哲学思想的分析也缺乏这种背景。好在Koch仅凭对俄利根作品耐心而广泛的解读就得出了他的结论。他的结论非常符合希腊教化的整个历史（我描绘了希腊文化这一核心理念从一开始直到后来的演化的过程）。俄利根关于人类神圣教育的教义是那一传统的力量最醒目的证据，它由此进入了自己的新阶段。

② 教化的两大最高构想——远远超越了这个理念老生常谈的基本意义和做法——是希腊教化在公元前4世纪智术师时代之后所呈现的两种形式。当时，许多异邦人完全是为了“希腊教化”而来到雅典，伊索克拉底宣称其为全人类普遍接受的原则；参见《教化》，第847页。

与此同时，柏拉图把他所理解的哲学同人的真正教化等同起来，从而将这一传统概念提升到精神尊严的最高等级；见《教化》中对柏拉图《会饮篇》《理想国篇》和《法律篇》的解读。柏拉图在俄利根时代的信徒从他们的宗教中看到了这点。于是，俄利根认为可以把这个层面的基督教理解为对人类教化的实现及其最高阶段。于是，他把教化投射进了存在本身，将其视作从世界诞生伊始就对上帝意志的实现。

其历史使命而做的最重要尝试。如果我们真想理解俄利根，那么用随后世纪里单一的教义问题（三位一体、道成肉身等）来评判他，探究他在多大程度上预见了它们中的每一个，或者观察他对于这些问题的回答多么含糊和错误，这样做是帮助不大的。而把老式的19世纪的溯源分析（Quellenanalyse）方法用到他身上，探究谁是对他影响最大的哲学作家，这样做也不够。相反，我们必须把他的思想当作整体来看待，探究其中某些主要观念的功能是什么。他基本的表述方式是解经，随文本而动，以文 69
本所说的为依据。但显然有某些一再出现的动机，决定了它提出的问题的性质。其中，希腊人的教化概念至关重要。这不仅是出于俄利根的个人倾向，也是因为许多个世纪以来它在希腊思想中占据的中心位置。因此，我们不能把他作为孤立现象来解释教化对他的重要性。只有在希腊教化（其影响远远超过了古典希腊民族文化的范围）整个历史的背景下，才能看到它的真正意义。通过接受这一核心理念，并对其做出自己的解读，基督教证明自己能够给予世人的不仅是另一个宗教派系。它不再仅仅为自己辩护，而是提出了自己的实证哲学，作为新旧世界和解的基础。俄利根是作为殉道者死去的，他的理念的时代尚未到来。

我用大量篇幅介绍了亚历山大里亚学派和基督教神学的起源，但那的确是基督教与希腊文化的关系中最重要的阶段。追求面面俱到是徒劳的，但我还不能结束对这个问题的讨论，因为我要最后看一眼4世纪的伟大教父，在君士坦丁正式允许基督教进入罗马帝国之后。直到4世纪末， 70
在狄奥多西的统治下，基督教才成为罗马国家的公共宗教；不过，随着迫害的停止，它的情况马上就发生了剧变。不过，想要发挥选中它的国家统治者希望其扮演的统一和团结的功能，它还必须（1）克服内部的冲突，包括哪种形式的基督教信仰是正宗，以及让这个宗教得名的基督是否真是它的神，还是说完全不是神，就像阿里乌斯的信徒所坚称的；（2）证明自己能够吸引庞大而重要的一部分仍然反对它的异教人口。

这部分人口来自社会的最高阶层；虽然在教会历史上的某些时候和地方，他们的数量可以忽略不计（quantité négligeable），但在一个把高等教育作为社会基础的文明中，他们的影响要大得多。对这个阶层的很大一部分人来说，抵制基督教首先不是内部的宗教问题或信仰正宗，而是文化问题。他们的古典教育的传统成了他们的宗教，发挥着可观的力
71 量，因为他们中的许多人在国家和社会中占据着最高的地位，因此是不可小觑的因素。在早前的世纪里，每当旧有的宗教传统（比如对雅典城邦或罗马共和国神明的信仰）在政治衰败的时代遭遇危险时，人类社会中最有文化的元素会把维系旧有的宗教作为受过教育者的信条，就像雅典的伊索克拉底或是罗马的瓦罗在其《世俗与神圣事物考古》中所做的。[①]他们把先人的信仰当作社会和政治遗产的一部分来守护，害怕新型的宗教崇拜会催生新的迷信。在东方，在君士坦丁正式皈依基督教一代人之后，这种抵制来自皇帝尤里安（Julian）本人，而在同时代的罗马（或者稍晚一些）我们找到了如出一辙的例子：保守反对派的领袖，元老叙马库斯（Symmachus）和他的贵族追随者为了反对将胜利女神祭坛从罗马广场上的元老院会议厅移走而展开的著名斗争。在这两个事例中，即尤里安对基督教的系统性迫害和叙马库斯一派的绝望斗争，可以非常清楚地看到，异教徒反对者的领袖是最高文化传统的代表。他们的出发点是自己的文
72 化，是许多个世纪以来作为将罗马帝国及其所代表的文明统一起来的文化意识形态的教化。

在尤里安的统治下，当国家的统治者采取了这种反基督教政策，全面回归"希腊化"时，那个口号开始表示文化和政治古典主义，包括旧有的对异教诸神的宗教崇拜；换而言之，希腊教化成了一种宗教和信条。[②]宗教是从政治和教育上复辟异教的目标。教会对这种形式的教化只能抱有敌意。基督教人口中的非知识分子阶层很可能如此。但在这点上，具有更高文化野心和政治远见的基督徒无法追随这种大众的本能；相反，他们在明智的领导下随机应变，没有马上否定这种文化，而是尽其所能地试图在

① 这让我们更容易理解为何奥古斯丁在他的《上帝之城》中一再引用瓦罗的伟大作品《世俗与神圣事物考古》。关于伊索克拉底的宗教保守主义，特别见《战神山议事会演说》29和《教化》第三卷，第882—884页。

② 我们在前面已经提到过（第1070页，注释①）"希腊化"（Hellenismos）一词意思的这种独特改变。但在教会与异教复辟的冲突期间，其发展所处的历史状况与《新约》中的截然不同，后者中"说希腊话的"表示非"希伯来人"。

这种人为的新“希腊化”中区分出在它诞生前就已经消亡的元素，以及他们所需的永恒和活跃的力量。他们认为，对整个异教占卜体系、秘仪崇拜和占星术迷信都不必太当回事。但另一方面，如果基督教无法接管对文化和思想的领导权，那么即便是它外在的政治胜利（他们确信从长远来看必将实现）也将是虚幻的。创造口号，宣称基督是新的人类教育者，就像亚 73
历山大里亚的克莱门所做的，宣称基督教是唯一真正的教化，这样做还不够。基督徒必须用具有更高思想和艺术水准的作品显示他们精神的塑造性力量，让同时代的人加入他们的热情。这种新的热情可能成为所需要的新的创造力量，但如果不经过对双手和头脑的最严格训练，就像古希腊人通过教训才明白的，它将永远无法实现自己的目标。他们必须从基础做起，然后系统性地培养人们。他们需要的是能够教给他们那些东西的学校。总而言之，他们必须建立基督教的教化。

如果我们把尼西亚大会（公元325年）时的某位伟大神学家同4世纪下半叶卡帕多奇亚教父那代人的神学领袖进行比较，那么显然这正是他们选择的道路。就教会内部的建设性工作和关于教义的重大争议而言，两者间当然有着严格的延续性。在下一代人更加系统化的论战和他们对三位一体与道成肉身所做的大量哲学思考中，阿塔那修斯（Athanasius）作为教会统治者以及作为自己信仰的斗士和受害者所取得的成就得到了延续。但那代人把文化问题作为了新的重点。巴西尔和两位格里高利这些卡帕多奇亚教父没有为他们当时的基督教提出发展方案，但他们作品中处处都显示 74
出他们的理念。他们是伟大的神学家，但不止于此。正是在对俄利根表示高度的欣赏中（他们常常提到他），他们表明自己和他一样认为神学是一门基于最高学术的伟大科学，是头脑的哲学追求。这种科学是属于他们和让他们感到舒适的整个文明的一部分。

这离不开对基督教与希腊遗产的关系所做的深刻思考。俄利根和克莱门已经在很高的层面上开始了这种思考，但现在需要的还多得多。俄利根让基督教有了自己的希腊哲学传统风格的神学，但卡帕多奇亚教父着眼的是整个基督教文明。他们为这个任务带去了一种宽广的文化，处处体现在他们的作品中。尽管他们的宗教信仰反对当时国家中的强大势力试图复兴古典希腊宗教，[1]但他们并不掩饰自己对古希腊文化遗产的高度尊敬。这是他们对希腊宗教和希腊文化所做的鲜明区分。因此，他们开始复兴基督教和希腊文化间积极和有成效的关系，但采用了新的形式，在不同的层
75 面上进行。我们可以不过分地称其为基督教新古典主义，它不仅是形式上的。现在，基督教通过他们成了希腊传统中一切似乎值得留存的东西的继承者。于是，它不仅巩固了自己和自己在文明世界中的位置，而且保留和复兴了一种文化遗产，后者在很大程度上（特别是在那个时代的修辞学校中）已经沦为形式化了的古典模板的一种空洞而矫揉造作的变体。人们对希腊和罗马古典文化在东西部历史中所经历的各种复兴已经说过很多，但对一个事实关注很少，那就是在4世纪，在伟大教父的时代，我们看到了一场带来了希腊-罗马文学中某些最伟大名字的真正复兴，这些人对直到今天的后世历史与文化产生了持久的影响。作为希腊和罗马精神差异的特点，说拉丁语的西部有圣奥古斯丁，而说希腊语的东部通过卡帕多奇亚教父们创造了一种新的文化。

在三位卡帕多奇亚教父中，凯撒利亚的巴西尔和纳齐安的格里高利受过完整的古典教育。巴西尔的家族是城里人，属于小亚细亚的有产阶
76 层。卡帕多奇亚在这个国家的文化历史上没有重要的地位。那里的人大多是养马人和马贩子，少数几座大城市都带有行省生活的典型特征。纳齐安的格里高利是一位富有的公民之子，他的父亲在皈依基督教后不久曾被选为主教。格里高利上的是纳齐安的市立学校，那里模仿古典模板教授修辞学，因此他很早就熟知希腊文学中的伟大作者。巴西尔同样如此，他来自卡帕多奇亚治所该撒利亚一个有影响力和有文化的基督教家族。两人后来都被送往高等学术的中心雅典学园。这是个典型的故事，就像我们从昔兰尼主教许内西乌斯（Synesius）的信中了解到的，后者本人曾在亚历山大里亚求学，他的老师就是著名的许帕提娅（Hypatia）。许内西乌斯在写给兄弟的信中提到自己准备渡海去雅典，让后者把自己的信转寄到比雷埃夫

① 尤里安皇帝禁止基督徒当老师。如果他采取措施阻挠基督徒更高的文化追求，说明他无疑看到了这对他计划的威胁。国家无疑可以执行他的敕令，至少是短时间内。但在试图恢复希腊的崇拜宗教和秘仪，为它们建立教会那样的组织方面，尤里安没能成功。他最强有力的盟友是传统学校中的教化；那是他依赖的基础；较为开化的基督教领袖明白这点，试图让这一武器为己所用。

斯，他表示希望在雅典能够避开那些难以忍受的人，这些人从雅典归来，涌入了北非的各座城市。[①]"他们和我们普通凡人没有区别。他们对亚里士多德和柏拉图的理解不比我们好，但他们走在我们中间却像是半神走在骡子中间，因为他们见过柏拉图学园，见过吕克昂，见过芝诺讲授神学的彩绘柱廊。不过，总督已经撤掉了彩绘柱廊的所有画板（现在它不再名副 77
其实），羞辱了这些人的假充学问。"虽然这很可能经常发生，但巴西尔和纳齐安的格里高利的情况并非如此。纳齐安的格里高利在他的诗体自传中讲过一个关于他在亚历山大里亚和雅典求学时的动人故事，其中和巴西尔的友谊扮演了重要的角色。[②]他们学完了常规课程，包括博雅教育、修辞学和哲学，一切都以广泛阅读古人的作品为基础。作为基督徒，他们在社交上与其他学生保持了一定的距离，但这让他们更加重视自己的友谊和学习。行省人的头脑让他们比普通学生更容易接受事物，巴西尔和格里高利的作品证明了他们的兴趣令人吃惊地广泛，从科学一直延伸到医学。后来，当他们成为自己时代的精神领袖时，这些知识对教会都非常重要。他们从不教授这些科目，但后者扩大了他们的思想视野，提升了他们的思想水平。俄利根的浩瀚知识被埋在他卷帙浩繁的注疏中，而卡帕多奇亚教父则把他们的知识传递给了整个基督教世界，特别是通过他们布道词的修辞技艺。

修辞学和哲学从公元前4世纪就开始竞争文化和教育领域的主导地位。基督教必须让两者为自己服务。这正是实际上发生的；到了公元4世 78
纪末，基督教修辞学和哲学已经主宰了局面。鉴于我们的目的，也许最好不要泛泛而谈，而是以一个人为例来描绘这场剧变：纳齐安的格里高利当然不是这方面的典型，但他是基督徒文化抱负的出色代表。他的布道词满是古典用典；他对荷马、赫西俄德、悲剧诗人、品达、阿里斯托芬、阿提卡演说家和亚历山大里亚的现代派都了如指掌，对普鲁塔克、琉善和第二次智术师运动的作家们也同样熟悉，他们是其风格的直接模板。在这方面，他轻松超越了巴西尔和尼萨的格里高利。他多次引用或提到柏拉图，显然是因为他本人熟读柏拉图的许多对话；但与尼萨的格里高利不同，他

① Synesius, *Epist*. 54.

② Greg. Naz. *Poem, de se ipso*, Migne, *PG* XXXVII. Cf. *De vita sua*, col. 1029ff.

的头脑不是哲学式的。他是自成一派的思想家，但在文学形式上不如自己的朋友和同名者那么精彩。后者表现出的美学敏感性常常具有某种女性化和过于细腻的特点，近乎病态。他是尖锐、警句式和戏剧式雄辩的大师，在演说中常会被情感和激情左右，虽然并没有金嘴约翰（Chrysostom）那
79 样热情洋溢的修辞力量。此人的书信较为朴素和自然，但风格同样显得刻意。在写给尼科布洛斯（Nicobulus）的信中，他带给我们一段关于书信写作的修辞理论的讨论，[①]他的大量书信创作无疑是其文学野心的关键组成部分，旨在流传后世而非面向收信人，就像小普林尼一样。他把当时仍然存世的亚里士多德书信的个人和谈话口吻作为模仿的范例。无论在对个人感情的表现上，还是他演说的情感性上，他都是那个时代心理的正确解读者。他使用修辞技巧的方式并非原创，但这些技巧在他手中就类似于交响乐配器，用于展现一个宏大的新主题——基督徒的生命和思想问题。这种方式与我们今天对基督徒灵魂的理解存在出入，但我们不能因此而忽视这种融合对格里高利的同时代人意味着什么，以及它对他们的品味和感情的影响。中世纪的拜占庭人对这位圣师的雄辩和思想的反响是多么热烈！[②]我们似乎更愿意从他的演说中，而不是从他略显生硬的诗歌中接受这点，古典格律让矫揉造作的印象更为强烈。不过，在当时的基督教徒中出现了一大批诗歌创作，既有异端的也有正统的。我只需提一下老底嘉的
80 阿波利纳里斯（Apollinaris of Laodicea）和昔兰尼的许内西乌斯。这些人的指向是创造真正的基督教文学，在各种体裁中都能产出有价值的作品。在纳齐安的格里高利的自传诗歌中，一位伟大的宗教个人内心生活中作为基督徒的最高兴趣以及那个孤独的灵魂在其精神成长和进步中的兴趣都得到了表达，用一种新的体裁丰富了古典文学；它在人的个性的文学自我表现的历史上是划时代的，尽管要逊色于奥古斯丁的《忏悔录》。[③]当我们把他与同时代的著名异教徒利巴尼乌斯（Libanius）的刻板化自传——作者

① 参见Gustav Przychocki, *De Gregorii Nazianzeni epistulis quaestiones selectae* (Abh. d. Akad. d. Wiss. zu Krakau, Phil. Kl. 1912) 和我的书评，*Scripta Minora* I, 109。

② 纳齐安的格里高利本人也很快成为修辞学研究和训练的对象，在拜占庭文学中，他的诗歌同样大受赞许并被人模仿。

③ 参见Georg Misch, *A History of Autobiography in Antiquity* (Cambridge, Mass., 1951) II, 600–624。

在自传中只是始终在赞美自己和自己的德性——进行比较时，他要出色多少！我在这里不涉及哲学；但在教会的思想史上，哲学总体而言是其成长的基本要素之一，忽视这个事实是里茨曼（Lietzmann）等人近作的主要缺陷之一，且不提科克伦（Cochrane）。[1]

在哲学领域，与纳齐安的格里高利之于修辞和诗歌文化类似，在巴西尔和尼萨的格里高利的作品中出现了类似的情况，尽管我们当然也必须在哲学领域给予纳齐安的格里高利充分的肯定。他们对希腊传统的自由使用遭到了同时代人的许多批评，看看卡帕多奇亚教父如何为自己的态度辩护会很有意思。就像摩西不仅学习，而且使用他获得的埃及人的智慧，尼 81
萨的格里高利在这方面也倡导自由实践，并明确提到了巴西尔树立的榜样。[2]我们在这里不能略过巴西尔关于对希腊文学和诗歌的研究及其对教育基督教青年的价值所作的著名演说。[3]这篇文献将成为未来世纪里全部基督教高等教育的特许状。文中否定了古代诗歌的道德和宗教内容，但称赞了其形式。这种区分保留了它们对所有后世的基督教人文主义的合法性，很好地显示了巴西尔时代的基督教作家的做法。他们在自己的话语中不断抨击希腊化的缺陷，但他们本人对希腊文化的模仿表明，这种敌视判断必须被修正。他们的哲学尤其显示，他们对希腊事务的赞美远远超过了纯粹的形式。否则，我们如何解释那些基督徒批评尼萨的格里高利把异邦哲学插入了《圣经》？不久之前，从重新发现的他的一部晚期作品的完整版本中，我们刚刚知道他们的确说过这些，我认为《摩西传》（*Vita*

① 关于Lietzmann的*The Ancient Church*，见Eduard Schwartz的书评。Schwarz正确地指出，这部令人称道的著作低估了希腊哲学的影响。Cochrane引人入胜的作品*Christianity and Classical Culture* (Oxford, 1940)同样如此，特别是“我们的哲学”（Nostra Philosophia）一章。但Cochrane主要关心的是拉丁文化，那里的情况与东部的不同。

② Greg. Nyss. *De vita Moysis*, Migne *PG* XLIV, col. 360. 在首先讲述了历史事实后，格里高利对摩西的生平做了寓意解读；关于他的解读，见我的*Two Rediscovered Works of Ancient Christian Literature* (Leiden 1954) p. 134ff.。装着幼儿摩西漂浮在尼罗河上、让他不被水淹没的那只篮子是综合的古典教育。与之类似，摩西被埃及人的智慧培养长大指向了教会面对的重要问题，即其与古希腊文化的关系。应该把从异教徒那里夺来的“战利品”用作教会的“内部装饰”。后来，圣奥古斯丁既接受了古典文学具有很高价值的想法，也接受了它的根据来自摩西的例子。

③ 在古典研究对教会的价值问题上，巴西尔的这本小书总是具有最高的权威。它有无数的抄本，还出过几十个校勘本。

Moysis）主要是为了回应这种指控而写的。[①]

82　另一方面，在像尼萨的格里高利那样能够说出“没有什么比相信基督教的力量在于它的教义更符合希腊人的特点的了［他在这里指的主要是希腊基督徒］”[②]的人身上，我们看不到对希腊的一切的盲目和不加甄别的热情。这不仅与一般性的希腊哲学智识主义，而且与希腊基督徒（只要他们是典型的希腊人，即智识主义者）也有着多么惊人的距离。带着这种对宗教的思想态度，他把强调“可敬的制度”（显然表示基督教崇拜的礼拜部分及其象征主义）同信仰的“神圣秘仪”做了对比。[③]他是在对他那代的人中最重要的阿里乌斯派神学家，库齐科斯的前主教欧诺米（Eunomius of Cyzicus）对基督教所做的理性主义解读进行高度哲学化的探究时做出这一表述的。格里高利身处希腊的古典传统，但同时又超乎其上，能够将其视作某种异邦的东西。显然，这并非由于他是个基督徒，因为他觉得这种唯理性论（intellecutalism）出现在对教义问题过于吹毛求疵的基督徒身上特别令人反感。相比于那些更加形式化的头脑，他的天性中也许有某种更强烈的情感元素，[④]我们不由得想到在那些世纪里，从小亚细亚的土地上诞生了各种热情的宗教崇拜，特别是本都（Pontus）、弗里吉亚（Phrygia）和卡帕多奇亚，从佩西诺斯的大地母（the Magra Mater of Pessinus）到格里高利本人时代的“至高神崇拜者”（Hypsistarians）。
83　当格里高利前往耶路撒冷的圣地朝觐时，他愤愤地表示，他在那里没有

---

① *De institute Christiano*, Greg. Nyss. *Opera*, ed. Jaeger, VIII, Part 1 (Leiden 1952) p. 43, 1－7. 在该书的完整文本中可以找到这段重要的话；参见我对《基督教要义》（*De Inst. Christ.*）文本传统的讨论，*Two Rediscovered Works* p.50ff.。提到对格里高利哲学神学攻击的内容出现在论文的“命题”（propositio）部分，即显要的位置。格里高利由此直接指出了整部作品的辩护目标。就像我在自己关于这篇论文的书中所指出的，它无疑属于格里高利的晚年，即便不是他最后的作品。

② Greg. Nyss. *Contra Eunomium*, ed. Jaeger, lib.III, tom. IX, §59 (*Opera*, ed. Jaeger, II2, Leiden 1960, 286, 18).

③ 同上，第52节（p285, 19ff.）。

④ 格里高利与欧诺米及其追随者的论战的特点是，他数次批评了他们亚里士多德式的逻辑形式主义（参见我校勘的*Contra Eunomium*, vol. II, s.v. Aristoteles索引）。我在这里用“唯理性论”来表示逻辑上的技术细节，而不是像柏拉图的一些现代批评者那样用它来反对柏拉图关于善的知识是人的行为中决定性因素的观点。比如，参见Max Wundt, *Der Intellektualismus in der griechischen Ethik* (Leipzig 1907)。但尼萨的格里高利的整个神学都建立在这种“灵知”，即善的知识之上。

看到更深刻的宗教热情，只有腐败横行，完全没有什么能够和“我们卡帕多奇亚人”深切的宗教热忱相比。[①]在他优雅的希腊文化下——来自雅典，通过他的兄长和老师巴西尔，以及通过学校[②]——是更古老和更“野蛮”的卡帕多奇亚人天性的强烈元素，以及大量未被使用的人和情感能量的储备。上述混合物是帮助将希腊传统硬化了的动脉注满新鲜血液的力量之一。不过，让他意识到这些不同的是他的希腊智识。

除了希腊文学和艺术形式日益增强的影响，我们还描绘了3世纪和4世纪的基督教作家对希腊教化理想本身的接受。在俄利根那里，它充当了基督教神学系统性发展的意识形态框架，相互融合的基督教和希腊哲学思想在其中达到了顶峰。在纳齐安的格里高利那里，旧有的希腊文学形式通过注入基督教精神而实现的复兴催生了能够与同时代最好的异教徒作品相抗衡的基督教文学，甚至在活力和表达力度上还犹有过之。巴西尔坚持把古希腊诗歌作为一种高等教育的手段纳入仍然方兴未艾的基督教学校。[③] 84
而当我们转向尼萨的格里高利时，我们看到他采用了新的方法来面对这个问题。在写作方面，他本人几乎是个古典作家。正是因为早年作为修辞老师的活动，他对文学形式的问题投入了如此之多的关注，不仅是在他本人的创作中，也在他对其他作家的文学批评中，比如阿里乌斯派的欧诺米，格里高利曾经不止一次地批评此人的风格和散文韵律。[④]他常常在序言中

① Greg. Nyss. *Epistulae*, ed. Pasquali, II, §9 (*Opera*, ed. Jaeger, VIII, Part 22, Leiden 1959, p. 13f).

② 格里高利本人从未在雅典学习过，但总是称他的兄长巴西尔为老师。通过巴西尔，格里高利给当时著名的异教徒修辞学家利巴尼乌斯写了信（*Epist*. XIII, ibid. pp. 46, 5－12），从而间接参与了利巴尼乌斯的修辞学教育，巴西尔曾经在巴勒斯坦（安条克）接受过后者的教导。关于利巴尼乌斯，参见A.-J. Festugière, *Antioche païenne et chrétienne* (Paris 1959)。

③ 在各个时代，希腊的学校教育都是建立在对荷马和其他希腊诗歌的详尽学习之上。在希腊化时期，这种传统教育（其中加入了智术师的“技艺”）成了希腊语世界城市中的公共制度。柏拉图对人类头脑的天性和最佳学习方法的深刻探究让他宣称哲学是唯一真正的教化；但这没有改变公共学校所提供教育的特点。哲学仍然仅限于哲学学校的围墙内。普通人并未受其影响。因此，即便在柏拉图的时代之后，高等教育的文学类型仍然保持原状。参见H.-I. Marrou, *Histoire de l'éducation dans l'antiquité* p. 223ff.。

④ 新基督教文学呈现出各种文学体裁和风格，遵循了主导当时修辞学校活动的“模仿”（imitatio）法则。后来，就连文艺复兴也没有改变这点。基督教作家们都认可异教传统和品味的水准，但在其中的浸淫程度有所不同。得益于矫揉造作的措辞（格里高利在针对他的论战作品中列举了大量例子），阿里乌斯派的欧诺米在Eduard Norden的《古代艺术散文》中占有荣耀的位置。尼萨的格里高利（在这方面，他的老练程度并不逊于那位神学上的对头）认为欧诺米高尔吉亚式的夸饰主义是缺乏教化的表现，甚至称他的神学为“无教养”（apaideutos）。

提醒我们他将要使用的文学体裁，还会像伊索克拉底一样指出某个特定作品适合什么风格或长度，或者何时可以在特别的情况下混合两种文体。在为文学创作的不同目的选择各种形式时，他总是带着有意识的计划，无论是论文、布道词、对话或书信。在语言上，他沿袭像利巴尼乌斯这样的同时代古典学家的倾向，使用所谓的第二次智术师运动引入的新阿提卡风格；但用一种新的带重音的散文韵律做了修改，每句话都会采用。[1]

在希腊化世界最偏远的角落之一，这幕迟到的回春景象为它的其
85 他部分带来了新的创造性活力，这归根到底仍然是个奇迹。从德尔图良（Tertullian）、居普良（Cyprian）、阿尔诺比乌斯（Arnobius）和阿普莱乌斯（Apuleius）的时代到图科尼乌斯（Tyconius）和多纳图斯派，最后还有同样重要的塔加斯特的圣奥古斯丁，我们可以把它与拉丁西部的北非宗教和文学的复兴相比。这些行省有许多可以贡献的东西，但需要拉丁和希腊思想作为工具来表达自己和相互交流。对它们来说，希腊传统都是终极的文化纽带。不应探究它们是否总是保留了古典希腊原型准确的细微含义。它们保留的是古典思想的某些基本倾向，能够围绕着这些让自己时代的思想具体化。它们与古典遗产的争斗按照某些历史阶段而发展，在它们的逐步进步中可以清楚地看到有结构的逻辑。希腊化元素构成了它的思想媒介，决定了它的辩证节奏，这一伟大的历史节奏将永远是我们对该主题怀有永不枯竭之兴趣的原因之一。

VII

86 我将以尼萨的格里高利关于基督教教化的观念为例来说明。格里高

① 这让格里高利在散文韵律的历史上有了显赫的位置，使其不同于古典希腊修辞学家的那种韵律顿挫。他有意识地追求这种区别，而不仅仅是为了在基督教神学史上占有一席之地，现代人可能会觉得奇怪，但对古代作家来说却不会。圣奥古斯丁是这种文化形式的最好代表，它常常会冒犯偏爱朴素的虔诚灵魂。让我们对此不介意的是源源不断的思想之流的力量，这种力量不仅获得了它的思想活力，也接受了内心热情的说服力。

利的哲学头脑无法满足于他从修辞学校及其传统中获得的那种教化。当时，修辞学老师被称为智术师，这无疑是一个必需的职业。但对于真正的人之教育应该是什么，柏拉图给了他更加深刻的想法。我们在他的各种著作中看到他一次次地关注这个问题。他对待该问题的方式表明他深谙伟大的希腊哲学传统及其文化理想，但这个问题也是通往基督教教育和满足其要求的新开始。我们所指的不仅是教授基督教教义，而是有意识地试图获得对人的个性发展的某种理解，能够公正地评判希腊教育哲学的最高要求。显然，相比他伟大的兄长巴西尔和俄利根本人，尼萨的格里高利更能从所有方面看到希腊教化的本质。他将其理解为对人之个性的塑造过程，希腊 87
的伟大教育者们将个性与教育过程中必不可少的实质内容清楚区分开来。

格里高利在他的作品中一再提到的教育概念是希腊人对这个问题全部思考的先验理想，那就是“成形/塑造”的概念（morphosis）。[①]他不断重复这个基本意象，后者暗示一切教育活动在本质上与创造性艺术家、画家和雕塑家的工作是一样的，显示了他所理解的希腊教化的塑造性质。因此，基督教的教育理想必须通过回到这种哲学洞察来实现。人的个性及其精神天性逐渐成长的隐喻暗示了与人的肉体天性的类似；但具体说来，前者不同于身体的发展，而且灵魂的养料必须另行分配，不同于我们消耗的物质食物。被称为教育的精神过程在性质上不是自发的，而是需要不断关心。[②]无论是道德抑或思想的，德性是人的天性和训练的成果；但由于基督教对人内心生活的复杂性有了古典希腊哲学的心理学所不曾有过的新洞见，实现古代哲学家所追求的人之德性的完美似乎比在古典时代更遥远

① 格里高利的作品中出现morphosis一词及其衍生词的段落太多，我无法仅仅为了这本小书而把它们都收集起来。不过，它们似乎逃过了神学读者警惕的眼睛，后者大多只把好奇放在教义上。而对研究希腊教化的历史学家来说，它们马上就成了那个伟大理想不间断力量的醒目证据。即使当希腊人的思想发现了基督教这样新的精神源头，人的内心生活的一切似乎在被其改变时，那个理想也仍然在维系着古典希腊的传统。“人的成形/塑造”（morphosis）是我的《教化》德语原著的小标题：“希腊人的塑造”（*Die Formung des griechischen Menschen*），英语版中被改成了“希腊文化的理想”（*The Ideals of Greek Culture*），因为很难按照字面翻译原题。但即便如此，人的塑造问题始终是那部作品的主题和我们所说的“人文主义”的根。在尼萨的格里高利那里，基督教从教化理念（或人的成形//塑造）所表达的希腊人的伟大经验中得出了自己的结论——历史根据其效果证明，这一历史思想遗产是“古典的”。

② 参见Greg. Nyss. *De institute Christiana* (*Opera*, ed. Jaeger, VIII, Part 1, p. 44, 27ff.)。另见*De perfecta forma Christiani*（第173页起，同一卷）和格里高利的其他苦修作品。

88 了。作为对古希腊德性理想的伟大倡导者之一，古代的诗人西蒙尼德斯将那位女神描绘成坐在最高的山崖上，普通大众无法企及那里，只有最耐心和不知疲倦的攀登者才能到达。[①]与之类似，如果没有神明相助，格里高利描绘的基督教美德也几乎无法达到。

格里高利无疑觉得有必要强调这一神明相助的古老理念，在从荷马以来的希腊诗歌和后来的希腊哲学中，我们常常能看到对其的表达。对他来说，这成了能够将基督教特有的神恩概念引入古典教育体系的切入点。他将其设想为圣灵和人自身努力的合作。[②]像圣奥古斯丁和后来的马丁·路德这样更激进的神学思想家坚持认为，在这个过程中，第一步不可能来自人那边，只可能来自上帝，因此合作（synergy）的是人而不是神；但在这点上，格里高利对美德的理解更接近于希腊古典传统。他甚至教导说，神力的协助会随着人自身的努力而成比例增加。[③]这不仅是在试图让基督教理念更接近于古典的德性概念。真正的理由更加深刻。与柏拉图一样，
89 格里高利认为一切人类意志和追求在本质上都瞄准了“善”。他称之为与人的天性及其真正本质同质和同源的欲求（eros）。[④]由此可见，恶本质上是无知，因为只有自欺欺人才会使人这样的“理性动物”（就像希腊哲学对他的定义）选择对他来说不是善的东西。格里高利沿着这一逻辑走了很远，就像柏拉图那样，后者的教化并不在此生，而是在来世才结束。作为对灵魂的教育净化和它远离恶的象征，格里高利接受了柏拉图的神话和基督教关于在来世受罚的教义；不过，他不接受基督教关于死后永久受罚的观念。这位神学思想家用形而上学的方式构想基督教教化，将它的延续投射到宇宙维度，但在最终恢复到上帝当初造物的完美状态时画上句号。这里再次体现了他对人和整个世界本质上是善的基本信念，上帝最初把它们创造成善的。出于同样的理由，格里高利认为基督是医生和治愈者。因为在他看来，一切恶本质上都是缺乏善。最终“复原”（apocatastasis）的概

① Simonides of Ceos, frg. 37, *Anthologia Lyrica Graeca* ed. Diehl, II (Leipzig 1925) 78.

② 见 *Two Rediscovered Works* p.86ff.。

③ 关于“合作”，见前揭书，第87—96页，那里收录了格里高利的论文《基督教要义》中的段落。

④ Greg. Nyss. *De inst. Christ.* (*Opera*, ed. Jaeger, VIII Part 1, p. 40, 6ff.).

念和格里高利的柏拉图主义中的其他元素都来自俄利根，格里高利同时代的萨拉米斯主教厄庇法尼乌斯（Epiphanius）在其关于异端的伟大作品中写道，他的一切谬误都源自他的希腊教化。①

如果教化是上帝的意志，如果基督教之于基督徒就像哲学之于哲学 90
家，那么按照柏拉图——相当于上帝——的说法，基督教生命理想的真正实现将是为了实现那个目标和趋近完美的持续和终生的努力，如果对人来说是可能的话。那位希腊哲学家的一生是通过哲学苦修的教化过程，而对格里高利来说，基督教也不仅仅是一系列教义，而是建立在对上帝的沉思（theoria）和与他日益完善的结合之上的完美生活。②这就是成神（deificatio），而教化就是途径，是神圣的“上行”。巴西尔第一个在小亚细亚组织修道院生活，为其制定了规章。与他的兄长不同，格里高利认为自己的任务是为那种生活提供它的哲学。他把这样做解读成为了充分实现自己关于基督徒的完美性所做的尝试。并非所有人都能走这条道路，但这一理念应该尽可能地贯穿教会和每位基督徒的整个生活。上述理解与希腊人关于哲学生活是一切哲学的目标和本质的观念惊人地相似，我们不会忽视这点，即便格里高利没有一直把基督教称作“哲学生活”，特别是其更加苦修的形式。③我们不能更详细地谈论这点，但他对基督教和希腊哲学教化的比较无疑要比这里能够描绘的更加细致。

迥异于其他民族对教育的全部不同理解，希腊教化独一无二的一个 91
关键特征是，它不仅思考人这个主体的发展过程，还考虑了学习对象的影响。④如果我们把教育视作塑形或塑造的过程，那么学习的对象就扮演着

① Epiphanius, *Panarion* c. 64, ed. Holl II (Leipzig 1922) 729. 俄利根在那里被形容为“让希腊教化弄瞎了眼”。

② 参见我的论文“Die asketisch-mystische Theologie des Gregor von Nyssa,” *Humanistische Reden und Vorträge* (Berlin 1960) p. 266ff.。

③ 前揭书文，第238页。格里高利把基督教视作“一种生活”，在他所有的作品中称其为“哲学生活”。他将其与柏拉图-亚里士多德传统中的其他生活方式做了比较，并把它引入了基督教，因为在此前的几个世纪里，那种生活方式具有了越来越多的哲学特征，即便不是对所有的基督徒，至少对其中有较高知识水平的阶层是这样，包括修道院理想的支持者。见 *Two Rediscovered Works* p.82。

④ 我的《教化》一书到处使用了希腊人把文学视作教化的观点。

塑造主题的模具的角色。早期希腊教化的塑造模具是荷马，[①]随着时间的推移，这个角色扩大为所有希腊诗歌。最终，教化一词被用来表示整个希腊文学。[②]希腊人没有其他的词来表示它。对他们来说，从它们在整个历史上所扮演的社会功能视角来看待我们今天所称的文学再自然不过了。直到相对晚近，更加理性的教育分支才被加入希腊教化，发明了“博雅之艺”体系，[③]其中包括修辞学，最后才加上了哲学。艺术与它的关系是作为“预教化”（propaideia），而哲学在最高层次上被等同于教化本身。[④]

格里高利对基督教教化的理解对应着希腊人的这种体系，就预教化而言几乎完全一致。巴西尔和格里高利就是这样在雅典接受了他们的训练，后来当巴西尔从学园归来后，也是这样训练他的弟弟尼萨的格里高
92 利的。古典希腊文学被包含在这个体系中，修辞学同样如此。但在基督教教育中，有什么对应着希腊教化的最高水平，即哲学研究呢？俄利根教导自己的弟子阅读所有希腊哲学家的作品，而卡帕多奇亚教父们也对古典传统的这个部分有过认真的研究。作为其中最有哲学头脑的那个，尼萨的格里高利无疑认为，受过教育的基督徒有必要走这条艰难的道路。不过，当他谈到教化时，他想到的主要是区分基督教形式的教化和希腊形式的教化。希腊教化包含了希腊文学的全部作品，而基督教的教化就是《圣经》。文学是教化，只要其中包含了人类生活的最高准则，后者在其中获得了持久和最令人难忘的形式。它是人的理想画像，是伟大的范例。格里高利清楚地看到了这种希腊的文学概念同《圣经》的功能之间的类似。他没有把《圣经》当作文学来读，就像现代人倾向于做的。那将是对他的文学概念的完全误解，他秉持的是希腊人将文学作为教化的概念。他在这样的概念下成长起来，因此对他来说，把这种阅读应用到基督徒与《圣经》

---

① 参见《教化》第一卷，特别是《作为教育者的荷马》一章。

② 第一位撰写了希腊文学史或类似作品的希腊学者卡利马科斯把他的作品命名为《整个教化中的出色者的名单（*pinakes*）》。

③ 关于公元前5世纪的智术师作为早前教化的改革者，参见《教化》第二卷，第304—333页，Marrou, *Histoire de l’éducation dans l’antiquité*, pp.81–98。关于“博雅之艺”的发展，见F. Ritschl, *Opuscula Philologica* III。

④ 关于“博雅之艺”与哲学的关系，参见Alois Stamer, *Die ἐγκύκλιος παιδεία in dem Urteil der griechischen Philosophenschulen* (Beilage zum Jahresbericht d. Gymn. Kaiserslautern 1912)。

的关系上是世界上最自然的事。他孜孜不倦地向读者强调这个基本的教育理念。基督徒的塑造，或者说他的“成形”[①]是不断研读《圣经》的结果。 93
基督就是“形”。基督徒的教化是“模仿基督”（imitatio Christi）：基督必须在他们身上成形。[②]这最清楚地体现在格里高利对作为最高权威的《圣经》的引用方式中。他没有说“先知说”或“基督说”，就像对我们来说最自然的那样，而是无数次写道“先知以赛亚教育我们”或者“使徒教育我们”（paideuei），暗示必须把《圣经》所教导的东西作为基督徒的教化来接受。[③]这种表达方式——并非《圣经》上写着这个或那个语文学事实，而是所写文字的塑造功能——显示了他对权威的教育式解读。那不是法律，而是教育。[④]格里高利引用经文的方式与这种基本理念有关。在提到某个《圣经》作者或者基督本人时，他一般都会用paideuein一词。让这显得更不寻常的是，经文（he graphe）对格里高利来说通常是一个整体，而不是不同作者的合集。它是作为整体受到了圣灵的启迪，个体圣经作者的教育权威源自圣灵。

圣灵本身被视作神圣的教育力量，它永远存在于世上，通过作为其工具的人类被言说。在经文中，圣灵对人类说话的方式就像那位从不忘 94
记弟子能力有限的智慧教育者。如果他们无法通过直接走近神圣的秘仪来理解真理，那么圣灵就会用适合人的感官和有限天性的象征表达来引领他们。经文中谈到神圣事物时用的拟人语言只是作为更深刻理解过程的起点。在这里，格里高利遵循了俄利根关于必须区分《圣经》中不同层次的意义的理论。他的解经从经文的直接字面意义引向历史意义，然后又从这第二层次上升到更高的属灵意义。对解经过程这一有条理的分层的洞见暗

① 见第1121页，注释①。

② 对于基督是模板和人成为其一部分的思想，最明确的表述见格里高利的论文*De perfecta forma Christiani* (or *De perfectione*)。

③ 在这里无法列出尼萨的格里高利作品中所有显示出这种独特的引用经文的段落，它们太多了。对这位基督教思想家未来的研究急需他用语的总索引。但只有等到他全部作品的校勘本完成才能开始这项工作。

④ 在这点上，基督教的教化概念不同于犹太教的，后者的教育等同于律法：参见Josephus, *Contra Apionem* 11. 171。古代城邦的希腊人同样认为他们的教化——除了诗人——也体现在城邦的法律中。相反，柏拉图写的《法律篇》表达了他的哲学教化理念，就像他在自己的作品中所提到的。

示了圣灵本身的教育意图。[1]只有拥有圣灵的人才是神圣文本的真正解读者，也就是说，只有圣灵才能真正理解自己。因此，当格里高利开始解释神言的意义时，他会祈求圣灵保佑，就像在他反对阿里乌斯派欧诺米的长篇作品或者后来关于苦修生活真正意义的论文中那样。他的兄弟彼得同样如此，在命令格里高利完成反对阿里乌斯异端（他们否认基督的神性）的
95 大作时，彼得鼓励他说，圣灵会来帮助他。这些不仅是说说而已；他们是认真的，对此深信不疑。他们相信先知和使徒受到了神启，因为他们从亲身经历中知道这种启示是现实。[2]

即便是经文中的历史各书也有着这种精神和教育意义，就像格里高利不止一次向我们保证的。[3]这并不是说它们中只有“用故事讲道理”（fabula docet）。让我们以《摩西传》为例。作品由两部分组成，完美展示了格里高利是如何将现实主义历史解读同探求经文的属灵意义结合起来的。第一部分按照《出埃及记》传统讲述了摩西的生平，即一系列平实的历史和传记事件。在作品的第二部分，作者对这独一无二的人生和作为其主人公的伟大宗教人物做了他所谓的属灵解读。[4]摩西作为圣人和神秘者的完美模板出现，是格里高利所谓的哲学或沉思生活的原型，此人的一生是在与上帝的不断交流中度过的，为了看见藏在云层黑暗中的上帝，他爬上了精神上的西奈山的顶峰。斐洛也写过《摩西传》，因此为格里高利提供了文学模板。然后，他用自己的神秘灵性的热忱生活补充了他对摩
96 西的描绘。另一个例子是大卫的故事，它把格里高利带到了更高层次的

---

① 格里高利从这种教育意义上解读了“保惠师”（Paraclete）。就像他帮助每个走上正道的个人，为了帮助全人类，圣灵也会对自己的语言进行大幅度的改编，使其适合他们有限的才智。

② 在其晚期作品 *De instituto Christiano* (*Opera*, ed. Jaeger, VIII, Part 1, p. 42, 17ff) 中，格里高利再次试图汇编在这个主题上（真正的苦修），圣灵“曾经给过我们的”（曾经在他之前的作品中给过他的）全部基本思想。如果我们轻视这段话的意义，将其解读为表示“圣灵给我们所有人的礼物”，即《圣经》这一公共遗产，那么我们就会低估格里高利时代的伟大导师们确信自己获得的个人启示。圣灵的启示在使徒的继承者和从他们那里获得诫命的人身上延续。与之类似，在《劝诫希腊人》（Stählin I，86，24）的最后，以通过他发言的圣灵的名义，亚历山大里亚的克莱门用非常权威的口吻说话。尼萨的格里高利也多次这样做过，阿塔那修斯则称老师为“受上帝启示的”。

③ 见第1101页，注释④。

④ Greg. Nyss. *De vita Moysis*, Migne, *PG*, XLIV, col. 360B－C.

沉思。[1]甚至从《列王纪》中也能看到这种更高的意义，但由于按照传统，《诗篇》被认为是大卫的作品，它们揭示了历史各书中描绘的那种超人力量的秘密源头。巴西尔提出要有基督教的伦理，他对《诗篇》的解读清楚地显示他想要把它们作为这种伦理使用。[2]通过更仔细的观察，我们发现这种解读的背后是巴西尔本人对亚里士多德《尼各马可伦理学》的体验，他在雅典求学期间无疑认真研读过这部作品。然后，他觉得基督教也需要同样的东西，认为《诗篇》最为接近。在基督徒的日常生活和苦修实践中，这部分总是经文中被阅读最多的。在尼萨的格里高利看来，它们同样是圣灵的教育工作最了不起的例证之一。但这也是解读保罗书信的方式，像这样将其解读为基督教教化的最完整代表是很有道理的。保罗的宗教被视作一个活的整体，而不是作为保罗主义的历史文献。

《诗篇》特别清楚地显示了格里高利的教化神学如何影响了他对《圣经》细节的解读。事实上，这远不止是为了寻找基督教和希腊文化的共同 97
点而采取的流行的一般方法或是纯粹的策略尝试，就像肤浅的读者乍看之下可能会觉得的。让我们以格里高利的《论〈诗篇〉的标题》（*On the Inscriptions of the Psalms*）为例。[3]他把《诗篇》分成五个部分，每部分都超越了之前部分的精神层次。他通过比较性地研究从每部分选择的例子来表明这点。《诗篇》中反映的宗教体验被描绘成从精神知识和神圣存在的较低层次通往较高层次的道路。格里高利如此确信自己关于《诗篇》中对材料的这种充满智慧的编排的理论，以至于他对它们的解读成了对一个

---

① Greg. Nyss. *In inscriptions Psalmorum*, Migne, *PG* XLIV, col. 444.

② 参见Basil, *In Psalmos* (Migne, *PG* XXXIX, col. 212)。巴西尔在他的注疏的导言中首先指出了先知提供的教化同《圣经》中的历史各书或《律法书》所提供的教化的区别。《诗篇》的教化包含了它们中最有用的部分。他将其比作医学的教育，后者为各种创伤和疾病提供了正确的治疗。随着巴西尔的继续，知道亚里士多德《尼各马可伦理学》的读者一再看到了那本书中的具体段落，它显然是雅典哲学学校的标准读物。巴西尔不仅表现出对该书很熟悉，而且通过该书的训练，他有了基督教也要有对应之物的想法，并在《诗篇》中找到了想要的。我们不会忘记，在《尼各马可伦理学》中，亚里士多德本人一直提到教化问题。在这点上，他受到了柏拉图《法律篇》的启发，并明确提及这部作品。在不止一个方面，他都在希腊教化的历史上占据着重要的位置。

③ 在《论〈诗篇〉的标题》中，尼萨的格里高利用和巴西尔相同的方式对待《诗篇》，即在教育的意义上。巴西尔在他关于希腊诗歌价值的讨论中和为他的僧侣写的《守则》中表现出对教育非常实际的兴趣，可能引导了格里高利的思想对整个问题的关注。

基督教神秘主义者的生活所做的完整描绘，后者为了自己的救赎和能够上升到一切精神生活的神圣源头而全力以赴。《诗篇》的五个部分对应着沿途的五个阶段。无论现代语文学解读者对这种方法的看法如何，显然格里高利在经文中找到了对他关于“认识神”（theognosia）的神秘道路的步骤或“等级”之理论的直接印证。它们与完美基督徒逐渐“成形”的步骤一致。希腊教化那里人之个性的“成形”现在成了基督徒的“变形”
98 （metamorphosis），就像保罗在《罗马书》中所说的，他要求罗马人通过更新自己的精神经历一个彻底变形的过程。[①]在他的几部作品中，格里高利都描绘了灵魂上升到其旅程的顶点。他展示了各种基督教美德的关系，把它们的相互联系比作锁链的一环或梯子的一级。[②]

从我们对格里高利神学结构的分析中可以看到，其中渗透了希腊的教化理念，特别是柏拉图形式的。柏拉图从神圣的精神（nous）中引出了他的《法律篇》中的教化。希腊哲学教育与格里高利所理解的基督教神学十分相似。以希腊哲学的基本范畴为框架，填入基督教的内容，这种方法很像格里高利在其他领域的做法，比如当他提出自己与希腊哲学传统中的相应形式相对的基督教宇宙学或伦理体系时。他把希腊人的形式作为一个充分发展的文化的结构模型，通过比较，为其中的每一个创造了基督教的变体，后者按照古典模板塑造，但同时有着明显的区别。不可能有别的做法。当然，希腊文化是许多个世纪的产物。用富有成效的方式试图接手
99 它，将其作为新宗教的工具，这对传统文化和基督教思想来说都是振奋性的，但结果必然是临时凑合。相比于其他基督教作家，包括他的兄长巴西尔，尼萨的格里高利——他对希腊传统的美学和哲学价值有很高的敏感性——更能意识到这两种力量的相互渗透问题。在这点上，他更像他们共同的朋友纳齐安的格里高利，尽管他不是像后者那样的文学审美者。他更多致力于对唯一精神之美的神秘主义沉思，这种一切美丽事物的神圣原型[③]透过它在尘世的形象闪耀着光芒。他把柏拉图将哲学等同于神的概念

① 《罗马书》，12: 2；参见《哥林多后书》，3: 18。

② 参见 *Two Rediscovered Works* p.128f。

③ 因此，他总是用“美德原型（或典型）”这一表达来指“上帝”。当然，这是从柏拉图《会饮篇》中的视角所看待的神明。

与基督教关于上帝按照自己的样子创造了人的概念联系起来。①格里高利的教化是灵魂回归上帝和人的最初天性。②其最严格的形式是他关于哲学生活的修道院理想，那种生活完全致力于这一目标。在这种把人的生活统一到最终目标（skopos）的想法上，他和柏拉图是一致的。格里高利一生都对设立修道院生活感兴趣，不断努力为其注入圣灵，这最有力地证明了他的教育热情的教育性质，以及基督教是完美教育的理念在他的神学中占据的主导地位。是尼萨的格里高利将柏拉图形式的希腊教化理念带到了苦 100
修运动的生活中，在他生前这种运动从小亚细亚和近东发端，很快展现出做梦都想不到的吸引力。③这些理念从他的家乡卡帕多奇亚和本都传播到叙利亚和美索不达米亚，后来被那里的伊斯兰神秘主义者吸收，它们还传播到了说拉丁语的西部。

无论是利用格里高利作品异常丰富的抄本传统，还是追溯其思想的传统，试图探寻该过程在更东边的发展都超过了我们当前任务的范围。但这种基督教形式的希腊教化如何影响拉丁语世界的问题是我们在这里需要关心的。这个浩大过程的细节很大程度上仍然有待探索，但我们可以追踪它们在整个中世纪的情况；这条线可以从文艺复兴径直回溯到公元4世纪教父们的基督教人文主义，回溯到他们关于人的尊严，以及关于他们通过圣灵获得改造和重生的想法。诚然，对中世纪人的世俗化是15世纪意大利文艺复兴最常被强调的特点之一。但随着君士坦丁堡陷落（1453年）后希腊人移民国外，拜占庭东方的一整套文学传统来到了意大利，希腊教父的作品是其中质量最高的部分。无论是在意大利还是整个欧洲，它们对 101
文艺复兴思想的影响在很大程度上仍然是有待解决的问题，但在该时期的图书馆藏书中，他们作品的抄本数量远远超过了古典作家的。伊拉斯谟的教育思想所代表的文艺复兴人文主义的意识形态传统有着神学根源。这位

① 参见Hubert Merki, *'Ομοίωσις Θεῷ* (Fribourg en Suisse 1952)，以及我的书评*Gnomon*, 1955, p. 573ff.（现收录于我的*Scripta Minora* II, 469–481)。Merki追溯了"被等同于神"的理念及其从柏拉图到尼萨的格里高利的变迁。

② 对格里高利来说，《创世记》1: 26是基督教与希腊哲学传统的联系。见J. Daniélou, *Platonisme et théologie mystique* (Paris 1944)。

③ 见*Two Rediscovered Works* p.110ff.，以及"Die asketisch-mystische Theologie des Gregor von Nyssa" in *Humanistische Reden und Vortrage* p. 268ff.。

“现代文明之父”和“人文主义者之王”是名荷兰僧侣，即便是在晚年的“世俗”生活中，他仍然忠于早年的修道院成长经历给他头脑印下的不可磨灭的形式。归根到底，他的基督教人文主义可以回溯到4世纪时创造了它的希腊教父们。但他的直接权威主要是拉丁教父，除了《新约》，他也编校过他们的作品。在这点上，我们首先想到的是圣奥古斯丁的名字。奥古斯丁仅仅比卡帕多奇亚教父们晚了一代人，以仍然有待解释的方式和他们有着如此之多相同的独特特征。哲罗姆和安布罗斯（Ambrose）也在他身旁享有荣耀的位置。[1]如果我们从这个角度来看待该问题，那么显然我们在本研究中所面对的不仅是晚期古代希腊世界教化理想的历史的最后篇章，而且也是它在中世纪拉丁语世界的转变史的序章。历史学家们没有太
102 过关注这种古代基督教人文主义的影响，现代古典学术和人文主义直到非常晚近才把自己从其中解放出来。但如果没有它，古典文学和文化有多少会留存下来！

① 圣哲罗姆本人在君士坦丁堡大会上结识了尼萨的格里高利，后者在那里为他和纳齐安的格里高利读了他的新作《驳欧诺米》的一部分，见哲罗姆本人的证言，*De viris illustribus* 128 (cf. Jaeger, Prolegomena ad Greg. Nyss. Opera II2, p. viii)。安布罗斯在他的同名作品中引用了巴西尔的《创世六日》(*Hexaemeron*) 是足够确定的事实，不需要更多证明。

附录二

教化：古代的概念与现代的接受

[英] 雅希·埃尔斯纳
(Jaś Elsner)

教 化

关于第二次智术师运动的著作（尽管对它们来说，这个用来表示罗马帝国时期的希腊文化的术语已经变得别扭）认为，教化是那场运动的关键元素，这点是前提假设。[①]类似地，当一本关于西塞罗《图斯库鲁姆辩论集》的优秀新著把《罗马教化》（*Paideia Romana*）作为书名时，它也假设"教化"一词的意义不言自明，以至于在书中任何地方都无须岔开话题给出定义。[②]此外，在对古代晚期文化的讨论中，教化理念——作为晚期帝国统治阶层的共同利益、身份和交流的核心——被认为对权力的本质和精英工艺品的主题至关重要。[③]但这个词并未得到完全的探

---

① 我认为的一些标准文本的例子：B. Reardon, *Courants littéraires Grecs des IIe et IIIe siècles après J. C.*, Paris, 1971, 3–11, 13；J.J. Flinterman, *Power, Paideia and Pythagoreanism*, Amsterdam, 1995, 29–51和95－7指出，教化对罗马时代的希腊人身份至关重要；M. Gleason, *Making Men: Sophists and Self-Presentation in Ancient Rome*, Princeton, 1995, xxi–xxiv（强调修辞术）；S. Swain, *Hellenism and Empire*, Oxford, 1996, 414："在那个时代，拥有或者声称具备教化（教育/文化）是人们显示自己融入社会上层的方式"；T. Schmitz, *Bildung und Macht : zur sozialen und politischen Funktion der zweiten Sophistik in der griechischen Welt der Kaiserzeit*, Munich, 1997, 97–159（强调竞争，用Bildung这个关键术语来翻译*paideia*）；T. Whitmarsh, *Greek Literature and the Roman Empire*, Oxford, 2001, 90–130（强调身份）；B. Borg (ed.), *Paideia: The World of the Second Sophistic*, Berlin, 2004, 7–9（认为教化是"一种通用语"）；T. Whitmarsh, *The Second Sophistic*, Oxford, 2005, 13–15；T. Whitmarsh (ed.), *The Cambridge Companion to the Greek and Roman Novel*, Cambridge, 2008, 7–9认为教化是发展出小说的文化背景，也是希腊和罗马小说的主要主题之一。

② I. Gildenhard, *Paideia Romana: Cicero's Tusculan Disputations*, CCJ Suppl. 30, Cambridge, 2007.

③ 关于权力，见P. Brown, *Power and Persuasion in Late Antiquity*, Madison, WI, 1992, 35–70；关于社会结构，见E. Watts, *City and School in Late Antique Athens and Alexandria*, Berkeley, 2006, 2, 5–7；关于银器技艺，见R. Leader-Newby, *Silver and Society in Late Antiquity*, Aldershot, 2004, 123–216；关于社会地位，见L. van Hoof, 'Performing Paideia: Greek Culture as an Instrument for Social Promotion in the Fourth Century AD' *CQ* 63 (2013) 387–406；关于宗教习俗（同样假设教化是简单给定的），见D. Schwartz, *Paideia and Cult: Christian Initiation in Theodore of Mopsuestia*, Washington DC, 2013, 3, 22–3, 29–30。在A. Kaldellis对拜占庭的反思中，教化是一个关键方面，见*Hellenism in Byzantium: The Transformation of Greek Identity and the Reception of the Classical Tradition*, Cambridge, 2007, e.g. 31－7, 56－8, 94, 119, 127－34, 144－51, 154, 159－63, 186－7, 239, 311, 313－4, 321－5, 330, 343。

索，它的古老意义也并不显而易见。[①]比如，格雷厄姆·安德森（Graham Anderson）提到“教化这一文化标准的共同纽带”，但也谈到了定义教化是多么困难。[②]这种困难一定程度上体现在翻译中：这个词表示它的时代的文化或文明（包括非常广泛的技术范畴，从文学到艺术、竞技、神话和宗教专业知识），也表示掌握这种文化及其传统所需要的教育过程。[③]大部分讨论——特别是20世纪80年代后的那些——集中在教育过程、课程设置及其制度上；[④]但有两部作品因为它们对教化内容的关注深度和影响的广度而成为奠基之作。[⑤]它们是维尔纳·耶格尔（1888—1961）和亨利-伊雷内·马鲁（Henri Irenée Marrou，1904—1977）的伟大作品，前者题为《教化》的三卷本著作成了他最高的学术成就，而后者的教育史仍然是该领域的里程碑式研究。[⑥]

---

① W. Aly在Pauly-Wissowa *RE* 18 (1942) 2585中相当精彩地用仅有9行的词条，将这个概念限定为伪刻贝斯（Pseudo-Cebes）的《画板》(*Tabula*）和琉善的一些文本中对教化的人格化。J. Christes 在*Brill's New Pauly* 10 (2007) 345−6和D. Bremer在*Historisches Wörterbuch der Philosophie* 7, Basel, 1989, 35−9中，按照我在这里讨论的耶格尔和马鲁的讲述，对各种立场做了平淡的讨论。这个词不见于《牛津古典学词典》(2012年)；《剑桥古典文明词典》(2006年)；《希腊研究牛津手册》(2009年)。

② G. Anderson, *The Second Sophistic: A Greek Cultural Phenomenon in the Roman Empire*, London, 1993, p. 8.

③ 耶格尔显然已经意识到这种困难，见*Paideia: Die Formung des griechischen Menschen*, 3 vols., Berlin, 1934−47 (= *Paideia: The Ideals of Greek Culture*, 3 vols., Oxford, 1939−45)。在第一卷中，他没有试图给出具体的定义；但在第二卷的目录页（第vi页）之前，他用一段没有标题的话解释了这个概念是多么不可能：“这是个很难定义的东西……它拒绝被局限于某个抽象的公式……无法避免引入现代表达，诸如文明、文化、传统、文学或教育。但这些都不能真正涵盖希腊人用教化所表示的。它们中的每一个都仅限于它的一个方面……”注意这句话只出现在1943年的英译本首版中；它在1986年重印的平装本中消失了，也不见于1944年的德语版第二卷。

④ 比如，A. Gwynn, *Roman Education from Cicero to Quintilian*, Oxford, 1926；S. Bonner, *Education in Ancient Rome: From the Elder Cato to the Younger Pliny*, London, 1977；R. Kaster, *Guardians of Language: The Grammarian and Society in Late Antiquity*, Berkeley, 1988；R. Cribiore, *Writing, Teachers and Students in Graeco-Roman Egypt*, Atlanta, GA, 1996；T. Morgan, *Literate Education in the Hellenistic and the Roman Worlds*, Cambridge, 1998；Y.L. Too, *Education in Greek and Roman Antiquity*, Leiden, 2001（几乎没有提到教化）；R. Cribiore, *Gymnastics of the Mind: Greek Education in Hellenistic and Roman Egypt*, Princeton, 2001。

⑤ 在为耶格尔的《教化》写的书评中，马鲁写道：“作者有意放弃了对教育和古代的教学方法进行具体的描绘：他让自己保持着更高程度的抽象和深刻，但分析了作为其理想的这种教育背后的基本理念。”见H. Marrou, ‘Le siècle de Platon: À propos d'un livre récent’, *revue historique* 196 (1946) 142−9, p. 143。

⑥ Jaeger, 1934−47 = Jaeger, 1939−45; H. Marrou, *Histoire de l'éducation dans l'antiquité*, Paris, 1948 = *A History of Education in Antiquity*, London, 1956. 奇怪的是，除了两个例外，我（转下页）

我想对这两部作品及其对我们定义“教化”的影响表达忧虑，确切来说是在历史根据方面。两者都充满洞察、富有权威和令人印象深刻。但我要承认，两者都带有浓厚的意识形态色彩（这些意识形态本身完全不是简单或显而易见的），这些意识形态植根于它们所诞生的复杂时代和语境中。虽然它们的意识形态内容和分歧是个非常让人感兴趣的事实，但我想说的是，如果草率地把这两部作品作为对一种古代世界文化现象的定义，那么它们的解读方法与写作时代的同时代性将导致这种定义产生根本性的缺陷。与所有最好的古典学作品一样，它们把现代问题包装成先人旧有的，为其披上了充满学术色彩的外衣。那是它们的优点，但如果要对它们在多大程度上显示了古代现实做出经验主义的（或者说实证主义的，如果可以的话）评估，那就成了它们的缺点。

让我们从几个日期说起。1934年（序言的日期是1933年10月），耶格尔在柏林出版了《教化》的第一卷（他已经为此工作了10年多）。那是个灰暗的日子。该书是魏玛时期一项伟大学术活动的成果，但是在第三帝国的新制度下（有人认为——也许并不公平——它和耶格尔的“第三次人文主义”的计划有相似之处）问世的。[①]1943年，作者在流亡美国期间

（接上页）几乎没看到有人尝试比较耶格尔和马鲁的工作。见P. Demont, ‘H. I. Marrou et “les deux colonnes du temple” : Isocrate et Platon’ in J-M. Pailler and P. Payen (eds.), *Que reste-t-il de l’éducation classique: Relire le Marrou, Histoire de l’éducation dans l’antiquité*, Toulouse, 2004, 109–118, esp. 110–6和S. Rey, *L’histoire ancienne à l’école française de Rome (1873–1940)*, Rome, 2012, 381–6的鲜明反差。Pierre Vidal-Naquet在回忆录中深情地谈到了马鲁，并表示耶格尔的《教化》是“马鲁钟爱的书”，见P. Vidal-Naquet, *Mémoires: La brisure et l’attente 1930–1955*, Paris, 1995, 266。

① 见J. Irmscher, ‘Die klassische Altertumswissenschaft in der faschistischen Wissenschaftspolitik’ in H. Gericke (ed.) *Altertumswissenschaft und ideologischer Klassenkampf*, Halle, 1980, 75–97, esp. 79；J. Irmscher ‘Werner Jaeger zum 100. Geburtstag’ *Sitzungsberichte der Akademie der Wissenschaften in Berlin* 6 (1990) 3–7, esp. 4；W. Calder III, ‘Werner Jaeger’ in W. Briggs and W. Calder III (eds.) *Classical Scholarship: A Biographical Encyclopaedia*, New York, 1990, 211–226, esp. 220: ‘a correlative in educational policy to the Third Reich’s theoretical vision of the state’；也见M. Chambers, ‘The Historian as Educator: Jaeger on Thucydides’ in W. Calder III (ed.), *Werner Jaeger Reconsidered, Illinois Classical Studies Suppl.* 3, Urbana-Champaign, 1992, 25–35, esp. 32–4中关于伯里克利是《教化》第一卷中的“元首”的部分；B. Näf, ‘Werner Jaegers *Paideia*: Entstehung, kulturpolitische Absichten und Rezeption’ ibid 125-46, esp. 126；D. White, ‘Werner Jaeger’s “Third Humanism” and the Crisis of Conservative Cultural Politics in Weimar Germany’ ibid. 267–88, esp. 269 and 283–8；Christes, 2007, 346；K. Fleming, ‘Heidegger, Jaeger, Plato: The Politics of Humanism’ *IJCT* 19 (2012) 82–106, esp. 83–6。对耶格尔不那么咄咄逼人的评价见A. Momigliano, *Studies in Ancient Historiography*, London, 1966, 252–3和A-S Goeing and D. Barker, ‘Werner Jaeger and Robert Ulrich: Two Émigré Scholars on Educational Theory’ in A. Fair-Schulz and M. Kessler (eds) *German Scholars in Exile*, Lanham MD, 2011, 1–19, esp. 4–6。

（1936年，他先是去了芝加哥，1939年又到了哈佛）完成了该书的第二、三卷，首先由吉尔伯特·海厄特从手稿译成英语出版，后来才出版了德语本。如果说第一卷是前纳粹时代对德国大学体系中教化文化的赞歌——作者拥有该体系中最有威望的普鲁士首都柏林的古典学教席——是一战后为了重新激励新的一代接受教化而做的尝试，那么后两卷则基本上代表了一个为了拯救自己的犹太妻子和孩子而被迫移民者为失落的世界所做的辩护。无论我们如何看待它们的内容，都不能将其根本的意识形态复杂性同这一语境分开。马鲁的法语原作出版于1948年，当时并非欧洲灾难的开始，也不是处于二战的漫长痛苦中，而是站在回顾的角度。就像我将要指出的，它的历史举动和隐含的论点充斥着旨在净化和救赎的意识形态动机，并完全被这些动机决定。

耶格尔的《教化》

耶格尔的《教化》赞美了希腊人在教育史上的地位（第一卷，xiii页），以及"他们的文化，他们的教化"（第一卷，xvi页）。尤其是在柏拉图的教育模式中，"希腊文化在教育史上独一无二的地位"可以被认为是"**塑造**人格"（第一卷，xxii页，着重为原作者所标）。[①]这一切显然是对从19世纪开始驱动着普鲁士大学体系的伟大教化模式所做的精心的再阐述。它试图把这种教育回溯到先人，将其放在古典学得天独厚的语境下，同时作出了宏大的主张，表示古代世界是现代文化形成的基础和模板。柏拉图是早前版本的德国教育的关键，[②]但耶格尔的作品可能是为了确立柏拉图思想

① 关于耶格尔的柏拉图主义受到马尔堡的Cohen和Natorp的影响——当时他在读大学第一学期（还没有去柏林）——见W. Jaeger, 'Introduction to Scripta Minora' in *Five Essays*, Montreal, 1966, 25–44，特别是第29页A. Follak的讨论Der "Aufblick zur Idee" : Eine vergleichende Studie zur Platonischen Pädagogik bei Friedrich Schleiermacher, Paul Natorp und Werner Jaeger, Göttingen, 2005, 116－50。关于耶格尔对柏拉图的描述中引人注目地没有谈到任何政治，见C. Kahn, 'Werner Jaeger's Portrayal of Plato' in Calder (1992) 69–81, esp. 80－1。

② 关于柏拉图对早期教化理论的重要性，见T. Ziolkowski, 'August Böckh und die Sonettenschlächt bei Eichstädt' *Antike und Abendland* 41 (1995) 161－73, esp. 162 and 164－5；M. Riedel, 'Die Erfindung des Philologen: Friedrich August Wolf und Friedrich Nietzsche' *Antike und Abendland* 42 (1996) 119－36, esp. 120－1。

中的教育论述而做的最明确和最深刻的尝试。耶格尔本人在那个体系中占据着最重要的地位。作为维拉莫维茨的弟子，他接替了老师在柏林的位置，1960年发表的一篇祝贺性质的史学论文《1870—1945年柏林大学的古典语文学》表明他对柏林学派深深的感激之情，它对纳粹时期的讨论轻描淡写，但坚定地把自己在美国时的作品放在柏林学派的成果行列（“这是那些不幸的岁月里，在新环境下延续的一部分柏林和它的古典语文学”）。[①]

耶格尔把paideia译成Bildung：“德语的Bildung一词清楚地表现了希腊人和柏拉图意义上的教化的本质。”[②]（第一卷，xxiii页）他给出的另一种译法是拉丁语的humanitas，即英语的Humanism（第一卷，xxiii页）：奥鲁斯·革利乌斯的《阿提卡之夜》13. 17把这种译法归于瓦罗和西塞罗。事实上，耶格尔的魏玛式Paideia概念是对德国人灵魂的希腊性所做的明确表述，对一种不可分割的亲和性做了充分的解释——这种亲和性由温克尔曼的作品唤起，通过古典学在洪堡创立的普鲁士教育体系中的核心角色在制度上被确立。[③]到了帝国晚期和经历了一战后危机的魏玛时期，文化和Bildung被认为受到威胁，需要复兴。[④]希腊性和希腊文化（包括语文学和考古学）在德国教育中一直扮演着核心角色，而耶格尔试图做的正是系统性地描述和解释这种教育，他本人在柏林的成长正是这方面的一个范

① W. Jaeger, ‘Classical Philology at the University of Berlin 1870–1945’ in Jaeger, 1966, 45–74；第73—74页是关于纳粹时代；第74页是关于他在流亡中延续了柏林。

② 就像Charles Kahn所说的：“事实上，耶格尔对柏拉图伦理和政治的关心仅仅是将其视作一种关于文化是Bildung，也就是paideia的理论。”见Kahn (1992, 71)。

③ 关于一般性描述，见E. Butler, *The Tyranny of Greece over Germany*, Cambridge, 1935（主要关于文学文化）；S. Marchand, *Down From Olympus: Archaeology and Philhellenism in Germany, 1750–1970*, Princeton, 1996（关于考古学），尤其是第26—35页。关于Bildung是“自我培养”，见W. Bruford, *The German Tradition of Self-Cultivation*, Cambridge, 1975 and R. Vierhaus, ‘Bildung’, in O. Brunner, W. Conze and R. Koselleck (eds.), *Geschichtliche Grundbegriffe: Historisches Lexikon zur politisch-sozialen Sprache in Deutschland*, vol. 1, Stuttgart, 1972。关于Bildung、温克尔曼和“德国灵魂的希腊样貌”，见C. Güthenke, *Placing Modern Greece: The Dynamics of Romantic Hellenism 1770–1840*, Oxford, 2008, 12–13, 27–9；也见于I. Gildenhard, ‘Philologia Perennis? Classical Scholarship and Functional Differentiation’ in I. Gildenhard and M. Ruehl (eds.), *Out of Arcadia: Classics and Politis in Germany in the Age of Burckhardt, Nietzsche and Wilamowitz*, *BICS* suppl. 79 , London, 2003, 161–203，特别是关于Bildung的第180—182页，第169—172页、第187页认为甚至在1933年之前，耶格尔的救赎福音主义就是“变成神学的语文学”。

④ 关于概念和态度（第93页谈到了柏拉图模型），见F. Ringer, *The Decline of the German Mandarins 1890–1933*, Cambridge, Mass., 1969, esp. 83–127，关于拒绝承认所谓的“文化衰退”，见第253—434页。

例，作为希腊式的塑造（Formung，用他本人在德语副标题中的用词①）能够激励对当代年轻人的培养。

我们可能会以为，在20世纪20年代最初的构想中，耶格尔计划的策略是在古典学中找到让经历了一战灾难后的人文主义获得重生的必要之根。②为了支持这点，他不断强调“教育”（第一卷正文的第一个词），特别是追问“何种教育能够造就德性（arete）”（第一卷第283页，另见第1—12页）。第二卷的前言中将arete译成“道德标准”（第一卷，xii页）是“一切希腊文化的核心理想”（第一卷，第13页），囊括了耶格尔的模型中增进道德的方面：paideia是Bildung，即人文主义和开化价值中的文化塑造，通过把公民放到古希腊传统的施惠中加以塑造来教育他们。在30年代初，对德性的强调和人文主义具有崇高理由的主张变得如此有影响，特别是马丁·海德格尔的例子。③就像耶格尔在20世纪60年代将会写到的：

> 主导我在那些年里全部工作的是我那代人所致力的东西，是对一种新的人文主义的追求，它将通过帮助理解学校、大学和一切教育的开端来恢复它们的真正意义。将人文主义纳入对古代的各种历

---

① 见Marrou (1946) 143和Chambers (1992) 27。Gillber Highet的英译始终淡化了Bildung的问题：特别见B. Karlsson简短而犀利的讨论，收录于*H-Net Reviews* (2001) at http://www.hnet.org/reviews/showrev.php?id=4956。

② 关于对耶格尔的人文主义在魏玛文化政治语境下的描述，见White (1992), M. Landfester, ‘Die Naumburger Tagung “Das Problem des Klassischen und die Antike (1930). Der Klassikbegriff Werner Jaegers: Seine Vorassestzung und seine Wirkung’ in H. Flashar (ed.) *Altertumwissenschaft in den 20er Jahren*, Stuttgart, 1995, 11–41和R. Mehring, ‘Humanismus als “Politicum”. Werner Jaegers Problemgeschichte der griechischen “Paideia”’, *Antike und Abendland* 45 (1999) 111–28, esp. 112–8。关于《教化》第一卷如何迎合1934年的主导意识形态，见下面的犀利讨论：W. Calder III, ‘Werner Jaeger and Richard Harder: An Erklärung’ *Quaderni di Studia* 17 (1983) 99–113, esp. 105–113 and Fleming (2012) 102。对第一卷的两篇非常重要的同时代批评见B. Snell, ‘Besprechung von W. Jaegers Paideia’ (1935) in *Gesammelte Schriften*, Göttingen, 1966, 32–54，特别地，第33—36页关于教化和人文主义，第51—54页关于也给个人“第三次人文主义”政治化的危险：R. Pfeiffer, ‘Werner Jaeger, Paideia’ *Deutsche Literaturzeitung* 56 (1935) 2126–34, 2169–78, 2213–19，作者在第2128—2129页思考了耶格尔的教育史致力于“德性”的主导动机，在第2215页思考了耶格尔人文主义的过度乐观。

③ 特别见F. Edler, ‘Heidegger and Werner Jaeger on the Eve of 1933: A Possible Rapprochement?’ *Research in Phenomenology* 27 (1997) 122–49, esp. 122–25 and 139–44; I. Thomson, ‘Heidegger on Ontological Education, or: How We Became What We Are’ *Inquiry* 44 (2001) 243–68, esp. 252–3; Fleming (2012) 98–102。

史导向的研究是改变曾经的人文主义古典学研究之过程的最后一步。我的《教化》证明，这种人文主义植根于希腊思想本身的结构。[①]

但必须指出的是，在1934年出版的第一卷首版的策略中有一种倾向（至少会让现代读者感到不安），试图让本质上是魏玛时期对教化的描绘去迎合新政权某些方面的面貌。这在1936年的第二版，即由吉尔伯特·海厄特译成英语的那版中有所淡化（但并不完全），当时作者选择了流亡，去掉了第一版中某些方面对纳粹友好的表述。[②]对于耶格尔作品初版在意识形态上的这些微妙之处，我们有着敏锐的向导——特别是当它偏向民族社会主义的情感时——那就是耶格尔在柏林的同学，后来担任过哈雷古典学教授和因为犹太身份而流亡加州的保罗·弗里德兰德在该书上留下的丰富注记；这些注记已经被刊印。[③]比如——在弗里德兰德标记过，又在1936年的版本中被耶格尔做了修改的那些段落里——我们看到他弱化了希腊人和我们（德国人）的种族亲缘性，把“种族上的亲缘性”（rassenverwandt，1934年版，第一卷，第36页）改成“本性上的亲缘性”（wesenverwandt，1936年版，第一卷，第36页）。更糟糕的是第一卷最后几页上的这句话（是对整卷书的总结），耶格尔在第二版中将其完全删去：

> 一边是伯里克利以民主为基础的领导权，一边是狄俄尼修斯以军事为支持的专制，现代国家领袖们的目标将是在两者间找到新的道路。[④]

---

① Jaeger, 1966, 70－1 (cf also 41－2).

② W. Calder III and M. Braun, ‘“Tell it Hitler! Ecco!” Paul Friedländer on Werner Jaeger’s *Paideia*’ *Quaderni di Studia* 43 (1996) 211－48, esp. 214, n. 15.

③ 见Calder and Braun (1996)。无论是Friedländer，还是Calder和Braun都没有明确指出的一点是：针对诸如种族这样的问题（其中许多在第2版中被保存下来），耶格尔论点的开头或高潮结论部分里有多少是Friedländer（他可能是在40年代留下这些笔记）所认为的带有纳粹色彩的评论。比如，Calder and Braun (1996)笔记的第4、5和6条出现在第一章的导言；第12条出现在第一章最后；第21条出现在第三章最后；第93条出现在第一卷将近结尾的地方。

④ Es wird das Ziel des modernen Führerstaats sein mussen, diesen neuen Weg zu finden der zwischen der demokratisch unterbauten Führerstellung des Perikles und der rein militärisch gestützten Alleinherrschaft des Dionysios hindurchführt: Vol. 1, 1934, 511.

弗里德兰德的评论直接是："告诉希特勒！就是这样！"[①]

在对耶格尔的接受中，一个根本性的错误是把他计划中的三卷本视作单一的工作——显然，从古典学的中心驱逐和流亡对一项如此绝对德国式的计划具有根本性的影响。此外，纳粹时代及其罪行破坏了德国教育传统中对文化塑造的承诺，显而易见，作为道德价值的德性恰恰在耶格尔本人于前纳粹时代的柏林所接受和提供的那种教化中失败了。死亡集中营是对德国教化的归谬，而一系列清晰的罪恶和迫害已经预言了这些集中营——在1943年的哈佛很难想象它们的全部恐怖。在20世纪30年代末和40年代初的作品中，耶格尔的《教化》成了对已逝之物的怀旧，对希腊历史的辩护（它的卓越在教育计划中失败了），特别是成了对他所钟爱的柏拉图的辩护（第二卷的主题）[②]，后者被明确指责有极权倾向，那正是卡尔·波普当时在写的东西（波普正在英国流亡，耶格尔肯定不知道这些），很快将发表在他1945年的《开放社会及其敌人》一书中。[③]

《教化》的第一卷涵盖了从荷马到公元前5世纪的历史，目标始终是为柏拉图在第二卷和第三卷中的胜利搭好舞台（直到关于《理想国篇》的部分，柏拉图都是第二卷的唯一主题，而晚期柏拉图占据了第三卷略少于三分之一的篇幅），而流亡的阴影不可避免地改变了有关这一胜利的最初计划。英译本和德语版中的问题截然不同，我先说率先出版的英译本。

---

① Calder and Braun (1996) 235.

② 关于1934年和1947年（最后一卷德语版出版）之间，《教化》计划的复杂和不一致，见Mehring (1999) 118–25。

③ K. Popper, *The Open Society and its Enemies*, vol. 1 *The Spell of Plato*, London 1945（文本完成于1943年）。我在这里无法详细描述耶格尔的柏拉图。Kahn (1992) 17正确地指出了一些缺陷——特别是耶格尔关于柏拉图作品是统一的而非发展性的观点［马鲁（1946）147已经注意到这点——"耶格尔强调了柏拉图全部作品的深刻统一"］：用目的论来解释，这种观点是出于为教化确立坚实基础的需要。显然需要大量辩护之词来回避柏拉图主要作品的极权倾向（或者至少是被极权占有的苗头），特别是在20世纪40年代的流亡时刻，但耶格尔无疑做出了这样的辩护。他坚称"《理想国篇》无关……种族"（第二卷第199页——重点为作者所加，显然是与第三帝国相关的评价），而且无疑吹响了女性教育平等的号角（第二卷第252—256页）。他在对哲人王及其腐化的讨论中坚决拒绝暗示现代或与现代比较（第二卷第258—278页，特别是第268页）。柏拉图对哲学"完全和彻底的信任"深深感动了他，他对其做了评价，并将其拟人化："现在她孤独寂寞，被人抛弃……"（第二卷，第262页）——这是对当时德国的评价吗？在讨论柏拉图对僭政、荣誉统治、寡头统治、民主和无政府主义相对优点的看法时，他避免提到现代。

第二卷的序言（事实上是作为后两卷的序言）显得特别小心翼翼。[1]耶格尔描绘的希腊“在失去了这个世界的一切后——国家、权力、自由和古典意义上的公民生活——仍然能通过它最后一位伟大的诗人米南德之口表示，‘谁都无法从人身上夺走的财产是教化……教化是所有人类的庇护所’”（第二卷，ix页）。这是对伯罗奔尼撒战争结束时和公元前4世纪开始时的雅典所做的客观历史描述，还是借史论今——是这位流亡者在1943年至暗的绝望时刻审视欧洲的毁灭和人文主义的崩溃？当耶格尔在下面这段话中用现在时写道“在政治灾难日益严重的黑暗中，现在出现了伟大的教育天才，仿佛因为时代的需要而降生”（第二卷，ix页）时，我们应该把这视作关于柏拉图降临的纯粹历史陈述，还是表达了渴望作为人文主义的古典学恢复当下破碎的世界——或者渴望那个世界转向（回归）人文主义？序言在“超时间”和坚持“历史背景”之间摇摆，但致力于“直到今天的人文主义历史”（x页）——尽管呼吁采取带立场的历史主义。值得注意的是，耶格尔承认他放弃了“其原先的意图，把第二第一卷直写到希腊文化取得对世界主宰的时期”（第二卷，xi页）。[2]这是因为在20世纪40年代初，如果你是千年帝国势力鼎盛时的难民，“主宰世界”的想法会令人憎恶吗？[3]我们可能会注意到，第二卷和第三卷中几乎没有具体地提到战争，除了耶格尔感谢他的译者完成了这项工作，“尽管忙于战事服役中更紧要的职责”（第二卷，xv页）。

在第二卷和第三卷的德文版中——分别出版于1944年［一位流亡美国者的作品在德古意特出版社（tle house of De Gruyter）出版，这是个奇怪的年份］和1947年出版——编排截然不同。第二卷的开头与英译本如出一辙，首先用一章对公元前4世纪做了简短的总结——谈到了雅典陷落的灾难（katastrophe）（英译本第二卷第3页，德语版第二卷第2页），以及伦理和宗教振兴的需要（英译本第二卷第3—4页，德语版第二卷第2页）。

---

① 注意：这不见于德语版。

② 参见第一卷第vii页：“希腊文明变成世界帝国”。

③ 我对这些段落的解读可能被指有寓意解释之嫌，下文我对马鲁的描述同样如此。但值得注意的是，对于“日益严重的黑暗”，没有任何完全可信的古代历史例证，而且耶格尔和马鲁都倾向于把古老的过去解读为关于当代教育和文化问题的密码（也就是说，寓意策略已经隐含在他们的文本中）。

我们无法想象，这些讯息如何与耶格尔的预期读者（1943年的英美盟国和1944年的德国）截然相反的政见产生共鸣，如果耶格尔没有感受到这种复杂性，那真是咄咄怪事。随着他转向叙述恢复的速度（英译本第二卷第4页和德语版第二卷第2页），氛围音乐变得积极起来，但在这一章的最后一句话中（英译本第二卷第12页，德语版第二卷第10页），公元前4世纪——尽管有着柏拉图的荣光——仍然被描绘成处于“悲剧性的崩溃阴霾”中，沐浴着“天意智慧的光芒”。然后，德语版的内容开始与英译本有了很大的差别。耶格尔没有接着安排英译本的第二章（关于对苏格拉底的回忆，在德语版中成为第三章），而是插入了英译本第三卷的第一章“作为教化的希腊医学”。这样做的结果是让德语版的第二卷以耶格尔关于《理想国篇》的两章中的第一章结尾，并把关于《理想国篇》的第二章（“对统治者的教化”，讨论了卫兵）从第二卷中最后的高潮部分（在英译本中）转移到1947年德语版第三卷的头一章。

这让面向第三帝国臣民出版的版本的第二卷最后一章中留下了一些真正可怕的部分，令人担忧地接近纳粹的优生学观点。比如，题为“血统选择与对最优者的教育”的那部分（海厄特的英译称为“精英的培育和教育”，英译本第二卷第246—251页，德语本第二卷第324—330页）有一些关于优生学培育（英译本第二卷第247页，德语本第二卷第325页）和“为城邦利益牺牲所有个人利益”（英译本第二卷第248页，德语本第二卷第326页）的骇人段落，理由是“和教育一样，他［柏拉图］提出的血统选择（为教育奠定了基础）也完全是为这一理想服务的”（英译本第二卷第251页，德语版第二卷第330页）。如果我们试图找出耶格尔的政治和伦理从属关系究竟在哪里，他心目中的理想统治者是谁，那么这些段落会非常令人不安。他本人可能显得极其含混。[①]但德语版不同结构的一个影响是，第三卷的柏拉图色彩要比英译本强烈得多，因为关于《理想国篇》是“对统治者的教育”的整个高潮一节——英译本中加了小标题“神圣的模板”，德语版没有——现在成了在1947年战后德国废墟中出版的第三卷的开篇。

---

① 他是否确实设想过，关于哲学家受到坏教育（即智术师）腐化的段落可以被解读成对1944年德国统治的某种隐晦的批评？

《教化》的后两卷读来犹如奇怪的辩护，特别是考虑到第二卷发表时的政治气氛和与它想要引起共鸣的政治气氛是完全矛盾的。它们试图——面对着让这项工作变得非常奇怪的当时的政治——为作为道德教育的教化辩护，在第一卷中确立的这种教育经过了1933年的事件后（包括耶格尔本人的被迫流亡）变得完全多余。他甚至无法面对纳粹国家使他高尚的教化模式所遭受的赤裸裸的嘲笑，这显示了他的计划变得多么绝望，以及为何它在后来的学术中影响相对寥寥。坦率说来，耶格尔《教化》的伟大之处（无论是构思，还是作为计划序篇而完成的第一卷）是为普鲁士的人文主义教育模式提供了理论基础。1933年希特勒的当选——以及后来那些年里纳粹政府暴露了自己在道德上意味着什么——本身证明（正好在第一卷完成的时刻），洪堡式大学的精英主义无法为一切提供道德保护，而且尽管充斥着崇高的德性修辞，它不会给人性价值带来伦理上的提升。作为耶格尔个人计划所致力的目标，人文主义的全部基础都受到了威胁。[①]《教化》后两卷的真正失败之处在于，它们的作者亲身体验了自己的国家所变成的那个样子（尽管德国人文主义做了最大的努力），却无法从首要原则来审视他的计划，或者着手分析人文主义问题本身，更别提分析作为教化的柏林式古典教育了。

耶格尔完全不是这方面唯一的失败者，尽管无论是在纳粹德国还是在流亡中，他都继续想要施加影响，这在事后看来特别有失身份。我认为，纳粹之后幸存的学术圈子（包括那些留下的和离开的，那些默许或合作的，以及那些抵抗的）辜负了自己的教化遗产和自己的继承人，因为他们只是继续着包含各种深奥学问的人文主义计划，仿佛纳粹时代仅仅是一段迷途，仿佛纳粹的极端罪行不会让教化——作为灌输人性价值的塑造，或者用耶格尔的话来说，作为德性的教育（海德格尔非常认同这点）——的道德基础失效。[②]太多受过教育的德国精英（无疑包括普遍保守的古典

① 就一位1940年流亡美国的德国犹太人对于被定义为humanitas和paideia的人文主义的辩护，见E. Panofsky, ‘Art History as a Humanistic Discipline’ in *Meaning in the Visual Arts*, New York, 1955, 1–25, esp. 1–2。

② 参见J. Elsner, ‘Objects and History’ in P. Miller (ed.), *Cultural Histories of the Material World*, Ann Arbor, 2013, 165–171, esp. 168－70。关于海德格尔对耶格尔“德性”的评价，见1932年12月他写给耶格尔的私人信件，Edler (1997) 123－5。

学家们）鄙夷组成纳粹党的那些缺乏教养的暴徒，很少把他们当回事，结果他们——错误而悲剧性地——过于轻易地想象教化没有为德国国家犯下的罪行所毒害。后世对耶格尔遗产的反应是严厉的，[①]但我认为这首先是悲剧的。耶格尔自诩是一种教育体系的先知（他正在揭示其希腊基础），却发现自己迷失在异国，当他所知的世界在他离开后分崩离析时，他正以令人惊叹的博学喋喋不休地谈论一个无关紧要和声名扫地的体系。到了1945年，柏林和柏林学派（他认为自己在美国的工作是对其的延续）已经不复存在，再也不会恢复。在他的《教化》第一卷出版的那年，《教化》试图支持的那种"教化"变得过时和无效。

不过，我在这里关心的不是耶格尔，而是教化的概念。[②]在我们转向马鲁之前，有一点需要强调。尽管在最后一部无力的作品即1961年的《早期基督教与希腊教化》中，他试图将主题转向基督教父，[③]但耶格尔有关该主题的主要工作完全是致力于这种希腊理想的古风和古典模式——这种模式完全效仿了洪堡的典范。他的希腊和他的教化是对前希腊化世界的典型德国式认同。

马鲁的《古代教育史》

与作为德国希腊迷和希腊主义者的耶格尔不同，马鲁的大部分作品都是关于古典传统中罗马一边的（特别是早期基督教）。事实上，这两位学者都涉及了更晚的时期——耶格尔关于教父的宏大计划是尼萨的格里高利作品的校勘本，马鲁的是关于西方教会的历史著作，特别是对圣奥古斯丁的研究。即便在他们早年的基督教计划中，两人也分别主要代表了古代的希腊和拉丁部分。但耶格尔——虽然本人看上去是个信徒——是来

① 特别是Calder (1990)和Calder (1992)中的各篇作品；Mehring (1999)同样如此，但更加微妙。

② 尽管如此，对耶格尔的英雄式描绘（偶然仍能见到）无疑需要重要的细节。纯粹的"圣徒传"见W. Schadewaldt, *Gedenkrede auf Werner Jaeger 1888–1961*, Berlin, 1963和M. Meiss and T. Optendrenk (eds.), *Werner Jaeger*, Nettetal, 2009等。

③ W. Jaeger, *Early Christianity and Greek Paideia*, Cambridge, Mass. 1961.

自古典学中心的世俗古典学家，他的计划是人文主义，①而马鲁从早年开始就是个坚定的和政治化的天主教思想家，从20世纪30年代开始与围绕着《精神》(*L'Ésprit*)杂志的左翼天主教运动关系密切。② 1940年9月从战败的法军退伍后，马鲁于1941年10月被任命为里昂的大学讲师，③战时在维希政府的统治下研究他的教育史。④尽管证据模糊（这可以理解），但当时他似乎积极参加了抵抗运动。⑤马鲁的写作背景——战时和战后不久，反德和罗马天主教信仰——对于理解他1948年的伟大作品背后的根本计划至关重要。

法国解放之前对古代教育的兴趣，一个方面是维希政权合作者的道德复兴计划对教育改革政策的强调，改革的领导者是著名的古典学者热罗姆·卡尔科皮诺（Jérôme Carcopino），他从1941年到1942年开始担任贝当政府的教育部长，然后从1942年直至法国解放担任高师校长。⑥这里的问题很复杂，因为马鲁显然也参与了该过程，从40年代初开始留下了几

---

① 关于耶格尔的信仰，以及他在天主教徒占绝大多数的德国地区作为新教徒长大的背景，见P. Keyser, 'Werner Jaeger's Early Chritianity and Greek Paideia' in Calder (1992) 83–105。

② 见P. Riché, *Henri Irénée Marrou, historien engagé*, Paris, 2003, 24–33, 40–59。我们无须关心一本会把第二次世界大战的宣战日期写成1940年9月的历史书。关于马鲁和天主教，另见C. Pietri, 'Henri Marrou: Un chrétien et l'histoire' *Les quatres fleuves* 8 (1978) 118−28以及Y-M Hilaire, *De Renan à Marrou: l'histoire du christianisme et les progrès de la méthode historique, 1863–1968*, Villeneuve d'Ascq, 1999中的相关论文。

③ 见Riché (2003) 61，第63—84页描述了1941—1945年的情况。关于维希时代法国的背景，见R. Paxton, *Vichy France: Old Guard and New Order 1940–1944*, New York, 1972；H. Rousso, *The Vichy Syndrome: History and Memory in France Since 1944*, Cambridge Mass., 1991；J. Jackson, *France: The Dark Years 1940–1944,* Oxford, 2001；D. Lackerstein, *Natural Regeneration in Vichy France*, Farnham, 2012。

④ 见Riché (2003) 76和D. Julia, 'Passé/present: L'histoire de l'éducation dans l'antiquité ou la lecture d'un témoin du XXe siècle' in *Pailler and Payen* (2004) 21–31, esp. 21。

⑤ 见Riché (2003) 76–80；J.M, Mayeur, 'Introduction' to H.I. Marrou, *Crise de notre temps et refléxion chrétienne (de 1930 à 1975)*, Paris, 1978, 9–29 esp. 19–21；J. M Domenech and J-M. Soutou, 'Témoinages' ibid 189–94，以及马鲁本人来自战时的一些作品，ibid 117−58；也参见'Deuxieme table-ronde: Les guerres et la guerre d'Algérie' in Y.-M. Hilaire (ed.), *De Renan à Marrou*, Villeneuve d'Ascq, 1999, 225−36。

⑥ 参见Lackerstein (2012) 177–206。具体关于卡尔科皮诺，见P. Grimal, C. Carcopino and R. Ourliac, *Jérôme Carcopino. Un historien au service de l'humanisme*, Paris, 1981, 93–134（辩护性的）；C. Singer, *Vichy, l'université et les juifs*, Paris, 1992, 93–100, 103-5, 118-22, 259-60（相当严厉）；以及尤其是S. Corcy-Debray, *Jérôme Carcopino, un historien à Vichy*, Paris, 2001（非常平衡），特别见第337—396页关于教育改革的部分。卡尔科皮诺本人（辩护性的）描述——非常详细——见J. Carcopino, *Souvenirs de sept ans 1937–1944*, Paris, 1953，关于教育改革，特别见第402—430页。

篇关于教育的作品，[①]虽然反对当局，他仍与卡尔科皮诺关系密切，[②]后者在战后马上作为合作者被逮捕，但后来因为是抵抗运动的秘密朋友而被赦免，尽管他曾为维希政府服务。[③]在战后的最初几年里，当马鲁完成和出版了他的《古代教育史》时，法国知识分子的主要活动特别转向各种关于人文主义的主张，从让-保罗·萨特在1946年的著作《存在主义是一种人道主义》（*l'Existentialisme est un humanism*）中的存在主义，到一系列马克思主义、社会主义和天主教的借用（特别是基督教左翼）。[④]因此，在维希政权和战后法国的背景下，作为古代人文主义的教育的历史不仅有着很好的当代主题动机，而且除了与耶格尔教化模式的具体关系外，它还包含了重要的时政观点。

与耶格尔一样，马鲁早在二战之前就开始研究教化。他1937年的小论文论述了罗马葬礼艺术中的“文化人”（mousikos aner），于1938年发表。[⑤]对罗马和早期基督教的专注，[⑥]以及对材料的象征和哲学解读的本能[受到弗朗茨·库蒙（Franz Cumont）影响]，这些都让马鲁对教化的兴趣与耶格尔的希腊-德国式关注有着截然不同的开端。《古代教育史》的结构显然与耶格尔的相反。后者的三卷本几乎没有超过公元前4世纪中期，马鲁的第一部分（第3—91页）以古风和古典时代的希腊为题，基本上将其作为主要故事的序章。对马鲁来说，“我们主题的核心”（第95页，第96页再次提到）是“‘教化’[第二部分第一章的标题]的文明，它由希腊化世界从古老的根源中构建，从那里传给了罗马和基督教：直到亚里士多德和亚历山大大帝后的那代人，教育才有了它古典和明确的形式……

① 见H. Marrou, ‘Responsibilité de l'intellectuel dans le temps présent’ (1943 and 1944) in Marrou (1978) 201－51 and H. Marrou, ‘l'histoire et l'éducation’ (1943) in Riché (2003) 361－8。

② 见J-M Soutou in Hilaire (1999) 209－10；另见马鲁本人对卡尔科皮诺的赞美，‘Notice sur la vie et les travaux de M. Jérôme Carcopino’, *CRAI* 116 (1972) 204－220，特别是关于战争年代的第208—210页。

③ 关于卡尔科皮诺的名誉扫地和平反，见Corcy-Debray (2001)。

④ 见E. Baring, *The Young Derrida and French Philosophy, 1945–1968*, Cambridge, 2011, 21–47, 57–67的精彩讨论。

⑤ H. Marrou, *MOYCIKOC ANHP. Etude sur les scènes de la vie intellectuelle figurant sur les monuments funéraires romains*, Grenoble, 1938，1964年在罗马再版并添加了后记，特别见第209—230页关于‘l'homme cultivé’的部分。

⑥ Marrou (1938) 269－87.

当我们提到古典教育时，我们实际上指的是‘希腊化教育’。这成了整个希腊世界的教育”（第95页）。马鲁在他为《教化》所写书评的最后一段中清楚地说明了他与耶格尔的差别——强调是解读的分歧，而非隐含的文化政见的差异——他所声称的东西明显不同于耶格尔，表示“古代教化的顶峰和人格内在形式塑造之道的最高点”是希腊化时期，并延伸到罗马帝国结束。[①]

他的重点与耶格尔在《教化》第一卷中确立的模式有着巨大的不同。因为马鲁基本上否定了最被德国人认同的那部分希腊遗产的核心地位，从而让他所描绘的主题有了某种政治色彩（在1943—1948年，即他进行研究和写作的那些年里非常强烈），这对评论者来说本该显而易见，却很少被注意到。[②]与其他许多战后的人文主义计划类似，马鲁把欧洲文化的本质和源头从希腊和德国（即德国人对希腊的认同）转移到更广大的大同世界，[③]可能预见了20世纪50年代进入共同市场的一些思想。他赞美希腊化时代的智者是“世界公民”（cosmopolitês），称赞“个体人类”的理想，他们“从城邦生活的集体制约和极权压力下解放出来，现在开始意识到自己，意识到自身的能力、需求和权利”（第98页），这读起来就像是与20世纪40年代初维希政府的限制相对立的人文主义范式。

马鲁沿袭耶格尔的观点（没有对他进行评点），声称“教化……不再

---

① Marrou (1946) 149.

② 许多人注意到马鲁抛弃了希腊——例如P. Payen, ‘Une education sans histoire? H. I. Marrou et l’historiographie Grecque’ in *Pailler and Payen* (2004) 95–108；Demart (2004) 109–119, esp. 109－10——但没有看到这是出于拯救欧洲文化的需要而决定的意识形态结果，纳粹统治对教化的全部价值的蔑视对人文主义造成了灾难。抱怨马鲁对恋童行为言之寥寥的人（比如C. Avlami and C. Orfours, ‘Le concept d’éducation dans L’histoire de l’éducation dans l’antiquité’ ibid 67–78, esp. 71－4 和A. Ballabriga, ‘La pédérastie dans L’histoire de l’éducation dans l’antiquité’ ibid 79–86）没有认识到，在任何有明显罗马天主教色彩的描述中都必须淡化同性恋，特别是当作者的意图是让欧洲从各种堕落中实现文化复兴时。

③ 关于Paul Oskar Kristeller的作品中将“美术”理念的源头从古希腊或现代德国转移到启蒙时代的法国（1951），见J. Elsner, ‘Myth and Chronicle: A Response to the Values of Art’ *Arethusa* 43 (2010) 289–308, esp. 298–300；关于20世纪40年代和50年代，三位流亡学者Erwin Panofsky、Paul Frankl、Otto von Simson和一个改过自新的纳粹Hans Sedlmayr的作品中一致将哥特艺术的源头从任何主张是德国的说法（流行于1945年之前）转为法国，见J. Elsner, ‘A Golden Age of Gothic’ in Z. Opacic and A. Timmermann (eds.), *Architecture, Liturgy and Identity: Liber Amicorum Paul Crossley*, Turnhout, 2011, 7–15。

是孩子……为了长大成人的工作而具备和早早拥有的技艺”（第98页），而是“开始意味着‘文化’——并非……表示像教育那样是进行中和准备中的东西，而是表示我们今天所理解的这个词的意思——某种已经完善的东西”（第99页）。他也像耶格尔那样援引了革利乌斯对瓦罗和西塞罗的引用，即拉丁语用humanitas翻译paideia（第99页）。事实上，在第二部分的结论中，马鲁重申“humanism这个古老的词无论被用得多滥”，都仍然是对“教育本质”的最佳定义（第218页），他在描绘教育本质时强调“整个人，身体和灵魂，感官和理性，性格和头脑”（第219—221，222页）受“实质上的道德训练”所约束，植根于文学文化（第213—214页）和传统中（第224页）。

但接着，他回击了耶格尔的Bildung的冲击：“我必须重申，在法语中，①‘文化’一词②带有明显的个人主义色彩；与法语的精神相对应，它表示与任何文明的集体观念截然相反的东西：法语的culture完全不同于德语的Kultur。”（第99页）在这点上，与耶格尔的模型和德国人将希腊文化等同于人文主义的观念相比，差别几乎不能再明显了。马鲁范式的核心是反集体主义和反极权的（法国与德国的对立）个人发展，他很快援引了希腊化哲学家和晚期古代的知识分子作为实例，包括教父（第100页）。接着，他又提出了“文化宗教”的主张，将其描绘成“文化人”（mousikos anêr）的完善，“即‘缪斯之人’——他被那些女神神圣化和拯救”：“教化——神圣之物——上天的游戏，灵魂的高贵，被赋予了某种神圣的光芒，使其具有了真正宗教式的特别尊严。”（第101页）

这是非常复杂的发展。一方面，它让作为最高教育理想的教化变得与耶格尔的计划为之辩护的德国人的教育模式截然不同。另一方面，它不仅试图拯救“人文主义”“文化”和“文明”这些主题——这些在耶格尔那里已经至关重要——而且把它们提升到了救赎和净化式的顶峰。第二部分第一章的最后一句话指出了这点：

---

① 我去掉了英译者所加的“就像在英语中”（原文中没有）。

② 英译版将这里误植为world（世界），原文是mot（词）。

> 在古老信仰的突然崩塌造成的严重混乱中，它是人的头脑能够依附的唯一真正不可动摇的价值；对许多人来说，被树立为绝对之物的希腊化文化最终变得与宗教相当。（第101页）

在这里，马鲁最终用仿佛是对古老过去的历史断言评点了刚刚过去的时代。“严重混乱”和“古老信仰的突然崩塌”在古代没有适合的历史所指——在古典或希腊化时代无疑没有。它们如实而深刻地描绘了第三帝国对欧洲人文主义的文化体系造成的破坏，德国本身对这个体系的建立付出过很多。它们还指出了（在法国的语境下），维希政府让马鲁的祖国法国投降、共谋和合作所产生的可怕后果。“教化”成了“唯一真正不可动摇的价值”——一种救赎、救世和明显的宗教式绝对概念，只有它能够通过希腊化文化的古典传统拯救欧洲的人文主义。

在第二部分的最后，马鲁回到了同一个主题。他写道：

> 希腊化时代的人是自由的，完全自由的，他们面对着自己城市的城墙崩塌和被自己的神明抛弃，面对着一个没有目标的世界和空荡荡的天界，徒劳地寻找某种归属，某颗引导人生的星星——他唯一的出路是转向自己的内心，在那里寻找自己全部行为的原则……（第226页）

这里讨论的并非公元前5世纪或公元前4世纪，而是1945年欧洲的存在主义危机，这一讨论非常清楚地预见了随后几十年间存在主义在法国学界的崛起。马鲁担心，这种朝着内心的转向是“导致狭隘的”和“危险的”。他宣称“古典教育为某种前所未见的更高人类类型提供了第一质料”（第226页），但在希腊化时代很少是这样。“通过让自己服务于一种更崇高的目标，古典人文主义能够催生——事实上的确催生了——某种更高的伟大，人类个体愿意为这种目标奉献自身，从而在自我超越中得到满足……首先是为国家，罗马国家……后来当帝国成为基督教的时，它又为上帝服务。”（第226页）这一发展同样是复杂的。这个故事被描绘成历史的，而历史是基督教会作为一切古代之善的顶峰的胜利崛起。但这也是对当下的——也就是说，由献身于这一工作的人让人文主义和文化服务于“一种更崇高的目标”将是救赎这个城墙崩塌和天界空荡荡的当下的唯一方式。在理念诗学上，马鲁甚至超过了维尔纳·耶格尔。

一些最后的想法

让我们离开这些对20世纪40年代的具体讨论，回到我开始时的问题。教化是古代研究中的既定对象——它是对罗马帝国和晚期古代世界的精英和那些渴望加入精英行列的人的文学、历史和社会关系所做的关键的文化假设。但在耶格尔和马鲁影响深远的作品之后，没有人对其做出过实质性的定义——也没有人解释这个概念（而不是其实现的机制和技术手段）。一边是先人的理想主义，一边是当代历史中的许多困难现实，以及1933年和1945年间的历史对人文主义可能意味着的一切的灾难性背叛，我要承认，上述作品对两者的细致沟通非常有吸引力。它们都是救赎性的和带有强烈变化色彩的描述。1934年，在经历了一战和德意志帝国时代终结的危机后，在魏玛共和国无尽的经济和政治危机中，耶格尔试图通过找回某个文化世界的古老根源来使其复兴；其中可能带有在新政权的新兴政治中追求文化高地的意图。[①]他在第二、三卷中的辩护是为了一个被其自己的后代屠杀的教育体系（当时他正在著书为其辩护和从古代寻找依据）做的。马鲁的著作是对人文主义的救赎性校准，在欧洲浩劫的余波中将德国人的Kultur调整为法国人的culture和罗马教会。两者都不能（尽管两位作者有着精深的学识）被认为是语文学或历史学上的公正描

① 这是Calder在Calder (1983, 105–113)中的观点——另见Fleming (2012) 86, 102——我认为它有一定的吸引力。但Fleming的“维尔纳·耶格尔的纳粹主义”（第102页）说法过于极端，尽管我们很难不去认同她对耶格尔的“学术投机主义”或者其“愿意让自己的人文主义迎合新政权的目标”（第102页）的评论。最初的迎合甚至是合谋姿态本身并不表示他的信仰（特别是后来他经过重新考虑后收回了这些想法）——但它们仍然令人非常不适，特别是对一个寻求伦理和文化最高点的人来说。与之类似，在Erwin Panofsky 1932年关于艺术和描绘的著名论文中，也可以看到有迹象表明，作者在迎合与自己主要的立场或之前立场并不完全相符的新兴政治力量：见J. Elsner and K. Lorenz, ‘The Genesis of Iconology’ *Critical Inquiry* 38 (2012), 483–512, esp. 510−12。

述，或者说是对两者都产生了如此深刻影响的话题的公正——更别提客观的——呈现。

有趣的是，避免对教化进行一般性或实质性和定义性的讨论，而代之以更狭隘的工具主义论点，这也许可以追溯到另一位伟大的移民学者，德国古典主义学家鲁道夫·普法伊费尔（Rudolf Pfeiffer，1889—1979年），他的年龄、古典教育以及与维拉莫维茨的个人友谊让他一方面与耶格尔类似（此外，他流亡的部分原因同样是因为犹太人妻子），但另一方面，他的罗马天主教信仰以及对希腊化文化和接受等问题的学术立场让他与马鲁要相近得多。[①]普法伊费尔伟大的古典学术史计划始于1937—1951年他在牛津旅居期间，于1968年出版，[②]该书在本质上可能是一部精英教化的历史，系统性地避免做出一般性的断言，专注于具体的学术观点和批判兴趣。[③]普法伊费尔本人对人文主义的长期投入——经过了后古典，最终是基督教透镜的衍射——非常类似马鲁的，尽管没有马鲁本人成长过程的法国存在主义色彩，也没有马鲁作为“某种已经完善的东西”的教育模式同耶格尔共有的宏大风格。[④]直到20世纪60年代，它同样也充斥着让人联想起战争的反思。看一下《古典学术史》（*History of Classical Scholarship*）中明确讨论教化的这个段落：

> 因此，具有通识（enkuklikos）性质的亚历山大里亚的教化并不等同于修昔底德和伊索克拉底的崇高理想，而是基本上只表示“通

① 关于普法伊费尔，见H. Lloyd Jones, *Blood for the Ghosts*, London, 1982, 261–70和C. Kaesser, ‘Rudolf Pfeiffer. A Catholic Classicist in the Age of Protestant Altertumswissenschaft’ online at http://www.google.co.uk/url?sa=t&rct=j&q=&esrc=s&source=web&cd=2&ved=0CDcQFjAB&url=http%3A%2F%2Fwww.princeton.edu%2F~pswpc%2Fpdfs%2Fkaesser%2F090906.pdf&ei=-qeoUequI9D70gXghYBA&usg=AFQjCNF7enAqMuJbeJ3Pnb_1huS8-qRm3w&bvm=bv.47244034,d.d2k。

② R. Pfeiffer, *History of Classical Scholarship. From the Beginnings to the End of the Hellenistic Age*, Oxford, 1968.

③ 耶格尔的《教化》很少被提及，除了比如Pfeiffer (1968) 17, n.2 and 48, n.2；相反，马鲁的《古代教育史》常常被提到，成了卷首的书目缩写表中的一部分。在有一点上（关于伊索克拉底），普法伊费尔支持耶格尔，反对马鲁的观点，见p.49, n6。

④ 比如，见R. Pfeiffer, ‘Von den geschichtlichen Begegnungen der kritischen Philologie mit dem Humanismus. Eine Skizze’, *Archiv für Kulturgeschichte* 28 (1938) 191–209, repr. in *Ausgewählte Schriften*, Munich, 1960, 159–74，关于带有基督教色彩的人文主义，特别见第162—167页。

> 识教育”，是包括各种科目的课程……来自亚历山大里亚的身无分文的流亡文法学家把他们的技艺传播到各个岛屿和城市，促进了那里的思想生活……（第253页）

关于“身无分文的流亡”文法学家的最后一句话看上去不那么像是基于古代的事实陈述，而是更像逃离纳粹德国的难民在战后的自画像。这些流亡者为黑暗的时代和地点带来了些许思想生活，他们总是意识到自己的从属地位，不再提出崇高理想，[①]而教化本身被降格为差不多只是“包括各种科目的课程”，失去了耶格尔和马鲁曾经赋予它的崇高主张。无论是古代的还是当代的，画面都是惨淡的。

这意味着什么？首先，我完全不确定即便是现在，我们是否真正知道，在古代或者在变化的古代不同时期，教化表示什么。在耶格尔和马鲁的作品中，始终体现着某种统一的、整体的和可能是单一的理想主义，每当现代学者把教化作为对文化背景的解释时（那是它现今用法中最常见的功能），情况仍然如此。在策略上和修辞上把这个概念用作“机械降神”来为一系列更一般的概括以及对古代的历史、社会学和制度主张辩护，这是令人担忧的，因为它成了不受质疑的善和对任何主张的正统式辩解（耶格尔和马鲁的确是想让这个概念发挥如此的功能）。事实上，除了作为教育过程的理想目标和把那个过程描绘成善的本身，教化概念的通常用法中没有明确的主张意义：这正是耶格尔和马鲁的做法的持续遗产，是他们的叙述力量的结果，尽管他们对理想可能是什么有着深刻的分歧。

教化的古代意义显然需要重温。但在21世纪的第2个10年，对这个术语进行新的研究和再次认识它，这同样是一个充满意识形态色彩的过程，就像20世纪30年代和40年代的计划那样。在当代世界研究和重新思考古代时，古代并不存在于它的过去，而是只存在于现在的意象和反思

① 流亡学术作品谈论自身主题时所用的不同口吻异常复杂——从豪迈的（耶格尔大体上是这种）到谦卑的（就像普法伊费尔）。这可能与流亡中的移民的个人经历、职业成就和经济困难的程度不同有关。关于对德国犹太古典考古学家Karl Lehmann-Hartleben这方面情况的反思，见N. Bryson, ‘Philostratus and the Imaginary Museum’ in S. Goldhill and R. Osborne (eds.), *Art and Text in Ancient Greek Culture*, Cambridge 1994, 255－83, esp. 274－83。

中。共识中一些根深蒂固的假设（比如文化等同于教育，对文化的追求本身是明显的善，获得和拥有文化是罗马帝国和晚期古代的精英社会关系的核心）看上去不仅是对古代世界究竟如何的反思，而且至少也同样像是对19世纪德国人态度的反思。就连马鲁在将教化重新定义为非Bildung时，实际上也受到了这种耶格尔模式的影响。两位作者（普法伊费尔同样如此）的教化理想面对的是对于当代文化崩溃的感受，并把自己同希腊文化身份的神话结合起来，后者在公元前5世纪希腊的政治理想和自主权崩塌后通过教化留存了下来。就像在哈佛的耶格尔想象自己在延续维拉莫维茨的柏林学派（普法伊费尔也许与之类似，他想象希腊人提供的“技艺……促进了”各个岛屿和最终是罗马的“思想生活”），我们可能会问，教化的无处不在以及避免追问它在现代的实质，这是不是当代人因为感受到我们自己的文化和教育价值崩塌而做出的回应？这是否有助于把近年来对“第二次智术师运动”的兴趣升温解释为对我们自己时代的间接点评？

我承认，这些都是我们研究对象的关键问题。作为古典学家，我们在大多数时间会说服自己（就像耶格尔和马鲁无疑常常做的），我们是在揭示过去，我们的经验是对古代现实进行逐步澄清的过程的一部分，该过程通过学问、学术和审慎的论点让我们对古代世界的某些方面有了比以往更好的理解或更清晰的画面，即便（因为有那么多东西失传了，留存下来的东西中又有那么多是支离破碎的）那个画面总是而且不可避免地有失偏颇。这种观点——非常理想主义，是加强进一步研究的最佳驱动力——无疑存在问题。我们回过头来可以看到，对教化所做的那么多阐述（比如耶格尔和马鲁的）不过是个人之见，某种程度上是在具体环境中对当代历史的集体反映。它完全和无疑表达了被标榜为古代历史的现代意识形态，披着主导文化规范的“大众形象”，并在一定程度上得到其辩护。一边是关于古代现实的神话，一边是对当下意识形态的表达，我不清楚在学术工作中，对两者的决断或平衡是怎样的——甚至不清楚是否可能存在某种单一正确的方法。但我认为，我们必须大大提升对当代的驱动力，对它们的力量和不可避免的缺陷的认识和自我意识。

图书在版编目（CIP）数据

教化：古希腊的成人之道 /（德）维尔纳·耶格尔著；王晨译. -- 上海：上海三联书店，2022.12
（智慧宫）
ISBN 978-7-5426-7927-7

Ⅰ. ①教… Ⅱ. ①维… ②王… Ⅲ. ①教育哲学—研究—古希腊 Ⅳ. ① G40-02

中国版本图书馆 CIP 数据核字 (2022) 第 209127 号

教化：古希腊的成人之道
［德］维尔纳·耶格尔 著
王 晨 译

责任编辑 / 宋寅悦　徐心童
选题策划 / 后浪出版公司
出版统筹 / 吴兴元
编辑统筹 / 张　鹏
特约编辑 / 汪　萍
装帧设计 / 许晋维
内文制作 / 张宝英
责任校对 / 张大伟
责任印制 / 姚　军
出版发行 / 上海三联书店
（200030）上海市漕溪北路 331 号 A 座 6 楼
邮购电话 / 021-22895540
印　　刷 / 河北中科印刷科技发展有限公司
版　　次 / 2022 年 12 月第 1 版
印　　次 / 2023 年 1 月第 1 次印刷
开　　本 / 655mm × 1000mm　1/16
字　　数 / 1099 千字
印　　张 / 74
书　　号 / ISBN 978-7-5426-7927-7/B · 807
定　　价 / 228.00 元